Estudos de Casos em Direito do Trabalho e Direitos Humanos

Estudos de Casos em Direito do Trabalho e Direitos Humanos

Organizadores:
Luanna Tomaz de Souza
Valena Jacob Chaves
Prudêncio Hilário Serra Neto

SINAIT
SINDICATO NACIONAL DOS AUDITORES FISCAIS DO TRABALHO
DELEGACIA SINDICAL DE SÃO PAULO

LACIER

LACIER
Lacier Livraria e Editora
www.livrarialacier.com.br

Rua Doutor Quirino, 808 – Centro
CEP 13015-081 – Campinas, SP – Brasil

Outubro, 2024

Diretor: *Lacier José de Rezende*
Coordenação editorial: *Peter Fritz Strotbek*
Projeto de capa: *Fabio Giglio*
Projeto gráfico e editoração eletrônica: *The Best Page*

Esta é uma obra coletiva.
A responsabilidade pelo conteúdo de cada texto
é exclusiva do seu autor.

Ficha Catalográfica

Dados Internacionais de Catalogação na Publicação (CIP)
(Câmara Brasileira do Livro, SP, Brasil)

E82 Estudos de casos em direito do trabalho e direitos humanos / Luanna Tomaz de Souza, Valena Jacob Chaves, Prudêncio Hilário Serra Neto.
– 1. ed. – Campinas, SP : Lacier Editora, 2024.
814 p. ; 17 x 24 cm.

ISBN 978-85-64412-41-5

1. Direito do trabalho – Brasil. 2. Relações de trabalho – gênero e raça. 3. Direito do trabalho – Segurança e saúde. 4. Trabalho – Direito das pessoas com deficiências. 5. Trabalho doméstico. I. Souza, Luanna Tomaz de. II. Chaves, Valena Jacob. III. Serra Neto, Prudêncio Hilário.

CDU 342.7:

Índices para catálogo sistemático:

1. Relações trabalhistas
2. Direito humanos nas relações de trabalho (Brasil)

Angela Schmidt da Rosa – Bibliotecária – CRB-14/1171

Sumário

Parte 9 — Direito do Trabalho, Segurança e Saúde

Apresentação

É com imensa satisfação que a Delegacia do Sindicato Nacional dos Auditores--Fiscais do Trabalho em São Paulo — DS-SP/SINAIT — vem apoiar esta importante publicação acadêmica. Mais uma vez, a entidade representativa dos Inspetores do Trabalho no Brasil demonstra valorizar a formação e o ensino de sua carreira, acreditando que esse é um caminho necessário para a qualificação desses agentes públicos.

Sendo o trabalho uma das dimensões mais importantes de inserção social humana, ter uma experiência satisfatória e saudável no ambiente laboral pode determinar se um indivíduo tem ou não acesso a uma vida digna de maneira ampliada. O trabalho tem se apresentado, na atualidade, como meio para obtenção de autodeterminação, de autonomia e de direitos sociais, o que inclui a liberdade de ser respeitado, independentemente de opinião, ideologia, raça, gênero e outros. Portanto, quando os direitos fundamentais no trabalho são garantidos, abre-se terreno para que os direitos humanos se estabeleçam de forma ampla.

O Estado brasileiro comprometeu-se, em sua Carta Magna, com a garantia do bem-estar social, o que se dá também por meio do acesso ao trabalho digno, o qual pode ser assegurado pela atuação da Inspeção do Trabalho. Nesse sentido, a publicação que aqui apresentamos, sobre Direito do Trabalho e Diretos Humanos, muito se alinha ao papel fundamental da Inspeção do Trabalho.

A formação aprofundada e diversificada dos Auditores-Fiscais do Trabalho possibilita uma compreensão ampla da sociedade. Os temas dos trabalhos aqui publicados tratam sobre questões de gênero, inserção laboral de pessoas com deficiência, garantia dos direitos das crianças e dos adolescentes, questões raciais, bem como outros temas; mas sempre articulados com o direito ao trabalho digno. Essa amplitude de assuntos reflete a consonância dos Inspetores do Trabalho no Brasil com os Direitos Fundamentais no Trabalho, como previsto na declaração e nas convenções da OIT, destacando-se a importância da eliminação de todas as formas de discriminação em matéria de emprego e ocupação.

A DS-SP e o SINAIT parabenizam os Auditores-Fiscais do Trabalho autores dos textos aqui publicados e se orgulha de defender esta carreira que está em constante busca pelo conhecimento, a fim de aplicá-lo quando no exercício de seu mister fundamental: a garantia dos direitos fundamentais dos trabalhadores nacionais e residentes no Brasil.

Livia dos Santos Ferreira
Vice-Presidente da Delegacia
Sindical do SINAIT em São Paulo.

Introdução

Este livro apresenta os trabalhos finais do curso de Especialização em Direito do Trabalho e Direitos Humanos realizado pelo Instituto de Ciências Jurídicas da Universidade Federal do Pará. O elemento central do curso foi atender a um dos objetivos do Programa de Pós-Graduação em Direitos Humanos da UFPA — PPGD, que é de difundir a formação em Direitos Humanos para a sociedade de um modo geral, bem como para grupos profissionais que atuam na defesa desses direitos em suas atividades profissionais. Nessa esteira, o curso proporcionou, sob o aspecto prático, que os Auditores-Fiscais do Trabalho operem instrumentos de defesa dos direitos humanos e trabalhistas, a partir da identificação das estratégias e argumentos jurídicos que melhor garantam o exercício do poder de polícia estatal em matéria laboral. O curso se vinculou ao Programa de Pós-Graduação em Direitos Humanos, a fim de possibilitar a formação humanística necessária.

Objetivou-se ainda enfrentar algo que é bastante recente dentro do Direito, não se prestando como mero aperfeiçoamento, mas como capacitação para utilização do sistema de proteção dos direitos trabalhistas, além da competência para lidar com abordagens estratégicas para promoção da proteção de grupos vulneráveis no país, sobretudo na atuação voltada à região amazônica.

O curso foi financiado por meio de recursos destinados pelo Judiciário Trabalhista da 8ª Região, mediante indicação da Procuradoria Regional do Trabalho da 8ª Região nos autos da Ação Civil Pública n. 0029300-17.2006.5.08.0012, por meio de projeto cadastrado na PRT8 (PAJ n. 001405.2006.08.000/0) e aprovado pelo Procurador do Trabalho Faustino Bartolomeu Alves Pimenta.

Foram ofertadas 60 (sessenta) vagas, sendo 42 (quarenta e duas) para Auditores-Fiscais vinculados diretamente à Subsecretaria de Inspeção do Trabalho do Ministério do Trabalho e Previdência e 18 (dezoito) para a comunidade, todas preenchidas por meio da realização de dois editais específicos.

Foram ministrados 15 módulos na modalidade *on-line* (para poder atender Auditores-Fiscais de todos os cantos do Brasil), com a carga horária de 360 horas, no período noturno, dias de quarta, quinta e sexta-feira, com periodicidade quinzenal com início as 18 horas e término as 22 horas.

Como trabalho final da especialização foi solicitado aos alunos e alunas que realizassem um estudo de caso sobre alguma violação aos direitos humanos relacionada ao direito do trabalho. Os trabalhos foram feitos de forma isolada ou em dupla. Apresentavam um caso e desenvolviam uma análise crítica e/ou propostas de intervenção. Ao todo foram entregues trinta e oito trabalhos de grande relevância que estão aqui apresentados e que evidenciam a relevância da especialização e da carreira da Auditoria-Fiscal do trabalho.

A edição do Decreto n. 1.313, em 17 de janeiro de 1891, marca o início da Inspeção do Trabalho no Brasil. A CLT foi um marco para a Fiscalização do Trabalho no Brasil, pois ela tornou a Inspeção do Trabalho uma atividade administrativa de caráter nacional e deu aos Inspetores do Trabalho o poder de penalizar os empregadores que descumprissem as leis trabalhistas. A CLT reservou o Capítulo I, do Título VII, dos arts. 626 ao 642, para tratar especificamente da Fiscalização do Trabalho, da autuação e da imposição das multas. Em 1988, foi promulgada a Constituição Cidadã estabelecendo no art. 21, XXIV, a competência exclusiva da União para "organizar, manter e executar a Inspeção do Trabalho".

As carreiras de Auditoria-Fiscal, entre elas a do Trabalho, foram regulamentadas pelas Leis ns. 10.593, de 6 de dezembro de 2002 e 11.457, de 16 de março de 2007. A ação dos(as) Auditores(as) Fiscais do Trabalho possui grande relevância em um país que carrega marcas históricas de desigualdade e exploração, orientando trabalhadores(as) quanto aos seus direitos e restituindo esses direitos nos locais de trabalho.

Agradecemos aos professores Saulo Monteiro Martinho de Matos, Eliana Maria de Souza Franco Teixeira, Andreza do Socorro Pantoja de Oliveira Smith, Raimundo Wilson Gama Raiol, Jean-François Yves Deluchey, Otávio Bruno da Silva Ferreira, Paulo Isan Coimbra da Silva Júnior, João Daniel Daibes Resque, Victor Hugo Costa de Sá que contribuíram com as orientações em conjunto com as coordenadoras do curso. Gostaríamos também de agradecer à Eveline Costa, secretária do curso, Emy Mafra, Prudêncio Serra Neto, Letícia Magalhães e Robson Silva, que atuaram como tutores e tutoras do Curso.

Valena Jacob

Luanna Tomaz

Prudêncio Neto

Parte 1

Trabalho, Sexualidade e Identidade de Gênero

Estudo de Caso sobre a Judicialização da Experiência Transmasculina no Mercado de Trabalho no Âmbito do Tribunal Regional do Trabalho da 1ª Região (RJ)

Mariana de Freitas Barros Souza[(1)]

Nathália Marbly Miranda Santos[(2)]

Resumo: Considerando-se a realidade de precarização do acesso e das condições de permanência da população trans no mercado de trabalho formal, objetiva-se através do presente estudo de caso realizar uma contribuição preliminar aos estudos sobre transgeneridade e trabalho, mais especificamente às pesquisas relativas ao acesso ao direito ao trabalho e à justiça pela população trans, de maneira geral, e à população transmasculina, de maneira específica, bem como aos desafios impostos a esse grupo no contexto de inserção e permanência no mercado de trabalho brasileiro. Para tanto, procedeu-se ao levantamento bibliográfico de literatura relativa à transexualidade e trabalho, além de levantamento de dados sobre as demandas trabalhistas judicializadas por pessoas trans no âmbito do Tribunal Regional do Trabalho da 1ª Região, do Rio de Janeiro, contrastando os dados com aqueles obtidos em pesquisas já realizadas sobre a judicialização de demandas oriundas do trabalho por pessoas trans. Desse modo, observou-se uma similaridade entre os resultados obtidos, seja pelo baixo número de processos encontrados, seja pelo conteúdo das demandas apresentadas, o que permite concluir que a inserção das pessoas trans, de forma geral, e das pessoas transmasculinas, de maneira específica, no contexto do mercado de trabalho é atravessada pela marca da violação sistemática de direitos e da precarização do trabalho.

---

(1) Advogada Trabalhista e Sindical. Doutoranda e Mestre em Ciências Jurídicas e Sociais pelo Programa de Pós-Graduação em Sociologia e Direito da UFF (PPGSD/UFF). Pós-Graduanda em Direito do Trabalho e Direitos Humanos pelo Programa de Pós-Graduação em Direito da Universidade Federal do Pará (PPGD/UFPA). Especialista em Direito e Processo do Trabalho (UniAmérica) e bacharel em Direito pela UFF.

(2) Advogada Trabalhista e Sindical. Mestre em Teorias Jurídicas Contemporâneas pelo Programa de Pós-Graduação em Direito da Universidade Federal do Rio de Janeiro (PPGD/UFRJ). Pós-Graduanda em Direito do Trabalho pela Universidade do Estado do Rio de Janeiro (UERJ). Pós-Graduanda em Direito do Trabalho e Direitos Humanos pelo Programa de Pós-Graduação em Direito da Universidade Federal do Pará (PPGD/UFPA). Estudante de Letras na Universidade Federal do Estado do Rio de Janeiro (UNIRIO) e Bacharel em Direito pela Faculdade Nacional de Direito da Universidade Federal do Rio de Janeiro (FND/UFRJ).

Palavras-chave: Transgeneridade — Trabalho — Justiça do Trabalho — Transfobia — Direitos.

1. Introdução

O presente trabalho consiste numa contribuição preliminar aos estudos sobre transgeneridade e trabalho, demarcando uma aproximação com o campo e a temática, mais especificamente no que diz respeito às pesquisas relativas ao acesso ao direito ao trabalho e à justiça pela população trans, de maneira geral, e à população transmasculina, de maneira específica, bem como aos desafios impostos a esse grupo no contexto de inserção e permanência no mercado de trabalho brasileiro.

Segundo dados da Associação Nacional de Travestis e Transexuais (ANTRA), no dossiê "Assassinatos e Violências Contra Travestis e Transexuais Brasileiras em 2022" (2023), são as mulheres transexuais, travestis e pessoas transfemininas as mais vulneráveis à mortalidade precoce e a violência, no Brasil (BENEVIDES, 2023, p. 39). Além disso, quando atravessadas pelos marcadores de classe e raça, é possível verificar que a maioria não encontra acesso pleno à cidadania, o qual compreende o pleno acesso ao emprego e ao mercado formal de trabalho (ibidem).

Essa realidade é refletida no esforço analítico acadêmico de compreensão dessas experiências através da produção científica no campo das temáticas de gênero e trabalho. Em levantamento realizado por nós na plataforma da Biblioteca Digital Brasileira de Teses e Dissertações (BDTD) utilizando as chaves de pesquisa "mulher trans" e "trabalho"(3), foram identificados um total de 65 trabalhos, sendo 13 teses de doutorado e 52 dissertações de mestrado, divididos entre as áreas das ciências humanas e sociais, ciências da saúde e educação produzidos entre os anos de 2010 e 2023. Desse total, 30 trabalhos falam especificamente sobre as experiências de mulheres trans e travestis e os demais tratam da temática da transgeneridade de forma mais ampliada e abstrata, sem focar em um grupo específico.

Repetimos o procedimento na plataforma, dessa vez utilizando as chaves "homem trans" e "trabalho"(4), de onde extraímos um total de 10 trabalhos, sendo 8 dissertações de mestrado e 2 teses de doutorado, produzidos nas áreas das ciências da saúde, ciências humanas e ciências sociais aplicadas. Destes, apenas seis centravam-se no estudo de experiências de homens transgênero de forma específica, os demais tratavam da temática da transgeneridade de forma mais ampla e incorporando outras experiências nas análises.

---

(3) BDTD — Biblioteca Digital Brasileira de Teses e Dissertações. *Busca pelos termos "mulher trans" e "trabalho"*. Disponível em: http://bdtd.ibict.br/vufind/Search/Results?lookfor=%22mulher+trans%22+%22trabalho%22&-type=AllFields&limit=20&sort=year. Acesso em: 08 out. 2023.

(4) BDTD — Biblioteca Digital Brasileira de Teses e Dissertações. *Busca pelos termos "homem trans" e "trabalho"*. Disponível em: http://bdtd.ibict.br/vufind/Search/Results?lookfor=%22homem+trans%22+%22trabalho%22&-type=AllFields&sort=year. Acesso em: 08 out. 2023.

A disparidade entre o número de trabalhos com enfoque nas experiências de homens e de mulheres transgênero, na mesma medida em que denuncia a maior precariedade e vulnerabilidade a que estão expostas as mulheres trans no contexto do acesso ao direito ao trabalho e aos direitos sociais de forma mais ampla (CASTRO, 2016; BENEVIDES, 2023), ainda mais quando considerados os demais marcadores sociais da diferença como raça e classe, também nos revela que se é verdade que os homens trans acessam em maior número o mercado formal de trabalho, essa inserção ainda é pouco estudada.

Considerando esse cenário, o estudo aqui empreendido se volta a analisar a judicialização da experiência de sujeitos transgênero masculinos no mercado de trabalho mediante um estudo de caso. Esse esforço se dá no sentido de construir uma contribuição aos estudos sobre transgeneridade masculina e trabalho, uma vez que apesar de, se comparados com as mulheres trans, acessarem mais postos de trabalho (BENEVIDES, 2023), os estudos sobre a qualidade dessa inserção ainda são escassos (BRITO, 2019, p. 11).

Para tanto, inicialmente, realizamos uma revisão bibliográfica acerca das temáticas de transexualidade, a partir das contribuições de Guacira Louro (1998), Joan Scott (1989) e Judith Butler (2018), para debater e situar a categoria analítica de "gênero" e a expressão transgênera e os seus sentidos e formas de expressão.

Outra chave explorada foi a da transexualidade aliada ao trabalho, de onde extraímos as contribuições de Carla Castro (2016), Carolina Brito (2019), Bruna Benevides e Sayonara Nogueira (2021) e Bruna Benevides (2023), onde as autoras exploram aspectos quantitativos e qualitativos relacionados ao contexto de acesso, inserção e permanência da população trans trabalhadora no mercado de trabalho e a experiência transmasculina nesse contexto.

Num segundo momento, realizamos uma contextualização da nossa contribuição no campo dos estudos já empreendidos sobre a judicialização de demandas trabalhistas de pessoas trans, onde situamos as contribuições de Rúbia Ribeiro (2023), sobre as demandas no âmbito do Tribunal Regional do Trabalho da 3ª Região, de Minas Gerais, e as de Hugo Fonseca (2016), que apesar de ter realizado levantamento mais amplo, voltou sua análise ao Tribunal Regional do Trabalho da 12ª Região, de Santa Catarina. Assim, apresentamos nosso levantamento de dados dos processos relacionados a essas demandas no contexto específico do Tribunal Regional do Trabalho da 1ª Região, do Rio de Janeiro, local em que desenvolvemos nossas práticas profissionais na advocacia trabalhista e na docência superior.

Na sequência, apresentamos uma análise do caso elegido, o qual versa sobre as demandas apresentadas por um trabalhador homem trans em face de seus empregadores, onde o mesmo pleiteava a rescisão indireta do contrato de trabalho devido à prática de assédio moral transfóbico ocorrida no curso da relação empregatícia, bem como a indenização por dano moral devida e demais verbas trabalhistas resilitórias. O caso, entre o conjunto explorado, chamou-nos a atenção por condensar elementos que as pesquisas e estudos levantados também nos informam no que diz respeito aos principais desafios enfrentados pela população transmasculina no que diz respeito ao acesso e à permanência no trabalho e a violação aos direitos fundamentais do trabalho dessa parcela da população, além do fato de que houve uma substancial redução da indenização concedida ao trabalhador em segundo grau, o que nos levou a investigar as razões que levaram à reforma da sentença.

Por fim, apresentamos algumas considerações finais, no sentido de registrar o que as demandas identificadas no processo analisado representam no conjunto geral dos processos, situando o judiciário trabalhista como importante arena de disputa pela garantia e efetivação dos direitos fundamentais ao trabalho das pessoas trans.

Além disso, discutimos de que maneira as demandas encontradas e o tratamento judicial dado a elas são informadores de um retrato ainda pouco explorado sobre as reais condições de trabalho dessa parcela da população trans que, apesar de acessar de forma mais ampla o mercado formal de trabalho, encontra os desafios típicos do cenário de precariedade atual agravados por aqueles relativos à continuidade e manutenção da relação de emprego devido a institucionalização e naturalização de práticas discriminatórias motivadas pelo preconceito transfóbico no ambiente laboral.

2. Transexualidade e trabalho

Gênero é, ao mesmo tempo, uma categoria analítica e uma ferramenta política (SCOTT, 1989; LOURO, 1998). Trata-se de um conceito dotado de historicidade e, no dizer de Louro (1998, p. 22), intrinsecamente relacional, uma vez que "é no âmbito das relações sociais que se constroem os gêneros" (1998, p. 22). O termo não se refere a uma compreensão essencialista sobre os papéis sociais de gênero (masculino e feminino), pelo contrário, o que se busca é demonstrar a historicidade e a processualidade do que é entendido enquanto feminino e do que é entendido enquanto masculino como as construções sociais que são e as diversas expressões do feminino e do masculino enquanto identidades mutáveis e contraditórias. O gênero, assim, não existe *a priori*: ele faz parte do sujeito, constituindo-o (LOURO, 1998, p. 25), ao mesmo tempo em que também é constituído pelo contexto cultural, econômico, social e político em que o sujeito está inserido.

Louro afirma, ademais, que identidade de gênero e orientação sexual não significam a mesma coisa. De acordo com a autora, as identidades sexuais referem-se às "formas como os sujeitos vivem a sua sexualidade, com parceiros/as do mesmo sexo, do sexo oposto ou sem parceiros/as" (1998, p. 26), ou seja, é uma ideia que se relaciona ao conceito de orientação sexual (bissexual, homossexual, pansexual etc.). Já a identidade de gênero, para a autora, diz respeito à forma como social e historicamente os sujeitos se identificam, seja como masculinos, femininos, não binários etc. (idem). Apesar de serem coisas distintas, tanto a sexualidade como o gênero são identidades construídas, de maneira que é impossível afirmar exatamente quando elas se estabelecem na vida dos sujeitos (*idem*). Assim, tornam-se inteligíveis as existências de mulheres transgênero e de homens transgênero, ambos em suas diversas expressões e formas de ser.

Assim como Louro (1998), Joan Scott (1989) compreende o gênero como uma categoria analítica dotada de historicidade, que manifesta relações políticas e sociais. Scott enfatiza a dimensão do poder que a categoria encerra. Ou seja, as concepções de gênero no curso da história expressam relações de poder de um determinado contexto e tempo. Nesse sentido, Butler (2018) sublinha que, historicamente, prevaleceu, nas sociedades ocidentais, uma certa ordem de gênero fundada na imposição de uma "ordem compulsória entre sexo/gênero/desejo" que nega a existência de formas outras de se vivenciar o gênero e a sexualidade, e, nesse sentido, marginalizam corpos que expressam sua identidade fora dos quadros do binarismo do masculino e do feminino, ou embaçam esse binarismo.

Essa marginalização significa, no caso das pessoas trans, portanto, a negação de sua existência, o que implica a sua exclusão dos espaços de cidadania, de direitos e da própria humanidade. Em enquete sobre a empregabilidade trans realizada no ano de 2020 pela Associação Nacional de Travestis e Transexuais (ANTRA), os dados são reveladores de um contexto que se agrava. Segundo a pesquisa, da qual participaram voluntariamente 2.535 pessoas trans, 96% acreditam que pessoas transgênero brancas e com maior passabilidade[(5)] possuem mais chances de incorporação ao mercado formal de trabalho, 94% entende que o mercado formal não está de fato aberto a contratação de pessoas trans, 90% leem como atual o dado de que cerca de 90% das travestis e mulheres trans ainda tem a prostituição como única ou complementar fonte de renda, 88% acredita que falta preparo nas empresas para contratação e permanência de pessoas trans no emprego e 85% acreditam que homens trans e transmasculinos possuem chances maiores de incorporação ao mercado de trabalho formal se comparados às travestis e mulheres trans (BENEVIDES; NOGUEIRA, 2021, p. 46).

No mesmo documento, a entidade registra que cerca de 70% da população trans não acessou as medidas emergenciais e de auxílio do Estado brasileiro no contexto de agravamento da crise acentuada pela pandemia da Covid-19 (idem). No contexto geral, a Antra afirma que, naquele momento, apenas cerca de 4% da população trans feminina acessava vínculos de empregos formais, 6% estavam inseridas em atividades informais e subempregos e 90% utilizavam a prostituição como única fonte de renda ou renda complementar (BENEVIDES; NOGUEIRA, 2021, p. 46).

No que diz respeito a população transmasculina, a entidade aponta a maior dificuldade em formular estatísticas devido à grande invisibilidade dessas pessoas no mercado de trabalho e nos estudos empreendidos até então. Ainda assim, Benevides (2021, p. 47)

(5) Leitura social cisgênero.

apresenta uma estimativa de que, ao contrário da população de mulheres trans e travestis, cerca de 80% da população transmasculina tenha concluído o ensino médio e 70% acessem o mercado de trabalho formal (*ibidem*, 2021, p. 47), sendo impossível estimar o número de homens trans que recorrem à prostituição como fonte de renda principal ou complementar.

No que se refere ao mercado de trabalho, ao tratar da precarização que o nas relações laborais vem experimentando nas últimas décadas, Carla Castro (2016) aponta como o cenário de informalidade e desemprego estrutural afeta a população trans trabalhadora de forma ainda mais dramática (2016, p. 40). Segundo a autora, quando a população trans acessa os postos de trabalho formais, essa inserção se dá em postos de trabalho com baixa remuneração e precários. Esse retrato também está presente na caracterização apresentada por Benevides (2023) quando a autora demonstra o perfil da população trans mais afetada pela violência:

> Geralmente, ocorrem contra pessoas trans empobrecidas que têm pouco acesso às tecnologias de gênero, à saúde, à educação e/ou as políticas públicas, sejam os direitos básicos comuns a toda população ou específicos alcançados pela comunidade trans. **Vemos ainda que vivem com poucos recursos financeiros ou estão completamente fora do mercado formal de trabalho, especialmente quando fazemos um recorte sobre pessoas trans negras, com deficiência e/ou periféricas, esses marcadores colocam uma parcela significativa dessas pessoas em situação de alta vulnerabilidade e precarização de suas existências** (BENEVIDES, 2023, p. 39, grifos nossos).

Para Castro (2016), além da dificuldade do acesso ao emprego formal, a população trans e travesti, quando já inserida no contexto do mercado de trabalho, enfrenta questões em grande medida superadas pela população heterossexual e cisgênero, como é o caso do direito ao uso do "nome social, o direito de ir ao banheiro, a liberdade sexual e o direito de o trabalhador ser tratado com dignidade no ambiente de trabalho" (CASTRO, 2016, p. 42) que são, frisa a autora, direitos fundamentais.

No caso dos homens trans, para Carolina Brito (2019), o estudo sobre o acesso ao direito ao trabalho demanda um estudo sobre a qualidade dessa inserção e as condições de permanência desse grupo no mercado de trabalho, seja no âmbito formal ou no informal, e esse movimento se dá no sentido de trazer luz a essas experiências. Para a autora "(...) a relação exploração-dominação da força de trabalho de homens trans guarda particularidades no processo universal da relação antagônica capital/trabalho (...)" (BRITO, 2019, p. 12) que se expressam de inúmeras formas, como expõe:

> Trajetórias de homens trans entrevistados elucidam a orgânica e dialética articulação entre relações de trabalho e relações de gênero, e evidenciam que o pertencimento de gênero dissidente do assignado ao nascimento os

> impele a particulares e agudizadas desvantagens e desigualdades na condição de trabalhador, no relativo à inserção e à permanência no mercado de trabalho; a condição de trabalhador e a condição trans, portanto, vinculam-se organicamente (BRITO, 2019, p. 215).

Em sua pesquisa, Brito demonstra que a dificuldade de permanência — e a ausência de políticas públicas ou privadas nesse sentido — de homens trans no mercado de trabalho se dá através dos seguintes elementos que, em muitos relatos, aparecem conjuntamente: i) não contratação em razão da condição de gênero; ii) demissão em razão da condição de gênero, quando o processo de transição se dá no contexto de inserção no trabalho; iii) desrespeito ao nome social; iv) proibição do uso de banheiros e de uniformes condizentes com a identidade de gênero; v) o receio da "revelação da identidade" em razão da exposição à violências; vi) mudanças constantes de trabalho e interrupção de projetos de carreira profissional na busca por ambientes de trabalho mais saudáveis (BRITO, 2019, p. 215). Esses elementos evidenciam a relação entre as normas de gênero pautadas no cis sexismo binário impostas e a conformação das relações e práticas laborais com a forma como são produzidas as violações aos direitos das pessoas que fogem à essas normas no mercado de trabalho (formal ou informal), como é o caso da população trans em geral e dos homens trans em específico (*idem*).

Quanto à qualidade da inserção no mercado formal de trabalho, Benevides e Nogueira (2021) registram a problemática da falta de medidas e ferramentas efetivas que garantam a permanência da população trans no emprego e como a transfobia institucional atua como um limitador a "adequação de políticas sobre diversidade efetivas, ou para o correto acolhimento de corpos trans e suas respectivas especificidades" (BENEVIDES; NOGUEIRA, 2021, p. 45) nesses espaços. As práticas de assédio após a contratação são comuns, seja no atendimento ao público ou nas relações com os colegas de trabalho ou com os superiores hierárquicos, além da prática velada de transfobia no ambiente laboral (*idem*), elementos que colocam em xeque a viabilidade da continuidade da relação de emprego.

Diante desse cenário, no mesmo sentido que Fonseca (2016, p. 6), entendemos que a Justiça do Trabalho desponta como instrumento fundamental na busca pela garantia e efetivação dos direitos fundamentais da população trans no mercado de trabalho, uma vez que a promessa moderna de que somos todos sujeitos de direitos não é garantida a essa parcela da população.

Por tudo isso, apresentamos a seguir um mapeamento das demandas envolvendo pessoas trans no judiciário trabalhista brasileiro a partir de trabalhos já realizados e, de forma mais específica e através de levantamento realizado por nós, aquelas que se situam no contexto do Tribunal Regional do Trabalho da 1ª Região, no Rio de Janeiro.

3. Demandas das pessoas trans no judiciário trabalhista: Mapeamento dos casos em curso do TRT-1

Em seu estudo sobre as decisões proferidas no âmbito do Tribunal Regional do Trabalho da Terceira Região (TRT-3), de Minas Gerais, Rúbia Ribeiro (2023) apresenta, no conjunto de ações levantadas por ela relativo às temáticas de "homotransfobia", "homofobia" e "transfobia", um total de 39 processos nos quais o tema da discriminação e do assédio em razão de identidade sexual e de gênero no ambiente laboral fazia parte das demandas, sendo o mais antigo datado do ano de 2013 e o mais recente datado de 2023, o que demonstra proximidade temporal com o recorte apresentado pela nossa pesquisa que, assim como no caso de Ribeiro, foi proveniente de levantamento inicialmente realizado sem delimitação temporal.

Ao analisar o material obtido, a autora relata que, naqueles casos em que houve a constatação de prática de homotransfobia no ambiente laboral — cerca de 66,90% dos casos — o enfoque processual girou em torno da discussão sobre a responsabilização civil do empregador e do consequente pagamento da indenização por danos morais que, em média, correspondia a um irrisório montante de cerca de R$ 9.846,15 (RIBEIRO, 2023, p. 12). Além disso, Ribeiro (*idem*, p. 13) aponta que, no conjunto levantado, 92,30% dos casos que chegaram a segunda instância diziam respeito à discriminação homofóbica sofrida por homens cisgênero, enquanto apenas cerca de 7,70% dos casos diziam respeito às pessoas trans, ressaltando que quanto mais avessas à normatividade hétero-cisgênero, mais vulneráveis e rechaçadas no ambiente de trabalho elas são.

Um outro estudo de perspectiva aproximada, desta vez com o enfoque mais específico em casos transfobia no ambiente de trabalho e os discursos jurídicos neles construídos, é o de Hugo Fonseca (2016), em que o autor, inicialmente, realizou busca pelos termos "transexuais", "transexualidade" e "transfobia" no sítio eletrônico do Tribunal Superior do Trabalho (TST) e não encontrou nenhum processo relativo às temáticas, demonstrando que, até aquele momento, a instância superior da Justiça do Trabalho não havia se pronunciado a respeito da questão.

Diante desse primeiro resultado, o autor refez a pesquisa pelos mesmos termos, buscando por acórdãos de segunda instância, em todos os Tribunais Regionais brasileiros, que tratassem da temática, de onde pôde extrair um total de nove processos, sendo dois do Tribunal Regional do Trabalho da 15ª Região (Campinas/SP) e os demais provenientes de tribunais regionais diversos, incluindo o TRT-1ª Região, o TRT-3ª Região, o TRT-2ª Região, o TRT-4ª Região, o TRT-9ª Região, o TRT-18ª Região e o TRT-12ª Região. Desse levantamento, na impossibilidade de se realizar um retrato sobre o entendimento geral da Justiça do Trabalho acerca da temática, o autor selecionou um dos casos, o do TRT da 12ª Região (Santa Catarina) para analisar e utilizou os acórdãos dos outros regionais como elementos de comparação e complementação de análise (FONSECA, 2016, p. 9-10).

Nessa análise, Fonseca (*ibidem*, p. 56-70) identificou como principais demandas: i) o direito ao uso do banheiro conforme a autodeterminação de gênero; ii) retificação de registro na empresa, no crachá e no tratamento de acordo com o nome social; iii) o direito a indenização em razão do constrangimento e abalo moral sofridos pelo desrespeito aos elementos anteriores.

Com inspiração nesses trabalhos, para realizar a proposta deste artigo, qual seja, a de elaboração de um estudo de caso, a escolha do processo a ser analisado envolveu uma pesquisa anterior, mais geral, acerca das ações trabalhistas em curso no Tribunal Regional da Primeira Região (TRT-1), cuja jurisdição inclui os municípios localizados no Estado do Rio de Janeiro, nos quais transexualidade e trabalho aparecem como questões centrais na demanda por prestação jurisdicional na esfera trabalhista. Os processos levantados foram somente aqueles que chegaram até a 2ª instância, por meio da interposição de recurso ordinário por uma das partes litigantes. Apesar de a investigação possuir caráter exploratório, os dados obtidos, considerando a amplitude territorial do levantamento e do marco temporal analisado, constituem um retrato inicial de que demandas de pessoas trans chegaram ao Tribunal nos últimos 10 anos.

Os processos em curso foram pesquisados pela ferramenta de busca disponível no portal da Biblioteca Digital do TRT-1, na pesquisa livre da aba "Jurisprudência", através das palavras-chave "transgênero" é "transexualidade", sem especificação de datas. Desse levantamento, identificamos um número muito pequeno de processos relacionados à busca, compreendidos entre os anos de 2014 e 2023, dos quais destacamos aqueles que não eram relativos, especificamente, a lides trabalhistas envolvendo pessoas transgênero em um dos polos do processo.

Entre os processos descartados, encontravam-se 6 (seis) em que a abordagem sobre a transexualidade se dava nos seguintes sentidos: i) em três dos processos, que versavam sobre o reconhecimento do vínculo empregatício de trabalhadores de plataformas, a referência a transexualidade se deu no sentido de exemplificar como as leis deveriam acompanhar o movimento de transformações e inovações da sociedade; ii) um processo no qual o trabalhador pleiteava a reversão da justa causa, a qual não obteve, em razão de ter praticado violência física e transfobia contra uma cliente do estabelecimento em que trabalhava; e iii) dois processos em que as trabalhadoras, mulheres cis gênero e heterossexuais, pleiteavam danos morais devido ao uso do banheiro feminino no local de trabalho ser autorizado, também, às funcionárias transgênero das empresas em que laboravam — em ambos os casos, a indenização não foi concedida, uma vez que se considerou o direito de pessoas trans a utilizarem o banheiro do gênero com o qual se identificam sendo, portanto, indevida a indenização por dano moral e reconhecendo se tratar de preconceito individual das autoras.

Ressalvados esses casos, identificamos um total de 11 (onze) processos(6) em que uma das partes era pessoa trans, onde pudemos identificar os seguintes temas recorrentes: i) retificação de documentação e registro; ii) indenização por danos morais e materiais decorrentes de assédio moral em razão de discriminação e perseguição transfóbica; iii) pedido de reversão ou anulação de justa causa; iv) pedido de reintegração ao trabalho; v) pedido de gratuidade de justiça; iv) retificação e baixa da CTPS; vi) pagamento de verbas rescisórias e outras verbas não pagas, bem como depósito de FGTS e recolhimento previdenciário. Além desses, um dos processos encontrados dizia respeito a um dissídio coletivo de greve onde se discutiam, entre outras normas gerais, a adesão de programas de incentivo a contratação de pessoas LGBTQIA+ e adesão de normas de vedação a discriminação em razão de gênero e orientação sexual no setor do comércio. Do conjunto, apenas dois envolviam homens transgênero, todos os demais, excetuado o dissídio coletivo de greve, envolviam mulheres trans no polo ativo.

Os elementos que encontramos e sistematizamos dialogam com os esforços empreendidos nas pesquisas da Ribeiro (2023) e Fonseca (2016), no sentido de identificar quais as demandas mais recorrentes provenientes das relações de trabalho e emprego formuladas pelas pessoas trans, ainda muito excluídas do mercado de trabalho. Os resultados desses esforços são também convergentes, na medida em que mapeiam um baixo número de ações judiciais na esfera trabalhista que, para além dos temas do pagamento de verbas rescisórias e gratuidade judiciária, comuns a uma realidade do trabalho precarizada, expressam demandas concernentes ao respeito à identidade de gênero, seja nos documentos formais de trabalho, seja no ambiente laboral. Fonseca (2016) também identificou, como nós, o uso do banheiro como uma das questões de conflito no âmbito da justiça do trabalho. Já Ribeiro (2023) também percebeu um maior número de casos envolvendo mulheres trans e um menor número de casos envolvendo homens trans.

Assim como observado por Ribeiro (2023), apesar de frequentemente haver a procedência do pedido de responsabilização do empregador em casos de transfobia e desrespeito à identidade de gênero, também foi possível verificar, nos processos que analisamos, o baixo valor de boa parte indenizações arbitradas pelo judiciário como forma de reparação, inclusive com um caso de redução da indenização pelo entendimento de que a lesão não possuía natureza grave nos termos da norma trabalhista aplicável. Outro elemento interessante, que diz sobre os limites da atuação das instituições é das estruturais institucionais em demandas envolvendo pessoas trans, é o fato de que em 2 (dois) dos 11 (onze) processos levantados em que uma pessoa trans estava no polo ativo da demanda foi necessário que seus advogados solicitassem a retificação do registro da parte no sistema do Processo Judicial Eletrônico (PJE), uma vez que os nomes sociais das partes não haviam sido respeitados.

---

(6) Planilha com os dados levantados: Processos relativos à temática de transgeneridade no âmbito do TRT-1ª Região. Disponível em: https://docs.google.com/spreadsheets/d/1hkJsTuxpSHncokA21f4jMRU5_GHM0OM-6viDz62giPjg/edit?usp=sharing. Acesso em: 09 out. 2023.

Apesar de não ser possível uma conclusão mais ampla a respeito da totalidade do material obtido, tal como feito por Fonseca (2016) ao notar, em sua pesquisa, que "os processos judiciais sobre transfobia no ambiente de trabalho dão grande ênfase à disputa em torno da verdade sobre o gênero, ou seja, procuram delimitar o que é a vivência transexual através de critérios arbitrários, independentemente da autoafirmação das demandantes", ao analisarmos o caso concreto, poderemos perceber que parte significativa da discussão travada na argumentação desenvolvida no processo girou em torno da definição dessa "verdade sobre o gênero".

4. Um caso concreto: "Eu não sou obrigado a entender isso"

Dentre os casos levantados na pesquisa de jurisprudências do TRT-1, conforme descrito no tópico anterior, um foi escolhido para análise. A escolha deu-se, em primeiro lugar, porque o recorte do estudo foca nas demandas ajuizadas especificamente por homens trans na Justiça do Trabalho. A escolha de estudar especificamente o caso dos homens trans tem a ver com a percepção de que são menos numerosos os estudos sobre a realidade desses sujeitos. Em segundo lugar, nos chamou a atenção o fato de que a transfobia vivida no trabalho motivou um pedido de rescisão indireta do contrato de trabalho, isto é, do reconhecimento de que a extinção do contrato de trabalho aconteceu por culpa do empregador cuja conduta tornou a continuidade do contrato de trabalho insustentável, cuja aplicação só pode se dar, efetivamente, pelo pronunciamento judicial. Em terceiro lugar, o fato de que houve uma substancial redução da indenização em segundo grau, o que despertou curiosidade sobre as razões que levaram à reforma da sentença.

A ação consiste numa reclamação trabalhista ajuizada por um homem trans requerendo a rescisão indireta do contrato de trabalho com a ré, então empregadora, e a condenação da empresa não pagamento de indenização por danos morais, como forma de reparação do tratamento discriminatório e assedioso que sofreu no ambiente de trabalho. O autor narra que houve recusa de seus empregadores em chamá-lo pelo nome social, mesmo diante apresentação de sentença judicial cível que alterou seu nome de registro e após a retificação de toda documentação pessoal(7).

Desde a petição inicial(8), o autor apresentou prova da transfobia vivida no trabalho, na forma da gravação de conversas que teve com seus superiores na qual eles, reiteradamente, se recusavam a aceitar a sua mudança de nome.

(7) Sobre o documento, um dos superiores declarou, conforme áudio gravado: "*Parabéns com seu papel, você não vai conseguir que a gente fale isso obrigatoriamente, não vai conseguir que a gente fale isso imediatamente, vamos acabar com esse assunto que já deu*".

(8) A petição inicial é a peça que inaugura o processo e leva o litígio ao conhecimento do judiciário. Ela é composta pela qualificação das partes processuais, pela narrativa dos fatos, pelo direito correspondente aos fatos e pelos pedidos.

Em um dos áudios transcritos, seu chefe compara a mudança de nome e na identidade de gênero a uma negação da constatação da existência do "dia" e da "noite", alegando que "(...) *tá de dia ou está de noite? Você quer falar para mim que tá de noite, eu não vou falar mais nada. Eu posso lhe exigir que está de noite, mesmo eu sendo seu patrão, eu posso te exigir? eu não sou obrigado a entender isso, é dia, eu não sou obrigado, está de dia? isso me incomoda profundamente (...)*". A violência escala a ponto de os superiores bradar: "*quer ver um detalhe bobo. você vai continuar usando brinco? vai continuar usando brinco? na minha cabeça e na dele o brinco é coisa de mulher, e agora? então vai ter de tirar um brinco? (...) você acha que você pode mudar o nome de* [suprimimos] *e continuar usando brinco?* [o autor responde que sim] *Tá então tira*".

O autor narra, ainda, que, junto com as ofensas, recebeu ameaça de rebaixamento de cargo, uma vez que para os superiores do setor em que estava laborando na empresa, seria impossível e inaceitável tratá-lo da forma por ele desejada, ainda que reconhecida formalmente como direito por sentença judicial.

Na defesa, a empresa argumentou que os superiores do autor não praticaram assédio moral discriminatório contra ele e que o conteúdo dos áudios revelava apenas uma "dificuldade" dos empregadores em aceitarem a mudança do nome, dificuldade que poderia ser dirimida com o tempo, e que era sentida pelos próprios pais do autor, conforme este revelava em uma das gravações. Acusando como ilícitas as gravações realizadas pelo autor, alegaram, ainda, que a empresa empregava uma outra pessoa trans, o que era evidência de inexistência de discriminação no ambiente de trabalho. Na peça, a empresa trata o autor principalmente no feminino e se refere a ele pelo nome de nascimento reiteradas vezes, o que consiste numa reprodução nos autos do tratamento discriminatório dedicado ao trabalhador e uma violência de gênero no âmbito processual.

A argumentação construída na contestação insiste em apontar supostas contradições na vivência de gênero do autor como forma de desqualificar o seu pleito e sua idoneidade, apelando para argumentos como o de que "*armou toda a questão a fim de obter ganhos indevidos forjando um assédio moral inexistente*"; de que, quando admitido no trabalho, apresentou-se "*como sendo do sexo feminino e apresentando toda a documentação como tendo o nome*" e de que o autor, em caixa alta "*sempre fez uso do banheiro feminino na reclamada*", querendo induzir ao entendimento de que a questão é de mera contrariedade do autor com um erro inocente causado por sua própria conduta. Os argumentos revelam uma falta de compreensão ou um total desprezo pelas complexidades das vivências de gênero e sexualidade.

A conclusão de que se trata de um desprezo ganha força pelo uso explícito de argumentos conservadores na defesa, que mais do que desconstruir juridicamente o assédio moral, propugnam uma verdade biológica (*o dia nunca será noite*) e determinam uma única experiência de gênero possível como forma de invalidar a vivência do autor. Isso fica evidente no seguinte trecho:

> É fato que se trata de uma questão polemica, pois biologicamente não existe gênero masculino e feminino. O que a biologia proclama e sempre assim o fez, é que existe apenas o gênero humano dividido em machos e fêmeas. Na audiência, a reclamada pretende entregar ao Eminente Julgador, mídia (02 cópias) contendo reportagem a respeito da questão em debate, com pronunciamento do jornalista Alexandre Garcia com relação ao entendimento da Associação Médica de Pediatria dos Estados Unidos da América sobre a matéria em questão e, pede seja acautelada na Secretaria desse R. Juízo.

Adiante, encontramos, ainda, o argumento de que é a "ideologia de gênero" a responsável pela admissão, nos tribunais, da mudança do nome social e que "é fato notório que muitos países não aceitam tais mudanças, principalmente em razão de suas raízes culturais e ou religiosas". Sabe-se que a expressão "ideologia de gênero", no Brasil, tem sido usada vulgarmente no debate político para fazer referência às demais das pessoas LGBTQIAP+ de forma pejorativa pelo discurso religioso e conservador, entendendo-as como demandas que negam a verdade biológica da existência de "machos" e "fêmeas" e que ameaçam moralmente a sociedade. Nesse sentido, vemos como a defesa apela para argumentos conservadores e reproduz a violência de gênero no processo e justificando a conduta dos superiores do autor em argumentos transfóbicos.

Outro elemento que identificamos como uma violência, mas institucional, tem que ver com a dificuldade sistêmica no reconhecimento do nome social. Nos referimos ao fato de que, na audiência inicial do processo, a advogada do autor precisou pleitear a retificação do registro processual dele, uma vez que ele estava identificado pelo nome de nascimento e sendo tratado no feminino. Apesar de a solicitação ter sido prontamente atendida, com a retificação realizada em sequência, essa dificuldade burocrática, ou esta falha nos sistemas informacionais interinstitucionais, ainda que não manifestem uma intencionalidade, demonstram, no mínimo, uma certa morosidade no reconhecimento oficial de direito essencial à dignidade das pessoas trans, e de qualquer pessoa, que é o direito não nome. Ressaltamos que, no universo de 11 processos, em dois houve a necessidade de retificação manual do nome no sistema.

Pois bem. Após a audiência, em resposta a defesa do réu, o autor impugnou os argumentos da empresa e reiterou que, em realidade, "*os chefes não aceitaram a mudança de gênero do autor, fazendo comparações preconceituosas como se é dia nunca será noite, e que uma sentença judicial nunca mudará isto*" e que o tratamento no feminino contido na contestação apenas reforça se tratar de evidente conduta discriminatória. O autor reforça que os superiores hierárquicos

> (...) não só se adaptaram à nova situação, foram muito mais além, demonstrando nos áudios gravados, que a solução era transferir o autor para outro setor, inferior à sua função onde ele iniciou na empresa na produção, para bem longe deles, pois eles não aceitavam a mudança de nome, e se sentiam desconfortáveis com ela.

O autor deixa claro que a transfobia poderia ter levado ao rebaixamento de sua função, com perda salarial, apenas em razão da não aceitação de seu nome social, caso permanecesse trabalhando na empresa. É interessante, ainda que ao rebater o argumento da ré que giraram em torno do que foi chamado de "ideologia de gênero", o autor cita a decisão proferida na ADPF 4725, que tratou do direito ao nome social, em que constou na ementa que "*a identidade de gênero é manifestação da própria personalidade da pessoa humana e, como tal, cabe ao Estado apenas o papel de reconhecê-la, nunca de constituí-la*". Aqui, a representação processual do autor reconhece que, enquanto manifestação da personalidade do indivíduo, a identidade de gênero não depende de reconhecimento formal, de modo que, pensando no reconhecimento do nome, o direito do autor a ser chamado da forma correspondente à sua identidade independe da existência de pronunciamento judicial a este respeito.

Já na sentença, a juíza que decidiu o caso afastou o pedido de nulidade da prova apresentada pela empresa com respaldo no Informativo n. 568, do STF, que consolidou o entendimento pela admissibilidade da gravação ambiental como prova lícita quando esta constitui objeto de defesa. Diante do conjunto probatório apresentado, além da prova testemunhal, a magistrada entendeu tratar-se de assédio moral de natureza gravíssima, pelo qual determinou a condenação da Reclamada por conduta assediosa e discriminatória no montante de R$ 65.000,00 (sessenta e cinco mil reais), valor ainda assim abaixo do pleiteado pelo autor, que era de R$ 100.00,00 (cem mil reais). Além disso, declarou a rescisão indireta do contrato de trabalho.

Acerca dos fatos, a julgadora entendeu que os depoimentos colhidos em audiência de instrução confirmaram o assédio praticado. No caso do depoimento do autor, foi destacada, na decisão, a coerência temporal dos fatos, entre a obtenção da sentença judicial de reconhecimento do nome social, os primeiros pedidos de respeito ao nome, o retorno das férias e a gravação do áudio, bem como o último dia trabalhado pelo autor. No caso do depoimento prestado por representante da empresa, foi destacada a confirmação da veracidade das gravações realizadas. No caso do depoimento da testemunha do autor, considerou na confirmação da recusa de aceitação do nome, bem como o medo do autor de tratar do tema com os seus supervisores.

Acerca dos direitos, a juíza suscitou o entendimento consolidado no julgamento da ADI 4275, do STF, que assegurou a possibilidade de alteração do registro civil de pessoas travestis e transexuais sem a necessidade de realização de cirurgia de transgenitalização. Além do desrespeito ao disposto no art. 16, do Código Civil, que trata do direito ao nome, ela entendeu que a conduta praticada pelos superiores hierárquicos do autor incorreram afronta à "*dignidade da pessoa humana (art. 1º, III da CF), a vedação da discriminação odiosa (art. 3º, IV da CF), da igualdade (art. 5º,* caput, *CF), da liberdade e da privacidade (art. 5º,* caput *e inciso X, CF)*", indo de encontro "*ao direito à busca da felicidade, utilizado como fundamento pelo STF na decisão da ADI 132 do STF, que garantiu o reconhecimento de uniões homoafetivas*".

Ademais, a juíza entendeu que a empresa não cumpriu com sua função social ao discriminar o trabalhador em razão de sua condição, tendo violado, também, o direito à valorização do trabalho e o direito à saúde, previstos nos arts. 1º, III, 6º e 196 da Constituição Federal de 1988. Quanto à violação ao direito à saúde, fundamentou o seu entendimento na Convenção n. 155 e na Recomendação n. 164, ambas da OIT, que determinam medidas de cuidado e preservação da saúde mental, que se relacionam diretamente com a garantia de um ambiente de trabalho sadio.

É interessante observar que, na construção de sua fundamentação, a juíza considerou que a conduta assediosa era perniciosa ao ambiente de trabalho, gerando um espaço hostil ao autor. Ou seja, o respeito à identidade de gênero compõe o sistema de proteção do ambiente laboral, de modo que não se poderia pensar em um ambiente hígido sem garantir que as pessoas possam expressar a sua identidade de forma livre e segura. Também considerou a conduta processual da ré, que corroborou e repetiu, por meio de sua postura processual, o tratamento discriminatório do autor.

É interessante, também, à análise detida que faz dos áudios apresentados em juízo, a partir dos quais conclui que:

> A postura dos assediadores representa uma conduta inaceitável no **ambiente de trabalho**. Agem como se fosse o autor que lhes tivesse causando desconforto e exigindo algo absurdo, quando na verdade são eles, **os assediadores, que demonstram comportamento violento e flagrantemente discriminatório,** diante da postura do autor em simplesmente **exercer seu direito em ser chamado pelo novo nome social** (grifos nossos).

Mais adiante, após afirmar que "o mundo e o ordenamento jurídico não giram em torno da opinião pessoal dos assediadores" a julgadora arremata:

> Acima de todos os preconceitos dos assediadores está a lei. Isso é o que importa. **A lei é soberana e não manda ninguém tirar brinco independente do gênero com que se identifique.** A lei determina que os assediadores respeitem o autor, **bem como respeitem e cumpram a sentença civil reconhecendo seu nome social atual.**

Nesse caso, a juíza mostra não estar preocupada apenas com o desrespeito à sentença civil e, sim, que os elementos dos autos demonstram que a violência sofrida pelo autor no trabalho viola direitos para além daqueles oficializados pelo pronunciamento do judiciário. Ou seja, violam a sua dignidade e os seus direitos da personalidade, cuja proteção jurídica decorre de uma interpretação sistemática da Constituição Federal. Por isso a variedade de dispositivos apresentados como fundamentação jurídica da decisão.

Diante do conteúdo da decisão, apresentou duas estratégias de defesa. A primeira consistiu em suscitar uma preliminar de nulidade da sentença alegando a suspeição da magistrada. Para a empresa, o fato de a magistrada ter tratado com cordialidade o autor, chegando mesmo a elogiar o nome social escolhido por ele por ser o mesmo escolhido por ela para o seu filho, e a concessão da gratuidade de justiça seriam a provas cabais da alegada suspeição. A ré alega que a juíza dirigiu ao autor um cuidado "maternal", um tipo de acusação que se assemelha às acusações de "paternalismo" feitas à Justiça do Trabalho. Parece-nos, que para a reclamada, não é possível conceber que na procedência da ação decorreu do reconhecimento de um direito existente, mas de um posicionamento pessoal ou tendencioso da magistrada, também muito baseado em seu gênero.

A outra estratégia, consistia em suscitar uma preliminar de nulidade da prova apresentada pelo autor, matéria já apresentada na contestação e que, novamente, a empresa mobilizou em sede de recurso, argumentando se tratar de produção de prova premeditada e que, por isso, deveria ser desconsiderada. Quanto ao mérito, reforçou os argumentos construídos em defesa, assim como o fez o autor nas suas contrarrazões.

No julgamento do recurso, a turma julgadora afastou a preliminar de nulidade da sentença por suspeição da magistrada enfatizando que esse aspecto não foi objeto de impugnação prévia e nem mesmo foi registrada em nenhuma ata do processo, bem como que a cordialidade entre as partes não expressa. Quanto a outra preliminar sobre a ilicitude da prova apresentada pelo autor, não foi acolhida, uma vez que tal meio de prova é respaldado pela jurisprudência pacificada pelo STF e no âmbito do TST. Contudo, relativizou a prova por entender que o autor teria induzido o diálogo pois sabia a reação que teria dos superiores, introduzindo o "*tema em momento impróprio*".

Esse foi um dos motivos que a fez reduzir o valor da indenização, por entender que minimizava as ofensas proferidas. Consta no acórdão:

> as gravações realizadas pelo autor foram premeditadas, como alega a ré, havendo ele, de fato, **introduzido de forma intempestiva o assunto, em meio ao horário de trabalho**, exigindo que daquele momento em diante fosse tratado por [suprimido]

Nesse sentido, temos a expressão de uma compreensão de que os assuntos de gênero não são assuntos próprios para o ambiente de trabalho, em sentido oposto ao que foi decidido em primeira instância. Esta manifestação reforça a ideia de que as demandas de gênero devem estar circunscritas à esfera privada e não são questões que afetam as relações de trabalho, neutrais, pautadas principalmente por questões econômicas e objetivas. Como se os pleitos por reconhecimento não tivessem lugar no espaço laboral.

Um outro motivo levantado para a redução da indenização seria o de que a única prova de conduta discriminatória apresentada pelo autor seria aquela relativa ao desrespeito ao nome social e que o autor não trouxe ao processo nenhum outro meio de prova capaz de comprovar que havia práticas reiteradas de discriminação em razão de sua condição de transgênero. Para a turma, além do fato de a empresa possuir outros funcionários transexuais, não há como afirmar que o autor sofria cotidianamente, uma vez que ele não relatou e nem comprovou conduta discriminatória anterior.

Está no acórdão:

> Não se entrará aqui nas minúcias da conversa no que concerne ao uso ou não uso de brincos por quem seja mulher ou homem, pois entendo que, ao tratarem desse tema, **muito antes de demonstrar algum desprezo pelo autor, os diretores nada mais fizeram do que expor sua opinião. Se é uma visão antiquada ou machista, não é isso que está em julgamento nestes autos, tratando-se de questão de menor importância**.

Este trecho demonstra, ao que nos parece, que, para os julgadores, o desrespeito ao nome social não significa desprezo pelo autor ou ofensa a sua identidade de gênero, mas, muito mais, o descumprimento de um direito formalmente reconhecido. Isto fica mais bem traçado adiante, quando afirmam que "*o que teria causado os danos morais ao reclamante seria a alegada de transgênero (embora discriminação pela sua condição não tenham sido narrados fatos específicos concernentes a essa alegação) e a não aceitação de seu novo nome*". Ou seja, o desrespeito do direito ao nome, segundo a compreensão dos magistrados, não constitui em si uma violência de gênero.

Além disso, parece-nos que, para a turma, a questão resume-se estritamente na questão do nome social, porque desconsideram os pontos da conversa registrada em áudio em que o autor tem sua identidade de gênero interpelada. Aqui, é preciso dizer que os áudios não registram uma conversa trivial entre duas gerações distintas, que emitem suas opiniões sobre questões polêmicas de forma cordial. Registram um pleito legítimo do autor que é confrontado com uma série de afirmações falsas e violentas sobre gênero e expressão de gênero, que não são proferidas de forma genérica, mas dirigidas diretamente ao autor, que teve sua vida familiar e na expressão de sua personalidade interpeladas no ambiente de trabalho.

Ao entender que a ofensa aconteceu de forma isolada, também foi desconsiderado o depoimento do autor, que relatou ter vivido a recusa por mais de três meses, o que não foi negado pela empresa. Foi igualmente desconsiderada a prova testemunhal, o que também não foi destacado em sentença, no sentido de que outras pessoas transgênero tiveram a mesma dificuldade de reconhecimento do seu nome social pelos seus superiores hierárquicos na empresa. Apesar de defenderem, adiante, que "*se, como dizem, os diretores sentem-se incomodados com o fato de [suprimimos] se tornarem [suprimimos] ou vice-versa, devem eles procurar adequar-se ao mundo, e não o contrário*" para manter a condenação em danos morais, parecem aderir, de modo significativo, a ideia de que na recusa do nome social deu-se por "teimosia" geracional, revelando uma compreensão de parte do judiciário sobre as dinâmicas de gênero e na realidade das pessoas trans, especialmente no trabalho.

5. Considerações finais

Por tudo o que foi exposto, podemos tecer algumas considerações finais sem a pretensão de esgotar por completo o debate em um campo aberto e com análises ainda incipientes sobre a judicialização de demandas de pessoas trans em geral e, de pessoas transmasculinas, em específico, no âmbito da Justiça do Trabalho.

Sob o pano de fundo de um cenário de desemprego estrutural, aumento da informalidade e precarização do trabalho (CASTRO, 2016), com o recente agravamento da crise econômica, social e política que atravessamos (BENEVIDES; NOGUEIRA, 2021), a exploração da força de trabalho dentro do sistema binário da divisão sexual do trabalho (BUTLER, 2018; BRITO, 2019), se dá de maneira diferenciada entre as diferentes camadas das classes trabalhadoras, como é o caso da maior vulnerabilidade a que estão expostas as pessoas trans no mercado de trabalho brasileiro, quando conseguem acessá-lo.

Nesse contexto, o judiciário trabalhista se afigura como um importante instrumento na garantia e efetivação dos direitos fundamentais inerentes à relação de trabalho e emprego desse grupo. O baixo número de processos que tratam de violações de direitos das pessoas trans no contexto das relações de trabalho nos informa, em alguma medida, dos obstáculos ainda existentes ao acesso à justiça e aos direitos dessa população. Considerando os dados apresentados por Benevides e Nogueira (2021) e Benevides (2023), os dados estatísticos relativos às condições de vida e trabalho desse grupo são reveladores de uma realidade em que grande parte da população trans sequer consegue acessar os meios formais de trabalho, além da informalidade se afigurar como espécie de "fuga" das violações possíveis no contexto da formalidade[(9)] (BRITO, 2019, p. 216) mesmo quando, como no caso dos homens trans, possuem um alto grau de escolaridade (*idem*), revelando mais uma faceta da precarização acentuada da força de trabalho trans.

No que diz respeito à permanência e a qualidade da inserção no mercado formal, foi possível perceber, seja pelo levantamento realizado por Benevides e Nogueira (2021), em que as autoras apontam as inconsistências das políticas de promoção de diversidade adotadas pelas empresas, seja pelo retrato das demandas judicializadas apresentadas por Ribeiro (2023), Fonseca (2016) e por nós, que direitos básicos como aqueles pertencentes ao rol de direitos da personalidade do trabalhador, no qual podemos incluir o direito fundamental à autodeterminação de gênero e o direito ao uso do nome social, ambos

---

(9) Sobre esse aspecto, Brito (2019, p. 216) comenta: "(...) A inserção na informalidade do mercado de trabalho — a qual prescinde da publicização da documentação — pode constituir uma estratégia de obtenção/manutenção da passabilidade, ou seja, de não revelação da identidade trans, podendo significar condições e relações de trabalho de maior conforto no que tange ao reconhecimento/respeito da identidade masculina, visto o reconhecimento da identidade trans acompanhar-se, não raramente, de violações dos direitos mais elementares no mundo do trabalho. Ao tempo que à inserção no trabalho informal significa condições e relações laborais desfavoráveis no relativo ao direito ao abrigo da legislação social e do trabalho, bem como no que se refere, por exemplo, à interrupção de carreiras promissoras ou mesmo de um projeto profissional mais consistente. Neste sentido, a informalidade pode comportar um significado particular em algumas trajetórias de trabalho de homens trans".

ancorados no direito fundamental da dignidade humana, são sistemática e reiteradamente violados mesmo quando existe o acesso ao direito ao trabalho através do acesso ao emprego formal, elementos que nos levam a tensionar os estreitos limites da garantia formal de direitos e da ficção abstrata e genérica de sujeito de direitos.

A institucionalização e naturalização da transfobia no mercado de trabalho, explorada por Benevides e Nogueira (2021, p. 45), é identificada através da constatação das temáticas das demandas que perpassam os casos analisados por nós, por Ribeiro (2023) e por Fonseca (2016), de modo que podemos compreender que todas as demandas desdobraram-se da prática de assédio moral transfóbico praticado por superiores hierárquicos e/ou por colegas de trabalho, seja através da recusa do respeito ao uso do nome social (através da adequação documental e do tratamento pessoal), seja mediante a recusa do uso de banheiros e uniformes condizentes com a autodeterminação de gênero, seja mediante ameaças de rebaixamento de cargo e salarial e de ofensas verbais diretas e indiretas, situações essas que culminaram no ajuizamento de ações pleiteando a rescisão indireta do contrato de trabalho ou, como em alguns casos, o pedido de reversão da demissão por justa causa para caracterização de dispensa discriminatória motivada por preconceito de gênero.

Esse dado, se não é capaz de explicitar o contexto geral do mercado de trabalho brasileiro, nos fornece um indicativo expressivo de como a questão de gênero, especialmente, a questão da transexualidade relaciona-se com o trabalho. O fato de haver menos demandas judiciais em que homens trans figuram como autores se comparados com as mulheres trans, nos dão algumas pistas sobre como essa camada de trabalhadores trans está, em alguma medida, protegida pela "passabilidade" e, ao mesmo tempo, invisibilizados por ela nos postos de trabalho a que tiveram acesso.

Contudo, de forma alguma é possível afirmar, considerados os apontamentos realizados por Castro (2016), Brito (2019), Benevides e Nogueira (2021) sobre o panorama geral dessa inserção, que seriam os homens trans um estrato de classe privilegiado, seja pelo caráter incipiente dos estudos realizados seja pelos aspectos de precariedade e vulnerabilidade identificados nas experiências transmasculinas no trabalho já estudadas.

Pelo contrário, no conjunto, tanto as mulheres trans como os homens trans, no que diz respeito ao acesso ao judiciário trabalhista e a garantia dos direitos do trabalho, considerando os períodos analisados, o perfil dos(as) demandantes e dos postos de trabalho ocupados, os baixos salários, a violação sistemática de direitos, o baixo número de demandas judicializadas e os baixos valores das indenizações concedidas, não se pode afirmar que essa camada da classe trabalhadora, ressalvadas as diferenças entre elas, experiencia algum grau de privilégio no sentido pleno da palavra. No máximo, poderíamos dizer que estão em uma situação "menos pior" que a outra.

Aqui, problematizamos também a qualidade da prestação jurisdicional acessada por essas pessoas, seja pela reprodução sistêmica da violação ao direito ao uso do nome social quando o sistema processual eletrônico registra a pessoa transgênero pelo nome de nascimento e não pelo nome social, seja pela eufemização das práticas de assédio moral transfóbico como "mera dificuldade" de adaptação dos assediadores à condição da pessoa trabalhadora trans no entendimento dos magistrados quando tentam "adequar os fatos às normas" sem qualquer sensibilidade à temática da transgeneridade no que diz respeito a parametrização da gravidade do dano sofrido — regra prevista no art. 223-G, da CLT, instituída pela Lei n. 13.467/2017 —, em que pese no caso analisado por nós a sentença produzida pela magistrada de primeira instância ter considerado elementos para além dos aspectos formais do direito ao uso do nome social, situando o entendimento ali proferido na vanguarda das disputas pela efetivação do direito das pessoas trans operadas no âmbito do judiciário trabalhista.

Assim como Fonseca (2016), foi possível perceber no caso analisado por nós como o trato judicial ao assédio moral transfóbico terminou por tergiversar em uma argumentação que dizia respeito a "verdade sobre o gênero, ou seja, procuram delimitar o que é a vivência transexual através de critérios arbitrários, independentemente da autoafirmação das demandantes" (FONSECA, 2016, p. 6). No processo analisado, a argumentação jurídica que diminuiu o valor da indenização por dano moral devida, seja na defesa da empresa ré — que mesmo no processo insistiu em desrespeitar o nome social e os pronomes de tratamento do autor —, seja na argumentação da turma recursal, buscavam evidenciar supostas contradições na vivência de gênero do demandante, desqualificando seu pleito e sua idoneidade, revelando que ambos os atores processuais (parte ré e magistrados de segunda instância) não compreende ou mesmo desprezam a complexidades das vivências de gênero e sexualidade.

Mesmo quando as provas testemunhais confirmaram o exposto pelo autor e reforçaram o conteúdo probatório apresentado por ele, no sentido de evidenciar a prática de conduta discriminatória pela empresa, a turma recursal se furtou em reconhecer a gravidade do dano sofrido, reduzindo a questão a mero debate sobre o desrespeito a decisão judicial que garantia o direito do autor ao uso do nome social, como se fosse essa a única violação sofrida — considerando a prova de forma isolada das demais —, no contexto da relação de emprego, através do entendimento de que questões de gênero estariam circunscritas à esfera privada dos indivíduos e não deveriam afetar as relações de trabalho, orientadas por uma suposta objetividade e uma e neutralidade.

Diante de tudo isso, é possível perceber como a institucionalização da transfobia pode extrapolar as instâncias da relação de trabalho e emprego em si e se apresentar também na instância judiciária, seja através da negativa da prática de assédio moral transfóbico pela defesa dos assediadores, seja pela negativa do direito dos/as autores/as às verbas indenizatórias ou na sua concessão em valores irrisórios, terminando por relativizar ou diminuir a gravidade das práticas discriminatórias ocorridas no contexto do vínculo laboral, o que termina por representar mais um obstáculo ao acesso ao trabalho digno e decente, num primeiro momento, e ao acesso aos direitos fundamentais do trabalho, quando falamos da existência — declarada ou não — de uma relação empregatícia.

Todos esses elementos denunciam, ao mesmo tempo, a importância da disputa judiciária na garantia e efetivação dos direitos da população trans no que se refere aos direitos ao e do trabalho e a necessidade de aprimoramento de políticas públicas e privadas institucionais que garantam, de fato, a inserção e a promoção da qualidade de vida, saúde e trabalho da população trans trabalhadora. Além disso, evidenciam a importância do avanço de uma agenda de pesquisa que se debruce sobre essas experiências, seja no âmbito das relações de trabalho, seja no âmbito da judicialização dos conflitos oriundos daquelas.

Referências

BENEVIDES, Bruna G. *Dossiê:* assassinatos e violências contra travestis e transexuais brasileiras em 2022. ANTRA (Associação Nacional de Travestis e Transexuais) – Brasília, DF: Distrito Drag; ANTRA, 2023. Disponível em: https://antrabrasil.files.wordpress.com/2023/01/dossieantra2023.pdf. Acesso em: 24 set. 2023.

______; NOGUEIRA, Sayonara Naider Bomfim (Orgs.). *Dossiê dos assassinatos e da violência contra travestis e transexuais brasileiras em 2020.* São Paulo: Expressão Popular, Antra, IBTE, 2021.

BRITO, Carolina Gonçalves Santos de. *Diversidade de gênero no trabalho:* trajetórias de inserção e permanência de homens trans no mercado de trabalho. Dissertação (Mestrado) – Universidade do Estado do Rio de Janeiro – Faculdade de Serviço Social, Rio de Janeiro, 2019. Disponível em: https://www.bdtd.uerj.br:8443/bitstream/1/20351/2/Disserta%C3%A7%C3%A3o%20-%20Carolina%20Gon%C3%A7alves%20Santos%20de%20Brito%20-%202019%20-%20Completa.pdf. Acesso em: 09 out. 2023.

BDTD — Biblioteca Digital Brasileira de Teses e Dissertações. *Busca pelos termos "mulher trans" e "trabalho".* Disponível em: http://bdtd.ibict.br/vufind/Search/Results?lookfor=%22mulher+-trans%22+%22trabalho%22&type=AllFields&limit=20&sort=year > Acesso em 08 de outubro de 2023.

______. *Busca pelos termos "homem trans" e "trabalho".* Disponível em: http://bdtd.ibict.br/vufind/Search/Results?lookfor=%22homem+trans%22+%22trabalh o%22&type=AllFields&sort=year. Acesso em: 08 out. 2023.

BUTLER, Judith. *Problemas de gênero:* feminismo e subversão da identidade. Editora José Olympio, 2018.

CASTRO, Carla Appollinario de. Gênero, diversidade sexual e direitos sociais da população trans. In: BARROS, Nivea Valença *et al.* (Orgs.). *Gênero, diversidade sexual e direitos sociais:* Debates preliminares. Niterói: Eduff, 2016.

FONSECA, Hugo Sousa da. *Transfobia no ambiente laboral:* uma análise de discursos judiciários veiculados em conflitos pelo direito à identidade de gênero mediados pela justiça do trabalho. Trabalho de Conclusão de Curso (Graduação em Direito). Universidade de Brasília. 2016. Disponível em: https://bdm.unb.br/handle/10483/16170. Acesso em: 24 set. 2023.

LOURO, Guacira Lopes. *Gênero, Sexualidade e Educação:* uma perspectiva pós-estruturalista. 2. ed. Petrópolis: Vozes, 1998.

TRT-1ª, Tribunal Regional do Trabalho da 1ª Região. Biblioteca Digital. Jurisprudência. *Busca pelo termo "transexual"*. Rio de Janeiro, 2023. Disponível em: https://bibliotecadigital.trt1.jus.br/jspui/handle/1001/1978/simple-search?query=%22TRANSEXUAL%22+&sort_by=dc.date.issued_dt&order=asc&locat ion=1001/1978&rpp=10&etal=0&filtername=dateIssued&filter-query=%5B2010+TO+2 019%5D&filtertype=equals. Acesso em: 24 set. 2023.

RIBEIRO, Rúbia Rossato. *Homotransfobia na pauta de julgamento:* uma análise de decisões proferidas pelo Tribunal Regional do Trabalho da 3ª Região. 2023. 22 f. Trabalho de Conclusão de Curso (Graduação em Direito) – Universidade Federal de Uberlândia, Uberlândia, 2023. Disponível em: https://repositorio.ufu.br/handle/123456789/38409. Acesso em: 24 set. 2023.

SCOTT, Joan Wallach. *Gênero:* uma categoria útil de análise histórica, 1989. Disponível em: https://edisciplinas.usp. br/pluginfile.php/185058/mod_resource/content/2/G%C3%AAnero-Joan%20Scott.pdf. Acesso em: 09 out. 2023.

Mulheres Trans e Travestis no Trabalho Sexual em Condições Análogas às de Escravizados: Ações da Inspeção do Trabalho na Operação "Libertas"

Dercylete Lisboa Loureiro[(1)]

Hilana Carvalho Pereira[(2)]

1. Introdução: Contexto do mercado de trabalho para pessoas trans, no Brasil

Apesar de diversas normas de cunho internacional e pátrio expressarem o necessário respeito pela diversidade que compõe os chamados direitos de solidariedade social/fraternidade, a marginalização de grupos sociais que divergem da hegemonia de orientação sexual e identidade de gênero é dado de realidade atual, que se apresenta em forma de afronta a um conceito contingente (MATOS, 2019) de dignidade. No entanto, essa marginalização não é fenômeno recente, mas remonta à invasão europeia ao Brasil, quando portugueses e franceses encontraram e registraram a existência de indígenas praticantes "do que a cristandade condenava como 'abominável e nefando pecado de sodomia'" (MOTT, 2023, p. 32), em espécie de perpetuação dos processos violentos derivados do colonialismo.

De acordo com os Princípios de Yogyakarta (documento internacional elaborado por um grupo de especialistas em Direitos Humanos, em 2007), historicamente, pessoas experimentam violações de direitos humanos como violência, assédio, discriminação, exclusão, estigmatização e preconceito, porque são como lésbicas, gays ou bissexuais,

---

(1) Auditora-Fiscal do Trabalho. integrante da Coordenação Nacional do Projeto de Combate à Discriminação e Promoção da Igualdade de Oportunidades no Trabalho, da Secretaria da Inspeção do Trabalho do Ministério do Trabalho e Emprego. Tem Mestrado em Direito e Especialização em Direito Tributário pela Universidade Gama Filho e em Direito do Trabalho e Direito Previdenciário pela Universidade Estácio de Sá.

(2) Auditora-Fiscal do Trabalho. Integrante da Coordenação Geral de Recursos, da Secretaria da Inspeção do Trabalho, no Ministério do Trabalho e Emprego. Bacharela em Direito (Universidade da Amazônia — UNAMA). Especialista em Direito e Processo do Trabalho (Anhanguera/UNIDERP). Pós-Graduanda em Direito do Trabalho e Direitos Humanos (UFPA). Pesquisadora no Grupo de Pesquisa Trabalho e Capital — GPTC/USP e no Núcleo o Trabalho Além do Direito do Trabalho — NTADT/USP.

transexuais, transgêneros, intersexuais ou percebidas como tais, ou porque pertencem a grupos sexuais identificados em determinadas sociedades pela sua orientação sexual ou identidade de gênero.

Nesse sentido, compreende-se que orientação sexual é a capacidade de cada pessoa tanto de experimentar uma profunda atração emocional, afetiva ou sexual por indivíduos de gênero diferente, do mesmo gênero ou de mais de um gênero quanto de ter relações íntimas e sexuais com essas pessoas; e identidade de gênero refere-se à experiência interna, individual e profundamente sentida que cada pessoa tem em relação ao gênero, que pode, ou não, corresponder ao sexo atribuído no nascimento, incluindo-se aí o sentimento pessoal do corpo (que pode envolver, por livre escolha, modificação da aparência ou função corporal por meios médicos, cirúrgicos ou outros) e outras expressões de gênero, inclusive o modo de vestir-se, o modo de falar e maneirismos (YOGYAKARTA, 2007).

Assim, exsurge como relevante a investigação de tema que afeta não apenas, mas em grande monta, pessoas transgêneros e possui diversas lacunas jurídicas, alto teor de invisibilidade social e pouca fiscalização: o trabalho sexual. No Brasil, apesar de não haver criminalização da identidade trans e travesti ou, ainda, do ofício da prostituição, essas condições são destinatárias de enorme exclusão social. A LGBTQIAP+fobia, a misoginia e as violações de direitos humanos de grupos vulneráveis em razão de sua orientação ou identidade sexual são constantes. Estima-se que, no Brasil, 2,0% da população seja trans, de acordo com dados da Associação Nacional de Travestis e Transexuais — ANTRA (CEDEC, 2021).

Neste estudo, pretende-se investigar, mediante as circunstâncias fáticas e jurídicas que atravessaram a ação fiscal denominada "Operação Libertas", em que medida as ações da Inspeção do Trabalho contribuem para o reconhecimento jurídico de mulheres trans e travestis exploradas sexualmente em condições análogas às de escravizados. A operação foi realizada em uma articulação de diversos órgãos estatais (Inspeção do Trabalho – Ministério do Trabalho e Emprego, Ministério Público do Trabalho, Ministério Público do Estado de Minas Gerais e Polícia Militar do Estado de Minas Gerais, Polícia Rodoviária Federal, Polícia Federal e Defensoria Pública da União). Nela, foram fiscalizadas as atividades de exploração sexual, atividade para a qual não existe, atualmente, código na Classificação Nacional de Atividade Econômica (CNAE), mas, para a necessária classificação estatística, foi enquadrada como em "outras atividades de serviços pessoais não especificadas anteriormente", sob o CNAE 96092/99.

O enfoque deste estudo de caso se dará sobre a atuação da Inspeção do Trabalho, que tem por missão precípua a proteção dos trabalhadores no exercício da atividade laboral, mediante a aplicação de disposições legais, incluindo as convenções internacionais ratificadas, os atos e decisões das autoridades competentes e as convenções, acordos e contratos coletivos de trabalho.

Durante a ação fiscal trabalhista, que durou aproximadamente um ano desde o início de sua execução (entre 2022 e 2023), foi constatada a submissão de trabalhadoras (mulheres trans e travestis) a condições análogas às de escravizados, em meio ambiente urbano, nos estados de Minas Gerais e Santa Catarina, nas modalidades de trabalho forçado e servidão por dívidas e existência de indícios de tráfico de pessoas para a exploração de trabalho em condições análogas às de escravizados. Foram alcançadas pela ação fiscal 39 trabalhadoras, sendo 32 trabalhadoras resgatadas de trabalho em condições análogas às de escravizados. Todas mulheres transgêneros.

Inicialmente, aborda-se o contexto do mercado de trabalho brasileiro no que se refere às pessoas transgêneros e travestis; depois, no capítulo 2, será tratado o histórico da Inspeção do Trabalho na atividade de exploração sexual em condições análogas às de escravizados; em seguida, no capítulo 3, será avaliado como a exploração sexual em condições análogas às de escravizados representa violação da dignidade humana, traçando um diferencial em relação ao trabalho que envolve a prostituição, com respeito aos direitos sexuais das trabalhadoras; e, por fim, no capítulo 4, serão analisadas as condições em que a "Operação Libertas" ocorreu e em que medida houve o reconhecimento jurídico para as trabalhadoras resgatadas durante sua ocorrência, com reflexão sobre a categoria filosófica de luta por reconhecimento.

Nesta pesquisa, utilizam-se os termos "transgênero" e "trans" como denominação mais ampla, que se refere a pessoas que não se sentem em conformidade — seja social, cultural, política ou psicologicamente — com o sexo designado no nascimento (ROCHA, 2019, p. 6 e 22) e abarca as nomenclaturas "transexuais" e "travestis", sendo a primeira utilizada para a identificação com o sexo oposto ao de nascimento (com ou sem processo de transgenitalização) e a segunda uma classificação nacional e latino-americana, em que mulheres buscam reconhecimento de sua identidade como diferente da identidade das transexuais, com aceitação de seu sexo biológico, mas identificação com o gênero feminino e sua performance.

A luta por reconhecimento significa a possibilidade de acesso a trabalho digno, saúde, educação, impactando diretamente a expectativa de vida e índices de mortalidade. De acordo com o Dossiê dos assassinatos e da violência contra travestis e transexuais brasileiras em 2020:

> As travestis e transexuais femininas constituem um grupo de alta vulnerabilidade à morte violenta e prematura no Brasil. Apesar de não haver estudos sistemáticos sobre a expectativa de vida das travestis e transexuais femininas, Antunes (2013) afirma que a expectativa de vida desta população seja de 35 anos de idade, enquanto a da população brasileira em geral, é de 74,9 anos (IBGE, 2013) (BENEVIDES e NOGUEIRA, 2021, p. 42).

O mercado de trabalho no Brasil mostra-se marcado pela desigualdade de oportunidades especialmente para população trans, em razão das discriminações sofridas por esse grupo social. De acordo com as informações da pesquisa realizada pelo Centro de Estudos de Cultura Contemporânea (CEDEC, 2021),

> (...) as pessoas trans também têm que lidar com barreiras referentes à escolaridade, à qualificação profissional e aos demais requisitos exigidos para o desempenho de funções específicas no mundo do trabalho. A saída precoce de casa e da escola tem levado mulheres trans e travestis ao desempenho de atividades relacionadas ao mercado do sexo, aos serviços de estética, beleza e atividades artísticas. Essa associação com a prostituição tem, de fato, algum respaldo na realidade.

A pesquisa revela que 57% da população entrevistada na cidade de São Paulo não tinha formação técnica ou específica para exercer determinadas ocupações no mercado de trabalho e que a prostituição se constituía a principal ocupação para as entrevistadas, com destaque para o percentual alto de mulheres trans e travestis, 34% e 46%, respectivamente. Achado também relevante que demonstra a divisão sexual do trabalho é o de que para homens trans "praticamente inexiste a ocorrência de pessoas que se declaram profissionais do sexo e, dentre as não binárias, o índice foi de apenas 3%" (CEDEC, 2021).

Tabela 12- Principal ocupação ou atividade remunerada por identidade de gênero

Ocupação	Travesti	Mulher trans	Homem trans	Não binária	Total
Profissional do sexo	46%	34%	0%	3%	27%
Cabeleireira(o)	4%	13%	1%	3%	8%
Vendedor(a)/ atendente loja, lanchonete	1%	2%	9%	6%	4%
Analista *Control Desk/ Telemarketing*	3%	3%	9%	3%	4%
Ambulante	1%	2%	5%	8%	3%
Costureira(o)	2%	3%	1%	2%	2%
Caixa de lojas, supermercados	0%	2%	2%	2%	2%
Auxiliar de limpeza	1%	2%	1%	2%	1%
Auxiliar de cozinha	2%	1%	1%		1%
Arte visual	2%	1%	2%	3%	1%
Outras ocupações	36%	37%	69%	69%	46%
TOTAL	100%	100%	100%	100%	100%

Fonte: Pesquisa "Mapeamento de Pessoas Trans na Cidade de São Paulo" – CEDEC, 2021.

Estatísticas que envolvem o recorte social de identidade de gênero e orientação sexual, no entanto, ainda não possuem uma chancela estatal nacional, visto que não estão contempladas pelo Instituto Brasileiro de Geografia e Estatística.

Observando um contexto global, do ponto de vista da organização do mercado de trabalho, na grande maioria dos países, o mercado do sexo e o tema das suas condições de trabalho sofrem grande marginalização, o que pode desencadear maior probabilidade de ocorrência de situações de abuso, exploração e violência, ou seja, para situações de trabalho forçado, em que pessoas são envolvidas mediante engano e servidão por dívida (BOLZON e VASCONCELOS, 2008).

A hipótese desenvolvida nesta pesquisa é que o combate à coisificação do ser humano decorrente da superexploração do trabalho, a efetivação de direitos fundamentais trabalhistas e a promoção de direitos fundamentais no trabalho de pessoas transexuais e travestis são critérios que permitem avaliar a contribuição da Inspeção do Trabalho como resposta ao problema: em que medida as ações da Inspeção do Trabalho contribuem para o reconhecimento jurídico de mulheres trans e travestis exploradas sexualmente em condições análogas às de escravizados.

Este artigo valeu-se de revisão bibliográfica, documental, empírica, decorrentes da experiência e observação das autoras no exercício da Auditoria-Fiscal do Trabalho, bem como de entrevista por meio de questionário semiestruturado com o coordenador da equipe nacional responsável pelas ações de fiscalização no tema da exploração sexual no âmbito da DETRAE, Magno Riga[(3)].

O método do estudo de caso adequa-se ao problema apresentado, tendo em vista que possibilita a descrição ampla e profunda (Yin, 2015, p. 4) do fenômeno social de exploração sexual de mulheres trans e travestis em condições análogas às de escravizados, bem como a reflexão sobre o enfoque da teoria do reconhecimento. Nesta temática, quando pesquisados trabalhos e autores em periódicos CAPES, encontrou-se para os termos trabalho análogo ao de escravo + pessoas trans, zero resultado; trabalho análogo ao de escravo + transgênero, zero resultado; trabalho análogo ao de escravo + transexuais/transexual, zero resultado; trabalho escravo + transgênero, zero resultado; trabalho escravo + exploração sexual/prostituição/trabalho sexual + transgênero/transexual/pessoas trans, zero resultado.

Os textos que mais se aproximaram da temática desenvolvida pelas autoras nesta pesquisa foram "Trabalho Escravo e Exploração Sexual Forçada: Uma Análise Sob O Enfoque Justrabalhista", de Jamile Freitas Virgínio; "Violações de Direitos Fundamentais e Vulnerabilidades das Profissionais do sexo: Aspectos visibilizados pela Operação Cinderela", de André Espósito Roston e Bruna Carolina de Quadros; e "Gênero, Expressões e Estruturas Discriminatórias: Uma Análise Interseccional sobre as Operações de Resgate de Mulheres Transexuais Vítimas de Exploração Sexual em Condições de Escravidão Contemporânea", de Camila Lourinho Bouth.

(3) Informações apuradas em entrevista concedida às autoras em 15 de agosto de 2023.

Note-se que este estudo utiliza o gênero feminino, a sigla LGBTQIAP+(4), bem como faz referência a identidades transgênero e travesti no intuito de expressar total respeito, inclusão e reconhecimento às diversidades de gênero e suas lutas. Também utiliza a expressão "condições análogas" em observância ao contexto da legislação brasileira; no entanto, opta-se pelo termo "escravizados" em vez de "escravos", como forma de reconhecimento de a condição de escravização ser relacional e não inerente ao sujeito.

2. A inspeção do trabalho na fiscalização da atividade de exploração sexual

A assimetria entre trabalhadores e empregadores, estabelecendo-se a vantagem que esses têm sobre aqueles, ao se estipularem cláusulas contratuais, é uma das justificativas da separação do Direito do Trabalho do Direito Civil como conjunto de regras aplicável às relações de trabalho. A centralidade da pessoa humana nos sistemas jurídicos após a Primeira e Segunda Guerras Mundiais encontra, no Direito do Trabalho e no Princípio da Proteção o resguardo da dignidade da pessoa humana no exercício de atividade laboral. Nesse sentido, um dos principais agentes garantidores da efetividade dos direitos fundamentais trabalhistas é a Inspeção do Trabalho, que, no Estado brasileiro, se desenha como competência da União, que tem o dever de organizá-la, mantê-la e executá-la, em consonância com o disposto na Convenção n. 81 da Organização Internacional do Trabalho.

Os direitos humanos fundamentais trabalhistas têm sua efetividade dependente de um conjunto de ações e omissões do Estado e da sociedade em geral, especialmente dos empregadores. A indispensável intervenção do(s) estado(s), como regulador (es) das relações de trabalho, demanda uma atuação à altura de sua estrutura e poderes, respaldada não só por uma ordem interna senão, especialmente, por uma ordem internacional alicerçada em tratados, acordos e convenções que tratam de Direitos Humanos. Nessa perspectiva, pode-se reconhecer os direitos dos trabalhadores como direitos humanos fundamentais e determinar instituições defensoras e promotoras de primeira hora da garantia da dignidade da pessoa humana no trabalho, como ocorre com a Inspeção do Trabalho, instrumento imprescindível para a realização e persecução de tais direitos.

A atuação da Inspeção do Trabalho no Brasil no enfrentamento do trabalho em condições análogas às de escravizados reforça a linha construída acima, na medida em que a eliminação de toda e qualquer forma de trabalho forçado ou obrigatório constitui princípio e direito fundamental no trabalho expresso pela Organização Internacional do Trabalho.

(4) Acrônimo utilizado para designar Lésbicas, Gays, Bissexuais, Transgêneros, Queer, Intersexo, Assexuais, Pansexuais e o sinal "mais" para outros mais.

O primeiro instrumento normativo, no âmbito da Inspeção do trabalho, que possibilitou, de forma mais estruturada, tratar-se do tema da escravização de trabalhadores no Brasil foi a Instrução Normativa Intersecretarial n. 1, de 24 de março de 1994. Ela destinava-se à implementação de uma Política Nacional da Fiscalização Rural, objetivando garantir a dignidade do trabalhador rural. No caso de caracterização de "trabalho forçado", o item 2.4 da referida instrução estabelecia a obrigatoriedade de constar no auto de infração os indícios dos ilícitos penais previstos nos arts. 149 e 197 do Código Penal, que tratam, respectivamente, dos crimes de redução a condição análoga à de escravo e do atentado contra a liberdade de trabalho.

De lá pra cá, além da alteração do tipo penal do art. 149, ocorrida em 2003, é importante registrar a inclusão, em 2016, do crime de tráfico de pessoas (art. 149-A, do CP) que elenca expressamente a finalidade de exploração sexual. Houve também a edição das Instruções Normativas n. 65/2006 e n. 76/2009, estando vigente atualmente a Instrução Normativa MTP n. 2, de 08.11.2021. Nesta última, consta o seguinte: "O trabalho realizado em condição análoga à de escravo, sob todas as formas, constitui atentado aos direitos humanos fundamentais e à dignidade do trabalhador" (art. 19) e esse ilícito pode ser identificado em qualquer "atividade laboral, seja o trabalhador nacional ou estrangeiro, inclusive quando envolver a exploração de trabalho doméstico ou de trabalho sexual" (art. 20).

A despeito de a normatização expressa acerca da exploração sexual como um indicativo de escravização contemporânea datar de 2021, a Inspeção do Trabalho vem enfrentando, desde 2010, essa temática no âmbito da Divisão para Erradicação do Trabalho Escravo — DETRAE. É o que relata o Auditor-Fiscal do Trabalho — AFT Magno Pimenta Riga, coordenador da equipe da DETRAE responsável pelo enfrentamento da temática da exploração sexual. Em razão da inexistência de um CNAE que identifique, especificamente, a atividade econômica empresarial do comércio do sexo ou prestação de serviços sexuais e as eventuais consequências penais da formalização do vínculo empregatício no CBO respectivo, as ações realizadas, ainda que tenham implicado o registro de trabalhadores e trabalhadoras, este foi realizado na condição de dançarinas(os) ou garçonetes/garçons, o que dificulta uma extração precisa dos dados relativos a essas ações.

Em 2010, na cidade de Cuiabá-MT, houve o primeiro resgate de trabalhadores (homens e mulheres cisgênero) em atividade de exploração sexual, no entanto não foi realizada a formalização de vínculo de emprego na função de profissionais do sexo, mas em funções de atendimento em serviços de alimentação, bebidas e hotelaria (ROSTON e QUADROS, 2020, p. 28-29). De acordo com o Auditor-Fiscal do Trabalho Magno Riga, no período de 2010 a 2016, não houve nenhuma ação fiscal específica na temática da exploração sexual. No fim de 2016, o Auditor participou e coordenou uma fiscalização em Porto Seguro-BA, em uma casa noturna, cujo objeto seria trabalho sexual de adolescentes. Os indicadores de trabalho escravo e o trabalho de adolescentes não foram confirmados, mas ali os elementos da relação de emprego estavam presentes e constatados sob a ação fiscal. Assim, a equipe lavrou o auto de infração relativo à falta de registro das profissionais do sexo em face do empregador.

Após, foram deflagradas as operações Fada Madrinha e Cinderela, em 2018 e 2019, respectivamente, que tratavam de exploração sexual de pessoas transgêneros. Segundo o AFT Magno Riga, tais ações foram conduzidas pela Polícia Federal, em razão de tráfico de pessoas, nas quais houve a participação da Inspeção do Trabalho, circunstância determinante para o desfecho dessas ações do ponto de vista da garantia de direitos trabalhistas. Na operação Fada Madrinha, no alvo em que a Inspeção do Trabalho pôde atuar, não houve constatação de relação de trabalho. Já na operação Cinderela, a atuação da Inspeção do Trabalho foi desde a fase do planejamento, possibilitando uma abordagem mais adequada da problemática, tendo por resultado os primeiros resgates de trabalho escravo, em razão de exploração sexual, no CBO de profissionais do sexo n. 519805(5)[12], que corresponde aos ofícios de garota de programa, meretriz, messalina, michê, mulher da vida, prostituta, trabalhador do sexo. Todas as trabalhadoras resgatadas eram mulheres transgêneros (transexuais e travestis).

A operação Libertas, objeto deste estudo, ocorreu em 2021/2022/2023, tendo a Inspeção do Trabalho integrado a quinta etapa da operação, com o resultado de resgate de 32 trabalhadoras de trabalho em condições análogas às de escravizados. Todas eram também mulheres transgêneros (transexuais e travestis). Até julho/23, mais quatro ações fiscais foram realizadas: uma no Rio Grande do Norte e três em São Paulo, todas sem resgate, porém uma ação, em especial, realizada na cidade de Itapira, em São Paulo, culminou com a inédita formalização de vínculo empregatício de profissionais do sexo no CBO correspondente. Note-se que as trabalhadoras registradas sob a ação da Inspeção do Trabalho retromencionada eram mulheres cis.

A exploração sexual, no sentido de abuso, é um dos cenários (mas não único) em que a atividade de profissionais do sexo se apresenta, implicando a responsabilização dos abusadores, nos termos, por exemplo, do art. 229 do Código Penal. A superexploração, configurada em trabalho forçado, além dos efeitos penais previstos no art. 149 do Código Penal, é ilícito administrativo trabalhista, sujeito à fiscalização da Inspeção do Trabalho. A exploração de trabalho sexual aparece como um dos vieses fático-normativos a ser investigado para a erradicação do trabalho em condição análoga à de escravizados com a Instrução Normativa MTP n. 2, de 8 de novembro de 2021. Sobre a tipificação penal da exploração sexual no Brasil, assim pondera Virgínio (2019):

> Homens e mulheres seriam livres para exercer a prostituição ou dedicar-se a outra atividade. Reivindica-se, destarte, o reconhecimento da prática

(5) Disponível em: https://cbo.mte.gov.br/cbosite/pages/pesquisas/BuscaPorTituloResultado.jsf.

> da prostituição enquanto um trabalho qualquer, de caráter comercial, que inclui um comprador, um vendedor e uma mercadoria a preço contratado. Neste sentido, defendem que uma a interpretação possível dos tipos penais ligados à prostituição, atualmente, deveria entender que o bem jurídico tutelado é a vedação à exploração no exercício da autodeterminação sexual, o que não se confundiria com a prática empresarial ligada à prostituição, em si. Assim, como consequência lógica, não haveria trabalho proibido sempre que houvesse a intermediação de um terceiro, mas apenas a proibição da exploração por terceiro que implicasse desrespeito à autodeterminação sexual do profissional.

Fato é que, uma vez identificados os requisitos da relação de emprego, não há justificativa, sob o viés do Direito do Trabalho, mediante a perspectiva dos Direitos Humanos, que afaste a possibilidade e/ou o dever de garantir às trabalhadoras e aos trabalhadores profissionais do sexo a formalização de seu contrato de trabalho, como decorrência imediata do disposto no inciso I do art. 7º, da Constituição Federal.

Há de se ressaltar que a atuação da Inspeção do Trabalho na fiscalização da atividade de exploração sexual vem sendo realizada exclusivamente sob o viés da superexploração do trabalho com base nas ações de combate ao trabalho escravo, executadas pela DETRAE, não havendo diretriz no atual planejamento(6) institucional que insira a atividade das profissionais do sexo como segmento-alvo para o combate à informalidade, por exemplo.

3. A exploração sexual em condições análogas às de escravizados: Violação da dignidade humana

No Código Penal, a "exploração sexual" foi introduzida como elemento de alguns tipos penais em 2009, entre os quais o tráfico de pessoas (art. 149-A) e casa de prostituição (art. 229). O termo exploração pode ter a acepção de desenvolvimento de um negócio (SIDOU, 2016, p 270), como também sinalizar a obtenção de vantagem ou proveito de algum empreendimento que constitui aproveitamento abusivo, caracterizando, por exemplo, o rufianismo (SILVA, 1989, p. 252). Não existe dispositivo normativo com a definição de exploração sexual, cabendo aos intérpretes posicionarem na entre os conceitos de violência sexual (p. ex., estupro) e satisfação sexual (Estefam *apud* Rodrigues, 2013, p. 49). De qualquer forma, só se poderá cogitar de legítima prestação de serviços sexuais se essa for voluntária, executada por profissionais maiores de 18 anos. A contrário senso, a (super)exploração estará presente se a pessoa for menor, vulnerável ou tiver sua vontade viciada por fraude, coação ou violência (RODRIGUES, 2013, p. 51). Desta forma, mister

---

(6) Disponível em: https://www.gov.br/trabalho-e-emprego/pt-br/assuntos/inspecao-do-trabalho/boletim-semanasit/boletim-semana-sit/copy8_of_boletim-14-de-outubro-2022/diretrizes-para-o-planejamento-2023-v-2071022.pdf.

se faz a delimitação do alcance dessa expressão ante uma hermenêutica teleológica e jushumanista. Para Muçouçah (2015, p. 76):

> Aliás, no ano de 2009 houve a reforma dos tipos penais relacionados ao meretrício, conforme a redação conferida pela Lei n. 12.015. O título passou a prever crimes ora denominados contra a "dignidade sexual", e não mais crime contra "os costumes", conforme redação original do código. Um postulado interessante é a introdução do conceito de exploração sexual, que passa a permear todos os delitos relacionados à prostituição. Num primeiro olhar, aparentemente o legislador quis criar a figura genérica da "exploração sexual" e dizer que a prostituição é uma delas. Assim, a exploração sexual torna-se "uma conduta genérica, voltada a tirar proveito, abusar, lucrar mediante fraude ou engodo de pessoas, visando-se a satisfação da lascívia" (...). Como espécie que é do gênero exploração sexual, a prostituição poderá ou não se dar de forma exploratória. Dar-se-á, seguramente, quando alguém vier a enganar uma pessoa para lucrar ou obtiver vantagem de qualquer espécie por meio da venda de prazeres sexuais da vítima.

O citado autor ainda elenca outros três tipos de prostituição, quais sejam: prostituição de subsistência, prostituição de luxo e prostituição esporádica. A prostituição de subsistência parece ter sido o alvo quando se estabeleceu, em 2002, o CBO para a atividade de profissionais do sexo. Essa forma de prostituição põe à disposição de clientes os serviços relativos à satisfação do prazer sexual (MUÇOUÇAH, 2015, p. 77), justificando-se/admitindo-se o exercício profissional autônomo com vistas à garantia das necessidades dos trabalhadores e trabalhadoras e de suas famílias, como ocorre em qualquer outra atividade laboral. Ocorre que, a rigor, essa atividade também pode ser exercida de forma subordinada, nos moldes mais básicos do capitalismo, cujo fundamento é a exploração do trabalho pelo capital e a caracterização prevista na Consolidação das Leis do Trabalho mediante a presença dos elementos subordinação, pessoalidade, onerosidade e habitualidade.

A prostituição de luxo, segundo Muçouçah (2015, p. 78), é a exercida de forma autônoma, tendo por diferencial o "grande esforço por parte do trabalhador em moldar seu corpo com exercícios físicos, cirurgias plásticas ou implante de próteses de silicone, intelectualizarse e estar apto a debater, de igual para igual, com seus clientes". São profissionais conhecidos como "acompanhantes" que, além dos serviços sexuais, participam de eventos sociais com os clientes.

Por fim, a prostituição esporádica é aquela de caráter eventual, o que retiraria a característica de trabalhadores do sexo, podendo não haver objetivo de lucro (MUÇOUÇAH, 2015, p. 79).

Após tais categorizações, é preciso, ainda, diferenciar situações em que o trabalho sexual é exercido mediante autodeterminação e aquelas em que há a desconsideração da dignidade da pessoa humana. Daniel Sarmento (2020, p. 140) assevera que "a concepção de pessoa vigente em nossa ordem jurídica é a do ser humano como fim em si, dotado de razão e capaz de exercitar sua autonomia". Nesse sentido, a discussão acerca da atividade de profissionais do sexo passa necessariamente pela dignidade da pessoa humana, fundamento do Estado brasileiro, ao lado dos valores sociais do trabalho e da livre iniciativa (art. 1º, III e IV, da Constituição Federal).

De acordo com o autor citado, a dignidade da pessoa humana é fundamento moral do Estado e do Direito, diretriz hermenêutica do sistema jurídico, parâmetro de validade dos atos estatais e privados e limites para o exercício de direitos (SARMENTO, 2020, p. 141). Em razão desse valor, a identidade de todas as pessoas demanda igual respeito, sendo cada uma delas um fim em si mesma, dotada de plena capacidade para o exercício de sua autonomia e de um valor intrínseco, cujo reconhecimento é um dever fundamental dos demais membros da sociedade e do Estado. Assim, o valor intrínseco da pessoa, a autonomia, o mínimo existencial e o reconhecimento intersubjetivo são os componentes fundamentais da dignidade da pessoa humana enumerados por Sarmento (2020, p. 134).

O valor intrínseco da pessoa remete-nos, de acordo com as lições de Saulo Monteiro Martinho de Matos (2019, p. 1.864), ao fato de que "todo ser humano não deve ser tratado de determinadas formas pelo simples fato de se tratar de seres humanos", garantindo-lhe o direito de não ser humilhado, ou seja, de ter a sua forma de vida posta em xeque, em uma tentativa de retirar-lhe a capacidade de se autodeterminar (MATOS, 2019, p. 1.883).

A autodeterminação individual das profissionais do sexo parece ser o limite entre a exploração ilícita e o exercício regular de atividade lícita, tanto pelas trabalhadoras quanto pelos estabelecimentos que têm por objeto a disponibilização de serviços sexuais. No entanto, há que se atentar para o fato de que, apesar de a dignidade humana como princípio ter um caráter relativo, não se pode permitir que as restrições à autonomia da pessoa humana sejam pautadas pelo moralismo jurídico, isto é, para garantir a observância da moral representativa de valores hegemônicos majoritários (Sarmento, 2020, p. 254). Restrições à autonomia já foram justificadas em razão da possibilidade de dano a outras pessoas, no sentido de violação de direitos de terceiros. Desse modo, segundo a tese de John Stuart Mill citada por Sarmento (2020, p. 243), "o Estado e a sociedade não poderiam, em hipótese alguma, restringir a liberdade de um indivíduo capaz para fazê-lo se comportar de modo virtuoso ou mesmo para protegê-lo de si mesmo".

Por fim, o moralismo parece ser a justificativa predominante para a restrição da autodeterminação sexual de profissionais do sexo, portanto do direito fundamental à liberdade de decidir o destino de sua vida sexual e laboral. Nessa linha, assegurar a observância da moral ampararia o afastamento da autonomia individual. Posturas contrárias aos valores dominantes fortalecem a sociedade fraterna, pluralista e sem preconceitos, anunciada no preâmbulo da Constituição Brasileira. Dessa maneira, não se pode legitimar a coerção estatal, por meio de seus poderes, na manutenção de valores hegemônicos. Sarmento (2020, p. 257) é enfático, ao afirmar que

> (...) o fato de um comportamento individual ofender valores compartilhados, por mais enraizados que sejam, não é razão suficiente para que seja restringido, quando não violar direitos de terceiros ou colidir com interesses coletivos — categoria que não abrange a manutenção do "código moral" da sociedade. O direito à autonomia postula, como regra geral, a impossibilidade de vedação de comportamentos que não causem nenhum tipo de dano, apenas porque o Estado os considere imorais. Todavia, apesar da liberalização do Direito nas sociedades contemporâneas, ainda é comum a restrição à liberdade motivada por razões moralistas.

A dignidade humana, "como elemento limitador e integrante (protetivo) dos direitos fundamentais" (SARLET, 2007, p. 128), só deve ceder para garantir a dignidade de outra pessoa humana.

Em 2002, como noticiado anteriormente, por meio da Portaria n. 397, a atividade dos profissionais do sexo foi reconhecida como ocupação lícita listada na Classificação Brasileira de Ocupações — CBO, sob o código n. 5198-05. Sob o título de Garota de programa, Garoto de programa, Meretriz, Messalina, Michê, Mulher da vida, Prostituta, Trabalhador do sexo, a descrição sumária da atividade refere-se àquelas(es) que buscam programas sexuais, atendem e acompanham clientes e participam em ações educativas no campo da sexualidade.

Nessa linha, parece indubitável o reconhecimento do exercício da prostituição como forma de trabalho – autônomo ou subordinado, com respeito à autodeterminação e dignidade da pessoa humana –, o que, por si só, já justificaria a intervenção da Inspeção do Trabalho, sob uma perspectiva jus-humanista, como instrumento de garantia dos direitos fundamentais expressos no art. 7º da Constituição Federal a todos os trabalhadores. Isso significa que, sendo a relação empregatícia o primeiro deles, deverá haver todos os esforços para sua formalização na medida em que estejam presentes os requisitos que singularizam esse tipo de relação de trabalho.

Ressalte-se, ainda, que essa dinâmica constitucional não serve para afirmar que quem não tem relação de emprego não faz jus aos direitos fundamentais trabalhistas, mas significa apenas que, na forma não empregatícia de trabalho, os direitos fundamentais ainda deverão ser cumpridos por toda a sociedade e pelo Estado, uma vez que devem ser efetivados em todas as relações laborais.

Assim, deve o Estado, visando à promoção da dignidade da pessoa humana, garantir a relação de emprego como direito fundamental dos trabalhadores. Isso significa que tal vínculo deverá ocorrer sem abuso, sem constrangimento, sem aproveitamento indevido, portanto, sem exploração além da típica da relação de emprego. Não parece razoável presumir que o simples exercício de atividade subordinada por profissionais do sexo ocorra de forma abusiva.

Como direito fundamental, o direito à relação de emprego é indisponível pelo trabalhador. Como direito fundamental, o direito ao trabalho deve ser garantido/admitido pelo Estado de forma digna/decente que, em nosso constitucionalismo, importa a efetivação plena dos direitos estabelecidos no art. 7º que representa o patamar civilizatório mínimo.

Sendo assim, negar/afastar a possibilidade de um trabalhador, que exerce um ofício lícito, a ter um trabalho digno é interpretação que afronta toda inteligência acerca dos direitos humanos fundamentais. Com base na autodeterminação, legitima-se a prostituição de subsistência, ocupação que, como qualquer outra de cunho laboral, visa satisfazer as necessidades do próprio trabalhador e/ou de sua família. Nada mais é do que o dispêndio livre, consciente e habitual de energia para prestar um serviço de modo autônomo ou subordinado.

Assim, o exercício da prostituição não constitui um agir indigno, violador da dignidade de outras pessoas ou de si próprias e, portanto, não se justifica a relativização de sua proteção jurídica no exercício legítimo de uma atividade laboral, em razão da imperiosa efetivação de direitos fundamentais trabalhistas. O que se deve coibir é a exploração que retira do proletariado do sexo sua autodeterminação, como no caso de trabalho em condições análogas às de escravizados, o que aqui denominamos superexploração.

Relações assimétricas de poder é o que justifica o Direito do Trabalho, e a equalização dessas forças é missão da Auditoria-Fiscal do Trabalho que se utiliza de diversos instrumentos normativos, nacionais e internacionais, e de inteligência fiscal, que apontam, sob uma perspectiva interseccional, a superexploração a que está sujeita a população de pessoas trans e travestis no exercício da prostituição. Nesse cenário, constatou-se a ampliação da escravização contemporânea da área rural para os grandes centros urbanos, obrigando a sociedade a desnaturalizar relações de trabalho coloniais que sustentam suas marcas preferidas e invisibilizam "serviçais" absolutamente desumanizadas.

4. A atuação da inspeção do trabalho na operação libertas

A Operação Libertas ocorreu, primeiramente, na esfera penal e foi conduzida pelo Grupo de Atuação Especial de Combate ao Crime Organizado (GAECO), de Minas Gerais. Nas fases iniciais, foram realizadas várias diligências policiais, inclusive com a prisão de pessoas. Na quinta fase dessa operação, a Inspeção do Trabalho, por meio da

Auditoria-Fiscal do Trabalho, foi demandada pelo Ministério Público do Trabalho — depois de este ser acionado pelo GAECO — para integrar a ação, tendo em vista a verificação da existência de trabalho e a possível exploração sexual em condições análogas às de escravizados.

Após as tratativas iniciais e planejamento da abordagem, a Inspeção do Trabalho, por meio do Grupo Especial de Fiscalização Móvel (GEFM/MTE), se deslocou à Uberlândia-MG, com equipe formada por 19 Auditores-Fiscais do Trabalho e 9 motoristas oficiais. Os auditores dividiram-se em equipes, acompanhados de dois membros do Ministério Público do Trabalho, dois promotores de justiça (MP/MG) e 57 policiais militares. Foram selecionados pelo serviço de inteligência fiscal seis locais para inspeção, que serviam como alojamento das trabalhadoras.

Durante a fiscalização, foram constatadas as condições de moradia das trabalhadoras e realizadas entrevistas preliminares. Após, houve a tomada de declarações na sede do Ministério Público do Trabalho de Minas Gerais. Dos locais inspecionados, cinco pertenciam a uma empregadora (doravante denominada "Uberlândia 1") e um pertencia a outra empregadora (doravante denominada "Uberlândia 2"), que dividiam territorialmente a cidade para, segundo o apurado, explorar o serviço de prostituição de transexuais e travestis, cobrando "diárias" para a utilização de pontos de prostituição (em vias públicas), simulando, no entanto, tratar-se apenas de cobrança por serviços de pensionato, em apartamentos e pensões (alojamentos) que eram selecionados e impostos por quem explorava e organizava o serviço de prostituição. A prostituição de transexuais e travestis na cidade estava condicionada, portanto, ao pagamento de tarifas, e qualquer tentativa de prostituição de forma autônoma era violentamente reprimida por meio de agressões físicas graves.

Posteriormente, a Inspeção do Trabalho deslocou-se para Criciúma-SC, em grupo constituído por nove Auditores-Fiscais do Trabalho e três motoristas oficiais, oportunidade em que foi acompanhada por quatro membros do Ministério Público do Trabalho, dois Promotores de Justiça (MP/MG), nove policiais rodoviários federais e seis policiais federais. Durante a fiscalização, houve ainda a participação da Defensoria Pública da União. Nessa cidade, foram inspecionados três alojamentos (relativos a uma terceira empregadora, doravante denominada "Criciúma 1") e entrevistadas várias trabalhadoras. A empregadora mantinha alojadas mulheres transexuais e travestis que exerciam a prostituição que era por ela explorada, em similaridade ao verificado em Uberlândia-MG: era cobrada uma tarifa para a utilização de ponto de prostituição e tal cobrança era simulada como se fosse explorado ali um serviço de hotelaria/pensionato apenas. Tal empregadora, conforme apurado pela Auditoria-Fiscal do Trabalho, também possuía negócios em Uberlândia, relativos à exploração sexual, sendo imposta às trabalhadoras sexuais a migração entre as respectivas cidades.

Conforme descrito em relatório de fiscalização do Grupo Especial de Fiscalização Móvel (GEFM/MTE), a Inspeção do Trabalho utilizou, como elementos de convicção para as conclusões tomadas na ação fiscal, além das *verificações físicas in loco* e das declarações prestadas pelas trabalhadoras, informações colhidas das empregadoras e seus prepostos, análise de informações disponíveis em sistemas informatizados e elementos constantes do Procedimento Investigatório Criminal, disponibilizado à Inspeção do Trabalho por decisão judicial de 23.02.2022, nos autos do Processo n. 0702.21.019173-1. Foi realizada também apreensão de documentos pela Inspeção do Trabalho, porém neles não foram apurados elementos relevantes para o deslinde da fiscalização.

Após a análise de todas as circunstâncias fático-jurídicas, foi configurada pela Auditoria-Fiscal do Trabalho a presença de trabalho em condições análogas às de escravizados na atividade de exploração sexual, em relação a duas empregadoras: "Uberlândia 1", responsável por cinco dos seis alojamentos inspecionados, com 20 trabalhadoras resgatadas, e "Criciúma 1", responsável por três alojamentos inspecionados, com 12 trabalhadoras resgatadas, sendo observados, inclusive, indícios de tráfico de pessoas.

Foram emitidos Termos de Notificação, em observância ao art. 33 da IN/MTE n. 02/2021, com prazo assinalado para 17.03.2022, tendo o mesmo transcorrido *in albis*. Ademais, foram emitidas em favor das trabalhadoras resgatadas as guias de seguro-desemprego a que faziam jus.

Em termos de pós-resgate, o Grupo Especial de Fiscalização Móvel (GEFM/MTE) oficiou o sistema da Assistência Social de Uberlândia (SUAS) e acompanhou trâmites de assistência jurídica e gratuidade nos processos de retificação dos nomes civis das trabalhadoras resgatadas, ressaltando, conforme relatório de fiscalização, que "eventuais divergências observadas entre os nomes constantes das Guias de Seguro-Desemprego emitidas e os nomes que constam dos Autos de Infração lavrados ou deste Relatório são resultantes deste procedimento" (DETRAE, 2023). Cumpre salientar que as verbas rescisórias não foram quitadas pelas empregadoras, conforme informações prestadas, mediante entrevista, pelo coordenador da ação Magno Riga.

Com relação à outra empregadora fiscalizada em Uberlândia-MG, "Uberlândia 2" (responsável por um alojamento inspecionado), os elementos de convicção aos quais teve acesso o GEFM/MTE não permitiram que se concluísse pela realização de trabalho em condições análogas às de escravizados, porém foram lavrados autos referentes à falta de registro das trabalhadoras, ausência de comunicação da admissão ao Ministério do Trabalho e Emprego, ausência de descanso semanal, ausência de depósitos de FGTS, deixar de efetuar o pagamento do 13º salário e de realizar exames admissionais. Também foi lavrada notificação para a Comprovação de Registro das Empregadas (NCRE). Os referidos autos de infração foram lavrados em março/23 e encontram-se em fase de julgamento na seara administrativa trabalhista, estando ainda sem decisão em primeira instância[7].

4.1. Configuração das condições análogas às de escravizadas

As situações encontradas durante a fiscalização trabalhista realizada pela Inspeção do Trabalho, no âmbito da Operação Libertas, de acordo com o relatório de fiscalização, revelam uma situação grave de violência tanto física quanto psicológica engendrada pelas empregadoras. Além das condições citadas anteriormente, incluindo a imposição de migração entre as cidades de Uberlândia-MG e Criciúma-SC, quando de interesse das empregadoras (nos termos do art. 149-A, II, do Código Penal, possível crime de tráfico de pessoas com a finalidade de submetê-la a trabalho em condições análogas à de escravizados), destaca-se:

> O sistema de fiscalização dos pontos de prostituição de "Uberlândia 1", com o expurgo de profissionais alheios a suas casas, bem como o recolhimento das diárias dissimuladas à título de alojamento, o disciplinamento e a aplicação de multas por descumprimento às regras da casa, a organização da divisão dos quartos nos imóveis, assim como a realização e a cobrança de empréstimos e a aquisição de passagens rodoviárias para aliciamento ou alterações corporais de travestis e transexuais, era efetuado pessoalmente por Uberlândia 1 e, também, por seus prepostos. Dentre estes, destaque-se "Criciúma 1"[8] (DETRAE, 2023).

A conjunção de fatores levou a Auditoria-Fiscal do Trabalho a formar convicção e configurar trabalho em condições análogas às de escravizados nas modalidades de trabalho forçado e à restrição, por qualquer meio, de locomoção em virtude de dívida contraída com empregador ou preposto, no momento da contratação ou no curso do contrato de trabalho.

Como indicadores de trabalho forçado, rol elencado no anexo II da IN/MTE n. 02/2021, foram encontrados os seguintes, de acordo com o relatório de fiscalização:

> **a) trabalhadoras vítimas de tráfico de pessoas.** "'Uberlândia 1' recrutava, transportava, transferia, alojava e acolhia as vítimas, com a finalidade de explorar o fruto financeiro de seu labor sexual" (DETRAE, 2023). O albergamento para o exercício profissional era obrigatório, e a migração, inclusive, era imposta a trabalhadoras (entre os estados de Minas Gerais e Santa Catarina), havendo, ainda, o recrutamento de pessoas em outras localidades, com pagamento de passagens

(7) Consulta realizada em 28 de agosto de 2023.

(8) Alteração de nomes do texto original realizada pelas autoras.

aéreas, rodoviárias ou com transporte em carro da empregadora. "Uberlândia 1" realizava cobranças superfaturadas por procedimentos estéticos financiados para suas trabalhadoras, sendo caracterizado um abuso de situação de vulnerabilidade. A situação também ocorria em "Criciúma 1".

b) trabalhadoras mantidas na prestação de serviços por meio de ameaça, fraude, engano, coação ou outros artifícios que levem a vício de consentimento quanto à sua liberdade de dispor da força de trabalho e de encerrar a relação de trabalho. A prestação de serviços ocorria sob ameaças (efetivas ou veladas), agressões físicas, abuso de vulnerabilidades e de poder, fraude, engano, coação psicológica e "manipulação de um sentimento de gratidão das obreiras perante uma suposta mãe" (DETRAE, 2023).

c) exploração da situação de vulnerabilidade das trabalhadoras para inserir no contrato de trabalho, formal ou informalmente, condições ou cláusulas abusivas. Nesse aspecto, ressalta o GEFM/MTE que vulnerabilidade e hipossuficiência, esta típica da relação de emprego (condição jurídica), não podem ser confundidas e foram verificadas vulnerabilidades de diversos tipos: vulnerabilidade negocial (manifestada na impossibilidade de fixar condições elementares de trabalho); vulnerabilidade hierárquica (em decorrência da violência latente, dando pouca margem de resistência às profissionais do sexo contra o disciplinamento, a punição e outras ordens abusivas de sua contratante, tal qual a expulsão); vulnerabilidade econômica (da condição social dessas trabalhadoras perante o mercado de trabalho formal); vulnerabilidade informacional (ausência de informações quanto à validade dos termos de contratação, o que está diretamente relacionado à fraude na cobrança de diárias de ponto de prostituição disfarçadas em diárias de alojamento); vulnerabilidade psíquica (medo que cerca as profissionais menos amoldadas aos desígnios das empregadoras e de gratidão por aquelas que as enxergam como uma figura materna rigorosa, cujos comportamentos violentos e abusivos são vistos como aterrorizantes para algumas pessoas, ao passo que, para outras, se traduzem em necessários e benéficos cuidados maternais); e vulnerabilidade ambiental (menor capacidade que as trabalhadoras têm de se proteger — e ser protegidas — dos fatores de risco psicossociais inerentes ao próprio ambiente de trabalho e à profissão, notadamente a violência e o preconceito advindos do público externo contra o meretrício, agravados pela tônica de orientação sexual e de gênero (DETRAE, 2023). No caso em tela, não se pode deixar de observar também que as trabalhadoras do sexo (mulheres trans e travestis) vivem verdadeira situação de hipervulnerabilidade, não podendo descartar as condições de discriminação estrutural, com barreiras referentes à escolaridade e à qualificação profissional e violência presentes na sociedade brasileira.

d) manutenção de trabalhadora confinada mediante controle dos meios de entrada e saída, de ameaça de sanção ou de exploração de vulnerabilidade. De acordo com o apurado em fiscalização, havia a presença de rigoroso disciplinamento, inclusive com transferência de alojamento, para infligir maior controle e negativa de desligamento, mesmo após pedidos.

e) retenção parcial ou total do salário. Foi constatado que parte dos rendimentos das trabalhadoras era retida tanto para a quitação das dívidas impostas, tais como alojamento, pensionamento, multas e passagens, quanto para financiamento de procedimentos estéticos. Ademais, como indicadores de servidão por dívida, rol elencado no anexo II da IN/MTE n. 02/21, foram encontrados os seguintes, de acordo com o relatório de fiscalização:

> a) **contratação condicionada a pagamento, pelas trabalhadoras, pela vaga de trabalho.** Conforme já ressaltado, apenas podiam prostituir-se nas cidades as travestis e transexuais que permanecessem em pensões e apartamentos das empregadoras que dividiam os pontos de prostituição da cidade, que eram cobrados mediante "diárias" que embutiam o direito de se prostituir.
>
> b) **fornecimento de bens ou serviços às trabalhadoras com preços acima dos praticados na região e trabalhadoras induzidas ou coagidas a adquirir bens ou serviços de estabelecimento determinado pela empregadora.** Segundo dados recolhidos em ação fiscal, "Uberlândia 1" financiava e intermediava a realização de procedimentos de transformação corporal e cobrava valores superiores das obreiras, sujeitando-as ao endividamento e consequente fixação à prestação de serviços de prostituição, havendo a cobrança pelo pagamento da dívida "rapidamente, sob fortes ameaças" (DETRAE, 2023).
>
> c) **remuneração in natura em limites superiores ao legalmente previsto e descontos de moradia ou alimentação acima dos limites legais.** As únicas prestações diretas prestadas pela empregadora eram em forma de salário-utilidade, com o "fornecimento" de alojamento e, no caso dos pensionatos, uma refeição por dia.
>
> d) **pagamento de salários fora do prazo legal, de forma não eventual.** Não havia pagamento diretamente em dinheiro pelas empregadoras, sendo as trabalhadoras compulsoriamente albergadas em locais predeterminados pelas empregadoras, nos quais era imposto "rigoroso código de comportamento que redundava na cobrança de multas a cada "infração" atribuída à profissional explorada" (DETRAE, 2023). As multas, hospedagem compulsória e o estímulo ao endividamento por meio de financiamento superfaturado de procedimentos estéticos "criavam uma eficiente teia de endividamento, agravada por um contexto de grande violência sistematicamente aplicada contra travestis e transexuais que descumpriam as regras impostas pela empregadora" (DETRAE, 2023).

e) **estabelecimento de sistemas remuneratórios que, por transferirem ilegalmente os ônus e riscos da atividade econômica para as trabalhadoras, resultem no pagamento de salário base inferior ao mínimo legal.** Além do salário utilidade, a forma de remuneração das trabalhadoras ocorria por pagamentos feitos por terceiros (clientes de prostituição), em similaridade ao que ocorre em sistemas de remuneração por gorjetas. Assim, restavam presentes cláusulas abusivas que revelam sistemática na qual as empregadoras arregimentavam empregadas, cobravam pelo exercício profissional e ainda auferiam importância pecuniária resultantes da prestação de serviços.

Verificou-se, portanto, em ação fiscal, a sujeição das trabalhadoras ao domínio das empregadoras, o que extrapola o nível de poder empregatício, este avençado sob circunstâncias protocolares e ordinárias, para as quais há validade do consentimento do trabalhador. No caso sob análise, verifica-se que a situação de constante vigilância, ameaça e disciplinamento (coação moral, psicológica e física), bem como a imposição de migrações, retiraram das trabalhadoras a possibilidade de fornecer um consentimento válido para sua permanência no trabalho. Se esse consentimento, um dia, fora fornecido validamente para iniciar a atividade laboral, uma vez presentes as dinâmicas negativas de desrespeito e desconsideração da autodeterminação das obreiras, forçoso é reconhecer que esse trabalho passa a ser forçado.

Esse quadro ainda se agrava, quando observada a servidão por dívida, como "forma específica de trabalho forçado, na qual a coação ao trabalhador ocorre pela contratação de dívidas junto ao empregador" (DETRAE, 2023). Verifica-se, ainda, que "a garantia para saldar a dívida é justamente a remuneração a ser auferida por ele" (DETRAE, 2023).

Note-se, ainda, que as trabalhadoras (mulheres trans e travestis) são atraídas fortemente pelas promessas de facilitação e financiamento de terapias e procedimentos de alteração corporal oferecidas pelas empregadoras, sendo levadas a acreditar que aquele caminho seja uma solução para parte de suas angústias existenciais. Cumpre ressaltar, nesse aspecto, que a *passabilidade*[9] facilita o trânsito de pessoas trans e travestis em uma sociedade hetero e cis normativa, com altos índices de discriminação e violência contra pessoas transgêneros e que, no exercício da atividade de prostituição, determina também privilégios para conseguir clientes, inclusive em situações como as de hipervulnerabilidade — trabalho forçado e servidão por dívidas —, tais como as flagradas na Operação Libertas.

> (...) as profissionais consideradas mais bonitas, já transformadas corporalmente, mais rentáveis e mais disciplinadas, eram colocadas frente às primeiras

(9) Capacidade de parecer ou ser reconhecida como uma pessoa cisgênero.

> como "princesas" — sendo alojadas, inclusive, em ambientes considerados mais privilegiados. (...) Em verdade, considerava-se uma "promoção" entre as obreiras ocupar uma vaga nos apartamentos (DETRAE, 2023).

Na ação fiscal, foram lavrados 27 autos de infração pelo conjunto de ilícitos trabalhistas verificados em desfavor das empregadoras. O labor das trabalhadoras foi caracterizado como em condições análogas à de escravizados.

4.2. O reconhecimento jurídico das trabalhadoras na atividade de exploração sexual

O vínculo de emprego do proletariado do sexo foi caracterizado pelo encerramento dos elementos fático-jurídicos da pessoalidade, não eventualidade, onerosidade e subordinação, com a realização do labor por pessoa física, conforme se depreende do relatório de fiscalização do Grupo Especial de Fiscalização Móvel (DETRAE, 2023): todas as trabalhadoras eram pessoas físicas; somente poderiam prostituir-se em Uberlândia-MG se estivessem hospedadas em um dos alojamentos de "Uberlândia 1" e "Uberlândia 2", o que era imposto pessoalmente às trabalhadoras, sendo seu labor nos pontos de prostituição fiscalizado *intuito personae;* a prestação de serviços de prostituição era exercida com habitualidade e rotina e integrava o núcleo de atividades do modelo de negócio de "Uberlândia 1", "Uberlândia 2" e "Criciúma 1" e a própria dinâmica exploratória (com a cobrança de "diárias") forçava o exercício do trabalho sexual todos os dias ou ainda em frequência habitual; a contraprestação pelo labor realizado vinha em forma de salário-utilidade (fornecimento de alojamento e, em alguns casos, uma refeição por dia), diretamente pelas empregadoras, e mediante pagamento em pecúnia de terceiros tal como no formato da remuneração via gorjetas; a fiscalização e organização da atividade de prostituição era exercida pelas empregadoras e seus prepostos, havia valores mínimos estipulados para os programas, fiscalização dos pontos de prostituição (incluindo sites dedicados ao agenciamento da prostituição), imposição de disciplina para o exercício da atividade laboral e conduta nos alojamentos, inclusive com atribuição de penalidades de multas (e, nos casos de "Uberlândia 1" e "Criciúma 1", coação mediante grave violência física, moral e psicológica, valendo-se de abuso da hiper vulnerabilidade das trabalhadoras e de abuso de poder empregatício, com trabalho forçado e servidão por dívida, restringindo a liberdade de autodeterminação das obreiras). Frise-se que a atividade de prostituição não é proibida nem criminalizada no Brasil. Observa o GEFM/MTE:

> O objeto do contrato de trabalho é uma atividade humana, um conjunto de fazeres por parte do trabalhador. Assim, para se perquirir acerca da licitude do objeto do contrato de trabalho, é necessário que tal fazer, tal serviço prestado, seja lícito, não que a atividade empresarial o seja. Em outras palavras, não importa a atividade-fim do estabelecimento empregador, mas o serviço efetivamente desempenhado pelo obreiro.

Na empregadora "Uberlândia 1", foram encontradas 21 pessoas sem registro (20 resgatadas e uma preposta da empregadora, não submetida às mesmas condições que as demais), na empregadora "Uberlândia 2", foram encontradas quatro pessoas sem registro (nenhuma resgatada) e, na empregadora "Criciúma 1", foram flagradas 14 pessoas sem registro (12 resgatadas e duas prepostas da empregadora, não submetidas às mesmas condições que as demais).

Observe-se que o reconhecimento jurídico — primeiro à relação de trabalho e depois à de emprego e todos seus consectários legais — é uma resposta totalmente amoldada aos institutos hoje existentes no ordenamento legal brasileiro, notadamente nos termos do que prescrevem os arts. 2º e 3º da CLT e, conforme fundamentação exposta ao norte, pelo prisma da autodeterminação, respeito aos direitos sexuais e dignidade da pessoa humana.

Impende ressaltar que as tensões sociais por reconhecimento de direitos é marca histórica da regulação do Direito do Trabalho no Brasil. A existência do Direito do Trabalho precede sua regulação e só foi minimamente possível pelas condições de materialidade histórica deixadas pelo trabalho escravizado (SILVA, 2020). Cita-se aqui, como exemplo, o movimento grevista de 1857, dos *Ganhadores*, a primeira greve do país, na cidade de Salvador: não havia direito reconhecido a grevar, mas havia tensionamento social e lutas de resistência, em face da exploração e do desrespeito à autodeterminação dos sujeitos. Assim, o Direito do Trabalho deve acompanhar as noções jus-humanistas em constante evolução e acompanhar os fatos e conflitos sociais marcados pela luta por reconhecimento que travam os trabalhadores. Faz sentido dizer que, nos moldes do que preceitua Rancière (RANCIERE, 1966 *apud* DELUCHEY, 2016), antes de o Direito do Trabalho ser uma forma de polícia, ele fora uma forma de política.

Dito isso, também é importante referenciar a acumulação primitiva de capital que se instaurou sob a forma de genocídio fora da Europa e por meio do saqueio de outros continentes, com o colonialismo (GUERRA *et al.*, 2017). A escravidão de povos originários e daqueles traficados da África foi decisiva para o desenvolvimento do capitalismo, que se estruturou sob os fundamentos do racismo e do patriarcado, notadamente da homofobia e transfobia, impactando até os dias atuais a situação de trabalhadores, e, com a transição da mão de obra escravizada para a livre, procurava-se manter de alguma forma a relação de dominação sobre trabalhadores (SILVA, 2015), reproduzindo sua subordinação social. Pode-se entender tal transição como visando à diminuição dos tensionamentos políticos e mirando a implementação de um verdadeiro controle policial à Rancière. No entanto, hoje já se compreende que é preciso romper com tais estruturas discriminatórias.

O processo de construção do Direito do Trabalho no Brasil perpassa tais bases e, como se pode observar, possui alguma tendência em servir como anteparo à barbárie capitalista e liberal, contornando, ainda que como espécie de concessão da burguesia, os direitos humanos da pessoa trabalhadora dentro das condições materiais impostas pelo sistema econômico vigente. No início do século XX, a Organização Internacional do Trabalho (OIT) foi criada e passou a editar normas internacionais visando à proteção aos trabalhadores; depois, foi editada pela Organização das Nações Unidas (ONU), a Declaração Universal de Direitos Humanos, com estabelecimento de garantias mínimas aos seres humanos; e, em que pese às críticas, tais instrumentos e organismos também forneceram limites à exploração dentro dos aspectos da realidade enfrentada.

Tais instrumentos, juntamente aqueles referentes aos sistemas regionais de proteção aos Direitos Humanos, como os da Organização dos Estados Americanos, que compõem também o arcabouço jurídico normativo do Direito do Trabalho, servem de referência para criar sistemas de proteção e de acesso a direitos e para impedir ou mitigar o avanço de uma necropolítica (MBEMBE, 2018, p. 38), expandindo direitos ao maior número de sujeitos como fator de cidadania e retirando-os da situação de marginalização historicamente imposta. Aí está o papel do Estado e das instituições públicas.

Trabalhadores resgatados e vítimas de estigmas violentos e discriminatórios, como no caso de pessoas LGBTQIAP+, que, em grande número, são herdeiros históricos das desigualdades sociais perpetradas no Brasil, marginalizados e destinatários de *status* de verdadeira subcidadania pela legislação brasileira, que, mesmo após o escravismo, seguiu estruturalmente institucionalizando discriminações que impediram e, em alguns casos, ainda impede o acesso de direitos, ainda são os que mais precisam dos sistemas de proteção institucional/jurídico.

No sistema capitalista, os que mais sofrem são os que mais precisam do anteparo do Direito do Trabalho e, em alguma medida, toda classe trabalhadora também dele necessita para sobreviver em condições mínimas de liberdade, equidade, dignidade, segurança e sem discriminação, com respeito à autodeterminação fundamental a todos seres humanos.

Nesse sentido, a luta por reconhecimento das identidades de gênero e direitos sociais/trabalhistas para a população LGBTQIAP+ (inclusive o reconhecimento das relações de emprego dentro da prostituição, quando encerrados os requisitos fático-jurídicos para isso) plasma-se como parte de um conflito social e situa-se como ponto fundamental na garantia de um trabalho digno/decente, caracterizado como direito fundamental do trabalhador e alicerçado no respeito aos direitos trabalhistas definidos como principais pela OIT, como liberdade sindical, possibilidade de negociação coletiva, eliminação de todas as formas de discriminação, erradicação de todas as formas de trabalho forçado e infantil, e existência de um ambiente de trabalho seguro e saudável.

Ademais, em uma acepção e fundamentação filosófica do que já se traçou até aqui, conforme ensina Axel Honneth (2009, p. 155), existe uma gramática moral dos conflitos sociais que precisa ser investigada normativamente e situa a luta por reconhecimento em três padrões intersubjetivos: amor (relações primárias), direito (relações jurídicas) e solidariedade (comunidade de valores). O autor recorre a um extenso estudo, localizado na chamada escola de Frankfurt, que transcorre precipuamente pelas perspectivas primárias acerca do conceito de reconhecimento em Aristóteles e Hobbes, passando por Hegel (em seu sistema de eticidade) e Mead, fazendo a necessária transição da concepção da filosofia social para a psicologia social.

Honneth (2009, p. 159) articula por relações amorosas (amor e amizade) as ligações emotivas fortes entre poucas pessoas, como um processo de reconhecimento recíproco, a partir das primeiras relações objetais entre bebê e a figura materna e objetos transacionais (com base na teoria psicanalítica de Winnicott). Põe em perspectiva o processo de amadurecimento na primeira infância, com uma simbiose "quebrada pela individuação recíproca" entre a criança e a figura materna(10) (suficientemente boa) e realiza análises de como a estrutura comunicativa faz do amor uma relação particular de reconhecimento e "constitui o pressuposto psíquico do desenvolvimento de todas as outras atitudes de autorrespeito" (HONNETH, 2009, p. 177). Assim, das relações primárias bem-sucedidas adviriam uma aceitação cognitiva da autonomia do outro e uma autoconfiança individual, que seriam condição *sine qua non* para a participação autônoma na vida pública.

Em termos de reconhecimento jurídico, há uma forma de reciprocidade especial, decorrente de um processo histórico "que submete as relações jurídicas às exigências de uma moral pós-convencional" (HONNETH, 2009, p. 183). Honneth visita Kant, Schiller e Ihering para observar a amplitude semântica de "respeito" ao sujeito de direito, sendo uma acepção como jurídico e outra como estima social, mas "o fato de nós podermos reconhecer um ser humano como pessoa, sem ter de estimá-lo por suas realizações ou por seu caráter, constitui argumento teórico que lança uma ponte" entre todos os estudos. Também recorre a teoria do status dos direitos individuais fundamentais em Georg Jellinek, Robert Alexy e T. H. Marshall, na qual a ideia de igualdade assume o "significado de ser membro 'com igual valor' de uma coletividade política" (HONNETH, 2009, p. 190), com igual direito a participar do processo democrático de formação da vontade. Nesse sentido, as pretensões jurídicas dos sujeitos tendem ao crescimento e com elas se ampliara também, historicamente, "o conjunto de todas as capacidades que caracterizam o ser humano constitutivamente como pessoa", agregando à autonomia e autodeterminação a noção de formação cultural e segurança econômica, ou seja, um sujeito é respeitado se encontra reconhecimento jurídico não só na capacidade abstrata de poder de poder orientar-se por normas morais, mas também na propriedade concreta de merecer o nível de vida necessário para isso (HONNETH, 2019, p. 193).

Assim sendo, as liberdades encontram uma crescente consideração jurídica não só no aspecto objetivo senão no aspecto social, em que a relação jurídica é universalizada

(10) O que modernamente já se entende como "função materna", não necessariamente centralizada na figura da mãe, mas que circula dentro do constructo familiar.

para elastecer "a um círculo crescente de grupos, até então excluídos ou desfavorecidos, os mesmos direitos que a todos os demais membros da sociedade". A experiência do desrespeito ou o reconhecimento negado "representam conflitos em torno da ampliação tanto do conteúdo material como do alcance social do status de uma pessoa de direito" (HONNETH, 2009, p. 194). Entende, então, o referido autor que a capacidade de possuir direitos individuais oponíveis dota o sujeito da capacidade de poder pôr suas pretensões e constituir a noção de autorrespeito, vindo

> à superfície da linguagem o significado que reconhecimento jurídico possui para o autorrespeito de grupos excluídos: sempre se discute nas publicações correspondentes que a tolerância ao subprivilégio jurídico conduz a um sentimento paralisante de vergonha social, do qual só o protesto ativo e a resistência poderiam libertar (HONNETH, 2019, p. 198).

Axel Honneth (2009, p. 204) ainda demonstra as condições das transformações sociais que possibilitaram que os valores axiológicos que uma sociedade assumia como seus se estratificassem de maneira hierárquica, levando a coletividade a estratificar também, verticalmente, os campos de tarefas sociais de acordo com sua suposta contribuição para a realização dos valores centrais dessa sociedade e como essa noção, antes atribuída à honra, "migra para a relação jurídica reformada, onde alcança validade universal com o conceito de 'dignidade humana'".

Já a solidariedade está relacionada a "relações sociais de estima simétrica entre sujeitos individualizados", que significa "considerar-se reciprocamente à luz de valores que fazem as capacidades e as propriedades do respectivo outro aparecer como significativas para a práxis comum" e "todo sujeito recebe a chance, sem graduações coletivas de experienciar a si mesmo, em suas próprias realizações e capacidades como valioso para a sociedade", chance esta não maculada pelo desrespeito (HONNETH, 2009, p. 209). Não se trata apenas de tolerar o outro, mas o genuíno interesse por sua singularidade, pois apenas "na medida em que cuido ativamente de que suas propriedades, estranhas a mim, possam se desdobrar, os objetivos que nos são comuns passam a ser realizados" (HONNETH, 2009, p. 211). Trata-se de respeitar a igualdade, valorizando as diferenças subjetivas.

O referido autor, por fim, analisa como as ações de violação, privação de direitos e a degradação afetam a identidade pessoal e se consubstanciam em uma experiência de desrespeito que lesa as pessoas na "compreensão positiva de si mesmas, que elas adquiriram de maneira intersubjetiva", capaz de "desmoronar a identidade da pessoa inteira" como já demonstrado pelas categorias acima relacionadas de amor, direito e solidariedade (2009, p. 213). Honneth (2009, p. 216) chama a atenção para a forma de desrespeito primária ligada às experiências de maus-tratos corporais (como na tortura ou na violação), passando também, em segundo plano, pelas experiências de rebaixamento que afetam o autorrespeito moral, uma violência psíquica (mas que também pode chegar às vias de fato, ressalte-se), infringida a uma pessoa pelo fato de ela estar estruturalmente excluída do gozo de determinados direitos dentro da sociedade. Ora, se tais direitos são denegados,

> então está implicitamente associada a isso a afirmação de que não lhe é concedida imputabilidade moral na mesma medida que aos outros membros da sociedade (...) para o indivíduo, a denegação de pretensões jurídicas socialmente vigentes significa ser lesado na expectativa intersubjetiva de ser reconhecido como sujeito capaz de formar juízo moral; (...) Portanto o que aqui é subtraído da pessoa pelo desrespeito em termos de reconhecimento é o respeito cognitivo de uma imputabilidade moral que, por seu turno, tem de ser adquirida a custo em processos de interação socializadora (HONNETH, 2009, p. 216-217).

Um último tipo de rebaixamento categorizado diz respeito à depreciação de modos de vida ou crença (individuais ou coletivos), em que a "honra", "dignidade" ou "*status*" são atingidos mediante a degradação valorativa de certos padrões de autorrealização, gerando o corolário de tais pessoas não poderem referir à condução de sua vida como detentoras de um significado positivo no interior de uma coletividade, implicando perda da capacidade de entender a si como "um ser estimado por suas propriedades e capacidades características", o que o campo de estudos sobre os processos de escravização chama de morte social e, em termos de verificação de uma degradação cultural, é chamado de vexação (HONNETH, 2009, 218).

Conclui, ainda, que "as reações negativas que acompanham no plano psíquico a experiência de desrespeito podem representar de maneira exata a base motivacional afetiva na qual está ancorada a luta por reconhecimento" (HONNETH, 2009, 219 e 220).

Nesse sentido, a discriminação social a que estão sujeitas as mulheres trans e travestis, especialmente na atividade laboral de prostituição, notadamente quando não caracterizado juridicamente o vínculo de emprego que lhes seria devido pelo encerramento dos requisitos fático-jurídicos pertinentes, bem como a questão da falta de reconhecimento de suas identidades de gênero e subjetividades divergentes da normatividade vigente, atrai a dimensão do desrespeito capaz de afetar essas pessoas, trazendo experiências de bloqueios, angústias e inibições psíquicas, inviabilizando o processo de "realização espontânea de metas de vida autonomamente eleitas" (HONNETH, 2019, 273).

Assevera, ainda, Honneth (2019, 277) que a autorrealização "depende do pressuposto social da autonomia juridicamente assegurada", e "a relação jurídica moderna só pode entrar na rede intersubjetiva de uma eticidade pós-tradicional", cujos padrões de reconhecimento do direito adentram inclusive "o domínio interno das relações primárias, porque o indivíduo precisa ser protegido do perigo de uma violência física, inscrito estruturalmente na balança precária de toda ligação emotiva", que possibilita a integridade pessoal e influencia nas condições da solidariedade "pelo fato de estabelecer limitações normativas a que deve estar submetida a formação de horizontes de valores fundadores da comunidade".

Negar reconhecimento jurídico às relações empregatícias quando presentes seus elementos constituidores é assumir uma posição de revitimizar sujeitos, dar continuidade a situações de desrespeito, propiciar que a marginalização social se perpetue e haja a manutenção do status de uma estima social desprestigiada, consubstanciando-se em verdadeira omissão/violência Estatal. Tais condições de falta de reconhecimento acabam por expor ainda mais as trabalhadoras do sexo a situações de superexploração do trabalho.

Em reflexões sobre o tema de violência estatal, Bourdieu (1996, p. 91) nos traz o entendimento de que o Estado concentra diversos tipos de capital (econômico, simbólico, cultural, de força física, de informação) e, por essa conjugação de poderes, consegue ser verdadeiro garantidor de direitos e acessos, atingindo seus cidadãos de forma objetiva e em sua subjetivação.

Entretanto, em Michel Foucault (2018, p. 39), extrai-se a denominação de uma gestão de biopolítica estatal, para *fazer viver e deixar morrer*. Nesse cenário, subjetividades divergentes são consideradas ameaças, caso não docilizadas, sendo alvo de marginalizações sociais. Não à toa, determinados corpos (geralmente racializados, gênero divergentes, LGBTQIAP+, moradores de periferias...) são mais frequentemente vítimas da violência estatal/policial, com violência física ou ainda mediante violências simbólicas traduzidas pelas discriminações "estruturais" do Estado. A marginalização e subcidadania por não conformidade servem ao Estado Neoliberal e a ele cabe determinar quem terá, ou não, condições de viver ou morrer, em uma bio-necropolítica. A isso Achille Mbembe (2018, p. 38) chama de necropolítica.

5. Considerações finais

O objetivo geral desta pesquisa foi investigar em que medida as ações da Inspeção do Trabalho contribuem para o reconhecimento jurídico de mulheres transgêneros e travestis que são exploradas sexualmente, especificamente em condições análogas às de escravizados, com base na análise da "Operação Libertas". Partindo da hipótese de que, em razão de suas atribuições legais, a Inspeção do Trabalho é um dos principais instrumentos de combate à coisificação do ser humano decorrente da superexploração do trabalho em condições análogas às de escravizados, de efetivação de direitos fundamentais trabalhistas e de promoção da igualdade de oportunidade no trabalho de grupos vulnerabilizados, o exercício da atividade de prestação de serviços sexuais por pessoas transexuais e travestis é o lócus social adequado, sob uma perspectiva interseccional, para a atuação da Inspeção do Trabalho como meio de reconhecimento jurídico dessas trabalhadoras.

Estigmas e estereótipos que marcam profissionais do sexo e pessoas transexuais e travestis convergem para colocar essas trabalhadoras sob múltiplas opressões que agudizam a sua condição de vulnerabilidade, circunstâncias que ficaram retratadas na pesquisa apresentada na introdução, com pessoas transgênero em São Paulo.

A despeito de o exercício da prostituição ser uma atividade lícita no Brasil, prevista na Classificação Brasileira de Ocupações desde 2002, essa atividade ainda é marginalizada socialmente. Sejam questões religiosas, sejam culturais, a hegemonia de valores morais dificulta à categoria a fruição de direitos fundamentais trabalhistas. Essa situação evidencia-se, por exemplo, pelos tipos penais de casa de prostituição (art. 229 do CP) e rufianismo (art. 230 do CP), que, em uma interpretação tradicional, retira das profissionais do sexo a possibilidade do reconhecimento de relação de trabalho subordinado e, consequentemente, a proteção social ampliada nos moldes estabelecidos pelo art. 7º da Constituição Federal.

No entanto, conforme se analisou, negar a possibilidade de atividade empregatícia no exercício da prostituição é negar aos trabalhadores e trabalhadoras a possibilidade de autodeterminação de sua vida e de seus corpos, portanto a própria dignidade. Desse modo, esta pesquisa alinha-se às teorias contemporâneas no sentido de que os ilícitos penais, considerando uma hermenêutica jus-humanista, só devem ser caracterizados pelo vício de consentimento e superexploração, e não pelo simples exercício profissional como expressão de autodeterminação sexual.

O exercício da prostituição de forma subordinada, mediada pelo vínculo de emprego e seus consectários legais, tem um caráter emancipatório na medida em que a esse tipo de relação de trabalho, em nosso ordenamento jurídico, se confere maior proteção, representando uma dignidade no trabalho, ou seja, a realização de trabalho digno/decente.

A ausência da ação estatal — fiscalizadora e regulamentadora — em atividades como as de prostituição fere, a um só tempo, entre outros, o direito à liberdade, à igualdade, à autodeterminação sexual, à livre disposição do próprio corpo, à liberdade de trabalho e à proibição de qualquer tipo de discriminação (MUÇOUÇAH, 2015, p. 187), bem como expõe esse proletariado à superexploração, como nas condições análogas às de escravizados. A entrevista realizada com o Auditor-Fiscal do Trabalho Magno Riga demonstrou que, desde 2010, a atuação da Inspeção do Trabalho vem crescendo no combate à superexploração do trabalho configurado nas formas análogas às de escravizados de profissionais do sexo. Tem sido, desde então, um caminho de aprendizado e construção de estratégias e saberes acerca das características materiais dessa atividade, que vem permitindo diferenciar o exercício da atividade em um contexto de exploração capitalista ou de escravização contemporânea.

Nesse aspecto, a Inspeção do Trabalho no Brasil segue sua atribuição legal de proteger os trabalhadores no exercício da atividade laboral, realizando o resgate das trabalhadoras do sexo que, no âmbito da Operação Libertas, estavam sendo submetidas a condições análogas às de escravizados, determinando o pagamento de verbas contratuais e rescisórias, emitindo guias de seguro desemprego e oficiando órgãos governamentais participantes do Sistema Único de Assistência Social para o acompanhamento das resgatadas e orientação jurídica, principalmente quanto à mudança de nome no registro civil. Ademais, a Inspeção do Trabalho também realiza um reconhecimento pioneiro, ao constatar que, em determinadas circunstâncias, apesar de não haver condições que levassem à conclusão pela superexploração em condições de escravidão contemporânea, havia a possibilidade-necessidade de constatar o vínculo de emprego daquelas trabalhadoras do sexo, atraindo para as obreiras direitos típicos da relação de emprego, como direito à assinatura da CTPS, depósitos de FGTS, recolhimentos previdenciários, pagamento de verbas rescisórias, entre outros.

Avalia-se que enxergar a relação de emprego, quando reunidos seus requisitos, dentro do âmbito do trabalho sexual e realizar seu reconhecimento jurídico atribui às trabalhadoras, em especial às mulheres trans e travestis, maior segurança e possibilidade de constituir um "sentimento do próprio valor" e "autorrespeito", no sentido do que Honneth (2019) sugere como "estado pós-tradicional de solidariedade social". Não se pode esperar e aceitar que determinados sujeitos, em detrimento de outros, sejam expostos a violências, discriminação e impossibilidade de acesso a direitos. A falta de reconhecimento expõe ainda mais as trabalhadoras do sexo a situações de superexploração do trabalho e reforça os pressupostos de realização de uma absurda necropolítica.

Referências

BENEVIDES, Bruna G; NOGUEIRA, Sayonara Naider Bonfim (Orgs.). *Dossiê dos assassinatos e da violência contra travestis e transexuais brasileiras em 2020.* São Paulo: Expressão Popular, ANTRA, IBTE, 2021. Disponível em: https://antrabrasil.files.wordpress.com/2021/01/dossie-trans-2021-29jan2021.pdf. Acesso em: 03 jun. 2023.

BOLZON, Andrea e VASCONCELOS, Marcia. Trabalho forçado, tráfico de pessoas e gênero: algumas reflexões. In: *Dossiê:* Gênero no Tráfico de Pessoas, Cad. Pagu (31), 2008. Disponível em: https://www.scielo.br/j/cpa/a/wZMLq7N9L6fdCrcqQnNcLRB/?lang=pt#. Acesso em: 14 jul. 2023.

BOURDIEU, Pierre. Razões Práticas: Sobre a Teoria da Ação, Campinas, SP: Papirus, 1996.
CEDEC — Centro de Estudos de Cultura Contemporânea. *MAPEAMENTO DAS PESSOAS TRANS NO MUNICÍPIO DE SÃO PAULO:* Relatório de Pesquisa. São Paulo, 2021.

BOLZON, Andrea; VASCONCELOS, Marcia. Trabalho forçado, tráfico de pessoas e gênero: algumas reflexões. In: *Dossiê:* Gênero no Tráfico de Pessoas, Cad. Pagu (31), 2008. Disponível em: https://www.scielo.br/j/cpa/a/wZMLq7N9L6fdCrcqQnNcLRB/?lang=pt#. Acesso em: 14 jul. 2023.

DETRAE. *Relatórios de Fiscalização da Operação Libertas.* Secretaria de Inspeção do Trabalho, 2023. Disponível em: https://www.prefeitura.sp. gov.br/cidade/secretarias/upload/direitos_humanos/LGBT/AnexoB_Relatorio_Final_Mapeamento_Pessoas_Trans_Fase1.pdf Acesso em: 31 ago 2023.

FOUCAULT, Michel. *O nascimento da biopolítica*. Lisboa: Edições 70, 2018.

GONÇALVES, Victor Eduardo Rios. *Curso de Direito Penal.* v. 2, 6. ed. São Paulo: SaraivaJur, 2022.

GUERRA, Débora Antoniazi Del; MAIOR, Jorge Luiz Souto; IZIDORO, Leila Giovana; COSTA, Mariana Benevides da; CUNHA, Paulo Fernando Nogueira; VIEIRA, SARAH R. A História das Mulheres no Brasil Colonial. In: SOUTO MAIOR, Jorge Luiz (Orgs.) e VIEIRA, Regina Stela Corrêa (Coord.). *Mulheres em Luta:* A Outra Metade da História do Direito do Trabalho. São Paulo: LTr, 2017.

HONNETH, Axel. *Luta por Reconhecimento:* A Gramática dos Conflitos Sociais. Trad. Luiz Repa. São Paulo: Editora 34, 2009.

MATOS, Saulo Monteiro Martinho de. Dignidade Humana, Humilhação e Forma de Vida. *Revista Direito e Práxis*, Rio de Janeiro, v. 10, n. 03, 2019, p. 1.863-1.888.

MBEMBE, Achille. *Necropolítica.* 2. ed. São Paulo: n-1, 2018.

MOTT, Luiz. História cronológica da homofobia no Brasil: das capitanias hereditárias ao fim da Inquisição. In: SOUTO MAIOR, Paulo (Org.) e QUINHALHA, Renan (Coord). *Novas fronteiras das histórias LGBTI+ no Brasil.* São Paulo: Ed. Elefante, 2023.

MUÇOUÇAH, Renato de Almeida Oliveira. *Trabalhadores do sexo e seu exercício profissional:* delimitações entre as esferas penal e trabalhista. São Paulo: LTr, 2015.

ROCHA, Larissa Medeiros. *Direitos dos Trabalhadores LGBT:* ações essenciais para promoção do meia ambiente de trabalho equilibrado. Rio de Janeiro: Lumen Juris, 2019.

RODRIGUES, Thaís de Camargo. *Tráfico Internacional de Pessoas Para Exploração Sexual.* São Paulo: Saraiva, 2013.

ROSTON, André Espósito; QUADROS, Bruna Carolina. *Violações de Direitos Fundamentais e Vulnerabilidades das Profissionais do Sexo:* Aspectos Visibilizados pela "Operação Cinderela".

SARMENTO, Daniel. *Dignidade da pessoa humana:* conteúdo, trajetórias e metodologia. 3. ed. Belo Horizonte: Fórum, 2020. Edição *Kindle.*

SARLET, Ingo Wolfgang. *Dignidade da Pessoa Humana e Direitos Fundamentais na Constituição Federal de 1988.* 5. ed. Porto Alegre: Livraria do Advogado, 2007.

SILVA, João Victor Marques da. A Invisibilidade do Racismo no Direito do Trabalho. *Revista Democracia e Mundo do Trabalho em Debate*, 23 ago. 2020. Disponível em: https://www.dmtemdebate.com.br/a-invisibilidade-do-racismo-no-direito-do-trabalho/. Acesso em: 19 set. 2022.

SILVA, Vanessa Rodrigues. *"Escravizados livres":* crítica ao discurso jurídico sobre a história do direito do trabalho a partir da representação historiográfica do trabalho escravo. 2015. Monografia de Graduação (Bacharelado em Direito). Universidade de Brasília. Disponível em: https://bdm.unb.br/bitstream/10483/11155/1/2015_VanessaRodriguesSilva.pdf. Acesso em: 27 abr. 23.

VIRGÍNIO, Jamile Freitas. "Trabalho escravo e Exploração Sexual Forçada: uma análise sob o enfoque justrabalhista". In: BARBOSA, Amanda; BUGALHO, Andreia Chiquini; SANTOS, Luiza de Oliveira Garcia Miessa dos (Orgs.). *Atualidades e tendências: do direito e processo do trabalho.* v. 2. Salvador: JusPodivm, 2019.

YIN, Robert K. *Estudo de caso:* planejamento e métodos [recurso eletrônico]. Tradução: Cristhian Matheus Herrera. 5. ed. Porto Alegre: Bkman, 2015.

YOGYAKARTA. *Princípios sobre a aplicação da legislação internacional de direitos humanos em relação à orientação sexual e identidade de gênero.* Tradução Jones de Freitas. jul. 2007.

Pessoas Transgênero e Meio Ambiente do Trabalho: Um Estudo de Caso sob a Perspectiva dos Direitos Humanos

Alex Keine de Almeida Sebastião[1]

1. Introdução

Entre as minorias sociais, as pessoas transgênero[2] constituem um grupo que experimenta intensa vulnerabilidade, sendo alvo frequente de violência que vai desde ataques injuriosos, passando por agressões físicas e chegando ao assassinato. O preconceito e a discriminação contra pessoas trans ocorre em vários âmbitos, inclusive nas relações de trabalho. A segregação contra esse grupo provém de valores tradicionais que costumam ser associados à religião, à moralidade e à família. A base patriarcal e machista da sociedade brasileira sustenta padrões de comportamento que pretendem excluir outras formas de subjetivação e de vida.

No mercado de trabalho isso se consubstancia na dificuldade enfrentada pelo trabalhador transgênero para conseguir uma vaga de emprego e para se manter empregado. Poucas pessoas trans conseguem romper barreiras e alcançar uma inserção profissional em emprego formal. Com frequência, elas costumam sofrer assédio e discriminação no ambiente de trabalho, tanto por parte de colegas quanto por superiores hierárquicos. É o que ocorreu no caso de Vera Cunha, admitida para trabalhar em um frigorífico. Ela teve que enfrentar um ambiente laboral hostil, no qual era alvo de chacotas e comentários constrangedores, sem que a empresa reconhecesse o uso do nome social e garantisse a utilização do vestiário e banheiro femininos.

---

(1) Doutor em Letras, Mestre em Filosofia com especialização em Psicanálise e Graduação em Direito, todos eles na Universidade Federal de Minas Gerais. Auditor-Fiscal do Trabalho.

(2) Sobre a terminologia utilizada para classificar as pessoas trans, não há uniformidade. Nos Estados Unidos, transgênero (*transgender*) e transexual (*transsexual*) costumam ser usados como sinônimos. Já no Brasil, o termo transgênero funciona como noção mais ampla, que abriga grupos específicos, tais como transexuais, travestis e pessoas não binárias. Os transgêneros são pessoas em que não há correspondência estrita entre o sexo biológico de nascimento e a identidade de gênero. O termo transexual, por sua vez, refere-se à pessoa transgênero que busca realizar intervenções no próprio corpo com o objetivo de adequá-lo à identidade de gênero.

O caso a ser estudado no presente trabalho foi selecionado a partir de três critérios aplicados em pesquisa na base de dados do Tribunal Regional do Trabalho da 3ª Região, quais sejam: critério material — o tema enfocado na lide; critério axiológico — o destaque conferido pelo julgado à questão abordada; e critério temporal — publicação ocorrida nos últimos 5 anos. Ressalte-se que o caso escolhido inclui controvérsia quanto aos principais direitos sensíveis da mulher transgênero no contexto laboral: direito ao uso do nome social; direito à utilização do banheiro ou vestiário feminino; direito à aplicação das normas de proteção ao trabalho da mulher; direito a um meio ambiente do trabalho saudável, livre de assédio moral.

O estudo do caso apresentado tem como objetivos precípuos: a) apontar para a necessidade de se combater a discriminação e o assédio sofridos por pessoas transgênero no trabalho; b) evidenciar a função social da empresa no acolhimento e na garantia de direitos fundamentais das trabalhadoras trans; c) verificar a postura do Poder Judiciário ao processar e julgar demandas nessa temática, enfocando a sentença e o acórdão prolatados no caso.

Entre os direitos fundamentais violados na discriminação contra as pessoas transgênero no ambiente de trabalho, estão os seguintes, todos eles albergados pela Constituição Federal de 1988: direito ao respeito à dignidade da pessoa humana (art. 1º, III); direito à promoção do bem de todos, sem preconceito nem discriminação (art. 3º, IV); direito à liberdade (art. 5º, *caput*); direito à igualdade (art. 5º, *caput*); direito à intimidade, à vida privada e à honra (art. 5º, X); direito ao trabalho em condições adequadas de saúde e segurança (art. 6º, *caput*, e art. 7º, XXII). No âmbito internacional, há alguns diplomas normativos segundo os quais a discriminação contra pessoas trans no meio ambiente de trabalho pode ser caracterizada como violação de direitos humanos. Citem-se, como exemplo, os seguintes: Declaração Universal dos Direitos Humanos de 1948; Convenção n. 111, da Organização Internacional do Trabalho; Convenção n. 190 da OIT, ainda não ratificada pelo Brasil; Princípios de Yogyakarta.

Diante do quadro de exclusão e discriminação enfrentado por trabalhadores trans no Brasil, o presente artigo busca formular um encaminhamento para a seguinte questão: quais fundamentos jurídicos podem ser invocados em demandas que envolvam lesão a direitos humanos das pessoas transgênero no meio ambiente do trabalho?

2. Um caso judicial de assédio e discriminação de trabalhadora transgênero

Em fevereiro de 2014, Vera Cunha começou a trabalhar em um frigorífico na função de auxiliar de produção, sendo promovida alguns anos depois à função de faqueira. A trabalhadora executava suas tarefas de modo satisfatório, tendo permanecido na empresa por mais de cinco anos. Antes de ser dispensada, Vera trabalhava no setor de miúdos, sendo encarregada de colocar a língua do boi abatido em uma máquina para retirar o sangue. Em seguida, ela retirava a língua da máquina e a colocava sobre uma bancada. No início de 2019, sofreu uma torção nas costas que a impediu de continuar trabalhando. Vera ficou afastada da empresa por um mês e, ao retornar, foi dispensada sem justa causa (BRASIL, 2020c).

A princípio, trata-se de um caso comum que poderia fazer parte da vida profissional de inúmeras trabalhadoras brasileiras. Entretanto, há um detalhe que confere particularidade a este caso. Vera Cunha é uma mulher transexual. Ao nascer, ela foi nomeada Rafael Henrique da Cunha. Seus colegas de trabalho sabiam desse fato e vários deles viram aí uma oportunidade para piadas e deboches de teor discriminatório. Vera era alvejada, especialmente, no momento da troca de roupas no vestiário masculino, quando tinha que ficar despida na frente de dezenas de homens. Ela chegou a pedir para utilizar o vestiário feminino, mas a empresa recusou a autorização alegando que, para isso, era necessário alterar seu nome civil em cartório. A trabalhadora fez reclamações acerca do assédio sofrido endereçadas à seção de recursos humanos, mas nenhuma providência foi tomada pelo empregador (BRASIL, 2020c).

Na seção em que trabalhava, Vera não se sentia discriminada e era respeitada por sua chefe, Daniela. Entretanto, no início de 2019, Daniela saiu de férias e foi substituída por Robson. Certo dia, quando Vera estava no exercício normal de suas atividades, foi interrompida pelo novo chefe, ordenando-lhe que assumisse um serviço considerado mais pesado e rejeitado pelas demais mulheres. Ao dar a ordem, Robson acrescentou que a trabalhadora tinha mais força porque "afinal de contas, é homem". Vera se sentiu constrangida e desrespeitada, tendo realizado nova reclamação na seção de recursos humanos. O empregador permaneceu inerte. Após a dispensa, Vera ingressou com reclamatória trabalhista, pleiteando indenização por danos morais em virtude da discriminação e do assédio sofridos. Em seu depoimento pessoal, relatou que havia outra transexual bem como homossexuais trabalhando na empresa e que eles também eram objeto de piadas por parte de alguns colegas. A trabalhadora era chamada de Vera apenas por colegas mais próximos, enquanto os demais a chamavam de Rafael (BRASIL, 2020c).

Entre as testemunhas da reclamante, estava Wellington Marioka, que também é transexual, adotando Sayumi como nome social. Ela havia trabalhado com Vera no setor de abate do frigorífico e também solicitou à empresa, por várias vezes, o uso do vestiário feminino, sem atendimento. Vera e Sayumi usavam o vestiário no mesmo horário, juntamente com outros 60 a 70 colegas homens, sem que houvesse lugar reservado para a troca de roupa. Quanto ao uso do nome social, Sayumi relatou que constava do crachá o nome civil, apesar de ter solicitado a alteração para o nome social. Segundo ela, alguns colegas a tratavam por Sayumi e outros, por Wellington (BRASIL, 2020c).

Em sua defesa, o empregador negou as alegações da petição inicial, afirmando que não praticou nenhuma espécie de discriminação nem se omitiu diante de qualquer denúncia de tratamento discriminatório em suas dependências. A empresa destacou que havia distribuído cartilha aos seus funcionários versando sobre assédio e discriminação, com orientações sobre o tema, incluindo os procedimentos de apuração de denúncias. A entrega das cartilhas foi confirmada pelos depoimentos colhidos na audiência de instrução (BRASIL, 2020c).

A sentença prolatada pela 2ª Vara do Trabalho de Araguari julgou procedente o pedido de indenização e condenou o empregador ao pagamento de R$ 35.000,00 a esse título. Em sua fundamentação, a juíza Zaida José dos Santos ressaltou que a empresa falhou ao não fazer constar do crachá de Vera o seu nome social, bem como ao não empreender ações para esclarecimento e orientação dos empregados no tocante à transexualidade. A distribuição de cartilha com orientações foi considerada insuficiente não só por conta dos fatos apurados ao longo do processo, mas também em virtude de outras graves situações de assédio ocorridas na empresa segundo apuração do Ministério Público do Trabalho. Sobre o direito ao uso de banheiro e vestiário femininos, a sentença não chegou a reconhecê-lo, limitando-se a insistir na obrigação do empregador de reprimir e prevenir agressões motivadas por identidade de gênero e orientação sexual (BRASIL, 2020c).

O empregador recorreu da condenação. A sentença foi confirmada em acórdão de relatoria do desembargador Luiz Otávio Linhares Renault, da 1ª Turma do TRT da 3ª Região. Em seu voto, o relator inicia com uma questão de ordem em que registra a identificação da reclamante Vera Cunha por seu nome social com observância de sua identidade de gênero, ressalvando a impossibilidade de retificação dos registros eletrônicos no sistema judicial, vinculado ao banco de dados do CPF, mantido pela Receita Federal (BRASIL, 2020c).

Ao analisar a prova produzida no processo, entendeu o desembargador que restou comprovado o desrespeito à identidade de gênero da trabalhadora e reputou insuficiente a distribuição de cartilhas pelo empregador, a quem cabia promover a verdadeira inclusão e conscientização dos trabalhadores quanto à questão em foco. Entre as obrigações negligenciadas pelo empregador figuram também a aplicação de penalidades aos empregados responsáveis por atos de discriminação e a alteração de instalações sanitárias e vestiários de forma a mitigar possíveis constrangimentos. Assim como a sentença, a decisão de segunda instância não se manifestou sobre o direito da trabalhadora transgênero ao uso de banheiro e vestiário femininos. Transcreve-se parcialmente a ementa do acórdão na parte em que há referência expressa à proibição de discriminação tendo os direitos humanos como fundamento:

> DISCRIMINAÇÃO. EMPREGADA TRANSEXUAL. As pessoas têm o direito de desfrutar de todos os direitos humanos, livres de discriminação por sua identidade de gênero, que diz respeito à experiência interna e individual do gênero de cada pessoa, que pode ou não corresponder ao sexo atribuído no nascimento. Nossa ordem constitucional e os Tratados Internacionais de Direitos Humanos, dos quais o Brasil é signatário, proíbem qualquer forma de discriminação e garantem a todas as pessoas proteção igual e eficaz contra discriminações, como a constatada no presente caso [...] (BRASIL, 2020c).

Após a publicação do acórdão, o empregador interpôs Recurso de Revista que se encontra pendente de julgamento, há mais de dois anos, na 6ª Turma do Tribunal Superior do Trabalho.

3. Trabalhadores transgênero: Intolerância, violência, discriminação e assédio moral

As pessoas transgênero desafiam normas sociais ao diferirem do padrão vigente, segundo o qual o sexo biológico de nascimento deve corresponder ao gênero socialmente vivenciado. A identidade de gênero corresponde à posição que a própria pessoa assume, e pretende seja reconhecida pela sociedade, acerca de seu gênero. Se essa posição está em consonância com o sexo de nascença, trata-se de uma pessoa cisgênero, e se essa posição destoa do sexo de nascença, tem-se uma pessoa transgênero. A dissonância pode significar a identificação tanto com o gênero do sexo oposto ao de nascença quanto com uma combinação entre ambos ou, porventura, com nenhum deles.

A diferença representada pela pessoa transgênero costuma suscitar intolerância de algumas pessoas em seu entorno. Essa intolerância revela dois componentes: a desaprovação do modo de ser do outro e a tentativa de impedir que o outro leve sua vida como bem entenda (RICOEUR, 2000). A intolerância gera violência. Vale dizer, a desaprovação quanto à identidade de gênero acarreta atos hostis contra a pessoa transgênero, como forma de punição e de exclusão.

A intolerância costuma estar associada tanto ao preconceito quanto à discriminação. Segundo a Convenção n. 111, da Organização Internacional do Trabalho, a discriminação é "toda distinção, exclusão ou preferência fundada na raça, cor, sexo, religião, opinião política, ascendência nacional ou origem social, que tenha por efeito destruir ou alterar a igualdade de oportunidades ou de tratamento [...]". Não há nesse dispositivo normativo referência expressa à identidade de gênero, mas pode-se considerá-la incluída no termo "sexo", bem como na alínea seguinte da Convenção que menciona "qualquer outra distinção, exclusão ou preferência que tenha por efeito destruir ou alterar a igualdade de oportunidades ou tratamento em matéria de emprego ou profissão" (BRASIL, 2019).

Os atos hostis gerados por intolerância e discriminação costumam configurar a prática de assédio moral, entendido como a conduta abusiva configurada por comportamentos, palavras, atos, gestos ou escritos que possam trazer dano à personalidade, à dignidade e à integridade física ou psíquica de uma pessoa, colocar em perigo seu emprego ou degradar o meio ambiente de trabalho (HIRIGOYEN, 2002). O assédio se concretiza através de perturbação insistente, perseguição infundada, hostilização reiterada com o objetivo de ridicularizar, inferiorizar, culpar, ameaçar, desacreditar e envergonhar a vítima perante os demais trabalhadores. Sobre a relação hierárquica entre assediador e assediado, a doutrina inclui a prática do assédio tanto em caso de relação vertical, quanto em caso de relação horizontal, quando as pessoas envolvidas ocupam o mesmo nível hierárquico. No tocante à extensão temporal dos atos agressivos, a doutrina majoritária não reconhece a configuração de assédio moral quando se trata de ações pontuais, não repetitivas (BACELLAR, 2016). Ressalve-se que qualquer ato de violência, mesmo isolado, pode causar sofrimento e danos à vítima, estando sujeito às sanções jurídicas cabíveis no caso concreto.

No processo judicial de Vera Cunha, tanto a sentença quanto o acórdão não se valeram do termo assédio para caracterizar a conduta de que a trabalhadora trans foi vítima no ambiente de trabalho. Não há dúvida de que configuram assédio moral as piadas e deboches que ela ouvia diariamente no vestiário masculino por ocasião da troca de roupa. O mesmo não se pode dizer do ato de Robson Wagner, superior hierárquico, que deu ordem a Vera para que assumisse atividade considerada mais pesada dizendo que ela tinha "mais força por ser homem". Apesar de ser uma fala discriminatória e hostil, considerado o contexto, não constitui assédio por se tratar de ato isolado. Isso não retira a reprovabilidade da referida conduta nem suas consequências jurídicas, conforme verificado em juízo.

Observe-se que também configura assédio, cometido diretamente pelo empregador, o ato de recusar a emissão de crachá com o nome social de Vera Cunha, bem como o ato de recusar autorização para que a trabalhadora usasse vestiário e banheiro femininos. Ainda que sejam atos pontuais, eles geraram consequências que perduraram temporalmente. Eis que, através dessas recusas, o empregador acabou por compelir a empregada a portar crachá com nome diverso daquele com o qual gostaria de ser chamada, a expor seu corpo despido na presença de dezenas de homens e a enfrentar os constrangimentos daí decorrentes. Essa situação se repetiu diariamente, durante todo o período de duração do contrato de trabalho, fazendo sofrer a trabalhadora e desrespeitando sua dignidade humana (BRASIL, 2020c).

Discriminação foi o termo utilizado pela juíza do trabalho e pelo desembargador para caracterizar as condutas de colegas de trabalho, do superior hierárquico e do empregador de Vera Cunha. Ao analisar o pedido de indenização por danos morais, a sentença destaca a obrigação do empregador de envidar esforços para informar e sensibilizar seus empregados no tocante à questão da transexualidade e da identidade de gênero, "a fim de estabelecer um ambiente social livre de discriminação de gênero". No mesmo sentido, o acórdão registra que "restou demonstrado que a Reclamante foi submetida a situações vexatórias em seu ambiente de trabalho, em virtude de discriminação de gênero, por ser mulher transexual". A propósito, "discriminação" é o termo que inicia o cabeçalho da ementa do acórdão, constituindo uma de suas palavras-chave, ao lado de "empregada transexual" (BRASIL, 2020c).

No caso de Vera Cunha, percebe-se a presença simultânea de todos os elementos já mencionados: intolerância à diferença no campo da identidade de gênero; discriminação motivada por identidade de gênero; violência; e assédio moral. Esses elementos se interligaram para compor o quadro de hostilidade vivenciado por Vera em sua rotina laboral até o momento da dispensa. Diante dos fatos narrados, há indícios de ter ocorrido dispensa discriminatória da trabalhadora, mas essa questão não foi suscitada no processo judicial.

4. Meio ambiente do trabalho e riscos psicossociais relacionados à transgeneridade

O direito ao meio ambiente ecologicamente equilibrado está previsto no art. 225, da CF/88 , sendo que nele se inclui o meio ambiente do trabalho (art. 200, VIII, da CF/88). Acrescente-se que, segundo a doutrina, o direito a um meio ambiente do trabalho seguro e sadio está incluído entre os direitos e garantias fundamentais da Constituição Federal de 1988, seja pela via do direito à saúde (art. 6º, *caput*), seja pela via do direito à redução dos riscos inerentes ao trabalho, por meio de normas de saúde, higiene e segurança (art. 7º, XXII) (SARLET, 2014). A legislação brasileira, entretanto, não oferece um conceito explícito e específico de meio ambiente do trabalho. Entre os doutrinadores, o conceito apresenta variações conforme o aspecto que se prefere destacar. Propõe-se aqui compreender o meio ambiente do trabalho como o conjunto de condições, leis, influências e interações, de ordem física, química, biológica, psicológica, organizacional e social que incidem sobre o trabalhador em sua atividade laboral.

Importa sublinhar a convergência atual dos especialistas no tema em afirmar que o meio ambiente do trabalho não se restringe ao aspecto físico-espacial, abarcando também o aspecto psicossocial (MINARDI, 2010). Apesar disso, a atenção aos riscos psicossociais no ambiente laboral ainda é frequentemente negligenciada por empregadores e profissionais da área de saúde e segurança do trabalho. Compreende-se como riscos psicossociais os fatores relacionados à organização do trabalho, às relações interpessoais e ao local de trabalho com influência potencialmente negativa sobre a saúde do trabalhador, destacadamente no aspecto psíquico (BARUKI, 2018). Essa noção ampliada do meio ambiente do trabalho relaciona-se à passagem do enfoque individual/clínico para o enfoque coletivo/epidemiológico no tratamento aos agravos de saúde surgidos no contexto laboral. O enfoque coletivo favorece a busca de soluções adequadas para problemas recorrentes vivenciados no meio ambiente de trabalho, ao intensificar o combate às causas de adoecimento dos trabalhadores (MARANHÃO, 2016).

A identificação e prevenção de riscos psicossociais assume especial relevância no caso de trabalhadores transgênero, considerando que eles constituem um grupo social particularmente visado pela discriminação, assédio e violência. Nesse sentido, é fundamental que o empregador faça cumprir os direitos de ser identificado e chamado pelo nome social, bem como a usar vestiário e banheiro adequados à identidade de gênero. Eis que o desrespeito a esses direitos, como aconteceu no caso da trabalhadora Vera Cunha, acarreta não só lesão a direitos da personalidade, notadamente, o direito à vida privada, à intimidade, à honra e à imagem (art. 5º, X, CF/88), mas também agrava os riscos psicossociais presentes no meio ambiente do trabalho.

Em 2020, houve publicação da decisão exarada pelo STF no Recurso Extraordinário n. 670.422/RS (BRASIL, 2020b), com estabelecimento de teses de repercussão geral no sentido de reconhecer à pessoa transgênero o direito fundamental subjetivo à alteração de seu prenome e de sua classificação de gênero no registro civil. Desde então, essa alteração pode ser feita inclusive pela via administrativa, bastando a manifestação de vontade do interessado. Seguindo o brocardo jurídico que afirma "quem pode o mais, pode o menos", conclui-se que, para a inclusão ou alteração de prenome e gênero nos registros de empresa contratante de pessoa transgênero, basta a manifestação de vontade do interessado.

No que concerne ao uso de banheiro e vestiário feminino por mulheres transgênero, cumpre fazer referência ao Recurso Extraordinário n. 845.779, pendente de julgamento no Supremo Tribunal Federal e classificado como *leading case* com decisão de repercussão geral a respeito do tema (BRASIL, 2014). No referido processo, discute-se "se a abordagem de transexual para utilizar banheiro do sexo oposto ao qual se dirigiu configura ou não conduta ofensiva à dignidade da pessoa humana e aos direitos da personalidade, indenizável a título de dano moral". A questão não tem entendimento pacífico na jurisprudência, havendo tanto decisões que reconhecem à mulher transgênero o direito a usar o banheiro e vestiário femininos, quanto outras que rechaçam o referido direito.

Na ação judicial movida por Vera Cunha, nem a sentença nem o acórdão enfrentam, de forma conclusiva, a questão acerca da existência do direito da trabalhadora a utilizar banheiro e vestiário femininos. A esse respeito, a magistrada de primeiro grau se pronuncia admitindo que o empregador recusasse o acesso de Vera ao banheiro feminino, por "receio de criar constrangimento às empregadas mulheres", ressalvando que "a empresa tem a incumbência de promover ações no sentido de reprimir e prevenir situações de agressão à identidade de gênero e sexualidade dos empregados, o que não restou demonstrado nos autos" (BRASIL, 2020c).

Essa obrigação destacada pela magistrada tem múltiplos fundamentos. Além da responsabilidade do empregador de garantir o respeito aos direitos fundamentais de seus trabalhadores durante a execução do contrato de trabalho, constitui dever da empresa oferecer um meio ambiente do trabalho seguro e salubre, fazendo cumprir todas as normas de saúde e segurança aplicáveis ao seu empreendimento. Nesse sentido, é necessário haver a adoção de uma postura preventiva, com elaboração e cumprimento do Programa de Gerenciamento de Riscos — PGR, previsto na Norma Regulamentadora — NR-1 (BRASIL, 2020a).

O PGR deve considerar os riscos psicossociais em relação a todos que ali laboram, inclusive os trabalhadores transgênero. A identificação dos riscos permitirá definir as medidas de prevenção e os planos de ação a serem implementados, devendo haver o acompanhamento da saúde ocupacional dos trabalhadores e o monitoramento das condições de trabalho. Em virtude do elevado grau de importância do direito ao meio ambiente seguro e salubre, a Organização Internacional do Trabalho aprovou sua inclusão recente entre os cinco princípios e direitos fundamentais no trabalho, destacando a necessidade de haver participação ativa de governos, empregadores e trabalhadores para garantir efetividade ao referido direito (OIT, 2022).

5. Direitos humanos e direitos fundamentais das pessoas transgênero no contexto laboral

Nas últimas décadas, falou-se e continua-se a falar em direitos humanos com uma frequência muito maior daquela com que eles são efetivamente reconhecidos e protegidos. Segundo Norberto Bobbio, é imperativo "transformar aspirações (nobres, mas vagas), exigências (justas, mas débeis), em direitos propriamente ditos (isto é, no sentido em que os juristas falam de 'direito')" (BOBBIO, 2004, p. 33). Após a Segunda Guerra Mundial, houve grande expansão dos direitos humanos, tanto na teoria quanto na prática, ainda que com velocidades distintas. Esse processo ocorreu em duas vertentes: a universalização e a multiplicação. A multiplicação incidente sobre os direitos humanos operou de três formas: a) abarcando novos bens merecedores de tutela; b) incluindo novos sujeitos de direitos, como famílias, sindicatos, grupos minoritários; c) especificando o ser humano titular de direito que passa do genérico para o ser humano específico, com seus atributos de gênero, raça, idade, entre outros (BOBBIO, 2004, p. 33-34).

Após a adoção da Declaração Universal dos Direitos Humanos pela Assembleia Geral das Nações Unidas (ONU, 1948), houve a aprovação de diversas declarações no âmbito do direito internacional visando à proteção de grupos específicos, tais como mulheres, crianças, refugiados políticos. No campo dos direitos relacionados à orientação sexual e à identidade de gênero, entretanto, ainda não houve a adoção de nenhuma declaração específica. Em virtude disso, a defesa da dignidade humana e dos direitos dela decorrentes em situações envolvendo pessoas transgênero deve buscar fundamento nos dispositivos genéricos da Declaração Universal dos Direitos Humanos e de outros documentos internacionais.

Visando a remediar essa lacuna, houve a elaboração de um documento por especialistas oriundos de diferentes países e com formação em diversas áreas pertinentes às questões de orientação sexual e identidade de gênero. Eles se reuniram na cidade de Yogyakarta, na Indonésia, em 2006, e aprovaram o documento intitulado Princípios de Yogyakarta, que são princípios sobre a aplicação da legislação internacional de direitos humanos em relação à orientação sexual e à identidade de gênero. O objetivo não foi o de criar direitos, e sim, explicitar a legislação internacional de direitos humanos aplicável também às pessoas LGBTQIAPN+ (ETTELBRICK e ZÉRAN, 2010).

Os Princípios de Yogyakarta foram apresentados no Conselho de Direitos Humanos da ONU, em 2007. Após cada princípio, constam obrigações dos Estados de adotarem medidas para cumprimento de responsabilidades decorrentes de declarações e tratados internacionais. Dez anos depois, em 2017, houve a atualização do documento por novos especialistas reunidos em Genebra, com a aprovação de novos princípios. Atualmente, o documento reúne trinta e oito princípios. Sobre a natureza jurídica dos Princípios de Yogyakarta, o entendimento majoritário é de que, por si mesmos, eles carecem de força vinculante, sendo considerados uma modalidade de *soft law*. Por outro lado, considerando que eles foram formulados a partir de declarações e tratados internacionais de caráter vinculante e que grande parte de seu conteúdo se refere a direitos fundamentais protegidos nas Constituições nacionais de vários países, pode-se defender o reconhecimento aos princípios ali elencados da natureza material de *jus cogens*, vale dizer, a natureza de normas imperativas de direito público internacional (ALAMINO e DEL VECCHIO, 2018).

Os Princípios de Yogyakarta foram editados com dois objetivos principais: a) realizar uma análise acurada da legislação internacional de direitos humanos aplicada às minorias sexuais e de gênero, tendo como diretrizes a universalidade e a não discriminação; b) aprimorar a capacidade de ativistas e advogados de lutar contra as violações de direitos humanos enfrentadas pela população LGBTQIAPN+. Vale a pena transcrever aqui o princípio 12, segundo o qual, "toda pessoa tem o direito ao trabalho digno e produtivo, a condições de trabalho justas e favoráveis e à proteção contra o desemprego, sem discriminação por motivo de orientação sexual ou identidade de gênero" (PRINCÍPIOS, 2007, p. 21).

Após mais de uma década da publicação dos Princípios de Yogyakarta, ainda há intensa discriminação motivada por orientação sexual e identidade de gênero em várias nações do mundo, comprometendo a universalidade do acesso aos direitos humanos. Isso ocorre mesmo em países como o Brasil, em que os referidos princípios têm servido de referência para o poder Executivo, na realização de ações de orientação sobre o tema e de combate à discriminação; para o poder Judiciário,

na fundamentação de decisões judiciais; e para o poder Legislativo, na elaboração de projetos de lei. Assim, é de suma importância a divulgação dos Princípios, com vistas a amparar ativistas, operadores jurídicos e poder público de vários países, no sentido de garantir a efetivação dos direitos humanos das pessoas discriminadas por identidade de gênero ou orientação sexual.

No âmbito do direito internacional do trabalho, mencione-se a Convenção n. 111 da Organização Internacional do Trabalho sobre discriminação em matéria de emprego e profissão, que foi aprovada em 1958 e está em vigor no Brasil desde 26 de novembro de 1966 (BRASIL, 2019). Seu art. 2º prevê o compromisso dos países signatários de formular e aplicar uma política nacional visando a promover "a igualdade de oportunidades e de tratamento em matéria de emprego e profissão, com o objetivo de eliminar toda discriminação nessa matéria" (BRASIL, 2019). Qualquer trabalhador transgênero que venha a sofrer discriminação em uma relação de trabalho pode invocar a Convenção n. 111 para fazer garantir seus direitos.

Recentemente, em 2019, a OIT adotou a Convenção n. 190 e a Recomendação n. 206, com o objetivo de garantir o direito de todas as pessoas ao trabalho livre de assédio e violência, inclusive no tocante às questões de gênero. Ela ainda não foi ratificada pelo Brasil. Ao elencar seus princípios fundamentais, a Convenção n. 190 prevê a obrigação dos Estados membros de garantir que políticas relevantes abordem a questão da violência e do assédio, bem como promover ferramentas de orientação, fomentar a educação e a formação sobre o tema a fim de sensibilizar empresas e trabalhadores, entre outras medidas (OIT, 2019).

Passando ao ordenamento jurídico brasileiro, tem-se que os direitos à liberdade e à igualdade, o direito à não discriminação, bem como a proteção da dignidade humana constituem direitos fundamentais. A Constituição Federal de 1988, já em seu preâmbulo, dispõe que a igualdade e a justiça integram o rol de valores supremos a serem assegurados em uma sociedade fraterna, pluralista e sem preconceitos. Além de instituir o trabalho e a dignidade humana como fundamentos da República Federativa do Brasil (art. 1º), nossa Carta Magna prevê como objetivos fundamentais da mesma República (art. 3º) a construção de uma sociedade livre, justa e igualitária, bem como a promoção do bem de todos, sem preconceitos de origem, raça, sexo, cor, idade e quaisquer outras formas de discriminação (BRASIL, 1988).

Tal qual Norberto Bobbio observou acerca da disparidade entre o discurso e a efetividade dos direitos humanos, também no que concerne aos direitos fundamentais previstos em nossa Carta Magna, há um contraste entre a aplicabilidade imediata prevista no art. 5º, § 1º, e a carência de efetividade dos referidos direitos no cenário nacional. Entre os direitos fundamentais violados na discriminação contra as pessoas transgênero no ambiente laboral, estão os seguintes, todos eles albergados pela Constituição Federal de 1988: direito ao respeito à dignidade da pessoa humana (art. 1º, III); direito à promoção do bem de todos, sem preconceitos de origem, raça, sexo, cor, idade e quaisquer outras formas de discriminação (art. 3º, IV); direito à liberdade (art. 5º, *caput*); direito à igualdade (art. 5º, *caput*); direito à intimidade, à vida privada e à honra (art. 5º, X); direito ao trabalho em condições adequadas de saúde e segurança (art. 6º, *caput*, e art. 7º, XXII).

A incessante batalha pela concretização dos direitos fundamentais está imbricada com a luta pela consolidação do Estado Democrático de Direito. A legitimidade do Estado depende de sua aptidão para concretizar e resguardar a dignidade da pessoa humana. O surgimento dos direitos fundamentais ocorreu a partir da necessidade de proteger os indivíduos diante dos poderes públicos. Atualmente, entretanto, percebe-se que referidos direitos também precisam ser amparados em face dos detentores de poder social e econômico, como se passa na esfera das relações de trabalho. Segundo Sarlet (2015), quando está em causa a tutela de pessoas e grupos socialmente fragilizados e mais vulneráveis, emergem questões ligadas tanto aos deveres de proteção dos órgãos estatais quanto à vinculação dos atores privados aos direitos fundamentais. Nesse sentido, torna-se necessário proteger os particulares também contra atos atentatórios aos direitos fundamentais provindos de outros indivíduos ou entidades particulares.

O tema da efetividade dos direitos fundamentais das pessoas transgênero no meio ambiente de trabalho requer seja feita a distinção entre eficácia jurídica e eficácia social. Eis que, uma norma garantidora de direito fundamental poder ser plenamente aplicável e juridicamente eficaz, sem que tenha efetiva aplicação no plano fático, carecendo, portanto, de eficácia social. Além disso, a mesma norma pode encontrar variações no tocante a sua eficácia social, conforme varie o grupo social em questão. É o que parece ocorrer no tema enfocado, considerando-se que as pessoas cisgênero não sofrem, no âmbito laboral, violações de sua liberdade, sua honra e sua intimidade, pelo fato de revelarem o gênero social esperado do sexo biológico de nascença. Vale dizer, o problema aqui não é que alguns direitos fundamentais não sejam respeitados *tout court*; a questão está no fato de que eles são respeitados em relação a muitas pessoas, mas não em relação a todas, como costuma ocorrer também em outras searas que envolvem questões identitárias e de segmentação social.

6. Em busca de efetividade: A responsabilidade dos empregadores, dos trabalhadores e do Estado

Direitos humanos e direitos fundamentais de trabalhadores transgênero continuam sendo frequentemente transgredidos no Brasil através da violência, da discriminação e do assédio, como ocorreu no caso da trabalhadora Vera Cunha. Emerge daí a questão acerca de quais medidas devem ser adotadas para mudar esse quadro e garantir efetividade aos referidos direitos. Também é indispensável identificar a quem compete tomar as providências necessárias.

Começando pelos empregadores, cabe a eles zelarem pelo meio ambiente do trabalho saudável e seguro, através da adoção de uma postura preventiva. A legislação institui várias obrigações a serem cumpridas pelo empregador nesse sentido. Destaque-se a Lei n. 14.457/22, aprovada recentemente com o objetivo de ampliar a proteção ao trabalho da mulher. A referida lei incluiu o termo "assédio" na denominação da CIPA que passou a ser denominada Comissão Interna de Prevenção de Acidentes e de Assédio. No art. 23, reiterou-se a obrigação do empregador de promover um ambiente laboral sadio, seguro e que favoreça a inserção e a manutenção de mulheres no mercado de trabalho (BRASIL, 2022). Vale lembrar que quando um dispositivo normativo se aplica à mulher, deve-se incluir ali a mulher transgênero.

Aos trabalhadores, cabe lutarem por seus direitos e colaborarem para a promoção do ambiente laboral livre de violência, assédio e discriminação. É imprescindível que essas práticas ilícitas sejam denunciadas não só pelas vítimas, mas também pelos demais colegas que as presenciem. A existência de laços de solidariedade entre os trabalhadores atua de forma preventiva em relação à violência no meio ambiente laboral. Eis que o fato de os colegas serem solidários não só diminui a probabilidade de ocorrer o assédio horizontal, como também amplia a propensão da coletividade intervir em defesa da vítima nos casos de discriminação e assédio vertical.

Destaque-se a importância do papel dos sindicatos profissionais como protagonistas da negociação coletiva. Eis que acordos e convenções coletivas de trabalho são instrumentos privilegiados para a promoção de um meio ambiente do trabalho equilibrado para pessoas transgênero e demais trabalhadores, especialmente, através de cláusulas que abordem o uso do nome social, o acesso a banheiro e vestiário respeitando identidade de gênero, a implementação de medidas contra assédio e discriminação, bem como a capacitação de empregados sobre temas relacionados à diversidade e à inclusão (ROCHA, 2019).

Ao Estado, através de seus três poderes instituídos, incumbe fazer cumprir a Constituição, especialmente, os direitos fundamentais nela previstos. O poder Executivo deve promover políticas públicas para esclarecimento e engajamento de toda sociedade no combate à discriminação das pessoas transgênero e outros segmentos da população LGBTQIAPN+. A discriminação ocorre quando as pessoas são tratadas como diferentes em situações iguais e como iguais em situações diferentes. Para enfrentar essa chaga social, tem-se duas estratégias principais: a repressiva, que se ocupa de proibir e punir a discriminação; e a promocional, que pretende fomentar e fazer avançar a igualdade. A combinação das duas estratégias é fundamental para garantir efetividade aos direitos humanos e fundamentais. Na vertente da estratégia promocional, como poderoso instrumento de inclusão social, situam-se as ações afirmativas. Elas constituem medidas especiais e temporárias que objetivam acelerar o processo com o alcance da igualdade substantiva por parte de grupos vulneráveis, dentre os quais estão as pessoas transgênero.

As ações afirmativas possibilitam alcançar uma finalidade pública decisiva para o projeto democrático: assegurar a diversidade e a pluralidade social. Trata-se de medidas concretas para efetivar o direito à igualdade, sabendo-se que a igualdade deve erigir-se a partir do respeito à diferença e à diversidade. É indispensável efetuar a passagem da igualdade formal para a igualdade material e substantiva (PIOVESAN, 2005). Note-se que o Estado brasileiro se comprometeu a adotar "políticas especiais e ações afirmativas necessárias para assegurar o gozo ou exercício dos direitos e liberdades fundamentais das pessoas ou grupos sujeitos ao racismo, à discriminação racial e formas correlatas de intolerância", conforme previsto no art. 5º da Convenção Interamericana contra o Racismo, a Discriminação Racial e Formas Correlatas de Intolerância (BRASIL, 2022).

Do poder Legislativo, espera-se que elabore leis específicas de combate à discriminação, com expressa referência à orientação sexual e à identidade de gênero, fazendo valer o princípio da dignidade da pessoa humana.

Quanto ao poder Judiciário, é imprescindível que ele se paute pelo direito à igualdade ao julgar conflitos envolvendo práticas discriminatórias contra pessoas transgênero e continue garantindo aplicação aos direitos fundamentais e direitos humanos, mesmo em casos de lacuna legislativa, como vem fazendo o Supremo Tribunal Federal.

No caso de Vera Cunha, ao decidir sobre a indenização por danos morais, a sentença judicial invocou o Decreto n. 8.727/2016, que dispõe sobre o uso do nome social e o reconhecimento da identidade de gênero de pessoas travestis e transexuais no âmbito da administração pública. Apesar desse diploma normativo não ser direcionado a empresas privadas, a juíza extraiu dali a definição de nome social e de identidade de gênero, atributos da trabalhadora que deveriam ter sido respeitados pelo empregador. Os art. 1º e 3º do referido decreto foram os únicos dispositivos normativos expressamente referidos na fundamentação da sentença no que tange à questão da discriminação e assédio sofridos por Vera durante o contrato de trabalho.

O acórdão, por sua vez, tem ementa que evoca a ordem constitucional e os tratados internacionais de direitos humanos firmados pelo Brasil como fontes da proibição à discriminação. Entretanto, ao julgar a questão dos danos morais, a decisão colegiada não faz referência a nenhum dispositivo específico, no tocante à vedação de discriminação, nem da Constituição Federal de 1988 nem de diplomas internacionais. Há referência a normas alusivas tão somente à responsabilidade civil, à obrigação de reparar o dano e ao valor da indenização.

Também é digno de nota o fato de que nas decisões de mérito emitidas no processo de Vera Cunha, não há nenhuma ocorrência das expressões "meio ambiente do trabalho" e "risco psicossocial". Eis que, como já visto, a obrigação do empregador de manter um meio ambiente do trabalho saudável e seguro, inclusive no tocante aos riscos psicossociais, é essencial no caso analisado. O termo "ambiente", por sua vez, conta com um total mais de 48 (quarenta e oito) ocorrências nas decisões enfocadas. Entretanto, o aspecto psicossocial foi cogitado em apenas duas passagens, quais sejam: quando a sentença se refere à obrigação da reclamada de "estabelecer um ambiente social livre de discriminação de gênero" e quando o acórdão menciona que a reclamante foi "submetida a situações vexatórias em seu ambiente de trabalho". Todas as demais ocorrências do termo "ambiente" estão relacionadas ao aspecto físico, nomeadamente, à questão da temperatura fria mantida em dependências do frigorífico, cuja análise foi necessária para julgamento do pedido de adicional de insalubridade. Essa predominância da concepção física do meio ambiente do trabalho, em detrimento de sua dimensão psicossocial, é um indicativo da tendência ainda presente entre os operadores jurídico-laborais.

Se por um lado, o ordenamento jurídico brasileiro é único, por outro, os magistrados são pessoas que carregam consigo os conflitos presentes na sociedade, acarretando interpretações divergentes. Assim, um mesmo tema pode ter decisões conservadoras ou progressistas, variando segundo o magistrado ou colegiado a que couber o julgamento.

É o que ocorre com algumas questões relacionadas às pessoas transgênero, notadamente, a questão do uso do nome social e do acesso a banheiros e vestiários adequados à identidade de gênero.

De todo modo, conforme já foi observado, é imperativo que o poder Judiciário faça valer o direito à igualdade e contribua para garantir efetividade aos direitos fundamentais e aos direitos humanos. Mesmo que isso ocorra sob a forma de reparação a direitos lesionados, como ocorreu no processo judicial analisado neste artigo, em que houve a condenação do empregador ao pagamento de indenização por danos morais decorrentes de sua conduta de desrespeito a direitos da trabalhadora.

7. Considerações finais

No caso de Vera Cunha, percebe-se que o empregador falhou em lhe garantir um meio ambiente do trabalho saudável e seguro. Ao não fazer constar do crachá funcional o nome social da trabalhadora e ao recusar seu acesso a banheiro e vestiário femininos, a empresa expôs Vera à discriminação e ao assédio moral. Reitere-se que não basta distribuir aos empregados um código de ética ou cartilha sobre discriminação e assédio, sem que medidas efetivas sejam tomadas para prevenir e combater os casos concretos que ocorrem dentro da empresa. Apesar de ter sido cientificado dos fatos pela vítima, o empregador optou por omitir-se e não apurar nem punir as práticas ilícitas ocorridas. Normas internas que não são aplicadas apenas disfarçam o desrespeito da empresa pela dignidade humana de seus trabalhadores. Como restou consignado na sentença e no acórdão do processo judicial enfocado, "a empresa tem a incumbência de promover ações no sentido de reprimir e prevenir situações de agressão à identidade de gênero e sexualidade dos empregados" (BRASIL, 2020). Ao tolerar a violência sofrida por um ou mais empregados, o empregador deixa de cumprir sua função social e atenta contra os direitos fundamentais resguardados no Estado Democrático de Direito.

A discriminação e o assédio moral contra trabalhadores transgênero constituem violação de direitos e garantias constitucionais e, portanto, devem ser considerados não apenas como uma questão individual da vítima, mas sim como algo que afeta a coletividade de trabalhadores. A cultura organizacional da empresa é colocada em xeque com a degradação do meio ambiente do trabalho gerada pela negligência do empregador em prevenir e eliminar os riscos psicossociais.

O descumprimento dos direitos humanos de trabalhadores transgênero fere a dignidade humana e sujeita o Estado brasileiro a ser responsabilizado perante as cortes internacionais de Justiça, comprometendo a imagem do país perante a comunidade internacional. Para evitar que casos como o de Vera continuem acontecendo, é recomendável a ratificação da Convenção n. 190 da Organização Internacional do Trabalho, sobre assédio e violência no ambiente laboral, cujo processo foi iniciado pelo governo brasileiro em março de 2023. Resta evidente, ademais, a necessidade urgente de se aprovar legislação específica que explicite os direitos das pessoas transgênero, inclusive no contexto da relação de trabalho, contribuindo para a efetividade dos direitos humanos e fundamentais dessa parcela da população brasileira.

Referências

ALAMINO, Felipe Nicolau Pimentel; DEL VECCHIO, Victor Antônio. Os Princípios de Yogyakarta e a proteção de direitos fundamentais das minorias de orientação sexual e de identidade de gênero. *Revista da Faculdade de Direito*, USP, v. 113, p. 645-668.

BACELLAR, Regina. Assédio moral no ambiente de trabalho: a omissão das empresas como forma mascarada de violação aos direitos humanos. In: ALVARENGA, Rúbia (Coord.); BACELLAR, Regina (Org.); BUSNARDO, Juliana (Org.); GUNTHER, Luiz Eduardo (Coord.). *Direitos humanos e meio ambiente do trabalho*. São Paulo: LTr, 2016.

BARUKI, Luciana Veloso. *Riscos psicossociais e saúde mental do trabalhador*. São Paulo: LTr, 2018.

BOBBIO, Norberto. *A era dos direitos*. Trad. Carlos Coutinho. Rio de Janeiro: Elsevier, 2004.

BRASIL. *Constituição Federal de 1988*. Disponível em: http://www.planalto.gov.br/ ccivil_03/ constituicao/constituicaocompilado.htm. Acesso em: 26 maio 2023.

______. *Decreto n. 10.088, de 05 de novembro de 2019*. Consolida atos normativos editados pelo Poder Executivo Federal que dispõem sobre a promulgação de convenções e recomendações da Organização Internacional do Trabalho — OIT ratificadas pela República Federativa do Brasil. Disponível em: http://www.planalto.gov.br/ccivil_03/_ato2019-2022/2019/decreto/d10088.htm. Acesso em: 26 maio 2023.

______. *Decreto n. 10.932, de 10 de janeiro de 2022*. Promulga a Convenção Interamericana contra o Racismo, a Discriminação Racial e Formas Correlatas de Intolerância, firmado pela República Federativa do Brasil, na Guatemala, em 5 de junho de 2013. Disponível em: https://www.planalto.gov.br/ccivil_03/_Ato2019-2022/2022/Decreto/D10932.htm. Acesso em: 11 jul. 2023.

______. Ministério do Trabalho e Emprego. *NR-1* — Disposições Gerais e Gerenciamento de Riscos Ocupacionais. Portaria MTb 3214, última modificação Portaria SEPRT n. 6.730/2020 (2020a). Disponível em: https://www.gov.br/trabalho-e-previdencia/pt-br/acesso-a-informacao/participacao-social/conselhos-e-orgaos-colegiados/ctpp/arquivos/normas-regulamentadoras/nr-01-atualizada-2022-1.pdf. Acesso em: 27 jun. 2023.

______. Supremo Tribunal Federal. *Recurso Extraordinário 670.422/RS*. Recorrente: STC. Recorrido: Oitava Câmara Cível do Tribunal de Justiça do Estado do Rio Grande do Sul. Relator: Ministro Dias Toffoli. Brasília, 10 de março de 2020 (2020b). Disponível em: https://redir.stf.jus.br/paginadorpub/paginador.jsp?docTP=TP&docID= 752185760 . Acesso em: 24 abr. 2023.

______. Supremo Tribunal Federal. *Recurso Extraordinário 845.779/SC*. Recorrente: André dos Santos Fialho. Recorrido: Beiramar Empresa Shopping Center Ltda. Relator: Ministro Roberto Barroso. Decisão de repercussão geral: Brasília, 31 de outubro de 2014. (julgamento pendente). Disponível em: https://portal.stf.jus.br/processos/download Peca.asp?id=15317399481&ext=.pdf. Acesso em: 24 ago. 2023.

______. Tribunal Regional do Trabalho (3ª Região). *Recurso Ordinário 0010325-27.2019.5.03.0174*. Recorrentes: Vera Cunha (nome civil: Rafael Henrique da Cunha); Prima Foods S.A. Recorridas: as mesmas. Relator: Desembargador Luiz Otávio Linhares Renault. Belo Horizonte, 23 de novembro de 2020 (2020c). Disponível em: https://pje-consulta.trt3.jus.br/consultaprocessual/detalhe-processo/0010325-27.2019.5.03.0174/2# f9b5873. Acesso em: 25 maio 2023.

ETTELBRICK, P. L; ZÉRAN, A.T. *The impact of the Yogyakarta Principles on international human rights law development.* Disponível em: https:// yogyakartaprinciples.org/wp-content/uploads/2016/10/Yogyakarta_Principles_Impact_ Tracking_Report.pdf. Acesso em: 30 maio 2023.

HIRIGOYEN, Marie-France. *Mal-estar no trabalho*: redefinindo o assédio moral. Trad. Rejane Janowitzer. Rio de Janeiro: Bertrand Brasil, 2002.

MARANHÃO, Ney. Meio ambiente do trabalho: descrição jurídico-conceitual. *Revista de Direito do Trabalho*, vol. 170, ano 42, p. 139-165, São Paulo: Revista dos Tribunais, jul./ago. 2016.

MINARDI, Fábio Freitas. *Meio ambiente do trabalho:* proteção jurídica à saúde mental. Curitiba: Juruá Editora, 2010.

ONU — Organização Das Nações Unidas. *Declaração Universal dos Direitos Humanos, 1948.* Disponível em: https://www.ohchr.org/en/human-rights/universal-declaration/translations/portuguese?LangID=por. Acesso em: 26 maio 2023.

OIT — Organização Internacional do Trabalho. *Resolução sobre a inclusão de um meio ambiente do trabalho seguro e salubre no quadro da OIT sobre princípios e direitos fundamentais no trabalho, de 10 de junho de 2022*. Disponível em: https://www.ilo.org/wcmsp5/groups/public/---ed_norm/---relconf/documents/ meetingdocument/wcms_848632.pdf. Acesso em: 28 jun. 2003.

PIOVESAN, Flávia. Ações afirmativas da perspectiva dos direitos humanos. In: *Cadernos de Pesquisa*, São Paulo, v. 35, n. 124, p. 43-55, jan./abr. 2005. Disponível em: https://www.scielo.br/j/cp/a/3bz9Ddq8YpxP87fXnhMZcJS/?format=pdf&lang=pt. Acesso em: 26 maio 2023.

Princípios de Yogyakarta: princípios sobre a aplicação da legislação internacional de direitos humanos em relação à orientação sexual e identidade de gênero. Tradução Jones de Freitas. jul. 2007. Disponível em: http://www.dhnet.org.br/direitos/sos/gays/ principios_de_yogyakarta.pdf. Acesso em: 26 maio 2023.

RICOEUR, Paul. Etapa atual do pensamento sobre a intolerância. In: BARRET-DUCROCQ, Françoise (Dir.). *A intolerância:* Foro Internacional sobre a Intolerância. Tradução de Eloá Jacobina. Rio de Janeiro: Bertrand Brasil, 2000.

ROCHA, Larissa Medeiros. *Direitos dos trabalhadores LGBT:* ações essenciais para a promoção do meio ambiente de trabalho equilibrado. Rio de Janeiro: Lumen Juris, 2019.

ROUXINOL, Milena. Discriminação em razão da identidade de gênero (em contexto laboral). In: MENDÉZ, Lourdes Mella (Dir.); MARTÍNEZ, Silvia Fernández. *Los actuales cambios sociales e laborales:* nuevos retos para el mundo del trabajo. Berna: Peter Lang, 2017.

SARLET, Ingo Wolfgang. *A eficácia dos direitos fundamentais:* uma teoria geral dos direitos fundamentais na perspectiva constitucional. 12. ed. rev. atual. e ampl. Porto Alegre: Livraria do Advogado Editora, 2015.

SARLET, Ingo Wolfgang. O direito fundamental ao meio ambiente do trabalho saudável. *Revista TST*, Brasília, vol. 80, n. 01, jan./mar. 2014. Disponível em: https:// juslaboris.tst.jus.br/bitstream/handle/20.500.12178/61230/002_sarlet.pdf?sequence=1&isAllowed=y. Acesso em: 30 maio 2023.

A Violência Política de Gênero e o Direito ao Livre Exercício Político das Mulheres Trans e Travestis: Uma Análise do Caso Benny Briolly

Gladston Oliveira dos Passos[(1)]

1. Introdução

No dia 8 de junho de 2023 compareci no Una Cine Belas Artes, um cinema de rua localizado em Lourdes, bairro nobre da Zona Centro-Sul de Belo Horizonte para assistir à estreia de Corpolítica[(2)], um documentário produzido pelo Marco Pigossi e dirigido por Pedro Henrique França que retrata a importância da representatividade LGBTQIAPN+[(3)] em cargos políticos e a humanização do tema na sociedade e nas famílias brasileiras. Dentre as diversas falas que ouvi no documentário, uma que me chamou a atenção foi a da atriz trans Renata Carvalho[(4)]: "O nosso corpo ele não é julgado, ele já é culpado".

---

(1) Doutorando em Antropologia pela Universidade Federal de Minas Gerais. Mestre em Antropologia pela Universidade Federal de Sergipe, Pós-graduando em Direito do Trabalho e Direitos Humanos pela Universidade Federal do Pará. Graduado em História pela Universidade Federal de Sergipe e Direito pela Faculdade Pio X. Facilitador de Círculos Restaurativos e de Construção de Paz.

(2) O longa recebeu diversos prêmios como de melhor documentário no Queer Lisboa e no Festival do Rio, melhor filme nacional no Mix Brasil, melhor roteiro no Festival Internacional de Brasília, melhor filme LGBTQIA+ no Montreal Independent Film Festival e foi selecionado para mais de dez festivais nacionais e internacionais como Merlinka Festival (Sérvia), Hollywood Brazilian Film Festival (Los Angeles), CinHomo (Espanha) e Queergestreift (Alemanha).

(3) Existem várias discussões sobre qual seria a sigla correta referente à diversidade sexual e de gênero. Ao longo da história houve diversas modificações que estão relacionadas aos processos de "centramento" e "descentramento" dos sujeitos políticos do movimento, essas transformações surgem devido as disputas por visibilidade como ocorreu com a modificação de GLBT (gays, lésbicas, bissexuais e travestis) para LGBT (lésbicas, gays, bissexuais e travestis), após reivindicação do movimento lésbico, exigindo a troca na ordem de uma das letras (FACCHINI, 2005; 2020). Atualmente surgiram novas siglas, a exemplo de LGBTI+ que incluiu as pessoas intersexo, depois LGBTQIA+ com a inclusão de pessoas queer e assexuais, por fim temos LGBTQIAPN+, através da qual foram acrescentadas as pessoas pansexuais, não binárias e outras mais. Essa será a sigla que utilizarei durante o texto.

(4) Renata se define como transpologa (uma antropologa trans) é fundadora do Monart (Movimento Nacional de Artistas Trans), e do "Manifesto Representatividade Trans" (que visa a inclusão de corpos travestis/trans nos espaços de criação de arte e uma pausa na prática do Trans Fake — artistas cisgêneros que interpretam personagens trans/travesti).

A atriz ficou popularmente conhecida ao interpretar Jesus Cristo na peça "O Evangelho Segundo Jesus, Rainha do Céu", uma adaptação da obra escrita pela inglesa Jo Clifford, na qual ela questiona como Jesus seria recebido se ressuscitasse hoje em dia como uma travesti. O espetáculo foi alvo de censura pela justiça de Jundiaí e Salvador no ano de 2017 e segundo a atriz toda a polêmica que envolveu esse trabalho não estava direcionada a própria Renata, mas sim a corporeidade travesti, que não deve circular em vários espaços. Um desses ambientes sem dúvida é o da política, são inúmeras as barreiras que as pessoas trans e travestis enfrentam nesses espaços, tanto no momento da candidatura quanto como parlamentares. Segundo dados da ANTRA (Associação Nacional de Travestis e Transexuais do Brasil) das mais de duzentas candidaturas transgênero e travestis no ano de 2020, apenas 30 conseguiram ser eleitas para vereanças em todo o Brasil e ao exercerem a mandata algumas relataram terem sofrido diversas violências, quais sejam: moral, virtual, psicológica, física e institucional. De acordo com Flávia Biroli e Débora Françolin Quintela (2020) os obstáculos à participação das mulheres na política, a divisão sexual do trabalho e a violência constituem dinâmicas complexas de reprodução de desigualdades nas quais o institucional, o estrutural e o simbólico estão imbricados.

Com o intuito de discutir as dificuldades de inserção de pessoas trans e travestis na política institucional, a violência política e o desafio da permanência nesse espaço, no dia 28 de julho de 2021 foi criada a 1ª Frente Nacional TransPolítica que é composta por parlamentares trans e travestis eleitas no Brasil junto aos movimentos sociais organizados para garantir o pleno exercício e uma atuação qualificada em defesa dos direitos desta parte da população. Por muitos anos as mulheres viveram desamparadas pela ausência de uma lei específica que punisse os atos de violência política de gênero (ALBUQUERQUE e ALVES, 2018), somente em 04 de agosto de 2021 foi promulgada a Lei n. 14.192/21 que é proveniente do projeto de Lei n. 5.613/2020 de autoria da deputada Rosângela Gomes (Republicanos-RJ) e estabelece normas para prevenir, reprimir e combater a violência política contra a mulher (Brasil, 2021). Pela primeira vez houve a aplicação da Lei no dia 23 de agosto de 2022 quando o Tribunal Regional Eleitoral do Rio de Janeiro aceitou a denúncia do Ministério Público contra o Deputado Rodrigo Amorim(5) (PTB) por entender que houve crime de violência política de gênero contra a vereadora travesti de Niterói (RJ) Benny Brioly.

Nesse sentido, a partir do cenário exposto, o presente trabalho traz a seguinte problemática: como enfrentar a violência política de gênero sofrida pelas parlamentares trans e travestis. Com tal propósito, traça-se como objetivo geral analisar de que maneira essa violência se manifesta. Dessa forma, primeiramente será apresentado o conceito de

(5) O deputado Rodrigo Amorim foi eleito após quebrar uma placa em homenagem à vereadora Marielle Franco, junto com Daniel Silveira, preso e condenado pelo Supremo Tribunal Federal, e ao lado de Wilson Witzel, ex-Governador do Rio de Janeiro que sofreu *impeachment* em abril de 2021.

violência política de gênero e de que maneira ela vem afetando a possibilidade de exercício de Direitos Políticos de mulheres transexuais e travestis, a exemplo o caso da vereadora Benny Brioly. Em seguida, será abordado como a questão racial se entrelaça nesse tipo de violência. Por fim, serão apresentados os mecanismos necessários de prevenção e enfrentamento dessa violência. No que tange a metodologia, o artigo foi construído através de uma pesquisa qualitativa, aplicada, do tipo exploratória utilizando o método dedutivo com a realização de pesquisas bibliográficas que contribuíram no suporte teórico do trabalho. A produção dessa pesquisa se torna relevante pela escassez de trabalhos nesta temática e por apresentar questões pertinentes tanto para os estudos de gênero e sexualidade, quanto para o do Direito.

2. Mulheres trans/travestis parlamentares, violência política de gênero e o Caso Benny Briolly

As mulheres trans e travestis sempre lutaram para serem visibilizadas, porém a marginalização de seus corpos e suas vivências ainda está presente em diversos espaços. No âmbito político essa realidade não seria diferente, se o percentual de mulheres cisgêneras que ocupam as câmaras municipais, assembleias legislativas e o congresso nacional é desproporcional ao dos homens, o das mulheres trans e travestis é ainda menor. O primeiro registro de eleição de uma pessoa trans no Brasil ocorreu em 1992, Kátia Tapety, nascida no Piauí, tornou-se relativamente conhecida no cenário nacional devido ao seu "pioneirismo" na política. Colônia do Piauí, onde reside Kátia, é um município do sertão do Piauí com apenas oito mil habitantes, Kátia foi vice-prefeita e a vereadora mais votada do munícipio por três vezes (Sampaio, 2012). Após três décadas pouco se houve falar de Kátia mesmo diante desse fato histórico, o que denota o apagamento e silenciamento do protagonismo de pessoas trans, é importante destacar que a vitória de Kátia representa um ato de resistência diante de um país que mais mata essa população, fruto de uma cultura machista, lgbtfóbica e patriarcal.

O Tribunal Superior Eleitoral (TSE) não possui em seu cadastro de candidaturas marcadores identitários autodeclarados, o que dificulta a construção de dados sobre o quantitativo de pessoas trans que se candidatam. Nas eleições do ano passado coube a Associação Nacional de Travestis e Transexuais (ANTRA) realizar essa contagem. A partir desse mapeamento, conseguiu identificar pelo menos 78 candidaturas trans pelo Brasil, sendo 69 (88%) travestis e mulheres trans contra 52 em 2018, 5 (7%) homens trans, enquanto em 2018 apenas 1, e 4 (5%) candidates com identidades não binárias. Havendo um aumento expressivo de 47% em relação a 2018, quando tiveram 53 candidaturas (ANTRA, 2022). Em 2018 foram eleitas apenas 3 representações estaduais, dentre elas duas provenientes de candidaturas coletivas com Robeyoncé Lima (PE) e Erika Hilton (SP), e pela primeira vez na história desse país foi eleita uma deputada estadual, Erica Malunguinho (SP). Nesse comparativo observa-se um novo recorde da participação de travestis disputando as eleições.

Com a vitória de Bolsonaro em 2018 a comunidade LGBTQIAPN+ se sentiu amedrontada diante do preconceito que ele demonstrou na época das eleições. Uma grande onda de conservadorismo atingiu todo o país e diversos(as) candidatos(as) se elegeram através dessa filosofia, em contrapartida outros grupos que se sentiram ameaçados se reergueram com o intuito de transformar essa conjuntura. No ano de 2020 a ANTRA mapeou em 25 estados 281 candidaturas pelo Brasil, sendo 27 candidaturas coletivas e apenas 2 para prefeitura e 1 para vice prefeitura. Destas, foram identificadas 255 travestis e mulheres trans, 16 homens trans e 10 candidates com outras identidades trans. Segundo esse mapeamento a instituição observou que houve um salto de 209% em relação a 2016 quando tiveram 89 candidaturas e 8 pessoas eleitas[(6)] (ANTRA, 2022).

A disputa eleitoral de 2020 foi a primeira em que candidatos e candidatas a prefeito(a), vice-prefeito(a) e vereador(a) puderam utilizar seu nome social e declarar o gênero (FREITAS e OLIVEIRA, 2021). Foi nesse ano que a cidade de Niterói (RJ) elegeu sua primeira vereadora travesti: Benny Briolly. Com 4.458 votos, a candidata foi a quinta mais bem votada para ocupar uma vaga na Casa Legislativa. Antes de ser eleita, Benny foi a primeira assessora parlamentar travesti a trabalhar no Legislativo da cidade ao compor o mandato da vereadora Talíria Petrone (Psol), hoje deputada federal. Segundo a nota técnica "Candidaturas trans e travestis: obstáculos e violências na política brasileira" elaborada pela Clínica de Diversidade da Fundação Getúlio Vargas (FGV) Benny já vinha recebendo mensagens de ódio desde a época da campanha e ao se eleger precisou sair do país por 15 dias após uma ameaça de morte. Ao retornar a parlamentar continuou sendo vítima de uma série de ameaças constantes à sua vida, à sua integridade pessoal e à liberdade de expressão.

A vereadora foi hostilizada por outros parlamentares, a exemplo do Deputado Rodrigo Amorim (PTB) que foi denunciado pelo crime de violência política de gênero. Segundo a denúncia, no dia 17 de maio de 2022, Amorim constrangeu e humilhou a vereadora durante um discurso transmitido ao vivo pela TV Alerj e depois retransmitido em diversas mídias sociais, alcançando grande repercussão e vitimizando Benny. Conforme consta no processo n. 0600472-46.2022.6.19.0000 (BRASIL, 2022) o denunciado fez uso da tribuna para proferir o seguinte discurso: "o vereador homem de Niterói parece um 'boizebu' porque é uma aberração da natureza". A fala de Amorim sustentou a denúncia da Procuradoria Regional Eleitoral do Estado, e teve como objetivo impedir e dificultar o desempenho da mandata da vereadora. O deputado tratou Benny, que é negra e travesti, como "boizebu", "aberração da natureza", "vereador homem de Niterói" e "aberrações de

(6) Das 8 pessoas que foram eleitas em 2016, todas para cargos de vereança: Jordana Ferreira, do PSD, no município de Pimenta Bueno (RO); Shirley Costa, do PP, no município de Pilar/PB; Brenda da Silva Sant´Uoni, do PP, no município de Viçosa/MG; Pâmela Volp, do PP, no município de Uberlândia/MG; Isaias Martins, do PMDB, no município de Patos de Minas/MG; Andressa Sales, do PSB, no município de Guarujá/SP; Tieta, do PSDB, no município de São Joaquim da Barra /SP; e Katia Ross, do PR, no município de Cruz Alta/RS. Nenhum homem trans foi eleito; e nenhum cargo de prefeito foi ocupado por uma pessoa trans (ANTRA, 2022).

LGBTQYZH", se tornou réu, e está sendo julgado pelo crime do art. 326-B do Código Eleitoral trazido pela Lei de violência política — Lei n. 14.192/21, que dispõe

> Assediar, constranger, humilhar, perseguir ou ameaçar, por qualquer meio, candidata a cargo eletivo ou detentora de mandato eletivo, utilizando-se de menosprezo ou discriminação à condição de mulher ou à sua cor, raça ou etnia, com a finalidade de impedir ou de dificultar a sua campanha eleitoral ou o desempenho de seu mandato eletivo", com pena de reclusão, de 1 (um) a 4 (quatro) anos, e multa.

Caso seja culpado, a ação servirá como precedente para outros casos de mulheres vítimas de violência política no país. Na Lei n. 14.192/21 a violência política contra a mulher é definida como "toda ação, conduta ou omissão com a finalidade de impedir, obstaculizar ou restringir os direitos políticos da mulher", o texto estabelece que "serão garantidos os direitos de participação política da mulher, vedadas a discriminação e a desigualdade de tratamento em virtude de sexo ou de raça no acesso às instâncias de representação política"(BRASIL,2021). Assim como aconteceu com a Lei de Feminicídio (13.104/2015) nota-se que foi inserido o termo sexo ao invés de gênero, havendo uma exclusão das mulheres trans e travestis dessa garantia (MACHADO e ELIAS, 2018), cabendo ao Judiciário entender por analogia a aplicação dessas normativas.

Segundo Marlise Matos (2022), a "nomeação" de uma violência específica no âmbito político com um recorte de gênero se deve pela insistência das mulheres feministas latino-americanas. Tanto a questão do assédio como da violência política com base no gênero foi discutida na décima conferência regional de mulheres da América Latina e Caribe, realizada em Quito, em agosto de 2007. Ainda conforme a autora, em termos normativos e conceituais, a região da América Latina foi pioneira em todo o mundo na delimitação, no reconhecimento público e na busca por iniciativas legais para penalizar a violência política contra a mulher.

> A designação violência e assédio políticos contra as mulheres surgiu, assim, pela primeira vez, no ano 2000, quando um grupo de vereadoras convocou reunião sobre o tema na Câmara de Deputados da Bolívia. Essa reunião teve por objetivo discutir relatos de violências dirigidos contra mulheres candidatas e eleitas em alguns municípios rurais naquele ano. Em 2012, o país já estava adotando a lei sobre violência e assédio político contra as mulheres, que, em 2016, foi regulamentada por meio do Decreto n. 2.935 (MATOS, 2022, p. 206).

Em 2014 a Comissão interamericana de Mulheres (CMI) junto com o Mecanismo de Acompanhamento da Convenção de Belém do Pará (Mesesci) estabeleceram acordos sobre a prevenção, punição e erradicação da violência política contra a mulher que resultou num projeto de fortalecimento das capacidades institucionais de autoridades políticas e eleitorais para diminuir a violência e o assédio político contra mulheres. No ano seguinte a sexta conferência dos Estados Partes da Convenção de Belém do Pará aprovou a Declaração sobre Violência e Assédio Políticos Contra Mulheres estabelecendo que os Estados signatários deveriam adotar políticas orientadas à prevenção, sanção e erradicação da discriminação desse tipo de violência nos espaços públicos e privados (MATOS, 2022).

No que tange as definições sobre a Violência Política Contra a Mulher (VPCM), Marlise Matos (2022) defende que ela é um subtipo da Violência Política de Gênero (VPG) e quando ocorre especificamente durante os períodos eleitorais, pode ser identificada como Violência Política Eleitoral Contra as Mulheres (VPECM). Essas manifestações de violência tem um objetivo comum, qual seja, fazer com que as mulheres abandonem a política, pressionando-as a desistirem. No primeiro momento, quando candidatas, e posteriormente quando são eleitas acabam sendo pressionadas a se demitirem ou abandonarem o cargo político. Ainda de acordo com a autora, a VPCM pode ser desdobrada e experimentada como: Violência Política Sexista — VPS (quando o que induz a agressão é o ódio misógino); Violência Política Racista — VPR (quando o que induz a agressão é ódio etnorracial); Violência Política Homofóbica — VPH (quando o que induz a agressão é o ódio homofóbico); ou aquela que envolve essas duas e/ou mais daquelas motivações descritas, sendo caracterizadas como Violência Política Interseccional — VPI. Além dessas, acredito que caberia um outro tipo de violência, a Violência Política Transfóbica — VPT (quando o que induz a agressão é o ódio transfóbico). Existem diversas maneiras que as categorias de VPCM podem ser manifestadas, segundo os ensinamentos de Matos elas sempre ocorrem contra a mulher:

> Usar a candidatura como "fictícia"; destruir material de campanha; perpetrar violências físicas e/simbólicas em momentos públicos de campanha; impedir ou dificultar o acesso a recursos; divulgar informações falsas e fake News; divulgar imagens humilhantes e/ou com conotação sexual, ou ainda montagens com fotos/vídeos com o mesmo fim; proferir ou promover discursos de ódio, calúnia, difamação e injúria; ameaça e uso de violência física e/ou sexual; ameaçar de morte; incitar a violência contra a figura da mulher; fazer ataques coordenados; clonar e bloquear contas; invadir reuniões online e/ou perfis; expor dados pessoais; entre inúmeras outras manifestações que, quando não impedidas e denunciadas, tendem a se mover numa dinâmica de escalada crescente que pode até culminar em feminicídio por razões políticas (MATOS, 2022, p. 215).

Além da questão do gênero, a violência política sofrida pelas parlamentares também pode advir da raça, como foi citado anteriormente. Esse outro marcador social está presente em diversas parlamentares trans que foram violentadas, a exemplo da Erica

Hilton, Robeyoncé Lima, Erica Malunguinho, Dani Balbi e a própria Benny Brioly. Nesse sentido, na seção seguinte será abordado como a questão racial se relaciona com a violência política.

3. "Você é um macaco preto favelado fedorento": A violência política de gênero e o ódio etnorracial

O aumento da representatividade de mulheres trans e travestis no cenário político não pode estar desassociado aos marcadores de raça, tornar esses espaços mais seguros ainda é um grande desafio. Conforme a pesquisa elaborada pelo Instituto Marielle Franco (2022), mesmo ainda sendo poucas nas casas legislativas do país, as mulheres negras se articulam entre si, construindo espaços de proteção e ajuda mútua para enfrentar as violências sofridas. Uma das entrevistadas dessa pesquisa foi a Erica Hilton, que foi a primeira trans eleita e com o maior número de votos na cidade de São Paulo se tornando também a primeira a frente da comissão de Direitos Humanos da Câmara de São Paulo. Erica, que atualmente é deputada federal, chegou a ser atacada por um funcionário da própria Câmara Municipal de São Paulo e precisou se esconder dentro de seu gabinete com medo das ameaças que, em um primeiro momento, estavam nas redes sociais e depois, se tornaram reais (*G1*, 2021). Na época a deputada informou que a casa legislativa que ela ocupava não agiu de forma preventiva para tentar reduzir o risco para mulheres, isso é um reflexo de um país que se define pelos altos índices de violência letal contra as populações LGBTQIAPN+. Das identidades que compõem esse segmento é notório a naturalização das violências sofridas por mulheres transexuais e travestis, como pode ser comprovado pelos dados levantados pela ANTRA no dossiê sobre violências contra pessoas trans brasileiras publicado no dia 28 de janeiro de 2022 (ANTRA, 2022). Da análise dos casos, identificou-se que 50% delas foram vítimas diretas de ameaças, incluindo ameaças de morte contra si, invasões em seu ambiente particular, laboral e político. Ainda, 38% delas enfrentaram ataques online e 12% violência física direta.

O dossiê (ANTRA, 2022) aponta que a violência política de gênero é crescente, de forma desproporcional contra vereadoras trans, principalmente, mas não exclusivamente, contra travestis e mulheres trans negras. Nessa questão interacional das opressões se faz necessário o conceito de interseccionalidade concebido pela pensadora negra estadunidense Kimberlé Crenshaw. Segundo Crenshaw (2002) a interseccionalidade é "uma conceituação do problema que busca capturar as consequências estruturais e dinâmicas da interação entre dois ou mais eixos da subordinação". Ainda conforme a autora,

> Ela trata especificamente da forma pela qual o racismo, o patriarcalismo, a opressão de classe e outros sistemas discriminatórios criam desigualdades básicas que estruturam as posições relativas de mulheres, raças, etnias, classes e outras. Além disso, a interseccionalidade trata da forma como ações e políticas

> específicas geram opressões que fluem ao longo de tais eixos, constituindo aspectos dinâmicos ou ativos do desempoderamento (CRENSHAW, 2002, p. 177).

A violência política de gênero direcionada as pessoas trans negras decorre do cissexismo que aliado ao racismo acabam impedindo que essas mulheres acessem locais de decisão. Nesse sentido, aproprio-me do conceito de colonialidade de gênero trabalhado pela feminista sul-americana María Lugones (2020) entendendo a "colonialidade" não apenas à classificação racial. Segundo a autora, ela é um fenômeno mais amplo,

> Um dos eixos do sistema de poder e, como tal, atravessa o controle do acesso ao sexo, a autoridade coletiva, o trabalho e a subjetividade/ intersubjetividade, e atravessa também a produção de conhecimento a partir do próprio interior dessas relações intersubjetivas. Ou seja, toda forma de controle do sexo, da subjetividade, da autoridade e do trabalho existe em conexão com a colonialidade (LUGONES, 2020, p. 57).

A interseccionalidade está presente em muitas violências contra as parlamentares, uma delas foi direcionada a vereadora Benny Brioly que após ter denunciado o Deputado Amorim pelos xingamentos durante uma sessão pública da Assembleia Legislativa do Rio de Janeiro recebeu uma mensagem enviada pelo e-mail institucional do parlamentar com ameaças de morte e ofensas racistas e transfóbicas. Com o título "Já estou contando as balas", o *e-mail* pressiona a vereadora a desistir do processo contra o deputado, eis o conteúdo da mensagem:

> Vereador Benny, quer dizer que você registrou ocorrência contra mim na Decradi e vai me processar só porque falei umas verdades de você? Você não é mulher pois nasceu com pênis e testículo, então é homem. Se bem que no seu caso você não é mesmo homem, é um boiola assanhado, uma bicha esa crota, um viado nojento. [...] Você é um macaco preto favelado fedorento. [...] eu quebrei a placa da vagabunda da Marielle Franco e não deu em nada, eu disse na Aldeia Maracanã que quem gosta de índio que vá pra Bolívia e não deu em nada. Acha que vai dar em alguma coisa porque eu esculachei você seu traveco de merda? Foda-se a Decradi, foda-se a justiça, estou com o presidente Bolsonaro e nada vai acontecer, posso falar o que eu quiser que não dá em nada. Isso não vai dar em nada como das outras vezes. Estou com nosso Exército Brasileiro [...]. Você vai fazer o que? [...] Já você não

> deve falar nada e nem me processar. [...] se você não desistir do processo contra mim vou fechar essa sua boca podre pra sempre. A sua e a da vaca da Renata Souza[7], foi culpa dela isso tudo (CIDH, 2022, p. 6).

O deputado estadual negou a autoria do e-mail e o seu partido político solicitou uma perícia a fim de verificar quem teria realizado o envio. Benny Briolly tem enfrentado diversas batalhas na luta contra o racismo e a transfobia, e em algumas delas tem tido êxito. No ano de 2021, Benny denunciou o vereador Douglas Gomes (PL) por tentativa de agressão ocorrida no plenário da Câmara Municipal de Niterói. A parlamentar estava com a palavra no plenário quando Douglas começou a chamá-la de "vagabundo, moleque, seu merda e mentiroso", e tentou agredi-la. Além disso, o vereador fez publicações em seu Twitter tratando a vereadora pelo gênero masculino e a chamou de "aberração psolista", em 2022 foi condenado a 1 ano e 7 meses de prisão por injúria e transfobia (PINA, 2022). As violências perpetradas contra a vereadora acabam sendo uma forma de manter o lugar do privilégio masculino, cis-heteronormativo e branco na política formal/estatal. Para Matos, "Essas práticas se revelaram no Brasil uma linguagem de deterioração da democracia, quando essa violência política foi autorizada a partir do momento especial, em que novos sujeitos passaram a desafiar, ameaçar esse privilégio masculino" (MATOS, 2022, p. 210)

Na busca de coibir essas condutas se faz necessário acionar instrumentos jurídicos, esses mecanismos serão aprofundados na seção seguinte.

4. Travesti não é bagunça: Benny Briolly e o enfrentamento da violência política de gênero

Diante das ameaças e violências sofridas pela vereadora Benny Briolly, em junho de 2022 as organizações Criola, Instituto de Defesa da População Negra, Instituto Marielle Franco, Justiça Global, Terra de Direitos e Instituto Internacional sobre Raça, Igualdade e Direitos Humanos solicitaram a Comissão Interamericana de Direitos Humanos (CIDH) que o Estado adotasse medidas para proteger os direitos à vida e à integridade pessoal de Benny Briolly e dos integrantes de sua equipe de trabalho.

Ao analisar os fatos, em 11 de julho de 2022, a Comissão observou que as ameaças contra Benny estão estreitamente ligadas a função que ela exerce como vereadora de Niterói desde 2020, além de sua atuação como defensora dos direitos humanos. E considerou que a parlamentar se encontrava em uma situação grave e urgente, pois seus direitos

(7) Renata Souza é Deputada Estadual pelo PSOL e atualmente é presidenta da Comissão de Defesa dos Direitos da Mulher (CDDM) da Assembleia Legislativa do Rio de Janeiro (Alerj). Em 2022 a parlamentar enviou uma representação ao Ministério Público do Rio de Janeiro contra o deputado Rodrigo Amorim solicitando uma investigação por injúria e violência política de gênero após ele ter questionado se a Deputada havia lucrado com as "memórias e confidências" da vereadora Marielle Franco (Psol), assassinada com seu motorista em março de 2018.

à vida e integridade pessoal estão em risco de danos irreparáveis. Consequentemente, solicitou que o Estado adotasse algumas medidas necessárias, quais sejam: proteger os direitos à vida e integridade pessoal da parlamentar e de três integrantes da sua equipe de trabalho, considerando as perspectivas étnico-raciais e de gênero; coordenar as medidas a serem adotadas com as pessoas beneficiárias e seus representantes; e informar sobre as ações implementadas para investigar os fatos que deram origem à adoção da medida cautelar n. 408-22 e, assim, evitar a sua repetição (CIDH, 2022).

Além disso, a CIDH recomendou que o Estado adotasse medidas legislativas e políticas para prevenir a violência e a discriminação contra pessoas LGBTQIAPN+, considerando a intersecção de fatores que podem intensificar a violência, como a origem étnico-racial (CIDH, 2022). Outra recomendação foi a de fortalecer o Programa de Proteção a Defensores de Direitos Humanos (PPDDH) com estrutura suficiente para garantir a proteção efetiva e integral das pessoas defensoras de direitos humanos.

Conforme consta na Resolução n. 34/22 da CIDH, a vereadora chegou a ser incluída no PPDDH, porém as medidas tomadas pelo Estado não foram suficientes e eficazes. A exemplo da escolta policial, que ao ser solicitada para eventos ou deslocamentos em razão de seu trabalho, não eram respondidas e quando eram sempre foram negativas. Inclusive, esse foi um dos motivos que ensejou o Ministério Público Federal (MPF) a ajuizar uma ação civil pública em face da União e do Estado do Rio de Janeiro que em abril deste ano foram condenados a efetivarem medidas de segurança para tutela da integridade física e a continuidade do exercício do mandato eletivo e militância política de Benny Brioly, em especial a manutenção de escolta policial à parlamentar em toda a extensão da região metropolitana do Rio de Janeiro, abrangendo todos os deslocamentos e, sempre que solicitado, acompanhando-a ao interior dos prédios a que se dirigir, enquanto ela permanecer sob a proteção do Programa ou até que o órgão responsável pelo Programa delibere pela desnecessidade da medida ou sua substituição por outras dele integrantes.

Segundo o Juiz Antônio Henrique Correa da Silva, da 32ª Vara Federal do RJ o caso mais emergencial de violência política, acompanhado pelo Programa Estadual e pelo Ministério Público Federal, é o de Benny Briolly, que desde o início de sua militância política tem sido alvo de ameaças e atos de violência, não só a desestruturação de sua atuação em prol dos direitos humanos, mas também risco efetivo à sua integridade física e à democracia (BRASIL, 2023).

Após a decisão, o MPF interpôs recurso perante o Tribunal Regional Federal da 2ª Região (TRF2), para que a União e o Estado do Rio de Janeiro estruturem políticas e proporcionem mecanismos de segurança, inclusive com escolta, para a atuação das vítimas de violência políticas acompanhadas pelo Programa de Proteção aos Defensores dos Direitos Humanos do Estado (PPEDH-RJ) sob o argumento de que houve um aumento significativo de ameaças contra a vida de representantes de cargos eletivos, candidatos ou pré-candidatos entre 2016 e 2020, sendo o Rio de Janeiro o estado que ocorreu o maior número de assassinatos e atentados, onde a grande maioria das vítimas de violência política – 91% são ocupantes de cargos eletivos municipais ou candidatos. Além disso, o pertencimento a grupos minoritários ou a defesa dos direitos de mulheres, da comunidade LGBTQIAPN+, da população preta e de pessoas de bairros desfavorecidos são fatores de incremento ao risco sofrido pelos defensores de direitos alvos de violência política (MPF, 2023). Ao analisar a violência política de gênero, é preciso entender que esse problema vai além do caráter criminal e da violação dos direitos fundamentais das mulheres. De acordo com Matos (2022) "ele está vinculado as nossas democracias, aos sistemas políticos e ao momento específico de repatriarcalização racista colonial e neoconservadora que estamos experimentando na América Latina".

> É importante insistir que esse tipo de violência impacta de forma decisiva a maneira como os Estados lidam de modo efetivo com os Direitos Humanos (e as perdas e os ataques fundamentalistas a eles) e, principalmente, com a necessária busca por mais justiça, igualdade e equidade de gênero/sexualidade e raça/etnia (MATOS, 2022, p. 211).

Nesse sentido, a negligência dos partidos políticos em efetivarem medidas de prevenção, repressão e combate à violência política acaba sendo um grande obstáculo para a solução desse problema, assim como a inexistência de políticas públicas específicas que assegurem a proteção ao livre exercício político das mulheres trans e travestis.

5. Considerações finais

A partir do que foi exposto podemos afirmar que a violência política de gênero é um dos principais motivos que contribui para afastar as mulheres da vida pública, sejam elas cis ou trans. Na busca de solucionar esse problema foi criada a Lei n. 14.192/21 (BRASIL, 2021) um instrumento jurídico muito importante que precisa ser colocado em prática. Ao reconhecer alguma modalidade dessa violência é necessário que o MPF seja comunicado para que a instituição apresente a denúncia criminal à Justiça, vale ressaltar que qualquer pessoa pode reportar o caso a entidade. Uma iniciativa bastante relevante que o MPF fez e que auxilia nesse enfrentamento foi a criação do Grupo de Trabalho Prevenção e Combate à Violência Política de Gênero da Procuradoria-Geral Eleitoral que encaminha as representações aos Procuradores Regionais Eleitorais, acompanha o andamento dos casos, estabelece parcerias com outras instituições e propõe fluxos de trabalho para garantir maior celeridade. Além disso, dialoga com os partidos políticos para que adotem medidas de maior participação feminina na política e promovam campanhas de conscientização da sociedade sobre a temática.

No tocante as violências constantes contra mulheres trans e travestis é importante pontuar o trabalho que a ANTRA e a RedeTrans (Rede Nacional de Pessoas Trans do Brasil) realizam anualmente catalogando assassinatos e violências contra travestis e transexuais brasileiras. Devido à ausência de dados oficiais, os dossiês que as instituições elaboram são muito importantes pois servem como instrumentos de denúncia e expõem a urgência de políticas públicas específicas e de uma maior atuação do Executivo, Judiciário e Legislativo. A criminalização da homotransfobia foi um grande avanço, porém o Brasil ainda continua sendo o país que mais mata pessoas trans e travestis no mundo. Ver mulheres trans e travestis parlamentares combatendo a transfobia e a violência política de gênero como a Erika Hilton (Psol-SP) que recentemente denunciou o teor transfóbico de uma audiência da Comissão de Infância, Adolescência e Família da Câmara dos Deputados[(8)] traz a esperança de um futuro mais democrático e inclusivo no qual as mulheres trans e travestis poderão ter a liberdade de viver sem se sentirem culpadas ou julgadas pelo simples fato de assumirem sua identidade de gênero.

Referências

ALBUQUERQUE, Juliene Tenório de; ALVES, Elba Ravane. Apontamentos sobre a violência contra a mulher na política institucional brasileira. *Debates Insubmissos*, Caruaru, PE. Brasil, ano I, v. 1, n. 2, maio/ago. 2018.

ASSOCIAÇÃO NACIONAL DE TRAVESTIS E TRANSEXUAIS. *Eleições 2020*. Disponível em: https://antrabrasil.org/eleicoes2020/. Acesso em: 27 jun. 2023.

______. *Candidaturas trans foram eleitas em 2020*. Disponível em: https://antrabrasil.org/2020/11/16/candidaturas-trans-eleitas-em-2020/. Acesso em: 02 jul. 2023.

______. *Candidaturas trans em 2022*. Disponível em: https://antrabrasil.org/eleicoes2022/. Acesso em: 07 jul. 2023.

BIROLI, Flávia; QUINTELA, Débora Françolin. Divisão Sexual do Trabalho, Separação e Hierarquização:contribuições para a análise do gênero das democracias. *Revista de Ciências Sociais*, n. 53, jun./dez. 2020, p. 72-89.

BRASIL. Justiça Federal do Rio de Janeiro. 32ª Vara Federal do Rio de Janeiro. *Ação Civil Pública n. 5022213-71.2022.4.02.5101*. 2023. Disponível em: https://www.jfrj.jus.br/sites/default/files/SEASI/evento_162_-_sent1.pdf. Acesso em 13 de jul. 2023.

______. Tribunal Regional Eleitoral do Rio de Janeiro. *Processo n. 0600472-46.2022.6.19.0000*. Violência contra a mulher candidata ou no exercício do mandato eletivo. 2022. Disponível em: https://www.conjur.com.br/dl/imunidade-parlamentar-nao-abrange-crime.pdf. Acesso em: 07 jul. 2023.

______. *Lei n. 14.192, de 4 agosto de 2021*. Estabelece normas para prevenir, reprimir e combater a violência política contra a mulher. 2021. Disponível em: https://www.planalto.gov.br/ccivil_03/_ato2019-2022/2021/lei/L14192.htm. Acesso em: 13 jul. 2023.

---

(8) A audiência foi proposta pela deputada Franciane Bayer (Republicanos-RS) para debater a alteração no nome social, mudança em registros de documentos, utilização de bloqueadores de puberdade e cirurgias para redesignação sexual. A manifestação da deputada Federal Erika Hilton está disponível no canal do UOL através do link: https://www.youtube.com/watch?v=xFW6JoNynCA. Acesso em: 13 jul. 2023.

CRENSHAW, Kimberlé. Documento para o encontro de especialistas em aspectos da discriminação racial relativos ao gênero. Dossiê III Conferência Mundial contra o Racismo. *Revista Estudos Feministas*, ano 10, 2002.

CIDH. *Resolução 34/2022*. Medida Cautelar n. 408-22 Benny Briolly Rosa da Silva Santos e integrantes de sua equipe de trabalho em relação ao Brasil. Disponível em: https://www.oas.org/pt/cidh/decisiones/mc/2022/res_34-22%20_mc_408-22_br_pt.pdf. Acesso em: 13 jul. 2023.

FREITAS, Sarah Roriz de; OLIVEIRA, André Macedo de. Candidaturas Trans no Brasil e o Papel do Tribunal Superior Eleitoral. *RDP*, Brasília, vol. 18, n. 98, p. 370-388, mar./abr. 2021.

FUNDAÇÃO GETÚLIO VARGAS. *Candidaturas Trans e Travestis:* obstáculos e violências na política brasileira. Disponível em https://bibliotecadigital.fgv.br/dspace/handle/10438/30757. Acesso em: 29 jun. 2023.

G1. *Vereadora Erika Hilton registra boletim de ocorrência por ameaça após ser perseguida dentro da Câmara de SP*. 2021. Disponível em: https://g1.globo.com/sp/sao-paulo/noticia/2021/01/28/vereadora-erika-hilton-registra-boletim-de-ocorrencia-por-ameaca-apos-ser-perseguida-dentro-da-camara-de-sp. ghtml. Acesso em: 13 jul. 2023.

INSTITUTO MARIELLE FRANCO. *Pesquisa violência política de gênero e raça no Brasil 2021.* Disponível em: https://www.violenciapolitica.org/baixe-a-pesquisa. Acesso em: 26 ago. 2022

LUGONES, María. Colonialidade e Gênero. In: *Pensamento feminista hoje:* perspectivas decoloniais. Organização e apresentação Heloisa Buarque de Hollanda; autoras Adriana Varejão [*et al.*]. 1. ed. Rio de Janeiro: Bazar do Tempo, 2020.

MACHADO, Isadora Vier; ELIAS, Maria Lígia Ganacim Granado Rodrigues. *Feminicídio em cena:* da dimensão simbólica à política. Tempo Social, v. 30, 2018.

MATOS, Marlise. A violência política sexista, racista e interseccional: mapeando conceitos da violência política contra as mulheres. In: D'ÁVILA, Manuela (Org.). *Sempre foi sobre nós:* relatos da violência política de gênero no Brasil. Rio de Janeiro: Rosa dos Tempos, 2022.

MPF. Procuradoria da República no Rio de Janeiro. *MPF pede na Justiça concretização da política de proteção de defensores de direitos humanos no RJ*. 2023. Disponível em: https://www.mpf.mp. br/rj/sala-de-imprensa/noticias-rj/mpf-pede-na-justica-a-concretizacao-da-politica-de-protecao-de-defensores-de-direitos-humanos-no-rj. Acesso em: 07 jul. 2023.

PINA, Rute. *Vereador bolsonarista é condenado por transfobia contra Benny Briolly*. 2022. Disponível em: https://www.uol.com.br/universa/noticias/redacao/2022/06/29/vereador-bolsonarista-e-condenado-por-transfobia-contra-benny-briolly.htm. Acesso em: 07 jul. 2023.

SAMPAIO, Juciana de Oliveira. *Nem "Cabra Macho", Nem "Paraíba Masculina":* Discutindo travestilidade e regionalidade em perspectiva interseccional. Seminário Internacional Fazendo Gênero 10 (Anais Eletrônicos), Florianópolis, 2012.

O Viado a a Justiça do Trabalho: Um Estudo de Caso sobre a Homofobia e o Preconceito em Sentença

Leandro de Andrade Carvalho[1]

1. Introdução

A convivência em sociedade retirou do ser humano o instinto primitivo da resposta violenta quando agredido, delegando ao Estado uma série de atribuições, entre elas o controle e a mediação dos conflitos. Quando o ladrão rouba o dinheiro de uma vítima, não se permite que, no exercício arbitrário das suas próprias razões, ela faça justiça pelas suas mãos, para satisfazer pretensão[2]. É o Estado, por intermédio dos seus poderes e instituições, que fará a justiça e a reparação do dano. No caso em tela, é esperado que o agente do Estado, o policial, prenda o meliante e devolva o dinheiro à vítima. Em nenhuma hipótese, se espera ou se aceita que aquele furte as poucas moedas que restaram nos bolsos de quem já teve seus direitos vilipendiados.

Nas relações de trabalho, é função da Justiça do Trabalho mediar e pacificar conflitos entre o capital e o trabalho, inclusive no que tange ao dano material, dano moral e questões de interesse coletivo. Tal competência de atuação dessa Justiça Especializada se encontra no art. 114 da Carta Magna. Quando o patrão subtrai direitos do empregado, podendo causar, inclusive, danos morais, o trabalhador não pode fazer justiça com as próprias mãos. Deve levar sua pretensão ao conhecimento do agente de Estado, o magistrado. É esperado que ele venha ressarcir a vítima do dano sofrido. Em nenhuma hipótese, no caso de flagelo moral, se aceita que aquele furte os vinténs de dignidade que restaram à vítima.

---

(1) Mestre em Desenvolvimento Econômico pela Universidade Federal de Alagoas — UFAL (2020). Graduação em Ciências Econômicas pela Universidade do Estado do Rio de Janeiro — UERJ (2002) e em Direito pela Faculdade Estácio de Alagoas — Estácio/FAL (2016). Pós-Graduado *lato sensu* em Auditoria-Fiscal e Tributária pela Universidade Iguaçu (2009) e Direito e Processo do Trabalho pela Universidade Estácio da Sá (2019). Auditor-Fiscal do Trabalho.

(2) Código Penal. Exercício arbitrário das próprias razões. Art. 345 – Fazer justiça pelas próprias mãos, para satisfazer pretensão, embora legítima, salvo quando a lei o permite: pena – detenção, de quinze dias a um mês, ou multa, além da pena correspondente à violência. Parágrafo único – Se não há emprego de violência, somente se procede mediante queixa.

O caso em análise trata de querela ajuizada na 9ª Vara do Trabalho de Maceió e julgada em grau de recurso pela segunda turma do Tribunal Regional do Trabalho da 19ª Região. Em síntese, um trabalhador demanda, entre outros pedidos, indenização por danos morais, alegando que vinha sendo assediado pela sua supervisora que lhe perseguia e lhe discriminava por sua orientação sexual. Nos depoimentos colhidos e na própria sentença é notória a utilização da multicitada expressão viado(3), empregada, tanto no discurso direto, como no indireto, para depreciar o trabalhador.

O caso a ser analisado nos traz perplexidade e indignação ao, infelizmente, constatar a existência de preconceito, que se fantasia de erudição rasteira, justamente por membro do poder judiciário que deveria combater aquela pecha social. As conclusões do presente estudo podem indicar caminhos para esse necessário enfrentamento e desvelamento de condições discriminadoras. A escolha do tema se justifica pelos desafios e pelo atual estado da arte da produção acadêmica sobre o tema empregabilidade LGBTI+(4) no Brasil.

Na segunda seção deste trabalho serão apresentados os conceitos de igualdade e discriminação de gênero, bem como os debates sobre esses institutos aplicados nas relações de trabalho. Busca-se a pesquisa nas referências disponíveis, incluindo a Carta Magna e legislação infraconstitucional aplicável, bem como o levantamento teórico na doutrina, jurisprudência e na academia. Ainda, se apresenta o debate a respeito dos limites que devam ser impostos à liberdade de expressão e de manifestação de pensamento frente a outros valores constitucionais. Demonstra-se que os valores da dignidade humana e da igualdade, da honra e da intimidade, todos contemplados pelas normas constitucionais e que definem os fundamentos e os objetivos fundamentais da República, não podem ser menosprezados pela suposta liberdade de expressão, impregnada de preconceito e de ódio.

Posteriormente aos debates conceituais, utiliza-se o método do estudo de caso que, compatível com a pesquisa jurídica, afastando a mera repetição de teorias já sedimentadas, ser, efetivamente, reflexo de transformações sociais e, ao mesmo tempo, solução para problemas reais, sem deixar, obviamente, de desmerecer o aporte bibliográfico essencial seu embasamento (TASSIGNY *et al.*; 2016; SILVIA; OLIVEIRA; SILVA, 2021). Assim, o caso será apresentado com o debate das peças processuais disponíveis nas consultas públicas. A ata de audiência, que consigna os depoimentos do autor e do reclamado, bem como dos interrogatórios de ambas as testemunhas; a sentença proferida no primeiro grau de jurisdição e o Acordão que reformou a decisão, serão apresentadas e analisadas.

(3) Segundo o dicionário Priberam (2023), a palavra que designa o homem homossexual seria "veado" ao invés de "viado". Entretanto, preferiu-se utilizar a segunda em consonância as 13 (treze) vezes que aparece na sentença analisada.

(4) Em que pese a sua constante atualização, preferiu-se utilizar a sigla LGBTI+ no presente artigo em consonância ao "Dossiê 2022 — Mortes e Violências contra LGBTI+ no Brasil".

A sentença que declarou improcedente a demanda da vítima tem destaque especial na referida análise. Em que pese a verificação das regras processuais, inclusive na observância da necessária celeridade, o conteúdo da sentença fantasia-se de valores supostamente fundamentados na igualdade, mas que, em verdade, declaram expressões e pensamentos arraigados no preconceito e na intolerância. Dessa forma, a análise proposta se alinha ao objetivo principal do presente texto: denunciar como a discriminação com o público LGBTI+ se manifesta no mercado de trabalho e nos representantes do Estado. É necessário desvelar a discriminação no ambiente de trabalho, enfrentar a naturalização de práticas criminosas e denunciar como preconceito o registro em uma sentença judicial de que denominar alguém de viado é tão ofensivo quanto chamar alguém de macho. Paralelamente, se faz necessário entender a deturpação das supostas fundamentações jurídicas, filosóficas, bem como da literatura que foram utilizadas de forma distorcida na sentença para justificar exatamente o oposto do que normatizam e da visão de mundo dos autores originais. Ainda, o caso será cotejado com as recomendações contidas no protocolo para julgamento com perspectiva de gênero emanado pelo Conselho Nacional de Justiça — CNJ.

Em que pese a reforma da sentença a fim de restabelecer justiça ao caso, há dúvidas se os valores de indenização consignados no Acordão são suficientes para compensar os danos causados à vítima, se as garantias e prerrogativas do juízo são escusas para ofensas à dignidade das partes e para a livre manifestação da liberdade de expressão em termos que afrontem outras garantidas basilares previstas na Carta Magna e, ainda, quais os remédios existentes para sanar os males da discriminação quando perpetrada pelos membros do Estado.

Por fim, são apresentadas as conclusões e sugestões para a elaboração de trabalhos futuros sobre o tema e que venham a servir de inspiração para outros operadores de direito que estejam, porventura, experimentando problemas semelhantes quanto ao tema da discriminação. Também serão realizadas críticas sobre as atuais barreiras institucionais que nos afastam da construir de uma sociedade livre, justa e solidária que promova o bem de todos, sem preconceitos e discriminação.

2. Igualdade e discriminação de gênero

Em um Estado Democrático de Direito, a igualdade de todos deve ser garantida na lei e nos fatos. Porém, há grupos humanos que são menores em número ou na sua expressão econômica ou política, e por isso são tratados pela sociedade não apenas como diferentes, mas desiguais e "menores" em direitos. Dessa forma, faz-se mister garantir que as políticas públicas pavimentem as avenidas que podem ser percorridas para que o respeito à diferença, como afirmação do valor da diversidade, e a promoção da efetiva igualdade, possam afiançar a todos o pleno gozo dos direitos fundamentais, sem qualquer distinção, inclusive as de sexo, raça origem, etnia, religião ou orientação sexual (BRASIL, 2003, p. 9).

Cumpre destacar que nossa Carta Magna estabelece que a República Federativa do Brasil tem como fundamento a dignidade da pessoa humana (III, art. 1º) e que são seus objetivos fundamentais a construção de uma sociedade livre, justa e solidária (I, art. 3º) e a promoção do bem de todos, sem preconceitos de origem, raça, sexo, cor, idade e quaisquer outras formas de discriminação (IV, art. 3º). Nos direitos individuais, consigna a Constituição que todos são iguais perante a lei, sem distinção de qualquer natureza, garantindo-se aos brasileiros e aos estrangeiros residentes no País a inviolabilidade do direito à vida, à liberdade, à igualdade, à segurança e à propriedade (art. 5º).

> Quanto à questão da orientação sexual, pode-se argumentar que ela não está garantida na Constituição. Entretanto, Rios (2001, p. 162) entende que não precisaria estar, uma vez que a orientação sexual é um problema de todos. O autor afirma que todos têm orientação sexual.
>
> Quando me refiro à proibição de discriminação por orientação sexual, não estou me referindo ao direito dos heterossexuais, mas ao direito de todos. Nessa perspectiva, a explicitação dos critérios só reforça essa questão, pois são critérios exemplificativos.
>
> Às vezes, brinco com meus alunos dizendo que a Constituição não proíbe a discriminação por calvície. Evidentemente, ninguém se pergunta se os calvos podem ser discriminados juridicamente, porque na Constituição isso não está escrito, o que revela que a questão é outra. Quando a Constituição fala da proibição de discriminação por motivo de sexo, na verdade está fazendo uma declaração de proibição de discriminação por orientação sexual explícita. Em que sentido? A discriminação por motivo de orientação sexual pode ser entendida logicamente como uma espécie de discriminação por motivo de sexo. Por quê? Caso João se relacione com Maria, será tratado de uma forma; caso se relacione com José, será tratado de forma diferente. Nesse exemplo, fica evidente que o sexo da pessoa com quem João se relaciona é que determinará o tratamento por ele recebido.
>
> Nesse sentido, é evidente que a discriminação por orientação sexual é uma espécie de discriminação por motivo de sexo. Não faz mal que venha uma emenda constitucional e acrescente isso. Inclusive já existem projetos no Congresso Nacional nesse sentido. Servirá para reforçar. É realmente necessário? Do ponto de vista estritamente jurídico, não. Basta que a Constituição seja aplicada e interpretada adequadamente (RIOS, 2001, p. 162).

Ainda sobre o *status* constitucional do tema, a CFRB/88 determina que a lei punirá qualquer discriminação atentatória dos direitos e liberdades fundamentais (XLI, art. 5º) e que a prática do racismo constitui crime inafiançável e imprescritível, sujeito à pena de reclusão, nos termos da lei (XLII, art. 5º). Nesse sentido, é a Lei n. 7.716/89 que define em seu art. 1º que "serão punidos, na forma desta lei, os crimes resultantes de discriminação ou preconceito de raça, cor, etnia, religião ou procedência nacional".

Segundo Capez (2021), em que pese a larga abrangência daquela lei, os atos de intolerância e preconceito dos dias atuais nos mostram que nem todas as formas de segregação foram nela contidas. Exemplos clássicos são os atos de homofobia e transfobia que, por não estarem presentes no seu texto, foram objeto de debate pelo STF.

Conforme o autor, em julgamento do MI 4.733/DF, a corte reconheceu a omissão do Congresso Nacional em elaborar lei específica para criminalizar a discriminação e o preconceito por orientação sexual e identidade de gênero. Na ADO 26/DF, garantiu eficácia geral e efeito vinculante à mora inconstitucional do Congresso Nacional em elaborar lei específica de combate à discriminação e o preconceito por orientação sexual e identidade de gênero, cientificando o Poder Legislativo de sua inoperância, nos termos da CF, art. 103, § 2º, e art. 12-H, Lei n. 9.869/99. Desta forma, utilizando-se do instrumento da interpretação conforme a Constituição, interpretou os incisos XLI e XLII do art. 5º, CF, como "mandados constitucionais incriminadores", de forma que as condutas homofóbicas e transfóbicas são espécies do gênero "racismo social", consubstanciado na segregação e inferiorização de um segmento da sociedade. Assim, até que haja legislação específica, a Lei n. 7.716 terá incidência para a discriminação e preconceito por orientação sexual ou identidade de gênero (Capez, 2021)(5).

2.1. Perspectiva indulgente da discriminação por orientação sexual

Rios (2001, p. 157) destaca que mesmo as pessoas que se dedicam ao estudo do tema da discriminação por orientação sexual, tentando reconhecer direitos ou avançar na discussão e na efetividade dos direitos fundamentais, trabalham com uma perspectiva, a qual denomina de discurso tolerante, indulgente e heterossexista. Para o autor, essa perspectiva relaciona a questão a pessoas dignas de pena, para as quais se deveriam conceder alguns direitos.

> Costumo comparar essa situação a uma casa onde há vários móveis, em que um não combina com os outros, mas não será jogado fora. Deveremos, então, encontrar um lugar em que ficará razoável, ou seja, concederemos um certo espaço a esse móvel (RIOS, 2001, p. 157).

(5) Essa interpretação do STF, embora elogiável em seu mérito, não deixa de ser afrontosa ao princípio da legalidade estrita, base de sustentação do Estado de Direito. Enganosa pelo benefício imediato que gera, é perigosa no que tange ao precedente de o Poder Judiciário conferir-se a capacidade de legislar e criar tipos penais, bem como admitir explicitamente a analogia e interpretação extensiva em norma penal incriminadora (CAPEZ, 2021).

O autor afirma que a mesma tolerância indulgente ocorreu ao longo das décadas de debate do feminismo que considera o princípio da igualdade simplesmente da perspectiva do discriminador. Alega que quando nos referimos a esse princípio como o que proíbe a discriminação, ou seja, como princípio antidiscriminatório, estabelecemos que há um padrão, que é o patamar, a partir do qual tudo deverá ser referenciado e ao qual outros devem ser conformados (RIOS, 2001, p. 157):

> Essa é a visão simples do princípio da igualdade, limitado ao princípio da antidiscriminação. Trata-se, evidentemente, de um avanço, mas precisamos ir além e interpretar o princípio da igualdade também como princípio da anti-subjugação, que se relaciona com o da igualdade e o da dignidade da pessoa humana, estabelecendo que se deve conferir igual reconhecimento, igual valor às pessoas, independentemente de sua condição, o que difere totalmente de se eleger um padrão ao qual os dessemelhantes devam ser equiparados (RIOS, 2001, p. 157).

A perspectiva de que determinados grupos de dessemelhantes deveriam estar referenciados ao padrão, no caso do homem branco heterossexual, carrega em si própria uma contradição: em que pese ser antidiscriminatório e capaz de fazer pequenas concessões ao grupo dos oprimidos, os mantem sob o julgo e à margem dos seus discriminadores. Nesse sentido, a violência no discurso preconceituoso é uma das formas mais translúcidas da segregação e desprezo pelo que não é o patamar aceitável pelo discriminador.

2.2. A violência do discurso preconceituoso por orientação sexual

Segundo Cittadin e Lino (2018), a utilização de palavras do cotidiano como o objetivo de inferiorizar ou menosprezar o outro é uma prática habitual. Para os autores, palavras de uso comum tomam novos significados a partir do contexto linguístico em que se inserem. Tais vocábulos que, por vezes, têm ares inocentes adquirem nova carga semântica vista quase como natural, mas, na verdade, as associações de tais palavras a xingamentos não é algo normal e positivo.

O preconceito se manifesta nos atos do cotidiano, muitas vezes escondidos nos hábitos daquele que, mesmo não se vendo como opressor, acaba por segregar e relegar à margem da sociedade o que não lhe é reconhecido como normal, como padrão, como aceitável. A violência verbal cotidiana é uma forma de preconceito. Ela é uma forma de violência não físico-visível que se apresenta na forma de se dirigir, no caso em tela, aos homossexuais masculinos, com xingamentos ou outras expressões que têm seu sentido modificado para humilhar, subalternizar e, até mesmo, negar o acesso à serviços e políticas públicas (RIBEIRO; MENDES, 2021, p. 248). Nesse sentido, Oliveira (2017, p. 98), afirma que a bicha nasce do discurso:

> Antes mesmo de adquirirmos consciência do potencial repressivo que esse termo tenta impor, ele é lançado como um torpedo que tenta um aniquilamento. Um grito que ecoa do outro lado da rua ou no pátio da escola, um desenho tosco na parede de um banheiro público, uma pregação religiosa: Bicha! (OLIVEIRA, 2017, p. 98).

Barbie, biba, bicha, desmunhecado, fresco, galinha, viado e tantos outros nomes são utilizados pela sociedade para se referir, de forma depreciativa, aos homossexuais masculinos, especialmente os mais afeminados, aqueles com traços finos, vestuário refinado e gestualidade delicada. Homens com atributos físicos e comportamentos associados ao feminino.

O termo viado(6) é provavelmente o mais utilizado dentro e fora da comunidade LGBTI+ (CITTADIN; LINO, 2018). A sociedade estabeleceu relações dicotômicas com o significado pejorativo da expressão viado, de modo que um passou a nutrir a carga homofóbica do outro. Ela é um termo pejorativo que caracteriza um homossexual masculino por pessoas que manifestam a ideia de que "ser gay é errado" é "contra os padrões naturais" ou é algo "desviante".

Todavia, quando coletivos não heterossexuais ressignificam essa palavra, conferindo--lhe um sentido, completamente, diferente do primeiro, eles estão buscando produzir outras representações sociais sobre a homossexualidade, como forma, inclusive, de desconstruir, enfrentar, ou se posicionar frente aos valores e ideais compartilhados socialmente que acreditam que a homossexualidade está vinculada a algo errado ou inferior. Nesse sentido, a palavra viado se transforma em marco de identidade por pessoas que compõem grupos gays e LGBTQIA+ com a finalidade de se reconhecerem entre si como indivíduos que integram o mesmo coletivo e estão unidos por uma identidade que é partilhada, formalmente, por todos, e, ainda, como resistência política (MENDES; RIBEIRO, 2021):

> Aí eu me reconheço como tudo: como viado, bicha, invertido, sodomita, pederasta, afeminado, afetado... As pessoas acham que isso vai me menosprezar: seu viado! Sim. Se alguém fala viadinho aí eu não gosto. Aí eu falo eu tenho 1,85m se vai falar alguma coisa: fale viadão! Viadinho não! Por favor! Se eu fosse um pouco mais baixo, viadinho, beleza! Mas é de viado pra viadão! Mas por que me reconhecer com essa categoria? Pra positivar o

(6) O termo é comumente utilizado com esta grafia, apesar de que, segundo o dicionário Priberam (2023), a palavra que designa o homem homossexual seria "veado" ao invés de "viado" e possui origem etimológica duvidosa. A palavra "viado", ainda de acordo com o dicionário Priberam, apenas designaria um tipo de tecido.

> termo, não é? Essa coisa de falar que eu sou um homossexual reconhecido pela sociedade me dá uma ideia de higienização, sabe? Me dá uma ideia de transitar pelos espaços: olha lá é o Rodrigo ele é homossexual, mas é um bom professor. Não! Aquele é o Rodrigo viado que dá aulas para os nossos Sim, sou eu o viado, a bicha preta que dá aula pros seus filhos! Essa ideia de positivar o termo e mostrar a viadagem, a pretice dentro das licenciaturas. Nós somos poucos homens dentro do ensino médio, penso eu. Somos pouquíssimos e menos ainda viado e menos ainda bicha preta. Então a gente ali é uma fagulha, uma centelha que eu quero que as pessoas percebam. Por onde a gente passa, a gente vai trazendo outras discussões (CASTELEIRA *apud* OLIVEIRA, 2017, p. 118).

Pouco se sabe sobre a origem da palavra viado para designar o homossexual masculino de forma pejorativa. Uma das hipóteses está consignada no "Dicionário Brasileiro de Insultos", de Altair J. Aranha (*apud* CITTADIN; LINO, 2018, p. 5):

> Mamífero da família dos cervídeos quase sempre tímido e veloz. Vive em bandos. Usa-se no Brasil, com muita frequência para insultar a vítima, identificando-a como homossexual masculino. Dizem que nos tempos do Império, em praças, provavelmente cariocas, rapazes reuniam-se alegremente, formando bando de afinidades, para, entre outros objetivos, dar atendimento a clientes ricos em busca de aventuras sexuais. Quando a polícia, que nunca foi amiga dos veados, aproximava-se para coibir a caça, eles saíam correndo, aos saltos, como fazem os cervídeos. Disso resultou a criação da alcunha que se fixou como um dos mais populares do Brasil.

Segundo Cittadin e Lino (2018), a palavra nada tem a ver com a vida sexual do animal veado, e sim por características em seu comportamento que são cruelmente comparadas as de homens homossexuais. O estereótipo da pessoa homossexual é facilmente assimilado à delicadeza e à suavidade do veado "Bambi", personagem desenvolvido pela Walt Disney, em 1942. Assim, o comportamento do homossexual masculino está, diretamente, vinculado à imagem porque a suposta forma delicada do homem *gay* interagir, andar e expressar propicia a vinculação ao animal presente no filme. Essa associação atribui e reforça ao homem gay uma imagem de frágil, delicado e sensível. Ao vincular Bambi ao homem gay, tais particularidades lhe são atribuídas e representadas (RIBEIRO; MENDES, 2021, p. 261).

O que acontece é um deslocamento semântico por modo figurativo. Por conta de alguns fatores externos, a palavra perdeu seu sentido inicial e adquiriu um caráter pejorativo. Os autores concluem que é assustador constatar que tal forma de preconceito ainda perdura, sendo perceptível na língua falada e escrita. A homofobia continua sendo um mal existente, um mal que a cada dia produz novas vítimas e oprime pessoas (CITTADIN; LINO, 2018).

A ideia caricatural do viado pode ser personificada, ainda, no personagem tipo do homossexual masculino: a "bicha louca", tão presente no teatro e na televisão de nosso país durante a Ditadura Civil-Militar (1964-1985). Trata-se de personagem como estereótipo, desmedido, desequilibrado, destemperado e de uma sexualidade descontrolada que coloca todos os homens heterossexuais, indistintamente, como possíveis parceiros sexuais. A "bicha louca" possui uma estética do excesso como parte integrante da constituição dessa personagem, única aceita no ambiente repressivo da época. Excesso esse que pode ser percebido nos aspectos tanto da graça, quanto do melodramático, ambos presentes na comicidade popular (ROCHA JUNIOR, 2021, p. 15).

Segundo Oliveira (2017, p. 99), o termo viado e outras expressões pejorativas também evocam um não lugar, mesmo que ela seja nomeada por alguém com muitas semelhanças (idade, raça, classe, cheiro, modo de falar, religião), mas que se apoia nas normas cis heterossexuais para se impor, demarcar o centro e promover a margem como único espaço possível. Segundo a autora, numa rápida passada de olhos por trabalhos que versam sobre homossexualidades masculinas, uma infinidade de termos desenvolvidos, em sua ampla maioria por homens cis heterossexuais brancos, procura convencer a sociedade de que a única prática sexual aceitável era e continua sendo a cis heterossexual. A esse público compete apenas ser eterno coadjuvante, "produto de uma sociedade hierárquica, que se divide em passivos e ativos sexuais, referente ao feminino dominado pelo masculino" (ZAMBONI *apud* OLIVEIRA, 2017, p. 100). Além de estarem submetidas a apenas um local a que lhes cabe, que seja "fora dos centros formais de poder social, elas ocupam uma posição estrutural as margens da sociedade" (FRY; MACRAE *apud* OLIVEIRA, 2017, p. 100).

Discursos religiosos, médicos e do direito ecoam por espaços variados e chegam aos ouvidos dos homens homossexuais para informar o quanto está em desacordo com as normas e como está sujeita a ações coercitivas. O que esses termos dizem é que o relacionamento sexual e afetivo entre pessoas do sexo e do gênero masculino não é humano, não é honesto e, por isso, seus sujeitos não podem ser o centro e a margem, o lado de fora é sim um lugar. O lugar para quem expressa pecado, perigo, anormalidade, fragilidade física e emocional, inadequação a determinadas atividades profissionais, falta de caráter, propensão ao crime, dificuldade de conviver em sociedade etc. (OLIVEIRA, 2017, p. 100).

Considerando que denominar pessoas de viado, entre outros termos pejorativos, é uma maneira violenta de depreciar seres humanos de forma discriminatória, resta esclarecer que xingar e humilhar verbalmente não é, nem pode ser considerado um direito à liberdade de expressão, como previsto na Carta Magna.

Aliás, cumpre destacar haver limites impostos à liberdade de expressão e de manifestação de pensamento frente a outros valores constitucionais. Reale Junior (2010, p. 375) indica que são objetos de ponderação os valores consagrados nas normas constitucionais que definem os fundamentos e os objetivos fundamentais da República, os valores da dignidade humana e da igualdade, da honra e da intimidade que podem vir a ser colocados em perigo pela liberdade de manifestação de pensamento e de expressão intelectual que, por sua vez, constituem, também, pilastras sobre as quais se ergue o Estado Democrático.

Conforme o autor, própria Constituição, em seu art. 220, estatui ser plena a liberdade de expressão, observado o disposto na própria Constituição, ou seja, a submete à composição ou à sujeição a outros valores, em especial, à dignidade da pessoa humana, que constitui um valor fonte, nuclear, cujo desrespeito impede a fruição de qualquer outro direito fundamental. Como regra geral, a dignidade da pessoa humana, a ser preservada em sua dignidade social, igual para todos (direito à não discriminação), e em sua integridade física e psíquica, devem prevalecer, mesmo diante da liberdade de expressão, malgrado seja esta importante conquista, sem a qual não se corporifica o Estado Democrático de Direito (REALE JUNIOR, 2010, p. 398).

3. Estudo do caso

Na presente seção, será apresentado breve relato do caso, contemplando a audiência realizada, a oitiva das partes e testemunhas, os termos da sentença e o Acórdão que a reformou. Ainda, será realizada análise da sentença e dos impactos da reforma do segundo grau.

3.1. Relato do caso

O caso em tela está consignado nos autos do processo n. 0000643-48.2018.5.19.0009, da 9ª Vara do Trabalho de Maceió, Alagoas, no qual o autor demanda indenização por danos morais devido à assédio moral no trabalho.

3.1.1. Da audiência e da oitiva das partes e testemunhas

Nos termos da audiência, realizada em 23 de julho de 2018, o autor, em depoimento, afirmou que era realizado um café da manhã na empresa, na sala da encarregada que sempre dizia: “se tivesse um filho viado, mandava matar e se tivesse alguém da família que fosse viado, não entraria na casa dela”. Segundo o próprio reclamante, ele relevava as afirmações de cunho discriminatório, “levava na esportiva”, até que um dia encontrou seu cartão de ponto com a palavra “viado” escrita a caneta. Em seguida, o autor levou o fato ao conhecimento da encarregada. Em que pese a circulação na sala onde ficava o registro do ponto dos empregados ser de acesso exclusivo aos empregados, a encarregada afirmou que nada poderia fazer sobre o ocorrido.

Em face da omissão da encarregada, o autor, posteriormente, informou sobre o ocorrido ao supervisor que providenciou sua transferência para o setor administrativo. Entretanto, ao saber de sua transferência, o reclamante informou ao supervisor que preferia ser dispensado ao ter que ser transferido de setor. O supervisor concordou, disse que não havia problema e que providenciaria sua dispensa sem justa causa. Entretanto, após ter sido dispensado, o autor ficou sabendo que a encarregada teria dito para outro empregado: "tá vendo como quem manda e desmanda aqui sou eu? Eu coloquei para fora o viado e não a funcionária".

O depoimento do autor é seguido pelo do preposto da empresa que, em que pese afirmar desconhecer qualquer tipo de procedimento por parte da encarregada que levasse esse tipo de discriminação, confirma que realmente estava escrito no cartão de ponto do reclamante a palavra "viado". O preposto afirmou que a empresa não tinha como saber quem foi efetivamente o responsável por escrever, pois todos que trabalhavam no setor, tinham acesso ao local onde ficava o cartão de ponto. O preposto confirmou que o reclamante comunicou o fato à encarregada e à supervisão e que, posteriormente, foi realizada reunião sobre o assunto, mas sem qualquer conclusão sobre quem teria feito a anotação no cartão de ponto. O preposto confirmou que o reclamante foi transferido do local de trabalho, mas não por causa daquela situação. Afirmou que foi o contratante da prestação de serviços que solicitou que o autor fosse transferido por causa de problema alheio aos fatos em análise.

Após o depoimento do preposto da empresa, ocorre o interrogatório da testemunha do reclamante. Ela afirmou que trabalhava no mesmo local do autor e que a encarregada "sempre nos momentos de refeição dizia que se tivesse um filho de viado, mandava matar ou botava pra fora de casa". A testemunha disse que a encarregada não falava diretamente ao reclamante, mas ao grupo como se não estivesse se referindo diretamente ao reclamante. Entretanto, como o autor era o único homossexual do grupo, todos sabiam que era com ele. Todos os outros colegas faziam chacota, ficavam rindo.

Ela apresenta três novos fatos ao processo. O primeiro diz respeito às críticas que a encarregada fazia à opção religiosa da própria testemunha que era evangélica e que na época estava num momento conturbado de sua vida. A encarregada dizia que "esse Deus que deixa o povo sofrer, não existe". O segundo é que a encarregada espalhou que a testemunha, mesmo casada, estava tendo um caso com um funcionário do hospital. E, por fim, o terceiro é que o hospital onde prestavam serviços fazia festas e abria para os terceirizados seus respectivos companheiros. Afirmou que a encarregada pediu para o reclamante ir só e não levar seu companheiro, mas que mesmo assim o reclamante foi com seu companheiro e não foram impedidos de participar da festa. A testemunha afirmou, ainda, que ela e o autor prestavam serviço em um hospital e que lá o reclamante era o único prestador de serviço da reclamada que era homossexual.

A última oitiva é a da testemunha do reclamado. Trata-se de uma supervisora da empresa, a quem a encarregada do autor estava diretamente subordinada. Alega que a encarregada não discrimina homossexuais e "inclusive existem outros empregados homossexuais e não tem problema com discriminação". Confirma a realização de uma reunião após tomar conhecimento de que havia aparecido a palavra "viado" no cartão de ponto do autor. Alegou que nessa oportunidade "todos disseram que o cartão de ponto ficava na própria sala em que o reclamante trabalhava" e que somente tinham acesso a essa sala, os funcionários do setor e a própria reclamada". Afirmou que ninguém se acusou como responsável por ter feito a inscrição da palavra "viado".

A testemunha da empresa alegou que não recebe reclamação de discriminação praticada pela encarregada, mas apenas por ela ser exigente no cumprimento das normas técnicas. Também afirmou que "ficou sabendo" que quando a encarregada apontava não conformidades e exigia adequação de procedimentos, o autor dizia que ela estava fazendo isso só porque ele era homossexual. Destaca-se que quanto à transferência do autor, a testemunha afirmou que o reclamante havia sofrido um assalto e relatou que estava sofrendo ameaças e perseguição. Nesse sentido, segundo a testemunha "o próprio hospital, tomando conhecimento do ocorrido, requereu que o reclamante fosse transferido pra outro local para resguardar a segurança dos pacientes". Ainda no termo de audiência ficou registrada, por duas tentativas, a recusa de conciliação.

3.1.2. Da sentença

Na sentença, proferida em 10 de agosto de 2018, o magistrado destaca que não vislumbrou a conjugação dos elementos essenciais para a indenização por danos morais, como consequência da responsabilidade, quer sejam "seus elementos essenciais (conduta ilícita, dano e nexo causal) e na maioria dos casos, também do elemento anímico (culpa)". Segundo o magistrado:

Por mais inconveniente que seja ter uma encarregada que expresse seu preconceito em relação à orientação sexual do autor, tal fato não se caracteriza como ato ilícito.

Para o magistrado, há uma diferença entre o preconceito e a discriminação. O primeiro é de foro íntimo e pode ser exercido livremente, "na plenitude de sua liberdade" e não deve ser regulado pelo Estado. Já a discriminação se caracteriza por distinções objetivas. Nas palavras do magistrado:

> O preconceito, por sua vez, não se caracteriza pela por (*sic*) distinções objetivas como o estabelecimento de salários diferenciados em função do sexo, mas se situa no âmbito dos sentimentos e dos pensamentos, uma área em que cada ser humano pode exercer a plenitude de sua liberdade sem sofrer interferências do Estado. Diferentemente do que ocorre com as situações

tipificadas de discriminação, o preconceito, ainda que socialmente repudiado, não é regulado pelo Direito e, por mais repugnantes que possam ser os pensamentos de uma pessoa, o direito de pensar é natural e intangível.

Ao juízo coube a interpretação de que a manifestação do preconceito pela encarregada, que segundo o magistrado não pode ser objeto de regulação Estatal, é um exercício lícito de seus direitos fundamentais:

> (...) a supervisora não apenas pensou, mas também expressou publicamente seus pensamentos e foi essa expressão que causou desconforto no reclamante. A expressão do pensamento, porém, é um direito fundamental, assegurado constitucionalmente (Constituição, art. 5º, IV) e não se pode considerar como ilícito o exercício legítimo de um direito constitucionalmente protegido.

Para enriquecer sua posição do privilégio da liberdade de manifestação do preconceito, o magistrado resgata citação atribuída à Immanuel Kant para trazer erudição filosófica em sua sentença, bem como para rechaçar, de plano, a demanda do autor. Em seguida, afirmar categoricamente:

> Assim, ainda que a livre manifestação do pensamento da encarregada possa ter gerado desconforto no autor, a situação é de mero aborrecimento e não de dano moral indenizável. Não é diferente da situação do abstêmio que se sente incomodado com as constantes manifestações de alcoolofilia de seus colegas ou do heterossexual monogâmico casado que se desagrada com a apologia ao sexo casual, cada vez mais comum em nossa sociedade.

Ainda na sentença, o magistrado entende que não se pode atribuir à reclamada qualquer responsabilidade pela inscrição da palavra "viado" no cartão de ponto do reclamante, pois considera não haver ter sido provado que tenha sido algum preposto da empresa o responsável por tal anotação. O magistrado evoca a presunção de inocência. Ainda, destaca que a reclamada demonstrou "claro interesse em proteger o autor em face de qualquer atitude discriminatória", haja vista a reunião, ainda que sem sucesso, para apurar o ocorrido.

Na sentença o magistrado entendeu que não veio aos autos qualquer prova de que a orientação sexual do reclamante tenha sido causa determinante da sua demissão. Em suas palavras:

> Ainda que tivesse ficado provado que a encarregada disse a outro empregado que foi ela que colocou o "viado" para fora, como narrou o reclamante, não estaria provada a natureza discriminatória da dispensa, mas apenas que a supervisora utilizava a palavra "viado" para se referir ao reclamante, sem se desconsiderar a possibilidade de que estivesse contando mentiras de modo a parecer mais poderosa, o que poderia lhe inflar a auto-estima.

Em mais uma demonstração de sua erudição, o magistrado cita, agora, seus conhecimentos da literatura para firmar seu posicionamento:

> É válido notar, ainda, que a referência ao reclamante como "viado" não é, necessariamente pejorativa. É comum as pessoas se referirem umas às outras por suas qualidades. Em textos jornalísticos, e (*sic*) comum que Michel Temer, por exemplo, seja referido apenas como "o presidente", sem que isso o deprecie; em "Oliver Twist" (clássica obra literária de Charles Dickens), o personagem "Fagin" é freqüentemente (*sic*) referido como "o judeu", sem que haja qualquer evidência de anti-semitismo (*sic*) por parte do escritor; este magistrado, na sentença anterior, fez referência a Charles Dickens como "o escritor", sem ter qualquer preconceito em razão da profissão de escritor.
>
> Assim, a referência ao reclamante como "o viado" pode ter sido feita sem qualquer conteúdo ofensivo: na linguagem popular, "viado" é sinônimo de homossexual. Para quem acredita ser a homossexualidade uma inclinação legítima, ser chamado de "homossexual" ou de "viado" deve ser tão ofensivo quanto ser chamado de "heterossexual" ou de "macho" o é para aqueles que definem a própria sexualidade em consonância com a própria formação corpórea.

Os trechos acima transcritos são exatamente os que encerram a fundamentação da sentença que em seu dispositivo declara improcedente o pedido de indenização por dano moral, condenando o reclamante a pagar honorários advocatícios de sucumbência.

3.1.3. Da reforma da sentença

Em 29 de novembro de 2018, os Desembargadores da Segunda Turma do E. Tribunal Regional do Trabalho da Décima Nona Região deram provimento ao recurso ordinário para deferir ao autor indenização por danos morais. Transcreve-se, a seguir, a ementa do Acordão:

> RECURSO ORDINÁRIO AUTORAL. ASSÉDIO MORAL PERPETRADO POR SUPERIOR HIERÁRQUICO EM FACE DE ORIENTAÇÃO SEXUAL DO EMPREGADO. Extrai-se da prova deponencial que o autor sofria nítido e odioso assédio moral de superiora hierárquica por ser homossexual, conduta que demonstra reprovável discriminação do empregado em razão de sua condição sexual íntima, a qual deveria ter sido combatida pelo empregador como forma de preservar a urbanidade, o respeito e a dignidade da pessoa humana no ambiente de trabalho, prelados constitucionais que não podem sofrer mácula num estado democrático de direito. Recurso provido. (RO-0000643-48.2018.5.19.0009, 2ª Turma, rel. Des. Laerte Neves de Souza)

No acordão há referência a numerosos precedentes das turmas do TRT-AL, a exemplo dos abaixo transcritos:

> DANO MORAL. TRATAMENTO DISCRIMINATÓRIO. ORIENTAÇÃO SEXUAL. O tratamento discriminatório, com insinuações e zombarias quanto à orientação sexual, mormente na presença de outros funcionários, agride os sentimentos mais caros da personalidade do trabalhador, subtraindo-lhe a autoestima e afetando a sua honra. Na hipótese dos

autos, os superiores hierárquicos ao ver o Reclamante, imediatamente encenavam trejeitos e gestos afeminados, chamando-lhe, com voz afinada, de termos como "menina", "mulher", "boneca", bem como lhe perguntando pelo "bofe", numa clara insinuação de que ele seria homossexual.

Recurso obreiro parcialmente provido. (RO-0001138-49.2014.5.19.0004, 1ª Turma, relª. Desª. Vanda Lustosa, *DEJT* em 18.08.2016)

A propósito do tema, a Constituição Federal é clara ao estabelecer, em seu art. 225, que "todos têm direito ao meio ambiente ecologicamente equilibrado, bem de uso comum do povo e essencial à sadia qualidade de vida, impondo-se ao Poder Público e à coletividade o dever de defendê-lo e preservá-lo para as presentes e futuras gerações". Registro que a dignidade da pessoa humana e os valores sociais do trabalho, são fundamentos República Federativa do Brasil, conforme vemos dos incs. III e IV, do Art. 1º, da CRFB/88, e não estão sendo respeitados pelo recorrido, o qual concede tratamento indigno àquele que labora em condições prejudiciais à sua saúde. Nesse contexto, tem-se que é obrigação de todo empregador manter um meio ambiente de trabalho digno e sadio aos seus empregados e isso inclui o respeito e a urbanidade no tratamento diário dispensado aos trabalhadores. É inadmissível que superiores hierárquicos dispensem tratamento discriminatório aos seus subordinados, seja por questões de etnia, religião, ou orientação sexual. É obrigação do empregador acompanhar e adotar medidas que contenham tais abusos, do contrário, torna-se responsável pela conduta de seus prepostos. Dito isto, entendo que restou amplamente demonstrado que a reclamada foi conivente com o tratamento desrespeitoso dispensado à reclamante, que sofreu perseguição e constrangimentos durante toda a vigência do pacto laboral, em razão de sua orientação sexual. Portanto, mantida a sentença que condenou a reclamada no pagamento de indenização por danos morais, em razão do tratamento discriminatório e desrespeitoso com a reclamante. (RO-0000908-18.2016.5.19.0010, 2ª Turma, rel. Des. Marcelo Vieira, *DEJT* em 1º.03.2018)

Além da reforma da sentença, restou estabelecida a indenização por danos morais no valor de R$ 10.000,00 (dez mil reais), além de honorários de sucumbência de R$ 1.500,00 (mil e quinhentos reais).

3.2. Análise do caso

Nesta seção, passaremos a analisar as peças processuais disponíveis ao público nos autos do processo n. 0000643-48.2018.5.19.0009, da 9ª Vara do Trabalho de Maceió, Alagoas. Iniciaremos com a ata de audiência, passaremos à sentença de primeiro grau e encerraremos com a reforma em segunda instância.

3.2.1. Análise da ata de audiência

Santos (2015, p. 148) afirma que a ata de audiência constitui um artefato que possibilita o registro das ações, deliberações, depoimentos, testemunhos, procedimentos e ocorrências estabelecidas no decorrer das audiências, sendo, portanto, uma produção que registra e documenta as atividades da seara em que são produzidos. Sua textualização baseia-se nos dados obtidos através dos processos instaurados na esfera, nos depoimentos dos litigantes (reclamante e reclamado) e nas testemunhas arroladas, como também nas provas documentais e na legislação vigente citadas no desenvolvimento da audiência. Têm-se como responsáveis legais pela produção do gênero nas audiências os magistrados que as presidem, os quais assumem a voz de enunciadores.

Quanto à sua relevância, a autora afirma que a ata de audiência é uma produção indispensável, pois contempla orientações e norteamentos, tanto para as partes litigantes quanto para seus representantes legais, funcionários das secretarias das varas trabalhistas e até mesmo para os magistrados nas audiências posteriores, pois são a memória das audiências. São produções que apresentam uma estrutura padronizada, porém, com flexibilidade e variabilidade em relação, por exemplo, à quantidade de participantes na sessão, ao número de depoentes e testemunhos, de laudas e de textualização, uma vez que sua construção depende dos desdobramentos da audiência (SANTOS, 2015, p. 149).

Do ponto de vista meramente formal, o termo de audiência relativo ao processo 0000643-48.2018.5.19.0009, de 23 de julho de 2018, constituído de 2 (duas) folhas, possui os elementos que comumente são encontrados nas demais atas trabalhistas. Ainda que não seja o objetivo deste estudo, destaca-se que a referida ata apresenta os elementos obrigatórios em observância aos dispositivos do direito instrumental, notadamente os da Consolidação das Leis do Trabalho.

Inicia-se com um texto padrão que indica a data, o local da audiência, a Vara do Trabalho, o magistrado do trabalho que dirige a audiência, o rito trabalhista, o número do processo, o autor, o réu e seu preposto, os advogados das partes. Consigna-se, ainda, a recusa da primeira tentativa de conciliação. Logo após, seguem os depoimentos do autor e do proposto do reclamado, bem como os interrogatórios de uma testemunha de cada parte. Consigna-se a segunda tentativa de conciliação e informa-se que as partes serão notificadas após a sentença.

Não é possível analisar o tempo destinado às alegações das partes durante a audiência. Contudo, depreende-se, pelo menos no formalismo do registro da ata, que ambas tiveram oportunidades e tempo distribuídos de forma igualitária. Destaca-se que a manifestação do autor foi registrada em 11 linhas; do reclamado, 10 linhas; da testemunha do reclamante, 18 linhas; e da testemunha do reclamado, 17 linhas. Repisa-se, aqui, que do ponto de vista formal não há aparente incorreção que mereça reforma ou crítica.

Entretanto, merece destaque que a palavra "viado" guarda centralidade à querela. Ela encontra-se registrada 08 (oito) vezes nas 02 (duas) páginas da ata de audiência, sendo citada em todos os depoimentos e interrogatórios realizados.

A fala preconceituosa da encarregada do réu de "se tivesse um filho viado, mandava matar e se tivesse alguém da família que fosse viado, não entraria na casa dela", alegada no depoimento do autor é confirmada pela sua testemunha. Ela afirmou que "sempre nos momentos de refeição dizia que se tivesse um filho de viado, mandava matar ou botava pra fora de casa". Segundo a testemunha ela não falava diretamente ao reclamante, mas como "o reclamante era o único homossexual do grupo, todos sabiam que era com ele". Sobre o fato, não há negativa da empresa de que tal cena não ocorresse. O preposto da empresa se limitou a afirmar "desconhecer qualquer tipo de procedimento por parte da encarregada que levasse esse tipo de discriminação". A testemunha do réu afirmou que não recebia "reclamação de discriminação" da supervisora, "mas apenas por ela ser exigente no cumprimento das normas técnicas". Afirmou, ainda, que "ficou sabendo" que quando a supervisora apontava não conformidades e exigia adequação de procedimentos", o autor dizia que "ela estava fazendo isso só porque ele era homossexual".

Outro elemento fático confirmado por todos os declarantes e interrogados foi que o registro da palavra viado no cartão de ponto do autor efetivamente ocorreu, bem como que o local de guarda daqueles documentos era restrito aos empregados daquele setor. Entretanto, nenhuma das partes e testemunhas conseguiram indicar o verdadeiro autor daquela ofensa.

Ao invés de apresentar os elementos, relatos ou provas que negassem a ocorrência das falas preconceituosas e agressivas da supervisora do reú, bem como do registro depreciativo no cartão de ponto do autor, tanto o preposto, como a testemunha do réu declaram a existência de condutas desabonadoras do autor. O preposto refere-se a "perda de documentos" como motivo da transferência do local de trabalho do autor após o registro da palavra viado no cartão de ponto. A testemunha do réu cita que "o reclamante sofreu um assalto e relatou que estava sofrendo ameaças e perseguição; que o contratante dos serviços requereu que o reclamante fosse transferido para resguardar a segurança dos pacientes". Destaca-se que não foram trazidas a audiência prova de tais alegações bem como ambas não estão relacionados aos fatos alegados, provados ou não contestados durante a audiência. Tampouco o autor foi desligado por justa causa ou pela ocorrência de condutas desabonadoras. As alegações possuem o fito exclusivo de depreciar o autor, imputando a conduta de descontrole, irresponsabilidade e desestabilidade emocional e alucinações. Tais características, tal estética do excesso é inerente a uma ideia caricatural do homossexual masculino: a "bicha louca"[(7)].

O Conselho Nacional de Justiça, no Protocolo para julgamento com perspectiva de gênero — 2021, afirma que nos casos de desigualdades estruturais, a audiência é um ponto nevrálgico, na medida em que, se não conduzida com perspectiva de gênero, pode se tornar um ambiente de violência institucional de gênero (Brasil, 2021, p. 47). O protocolo afirma que a situação de subordinação de um grupo pode gerar um sentimento de desconfiança por parte de autoridades públicas que, muitas vezes, ocupam posições sociais

(7) Conforme destacado no presente artigo, a "bicha louca" é um personagem estereotipado, desmedido, desequilibrado, destemperado e de uma sexualidade descontrolada, única aceita no ambiente repressivo do teatro e na televisão de nosso país durante a Ditadura Civil-Militar (ROCHA JUNIOR, 2021, p. 15).

diferentes das vítimas e, por conta disso, têm maior dificuldade de se colocar no lugar daquela pessoa que tem experiências de vida diferentes das suas.

Dessa sorte, o CNJ recomenda que em vista dessa situação, o(a) julgador(a) atento(a) a gênero é aquele(a) que percebe dinâmicas que são fruto e reprodutoras de desigualdades estruturais presentes na instrução do processo e que age ativamente para barrá-las (Brasil, 2021, p. 47): "A questão chave nesse ponto é: a instrução processual está reproduzindo violências institucionais de gênero? A instrução está permitindo um ambiente propício para a produção de provas com qualidade?" (BRASIL, 2021, p. 47).

Não nos parece que tenham sido observadas as referidas cautelas na audiência de instrução. Verifica-se, conforme registro em ata de audiência, a reprodução de estereótipos de gênero, tentativas de desqualificação do autor e a revitimização causada por revisitar situações traumáticas. Tais questões estão expressamente exemplificadas no protocolo do CNJ (BRASIL, 2021, p. 47-48).

Retornando aos depoimentos, faz-se mister destacar o relato da testemunha do autor sobre a conduta de intimidação sistemática (*bullying*[8]) praticada pela supervisora do réu. Além das ofensas e ameaças realizadas pela agressora durante as refeições, a testemunha relata a "recomendação" feita pela supervisora de que o autor não levasse o seu companheiro na festa do local de serviço, não acatada pelo empregado. A testemunha traz outros relatos, não relacionados ao caso em tela, da conduta da supervisora em difamar, caluniar, disseminar rumores, inclusive sobre a sua opção religiosa e que estaria tendo um caso amoroso, mesmo sendo casada, com outro trabalhador do local de prestação de serviços. Tais relatos, longe de desenhar um ambiente harmonioso para o trabalho, descrevem uma atmosfera intimidatória, hostil e ofensiva.

Tal ambiente de trabalho nocivo a que estão submetidos os trabalhadores da empresa não recebe quaisquer comentários na sentença trabalhista que naturaliza esse cenário que impacta negativamente na saúde laboral dos obreiros.

3.2.2. Análise da sentença

Quanto aos aspectos formais, a decisão proferida pelo juízo de primeira instância atende aos principais requisitos estabelecidos na Consolidação das Leis do Trabalho, especialmente aqueles exigidos para o rito sumaríssimo, quer sejam os elementos de convicção e o resumo dos fatos relevantes ocorridos em audiência. Ainda, destaca-se que a sentença foi prolatada em 13 de agosto de 2018, ou seja, apenas 21 (vinte e um dias) após a data da audiência de instrução.

(8) O *bullying* é uma conduta de intimidação sistemática que se utiliza de violência física ou psicológica em atos de intimidação, humilhação ou discriminação e, ainda: insultos pessoais; comentários sistemáticos e apelidos pejorativos; ameaças por quaisquer meios; expressões preconceituosas; pilhérias, nos termos do art. 2º e incisos da Lei n. 13.185, de 06.11.2015, que institui o Programa de Combate à Intimidação Sistemática.

Entretanto, os aspectos positivos da sentença se limitam a esses pontos, demonstrando que a observância aos protocolos formais e que prazos céleres, tão considerados nas avaliações de produtividade dos órgãos judiciais, por si somente, não garantem a prestação jurisdicional efetiva, tampouco a observância da boa técnica processual e respeito às partes do processo, notadamente às mais vulneráveis.

Para além da mera interpretação literal do art. 651 da CLT(9) que estabelece a competência territorial da Justiça do Trabalho, faz-se mister destacar que o lugar onde as decisões são proferidas é o país líder mundial no número de assassinatos de travestis e transexuais, de acordo com o *Transgender Europe* (ANTRA, 2023, p. 9).

O Brasil se constitui como um país extremamente inseguro para a população LGBTI+, onde há, inclusive uma tendência de crescimento no número de mortes violentas desse público. Em 2022, o Observatório de Mortes e Violências contra LGBTI+ registrou um total de 273 mortes violentas. A região nordeste do país possui o maior número de mortes violentas, com 118 casos, conforme Acontece, ANTRA e ABGLT (2023, p. 49).

Assim, preliminarmente à análise da fundamentação da sentença, é oportuno destacarmos que ela foi proferida em Maceió, capital de Alagoas, região do nordeste do Brasil, particularmente apontada como violenta para o público LGBTI+, cenário que pode ser traduzido no conteúdo da decisão ora analisada.

Em que pese os relatos do autor, do preposto do réu e de suas testemunhas, devidamente consignados na ata de audiência, o magistrado despreza a discriminação ocorrida e que em nenhum momento da sentença teve as circunstâncias e fatos da ocorrência negados. Ao invés de atuar no sentido de fundamentar na sentença o arcabouço legal existente que repele à discriminação no trabalho, o magistrado naturaliza a grave ofensa, repetindo o termo viado por 13 (treze) vezes e manifestando ideias e generalizações carregados de preconceito e desinformação(10). A sentença naturaliza e valida o ambiente discriminatório, especialmente as agressões provocadas pela supervisora da empresa.

Após reproduzir as falas violentas e preconceituosas da supervisora, o magistrado declara não vislumbrar a conjugação de todos os elementos essenciais (conduta ilícita, dano, nexo causal e culpa) para a indenização por danos morais, como consequência da responsabilidade, ainda que a superior hierárquica da vítima, sua supervisora direta, reiteradamente afirmar que "se tivesse um filho viado, mandava matar e se tivesse alguém da família que fosse viado, não entraria na casa dela", o que foi confirmado pela testemunha do autor e não foi contestado, nem pelo preposto da empresa, tampouco pela testemunha do réu.

---

(9) Art. 651 da CLT: A competência das Juntas de Conciliação e Julgamento é determinada pela localidade onde o empregado, reclamante ou reclamado, prestar serviços ao empregador, ainda que tenha sido contratado noutro local ou no estrangeiro.

(10) A palavra aparece 21 (vinte e uma) vezes na ata de audiência e na sentença.

Nas palavras do magistrado: "por mais inconveniente que seja ter uma encarregada que expresse seu preconceito em relação à orientação sexual do autor, tal fato não se caracteriza como ato ilícito".

Destaca-se que a supervisora não só é preconceituosa, mas também ameaçou o autor com violência, ainda que de forma velada. Ela não se limita em falar que não gosta de viado, mas afirma que chegaria ao extremo de matar um filho viado. Entretanto, o magistrado não só se quedou silente, nos autos do processo, frente à manifestação violenta da supervisora, como entendeu tratar-se de mero aborrecimento do autor, sem a configuração de dano moral: "assim, ainda que a livre manifestação do pensamento da encarregada possa ter gerado desconforto no autor, a situação é de mero aborrecimento e não de dano moral indenizável".

Por oportuno, segundo o Dossiê 2022 — Mortes e Violências contra LGBTI+ no Brasil, a omissão do Estado está relacionada à violência perpetrada contra esse público, conforme Acontece, ANTRA e ABGLT (2023, p. 8):

> Ao discutirmos os dados desta pesquisa, algo que nos chama a atenção é o flagrante descaso do Estado em reconhecer, propor ações, instituir e investir em políticas públicas, a fim de mitigar os impactos da violência em todas as formas que ela se expressa. Essa omissão confirma a LGBTIfobia institucional presente na forma como os órgãos de segurança pública e do sistema judiciário negligenciam as demandas relacionadas às violências motivadas por orientação sexual e/ou identidade de gênero, tanto em sua causa raiz como na materialização da prática violenta contra a vida das pessoas LGBTI+.

Após omitir-se sobre a violência narrada pelo autor e sua testemunha, o magistrado presta-se a elaborar a distinção entre a discriminação, que, segundo suas convicções, "podem ser lícitas ou ilícitas, a depender da norma jurídica incidente sobre elas" e o preconceito, que "se situa no âmbito dos sentimentos e dos pensamentos, uma área em que cada ser humano pode exercer a plenitude de sua liberdade sem sofrer interferências do Estado". Segundo o magistrado:

> (...) diferentemente do que ocorre com as situações tipificadas de discriminação, o preconceito, ainda que socialmente repudiado, não é regulado pelo Direito e, por mais repugnantes que possam ser os pensamentos de uma pessoa, o direito de pensar é natural e intangível.

Não nos cabe, nesse artigo, buscar definições específicas sobre os conceitos acima definidos, tampouco suas semelhanças e diferenças. Contudo, é imperioso destacar que a livre manifestação de seus preconceitos não é uma garantia do cidadão, como quer fazer acreditar o magistrado. Aliás, essa interpretação deturpada não guarda abrigo na Carta Magna. Mesmo ao leitor preguiçoso, isso se faz prontamente verificado no preâmbulo constitucional:

> Nós, representantes do povo brasileiro, reunidos em Assembleia Nacional Constituinte para instituir um Estado Democrático, destinado a assegurar o exercício dos direitos sociais e individuais, a liberdade, a segurança, o bem-estar, o desenvolvimento, a igualdade e a justiça como valores supremos de uma sociedade fraterna, pluralista e **sem preconceitos** (grifo nosso), fundada na harmonia social e comprometida, na ordem interna e internacional, com a solução pacífica das controvérsias, promulgamos, sob a proteção de Deus, a seguinte CONSTITUIÇÃO DA REPÚBLICA FEDERATIVA DO BRASIL (BRASIL, 1988).

Ainda no texto constitucional, o combate a todas as formas de discriminação e preconceito é um dos objetivos fundamentais do Brasil, cristalizados no art. 3º, inciso IV, da Constituição da República, na medida que:

> Art. 3º Constituem objetivos fundamentais da República Federativa do Brasil: (...) IV – a promoção do bem de todos, **sem preconceitos** (grifo nosso), de origem, raça, sexo, cor, idade e quaisquer outras formas de discriminação (BRASIL, 1988).

O magistrado entende que a expressão do preconceito da supervisora "causou desconforto no reclamante". Contudo, segundo a sentença, "a expressão do pensamento, porém, é um direito fundamental" e não se pode "considerar como ilícito o exercício legítimo de um direito constitucionalmente protegido":

> É válido notar que a liberdade de expressar os pensamentos é uma extensão da própria liberdade de pensar. Uma vez que o ser humano constrói novos pensamentos a partir da comunicação recíproca de pensamentos, o atentado à liberdade de expressão é, também, um atentado à própria liberdade de construção de pensamentos.

Não é objetivo deste trabalho repisar o que a extensa doutrina e jurisprudência já o fazem, uma vez que há limites impostos à liberdade de expressão e de manifestação de pensamento frente a outros valores constitucionais (REALE JUNIOR 2010, p. 375). Sendo a liberdade de expressão um princípio, apesar de sua proteção ser imprescindível para a emancipação individual e social, sua garantia não se sobrepõe de forma absoluta aos demais direitos, que são também essenciais (Tôrres, 2013, p. 64). Entretanto, cumpre destacar que xingar alguém, atribuindo alguma característica pejorativa, como no caso em tela, viado, pode se configurar como crime de injúria, tipificado no Código Penal[(11)].

(11) Art. 140 – Injuriar alguém, ofendendo-lhe a dignidade ou o decoro: pena – detenção, de um a seis meses, ou multa.

Ao tentar justificar seu distorcido entendimento da livre manifestação do preconceito, ilimitado, frente as leis do Estado, o magistrado resgata um trecho de Immanuel Kant de forma ligeira e superficial com um viés extremamente simplista que objetiva fundamentar uma ideia exatamente contrária às do filosofo na obra citada.

A "Fundamentação da Metafísica dos Costumes", publicado em 1785, é um dos livros mais polémicos do filosofo e que mais suscita até nossos dias os comentários da crítica como da defesa do pensamento do seu autor. Nele Kant nos oferece as formulações do imperativo categórico, que sejam, a fórmula da lei universal "Aja somente com aquela máxima através da qual você pode ao mesmo tempo querer que se transforme em lei universal"; a fórmula da humanidade como um fim em si "Aja somente para usar a humanidade, em sua própria pessoa como na pessoa de qualquer outro, nunca meramente como um meio, mas ao mesmo tempo como um fim"; e a fórmula da autonomia, que Kant não concebe a princípio como um imperativo, mas como "a ideia da vontade de todo ser racional como uma vontade legisladora universal". O princípio da autonomia considerado por Kant como a terceira formulação do imperativo categórico é, mais tarde, substituído pelo princípio do reino dos fins como o terceiro princípio da moralidade: "que toda máxima originada de nossa legislação deve harmonizar em um reino dos fins, com um reino da natureza", a fórmula do reino dos fins (DAGIOS, 2017, p. 132).

Diferentemente da ideia equivocada de livre manifestação de toda a bílis e de todo o preconceito do ser humano, trazida na fundamentação da sentença pelo magistrado, Kant estabelece que o valor intrínseco da natureza humana estará atrelado às características da racionalidade, da liberdade e da felicidade, internamente ponderadas nos indivíduos (DAGIOS, 2017, p. 132).

> O respeito para com a dignidade da pessoa humana se refere à capacidade de sermos livres para podermos estabelecer normas para nossas ações. O valor de sermos livres é o que determina o respeito das pessoas enquanto seres racionais capazes de unirem suas vontades para máximas originais, que não estão em contradição com suas vontades para atingir seus fins intrínsecos. A unidade entre as máximas da vontade com as máximas de todos os outros é o que torna uma pessoa moral verdadeiramente livre, no sentido em que desenvolve sua liberdade autonomamente, mediante uma coerência interna (DAGIOS, 2017, p. 144).

E para que não restem dúvidas sobre a conduta da supervisora: xingar homens homossexuais de viado e ameaça-los de morte atenta contra o imperativo categórico kantiano.

Interessante destacar que as comparações sobre o suposto mero aborrecimento do autor, feitas ao longo da sentença, sequer descrevem relações hierárquicas, de subordinação laboral. Na primeira, do "abstêmio que se sente incomodado com as constantes manifestações de alcoolofilia[12] de seus colegas", há uma comparação indevida com uma condição de doença e vício. Na segunda, "do heterossexual monogâmico casado que se desagrada com a apologia ao sexo casual, cada vez mais comum em nossa sociedade" se quer uma relação direta entre indivíduos. Nenhuma das duas ocorreu no caso em análise e são postas em ordem apenas para minimizar o sofrimento do preconceito no ambiente laboral.

Em que pese o preposto da empresa e as testemunhas confirmarem que o fato ocorreu, o magistrado entendeu que "não se pode atribuir à reclamada qualquer responsabilidade pela inscrição da palavra "viado" no cartão de ponto do reclamante. Uma vez que não ficou provado que tenha sido algum preposto da empresa o responsável por tal anotação, prevalece a presunção de inocência". E destaca que "houve uma ação concreta por parte da reclamada no sentido de apurar o ocorrido (embora sem sucesso), o que demonstra claro interesse em proteger o autor em face de qualquer atitude discriminatória". Assim, o magistrado entende que suposta presunção de inocência ilide a responsabilidade do empregador pela necessária manutenção de um ambiente de trabalho seguro e saudável.

O magistrado também entendeu que "não veio aos autos qualquer prova de que sua orientação sexual tenha sido causa determinante do desligamento do autor do quadro funcional da reclamada". Afirma que não ficou "provado que a encarregada disse a outro empregado que foi ela que colocou o "viado" para fora" e que, mesmo isso tivesse efetivamente ocorrido, "não estaria provada a natureza discriminatória da dispensa, mas apenas que a supervisora utilizava a palavra "viado" para se referir ao reclamante".

Segundo o juiz, denominar homossexuais masculinos de viado não é uma ofensa: "a referência ao reclamante como viado não é, necessariamente pejorativa. É comum as pessoas se referirem umas às outras por suas qualidades". Na sua argumentação, a autoridade alega que essa prática é natural e faz comparações, inclusive com as atividades que as pessoas desempenham: "em textos jornalísticos, e (sic) comum que Michel Temer, por exemplo, seja referido apenas como "o presidente", sem que isso o deprecie". Para o juiz, chamar alguém de viado é a mesma coisa que o chamar de pedreiro, juiz, presidente ou escritor "sem ter qualquer preconceito em razão da profissão".

A fim de fundamentar sua sentença e demonstrar sua erudição, que mais uma vez nos parece distorcida, o magistrado cita, agora, seus conhecimentos da literatura inglesa para firmar seu posicionamento: "em Oliver Twist (clássica obra literária de Charles Dickens), o personagem Fagin é freqüentemente (*sic*) referido como "o judeu", sem que haja qualquer evidência de anti-semitismo (*sic*) por parte do escritor; este magistrado, na

(12) Não cabe justa causa aplicada em trabalhadores dependentes de álcool, considerando tratar-se de doença crônica, que provoca estigma ou preconceito. Nesses casos, a dispensa presume-se discriminatória. O alcoólatra não merece punição, mas sim tratamento.

sentença anterior, fez referência a Charles Dickens como "o escritor", sem ter qualquer preconceito em razão da profissão de escritor".

A citação da obra de Charles Dickens é oportuna quanto ao tema do preconceito e a visão desvirtuada contida na sentença. A referência ao escritor, superficial e ligeira, busca conceder à sentença o argumento de autoridade. Talvez o magistrado sequer tenha efetivamente lido a obra ou assistido as suas várias versões no audiovisual. Se o fez, não entendeu o seu significado.

Charles Dickens é um dos grandes representantes do romance inglês de oitocentos e figura fulcral no desenvolvimento do romance europeu. No prefácio da primeira edição de Oliver Twist (1838), aclamada como a primeira obra de crítica social da literatura inglesa vitoriana, o autor preocupado com o fascínio que o submundo exercia na juventude da época, resolve reunir um grupo de pessoas como realmente existiam no mundo do crime, descrevê-las em toda a sua deformidade, em toda a sua desgraça e em toda a esquálida miséria das suas vidas. Para atingir seu propósito, o escritor realista buscou personagens nos estratos criminosos e degradantes da população de Londres, despindo-os de qualquer fascínio e atrativo, retirando deles toda a possibilidade de redenção. O vilão de Oliver Twist é Fagin, um velho avaro, ladrão, escroque, perverso, arrivista e judeu (DOURADO, 2009, p. 10).

Dickens criou, no estereótipo tradicional de Fagin, um retrato abertamente antissemítico, que logo passou a fazer parte da galeria folclórica e literária do antissemitismo anglo-saxônico, nela permanecendo até hoje, superado apenas pelo Shylock de Shakespeare (SALEN, 2010, p. 13).

Segundo Dourado (2009, p. 10), Will Eisner afirma que Charles Dickens influenciou bem mais que a literatura ao associar a vilania e os traços de caráter do personagem Fagin a uma raça. Para Eisner, Dickens alimentou o racismo cultural e contribuiu para difundir um estereótipo negativo do povo judeu. Fagin de Dickens seria, portanto, a homogeneização do judeu, a pasteurização de uma cultura, o pastiche, a caricatura.

> Alguns anos atrás, estudando contos folclóricos e clássicos da literatura com vistas à adaptação para os quadrinhos, descobri as origens dos estereótipos que aceitamos sem questionamento. Ao examinar as ilustrações das edições originais de Oliver Twist, encontrei um exemplo inquestionável da difamação visual na literatura clássica. A memória do uso do grotesco dessas imagens pelos nazistas na Segunda Guerra Mundial, cem anos depois, comprovou a persistência desses estereótipos cruéis (EISNER *apud* DOURADO, 2009, p. 40).

No romance Oliver Twist, percebe-se a operação de ideologias racistas através da estratégia da naturalização. A estereotipização, reprodução de características grosseiras e indiscriminadas de determinados grupos, apagando as diferenças individuais a partir de generalizações superficiais, tem no seu poder reprodutivo um enorme perigo. A repetição e a retomada histórica dos estereótipos constroem um discurso arrogante e acrítico acerca do outro, como é o caso do discurso antissemita (DOURADO, 2009, p. 147).

É revelador que o magistrado cite um personagem revestido de tamanha polêmica sobre estereótipos preconceituosos para justificar a naturalização de que "a referência ao reclamante como "o viado" pode ter sido feita sem qualquer conteúdo ofensivo".

Antes de declarar improcedentes os pedidos do autor e condenar o reclamante a pagar honorários advocatícios de sucumbência em valor equivalente a 5% do valor da causa, o magistrado sentencia que "para quem acredita ser a homossexualidade uma inclinação legítima, ser chamado de "homossexual" ou de "viado" deve ser tão ofensivo quanto ser chamado de "heterossexual" ou de "macho" o é para aqueles que definem a própria sexualidade em consonância com a própria formação corpórea".

Tal argumentação, baseada na expectativa dominante da sociedade de conformidade entre sexo e gênero, ignora que as pessoas que não se conformam com o gênero a elas atribuído ao nascer foram e ainda são extremamente discriminadas no Brasil e no mundo (Brasil, 2021, p. 18). Nos parece oportuno, frente àquela alegação equivocada, repisar o que recomenda o Protocolo para Julgamento com Perspectiva de Gênero 2021:

> Dessa forma, recomenda-se que magistradas e magistrados comprometidos com julgamentos na perspectiva de gênero se perguntem: essas expectativas (conformidade entre sexo e gênero) estão guiando determinada interpretação e/ou reforçando tais expectativas de alguma maneira, em prejuízo ao indivíduo envolvido na demanda?

Nesse documento, o Conselho Nacional de Justiça, reconhece a influência do patriarcado, do machismo, do sexismo, do racismo e da homofobia são transversais a todas as áreas do direito e produzem efeitos na sua interpretação e aplicação (BRASIL, 2021, p. 8). Especialmente quanto ao tema "assédio moral e sexual no ambiente de trabalho", o protocolo descreve algumas reflexões que podem auxiliar na análise do caso concreto sob as lentes do gênero:

> 1. Na produção e na interpretação da norma aplicável e na avaliação de fatos e evidências, estão presentes preconceitos, costumes ou práticas baseadas na inferioridade ou na superioridade de qualquer dos gêneros ou nos papéis estereotipados para o homem e a mulher?
>
> 2. O ambiente de trabalho tem prevalência de algum grupo social, por exemplo, em termos de gênero, raça, etnia ou religião, que possa ser hostil a determinado perfil de pessoa considerada dissonante?

3. Nas alegações ou nas perguntas formuladas na instrução processual, há algum tipo de julgamento moral sobre a pessoa vítima de violência de gênero? A vítima não deve ser culpabilizada em razão do seu modo de ser, agir, relacionar-se, vestir-se, falar etc. nem por estar no local ou no momento sozinha. Essas escolhas pessoais, por si só, não são permissões para que seja assediada, nem qualquer outro tipo de consentimento.

4. As alegações nas petições ou as perguntas na instrução processual são impertinentes ou constrangedoras, deslocando a responsabilidade do agente agressor para a vítima? É preciso cuidar para que não haja sua revitimização, devendo ser respeitada em sua dignidade humana. É o agente agressor/assediador que deve ser julgado e não a vítima.

5. As justificativas para o comportamento do agente agressor são baseadas em estereótipos, patologias ou vícios? Estes fatores não podem servir como salvaguarda para o agente agressor no sentido de naturalizar os atos de violência de gênero, desresponsabilizando-o.

6. Na interpretação dos fatos, foi considerado também o ponto de vista da vítima? (BRASIL, 2021, p. 114)

Essas questões do referido protocolo demonstram o quão distante, o caso em tela, encontra-se para a realização do direito à igualdade e à não discriminação de todas as pessoas, de modo que o exercício da função jurisdicional se dê de forma a concretizar um papel de não repetição de estereótipos, de não perpetuação de diferenças, constituindo-se um espaço de rompimento com culturas de discriminação e de preconceitos (BRASIL, 2021, p. 7).

3.3. Impacto da reforma no segundo grau

A reforma da sentença no segundo grau de jurisdição estabeleceu a indenização por danos morais no valor de R$ 10.000,00 (dez mil reais), com base na jurisprudência do TRT da 19ª Região.

Entretanto, os efeitos dessa reforma são limitados para as partes do processo e não repercutem em questões fulcrais quanto à imparcialidade e decoro[13]. Também não impedem a reprodução dos mesmos procedimentos adotados, tampouco aplicam medidas para julgamento com perspectiva de gênero.

4. Considerações finais

Se xingar e ameaçar de morte, ainda que veladamente, um trabalhador em seu ambiente de trabalho por causa de sua orientação sexual não é assédio e discriminação,

(13) Código de Ética da Magistratura: (...) Art. 8º O magistrado imparcial é aquele que busca nas provas a verdade dos fatos, com objetividade e fundamento, mantendo ao longo de todo o processo uma distância equivalente das partes, e **evita todo o tipo de comportamento que possa refletir favoritismo, predisposição ou preconceito** (grifo nosso). Art. 9º Ao magistrado, no desempenho de sua atividade, cumpre dispensar às partes igualdade de tratamento, **vedada qualquer espécie de injustificada discriminação**. (...) Art. 39. É atentatório à dignidade do cargo qualquer ato ou comportamento do magistrado, no exercício profissional, que **implique discriminação injusta ou arbitrária de qualquer pessoa ou instituição** (grifos nossos).

o que será? Talvez a resposta a essa pergunta traga luz aos motivos pelos quais o Brasil é especialmente violento para a população LGBTI+, sendo, inclusive o líder mundial no número de assassinatos de travestis e transexuais.

O presente estudo de caso trata de uma violência cometida no ambiente laboral e que quando submetida à Justiça do Trabalho foi tratada como algo banal e cotidiano pelo primeiro grau de jurisdição. A palavra viado repetida 21 (vinte e uma) vezes na ata de audiência e na sentença pode revelar que o preconceito pode ter extrapolado o local do trabalho e ter sido reproduzido na vara do trabalho, justamente no órgão competente para julgar a conduta reprovável.

No Estado Democrático de Direito é fundamental garantir políticas públicas que tenham o respeito à diferença, como afirmação do valor da diversidade, e a promoção da efetiva igualdade, sem qualquer distinção, inclusive as de sexo ou orientação sexual. Nossa Carta Magna já em seu preambulo prevê valores supremos de uma sociedade fraterna, pluralista e sem preconceitos. A legislação ordinária, no mesmo sentido, garante a não discriminação, inclusive dispondo sobre o seu necessário enfrentamento. Em recente decisão, o STF entendeu como crime a discriminação e preconceito por orientação sexual ou identidade de gênero.

Contudo, a violência, de todas as formas, ao público LGBTI+ é cotidiana. As ofensas com objetivo de inferiorizar, menosprezar e limitar direitos são práticas habituais. Bicha, desmunhecado, fresco e viado são nomes utilizados pela sociedade para se referir, de forma depreciativa, aos homossexuais masculinos. Ainda hoje, mesmo após tantos avanços civilizatórios, é possível encontrar entendimentos distorcidos de que xingar e humilhar pessoas de forma discriminatória é um direito à liberdade de expressão. Essa liberdade guarda abrigo constitucional, de certo. Contudo, não se sobrepõe de forma absoluta aos demais direitos essenciais também consignados em nossa Carta Magna.

Na análise da ata de audiência e da sentença é possível verificar a observância de certos protocolos formais, notadamente a celeridade processual. Entretanto, o caso em tela revela que aspectos bem avaliados em parâmetros de produtividade pelos órgãos judiciais não garantem o respeito às partes do processo, notadamente às mais vulneráveis.

"Se tivesse um filho viado, mandava matar" é repugnante e jamais deveria passar incólume em nossos tribunais. Causa indignação que a existência de tal meio de ambiente de trabalho hostil e preconceituoso, que restou devidamente configurado pelas partes e pelas testemunhas, não seja suficiente para causar qualquer motivação para a mudança de procedimentos ou reparação do dano. Toda violência aparenta normalidade para o julgador de primeira instância que não considera presentes os elementos para a reparação do dano porque, afinal de contas "homem é homem, viado é viado", guardando a sentença similitude com as anedotas caricaturais de gosto duvidoso de algumas canções populares. Ao invés de ter buscado referência nas citações de Kant e Twain, teria sido mais oportuno a sentença mencionar as de Falcão(14) e Tiririca(15).

A sentença em tela foi proferida antes da existência do Protocolo para Julgamento com Perspectiva de Gênero 2021, também é pretérita às decisões do STF sobre incidência da Lei n. 7.716/1989 para a discriminação e preconceito por orientação sexual ou identidade de gênero. Entretanto, repisamos os ensinamentos de Rios (2001, p. 162) ao afirmar que a discriminação por orientação sexual é uma espécie de discriminação por motivo de sexo, cujos remédios já se encontram na Carta Magna, bastando que seja aplicada e interpretada adequadamente.

Além das contrariedades abordadas, novos estudos podem revelar outras, inclusive quanto ao próprio funcionamento do poder judiciário e dos deveres de seus servidores, bem como pela jurisprudência protetiva global e regional endossada por comitês e cortes internacionais sobre a igualdade e a proibição da discriminação que constitui uma cláusula aberta a abarcar a orientação sexual.

A decisão de primeiro grau foi reformada e o dano sofrido foi supostamente reparado pela condenação do réu em pagar valor equivalente a alguns meses do salário do autor. Entretanto, considerando que as decisões do segundo grau de jurisdição devem se limitar apenas à coisa julgada e as partes do processo, próximas pesquisas podem definir quais outras iniciativas, que não se limitem apenas a reforma da sentença pelo segundo grau de jurisdição, podem e devem ser adotadas, uma vez que persistem desafios a serem superados pela sociedade na adoção de medidas efetivas que possam coibir o preconceito e a discriminação.

Referências

ACONTECE Arte e Política LGBTI+; ANTRA (Associação Nacional de Travestis e Transexuais); ABGLT (Associação Brasileira de Lésbicas, Gays, Bissexuais, Travestis, Transexuais e Intersexos). *Mortes e violências contra LGBTI+ no Brasil:* Dossiê 2022. Florianópolis, SC: Acontece, ANTRA, ABGLT, 2023.

ANTRA (Associação Nacional de Travestis e Transexuais). *Dossiê:* assassinatos e violências contra travestis e transexuais brasileiras em 2022. Bruna G. Benevides. Brasília, DF: Distrito Drag; ANTRA, 2023. 109p.

BRASIL. Conselho da Justiça Federal. *Seminário Internacional as Minorias e o Direito.* Série Cadernos do CEJ, Brasília: CJF, 2003. Disponível em: https://www.cjf.jus.br/cjf/corregedoria-da-justica-federal/centro-de-estudos-judiciarios-1/publicacoes-1/cadernos-cej/seminario-internacional-as-minorias-e-o-direito. Acesso em: 10 ago. 2023.

(14) "Porque homem é homem, menino é menino, macaco é macaco, e viado é viado. Homem é homem, menino é menino, político é político, e baitola é baitola". Trecho da música "Holiday foi muito".

(15) "Ele é corno, mas é meu amigo. Ele é viado, mas é meu amigo. Queima a arruela, mas é meu amigo. Ele pode ter defeitos, mas é meu amigo". Trecho da música "Ele é corno, mas é meu amigo".

______. Conselho Nacional de Justiça. *Protocolo para Julgamento com Perspectiva de Gênero 2021*. Brasília, DF. Disponível em: https://www.cnj.jus.br/wp-content/uploads/2021/10/protocolo-18-10-2021-final.pdf. Acesso em: 15 jun. 2023.

______. Constituição de 1988. *Constituição da República Federativa do Brasil de 1988*. Brasília, DF: Presidência da República, [2020]. Disponível em: https://www.planalto.gov.br/ccivil_03/constituicao/constituicao.htm. Acesso em: 29 set. 2023.

______. *Lei n. 13.185, de 06 de novembro de2015*. Institui o Programa de Combate à Intimidação Sistemática. Brasília, DF: Presidência da República, [2020]. Disponível em: https://www.planalto.gov.br/ccivil_03/_ato2015-2018/2015/lei/l13185.htm. Acesso em: 29 set. 2023.

______. Tribunal Regional do Trabalho da 19a Região. 9a Vara do Trabalho de Maceió. *RTSum 0000643-48.2018.5.19.0009*. Maceió/AL, 13 ago. 2018.

CAPEZ, Fernando. O crime de homofobia e a legalidade estrita. *Revista Consultor Jurídico*, 2021. Disponível em: https://www.conjur.com.br/2021-mai-27/controversias-juridicas-crime-homofobia-legalidade-estrita. Acesso em: 09 ago. 2023.

CITTADIN, Laura; LINO, Zaqueu José. Análise etimológica de palavras com sentido pejorativo em relação a membros da comunidade LGBTTQI+. *Revista Linguagem, Ensino e Educação*, Criciúma, v. 2, n. 1, jan./jul. 2018. Disponível em: https://periodicos.unesc.net/ojs/index.php/lendu/article/view/4346. Acesso em: 06 ago. 2023.

DAGIOS, Magnus. O imperativo categórico kantiano e a dignidade da pessoa humana. *Revista Opinião Filosófica*, Porto Alegre, v. 08; n. 01, 2017, p. 131-144.

DOURADO, Tânia Marcília Rodrigues de Andrade. *Discurso da reparação:* análise da intertextualidade em Fagin, O Judeu de Will Eisner como desconstrução do estereótipo do judeu em Oliver Twist de Charles Dickens. Dissertação (Mestrado em Linguística Aplicada) – Centro de Humanidades, Universidade Estadual do Ceará. Fortaleza, 2009. p. 153.

MENDES, Augusto César Cardoso; RIBEIRO, Luiz Paulo. Nomeações e significações da homossexualidade masculina: um ensaio sobre homofobia pela ótica da Teoria das Representações Sociais. *Memorare*, Tubarão, v. 8, n. 1, jan./jun. 2021.

OLIVEIRA, Megg Rayara Gomes de. *O diabo em forma de gente:* (R)Existências de gays afeminados, viados e bichas pretas na educação. Tese (Doutorado em Educação) – Faculdade de Educação, Universidade Federal do Paraná. Curitiba, 2017. p. 190.

Priberam Dicionário. Disponível em: https://dicionario.priberam.org/viado. Acesso em: 06 ago. 2023.

REALE JÚNIOR, Miguel. Limites à liberdade de expressão. *Espaço Jurídico*, Joaçaba, v. 11, n. 2, p. 374-401, jul./dez. 2010.

ROCHA JUNIOR, Alberto Ferreira da. A Personagem Bicha Louca e a Construção de uma Rede de Trabalho Atorial no Brasil da Ditadura Civil-Militar (1964-1985). *Rev. Bras. Estud. Presença*, Porto Alegre, v. 11, n. 3, e105634, 2021. Disponível em: http://seer.ufrgs.br/presenca. Acesso em: 02 ago. 2023.

SALEM, Robert Eli. *Oliver Twist no Brasil:* a tradução do antissemitismo de Machado de Assis a Will Eisner. Dissertação (Mestrado em Letras e Linguística) – Programa de Pós-Graduação em Letras e Linguística, Universidade Federal da Bahia. Salvador, 2010. p. 281.

SANTOS, Raimunda Valquíria de Carvalho. *Um estudo do gênero ata de audiência na esfera jurídico-trabalhista.* Dissertação (Mestrado em Estudos da Linguagem) – Programa de Pós-graduação em Estudos da Linguagem, Universidade Federal do Rio Grande do Norte. Natal, 2015. p. 169.

SILVIA, G. OLIVEIRA, G; SILVA, M. Estudo de caso único: uma estratégia de pesquisa. *Revista Prisma*, Rio de Janeiro, v. 2, n. 1, p. 78-90, 2021. Disponível em: https://revistaprisma.emnuvens.com.br/prisma/article/view/44/36. Acesso em: 30 set. 2023.

TASSIGNY *et al.* A aplicabilidade do método do estudo de caso em pesquisas Jurídicas. *Revista Acadêmica da Faculdade de Direito do Recife*, vol. 88, n. 1, jan./jun., p. 39-57, 2016.

TÔRRES, Fernanda Carolina. O direito fundamental à liberdade de expressão e sua extensão. *Revista de Informação Legislativa*, ano 50, n. 200, out./dez. 2013, p. 61-80.

Parte 2

Trabalho e Direitos das Pessoas com Deficiência

A Proteção das Mães de Crianças com Deficiência no Mercado de Trabalho e a Aplicação do Protocolo para Julgamento com Perspectiva de Gênero do Conselho Nacional de Justiça

Thays do Socorro Meirelles de Ataide de Melo[1]

1. Introdução

O interesse pela temática se deu pela minha experiência como mãe de uma criança autista que se confronta com as dificuldades em conciliar o trabalho produtivo e o trabalho do cuidado e, ainda, enfrenta situações de desigualdade, discriminação e ausência de políticas públicas no âmbito do mercado de trabalho.

Assim, venho acompanhando e lendo as recentes decisões que envolvem trabalhadoras mães de crianças com deficiências, no qual possibilitam a redução da jornada de trabalho, sem redução salarial, para essas empregadas, considerando a necessidade de rotina de cuidados e terapias que as pessoas com deficiência precisam e os desafios que nós enfrentamos ao conciliar o trabalho remunerado e o trabalho do cuidado não remunerado.

Em que pese, existir o direito a redução da jornada de trabalho, sem redução salarial, aos servidores públicos federais, regidos pela Lei n. 8.112/90[2], Regime Jurídico Único (RJU), para os demais trabalhadores regidos pela Consolidação das Leis do Trabalho (CLT), Decreto-lei n. 5.452, de 1º de maio de 1943, não há previsão desse direito, restando, assim, uma ausência de mecanismo de proteção dentro de mercado de trabalho para os cuidadores, em especial, as mães das pessoas com deficiência.

O Supremo Tribunal Federal (STF), à luz da Convenção Internacional sobre os Direitos das Pessoas com Deficiência[3], definiu a possibilidade de redução da carga horária

(1) Graduada em Direito pela Faculdade Ideal — FACI. Advogada licenciada.

(2) Art. 98, § 3º.

(3) Promulgada pelo Decreto n. 6.949, de 25 de agosto de 2009.

de servidor público estadual e municipal, que tenha filho ou dependente portador de deficiência quando inexistente previsão legal de tal benefício(4).

Por sua vez, o Tribunal Superior do Trabalho (TST) vem garantindo, em recentes decisões, o direito a redução de jornada, sem redução salarial, aos empregados públicos regidos pela CLT, utilizando de forma analógica o RJU, mas sua aplicação não é imediata, sendo necessário recorrer ao judiciário para pleitear a garantia desse direito, considerando os princípios e as regras de proteção da pessoa com deficiência, da proteção integral da criança e dos direitos humanos (TST, 2022). Diante disso, observa-se a ausência de legislação de proteção para as mães trabalhadoras, regidas pela CLT. As mulheres são as principais responsáveis pelo trabalho do cuidado não remunerado, conforme aponta pesquisa da OXFAM (2020), no qual demonstra que 85% desse trabalho é exercido informalmente por mulheres e, com isso, acabam por trabalhar menos em seus empregos, ou, ainda, precisam abandoná-los.

Outra pesquisa realizada pela Condurú Consultoria (TV Senado, 2022) diz que 70% das mulheres com filhos têm dificuldades para voltar ao mercado. Segundo o estudo da Fundação Getúlio Vargas (2016), quase metade das mulheres que tiram licença-maternidade perdem o trabalho após 12 meses fora do mercado.

Fazendo um recorte para a situação das mães com crianças com deficiência, há uma redução média de 17 pontos percentuais na probabilidade de mães que tenham filho com deficiência intelectual estarem empregadas. Caso a deficiência provoque uma limitação intensa, a redução pode chegar a 25 pontos percentuais. Isso porque, as mães responsáveis pelos filhos com deficiência, necessitam de tempo livre para acompanhá-los nas atividades terapêuticas indispensáveis ao seu quadro de saúde. A depender do grau de deficiência intelectual, as horas de trabalho dessas mães são afetadas de forma negativa e significativa no mercado de trabalho, pois há uma redução média de 8,9 horas podendo a chegar em 11,2 horas (SOARES *et al*, 2020).

Portanto, é fundamental que a sociedade entenda o conflito dessas mulheres e contribua na redução das desigualdades de gênero no mercado de trabalho, considerando ainda, estrutura patriarcal enraizada em nossa sociedade que reforça a divisão de papéis, no qual o trabalho do cuidado (trabalho reprodutivo não remunerado) é absolutamente invisibilizado e tido como uma obrigação exclusivamente feminina. Nesse contexto, Silvia Federici (2019, p. 74) fala sobre como o trabalho doméstico é imposto à mulher como um atributo natural da sua natureza feminina e, assim, delimitando a divisão sexual do trabalho: "Desde que 'feminino' se tornou sinônimo de 'dona de casa', nós carregamos para qualquer lugar essa identidade e as 'habilidades domésticas' que adquirimos ao nascer".

(4) RE 1237867, com repercussão geral reconhecida – Tema 1.097. Julgamento: 17.12.2022. Relator: Min. Ricardo Lewandowski.

Além disso, o Estado e a sociedade que não assumem o compromisso de atendimento efetivo à proteção da mãe trabalhadora, responsável por crianças com deficiência, promovem a desigualdade e discriminação de gênero no mercado de trabalho, na medida em que inviabilizam o acesso ou permanência dessa mãe no trabalho e promovem a desvalorização do trabalho reprodutivo não remunerado da mulher.

Considerando as desigualdades e assimetrias para essas mães no ingresso do mercado de trabalho e progressão de suas carreiras é que se faz importante a aplicação do Protocolo com Perspectiva de Gênero do Conselho Nacional de Justiça (CNJ, 2021) nas decisões judiciais a fim de promover a concretização dos direitos e garantias fundamentais inseridos na Constituição Federal, em prol da igualdade de gênero, o acesso e permanência no mercado de trabalho e ao tratamento diversificado no respectivo ambiente laboral:

> Julgamento com perspectiva de gênero é uma metodologia para analisar a questão do litígio, que deve ser implantada nos casos em que relações de poder assimétricas ou padrões de gênero estereotipados estão envolvidos e requer a integração do princípio da igualdade na interpretação e aplicação do sistema jurídico, na busca de soluções equitativas para situações desiguais de gênero (Gloria Poyatos Matas, Glòria Poyatos I. Juzgar Con Perspectiva de Género: Una Metodologia Vinculante de Justicia Equitativa. Iqual. *Revista de Género e Igualdad*, v. 2, p. 7-8, 2019) (ABAT, 2022, p. 6).

Assim o Protocolo do CNJ surge como uma ferramenta para que o julgador enxergue as partes envolvidas no processo considerando suas particularidades, buscando eliminar todas as formas de discriminação e promover a igualdade substantiva, prevista na Constituição Federal. Ressalta-se que em março de 2023 o Conselho Nacional de Justiça estabeleceu, por meio da Resolução n. 492, a obrigatoriedade das diretrizes do Protocolo para Julgamento com Perspectiva de Gênero por todo o Poder Judiciário nacional, de modo que o julgamento de casos concretos, devem ser fundamentados pelas magistradas e magistrados sob a lente de gênero.

Diante da evidente discriminação contra da trabalhadora em relação à maternidade e, principalmente, por ser responsável por uma criança com deficiência, será perguntado: Como, a luz dos casos analisados, pode se refletir sobre a aplicação das diretrizes do Protocolo com Perspectiva de Gênero do Conselho Nacional de Justiça nas decisões judiciais para proteção das trabalhadoras que são mães de crianças com deficiência?

O presente trabalho será realizado por meio de pesquisa exploratória de natureza bibliográfica, com base em autores que tratam da proteção da maternidade, trabalho do cuidado e sobre a desigualdade de gênero no mercado de trabalho. Além, de se utilizar de pesquisa doutrinária, serão usados documentos legais e o Protocolo para Julgamento com Perspectiva de Gênero do Conselho Nacional de Justiça que possibilitarão um melhor entendimento dos casos concretos e, consequente, formulação de hipóteses e resultados.

A pesquisa focará no estudo de caso de decisões judiciais. Foram selecionadas duas decisões. que ganharam relevância e repercutiram na internet sobre mães de crianças com deficiência e seus

direitos trabalhistas, a primeira envolvendo uma empresa privada(5) e outra um órgão público(6). Ambas as decisões são do Tribunal Regional do Trabalho da 2ª Região, Tais decisões foram retiradas do site do próprio tribunal.

2. Apresentação do caso

O presente trabalho analisará duas decisões que envolvem trabalhadoras mães de crianças com deficiência que solicitaram às suas empregadoras a possibilidade do trabalho remoto para poderem acompanhar os filhos nos cuidados diários, nos tratamentos médicos e terapias específicas. No primeiro caso trata-se de uma empregada da empresa pública (Correios) e o outro caso trata-se de uma empregada de uma empresa privada (ESSA — Escola Técnica Profissionalizante Ltda. – Me).

Em ambas as decisões foram utilizados os dispositivos de direitos fundamentais da Constituição Federal e da Convenção sobre os Direitos da Pessoa com Deficiência, da qual o Brasil é signatário. Contudo, no primeiro caso não foi utilizado o Protocolo com Perspectivava de Gênero, além de não ter sido determinado o deferimento de danos morais. No segundo caso, houve a aplicação do protocolo, analisou a discriminação sofrida pela trabalhadora e condenou-se a empresa ao pagamento de indenização por danos morais.

O primeiro caso teve sua tramitação na 39ª Vara do Trabalho de São Paulo (Processo 1001124-33.2022.5.02.0039) e deferiu a uma empregada dos Correios o direito de permanecer em teletrabalho para cuidar de dois filhos com deficiência. A autora foi admitida pela reclamada em 1º.8.2000 na função de Técnico de Correios, com jornada de trabalho de 8 horas e tem dois filhos com transtorno do espectro autista, de sete e oito anos.

A empregada solicitou o regime de home office ou, alternativamente, a redução da carga horária semanal de 40 para 20 horas, sem redução da remuneração diretamente à empresa, de forma administrativa, contudo em razão do não acolhimento do pedido, ingressou com a ação judicial.

---

(5) TRT2. *Empresa é condenada por negar trabalho remoto e dispensar mãe de criança com deficiência intelectual.* Disponível em: https://ww2.trt2.jus.br/noticias/noticias/noticia/empresa-e-condenada-por-negar-trabalho-remoto-e-dispensar-mae-de-crianca-com-deficiencia-intelectual . Acesso em: 19 set. 2023.

(6) TRT2. *Mãe de dois filhos no espectro autista obtém direito a teletrabalho para prestar assistência às crianças.* Disponível em: https://ww2.trt2.jus.br/noticias/noticias/noticia/mae-de-dois-filhos-no-espectro-autista-obtem-direito-a-teletrabalho-para-prestar-assistencia-as-criancas. Acesso em: 19 set. 2023.

No pedido, a trabalhadora alegou que as crianças precisam de terapias multidisciplinares e da atenção de um adulto, bem como justificou com laudos médicos, comprovando a sua necessidade. Ainda sim, a empresa apenas alegou a impossibilidade da redução da jornada de trabalho, sem, contudo, comprovar que a alocação da mulher no regime de teletrabalho comprometeria a continuidade da prestação de serviços essenciais com as condições mínimas de qualidade que são exigidas pela sociedade.

Dessa forma, na sentença, o juiz do trabalho destacou que a empresa oferece o regime de teletrabalho em um manual interno de Recursos Humanos, com o objetivo de possibilitar o exercício das atividades por seus profissionais, buscando promover qualidade de vida e aumento da produtividade do empregado e acatou o pedido principal. Porém, o juiz indeferiu indenização por danos morais, sob a justificativa de que a trabalhadora não conseguiu comprovar a existência de sofrimento físico ou psicológico significativo em razão da recusa em fornecer o regime de trabalho alternativo.

Por sua vez, o segundo caso trata-se de decisão proferida na 16ª Vara do Trabalho da Zona Sul de São Paulo (Processo 1001069-22.2022.5.02.0059) que condenou uma escola de educação profissional a pagar indenização de R$ 7,4 mil por danos morais a uma empregada dispensada ao pedir a continuidade do trabalho remoto para cuidar de filho com deficiência.

A empresa não aceitou que a trabalhadora continuasse exercendo remotamente as atividades, mesmo a mulher tendo comprovado necessidade de manter-se em casa para cuidar do filho com deficiência intelectual. Contudo para a instituição, a questão era pessoal e dizia respeito somente à trabalhadora e, assim, acabou optando por rescindir o seu contrato.

Na sentença o juiz considerou que havia espaço para adaptações sem prejuízos às partes e a dispensa foi um ato discriminatório da empregadora, bem como ressaltou que "trata-se de questão sensível e que atrai todos os preceitos garantidores da proteção e promoção da dignidade humana".

A própria empresa confirmou, nos autos, que as atividades da profissional eram realizadas de modo presencial nas dependências da empresa e passaram a ser desempenhadas exclusivamente pela internet, assim, o julgador entendeu que restou demonstrado haver total condição de adaptar a situação contratual às realidades vivenciadas pelas partes.

O Juiz observou que a reclamada violou deveres constitucionais, inclusive previsões contidas em tratados internacionais e preceitos éticos, motivo pelo qual entendo como configurado ato discriminatório contra a trabalhadora.

Também pontuou que, em que pese a existência do poder diretivo do empregador, este é limitado pelo dever da função social da organização, cabendo, ainda, a mitigação desse poder disciplinar, quando há a necessidade de respeito à dignidade da pessoa humana.

Reconheceu que a empresa teve uma postura discriminatória, pois mesmo conhecendo a situação da trabalhadora, não realizou a sua adaptação e inclusão dentro da organização, conforme estabelece o Decreto n. 4.377/2002[7], que promulgou a Convenção sobre a Eliminação de Todas as Formas de Discriminação contra a Mulher, de 1979.

O referido decreto estabelece que devem ser adotadas todas as medidas apropriadas para eliminar a discriminação contra a mulher na esfera do emprego a fim de assegurar, em condições de igualdade entre homens e mulheres, os mesmos direitos, em particular impedir a discriminação contra a mulher por razões de casamento ou maternidade e assegurar a efetividade de seu direito a trabalhar. Observou também que o art. 2º da Convenção Sobre os Direitos das Pessoas com Deficiência (CDPD) estabelece o significado da discriminação por motivo de deficiência, sendo:

> qualquer diferenciação, exclusão ou restrição baseada em deficiência, com o propósito ou efeito de impedir ou impossibilitar o reconhecimento, o desfrute ou o exercício, em igualdade de oportunidades com as demais pessoas, de todos os direitos humanos e liberdades fundamentais nos âmbitos político, econômico, social, cultural, civil ou qualquer outro. Abrange todas as formas de discriminação, inclusive a recusa de adaptação razoável.

A decisão também ressaltou que o a entendimento do Tribunal Superior do Trabalho é no sentido de que o art. 2º da CDPD deve ser interpretado de forma a coibir a discriminação indireta e "seu campo de atuação não deve ser retingir à pessoa com deficiência, mas alcançar a igualdade material no caso concreto, com vistas ao harmônico convívio multiculturalista nas empresas". Neste ponto, ressaltou que as empresas dificilmente adotam políticas de adaptação razoável para as pessoas responsáveis de cuidar de familiares com deficiência, que já enfrentam barreiras contínuas à inclusão, sem o devido suporte por parte da sociedade e do governo, portanto acabam sendo empurradas para fora do mercado de trabalho.

Na sentença também foi considerado o Protocolo para Julgamento com Perspectiva de Gênero do Conselho Nacional de Justiça (CNJ, 2021), que busca garantir a igualdade de gênero nos julgamentos que ocorrem nos diversos âmbitos da Justiça. Para tanto, analisou que as trabalhadoras são vítimas de discriminação, principalmente, em razão da maternidade, pois estão inseridas num modelo de regras e rotinas de trabalho estabelecidos a partir do paradigma masculino, pensado para os padrões do "homem médio".

---

(7) Art. 11.2. A fim de impedir a discriminação contra a mulher por razões de casamento ou maternidade e assegurar a efetividade de seu direito a trabalhar, os Estados-Partes tomarão as medidas adequadas para:

c) Estimular o fornecimento de serviços sociais de apoio necessários para permitir que os pais combinem as obrigações para com a família com as responsabilidades do trabalho e a participação na vida pública, especialmente mediante fomento da criação e desenvolvimento de uma rede de serviços destinados ao cuidado das crianças;

Por fim, com esses fundamentos o Juiz entendeu que a reclamada violou deveres constitucionais, inclusive previsões contidas em tratados internacionais e preceitos éticos e decidiu por reconhecer a configuração da dispensa discriminatória da trabalhadora, condenando a reclamada ao pagamento de indenização por danos morais.

3. Trabalho do cuidado materno

O conceito do trabalho de cuidado é abordado a partir de duas dimensões, sendo aquele ocorrido no âmbito do espaço privado doméstico, onde pode ser realizado de forma gratuita ou remunerada, neste último caso, por profissionais como empregadas domésticas, babás, cuidadoras e diaristas e aquele realizado na esfera externa ao ambiente privado, por meio de profissionais de saúde, limpeza, assistência social, educação e alimentação (CNJ, 2021, p. 26).

Salienta-se que existe diferença entre as mulheres conforme sua raça e classes no Brasil, no qual, muitas vezes, mulheres brancas, de classes mais altas, têm a possibilidade de transferir o trabalho doméstico para outras mulheres, que, por sua vez, trabalham na informalidade ou recebendo salários baixos (CNJ, 2021, p. 26).

Por sua vez, a divisão sexual do trabalho se organiza na ideia essencialista de que existiram alguns tipos de trabalho "naturalmente" masculinos e trabalhos "naturalmente" femininos, além de que existe a valorização do trabalho masculino em comparação ao feminino, procedendo numa hierarquização entre estes (CNJ, 202, p. 25).

Entender como essa divisão sexual do trabalho é construída em nossa sociedade, principalmente na ideia de que mulheres são naturalmente mais aptas ao trabalho de cuidado, é essencial para que os julgadores estejam aptos realizar decisões com soluções protetivas e emancipatórias (CNJ, 2021, p. 27).

E ainda, que "essa divisão sexual do trabalho reflete o fato que a maioria dos homens exerce suas atividades no mercado de trabalho capitalista (o chamado 'trabalho produtivo') e as mulheres dividem seu tempo 'naturalmente' entre a produção de mercadorias fora de casa e a realização das tarefas domésticas relativas aos cuidados da família (o dito 'trabalho reprodutivo')" (MELO e CASTILHO, 2009). Nesse sentido Katrine Marçal (2017, p. 38) pontua que:

> atividades como criar filhos, limpar, lavar e passar roupas para a família não criam bens tangíveis que possam ser comprados, trocados ou vendidos. Portanto, também não contribuem com a prosperidade, pensavam os economistas do século XIX. (...) Os frutos do trabalho masculino podiam ser armazenados em pilhas e medidos em dinheiro. Os resultados do trabalho feminino eram intangíveis.

Apesar de o trabalho reprodutivo ser importante para a manutenção do bem-estar do ser humano, contudo, por não ter caráter mercantil, é ignorado pelas ciências econômicas e desvalorizado pela sociedade, sem considerar que o trabalho produtivo se sustenta através do trabalho reprodutivo (MELO e CASTILHO, 2009).

Inclusive o papel das atividades relativas ao bem-estar humano e às necessidades das pessoas é predominantemente realizado pelas mulheres, revelando a assimetria e desigualdade, oriunda dos papéis socialmente estabelecidos, no qual as mulheres realizam o trabalho não remunerado e homens, o trabalho remunerado (MELO; CASTILHO, 2009, p. 139). Neste ponto, Katrine Marçal (2017, p. 38) explica que:

> O trabalho doméstico é cíclico por natureza. Portanto, o trabalho da mulher não era uma "atividade econômica". O que ela fazia era apenas uma extensão lógica de sua natureza justa e amável. Ela sempre continuaria esse trabalho, portanto não era necessário gastar tempo quantificando isso. Vinha de uma lógica que não era a econômica.

É preciso compreender que a divisão sexual do trabalho traz a subestimação das atividades realizadas pelas mulheres no âmbito familiar, pois em nossa sociedade privilegia-se a produção mercantil de bens e serviços em detrimento do trabalho familiar doméstico realizado majoritariamente pelas mulheres e, consequentemente, desvalorizado pela sociedade.

E ainda, observa-se que a omissão do trabalho reprodutivo dos cálculos da economia permite com que não haja políticas públicas adequadas em relação às mulheres, capazes de assegurar o devido acesso ao emprego, à seguridade social e aos serviços sociais relacionados à família e as crianças, culminando na discriminação de gênero no mercado de trabalho.

A discriminação contra as mulheres por causa de seu papel reprodutivo decorrente da gravidez é um obstáculo para a promoção da igualdade de gênero de oportunidades e de tratamento no emprego. A busca por mecanismos efetivos de combate a essa discriminação, que garantam a observância da legislação, implica grandes desafios para o governo e atores sociais (OIT, 2009, p. 4). A Convenção sobre a Eliminação de todas as formas de Discriminação contra a mulher — CEDAW (art. 1º) estabelece a garantia da proibição da discriminação da mulher no mercado de trabalho, além de assegurar as normas de proteção ao trabalho da mulher (art. 7º, XX, da CF) sobretudo, quanto aos princípios da vedação à discriminação e ao preconceito (art. 3º, IV, CF), da redução das desigualdades sociais (art. 3º, III, CF) e da progressividade e da vedação do retrocesso.

Marçal (2017, p. 122) afirma que "toda sociedade deve, de alguma forma, criar uma estrutura para cuidar de pessoas, senão nem a economia nem, mas nada funcionará". E as crianças não podem crescer e se desenvolver adequadamente sem os devidos cuidados, principalmente, as crianças com deficiência que precisam de terapias e acompanhamentos médicos para a manutenção da sua vida.

Neste aspecto, a Constituição Federal dispõe expressamente em seu art. 227, que é dever da família, da sociedade e do Estado assegurar à criança, ao adolescente e ao jovem, com absoluta prioridade, o direito à vida, à saúde, à alimentação, à educação, ao lazer, à profissionalização à cultura, à dignidade, ao respeito, à liberdade e à convivência familiar e comunitária, além de colocá-los a salvo de toda forma de negligência, discriminação, exploração, violência, crueldade e opressão.

Cabe ainda ao Estado promover programas de assistência integral à saúde da criança, do adolescente e do jovem, mediante políticas específicas de criação de programas de prevenção e atendimento especializado para as pessoas portadoras de deficiência física, sensorial ou mental, bem como de integração social do adolescente e do jovem portador de deficiência, mediante o treinamento

para o trabalho e a convivência, e a facilitação do acesso aos bens e serviços coletivos, com a eliminação de obstáculos arquitetônicos e de todas as formas de discriminação (art. 227, § 1º, II, CF). Dessa forma, cabe ao Estado o dever de dar às pessoas do núcleo familiar da criança com deficiência todo apoio e condições para que possam contribuir ao pleno exercício dos seus direitos garantidos pelos princípios fundamentais da nossa Constituição e das normas infraconstitucionais. O Estatuto da Criança e do Adolescente (Lei n. 8.069/1990)[8] preceitua, no seu art. 3º, a proteção integral à criança e ao adolescente assegurando o seu desenvolvimento físico, mental, moral, espiritual e social, em condições de liberdade e de dignidade, além de estabelecer, no art. 4º, que compete a família, a sociedade em geral e também ao poder público assegurar, com absoluta prioridade, a efetivação dos direitos referentes à vida, à saúde, à dignidade, ao respeito e à convivência familiar.

A Lei n. 13.146/2015[9], taxativamente prescreve, no art. 8º, os direitos da pessoa com deficiência reforçando que "é dever do Estado, da sociedade e da família assegurar à pessoa com deficiência, com prioridade, a efetivação dos direitos referentes à vida, à

(8) Art. 3º A criança e o adolescente gozam de todos os direitos fundamentais inerentes à pessoa humana, sem prejuízo da proteção integral de que trata esta Lei, assegurando-se lhes, por lei ou por outros meios, todas as oportunidades e facilidades, a fim de lhes facultar o desenvolvimento físico, mental, moral, espiritual e social, em condições de liberdade e de dignidade.

Art. 4º É dever da família, da comunidade, da sociedade em geral e do poder público assegurar, com absoluta prioridade, a efetivação dos direitos referentes à vida, à saúde, à alimentação, à educação, ao esporte, ao lazer, à profissionalização, à cultura, à dignidade, ao respeito, à liberdade e à convivência familiar e comunitária.

(9) Lei Brasileira de Inclusão da Pessoa com Deficiência (Estatuto da Pessoa com Deficiência).

saúde, à sexualidade, à paternidade e à maternidade, à alimentação, à habitação, à educação, à profissionalização, ao trabalho, à previdência social, à habilitação e à reabilitação, ao transporte, à acessibilidade, à cultura, ao desporto, ao turismo, ao lazer, à informação, à comunicação, aos avanços científicos e tecnológicos, à dignidade, ao respeito, à liberdade, à convivência familiar e comunitária, entre outros decorrentes da Constituição Federal, da Convenção sobre os Direitos das Pessoas com Deficiência e seu Protocolo Facultativo e das leis e de outras normas que garantam seu bem-estar pessoal, social e econômico".

A Lei de Proteção dos Direitos da Pessoa com Transtorno do Espectro Autista (Lei n. 12.764, de 27 de dezembro de 2012[(10)]) também dispõe sobre o direito ao convívio familiar das pessoas diagnosticadas com Transtorno do Espectro Autista.

Assim, a lei visa resguardar o mínimo de condições para que a criança portadora de transtorno de espectro autista (TEA) possam gozar dos seus direitos humanos e ter a sua dignidade como pessoa respeitada, igualando, na medida das suas desigualdades, essas pessoas aos demais cidadãos.

Da mesma forma, a proteção à maternidade, como direito fundamental social (art. 6º, CF) visa "garantir que o trabalho não coloque em risco a saúde da mulher ou da criança, durante e após a gravidez e que a função reprodutiva da mulher não prejudique a sua segurança econômica ou segurança no emprego (OIT, 2008, p. 2).

Aliás, em 2022, as mulheres dedicaram 9,6 horas por semana a mais do que os homens aos afazeres domésticos ou ao cuidado de pessoas, conforme Pesquisa Nacional por Amostra de Domicílios (PNAD) Contínua Outras Formas de Trabalho do IBGE. Assim, revelando que a divisão de trabalho doméstico ainda é desigual entre homens e mulheres.

Segundo pesquisa da OIT (2023) o trabalho de cuidado não remunerado, afetam desproporcionalmente as mulheres e podem impedi-las não apenas de estarem empregadas, mas também de procurar um emprego ativamente ou de estarem disponíveis para trabalhar mediante curto aviso prévio.

As decisões judiciais, objeto de análise, garantem os direitos da criança e da pessoa com deficiência, e também asseguram, direta ou indiretamente, o direito ao trabalho remunerado das genitoras, conforme iremos verificar ao logo do estudo dos casos.

A decisão de n. 1001124-33.2022.5.02.0039 não utilizou o Protocolo para Julgamento do Perspectiva de Gênero e não acolheu o pedido de danos morais à trabalhadora, diante do ato praticado pela empregadora ao impossibilitar o trabalho remoto da empregada

(10) Institui a Política Nacional de Proteção dos Direitos da Pessoa com Transtorno do Espectro Autista; e altera o § 3º do art. 98 da Lei n. 8.112, de 11 de dezembro de 1990. Art. 4º A pessoa com transtorno do espectro autista não será submetida a tratamento desumano ou degradante, não será privada de sua liberdade ou do convívio familiar nem sofrerá discriminação por motivo da deficiência.

para que ela pudesse acompanhar o filho com deficiência nas terapias. O Juiz entendeu que não houve ofensa ao âmbito pessoal do trabalhador, de modo a lhe causar sofrimento físico e/ou psicológico significativos, atingindo a sua intimidade, honra e integridade moral.

Por sua vez, a decisão de n. 1001069-22.2022.5.02.0059, utilizou o Protocolo e condenou a empresa à indenização por danos morais para a empregada considerando que ela sofreu discriminação em razão do gênero, salientando que "por estarem inseridas num modelo de regras e rotinas de trabalho estabelecidos a partir do paradigma masculino, pensado para os padrões do 'homem médio', acabam sendo vítimas de discriminações decorrentes deste modelo que não as acolhe".

Dessa forma, verificamos que a decisão, que utilizou uma análise pela perspectiva de gênero, garantiu o pleno direito à maternidade da trabalhadora e, ainda, promoveu o reconhecimento social da importância do trabalho do cuidado, além de refutar a ideia de que este trabalho desempenhado, em regra, pelas mulheres é de pouco ou nenhum valor.

Importante analisar que sem o reconhecimento do direito ao trabalho do cuidado das mães de crianças com deficiência, a ausência de proteção para essas trabalhadoras apenas reforça as desigualdades e assimetrias de gênero já existentes no mercado de trabalho.

E ainda, é preciso considerar as diferenças econômicas, culturais, sociais dessas mulheres para que não se reforce uma compreensão limitada e distante da sua realidade social. Como por exemplo, deve-se observar, que segundo pesquisa do IBGE (2022), são as mulheres pretas (36,1%) e pardas (38,0%) as principais responsáveis pelo cuidado de pessoas se comparadas com as mulheres brancas (31,5%). Além de que, do total de mães solos (11,3 milhões), no Brasil, 90% são mulheres negras ou pardas (FGV, 2023).

Em outra pesquisa demonstrou-se que a taxa de desocupação das mulheres negras que são chefes de família foi de 13,0% e das não negras, de 8,8%, e, ainda, observou-se a repetição de padrão do conjunto de mulheres no mercado de trabalho, no qual as negras sempre têm taxa de desemprego maior (DIEESE, 2023, p. 9).

A pesquisa ainda analisou que do total de mulheres negras que são chefes de família, 20,6% são trabalhadoras domésticas sem carteira; 15,1% trabalhavam sem carteira no setor público ou privado; e 17,6% eram autônomas sem CNPJ. Ou seja, mais da metade dessas mulheres não tem acesso a nenhum benefício trabalhista (53,3%) (DIEESE, 2023, p. 11).

Já entre as não negras, essa proporção era menor: 41,0%. Sendo que 11,9% eram domésticas sem carteira; 8,9% estavam no setor privado sem contrato assinado; 2,8% no setor público também sem carteira; e 17,4% eram autônomas sem CNPJ (DIEESE, 2023, p. 11).

Dessa forma, percebemos como a desigualdade pode ser maior se considerarmos as diferenças entre mulheres conforme sua raça e classe social no Brasil. Isto porque, muitas vezes as mulheres que têm boas condições financeiras podem delegar parte do cuidado com os filhos, contratando pessoas para realizar o trabalho do cuidado e, assim, possam continuar com sua vida profissional.

Contudo para outras mulheres, que em sua maioria são negras ou pardas e não têm esta mesma condição em transferir ou partilhar o trabalho cuidado, estas possuem muito mais dificuldade para permanecer no trabalho formal e, consequentemente, passam a atuar na informalidade ou recebendo salários baixos (CNJ, 2021, p. 25).

A atribuição do trabalho do cuidado como sendo uma responsabilidade prioritária e exclusivamente feminina leva a perpetuação da desigualdade de oportunidades e de salários no mercado de trabalho para as mulheres, sobretudo quando analisamos os marcadores de raça e classe social.

Assim, podemos verificar que enquanto não houver a devida valorização do trabalho de cuidado, continuaremos promovendo a manutenção do predomínio masculino nos espaços públicos, como o mercado de trabalho e, consequentemente, as mulheres continuarão sofrendo com a discriminação e desigualdade no mercado de trabalho, ainda mais se forem as únicas ou principais responsáveis do cuidado de crianças com deficiência.

4. Protocolo para Julgamento com Perspectiva de Gênero do Conselho Nacional de Justiça

O Protocolo para Julgamento com Perspectiva de Gênero do Conselho Nacional de Justiça é um guia de orientação para que a magistratura possa atuar com o objetivo dar efetivação a igualdade e não discriminação no exercício da função jurisdicional, partindo de uma análise crítica dos estereótipos e crenças a respeito das mulheres, consolidados na prática jurídica do sistema de justiça brasileiro (ABAT, 2022, p. 6):

> O Protocolo salienta que ao atuar numa perspectiva androcêntrica (como se todos fossem homens), neutra e imparcial, o sistema de justiça invisibiliza e ignora opressões estruturais e relações desiguais marcadas pelo gênero, raça, etnia, idade, classe, a origem territorial, etc., que vão definir os caminhos de acesso à justiça e a efetividade de direitos.

Dentro das orientações do Protocolo para julgamento com Perspectiva de Gênero, as decisões precisam analisar alguns questionamentos, sob as lentes da perspectiva de gênero, de situações que indicam condutas discriminatórias em demandas trabalhistas dentre elas se: “1. A trabalhadora ou o trabalhador se insere em algum grupo vulnerável ou historicamente discriminado?; 2. No meio ambiente de trabalho no qual a pessoa ou o grupo estão inseridos existem outras trabalhadoras ou outros trabalhadores com as mesmas características?; 3. A conduta questionada, se praticada em relação aos grupos majoritários, produziria a mesma consequência?; 4. A prática adotada habitualmente pelo empregador ou pela empregadora leva a resultados discriminatórios ainda que não tenha havido intenção de discriminar?" (CNJ, 2021, p. 112).

Tais medidas têm como objetivo viabiliza o enfrentamento de atos discriminatórios, sob o julgamento com perspectiva de gênero, a fim de que a igualdade não seja tão somente um princípio inserido em nosso ordenamento jurídico, mas uma realidade fática, substancial, capaz de possibilitar o acesso e permanência, em especial, das mães de crianças com deficiência, no mercado de trabalho. Assim, no primeiro contato com as demandas judiciais, cabe ao magistrado questionar se estão presentes no conflito as assimetrias de gênero, a exemplo da maternidade que afastam as mulheres do mercado de trabalho ou lhe colocam em situações de desigualdade quando comparadas aos homens.

Inclusive os dados revelados pela FGV (2016), demonstram que logo após o retorno da licença maternidade, as empregadas com maior escolaridade sofrem queda de emprego de 35%, enquanto aquelas com níveis menores de escolaridade sofrem 51%. E, na maioria dos casos, os contratos são encerrados sem justa causa e por iniciativa do empregador.

A maternidade acaba impactando diretamente no crescimento profissional da mulher trabalhadora, pois ainda é vista como um entrave dentro do mercado de trabalho, ainda mais para as

trabalhadoras que são mães de pessoas com deficiência. O modelo de contratual e as jornadas de trabalho atualmente determinadas às trabalhadoras, mães de crianças com deficiência, não a acolhe e, ainda, exige que ela se adapte a espaços e instituições que são estabelecidas a partir do modelo masculino, sem considerar suas especificidades e vulnerabilidades (ABAT, 2022, p. 28).

Assim, podemos observar que a decisão, que cumpriu orientação do Protocolo para Julgamento com Perspectiva de Gênero do Conselho Nacional de Justiça[11], identificou a discriminação indireta que afeta negativamente membros de grupos excluídos, pois analisou que à trabalhadora foi demitida em razão da maternidade e do seu trabalho do cuidado com o filho com deficiência.

E ainda, a decisão verificou que a não concessão do trabalho remoto à trabalhadora e sua demissão, gerou um impacto desproporcional à trabalhadora, sem considerar que ela pertencente a um grupo que sofre desvantagens na sociedade, pois, em razão do gênero, as mulheres são impedidas de atingir os mesmos propósitos dos demais trabalhadores, a quem não lhes é atribuído, preponderantemente, o papel do cuidado.

(11) Portaria CNJ n. 27, de 2 de fevereiro de 2021.

A decisão que não utilizou o Protocolo do CNJ, embora tenha garantido os direitos da criança com deficiência e o direito da mãe ao trabalho remoto, indeferiu o pedido de danos morais pleiteado na petição inicial, ou seja, não observou a discriminação que essa trabalhadora sofreu como consequência da divisão sexual do trabalho.

Aqui, conforme orientação do Protocolo, caberia ao magistrado levantar o seguinte questionamento "é possível que desigualdades estruturais tenham algum papel relevante nessa controvérsia?" (CNJ, 2021, p. 45).

No caso, podemos observar que a trabalhadora, que é responsável pelos cuidados de filho com deficiência, está numa situação desigual quando comparada com homens, que, em regra, não sofrem com a atribuição do trabalho do cuidado não remunerado.

Outro passo recomendado pelo Protocolo é que o julgador esteja atento às desigualdades estruturais que afetam a participação dos sujeitos em um processo judicial. Assim, deve levantar a seguinte questão ao analisar o caso concreto: "existem circunstâncias especiais que devem ser observadas para que a justiça seja um espaço igualitário para mulheres?" (CNJ, 2021, p. 45).

Neste ponto, caberia aos magistrados observarem os casos através da perspectiva de gênero, estando atento às circunstâncias especiais que atravessam a trabalhadora, por ser mãe de uma criança com deficiência.

E ainda, cabe ao julgador na aplicação do direito identificar: "(i) marcos normativos; e (ii) precedentes nacionais ou internacionais que se relacionam com o caso em análise, assim como recomendações, opiniões consultivas ou observações gerais emitidas pelos organismos regional e internacional de proteção de direitos" (CNJ, 2021, p. 49).

Dessa forma, podemos observar nas decisões do caso em análise houve o exame da legislação nacional, à luz da Constituição Federal e das convenções internacionais de direitos humanos incorporados pelo Brasil, como a Convenção Internacional sobre os Direitos das Pessoas com Deficiência.

Contudo, somente a decisão que utilizou o Protocolo do CNJ fundamentou sua decisão com base na Convenção sobre a Eliminação de Todas as Formas de Discriminação contra a Mulher[(12)] (CEDAW, 1979), além dos documentos internacionais que envolvem o direito da pessoa com deficiência.

Dessa forma, podemos observar que enquanto uma decisão apenas protegeu o direito da pessoa com deficiência, no caso o filho da trabalhadora, a outra decisão, além

(12) Art. 1º Para os fins da presente Convenção, a expressão "discriminação contra a mulher" significará toda a distinção, exclusão ou restrição baseada no sexo e que tenha por objeto ou resultado prejudicar ou anular o reconhecimento, gozo ou exercício pela mulher, independentemente de seu estado civil, com base na igualdade do homem e da mulher, dos direitos humanos e liberdades fundamentais nos campos político, econômico, social, cultural e civil ou em qualquer outro campo.

de proteger tal direito também assegurou o direito da mãe, considerando a perspectiva de gênero envolvida no caso concreto.

O Protocolo do CNJ orienta para uma interpretação à luz do gênero, no qual deve-se "analisar como a própria lei pode reproduzir estereótipos de gênero, além de como a norma pode discriminar pessoas diretamente ou mesmo ter um impacto negativo desproporcional em determinado grupo social, perpetuando desigualdades estruturais" (ABAT, 2022, p. 19).

Cabe ressaltar que o próprio Protocolo orienta a utilização de instrumentos internacionais para o julgamento com perspectiva de gênero, na abordagem interseccional. A exemplo, citamos o a Declaração Americana dos Direitos e Deveres do Homem (1948), que consagra, em sua art. VII, o direito de proteção à maternidade e à infância e no art. 17 assegura a igualdade de direitos e deveres dos cônjuges; A Convenção Interamericana para Prevenir, Punir e Erradicar a Violência contra Mulher (Convenção de Belém do Pará, 1994) que estabelece, no art. 6º, o direito da mulher a ser livre de todas as formas de discriminação e a ser valorizada livre de padrões estereotipados de comportamento e costumes sociais e culturais baseados em conceitos de inferioridade ou subordinação.

Além de diversos outros diplomas foram criados pela OIT, sendo alguns deles, posteriormente, ratificados pelo Brasil ao longo da história, dentre eles citamos: a Convenção n. 3[13] que regulamentou a garantia de emprego da mulher antes e depois do parto, assim protegendo o trabalho da mulher e o sustento da sua família; a Convenção n. 100 que dispôs sobre a igualdade de remuneração entre homens e mulheres no mercado de trabalho, por ofício executado de igual valor[14]; e a Convenção 111 que traz

(13) Art. 3º da mesma Convenção: "Em todos os estabelecimentos industriaes ou commerciaes, publicos ou privados,ou nas suas dependencias, com excepção dos estabelecimentos onde só são empregadas os membros de uma mesmafamilia, uma mulher a) não será autorizada a trabalhar durante um periodo de seis semanas, depois do parto; b)terá o direito de deixar o seu trabalho, mediante a exbibição de um attestado medico que declare esperar-se oparto, provavelmente dentro em seis semanas; c) receberá, durante todo o periodo em que permanecer ausente, em virtude dos paragraphos (a) e (b), uma indemnização sufficiente para a sua manutenção e a do filho, em bôascondições de hygiene; a referida indemnização, cujo total exacto será fixado pela autoridade competente em cadapaiz, terá dotada pelos fundos publicos ou satisfeita por meio de um systema de seguros. Terá direito, ainda, aoscuidados gratuitos de um médico ou de uma parteira. Nenhum erro, da parte do medico ou da parteira, no calculoda data do parto, poderá impedir uma mulher de receber a indemnização, á qual tem direito a contar da data doattestado medico até áquella em que se produzir o parto; d) terá direito em todos os casos, si amamenta o filho, duas folgas de meia hora que lhe permittam o aleitamento".

(14) Art. 1 — "Para os fins da presente convenção: a) o termo 'remuneração' compreende o salário ou o tratamento ordinário, de base, ou mínimo, e todas as outras vantagens, pagas direta ou indiretamente, emespécie ou in natura pelo empregador ou trabalhador em razão do emprego deste último; b) a expressão 'igualdade de remuneração para a mão de obra masculina e a mão de obra feminina por um trabalho desigual valor', se refere às taxas de remuneração fixas sem discriminação fundada no sexo. Art. 2 — 1. Cada Membro deverá, por meios adaptados aos métodos em vigor para a fixação das taxas de remuneração,incentivar e, na medida em que tudo isto é compatível com os ditos métodos, assegurar a aplicação a todos os trabalhadores do princípio de igualdade de remuneração para a mão de obra masculina e a mão de obra feminina por um trabalho de igual valor" (OIT, 1953).

medidas para eliminar toda discriminação em matéria de emprego e ocupação, inclusive a "distinção, exclusão ou preferência que tenha por efeito destruir ou alterar a igualdade de oportunidades ou tratamento em matéria de emprego ou profissão"(15).

Assim, com base nas normas internas e internacionais de proteção à mulher, cabe ao magistrado estar atento à realidade da trabalhadora responsável pela criança com deficiência, considerando que a jornada de trabalho imposta na nossa legislação pode se tornar um mecanismo de exclusão do mercado de trabalho, em razão da maternidade e do trabalho do cuidado.

5. Considerações finais

É possível observar das recentes pesquisas abordadas no presente artigo que as mulheres permanecem sendo as principais responsáveis pelo trabalho doméstico e de cuidado e que essa divisão sexual do trabalho acarreta a sua discriminação e desigualdades no mercado de trabalho.

Tais desafios ainda podem ser reforçados diante da existência de marcadores como raça, classe social e, como nos casos analisados, também das dificuldades impostas pela maternidade de uma criança com deficiência que requer atenção e cuidados redobrados.

Entende-se que o Protocolo para Julgamento com Perceptiva de Gênero do CNJ vem para modificar o tratamento jurídico que reforçam o preconceito e discriminação contra as mulheres e auxiliar na concretização da sua igualdade material, sobretudo em casos como os aqui analisados, onde ainda que ausentes normas específicas para proteção do trabalho da mãe de criança com deficiência, é possível a interpretação sistemática e analógica dos princípios e direitos fundamentais e da dignidade da pessoa humana.

À luz dos casos analisados, pode-se refletir que a decisão judicial que utilizou as perspectivas de gênero permitiu identificar a necessidade da mãe trabalhadora em sua diferente realidade para interpretar as normas constitucionais e trabalhistas, questionando as regras supostamente neutras e universais, baseadas no "homem médio". Assim se reconheceu a discriminação sofrida por ela, em razão do seu trabalho do cuidado não remunerado e condenou a empresa aos danos morais.

Contudo, a decisão judicial que não utilizou a aplicação das diretrizes do Protocolo do CNJ apenas assegurou os direitos da criança e da pessoa com deficiência, bem como observou as normas do regimento interno da empresa, sem analisar que o direito daquela mãe ao exercício do seu trabalhado remunerado não foi respeitado e, com isso, reforçou as assimetrias existentes, em razão da divisão sexual do trabalho.

---

(15) Art. 1 — 1. Para os fins da presente convenção o termo "discriminação" compreende: (...) a) toda distinção, exclusão ou preferência fundada na raça, cor, sexo, religião, opinião política, ascendência nacional ou origem social, que tenha por efeito destruir ou alterar a igualdade de oportunidade ou de tratamento em matéria de emprego ou profissão;

A verdade é que a concretização do direito da criança (art. 226, *caput*, CF; Lei n. 8.069/90; Decreto n. 99.710/1990) e da pessoa com deficiência (Lei n. 12.764/2012; Lei n. 7.853/89) não pode estar dissociado da concretização dos demais direitos fundamentais da mulher à não discriminação e à igualdade de oportunidades no mercado de trabalho.

Para as mães de crianças com deficiência o acesso ao mercado de trabalho pode conter diversos obstáculos, muitos deles baseados numa jornada de trabalho pouco flexível, partindo de um padrão androcêntrico, portanto, cada vez mais o sistema de justiça precisa estar atento para não invisibilizar e ignora as opressões estruturais e relações desiguais marcadas pela divisão sexual do trabalho existente em nossa sociedade, além de observar marcadores gênero, raça, etnia, idade, classe, a origem territorial, dentre outros, que vão definir a efetividade dos direitos dessas trabalhadoras

Referências

ABAT — ASSOCIAÇÃO BAIANA DE ADVOGADOS TRABALHISTAS. *Cartilha Protocolo para Julgamento com Perspectiva de Gênero. Manual Prático da Advocacia Trabalhista.* 2022. Disponível em: https://ibadfem.com.br/wp-content/uploads/2022/03/CartilhaPerspectivaGenero_Digital2.pdf . Acesso em: 10 jul. 2023.

BRASIL. *Constituição da República Federativa do Brasil, de 05 de outubro de 1988.* Disponível em: https://www.planalto.gov.br/ccivil_03/constituicao/constituicao.htm. Acesso em: 10 jul. 2023.

______. Consolidação das Leis do Trabalho. *Decreto-lei n. 5.452, de 1º de maio de 1943.* Disponível em: https://www.planalto.gov.br/ccivil_03/decreto-lei/del5452.htm. Acesso em: 10 jul. 2023.

CNJ — CONSELHO NACIONAL DE JUSTIÇA. *Protocolo para julgamento com perspectiva de gênero.* Brasília: Conselho Nacional de Justiça. 2021. Disponível em: https://www.cnj.jus.br/wp-content/uploads/2021/10/protocolo-18-10-2021-final.pdf. Acesso em: 10 jul. 2023.

DIEESE. Departamento Intersindical de Estatística e Estudos Socioeconômicos. *As dificuldades das mulheres chefes de família no mercado de trabalho.* 2023. Disponível em: https://www.dieese.org.br/boletimespecial/2023/mulheres2023.pdf. Acesso em: 8 set. 2023.

FEDERICI, Silvia. *O Ponto Zero da Revolução:* trabalho doméstico, reprodução e luta feminista. Tradução Coletivo Sycorax. São Paulo: Elefante, 2019.

FGV. *Mulheres perdem trabalho após terem filhos.* 2016. Disponível em: https://portal.fgv.br/think-tank/mulheres-perdem-trabalho-apos-terem-filhos. Acesso em: 10 jul. 2023.

______. *Mães solo no mercado de trabalho crescem 1,7 milhão em dez anos.* 2023. Disponível em: https://portal.fgv.br/artigos/maes-solo-mercado-trabalho-crescem-17-milhao-dez-anos. Acesso em: 08 set. 2023.

IBGE — Instituto Brasileiro de Geografia e Estatística. *PNAD Outras formas de trabalho.* 2022 Disponível em: https://agenciadenoticias.ibge.gov.br/agencia-noticias/2012-agencia-de-noticias/noticias/37621-em-2022-mulheres-dedicaram-9-6-horas-por-semana-a-mais-do-que-os-homens-aos-afazeres-domesticos-ou-ao-cuidado-de-pessoas. Acesso em: 07 set. 2023.

MARÇAL; KATRINE. *O lado invisível da economia:* uma visão feminista. São Paulo: Alaúde Editorial, 2017.

MELO, Hildete Pereira de; CASTILHO, Marta. Trabalho Reprodutivo no Brasil: Quem Faz? *R. Econ. Contemp.*, Rio de Janeiro, v. 13, n. 1, p. 135-158, jan./abr. 2009.

OEA. *Declaração Americana dos Direitos e Deveres do Homem*. Bogotá, 1948. Disponível em: https://www.cidh.oas.org/basicos/portugues/b.declaracao_americana.htm. Acesso em: 8 set. 2023.

______. *Convenção Interamericana para Prevenir, Punir e Erradicar a Violência contra a Mulher*. Belém do Pará. 1994. Disponível em: D1973 (planalto.gov.br). Acesso em: 10 jul. 2023.

OIT. *Convenção n. 03* — Convenção relativa ao Emprego das Mulheres antes e depois do parto (Proteção à Maternidade). Disponível em: https://www.ilo.org/brasilia/convencoes/WCMS_234869/lang--pt/index.htm. Acesso em: 07 set. 2023.

______. *Convenção n. 100* — Igualdade de Remuneração de Homens e Mulheres Trabalhadores por Trabalho de Igual Valor. Disponível em: https://www.ilo.org/brasilia/convencoes/WCMS_235190/lang--pt/index.htm. Acesso em: 07 set. 2023.

______. *Convenção n. 111* — Discriminação em Matéria de Emprego e Ocupação. Disponível em: https://www.ilo.org/brasilia/convencoes/WCMS_235325/lang--pt/index.htm. Acesso em: 07 set. 2023.

______. Organização Internacional do Trabalho. *Notas da OIT sobre Trabalho e Família*. 2009. Disponível em: https://www.ilo.org/wcmsp5/groups/public/---americas/---ro-lima/---ilo-brasilia/documents/publication/wcms_229653.pdf . Acesso em: 07 set. 2023.

______. Organização Internacional do Trabalho. *Diferenças de gênero no emprego são maiores do que se pensava, segundo relatório da OIT.* 2023. Disponível em: https://www.ilo.org/brasilia/noticias/WCMS_870795/lang--pt/index.htm. Acesso em: 07 set. 2023.

ONU. *CEDAW* — Convenção Sobre a Eliminação de Todas as Formas de Discriminação Contra a Mulher. 1979. Disponível em: https://www.onumulheres.org.br/wp-content/uploads/2013/03/convencao_cedaw1.pdf. Acesso em: 8 set. 2023.

OXFAM BRASIL. *Tempo de cuidar:* O trabalho de cuidado não remunerado e mal pago e a crise global da desigualdade. Disponível em: https://www.oxfam.org.br/wp-content/uploads/2021/04/1579272776200120_Tempo_de_Cuidar_PT-BR_sumario_executivo.pdf. Acesso em: 10 jul. 2023.

SOARES, R. B.; COUTINHO, L. N; BARBOSA, W. DE F; ROCCO, L. O efeito de filhos com deficiência intelectual na oferta de trabalho das mães no Brasil. *Revista Brasileira de Estudos de População*, 37, e0133. 2020

TST — Tribunal Superior do Trabalho. *Decisões garantem redução de horário para mães de crianças autistas*. Disponível em: https://www.tst.jus.br/-/decis%C3%B5es-garantem-redu%C3%A7%C3%A3o-de-hor%C3%A1rio-para-m%C3%A3es-de-crian%C3%A7as-autistas%C2%A0. Acesso em: 10 jul. 2023.

TV SENADO. *Mais de 70% das mulheres com filhos têm dificuldades de inserção no mercado de trabalho*. Publicado em: 08.07.2022. Disponível em: https://www12.senado.leg.br/tv/programas/inclusao/2022/07/mais-de-70-das-mulheres-com-filhos-tem-dificuldades-de-insercao-no-mercado-de-trabalho. Acesso em: 10 jul. 2023.

Estudo de Caso sobre Acessibilidade ao Mercado de Trabalho de Pessoas com Deficiência: Ministério Público do Trabalho *x* Demandada

Tiago da Silva Nunes[1]

Thaís Miranda Costa França[2]

1. Introdução

O trabalho desempenha um papel fundamental na capacidade das pessoas com deficiência de manter uma vida digna, proporcionando o mesmo benefício a suas famílias e permitindo sua plena participação na sociedade. Cada indivíduo possui um direito fundamental ao trabalho, que é essencial para a realização de outros direitos humanos e constitui uma parte inseparável e intrínseca da dignidade humana.

Pretende-se, neste artigo, fazer uma análise teórica sobre a acessibilidade ao mercado de trabalho para pessoas com deficiência, a partir do estudo de uma decisão judicial da 7ª Turma do Tribunal Superior do Trabalho (Processo N. TST-RR-100104633.2017.5.02.0712) a qual condenou a demandada por danos morais, em razão de haver criado embaraços na contratação de pessoas com deficiência, configurando discriminação por sobre qualificação.

Apesar dos avanços normativos internacionais e nacionais de proteção dos direitos das pessoas com deficiência, ainda persistem grandes dificuldades para este grupo vulnerável, visto que a discriminação é visível em nossa sociedade que inviabiliza o acesso daqueles aos direitos fundamentais básicos. O acesso ao mercado de trabalho para pessoas com deficiência é um problema estrutural no Brasil, isso porque os indivíduos com deficiência

(1) Pós-Graduado em Processo Civil e do Trabalho pelo Cesupa. Pós-graduando em Direitos Humanos e Direito do Trabalho pela Universidade Federal do Pará. Advogado. https://orcid.org/0009-0001-9489-1347.

(2) Pós-Graduada em Direito Previdenciário pela Faculdade de Belém — FABEL. Pós-Graduanda em Direitos Humanos e Direito do Trabalho pela Universidade Federal do Pará. Advogada. https://orcid.org/0009-0002-3942-3062.

são vistos como pessoas incapazes de exercer atividades laborais, são também discriminados no que tange ao salário, sendo comum receberem salários menores em relação às pessoas sem deficiência.

A discriminação salarial em relação às pessoas com deficiência no mercado de trabalho brasileiro tem raízes multifatoriais. Um dos principais fatores é o preconceito e a falta de informação por parte dos empregadores. Muitas empresas ainda acreditam que a contratação de pessoas com deficiência demanda custos adicionais, seja para a adaptação do ambiente de trabalho, seja para a formação específica desses funcionários. Além disso, a escassez de políticas de inclusão eficazes, a falta de acessibilidade em empresas e a ausência de capacitação adequada para pessoas com deficiência também contribuem para a discrepância salarial. A sociedade em geral, incluindo colegas de trabalho, muitas vezes subestima as habilidades e competências das pessoas com deficiência, o que pode levar à sua subvalorização salarial. Esta, por conseguinte, não é permitida pela nossa Constituição Federal vigente, quando trata dos direitos sociais, nos arts. 6º e 7º.

A primeira alusão ao ponto central deste trabalho é que a acessibilidade ao mercado de trabalho, por ser um direito social e que deve ser concretizado, depende de investimentos institucionais e sociais, por meio de políticas públicas eficientes. Isso ocorre porque o acesso ao mercado de trabalho para pessoas com deficiência é um compromisso político, social e econômico, que foi pactuado em nossa Constituição Federal de 1988 e em Convenções Internacionais.

O Pacto Internacional sobre os Direitos das Pessoas com Deficiência representa um marco fundamental na proteção dos direitos humanos. Ele surgiu a partir de um amplo consenso alcançado pela comunidade internacional, que inclui governos, organizações não governamentais e cidadãos, reconhecendo a importância de garantir o respeito à integridade, dignidade e liberdade das pessoas com deficiência. Esse pacto proíbe a discriminação negativa e destaca a necessidade de estabelecer leis, políticas e programas que considerem as particularidades dessas pessoas e promovam sua plena participação na sociedade (ARAÚJO, 1997).

Nessa perspectiva, a nossa Lei Maior estabelece no Título II – Dos Direitos e Garantias Fundamentais, o Capítulo II – Dos Direitos Sociais, que o trabalho é um dos direitos sociais, e, que devem ser proibidas todas as formas de discriminação aos trabalhadores com deficiência (BRASIL, 1988). Por conseguinte, a Lei Brasileira de Inclusão da Pessoa com Deficiência (Lei n. 13.146/2015) corrobora essa proteção de direitos ao garantir-lhes a promoção e a igualdade do exercício dos direitos e liberdades fundamentais (BRASIL, 2015).

Além do papel do Estado em criar políticas públicas para melhorar a acessibilidade ao mercado de trabalho, as empresas também têm um papel fundamental neste processo de inclusão social de Pessoas com Deficiência, uma que vez que podem contratar, manter e promover as potencialidades dos PCDs através do trabalho. As instituições podem ainda, estar indo muito mais além neste processo, buscando promover parcerias que contribuam para uma mudança de paradigma da sociedade em relação aos PCDs, tornando-os mais inclusivo em todos os aspectos (Borges e Longen, 2019).

Nestes termos, o presente artigo mostra-se pertinente e dotado de relevância científica e social, uma vez que a acessibilidade de pessoas com deficiência ao mercado de trabalho ainda é um problema que persiste no Brasil, apesar dos avanços legislativos e campanhas de conscientização.

Assim, visamos, por intermédio deste artigo, explorar o contexto da acessibilidade e discriminação enfrentadas pelas pessoas com deficiência no mercado de trabalho brasileiro, analisando suas causas, impactos e as medidas que podem ser adotadas para mitigar essa exclusão social.

2. Apresentação do caso

O caso escolhido para o presente estudo foi o noticiado em 31.05.2023, no *site* do Tribunal Superior do Trabalho (2023), cujo título foi o seguinte: Universidade é condenada por dificultar contratação de pessoas com deficiência. O processo foi iniciado por meio da Ação Civil Pública ajuizada pelo Ministério Público do Trabalho da 2ª Região – MPT/2ª contra a demandada. Segundo o MPT/2ª, houve descumprimento das cotas pela requerida, consequentemente, foi alvo de inquérito civil instaurado em 2013. Em 2015, foi proposto um Termo de Ajustamento de Conduta (TAC) para que a situação fosse regularizada, porém restou infrutífera, pois não foi aceita pela demandada. Segundo ainda o MPT, em 2017, quando a ação foi ajuizada, a empresa empregava 1.149 pessoas, das quais apenas 12 eram com deficiência, no entanto, de acordo com o art. 93 da Lei n. 8.213/19891, deveriam ser 58 (5% do total).

Em primeira instância, foram acolhidos os argumentos da Universidade de que o não preenchimento da cota havia decorrido de dificuldades normais e alheias à vontade da empresa. Conforme trecho da decisão do MM. Juízo:

> (...) A prova documental confirma a divulgação constante de vagas de deficientes em sítios especializados para anúncios de postos de trabalho, na mídia e em rede social. Também há prova documental nos autos demonstrando os motivos que levaram a não contratação de candidatos às vagas de deficiente oferecidas e, **embora se admita que, por vezes, <u>a ré se mostrou de certa forma rígida no processo de seleção</u> (há candidatos reprovados em razão de 'instabilidade profissional' em razão de histórico de vínculos empregatícios de curta duração), desconsiderando as dificuldades que envolvem o acesso e adaptação do deficiente no emprego, não há provas de que tal motivação não era utilizada também para não portadores de deficiência, o que revelaria a odiosa discriminação.**

Em segunda instância, o Tribunal Regional do Trabalho da 2ª Região manteve a decisão, considerando os atributos exigidos dos cargos proporcionais com os cargos ofertados. De acordo com a decisão do Tribunal Regional:

> (...) depreende-se que existe uma conscientização e valorização do ambiente do trabalho para portadores de deficiência, o que é amplamente provado nos autos; ressaltando que a reclamada imprimiu várias iniciativas para promover a inclusão de pessoas com nessas condições, ao fazer parceria e implementar estratégia de *marketing* com o intuito de desenvolver programas de interação e divulgar vagas; (...) Os fatores que impedem as contratações refogem ao controle da empresa, sendo que a responsabilidade pela estrutura na capacitação e reabilitação destes profissionais deve ser atribuída ao Estado.

O MPT/2ª interpôs recurso de revista (Processo n. TST-RR-100104633.2017.5.02.0712), alegando inexistência no preenchimento de vagas destinadas a pessoas com deficiência ou reabilitadas, pois, segundo o Órgão *Parquet*, a própria demandada criou obstáculos para a realização do feito, isso porque os atributos exigidos para os cargos eram desproporcionais com as funções a serem desempenhadas, consequentemente, configurou tratamento discriminatório no processo seletivo mediante a utilização de critérios genéricos e sem justificativa para a reprovação dos candidatos com deficiência, o que caracterizou discriminação por sobrequalificação. Conforme ainda o MPT, as funções de auxiliar de porteiro ou faxineira precisam ter conhecimentos de inglês e informática, todavia, a própria instituição de ensino deveria proporcionar essas qualificações aos trabalhadores ao longo do contrato de trabalho, oportunizando-lhes o crescimento e qualificação, e não lhes negar o acesso ao mercado de trabalho.

O acórdão foi proferido pela Sétima Turma do Tribunal Superior do Trabalho a qual condenou a demandada a pagar indenização de R$ 300.000,00 (trezentos mil reais) por danos morais coletivos por não cumprir a cota destinada à contratação de pessoas com deficiência ou reabilitadas pelo INSS. Além da condenação por danos morais, também deu prazo para o cumprimento do percentual previsto em lei, sob pena de pagamento de multa diária no valor de R$ 300,00 (trezentos reais) por vaga não preenchida. Para o colegiado, a instituição não fez todos os esforços para preencher as vagas e adotou tratamento discriminatório no processo seletivo, dificultando a contratação de pessoas nessa condição (TRIBUNAL SUPERIOR DO TRABALHO, 2023).

3. Metodologia

A construção da metodologia está diretamente relacionada à trajetória da pesquisa, com o intuito de guiar este processo, considerando o estudo de caso, foi utilizada uma abordagem metodológica qualitativa, descritiva e exploratória. No delineamento monográfico, foi analisado a decisão judicial colegiada da 7ª Turma do Tribunal Superior do Trabalho a qual condenou por danos morais coletivos a Universidade por não cumprir a cota destinada à contratação de pessoas com deficiência ou reabilitadas pelo INSS.

Nesse sentido, sobre o estudo de caso, a pesquisa se concentra no estudo de um caso particular, considerado representativo de um conjunto de casos análogos, por ele significativamente representativo, além disso, o caso escolhido para o estudo deve ser apto a fundamentar uma generalização para situações análogas (SEVERINO, 2007). No Acórdão que será analisado, a questão da acessibilidade ao mercado de trabalho para pessoas com deficiência na demandada representa várias situações análogas que ocorrem com este grupo vulnerável nos mais diversos setores do mercado de trabalho brasileiro e em escala global. Questões como acessibilidade, discriminação e falta de proteção dos trabalhadores com deficiência visualizadas no caso estudado, acontecem todos os dias nas relações de trabalho nos mais diversos locais.

De acordo com Gil (2008), o estudo de caso é considerado um estudo profundo e complexo, de tal maneira que permita ao pesquisador ter o conhecimento amplo e detalhado de um fenômeno sob investigação. Nesse sentido, Yin (2010) argumenta que o estudo de caso é um método de abordagem empírica, cuja análise contém perguntas do tipo: "como?", "por quê?" sobre um fenômeno social, dessa forma, o método do estudo de caso demanda uma descrição e análise profunda do que se esteja pesquisando.

Como ponto de partida dessa pesquisa, se fez necessário um levantamento bibliográfico para o presente estudo de caso. Neste propósito, o estudo aprofundado da decisão judicial precisou ser confrontado com a exposição teórica de autores que analisam o assunto sob seus pontos de vistas diferentes, como: José Cláudio Monteiro de Brito Filho (2016), Daniel Sarmento (2016), Arion Sayão Romita (2009), Luís Roberto Barroso (2016), Jorge Luís Souto Maior (2004), dentre outros. Faz-se destaque para os trabalhos de J. C. M. Brito Filho sobre as ações afirmativas, de Daniel Sarmento e L. R. Barroso que exploram acerca do princípio da dignidade da pessoa humana. Essas obras de grande relevância científica permitem conhecer institutos jurídicos para aplicação ao estudo caso deste trabalho.

Além da pesquisa bibliográfica, esse trabalho também realizou uma pesquisa documental de modo criteriosa em que foi feito uma análise da Convenção da ONU sobre os Direitos das Pessoas com Deficiência, da Convenção 159 da OIT, da Constituição Federal Brasileira de 1988, da Consolidação das Leis do Trabalho, da Lei Brasileira de Inclusão (Lei n. 13.146/2015), da Lei n. 8.213/91 (Planos e Benefícios da Previdência Social), da Lei n. 7.853/89 (Apoio às pessoas com deficiência e sua integração social) e do Acórdão da 7ª Turma do Tribunal Superior do Trabalho, referente ao presente estudo de caso, que conheceu o agravo de instrumento e o processamento do recurso de revista interposto pelo Ministério Público do Trabalho (Processo N. TST-RR-1001046-33.2017.5.02.0712).

4. Análise crítica do caso

Inicialmente, transcreve-se alguns trechos da ementa do referido Acórdão para entender melhor sobre o que será discutido posteriormente.

(...) DECISÃO REGIONAL PUBLICADA NA VIGÊNCIA DA LEI N. 13.467/2017. AGRAVO DE INSTRUMENTO EM RECURSO DE REVISTA INTERPOSTO PELO MINISTÉRIO PÚBLICO DO TRABALHO. AÇÃO CIVIL PÚBLICA. NÃO PREENCHIMENTO DE VAGAS DESTINADAS A PESSOAS COM DEFICIÊNCIA OU REABILITADAS. ART. 93 DA LEI N. 8.213/1991. HIPÓTESE EM QUE O QUADRO FÁTICO

DEMONSTRA QUE A RECLAMADA NÃO IMPRIMIU TODOS OS ESFORÇOS PARA REALIZAR O PREENCHIMENTO DAS VAGAS. VIOLAÇÃO AO PRINCÍPIO DA IGUALDADE DE OPORTUNIDADES.

TRATAMENTO DISCRIMINATÓRIO NO PROCESSO SELETIVO MEDIANTE A UTILIZAÇAO DE CRITÉRIOS GENÉRICOS E SEM JUSTIFICATIVA PARA REPROVAÇÃO ("INSTABILIDADE PROFISSIONAL"), SEM QUE HOUVESSE PROVA DE QUE CRITÉRIOS FOSSEM TAMBÉM APLICADOS AOS DEMAIS CANDIDATOS, SEM IMPEDIMENTOS, E MEDIANTE A EXIGÊNCIA DE CONHECIMENTOS DE INGLÊS E INFORMÁTICA PARA A FUNÇÃO DE AUXILIAR DE LIMPEZA, A CARACTERIZAR A "DISCRIMINAÇÃO POR SOBREQUALIFICAÇÃO". OBRIGAÇÃO DE FAZER. INDENIZAÇÃO POR DANOS MORAIS COLETIVO. TRANSCENDÊNCIA SOCIAL CONSTATADA.

(...) RECURSO DE REVISTA INTERPOSTO PELO MINISTÉRIO PÚBLICO DO TRABALHO. AÇÃO CIVIL PÚBLICA. NÃO PREENCHIMENTO DE VAGAS DESTINADAS A PESSOAS COM DEFICIÊNCIA OU REABILITADAS. ART. 93 DA LEI N. 8.213/1991. HIPÓTESE EM QUE O QUADRO FÁTICO DEMONSTRA QUE A RECLAMADA NÃO IMPRIMIU TODOS OS ESFORÇOS PARA REALIZAR O PREENCHIMENTO DAS VAGAS. VIOLAÇÃO AO PRINCÍPIO DA IGUALDADE DE OPORTUNIDADES. TRATAMENTO DISCRIMINATÓRIO NO PROCESSO SELETIVO MEDIANTE A UTILIZAÇAO DE CRITÉRIOS GENÉRICOS E SEM JUSTIFICATIVA PARA REPROVAÇÃO ("INSTABILIDADE PROFISSIONAL"), E MEDIANTE A EXIGÊNCIA DE CONHECIMENTOS DE INGLÊS E INFORMÁTICA PARA A FUNÇÃO DE AUXILIAR DE LIMPEZA E ATENDENTE DE PORTARIA, SEM QUE HOUVESSE PROVA DE QUE TAIS CRITÉRIOS FOSSEM TAMBÉM APLICADOS AOS DEMAIS CANDIDATOS, SEM

IMPEDIMENTOS, A CARACTERIZAR A "DISCRIMINAÇÃO POR SOBREQUALIFICAÇÃO". OBRIGAÇÃO DE FAZER. INDENIZAÇÃO POR DANOS MORAIS COLETIVO.

TRANSCENDÊNCIA SOCIAL CONSTATADA. Discute-se, no presente caso, a necessidade de efetivação do disposto no art. 93 da Lei n. 8.213/91 e as eventuais exceções ao seu cumprimento. A exigência prevista no referido dispositivo legal traduz obrigação ao empregador quanto ao cumprimento das cotas mínimas reservadas a empregados reabilitados ou com deficiência. Referido dispositivo consagra verdadeira ação afirmativa em benefício de pessoas que são excluídas do mercado de trabalho, muitas vezes sem condições de provar o seu potencial, a sua adaptabilidade e a possibilidade de convivência com a rotina da empresa. Embora esta Corte Superior já tenha se manifestado no sentido de não ser cabível a condenação da empresa pelo não preenchimento do percentual previsto em lei, quando demonstrado que empreendeu todos os esforços para a ocupação das vagas, mas deixou de cumprir por motivos alheios à sua vontade, tem-se que as alegações quanto às diversas dificuldades encontradas pelo empregador no atendimento do comando previsto em lei devem ser observadas com restrição, sob pena de esvaziarem o conteúdo do preceito normativo. A proteção das pessoas com deficiência na realidade hodierna segue padrões diferenciados daqueles vigentes no passado. Para a composição do paradigma atual, somam-se, além das normas gerais do direito internacional dos direitos humanos dos sistemas das Nações Unidas e Interamericano, a Convenção das Nações Unidas sobre os Direitos das Pessoas com Deficiência e seu Protocolo Facultativo, de 2007; a Convenção n. 159 da OIT, de 1983; a Declaração

Sociolaboral do Mercosul; a Constituição Federal de 1988; a CLT; e as Leis ns. 8.213, de 1991 e 13.146, de 2015 (Estatuto da Pessoa com Deficiência). Tais normas devem ser interpretadas de forma sistêmica e fundamentam a nova perspectiva acerca da tutela especial das pessoas com deficiência. Desde o advento da denominada "Convenção de Nova Iorque" — a Convenção Internacional sobre os Direitos das Pessoas com Deficiência — e seu Protocolo Facultativo, assinados em Nova Iorque, em 30 de março de 2007, vigente no Brasil desde 25 de agosto de 2009, após ratificação, pelo Congresso Nacional, com equivalência a emenda constitucional, em virtude de haver sido observado o procedimento previsto no § 3º do art. 5º da Constituição (Decreto n. 6.949), inaugurou-se um novo cenário normativo voltado à inclusão das pessoas com deficiência, de modo particular no que toca ao direito à igualdade de oportunidades por meio do trabalho.

(...) Entre muitos dos novos paradigmas fixados para o sistema normativo encontra-se o referido Princípio da Igualdade de Oportunidades e a vedação de qualquer forma de discriminação, ambos mencionados no art. 4º da LBI, de modo particular a discriminação em razão da deficiência, tipificada no § 1º do mencionado artigo, incluída a recusa à promoção das medidas de adaptação razoável como modalidade de discriminação, ressalvado apenas o ônus excessivo. Nele, reconhece-se o direito de ter acesso ao direito de trabalhar mediante a implementação de todos os meios e recursos procedimentais, normativos, materiais e tecnológicos que se façam necessários para que esteja em patamar de igualdade com as demais pessoas que não possuem qualquer forma de impedimentos, tal como definido no art. 2º, da mencionada LBI. Nesse contexto, inclui-se a implementação das medidas de acessibilidade, do uso de tecnologias assistivas ou ajudas técnicas, a remoção de barreiras e a implementação das adaptações razoáveis aptas a viabilizar o exercício do trabalho e propiciar a convivência entre os diferentes, para que, com isso, todos vejam a importância da igualdade plena, e não apenas como argumento de retórica. Não cabe limitar, por qualquer meio, o direito à inclusão e tratar igualmente situações que, individualmente, são desiguais, como se esse universo de pessoas compusesse uma massa uniforme de corpos e mentes incapazes de realizar as atividades cotidianas, nelas incluídas o trabalho. A limitação prévia e objetiva é, pois, inconstitucional, como decidido pelo STF (ADI 5760, Pleno, Min. Alexandre de Moraes).

(...) No presente caso, conclui-se da leitura da decisão regional que a reclamada não adotava postura de inclusão no momento de seleção dos candidatos para ocuparem as vagas ofertadas e, portanto, agia de forma discriminatória. Há registro fático de que a ré se mostrou, por diversas vezes, "rígida" no processo seletivo das pessoas com deficiência, utilizava-se de critérios genéricos para reprovar candidatos ("instabilidade profissional"), sem que houvesse prova de que fossem também aplicados aos demais candidatos, sem deficiência alguma. Está também consignada no acórdão regional a exigência de conhecimentos de inglês e informática para preenchimento de vagas de pessoas com deficiência em funções como "auxiliar de limpeza" e "atendente de portaria", e não há prova de que tais atributos fossem exigidos a todos os candidatos, de forma indiscriminada. Ora, considerando-se a realidade de trabalho das pessoas que trabalham como auxiliares de limpeza ou como atendentes de portaria, não parece razoável a exigência de que os candidatos apresentem conhecimentos em inglês e informática. Não há, nos autos, justificativa para tal exigência. Obviamente que a solicitação de tais qualificações restringiu de forma significativa a quantidade de possíveis candidatos com deficiência. Trata-se de exigência que contraria o direito à inclusão e caracteriza "discriminação por sobrequalificação". Desse modo, ao mesmo tempo em que, de fato, está claro que a reclamada divulgou a disponibilidade de vagas a serem preenchidas por pessoas com deficiência,

> ela restringiu seu acesso ao exigir qualificação que não se encontra adequada às funções disponíveis, bem como ao dispensar candidatos com o uso de motivações genéricas. Conclui-se, assim, que, se há exigências desproporcionais ou não razoáveis para o preenchimento das vagas destinadas às pessoas com deficiência, não se pode dizer que a parte imprimiu todos os esforços para cumprir com o disposto no art. 93 da Lei n. 8.213/91, o que torna inaplicável a exceção contida no entendimento jurisprudencial desta Corte, quando cabível, e colide com a tese fixada pelo STF (ADI 6476, rel. Min. Roberto Barroso). Ainda, no que diz respeito ao dano moral coletivo, o desrespeito aos direitos trabalhistas não pode ser considerado opção pelo empregador, tampouco merece ser tolerado pelo Poder Judiciário, sobretudo em um Estado Democrático de Direito, em que a dignidade da pessoa humana e o valor social do trabalho representam fundamentos da República (art. 1º, III e IV). No caso, a caracterização do dano moral coletivo dispensa a prova do efetivo prejuízo financeiro ou do dano psíquico dele decorrente, pois a lesão advém do próprio ilícito. Tendo em vista que a conduta da parte ré afeta direito social garantido pela Constituição Federal (art. 7º, XXXI, da Constituição Federal), a coletividade encontra-se representada por toda a sociedade, em especial pela parcela composta de pessoas com deficiência, às quais, como já anteriormente explanado, a legislação — e sua interpretação e aplicação na prática — tem apresentado nova perspectiva, na intenção de se concretizar os princípios da inclusão, da igualdade, da não discriminação e da dignidade inerente. Tal constatação já demonstra o reiterado descumprimento de direitos sociais, assegurados constitucionalmente, a ensejar a condenação ao pagamento de indenização por danos morais coletivos. Recurso de revista conhecido e provido.

No Acórdão ora analisado, ficou constatado que houve a violação legal da regra prevista no art. 93 da Lei n. 8213/91 por parte da demandada, além de não ter empreendido todos os esforços possíveis para suprir as vagas destinadas às pessoas com deficiência. O referido dispositivo legal diz que a empresa com 100 (cem) ou mais empregados está obrigada a preencher de 2% (dois por cento) a 5% (cinco por cento) dos seus cargos com beneficiários habilitados ou pessoas portadoras de deficiência, habilitadas, na seguinte proporção: I – até 200 empregados são 2%; II – de 201 a 500 são 3%; III – de 501 a 1000 são 4% e IV – de 1001 em diante são 5% (Brasil, 1991). Esta exigência do legislador consagra uma ação afirmativa em prol das pessoas com deficiência e que devem ser cumpridas por todas as empresas quando se enquadrem nos critérios.

As ações afirmativas são políticas públicas ou programas que visam corrigir desigualdades históricas e promover a inclusão de grupos subrepresentados em diversas áreas da sociedade, dentre as quais o mercado de trabalho, embora necessário que sejam incluídos nesse patamar socioeconômico, para garantia de sobrevivência. Essas ações são frequentemente usadas para abordar questões de discriminação de pessoas com deficiência e outras formas de desigualdade sistêmica. É fundamental entender conforme a ementa citada, a motivação que, no contexto histórico e social, levou à necessidade de adoção das ações afirmativas. Isso inclui a análise das desigualdades históricas e das barreiras que grupos minoritários enfrentaram ao longo do tempo. A propósito, eis o que essas ações significam e suas finalidades, como explica Gomes, a seguir:

> Ações afirmativas podem ser definidas como um conjunto de políticas públicas e privadas de caráter compulsório, facultativo ou voluntário, concebidas com vistas ao combate à discriminação racial, de gênero e de origem nacional, bem como para corrigir os efeitos presentes da discriminação praticada no passado, tendo por objetivo a concretização do ideal de efetiva igualdade de acesso a bens fundamentais como a educação e o emprego (GOMES, 2001, p. 40).

Nesse mesmo raciocínio, Brito Filho (2016) ensina que as ações afirmativas são formas ou modelos de combate à discriminação que, através de normas que estabelecem critérios diferenciados de acesso a determinados bens, opõe-se à exclusão causada às pessoas pelo seu pertencimento a grupos vulneráveis, proporcionando uma igualdade real entre os indivíduos

No entanto, faz-se necessário salientar que diversas empresas argumentam, juridicamente, que por muitas vezes não preenchem as vagas destinadas aos indivíduos com deficiência por motivos alheios a sua vontade. No decorrer do caso concreto sob nossa análise, a Universidade procurou demonstrar por meio de documentos que em diversos momentos tentou completar a cota do art. 93, da Lei n. 8.213/1991, porém argumenta que ocorreu ausência ou desinteresse dos candidatos convocados para as entrevistas de emprego. Além do mais, no processo seletivo, havia exigência de que todos os candidatos, exigência esta inclusive ao público com deficiência, tivessem conhecimentos básicos de inglês e informática para as funções de auxiliar de limpeza e de atendente de portaria.

Ocorre que, as pessoas com deficiência, no atual momento, são protegidas pelos mais diversos diplomas normativos os quais devem ser interpretados no sentido de conferir garantia integral dos direitos humanos aos indivíduos com deficiência. Logo, a base normativa as pessoas com deficiência visam garantir os direitos básicos como, por exemplo, à educação, à saúde, ao lazer, à previdência social, ao bem-estar e ao acesso ao trabalho.

A Convenção das Nações Unidas sobre os Direitos da Pessoas com Deficiência e seu Protocolo Facultativo, de 2007, assinados em Nova Iorque, em 30 de março de 2007 (Convenção de Nova Iorque), ratificado pelo Congresso Nacional Brasileiro e promulgado através do Decreto n. 6.949/2009 tem como propósito promover, proteger e assegurar o exercício pleno e equitativo de todos os direitos humanos e liberdades fundamentais por todas as pessoas com deficiência e promover o respeito pela sua dignidade inerente. E conceituam cientificamente as pessoas com deficiência como aquelas que têm impedimentos de longo prazo de natureza física, mental, intelectual ou sensorial, os quais, em interação com diversas barreiras, podem obstruir sua participação plena e efetiva na sociedade em igualdades de condições com as demais pessoas (BRASIL, 2009).

A Convenção de Nova Iorque estabelece diretrizes para promover a igualdade de oportunidades e a participação plena e efetiva das pessoas com deficiência na sociedade. Ela também aborda questões relacionadas ao emprego, proibindo a discriminação com base na deficiência e exigindo que os Estados Partes adotem medidas para promover a inclusão no mercado de trabalho.

Essa Convenção foi pioneira ao adotar o modelo social da deficiência e ao alterar a abordagem de como as pessoas com deficiência são integradas no ambiente de trabalho. Portanto, a Convenção não introduz novos direitos, mas, em vez disso, revê e interpreta os direitos preexistentes no contexto das pessoas com deficiência (KALUME, 2005).

Essa Convenção é revolucionário porque muda o centro das coisas em termos institucionais e jurídicos. Nogueira (2008) nos mostra que a técnica empregada pela Convenção de Nova Iorque foi justamente adotar como parâmetro as condições de igualdade, reforçando a ideia de que barreiras sociais podem impedir a participação do segmento em condições de igualdade. Portanto, a conduta adotada pelo legislador internacional, para que as pessoas com deficiência usufruam dos seus direitos e liberdades, é justamente a maior condição de igualdade, no caso, a igualdade material.

A Convenção de Nova Iorque tem como objetivo principal garantir a proteção e a garantia do pleno e justo gozo de todos os direitos humanos e liberdades fundamentais para todas as pessoas com deficiência, ao mesmo tempo que promove o respeito pela dignidade inerente a essas pessoas, o que se afina aos ditames da Convenção n. 159 da Organização Internacional do Trabalho — OIT, que, tratando sobre a reabilitação profissional e emprego de pessoas com deficiência, recomenda que essa política deverá ter por finalidade assegurar que existam medidas adequadas de reabilitação profissional ao alcance de todas as categorias de pessoas com deficiência e capazes de promover oportunidades de emprego para essas pessoas no mercado regular de trabalho.

Recomenda ainda que a política deverá ter como base o princípio de igualdade de oportunidades entre os trabalhadores deficientes e dos trabalhadores em geral. Dever-seá respeitar a igualdade de oportunidades e de tratamento para as trabalhadoras deficientes. As medidas positivas especiais com a finalidade de atingir a igualdade efetiva de oportunidades e de tratamento entre os trabalhadores deficientes e os demais trabalhadores, não devem ser vistas como discriminatórias em relação a estes últimos (ORGANIZAÇÃO INTERNACIONAL DO TRABALHO, 1983).

A Constituição da República Federativa Brasileira diz que a dignidade da pessoa humana é um dos fundamentos da República, isto significa que todos os indivíduos tenham o mínimo de direitos necessários à preservação desse atributo do ser humanos (BRITO FILHO, 2016). Sobre a dignidade inerente a todas as pessoas, Barroso (2016) caracteriza a dignidade da pessoa humana como um valor fundamental com origem nos direitos humanos, que fornece o significado nuclear dos direitos fundamentais e exerce a função de princípio interpretativo nos casos de lacunas, colisões entre direitos, metas coletivas e nos casos de desacordos morais.

Nada obstante, apesar do reconhecimento da dignidade da pessoa humana como núcleo dos direitos fundamentais, não tem sido suficiente para assegurar sua eficácia social, uma vez que entre o discurso previsto em nossa constituição e a realidade da população, em especial as pessoas com deficiência, existe uma grande barreira a ser superada. Os indivíduos com deficiência são discriminados, e, consequentemente, seus projetos de vida muitas vezes ficam interrompidos (SARMENTO, 2016).

Pois bem. Seguindo o texto constitucional, o art. 7º, inciso XXXI, estabelece que é proibido qualquer discriminação no tocante a salário e critérios de admissão de trabalhadores com deficiência. No setor público, há também a proteção desse público pela CF/88, que em seu art. 37, VIII, determina que a lei reserve percentual dos cargos e empregos públicos para as pessoas com deficiência e defina os critérios de sua admissão (BRASIL, 1988). O objetivo desses dispositivos constitucionais é buscar a proteção jurídica e social das pessoas com deficiência, garantindo-lhes o direito social ao trabalho.

O Estado Brasileiro tem como um dos seus objetivos a promoção do bem de todos, sem preconceitos de origem, raça, sexo, cor, idade e quaisquer outras formas de discriminação (art. 3º, inciso IV, da CF/88). Esta norma, sem dúvidas, se aplica às relações de trabalho envolvendo pessoas com deficiência (ROMITA, 2009). Portanto, a nossa carta política sistematiza a garantia de direitos para as pessoas com deficiência, sejam trabalhadores celetistas, empregados públicos ou servidores. Nesse sentido:

> Esse conjunto de disposições, todavia, embora em consonância com a moderna ideia de justiça distributiva — devendo ser considerado aqui que o Estado brasileiro optou por criar condições de garantir o direito ao trabalho às pessoas com deficiência e aos trabalhadores reabilitados por meio de normas que obrigam os particulares a atuar —, foi durante bom tempo ignorado, como se a disposição legal fosse somente de estímulo, e não impositiva, só começando a ser cumprido por iniciativa do Ministério Público do Trabalho que, há mais de 10 anos, buscou inicialmente a inserção e, depois, a inclusão das pessoas com deficiência (BRITO FILHO, 2016, p. 95).

Romita (2009) diz que discriminação é o ato de tratar os iguais diferentemente. Ocorre que, na prática, diante de situações concretas existem dificuldades quanto à identificação dos iguais. É comum que a igualdade consiste em tratar igualmente os iguais e desigualmente os desiguais na medida das suas desigualdades. Porém, essa afirmação se revela vaga, isso porque a investigação deve ser quem são os iguais e quem são os desiguais. Sob o ponto de vista jurídico, o que importa é fixar os critérios aptos a propiciar tratamento igual ou desigual às pessoas que estão em posições jurídicas iguais ou desiguais. Ainda o autor:

> O tratamento discriminatório tanto pode prestar-se a inserir alguém em dado grupo social ou situação jurídica como a excluí-lo do grupo ou privá-los de direito. Com o direito de não ser discriminado, o indivíduo se credencia à inserção no grupo social e, via de consequência, ao gozo dos direitos inerentes ao modo de organização desse grupo. Ao sofrer os efeitos do ato discriminatório negativo, o indivíduo experimenta resultados opostos (...). O direito do trabalho se nutre de desigualdades e de discriminações positivas: haja vista a grande quantidade de normas que regulam de maneira diversa da comum, o trabalho das mulheres e dos adolescentes, a regulamentação das profissões, os chamados contratos especiais de trabalho etc. (...) (ROMITA, 2009, p. 323-324).

Nesse contexto, a Lei Brasileira de Inclusão estabelece que toda pessoa com deficiência tem direito à igualdade de oportunidades com as demais pessoas e não sofrerá nenhuma espécie de discriminação (Brasil, 2015). São os princípios da igualdade de oportunidades e da vedação de qualquer forma de discriminação.

Lembra-se ainda que a proibição da discriminação nas relações de trabalho deve ser aplicada no seu conjunto, isto é, em todas as suas fases, o que inclui a pré-contratual, contratual e no término. Não se admite discriminação negativa na fase de admissão da contratação, durante o contrato de trabalho e na cessação (ROMITA, 2009). Souto Maior (2004) argumenta que os anúncios de emprego quando fixam condições discriminatórias, que o façam por algum aspecto relevante ou de acordo com a letra da lei, quando a natureza da atividade a ser exercida assim o exija.

A doutrina da igualdade material é um conceito que vai além da igualdade formal, que se refere apenas à igualdade perante a lei. A igualdade material busca garantir igualdade de oportunidades e resultados, considerando as diferenças individuais e sociais das pessoas. Isso significa que a igualdade material procura eliminar barreiras que impedem que certos grupos ou indivíduos alcancem o mesmo nível de acesso e participação na sociedade que outros grupos ou indivíduos mais privilegiados.

O princípio da não discriminação decorre do princípio da isonomia, mas com situações específicas, pois atua na preservação do direito à diferença e da eliminação de desigualdades injustificadas, eliminando tratamentos diferenciados os quais decorrem de fatores injustos e desqualificados (BELMONTE, 2013).

Em se tratando de pessoas com deficiência, os critérios de admissão no emprego não devem ser dificultados por parte das empresas e nem tão pouco apenas por cumprimento da lei, mas também que haja a política de função social de prover acessibilidade e crescimento pessoal no ambiente de trabalho. Na realidade, todas as medidas que coloquem o grupo em situações de exclusão, de dificuldades na contratação os quais lhes negam o acesso ao mercado de trabalho, devem ser rechaçadas.

Ao longo de sua jornada de vida, as pessoas com deficiência enfrentam uma ampla gama de desafios, muitas vezes permanecendo invisíveis para sociedade. No entanto, a crescente conscientização acerca de seu valor intrínseco e potencial tem impulsionado diversas iniciativas por parte do Estado e da Sociedade Civil. Essas iniciativas buscam, atenuar os impactos prejudiciais da discriminação e da exclusão social, por meio da implementação de políticas públicas específicas.

A acessibilidade nas relações de trabalho exige a remoção de obstáculos que dificultam a entrada de pessoas com deficiência em preenchimentos de vagas em processos seletivos.

No caso concreto que estamos analisando, o Ministério Público do Trabalho pediu que fossem tomadas as medidas necessárias para garantir o direito as vagas destinadas às pessoas de deficiência no processo seletivo.

Por conseguinte, o Tribunal Regional do Trabalho da 2ª Região entendeu erroneamente que a Universidade foi diligente no momento de ofertar as vagas para as pessoas com deficiência, que, na realidade, houve a divulgação constante de vagas de deficientes nos mais diversos meios sociais, consequentemente, teve boa-fé.

No entanto, os Ministros da 7ª Turma do TST, reconheceram que houve violação do art. 93 da Lei n. 8.213/1991, e, consequentemente, condenaram a Universidade por danos morais na importância de R$ 300.000,00 (trezentos mil reais).

Nesse sentido, os Ministros do TST entenderam que o comportamento da Universidade afetou o direito social ao trabalho garantido pela Constituição Federal. Conforme já mencionado anteriormente, a CF/88 deve ser interpretada e aplicada na prática, no sentido de que haja o propósito de fortalecer os princípios da inclusão, igualdade, não discriminação e da dignidade das pessoas com deficiência.

É sabido que as pessoas com deficiência são excluídas do mercado de trabalho, o que na maioria das vezes não conseguem demonstrar seu potencial e adaptabilidade na rotina dos mais diversos postos de emprego. Desde o processo seletivo já surgem as dificuldades que vão além de suas condições. A realidade é que a maioria das empresas esquecem que, além de terem o poder de direção de determinar o seu empreendimento pelo viés econômico, ainda deveriam fazer valer a função social da empresa, cumprindo valores constitucionais como o valor social do trabalho (art. 1º, IV) e a função social da empresa (art. 170, *caput*).

Infelizmente, a lógica do capitalismo nos mostra que diversos elementos podem ser apontados como responsáveis pelos resultados desfavoráveis observados no mercado de trabalho das pessoas com deficiência, bem como pela relativa ineficácia dos incentivos e programas. Do ponto de vista da oferta padrão, a economia se concentra nas escolhas e capacidades individuais como fatores que influenciam o potencial de ganhos, os salários-mínimos aceitáveis e a disposição para participar do mercado de trabalho (JONES, 2008). As ações afirmativas existem exatamente para direcionar grupos vulneráveis no sentido de criar políticas voltadas para inclusão social.

O argumento encampado pela Universidade de que imprimiu todos os esforços no cumprimento da lei de cotas (Lei n. 8213/91) e que não encontrou pessoas com deficiência qualificada, são alegações que vão contra todo o sistema normativo dispostos aos indivíduos com deficiência. O raciocínio que deve ser adotado pela sociedade é o seguinte: não são as pessoas com deficiência que devem ser adaptas ao mercado de trabalho, mas sim este é que deve estar conectado aquelas. A sociedade é que deve criar condições de acessibilidade, adaptabilidade e medidas de receptividade às pessoas com impedimentos de longo prazo de natureza física, mental, intelectual ou sensorial.

A luz da lei brasileira de inclusão, toda pessoa com deficiência tem direito à igualdade de oportunidades com as demais pessoas e não sofrerá nenhuma espécie de discriminação (BRASIL, 2015). No presente caso ora estudado, a Universidade se mostrou rígida no processo seletivo, em razão de que exigiu dos candidatos conhecimentos básicos de inglês e informática para as funções de auxiliar de limpeza e atendente de portaria. Não que estas profissões não tenham conexão com aqueles conhecimentos básicos, entretanto, não é razoável que a exigência dos conhecimentos de inglês e informática seja justificado para contratação de pessoas com deficiência nas funções listadas acima. Essa medida adotada pela Universidade foi injusta, fora de critérios de razoabilidade e criou instabilidade profissional, configurando discriminação por sobrequalificação.

O Estatuto da Pessoa com Deficiência considera-se discriminação em razão da deficiência toda forma de distinção, restrição ou exclusão, por ação ou omissão, que tenha o propósito ou o efeito de prejudicar, impedir ou anular o reconhecimento ou o exercício dos direitos e das liberdades fundamentais de pessoa com deficiência, incluindo a recusa de adaptações razoáveis e de fornecimento de tecnologias assistivas (BRASIL, 2015). No caso concreto, ficou vislumbrado que a Universidade restringiu o acesso de pessoas com deficiência quando exigiu qualificação que se mostraram inadequadas às funções disponíveis. O esforço de toda empresa deveria ser a de criar condições para que pessoas com deficiência possam ser qualificadas dentro do ambiente de trabalho, ou seja, os empregadores devem se adaptar para que estabeleçam medidas de acessibilidade e, consequentemente, criem programas de capacitação para seus trabalhadores com deficiência.

De acordo com Borges e Longen (2019) é necessário que a inclusão das pessoas com deficiência ao mercado de trabalho não deve estar pautada tão somente em números para o cumprimento da lei. E sim, os empregadores, para que estes sejam efetivamente inclusivos, precisam de ações que proporcionem as mudanças, não somente na acessibilidade por meio da quebra de barreiras físicas, mas também no rompimento de preconceitos estabelecidos na atitude da sociedade em relação às pessoas com deficiência e na adequação do trabalho a condição do colaborador.

Portanto, não basta apenas cumprir a cota do art. 93, da Lei n. 8.213/1991 e dizer que está obedecendo todo sistema normativo, mas sim, devem criar um ambiente de trabalho saudável, receptível, acessível e que qualificações profissionais devem ser implementadas internamente pelas empresas.

5. Considerações finais

No Brasil, a discriminação e as dificuldades que existem na acessibilidade em relação ao grupo de indivíduos com deficiência é uma realidade que persiste, apesar dos avanços legislativos e das campanhas de conscientização por parte do Governo Federal e da Sociedade Civil.

Em uma sociedade marcada pela diversidade, essa transformação alcançou seu ponto culminante com a Convenção de Nova Iorque. Esse acordo internacional estabeleceu diretrizes e critérios uniformes para garantir, promover e proteger o pleno e igualitário exercício dos direitos das pessoas com deficiência, com o objetivo de promover a sua inclusão social.

No contexto da Convenção da ONU sobre os Direitos das Pessoas com Deficiência e da Lei Brasileira de Inclusão (Lei n. 13.146/2015), a igualdade material é um princípio fundamental. Esses instrumentos legais reconhecem a importância de garantir que as pessoas com deficiência tenham igualdade de oportunidades em todas as áreas da vida, incluindo o mercado de trabalho.

A constituição veda a discriminação quando determina no seu art. 3º que constituem objetivos fundamentais da República Federativa do Brasil, entre outros, promover o bem de todos, sem preconceitos de origem, raça, cor, sexo, idade e outras formas de discriminação.

Além disso, o art. 7º da Constituição Federal do Brasil também aborda a questão da não discriminação no mercado de trabalho. Ele estabelece diversos direitos trabalhistas, incluindo a proibição de discriminação em razão de idade, raça, sexo, estado civil e deficiência, têm o direito de igualdade de oportunidades no contexto do emprego. Percebe-se que a constituição vigente trás a ideia de inclusão, ou seja, já retrata conquistas das pessoas com deficiência.

A implicação direta dessa disposição é o reconhecimento do trabalho como um direito fundamental e a valorização do princípio da dignidade da pessoa humana. "O ideal e o alicerce máximo do Direito do Trabalho são representados pelo trabalho digno, completo, seguro e sustentável. Esses direitos são efetivados por meio de ações governamentais e políticas públicas que requerem um processo democrático de criação, implementação e fiscalização" (DELGADO, 2017).

A inclusão de pessoas com deficiência no mercado de trabalho ainda enfrenta diversos desafios, e uma das questões mais relevantes, além da disparidade salarial em relação às pessoas sem deficiência, é a questão da acessibilidade. Essa desvantagem é resultado de diversos fatores, como discriminação, capacitismo, estereótipos e barreiras de acesso à educação e formação profissional.

Muitas vezes, as pessoas com deficiência enfrentam dificuldades para encontrar empregos que estejam de acordo com suas habilidades e capacidades. Além disso, a falta de acessibilidade aos locais de trabalho pode limitar suas oportunidades de crescimento e desenvolvimento profissional. Esses obstáculos acabam contribuindo para a perpetuação de baixos salários e para a exclusão dessas pessoas do mercado de trabalho.

Note-se que para reduzir a discriminação em relação às pessoas com deficiência no mercado de trabalho brasileiro, é necessário adotar uma abordagem abrangente e multifacetada. Primeiramente, é crucial que o governo promova e fiscalize a aplicação da igualdade de oportunidades para pessoas com deficiência, assim previstas na lei de inclusão, como também a Lei de Cotas (Lei n. 8.213/1991).

Para combater essa situação, é fundamental implementar políticas públicas que promovam a inclusão e a igualdade de oportunidades para as pessoas com deficiência. Essas políticas devem abordar tanto a conscientização e a mudança de atitudes da sociedade em relação à deficiência, quanto a criação de medidas concretas para garantir a acessibilidade e a igualdade no ambiente de trabalho. As empresas também devem desempenhar um papel fundamental na mudança desse cenário.

Elas devem investir em políticas de inclusão e acessibilidade, bem como em programas de conscientização para seus funcionários. Além disso, é importante que reconheçam e valorizem as habilidades e competências das pessoas com deficiência, proporcionando-lhes oportunidades de crescimento e desenvolvimento profissional. Acrescente-se ainda que é relevante a promoção da educação e da capacitação específica para pessoas com deficiência, de forma a aumentar sua empregabilidade e competitividade no mercado de trabalho.

O risco é que nesse mundo capitalista as relações de trabalho vão na direção da precarização, o que gera desemprego e desigualdade social. E, em se tratando de pessoas com deficiência, estas sem emprego, agrava ainda mais os problemas sociais. Por isso é importante uma política implementada desde já de oportunidade para as pessoas com deficiência, é de fundamental importância que estas tenham acesso ao mercado de trabalho, mas que elas tenham acesso levando em consideração as suas circunstâncias, ou seja, não são as pessoas com deficiência que devem se adaptar à sociedade, mas sim esta é que deve se adaptar às pessoas com deficiência. Esse é o ponto, de uma sociedade inclusiva, de convivência democrática e respeito às minorias.

Referências

ARAÚJO, Luiz Alberto David de (1997). *A proteção constitucional das pessoas portadoras de deficiência.* Brasília: Corde.

BARROSO, Luís Roberto (2016). *A dignidade da pessoa humana no direito constitucional contemporâneo:* a construção de um conceito jurídico à luz da jurisprudência mundial. 4 ed. Belo Horizonte: Fórum.

BELMONTE, Alexandre Agra (2013). *A tutela das liberdades nas relações de trabalho:* limites e reparação das ofensas às liberdades de consciência, crença, comunicação, manifestação do pensamento, expressão, locomoção, circulação, informação, sindical e sexual do trabalhador. São Paulo: LTr.

BORGES, A. V.; LONGEN, W. C. (2019). Inclusão de pessoas com deficiência no mercado de trabalho e as perspectivas de acessibilidade. *Revista Brasileira de Revisão de Saúde*, 2 (6), 5520-5531. Disponível em: https://doi.org/10.34119/bjhrv2n6-053.

BRASIL. *Constituição da República Federativa do Brasil de 1988.* Disponível em: https://www.planalto.gov.br/ccivil_03/constituicao/constituicaocompilado.htm. Acesso em: 15 jul. 2023.

______. *Decreto n. 6.949, de 25 de agosto de 2009.* Promulga a Convenção Internacional sobre os Direitos das Pessoas com Deficiência e seu Protocolo Facultativo, assinados em Nova Iorque, em 30 de março de 2007. Disponível em: https://www.planalto.gov.br/ccivil_03/_ato2007-2010/2009/decreto/d6949.htm. Acesso em: 14 ago. 2023.

______. *Lei n. 13.146, de 06 de julho de 2015.* Institui a Lei Brasileira de Inclusão da Pessoa com Deficiência (Estatuto da Pessoa com Deficiência). Disponível em: https://www.planalto.gov.br/ccivil_03/_ato2015-2018/2015/lei/l13146.htm. Acesso em: 18. jul. 2023.

______. *Lei n. 8.213, de 24 de julho de 1991.* Dispõe sobre os Planos de Benefícios da Previdência Social e dá outras providências. Disponível em: https://www.planalto.gov.br/ccivil_03/leis/l8213cons.htm. Acesso em: 20 ago. 2023.

BRASÍLIA. Tribunal Superior do Trabalho. *Agravo de Instrumento em Recurso de Revista (Processo N. TST-RR-1001046-33.2017.5.02.0712).* Agravante: Ministério Público do Trabalho da 2ª Região. Agravado: Obras Sociais e Educacionais de Luz, relator: Min. Cláudio Brandão. 19 maio 2023. Disponível em: https://consultaprocessual.tst.jus.br/consultaProcessual/consultaTstNumUnica.do?consulta=Consultar&conscsjt=&numeroTst=1001046&digitoTst=33&anoTst=2017&orgaoTst=5&tribunalTst=02&varaTst=0712&submit=Consultar. Acesso em: 19 ago. 2023.

BRITO FILHO, José Cláudio Monteiro de (2016). *Ações Afirmativas.* 4. ed. São Paulo: LTr.

DELGADO, Mauricio Godinho (2017). *Curso de direito do trabalho.* 13. ed. São Paulo: LTr.

GIL, Antônio Carlos (2008). *Métodos e técnicas de pesquisa social.* 6. ed. São Paulo: Atlas.

GOMES, Joaquim B. Barbosa (2001). *Ação afirmativa e princípio constitucional da igualdade: o direito como instrumento de transformação social.* A experiência dos EUA. Rio de Janeiro: Renovar.

JONES, Melanie K. (2008) "Disability and the labour market: a review of the empirical evidence". *Journal* of Economic Studies, Vol. 35 ISSUE: 5, p. 405-424.

KALUME, Pedro de Alcântara (2005). *Deficientes:* ainda um desafio para o governo e para a sociedade. São Paulo: LTr.

NOGUEIRA, Geraldo (2008). Art. 1 – Propósito. In: Rezende, Ana Paula Crosara de; Vital, Flávia Maria de Paiva (Orgs.). *A Convenção sobre os Direitos das Pessoas com Deficiência Comentada.* Brasília: Secretaria Especial dos Direitos Humanos.

OIT — Organização Internacional do Trabalho. *C159* — Reabilitação Profissional e Emprego de Pessoas Deficientes. Disponível em: https://www.ilo.org/brasilia/convencoes/WCMS_236165/lang--pt/index.htm. Acesso em: 02 ago. 2023.

ROMITA, Arion Sayão (2009). *Direitos fundamentais nas relações de trabalho.* 3 ed. São Paulo: LTr.

SARMENTO, Daniel (2016). *Dignidade da pessoa humana:* conteúdo, trajetórias e metodologia. 2. ed. Belo Horizonte: Fórum.

SEVERINO, Antônio Joaquim. *Metodologia do Trabalho Científico.* 23. ed. São Paulo: Cortez.

SOUTO MAIOR, Jorge Luís (2004). Anúncios de empregos: discriminação e responsabilidade. In: *Revista de Direito Trabalhista*, Brasília: ano 10, n.1, jan. 2004. p. 8.

YIN, Robert K. (2010). *Estudo de caso:* planejamento e métodos. Trad. Ana Thorell. 4. ed. Porto Alegre: Bookman.

Barreiras Programáticas Contra Pessoas com Deficiência no Acesso a Cargos Públicos: O Caso do Edital n. 1/2023 do II Concurso Público Nacional Unificado para Ingresso na Carreira da Magistratura do Trabalho

Fernando André Sampaio Cabral[1]

1. Introdução

Em 18.01.2023, foi divulgada Nota de Repúdio subscrita pela Associação Nacional dos Membros do Ministério Público de Defesa dos Direitos das Pessoas com Deficiência e Idosos (AMPID), acerca de itens discriminatórios do Edital n. 1/2023, do II Concurso Público Nacional Unificado da Magistratura Trabalhista, do Conselho Superior da Justiça do Trabalho — CSJT (Edital n. 1/2023-CSJT). Esta Nota motivou a escolha deste edital para estudo de caso.

Utilizando-se da experiência, desde 2011, da Auditoria-Fiscal do Trabalho na fiscalização dos editais de concursos públicos das empresas públicas e sociedades de economia mista, foi utilizado o estudo de caso deste precitado edital, por meio dos métodos indutivo e narrativo, com pesquisas documentais e bibliográficas, para responder quais são as barreiras programáticas existentes no edital objeto do presente estudo.

Inicialmente, narramos o caso real do atual Desembargador Federal do Trabalho Dr. Ricardo Tadeu Marques da Fonseca, aprovado em concurso público para o Cargo de Juiz do Trabalho e declarado inapto em função de sua cegueira.

Foi abordado o conceito jurídico e atual de deficiência, estipulando-se as principais diferenças entre o anterior modelo médico e o atual modelo biopsicossocial e sua diretriz de inclusão das pessoas com deficiência, sobretudo por meio de quebras das barreiras socioambientais.

---

(1) Graduado em Direito (UFPE) e Administração de Empresas (FOCCA). Especialização em Igualdade no Trabalho (UCLM-Espanha) e Direito do Trabalho (FJN-PE). Auditor-Fiscal do Trabalho.

Dissertou-se sobre as ações afirmativas e sua relação com a noção contemporânea de democracia. A acessibilidade foi explanada em relação a sua definição, dimensões e, como contraponto em sua ausência, as barreiras enfrentadas pelas pessoas com deficiência, em especial as atitudinais e programáticas. Foram citadas, de modo geral, as irregularidades em prejuízo dos candidatos com deficiência observadas nos concursos públicos e processos seletivos públicos.

Analisando-se especificamente o Edital n. 1/2023-CSJT, foram constatadas 13 (treze) barreiras programáticas, facilmente elimináveis por meio de alterações no edital, como produto de promoção de adaptações razoáveis e um olhar ausente de barreiras atitudinais.

À luz da nova conceituação de discriminação, inclusive por recusa de adaptação razoável, ou pelo efeito prejudicial às pessoas com deficiência, traz-se à tona a Lei n. 5.473/68, que institui a nulidade para itens de concursos e processos seletivos públicos que caracterizem a discriminação.

Por fim, são propostas medidas para redução da ocorrência de barreiras programáticas e atitudinais nos editais de concursos públicos, com presumível efeito de aumento da inclusão de pessoas com deficiência no acesso aos cargos e empregos públicos.

2. Da história do Desembargador Federal do Trabalho Dr. Ricardo Tadeu Marques da Fonseca, o primeiro Juiz cego do Brasil

Em 14.09.2023, foi realizado um contato telefônico com o Dr. Ricardo Tadeu, no qual foi explicada a intenção de realizar um pequeno relato sobre sua história de vida, em face do tema do trabalho final do curso de Especialização em Direito do Trabalho e Direitos Humanos da Universidade Federal do Pará (UFPA) se referir a um estudo de caso acerca das barreiras enfrentadas pelos candidatos com deficiência no acesso aos cargos públicos. O Dr. Ricardo Tadeu sugeriu pesquisar publicações existentes na internet, elencando os respectivos títulos. A narrativa a seguir decorre de uma compilação dos dados obtidos em dois artigos, acessados pela internet em 14.09.2023, veiculados no jornal *Gazeta do Povo*, de Curitiba, em 02.04.2015 e 15.12.2020, de autoria de Felippe Aníbal e Reinaldo Bessa (*vide* referências), respectivamente: "[...] O Desembargador Federal Ricardo Tadeu Marques da Fonseca nasceu em 1959, prematuro, aos 6 meses de gestação, com baixa visão decorrente de retinopatia da prematuridade. As pernas também apresentavam sequelas, que ainda o fazem caminhar com dificuldade".

Dr. Ricardo foi alfabetizado, em casa, pela mãe porque naquela época as escolas não possuíam metodologia específica para alunos cegos ou com baixa visão. Por opção dos pais, foi matriculado em escola regular.

Aos 23 anos, enquanto cursava o terceiro ano da Faculdade de Direito do Largo de São Francisco da Universidade de São Paulo — USP tornou-se definitivamente cego. Com determinação e apoio dos colegas de classe, graduou-se em 1984.

Após a graduação, os escritórios de advocacia não o aceitavam. Passou a atuar no Centro Acadêmico, na orientação de estagiários. Decidiu cursar um mestrado e aproveitou a oportunidade de trabalhar na assessoria de um desembargador do Tribunal Regional do Trabalho da 15ª Região (TRT-Campinas-SP).

Em 1990, em concurso para juiz do TRT-SP, foi aprovado na primeira e segunda fases e, antes de ser submetido à avaliação da terceira fase, uma junta médica o declarou inapto, excluindo-o do resto de certame, sob a alegação que um cego não poderia ser juiz.

Apesar do momento difícil, em uma semana, decidiu voltar aos estudos e, no ano seguinte, foi aprovado em 6º lugar entre mais de 4.500 candidatos, para o cargo de Procurador do Ministério Público do Trabalho (MPT), no qual exerceu suas atividades, de modo destacado, por 18 anos.

Em 2002, passou a cursar doutorado em direito, pela Universidade Federal do Paraná (UFPR), em Curitiba. Sua tese sobre os direitos da pessoa com deficiência e a atuação profissional motivaram, em 2006, o convite para integrar, com protagonismo, a delegação brasileira na Organização das Nações Unidas — ONU na finalização do texto da Convenção Internacional sobre os Direitos da Pessoa com Deficiência e seu Protocolo Facultativo (CIDPD), assinados em 30.03.2007, em Nova Iorque (EUA).

Foi votado em primeiro lugar entre seus pares, em lista sêxtupla, para vaga de desembargador federal no TRT-9ª Região-PR (2ª instância), na vaga do quinto constitucional do MPT, tornando-se, em 2009, o primeiro magistrado cego do País.

Em um período de quatro anos, eliminou a lista de mais de mil processos que esperavam julgamento. Aquele considerado inapto para a 1ª instância do judiciário trabalhista demonstrou muita produtividade como magistrado da 2ª instância.

Escreveu diversos livros sobre a inclusão de pessoas com deficiência, configurando-se como um dos principais juristas em relação a este tema. Em dez/2019, recebeu no Senado Federal, em Brasília, a Comenda Dorina Nowill, por seus relevantes trabalhos em prol da inclusão das pessoas com deficiência.

Defende o Dr. Ricardo Tadeu: 'Ser cego é um atributo, não uma incapacidade. A deficiência não está na pessoa. Está na sociedade que não dá condições a essa pessoa de fruir seus direitos' [...]". Esta afirmação foi comprovada pela sua própria história de vida.

3. Do conceito jurídico e contemporâneo da deficiência

A Convenção Internacional sobre os Direitos da Pessoa com Deficiência e seu Protocolo Facultativo (CIDPD), assinados em 30.03.2007 e promulgados, com *status* de Emenda Constitucional, pelo Decreto n. 6.949, de 25.08.2009, e a Lei n. 13.146, de 06.07.2015 — Lei Brasileira de Inclusão — Estatuto da Pessoa com Deficiência (LBI) evoluíram em relação ao conceito anterior de deficiência, estipulado pelos arts. 3º e 4º, do

Decreto n. 3.298, de 20.12.1999, meramente médico, diretamente ligado a um conceito de doença, em uma visão baseada na Classificação Internacional de Doenças(CID):

> CIDPD, art. 1:
>
> Art. 1 Propósito
>
> O propósito da presente Convenção é promover, proteger e assegurar o exercício pleno e equitativo de todos os direitos humanos e liberdades fundamentais por todas as pessoas com deficiência e promover o respeito pela sua dignidade inerente. Pessoas com deficiência são aquelas que têm impedimentos de longo prazo de natureza física, **mental, intelectual** ou sensorial, os quais, em interação com diversas barreiras, podem obstruir sua participação plena e efetiva na sociedade em igualdades de condições com as demais pessoas. (grifos não originais) LBI, art. 2º:
>
> Art. 2º Considera-se pessoa com deficiência aquela que tem impedimento de longo prazo de natureza física, **mental, intelectual** ou sensorial, o qual, em interação com uma ou mais barreiras, pode obstruir sua participação plena e efetiva na sociedade em igualdade de condições com as demais pessoas.
>
> § 1º A avaliação da deficiência, quando necessária, será biopsicossocial, realizada por equipe multiprofissional e interdisciplinar e considerará: I – os impedimentos nas funções e nas estruturas do corpo; os fatores socioambientais, psicológicos e pessoais; a limitação no desempenho de atividades; e IV – a restrição de participação. (grifos não originais)

Estes diplomas normativos incluíram os impedimentos mentais (psicossociais) entre as hipóteses de deficiência e instituíram uma expressiva modificação na conceituação da deficiência, ao estipular um inter-relacionamento entre os impedimentos de natureza física, mental, intelectual ou sensorial (visual, auditiva etc.) com as diversas barreiras socioambientais existentes, que dificultam ou obstruem a sua plena participação na sociedade, em situação de igualdade de oportunidades.

O novo conceito, relacional, conduz a uma diretriz de superação destas barreiras pelo Estado e pela sociedade, sobretudo por meio da promoção da acessibilidade, da concepção de desenhos universais e da efetivação de adaptações razoáveis.

Posteriormente, foram acrescidos à conceituação normativa, diplomas legais específicos, definindo pessoas com deficiência aquelas com o transtorno do espectro autista (Lei n. 12.764, de 27.12.2012) e com visão monocular (Lei n. 14.126, de 22.03.2021), sujeitos a muitas críticas, uma vez que a caracterização de deficiência apenas em face de determinado transtorno ou impedimento não se coaduna com o novo conceito biopsicossocial.

De modo esquemático, podemos elencar as principais diferenças entre os dois modelos de deficiência:

Tabela Única — Principais diferenças entre os modelos médico e social da deficiência

MODELO MÉDICO AVALIAÇÃO BIOPSICOLÓGICA	MODELO SOCIAL AVALIAÇÃO BIOPSICOSSOCIAL
Deficiência = Impedimentos	Deficiência = Impedimentos X Barreiras sociais
Espécies: Auditiva, física, intelectual, visual e múltipla	Espécies: física, intelectual, mental (psicossocial), sensorial (auditiva, visual etc.) e múltipla
Avaliação médica	Avaliação multiprofissional e interdisciplinar (LBI, art. 2º, § 1º)
Conceito médico	Conceito funcional
Visão: Doença (CID)	Visão: Funcionalidade (CIF)
Conceito pessoal	Conceito relacional
Superação pessoal	Superação social
Conceito estacionário	Conceito evolutivo (Preâmbulo, item "e", da CIDPD)
Hipóteses taxativas e restritas	Hipóteses abertas e amplas
Definição: Decreto n. 3.298/99, arts. 3º e 4º.	Definição: CIDPD, art. 1º; LBI, art. 2º da Lei n. 12.764/2012, art. 1º, § 2º (Transtorno do espectro autista) e Lei n. 14.126/2021 (Visão monocular)
Avaliação: entre os profissionais de saúde, apenas por médicos	Avaliação: entre os profissionais de saúde, nas suas respectivas áreas de atuação, por fisioterapeutas, médicos, fonoaudiólogos, psicólogos e terapeutas ocupacionais etc.

O instrumento de avaliação da deficiência, estipulado no art. 2º, da LBI, ainda está em elaboração e, após a sua aprovação, durante certo tempo, haverá uma fase de transição de modelos de avaliação, bem como é de presumir, para acesso às diversas políticas de inclusão, a dificuldade de obtenção por parte das pessoas mais pobres.

Deste modo, enquanto não implementada e totalmente difundida e acessível a avaliação da deficiência por meio de instrumento público baseado na Classificação Internacional de Funcionalidade, Incapacidade e Saúde-CIF, torna-se necessária possibilitar a comprovação da condição de deficiência, para fins de acesso ao trabalho nas ações afirmativas, apenas com a emissão de laudo caracterizador de deficiência, emitido por um único profissional de saúde de nível superior, entre estes médicos, fisioterapeutas, fonoaudiólogos, psicólogos e terapeutas ocupacionais, em suas respectivas áreas de atuação, reduzindo sobremaneira a dificuldade de acesso de tais laudos por parte dos candidatos com deficiência, ao permitir o aumento significativo de profissionais aptos para sua emissão.

A Auditoria-Fiscal do Trabalho, nas fiscalizações sobre as reservas legais inclusão de pessoas com deficiência no trabalho (Decreto n. 9.508, de 24.09.2018 e art. 93, da Lei n. 8.213, de 06.07.1991) especificou, nesta fase de transição, os requisitos dos profissionais de saúde competentes para emitir laudos caracterizadores de deficiência, não restritos apenas aos médicos, nos termos do art. 89, da

Instrução Normativa n. 02, de 08.11.2021, da Subsecretaria da Inspeção do Trabalho (Ministério de Economia):

> Art. 89. Para fins de comprovação do enquadramento do empregado como pessoa com deficiência é necessária a apresentação de laudo elaborado por profissional de saúde de nível superior, preferencialmente habilitado na área de deficiência relacionada ou em saúde do trabalho, que deve contemplar as seguintes informações e requisitos mínimos:

4. Da diretriz de inclusão de pessoas com deficiência

A CIDPD estipula diretrizes para a promoção de medidas por parte do Estado Brasileiro, para que as pessoas com deficiência exerçam seus direitos, de forma plena, em igualdade de oportunidades com as demais pessoas. Propugna também a adoção de todas as medidas — inclusive em termos hermenêuticos — para a efetivação dos direitos das pessoas com deficiência (art. 4.1) e para "modificar ou revogar regulamentos leis, regulamentos, costumes e práticas vigentes que constituírem discriminação contra pessoas com deficiência" (art. 4.2):

> Art. 4 Obrigações gerais
>
> 1. Os Estados-Partes se comprometem a assegurar e promover o pleno exercício de todos os direitos humanos e liberdades fundamentais por todas as pessoas com deficiência, sem qualquer tipo de discriminação por causa de sua deficiência. Para tanto, os Estados-Partes se comprometem a:
>
> a) Adotar todas as medidas legislativas, administrativas e de qualquer outra natureza, necessárias para a realização dos direitos reconhecidos na presente Convenção;
>
> b) Adotar todas as medidas necessárias, inclusive legislativas, para modificar ou revogar leis, regulamentos, costumes e práticas vigentes, que constituírem discriminação contra pessoas com deficiência.

5. O Estado Democrático de Direito e as ações afirmativas

O desafio social em relação às pessoas com deficiência é de se transformar de uma sociedade integrativa, com abertura relativa para a diversidade, desde que o sucesso da pessoa com deficiência seja obtido pela própria superação, para uma sociedade inclusiva, em que o Estado e a sociedade removem todas as barreiras, revertendo paradigmas e pessoas antes tidas como incapazes passam a ter seu potencial valorizado, respeitados os seus diversos impedimentos (Fonseca, 2006, p. 152-155).

Se a dignidade da pessoa humana e o valor social do trabalho, expressos no art. 1º da Constituição da República Federativa do Brasil (CRFB) são elementos fundantes do

Estado Democrático de Direito e a democracia deve ser compreendida como um sistema que respeita a todos, inclusive as minorias, como as pessoas com deficiência, o art. 3º da Carta Maior se configura como a diretriz para a existência das cotas legais, expressando ações que objetivam alcançar justiça, solidariedade, desenvolvimento social, erradicação de pobreza e da marginalização, redução de desigualdades sociais e promoção do bem de todos, sem preconceitos e quaisquer formas de discriminação.

É importante compreender que "a atividade estatal implica a constante criação de medidas que, muitas vezes, tratam pessoas de forma distinta sem que isso possa ser uma violação ao princípio da igualdade" (MOREIRA, 2020, p. 327).

As ações devem ir muito além do combate à discriminação e da quebra de barreiras, por meio de instrumentos que propiciem a máxima efetividade, a exemplo das ações afirmativas (MADRUGA, 2019, p. 14), estabelecidas para a efetivação destes objetivos constitucionais, em relação às pessoas com deficiência, como as reservas para o acesso ao emprego em empresas privadas (Lei n. 8.213, de 24.07.1991, art. 93) e aos cargos e empregos públicos (CRFB, art. 37, inciso VIII e Decreto n. 9.508/2018).

6. Da acessibilidade

A ratificação da CIDPD fez reconhecer a importância da acessibilidade, nos termos do Preâmbulo, letra "*v*": estipula: "a importância da acessibilidade aos meios físico, social, econômico e cultural, à saúde, à educação e à informação e comunicação, para possibilitar às pessoas com deficiência o pleno gozo de todos os direitos humanos e liberdades fundamentais" (SASSAKI, p. 2 6), sendo elencada como um dos oito princípios gerais dessa norma internacional (art. 3, letra "*f*"). A LBI estipula o seguinte conceito de acessibilidade:

> Art. 3º Para fins de aplicação desta Lei, consideram-se:
>
> I – acessibilidade: possibilidade e condição de alcance para utilização, com segurança e autonomia, de espaços, mobiliários, equipamentos urbanos, edificações, transportes, informação e comunicação, inclusive seus sistemas e tecnologias, bem como de outros serviços e instalações abertos ao público, de uso público ou privados de uso coletivo, tanto na zona urbana como na rural, por pessoa com deficiência ou com mobilidade reduzida.

Por sua vez, de forma mais ampla, o art. 53, da LBI, dispõe que a acessibilidade é o "direito que garante à pessoa com deficiência ou com mobilidade reduzida viver de forma independente e exercer seus direitos de cidadania e de participação social".

O trabalho, por sua vez, é o meio por excelência para se alcançar uma maior independência, pela obtenção dos recursos necessários para prover as diversas necessidades da vida, especialmente no acesso a cargos e empregos públicos, os quais, em regra, tem melhores condições de exercício, salários e estabilidade.

A acessibilidade deve ser compreendida observando-se todas as espécies de barreiras enfrentadas pelas pessoas com deficiência, não apenas aquelas definidas no art. 3º, inciso IV, da LBI, quais sejam: barreiras urbanísticas, arquitetônicas, nos transportes, nas comunicações e na informação, atitudinais e tecnológicas.

Na lição de Brito Filho (2004, p. 47), a dignidade deve produzir efeitos no plano material, como um vetor impondo obrigações ao Estado e à sociedade. Também afirma que não se pode falar em dignidade da pessoa humana que não se materializa nas próprias condições de vida.

6.1. Das dimensões da acessibilidade

Sassaki (2019, p. 127) elenca sete dimensões da acessibilidade: arquitetônica, comunicacional, atitudinal, programática, metodológica, instrumental e natural. Destas, duas se relacionam diretamente com o escopo do trabalho: a dimensão atitudinal e a dimensão programática.

6.1.1. A acessibilidade atitudinal

Nesta dimensão, significa acesso sem barreiras de ordem cultural, que resultem de estigmas, estereótipos e discriminações. (SASSAKI, 2019, p. 134). Pelo seu aspecto cultural, é a mais difícil de alcançar e, quando obtida, é o melhor instrumento para o alcance de todas as outras dimensões da acessibilidade.

6.1.2. A acessibilidade programática

Em sua dimensão programática, esta acessibilidade significa acesso sem barreiras invisíveis embutidas em leis, decretos, portarias, instruções normativas, regulamentos, manuais, editais etc. (SASSAKI, 2019, p. 162-163).

A ausência de acessibilidade programática é uma das principais causas de não aprovação de pessoas com deficiência em editais de concursos públicos, uma vez que estes se transformaram em instrumentos repletos de itens que constituem barreiras programáticas, que dificultam ou obstruem a inscrição, aprovação e contratação de candidatos com deficiência nos concursos e processos seletivos públicos.

6.2 6.2. Das barreiras atitudinais e programáticas

Como contraponto à existência de acessibilidade, a ausência desta constitui, em diversas dimensões, barreiras, definidas nos seguintes termos, consoante art. 3º, inc. IV, da LBI:

> Art. 3º (...)
>
> (...)

> IV – barreiras: qualquer entrave, obstáculo, atitude ou comportamento que limite ou impeça a participação social da pessoa, bem como o gozo, a fruição e o exercício de seus direitos à acessibilidade, à liberdade de movimento e de expressão, à comunicação, ao acesso à informação, à compreensão, à circulação com segurança, entre outros, classificadas em:"

Por sua vez, as barreiras atitudinais são definidas legalmente como "atitudes ou comportamentos que impeçam ou prejudiquem a participação social da pessoa com deficiência em igualdade de condições e oportunidades com as demais pessoas". (art. 3º, inc. IV, alínea *"e"*, da LBI)

A barreira atitudinal é a causa maior da criação e/ou não eliminação ou redução das diversas barreiras enfrentadas pelas pessoas com deficiência, nas suas diversas dimensões.

Em relação às barreiras programáticas, como contraponto à definição de acessibilidade programática (SASSAKI, p. 162-163), podem ser entendidas como "barreiras embutidas em textos normativos, tais como: leis, decretos, portarias, instruções normativas, normas de serviços, regulamentos, editais, manuais operacionais etc."

Os editais de concursos públicos, por meio de barreiras programáticas nas diversas etapas destes certames, transformaram-se nos instrumentos mais efetivos de promoção da exclusão maciça do acesso de pessoas com deficiência aos cargos e empregos públicos.

7. A falta de acessibilidade nos editais dos concursos públicos para acesso dos candidatos com deficiência aos cargos e empregos públicos

O concurso público é o meio instituído constitucionalmente para investidura em cargo ou emprego público (CRFB, art. 37, inc. II). Apesar da existência de certo espaço de discricionariedade, na qual, "a Administração, diante do caso concreto, tem a possibilidade de apreciá-lo, segundo critérios de oportunidade e conveniência e escolher dentre duas ou mais soluções, todas válidas para o direito" (DI PIETRO, 2022, p. 222), em relação por exemplo à decisão por realização do certame, definição do total de vagas gerais, programas, cronogramas etc., mas não se poderia definir como discricionária o atendimento de regras, princípios e diretrizes contidas na CRFB, CIDPD, LBI e no Decreto n. 9.508/2018, relacionadas à inclusão dos candidatos com deficiência nos editais de concursos públicos e à diretriz de promoção de máxima efetividade de acesso e manutenção das pessoas com deficiência aos cargos públicos, configurando-se tais normas e princípios como de natureza vinculada, a exemplo do caráter biopsicossocial da deficiência, avaliação multidisciplinar, critérios de arredondamento, definição expressa do número de vagas reservadas para candidatos com deficiência etc.

O concurso público, a exemplo de qualquer ato ou procedimento administrativo, se submete aos princípios gerais da Administração Pública expressos no *caput* do art. 37, da CRFB: legalidade, impessoalidade, moralidade, publicidade e eficiência.

O inciso VIII, do art. 38, da CRFB, estipula que "a lei reservará percentual dos cargos e empregos públicos para as pessoas portadoras de deficiência e definirá os critérios de sua admissão". Em 24.10.1989, foi editada a Lei n. 7.853, que instituiu uma política nacional destinada às pessoas com deficiência, continuando válida, após a edição da CIDPD e da LBI, a observação de que "não trouxe a necessária eficácia imediata e integral a permitir a sua plena execução relativamente à reserva de percentual de vagas em cargos e empregos públicos" (GUGEL, 2006, p. 68).

Por sua vez, na área federal, em relação aos servidores civis da União, a Lei n. 8.112, de 11.12.1990, que dispõe sobre o regime jurídico único dos servidores civis da União, das autarquias e fundações federais, estipula no § 2º, do art. 5º, uma reserva máxima de 20% das vagas para candidatos com deficiência.

Entendemos que tal norma, por restritiva, deveria ser de aplicação exclusiva para o regime dos servidores civis federais, conforme afirma a Professora Di Pietro: "Essa lei somente se aplica à esfera federal. Os Estados e Municípios deverão editar suas próprias normas" (DI PIETRO, 2022, p. 700).

Infelizmente o limite de 20% da Lei n. 8.112/90 vem sendo aplicado para tornar ineficaz o arredondamento sempre para maior na definição das vagas reservadas e nas convocações de candidatos com deficiência aprovados e classificados (§ 1º, art. 37, do Decreto n. 3.298/1999, revogados, e § 3º e inc. I, do § 4º, do Decreto n. 9.508/2018), deixando de se aplicar os princípios e diretrizes expressos na CRFB, CIDPD e LBI para materialização máxima dos direitos das pessoas com deficiência, especialmente o acesso aos cargos públicos e posterior manutenção

A CIDPD instituiu uma nova hermenêutica jurídica para interpretação das normas jurídicas com as pessoas com deficiência e para a resolução de eventuais conflitos de normas e princípios, de modo a propiciar o maior nível de inclusão de pessoas com deficiência no trabalho.

Em regulamentação à Lei n. 7.853/1989, foi editado, em 20.12.1999 o Decreto n. 3.298/1999, o qual em seus arts. 37 a 43 trouxe regras específicas para as pessoas com deficiência nos certames públicos. Em 24.09.2018, foi editado o Decreto n. 9.508/2018, que trouxe nova regulação para a participação de pessoas com deficiência nos certames públicos e revogou os arts. 37 a 43 do Decreto n. 3.298/99.

7.1. Das principais irregularidades em prejuízos dos candidatos com deficiência observadas nos concursos públicos e processos seletivos públicos

Na experiência prática da Auditoria-Fiscal do Trabalho na inspeção dos concursos públicos se observa, em todas as etapas dos certames, da divulgação do edital ao período de experiência, uma inobservância generalizada às diretrizes estabelecidas nos arts. 3.b, 3.e, 3.f, 4.1, 4.2, 9, 27.1.a, 27.1.b, 27.1.g da CIDPD e no art. 8º da LBI. Configura-se, assim, discriminação em face de deficiência, especialmente por ausência ou recusa de adaptação razoável, nos termos do art. 2, da CIDPD e § 1º, do art. 4º da LBI.

Incorporando, na maioria das vezes, uma visão capacitista, o edital e os procedimentos inerentes à realização destes certames públicos se transformaram em meios para impedir ou dificultar o acesso das pessoas com deficiência aos cargos e empregos públicos. Nem sempre as atividades dos administradores públicos são fundamentadas em parâmetros com base jurídica ou moral (MOREIRA, 2020, p. 328).

Entre as principais irregularidades observados nos concursos públicos, com efeito de exclusão maciça e escalonada de candidatos com deficiência, podemos citar: a) definição incorreta da deficiência, estipulando uma visão médica (art. 4º, do Decreto n. 3.298/99) ao invés da visão biopsicossocial (art. 1º da CIDPD e art. 2º da LBI); b) exclusão de espécies de deficiência, especialmente a mental e intelectual; c)não adaptação de provas e critérios de correção; d) exigência indevida de provas físicas para candidatos com impedimentos incompatíveis; e) não fornecimento de tecnologias assistivas adequadas; f) exigências de prazos exíguos de validade do laudo caracterizador da deficiência, com prejuízos aos candidatos com acesso restrito ao Sistema Único de Saúde-SUS; g) exigência de laudo emitido apenas por médico, afastando a possibilidade de emissão por outros profissionais que lidam com a deficiência; h) não distribuição de vagas nos percentuais mínimos exigidos em lei; i) não arredondamento sempre para maior para fins de definição de vagas reservadas e convocação de candidatos com deficiência aprovados e classificados; j) decisão que a avaliação da deficiência será realizada por médicos e não por equipe multiprofissional; k) não adaptação dos cursos de formação e do período de experiência; l) declaração indevida de incompatibilidade ou inaptidão do candidato com deficiência aprovado e convocado com as exigências do cargo, durante a avaliação por equipe multiprofissional ou no exame médico admissional; m) exigência indevida de nota ou classificação de corte; e n) reprovação do candidato com deficiência durante o estágio probatório ou período de experiência, sem que sejam promovidas as devidas adaptações e fornecidas as tecnologias assistivas necessárias.

8. Das barreiras programáticas constantes do Edital n. 01/2023, do II Concurso Unificado da Magistratura Trabalhista

No âmbito do Poder Judiciário, a Resolução n. 75/2009, do Conselho Nacional de Justiça — CNJ, dispõe sobre os concursos públicos para ingresso na carreira da magistratura em todos os ramos do Poder Judiciário Nacional.

Em 06.01.2023, foi lançado o II Concurso Público Nacional Unificado para Ingresso na Carreira da Magistratura do Trabalho, por meio do Edital de Abertura n. 01/2023(Edital 01/2023CSJT). Todos os editais, inclusive os posteriores de retificação estão inclusos no sítio eletrônico: https://www.csjt.jus.br/web/csjt/editais-2023. Consulta em: 03 ago. 2023.

Em 18.01.2023, a Associação Nacional dos Membros do Ministério Público de Defesa dos Direitos das Pessoas com Deficiência e Idosos (AMPID) lança nota de repúdio tecendo críticas aos itens 4.2 (avaliação apenas médica da deficiência e desconsideração da pessoa com transtorno de espectro autista como pessoa com deficiência), 4.3 (prazo exíguo de validade de trinta dias do laudo caracterizador de deficiência) e 4.3.2 (impedimento prático de pessoas cegas se inscreverem no concurso, por exigir acuidade visual ao menos em um dos olhos), não abrangendo todas as irregularidades. Disponível em: http://ampid.org.br/site2020/wpcontent/uploads/2023/01/NotaPublica_ConcursoJuiz-Trabalho_2023. pdf. Consulta em: 03 ago. 2023.

Da análise dos itens do Edital n. 01/2023-CSJT são constatadas uma sequência de barreiras programáticas e de omissões, que causam prejuízos aos candidatos com deficiência, por diversos fatores, entre eles a ausência de adaptações razoáveis, configurando-se como dispositivos discriminatórios.

Importante frisar que é imperativo ao administrador público, na elaboração dos editais e operacionalização do certame público, em todas as fases do processo, desde a elaboração do edital até o término do estágio probatório, agir no sentido de conceder a máxima efetividade à inclusão dos candidatos com deficiência e, em caso de duas ou mais opções, à luz da reconhecida situação de pobreza e de vulnerabilidade destas pessoas, escolher a opção que atue no sentido de materialização de melhores condições de vida.

Passamos a analisar cada item do edital n. 01/2023-CSJT, tecendo observações sobre as barreiras encontradas e os prejuízos delas decorrentes aos candidatos com deficiência.

8.1. Da inobservância ao caráter mínimo do percentual de reserva de vagas para pessoas com deficiência

O item 4.1 do Edital n. 01/2023-CJST, ao estipular que "As pessoas com deficiência tem assegurado o direito à reserva de 5% (cinco por cento) do total das vagas, nos termos da Resolução n. 75/2009 do CNJ e das disposições específicas deste Edital", sem observar que o seu caráter é mínimo, tem o efeito prejudicial prático de estimular o não arredondamento sempre para maior das vagas para as pessoas com deficiência, afastando o disposto no §§ 1º e 3º, art. 1º, do Decreto n. 9.508/2018, que dispõe sobre o caráter mínimo da reserva percentual e do arredondamento sempre para maior em caso de resultado fracionado.

Observa-se uma situação peculiar: a citação da Res. n. 75/2009-CNJ, a qual em seu art. 73, *caput*, estipula: "Art. 73. As pessoas com deficiência que declararem tal condição, no momento da inscrição preliminar, terão reservadas, no mínimo, 5% (cinco por cento) do total das vagas, vedado o arredondamento superior". Com isso, uma mera resolução afastou o arredondamento sempre para maior disposto no § 3º, art. 1º, do Decreto n. 9.508/2018: "Art. 1º, § 3º. Na hipótese de o quantitativo a que referem os §§ 1º e 2º resultar em número fracionado, este será aumentado para o primeiro número subsequente".

Ambos os dispositivos (item 4.1 do Edital n. 01/2023-CSJT e art. 73, *caput*, da Res.n. 75/2009-CNJ) constituem barreiras programáticas para acesso dos candidatos com deficiência ao cargo de juiz do trabalho.

8.2. Da não aplicação da nova conceituação jurídica da deficiência

A redação original do Edital n. 01/2023-CSJT sequer se referia à nova definição biopsicossocial de deficiência. Além das críticas da AMPID, em relação à não consideração de pessoas autistas, incorria em eliminar a participação como candidatos com deficiência mental (psicossocial), incorporada apenas com o advento do novo conceito biopsicossocial da CIDPD, resultando em barreira programática, conforme se depreende Item 4.2 do Edital n. 01/2023CSJT (Redação original): "4.2 Consideram-se pessoas com deficiência aquelas que se enquadram nas categorias definidas no art. 4º do Decreto Federal n. 3.298/1999 e na Súmula n. 377 do Superior Tribunal de Justiça — STJ".

A Nota Informativa de 1º.02.2023, alterando o item 4.2, passou a observar o novo conceito biopsicossocial da deficiência, incluindo na caracterização as hipóteses de participação de candidatos com deficiência autistas e com impedimentos psicossociais:

> Consideram-se pessoas com deficiência aquelas que se enquadram no art. 2º da Lei Federal n. 13.146/2015 (Estatuto da Pessoa com Deficiência); nas categorias discriminadas no art. 4º do Decreto Federal n. 3.298/1999, com as alterações introduzidas pelo Decreto Federal n. 5.296/2004; no art. 1º da Lei Federal n. 12.764, de 27 de dezembro de 2012 (Transtorno do Espectro Autista); na Lei Federal n. 14.126, de 22 de março de 2021 (Visão Monocular), observados os dispositivos da Convenção sobre os Direitos da Pessoa com Deficiência e seu Protocolo Facultativo, ratificados pelo Decreto Federal n. 6.949/2009.

8.3. Da inobservância da superação da avaliação médica pela avaliação biopsicossocial da deficiência

A nova conceituação biopsicossocial da deficiência (CIDPD, art. 1. e LBI, art. 2º) superou o modelo baseado em uma avaliação médica, individualizada, com foco na doença (CID) e hipóteses restritas e taxativas. Também afastou a ideia de superação pessoal da pessoa com deficiência por uma superação social. Os itens 4.3, 4.3.2 e 4.10 do Edital n. 01/2023-CSJT deixam de observar estas diretivas, ao exigir Atestado Médico para caracterizar a deficiência:

> No momento da inscrição preliminar, o(a) candidato(a) que desejar concorrer na condição de pessoa com deficiência deverá selecionar a opção e enviar o atestado médico, devidamente assinado e com o respectivo número do registro do profissional de saúde — imagem do documento original, da cópia autenticada em cartório ou da cópia simples — em campo específico no link de inscrição, das **16h do dia 9 de janeiro de 2023 até às 16h do dia 15 de fevereiro de 2023**, horário oficial de Brasília/DF, no sítio eletrônico https://conhecimento.fgv.br/concursos/csjt23. [...]
>
> 4.3.2 O atestado médico, que deverá ter sido emitido, no máximo, 30 (trinta) dias antes da data da publicação deste edital, deverá conter: [...]
>
> 4.10 Conforme o estabelecido na legislação vigente, o(a) candidato(a) que não se enquadrar como pessoa com deficiência na perícia médica, caso seja aprovado(a) em todas as fases do concurso, continuará figurando apenas na lista de classificação geral. [...]

Neste novo olhar, com base em uma avaliação biopsicossocial que relaciona os impedimentos apresentados com as diversas barreiras da sociedade, observando-se as limitações para a vida diária, os fatores ambientais, psicológicos e pessoais e as restrições de participação social, o modelo passou a ser multiprofissional, interdisciplinar, com foco na funcionalidade (CIF), evolutivo e aberto, com foco na superação pela sociedade na quebra de barreiras e não mais pela pessoa com deficiência, configurando-se em uma diretriz para o Estado e a sociedade alcançar os objetivos fundamentais da República Brasileira, estipulados no art. 3º, da CRFB..

Dessa forma, salvo na hipótese de exame médico admissional, ato privativo do médico, todas as vezes que um edital, para se referir à caracterização ou a qualquer avaliação da pessoa com deficiência, estipular laudo médico, atestado médico, perícia médica, junta médica, entre outros, transforma-se em uma barreira programática, vez que incorpora todas as inadequações representadas pelo modelo médico, em prejuízo da implementação do modelo social.

A redação afasta a participação na elaboração do laudo de outros profissionais que lidam habitualmente com a questão da deficiência, especialmente o seu caráter de funcionalidade, a exemplo de fisioterapeutas, fonoaudiólogos, psicólogos e terapeutas ocupacionais, em prejuízo dos candidatos pobres, com dificuldade de acesso aos médicos.

Esta redação, em face da não configuração de adaptações razoáveis e prejuízos aos candidatos com deficiência, caracteriza-se como discriminatória, em face do disposto no art. 1º da Lei n. 5.473, de 10.07.1968 (*vide* item 9).

8.4. Do prazo exíguo de validade do laudo caracterizador de deficiência e de exames complementares

É necessário um juízo de empatia, por parte dos gestores públicos, em todas as medidas que se relacionam com as pessoas com deficiência, como aplicação do reconhecimento da situação de pobreza destas pessoas (CIDPD, Preâmbulo, "*t*"), do Princípio da Adaptação Razoável e a sua recusa considerada como discriminação (CIDPD, art. 2º e LBI, art. 3º, inc. VI c/c art. 4º, § 1º), bem como das medidas para efetivação máxima dos direitos das pessoas com deficiência (CIDPD, arts. 4.1.a, 4.1.b e LBI, art. 8º).

Apesar de denunciado pela AMPID, a comissão do concurso baseou-se no art. 74, § 1º, da Res. CNJ n. 75/2009 para manter um prazo exíguo de validade de laudos de trinta dias, que demonstra uma falta de empatia em relação à pobreza de muitos candidatos com deficiência, dependentes do SUS para obtenção de laudos caracterizadores de deficiência, conforme se depreende da análise da redação dos itens 4.3.2 e 4.3.2.c do Edital n. 01/2023-CSJT:

> 4.3.2. O atestado médico, que deverá ter sido emitido, no máximo, 30 (trinta) dias antes da publicação deste edital, deverá conter:[...]
>
> 4.3.2.c) a deficiência auditiva, se for o caso, hipótese em que o atestado deverá estar acompanhado de audiometria recente, datada de até 6 (seis) meses, antes, a contar da data de início do período de inscrição.

Há uma nítida barreira interseccional (deficiência e condição de pobreza), com efeito de submeter as regras constitucionais ao disposto na precitada resolução do CNJ.

Alguns aspectos devem ser observados pelos gestores ao definirem as regras dos editais neste tópico: a) há uma dificuldade de obtenção dos laudos para aqueles candidatos que dependem do SUS (situação de vulnerabilidade constitucionalmente reconhecida, ao teor do item "*t*", do Preâmbulo, da CIDPD). Pode-se dizer que é impossível obter consulta pelo SUS, na maioria dos estados brasileiros, no prazo de trinta dias estipulado do edital; b) qualquer laudo ou exame complementar na inscrição é de natureza precária e será convalidado na avaliação presencial do candidato convocado pela equipe multiprofissional, podendo ser desconsiderada a deficiência em caso de informações inverídicas; e c) os impedimentos que caracterizem deficiência são de longo prazo ou permanentes e/ou irreversíveis, logo qualquer descrição inadequada constante do laudo será detectada na avaliação presencial.

Em relação ao item 4.3.2.c a situação se repete, com prazo de validade de audiometria injustificável de 6(seis) meses em prejuízo dos candidatos mais pobres.

Estas exigências indevidas configuram-se como barreiras interseccionais, vez que não atingem todas as pessoas com deficiência, mas sobretudo aquelas com vulnerabilidade sociofinanceira, de estratos mais pobres, sem acesso a planos de saúde.

8.5. Dos prejuízos da exigência de referência expressa ao código da Classificação Internacional de Doenças (CID), bem como a provável causa da deficiência

O item 4.3.2.a do Edital n. 01/2023-CSJT que replica teor do do incido I, do art. 74, da Res. n. 75/2009-CNJ, ao exigirem, na inscrição, juntar atestado médico que contenha a espécie, o grau ou nível da deficiência, a CID e a provável causa traduzem uma barreira programática em prejuízo do acesso dos candidatos com deficiência aos cargos da Magistratura Nacional:

> 4.3.2. O atestado médico, que deverá ter sido emitido, no máximo, 30 (trinta) dias antes da publicação deste edital, deverá conter:
>
> 4.3.2.a) a espécie e o grau ou nível da deficiência, com expressa referência ao código correspondente da Classificação Internacional de Doença — CID, bem como a causa da deficiência [...];

Tais exigências são incompatíveis com a nova caracterização biopsicossocial da deficiência e motivaram que tais requisitos, anteriormente contidos no inciso IV, do art. 39, do Decreto n. 3.298/99, fossem revogados por meio do Decreto n. 9.508/2018, de modo a compatibilizar-se com a nova visão CIF (funcional) da deficiência.

Na prática, a exigência da CID é um dos itens que mais causa rejeição da inscrição de candidatos com deficiência, uma vez que a Resolução n. 1.658/2002, do Conselho Federal de Medicina-CFM, que regula a emissão de atestados médicos, em seu art. 5º, estipula, que os médicos apenas podem fornecer atestados com o diagnóstico codificado, entre outras hipóteses, por solicitação do paciente e sua concordância expressa ou de seu representante legal no próprio atestado.

Esta regra gera a emissão de muitos laudos sem a CID e, por consequência, a eliminação da inscrição do candidato com deficiência nesta condição, mesmo quando o laudo contenha a descrição correta dos impedimentos e limitações, devendo ser ressaltado que qualquer falsidade ou inadequação contida no laudo anexado na inscrição, será verificada pela avaliação presencial por equipe multiprofissional de candidato aprovado e convocado.

O disposto nos itens 4.3.2.a gera prejuízos à inscrição de candidatos com deficiência, configurando-se barreira programática por ausência de adaptação razoável e exigência de dispositivos incompatíveis com a nova caracterização da deficiência.

8.6. Das inadequações das disposições relacionadas à deficiência visual

Passados mais de trinta anos da declaração de inaptidão do Dr. Ricardo Tadeu no Concurso para Juiz do TRT-SP, observa-se uma repetição de irregularidades em relação às pessoas com deficiência visual.

A exigência contida na redação original do Edital n. 01/2023-CSJT constituía barreira programática, permitindo a participação apenas de candidatos com visão monocular, vez que exigia acuidade em pelo menos um dos olhos, eliminando a inscrição de pessoas com baixa visão ou com cegueira em ambos os olhos, configurando-se ausência de adaptação razoável e discriminação por motivos derivados de deficiência, nas fases de recrutamento e seleção, vedadas pelo art. 27.1.a da CIDPD e art. 34, § 3º, da LBI:

> 4.3.2.e) a deficiência visual, se for o caso, devendo o laudo estar acompanhado de acuidade em pelo menos um dos olhos, patologia e campo visual.

Observa-se um forte desconhecimento dos responsáveis pela elaboração do Edital n. 01/2023 — CSJT do que se constitui a deficiência visual, a qual é caracterizada, em relação aos impedimentos, por expressiva perda de acuidade **e/ou** de campo visual, ainda que a análise seja realizada à luz da nova conceituação da deficiência.

O texto retificado pela Nota Informativa, de 1º.02.2023, ainda persiste em irregularidades, em relação às pessoas com déficit de campo visual, não citadas no item 4.3.2.e. do edital. Cita o Decreto n. 5.296/2004, e não atenta para o fato que o referido decreto abrange também as pessoas com perda de campo visual, afastando do certame pessoas que possuam apenas impedimentos visuais desta espécie:

> 4.3.2.e) a deficiência visual, se for o caso, devendo o laudo estar acompanhado de exame de acuidade visual que comprove a deficiência, conforme disposto no Decreto Federal n. 5.296/2004 e na Lei Federal n. 14.126/2021.

8.7. Do não regramento de exigências relacionadas às deficiências intelectual e mental (psicossocial)

De imediato, em sua redação original, o art. 4.2, ao deixar de se referir à conceituação atual de deficiência da CIDPD e LBI, de imediato eliminaria a possibilidade de inscrição de pessoas com deficiência mental(psicossocial), vez que tal espécie apenas foi incluída nestes diplomas normativos, não sendo contemplada nas hipóteses do art. 4º, do Decreto n. 3.298/99. O art. 4.2 foi retificado por meio da Nota Informativa de 1º.02.2023, alcançando a CIDPD e a LBI.

Apesar de os impedimentos intelectuais e mentais (psicossociais) exigirem um maior nível de detalhamento por parte de diversos exames complementares de natureza psiquiátrica ou psicológica, por suas características diversas de expressão, o item 4.3.2 do Edital n. 01/2023-CSJT dispôs nas alíneas *"b"*, *"c"*, *"d"* e *"e"* apenas sobre os impedimentos físicos, auditivos, múltiplos e visuais, esquecendo-se em relação à exigência de exames relacionados aos impedimentos intelectuais e psicossociais.

Dessa forma, há uma omissão indevida, que cria nos candidatos com deficiência intelectual ou psicossocial uma insegurança evitável ou uma ideia equivocada de que o certame não permite a inscrição de candidatos com tais espécies de impedimentos.

8.8. Da não citação no edital ao conteúdo mínimo de fornecimento de tecnologias assistivas e adaptações para a realização de provas em concursos públicos (Anexo Único do Decreto n. 9.508/2018)

É recomendável que o Edital n. 01/2023-CSJT observe o disposto no Decreto n. 9.508/2018, em relação ao seu ANEXO-TECNOLOGIAS ASSISTIVAS E ADAPTAÇÕES PARA A REALIZAÇÃO DE PROVAS EM CONCURSOS PÚBLICOS E EM PROCESSOS SELETIVOS, que representa apenas o conteúdo mínimo de adaptações necessárias e/ou fornecimento de tecnologias assistivas nos certames públicos, devendo ser visto com caráter não exaustivo, em face da grande amplitude de impedimentos caracterizáveis como deficiência, com diferentes necessidades adaptativas.

É relevante ao menos reproduzir no corpo do Edital o conteúdo mínimo do precitado Anexo Único do Decreto n. 9.508/2018 ou fazer menção a este Anexo. Dessa forma é inadequado a mera estipulação genérica de atendimento especial estipulada no item 4.4 do Edital n. 01/2023-CSJT:

> 4.4 O(A) candidato(a) inscrito(a) na condição de pessoa com deficiência poderá requerer atendimento especial, conforme estipulado no item 8 deste Edital, indicando as condições de que necessita para a realização das provas.

A inclusão de pessoas com deficiência tem regulações próprias, sendo imperativo que: (a) seja eliminada a ideia de que as adaptações disponibilizadas para tais pessoas tem direito são "atendimentos "especiais", quando são direitos constitucionalmente e legalmente previstos; (b) as adaptações e tecnologias assistivas disponibilizadas sejam estipuladas em capítulo específico dos candidatos com deficiência; (c) estejam expressas no texto do edital, contemplando, em caráter não exaustivo, as hipóteses previstas no precitado Anexo.

8.9. Dos potenciais prejuízos na inscrição de candidatos com deficiência, em face de possibilidade de exclusão do concurso público e/ou responsabilização civil e criminal motivada por declaração falsa em relação à deficiência

O laudo caracterizador de deficiência, para fins de inscrição nas vagas reservadas, é emitido por profissional de saúde (fisioterapeuta, fonoaudiólogo, médico, psicólogo, terapeuta ocupacional), o qual é o responsável técnico pelo conteúdo da declaração. A caracterização biopsicossocial da deficiência é um ato técnico e complexo e, por muitas vezes, o candidato não sabe se é ou não pessoa com deficiência.

Dessa forma é indevida a menção de modo genérico, por declaração falsa, com efeito de exclusão e/ou responsabilização civil ou criminal do candidato que se inscreve na condição de pessoa com deficiência, nos termos do item 4.9, do Edital n. 01/2023-CSJT:

> 4.9 O(A) candidato(a) que prestar declarações falsas em relação à sua deficiência será excluído(a) do certame, em qualquer fase, além de responder civil e criminalmente pelas consequências decorrentes do seu ato.

Os próprios equívocos constantes do Edital n. 01/2023-CSJT em relação à caracterização de deficiência demonstram o quão desafiador é essa definição, mais ainda para candidatos que não tenham formação na área de saúde.

O item 4.9 deve ser incluído em disposições gerais, relacionadas a quaisquer declarações falsas, relativas a todos os candidatos: de concorrência ampla, pessoas com deficiência e pessoas negras e não como um item específico para pessoas com deficiência.

Os laudos e exames enviados no momento da inscrição, caso o candidato seja aprovado em todas as fases do certame, serão analisados por equipe multiprofissional, de modo presencial, a qual tem amplos poderes para constatação ou não da veracidade da caracterização da deficiência e dos dados contidos nos laudos e exames enviados no momento da inscrição, podendo nesta etapa eliminar candidatos cujos documentos anexados na etapa de inscrição não correspondam ao resultado obtido na avaliação presencial por equipe multiprofissional de candidato aprovado e convocado.

8.10. Da inadequação da avaliação de compatibilidade da deficiência com a atividade judicante

O item 4.13, do Edital n. 1/2023-CSJT replica quase literalmente o § 2º, do art. 73, da Res. n. 75/2009-CNJ, que dispõe que "A avaliação sobre a compatibilidade da deficiência com a função judicante deve ser empreendida no estágio probatório a que se submete o aprovado no certame", conforme se pode observar na sua redação:

> 4.13 A avaliação sobre a compatibilidade da deficiência com a função judicante será empreendida no estágio probatório a que se submeterá o(a) candidato(a) aprovado(a) no certame.

Esta forma de avaliação era antes disposta no § 2º, do art. 43, do Decreto n. 3.298/99, foi revogada pelo Decreto n. 9.508/2018, eliminando esta possibilidade. Ressalte-se que há vedação legal de exigência de aptidão plena, nos termos da Lei n. 13.146/2015, art. 34, § 3º, *in fine*.

Deve-se ter em mente que o candidato com deficiência já foi previamente aprovado em todas as etapas anteriores de provas prévias à nomeação (objetiva, subjetiva, prática e oral), em um dos concursos públicos mais difíceis do Brasil. A aprovação é comprovação de sua aptidão, restando a promoção de adaptações razoáveis no exercício do trabalho e no ambiente laboral.

Assim, "a avaliação de compatibilidade" deve ser interpretada no sentido da promoção de adaptações razoáveis e fornecimento de tecnologias assistivas e não como elemento para declaração de inaptidão de candidato com deficiência para acesso a certo cargo público.

A pessoa com deficiência também não pode ter obstado o acesso a um cargo público, por motivos derivados de sua deficiência, em face da impossibilidade legal de exigência de aptidão plena, nos termos do § 3º, *in fine*, do art. 34, da Lei n. 13.146/2015 (LBI).

8.11. Da inobservância de regras relacionadas à avaliação por equipe multiprofissional

O Edital n. 01/2023-CSJT deixa de observar a composição e os objetivos da equipe multiprofissional estipulada no art. 5º e seu Parágrafo Único, do Decreto n. 9.508/2018.

> 4.14 O(A) candidato(a) com deficiência submeter-se-á, na mesma ocasião do exame de sanidade física e mental, à avaliação da Comissão Multiprofissional quanto à existência de deficiência e sua extensão, nos termos do art. 75 da Resolução n. 75/2009 do CNJ.
>
> 4.14.1 A Comissão Multiprofissional será composta por 2 (dois/duas) médicos(as), 1 (um) representante da Ordem dos Advogados do Brasil, 1 (um) representante do Ministério Público e 2 (dois) Membros do Tribunal, cabendo ao(à) Ministro(a) do TST mais antigo(a) presidi-la.

Em relação à composição, o *caput* do art. 5º é expresso no sentido de a equipe será composta por seis pessoas: a) três delas profissionais atuantes nas áreas de deficiência, sendo um deles médico; e b) três profissionais integrantes da carreira almejada. Sequer o item 4.14.1 atende à exigência de 3 magistrados integrarem esta equipe e deixa de observar a possibilidade de composição da equipe por outros profissionais de saúde que não sejam médicos.

A atuação da equipe multiprofissional para avaliação de medidas adaptativas para a realização das provas, do curso de formação e do estágio probatório é essencial para o sucesso na aprovação do candidato e sua posterior inclusão nas atividades judicantes e um olhar médico, restrito apenas à caracterização da deficiência se configura em uma barreira programática, vez que não atenta para outros aspectos para a inclusão no trabalho.

8.12. Da ausência expressa do quantitativo de vagas reservadas para os candidatos com deficiência e de se proceder o arredondamento sempre para maior

São muito importantes alguns aspectos relacionados aos critérios para definição das vagas reservadas e convocação de candidatos com deficiência aprovados, a partir da análise das disposições do Decreto n. 9.508/2018, aplicáveis nos concursos públicos e processos seletivos públicos: a) o caráter mínimo do percentual definido de 5% (art. 1º, § 1º); b) o arredondamento sempre para maior das vagas reservadas, independente da fração obtida (art. 1º, § 3º); c) no caso de concurso público com vagas regionalizadas, a hipótese que não implica em redução de vagas é a de aplicação do fator de 5% e respectivo arredondamento para maior por TRT, resultando em 28 vagas reservadas, ao invés de 15 vagas (300 x 5%), no caso de aplicação pelo total das vagas (art. 1º, § 4º, inciso I); e d) a necessidade de a tabela de vagas detalhar o número de vagas reservadas para candidatos com deficiência (art. 3º, I).

Foram listadas apenas o total de vagas gerais por TRT, deixando-se de observar as exigências contidas no Decreto n. 9.508/2018, em relação a inclusão das vagas reservadas no texto do edital, com a observância de utilizar, no caso de concurso regionalizado da forma de cálculo que não cause redução do número de vagas para candidatos com deficiência:

> Art. 1º Fica assegurado à pessoa com deficiência o direito de se inscrever, no âmbito da administração pública federal direta e indireta e em igualdade de oportunidade com os demais candidatos, nas seguintes seleções:
>
> I - em concurso público para o provimento de cargos efetivos e de empregos públicos; e [...]
>
> § 1º Ficam reservadas às pessoas com deficiência, no mínimo, cinco por cento das vagas oferecidas para o provimento de cargos efetivos e para a contratação por tempo determinado para atender necessidade temporária de excepcional interesse público, no âmbito da administração pública federal direta e indireta. [...]

§ 3º Na hipótese de o quantitativo a que se referem os § 1º e § 2º resultar em número fracionado, este será aumentado para o primeiro número inteiro subsequente. § 4º A reserva do percentual de vagas a que se referem os § 1º e § 2º observará as seguintes disposições:

II – na hipótese de concurso público ou de processo seletivo regionalizado ou estruturado por especialidade, o percentual mínimo de reserva será aplicado ao total das vagas do edital, ressalvados os casos em que seja demonstrado que a aplicação regionalizada ou por especialidade não implicará em redução do número de vagas destinadas às pessoas com deficiência; e

III – o percentual mínimo de reserva será observado na hipótese de aproveitamento de vagas remanescentes e na formação de cadastro de reserva. [...]

3º Para os fins do disposto neste Decreto, os editais dos concursos públicos e dos processos seletivos de que trata a Lei n. 8.745, de 1993, indicarão:

I – o número total de vagas previstas e o número de vagas correspondentes à reserva para pessoas com deficiência, discriminada, no mínimo, por cargo [...]

8.13. Da insuficiência da redação relacionada à sistemática de convocação dos candidatos com deficiência aprovados e classificados

O Edital n. 01/2023-CSJT não atende de modo adequado a exigência disposta no inciso V, do art. 3º, do Decreto n. 9.508/2018:

> Art. 3º Para os fins do disposto neste Decreto, os editais dos concursos públicos e dos processos seletivos de que trata a Lei n. 8.745, de 1993 , indicarão:
>
> I – o número total de vagas previstas e o número de vagas correspondentes à reserva para pessoas com deficiência, discriminada, no mínimo, por cargo; [...]
>
> V – a sistemática de convocação dos candidatos classificados, respeitado o disposto nos § 1º e § 2º do art. 1º; e [...]

Quando disposta em edital a reserva de 5% das vagas para candidatos com deficiência, torna-se necessário, indicar qual a ordem de convocação dos candidatos com deficiência aprovados, a cada bloco de convocação de 20 candidatos aprovados (100% dividido por 5%).

Aplicando-se o arredondamento sempre para maior, a diretriz de superação social e a interpretação que mais conceda efetividade à inclusão das pessoas com deficiência, é de se pressupor que ao candidato com deficiência caberia a 2ª vaga em cada bloco de 20 candidatos convocados, em caso de reserva mínima de 5% das vagas.

O item 18.3 do Edital n. 01/2023-CSJT não detalha a sistemática de convocação, deixando margem para controvérsias jurídicas:

> 18.3 A nomeação dos(as) candidatos(as) aprovados(as) respeitará os critérios de alternância e de proporcionalidade, que consideram a relação entre o número total de vagas disponibilizadas e o número de vagas reservadas à pessoa com deficiência e a candidatos(as) negros(as).

A mera citação genérica aos critérios de alternância (convocação alternada entre candidatos de vagas gerais, com deficiência e negros) e proporcionalidade (em que proporção é convocado um candidato com deficiência), sem indicar a ordenação da convocação dos candidatos com deficiência, é omissa e é motivo para judicialização por parte dos candidatos das vagas gerais, para requerer que cabe ao candidato com deficiência apenas a 5ª vaga.

9. Do conceito jurídico de discriminação por motivos derivados de deficiência e sua aplicação em editais

A CIDPD instituiu um conceito específico de discriminação por motivos derivados de deficiência e ausência de adaptação razoável:

> Art. 2º Definições. Para os propósitos da presente Convenção:
>
> "Discriminação por motivo de deficiência" significa qualquer diferenciação, exclusão ou restrição baseada em deficiência, com o propósito ou efeito de impedir ou impossibilitar o reconhecimento, o desfrute ou o exercício, em igualdade de oportunidades com as demais pessoas, de todos os direitos humanos e liberdades fundamentais nos âmbitos político, econômico, social, cultural, civil ou qualquer outro. Abrange todas as formas de discriminação, inclusive a recusa de adaptação razoável; Adaptação razoável" significa as modificações e os ajustes necessários e adequados que não acarretem ônus desproporcional ou indevido, quando requeridos em cada caso, a fim de assegurar que as pessoas com deficiência possam gozar ou exercer, em igualdade de oportunidades com as demais pessoas, todos os direitos humanos e liberdades fundamentais.

Importante detalhar alguns pontos específicos do conceito da CIDPD, para configurar a discriminação: a) não é necessário provar a intenção em prejudicar, impedir ou impossibilitar a inclusão da pessoa com deficiência, basta que o efeito prejudicial seja configurado; e b) a não promoção ou recusa de adaptação razoável e de fornecimento de tecnologias assistivas é considerada discriminação por motivos derivados de deficiência.

No âmbito do trabalho, a CIDPD veda a discriminação em todas as etapas de acesso ou permanência no trabalho, inclusive em processos de recrutamento e seleção:

> 27.1.a Proibir a discriminação baseada na deficiência com respeito a todas as questões relacionadas com as formas de emprego, inclusive condições de

recrutamento, contratação e admissão, permanência no emprego, ascensão profissional e condições seguras e salubres de trabalho.

Tais artigos da CIDPD são replicados de forma bastante similar nos seguintes artigos da LBI: a) inc. VI do art. 3º; b) § 1º, do art. 4º e c) § 3º, do art. 34. Motivada por desconhecimento sobre os aspectos relacionados com deficiência ou em face de barreiras atitudinais, as irregularidades ou inadequações constantes do Edital n. 01/2023-CSJT deixaram de observar a diretriz de adaptação razoável e tem como consequências prejuízos em vários níveis aos candidatos com deficiência, sendo configurável a discriminação em concurso público por motivos derivados da deficiência, com efeito de declaração de nulidade destes itens, nos termos do art. 1º, da Lei n. 5.473/68:

> Art. 1º São nulas as disposições e providências que, direta ou indiretamente, criem discriminações entre brasileiros de ambos os sexos, para o provimento de cargos sujeitos a seleção, assim nas empresas privadas, como nos quadros do funcionalismo público federal, estadual ou municipal, do serviço autárquico, de sociedades de economia mista e de empresas concessionárias de serviço público.

10. Considerações finais

O estudo de caso do Edital n. 1/2023, do II Concurso Público Nacional Unificado da Magistratura Trabalhista traz à tona a existência de diversas barreiras programáticas relacionadas à inclusão das pessoas com deficiência nos cargos públicos, que precisam ser avaliadas de forma detalhada pelas autoridades públicas no âmbito federal, estadual, distrital e municipal, de modo a se promover as ações necessárias para que sejam eliminadas redações de itens editalícios que não observem: a) os objetivos fundamentais constantes do art. 3º, da Constituição Federal, b) a diretriz de superação social do novo conceito biopsicossocial da deficiência e de máxima efetividade constitucional; c) a reconhecida situação de pobreza e vulnerabilidade social destas pessoas; d) o imperativo de se garantir a acessibilidade em todas as suas dimensões; e e) o dever de promoção de adaptações razoáveis e do fornecimento de tecnologias assistivas.

Foram detectadas, no mínimo, 13(treze) barreiras programáticas na análise do edital analisado, algumas das quais relativas a tópicos essenciais, a exemplo da definição e tipos de deficiência, prazo de validade de laudos caracterizadores, inobservância de avaliação biopsicossocial, ausência de definição de vagas reservadas, entre outros.

Todas os itens do edital que constituam barreiras programáticas se configuram como discriminatórios em face de deficiência, nos termos do conceito de discriminação da Convenção Internacional sobre os Direitos da Pessoa com Deficiência e da Lei Brasileira de Inclusão, apenas pelo fato de causarem prejuízos aos candidatos com deficiência, sendo irrelevante ou não a prova de intenção de exclusão de tais candidatos, cabível a declaração de nulidade, nos termos da Lei n. 5.473/1968.

Torna-se necessário que sejam empreendidas ações que eliminem a possibilidade de repetição, nos próximos concursos públicos de acesso à magistratura brasileira, de tais barreiras programáticas em prejuízo das pessoas com deficiência. Entre as ações sugeridas, podemos citar: a) adequação da redação atual da Resolução n. 75/2009, do Conselho Nacional de Justiça, às normas constitucionais e legais relacionadas à inclusão das pessoas com deficiência; b) capacitação sobre as regras e princípios da temática deficiência para os gestores, magistrados e servidores do Conselho Nacional de Justiça e Conselhos Superiores da justiça comum e das justiças especializadas, nos âmbitos federal, estadual e distrital, bem como sobre os aspectos a serem observados na elaboração dos editais e na operacionalização de todas as etapas dos certames públicos para o acesso à Magistratura Nacional; e c) atuação mais efetiva dos Ministérios Públicos em suas áreas de atuação, para promover procedimentos investigatórios e, quando for o caso, ações civis públicas para ajustes de editais com itens discriminatórios por motivos derivados de deficiência.

Referências

ANIBAL, Felippe. A superação do 1º juiz cego do Brasil. Ricardo Tadeu Marques da Fonseca venceu as próprias limitações e hoje é desembargador do TRT-PR. *Gazeta do Povo*, Curitiba, edição de 02 abr. 2015. Disponível em: https://www.gazetadopovo.com.br/vida-ecidadania/a-superacao-do-1-juiz-cego-do-brasil-bqkcb27whvy3q41q2mmkf2isx/.

BESSA, Reinaldo. Uma vida de superações: a história do primeiro magistrado cego do país. *Gazeta do Povo*, Curitiba, edição de 15 dez. 2020. Disponível em: https://www.gazetadopovo.com.br/vozes/reinaldo-bessa-vozes/primeiro-magistrado-cego-dopais/. Consulta em: 14 set. 2023.

BRASIL. Conselho Federal de Medicina. *Resolução n. 1.658, de 13 de dezembro de 2002.* Normativa a emissão de atestados médicos e dá outras providências. Disponível em: https://sistemas.cfm.org.br/normas/visualizar/resolucoes/BR/2002/1658. Acesso em: 31 ago. 2023.

______. Conselho Nacional de Justiça. *Resolução n. 75, de 12 de maio de 2009.* Dispõe sobre os concursos públicos para ingresso na carreira da magistratura em todos os ramos do Poder Judiciário nacional. Disponível em: https://atos.cnj.jus.br/files/compilado22204320230412643 72ebbd4a49.pdf. Acesso em: 04.08.2023.

______. Conselho Superior da Justiça do Trabalho. *Edital de Abertura n. 1/2023 do II Concurso Público Nacional Unificado para ingresso na carreira da Magistratura do Trabalho.*

______. [Constituição (1988)]. *Constituição da República Federativa do Brasil.* Brasília: Congresso Nacional, 1988. *Diário Oficial da União.* Brasília, DF, 05 out. 1988. Disponível em: https://www.planalto.gov.br/ccivil_03/constituicao/constituicao.htm. Acesso em: 03 ago. 2023.

______. *Decreto n. 3.298, de 20 de dezembro de 1999.* Regulamenta a Lei n. 7.853, de 24 de outubro de 1989, dispõe sobre a Política Nacional para a Integração da Pessoa Portadora de Deficiência, consolida as normas de proteção, e dá outras providências. *Diário Oficial da União.* Brasília, DF, 21 dez. 1999. Disponível em: https://www.planalto.gov.br/ccivil_03/decreto/d3298.htm. Acesso em: 16 ago. 2023.

______. *Decreto n. 6.949, de 25 de agosto de 2009.* Promulga a Convenção Internacional sobre os Direito das Pessoas com Deficiência e seu Protocolo Facultativo, assinados em Nova Iorque, em

30 de março de 2007. *Diário Oficial da União. Brasília*, DF, 26 ago. 1999. Disponível em: https://www.planalto.gov.br/ccivil_03/_ato2007-2010/2009/decreto/d6949.htm?c=atila.

______. *Decreto n. 9.508, de 24 de setembro de 2018.* Reserva às pessoas com deficiência percentual de cargos e de empregos públicos ofertados em concursos públicos e em processos seletivos no âmbito da administração pública federal direta e indireta. *Diário Oficial da União.* Brasília, DF, 25 set. 2018. Disponível em: https://www.planalto.gov.br/ccivil_03/_ato20152018/2018/decreto/d9508.htm. Acesso em: 16 ago. 2023.

______. *Instrução Normativa n. 2, de 8 de novembro de 2021.* Dispõe sobre os procedimentos a serem observados pela Auditoria-Fiscal do Trabalho nas situações elencadas. Ministério do Trabalho e Previdência/Gabinete do Ministro. *Diário Oficial da União.* Brasília, DF, 12 nov. 2021. Disponível em: https://www.in.gov.br/en/web/dou/-/instrucao-normativa-359448244. Acesso em: 28 set. 2023.

______. *Lei n. 5.473, de 10 de julho de 1968.* Regula o provimento de cargos e dá outras providências. *Diário Oficial da União.* Brasília, DF, 19 jul. 1968. Disponível em: http://www.planalto.gov.br/ccivil_03/leis/l5473.htm. Acesso em: 27 set. 2023.

______. *Lei n. 7.853, de 24 de outubro de 1989.* Dispõe sobre o apoio às pessoas portadoras de deficiência, sua integração social, sobre a Coordenadoria Nacional para Integração da Pessoa Portadora de Deficiência — Corde, institui a tutela jurisdicional de interesses coletivos ou difusos dessas pessoas, disciplina a atuação do Ministério Público, define crimes, e dá outras providências. *Diário Oficial da União.* Brasília, DF, 25 out. 1989. Disponível em: https://www.planalto.gov.br/ccivil_03/leis/l7853.htm#:~:text=Disp%C3%B5e%20sobre%20o%20apoio%20%C3%A0s,P%C3%BAblico%2C%20define%20crimes%2C%20e%20d%C3%.

______. *Lei n. 8.112, de 11 de dezembro de 1990.* Dispõe sobre o regime jurídico dos servidores civis da União, das autarquias e das fundações públicas federais. *Diário Oficial da União.* Brasília, DF, 11 dez. 1990. Disponível em: https://www.planalto.gov.br/ccivil_03/leis/l8112cons.htm. Acesso em: 21 ago. 2023.

______. *Lei n. 8.213, de 24 de julho de 1991.* Dispõe sobre os Planos de Benefícios da Previdência Social e dá outras providências. *Diário Oficial da União.* Brasília, DF, 25 jul. 1991. Disponível em: https://www.planalto.gov.br/ccivil_03/leis/l8213cons.htm. Acesso em: 24 ago. 2023.

______. *Lei n. 12.764, de 27 de dezembro de 2012.* Institui a Política Nacional de Proteção dos Direitos da Pessoa com Transtorno do Espectro Autista; e altera o § 3º do art. 98 da Lei n. 8.112, de 11 de dezembro de 1990. *Diário Oficial da União.* Brasília, DF, 28 dez. 2012. Disponível em: https://www.planalto.gov.br/ccivil_03/_ato2011-2014/2012/lei/l12764.htm. Acesso em: 17 ago. 2023.

______. *Lei n. 13.146, de 6 de julho de 2015.* Institui a Lei Brasileira de Inclusão da Pessoa com Deficiência (Estatuto da Pessoa com Deficiência). *Diário Oficial da União.* Brasília, DF, 7 jul. 2015. Disponível em: https://www.planalto.gov.br/ccivil_03/_ato20152018/2015/lei/l13146.htm. Acesso em: 16 ago. 2023.

______. *Lei n. 14.126, de 22 de março de 2021.* Classifica a visão monocular como deficiência sensorial, do tipo visual. *Diário Oficial da União.* Brasília, DF, 23 jul. 2021. Disponível em: http://www.planalto.gov.br/ccivil_03/_ato2019-2022/2021/lei/L14126.htm. Acesso em: 17 ago. 2023.

BRITO FILHO, José Cláudio Monteiro de. *Trabalho Decente.* Análise Jurídica da Exploração do Trabalho — Trabalho forçado e outras formas de trabalho indigno. São Paulo: LTr, 2004.

DI PIETRO, Maria Sylvia Zanella. *Direito Administrativo.* 35. ed. Rio de Janeiro: Forense, 2022.

FONSECA, Ricardo Tadeu Marques da. *O trabalho da pessoa com deficiência.* Lapidação dos Direitos Humanos: o direito do trabalho, uma ação afirmativa. 1. ed. São Paulo: LTr, 2006.

GIL, Antonio Carlos. *Como elaborar projetos de pesquisa.* 7. ed. Barueri: Atlas, 2023.

GUGEL, Maria Aparecida. *Pessoas com deficiência e o direito ao concurso público:* reserva de cargos e empregos públicos, administração pública direta e indireta. 2. ed. Goiânia: Editora da UCG, 2006.

LISBOA. Rose Suellen (Org.). *Guia Elaboração de Trabalhos Acadêmicos.* 2. ed., rev., ampl. e atual. Belém, Universidade Federal do Pará-Biblioteca Central, 2021.

MADRUGA, Sidney. *Pessoas com Deficiência e Direitos Humanos.* Ótica da diferença e ações afirmativas. 3. ed. São Paulo: Saraiva Educação, 2019.

MOREIRA, Adílson José. *Tratado de Direito Antidiscriminatório.* São Paulo: Editora Contracorrente, 2020.

ONU — Organização das Nações Unidas. *Convenção Internacional sobre os Direitos das Pessoas com Deficiência e seu Protocolo Facultativo.* Aprovada em 30 de março de 2007. Promulgada pelo Decreto n. 6.949, de 25 de agosto de 2009. Disponível em: https://www.planalto.gov.br/ccivil_03/_ato2007-2010/2009/decreto/d6949.htm. Acesso em: 03 ago. 2023.

RAMOS, André de Carvalho. *Curso de Direitos Humanos.* 7. ed. São Paulo: Saraiva Educação, 2020.

SASSAKI, Romeu Kazumi. *As sete dimensões da acessibilidade.* 1. ed. São Paulo: Larvatus Prodeo, 2019.

YIN, Roberto K. *Estudo de caso.* Planejamento e Métodos. Tradução Christian Matheus Herrera. 5. ed. Porto Alegre: Bookman, 2015.

Parte 3

Direito do Trabalho e Direito das Crianças e Adolescentes

O Trabalho Infantil Doméstico na Justiça do Trabalho: Um Olhar sobre a Realidade

Hildyane Moraes Branches dos Santos[1]

1. Análise do contexto

A legislação brasileira não permite a contratação de qualquer pessoa na condição de empregada doméstica, por considerar que até os 18 anos, o trabalho doméstico é tido como trabalho infantil em uma de suas piores formas, conforme consta na denominada lista TIP, que integra o Decreto n. 6.481 de 2008, regulamentador dos arts. 3º, alínea *"d"*, e 4º da Convenção n. 182 da Organização Internacional do Trabalho — OIT. (BRASIL, 2008).

A legislação mais recente aplicável ao trabalhador doméstico é a Lei Complementar n. 150 de 2015, que também é específica quanto a essa proibição em seu art. 1º, parágrafo único. (Brasil, 2015). Na Pesquisa Nacional por Amostra de Domicílios (PnadC), de 2020, referente ao ano de 2019, constou que, no Brasil, tínhamos 1,8 milhão de crianças e adolescentes de 5 a 17 anos em situação de trabalho infantil, e isso representava 4,6% da população (38,3 milhões) nesta faixa etária. Desse quantitativo, 7,1% eram trabalhadores infantis domésticos, ou seja, encontravam-se trabalhando na casa de terceiros (IBGE, 2020).

O trabalho infantil é uma realidade que é muito presente no nosso país, apesar dos esforços depreendidos pelo estado brasileiro, pelos legisladores, pela atuação de órgãos de fiscalização, suas instituições e pela sociedade civil organizada. No estado do Pará, uma forma de exploração do trabalho infantil se destaca, especialmente pelo grande número de casos vistos no dia a dia, quanto pela tolerância com que é visto na sociedade: o trabalho infantil doméstico.

É uma atividade inserida na Lista das Piores Formas de Trabalho Infantil (lista TIP), que não é permitida aos menores de 18 anos, porém, que permanece sendo por eles realizada, ou melhor, por elas, pois as vítimas são, em sua maioria, meninas não brancas, trazidas de regiões interioranas ou periféricas do estado para a capital (GARCIA, 2020).

---

(1) Advogada. Graduada em Direito pela Universidade Federal do Pará.

O trabalho infantil doméstico, por se tratar da exploração ilegal de um grupo vulnerável de crianças e adolescentes que ocorre dentro de um ambiente privado das residências, em uma relação profundamente hierarquizada e marcada em construções sociais patriarcais, há um favorecimento à ocorrência de práticas exploratórias.

De modo geral, essas pessoas ou recebem abaixo do salário mínimo, uma ajuda ou um agrado financeiro "para comprar suas coisas", ou nada recebem em dinheiro, mas apenas têm como retribuição de seu trabalho: moradia, comida, roupa (muitas vezes apenas usadas) ou algum apoio escolar — quando isso acontece.

Tudo isso ocorre, até hoje, como herança do período colonial e do regime escravocrata vivido no Brasil; sendo uma realidade muito presente na Região Norte do país, principalmente no Pará, onde se atribui o fato à questão cultural e, assim, invisibiliza-se o trabalho infantil doméstico, especialmente de meninas que já são preparadas desde cedo para esse tipo de atividade. (DANTAS, 2016)

No estado do Pará, ainda é muito comum uma forma de exploração do trabalho infantil que, apesar de ser ilegal nos moldes com é exercido, é aceitada e fomentado pela sociedade: o trabalho infantil doméstico realizado, majoritariamente, por meninas que saem do interior para trabalhar em residências de terceiros ou pessoas que possuem certo parentesco e sem remuneração, como contraprestação por alimentação e moradia (DUTRA, 2007).

O trabalho exercido por essas crianças e adolescentes nessas residências é provido de uma estrutura simbólica de hierarquia, normas e costumes, e que representa os valores culturais e crenças próprias dos indivíduos que pertencem a esse meio (GARCIA, 2020).

Diante desse cenário é possível visualizar uma espécie de relação de trabalho, ainda que ilegal, pois estão presentes os requisitos da pessoalidade, não eventualidade, subordinação jurídica e onerosidade, previstos no art. 3º da Consolidação das Leis do Trabalho.

Apesar dessas relações ocorrerem de forma habitual e cotidiana, poucos são os casos de te fato chegam ao poder judiciário. Local este onde essas pessoas vão para buscar "justiça", mas que por muitas vezes e por diversos motivos acabam sem nenhum tipo de reparação dos seus direitos violados. A presente pesquisa adotou como ponto de partida o contexto acima delineado, sendo realizada com o objetivo de analisar um caso judicial nos moldes acima no Tribunal Regional do Trabalho da 8ª Região. Escolheu-se trabalhar com o TRT8 por ser o órgão competente para julgar os casos de trabalho doméstico infantil no estado do Pará.

Na caracterização proposta pela pesquisa se buscou analisar se as fundamentações da decisão encontram respaldo nas legislações de proteção aos direitos fundamentais da criança. Para tanto, foram analisados os julgados produzidos em segundo grau de jurisdição pelo referido órgão, disponibilizados no repositório de jurisprudência. Os julgados foram coletados, inicialmente, sem marco temporal, com a utilização da palavra-chave *"trabalho doméstico"* e *"interior"*, totalizando 19 (dezenove) acórdãos. Utilizando a palavra-chave *"trabalho infantil"* não foi possível encontrar nenhum julgado, reforçando o fato de que poucos são os casos que chegam ao segundo grau de jurisdição do Tribunal.

Dentre eles, apenas 1 (um) acórdão foi selecionado para análise, por se tratar de um processo judicial que representa o modo de exploração do trabalho infantil doméstico nos interiores do estado. O caso que será analisado no presente trabalho é o acórdão n. 0181500-70.2005.5.08.0003 da 4ª turma do Tribunal Regional do Trabalho da 8ª Região, que julgou o recurso ordinário interposto em face de uma sentença de julgou improcedente o pedido de reconhecimento de vínculo empregatício e verbas rescisórias decorrente do período laboral da reclamante.

Aos 16 (dezesseis) anos, a reclamante veio de Irituia, município no interior do estado do Pará, para a capital em busca de estudo e trabalho, passando a residir na casa dos reclamados. Como forma de contraprestação pela moradia e alimento fornecido pelos reclamantes, ela passou a realizar tarefas domésticas na residência, recebendo menos de 1 (um) salário-mínimo.

A reclamante possuía certo grau de parentesco com os reclamados, que em sua defesa alegaram tratá-la quase como sua filha, com a tese de que usufruía das mesmas coisas que seus filhos e que as tarefas realizadas eram comuns para todos que residiam na casa, que ela não era tratada como empregada doméstica e que o dinheiro recebido era uma mesada e não salário.

O acórdão manteve a sentença, afastando o reconhecimento de vínculo empregatício. Na decisão não se verificou se os fatos relatos condiziam com o preenchimento dos requisitos disposto na legislação trabalhista para o reconhecimento do vínculo empregatício, nem se as provas eram suficientes para comprovar que de fato não se tratava de uma relação de emprego.

A fundamentação da decisão foi inteiramente baseada na visão moral do julgador. A prestação do serviço não foi negada, porém na visão do órgão julgador esses atos não figuravam como trabalho doméstico. Não por não preencher os requisitos legais, mas por ele achar correto a realização de atividades domésticas em troca de comida e abrigo.

Diante disso, a fundamentação utilizada pelo órgão julgador será o alvo de análise deste trabalho e sua compatibilidade com os direitos fundamentais da criança e do adolescente, tendo em vista a carência de estudos voltados especificamente para exploração do trabalho doméstico exercido por crianças e adolescentes em condições como a do caso que será analisado.

2. Fundamentação jurídica

Para compreendermos a fundamentação jurídica utilizada pela Turma ao julgar o recurso interposto pela reclamante, é necessário saber qual o contexto temporal do julgado, quais legislações eram existentes no período da prolação do acórdão analisado.

Para isso abordaremos brevemente a evolução dos direitos da criança e do adolescente, por meio de uma linha do tempo das legislações e normas nacionais e internacionais existentes à época do acórdão, com ênfase nas leis que tratam diretamente do trabalho infantil.

Inicialmente em 1871 existia a lei do ventre livre — Lei n. 2.040 (BRASIL, 1871) que passou a considerar livres todos os filhos das mulheres escravizadas, não sendo submetidos, em tese, ao trabalho escravo. No entanto essa "liberdade" era válida até a criança completar 8 (oito) anos, idade na qual o senhor tinha a opção de receber uma indenização do Estado ou utilizar-se da mão de obra infantil até a criança completar 21 (vinte e um) anos.

Após isso, em 1888 tivemos a Lei Áurea — Lei n. 3.353 (BRASIL, 1888) que aboliu a escravatura no Brasil, último país da América Latina a abolir a escravatura, tornando todas as pessoas livres do trabalho forçado, inclusive as crianças e adolescentes.

Em 1891 foi promulgada no Brasil o Decreto n. 1.312 (BRASIL, 1891), sendo a primeira norma que determinava a idade mínima de 12 (doze) anos para o trabalho, estabelecendo também condições para regularizar o trabalho infantil.

No âmbito internacional tivemos em 1919, a primeira convenção da Organização Internacional do Trabalho (OIT, 1919) que proibiu o trabalho realizado por pessoas com menos de 14 (quatorze) anos e em 1924, a aprovação da Declaração de Genebra, considerado o primeiro documento internacional sobre os direitos da criança. (ONU, 1924)

Este foi o primeiro instrumento normativo a abordar especificamente questões que afetam as crianças e adolescentes. Entretanto, consistia em um documento sem força vinculante, que não trazia nenhum tipo de obrigação aos Estados, o que tornava a sua aplicação ineficiente.

Mesmo diante disso, foi responsável por legitimar os princípios da proteção integral e do melhor interesse da criança, pilares das leis de proteção da criança e do adolescente. Apesar de não versar expressamente sobre o trabalho infantil, em um de seus itens, abordava de forma ampla, a necessidade de proteção das crianças contra todo e qualquer tipo de exploração.

Em 1930 tivemos uma maior proteção da OIT, que passou a proteger crianças de trabalho forçado ou obrigatório, como vítimas de tráfico, escravidão ou explorados pela prostituição e pornografia. (OIT, 1930)

No Brasil tivemos em 1943, a Consolidação das Leis de Trabalho, documento que regulamenta o trabalho de aprendizes no mercado de trabalho. De acordo com este Decreto, o menor aprendiz é o adolescente com mais de 14 anos e menos de 18 anos "sujeito à formação profissional e metodológica do ofício em que exerça seu trabalho". (BRASIL, 1943)

Já em 1946 tivemos a criação da UNICEF que é um órgão das Nações Unidas que tem como objetivo promover a defesa dos direitos das crianças, ajudar a dar resposta às suas necessidades e contribuir para o seu desenvolvimento. Hoje rege-se pela Convenção sobre os Direitos da Criança e trabalha para que esses direitos se convertam em princípios éticos permanentes e em códigos de conduta internacionais para as crianças.

Ainda no âmbito internacional, em 1948 tivemos a Declaração Universal dos Direitos Humanos (DUDH), sendo um documento marco na história dos direitos humanos, foi proclamada como uma norma comum a ser alcançada por todos os povos e nações. Ela prevê, pela primeira vez, a proteção universal dos direitos humanos. Através dos seus 10 (dez) princípios, aumentando o elenco de direitos aplicáveis à população infantil.

Em 1959 tivemos a Declaração Internacional dos Direitos da Criança (ONU, 1959) que reconhece como criança todo indivíduo com menos de 18 (dezoito) anos de idade e confere a esta população, no mundo todo, pela primeira vez, todos os direitos até então reservados aos adultos, inclusive os inscritos na Declaração Universal dos Direitos Humanos de 1948. Este é o primeiro documento internacional direcionado em especial a proteção da infância e que aborda expressamente sobre a exploração do trabalho infantil.

Finalmente em 1988, a Constituição Federal do Brasil (BRASIL, 1988) previu em seu art. 227, como dever da família, da sociedade e do Estado, surgindo com ela a construção da infância como objeto de proteção estatal e de todos da sociedade:

> Art. 227 – Assegurar à criança, ao adolescente e ao jovem, com absoluta prioridade, o direito à vida, à saúde, à alimentação, à educação, ao lazer, à profissionalização, à cultura, à dignidade, ao respeito, à liberdade e à convivência familiar e comunitária, além de colocá-los a salvo de toda forma de negligência, discriminação, exploração, violência, crueldade e opressão.

Em 1989 tivemos a Convenção das Nações Unidas pelo direito das crianças, um tratado aprovado na ONU, para assegurar os direitos da criança no mundo todo. É um dos mais importantes tratados de direitos humanos, ratificado por todos os países membros da ONU, com exceção dos Estados Unidos e da Somália. (ONU, 1989)

No ano seguinte, em 1990, o Brasil promulgou o Estatuto da Criança e do Adolescente (ECA) que prevê que toda Criança e adolescente gozam de todos os direitos fundamentais inerentes ao ser humano, sem prejuízo da proteção integral de que trata a legislação. O Estatuto da Criança e do Adolescente (ECA) reserva um capítulo inteiro para tratar do direito à proteção no trabalho das crianças e adolescente e à profissionalização. (BRASIL, 1990)

Dispõe também sobre os direitos garantidos aos trabalhadores adolescentes e aos aprendizes, com proibição dos trabalhos perigosos, noturnos, insalubres, penosos, realizados em locais prejudiciais à sua formação e desenvolvimento moral, físico, psíquico e social, inclusive aqueles que impeçam a frequência escolar.

O ECA permitiu também a introdução da agravante no crime de maus-tratos, § 3º, art. 136 do Código Penal, crime aplicável a situações envolvendo menores — Expor, a perigo, a vida ou a saúde de pessoa sob sua autoridade, guarda ou vigilância, sujeitando-a a trabalho excessivo ou inadequado.

O trabalho doméstico é tão fortemente estabelecido nas práticas sociais brasileiras que chegou a ser regularizado no art. 248 do Estatuto da Criança e do Adolescente, que determinava a regularização da guarda do adolescente empregado na prestação de serviços domésticos. Esse artigo foi considerado tacitamente revogado desde 2008, quando o Brasil aprovou a lista de piores formas de trabalho infantil.

E em 1998 tivemos a emenda constitucional 20 que, no inciso XXXIII, do art. 7º, proibiu o trabalho noturno, perigoso ou insalubre realizado por menores de 18 (dezoito) anos e qualquer trabalho no caso de menores de 16 (dezesseis) anos, exceto na condição de aprendiz, a partir de 14 (quatorze) anos (BRASIL, 1998).

Posteriormente tivemos a Lei n. 10.097/2000 que alterou alguns dispositivos da CLT e aperfeiçoou a normatização dos aprendizes no comércio e na indústria. O contrato de aprendizagem deve "assegurar ao aprendiz formação técnico-profissional metódica compatível com o seu desenvolvimento físico, moral e psicológico, e o aprendiz se compromete a executar com zelo e diligência as tarefas necessárias a essa formação" (BRASIL, 2000).

A Lei n. 10.803, de 11 de dezembro de 2003, introduziu a agravante no § 2º do art. 149 do Código Penal brasileiro de 1940 que trata do crime de Trabalho infantil escravo (Brasil, 2003). Ainda no âmbito internacional temos a Convenção sobre a Idade Mínima de Admissão ao Emprego e ao Trabalho — Convenção n. 138 (OIT, 1976) e a Convenção sobre as Piores Formas de Trabalho Infantil — Convenção n. 182 (OIT, 1999). A Convenção n. 182 da OIT se aplica a todas as crianças e adolescentes até a idade de 18 (dezoito) anos.

Como seu título revela, a Convenção se refere a determinados tipos de trabalho que não deveriam ser realizados por menores de 18 (dezoito) anos, como as situações relacionadas a escravidão, prostituição, entorpecentes e prejudiciais à vida, saúde, segurança ou moral das crianças. O objetivo é que essas formas de trabalho sejam definitivamente banidas da sociedade.

De acordo com a Convenção n. 182, o trabalho infantil perigoso é aquele realizado em condições de risco ou insalubres que podem ocasionar lesão, morte ou doença em uma criança ou adolescente, devido a inexistência ou precariedade de medidas de segurança e saúde ou de condições de trabalho inadequadas. O conceito de "trabalho infantil perigoso" também é abordado na Convenção n. 138 da OIT sobre a Idade Mínima.

A OIT estabelece que a lista específica de atividades perigosas seja determinada por cada país. Mas recomenda que, ao se determinar o que seja trabalho perigoso, sejam consideradas as normas internacionais de trabalho, como as que dizem respeito a agentes, substâncias, máquinas ou processos perigosos, levantamento de cargas pesadas e trabalho subterrâneo, além dos trabalhos em que a criança fica exposta a abusos de ordem psicológica, física ou sexual.

O Brasil ratificou a Convenção n. 138 da OIT, que trata sobre a idade mínima para admissão em emprego, através do Decreto n. 4.134/2002 (Brasil, 2002) e, também, a Convenção n. 182, pelo Decreto n. 3.597/2000 (BRASIL, 2000), relativa à interdição das piores formas de trabalho das crianças e ação imediata que visam a sua eliminação.

Em 2008, através do Decreto n. 6.481, foi aprovada no Brasil a Lista de Piores Formas de Trabalho Infantil (Lista TIP), proibindo o exercício profissional de menores de 18 (dezoito) anos, salvo exceções, nas atividades nela elencadas, dentre as quais consta expressamente o trabalho doméstico (BRASIL, 2008).

A ideia que temos da infância tal qual se dá atualmente é uma construção contemporânea, baseada em um ideal abstrato que tem como seus elementos principais e característicos o crescimento e o desenvolvimento da criança. A definição de criança é um pouco diferente para a OIT e para o Estatuto da Criança e do Adolescente (ECA). Essa divergência leva em consideração as diferenças existentes no âmbito nacional e internacional.

Desse modo, o trabalho infantil doméstico (TID) pode ser definido como aquele prestado à margem da lei por crianças e adolescentes em residências de terceiros, de forma remunerada ou não, porém habitual, e que consiste em atividades do lar, como limpar, cozinhar, passar roupas e até mesmo cuidar de outras crianças. É uma das expressões mais comuns da exploração do trabalho infantil no Brasil.

Trata-se de atividade ilegal, pois seu desempenho por indivíduos menores de 18 (dezoito) anos é proibido por lei. No entanto, é uma prática historicamente consolidada e naturalizada, especialmente na região Norte e que, por suas características de exploração e opressão, pode ser vista como um problema estrutural, social e político que permeia questões de raça, classe e gênero (GARCIA, 2020).

É possível afirmar que, em que pese haja uma nova visão de infância consolidada no Brasil com a CRFB/88 e com o ECA, esta nova concepção permanece não é aplicada igualmente a todas as crianças, pois fatores como raça, gênero e classe influenciam diretamente no modo de viver da infância, no modo como a criança é enxergada pela sociedade e se aquela criança é vista apenas como criança ou mão de obra.

Além disso, como foi possível verificar, diversos são os instrumentos normativos nacionais e internacionais que proíbem expressamente a exploração do trabalho infantil, tornando-a ilegal. Embora haja vasto arcabouço normativo de proteção das crianças e adolescentes no mundo do trabalho, ele permanece ocorrendo.

Portanto, quase todas as legislações de proteção da criança e do adolescente, tanto internacional quanto nacional, já estavam vigentes na época em que foi proferido o acórdão pela turma.

3. Análise do acórdão

Feita a contextualização das normas e legislações vigentes a época da decisão, iremos agora analisar qual a base legal (ou não) utilizada pela turma julgadora para proferir o acórdão que julgou improcedente os pedidos da autora.

No caso analisado, a autora ajuizou reclamação trabalhista postulando o reconhecimento de vínculo empregatício e as verbas devidas referente ao pacto laboral. O juízo de primeiro grau julgou improcedente os pedidos e a autora apresentou recurso ordinário buscando a reforma da decisão.

Aos 16 (dezesseis) anos a reclamante veio de Irituia, município no interior do estado do Pará, para a capital em busca de estudo e trabalho, passando a residir na casa dos reclamados. Como forma de contraprestação pela moradia e alimento fornecido pelos reclamados, ela passou a realizar tarefas domésticas na residência, recebendo para tanto menos de 01 (um) salário mínimo.

A reclamante possuía certo grau de parentesco com os reclamados, que em sua defesa alegaram tratá-la quase como sua filha, que usufruía das mesmas coisas que seus filhos, que as tarefas realizadas eram comuns para todos que residiam na casa, que ela não era tratada como empregada doméstica e que o dinheiro recebido era uma mesada então salário.

O acórdão manteve a sentença afastando o reconhecimento de vínculo empregatício, na decisão não se verificou se os fatos relatados condiziam com o preenchimento dos requisitos dispostos na legislação trabalhistas aptos a caracterizar o vínculo de emprego, nem se as provas eram suficientes para comprovar que de fato não se tratava de uma relação de emprego.

Em princípio cabe registrar que competia a reclamante fazer prova da existência dos elementos configuradores da relação de emprego, elencados nos arts. 2º e 3º da CLT (BRASIL, 1948). O ônus da prova, com relação à comprovação do vínculo de emprego, é da reclamante, pois antes da reforma trabalhista o ônus era de quem fazia a alegação, mesmo após a reforma o ônus seria dela eis que fato constitutivo de seu direito, nos termos do art. 818, I, da CLT.

O art. 3º da CLT, ao definir a figura do empregado, elenca alguns dos requisitos da relação de emprego, quais sejam: a não eventualidade, a subordinação e a onerosidade, estando a pessoalidade prevista no art. 2º do mesmo diploma legal. Assim, para configuração da relação de emprego necessária a concorrência desses elementos fáticos jurídicos previstos em lei.

Dessa maneira, se a relação de trabalho não foi eventual, se ela foi remunerada, se prestada de forma pessoal e com subordinação, não existe outro caminho a trilhar senão o de reconhecê-la como de emprego, portanto, regida pelas regras da CLT.

No caso dos empregados domésticos, o critério da habitualidade é estabelecido de forma mais específica (continuidade), exigindo-se a prestação de serviços de forma contínua e sucessiva ao longo da semana (ao menos 3 dias por semana), nos termos do art. 1º, da LC n. 150/2015 (BRASIL, 2015).

Apesar da LC n. 150/2015 que regulamenta o trabalho doméstico não estar vigente a época da prolação do acórdão, isso não se mostra como empecilho para o reconhecimento o vínculo empregatício, pois já existia o art. 7º, alínea *"a"* da CLT que considera como empregados domésticos "os que prestam serviços de natureza não econômica à pessoa ou à família, no âmbito residencial destas".

A legislação supracitada também veda a contratação de menor de 18 (dezoito) anos para desempenho de trabalho doméstico, de acordo com a Convenção n. 182, de 1999, da Organização Internacional do Trabalho (OIT) e com o Decreto n. 6.481, de 12 de junho de 2008 (BRASIL, 2008), aquela também já vigente a época da decisão.

Portanto, o trabalho doméstico já era proibido para menores de 18 (dezoito) anos, como no caso da reclamante. Assim, todo trabalho doméstico realizado antes dessa idade será considerado infantil, conforme decreto n. 3.597/2000 (BRASIL, 2000) que regulamentou a Convenção n. 182 da OIT e art. ??? da CFRB/88.

Desse modo, na época dos fatos e do acórdão já havia amparo legal suficiente para reconhecer o vínculo empregatício entre as partes e enquadrá-lo como trabalho doméstico infantil.

Contudo, para os julgadores o que foi levado em consideração em sua fundamentação foi o fato de que a reclamante era neta de uma prima da reclamada, que a reclamante dormia no mesmo quarto que os filhos dos reclamados, ou seja, usufruindo das mesmas coisas que eram destinadas para os filhos. Como se para ser empregada teria que estar usufruindo de coisas inferiores, mas por ser tratada como "igual" não poderia ser.

Outras questões que pesaram para os julgadores foi o fato de a reclamante ter feito uma viagem para outro estado, tinha um namorado e até mesmo uma amiga que ia na casa dos reclamados. Novamente reforçando a questão de que empregadas domésticas são inferiores e não podem usufruir das mesmas coisas que seus patrões ou qualquer ser humano digno, nem mesmo possui qualquer tipo de relação com outras pessoas além do trabalho.

Uma visão de posse da coisa, que deve sempre estar dentro do ambiente doméstico fazendo coisas apenas destinadas para aquilo e aqueles que ali residem, sem direito a ter uma vida própria, sem direito a ter direitos.

O fato de os reclamados terem confirmado que a reclamante realizava afazeres doméstico foi encarado como "plenamente natural e compreensível" pois não se tratava de uma "visita" que devesse ser tratada com "cerimonias ou regalias", mas sim alguém que era parente dos reclamados que proporcionaram chances de melhor estudo e emprego.

Os julgadores desconsideraram também a oitiva da testemunha por demostrar "uma conduta tendenciosa tentando beneficiar a autora" já que a própria reclamante "confessou que a reclamada também cozinhava".

Como se fosse dentro de uma residência apenas as empregadas domesticas realizam os afazeres, se a patroa realizar significa que quem está ali realizando os demais serviços não é empregada. Como na época da escravidão os as escravas faziam todo serviço e as "senhoras" ficavam só olhando.

Em determinado momento do acórdão os julgadores se revoltam com a judicialização deste caso e indagam retoricamente se a autora "tem ideia dos custos de alojamento e comida em uma cidade como Belém, que tem um dos maiores custos de vida do país? Certamente não, pois se tivesse não retribuiria o auxílio dos reclamados com ingratidão". Como se a reclamante devesse gratidão eterna estar recebendo o mínimo que é abrigo e comida em troca do seu trabalho.

Sem mesmo haver comprovação reforça que o dinheiro que era dado a ela se tratava de mesada e que este dinheiro era suficiente para seus materiais escolares e outros custos às expensas dos reclamados.

Reforçam que se ela continuasse residindo no interior não teria essa "oportunidade" de "tentar uma vida melhor", pois não teria condições de arcar com os custos de uma vida na capital sem o auxílio indispensável dos reclamados por mais de 10 (dez) anos.

Os julgadores encerram o acórdão afirmando que "é cômodo olhar para trás, agora que conseguiu amealhar um pouco mais de conhecimento, e começar a procurar supostos "direitos", sentindo-se "explorada" por seus parentes, por ter durante todos esses anos "trabalhado em proveito deles", nos afazeres da casa, esquecendo que o abrigo e a comida que lhe foram dados nesse tempo tiveram um custo, não só monetário, mas também afetivo, que os reclamados não lhe estão cobrando em Juízo".

Observa-se, portanto, que a fundamentação da decisão foi inteiramente baseada na visão moral dos julgadores que compunham a turma e não teve nenhum respaldo da legislação vigente. A prestação de serviço não foi negada, porém na visão dos julgadores a relação ali estabelecida não configurava como trabalho doméstico, não por não preencher os requisitos legais, mas por eles acharem comum a realização de atividades domesticas em troca de abrigo e comida.

A visão que os julgadores tinham dessa relação era e é muito comum no estado do Pará, onde a exploração do trabalhado doméstico infantil que, apesar de ser ilegal nos moldes como é exercido, é tolerada e incentivada pela sociedade, por ser comum.

O trabalho infantil doméstico ainda mantém uma relação com a escravidão e também com questões patriarcais. A dinâmica casa-grande e senzala ainda é muito marcante no Brasil, a mentalidade segregadora e patriarcal do período colonial onde os escravos, seres inferiores que moravam na senzala, serviam os abastados da sociedade que moravam em casas grandes. (Freyre, 2003).

Durante a escravidão, o tratamento jurídico dado a determinados indivíduos era o de coisa, a legislação permitia que essas pessoas fossem tratadas como bens, dos quais seus proprietários poderiam dispor da forma como quisessem.

No Estado do Pará esse tipo de exploração do trabalho infantil está relacionado a "tutela" realizada por senhores de escravos no período após à Lei do Ventre Livre de 1871. Essa tutela permitia que os senhores mantivessem sob sua guarda os filhos e filhas de mulheres escravas até que completassem 08 (oito) anos de idade, podendo, após isso, optarem por receber uma indenização do Estado para libertar a criança ou permanecerem com a sua exploração até que ela completasse 21 (vinte e um) anos. Verifica-se, portanto, a perpetuação da exploração do trabalho servil, entretanto, com um novo nome e com a falsa ideia de liberdade, embora, efetivamente na prática, fosse igual a escravidão (GARCIA, 2020).

Muitas crianças e adolescentes que são submetidos ao trabalho infantil vivem em situações tão precárias que ser explorado por meio do trabalho doméstico parece ser menos pior do que a realidade em que vivem.

Enfim, são diversos os fatores que levam os pais a entregar seus filhos para viver em casas de terceiros, até mesmo o motivo que teria levado a reclamante a morar na casa dos reclamados, com aceitação da sociedade como se a situação realmente tivesse de ser assim, porque não há outra forma de ser, e sem encarar o fato como sendo de trabalho infantil doméstico.

O caso aqui analisado ilustra como o trabalho infantil doméstico — classificado como uma das Piores Formas de Trabalho Infantil desde 2008 — deixa crianças e adolescentes vulneráveis a diferentes tipos de violências. A realização das tarefas ligadas aos cuidados do lar consiste em uma das formas de exploração do trabalho de crianças e adolescentes mais naturalizada.

É entristecedor o discurso de quem defende e explora esse tipo de mão de obra que veem isso como uma forma de ajudar essa criança ou adolescente e sua família. Quando na verdade as pessoas submetidas a esse tipo de trabalho perdem o direito a infância, a brincar, a estar com sua família, ir para escola, se relacionar com outras pessoas da sua faixa etária, viola os direitos humanos de crianças e adolescentes à vida, à saúde, à educação, ao lazer e ainda acarreta prejuízos que comprometem o seu pleno desenvolvimento físico, psicológico, cognitivo e moral (DUTRA, 2007).

O que de fato acontece é que a essas meninas sequer é dada a oportunidade de acesso à educação, como prometido para convencê-la a sair de sua casa para trabalha na casa de terceiros. Também é impedido o gozo de outros diretos fundamentais, como lazer, convívio familiar, saúde, liberdade e dignidade, por conta do exercício quase que ininterrupto das atividades domésticas, em jornadas exaustivas, e em condições degradantes de trabalho, podendo, inclusive, em alguns casos caracterizar a escravidão contemporânea.

O fato de haver ou não legislação proibido o trabalho doméstico infantil não afasta a sua existência. Hoje temos uma gama de leis, normas e convenções que resguardam o direito da criança e do adolescente, mas esses casos ainda existem e em números expressivos.

4. Conclusão

O trabalho infantil é uma realidade que é muito presente no nosso país, apesar dos esforços depreendidos pelo estado brasileiro, pelos legisladores, pela atuação de órgãos de fiscalização, suas instituições e pela sociedade civil organizada. A lei por si só não é capaz de alterar a realidade de uma sociedade, os costumes nela desenvolvidos e normalizados.

O direito foi criado como forma de manter essa relação de exploração e é utilizado e aplicado por juristas que em sua grande maioria fazem parte do meio onde o trabalho nesses moldes é comum, tornando mais difícil uma utilização de uma hermenêutica que busca quebrar com essa ideia de valorização de uns e desvalorização de outros.

"Dar" direitos para os dominados sobre o falso pretexto de igualdade jurídica ou até mesmo como forma de uma conquista, uma evolução, é uma forma de acalmar e silenciar essas pessoas para que elas não busquem mudar o atual sistema, aceitarem a exploração e continuarem nela.

Mesmo que exista uma legislação ideal e a maioria dos atores sociais estiverem versados a reagir segundo os princípios que visam o melhor interesse da criança e do adolescente, a legislação vai acabar não sendo usada, para que ela tenha um quadro normativo que tem capacidade de poder remodelar relações laborais, tem que ter por trás uma batalha social de grande tamanho que dê força para isso. A legislação é mais uma arma política, para ter eficácia ela tem que estar apoiada por forças sociais que de condições dessa legislação se realizar e ter apoio

O direito se faz na jurisprudência, não nas legislações ideais. A legislação nunca vai resolver o problema, ela é apenas parte da solução. Se tivermos operadores do direito reagindo de forma favorável a perpetuação dessas relações, a legislação é apenas quadro normativo. Não se resolve problemas sociais criando novas leis. A lei é a lei e nada mais, o modo de operar é que faz a diferença.

O direito como um todo, e aqui se inclui o direito do trabalho, pode e deve ser usado pelos operadores do direito como forma de se contrapor a essa desigualdade entre as pessoas que exploram e os explorados. Utilizar do próprio mecanismo de das leis contra o sistema em benefício da classe dominada, dos trabalhadores. Os operadores do direito devem buscar nas outras fontes do direito formas de resistência, ao invés da aplicação fria da legislação.

Não há dúvidas que havia respaldo legal suficiente para que no caso analisado a autora tivesse seus direitos reconhecidos. Os julgadores neste caso poderiam ter se utilizado do aparato legal para efetivar os direitos da reclamante, trazendo a "justiça" que ela buscou ao levar a sua indignação quanto a sua realidade ao judiciário.

Apesar de ser uma situação muito vivida por diversas crianças e adolescentes, poucos são os casos que chegam a ser judicializados, menos ainda são aqueles que chegam a segunda instancia de um Tribunal. Acórdãos como esse são exemplos negativos, que desmotivam e acomodam essas pessoas em realidades entristecedoras.

Referências

BRASIL. *Constituição da República Federativa do Brasil de 1988*. Disponível em: http://www.planalto.gov.br/ccivil_03/constituicao/constituicao.htm. Acesso em: 09 jun. 2023.

______. *Decreto-lei n. 5.452, de 1º de maio de 1943*. Aprova a Consolidação das Leis do Trabalho. Rio de Janeiro: *Diário Oficial da União*, 1943. Disponível em: http://www.planalto.gov.br/ccivil_03/decretolei/del5452.htm. Acesso em: 09 jun. 2023.

______. *Lei Complementar n. 150, de 1º de junho de 2015*. Dispõe sobre o contrato de trabalho doméstico [...]. Brasília: *Diário Oficial da União*, 2015. Disponível em: http://www.planalto.gov.br/ccivil_03/leis/LCP/Lcp150.htm. Acesso em: 09 jun. 2023.

______. *Lei n. 8.069, de 13 de julho de 1990*. Dispõe sobre o Estatuto da Criança e do Adolescente e dá outras providências. Brasília: Senado Federal, 1990. Disponível em: http://www.planalto.gov.br/ccivil_03/leis/L8069.htm. Acesso em: 09 jun. 2023.

______. *Decreto n. 6.481, de 12 de junho de 2008*. Regulamenta os arts. 3º, alínea *"d"*, e 4º da Convenção n. 182 da Organização Internacional do Trabalho (OIT) que trata da proibição das piores formas de trabalho infantil [...]. Brasília: *Diário Oficial da União*, 2008. Disponível em: https://www.planalto.gov.br/ccivil_03/_ato2007-2010/2008/decreto/d6481.htm. Acesso em: 09 jun. 2023.

______. *Lei n. 2.040, de 28 de setembro de 1871*. Declara de condição livre os filhos de mulher escrava que nascerem desde a data desta lei. Rio de Janeiro: Assembleia Geral, 1871. Disponível em: https://www.planalto.gov.br/ccivil_03/leis/lim/lim2040.htm. Acesso em: 26 de set. 2023.

______. *Lei n. 3.353, de 13 de maio de 1888*. Declara extinta a escravidão no Brasil. Rio de Janeiro: Assembleia Geral, 1888.: Disponível em: https://www.planalto.gov.br/ccivil_03/leis/lim/lim3353.htm. Acesso em: 26 de set. 2023.

______. *Decreto n. 1.312, de 17 de janeiro de 1891*. Estabelece providencias para regularizar o trabalho dos menores empregados nas fabricas da Capital Federal. Disponível em: https://www2.camara.leg.br/legin/fed/decret/1824-1899/decreto-131317-janeiro-1891-498588-publicacaooriginal-1-pe.html. Acesso em: 26 de set. 2023.

______. *Emenda constitucional n. 20, de 15 de dezembro de 1998*. Modifica o sistema de previdência social, estabelece normas de transição e dá outras providências. Brasília: *Diário Oficial da União*, 1998. Disponível em: https://www.planalto.gov.br/ccivil_03/constituicao/emendas/emc/emc20.htm. Acesso em: 26 de set. 2023.

______. *Lei n. 10.097, de 19 de dezembro de 2000*. Altera dispositivos da Consolidação das Leis do Trabalho – CLT. Brasília: Diário Oficial da União, 2000. Disponível em: https://www.planalto.gov.br/ccivil_03/leis/l10097.htm. Acesso em: 26 de set. 2023.

______. *Lei n. 10.803, de 11 de dezembro de 2003*. Altera o art. 149 do Decreto-lei n. 2.848, de 7 de dezembro de 1940 — Código Penal. Brasília: Diário Oficial da União, 2003. Disponível em: https://www.planalto.gov.br/ccivil_03/Leis/2003/L10.803.htm. Acesso em: 26 de set. 2023.

______. *Decreto n. 4.134, de 15 de fevereiro de 2002*. Promulga a Convenção n. 138 e a Recomendação n. 146 da Organização Internacional do Trabalho (OIT) sobre idade mínima de admissão ao emprego. Brasília: *Diário Oficial da União*, 2002. Disponível em: http://www.planalto.gov.br/ccivil_03/decreto/2002/d4134.htm. Acesso em: 26 de set. 2023.

______. *Decreto n. 3.597, de 12 de setembro de 2000*. Promulga Convenção n. 182 e a Recomendação n. 190 da Organização Internacional do Trabalho (OIT) sobre a Proibição das Piores Formas de Trabalho Infantil e a Ação Imediata para sua Eliminação, concluídas em Genebra, em 17 de junho de 1999. Brasília: *Diário Oficial da União*, 2000. Disponível em: https://www.planalto.gov.br/ccivil_03/decreto/D3597.htm. Acesso em: 26 de set. 2023.

______. *Decreto n. 6.481, de 12 de junho de 2008*. Regulamenta os arts. 3º, alínea *"d"*, e 4º da Convenção n. 182 da Organização Internacional do Trabalho (OIT) que trata da proibição das piores formas de trabalho infantil. Brasília: *Diário Oficial da União*, 2008. Disponível em: https://www.planalto.gov.br/ccivil_03/_ato2007-2010/2008/decreto/d6481.htm. Acesso em: 26 de set. 2023.

DANTAS, Luísa Maria Silva. *As domésticas vão acabar?* Narrativas biográficas e o trabalho como duração e intersecção por meio de uma etnografia multi-situada — Belém/PA, Porto Alegre/RS e Salvador/BA. Tese (Doutorado). Universidade Federal do Rio Grande do Sul, Instituto de Filosofia e Ciências Humanas, Programa de Pós-Graduação em Antropologia Social, Porto Alegre, 2016. Disponível em: https://lume.ufrgs.br/bitstream/handle/10183/156334/001014154.pdf?sequence=1&isAllowed=y. Acesso em: 09 jun. 2023.

DUTRA, Maria Zuíla Lima. *Meninas domésticas, infâncias destruídas:* legislação e realidade social. São Paulo: LTr, 2007.

FREYRE, Gilberto. *Casa-Grande & Senzala*. 48. ed. Recife: Global Editora, 2003.

GARCIA, Anna Marcella Mendes. *"AS CRIAS DA CASA":* uma análise sobre a caracterização do trabalho infantil doméstico exercido em condições análogas às de escravo nos procedimentos do Ministério Público do Trabalho da 8ª Região. Dissertação (Mestrado) – Programa de Pós-Graduação em Direito, Instituto de Ciências Jurídicas, Universidade Federal do Pará, Belém, 2020.

IBGE — Instituto Brasileiro de Geografia e Estatística. *Pesquisa Nacional por Amostra de Domicílios, 2020*. Disponível em: https://biblioteca.ibge.gov.br/visualizacao/livros/liv101777_informativo.pdf. Acesso em: 09 jun. 2023.

MEDEIROS NETO, Xisto Tiago; MARQUES, Rafael Dias. *Manual de Atuação do Ministério Público na Prevenção e Erradicação do Trabalho Infantil*. Conselho Nacional do Ministério Público. – Brasília: CNMP, 2013. Disponível em: https://mpt.mp.br/pgt/publicacoes/manuais/manual-deatuacao-do-ministerio-publico-naprevencao-e-erradicacao-do-trabalhoinfantil/@@display-file/arquivo_pdf. Acesso em: 09 jun. 2023.

MOTTA-MAUÉS, Maria Angélica. Uma mãe leva a outra(?): práticas informais (mas nem tanto) de "circulação de crianças" na Amazônia. *Revista Electrónica de Geografía y Ciencias Sociales*, Universidad de Barcelona, vol. XVI, núm. 395 (8), 15 de marzo de 2012. [Nueva serie de Geo Crítica. *Cuadernos Críticos de Geografía Humana*]. Disponível em: http://www.ub.edu/geocrit/sn/sn-395/sn-395-8.htm. Acesso em: 09 jun. 2023.

OIT. *Convenção n. 182 da OIT sobre as piores formas de trabalho infantil*. 1999. Disponível em: https://www.ilo.org/brasilia/convencoes/WCMS_236696/lang-pt/index.htm. Acesso em: 09 jun. 2023.

______. *Convenção n. 138 da OIT sobre Idade Mínima para Admissão*. 1976. Disponível em: https://www.ilo.org/brasilia/convencoes/WCMS_235872/lang-pt/index.htm. Acesso em: 09 jun. 2023.

______. *Convenção n. 5 da OIT sobre Idade Mínima de Admissão nos Trabalhos Industriais*. 1919. Disponível em: https://www.ilo.org/brasilia/convencoes/WCMS_234872/lang--pt/index.htm. Acesso em: 26 set. 2023.

______. *Convenção n. 29 da OIT sobre Trabalho Forçado ou Obrigatório*. 1930. Disponível em: https://www.ilo.org/brasilia/convencoes/WCMS_235021/lang-pt/index.htm. Acesso em: 26 set. 2023.

ORGANIZAÇÃO DAS NAÇÕES UNIDAS. *Declaração Universal dos Direitos Humanos, 1948*. Disponível em: https://www.unicef.org/brazil/declaracao-universaldos-direitos-humanos. Acesso em: 26 set. 2023.

______. *Declaração dos Direitos da Criança*. 1924. Disponível em https://www.unicef.org/brazil/media/22021/file/Declaracao-deGenebra-1924.pdf. Acesso em: 26 set. 2023.

______. *Declaração Internacional dos Direitos da Criança.* 1959. Disponível em: https://www.unicef.org/brazil/media/22026/file/declaracao-dos-direitos-da-crianca1959.pdf. Acesso em: 26 set. 2023.

______. *Convenção sobre os Direitos da Criança.* 1989. Disponível em: https://www.unicef.org/brazil/convencao-sobre-osdireitos-da-crianca. Acesso em: 26 set. 2023.

Quando o Sonho se Transforma em Pesadelo: Graves Violações a Direitos Humanos de Adolescentes e Jovens Atletas de Futebol

Lucilene Pacini[(1)]

Gerson Muniz Rabelo[(2)]

1. Introdução

O Brasil é tido como o país do futebol. Milhares de crianças, adolescentes e suas famílias sonham com a profissionalização no esporte; em situação de vulnerabilidade, em razão da condição econômica e social, e mais suscetíveis devido à pouca idade, acabam aceitando (e convencendo suas famílias a aceitarem) propostas de "captadores", "olheiros", "treinadores" e "empresários", que geralmente envolvem colocação em time de futebol expressivo, treinamento e alojamento em locais distantes da origem e da família, e que visam a obtenção de lucros sobre possíveis contratos e/ou negociações no mercado do futebol. Mas não visam só isso. Verifica-se a obtenção de lucros pelos "captadores" e "olheiros" nos testes realizados pelos atletas e nos valores cobrados pela alimentação, alojamento e treinamentos de atletas, que geralmente não observam a legislação que trata da profissionalização dos atletas em formação no esporte.

Em pesquisa a notícias sobre o tema na internet, se verifica que a manutenção de jovens, adolescentes e crianças em alojamentos superlotados, improvisados, e com precárias condições de conservação, limpeza, saúde, segurança, privacidade e de alimentação, pelo país, é algo muito comum. No entanto, na maioria das vezes, por se tratar de algo relacionado à atípica atividade laboral no futebol, não é tratado como uma violação às normas de proteção do trabalho.

O caso escolhido para nossa análise trata do resgate de jovens e adolescentes atletas de futebol do trabalho escravo contemporâneo e do tráfico de pessoas. Justifica-se pelo pequeno histórico de atuação da Auditoria-Fiscal do Trabalho e pela escassa bibliografia

(1) Auditora-Fiscal do Trabalho.

(2) Auditora-Fiscal do Trabalho.

sobre o tema. Frente ao caso concreto, a falta de expertise da Auditoria-Fiscal do Trabalho, e a insuficiência de estudos que aprofundassem o tema causou muitas inquietações e dúvidas na equipe de fiscalização, da qual participou a coautora desse trabalho. Embora houvesse a certeza da fraude, do engano, da exploração e das condições inadequadas de alojamento, alimentação, saúde e segurança, a dúvida que pairava era sobre a existência de relação de trabalho que justificasse a atuação da Auditoria-Fiscal do Trabalho e o resgate dos atletas das condições análogas às de escravo.

Embora o trabalho infantil no futebol seja objeto de estudo, nota-se certa lacuna em relação à análise das condições de recrutamento, trabalho e alojamento a que são submetidos adolescentes e jovens atletas e no que toca as intersecções com o trabalho em condições análogas às de escravo e com o tráfico de pessoas.

Assim, o objetivo desse estudo de caso é buscar identificar os indicadores que podem contribuir à caracterização do trabalho em condições análogas às de escravo e do tráfico de pessoas, no caso de crianças, adolescentes e jovens atletas de futebol.

Busca-se também, a partir da análise da Lei n. 9.615, de 24 de março de 1998, também conhecida por "Lei Pelé", da Lei n. 14.597, de 14 de junho de 2023, que instituiu a Lei Geral do Esporte e da Consolidação das Leis do Trabalho, entender em que circunstâncias a prática desportiva no futebol pode ser considerada uma atividade laboral; quando configura o trabalho infantil, em razão do descumprimento da idade mínima e a possibilidade de enquadramento da Lista das Piores Formas de Trabalho Infantil ("Lista TIP") anexa ao Decreto n. 6.481, de 12 de junho de 2008; analisar os indicadores previstos no Anexo II da Instrução Normativa n. 02 do Ministério do Trabalho e Previdência, de 08 de novembro de 2021 (IN n. 02/2021), que podem contribuir à caracterização do trabalho em condições análogas às de escravo; e, por fim, com base no Protocolo de Palermo, instituído pelo Decreto n. 5.017, de 12 de março de 2004, verificar a possibilidade do enquadramento no crime previsto no art. 149-A, do Código Penal, que é o tráfico de pessoas.

O presente trabalho foi realizado mediante análise qualitativa de um caso único (YIN, 2001; MACHADO, 2017), considerando sua representatividade dentre os casos de resgate realizados pela Inspeção do Trabalho. Seu desenvolvimento se deu a partir da análise do Relatório de Fiscalização e dos Autos de Infração elaborados pela equipe de fiscalização — pesquisa documental (SILVA, 2017), além de pesquisa aos parâmetros normativos e bibliografia sobre o tema.

A problemática aqui exposta cruza quatro temáticas: o trabalho na atividade desportiva no futebol, o trabalho infantil, o trabalho em condições análogas às de escravo e o tráfico de pessoas.

2. Estudo de caso

2.1. Apresentação do caso

Em meio à Copa do Mundo do Qatar, Auditores-Fiscais do Trabalho da Gerência Regional do Trabalho de Lajeado/RS, resgataram, no início de dezembro de 2022, 07 (sete) jovens e adolescentes de condições análogas à escravidão no município de Teutônia/RS. O caso foi amplamente divulgado na mídia local[(3)].

Os Auditores-Fiscais do Trabalho constataram que jovens e adolescentes de outros estados (PA, MG e SC) eram aliciados por captadores ("olheiros") que prometiam oportunidade de formação e profissionalização em clube de futebol no interior do Estado do RS. Aos atletas, que eram contatados pelos captadores em processos seletivos, competições ou via redes sociais, era prometido alojamento, alimentação, estrutura para treinos, a participação no Campeonato Gaúcho promovido pela Federação Gaúcha de Futebol e a colocação em clubes de futebol expressivos. Na origem, os atletas efetuavam o pagamento e taxa de inscrição, parte destinada ao captador, e parte destinada ao suposto clube no município de Teutônia. Arcavam com os custos do deslocamento. E ainda deveriam arcar com o custo mensal de R$ 700,00 (setecentos reais) pelo alojamento, alimentação e treinamento.

A esse quadro somou-se a contratação de pessoa suspeita de crimes de estelionato, roubo e assédio sexual, com ampla divulgação na internet, e sempre envolvendo jovens e adolescentes que sonhavam com a profissionalização no futebol. O suspeito foi contratado para captar atletas, administrar o alojamento, que na época contava com cerca de 22 atletas, muitos deles com idades entre 13 e 16 anos, e treinar o time que compunha a categoria sub-17.

A Auditoria-Fiscal do Trabalho foi acionada após a intervenção de força-tarefa da qual participaram a Vigilância Sanitária, a Vigilância em Saúde do Trabalhador, o CREAS, o Conselho Tutelar e a Polícia Civil, que culminou na interdição da cozinha do alojamento e no abrigamento dos menores de 18 (dezoito) anos, conforme pedido formulado pela Promotoria de Justiça de Teutônia e determinação da Juíza da 2ª Vara Judicial de Teutônia. Três adolescentes foram encaminhados para um abrigo do município e os demais permaneceram no alojamento sem condições financeiras de retornar aos locais de origem, no interior do Rio Grande do Sul, Pará e Minas Gerais.

A Auditoria-Fiscal do Trabalho entendeu que os jovens e adolescentes estavam em situação trabalhista irregular e que foram vítimas das condições degradantes de trabalho, que configuram o trabalho em condições análogas às de escravo, e do tráfico de pessoas.

---

(3) Disponível em: https://g1.globo.com/rs/rio-grande-do-sul/noticia/2022/12/23/adolescentes-e-jovens-em-condicoes-analogas-a-escravidao-sao-resgatados-em-clube-de-futebol-em-teutonia.ghtml. Acesso em: 07 out. 2023.

O suposto clube se valia da vulnerabilidade econômica e social desses atletas e de suas famílias, e lançava mão de práticas enganosas com vistas à exploração laboral. Também não cumpria os requisitos mínimos previstos na legislação trabalhista para contratar, manter em alojamento e formar atletas para o futebol.

A associação foi notificada pela Auditoria-Fiscal do Trabalho a efetuar o pagamento das verbas rescisórias e a devolução dos valores cobrados de forma indevida dos atletas, no valor total de R$ 38.728,95. Os jovens e adolescentes receberam três parcelas do Seguro Desemprego do Trabalhador Resgatado, além do custeio da viagem de retorno a seus locais de origem.

3. Do trabalho na atividade desportiva do futebol

No caso concreto, a Auditoria-Fiscal do Trabalho entendeu que o clube fiscalizado não cumpria os requisitos mínimos — previstos na legislação que disciplina as relações de trabalho no desporto — para contratar, manter em equipe própria e em alojamento, e formar atletas para o futebol, o que significava fraude à condição de atleta em formação, trabalho infantil e, somado à presença dos elementos fáticos-jurídicos do vínculo empregatício, fraude ao vínculo de emprego.

Na época da ação fiscal, a legislação aplicada ao desporto profissional e semiprofissional era a Lei n. 9.615, de 24 de março de 1998, também conhecida por "Lei Pelé". Atualmente, aplica-se também a Lei n. 14.597, de 14 de junho de 2023, que instituiu a Lei Geral do Esporte.

A Lei Pelé e a Lei Geral dos Esportes regulamentam as relações de trabalho desportivas em seus aspectos peculiares e específicos, sem que isso signifique o afastamento da legislação celetista, sobretudo quando constatados os elementos fático-jurídicos caracterizadores do vínculo de emprego, como no caso concreto se constatou.

A Lei Pelé estabelece, em seu art. 3º, alterado pela Lei n. 13.155, de 04 de agosto de 2015, que o desporto pode se manifestar nas seguintes formas: desporto educacional, desporto de participação, desporto de rendimento e desporto de formação. Já a Lei Geral do Esportes, em seu art. 4º, divide a prática esportiva em três níveis distintos: formação esportiva, excelência esportiva e esporte para toda a vida.

O "desporto educacional" e o "desporto de participação", assim como a "formação esportiva" e "o esporte para toda a vida", pelas características e finalidades explicitadas na legislação, são praticados com foco no lazer, atividades educativas, culturais e lúdicas, aquisição de hábitos saudáveis ao longo da vida e no desenvolvimento pleno do ser humano, não apresentando, por si só, pertinência com o universo do direito do trabalho.

De forma oposta, a prática desportiva observada no caso concreto era marcada pela seletividade – participação em testes e "peneiras" em outros estados e seleção por um "captador" ou "olheiro" para entrada no clube. Era também marcada pela hipercompetitividade: o clube participava das principais competições a que estava habilitado a participar buscando títulos e visibilidade no mundo do futebol. Dessa forma, não se tratava de "escolinha de futebol" com vistas ao lazer, treinamento e integração social dos jovens e adolescentes locais, o fim realmente colimado era puramente econômico: encontrar e lapidar talentos para compor equipe, e, futuramente, auferir lucros a partir de seu trabalho e da intermediação de contratos de trabalho, situação que se enquadrava, perfeitamente, nas modalidades "desporto de rendimento" ou "excelência esportiva".

E, considerando essas manifestações identificadas é que foram aplicadas ao caso concreto as demais regras previstas na Lei Pelé, a exemplo da idade mínima, formalização de contrato especial de trabalho desportivo ou de contrato como atleta não profissional em formação e a observância dos requisitos para enquadrar-se como entidade formadora de atletas. Ademais, devido a presença dos elementos fático-jurídicos componentes da relação de emprego, quais sejam trabalho não eventual, prestado "intuitu personae" (pessoalidade) por pessoa física, em situação de subordinação e onerosidade (DELGADO, 2023, p. 335) aplicou-se também a legislação celetista.

3.1. Da fraude à condição de atleta em formação e ao vínculo de emprego

Os 07 (sete) atletas de futebol resgatados não possuíam contratos formalizados com o clube de futebol — fossem contratos especiais de trabalho desportivo, fossem contratos como atletas não profissionais em formação. Um dos atletas, com 15 anos, somente poderia ter sido contratado como atleta não profissional em formação; atletas com 16, 17, 19 e 20 anos, poderiam ter sido mantidos como atletas não profissionais em formação ou com contratos especiais de trabalho desportivo; e os atletas com 22 e 23 anos, somente poderiam ser mantidos com contrato especiais de trabalho desportivo ou contratos de trabalho regidos pela Consolidação das Leis do Trabalho.

O labor desportivo é permitido a partir de 16 anos. Todavia, a legislação admite a figura do atleta não profissional em formação a partir dos 14 anos. Consoante disposto no art. 29, § 4º, a Lei Pelé (e previsto de forma similar na Lei Geral dos Esportes):

> Art. 29. A entidade de prática desportiva formadora do atleta terá o direito de assinar com ele, a partir de 16 (dezesseis) anos de idade, o primeiro contrato especial de trabalho desportivo, cujo prazo não poderá ser superior a 5 (cinco) anos. e
>
> § 4º O atleta não profissional em formação, maior de quatorze e menor de vinte anos de idade, poderá receber auxílio financeiro da entidade de prática desportiva formadora, sob a forma de bolsa de aprendizagem livremente pactuada mediante contrato formal, sem que seja gerado vínculo empregatício entre as partes.

A legislação que regulamenta o desporto permite a celebração de contrato formal entre a entidade formadora e o adolescente ou jovem com idade entre 14 anos e 20 anos, tendo como objeto sua formação desportiva, mas sem a caracterização de vínculo empregatício, ainda que se trate de uma relação de trabalho *latu sensu*. A relação que se estabelece entre a entidade de prática desportiva formadora e o atleta não profissional em formação possui natureza jurídica de direito laboral, ainda que a legislação expressamente afaste a existência do vínculo empregatício, quando cumpridos os requisitos nela previstos.

Todavia, para que restasse caracterizada a regularidade da condição de atleta em formação, o clube deveria preencher os requisitos previstos no art. 29, §§ 2º e 3º da Lei Pelé. São eles: I – forneça aos atletas programas de treinamento nas categorias de base e complementação educacional; e II – satisfaça cumulativamente os seguintes requisitos: a) ser a formação do atleta gratuita e a expensas da entidade de prática desportiva; comprovar que participa anualmente de competições organizadas por entidade de administração do desporto em, pelo menos, 2 (duas) categorias da respectiva modalidade desportiva; b) estar o atleta em formação inscrito por ela na respectiva entidade regional de administração do desporto há, pelo menos, 1 (um) ano; c) comprovar que, efetivamente, o atleta em formação está inscrito em competições oficiais; d) garantir assistência educacional, psicológica, médica e odontológica, assim como alimentação, transporte e convivência familiar; e) manter alojamento e instalações desportivas adequados, sobretudo em matéria de alimentação, higiene, segurança e salubridade; f) manter corpo de profissionais especializados em formação tecnicodesportiva; g) ajustar o tempo destinado à efetiva atividade de formação do atleta, não superior a 4 (quatro) horas por dia, aos horários do currículo escolar ou de curso profissionalizante, além de propiciar-lhe a matrícula escolar, com exigência de frequência e satisfatório aproveitamento; h) ser a formação do atleta gratuita e a expensas da entidade de prática desportiva; i) comprovar que participa anualmente de competições organizadas por entidade de administração do desporto em, pelo menos, 2 (duas) categorias da respectiva modalidade desportiva; e j) garantir que o período de seleção não coincida com os horários escolares.

Ocorre que o clube não preenchia os requisitos previstos em lei, senão vejamos: não ofertava complementação educacional; a formação dos atletas não era gratuita, era onerosa: cada atleta efetuava pagamentos mensais pelo treinamento, alojamento, alimentação, jogos, transporte, e, à parte, pela academia, caso quisesse frequentar; não era garantida assistência educacional, psicológica, médica e odontológica, nem a convivência familiar; nenhuma avaliação médica da saúde dos atletas era realizada; nem o alojamento era mantido em condições adequadas de alimentação e salubridade, nem as instalações desportivas eram adequadas (campos de futebol públicos, de uso coletivo, esburacados, sem iluminação, sem marcação, sem disponibilização de água potável, etc.); inexistência de corpo de profissionais especializados em formação técnico desportiva, com treinos curtos e pouco efetivos. Ademais, não havia a inscrição do atleta, nem participação de pelo menos duas competições organizadas por entidade de administração do desporto.

O descumprimento da legislação específica que versa sobre a formação de atletas nos desportos e que, a nosso ver, injustamente, afasta os direitos trabalhistas e previdenciários que fariam jus, conduz à caracterização do vínculo empregatício.

No caso concreto, os jovens e adolescentes através da passagem pelo clube buscavam a realização do sonho de profissionalizarem-se no mundo do trabalho do futebol. O clube, por outro lado, utilizava-se de suas equipes de futebol — formada por atletas selecionados, contratados e mantidos em alojamento à sua disposição para treinamentos, seleções e competições — para crescer no meio esportivo e revelar talentos. E, nesse sentido, foi possível identificar de forma clara os elementos fático-jurídicos componentes da relação de emprego: prestação por pessoa física, pessoalidade, não eventualidade, onerosidade e subordinação.

Os jovens e adolescentes, pessoas físicas, participaram de testes e "peneiras" em outros estados e foram selecionados por um "captador" ou "olheiro" para entrada no clube, ou ainda foram contatados através das redes sociais, para, em razão de suas próprias habilidades, fazerem parte do clube, treinarem e participarem das competições, conforme deliberação de seu administrador, não podendo se fazer substituir por qualquer outra pessoa.

A atividade desenvolvida era permanente, não eventual. Nenhuma pactuação temporalmente delimitada havia sido firmada. Não se tratava de um time formado para uma única disputa. Os jovens e adolescentes foram contratados para comporem equipe — em outra localidade/estado — visando a participação em competições a que o clube estava habilitado a participar e que pudessem dar visibilidade a ele e aos atletas; apesar da precariedade, possuía uma estrutura montada para o recebimento de atletas (alojamento), dirigentes e treinamentos diários (ainda que pouco efetivos). Os atletas participavam de competições com jogos no município sede e em outros municípios do estado do Rio Grande do Sul.

Em relação à onerosidade, talvez o requisito com maior grau de dificuldade em sua configuração, em razão da ausência de remuneração, importante mencionar que o objetivo do clube era puramente econômico: encontrar, formar equipe e treinar talentos para, futuramente, auferir lucros a partir de seu trabalho; obter bons resultados nas competições que dessem visibilidade ao clube e aos atletas (e com isso conseguir patrocínio ou bons contratos para os atletas e, por consequência para o clube). E, enquanto esse resultado não era obtido, o clube, para a manutenção do negócio e da sua própria renda, transferia — de forma indevida — o ônus de sua atividade econômica aos atletas, através da cobrança de valores referentes a taxa de captação, inscrição no clube, inscrição em jogos, treinamentos, alojamento e alimentação.

Já o objetivo dos atletas era a carreira no futebol: compor uma equipe, ter visibilidade e conseguir contratos de trabalho em outros clubes expressivos. Ainda que não houvesse uma contrapartida financeira imediata (e isso também configura parte da proposta enganosa e um dos indicadores das condições degradantes), a expectativa era o recebimento de valores expressivos pelo sucesso no futebol. Do contrário, jovens e adolescentes não viajariam milhares de quilômetros e deixariam suas residências e famílias apenas por lazer, *hobby* e/ou participarem de time e competições amadoras, "escolinha de futebol" ou então jogarem "peladas".

Três atletas ainda mantinham vínculo de emprego com fábrica de calçados e frigorífico. Ocorre, contudo, que esses vínculos eram secundários. Apenas existiam em razão da necessidade de obtenção de recursos financeiros para custear os treinamentos e alojamento/alimentação indevidamente cobrados pelo clube.

Delgado (2023, p. 343-344), ao se referir ao elemento da onerosidade, explica que sua análise envolve uma dimensão objetiva e uma dimensão subjetiva. No plano objetivo a onerosidade manifesta-se pelo pagamento, pelo empregador, de parcelas dirigidas a remunerar o empregado em função do contrato empregatício pactuado. Já no plano subjetivo, a onerosidade manifesta-se pela intenção contraprestativa, pela intenção econômica (intenção onerosa) conferida pelas partes — em especial o prestador de serviços — ao fato da prestação de trabalho. Assim, configurado estará o elemento da onerosidade caso a prestação de serviços tenha sido pactuada, pelo trabalhador, com o intuito contraprestativo trabalhista, com o intuito essencial de auferir um ganho econômico pelo trabalho ofertado.

E em relação à subordinação, os atletas estavam sob o comando do dirigente/treinador, que definia as regras do alojamento, os horários e locais dos treinos, os jogos e competições que cada um participaria, as posições e táticas em jogo adotadas, e inclusive punia os atletas que não compareciam nos treinos, mantendo-os no banco de reservas. No caso verifica-se a presença de todas as dimensões da subordinação (DELGADO, 2023, p. 348): clássica (treinador direcionava o modo de realização da atividade laborativa), objetiva (completa integração dos atletas nos fins e objetivos da atividade desenvolvida) e estrutural (ainda que não recebessem ordens diretas, os atletas acolhiam estruturalmente a dinâmica de organização e funcionamento do clube).

Os atletas não exerciam a atividade desportiva com facultatividade; não detinham liberdade para definir seus treinamentos, preparação física e as partidas de futebol/competições das quais participavam, sujeitando-se necessariamente às ordens e regras impostas pelo clube, isto é, a relação de trabalho ocorria de forma subordinada e sujeita às diretrizes e comandos do empregador.

4. Do trabalho infantil

Por força da Constituição federal, a proteção especial e prioritária da criança e do adolescente perpassa todo o ordenamento jurídico brasileiro, trazendo regramentos específicos, a fim de possibilitar o pleno desenvolvimento do ser humano. A regulação do trabalho traz diversos dispositivos que permitem ou proíbem o labor de acordo com as faixas etárias, tipos e condições de trabalho, cujo descumprimento caracteriza trabalho proibido e, muitas vezes, ato de exploração (SANTANA, 2022).

A Constituição Federal, em seu art. 7º, inciso XXXIII, estabeleceu a idade mínima para o trabalho em dezesseis anos, salvo aqueles que se encontrem na condição de aprendiz, sendo o limite mínimo de idade fixado em quatorze anos, bem como proíbe o trabalho noturno, insalubre e perigoso antes dos dezoito anos.

No que diz respeito às normas nacionais e internacionais que formam o sistema de proteção da infância e juventude, destacam-se o Estatuto da Criança e do Adolescente e as Convenções ns. 138 e 182 da Organização Internacional do Trabalho — OIT. A Convenção n. 182 da OIT trata da necessidade de adoção de medidas imediatas e eficazes que garantam a proibição e a eliminação das piores formas de trabalho infantil, dentre as quais "práticas análogas à escravidão" e "tráfico de pessoas".

O Estatuto da Criança e do Adolescente, em seu art. 67, inciso III, estabelece que é vedado "Ao adolescente empregado, aprendiz, em regime familiar de trabalho, aluno de escola técnica, assistido em entidade governamental ou não governamental", o trabalho "realizado em locais prejudiciais à sua formação e ao seu desenvolvimento físico, psíquico, moral e social". No mesmo sentido, a Lista das Piores Formas do Trabalho Infantil ("Lista TIP") anexa ao Decreto n. 6.481, de 12 de junho de 2008, veda o trabalho em locais "prejudiciais à moralidade" e menciona aqueles com "exposição a abusos físicos, psicológicos ou sexuais".

A pessoa contratada para treinar a categoria de atletas denominada "sub-16", e administrar o alojamento, era suspeita e investigada por diversos delitos em várias oportunidades — no Rio Grande do Sul e em outros estados — envolvendo crianças e adolescentes atletas de futebol. Possuía antecedentes por estelionato, estelionato mediante abuso de confiança, violação sexual mediante fraude, estupro de vulnerável, lesão corporal e ato obsceno.

Além de administrar de forma irresponsável o alojamento, principalmente no que toca a alimentação dos atletas, também havia relatos sobre a confecção de documentos de identidade falsificados e a manutenção de drogas no alojamento.

O clube, ao contratar pessoa de conduta não ilibada e de comportamento, no mínimo, reprovável e inadequado, para ser a autoridade e zelar pela vida, educação, saúde e segurança daqueles que acolhia e pelos quais se responsabilizava, mantinha os jovens e adolescentes em possível situação de risco, de negligência, principalmente em relação à alimentação; expostos a possíveis abusos físicos, psíquicos e sexuais, e com prejuízos em seu desenvolvimento moral e social. Na contramão da legislação de proteção ao trabalho do adolescente – que proíbe o trabalho noturno para menores de 18 (dezoito) anos, e, por analogia, também o pernoite em alojamento da empresa, fora do domicílio e/ou longe dos pais ou responsáveis, a legislação desportiva autoriza o alojamento de adolescentes a partir de 14 (quatorze) anos, desde que cumpridos os requisitos nela contidos.

Nesse sentido, a análise da legislação desportiva revelou que o não cumprimento dos requisitos mínimos previstos para formação de adolescentes por si só configura a sujeição à condição degradante, que é uma das modalidades do trabalho escravo contemporâneo e considerada uma das piores formas de trabalho infantil. Isso porque a Lei Pelé e a Lei Geral dos Esportes relacionam os requisitos mínimos para uma entidade formar, alojar, acolher adolescentes e jovens entre 14 e 20 anos, considerando o princípio da proteção integral introduzido no ordenamento jurídico brasileiro pela Constituição Federal e pelo Estatuto da Criança e do Adolescente, e considerando a efetivação dos direitos referentes à vida, à saúde, à alimentação, à educação, ao esporte, ao lazer, à profissionalização, à cultura, à dignidade, ao respeito, à liberdade e à convivência familiar e comunitária.

5. Do trabalho escravo contemporâneo

O trabalho escravo contemporâneo avilta a dignidade da pessoa humana e constitui flagrante desrespeito às normas de proteção do trabalho.

As normas de proteção ao trabalhador encontram-se positivadas na Declaração Universal dos Direitos Humanos, nos tratados e convenções internacionais de direitos humanos ratificados pelo Brasil, na Constituição Federal do Brasil, na Consolidação das Leis do Trabalho (CLT), entre outros.

Dentre os tratados e convenções internacionais de direitos humanos que o Brasil é signatário e que visam à abolição da escravidão em todas suas formas, mencionamos as Convenções da Organização Internacional do Trabalho (OIT) n. 29 (Decreto n. 41.721/1957) e 105 (Decreto n. 58.822/1966), a Convenção sobre Escravatura de 1926 (Decreto n. 58.563/1966) e, a Convenção Americana sobre Direitos Humanos, também denominada "Pacto de San Jose da Costa Rica", ao qual o Brasil fez sua adesão em 28/05/1992, ratificando-a através do Decreto n. 678/1992.

Dentre os princípios e direitos fundamentais do trabalho adotados em 1998 como parte da Declaração da Organização Internacional do Trabalho (OIT) estão cinco categorias: – liberdade sindical e o reconhecimento efetivo do direito à negociação coletiva; – a eliminação de todas as formas de trabalho forçado ou obrigatório; – a abolição efetiva do trabalho infantil; – a eliminação da discriminação em relação ao emprego e à ocupação; – saúde e segurança no trabalho.

Somam-se aos instrumentos internacionais, a legislação brasileira, que tutela de forma objetiva a dignidade da pessoa humana, os direitos humanos, a igualdade das pessoas, os valores sociais do trabalho e a proibição da tortura e do tratamento desumano ou degradante. O conceito de trabalho análogo à de escravo, bem como sua vedação no território nacional, decorrem, portanto, dos preceitos da Constituição Federal.

No art. 149 do Código Penal, por sua vez, encontra-se a tipificação do crime de reduzir alguém à condição análoga à de escravo. O artigo inclui as quatro condutas que, em conjunto ou isoladamente, configuram o crime. São elas: Submeter o trabalhador a trabalhos forçados, submeter o trabalhador a jornada exaustiva, sujeitar o trabalhador a condições degradantes de trabalho, restringir, por qualquer meio, a locomoção do trabalhador em razão de dívida contraída com o empregador ou com o preposto.

Cumpre ressaltar que as quatro fórmulas previstas no "*caput*" do art. 149 são independentes entre si. Vale dizer: a ocorrência de qualquer delas, conjunta ou isoladamente, tem o condão de configurar a prática do ilícito penal. A alteração do art. 149, pela Lei n. 10.803, de 11 de dezembro de 2003, significou ampliação do tipo penal, deixando evidente que o bem jurídico a ser tutelado não era apenas a liberdade, mas também a dignidade da pessoa humana. De acordo com José Claudio Monteiro de Brito Filho:

> Verificando a nova redação do art. 149, do Código Penal, observa-se que o trabalho em condições análogas à de escravo deve ser considerado gênero, do qual o trabalho forçado e o trabalho em condições degradantes são espécies. Não é somente a falta de liberdade de ir e vir, o trabalho forçado, então, que agora caracteriza o trabalho em condições análogas à de escravo, mas também o trabalho sem as mínimas condições de dignidade.

Na esfera administrativa, a Instrução Normativa n. 2, de 08 de novembro de 2021, do Ministério do Trabalho e Previdência, em seu capítulo V, define as modalidades do trabalho realizado em condições análogas às de escravo, e disciplina os procedimentos a serem adotados pela Inspeção do Trabalho quando verificada tal condição. São consideradas, de acordo com o art. 23, as seguintes modalidades de sujeição do trabalhador às condições análogas às de escravo: trabalho forçado, jornada exaustiva, condição degradante de trabalho, restrição, por qualquer meio, de locomoção em razão de dívida contraída com empregador ou preposto, no momento da contratação ou no curso do contrato de trabalho; e a retenção no local de trabalho em razão de cerceamento do uso de qualquer meio de transporte, manutenção de vigilância ostensiva e apoderamento de documentos ou objetos pessoais.

O conceito do trabalho em condições análogas às de escravo ou simplesmente trabalho escravo contemporâneo é amplo: envolve tanto a restrição da liberdade, quanto a negação da dignidade do trabalhador. E não se refere a uma condição permanente (escravo como um atributo da pessoa), mas um contexto de opressão, exploração e violência situacionais caracterizados por quatro componentes (concomitantes ou não): condições degradantes, jornadas exaustivas, servidão por dívida e/ou trabalho forçado (LEÃO e SIEBERT, 2021, p. 5.885).

A caracterização, na esfera administrativa, do trabalho em condições análogas à de escravo é competência da Auditoria-Fiscal do Trabalho. Atualmente, a Instrução Normativa n. 2 relaciona, em seu Anexo II, indicadores de cada uma das modalidades do trabalho análogo à de escravo que tem sido fundamentais à configuração da prática, bem como à uniformização da conduta da Inspeção do Trabalho.

5.1. Das Condições degradantes

Na esfera administrativa, a Instrução Normativa n. 2 define, em seu art. 24, condição degradante de trabalho como "qualquer forma de negação da dignidade humana pela violação de direito fundamental do trabalhador, notadamente os dispostos nas normas de proteção do trabalho e de segurança, higiene e saúde no trabalho". E no rol de indicadores, não exaustivo, são relacionadas situações envolvendo locais de trabalho, alojamentos/moradias, inexistência de medidas de saúde e segurança no trabalho, ausência de remuneração e agressões físicas/morais no contexto da relação de trabalho.

As condições degradantes de trabalho seriam péssimas condições de trabalho, que além de estarem em desacordo com o contido nas normas de proteção do trabalho, estão longe do patamar mínimo civilizatório de humanidade e dignidade que se espera existente numa relação de trabalho. Há o desrespeito aos direitos fundamentais do trabalhador à higiene, saúde, segurança, moradia, alimentação e privacidade. No caso do trabalho infantil, há completo desrespeito aos direitos fundamentais das crianças e adolescentes.

Embora haja quem diga que trabalho escravo infantil seja "toda e qualquer forma de trabalho exercido por crianças e adolescentes abaixo da idade mínima legal permitida para o trabalho" (SILVA, 2010, p. 12), entende-se que ocorre quando marcado pelas condutas tipificadas no art. 149 do Código Penal Brasileiro. Nesse sentido, entende-se como trabalho escravo as circunstâncias em que a criança, ou o adolescente, é submetida a trabalhos forçados ou a jornada exaustiva ou condições degradantes ou que tenha, para a obtenção de sua força de trabalho, restringidas suas possibilidades de locomoção (SILVA, 2018, p. 219).

Camargo de Melo, para descrever as condições degradantes de trabalho relaciona, acertadamente, péssimas condições de trabalho e de remuneração com restrições à autodeterminação do trabalhador. Depois indica, a título de exemplo, algumas situações em que se verificam o trabalho degradante, como: a intermediação fraudulenta do trabalho; a submissão a condições precárias pela falta ou pelo inadequado fornecimento de boa alimentação e água potável; a existência de alojamentos sem condições mínimas; o não fornecimento dos instrumentos para o trabalho e dos equipamentos de proteção individual; o não cumprimento da legislação que rege o trabalho humano etc. (BRITO FILHO, 2013, p. 77).

E de fato, foi o que se constatou no caso em análise. A começar pelo não cumprimento dos direitos humanos e fundamentais direcionados à proteção das crianças e adolescentes, dentre os quais também estão a profissionalização, e da legislação que rege o trabalho dos atletas em formação, bem como aos direitos humanos e fundamentais do trabalhador, dentre os quais o direito ao meio ambiente laboral saudável e seguro.

Foram identificados os seguintes indicadores (previstos no Anexo II da IN n. 02/2021) da sujeição dos atletas de futebol à condição degradante de vida, trabalho e alojamento: alojamento sem condições básicas de segurança, vedação, higiene, privacidade e conforto (item 2.6 do Anexo II da IN n. 02/2021); local para preparo e tomada de refeições sem condições de higiene e conforto (itens 2.14 e 2.15 do Anexo II da IN 02/2021); estabelecimento de sistemas remuneratórios que por transferiam ilegalmente os ônus e riscos da atividade econômica para o trabalhador, resultem no pagamento de salário base inferior ao mínimo legal ou remuneração aquém da pactuada (item 2.22 do Anexo II da IN n. 02/2021).

5.1.1. Dos indicadores das condições degradantes

De acordo com o item 24.7.1 da Norma Regulamentadora — NR-24, "Alojamento é o conjunto de espaços ou edificações, composto de dormitório, instalações sanitárias, refeitório, áreas de vivência e local para lavagem e secagem de roupas, sob responsabilidade do empregador, para hospedagem temporária de trabalhadores."

O alojamento que acolhia os atletas estava sob responsabilidade do clube de futebol. Além do fornecimento das refeições, também deveria ser sua a responsabilidade pela manutenção da limpeza de toda estrutura do alojamento. Em se tratando de alojamento de adolescentes — algo que deveria ser exceção considerando a privação do convívio familiar e pela condição peculiar de pessoa em processo de desenvolvimento — a responsabilidade em matéria de alimentação, higiene, segurança e salubridade era ainda maior.

De forma oposta, a inspeção constatou que o alojamento não era mantido em boas condições de limpeza e higiene. A limpeza dos cômodos — aqui incluídos dormitórios, banheiro e cozinha — era realizada pelos próprios atletas, já que o empregador não se responsabilizava por ela (não fazia, nem contratava outro trabalhador para fazê-lo). Não havia coleta de lixo diária, lavagem de roupa de cama, manutenção das instalações e/ou renovação de vestuário de camas e colchões no alojamento, ficando tudo a cargo dos próprios atletas.

Os dormitórios do alojamento também não atendiam ao previsto na NR-24: superlotados; beliches estavam dispostos em uma sala, local de passagem para os demais cômodos da casa, não sendo portanto um "quarto"; possuía apenas uma instalação sanitária para um grupo superior a 10 (dez) atletas alojados; não eram fornecidos lençóis, fronhas, cobertores e travesseiros limpos e higienizados adequados às condições climáticas (cada atleta deveria trazer suas roupas de cama) e não possuía armários (os pertences dos atletas ficavam dentro de suas malas ou então espalhados aleatoriamente sobre as camas, sob as camas, ou pequenos móveis improvisados nos locais).

Quanto à alimentação, os relatos dos atletas era do não fornecimento de todas as refeições prometidas por falta de alimentos ou pela falta de preparo por quem era o responsável; a manutenção para o consumo de pães velhos, duros e/ou mofados, sendo que esse era um dos principais alimentos fornecidos; o fornecimento de refeições pouco variadas, não balanceadas, pobres em nutrientes, geladas ou mal preparadas. O preparo das refeições para o coletivo, especialmente o jantar, era realizado pelos próprios atletas adolescentes, e em cozinha e com métodos de conservação dos alimentos inadequados.

No imóvel havia uma piscina com água sem tratamento químico, e água também acumulada em lonas no pátio. Conforme registro da Vigilância Sanitária Municipal, larvas do mosquito *Aedes Aegypti*, transmissor da dengue, foram encontradas no local, situação que colocava e risco a saúde dos atletas que ali se encontravam alojados, bem como da população de forma geral.

Sobre as questões de segurança do alojamento, verificou-se que recipientes de gás liquefeito de petróleo (botijões de gás) eram mantidos em área interna, junto ao local de instalação de fogões (não havia instalação adequada em área externa e ventilada), e que nem mesmo extintores de incêndio havia no imóvel.

O incêndio que culminou no óbito de 10 (dez) atletas da categoria de base do Flamengo, no "Ninho do Urubu"— Rio de Janeiro, no ano de 2019, com idades entre 14 e 16 anos, trouxe à tona a necessidade de se voltar especial atenção às condições de saúde e segurança dos locais em que adolescentes são alojados.

Em relação à Lei Pelé, a Lei Geral dos Esportes avançou no sentido de responsabilizar a organização esportiva formadora e seus dirigentes pelos prejuízos causados a atletas em formação que decorram de falhas de segurança nos locais de treinamento e nos alojamentos, bem como por responsabilizarem-se pela segurança e integridade física do atleta em formação durante o período em que estiverem sob sua responsabilidade, em suas instalações ou em outro local.

Também estabeleceu, no art. 101, que aos atletas em formação são garantidos os seguintes direitos, além dos existentes na Lei n. 8.069, de 13 de julho de 1990 (Estatuto da Criança e do Adolescente), e na Lei n. 12.852, de 5 de agosto de 2013 (Estatuto da Juventude): I – participação em programas de treinamento nas categorias de base; II – treinamento com corpo de profissionais especializados em formação técnico-esportiva; III – segurança nos locais de treinamento; IV – assistência educacional, complementação educacional e auxílio com material didático-escolar; V – tempo, não superior a 4 (quatro) horas diárias, destinado à efetiva atividade de formação do atleta; VI – matrícula escolar; VII – assistência psicológica, médica, odontológica, farmacêutica e fisioterapêutica; VIII – alimentação suficiente, saudável e adequada à faixa etária; IX – garantia de transporte adequado para o deslocamento de ida e volta entre sua residência e o local de treinamento.

E consta no art. 101, § 1º, que quando o atleta em formação morar no alojamento, a organização esportiva deverá também proporcionar: I – instalações físicas certificadas pelos órgãos e pelas autoridades competentes com relação à habitabilidade, à higiene, à salubridade e às medidas de prevenção e combate a incêndio e a desastres; II – assistência de monitor responsável durante todo o dia; III – convivência familiar; IV – participação em atividades culturais e de lazer, nos horários livres; V – assistência religiosa àqueles que a desejarem, de acordo com suas crenças.

Diante da nova legislação, entendemos que o descumprimento aos requisitos previstos na Lei Pelé para atuar como entidade formadora, notadamente àqueles que se referem às condições de alojamento e alimentação, e a não observância ao conjunto de regras introduzidas na Lei Geral dos Esportes e que visam a saúde e segurança dos adolescentes e jovens atletas em formação, constituem fortes indicadores de possível submissão às condições degradantes de trabalho.

Ainda como indicador da condição degradante, foi identificado que o sistema remuneratório adotado transferia ilegalmente o ônus e dos riscos da atividade econômica aos jovens e adolescentes atletas de futebol que — indevidamente — arcavam com os custos do alojamento, da alimentação, da academia (caso quisessem frequentar), a inscrição nos campeonatos, a compra dos uniformes para treinos e jogos, o transporte para os jogos e até a arbitragem, quando o jogo era em casa.

O objetivo do fiscalizado era o clube de futebol, porém sem outras fontes de recursos e renda, transferia aos próprios atletas os valores da manutenção de seu negócio. E, por fim, entendemos também como indicadores da condição degradante de trabalho, os seguintes indicadores classificados pela IN n. 02/2021 de possível submissão a trabalhos forçados, e que serão a seguir objeto de análise: tráfico de pessoas (item 1.1 do Anexo II da IN n. 02/2021), a arregimentação de trabalhador por meio de falsas promessas no momento do recrutamento (item 1.2 do Anexo II da IN n. 02/2021) e a exploração da situação de vulnerabilidade de trabalhador para inserir no contrato de trabalho, formal ou informalmente, condições ou cláusulas abusivas (item 1.5 do Anexo II da IN n. 02/2021).

6. Do tráfico de pessoas

De acordo com o art. 3 do Protocolo de Palermo, instituído pelo Decreto n. 5.017, de 12 de março de 2004, por "tráfico de pessoas" entende-se o recrutamento, o transporte, a transferência, o alojamento ou o acolhimento de pessoas, recorrendo à ameaça ou ao uso da força, ou a outras formas de coação, ao rapto, fraude, ao engano, abuso de autoridade ou de situação de vulnerabilidade, ou à entrega ou aceitação de pagamentos ou benefícios, para obter o consentimento de uma pessoa que tenha autoridade sobre outra, para fins de exploração. A exploração inclui, no mínimo, a exploração da prostituição de outrem ou outras formas de exploração sexual, o trabalho ou serviços forçados, escravatura ou práticas similares à escravatura, a servidão ou a remoção de órgãos.

Na mesma linha, o art. 149-A do Código Penal, incluído pela Lei n. 13.344, de 06 de outubro de 2016, assim define o tráfico de pessoas: art. 149-A. Agenciar, aliciar, recrutar, transportar, transferir, comprar, alojar ou acolher pessoa, mediante grave ameaça, violência, coação, fraude ou abuso, com a finalidade de: I – remover-lhe órgãos, tecidos ou partes do corpo; II – submetê-la a trabalho em condições análogas à de escravo; III – submetê-la a qualquer tipo de servidão; IV – adoção ilegal; ou V – exploração sexual.

O tráfico de pessoas, portanto, ocorre quando se verifica a presença de três elementos: ações (recrutamento, transporte, transferência, alojamento ou o acolhimento de pessoas), dos meios (ameaça, uso da força, ou a outras formas de coação, rapto, fraude, engano, abuso de autoridade ou de situação de vulnerabilidade), e os objetivos (exploração laboral, no caso a exploração sexual, serviços forçado e escravatura ou práticas similares à escravatura).

Tráfico de pessoas é um elemento em uma ampla estrutura de exploração que senta raízes na estruturação do mercado de trabalho, em sua segmentação, nas desigualdades de oportunidade e acesso ao emprego, nas desigualdades de poder baseadas no gênero, no campo mais o menos limitado de atuação das instituições reguladoras e fiscalizadoras das condições de trabalho, na discriminação e na estigmatização de algumas ocupações (Bolzon e Vasconcelos, 2008, p. 85-86).

Segundo o "Relatório Global sobre Tráfico de Pessoas", divulgado pelo Escritório das Nações Unidas sobre Drogas e Crime (UNODC) em 2018, quase 25 mil vítimas foram detectadas no mundo no ano de 2016. O levantamento revelou ainda que a maioria das vítimas eram mulheres e meninas, índice que chega a 72% dos casos. Os outros 21% são homens e 7% meninos.

No Brasil, de acordo com o "Relatório Nacional sobre Tráfico de Pessoas: dados 2017 a 2020", desenvolvido em parceria entre o Escritório das Nações Unidas sobre Drogas e Crime (UNODC) e a Coordenação-Geral de Enfrentamento ao Tráfico de Pessoas e Contrabando de Migrantes do Departamento de Migrações da Secretaria Nacional de Justiça do Ministério da Justiça e Segurança Pública (CGETP/Senajus/MJSP), aponta que a finalidade do tráfico de pessoas mais identificada no país é para a redução à condição análoga à de escravidão, seguida pela exploração sexual. Mulheres e meninas predominam nas ocorrências de tráfico para exploração sexual e homens para o trabalho escravo. A vulnerabilidade socioeconômica das vítimas também foi indicada como um dos principais fatores de risco ao tráfico de pessoas.

No caso em tela os atletas foram selecionados, recrutados, acolhidos e alojados, mediante proposta enganosa e se valendo da condição vulnerabilidade econômica e social de suas famílias, e da sua própria vulnerabilidade em razão da pouca idade, da condição peculiar de pessoa em desenvolvimento, sendo ao pé e ao cabo mantidos em situação degradante de vida, moradia e trabalho.

Em relação à ação, havia um recrutador, chamado "captador", residente no estado da Bahia, que selecionava atletas de outras unidades da federação, e apresentava proposta buscando o seu convencimento para jogar no clube no interior do estado do Rio Grande do Sul. Esse "captador" recebia a importância de R$ 100,00 (cem reais), por mês, por atleta captado. Ainda em relação à ação, aceita a proposta o atleta era contatado pelo dirigente do clube, para fazer parte da equipe, e quando chegava no município de destino, era por ele alojado e acolhido em edificação locada para o alojamento dos atletas do clube.

Quanto aos meios, a proposta feita aos atletas, que incluía a composição em clube que participaria dos principais campeonatos gaúchos, treinamentos visando a qualificação do atleta, alojamento e alimentação, mediante o pagamento de taxa no valor de R$ 700,00 (setecentos reais), era enganosa. Isso porque a associação não era inscrita na federação gaúcha de futebol, e assim sendo não participava dos principais campeonatos; o clube, recentemente formado, não possuía qualquer estrutura para treinamentos físicos, técnicos, táticos, e jogos: não possuía campo próprio, eram utilizadas campos públicos em pracinhas ou campos de equipes de futebol amador para os treinos; não havia profissionais com preparo técnico-esportivo para os treinamentos físicos, técnicos e táticos; não era realizada qualquer avaliação médica, ou dado qualquer suporte a um jogador, caso se lesionasse; a alimentação fornecida era precária, inadequada e insuficiente à formação de adolescentes e atletas em formação. Na verdade, a remuneração do dirigente do clube provinha das taxas que cobrava dos atletas, havendo ainda a expectativa de aumentar seus ganhos com possíveis contratos celebrados pelos atletas com outros clubes.

A oferta fraudulenta, maquiada por proposta de formação/profissionalização, explorava a situação de vulnerabilidade econômica e social dos jovens e adolescentes atletas, que sonhavam com uma trajetória de sucesso no futebol e com a ascensão social dela proveniente. Para os atletas era a oportunidade de, sendo parte de um clube — isto é, desenvolvendo essa atividade laboral, pudessem alcançar melhores oportunidades no mercado de trabalho do futebol. Já para o proprietário do clube, os recursos obtidos com a atividade de hotelaria e fornecimento de alimentação (e outras cobranças efetuadas), mantinha e alavancava a atividade desportiva por ele desenvolvida enquanto as negociações no futebol, por si só, não lhe trouxessem outros retornos financeiros.

Havia ainda uma outra situação envolvendo os atletas maiores de 20 (vinte) anos. O clube disputava competições nas categorias sub-17 e sub-20, porém selecionava, contratava, alojava e acolhia atletas com idades superiores, o que não faria o menor sentido não fosse com a finalidade de exploração. Esses jovens eram inscritos pelo clube e induzidos a participarem das competições com o uso de documentos de identificação confeccionados — conforme relatos dos atletas — no próprio alojamento e com a alteração da data de nascimento de modo que se encaixassem nas categorias dos campeonatos que o clube participava. Os adolescentes e jovens eram inseridos numa estrutura que os incentivava e ensinava o uso de práticas vedadas por lei.

Sem recursos financeiros para pagar pela estrutura fornecida pelo clube, tais atletas eram encaminhados para vagas de emprego em fábrica de calçados ou em frigorífico, com jornadas de trabalho de 44 (quarenta e quatro) horas semanais; com a realização de treinos curtos; e ainda, em razão da idade, fazendo uso de práticas ilegais para participarem dos campeonatos. Os atletas se sentiam exaustos e para o disputado mundo do futebol, os treinos acabavam sendo pouco efetivos. Ademais, os atletas que trabalhavam pagavam taxas superiores àquelas cobradas dos demais atletas cujas taxas eram suportadas pelos pais.

A Vigilância em Saúde do Trabalhador verificou que um dos jovens fazia uso de medicação em razão de "remissão" de câncer de tireoide e que estava sem acompanhamento médico. Nenhuma avaliação prévia de saúde era realizada para verificar a aptidão física para os treinamentos e competições que a profissionalização no futebol exige, situação que também colocava em risco a saúde e segurança dos atletas.

Para concluir o tópico, dois pontos importantes extraídos do Protocolo de Palermo.

Primeiro que para a configuração do tráfico de pessoas o consentimento dado pela vítima é irrelevante. O consentimento não torna a vítima cúmplice da própria exploração. E, segundo, no caso de pessoas com idade inferior a 18 anos, o recrutamento, o transporte, a transferência, o alojamento ou o acolhimento para fins de exploração serão considerados "tráfico de pessoas" mesmo que não envolvam nenhum dos meios acima referidos (ameaça, uso da força, ou a outras formas de coação, rapto, fraude, engano, abuso de autoridade ou de situação de vulnerabilidade).

Isso significa que no caso dos menores de 18 anos, ainda que a prática enganosa se utilizando da situação de vulnerabilidade não tivesse sido aplicada, mesmo assim poderia ser considerado o tráfico de pessoas, pois houve o recrutamento, o alojamento e acolhimento para fins de exploração laboral. Ou seja, para menores de 18 anos o que importa é a configuração das ações e dos objetivos, sendo os meios irrelevantes, já que a situação de vulnerabilidade se extrai da sua própria condição peculiar de pessoa em desenvolvimento.

E por fim, os objetivos. A finalidade era a exploração — daquilo que parece estranho — porque costuma-se pensar no futebol como esporte, paixão, hobby, espetáculo — mas que era uma atividade laboral: o trabalho do jogador de futebol. Porque no caso do futebol, a jornada de trabalho é composta pelos treinamentos físicos, técnicos e táticos, concentração e competições. E assim o é em qualquer clube de futebol. E assim é a carreira de qualquer jogador de futebol: aperfeiçoamento físico, técnico e tático ocupam a maior parte de suas jornadas de trabalho.

E essa atividade laboral dos atletas de futebol se dava em condições degradantes, que é uma das modalidades do trabalho desenvolvido em condições análogas às de escravo, conforme já exaustivamente tratado no item anterior.

7. Considerações finais

O trabalho infantil, o trabalho em condições análogas às de escravo e o tráfico de pessoas são problemas reais e graves em diversas atividades em todo mundo, inclusive no mundo do trabalho desportivo. No caso do futebol, agrava a situação a forma com que os atletas são selecionados, contratados, negociados, vendidos e transferidos: como se fossem uma mercadoria ou produto, que pode gerar ganhos e lucros para os vários agentes envolvidos na transação: captadores, empresários, clubes, etc.

Essas violações aos direitos humanos de crianças, adolescentes e jovens tem como pano de fundo uma sociedade extremamente desigual, a vulnerabilidade social e a escassez de oportunidades. Partem, geralmente, de uma oferta fraudulenta, maquiada por proposta única de formação/profissionalização, que explora a situação de vulnerabilidade socioeconômica, a pouca idade, o sonho do sucesso no futebol e ascensão social. Em conjunto com a proposta enganosa e parte dela, os atletas acabam experimentando condições precárias relacionadas ao vínculo de trabalho e emprego, condições degradantes de trabalho, alojamento, alimentação, saúde e segurança. Não raro, crianças e adolescentes, às vezes mantidos em alojamentos distantes milhares de quilômetros da família, acabam expostos a abusos físicos, psicológicos ou sexuais.

Por se tratar de atípica atividade laboral, quando se refere a clube amador, semiprofissional ou formação de atletas, envolvendo crianças, adolescentes e jovens, muitas dúvidas pairam sobre a competência da Auditoria-Fiscal do Trabalho para afastamento de trabalho proibido ou resgate do trabalho escravo contemporâneo. Assim, o objetivo desse estudo era, a partir da análise de caso concreto, demonstrar a existência do vínculo de trabalho, a formação do vínculo de emprego, e o conjunto de violações às normas de proteção do trabalho que poderiam contribuir à caracterização do trabalho em condições análogas às de escravo e ao tráfico de pessoas.

Pouquíssimas são as entidades que cumprem os requisitos e estão aptas à formação de atletas. No Rio Grande do Sul, no mês de setembro de 2023, apenas os três maiores clubes do Estado estavam habilitados. Isso significa que, excetuando esses três clubes, nenhum outro poderia contratar (e alojar) atletas com idade inferior à 16 (dezesseis) anos visando à formação/profissionalização no futebol. Nem mesmo poderiam contratar atletas com idades entre 16 e 20 anos com esse mesmo pretexto. A partir dos 16 anos a única forma de contratação possível seria o contrato especial desportivo ou celetista.

Mas para além dessa questão etária, cujo descumprimento de cara configura o trabalho infantil, verificamos, com base no estudo de caso, a possibilidade de afastamento de adolescentes com idades entre 16 e 18 anos, quando em trabalho e alojados em locais prejudiciais à formação e desenvolvimento físico, psíquico, social e moral.

A análise do caso revelou que para a configuração do trabalho em condições análogas às de escravo também se torna necessária a ocorrência das condutas tipificadas no art. 149 do Código Penal, reproduzidas na IN n. 02/2021, e cujos indicadores constam no Anexo II. Compreendemos que o descumprimento dos requisitos para formação de atletas relacionados na Lei Pelé e na recente Lei Geral dos Esportes, por si só, podem configurar condição degradante de trabalho, pois ali estão as regras mínimas para uma entidade formar e alojar atletas em ambiente protegido, saudável, seguro, com acesso à educação formal e com o estímulo ao convívio familiar.

Havendo uma proposta fraudulenta, se valendo da situação de vulnerabilidade socioeconômica dos atletas, e considerando a manutenção em condições degradantes, que pode se dar pela presença dos indicadores previstos no Anexo II da IN n. 02/2021, bem como pelo descumprimento das normas de proteção ao trabalho dos atletas previstas na Lei Pelé e na Lei Geral dos Esportes, verificamos a possibilidade de configuração do tráfico de pessoas, também chamado de "tráfico desportivo", crime previsto no art. 149-A, do Código Penal.

Em relação à Lei Pelé, a Lei Geral dos Esportes trouxe alguns avanços em direção à proteção dos direitos fundamentais e humanos dos adolescentes e jovens atletas em formação. Apesar de ter permitido o estabelecimento de vínculo "de natureza meramente esportivo" entre o menor de 12 (doze) anos e a organização esportiva, proibiu, no art. 5º, §§ 2º e 3º, o alojamento de adolescentes entre 12 e 14 anos nas dependências do clube ou domicílio estranho de seus familiares e condicionou a participação desses em competições com expressa autorização e efetiva presença dos pais ou responsáveis durante a competição. Também fixou regras visando especificamente a segurança dos atletas em formação que permanecem alojados no clube, além de outras relacionadas à alimentação adequada, acesso à educação, à cultura, ao convívio familiar, assistência psicológica, médica, odontológica, farmacêutica e fisioterapêutica e assistência religiosa aos que desejarem.

As repercussões da Lei Geral dos Esportes no mundo do trabalho ainda carecem de estudos aprofundados. Porém, se de um lado estabeleceu regras visando a saúde e segurança dos atletas em formação, por outro lado autorizou expressamente o alojamento de adolescentes a partir dos 14 (quatorze) anos, significando que a partir dessa idade poderão — com amparo legal — morar em local diverso da casa da família e migrar em busca da realização do sonho, expondo-se ao tráfico de pessoas para fins de exploração laboral no futebol.

No que toca ao combate ao tráfico de pessoas nos desportos, a Lei Geral dos Esportes não apresentou medidas pensando na sua prevenção. Diante disso, e considerando, inclusive, o crescimento do futebol feminino no país, e sendo as mulheres as principais vítimas do tráfico de pessoas, verifica-se a necessidade de se pensar, estudar e implementar políticas públicas voltadas ao enfrentamento dessa grave violação aos direitos humanos dentre os atletas de futebol.

Referências

BRITO FILHO, José Cláudio Monteiro de. *Trabalho decente:* análise jurídica da exploração do trabalho: trabalho escravo e outras formas de trabalho indigno. São Paulo: LTr, 2013.

BRASIL. *Decreto-lei n. 5.017, de 12 de março de 2004*. Disponível em: http://www.planalto.gov.br/ccivil_03/_ato2004-2006/2004/decreto/d5017.htm.

______. *Decreto-lei n. 2.848, de 7 de dezembro de 1940*. Disponível em: https://www.planalto.gov.br/ccivil_03/decreto-lei/del2848compilado.htm.

______. *Decreto-lei n. 5.452, de 1º de maio de 1943*. Disponível em: https://www.planalto.gov.br/ccivil_03/decreto-lei/del5452.htm.

______. *Decreto n. 6.481, de 12 de junho de 2008*. Disponível em: https://www.planalto.gov.br/ccivil_03/_ato2007-2010/2008/decreto/d6481.htm.

______. *Lei n. 8.069, de 13 de julho de 1990*. Disponível em: https://www.planalto.gov.br/ccivil_03/leis/l8069.htm.

______. *Lei n. 12.852, de 5 de agosto de 2013*. Disponível em: https://www.planalto.gov.br/ccivil_03/_ato2011-2014/2013/lei/l12852.htm.

______. *Lei n. 9.615, de 24 de março de 1998*. Disponível em: https://www.planalto.gov.br/ccivil_03/leis/l9615consol.htm.

______. *Lei n. 14.597, de 14 de junho de 2023*. Disponível em: https://www.planalto.gov.br/ccivil_03/_ato2023-2026/2023/Lei/L14597.htm.

______. *Instrução Normativa n. 2, de 08 de novembro de 2021*, do Ministério do Trabalho e Previdência. Disponível em: https://www.in.gov.br/en/web/dou/-/instrucao-normativa-359448244.

DELGADO, Mauricio Godinho. *Curso de Direito do Trabalho*. São Paulo: JusPodivm, 2023.

LEAO, L.; SIEBERT, P. A erradicação do trabalho escravo até 2030 e os desafios da vigilância em saúde do trabalhador. *Ciência saúde coletiva*. 2021. Disponível em: https://doi.org/10.1590/1413-812320212612.15382021.

MACHADO, Maíra Rocha. O estudo de caso na pesquisa em direito. In: MACHADO, Maíra Rocha (Org.). *Pesquisar empiricamente o direito*. São Paulo: Rede de Estudos Empíricos em Direito, 2017.p. 357-389.

Relatório Nacional sobre Tráfico de Pessoas: Dados 2017 a 2020. Escritório das Nações Unidas sobre Drogas e Crime; Ministério da Justiça e da Segurança Pública, 2021. Disponível em: https://www.gov.br/mj/pt-br/assuntos/sua-protecao/trafico-de-pessoas/Dados%20e%20estatisticas/relatorios-de-dados/relatorio-nacional-trafico-de-pessoas_2017-2020.pdf.

SANTANA, Cristiana Barbosa. *Afeto e solidariedade no trabalho escravo doméstico:* estudo de caso "domésticas de criação". Belo Horizonte: RTM, 2022.

SILVA, Rosa Amélia Santos da. *Trabalho escravo e infantil no Brasil:* uma revisão da literatura. João Pessoa: Uniderp, 2010.

SILVA, Moisés Pereira. Pequenos escravos: o trabalho escravo infanto-juvenil. In: FIGUEIRA, R.; PRADO, A.; GALVÃO, E., JOCOB, V. (Orgs.). *Estudos sobre as formas contemporâneas de trabalho escravo.* Rio de Janeiro: Mauad X, 2018. p. 219-231.

YIN, R. *Estudo de caso:* planejamento e métodos. Porto Alegre: Bookman, 2001.

VASCONCELOS, M.; BOLZON, A. Trabalho forçado, tráfico de pessoas e gênero: algumas reflexões. *Cad. Pagu* [Internet]. 2008Jul;(31):65–87. Disponível em: https://doi.org/10.1590/S0104-83332008000200004.

UNODC. *Relatório Global sobre Tráfico de Pessoas 2018.* Nações Unidas, 2018. Disponível em: https://www.unodc.org/documents/lpo-brazil/Topics_TIP/Publicacoes/TiP_PT.pdf.

Os Desafios da Inclusão de Adolescentes Egressos do Trabalho Infantil na Aprendizagem Profissional no Maranhão

Rebecca Jorge Dino Cossetti(1)

1. Introdução

O afastamento de crianças e adolescentes encontrados em situação de trabalho infantil é um grande desafio devido à resistência das famílias envolvidas e da sociedade como um todo. Desta forma, o exercício da Chefia de Fiscalização do Trabalho, desde 2017, a atuação na fiscalização da atividade de Combate ao Trabalho Infantil e um breve período no exercício da Coordenação dessa atividade no ano de 2019 permitiram o entendimento de forma mais aprofundada das dificuldades e da necessidade de encontrar soluções para esta problemática.

Muitas vezes, os sujeitos envolvidos justificam o trabalho infantil pela falta de alternativas, retratada em sofismas comuns, tais como: "é melhor trabalhar do que roubar", "melhor estar aqui do que estar na rua", "precisa trabalhar para ajudar a família" ou "o trabalho traz futuro", entre outros. A resistência experimentada no curso das ações fiscais revela um cenário contrastante com aquele verificado no arcabouço jurídico brasileiro, o que torna interessante um estudo mais aprofundado do tema.

O Brasil é signatário de todos os tratados internacionais que tratam da proteção da infância e da adolescência. Tanto as Convenções da OIT (Organização Internacional do Trabalho) ns. 138 e 182, como a Constituição Federal de 1988, e o Estatuto da Criança e do Adolescente — ECA resguardam o direito à uma idade mínima para o trabalho de 16 anos, salvo na condição de aprendiz, a partir de 14 anos, e desde que não seja em horário noturno, nem em atividades e lugares insalubres ou perigosos. Destaca-se que a Constituição Federal Brasileira, em seu art. 227 estabelece os princípios da proteção integral e prioritária dos infantes, consubstanciando no dever de cuidado, de zelo, de carinho, de responsabilidade da família, da sociedade e do Estado.

---

(1) Possui Graduação em Administração pela Universidade Estadual do Maranhão(2008). Graduação em Direito pela Faculdade de Ciências Humanas e Sociais Aplicadas de São Luís do Maranhão(2005). Auditora-Fiscal do Trabalho.

O ECA ainda estatui que os direitos antes enunciados se aplicam a todas as crianças e adolescentes, sem discriminação de nascimento, situação familiar, idade, sexo, raça, etnia ou cor, religião ou crença, deficiência, condição pessoal de desenvolvimento e aprendizagem, condição econômica, ambiente social, região e local de moradia ou outra condição que diferencie as pessoas, as famílias ou a comunidade em que vivem.

O largo aparato protetivo permite afirmar que no Brasil vige a doutrina da Proteção Integral, que se fundamenta no princípio da dignidade da pessoa humana, previsto na Constituição Federal (ARAÚJO, 2016). Apesar disso, o afastamento de crianças e adolescentes do trabalho irregular encontra grande resistência, em especial, pela falta de opções e oportunidades ofertadas a elas e suas famílias. No caso dos adolescentes com idade a partir de 14 anos, o principal caminho encontrado para superar essa dificuldade foi o da inserção dos adolescentes egressos do trabalho infantil na aprendizagem profissional como alternativa de ocupação e renda em situação de trabalho protegida e regular

A aprendizagem profissional constitui uma das ferramentas possíveis para proporcionar a salvaguarda dos Direitos Humanos dos adolescentes, principalmente, aqueles em situação de vulnerabilidade ou risco social. Desta forma, a execução dessa política pública requere o papel primordial da inspeção do trabalho como seu alicerce.

A fiscalização trabalhista está entre as ações governamentais mais importantes para o enfrentamento do problema, atuando sempre de forma articulada com parceiros institucionais e atores sociais. Internamente, necessita-se de um alinhamento entre as Coordenações Estaduais de Combate ao Trabalho Infantil e de Inserção de aprendizes no mercado de trabalho. Já no âmbito externo, é necessário promover as articulações necessárias para o envolvimento de outros órgãos que compõem a rede de proteção à criança e ao adolescente, bem como a adesão de empresas parceiras que ofereçam as vagas para contratação dos adolescentes encaminhados.

Para nortear esse trabalho, a Secretaria de Inspeção do Trabalho — SIT lançou também o Guia de Encaminhamento de Adolescentes Egressos do Trabalho Infantil para a Aprendizagem Profissional, em novembro de 2022 que

> [...] tem por objetivo auxiliar os Auditores-Fiscais do Trabalho, com a cooperação mútua entre as Coordenações Regionais das Atividades de Combate ao Trabalho Infantil e da Aprendizagem Profissional e com o apoio das chefias de fiscalização e da Divisão de Fiscalização de Combate ao Trabalho Infantil e Igualdade de Oportunidades (DTIOP), na construção e aperfeiçoamento de um conjunto de ações para que adolescentes egressos do trabalho infantil identificados nas ações fiscais sejam encaminhados para a Aprendizagem Profissional (SECRETARIA DE INSPEÇÃO DO TRABALHO, 2022).

A partir desse cenário a presente pesquisa buscou levantar e consolidar as estratégias que a Inspeção do Trabalho no Maranhão tem utilizado para superar os obstáculos impostos à inclusão de adolescentes em situação de vulnerabilidade social na aprendizagem profissional. Para isso, utilizou-se o método monográfico-indutivo aliado de pesquisa bibliográfica e documental.

2. Trabalho infantil e aprendizagem profissional no Brasil e no Maranhão

O trabalho físico ou intelectual requer maturidade física e psíquica, razão pela qual entende-se que somente a partir de certa idade é que se deve dispor da força de trabalho (SOUSA e ALKIMIN, 2018). No Brasil, o ECA reconhece às crianças e adolescentes a condição peculiar de pessoas em desenvolvimento. A capacidade laboral é reconhecida apenas a partir dos 16 anos, desde que o trabalho não seja noturno, perigoso ou insalubre, nem esteja contemplado na Lista das Piores Formas de Trabalho Infantil (BRASIL, 2008).

Por outro lado, a partir dos 14 anos, é possível o trabalho protegido por meio do contrato especial de aprendizagem, que permite a inserção de jovens e adolescentes no mundo do trabalho. Esse tipo de contrato alia a formação teórica, com certificação profissional pelas entidades formadoras, à experiência prática no ambiente da empresa ou em ambiente simulado.

Apesar disso, a entrada precoce no mundo do trabalho é uma realidade no Brasil e está diretamente relacionada com a pobreza e a exclusão social, além de estar associada também à insuficiência de instituições escolares, ao tamanho das famílias, e por sofrer grande influência dos costumes e as tradições locais (SOUSA e ALKIMIN, 2018).

A PNAD contínua de 2019 (Pesquisa Nacional por Amostra de Domicílios) registrou que 1,768 milhão de crianças e adolescentes de 5 a 17 anos estavam inseridos no trabalho Infantil, dos quais 53,7% tinham entre 16 e 17 anos, 25% entre 14 e 15 anos e 21,3% tinham entre 5 e 13 anos. O Maranhão ocupa a 15ª colocação no ranking dos estados brasileiros com maior nível de ocupação de crianças e adolescente entre 10 e 17 anos. São 85.746 crianças e adolescentes entre 5 e 17 anos ocupados no trabalho infantil, o que representa 5% do total dessa população. Analisando a segmentação etária, observa-se que 70% têm idade compatível com a aprendizagem profissional (14 a 17 anos).

A aprendizagem profissional é regulamentada pelo Decreto n. 9.579/2018, segundo o qual estabelecimentos de qualquer natureza são obrigados a empregar e matricular nos cursos oferecidos pelos serviços nacionais de aprendizagem o número de aprendizes equivalente a cinco por cento, no mínimo, e quinze por cento, no máximo, dos trabalhadores existentes em cada estabelecimento cujas funções demandem formação profissional (excetuando-se as micro empresas e empresas de pequeno porte, em razão da previsão legal disposta na Lei Complementar n. 123/2006) (BRASIL, 2006).

Este decreto determina, também, que devem ter prioridade na contratação como aprendizes os adolescentes com idade entre quatorze e dezoito anos, quando as atividades práticas forem compatíveis com a idade. Além desses, devem ser priorizados também os jovens e adolescentes em situação de vulnerabilidade ou risco social, os quais são definidos como: adolescentes egressos do sistema socioeducativo ou em cumprimento de medidas socioeducativas, jovens em cumprimento de pena no sistema prisional, jovens e adolescentes cujas famílias sejam beneficiárias de programas de transferência de renda, em situação de acolhimento institucional, egressos do trabalho infantil, com deficiência, matriculados em instituição de ensino da rede pública, em nível fundamental, médio regular ou médio técnico, incluída a modalidade de educação de jovens e adultos e/ou jovens desempregados e com ensino fundamental ou médio concluído em instituição de ensino da rede pública. (Brasil, 2018).

Da aplicação do decreto, calcula-se que haja potencial de contratação de 989,4 mil aprendizes no Brasil. No entanto, apenas 538,90 mil vagas encontram-se atualmente preenchidas (SMARTLAB, 2023). No Maranhão, atingiu-se o número recorde de 6 mil contratações de aprendizes. Isto se deve, em grande parte, ao esforço de fiscalização realizado nos últimos anos e ao aumento de vagas nos cursos de aprendizagem ofertadas pelas entidades formadoras às empresas que pretendem contratar os aprendizes. Ainda assim, o percentual de preenchimento do potencial de contratação no estado fica abaixo da média nacional, alcançando 46,7% do potencial de contratação de 12,8 mil vagas.

O baixo percentual de cumprimento da cota de aprendizes reduz as oportunidades ofertadas aos jovens e adolescentes. Isso é ainda mais relevante quando se fala da inclusão dos adolescentes em certas situações de vulnerabilidade social que normalmente têm maior dificuldade de ser aprovados nos exigentes processos seletivos para as vagas disponibilizadas pelas empresas.

Apesar da prescrição legal, na prática, observa-se que as empresas selecionam os aprendizes com maior nível de conhecimento e preparo. Isso deixa à margem do processo o público eleito como prioritário pelo legislador, já que a incidência de deficiência de aprendizado, defasagem escolar idade-série e ausência de matrícula na escola são problemas frequentemente vivenciados pelos jovens e adolescentes em situação de vulnerabilidade e risco social.

A inserção de adolescentes egressos do trabalho infantil na aprendizagem enfrenta ainda outros desafios. O contato com as famílias dos adolescentes identificados é dificultado pela falta de informações precisas de telefone ou endereço durante a ação fiscal. E, mesmo quando o contato é estabelecido, muitas famílias apresentam grande resistência em dialogar com os órgãos da rede de proteção. Quando superada essa etapa inicial, há ainda a necessidade de conciliar as vagas ofertadas com a disponibilidade do adolescente (turno escolar, local de residência, distância e tempo de deslocamento residência-escola-empresa e residência-escola e entidade formadora etc.), o que também costuma ser bastante desafiador.

Esse contexto impõe a necessidade de um trabalho estruturado, promovido pela interlocução entre os órgãos componentes da rede de proteção à criança e ao adolescente para sensibilizar as empresas a disponibilizarem vagas de aprendizagem e garantir o seu preenchimento por adolescentes egressos do trabalho infantil.

3. Inclusão de adolescentes egressos do trabalho infantil na aprendizagem profissional: A experiência da Inspeção do Trabalho no Maranhão

Como já mencionado, a inclusão de adolescentes egressos do trabalho infantil na aprendizagem profissional depende da atuação conjunta de duas coordenações: a Coordenação de Combate ao Trabalho Infantil e Proteção ao Adolescente Trabalhador — CCTIPAT e a Coordenação de Inserção de Aprendizes no Mercado de Trabalho — CIAMT. Historicamente, no Maranhão essas coordenações são exercidas por diferentes auditores-fiscais do trabalho o que enseja um maior esforço de comunicação e articulação para a efetivação das inserções pretendidas.

A CCTIPAT é responsável pela identificação das crianças e adolescentes em situação de trabalho proibido e realiza os encaminhamentos e articulações necessárias para inserção e acompanhamento dos adolescentes a partir de 14 anos egressos do Trabalho Infantil na aprendizagem profissional.

A CIAMT por sua vez, fiscaliza o cumprimento da cota de contratação de aprendizes pelas empresas e faz a interlocução com seus prepostos, inclusive com o objetivo de assegurar a disponibilização de vagas específicas para inclusão dos jovens e adolescentes em situação de vulnerabilidade e risco social. Além dos adolescentes egressos do trabalho infantil, busca inserir também os demais jovens e adolescentes em situação de vulnerabilidade e risco social.

O trabalho de inserção de adolescentes egressos do trabalho infantil na aprendizagem profissional é iniciado a partir da identificação desses adolescentes durante as ações fiscais realizadas. Para tanto, a Superintendência Regional do Trabalho no Maranhão — SRTb/MA utiliza-se dos espaços ocupados junto ao Fórum Estadual de Prevenção e Combate ao Trabalho Infantil do Maranhão — FEPETIMA, ao Comitê Municipal Intersetorial de Prevenção e Erradicação do Trabalho Infantil/Secretaria Municipal de Assistência Social de São Luis — SEMCAS, ao Fórum Estadual de Aprendizagem Profissional e Inserção de Adolescentes no Mercado de Trabalho — FEAP/MA e ao Programa Infância Sem Trabalho, constituído pela união de esforços da SRTb/MA, Ministério Público do Trabalho — MPT/MA, Ministério Público do Estado do Maranhão — MP/MA, Tribunal Regional do Trabalho do Maranhão — TRT/MA, Secretaria Estadual de Desenvolvimento Social — SEDES).

Esses entes são responsáveis por discutir a realidade regional e local, articular e implementar ações preventivas e levantar informações que vão subsidiar o planejamento das ações fiscais na regional.

Dentre as principais atividades fiscalizadas estão: Mercados e Feiras, Praias, Vendas Ambulantes em Vias Públicas e em Datas Culturais Festivas, Flanelinhas em estacionamentos, Cemitérios, Lixões, Agricultura Familiar, Casas de Farinha, Carvoaria, Oficinas, Retíficas, Borracharias, Trabalho Infantil Doméstico e, mais recentemente, em Estacionamentos de Grandes Supermercados e em Shopping Centers e no interior de ônibus urbanos, na capital e no interior do Estado.

Além das fiscalizações in loco, outra importante fonte de informação são as denúncias feitas por meio dos canais institucionais que relatam situação de trabalho infantil. No entanto, apesar do elevado índice de trabalho infantil no estado, o recebimento de denúncias não é frequente, o que pode ser creditado à naturalização e invisibilidade dessa prática na sociedade.

As ações fiscais realizadas permitem identificar crianças e adolescentes no trabalho infantil, cujos dados são coletados da forma mais fidedigna possível nas fichas de verificação física pelos Auditores-Fiscais do Trabalho. Estes dados são encaminhados para a assistência social do município envolvido e passam a compor o Cadastro Geral de Crianças e Adolescentes Identificados no Trabalho Infantil, mantido pela Coordenação de Combate ao Trabalho Infantil desde 2019.

Sempre que é identificado um adolescente a partir de 14 anos, o Auditor-Fiscal do trabalho informa, já no momento da abordagem, sobre a possibilidade de encaminhamento para a aprendizagem profissional. Essa estratégia também favorece a coleta de informações mais precisas sobre o adolescente e sua família. Mesmo assim, o contato posterior com o adolescente e sua família é um dos principais gargalos no processo, uma vez que os dados fornecidos durante a ação fiscal muitas vezes são incompletos e inconsistentes.

Quando isso ocorre, busca-se o auxílio do CREAS e dos Conselhos Tutelares da área de residência informada. Mais recentemente, vem-se utilizando também o contato direto da CCTIPAT com as escolas indicadas pelos adolescentes. Essa interlocução tem se mostrando bastante eficaz, pois a correta identificação do adolescente ocorre num curto espaço de tempo em quase todos os casos experimentados.

Todas as informações levantadas e o histórico dos contatos realizados são registrados no Cadastro Geral de Crianças e Adolescentes Identificados no Trabalho Infantil da SRTb/MA, o qual vem sendo alimentado pela Coordenação de Prevenção e Combate ao Trabalho Infantil desde 2019. Constam ali todas as crianças e adolescentes identificadas pela inspeção do trabalho com dados de idade, gênero, data de nascimento, filiação, endereço, telefone para contato, escola, série, turno e um relato das atividades em que a criança e o adolescente foram encontrados, remuneração, horas de trabalho e riscos existentes.

Estas informações subsidiam as articulações para disponibilização de vagas de Aprendizagem Profissional de acordo com o perfil dos adolescentes, considerando inclusive o local de residência e de frequência escolar.

As vagas abertas são oriundas de parcerias estabelecidas pela CIAMT desde 2019. Essas parcerias têm garantido o quantitativo necessário para inserção de todos os adolescentes identificados e que se interessam pelo encaminhamento para a aprendizagem profissional, inclusive em municípios do interior do estado.

Quando a CIAMT sinaliza a abertura de mais uma turma com vagas disponibilizadas para a inserção de adolescentes egressos do trabalho infantil é realizada uma reunião inicial entre a CIAMT, CCTIPAT e empresa contratante. Os adolescentes e suas famílias são contatados e sensibilizados a aderir ao programa com o auxílio da Secretaria de Assistência Social do município em questão.

Nesta etapa, faz-se a verificação da matrícula e turno de frequência escolar para compatibilizar com as regras da aprendizagem profissional e necessidade de frequência à entidade formadora e à empresa durante o curso.

Após, os adolescentes e suas famílias são convidados para uma reunião de acolhimento realizada na própria empresa parceira ou na sede da SRTb/MA, ocasião na qual são recebidos os documentos necessários e realizada a assinatura do contrato.

Dentre as empresas parceiras, destaca-se uma empresa de grande porte, do ramo de supermercados que tem sido responsável pela maioria das vagas disponibilizadas, a qual possui mais de 120 lojas no estado distribuídas em todas as regiões. Essa capilaridade tem possibilitado a negociação de vagas adequadas ao perfil de cada adolescente inserido. Com isso, busca-se aproximar o local de exercício das atividades práticas à área de residência, otimizando o deslocamento do adolescente casa-escola-trabalho para favorecer a conclusão do curso e a manutenção da rotina escolar.

Como entidades formadoras responsáveis pela formação teórica na aprendizagem profissional desses adolescentes já atuaram o Centro de Integração Empresa Escola — CIEE, o Serviço Nacional de Aprendizagem no Comércio do Maranhão — SENAC/MA e, atualmente está sendo iniciada parceria com o Serviço Nacional de Aprendizagem na Indústria — SENAI.

Tanto a empresa parceira quanto as entidades formadoras têm se mostrado sensíveis às especificidades do público inserido, fazendo um acompanhamento mais próximo de cada adolescente e estabelecendo um canal de comunicação com a CCTIPAT. Isso permite a busca de soluções para problemas de adaptação do adolescente ao ambiente da empresa e dificuldades mais acentuadas durante a formação teórica. Questões familiares e socioemocionais também têm sido objeto de acompanhamento e intervenção quando se faz necessário no curso do contrato.

Quando a CCTIPAT é acionada, este, encaminha o caso para a Secretaria de Assistência Social do município onde o adolescente reside para avaliação e acompanhamento do caso, conforme a necessidade identificada. A partir da adoção desse fluxo, tem-se observado uma redução na taxa de desistência durante o contrato de Aprendizagem Profissional.

4. Resultados alcançados

No período de janeiro/2019 a setembro/2023, a Inspeção do Trabalho identificou 255 adolescentes com mais de 14 anos em situação de trabalho infantil no estado do Maranhão. Nos anos de 2020 e 2023 o número de vagas disponibilizadas para inserção de adolescentes oriundos de vulnerabilidades e riscos sociais superou o número de adolescentes maiores de 14 anos identificados em situação de trabalho infantil pela inspeção do trabalho (Figura 1).

Em 2020, houve grande interferência da pandemia do novo Coronavírus que reduziu substancialmente o número de ações fiscais realizadas. Já em 2023, há ainda 6 fiscalizações em curso, além de pelo menos mais 9 fiscalizações que serão iniciadas, sendo necessário aguardar o fim do exercício para realizar uma análise mais detalhada dos números finais (Figura 1).

Nos outros anos (2019, 2021 e 2022) a quantidade de vagas disponibilizadas na aprendizagem profissional para inserção de adolescentes oriundos de vulnerabilidades e riscos sociais supera o número de adolescentes identificados pela inspeção do trabalho que foram efetivamente inseridos (Gráfico 1).

Gráfico 1 — Número de adolescentes identificados em ações fiscais e vagas de aprendizagem abertas, distribuídos por ano (2019 a 2023).

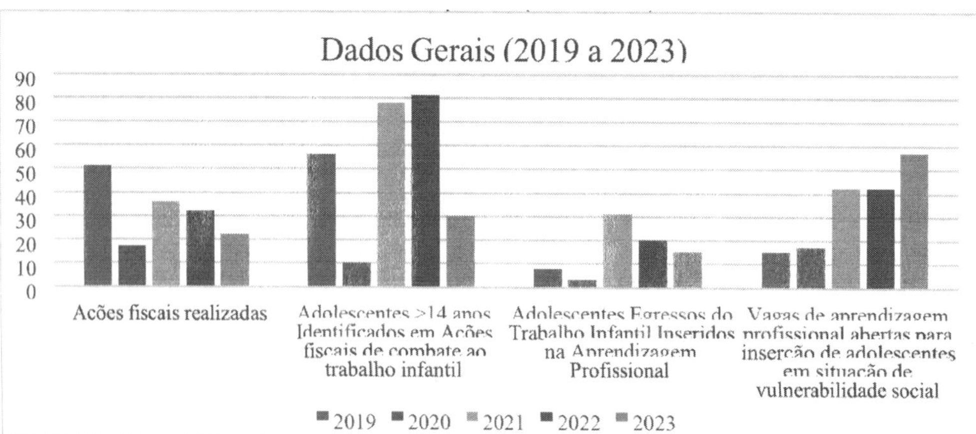

Fonte: Dados extraídos do Sistema Federal da Inspeção do Trabalho — SFITWEB e dados fornecidos pela Coordenação Regional de Combate ao Trabalho Infantil e Proteção ao Adolescente Trabalhador.

Esse cenário é consequência da grande dificuldade de localizar e entrar em contato com a família dos adolescentes após a ação fiscal. Outro fator relevante que impacta esse resultado, é a resistência familiar para afastar o adolescente do trabalho infantil, especialmente quando os valores auferidos pelo adolescente no trabalho irregular são superiores à remuneração oferecida no contrato de aprendizagem profissional.

Dos 255 adolescentes com mais de 14 anos identificados pela inspeção do trabalho apenas 30,2% foram inseridos na aprendizagem profissional, sendo responsável pela ocupação de 45% das vagas disponibilizadas (Gráfico 2).

Gráfico 2 – Adolescentes com mais de 14 anos identificados em ações fiscais e número de adolescentes egressos do trabalho infantil e inseridos na aprendizagem profissional, distribuídos por ano (2019 a 2023).

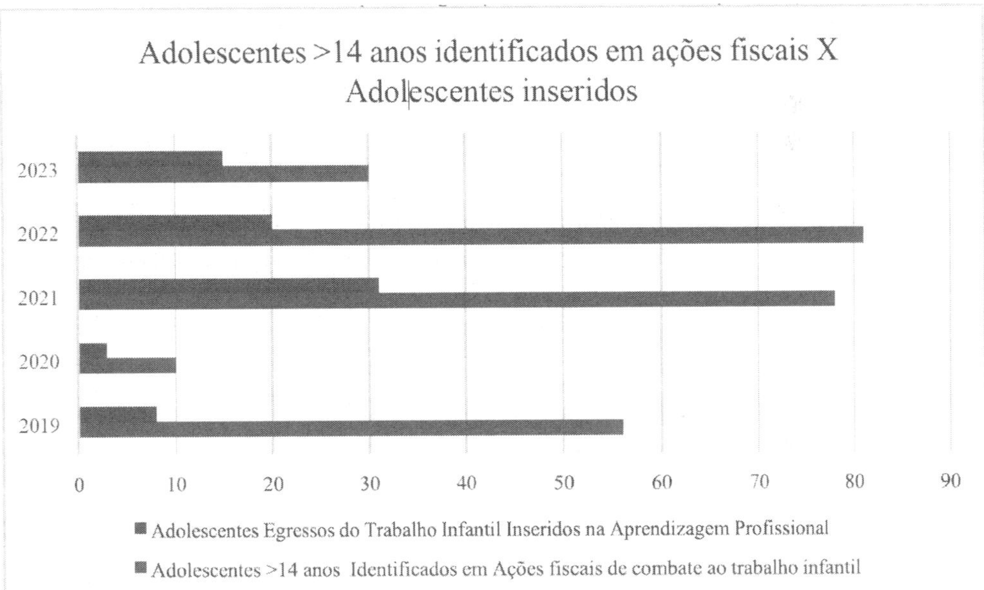

Fonte: Dados extraídos do Sistema Federal da Inspeção do Trabalho 3 SFITWEB e dados fornecidos pela Coordenação Regional de Combate ao Trabalho Infantil e Proteção ao Adolescente Trabalhador.

As vagas remanescentes foram redirecionadas para adolescentes oriundos de vulnerabilidades e riscos sociais atendidos por outros órgãos componentes da rede de proteção da criança e do adolescente. Nesse grupo, foram inseridos na aprendizagem profissional um total de 96 adolescentes, encaminhados pelos Conselhos Tutelares, Ordem dos Advogados do Brasil, Ministério Público do Estado, Secretária Municipal de Assistência Social de São Luís, Fundação da Criança e do Adolescente — FUNAC, entidades de acolhimento institucional e de cumprimento de medida socioeducativa (Gráfico 3).

Gráfico 3 – Comparação entre as vagas preenchidas por adolescentes identificados pela inspeção do trabalho e por adolescentes encaminhados outros órgãos/entidades por ano (2019 a 2023).

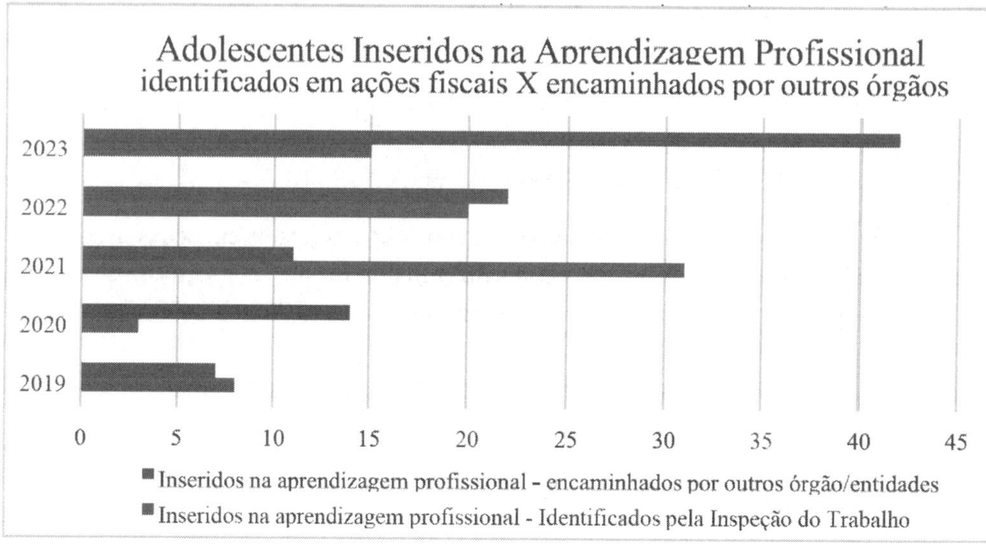

Fonte: Dados extraídos do Sistema Federal da Inspeção do Trabalho — SFITWEB e dados fornecidos pela Coordenação Regional de Combate ao Trabalho Infantil e Proteção ao Adolescente Trabalhador.

5. Avanços e desafios da inclusão de adolescentes egressos do trabalho infantil na aprendizagem profissional no Maranhão

As estratégias adotadas pela SRTB/MA através da CIAMT e CCTIPAT têm obtido sucesso na disponibilização de vagas para inserção dos adolescentes egressos do trabalho infantil na aprendizagem profissional. Porém, os obstáculos enfrentados, em especial a dificuldade de localizar e contactar as famílias e a resistência dispensada por elas ao programa tem limitado o público inserido, restando ainda grande percentual de adolescentes identificados que permanecem fora da aprendizagem profissional e sujeitos à reincidência no trabalho infantil.

Além disso, as ações e fluxos adotados são estabelecidas pelas articulações realizadas, mas carecem de documentação em que as empresas, órgãos e entidades assumam de maneira formal as obrigações assumidas dentro do fluxo de atendimento e encaminhamento estabelecidos. Assim, há um risco de que as ações sejam interrompidas e até extintas a partir da troca de gestores exigindo o empreendimento de novos esforços para negociar e restabelecer o funcionamento do fluxo.

O Guia de Encaminhamento de Adolescentes Egressos do Trabalho Infantil para a Aprendizagem Profissional que tem como um de seus objetivos fortalecer e apresentar sugestões para o aperfeiçoamento das ações realizadas nesse sentido pelas SRTb (SECRETARIA DE INSPEÇÃO DO TRABALHO, 2022).

Além das estratégias ali inseridas, a troca de informações com outras Superintendências Regionais do Trabalho que já desenvolvem esse trabalho há mais tempo pode ser outra importante fonte de informações para construir soluções que permitam superar as dificuldades ainda existentes no processo.

A título de exemplo, uma das estratégias sugeridas pelo guia é que, durante a ação fiscal, seja entregue ao adolescente identificado em situação de trabalho infantil um folheto cujo modelo foi disponibilizado pela SIT. O folheto apresenta a aprendizagem profissional para o adolescente e já disponibiliza a relação de documentos necessários. Essa iniciativa pode facilitar que a informação chegue à família do adolescente de forma mais clara e objetiva, e favorecer o interesse pela sua inclusão na aprendizagem profissional.

O guia também apresenta um compilado de informações sobre as responsabilidades de cada órgão envolvido no fluxo de inserção de adolescentes egressos do trabalho infantil na aprendizagem profissional o que pode servir de subsídio para construção dos documentos necessários para a formalização da participação das empresas, órgãos e entidades envolvidos.

Um outro exemplo é o "Programa de Incentivo à Aprendizagem de Minas Gerais — Descubra!", integrado pela Superintendência Regional de Minas Gerais, que foi pensado com a intenção de priorizar especialmente adolescentes e jovens em cumprimento ou egressos de medidas socioeducativas, em situação de acolhimento institucional ou resgatados de situação de trabalho infantil. Esse programa foi formalizado por meio de um Acordo de Cooperação Técnica — ACT assinado por onze órgãos e instituições federais, estaduais e municipais.

Além do ACT, o programa possui um plano de trabalho bem definido, bem como documentos e protocolos norteadores para todas as etapas implementadas para o encaminhamento dos adolescentes e jovens em situação de vulnerabilidade social para a aprendizagem profissional.

Apesar das dificuldades enfrentadas e das oportunidades de melhoria apresentadas, a SRTb/MA já construiu toda a base do programa. As vagas já disponibilizadas são suficientes para atender todos os adolescentes identificados e situação e trabalho infantil pela inspeção do trabalho, com a possibilidade de contemplar necessidades geográficas específicas, inclusive em diversos municípios do interior do estado.

Além disso, o acompanhamento que é feito pela CCTIPAT de cada adolescente, de forma individualizada, inclusive durante o contrato de aprendizagem tem se mostrado salutar para o convencimento das famílias, a confiança das empresas no processo e o alcance do grande objetivo final que é a capacitação desses adolescentes para o mercado de trabalho em condições regulares, com respeito à sua condição de pessoa em desenvolvimento e garantia de sua dignidade.

6. Considerações finais

A aprendizagem profissional, na forma prevista pela legislação vigente, constitui importante ferramenta para o alcance da erradicação do trabalho infantil no Brasil. No entanto, apesar da previsão legal constituir verdadeira ação afirmativa em favor dos adolescentes e jovens em situação de vulnerabilidade e risco social, a inserção desse público no programa ainda depende de um esforço concentrado e direcionado dos diversos órgãos integrantes da rede de proteção à criança e ao adolescente.

A inspeção do trabalho no Maranhão tem assumido a frente da condução desse trabalho, agregando os demais órgãos, atuando no convencimento de empresas e sensibilizando entidades formadoras e, com isso, tem alcançado resultados transformadores.

Por fim, como resposta aos desafios que se apresentam à solidificação dessa experiência, demanda-se aprimorar o fluxo de trabalho para facilitar a identificação dos adolescentes afastados do trabalho infantil após a ação fiscal, bem como a formalização das parcerias estabelecidas. Com isso, espera-se que a iniciativa se torne um programa perene, com uma trajetória de continuidade independente de mudanças relacionadas às pessoas que o conduzem, oportunizando a muitos mais adolescentes egressos do trabalho infantil a oportunidade de obter renda e formação técnico-profissional por meio de uma relação de trabalho regular, adequada e segura.

Referências

DESCUBRA!. Disponível em: https://www.descubraaprendizagem.mg.gov.br/. Acesso em: 30 maio 2023.

FERREIRA MEDEIRO DA SILVA DE ARAÚJO, Danielle. Trabalho infantil: desafios para a superação de uma norma social no Brasil. *Cadernos de Ciências Sociais Aplicadas*, [S. l.], v. 13, n. 21, 2017. Disponível em: https://periodicos2.uesb.br/index.php/ccsa/article/view/2099. Acesso em: 29 jun. 2023.

BRASIL. *Constituição da República Federativa do Brasil, 1988*. Disponível em: https://www.planalto.gov.br/ccivil_03/constituicao/constituicao.htm. Acesso em: 06 jun. 2023.

______. *Lei n. 8.069, de 1990*. Disponível em: https://www.planalto.gov.br/ccivil_03/leis/l8069.htm. Acesso em: 06 junho 2023.

______. *Lei Complementar n. 123, de 2006*. Disponível em: https://www.planalto.gov.br/ccivil_03/leis/lcp/lcp123.htm. Acesso em: 25 set. 2023.

______. *Decreto n. 6.481, de 2008*. Disponível em: https://www.planalto.gov.br/ccivil_03/_ato2007-2010/2008/decreto/d6481.htm. Acesso em: 17 ago. 2023.

______. *Decreto n. 9579, de 2018*. Disponível em: https://www.planalto.gov.br/ccivil_03/_ato2015-2018/2018/decreto/d9579.htm. Acesso em: 06 jun. 203.

CONSELHO NACIONAL DO MINISTÉRIO PÚBLICO. *Direito à profissionalização e trabalho protegido:* subsídios para a atuação do ministério público na promoção do acesso de adolescentes e jovens a programas de aprendizagem e cursos de qualificação. Brasília: CNMP,

2019. Disponível em: https://www.cnmp.mp.br/portal/images/Publicacoes/documentos/2019/PROFISSIONALIZA%C3%87%C3%83O_E_TRABALHO_PROTEGIDO_CNMP.pdf. Acesso em: 30 maio 2023.

PEREIRA, Fernanda Brito. A vedação do trabalho da criança e do adolescente e a doutrina da proteção integral no ordenamento jurídico brasileiro. In: *Coordinfância:* 20 anos de luta pela efetivação dos direitos das crianças e dos adolescentes. Brasília: Ministério Público do Trabalho, 2020. Disponível em: https://mpt.mp.br/pgt/publicacoes/livros/coordinfancia-20-anos-de-luta-pelaefetivacao-dos-direitos-das-criancas-e-dos-adolescentes-1/@@displayfile/arquivo_pdf. Acesso em: 30 maio 2023.

SECRETARIA DE INSPEÇÃO DO TRABALHO. *Diretrizes para o planejamento da inspeção do trabalho 2022*. Ministério do Trabalho e Emprego. Brasília. 2022.

______. *Guia de encaminhamento de adolescentes egressos do trabalho infantil para a aprendizagem profissional.* Ministério do Trabalho e Emprego. Brasília, 2022. p. 40.

SMARTLAB. Disponível em: https://smartlabbr.org/. Acesso em: 25 set. 2023.

SOUSA, A. M.; ALKIMIM, M. A. Trabalho infantil no Brasil: o dilema entre a sobrevivência e a exploração. *Revista de Direitos e Garantias Fundamentais*, [S. l.], v. 18, n. 2, p. 131–152, 2018. DOI: 10.18759/rdgf.v18i2.1005. Disponível em: https://sisbib.emnuvens.com.br/direitosegarantias/article/view/1005. Acesso em: 29 jun. 2023.

Parte 4

Trabalho Análogo ao de Escravo

O Projeto Ação Integrada: Rumos para Emancipação de Pessoas Resgatadas e Vulneráveis

Silvio José Sidney Teixeira[(1)]

1. Introdução

O caso escolhido para estudo é a experiência desenvolvida pelo Projeto Ação Integrada (PAI) no estado do Mato Grosso, desde o ano de 2009, tendo como eixo a formação de redes e modelos de enfrentamento das raízes das vulnerabilidades de trabalhadores libertos, de forma a contribuir para a erradicação do Trabalho Escravo Contemporâneo (TEC). A partir das frentes de atuação desenvolvidas pelo PAI ao longo do tempo, analisar-se-ão as potencialidades de enfrentamento dos determinantes relacionados ao TEC, da inclusão destes trabalhadores, da formação de alianças e redes de fortalecimento das comunidades vulneráveis, por meio de estratégias que levem em conta as dimensões da saúde, socioambientais e do trabalho no território.

Após 14 (quatorze) anos de funcionamento, o estudo pretende analisar a forma de intervenção na capacitação destes trabalhadores. A pergunta que se faz, portanto é da seguinte ordem: com base no atual modelo de intervenção do Projeto Ação Integrada no Estado do Mato Grosso, como avançar para que se possa atuar de maneira a promover a emancipação de trabalhadores resgatados e vulneráveis?

Para melhor compreensão do fenômeno da escravidão contemporânea, partiu-se no Capítulo 2 de uma análise da morfologia da escravidão contemporânea e de suas transmutações para a busca de uma morfologia do enfrentamento da questão, por meio de políticas públicas e ações interinstitucionais desenvolvidas após o reconhecimento do Estado brasileiro da existência de trabalho escravo no país, sobretudo a partir da edição do 1º Plano Nacional para Erradicação do Trabalho Escravo (PNETE), com a centralidade das análises recaindo sobre o estado do Mato Grosso e do papel desempenhado pela Auditoria-fiscal do Trabalho.

---

(1) Graduado em Direito pela Universidade de São Paulo (2000). Mestre em Direito pela Universidade Federal do Mato Grosso (UFMT). Auditor-Fiscal do Trabalho.

Como base de análise, dividiu-se as ações de erradicação em cinco grandes eixos. Por questões metodológicas, optou-se pela não realização de uma análise do primeiro eixo, relacionado aos aspectos normativos relacionados ao combate do trabalho análogo a escravo, citando-se marcos legais importantes como suporte da análise.

O segundo eixo, relacionado às políticas (*policies*) e as interações com o terceiro e quarto eixo (ações preventivas e repressivas) representarão a linha condutora da sessão 2, partindo-se da estruturação nacional de enfrentamento para a compreensão crítica dos fenômenos ocorridos no estado do Mato Grosso desde o ano de 2003. A própria dinâmica dos temas estudados fez com que uma análise comparativa com o estado do Pará se fizesse necessária.

O quinto eixo de análise, relacionado às ações recuperadoras e educativas compõem o mote para que se discorra na Sessão 3 sobre a "Gênese, estrutura de atuação e desenvolvimento do Projeto Ação Integrada no Mato Grosso". Procurou-se contextualizar os fenômenos sociopolíticos e institucionais que criaram condições para o surgimento do PAI no ano de 2009. A partir de então, analisa-se a evolução e os rumos do projeto com base na dinâmica dos atores envolvidos e a sua difusão pelo país. A seguir, a estrutura de atuação do projeto é apresentada, com base na visão institucional e em objetivos e princípios de atuação de acordo com a visão interna da instituição, para que em seguida fossem tecidas considerações próprias sobre três eixos identificados pelo estudo como primordiais de intervenção. O primeiro deles, o "atendimento e acompanhamento dos trabalhadores no momento do resgate" foi relatado de forma sucinta, como opção metodológica; no segundo, as "ações de capacitação profissional, de cidadania e educação continuada dos trabalhadores resgatados e vulneráveis" foi realizada uma análise quantitativa e comparativa de atuação entre os trabalhadores abordados e os qualificados, com dados atualizados cedidos generosamente pela Coordenação Executiva do Projeto; já o terceiro eixo "articulação em rede, ações de capacitação e sensibilização (*advocacy*)" é fruto de uma reflexão autoral sobre o papel desempenhado pelo PAI em novas frentes de atuação, o que inclui anotações sobre vivências do autor desde maio de 2022 como representante da Superintendência Regional do Trabalho no Mato Grosso na Coordenação Executiva do Projeto (situação que perdura até a escrita do trabalho, em setembro de 2023).

A quarta seção "Novas frentes e possibilidades de atuações reparadoras e educativas" tece considerações sobre a fronteira de atuação do PAI, explorando contradições e oportunidades dentro do modelo constituído de intervenção. O avanço na pauta socioambiental e na emancipação é descrita na primeira subseção, enquanto a segunda explora potencialidades advindas da atuação de atores institucionais capazes de realizarem experiências transformadoras com pessoas vulneráveis, bem como a necessidade de reformulação da atuação da Inspeção do Trabalho no tema. A seção não é de maneira alguma conclusiva, e visa mais a lançar hipóteses e convidar à reflexão.

Por fim, nas considerações finais, as contribuições do Projeto Ação Integrada são contextualizadas, em sua dialética com o eixo político (*policies*) e as ações de enfrentamento preventivo, repressivo e reparador-educativo. Comparando as condições de gênese do projeto com o painel estrutural socioeconômico e político atual, conclui-se pela necessidade de inclusão de novas estratégias e alianças para que se tenha uma maior eficácia das ações não apenas relacionadas à justiça recuperadora, mas restaurativa e emancipatória.

2. A morfologia do enfrentamento da escravidão contemporânea no século XXI e difusão de ações recuperadoras e educativas pelo país

A evolução da morfologia da Escravidão Contemporânea no Brasil pode ser dividida didaticamente em três gerações: a escravidão proveniente da colonização europeia (Sec.XVI a XIX), a escravidão contemporânea de nova fronteira (1960 a 1990) e a escravidão contemporânea na economia consolidada (a partir de 1990). À semelhança das ponderações realizadas com a classificação de direitos fundamentais, faz-se necessário relativizar a periodização fixa destas categorias no tempo, pela verificação de cumulação, em maior ou menor grau destas formas de exploração da pessoa. A tabela abaixo exprime de forma resumida alguns conceitos-chave.

Quadro 1 — As Transmutações da Escravidão.

	ESCRAVIDÃO COLONIZAÇÃO EUROPEIA	ESCRAVIDÃO CONTEMPORÂNEA - NOVA FRONTEIRA	ESCRAVIDÃO CONTEMPORÂNEA - ECONOMIA CONSOLIDADA
TIPO PREDOMINANTE DE COERÇÃO AO TRABALHO	Restrição da liberdade — recrutamento forçado	Abuso da vulnerabilidade — prevalência do recrutamento por promessas enganosas	Abuso da vulnerabilidade — recrutamento por promessas enganosas ou consentido
TIPO PREDOMINANTE DE CONTROLE OU VIOLÊNCIA SOBRE O CORPO DO TRABALHADOR	Controle extenso (direito de propriedade). Tratamento dependendo do preço do escravo	Deixar viver ou fazer Morrer	Deixar morrer
DIMENSÃO PREDOMINANTE DA DESIGUALDADE IMPOSTA AO ESCRAVIZADO	Tratar como coisa (discriminação de direito)	Tratar como coisa (discriminação de fato)	Tratar como coisa (discriminação de fato)
RELAÇÃO PREDOMINANTE ENTRE ESCRAVIDÃO E LIVRE ARBÍTRIO	Contraria a vontade	Manipula (geralmente na entrada) e contraria (geralmente durante o trabalho e na saída) a vontade	Manipula a vontade

Fonte: VIANNA, 2019 (adaptado).

Frisa-se com essa classificação pontuar que no estado do Mato Grosso o processo de "modernização" da agricultura, tomada como política oficial do Estado brasileiro a partir dos anos 1960 resulta no aparecimento da segunda forma de escravidão (nova fronteira), caracterizada em linhas gerais por uma lógica repressiva de imobilização da força de trabalho como vetor de um processo de reestruturação socioeconômica que propiciou a acumulação e concentração massiva de terra e capital, aprofundando as desigualdades sociais.(2)

Neste contexto histórico, o combate ao Trabalho Escravo no estado do Mato Grosso ganha relevante dimensão nacional e internacional com as primeiras denúncias de Dom Pedro Casaldáliga, então Bispo da Prezalia de São Félix do Araguaia, no ano de 1971. Dentre as facetas desta forma de escravidão, cita-se: peonagem, a migração, a discriminação, a destituição de direitos, o caráter compulsório da migração e do trabalho, a presença ameaçadora da morte: a ausência eloquente de igualdade e liberdade.(3)

O papel da Comissão Pastoral da Terra (CPT), passa a denunciar, a partir de então, e, de forma sistemática a exploração ocorrida no Mato Grosso. O Estado se omite, e tal panorama permanece inalterado mesmo após a reabertura democrática e a Constituição de 1988, sendo a existência do TEC reconhecida apenas em 1995, após pressões internacionais derivadas do reconhecimento da responsabilidade do país na Corte Interamericana de Direitos Humanos (CIDH) no caso José Pereira vs. Brasil.

Propõe o presente trabalho apresentar após 1995, as respostas do Estado brasileiro e da Sociedade Civil para a erradicação do Trabalho Escravo Contemporâneo desde o reconhecimento de sua existência, classificadas de acordo com o quadro abaixo em ações normativas, políticas (policies), preventivas, repressivas e recuperadoras. Por fugir do escopo do trabalho, não serão detalhadas ações de normatização, ao menos no que tange ao seu conteúdo formal, bem como não serão analisadas de forma exaustivas todas as ações existentes. Partir-se-á de uma abordagem que contextualize a evolução tanto de policies, de ações preventivas, repressivas e recuperadoras, numa perspectiva cronológica e contextual de ações. O Projeto Ação Integrada, dentro desta classificação compõe o grupo de ações recuperadoraseducativas, que visam ao fornecimento de meios para educação continuada, qualificação profissional e emancipação social dos resgatados/sobreviventes/vulneráveis.

---

(2) VIANNA, Giselle Sakamoto Souza. *Ser e não ser livre:* a morfologia do trabalho escravo contemporâneo em Mato Grosso. Orientador: Sávio Machado Cavalcante. Tese de doutorado na Universidade Estadual de Campinas, Instituto de Filosofia e Ciências Humanas, 2019. p. 73.

(3) CASALDÁLIGA, Dom Pedro. Uma Igreja da Amazônia em conflito com o latifúndio e a marginalização social. *Carta Pastoral da Prelazia de São Félix do Araguaia*. São Félix do Araguaia, 10 out. 1971. Disponível em: http://www.prelaziasaofelixdoaraguaia.org.br/dompedro/01CartaPastoralDomPedro.pdf.

Quadro 2 — Ações que visam à erradicação do trabalho escravo contemporâneo no Mato Grosso.

Portaria n. 1.234 do Ministério do Trabalho (2003). "Lista Suja"	Planos Nacionais para Erradicação do Trabalho Escravo (PNETE). 2003 e 2008.	Fórum Social de Erradicação do Trabalho Escravo no Mato Grosso (2002)	Grupo Especial de Fiscalização Móvel Estadual — Seção de Fiscalização do Trabalho — SRT/MT	Pastoral do Migrante
Alteração do art. 149 do Código Penal. Nova redação pela Lei n. 10.803/2003	Plano de Ações para Erradicação do Trabalho Escravo para o Estado de Mato Grosso (2008)	Fórum Estadual pela Erradicação do Trabalho Escravo em Mato Grosso	MPT — PRT 23ª Região	Centro Burnier Fé e Justiça
Lei Estadual n. 8.600/2006	Agenda Estadual pelo Trabalho Decente (2011).	Associação dos Produtores de Algodão do Mato Grosso (AMPA)	Grupo de Articulação Interinstitucional para o Enfrentamento do Trabalho Escravo (GAETE) - 2013	
	Comissão Estadual para a Erradicação do Trabalho escravo (COETRAE)			

Fonte: Adaptado de MOURA (2014).[4]

Pouco antes da constituição do GETRAF (Grupo Executivo de Repressão ao Trabalho Forçado) e dos GEFM (Grupos Especiais de Fiscalização Móvel), que deram início as políticas de estado para o combate ao trabalho análogo a escravo, por meio do Decreto Presidencial 1.538/1995, vale dizer que, no plano estadual, iniciativas da Auditoria-Fiscal do Trabalho já eram relatadas desde o início da década.

A partir de então ocorre um certo incremento legislativo, como a alteração do art. 203 do Código Penal (Lei n. 9.777/1998), a instituição do seguro-desemprego para o trabalhador resgatado (Lei n. 10.608/2022), a criação da Lista Suja (Portaria n. 1.234 do Ministério do Trabalho, de 2003) e a nova redação do art. 149 do Código Penal (Lei n. 10.803/2003). No âmbito estadual, destaca-se a Lei Ordinária n. 8.600, de 19 de dezembro de 2006, que dispõe sobre a vedação à formalização de contratos e convênios com órgãos e entidades da administração pública do estado de Mato Grosso e o cancelamento de concessões de serviço público a empresas que, direta ou indiretamente, utilizem mão de obra em situação análoga à de escravos na produção de bens e de serviços, e dá outras providências.

(4) *Op cit.*, p 221.

É verificado também o fortalecimento de políticas do Estado brasileiro, como a consolidação dos Grupos Móveis de Combate ao Trabalho Escravo e a existência dos Planos Nacionais de Erradicação do Trabalho Escravo (PNETE), cujo primeiro pacto em 2003 previu a criação da Comissão Nacional para a Erradicação do Trabalho escravo (CONATRAE), criada com a missão de fiscalizar e implantar as ações previstas no plano. São eixos deste Plano: 1) Ações Gerais; 2) Melhoria na estrutura administrativa do grupo de Fiscalização Móvel; 3) Melhoria na Estrutura administrativa da ação policial; 4) Melhoria na Estrutura administrativa do Ministério Público Federal e do Ministério Público do Trabalho; 5) Ações específicas de promoção da cidadania e combate a impunidade; 6) Ações específicas de conscientização, capacitação e sensibilização.(5)

Em novembro de 2007, a Superintendência Regional do Trabalho no Mato Grosso recebeu 82 Auditores-Fiscais do Trabalho nomeados dentre os excedentes do concurso nacional realizado no ano anterior, sob a justificativa de que este incremento se destinaria prioritariamente às ações de erradicação do trabalho análogo a escravo e do trabalho infantil. Contando agora com 130 AFTs, o ano de 2008 foi marcado por uma revitalização das ações de fiscalização do trabalho no estado, tendo sido constituído quatro grupos móveis estaduais permanentes de fiscalização. Tratava-se de uma marca expressiva, lembrando que à época coexistiam seis grupos móveis nacionais.

Ao lado da experiência de fortalecimento das ações repressivas da SRT/MT, não à toa, o ano de 2008 representou a convergência de iniciativas no plano estadual visando à erradicação do trabalho análogo a escravo, como se verá adiante.

O advento do II Plano Nacional para Erradicação do Trabalho Escravo (2008) revisitou as estratégias de erradicação ao TEC, incluindo o envolvimento do setor empresarial, a noção de contínuo para o prazo de algumas medidas, bem como o reforço à ideia de que algumas ações precisam ser permanentes. São eixos deste Plano: 1) Ações gerais; 2) Ações de enfrentamento e repressão; 3) Ações de reinserção e prevenção; 4) Ações de informação e capacitação; 5) Ações específicas de repressão econômica.(6) De maneira comparativa com o primeiro plano, são elencadas medidas de caráter contínuo mais abrangente, sendo os três últimos eixos basilares para a construção de instrumentos mais sólidos de reinserção sustentável.

---

(5) BRASIL. Comissão Especial do Conselho de defesa dos direitos da pessoa humana da Secretaria Especial dos Direitos Humanos. *Plano nacional para erradicação do trabalho escravo*. Brasília: OIT, 2003a. Disponível em: http://reporterbrasil.org.br/documentos/plano_nacional.pdf. Acesso: 07 set. 2023.

(6) BRASIL. Presidência da República. Secretaria Especial dos Direitos Humanos. II Plano nacional para erradicação do trabalho escravo. Brasília: SEDH, 2008. *Repórter Brasil*. Disponível em: https://reporterbrasil.org.br/documentos/novoplanonacional.pdf. Acesso: 07 set. 2023.

Tabela Comparativa 1 — 1º e 2º Plano Nacional de Erradicação do Trabalho Escravo.

Plano	Eixo	Proposta/Ação	Responsáveis	Prazo
1º PNETE (2003)	Eixo 5) Ações específicas de promoção da cidadania e combate a impunidade	Proposta 55 Implementar uma política de reinserção social de forma a assegurar que os trabalhadores libertados não voltem a ser escravizados, com ações específicas, tendentes a facilitar sua reintegração na região de origem, sempre que possível: assistência à saúde, educação profissionalizante, geração de emprego e renda e reforma agrária"	Presidência da República, MTE MJ, SEDH, Ministério Extraordinário de Segurança Alimentar e Combate à Fome, MDA/INCRA, MS, Conselho Nacional de Saúde, Conselho de Desenvolvimento Econômico e Social, Governos Estaduais e Municipais, Serviços Sociais Autônomos, MEC e Sociedade Civil.	Ações a curto e médio prazo.
2º PNETE (2008)	Eixo 4) Ações de Reinserção e Prevenção	Ação 32 Implementar uma política de reinserção social de forma a assegurar que os trabalhadores libertados não voltem a ser escravizados, com ações específicas voltadas a geração de emprego e renda, reforma agrária, educação profissionalizante e reintegração do trabalhador.	Responsáveis: PR, MTE MJ, MDS, Incra/MDA, Governos Estaduais e Municipais e MEC Parceiros: SEDH e sociedade civil	Contínuo

Fonte: autor, comparando ambos os Planos.

No Plano estadual, foi criado do 1º Plano de Ações para Erradicação do Trabalho Escravo para o Estado de Mato Grosso, através do Decreto n. 1.545, de 29 de agosto de 2008. Dentre as diretrizes, as ações de assistência e apoio às vítimas incluiu a "elaboração de projetos de qualificação voltados para trabalhadores egressos do trabalho em condições análogas às de escravo e encaminhamento aos conselhos municipais e estadual de trabalho", sendo detalhada como "atendimento aos trabalhadores em situação de trabalho escravo", tendo como responsável a COETRAE-MT, recém instituída, para implementação a partir de junho de 2008.[(7)]

Registre-se que no Mato Grosso, antes do 1º PNETE, fora constituído o Fórum Social de Erradicação do Trabalho Escravo, no ano de 2002, tido como precursor da Comissão Estadual de Erradicação do Trabalho Escravo (COETRAE), que viria a ser criada no ano de 2007, por meio do Decreto n. 985, de 07 de dezembro de 2007, sendo vinculada à então SEJUSP (Secretaria de Estado de Justiça e Segurança Pública).

(7) COETRAE. *I Plano Estadual para Erradicação do Trabalho escravo em Mato Grosso.* Cuiabá, Mato Grosso, 2008. Disponível em: https://leisestaduais.com.br/mt/decreto-n-1176-2021-mato-grosso-altera-o-regimentointerno-da-comissao-estadual-de-erradicacao-do-trabalho-escravo-coetrae-aprovado-pelo-decreto-n-1560-de-05de-setembro-de-2008. Acesso: 07 set. 2023.

Originalmente compunha a comissão a SEJUSP (que a presidia), outras cinco Secretarias Estaduais (Trabalho, Ambiente, Educação, Saúde e Desenvolvimento Rural), sete entidades públicas federais (TRT, TJ, MPT, MPF, SRT, PF e PRF), três entidades públicas estaduais (MPE, PM e Polícia Judiciária) e cinco representantes da sociedade civil.

Em 2012, por meio da Lei estadual n. 9.189, de 1º de outubro de 2012, uma significativa reforma é estabelecida, sendo a COETRAE vinculada à SEJUDH (Secretaria de Estado de Justiça e Direitos Humanos), que, no entanto, exerceria apenas a primeira presidência, sendo as seguintes eleitas pela votação dos pares. A composição de então estabeleceu oito secretarias estaduais, seis entidades públicas estaduais, oito entidades públicas federais (foi incluído o INCRA) e seis entidades da sociedade civil.

A atual composição da COETRAE/MT consta da Lei estadual n. 11.104, de 02 de abril de 2020, com a presidência colegiada, composta pela "Presidência, 1ª Vice-Presidência, 2ª Vice-Presidência, Coordenador da Comissão de Gestão e Conhecimento, Coordenador da Comissão de Prevenção e Assistência às Vítimas e Coordenador da Comissão de Repressão", tendo as suas deliberações aprovadas por maioria absoluta, obedecendo a paridade tripartite, compondo instituições federais, estaduais e sociedade civil organizada. O atual modelo prevê a participação de sete Secretarias Estaduais, cinco entidades públicas estaduais (tendo saído a Empresa Mato-grossense de Pesquisa e Extensão Rural), oito entidades públicas federais (tendo ingressado a Defensoria Pública Federal) e seis representantes da sociedade civil, indicadas pelo Fórum Estadual de Direitos Humanos e da Terra.

Quadro 3 — Evolução da composição da COETRAE/MT ao longo dos anos.

		Decreto nº 985 de 07 de dezembro de 2007	Lei estadual n. 9189, de 01 de outubro de 2012	Lei estadual n. 11.104, de 02 de abril de 2020
Entidades Estaduais	Secretarias de Estado	6	8	7
	Órgãos Estaduais	3	6	5
Total – Entidades Estaduais		**10 (45,45%)**	**14 (50%)**	**12 (46,15%)**
Entidades Federais		**7 (31,81%)**	**8 (36,36%)**	**8 (30,76%)**
Sociedade Civil		**5 (22,72%)**	**6 (27,27%)**	**6 (23,07%)**
Total		**22**	**28**	**26**
Presidência	**Forma de exercício**	Presidencial	Presidencial-colegiada tripartite (Presidência, 1ª Vice-Presidência, 2ª Vice-Presidência)	Colegiada Tripartite Presidência, 1ª Vice-Presidência, 2ª Vice-Presidência e 3 Comissões
	Elegibilidade para a Presidência	SEJUSP *(Estadual)*	SEJUDH (estadual: 1ª Presidência) Demais: eleição	Presidência rotativa entre as três bancadas

Fonte: autor.

Observou-se ao longo destes dezesseis anos pontos de tensão entre entidades estaduais e órgãos federais e da sociedade civil. Paradigmático neste sentido foi questão relacionada ao Fundo de Erradicação do Trabalho Escravo (FETE), criado em 2010, com a justificativa de que traria maior efetividade e alcance das ações de erradicação do trabalho escravo no Mato Grosso, ao captar recursos oriundos de Termos de Ajustamento de Conduta (TAC) propostos pelo Ministério Público do Trabalho e pelo Ministério Público Federal, bem como de acordos e condenações judiciais. No entanto, no ano de 2012 a COETRAE/MT não obteve êxito ao tentar captar recursos do FETE. Ao alegar a falta de compromisso do governo estadual, a sociedade civil e órgãos federais se retiraram da COETRAE, tendo, no entanto se rearticulado e criado em setembro de 2013 o Grupo de Articulação Interinstitucional para o Enfrentamento do Trabalho Escravo (GAETE), formado pelo Ministério Público do Trabalho, o Ministério Público Federal, a Superintendência Regional de Trabalho e Emprego, a Associação dos Magistrados da Justiça do Trabalho, a Comissão Pastoral da Terra, o Centro de Pastoral para Migrantes, o Centro Burnier de Fé e Justiça, a Central Única dos Trabalhadores (CUT) e o Fórum de Direitos Humanos e da Terra.(8)

Justamente por reunir atores alinhados fora do âmbito do poder local e dada a potencialidade de ações a serem desenvolvidas entre órgãos federais (de uma certa forma mais integradas com a participação em conjunto nos Grupos Especiais de Fiscalização Móvel) e representantes da sociedade civil, o GAETE-MT adquire um papel fundamental na articulação interinstitucional num cenário de retrocessos no enfrentamento ao trabalho escravo.(9)

A atuação do GAETE/MT torna-se então um paradigma de articulação e enfrentamento de resistências e desalinhamentos com o federalismo cooperativo, representando uma oportunidade de atuação destas instituições.

Outra possibilidade de incremento das atividades do GAETE surgiu com a Portaria n. 110, de 24 de janeiro de 2017 do Ministério da Justiça e Segurança Pública, que instituiu o Pacto Federativo para Erradicação do Trabalho Escravo, ressaltando o caráter descentralizado da execução da política de combate ao trabalho escravo, a necessidade de articulação e colaboração federativa e o papel estratégico dos estados na prevenção ao trabalho escravo e na reinserção social dos trabalhadores resgatados. Posteriormente, a Portaria n. 1.620, de 13 de maio de 2021, do Ministério da Mulher, da Família e dos Direitos Humanos (MMFDH), atualizou o Pacto prevendo a participação de Municípios.

---

(8) MOURA, Fátima Aparecida Vieira; LEAO, Luís Henrique da Costa. *Saúde pública e erradicação do trabalho escravo em Mato Grosso*. ECOS, vol. 4, n. 2, 2014. p. 220. Disponível em: http://www.periodicoshumanas.uff.br/ecos/article/viewFile/1372/1044. Acesso em: 22 set 2023.

(9) Ver nesse sentido: https://www.prt23.mpt.mp.br/procuradorias/prt-cuiaba/848-em-nota-gaete-mt-criticadescaso-do-governo-no-combate-ao-trabalho-escravo. Acesso em: 24 set. 2023.

Dentro deste contexto de articulação interinstitucional de entidades federais, da sociedade civil e de fortalecimento do federalismo de cooperação, o município de Marabá (PA) instituiu um GAETE próprio, desenvolvendo iniciativas no sul do estado do Pará. Outros grupos similares foram criados pelo Brasil, tendo atuação em estados como Maranhão, Piauí.

Dentre as iniciativas do GAETE em Marabá, uma se tornou emblemática pelo fomento à arte e à difusão global da questão do enfrentamento do trabalho escravo contemporâneo, fomentando a realização do longa-metragem Pureza, lançado em 2019 e dirigido por Renato Barbieri.(10)

Na Sociedade Civil surgiram iniciativas que atuam de maneira combativa na sensibilização e divulgação sobre o enfrentamento ao Trabalho Escravo Contemporâneo. Neste sentido, a organização Escravo Nem Pensar (ENP!), gestada em 2004 como um programa educacional da ONG Repórter Brasil (fundada em 2001), foi incluída no terceiro eixo do 2º Plano Nacional para Erradicação do Trabalho Escravo (2008), relacionado às ações de reinserção e prevenção, cuja meta 41 estipula a promoção do "desenvolvimento do programa "Escravo, nem pensar!" de capacitação de professores e lideranças populares para o combate ao trabalho escravo, nos estados em que ele é ação do Plano Estadual para a Erradicação do Trabalho Escravo", funcionando de maneira contínua, e sob a responsabilidade compartilhada da Secretaria Estadual de Direitos Humanos, Ministério da Educação e Cultura, Conatrae, OIT, CPT, Confederação Nacional dos Trabalhadores na Agricultura (CONTAG), Anamatra, ANPT, Sinait, ONG Repórter Brasil, Governos Estaduais e Municipais e Coetraes.

O ENP atua também produzindo pesquisas e um sólido conhecimento sobre a temática, promovendo o engajamento de comunidades vulneráveis, e com atuação em doze estados do Brasil, abrangendo 608 municípios e 200 ações realizadas, incluindo iniciativas comunitárias apoiadas de maneira técnica e financeira. A atuação se desdobra em quatro eixos: formação de professores e lideranças sociais, apoio financeiro e pedagógico a projetos educativos, publicação de materiais didáticos e apoio à realização de concursos e festivais culturais.(11)

3. Gênese, estrutura de atuação e desenvolvimento do projeto ação integrada no Mato Grosso

Em paralelo à evolução das respostas estatais de enfrentamento ao TEC, paulatinamente se verifica o surgimento de um novo perfil de escravidão contemporânea, no bojo de uma economia consolidada. De acordo com Giselle Vianna, esta forma de escravidão

(10) Ver neste sentido: https://www.prt24.mpt.mp.br/servicos/2-uncategorised/346-justica-do-trabalho-e-mptapoiarao-filme-sobre-trabalho-escravo.

(11) Ver neste sentido: https://escravonempensar.org.br/sobre/quem-somos/.

consiste num maior controle sobre as forças vitais do indivíduo, combinada com a coerção econômica e às condições de vida e de trabalho. Segundo a autora:

> Vale-se de práticas e instrumentos típicos do mercado de trabalho capitalista, alicerçando-se na combinação de dois elementos principais: a liberdade formal e a vulnerabilidade social. Nas últimas décadas, o trabalho escravo estaria progressivamente abandonando tecnologias de imobilização violenta da força de trabalho, passando a caracterizar-se por novas tecnologias fundadas na mobilidade dos trabalhadores e em coerções sistêmicas.[12]

A marca da escravidão contemporânea de economia consolidada se fazia presente no território do Mato Grosso. A constituição de quatro grupos móveis estaduais de fiscalização móvel no ano de 2008 resultou no resgate de 578 trabalhadores no estado. O incremento significativo de ações resultou num contato direto dos agentes estatais com a realidade vivenciada, especialmente pelos trabalhadores da área rural.

Neste contexto, foi se consolidando a percepção dos Auditores-fiscais do Trabalho de que o mero resgate dos trabalhadores era ineficaz para a erradicação do trabalho escravo contemporâneo, tendo sido relatada a existência de pessoas que chegaram a ser resgatadas mais de uma vez, retornando àquelas condições degradantes tempo depois de serem libertos. O resgate assim, não era uma garantia de liberdade para essas pessoas, que só seria alcançada mediante ações que combatessem a vulnerabilidade social e as coerções sistêmicas.

Restou claro que o rompimento do ciclo do trabalho escravo contemporâneo demandava uma atuação não apenas de ordem repressiva, mas recuperadora e educativa, o que levou a SRT/MT a elaborar um estudo com 268 egressos (sendo que 75% deles ainda residiam em Mato Grosso) que auxiliou na elaboração de um modelo interinstitucional de qualificação e reinserção social.[13]

E dentro desta linha, surgiu em 2009, a ideia de desenvolvimento do Projeto Ação Integrada (PAI) no seio da Auditoria-fiscal do Trabalho, inicialmente como o nome de Ação Interinstitucional para Qualificação e Reinserção Profissionais dos Resgatados do Trabalho Escravo em Mato Grosso. A capacidade de agir como uma política pública e a potencialidade de articulação interinstitucional são as marcas da iniciativa idealizada

(12) *Op cit.*, p. 19.

(13) PELLIZARI, Kelly; ARRUDA, Valdiney de; ALVES, Henrique. Roriz. Aarestrup. Projeto Ação Integrada: resgate histórico do projeto no combate ao trabalho análogo ao de escravo em Mato Grosso. *Expressa Extensão*, v. 26, n. 3, p. 10, 30 ago. 2021. Disponível em: https://periodicos.ufpel.edu.br/index.php/expressaextensao/article/view/20811. Acesso em: 24 set. 2023.

pelo Auditor-Fiscal do Trabalho e então Superintendente Regional do Trabalho, Valdiney de Arruda.(14)

Naquele mesmo ano, foi criado formalmente o PAI por meio de assinatura de Termo de Cooperação Técnica entre a Superintendência Regional do Trabalho do Mato Grosso (SRTb/MT), o Ministério Público do Trabalho em Mato Grosso (MPT-MT) e a Fundação de Apoio e Desenvolvimento da Universidade Federal de Mato Grosso (Uniselva/UFMT). Desde então, é desenvolvido por meio de duas instâncias compostas: a) por uma coordenação executiva colegiada integrada pela SRT/MT, MPT e UFMT; b) por um Fundo de Apoio à Ação Integrada, em parceria com a Fundação Uniselva. Atualmente o PAI também está institucionalizado como um projeto de extensão na Universidade Federal de Mato Grosso (UFMT).(15)

A Organização Internacional do Trabalho (OIT) durante um tempo participou do projeto, após a assinatura em 2011 da Agenda Estadual pelo Trabalho Decente, como fruto do trabalho do Comitê Estadual do Trabalho Decente, instituído em 2008. Dentre as linhas de ações relacionadas à assistência e apoio às vítimas, elenca o documento: a) atendimento dos trabalhadores resgatados pela Defensoria Pública Estadual; b) elaboração de projetos de qualificação voltados para trabalhadores egressos do trabalho em condições análogas às de escravo e encaminhamento aos conselhos municipal e estadual de trabalho; c) promoção junto ao governo Federal e governos municipais a criação de Centros Estaduais de Referência em Saúde do Trabalhador (CEREST), priorizando regiões com maior incidência de trabalho escravo; d) criação e manutenção mediante convênios com entidades da sociedade civil, de no mínimo duas casas de apoio para trabalhadores resgatados, com recursos reservados para todas as despesas inclusive de transporte; e) estabelecimento CRAS como unidade de referência no atendimento às vítimas do trabalho escravo; e f) direcionamento prioritário dos programas de apoio à agricultura familiar para regiões de maior aliciamento e incidência.(16)

Com a implementação das ações de capacitação dos trabalhadores resgatados, e visando a fortalecer, difundir e replicar o Projeto Ação Integrada no território brasileiro e no exterior, foi gerido em 2012 pelo Sindicato Nacional dos Auditores-Fiscais do Trabalho (Sinait) e pela OIT, o Movimento Ação Integrada (MAI). No ano de 2015 foi firmado o Acordo de Cooperação Técnica n. 14/2015 entre o Ministério Público Federal (MPF), o Conselho Nacional de Justiça (CNJ), o Tribunal Superior do Trabalho (TST),

---

(14) PELLIZARI, Kelly; ARRUDA, Valdiney de; ALVES, Henrique. Roriz. Aarestrup. Projeto Ação Integrada: resgate histórico do projeto no combate ao trabalho análogo ao de escravo em Mato Grosso. *Expressa Extensão*, v. 26, n. 3, p. 11, 30 ago. 2021. Disponível em: https://periodicos.ufpel.edu.br/index.php/expressaextensao/article/view/20811. Acesso em: 24 set. 2023.

(15) PELLIZARI, Kelly; ARRUDA, Valdiney de; ALVES, Henrique. Roriz. Aarestrup. *Op cit.*, p.14.

(16) OIT. *Agenda Mato Grosso do trabalho decente*. Disponível em: https://www.ilo.org/brasilia/temas/trabalho-decente/WCMS_302681/lang--pt/index.htm. Acesso em: 07. set. 2023.

Sindicato Nacional dos Auditores-Fiscais do Trabalho (SINAIT), Ministério do Trabalho e Emprego (MTE), Secretaria de Direitos Humanos da Presidência da República (SDH) e o Ministério Público do Trabalho (MPT).(17)

Atualmente, são encontradas ações similares ao Projeto Ação Integrada em Mato Grosso: o Programa Ação Integrada na Bahia, desde o ano de 2013; o Programa Ação Integrada — Resgatando a Cidadania no Rio de Janeiro, desde 2014; a Rede de Ação Integrada de Combate à Escravidão (RAICE), englobando os estados do Maranhão, Tocantins, Piauí e Pará, desde 2014; e o Ação Integrada no Ceará, iniciado em 2017.

Também no plano recuperador, destaca-se o atuante papel de Clínicas de atendimento a trabalhadores resgatados em algumas Universidades do país. Nesta seara, surge em 2015 a Clínica do Trabalho Escravo da Faculdade de Direito da Universidade de Minas Gerais (CTETP-UFMG) e a Clínica de Enfrentamento ao Trabalho Escravo (CETE) da Universidade Federal de Uberlândia (UFU); em 2021, inicia-se o atendimento da Clínica de Combate ao Trabalho Escravo do Único Centro Universitário de Manhuaçu e região (UNIFACIG); em 2023, inauguram-se os trabalhos da Clínica de Combate ao Trabalho Escravo Contemporâneo.

Considerando que as vítimas de escravidão não são mais determinadas por uma classificação jurídica que separa a espécie humana em "livres" e "escravos", o que torna uma pessoa hoje suscetível de ser escravizada são diversos matizes de prévias exclusões sociais que se materializam num certo grau de vulnerabilidade social (VIANNA, 2019, p. 64).

Neste sentido, o Projeto Ação Integrada tem como escopo a atuação para a quebra do ciclo do trabalho escravo contemporâneo na mitigação das vulnerabilidades, estruturando-se como uma política de proteção social.

Em Mato Grosso, vale relatar que outros fatores potencializam ainda mais o quadro de vulnerabilidade da população, tais como: 1) a pobreza e a baixa oferta de trabalho nas cidades históricas, situação que, em grande medida, promove o deslocamento da população desempregada para regiões mais intensivas de mão de obra (especialmente, as produtoras de soja) e; 2) a demanda de mão de obra das grandes fazendas produtores de soja e de criação de gado que, inseridas na rota comercial mundial, buscam abaixar custos de produção mediante a máxima exploração da mão de obra, fartamente disponível (OLIVEIRA, 2021, p. 407).

Neste contexto de grande circulação de pessoas provocada pela agressiva estratégia de ocupação do território e mobilização de mão de obra, em grande medida realizada pelas cadeias produtivas do agronegócio, o Projeto Ação Integrada no Mato Grosso, em

---

(17) *ACORDO DE COOPERAÇÃO TÉCNICA N. 14/2015*. Poder Judiciário, Conselho Nacional de Justiça, Processo 02901/2015. Disponível em: http://hdl.handle.net/11549/80409. Acesso: 07 set. 2023.

sua gênese, tem como objetivo fundante a erradicação sustentável das pessoas resgatadas mediante a inclusão social e promoção da cidadania. Por este objetivo, entende-se que o rompimento do ciclo do trabalho escravo contemporâneo e a mitigação das vulnerabilidades demandam uma atuação em três pilares:

> I) A promoção da cidadania e de fornecimento de meios para que a pessoa resgatada tenha condições mínimas de exercício dos direitos sociais e civis, o que abrange dentre outros pontos, a elevação do nível educacional (Educação de Jovens e Adultos); informação e conscientização sobre direitos fundamentais; atualização do esquema vacinal; regularização documental, dentre outros;
>
> II) A inclusão social por meio do trabalho, o que é oportunizado pela capacitação profissionalizante e consciência dos direitos da classe trabalhadora;
>
> III) A eficácia e sustentabilidade das ações desenvolvidas, de modo que sejam oferecidas condições concretas e possibilidades reais de exercício de atividades profissionais e de usufruto de direitos sociais de maneira contextualizada ao território, ambiente, saúde e sociedade.

Em linha com o objetivo fundamental, a missão institucional do PAI é descrita como:

> Contribuir para um mundo do trabalho mais justo, livre e igualitário, onde o trabalho decente seja o elemento central para o desenvolvimento sustentável, com atenção especial na autonomia e na inclusão socioeconômica de indivíduos e grupos em situação de vulnerabilidade.(18)

Em relação à visão institucional, o projeto foi concebido para que sirva de "referência nacional e internacional como modelo de boas práticas na erradicação do trabalho escravo contemporâneo, com resultados efetivos na defesa do trabalho decente". São descritos como valores do PAI: a responsabilidade social, a valorização do ser humano, a ética, a solidariedade e a inclusão social.(19)

De acordo com Kelly Pelizzari, atual integrante da Coordenação geral do PAI, o projeto atua em quatro etapas, que envolvem ações de planejamento, sensibilização, execução e contrapartidas/devolução, assim definidas:

> As ações de planejamento compreendem nas atividades prévias da equipe executora, quando essa equipe juntamente com todo o grupo, planeja as visitas e abordagens a campo em busca dos egressos ao trabalho análogo

(18) *PROJETO AÇÃO INTEGRADA*. Disponível em: http://acaointegradamt.com.br/pt/quem-somos. Acesso em: 21 set. 2023.

(19) *Idem*.

> ao de escravo e vulneráveis a esta situação espalhados por todo o estado matogrossense.
>
> A segunda etapa do processo consiste nas ações de sensibilização, que acontecem em diferentes frentes sociais e contam com as duas equipes para acontecer. Nesta etapa as equipes buscam chamar a atenção dos gestores da esfera executiva e judiciária para a causa que motiva o projeto, apresentando-lhes suas principais demandas, em busca de parcerias, que frequentemente também acontecem junto a iniciativa privada.
>
> Seguida das ações de sensibilização estão as de execução, elas estão diretamente relacionadas com a realização dos cursos de qualificação profissional dos participantes, são atividades que se concentram em certos períodos do cronograma do projeto e aquelas em que as equipes estão em contato mais próximo dos qualificados.
>
> Já a última etapa compreende as ações de devolução em que as equipes se ocupam de apresentar para a sociedade e sobretudo para os agentes financiadores, os resultados que o projeto vem trazendo, se é que se pode traduzir como resultados ou quantificar, a devolução da esperança na vida de alguém, como muitos participantes relatam.[20]

Com base no atual modelo de atuação do Projeto Ação Integrada no Mato Grosso, podese identificar três eixos primordiais de atuação: atendimento e acompanhamento dos trabalhadores no momento do resgate; ações de capacitação profissional, de cidadania e educação continuada dos trabalhadores resgatados e vulneráveis; articulação em rede, ações de capacitação e sensibilização (*advocacy*).

a) O primeiro eixo de atuação relaciona-se ao atendimento oferecido aos trabalhadores por ocasião do resgate. Tal esfera envolve o acolhimento e acompanhamento dos trabalhadores no momento do resgate, encaminhamento para ações de assistência social, e por vezes para auxílios relacionados à saúde.

Via de regra, a equipe do Projeto Ação Integrada é acionada pela coordenação do GEFM (Grupos Especiais de Fiscalização Móvel) ou pela Chefia da Seção de Fiscalização do Trabalho tão logo seja caracterizado o resgate.

De acordo com dados fornecidos pela Coordenação executiva do PAI, entre 2009 e 2022 foram abordadas 2846 pessoas, sendo 920 egressos e 1926 vulneráveis.

b) O segundo eixo se relaciona às ações de cidadania, capacitação profissional, e educação continuada dos trabalhadores resgatados e vulneráveis.

---

(20) *Op cit.*, p. 14.

Vale dizer neste sentido que as ações não mais se limitam aos resgatados, sendo as ações estendidas às pessoas e comunidades vulneráveis. Os atendidos se dividem três categorias: resgatados, assim definidos aqueles que foram encontrados nas ações de fiscalização em condição análoga a escravo; sobreviventes, ou seja, aqueles que estiveram sob condição análoga a escravo, mas não foram resgatados; e vulneráveis, aqueles que embora não tenham relatado a condição de vítima de trabalho análogo a escravo inserem-se numa situação socioeconômica tal que os tornam passíveis de aliciamento ou exploração. A título ilustrativo, a turma de qualificação que se iniciou em agosto de 2023 conta com 19 trabalhadores, sendo sete deles resgatados e doze vulneráveis.

Mais frequentemente, nas últimas qualificações foram promovidas as ações com grupos sociais vulneráveis ao risco de trabalho escravo, utilizando-se em algumas ocasiões abordagens em comunidades vulneráveis, por meio do do indicador IVS (Índice de Vulnerabilidade Social), constituído por três subíndices:

> a) Infraestrutura: compreende acesso aos serviços de saneamento básico e mobilidade urbana;
>
> b) Capital Humano: envolve aspectos ativos e estruturas que determinam perspectivas de inclusão social, com base na saúde e educação;
>
> c) Renda e Trabalho: agrupa indicadores relacionados à insuficiência da renda presente e também ao fluxo de renda que podem configurar estado de insegurança da renda (desocupação de adultos, ocupação informal de adultos com pouca escolaridade, dependência da renda de pessoas idosas e trabalho infantil).[21]

No caso dos resgatados, o projeto monitora a localização desses trabalhadores através dos dados no cadastro do Seguro Resgatado para realização de entrevistas e disponibilidade para participação nas turmas de qualificação.

Via de regra, o PAI atua mediante um ciclo de ações realizadas com turmas que variam de quinze à trinta pessoas, num período de cerca de três meses de duração, com atividades realizadas na Fazenda Experimental da Universidade Federal do Mato Grosso, no município de Santo Antônio do Leverger.

As ações de cidadania compreendem a realização de uma primeira semana denominada "Direito e Cidadania". A título ilustrativo, a turma iniciada no mês de agosto de 2023 contou com os seguintes temas: direitos e deveres trabalhistas; panorama geral

(21) OLIVEIRA, Amarildo Borges de; ALMEIDA, Edir Antônia de; Prevenção ao Trabalho análogo à escravo em Mato Grosso: novos caminhos e perspectivas de atuação da Superintendência Regional do Trabalho. In: LEÃO, Luis Henrique da Costa; LEAL, Carla Reita Faria (Orgs.). *Novos caminhos para erradicar o trabalho escravo contemporâneo*. Curitiba: CRV, 2021. p. 402.

sobre a atuação do Ministério do Trabalho e Emprego e a fiscalização trabalhista; previdência social: direitos e deveres; primeiros socorros e combate à incêndio; função da Defensoria Pública do Estado do Mato Grosso e consulta jurídica; mercado de trabalho e *marketing* pessoal. As ações são desenvolvidas com o apoio de servidores do Ministério do Trabalho e Emprego, do Ministério Público do Trabalho, da Defensoria Pública Estadual, da Universidade Federal do Mato Grosso e do Corpo de Bombeiros.

O acompanhamento multiprofissional continuado, por sua vez busca a reinserção dos trabalhadores resgatados no chamado mercado formal de trabalho, ao disponibilizar uma formação profissional que sirva de suporte para o exercício de uma profissão, *pari passu* à realização das ações de educação continuada, de modo que as vulnerabilidades relacionadas à capacitação profissional são reduzidas. Como ilustração, cite-se a turma iniciada em agosto de 2023 que conta com os seguintes cursos de capacitação profissional:

Tabela — Cursos de Qualificação — PAI — agosto a dezembro de 2023.

Curso	Carga Horária	Horário	Período	Início	Término
Construtor de Alvenaria	160 hs	07:30 às 17:30	Integral	04.09.2023	03.10.2023
Assentador de Revestimentos Cerâmicos	160 hs	07:30 às 17:30	Integral	04.10.2023	03.11.2023
Pintor de Obras Imobiliárias	160 hs	07:30 às 17:30	Integral	06.11.2023	06.12.2023

Fonte: cedido pela Coordenação Executiva do PAI.

Dos 2846 trabalhadores abordados pelo PAI entre os anos de 2009 a 2022, 1019 deles passaram por ações de cidadania e qualificação, ou 35,8%. Dentre estes qualificados, 227 foram egressos e 792 em condições de vulnerabilidade.

Do ponto de vista do gênero, o cruzamento de dados de abordagens realizadas e de qualificações ofertadas permite que sejam inferidas algumas conclusões: a) é especialmente sensível a proporção de homens em relação à mulheres egressas, na ordem de cerca de 10:1; b) a inclusão de vulneráveis permite uma maior quantidade de mulheres qualificadas, mas ainda assim, numa proporção menor do que a esperada, já que dos 1130 vulneráveis abordados, 41,33% foram mulheres, porém, das 792 pessoas qualificadas, as mulheres representaram um universo de 33,97%.

Tabela — Abordagem por ano, segundo o gênero.

Ano	Vulneráveis		Egressos	
	Masculino	Feminino	Masculino	Feminino
2009	29	7	39	10
2010	84	83	162	22
2011	173	65	28	6

2012	234	106	108	5
2013	221	109	146	9
2014	47	90	4	0
2015	108	58	86	7
2016	44	45	78	4
2017	57	121	83	5
2018	21	7	40	7
2019	61	57	30	2
2020	20	6	10	0
2021	0	37	2	1
2022	31	5	24	2
TOTAL	**1.130**	**796**	**840**	**80**

Fonte: Autor, de acordo com informações da Coordenação Geral (setembro de 2023).

Tabela — Qualificação por ano, segundo o gênero.

Ano	Vulneráveis		Egressos	
	Masculino	Feminino	Masculino	Feminino
2009-2022	207	20	523	269

De acordo com a escolaridade das pessoas abordadas e qualificadas em relação com o gênero, tem -se que:

Tabela de Abordagens e Qualificações de acordo com a escolaridade.

Escolaridade	Abordagem				Qualificação	
	Egressos		Vulneráveis		Egressos	Vulneráveis
	Masc.	Fem.	Masc.	Fem.		
Analfabetos	148	4	73	34	13	35
Alfabetizado	29	2	15	12	7	5
Ensino Fund. Incompleto	502	39	531	350	138	311
Ensino Fund.Completo	43	6	57	30	15	30
Ensino Médio Incompleto	68	8	226	123	29	173
Ensino Médio Completo	38	15	181	196	21	181
Ensino Superior Incompleto	2	2	19	23	1	29
Ensino Superior Completo	1	2	8	15	1	18
Não informado	9	2	20	13	2	10
Total	**840**	**80**	**1130**	**796**	**227**	**792**

Fonte: autor, de acordo com informações prestadas pela Coordenação Geral.

Em relação à procedência dos trabalhadores abordados no Mato Grosso pelo Projeto Ação Integrada, além da região Centro-Oeste (1717 pessoas), o Nordeste é a segunda região com maior número de pessoas (437), seguindo-se a região Sul (245), o Sudeste (167), o Norte (124) e por fim, estrangeiros que totalizam 63 pessoas, sendo que 93 não informaram a origem. Dentro do estado do Mato Grosso, foram alcançados 92 de um total de 141 municípios.

A maior incidência de abordagens ocorreu no município de Poconé (337), seguido de Cuiabá (228), Rosário Oeste (199), Cáceres (150), Santo Antônio do Leverger (144), Vila Rica (132), Sorriso (123), Jauru (104), Alta Floresta (95) e Rondonópolis (83).

Dentre os trabalhadores qualificados, Cuiabá lidera com 136 pessoas que passaram pelas experiências integradoras do projeto, seguida de Rosário Oeste (125), Poconé (83), Santo Antônio do Leverger (67), Cáceres (66), Sorriso (62), Alta Floresta (43), Jauru (34), Tapurah (27) e Rondonópolis (26).

Os eixos do acolhimento e acompanhamento dos trabalhadores no momento do resgate e as ações de capacitação profissional, de cidadania e educação continuada dos trabalhadores resgatados e vulneráveis moveram o PAI em sua primeira década de funcionamento. Por ocasião da celebração do décimo aniversário do PAI foi realizado o seminário "Novos caminhos para erradicar o Trabalho Escravo Contemporâneo" no ano de 2019, outras perspectivas se abriram para intervenção. O período da pandemia provocada pelo SARS-CoV-2 interrompeu os trabalhos de campo do projeto, com retomada das atividades no ano de 2022.

a) Articulação em rede: ações de capacitação e sensibilização (*advocacy*).

De acordo com Eduardo Carlos Ricardo da Patri, diferencia-se a *Advocacy* do *Lobbing* nos seguintes termos:

> *Lobbying* refere-se especificamente ao ato de advogar para tentar influenciar uma legislação específica. É dividido em *grassroots lobbying* — quando é feito um apelo ao público em geral para que este contate o governo ou membros do Congresso Nacional a respeito de uma legislação específica; e *lobbying* direto — quando o contato com o governo ou os membros do Congresso Nacional é realizado diretamente.
>
> *Advocacy*, por sua vez, é o ato de advogar, exercido pelas organizações sem fins lucrativos, quando estas defendem seus próprios interesses, tentam influenciar algum aspecto da sociedade ou quando estes apelam para indivíduos

para que mudem seus comportamentos, empregadores mudem suas regras ou o governo mude suas leis.[22]

Além do funcionamento como política pública, o Projeto Ação Integrada atua como instância de articulação interinstitucional e social, realizada de maneira integrada pelas suas instituições componentes, o que configura o legítimo exercício de uma *advocacy*.

Desta forma, ao lado da atuação dirigida, ora à Sociedade Civil, ora à sensibilização de outros agentes públicos e provados, é gestado na coordenação executiva do PAI a realização de sensibilizações em torno de um empoderamento dos profissionais da saúde e da assistência social.

O 2º PNETE (2008) já dispusera neste sentido, dentro da meta 52 "promover a conscientização e capacitação de todos os agentes envolvidos na erradicação do trabalho escravo que não estejam contemplados pela ação 20".

Por sua vez, 0 o Plano estadual do Mato Grosso (2008), destaca algumas ações similares como a articulação de uma rede de apoio para recebimento de denúncias; a promoção junto ao governo Federal e governos municipais a criação de no mínimo 3 (três) Centros Estaduais de Referência em Saúde do Trabalhador (CEREST), por ano, priorizando regiões com maior incidência de trabalho escravo.

De acordo com o fluxo estadual de atendimento às vítimas de tráfico de pessoas e trabalho escravo, é prevista a formação de redes de atuação entre órgãos públicos, treinando e sensibilizando profissionais da saúde e da assistência social, como parte de uma estratégia integrada com a COETRAE estadual.

Dentro de estratégias de incidência política, capacitação da rede e sensibilização, entre 2022 a 2023 o PAI desenvolveu a implementação de um curso básico de formação para atenção integral às populações vulneráveis e trabalhadores(as) resgatados(as) do Trabalho Escravo Contemporâneo. Realizado em cinco polos de referência no estado (Cáceres, Cuiabá, Rondonópolis, Sinop e Barra do Garças). As oficinas são realizadas em quatro etapas, sendo o primeiro e o terceiro encontro realizados de maneira presencial, com um interstício de cerca de oito semanas entre elas, ocasião em que os capacitados realizam atividades assíncronas (12 horas-aula). A última fase, por sua vez diz respeito a atividade de replicação do conhecimento adquirido pelos profissionais, envolvendo identificação, encaminhamento e erradicação do trabalho análogo ao escravo e tráfico de pessoas nas respectivas localidades.

(22) PATRI, Eduardo Carlos Ricardo da. Relações governamentais, lobby e advocacy no contexto de public affairs. *Organicom, [S. l.]*, v. 8, n. 14, p. 143, 2011. DOI: 10.11606/issn.2238-2593.organicom.2011.139089. Disponível em: https://www.revistas.usp.br/organicom/article/view/139089. Acesso em: 25 set. 2023.

As oficinas visam assim, a um "aprimoramento contínuo de profissionais da área da saúde e da assistência social, considerando o conhecimento e a percepção local dos problemas e a possibilidade de articulação de redes de enfrentamento compostas por municípios vizinhos e integração de novas instituições neste processo".[23] como base amostral, no polo de Rondonópolis estiveram presentes 93 profissionais de 29 municípios; no polo de Sinop, 72 provenientes de 42 municípios; em Cuiabá, 72 profissionais oriundos de 41 municípios.

O curso proporcionou oficinas interativas para que profissionais da área da saúde e da assistência social compartilhassem suas vivências com o tema trabalho escravo contemporâneo e as possíveis mudanças que contribuíram nos procedimentos de combate a essa problemática, após o período de aulas assíncronas.

Dentro do espaço de deliberação das oficinas, debatendo a respeito do relato de experiências e práticas já existentes de serviços públicos em saúde e assistência social de atendimento às necessidades de pessoas vulneráveis, sobre potencialidades e barreiras para ampliação de estratégias de atenção integral à saúde e assistência social e de desafios para implementação do fluxo de atendimento às vítimas de trabalho escravo contemporâneo, uma das turmas relatou dez pontos de atenção, como impulsionadoras de um espaço municipal e regional de ação, e de acordo com os saberes locais envolvidos.

1) Acrescentar Trabalho Escravo Contemporâneo (TEC) nas Agendas e campanhas de proteção já existentes como T.Infantil, Agosto Lilás, Outubro Rosa;

2) Agir na disseminação do conhecimento para identificação da ocorrência do TEC para a Sociedade Civil e Trabalhadores;

3) Mapeamento das redes jurídicas de atendimento à população vulnerável e parceria com Defensoria Pública, Universidades e OAB. Realizar convênio para prestação jurídica ao resgatado;

4) Fomentar a articulação do trabalho da assistência social para que se possa unir esforços e maximizar resultados, constituindo assim, uma Rede de Proteção Intersetorial;

5) Buscar a avaliação dos serviços pelo olhar do usuário;

6) Capacitação local para o público, com temas relacionados à proteção das vulnerabilidades;

7) Atenção especial ao Trabalho Escravo Doméstico;

(23) Ver neste sentido: https://www.sinait.org.br/site/noticia-print?id=20979.

8) Articulação para que a Segurança Pública faça parte desta Rede, de modo a garantir a segurança dos agentes, da integridade das pessoas vulneráveis. e a eficácia das ações. Um primeiro passo seria a conscientização das próprias forças policiais;

9) Trabalho de articulação entre Assistência Social e Saúde. para o pós-resgate, o que envolveria, num primeiro plano mais imediato, dependendo da realidade local e da política pública existente (ou não), o que pode envolver a articulação com as famílias, instituições parceiras de abrigo, fornecimento de alimentação.

10) Articular com a Saúde uma sólida e permanente parceria, que entre outros pontos, privilegie a Notificação no SINAN.

Em outra oficina, foram acrescentados pontos como a necessidade de sensibilização das próprias equipes sobre o tema, como uma forma de despertar para o problema; um olhar especial para a questão dos migrantes; a necessidade de uma atuação mais efetiva na saúde mental como forma de prevenção de vulnerabilidades; um olhar para os acidentados e a falta de amparo social que pode resultar em indigência; estratégias específicas de sensibilização para trabalhadores rurais; a carência de uma busca ativa e de uma escuta qualificada que possa trazer indícios de existência de trabalho escravo contemporâneo nos profissionais do CRAS e do SUS; a necessidade de ajuste do fluxo estadual para cada município, de maneira que o fluxograma seja mais funcional; uma falta de clareza no papel do CEREST, da VISAT, do CREAS, do SINE, da Casa de Passagem e outras instituições; e a necessidade de inclusão do trabalho doméstico nas fichas de identificação do SINAM.

O olhar de profissionais que atuam "na ponta" nos campos da saúde coletiva e da assistência social possibilitam assim, uma reflexão sobre lacunas existentes nos Planos e no atual fluxo de erradicação do trabalho escravo, ressaltando a importância dos saberes específicos e locais em relação a estratégias que poderiam ser aprimoradas, visando a uma maior eficácia de ações.

4. Novas frentes e possibilidades de atuação emancipatória

As iniciativas desenvolvidas pelo Projeto Ação Integrada após quatorze anos de existência, nos permitem tecer algumas considerações sobre as ações até aqui desenvolvidas, a efetividade das intervenções e novas possibilidades de atuação. Sustenta-se que o PAI colabora de alguma forma para a reinserção dos trabalhadores resgatados no mercado formal de trabalho, uma vez que suas ações são pautadas pela formação profissional e pela educação continuada, de modo que as vulnerabilidades relacionadas à capacitação profissional são substancialmente reduzidas.

4.1. As contradições do treinamento para a reinserção no mercado de trabalho: Ação integrada como conhecimento local e a opção pela agroecologia diálogos sul-sul e o direito das mudanças climáticas

Tendo como premissa a erradicação sustentável das pessoas resgatadas, com a inclusão social, algumas contradições podem ser encontradas. Questiona-se, num primeiro momento acerca da manutenção de uma lógica ainda patriarcal, colonialista e capitalista de intervenção diante de trabalhadores resgatados, que são "realocados" no "mercado de trabalho", de forma mais específica no agronegócio.

Em relação à saúde coletiva e às questões socioambientais manifestadas no território do Mato Grosso, caracterizado por uma presença marcante do agronegócio e de um sistema de produção excludente e predatório. Desta maneira, torna-se relevante a inserção da temática da agroecologia, do acesso à terra, da economia solidária e outras formas de produção dentro de ações que visem não apenas a "reinserção" do trabalhador resgatado no mesmo modo de produção excludente, mas sim, à emancipação social.

Um segundo caminho, e relacionado de maneira conexa à agroecologia diz respeito à inferência que se pode fazer sobre o relacionamento umbilical com as questões climáticas e os Objetivos de Desenvolvimento Sustentável (ODS), de forma mais precisa na alínea 13.3.a, pela necessidade de "criação de capacidades para o planejamento relacionado à mudança do clima e à gestão eficaz, nos países menos desenvolvidos, inclusive com foco em mulheres, jovens, comunidades locais e marginalizadas".

Neste sentido, a opção pelo modelo sustentável de produção de alimentos baseado na agroecologia ganha ainda mais importância e centralidade.

4.2. A amplicação da rede de atuação do pai. A inclusão da assistência social e da saúde. A reestruturação da atuação da inspeção do trabalho

Uma segunda hipótese a ser discutida neste capítulo aponta para o reforço da atuação em rede do PAI em relação à formação de redes de atuação entre órgãos públicos e atores da sociedade civil.

A atuação em rede do PAI em relação à formação de redes de atuação entre órgãos públicos e atores da sociedade civil. A ampliação do espectro de atuação das vulnerabilidades implica numa necessidade de conexão de movimentos sociais, envolvendo populações indígenas, camponeses, quilombolas, imigrantes, questões de gênero e que envolvam as pessoas LGBTQI +, bem como da atuação na integração de Pessoas com Deficiência resgatadas.

A recente experiência com o curso de formação para atenção integral às populações vulneráveis com assistentes sociais e profissionais da saúde demonstrou a importância da escuta ativa e da valorização de saberes de pessoas que diuturnamente lidam com a vulnerabilidade.

A reestruturação da atuação do papel da Inspeção do Trabalho como fomentadora de ações destinadas a erradicação sustentável das pessoas resgatadas é fundamental neste processo, como política permanente do Estado Brasileiro. A retomada dos programas de fomento à Economia Solidária e da criação dos denominados "empregos verdes" revela-se uma oportunidade de inclusão da Auditoria-fiscal do Trabalho dentro de uma atuação não apenas repressiva, mas também recuperadora, educativa e emancipatória.

5. Considerações finais

Ao lado da morfologia tradicional que divide a escravidão em três grandes fases (proveniente da colonização europeia (Sec. XVI a XIX), a escravidão contemporânea de nova fronteira – 1960 a 1990 e escravidão contemporânea na economia consolidada -a partir de 1990), cogita-se a emergência de um quarto tipo de escravidão contemporânea, depreendido a partir da combinação de efeitos da quarta revolução industrial, da dinâmica excludente do trabalho por meio de plataformas e dos impactos ainda mais sentidos da precarização da legislação trabalhista após a Deforma de 2017.

Considerando fluida a distinção entre o que é ou não Trabalho análogo a escravo, sob o prisma jurídico, fato é que a emergência de uma massa de sub-humanos coexistindo como precarizado demanda uma atuação mais efetiva sobre as vulnerabilidades, cada vez mais difusa no território.

O Projeto Ação Integrada surge como uma iniciativa espontânea da SRT/MT, uma entidade pública federal, como uma resposta local ao enfrentamento do Trabalho Escravo Contemporâneo.

A difusão do projeto pelo país por meio do Movimento Ação Integrada possui o mérito de sensibilizar e mobilizar as entidades envolvidas no projeto original, no Mato Grosso, apresentando um modelo consolidado de parceria. No entanto, dado o papel desempenhado pelo saber local e pelas vicissitudes políticas, estruturais e conjunturais das entidades em cada território demanda uma ou mais respostas mais ou menos eficazes na medida em que estes laços são mais ou menos sólidos.

Exemplo disso são as diferenças de atuação da COETRAE nos estados do Mato Grosso e do Pará. Enquanto a participação da Sociedade Civil e dos entes federais no Mato Grosso é mais ativa, desde a sua gênese, o Pará presenciou um modelo que não privilegiou o federalismo cooperativo em sua composição, o que não significou *de per si*, a ausência de iniciativas e articulação intersetorial, que foram alinhadas no seio do GAETE, com participação ativa dos municípios neste processo.

Ainda quanto aos caminhos a serem percorridos pelo Projeto Ação Integrada, do ponto de vista dos atores envolvidos, um papel mais proativo da saúde coletiva e do engajamento da assistência social é um passo significativo na consolidação de uma articulação mais efetiva e capilarizada no território. Já do ponto de vista material e dentro do contexto das ações recuperadoras e de educação, o Projeto Ação Integrada possui espaço para avançar numa agenda que contemple mais o caráter sustentável de sua atuação, o que implica a incorporação da valorização das comunidades e dos saberes locais como fator de redução das vulnerabilidades e de alianças socioeconômicas e ambientais entre populações e comunidades vulneráveis como alternativa ao modelo do agronegócio exportador.

Ao repensar os rumos do Projeto Ação Integrada, indissociável se torna repensar também uma nova lógica de respostas diante da eficácia de ações de enfrentamento do trabalho escravo contemporâneo, que demandam cada vez mais uma atuação não somente no ciclo da escravidão moderna, mas de maneira difusa na Sociedade. Resta evidente que não se pode apenas "recuperar e educar" a classe trabalhadora para que reingresse num "mercado de trabalho", por si só, excludente e que impossibilite o gozo de direitos sociais mínimos, dado impacto gerado pelo modelo de produção.

Ao analisar o impacto destrutivo de um modelo baseado na concentração de terras, monocultor e com uso intensivo de agrotóxicos, emerge no estado do Mato Grosso um cenário de vulnerabilidade estrutural de grande parte da população, excluída de acesso a um ambiente saudável e de possibilidade de usufruto de condições de vida sustentáveis. Salta diante dos olhos a condição de um precarizado socioambiental, que demanda formas de articulação mais incisivas e difusas.

Ao lado das estratégias normativas, políticas, preventivas, repressivas e recuperadoras educativas, propõe-se então uma nova abordagem, de índole estrutural e emancipatória de intervenção. De maneira análoga à proposta da Convenção n. 187 da OIT sobre a necessidade de uma "Cultura Nacional de Saúde e Segurança do Trabalho", a adoção de uma "Cultura Nacional de promoção da agenda do trabalho decente e sustentável" se faz necessária, tomando como partida a centralidade do ser humano e a busca por uma efetiva justiça social presente na Declaração do Centenário da OIT para o futuro do trabalho (2019). É preciso criar instrumentos e uma nova tecnologia de enfrentamento estrutural e holístico para emancipação.

Constituem-se fatores-chave neste processo de emancipação a inclusão de agendas como economia solidária, da agroecologia, do acesso à terra e da defesa intransigente da preservação dos modos de vida das populações indígenas num território marcado pelo avanço das cadeias produtivas do agronegócio.

Neste sentido, a existência de Fóruns Intersetoriais é um passo para a valorização do saber local e da voz da sociedade civil, da classe trabalhadora-precarizada e de comunidades vulneráveis. É fundamental assim, o fortalecimento das solidariedades fragmentadas com o modelo econômico excludente e com as políticas excludentes do governo brasileiro entre os anos de 2015 à 2022.

Para além das interlocuções locais, regionais e nacionais, a criação de alianças e de solidariedade na Comunidade Internacional se faz necessária. Enquanto o diálogo Sul-Sul e agenda social ganham novamente força com ações do governo brasileiro a partir do retorno à presidência de Luis Inácio Lula da Silva, é preciso consolidar tais iniciativas e parcerias como forma perene de atuação em conjunto das instituições públicas e da sociedade civil, para que se tenha cada vez menos dependência do governo de ocasião (seja qual for a esfera de Poder) e se possa não apenas se conceber uma postura defensiva (vedação do retrocesso), mas avançar cada vez mais na promoção de direitos fundamentais (dever de progressividade).

Referências

ACORDO DE COOPERAÇÃO TÉCNICA N.. 14/2015. Poder Judiciário, Conselho Nacional de Justiça. *Processo 02901/2015*. Disponível em: http://hdl.handle.net/11549/80409. Acesso: 07 set. 2023.

ALTIERI, M. *Agroecologia:* bases científicas para uma agricultura sustentável. São Paulo, Rio de Janeiro: Expressão Popular, 2012.

ASCELRAD, Henri; MELLO, Cecília Campelo do A.; BEZERRA, Gustavo das Neves. *O que é justiça ambiental*. Rio de Janeiro: Garamond, 2009.

BOMBARDI, L.M. *Geografia do uso dos agrotóxicos no Brasil e conexões com a União Europeia*. São Paulo: Editora da FFLCH da USP, 2017.

BRASIL. Comissão Especial do Conselho de defesa dos direitos da pessoa humana da Secretaria Especial dos Direitos Humanos. *Plano nacional para erradicação do trabalho escravo*. Brasília: OIT, 2003a. Disponível em: http://reporterbrasil.org.br/documentos/plano_nacional.pdf.

______. *Decreto de 31 de julho de 2003b*. Cria a Comissão Nacional de Erradicação do Trabalho Escravo — Conatrae. Disponível em: http://www. planalto.gov.br/ccivil_03/dnn/2003/Dnn9943.htm.

______. Presidência da República. Secretaria Especial dos Direitos Humanos. *II Plano nacional para erradicação do trabalho escravo*. Brasília: SEDH, 2008. Disponível em: https://reporterbrasil.org.br/documentos/novoplanonacional.pdf.

BREILH, J. *Epidemiologia crítica:* ciência emancipadora e interculturalidade. Rio de Janeiro: Fiocruz, 2006.

CARDOSO, Lys Sobral; MEDINA, Italvar Filipe de Paiva. Trabalho Escravo na Zona Rural e o Tráfico de Pessoas: Conexões e Atuação do MPT. In: MEIRINHO, Augusto Grieco Sant'Anna; ZUBEN Catarina von; NOGUEIRA Christiane Vieira; SIMONETTI, Tatiana Leal Bivar. *Tráfico pessoas de uma visão plural do tema Brasília Ministério Público do Trabalho*. 2021 p. 599-614. Disponível em: https://mpt.mp.br/pgt/publicacoes/livros/trafico-de-pessoas-uma-visao-plural-dotema/@@display-file/arquivo_pdf.

CASALDÁLIGA, Dom Pedro. Uma Igreja da Amazônia em conflito com o latifúndio e a marginalização social. *Carta Pastoral da Prelazia de São Félix do Araguaia.* São Félix do Araguaia, 10 de outubro de 1971. Disponível em: http://www.prelaziasaofelixdoaraguaia.org.br/dompedro/01CartaPastoralDomPedro.pdf . Acesso em: 07 set. 2023.

CAVALCANTI, Tiago Muniz. *Sub-humanos:* O capitalismo e a metamorfose da escravidão. 1. ed. São Paulo: Boitempo, 2021.

CHAVES, Valena Jacob. A utilização de mão de obra escrava na colonização e ocupação da Amazônia. Os reflexos da ocupação das distintas regiões da Amazônia nas relações de trabalho que se formaram nestas localidades. In: VELLOSO, Gabriel; MARANHÃO, Ney (Coords.). *Contemporaneidade e Trabalho* — aspectos materiais e processuais. Estudos em homenagem aos 30 anos da AMATRA 8. São Paulo: LTr, 2011.

CHAVES, Valena Jacob. *O Trabalho Análogo ao de Escravo:* uma análise jurisprudencial do crime no TRF da 1ª Região. Belo Horizonte: RTM, 2019.

COETRAE. *I Plano Estadual para Erradicação do Trabalho escravo em Mato Grosso.* Cuiabá, Mato Grosso, 2008.

COMISSÃO PASTORAL DA TERRA (CPT). *Conflitos no Campo:* Brasil – 2017. Goiânia: CPT Nacional, 2017.

COSTA, Patrícia Trindade Maranhão. Por um modelo nacional de prevenção do trabalho escravo? Desafios e conflitos na nacionalização do projeto Ação Integrada. *Revista sociedade e estado*, 2020; 35: 837-860. Disponível em: https://www.scielo.br/j/se/a/s75LHcHDJZCYqHmXjMTSpZS/?format=pdf&lang=pt. Acesso em: 07 set. 2023.

DUSSEL, Enrique. Domingo. *Filosofia da libertação:* crítica à ideologia da exclusão. São Paulo: Paulus, 2005.

FALS BORDA, Orlando; BRANDÃO, Carlos Rodrigues. *Investigación Participativa.* Montevidéo: La Banda Oriental, 1987.

FIGUEIRA, Ricardo Rezende; PRADO, Adonia Antunes; SANT'ANA JÚNIOR, Horácio Antunes de (Orgs.). *Trabalho escravo contemporâneo:* um debate transdisciplinar. Rio de Janeiro: Mauad X, 2011.

FLORES, Joaquim Herrera. *Teoria Crítica dos Direitos Humanos:* os direitos humanos como produtos culturais. Rio de Janeiro: Lumen Juris, 2009.

FREIRE, Paulo. *Pedagogia do Oprimido.* Rio de Janeiro: Paz e Terra, 2005.

FREITAS, L. M. DE; CASTRO, F. P. A agroecologia como prática emancipatória do território: lutas de resistência para a transição agroecológica em Mato Grosso. In: Wanderlei Antonio Pignati; Marcia Leopoldina Montanari Corrêa; Luís Henrique Da Costa Leão; Marta Gislene Pignatti; Jorge Mesquita Huet Machado. (Orgs.). *Desastres sóciosanitário-ambientais do agronegócio e resistências agroecológicas no Brasil.* 1. ed. São Paulo: Outras Expressões, 2021. v. 1, p. 291-.

GEERTZ, C. *O Saber Local:* novos ensaios em antropologia interpretativa. Petrópolis, Rio de Janeiro: Vozes, 1997. (8 Cap. O saber local: fatos e leis em uma perspectiva comparativa.

HÄBERLE, Peter. *Estado Constitucional Cooperativo.* São Paulo: Renovar, 2007.

HONETH, Axel. *Luta por reconhecimento:* A gramática moral dos conflitos sociais. Trad. Luiz Repa. São Paulo: Ed. 34, 2003. (Kampf um Anerkennung, 1992).

JESSANI, Nasreen S.; LING Brenton; BABCOCK, Carly; VALMEEKANATHAN Akshara; HOLTGRAVE David R. Advocacy, activism, and lobbying: How variations in interpretation affects ability for academia to engage with public policy. *PLOS Glob Public Health* 2(3): e0000034. (2022) Disponível em: https://doi.org/10.1371/journal.pgph.0000034. Acesso em: 07 set. 2023.

LEÃO, Luis Henrique da Costa; LEAL, Carla Reita Faria (Orgs.); SIEBERT, Penelope; TRAUTRIMS, Alexander; ZANIN, Valter; BALES, Kevin. A erradicação do trabalho escravo até 2030 e os desafios da vigilância em saúde do trabalhador. *Ciencia & Saude Coletiva* [periódico na internet] (2021/Ago). [Citado em 08.06.2023]. Disponível em: http://cienciaesaudecoletiva.com.br/artigos/a-erradicacao-do-trabalho-escravo-ate-2030e-os-desafios-da-vigilancia-em-saude-do-trabalhador/18166?id=18166&id=18166. Acesso em: 14 set. 2023.

LEÃO, Luis Henrique da Costa; LEAL, Carla Reita Faria (Orgs.). *Novos caminhos para erradicar o trabalho escravo contemporâneo.* Curitiba: CRV, 2021.

LÖWY, M. What is ecosocialism? *Capitalism, Nature, Socialism*, v. 16, n. 2, 2005.

MATOS, Saulo Monteiro Martinho de. Dignidade Humana, Humilhação e Forma de Vida. *Rev. Direito Práxis* [Internet]. 2019Jul;10(3):1863–88. Disponível em: https://doi.org/10.1590/2179-8966/2018/34008.Disponívelem:https://www.scielo.br/j/rdp/a/8CC5DY5zKZMsks5XW6vc5xb/#. Acesso em: 14 set. 2023.

MEDEIROS, J. L.; SÁ BARRETO, E. Lukáscs e Marx contra o "ecologismo acrítico": por uma ética ambiental materialista. *Economia e Sociedade*, Campinas, v. 22, n. 2 (48), p. 317-333, ago. 2013.

MIRAGLIA, Lívia Mendes Moreira. *Trabalho escravo contemporâneo:* conceituação à luz do princípio da dignidade da pessoa humana. 2. ed. São Paulo: LTr, 2015. p. 119-173.

MONTANARI CORRÊA, M.L.; PIGNATI, W.A.; PIGNATTI, M.G. Segurança Alimentar, produção de alimentos e saúde: um olhar para os territórios agrícolas de Mato Grosso. *Aceno — Revista de Antropologia do Centro-Oeste*, v. 6, n. 11, p. 129-146, 2019.

MOURA, Fátima Aparecida Vieira; LEAO, Luís Henrique da Costa. Saúde pública e erradicação do trabalho escravo em Mato Grosso. ECOS, vol. 4, n. 2. Disponível em: http://www.periodicoshumanas.uff.br/ecos/article/viewFile/1372/1044. Acesso em: 16 set. 2023.

OIT. *Agenda Mato Grosso do trabalho decente.* Disponível em: https://www.ilo.org/brasilia/temas/trabalhodecente/WCMS_302681/lang--pt/index.htm. Acesso em: 14 set. 2023.

OLIVEIRA, Amarildo Borges de; ALMEIDA, Edir Antônia de. Prevenção ao Trabalho análogo à escravo em Mato Grosso: novos caminhos e perspectivas de atuação da Superintendência Regional do Trabalho. In: LEÃO, Luis Henrique da Costa; LEAL, Carla Reita Faria (Orgs.). *Novos caminhos para erradicar o trabalho escravo contemporâneo.* Curitiba: CRV, 2021.

ORGANIZAÇÃO DAS NAÇÕES UNIDAS. *Agenda 2030 para o desenvolvimento sustentável.* Disponível em: https://nacoesunidas.org/tema/agenda2030/. Acesso em: 14 set 2023.

PATRI, Eduardo Carlos Ricardo da. Relações governamentais, *lobby* e *advocacy* no contexto de *public affairs. Organicom*, [S. l.], v. 8, n. 14, p. 129-144, 2011. DOI: 10.11606/issn.2238-2593.

organicom.2011.139089. Disponível em: https://www.revistas.usp.br/organicom/article/view/139089. Acesso em: 7 set. 2023.

PELLIZARI, Kelly.; DE ARRUDA, Valdiney.; ALVES, Henrique. Roriz. Aarestrup. Projeto Ação Integrada: resgate histórico do projeto no combate ao trabalho análogo ao de escravo em Mato Grosso. *Expressa Extensão*, v. 26, n. 3, p. 6-19, 30 ago. 2021. Disponível em: https://periodicos.ufpel.edu.br/index.php/expressaextensao/article/view/20811. Acesso em: 06 set. 2023.

PIGNATI, Wanderley Antonio; CORRÊA, M. L. M.; LEÃO, L. H. C.; PIGNATTI, M. G.; MACHADO, J. M. H. (Orgs.). *Desastres sócio-sanitário-ambientais do agronegócio e resistências agroecológicas no Brasil.* São Paulo, SP: Outras Expressões, 2021.

PIGNATI, Wanderley. Antonio; MACHADO, Jorge Mesquita Huet. O Agronegócio e seus impactos na saúde dos trabalhadores e da população do estado de Mato Grosso. In: MINAYO GOMEZ, Carlos (Org.). *Saúde do Trabalhador na sociedade brasileira contemporânea.* Rio de Janeiro: Editora FIOCRUZ, 2011.

PIGNATTI, Marta Gislene. *As ONGs e a política ambiental nos anos 90:* um olhar sobre Mato Grosso. São Paulo: ANABLUME Editora, 2005.

PORTO, M. F. de S.; Martins, B. S. (2019). Repensando alternativas em Saúde do Trabalhador em uma perspectiva emancipatória. *Revista Brasileira de Saúde Ocupacional*, 44, e16. Disponível em: https://doi.org/10.1590/2317-6369000019018. Acesso em: 06 set. 2023.

REPORTER BRASIL. Experiências comunitárias de combate ao trabalho escravo e tráfico de pessoas 2015. Disponível em: https://reporterbrasil.org.br/wpcontent/uploads/2016/06/experiencias-comunitarias_-2015_WEB.pdf . Acesso em: 08 set. 2023.

RIBEIRO, T. G. A. Trabalho escravo e o dever implementação de políticas públicas de prevenção e assistência às vítimas. In: Paixão C, Cavalcanti TM. (Org.) *Combate ao trabalho escravo.* Conquistas, estratégias e desafios. São Paulo: LTr. 2017. p. 272-288.7

RIGOTTO, Raquel [Org.]. *Agrotóxicos, trabalho e saúde:* vulnerabilidade e resistência no contexto da modernização agrícola no baixo Jaguaribe/CE. Coedição com a Expressão Popular. Fortaleza: Edições UFC, 2011. 612 p. ilust.Isbn: 978-85-7282-482-8.

SANTOS, Boaventura de Sousa. *Para um novo senso comum:* a ciência, o direito e a política na transição paradigmática. Vol. 1. A crítica da razão indolente: contra o desperdício da experiência. 8. ed. São Paulo: Cortez Editora, 2013.

______. *Para um novo senso comum:* a ciência, o direito e a política na transição paradigmática. Vol. 4. A gramática do tempo: para uma nova cultura política. São Paulo: Cortez Editora, 2006.

SANTOS, Milton. *Por uma outra globalização:* do pensamento único à consciência universal. Rio de Janeiro: Record, 2008.

SOUTO MAIOR, Jorge Luiz. *O Direito do Trabalho como instrumento de justiça social.* São Paulo: LTr, 2000.

TRIBUNAL PERMANENTE DE LOS PUEBLOS. *Nuevo estatuto del tribunal permanente de los pueblos.* 2018. Disponível em: https://permanentpeoplestribunal.org/elnuevo-estatuto-del-tribunal-permanente-de-los-pueblos/?lang=es. Acesso em: 06 set. 2023.

VIANNA, Giselle Sakamoto Souza. *Ser e não ser livre:* a morfologia do trabalho escravo contemporâneo em Mato Grosso. Orientador: Sávio Machado Cavalcante. Tese de doutorado na Universidade Estadual de Campinas, Instituto de Filosofia e Ciências Humanas, 2019.

As Relações e as Condições de Trabalho na Cadeia Produtiva da Farinha de Mandioca no Pará

Rogerio Nazareno Vinas da Costa[1]

1. Introdução

A produção de farinha de mandioca é uma atividade muito importante em nossa região e constitui um produto presente na maioria da dieta alimentar da mesa do paraense, mas não somente no estado do Pará. Segundo Valéria Saldanha Bezerra, pesquisadora da Embrapa no estado do Amapá, a farinha de mandioca é um dos principais produtos da mandioca, e um dos itens essenciais da alimentação da população brasileira.[2]

No estado do Pará, a tecnologia de transformação da raiz da mandioca em farinha é uma atividade intensa[3] e a presença da Auditoria-Fiscal do Trabalho no acompanhamento do exercício laboral dessa cadeia produtiva é uma necessidade não somente para proteção dos direitos dos trabalhadores, mas também para melhoria das condições de segurança e saúde no meio ambiente do trabalho.

Em ações fiscais realizadas em cadeias produtivas no meio rural no estado do Pará, é comum serem encontrados trabalhadores em pleno labor de maneira informal. Muitas das vezes são revestidos em formações de agricultura familiar ou aglomerações de trabalhadores em cooperativas, mas que, ao olhar mais minucioso da Auditoria, são na verdade vínculos empregatícios que operam na informalidade. Ademais, além da informalidade, não raro também encontrar esses trabalhadores em um meio ambiente de trabalho em condições insalubres e/ou perigosas e, em alguns casos, a falta de condições de segurança e saúde desse meio ambiente chega ao extremo e rompe o limite legalmente permitido para o exercício de uma atividade laboral de forma digna.

---

(1) Auditor-Fiscal do trabalho.

(2) Disponível em: https://www.embrapa.br/busca-de-publicacoes/ /publicacao/940411/planejando-uma-casa-de-farinha-de-mandioca. Acesso em: 06 set. 2023.

(3) Dados do censo agropecuário de 2017 apontam o Pará como responsável por 37% de toda produção de farinha de mandioca do Brasil com 263 mil toneladas. O segundo maior produtor é o Amazonas com 97 mil toneladas.

Caracterizado o vínculo empregatício, formal ou informal, quando a Auditoria-Fiscal do Trabalho se depara diante de uma situação em que as relações e/ou as condições de trabalho encontradas apresentem indícios que possam romper o limiar do aceitável para o exercício de uma atividade laboral segura, saudável e digna, é porque ali poderemos estar diante de um trabalho penoso ou degradante. Embora os conceitos jurídicos possam ter implicações penais distintas, para Auditoriado Trabalho esse perfil de meio ambiente laboral é condição suficiente para a imediata suspensão das relações de trabalho ali existentes e, confirmados os indícios de materialidade, o rompimento definitivo dos vínculos de trabalho e a caracterização de trabalho análogo ao de escravizado.

2. Por que as casas de farinha?

Em novembro de 2017, a Auditoria-Fiscal do Trabalho realizou uma ação fiscal precursora nas regiões de Santa Maria do Pará, São Miguel do Guamá e Mãe do Rio, com objetivo de fiscalizar as condições de trabalho na cadeia produtiva da farinha de mandioca, desde a chegada da matéria prima nos retiros(4) até o momento do ensacamento para comercialização.

Naquele momento, não foi objetivo da Fiscalização do Trabalho fazer o roteiro produtivo da matéria prima, a mandioca, até sua chegada aos retiros, muito menos aprofundar as fiscalizações para as relações de trabalho nessa fase. Durante o processo fiscalizatório nessa ação, foram identificadas as principais atividades no processo produtivo da farinha de mandioca e as condições de trabalho em cada uma dessas etapas.

Entretanto, além dos objetivos pré-definidos, chamou atenção da Auditoria-Fiscal do Trabalho, sob o ponto de vista do ordenamento legal trabalhista, o modo como as relações de trabalho foram definidas. Mais ainda, sob a óptica da segurança e saúde do trabalho, as condições insalubres e perigosas às quais os trabalhadores estavam sendo submetidos acendeu o alerta sobre a possibilidade de, naquele meio ambiente de trabalho, a forma como as atividades estavam sendo executadas, ser consideradas degradantes.

Em meio a relações de trabalho confusas que mesclavam agricultura familiar, cooperativismo e informalidade, homens e mulheres, e, em alguns casos, até crianças foram encontrados em condições insalubres e perigosas que beiravam à degradância. Nesses retiros, as máquinas elétricas utilizadas no processo produtivo quase todas sem a devida instalação de forma segura, fios elétricos expostos, correias desprotegidas e falta de aterramento promoviam situações de grave e iminente risco a todos os trabalhadores.

A situação encontrada nos retiros, embora combatida com rigor pela Auditoria do Trabalho, expôs com maior nitidez como se dão as relações de trabalho no meio rural no estado do Pará, sobretudo em cadeias produtivas de cultivo da matéria-prima alimentar e

(4) Retiro é como são conhecidas as casas de farinha onde a farinha é processada. Nos retiros ocorrem todas as etapas do processo de produção da farinha de mandioca.

nos alimentos que a partir delas são produzidos, muitas vezes em atividades interligadas no mesmo espaço laboral. Da mesma forma, as condições de trabalho encontradas nessas casas de produção de farinha de mandioca exigiam das autoridades fiscais do trabalho algo muito maior que autuações e multas.

Era imprescindível uma ação maior, algo que alcançasse uma conscientização além do que o simples temor financeiro de ser enquadrado em descumprimento das normas, que proporcionasse efeitos pedagógicos em toda região fiscalizada, mas sobretudo irradiasse tais efeitos para as demais regiões do estado.

Entretanto, a pandemia em 2020 e os cortes de verbas para a fiscalização do trabalho ocorridas no último governo adiaram o planejamento de uma ação fiscal com a dimensão desejada(5). Foram tempos difíceis.

Em julho de 2023, quase seis anos depois da primeira ação fiscal precursora, o autor deste trabalho de conclusão de curso, que é Auditor-Fiscal do Trabalho, voltou às localidades para realizar uma análise de campo(6) nas mesmas atividades fiscalizadas em 2017 e constatou que, embora tenha havido movimentações na cadeia produtiva, quase nada havia mudado nas relações de trabalho estabelecidas e nas condições de trabalho lá existentes.

Se por um lado houve redução considerável na utilização de mão de obra infantil, por outro, as condições e as relações de trabalho quase não se alteraram: o meio ambiente de trabalho permaneceu insalubre e perigoso e o aumento da migração da agricultura e produção de subsistência para o trabalho remunerado (e a consequente alteração da forma de obtenção da renda básica familiar) fez a informalidade explodir nas relações de trabalho. A situação encontrada foi tão grave que, em alguns retiros, o patamar mínimo para o exercício de um trabalho digno e saudável quase não existia.

3. Das atividades exercidas pelos trabalhadores numa casa de farinha

Uma casa de farinha ou retiro em atividade de forma organizada desenvolve-se basicamente em dois setores: 1) um setor de descascamento, lavagem e quebra da mandioca *in natura*; 2) um setor onde ocorre a torragem da farinha que compreende a prensagem, afinamento e a torragem propriamente dita. Segundo Bezerra (2011), esta divisão da casa de farinha é necessária para que não haja contaminação cruzada, isto é, a farinha torrada não seja contaminada pelas sujeiras que a raiz de mandioca ainda possui.

(5) Desde 2019, quando assumiu a Presidência, Jair Bolsonaro cortou praticamente ao meio as verbas destinadas à supervisão das condições de trabalho no país. De 2013 a 2018, os governos gastaram, em média, R$ 55,6 milhões ao ano com operações de combate ao trabalho escravo, infantil e de fiscalização ao cumprimento das leis trabalhistas. Em 2019, primeiro ano do governo Bolsonaro, o valor caiu para R$ 29,3 milhões. Levantamento feito pela Folha de São Paulo, divulgado em 20 de setembro de 2020.

(6) Análise de campo para ação fiscal: Estudo prévio ou amostral (sem cunho punitivo) das atividades exercidas em determinada cadeia produtiva para fins de planejamento de ação fiscal específica (operativo ou ação de grupo móvel).

As etapas do processo produtivo abaixo descritas serão importantes para a compreensão, análise e conclusões que serão tomadas ao final desse trabalho. Elas foram referenciadas a partir de consulta aos estudos do SEBRAE (2008) e das observações realizadas pela Auditoria do Trabalho durante a análise prévia de campo:

a) A matéria prima é recebida iniciando-se todo processo produtivo com a retirada da casca da mandioca, sendo que essa atividade até bem pouco tempo era realizada integralmente de forma manual por trabalhadoras regionalmente conhecidas como "raspadeiras". Atualmente, a maioria dos retiros realizam esse trabalho de forma mecanizada e as "raspadeiras" foram renomeadas de "cortadoras"[(7)].

b) a prática da lavagem da mandioca, tarefa que ocorre após a mandioca ser descascada, quando são lavadas para retirada de impurezas;

c) a prática da ralação, realizada na cevadeira, onde a mandioca é reduzida em partículas uniformes e não muito finas[(8)]. Esta etapa é realizada pelo "cevador".

d) a prática da prensagem, quando se retira de 20 a 30% do volume da massa, por meio da sua compressão em equipamento manual ou hidráulico. É um processo importante, pois evita a gomificação da massa. O líquido extraído, chamado de manipueira, deve ser tratado, pois é altamente tóxico. Essa atividade é realizada pelo "prenseiro".

e) a prática do esfarelamento, tarefa em que os blocos são compactados quando tirados das prensas e que devem ser novamente quebrados em partículas. O equipamento pode ser específico para este fim, mas podem ser utilizadas como alternativa, (é o caso da casa de farinha comunitária) a máquinas de ralação das raízes. Se peneirada, (sistema adotado pela Casa Familiar e Mutirão) extrai-se a crueira (restos de casca e fibras), frequentemente aproveitada para compor a ração animal. Algumas casas de farinha tem um trabalhador para essa tarefa que é o "cevador de massa", em outras é realizada pelo próprio prenseiro.

f) a prática da torração, processo-chave da produção da farinha. Há vários tipos de fornos para este processo, os quais modificam o resultado final e a produtividade da casa de farinha. Na torração é que se determina a cor, o sabor e o tempo de conservação do produto. Atividade realizada pelo forneiro.

g) a prática da afinação (durante muito tempo era feito de forma manual e chamada de "peneiragem"). Nessa etapa, a farinha já torrada é separada de acordo com sua granulação (mais grossa ou mais fina). As partículas excessivamente grandes podem ser moídas novamente, realizada pelo forneiro ou um ajudante;

---

(7) Com a mecanização dessa etapa, apenas as pontas da mandioca necessitavam ser cortadas e, consequentemente o quantitativo de trabalhadoras reduziu sensivelmente.

(8) Geralmente as atividades (b) e (c) são realizadas pelo "cevador" e um ajudante.

h) a prática do acondicionamento ou armazenamento, quando se deixa a farinha esfriar antes de embalá-la em sacos de náilon (para venda em supermercados e mercearias). Caso o destino seja a feira, ou seja, a venda sem intermediário, a embalagem é em sacos de polietileno para melhor conservação.

A partir do conhecimento das atividades executadas pelos trabalhadores nessa cadeia produtiva, será possível uma melhor compreensão sobre as relações de trabalho e as condições laborais a que os trabalhadores estão sendo submetidos nas casas de farinha visitadas no Pará pela Auditoria-Fiscal do Trabalho.

4. As relações de trabalho no processo produtivo da farinha de mandioca no Pará

4.1. Da agricultura de subsistência à terceirização romantizada

É fato que as técnicas de cultivo da mandioca e a produção da farinha ainda são praticadas de forma rudimentar por muitos trabalhadores. Em 2017, em nossa primeira ação fiscal voltada especificamente para a cadeia produtiva de farinha, foram identificados diversos retiros voltados para agricultura e produção de subsistência, que por falta de recursos e tecnologia moderna ainda faziam uso de trabalho artesanal em seus processos produtivos.

Ademais, para a maioria daquelas famílias os valores obtidos pela comercialização do pouco excedente do que se produzia era a única fonte de renda familiar. Por muito tempo a realidade dos agricultores da Região Norte era pautada na ideia de que "a terra garante primeiro o sustento da família e depois o fator de capital, representando a função social, simbólica e cultural do agricultor" (SENA, 2019, p. 32).

Naquele contexto, era compreensível aceitar que a forma de organização dessa atividade produtiva aproximava a família por meio de laços de solidariedade e de colaboração, que remetia à noção de sociabilidade de Martins (2008, p. 32), na medida em que o trabalhador "em sua produção de subsistência se produzia (e se produz ainda) um mundo de relações sociais não capitalistas", sob a óptica da família e da comunidade a qual pertencia.

Contudo, ao passo que essa cadeia produtiva vai se tornando mais lucrativa e que os olhares da agroindústria mais robusta começam a se voltar para esse mercado, esse imaginário comunitário aos poucos vai se esvaindo. A prova disso é que "a cadeia produtiva da mandioca vem passando por mudanças desde as últimas duas décadas, uma delas é a comercialização da farinha nos supermercados no início da década de 1990, que antes tinha um acesso restrito às feiras" (FILGUEIRAS; HOMMA, 2016, p. 43).

Essas mudanças trouxeram reflexos sociais e econômicos não somente às famílias que viviam da agricultura e produção como subsistência, na medida em que passou a ocorrer uma flutuação desses agricultores para o mercado de trabalho informal, mas também alcançou produtores locais com poder econômico mais avantajado em sua forma de comercializar sua pequena produção.

Mas não foram apenas os aspectos socioeconômicos que foram impactados com essas mudanças. Do ponto de vista trabalhista, a concentração da produção de farinha nas mãos de agroindústrias e de produtores com maior poder aquisitivo e, consequentemente, o aumento da migração da agricultura de subsistência para o trabalho remunerado, aliados à falta de regras para produção e comercialização, abriram espaço para terceirizações desregradas e explodiram a informalidade nas relações de trabalho nessa cadeia.

Diante desse cenário, a Auditoria-Fiscal do Trabalho no Pará, que já vinha com o alerta ligado desde as primeiras ações fiscais dessa cadeia em 2017, realizou em julho de 2023 uma análise prévia de campo com objetivo de verificar benefícios e malefícios que essas alterações na cadeia produtiva da farinha de mandioca trouxeram ao trabalhador rural. De fato, à medida que a economia da região em torno desse comércio aumentava, a renda básica do trabalhador rural como empregado remunerado, em tese, também aumentava em comparação ao que ganhava quando pequeno produtor de farinha ou pelo que conseguia comercializar do seu excedente na agricultura de subsistência. Tudo parecia caminhar muito bem.

Tal fato era corroborado inclusive por algumas entidades governamentais. Denardin e Komarcheski (2015) em um artigo publicado em 2015 pela Universidade Federal do Paraná afirmam que:

> (...) a comercialização da produção de farinha de mandioca é feita de modo coletivo com mais agricultores, **que entregam o produto a um produtor de farinha de mesa com maior capacidade de produção**, que se incumbe de colocar no mercado o produto embalado em pacotes de 1 kg com código de barra e logomarca (grifo nosso).

Ora, explicitamente, o que temos por trás desse processo de produção e desse modo de comercialização é uma leitura romantizada de uma terceirização ilegal, onde aquele que detém maior poder econômico terceiriza todo processo produtivo da cadeia de farinha do médio produtor e, ao receber o produto final pronto, coloca sua marca e o comercializa(9). Acontece que todo esse processo pode estar ocorrendo por meio de mão

(9) Em três dos seis retiros visitados, a terceirização era evidente: A agroindústria fornece a mandioca ao retiro; Este realiza todo processo produtivo e devolve o produto pronto à agroindústria, que o comercializa diretamente junto ao consumidor final ou às redes de supermercado. O pagamento que a agroindústria realiza aos produtores não é pela compra da farinha, e sim pela mão de obra terceirizada. Desse valor recebido pela entrega do produto final, os produtores realizam o pagamento dos seus trabalhadores informais e tiram o seu lucro.

de obra informal, em um meio ambiente de trabalho insalubre e perigoso e que pode estar expondo os trabalhadores a grave e iminente risco.

De fato, ao fazer a análise prévia de campo nos retiros visitados, o olhar mais atento da Auditoria do Trabalho identificou que, nos retiros visitados, todos os trabalhadores satisfaziam os requisitos necessários para configuração de vínculo empregatício com o produtor proprietário (dono dos meios de produção).

Reforça-se que, em todos os locais analisados, ficou comprovado que havia a presença de todos os elementos fático-jurídicos caracterizadores da relação de emprego[(10)]. Entretanto, nenhum deles com carteira assinada e, portanto, sem o correspondente registro no Sistema de Escrituração Fiscal Digital das Obrigações Fiscais Previdenciárias e Trabalhistas — E-Social ou qualquer outro livro, ficha ou sistema eletrônico competente[(11)].

Mas essa visão romantizada do que acontece nas cadeias produtivas de farinha da Região Norte não é algo incomum. Em outro artigo, publicado pela Embrapa Amazônia Oriental, a empresa faz uma leitura semelhante sobre essa forma de produção e comercialização. Em seu texto, a Empresa declara que:

> Na maioria dos casos, a mandioca é cultivada por agricultores familiares e o seu beneficiamento é feito em pequenas agroindústrias denominadas de "casa" ou "retiro de farinha", garantindo emprego e renda para produtores e familiares, movimentando a economia das localidades em que estão inseridas (MODESTO JÚNIOR e ALVES, 2021, p. 9).

De fato, há sim uma movimentação na economia local e, embora no contexto do artigo haja orientação de forma tecnicamente perfeita sobre a forma como deve se proceder em relação aos cuidados com a higiene em todo processo produtivo, não há nenhuma referência às reais condições de trabalho dos que ali laboram. A empresa manteve-se omissa quanto às irregularidades trabalhistas e, de certa forma, a partir de uma visão econômica, corrobora com o que ali se estabelece.

---

(10) Segundo art. 3º da Consolidação das Leis do Trabalho: considera-se empregado toda e qualquer pessoa física que prestar serviços de natureza não eventual a empregador, sob a dependência deste e mediante salário. Nesse sentido, consideram-se requisitos para vínculo de emprego: que o serviço seja prestado por pessoa física, de forma pessoal e não eventual e que o trabalhador esteja subordinado ao empregador e seja pago pelo serviço prestado (onerosidade). Da mesma forma, segundo a Lei n. 5.889/1973, art. 2º, "empregado rural é toda pessoa física que, em propriedade rural ou prédio rústico, presta serviços de natureza não eventual a empregador rural, sob a dependência deste e mediante salário". Ele responde ao empregador rural, que segundo a mesma lei, art. 3º, é "a pessoa física ou jurídica, proprietário ou não, que explore atividade agro econômica, em caráter permanente ou temporário, diretamente ou através de prepostos e com auxílio de empregados".

(11) Em uma ação fiscal o não registro em livro, ficha ou sistema eletrônico competente implica infração do empregador ao art. 41, *caput*, da CLT, sujeito a autuação e multa.

Frise-se que o artigo expressa textualmente "*garantindo emprego e renda para produtores e familiares*", ou seja, ou reconhece que há vínculo empregatício entre trabalhadores e produtor, e permanece inerte quanto à informalidade que predomina nessas relações de trabalho e sobretudo quanto às reais condições de saúde e segurança a que esses trabalhadores informais estão submetidos, ou se utiliza de expressão inadequada para tratar relações de trabalho, que predominantemente é informal e, em prol de uma renda básica a essas famílias, ignora as irregularidades ali existentes.

Nesse contexto, o constatado na análise prévia de campo pode ser uma amostra daquilo que de fato acontece na maioria das agroindústrias e nos retiros produtores de farinha no estado do Pará. Essa inferência foi corroborada também a partir de uma entrevista com um produtor e proprietário de uma agroindústria da região que, embora tenha aceitado conversar sobre o tema fora do ambiente de trabalho, não permitiu entrevistas com seus trabalhadores.

Durante a entrevista, percebeu-se que, em seu universo particular de compreensão, aquelas constatações de flagrantes irregularidades identificadas pela Auditoria do Trabalho eram normais, considerando, segundo o empresário, o "modo de vida" natural do trabalhador rural. Em seu entendimento, o trabalho ofertado àquela comunidade, ainda que informal e notadamente indigno, era uma espécie de projeto social, algo que os trabalhadores e seus familiares jamais conseguiriam alcançar por conta própria.

Acontece que a conotação "modo de vida", aparentemente tão comum como expressão cotidiana, abrange significados diversos e, dessa forma, não há como lhe atribuir interpretação unívoca (BRAGA *et al.*, 2017). Essa forma de compreender o viver rural remete ao saber de Santos (2021, p. 154) ao afirmar que "marchar ao encontro de seu entendimento, no meio rural e por meio dos trabalhadores de Casas de Farinha, é fazer escolhas, buscando, por um viés crítico, se afastar da 'pseudoconcreticidade' e ir aproximando o mais possível da realidade concreta".

Contudo, confrontando esse entendimento dos autores, a realidade se faz de outra forma. Assim, romantizadas e revestidas como um projeto econômico e social de auxílio às comunidades, terceirizações ilegais e relações informais de trabalho são vistas e defendidas não só pela agroindústria e produtores rurais, mas também, como acima mencionado, por determinadas entidades governamentais. Mas que na verdade é uma forma penosa e alienante de compreender o viver laboral do trabalhador rural, que externa a condição de precarização, proletarização e assalariamento no campo, determinando a exposição dos trabalhadores e trabalhadoras mediante a interpenetração do capital e, consequente, ameaça ao modo de vida em comunidade (CIAVATTA, 2002; SINGER, 1979).

Contudo, para Auditoria do Trabalho, uma coisa é o trabalhador em pleno exercício de sua atividade laboral na sua condição de subsistência, ou seja, trabalhando em sua terra e para seu sustento e de sua família. Nesse contexto, nos cabe como Auditores do Trabalho orientação e suporte quanto às condições de segurança e saúde em seu espaço laboral, mas não nos compete a interferência porque não há configuração de relações de trabalho, nos termos da legislação vigente. Por outro lado, caracterizado vínculo empregatício, formal ou informal, ao empregador cabe a responsabilidade do cumprimento da legislação trabalhista e das normas de segurança e saúde do trabalho, sob pena de

sofrer as penalidades legais previstas, as quais a fiscalização de cumprimento está constitucionalmente consagrada sob a égide da Auditoria-Fiscal do Trabalho.

Nesse sentido, com o objetivo de garantir o efetivo acesso dos brasileiros a todos os direitos previstos, a Constituição Federal, no seu art. 21, XXIV, atribuiu à União competência para organizar, manter e executar a Inspeção do Trabalho. Tal competência é exercida pelos Auditores-Fiscais do Trabalho — AFTs, que, vinculados diretamente à Secretaria de Inspeção do Trabalho — SIT, órgão do Ministério do Trabalho, são autoridades integrantes de carreira típica de Estado, cuja organização legal ficou a cargo da Lei n. 10.593/2022.

Assim, a Constituição Federal (Brasil, 1988) em seu art. 21, XXIV, estabelece que: "Art. 21. Compete à União: (...) XXIV – organizar, manter e executar a inspeção do trabalho".

A Lei n. 10.593/2002 (Brasil, 2002), conhecida como Regulamento de Inspeção do Trabalho – RIT assim define:

> Art. 1º O Sistema Federal de Inspeção do Trabalho, a cargo do Ministério do Trabalho e Emprego, tem por finalidade assegurar, em todo o território nacional, a aplicação das disposições legais, incluindo as convenções internacionais ratificadas, os atos e decisões das autoridades competentes e as convenções, acordos e contratos coletivos de trabalho, no que concerne à proteção dos trabalhadores no exercício da atividade laboral.
>
> (...) Art. 2º Compõem o Sistema Federal de Inspeção do Trabalho:
>
> (...) II – Auditores-Fiscais do Trabalho, nas seguintes áreas de especialização:
>
> *a)* legislação do trabalho;
>
> *b)* segurança do trabalho; e
>
> *c)* saúde no trabalho;

Da mesma forma a Portaria n. 547 do Ministério do Trabalho consagra que:

> Art. 2º A inspeção do trabalho é atividade típica de Estado, exercida por Auditores-Fiscais do Trabalho, a quem compete assegurar em todo o território nacional, a aplicação da Constituição e das disposições legais e infralegais no que concerne à proteção dos trabalhadores no exercício da atividade laboral, assim como das cláusulas de instrumentos coletivos infringidos.

Portanto, da mesma forma que cada uma das entidades que interajam nesse processo, governamentais ou não, têm suas funções e seus papeis em prol da melhoria das condições de vida desses trabalhadores e da comunidade rural como um todo, a Auditoria-Fiscal do Trabalho tem a prerrogativa e o poder-dever de atuar de forma determinante para que as relações de trabalho, qualquer de suas formas e em qualquer cadeia produtiva, sejam atendidas e respeitadas, a fim de que as leis e as normas de segurança e saúde sejam cumpridas à risca.

4.2. A informalidade nas casas de farinha e suas formas de remuneração

O uso de uma força de trabalho não regulamentada e desprotegida naturalmente dificultou a formação de um processo de trabalho assalariado relativamente homogeneizado (MENEZES, 2023). Segundo a Confederação Nacional dos Trabalhadores Assalariados e Assalariadas Rurais (Contar), mais de 60% dos trabalhadores rurais estão na informalidade e realizam funções de curta duração ligadas ao ciclo agrícola, como o plantio e a colheita. Por conta disso, segundo a Contar, tais trabalhadores possuem uma remuneração irregular que contribui para a grande vulnerabilidade econômica da categoria (MENEZES, 2023).

No caso específico em estudo, sujeito à análise da Auditoria do Trabalho no Pará, ficou evidenciado que, como ocorre na maioria das vezes em que há trabalho informal, as formas de pagamento pelo trabalho realizado nos retiros visitados são realizadas por produção ou por diária (entretanto, durante a análise prévia de campo foram identificados trabalhadores que recebiam por hora efetivamente trabalhadas[(12)]). Esses valores eram pagos geralmente em espécie e quase sempre no último dia de trabalho da semana.

Abaixo, far-se-á uma análise simplificada desses valores por etapas do processo com objetivo de se chegar ao valor-hora de trabalho em cada uma delas e compará-la ao valor-hora do salário mínimo vigente. Cabe ressaltar que algumas etapas do processo quase sempre eram executadas por um mesmo trabalhador ou por trabalhadores que se revezavam na execução dessas etapas e, por isso, tais atividades serão colocadas em conjunto para facilitar o resultado final.

Tomando por base a sequência de atividades da cadeia produtiva da farinha mostrada inicialmente, a análise do valor-hora começará pela atividade de entrada da mandioca e terminará na etapa do produto final pronto. Vejamos:

---

(12) Embora o art. 444 da CLT possa dar abertura para que as partes envolvidas (empregado e empregador) entrem em um acordo sobre o modelo de trabalho. A condição para que isso aconteça, porém, é que seja respeitada a proteção ao trabalho, ou seja, os direitos do trabalhador devem ser respeitados (carteira de trabalho assinada, recolhimento mensal previdenciário, férias, décimo terceiro, etc.). No caso dos retiros visitados, nenhum dos direitos trabalhistas acima descritos são respeitados e, portanto, configura-se que o trabalho ali exercido é informal.

A – Cortadoras/raspadeiras

A Auditoria do Trabalho, por meio da análise prévia constatou que as trabalhadoras que exerciam a função de cortadoras/raspadeiras (as doze encontradas nos retiros eram mulheres) trabalham de três a quatro dias na semana (geralmente entre terça-feira e sexta-feira) com jornada entre 9h e 10h. Essas variações dependiam do quantitativo de mandioca que chegava nos retiros durante a semana.

O Quadro I abaixo mostra a distribuição das formas de pagamento acordadas e o número de trabalhadoras em cada uma delas:

Quadro I

Formas de pagamento	Produção (R$2,00/ saca)*	Diária (R$50,00)	Hora trabalhada (R$5,00)
N. de trabalhadoras	2	8	2

Total = 12 *** produção média 30 sacas/dia**

A partir dos valores acordados e do tempo semanal trabalhado, encontramos:

Quadro II

M1	M2	M3 = M2 x M1
9,5	3,5	33,25

M1 = Média horas/dia **M_2 = Média dias/semana** **M_3 = Média horas/semana**

Para se chegar ao valor-hora desejado, reconfigurou-se o Quadro I, incluindo a variação da remuneração semanal das trabalhadoras conforme as formas de pagamento acordadas.

Vejamos:

Formas de pagamento	N. de trabalhadoras	Variação da remuneração semanal (R$)	Σ (R$)
Produção	2	180 <—>280	460
Diária	8	150 <—>200	1400
Hora trabalhada	2	135 <—>180	315

Total = 12 **ΣT = R$ 2.175,00**

M_4 = R$ 181,25

Σ = somatória das remunerações semanal das trabalhadoras por forma de pagamento

ΣT = somatória das remunerações semanal de todas as trabalhadoras

M_4 = valor médio semanal recebido por trabalhadora

Considerando o valor médio semanal (M_4) recebido por cada trabalhadora e a média de horas trabalhadas por semana (M_3), o valor-hora de trabalho pode ser calculado fazendo a razão entre M_4 e M_3. Logo, o valor-hora médio de trabalho efetivo para quem exerce essa atividade na cadeia produtiva de farinha é de aproximadamente R$ 5,45 (cinco reais e quarenta e cinco centavos).

Considerando que o salário mínimo vigente é de mil trezentos e vinte reais para os trabalhadores que recebem por dia ou por hora, o valor mínimo a ser pago na jornada diária será de quarenta e quatro reais (considerando jornada de 8 horas) e o valor pago por hora será de seis reais.

Portanto, conclui-se que para essa atividade da cadeia produtiva de farinha, o valor-hora médio pago está abaixo do mínimo legal. Ademais, ainda quanto aos direitos dos trabalhadores, vale ressaltar quem labora na informalidade recebe apenas os valores do efetivo labor, sem reflexos nas demais parcelas remuneratórias que um trabalhador formal tem direito. Quer dizer, quase sempre não recebe valores correspondentes a descanso semanal remunerado, horas-extras, décimo terceiro salarial e férias.

B – Operador da máquina descascadora/cevador-quebra mandioca

Conforme visto inicialmente, após o trabalho dos cortes das cabeças da mandioca, a próxima etapa do processo é o descascamento da matéria prima, hoje realizado por meio de máquinas (mas que por muito tempo foi realizado de forma manual por trabalhadoras na função de raspadeiras[(13)]), seguido de lavagem da mandioca no tanque de lavagem e, em seguida, ela é cevada, também de forma mecanizada.

Essas fases do processo da cadeia são realizadas por dois ou três trabalhadores, dependendo do quantitativo de mandioca circulante semanalmente e da quantidade de máquinas que o retiro ou a agroindústria possuem para realizar esse trabalho. Além disso, como a operação dessas máquinas não requer conhecimento técnico específico e, portanto, de fácil manuseio e aprendizagem, esses trabalhadores se revezam cada qual fazendo uma etapa, de tal forma que, para efeito de análise prévia, a Auditoria do Trabalho classificou esta etapa como um bloco único.

Da mesma forma que as trabalhadoras da etapa anterior, esses trabalhadores laboram de três a quatro dias por semana, mas realizam jornada variando entre 9 (nove) e 11 (onze) horas diárias (portanto, uma média diária de $M_5 = 10h$). Além disso, a análise prévia também constatou que, pelo fato de haver acumulação de atividades nessa etapa do processo, as remunerações desses trabalhadores eram semelhantes.

---

(13) Na inspeção precursora de 2017, em todas as casas de farinha fiscalizadas, o processo de tirar a casca da mandioca era feito de forma manual por trabalhadores informais (mulheres em sua maioria, mas também foram encontrados homens e menores na realização desta tarefa).

A partir dos valores acordados e do tempo semanal trabalhado, encontramos:

Quadro IV

M5	M6	M7 = M5 x M6
10	3,5	35

M_5 = Média horas/dia **M_6 = Média dias/semana** **M_7 = Média horas/semana**

Com mesmo objetivo, e se utilizando do mesmo método adotado às raspadeiras/ cortadoras, ao se fazer a análise remuneratória para esses trabalhadores, encontramos:

QUADRO V

Formas de pagamento	N. de trabalhadores	Variação da remuneração semanal (R$)	Σ (R$)
Produção (R$ 2,00/saca) (30 sacas/dia)	5	180 <—>240	1.050
Diária (R$ 60,00)	5	180 <—>240	1.050
	Total = 10		**ΣT = R$ 2.100,00**
			M_8 = R$ 210,00

Σ = somatória das remunerações semanal dos trabalhadores por forma de pagamento

ΣT = somatória das remunerações semanal de todas os trabalhadores

M_8 = valor médio semanal recebido por trabalhador

Embora a média de remuneração semanal desses trabalhadores seja superior a das trabalhadoras analisadas anteriormente, os mesmos, conforme visto acima, têm uma jornada cuja variação é superior a daquelas, de tal forma que a média de horas diária desses é de 10 horas e das descascadoras/cortadoras era de 9,5 horas.

Com efeito, considerando o valor médio semanal recebido por cada trabalhador (M6) e a média de horas trabalhadas por semana (M7), o valor-hora de trabalho pode ser calculado fazendo a razão entre M_7 e M_6. Logo, o valor-hora médio de trabalho para quem exerce essa atividade na cadeia produtiva de farinha é de aproximadamente R$ 6,00 (seis reais).

Portanto, para esses trabalhadores, o valor da hora de trabalho pago seria exatamente o valor mínimo legal. Entretanto, conforme análise feita anteriormente, devido a informalidade, esses trabalhadores ficam prejudicados pelo não recebimento dos valores correspondentes aos direitos legais de um trabalhador formal (descanso semanal remunerado, horas-extras, décimo terceiro salarial e férias).

C – Prenseiro/cevador-quebra da massa

A partir desta etapa, quando o processo produtivo chega na fase de a mandioca precisar passar pela prensa e a massa prensada passar novamente pelo cevador (agora, para quebrar a massa), a análise prévia de campo da Auditoria do Trabalho constatou que, embora a quantidade de dias trabalhados na semana não tenha sofrido alterações significativas, a jornada de trabalho ficou entre 9h e 12h.

Dessa forma, a jornada média de trabalho nessa etapa do processo é de 10,5 (M9=10,5 h/dia) e a média de horas semanal aumenta para 36,75 (M_{10} = 36,75 h/sem).

Além desse aumento na jornada de trabalho, chamou atenção da Auditoria-Fiscal do Trabalho o fato de que, a partir dessa etapa, nos retiros visitados, os trabalhadores da cadeia produtiva de farinha não gozam integralmente do descanso intrajornada, conforme determina a legislação trabalhista. Nos locais visitados, esses trabalhadores têm 30 (trinta) minutos para almoço porque, segundo eles, os fornos não podem parar nesse período e, por isso, precisam substituir os forneiros, para que estes trabalhadores possam fazer sua refeição (também em trinta minutos). Esse debate será realizado adiante.

A partir da análise das formas de pagamento e dos valores acordados entre esses trabalhadores e os produtores das casas de farinha/agroindústrias, é possível fazer análise metodológica semelhante para obter o valor-hora para esses trabalhadores.

Vejamos:

QUADRO VI — Prenseiro/Cevador

Formas de pagamento	N. de trabalhadores	Variação da remuneração semanal (R$)	Σ (R$)
Produção (R$3,00/saca) (30 sacas/dia)	5	270 <—>360	1.575
Diária (R$70,00)	3	210 <—>280	735
	Total = 8	**Σ_T = R$ 2.310,00**	
		M_{11} = R$ 288,75	

Σ = somatória das remunerações semanal dos trabalhadores por forma de pagamento

ΣT = somatória das remunerações semanal de todas os trabalhadores

M11 = valor médio semanal recebido por trabalhador

Procedendo de forma semelhante, o valor-hora desses trabalhadores será a razão entre M11 e M10. Dessa forma, o valor-hora médio de trabalho para quem exerce essa atividade na cadeia produtiva de farinha é de aproximadamente R$ 7,85 (sete reais e oitenta e cinco centavos). Da mesma forma, tal valor, embora acima do valor-hora mínimo legal, é um valor que não reflete a realidade, considerando todos os valores remuneratórios não pagos devido à informalidade.

D – Forneiro

Quanto aos trabalhadores do setor de fornos, suas remunerações eram diferenciadas em comparação aos demais trabalhadores da casa de farinha. Nos retiros e agroindústrias visitados, foram encontrados nove forneiros ao total. Desses, três recebiam por diária que variava entre setenta reais e noventa reais e os outros seis acordaram pagamento por produção cujo valor variava entre três reais e quatro reais por saca e a produtividade diária ficava em torno de 30 (trinta) a 40 (quarenta) sacas por dia.

Entretanto esses trabalhadores cumprem jornada de trabalho maior que todos os demais. Geralmente trabalham de terça a sexta com jornada de 10 a 14 horas por dia[14]. Assim, nos retiros visitados, os forneiros trabalham em média 48 horas semanais (M_{12} = 48h/sem), extrapolando o limite legal de jornada semanal que é de 44 horas semanais.

Além da jornada exaustiva, esses trabalhadores laboravam em fornos cuja temperatura variava entre 90ºC e 120ºC (nas etapas de escaldamento e torragem) e todos sem equipamento de proteção individual de trabalho adequado ao exercício dessa atividade. Este tema, assim como o tema insalubridade referente a essa atividade específica da cadeia produtiva de farinha, serão debatidos em capítulo adiante quando tratarmos de condições de trabalho.

A partir dos valores obtidos, podemos chegar ao valor-hora médio para esses trabalhadores. Vejamos:

QUADRO VII — Forneiro

Formas de pagamento	N. de trabalhadores	Variação da remuneração semanal (R$)	Σ (R$)
Produção (R$3,00-R$4,00)/saca (35 sacas)/dia	6	420 <—>560	2.940
Diária (R$) (70-80)/dia	3	280 <—>320	900
	Total = 9		**ΣT = R$ 3.840,00**
			M_{13} = R$ 426,67

Σ = somatória das remunerações semanal dos trabalhadores por forma de pagamento

ΣT = somatória das remunerações semanal de todas os trabalhadores

M_{13} = valor médio semanal recebido por trabalhador

Conforme a metodologia adotada, o cálculo do valor-hora médio é a razão entre M_{13} e M_{12}. Dessa forma, o valor-hora médio de trabalho para quem exerce essa atividade na cadeia produtiva de farinha é de aproximadamente R$ 8,87 (oito reais e oitenta e sete centavos).

(14) A Auditoria do Trabalha durante a análise prévia de campo constatou que os diaristas laboram com jornada média de 10horas/dia e os que trabalham por produção com jornada que chega a 14 horas/dia.

Ressalta-se que, entre todos os trabalhadores encontrados, embora os forneiros possam ter o valor-hora de efetivo trabalho acima dos demais, trabalham com jornada de trabalho acima da legalmente permitida e não há o pagamento das horas extras trabalhadas e, portanto, na realidade, esse valor-hora é menor que o calculado.

4.3. O reflexo da informalidade nas parcelas remuneratórias

Feitas as análises do valor-hora recebido pelos trabalhadores em cada uma das etapas da cadeia produtiva, vale ainda ressaltar que a informalidade nas relações de trabalho das casas de farinha se refletia nas parcelas remuneratórias legais provenientes de uma relação formal, como por exemplo a falta de pagamento referente ao repouso semanal remunerado para todos os trabalhadores. Os pagamentos dos valores acordados por diária ou produção geralmente eram realizados no último dia de trabalho da semana pelo empregador produtor ou pelo responsável, pelas horas efetivamente trabalhadas, portanto, neles não eram inseridos os acréscimos legais, inclusive o valor correspondente ao descanso semanal remunerado, contrariando o art. 7º da Lei n. 605/49 (BRASIL, 1949).

Vejamos:

> Art. 7º A remuneração do repouso semanal corresponderá:
>
> *a)* para os que trabalham por dia, semana, quinzena ou mês, à de um dia de serviço, não computadas as horas suplementares;
>
> *b)* para os que trabalham por hora, à de sua jornada normal de trabalho, excluídas as horas complementares;
>
> *c)* para os que trabalham por tarefa ou peça, o equivalente ao salário correspondente às tarefas ou peças feitas durante a semana, no horário normal de trabalho, dividido pelos dias de serviço efetivamente prestados ao empregador; (...)

Da mesma forma, foi constatado na análise prévia que nenhum dos trabalhadores que foram contratados antes do ano de 2023 receberam os valores correspondentes a gratificação natalina (13º salário integral ou proporcional) correspondente ao período trabalhado no ano de 2022, contrariando art. 1º da Lei n. 4090/62 (BRASIL, 1962) c/c art. 77 parágrafo único do Decreto n. 10.854/2021 (BRASIL, 2021).

Os textos normativos assim definem os valores a serem pagos:

> Lei n. 4090/62 (BRASIL, 1962)
>
> Art. 1º No mês de dezembro de cada ano, a todo empregado será paga, pelo empregador, uma gratificação salarial, independentemente da remuneração a que fizer jus.
>
> Decreto n. 10.854/2021 (BRASIL,2021)
>
> Art. 77. A gratificação de Natal para os empregados que recebem salário variável, a qualquer título, será calculada na base de um onze avos da soma dos valores variáveis

devidos nos meses trabalhados até novembro de cada ano e será adicionada àquela que corresponder à parte do salário contratual fixo, quando houver.

Parágrafo único. Até o dia dez de janeiro de cada ano, computada a parcela do mês de dezembro, o cálculo da gratificação de Natal será revisto para um doze avos do total devido no ano anterior, de forma a se processar a correção do valor da respectiva gratificação com o pagamento ou a compensação das possíveis diferenças.

Ainda que o trabalho informal opere à margem da legislação, não é incomum que parâmetros do ordenamento jurídico sejam utilizados como “farol” ou “referência” dos contratos informais como norteador de flexibilizações prejudiciais ao trabalhador rural (VALADARES *et al*, 2017). Dessa forma, quanto aos valores remuneratórios comumente transacionados nas cadeias produtivas de farinha, a informalidade gera uma perda de renda significativa que diminui sensivelmente a renda básica desses trabalhadores.

4.4. A jornada exaustiva nas cadeias produtivas de farinha no Pará

Como expõe Marinho e Vieira (2019, p. 2) “o tempo, ao longo dos anos, vem funcionando como o elemento constitutivo da jornada, atomizado em função da expectativa de lucro; ele flexibiliza a jornada tanto quantitativa quanto qualitativamente”. Nesse sentido, o indivíduo, sempre na posição de apêndice, não mais da máquina, mas sob a lógica totalitária do capital, passou a perder o controle do tempo enquanto sujeito de sua própria vida, submetido a ritmos de produção intensos e legitimados pelo discurso da produtividade (ANTUNES, 2014).

Partindo desses princípios, associar jornada exaustiva àquela que extrapole os limites legais permitidos é uma forma (mas não única) de configurar que aquela tarefa realizada naquele intervalo temporal possa vir a causar danos à saúde física e mental do trabalhador. É o entendimento partilhado por Figueira, Prado e Galvão (2013, p. 36), para os quais jornada exaustiva é aquela:

> [...] imposta a alguém por outrem em relação de trabalho, além dos limites legais extraordinários estabelecidos na legislação de regência, e/ou capaz de causar prejuízos à saúde física e mental, e decorrente de uma situação de sujeição que se estabelece entre ambos, de maneira forçada ou por circunstâncias que anulem a vontade do primeiro.

Os “limites legais” sobre os quais os autores fazem referência estão constitucionalmente consagrados em nossa Lei Máxima — a Constituição Federal, em seu art. 7º, XIII, que restringe a duração normal do trabalho a 8 horas diárias e 44 semanais, facultada a compensação de horários e a redução da jornada mediante acordo ou convenção coletiva (Brasil, 1988).

Transpondo essa análise sobre jornada exaustiva para o caso concreto, o qual a Auditoria-Fiscal do Trabalho se deparou nos retiros visitados, não há dúvidas que parte daqueles trabalhadores estavam submetidos a um regime de jornada exaustiva (sobretudo os forneiros, muitos deles cuja atividade laboral se iniciava às 05h00 da manhã e se prolongava até às 19h00, com apenas intervalos de 30 minutos para café da manhã e 30 minutos para almoço). Entretanto, embora tente mensurar a exaustão de uma jornada de trabalho apenas pelo quantitativo de horas trabalhadas, a lei não consegue controlar a intensidade do trabalho (DAL ROSSO, 2008), pois a norma não vislumbra a exaustão sob o viés da complexidade, seja ela física ou mental.

Nessa mesma linha de raciocínio, Brito Filho (2013/2014) esclarece que mesmo que seja uma condição alternativa, a possibilidade de danos à saúde física e mental do trabalho pode ser configurada como jornada exaustiva. Desse entendimento, inferimos que quando submetidos a trabalhos penosos que demandam força física, trabalhadores como os da atividade rural, muitas vezes em condição de precariedade financeira e insuficiência alimentar, estão vulneráveis à submissão de trabalho com jornada exaustiva, mesmo quando sua jornada de trabalho não extrapole os "limites legais" permitidos.

Daí, uma simples comparação pode suscitar debate sobre o ponto de vista levantado: Uma coisa é ter uma jornada de oito horas em um escritório dentro de um conforto térmico que um determinado meio ambiente de trabalho possa oferecer; outra coisa é ter uma jornada de oito horas descascando mandioca ou realizando o esforço físico que um prenseiro realiza no cumprimento de sua atividade laboral operando prensas manuais; esses últimos em um meio ambiente de trabalho insalubre, em posições ergonomicamente desconfortáveis e sem o equipamento de proteção individual adequado. É possível equiparar a exaustão desses trabalhadores apenas pelo quantitativo de horas trabalhadas?

Embora apenas a jornada de trabalho dos forneiros fosse a única que extrapolasse a jornada semanal de trabalho (porque em média trabalhavam um dia a mais que os demais trabalhadores),

todos os trabalhadores da cadeia produtiva de farinha encontrados em pleno labor pela Auditoria-Fiscal do Trabalho durante a análise prévia de campo em julho de 2023 cumpriam jornada de trabalho diária acima de oito horas.

Debate posto, fato é que, nos retiros visitados e nas cadeias produtivas de farinha de um modo geral, os trabalhadores são submetidos a uma jornada exaustiva seja tanto pela extrapolação da jornada de trabalho exercida (tanto diária quanto semanal — exaustão formal), quanto pela complexidade física que atividade exige, causando-lhes danos físicos e mentais (exaustão real). Danos esses, ressalta-se, irreparáveis nem mesmo por um aditivo financeiro proveniente de um adicional de insalubridade ou periculosidade (que nem mesmo recebem).

Por fim é imprescindível mencionar que a jornada exaustiva a que os trabalhadores da área de torrefação da farinha (prenseiros e forneiros) estavam submetidos comprometia também o intervalo intrajornada exigido pela CLT. Nos termos do art. 71 do Decreto-lei n. 5452/43 – CLT, temos:

> Art. 71 – Em qualquer trabalho contínuo, cuja duração exceda de 6 (seis) horas, é obrigatória a concessão de um intervalo para repouso ou alimentação, o qual será, no mínimo, de 1 (uma) hora e, salvo acordo escrito ou contrato coletivo em contrário, não poderá exceder de 2 (duas) horas.

Conforme mencionado anteriormente, prenseiros e forneiros disponibilizavam apenas de 30 (trinta) minutos para o almoço porque não havia sistemas de turnos e o forno não poderia parar. Dessa forma, para que o forneiro pudesse sair de seu posto de trabalho para o almoço, deveria ser substituído pelo prenseiro e, por isso, o intervalo de intrajornada desses trabalhadores ficava reduzido a 30 (trinta) minutos, indo de encontro ao regramento legal sobre o tema.

4.5. Informalidade, desproteção previdenciária e fundo de garantia

Segundo Menezes e Dedecca (2012), há tempos a ausência de uma proteção social vem formando um segmento de mercado de trabalho que atua à margem das instituições do país, fomentando contratos informais, a despeito do crescimento econômico nacional. De fato, os altos níveis de informalidade geram baixa renda, instabilidade no trabalho, falta de proteção e cerceamento de direitos.

Conforme já mencionado, em todos os retiros e agroindústrias visitados pela Auditoria-Fiscal do Trabalho, nenhum dos trabalhadores estavam formalmente registrados, não contribuíam de nenhuma forma para o regime previdenciário e, portanto, todos esses trabalhadores permanecem à margem de uma proteção completa de seguridade social e sempre a depender da mão do Estado em caso de necessidade. Dessa forma, a informalidade tem suas consequências para o regime previdenciário brasileiro, uma vez que a maioria dos trabalhadores desse setor não contribui para o regime geral de previdência (RGPS).

Por um outro prisma, não menos danoso, Menezes e Dedecca (2012, p. 32) afirmam que:

> (...) a não contribuição à previdência é a síntese da perda de direitos, na medida em que essas pessoas enfrentem cotidianamente uma difícil decisão pessoal: alocar recursos para a contribuição da previdência social em detrimento da renda presente ou dispor uma renda presente mais elevada, mas em detrimento de suas condições futuras de existência. Dessa forma, essas pessoas ficam expostas a uma precariedade da relação de trabalho, podendo

a enfrentar graves problemas econômicos no final de suas vidas profissionais, já que não serão cobertos pelo sistema de previdência social.

Nesse sentido, a justificativa para informalidade ser atribuída a um possível aumento de renda para o trabalhador do campo é uma falácia, uma vez que esse "pseudo" aumento presente ocorre em detrimento da renda futura, comprometendo suas condições de aposentadoria, além de impactar negativamente no sistema previdenciário atual, tornando-o debilitado pela ausência de uma importante fonte de receitas.

Além do impacto no sistema previdenciário do governo e da incompletude na seguridade do trabalhador, a informalidade não permite ao trabalhador o direito a um fundo de reservas nos momentos que mais possa precisar: perda de emprego, a possibilidade de aquisição de um bem essencial, ou em casos excepcionais de calamidade pública. O Fundo de Garantia do Tempo de Serviço — FGTS tem natureza compensatória no sentido de compensar o tempo que o trabalhador permaneceu em seu emprego e a informalidade retira do trabalhador o seu direito de ser recompensado pelos anos de trabalho dedicado ao empregador.

De fato, como o recolhimento do FGTS por parte do empregador em benefício do trabalhador está condicionado a formalização de seu vínculo empregatício em cadastro oficial do governo, à medida que esses trabalhadores são submetidos à informalidade, não há recolhimento do FGTS e, consequentemente, a perda ao seu direito à indenização compensatória em caso de dispensa involuntária.

A formalização do vínculo de emprego é um direito do trabalhador e uma obrigatoriedade a ser cumprida pelo empregador, de tal forma que a ausência ou a irregularidade no recolhimento dos depósitos do FGTS constitui motivo suficiente para dar ensejo à rescisão indireta, nos termos do art. 483, *"d"*, da CLT, pois o reiterado comportamento irregular do empregador configura falta grave, bem como viola de forma direta e literal o art. 7º, inciso III, da Constituição Federal(15). Dessa forma, a informalidade agrava ainda mais o contexto de perdas e danos que estão vivenciando todos aqueles trabalhadores encontrados pela Auditoria do Trabalho na cadeia produtiva de farinha.

5. As condições de trabalho no processo produtivo da farinha de mandioca no Pará

5.1. Meio ambiente do trabalho e trabalho digno

A dignidade da pessoa humana e o valor social do trabalho são consagrados como fundamentos basilares da Constituição Federal do Brasil. Da mesma forma, a Carta

(15) O art. 483 da CLT afirma que o empregado poderá considerar rescindido o contrato e pleitear a devida indenização quando: (...) d) não cumprir o empregador às obrigações do contrato. O art. 7º da CF/88 esclarece que são direitos dos trabalhadores urbanos e rurais, além de outros que visem à melhoria de sua condição social: (...) III) Fundo de Garantia do Tempo de Serviço (FGTS).

Maior estende essa compreensão para o universo laboral ao assegurar a proteção ao meio ambiente do trabalho como sendo dever do Estado e de toda coletividade, com vista à promoção eficaz da dignidade da pessoa humana.

Pela nossa Carta Magna:

> É fundamento da República:
>
> Art. 1º A República Federativa do Brasil, formada pela união indissolúvel dos Estados e Municípios e do Distrito Federal, constitui-se em Estado Democrático de Direito e tem como fundamentos:
>
> (...) III – a dignidade da pessoa humana;
>
> I – os valores sociais do trabalho e da livre iniciativa;
>
> (...) Art. 225. Todos têm direito ao meio ambiente ecologicamente equilibrado, bem de uso comum do povo e essencial à sadia qualidade de vida, impondo-se ao Poder Público e à coletividade o dever de defendê-lo e preservá-lo para as presentes e futuras gerações.

Nesse sentido, o tema Direito Ambiental rompeu a bolha dos debates pré-definidos restritos a determinadas atmosferas e se expandiu por toda sociedade organizada. Dessa forma, conceitos foram revisados e redimensionados e, com intuito de uma melhora na qualidade de vida de todos, alcançou o meio ambiente do trabalho.

Exemplo são as normas de proteção ao meio ambiente, as quais partem do conflito de interesses gerados nas relações do homem com a natureza e do homem com os processos produtivos, refletindo em todas as demais ações sociais e estando, dessa maneira, a questão ambiental envolta no cerne dos conflitos que permeiam a sociedade moderna (PADILHA, 2015).

Assim, a proteção constitucional do meio ambiente significa a defesa da humanização do trabalho, não se limitando à preocupação com as concepções econômicas que envolvem a atividade laboral, mas, sim, com a finalidade do trabalho como espaço de construção do bem-estar, de identidade e de dignidade daquele que trabalha. Nesse sentido, Piovesan (2011, p. 49):

> A dignidade no trabalho deve ser considerada como "mínimo ético irredutível", com objetivo de salvaguardar parâmetros protetivos mínimos, de tal sorte que mais pessoas possam se envolver na permanente construção ou reconstrução do mundo do trabalho com menos opressões, exploração e sem colonialismos.

Foi partindo dessa compreensão, por uma busca de um trabalho digno e decente, que a Auditoria do Trabalho mapeou o meio ambiente do trabalho encontrado nas casas de farinha que foram objetos da análise prévia de campo.

5.2. O meio ambiente do trabalho nas casas de farinha do pará: riscos excessivos

5.2.1. Uma visão macro dos riscos

Segundo o saber de Peniche (2014), o trabalho geralmente expõe o trabalhador à situações de risco, devido aos conflitos existentes nessas relações, à existência de condições nocivas no meio ambiente e ao uso de instrumentos que farão parte do processo de transformação. Ainda no entendimento da autora:

> No trabalho agrícola/artesanal, como a produção de farinha de mandioca, o labor é difícil onde as tarefas são pouco estruturadas, a divisão do trabalho é praticamente inexistente exigindo do trabalhador um grande esforço físico e mental em todo o processo, além da exposição a riscos biológicos, químicos, físicos e ergonômicos (PENICHE, 2014, p. 48).

No Brasil, a Constituição Federal, em seu art. 7º, XXII, (BRASIL, 1988) assegura a todos os trabalhadores, urbanos e rurais, com intuito de melhorar sua condição social, a redução dos riscos inerentes ao trabalho, por meio de normas de saúde, higiene e segurança. Nesse sentido, as Normas Regulamentadoras (NRs) foram criadas para regulamentar as atividades laborais e com obrigação de cumprimento por parte de empregadores e empregados, sendo o seu descumprimento por parte dos empregados passível de demissão por justa causa e de autuação e multa o seu descumprimento por parte dos empregadores(16).

Embora as NRs sejam de conhecimento e cumprimento obrigatório por parte dos empregadores, em relações informais de trabalho a realidade é completamente diferente. Nas casas de farinha visitadas pela Auditoria do Trabalho durante a análise prévia de campo, além das irregularidades já aqui constatadas quanto à legislação trabalhista e suas consequências danosas e irreparáveis para os trabalhadores, há um total descomprometimento por parte dos empregadores quanto ao cumprimento das normas de saúde e segurança do trabalho.

Conforme descrito no parágrafo introdutório da seção 4 deste trabalho, para que não haja contaminação cruzada, as casas de farinha devem ser compostas por dois setores separados; o primeiro para o descascamento da mandioca e o segundo para torrefação. Em quatro das seis casas visitadas nos três municípios do Pará pela Auditoria-Fiscal do Trabalho durante a análise prévia de campo, não havia tal separação. Todo processo produtivo era feito num mesmo ambiente, muito embora a sujidade em todas as casas

---

(16) CF/88, art. 157 – Cabe às empresas: (I) – cumprir e fazer cumprir as normas de segurança e medicina do trabalho; CF/88, art. 158 – Cabe aos empregados: (I) – observar as normas de segurança e medicina do trabalho (...).

era tamanha que era quase imperceptível haver diferença entre aquelas em que havia setores separados das que não havia.

Num primeiro momento do processo, as raspadeiras/cortadoras recebiam a matéria-prima e faziam o corte das pontas e/ou, nos retiros que não havia processo mecanizado de descasque da mandioca, descascavam a mandioca completamente de forma manual. As trabalhadoras utilizavam de facas para realizar o trabalho e permaneciam sentadas no chão ou em pequenos banquinhos de madeira, em meio aos montes de cascas e às pilhas de mandioca descascadas, que eram depositadas em caixotes ou diretamente no piso, sem qualquer higiene e em meio ao trânsito de outros trabalhadores. Cabe aqui ressaltar que todas as ferramentas pertenciam às próprias trabalhadoras, não sendo fornecidos tais equipamentos pelos proprietários das casas de farinhas.

A partir do descascamento, as etapas seguintes: quebra da mandioca, prensagem, quebra da massa prensada, processo de afinamento (uma antes e outra depois da torragem) e torragem, tudo era realizado com auxílio de equipamentos mecanizados e/ou elétricos, mas que exigiam esforço manual em seu funcionamento, quase sempre em ambientes com temperaturas elevadas e ruídos insuportáveis provocados pelo funcionamento das máquinas.

Embora o processo produtivo se assemelhe quase por completo ao modelo secular de fabricação (com exceção da etapa totalmente artesanal de raspagem das cascas, que se mantinha intocável à passagem do tempo), os equipamentos elétricos e mecânicos agora utilizados trouxeram junto com o dinamismo do processo, grave e iminente risco à saúde e à vida dos trabalhadores, sobretudo pela forma como foram instalados e como estão sendo utilizados.

5.2.2. Os riscos ergonômicos

Ao analisar e tentar compreender o meio ambiente do trabalho em uma cadeia produtiva, sob a foco da ergonomia da atividade realizada, o trabalhador é o componente essencial. Por isso mesmo, faz-se necessário extremo cuidado ao se fazer essa leitura para cadeia produtiva de farinha, até porque a discussão sobre risco ergonômico na atividade rural tem uma aplicabilidade reduzida devido a suas características peculiares e diversidade (COSTA *et al.*, 2011) e é exatamente a interpretação errada desse entendimento o que norteia o imaginário dos donos de casas de farinha e de agroindústrias no Pará.

Tendo como base a leitura da Norma Regulamentadora 17 — NR-17[(17)], entende-se por risco ergonômico, a interferência das características psicofisiológicas do trabalhador em sua relação com o ambiente, geradas por meio das ações biomecânicas (levantamento de peso, ritmo excessivo de trabalho, monotonia, repetitividade, postura inadequada de trabalho), desencadeando um desequilíbrio que venha a afetar a sua saúde.

(17) Disponível em: BRASIL. Norma Regulamentadora 17 — Ergonomia.Brasília, 1990. Disponível em: http://trabalho.gov.br/images/Documentos/SST/NR/NR17.pdf. Acesso em: 28 set. 2023.

Diante do entendimento normatizado, ao se fazer a análise dos riscos ergonômicos a que estão submetidos os trabalhadores da cadeia produtiva de farinha, é inevitável não os dissociar das jornadas exaustivas a que todos os trabalhadores das casas de farinha visitadas pela Auditoria estavam submetidos. Até porque essa junção de fatores incide em atividades de trabalho cujo esforço manual é intenso, que no processo de produção de farinha se traduz na incidência de movimentos repetitivos, fator relevante no desenvolvimento de distúrbio osteomuscular relacionado ao trabalho (DORT) ou lesões por esforços repetitivos (LER), que, segundo Pinheiro e França (2006, p. 72):

> São resultados de sobrecarga pela utilização excessiva de determinados grupos musculares em movimentos repetitivos com ou sem exigência de esforço localizado, ou pela permanência de segmentos do corpo em determinadas posições por tempo prolongado.

Como exemplo, as raspadeiras/cortadoras com jornadas de até 10h em um esforço contínuo e repetitivo manuseando facas e sem nenhum equipamento de proteção individual, sentadas em um banquinho de madeira sem apoio para as costas em um ambiente completamente cheio de cascas de mandioca e de outras sujidades dispostas no piso de terra batida. Da mesma forma, a movimentação de cargas nas diversas etapas do trabalho exige dos trabalhadores intenso esforço físico (a maioria deles com jornada acima de 10h), o que inclui o transporte das cascas de mandioca em caixotes ou cestos feitos de pneus reciclados para descarte, o abastecimento de prensas e fornos durante as etapas de trituração e torrefação da farinha, e, por fim, o transporte manual do produto final já ensacado, cujo valor médio padrão é de 60 kg por saca. Com isso, "essa sobrecarga significativa representa riscos para a coluna cervical, varizes de membros inferiores, além de complicações cardíacas" (PENICHE, 2011, p. 55).

5.2.3. Os riscos ambientais

O mais atualizado entendimento normativo brasileiro sobre riscos ambientais está centrado nas redações atualizadas das Normas Regulamentadoras de Segurança e Saúde no Trabalho — NR-9 — Avaliação e Controle das Exposições Ocupacionais a Agentes Físicos, Químicos e Biológicos, NR-7 — Programa de Controle Médico e Saúde Ocupacional — PCMSO e NR-1 — Disposições Gerais e Gerenciamento de Riscos Ocupacionais[(18)].

---

(18) NR-9 com última modificação: Portaria SEPRT n. 6.735, de 10 de março de 2020. Início de vigência: 03 de janeiro de 2022. Disponível em: https://www.gov.br/trabalho-e-emprego/pt-br/acesso-a-informacao/participacao-social/conselhos-e-orgaos-colegiados/comissao-tripartite-partitaria-permanente/normas-regulamentadora/normas-regulamentadoras-vigentes/norma-regulamentadora-no-9-nr-9. NR-7 com última modificação realizada pela Portaria SEPRT n. 6.734, de 09.03.2020, vigência a partir de 03 de janeiro de 2022. Disponível em: https://www.gov.br/trabalho-e-emprego/pt-br/acesso-a-informacao/participacao-social/conselhos-e-orgaos-colegiados/comissao-tripartite-partitaria-permanente/normas-regulamentadora/normas-regulamentadoras-vigentes/norma-regulamentadora-no-7-nr-7. NR-1 com última modificação

Com base nesse entendimento, a nova redação da NR-9 implementou o Programa de Gestão de Riscos — PGR[19] em substituição ao antigo programa de Prevenção de Riscos Ambientais — PPRA, que era mais focado na prevenção de riscos ambientais, em quanto o PGR tem uma abordagem mais ampla, considerando também outros tipos de riscos, como riscos de incêndio, ergonômicos, riscos de segurança, entre outros. Por sua vez, o PCMSO tem caráter preventivo, ou seja, proteger e preservar a saúde dos trabalhadores, conforme avaliação de risco do PGR.

No entanto, considerando não ser objetivo deste trabalho esmiuçar detalhadamente as peculiaridades de cada um desses riscos em sua natureza e, sim, identificar suas ocorrências nas principais etapas da cadeia produtiva de farinha no Pará, tendo as casas de farinha visitadas pela Auditoria do Trabalho como amostras dessa análise, abaixo é apresentado um diagrama sucinto, porém muito didático, criado pelos colegas Auditores-Fiscais do Trabalho Anderson Miron e Charles Oscar, que será importante na compreensão da análise dos riscos que os trabalhadores das casas de farinha no Pará estão submetidos.

Vejamos:

Diagrama de riscos: agentes listados na NR-09 e suas definições, conforme glossário da NR-01.

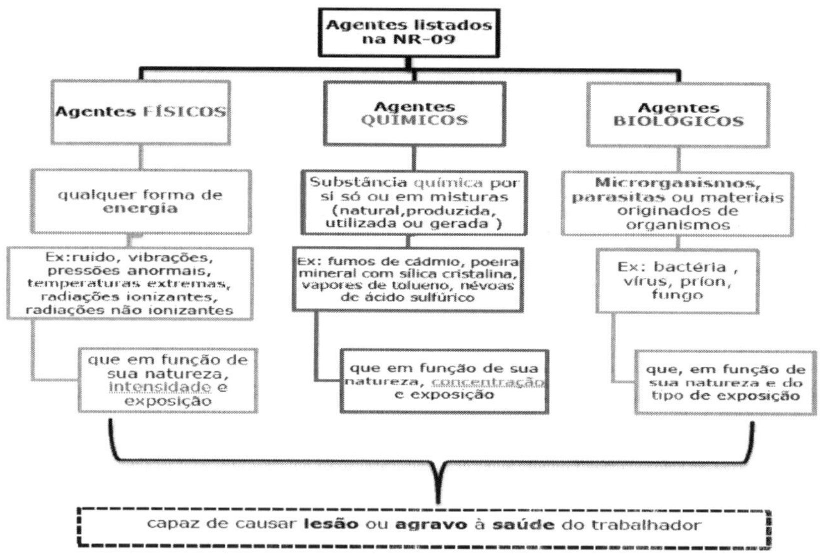

realizada pela Portaria SEPRT n. 6.730, de 9 de março de 2020, com início de vigência em 03 de janeiro de 2022 – Portaria SEPRT n. 8.873, de 23/07/2021. Disponível em: https://www.gov.br/trabalho-e-emprego/pt-br/acesso-a-informacao/participacao-social/conselhos-e-orgaos-colegiados/comissao-tripartite-partitaria-permanente/normas-regulamentadora/normas-regulamentadoras-vigentes/nr-1. Acesso em: 28 set. 2023.

(19) Vale ressaltar que para atividades rurais a NR-31 criou o Programa de Gerenciamento de Riscos no Trabalho Rural — PGRTR (que se assemelha ao PGR) no que tange à prevenção de acidentes e doenças decorrentes do trabalho nas atividades rurais.

De imediato, o efeito nocivo da informalidade também afeta a segurança e a saúde dos trabalhadores pelo não cumprimento por parte dos empregadores das Normas Regulamentadoras. Como nas casas de farinha no Pará a informalidade é a regra, não há por parte dos empregadores nenhum programa de gestão de riscos — PGR (ou PGTTR), muito menos Programa de Controle Médico e Saúde Ocupacional — PCMSO. Um dos exemplos dessa constatação é o não cumprimento obrigatório dos exames médicos exigidos pela NR-07 em todos os 06 (seis) retiros visitados pela Auditoria do Trabalho, onde nenhum dos trabalhadores encontrados realizaram nenhum tipo de exame médico antes ou após o início das atividades laborais (exames admissionais ou periódicos).

Os riscos físicos excessivos a que os trabalhadores das casas de farinha estão expostos são o ruído e a temperatura. Nas casas de farinha visitadas, durante as atividades, os ruídos eram intensos e constantes, provenientes do funcionamento contínuo das máquinas, como as pás dos fornos, as trituradoras (máquinas de afinar) e as máquinas descascadoras. Ademais, nenhum dos trabalhadores usava Equipamento de Proteção Individual — EPI para reduzir o risco excessivo provocado pelos ruídos (por exemplo, protetor auricular), muito menos o empregador realizou qualquer tipo de avaliação ou quantificação dos riscos ambientais exigidos pela NR-09.

Da mesma forma, as altíssimas temperaturas a que os trabalhadores estão submetidos (sobretudo os forneiros), considerando o uso contínuo do forno (na etapa da torrefação) e a jornada excessiva a que estão submetidos, provocam danos irreparáveis à saúde desses trabalhadores, uma vez que o calor é uma energia térmica que pode ser identificada no desenvolvimento de várias atividades, e as altas temperaturas podem interferir de forma nociva nos processos produtivos e na saúde do trabalhador (SPILLERE; FURTADO, 2007).

Por sua vez e tão grave quanto, há também a exposição dos trabalhadores aos riscos biológicos, que é a exposição a agentes biológicos, tais como: bactérias, fungos, bacilos, parasitas, protozoários, vírus, entre outros que comprometem a saúde do trabalhador.

A maioria dessas casas de farinha ficam localizadas próximas a regiões de mata e, portanto, dentro do campo de ação de vetores transmissores como mosquitos, que tornam o ambiente propício a doenças como malária e dengue. Nesses locais, tais riscos devem ser objeto de prevenção constante, até porque a malária, doença transmitida pelo mosquito do gênero *Anopheles*, é tida como um dos maiores problemas de saúde pública no Brasil, tendo sua concentração endêmica na região Amazônica (99,8% do número total de casos registrados no Brasil) graças ao clima tropical. (SANTOS; SILVA, 2011).

A preocupação se agrava mais ainda porque nas casas de farinha objetos da análise de campo (que de certa forma, é uma amostra que reflete a realidade das casas de farinha no Pará) as condições sanitárias e de higiene são extremamente precárias, favorecendo a transmissão de parasitoses intestinais, que são microrganismos que se proliferam com maior intensidade em ambientes dessa natureza. Segundo Benevides (2014) as doenças parasitárias são consideradas comuns no mundo, atingindo cerca de 25% da população mundial, afetando principalmente áreas rurais e locais com pouca ou nenhuma infraestrutura sanitária.

Nos locais visitados pela Auditoria do Trabalho, não havia banheiro para os trabalhadores no local de trabalho. Quando necessário, algumas vezes se usava o banheiro da casa do proprietário (geralmente as mulheres); outras vezes os trabalhadores usavam a mata para realizarem suas necessidades fisiológicas, sem o mínimo de higiene e conforto necessários. Da mesma forma, não havia condições mínimas satisfatórias de higiene e conforto para os trabalhadores que realizavam suas refeições nos locais de trabalho (forneiros e prenseiros), sentados no chão e sem nenhum cuidado com a higiene das mãos e dos utensílios utilizados.

Ainda dentro dessa análise dos riscos ambientais a que estão submetidos os trabalhadores da cadeia produtiva de farinha no Pará, os riscos químicos estão fortemente presentes nessa atividade específica. Segundo a NR-01, denomina-se agente químico qualquer substância química, por si só ou em misturas, quer seja em seu estado natural, quer seja produzida, utilizada ou gerada no processo de trabalho, que em função de sua natureza, concentração e exposição, é capaz de causar lesão ou agravo à saúde do trabalhador.

Nesse sentido, a considerar o fator toxicidade, é importante ressaltar que a mandioca possui em sua composição uma substância denominada linamarina, que ao entrar em contato com a água promove a liberação de ácido cianídrico ou cianeto de hidrogênio — HCN[20]. A absorção do HCN pode ocorrer através da inalação, exposição oral ou dérmica, onde "a absorção pulmonar é a mais eficiente, sendo os efeitos quase que imediatos e mais intensos se comparados com a via gastrointestinal" (ZACARIAS, 2011, p. 28). Ainda segundo o autor:

> Em humano, à exposição aguda de níveis elevados de HCN provoca estimulação do sistema nervoso central, seguida de depressão, convulsões e, em alguns casos, morte por falência respiratória. Em casos de exposição agudas em doses não letais e níveis moderados são comuns sintomas menos severos como tonturas, respiração ofegante, entorpecimento e cefaleia. Já em níveis baixos de absorção pode provocar distúrbios neurológicos e disfunção da glândula tireoide (ZACARIAS, 2011, p. 28).

(20) O ácido cianídrico (HCN) é um composto termolábil (característica de algumas substâncias que perdem suas particularidades, propriedades, ou se decompõem em baixas temperaturas) e volátil (que se pode reduzir a gás ou a vapor em temperaturas ambientes), liberado por glicosídeos cianogênicos chamados linamarina, substâncias de defesa encontradas em algumas plantas, por meio de reações de hidrólise (reação química de quebra de uma molécula por água) (Chistté; Cohen, 2008).

Em todas as fases do processo produtivo há exposição dos trabalhadores a elevados níveis de HCN, desde o contato com a pele na etapa do descascamento até a torrefação pela quantidade de poeira inalada. Até porque as condições espaciais das casas de farinha de um modo geral favorecem a intoxicação por inalação, a considerar a quantidade de vapores suspensos no ar e a jornada excessiva a que esses trabalhadores estão submetidos inalando essa substância tóxica.

Ainda assim segundo Peniche (2014), mesmo considerando o saber gerado que a experiência proporcionou a esses trabalhadores identificar as espécies de mandioca nocivas a sua saúde, não se pode ignorar a sua exposição crônica, mesmo que em doses não letais, nem a necessidade de estudos para identificar o quanto a saúde desses trabalhadores está sendo comprometida. Ainda segundo a autora:

> Apesar da gravidade dessa exposição e da extensão no âmbito da produção da farinha de mandioca no país, os serviços de saúde do SUS e a própria Previdência Social não revelam dados de diagnósticos das possíveis intoxicações agudas e crônicas relacionadas ao trabalho agrícola (PENICHE, 2014, p. 63).

Dessa maneira é possível concluir que nas casas de farinha visitadas pela Auditoria-Fiscal há presença ininterrupta de agentes físicos, químicos e biológicos que, em função de sua natureza, concentração ou intensidade e tempo de exposição, são capazes de causar danos à saúde do trabalhador, muitos deles de caráter permanente e, portanto, irreparáveis.

5.2.4. Os riscos de acidentes

A *priori* quando se debate sobre riscos de acidentes, cabe saber que todo trabalhador está propenso a acidentes de trabalho, variando sua probabilidade a depender das condições ambientais, da proteção individual ou coletiva e do tipo de profissão (ALMEIDA; JACKSON FILHO, 2007).

Conforme dispõe o art. 19 da Lei n. 8.213/91 (BRASIL, 1991), o entendimento sobre acidente de trabalho:

> (...) é o que ocorre pelo exercício do trabalho a serviço da empresa ou pelo exercício do trabalho dos segurados referidos no inciso VII do art. 11 desta lei, provocando lesão corporal ou perturbação funcional que cause a morte ou a perda ou redução, permanente ou temporária, da capacidade para o trabalho.

Da mesma norma, extrai-se dos incisos do art. 20 que as doenças profissionais e/ou ocupacionais (do trabalho) equiparam-se à acidentes de trabalho[(21)]. Assim, considerando a precariedade de instrumentalização para o exercício da atividade laboral, o não fornecimento de equipamentos de proteção individual por parte do empregador, a falta de treinamento adequado para operacionalização das máquinas e a jornada exaustiva a que os trabalhadores estão submetidos, a possibilidade de acidentes de trabalho acontecerem nas casas de farinha aumenta substancialmente.

Na etapa inicial do processo produtivo, o manuseio das facas pelas raspadeiras/descascadeiras sem o devido uso de equipamento de proteção individual é o trabalho mais perigoso das casas de farinha e o uso incorreto desse instrumento ou até seu manuseio após longas horas ininterruptas de trabalho podem provocar acidentes de trabalho, ocasionando riscos de tétano, infecções e mutilações.

Na parte final do processo, para que os fornos possam funcionar, faz-se necessária a escolha da madeira para alimentá-los e essa escolha geralmente é feita pelo trabalhador de forma manual, coletando refugos de construções, troncos e galhos adequados para o uso. No manuseio desse material geralmente acontecem acidentes de trabalho com perfuração das mãos do trabalhador por pregos, que ficam expostos nesses resquícios de material[(22)].

Entretanto, nas casas de farinha no Pará, os riscos mais graves de acidentes podem vir a decorrer da operacionalização das máquinas, sobretudo devido as suas instalações elétricas precárias e a falta de proteção de engrenagens, correias e polias, que permanecem expostas ao alcance dos trabalhadores durante toda jornada de trabalho.

Além disso, em todas as casas de farinha visitadas não havia sinalização das máquinas e equipamentos para advertir os trabalhadores e terceiros sobre os riscos existentes e sobre as instruções de operação e manutenção. Da mesma forma, não havia nas máquinas dispositivos que impedissem funcionamento automáticos ao serem energizadas, bem como máquinas com dispositivos de partida e/ou acionamento e/ou parada instalados de modo que não podiam ser acionados ou desligados em caso de emergência por outra pessoa que não fosse o operador.

Portanto, todos os riscos acima descritos são considerados graves porque são capazes de ocasionar, em casos de acidentes, resultados lesivos como cortes, perfuração,

(21) Doença profissional (Art. 20, I, Lei n. 8213/91) assim entendida a produzida ou desencadeada pelo exercício do trabalho peculiar a determinada atividade e constante da respectiva relação elaborada pelo Ministério do Trabalho e da Previdência Social; Doença do trabalho (Art. 20, II, Lei n. 8213/91), assim entendida a adquirida ou desencadeada em função de condições especiais em que o trabalho é realizado e com ele se relacione diretamente, constante da relação mencionada no inciso I.

(22) Dos 40 (quarenta) trabalhadores encontrados nas casas de farinha que fizeram parte desta pesquisa, apenas o ajudante de forneiro que executava a atividade acima descrita não permitiu ser entrevistado.

esmagamentos, amputação, choques elétricos e até morte. Da mesma forma, como eles se apresentam e estão presentes nas casas de farinha no Pará, sem nenhuma medida adotada por parte dos empregadores no sentido de neutralizá-los ou eliminá-los, tais riscos podem ser considerados como iminentes.

Todas as irregularidades acima mencionadas foram detectadas pela Auditoria do Trabalho durante a análise prévia de campo e como acarretavam grave e iminente risco aos trabalhadores, foi o único momento de intervenção da Auditoria do Trabalho no sentido de correção e adequação (até porque o objetivo da visita era um estudo de campo para subsidiar ação futura, sem caráter punitivo).

5.2.5. Os riscos psicossociais

Os riscos psicossociais decorrem de deficiências na concentração, organização e gestão do trabalho, bem como de um contexto social de trabalho problemático, podendo ter efeitos negativos a nível psicológico, físico e social tais como *stress* relacionado com o trabalho, esgotamento ou depressão. Segundo Costa e Santos (2013, p. 43) "os riscos psicossociais são definidos como os riscos para a saúde mental, física e social, originados pelas condições de trabalho e por fatores organizacionais e relacionais".

As condições irregulares que ocorrem no ambiente de trabalho são as principais fontes geradoras de riscos psicossociais no trabalho, tais como cargas excessivas de trabalho, exigências para cumprimento de metas, insegurança na execução de tarefas, assédio, entre outras. Ao trazer esse raciocínio para o objeto da pesquisa, à medida que a produção de farinha no Pará foi migrando de uma quase total economia de subsistência para um trabalho remunerado, com ganho por produção e jornadas exaustivas, os desgastes físico e mental dos trabalhadores aumentaram na proporção da produção e, numa intensidade bem maior, cresceram também os riscos psicossociais.

Vale ressaltar que, durante a análise prévia de campo, muitos trabalhadores reconheceram estar submetidos a maioria dos riscos aqui mencionados, entretanto quanto aos riscos psicossociais, percebeu-se que esses trabalhadores têm dificuldade em compreender e associar os danos emocionais adquiridos pelo trabalho (mau humor, irritação, *stress* e depressão) com os riscos psicossociais a que passaram a estar submetidos, nesse ambiente de trabalho de jornadas excessivas, pressões para cumprimento de metas e ganhos por produtividade.

5.3. Insalubridade, periculosidade e penosidade em casas de farinha no Pará

Conceitualmente, considera-se insalubre aquele ambiente em que o empregado permanece exposto, por determinado período, a qualquer agente nocivo à saúde como químicos, físicos ou biológicos, que podem ocasionar uma doença ocupacional. Nesse sentido, todas as casas de farinha visitadas submetem seus trabalhadores a condições insalubres de trabalho, as quais podemos citar só pra exemplo simplificativo a poeira do pó da farinha que impregnava o ambiente dos trabalhadores e a exposição por horas exaustivas de trabalho ao HCN.

Por sua vez, a periculosidade ocorre quando o empregado permanece constantemente exposto ao perigo de elevado grau, ou seja, que o objeto manipulado no trabalho tenha a capacidade de provocar lesões à integridade física do trabalhador, entre outras, como aquelas relacionadas com os riscos de acidente envolvendo energia elétrica (máquinas elétricas encontradas nos retiros — sem proteção nas partes que são obrigatórias e sem aterramento).

Fechando esse tripé sobre as condições de trabalho nas casas de farinha visitadas no Pará, no que tange à penosidade, conforme entendimento de Raimundo Simão de Melo:

> (...) o trabalho penoso é o trabalho desgastante para a pessoa humana, é o tipo de trabalho que, por si ou pelas condições em que é exercido, expõe o trabalhador a um esforço além do normal para as demais atividades e provoca desgaste acentuado no organismo humano. É o trabalho que, pela natureza das funções ou em razão de fatores ambientais, provoca uma sobrecarga física e/ou psíquica para o trabalhador (MELO, 2016).

Contudo, embora para esta análise a Auditoria do Trabalho tenha trazido o conceito de trabalho penoso acima transcrito, fato é que juridicamente não há uma definição sobre o que seria considerar trabalho penoso no Brasil. A indefinição é tanta que extrapola os limites da territorialidade, a tal ponto de a própria Organização Internacional do Trabalho (2009) ter encontrado dificuldades para defini-lo, por considera-lo sempre sujeito a tradições e questões subjetivas.

Nesse sentido, cada vez mais o trabalho penoso tem sido debatido de forma multidisciplinar, fomentando estudos e pesquisas por parte de ergonomistas, médicos, juristas, psicólogos e sociólogos, os quais o relacionam a atividades que acarretam dor, sofrimento e desgaste físico e mental ao trabalhador (SATO, 1991; MARQUES, 2007; GOMES, 2010; METZGER, 2011; SELIGMANN-SILVA, 2011; FORTINO, 2012).

Daí, fazendo a comparação desse entendimento com as condições de trabalho a que os trabalhadores da cadeia de farinha no Pará estão submetidos, não há como dissociar a forma como o trabalho vem sendo exercido nessa cadeia com a compreensão do que é ser considerado trabalho penoso.

Embora haja controvérsia sobre sua compreensão jurídica formal, a penosidade no trabalho foi colocada em condição de igualdade com a insalubridade e a periculosidade, como dispõe o art. 7º, *caput* e inciso XXIII, da Constituição Federal:

> Art. 7º São direitos dos trabalhadores urbanos e rurais, além de outros que visem à melhoria de sua condição social:

> [...] XXIII – adicional de remuneração para as atividades penosas, insalubres ou perigosas, na forma da lei (Brasil, 1988).

Aliás, o maior perigo da não uniformização formal do que seja trabalho penoso é que, conforme os interesses em jogo, ora sua lacuna de compreensão deixa situações de fora do seu conjunto de interpretações, ora tais acontecimentos são facilmente inseridas no conceito de penosidade. Assim, em determinados julgados, Tribunais do Trabalho não reconhecem a penosidade e, portanto, trabalhadores sujeitos a tais ambientes passam a não ter direito ao adicional de penosidade, já em outros, onde a penosidade é tanta que rompe o frágil laço existente entre ela e a degradância, decisões de Tribunais tem recorrido a um conceito jurídico próprio de penosidade para afastar a degradância e, consequentemente, a caracterização de trabalho análogo ao de escravizado. Tal debate será tratado adiante na seção que encerrará este trabalho.

Notadamente, a cada passo a frente dessa análise, vai ficando evidenciado que, além das relações de trabalho correrem à margem da legalidade trabalhista, durante o processo produtivo nas casas de farinha no Pará, as atividades são realizadas em ambientes insalubres, perigosos e penosos,

muito embora ainda não tenha havido o devido cuidado que o caracterize com essas naturezas, nem pelo Estado, nem pela classe empresarial e nem pelos representantes desses trabalhadores — seja via sindicato, seja via comunidade rural.

O que importa saber agora é até que ponto essas condições de trabalho estão dentro do limite do suportável de um trabalho minimamente decente, ou seja, verificar se tais condições são tão precárias a ponto de haver rompido o patamar mínimo civilizatório para o exercício de um trabalho com o mínimo de dignidade para o trabalhador.

6. Se há degradância, há trabalho análogo ao de escravo

Segundo a doutrina majoritária, condição degradante de trabalho é qualquer forma de negação ou subtração da dignidade humana pela violação dos direitos fundamentais básicos do trabalhador, notadamente os dispostos nas normas de proteção do trabalho e de segurança, higiene e saúde no trabalho. Esse entendimento é partilhado por Andrade (2006, p. 13) ao considerar que "a degradância no meio ambiente do trabalho priva o trabalhador de dignidade, o desconsidera como sujeito de direitos, o rebaixa e prejudica, e, em face de condições adversas, deteriora sua saúde".

Para Dercides Pires da Silva:

> Degradante é sinônimo de humilhante e deriva do verbo degradar; é o ato ou fato que provoca degradação, desonra. Degradação é o ato ou o efeito de degradar. Degradar é privar de graus, títulos, dignidades, de forma desonrante.

> Degradar é o oposto a graduar, a promover; degradar é despromover. Degradante é o fato ou ato que despromove, que rebaixa, que priva do status ou do grau de cidadão; que nega direitos inerentes à cidadania; que despromove o trabalhador tirando-o da condição de cidadão, rebaixando-o a uma condição semelhante à de escravo, embora sem ser de fato um escravo (SILVA, 2010).

Por outro lado, conforme a Orientação n. 4 da CONAETE — Coordenadoria Nacional de Erradicação do Trabalho Escravo —, considera-se condições degradantes de trabalho aquelas que desprezam a dignidade da pessoa humana e descumprem direitos fundamentais dos trabalhadores, notadamente fatores de higiene, segurança, alojamento, alimentação e inerentes aos direitos de personalidades, por exemplo, a sujeição.

> ORIENTAÇÃO 04/CONAETE
>
> Condições degradantes de trabalho são as que configuram desprezo à dignidade da pessoa humana, pelo descumprimento dos direitos fundamentais do trabalhador, em especial os referentes a higiene, saúde, segurança, moradia, repouso, alimentação ou outros relacionados a direitos da personalidade, decorrentes de situação de sujeição que, por qualquer razão, torne irrelevante a vontade do trabalhador.

Nesse sentido, partindo de uma linha filosófica de entendimento, o ser humano é um fim em si mesmo, não podendo ser utilizado como meio para atingir determinado objetivo e, por isso mesmo, todos têm direito a um trabalho saudável, digno e decente, que para o Direito do Trabalho, significa que a ordem jurídica nega o tratamento do obreiro como mero objeto. Assim, qualquer trabalho em condições degradantes é considerado trabalho escravo contemporâneo, o que é tipificado como crime no art. 149 do Código Penal (BRASIL, 1940) e sua prática é universalmente proibida.

Nesse aspecto, destaca Piovesan (2011, p. 43):

> A proibição de trabalho escravo é absoluta no Direito Internacional dos Direitos Humanos, não contemplando qualquer exceção. Vale dizer, em nenhum caso poderão invocar-se circunstâncias excepcionais, como ameaça ou estado de guerra, instabilidade política interna ou qualquer outra emergência pública, como justificativa para o trabalho escravo. Tal proibição integra o *jus cogens*, que é o direito cogente e inderrogável no âmbito internacional. Tal como o direito de não ser submetido à tortura, o direito de não ser submetido à escravidão é um direito absoluto, insuscetível de qualquer relativização ou flexibilização, a não permitir qualquer juízo de ponderação.

Ao trazer esse entendimento para os casos concretos aqui analisados e diante do que foi discutido nesse trabalho, de plano, fica constatado que, pelas condições laborais a que os trabalhadores estão se submetendo, as casas de farinha objetos da análise de campo pela Auditoria do Trabalho indubitavelmente configuram ambientes insalubres e perigosos, mas sobretudo, penosos. Além da informalidade que lhes retiram direitos trabalhistas fundamentais.

Nesse sentido, a Auditoria-Fiscal do Trabalho, a quem tem constitucionalmente a competência para fiscalização trabalhista no âmbito das empresas rurais e urbanas, bem como no trabalho doméstico, tem uma listagem de indicadores de degradação no trabalho. Desse rol não exaustivo, dois deles foram identificados em todas a casas de farinha visitadas. São eles:

a) Trabalhador exposto a situação de risco grave e iminente e

b) Inexistência de medidas para eliminar ou neutralizar riscos quando a atividade, o meio ambiente ou as condições de trabalho apresentarem riscos graves para a saúde e segurança do trabalhador;

Cabe ressaltar que a Auditoria-Fiscal do Trabalho em interpretação extensiva atribui a determinadas situações, que em tese seriam puramente de legislação, condicionantes de degradância. Tais situações estão relacionadas a salário dos trabalhadores que indiretamente possam vir a comprometer sua segurança e/ou sua saúde, onde podemos citar algumas encontradas nas casas de farinha visitadas pela Auditoria do Trabalho:

a) Pagamento de salários fora do prazo legal de forma não eventual;

b) Estabelecimento de sistemas remuneratórios que, por adotarem valores irrisórios pelo tempo de trabalho ou por unidade de produção, ou por transferirem ilegalmente os ônus e riscos da atividade econômica para o trabalhador, resultem no pagamento de salário base inferior ao mínimo legal ou remuneração aquém da pactuada.

Portanto, ante as graves violações trabalhistas e de segurança e saúde encontradas nos retiros de farinha, é imperioso iniciar o debate sobre os limites dessa penosidade. Embora do ponto de vista jurídico os conceitos de penosidade e degradância se separem, não se tem um marco referencial claro de onde se termina um e se inicia o outro. Esse limiar é muito tênue e essa atmosfera nebulosa conceitual é, não apenas prejudicial, mas sobretudo extremamente perigosa para o trabalhador.

O alerta se faz necessário a partir de recentes julgados em que o Tribunal Regional do Trabalho da Oitava Região – TRT/8 vem destoando do entendimento da doutrina majoritária, do Ministério Público do Trabalho — MPT e da Auditoria-Fiscal do Trabalho quando da análise da degradância no ambiente de trabalho. Dessa forma, Desembargadores do TRT-8ª Região no Pará, ao fazer juízo de valor sobre as condições degradantes a que trabalhadores rurais estão sendo submetidos por agroindústrias, já começam a traçar uma linha de raciocínio defendendo a tese de que os ambientes ali existentes são considerados penosos, mas não degradantes.

Mesmo que venha ser judicialmente condenada, essa linha de raciocínio é bem recebida pela agroindústria por ser menos gravosa. Dessa forma, ao se desvincular a degradância de tais situações, afasta-se o art. 149 do CP e desconfigura-se o trabalho análogo ao de escravo.

Para exemplificar vejamos uma decisão do TRT-8ª Região em uma Ação Civil Pública — ACP promovida pelo MPT do Pará contra uma empresa privada estabelecida em área rural no Pará.

> Assim, não é possível visualizar se, no caso, o aludido trabalho em condições degradantes. O trabalho prestado pelo reclamante possui, na verdade, natureza penosa, razão pela qual existe a necessidade de que a reclamada aprimore as medidas de segurança, higiene e medicina do trabalho já adotado a fim torná-lo o menos penoso possível. No entanto, não que se confundir trabalho penoso (que depende de regulamentação pelo legislador) com o trabalho degradante (punido pela legislação vigente) (...).

E aqui se faz necessário tomar o extremo cuidado, pois, a partir desses julgados, já começam a surgir estudos querendo diferenciar trabalho escravo de trabalho degradante, e introduzir no debate conceitos juridicamente obscuros como trabalho semiescravo e trabalho semidegradante. Segundo assevera Loris Rocha Pereira Júnior:

> (...) isso preocupa, pois quem acompanha a atuação do Grupo Móvel no interior do Pará, do Mato Grosso, do Maranhão, no interior do Piauí, sabe que não existem diferenças. Em qualquer dessas hipóteses, o que há é a degradação do ser humano. [...] Essas distinções teóricas é que irão amanhã livrar o escravizador, quem sabe, da própria Justiça do Trabalho. Temos que lamentar porque começa-se a teorizar em cima do sofrimento, da degradação do ser humano (PEREIRA JÚNIOR, 2003, p. 30).

Diante de julgados com entendimentos dessa natureza, é imperioso que se estabeleça uma uniformização sobre o tema pelos Tribunais Superiores no sentido de não deixar margem de interpretação extensiva em demasiado e, com isso, evitar insegurança jurídica para toda sociedade.

Quanto as circunstâncias fáticas que possam caracterizar o trabalho análogo ao de escravizado em casas de farinha (retiro/agroindústria) no Pará, faz-se necessário, à luz da legislação vigente, realizar com extremo cuidado e responsabilidade a análise criteriosa da forma como as atividades estão sendo realizadas pelos trabalhadores em cada etapa do processo produtivo.

No campo normativo, a Constituição Federal (BRASIL, 1988) prima em seus princípios fundamentais pelo valor social do trabalho e pela dignidade da pessoa humana. Na mesma esteira, o art. 149 do código penal brasileiro prevê a jornada exaustiva e a sujeição à condições degradantes de trabalho como dois dos quatro elementos caracterizadores de redução de um trabalhador à condições análogas à de escravo.

A doutrina também tem interpretações satisfatórias que consubstanciam o entendimento sobre escravidão contemporânea. Nesse sentido, Grecco (2014, p. 545) compreende que:

> (...) sendo o crime previsto no 149 do Código Penal Brasileiro classificado como permanente, "eis que se prolonga no tempo segundo a vontade do sujeito ativo, em contínua agressão aos bens jurídicos protegidos, e, portanto, não é admitido na modalidade culposa.

Ainda segundo o jurista, o ilícito é classificado como material, uma vez que a tentativa é admitida, no entanto, o consentimento do ofendido é irrelevante, pois a dignidade da pessoa humana é direito fundamental e constitui interesse preponderante do Estado (GRECCO, 2014).

Por fim, ainda nesse intuito de embasar juridicamente o caso concreto às normas vigentes, ou seja, a subsunção da situação fática observadas nos retiros à norma, é válido o entendimento de Chaves (2016) ao afirmar que o trabalho se torna degradante quando a relação jurídica não garante ao trabalhador os direitos fundamentais da pessoa humana relacionados à prestação laboral. Nada diferente da situação a que os trabalhadores da cadeia produtiva de farinha no Pará estão sendo submetidos.

Para a Auditoria-Fiscal do Trabalho, se as situações encontradas em um ambiente de trabalho são de tal forma que o empregador não observa condições mínimas de um trabalho digno e decente para o trabalhador, não respeita sua dignidade como pessoa humana e não oferece um patamar mínimo civilizatório em suas relações de trabalho, então estamos comprovadamente, diante de trabalho em condições análogas à de escravo.

Nesse sentido, a análise prévia de campo realizada pela Auditoria do Trabalho no Pará constatou que em todas as etapas do processo produtivo nas casas de farinha visitadas, os trabalhadores estão submetidos a um meio ambiente insalubre e perigoso, que associadas a jornadas exaustivas de trabalho, à informalidade e as consequências prejudiciais por ela geradas, o transforma em trabalho penoso. Mais ainda, identificou indícios de trabalho degradante em todas as etapas do processo, com ênfase, sobretudo, nas etapas finais da cadeia produtiva, especificamente em relação aos trabalhadores das etapas de torragem da farinha (prenseiro, forneiro e ajudantes).

7. Considerações finais

Primeiramente é importante ressaltar que, apesar de satisfatória, a pesquisa evidenciou fragilidades metodológicas relevantes quanto à coleta de dados, *v.g.*, a não disponibilidade de entrevistas e imagens que evidenciasse a realidade a que esses trabalhadores estão submetidos. Adicionam-se a isso o curto prazo disponibilizado para se fazer a análise prévia de campo, as dificuldades de acesso aos municípios visitados devido as condições de conservação das estradas vicinais e também à rotina das casas de farinha, que não obedece a um calendário laboral fixo. Entretanto, em meio a todas adversidades, pelo que se havia planejado, o resultado foi o melhor possível, considerando os objetivos inicialmente almejados pela Auditoria do Trabalho.

Desde a ação precursora em 2017 havia essa necessidade de voltar às casas de farinha no interior do Pará e verificar o que havia mudado e o que permanecia na relação e nas condições de trabalho daquela cadeia produtiva. Sabia-se, contudo, que o trabalho desenvolvido em casas de farinha era extenuante e exigia do trabalhador rural um empenho físico e mental.

Nesse retorno em julho de 2023, ao primeiro olhar da Auditoria, ficou evidenciado que o trabalho exaustivo ali realizado resulta em sobrecarga e sofrimento àqueles trabalhadores, sobretudo pela dificuldade de locomoção entre seus locais de moradia e os serviços de assistência (saúde e educação). Foi um olhar que não havia sido percebido em 2017.

Nessa análise de campo, também foi possível compreender com mais clareza o processo de trabalho em todas as fases da cadeia produtiva, bem como identificar as precárias condições ambientais a que os trabalhadores estão submetidos e as formas de exposições dos trabalhadores a riscos em todas essas etapas.

Evidenciou-se ainda que todos os trabalhadores encontrados estão na informalidade e que as consequências dessas relações de trabalho afetam destrutivamente a saúde do trabalhador, sua segurança e, sobretudo, sua dignidade. Mais ainda, os indícios de degradância a que os trabalhadores estão submetidos, sobretudo os da fase final da cadeia produtiva (prenseiros e forneiros), indicaram para Auditoria do Trabalho que, ao menos naquela etapa, pode haver trabalhadores submetidos à condição análoga ao de escravo.

Diante de todas essas constatações, evidenciou-se a necessidade imperiosa do Estado, por meio da Inspeção do Trabalho, responsabilizar-se em intervir nesse pacto laboral desumano, firmado entre quem tem o poder do capital e dos meios de produção e os que detém a força de trabalho (hipossuficientes), no sentido de tornar essa relação mais justa e humanizada. Afinal, essa é a função constitucional da Auditoria do Trabalho, qual seja, zelar pela função social do Trabalho.

Referências

ALMEIDA, I.; JACKSON FILHO, J. M. Acidentes e sua prevenção. *Revista Brasileira de Saúde Ocupacional*, São Paulo, 32 (115): 7-18, 2007.

Anais da oficina trabalho escravo: uma chaga aberta. Brasília: OIT, 2003, Exposição do Procurador do Trabalho Loris Rocha Pereira Júnior, p. 30. Evento realizado no Fórum Social Mundial, em janeiro de 2003, Porto Alegre – RS.

ANDRADE, D. L. A servidão por dívidas e o princípio da dignidade humana: apontamentos sobre trabalho escravo, forçado e degradante. *Synthesis: direito do trabalho material e processual*, São Paulo, n. 42, p. 11-16, 2006.

ANTUNES, R. Desenhando a nova morfologia do trabalho no Brasil. *Estudos Avançados*, v. 28, n. 81, p. 39-53, 2014.

BENEVIDES, B. S. *Parasitoses intestinais*. Sociedade Brasileira de Medicina de Família e Comunidade, 2014. Disponível em: http://www.sbmfc.org.br/default.asp?site_Acao=MostraPagina&PaginaId=516 Acesso em: 30 set. 2023.

BEZERRA, V. S. Planejando uma casa de farinha de mandioca. Ilustração de Marco Antonio da Silva. Macapá: Embrapa Amapá, 2011.

BRAGA, G. B.; FIUZA, A. L. C.; REMOALDO, P. C. A. O conceito de modo de vida: entre tradições, definições e discussões. *Revista Interface*. Sociologia, Porto Alegre, ano 19, n. 45, maio/ago 2017, p. 370-396.

BRASIL. Código penal. *Decreto n. 2.848, de 7 de dezembro de 1940*. Código Penal. Disponível em: http://www.planalto.gov.br/ccivil_03/decreto-lei/del2848compilado.htm Acesso em: 07 out. 2023.

______. *Constituição da República Federativa do Brasil*. Brasília, DF: Senado Federal, 1988.

______. *Decreto n. 10.854, de 10 de novembro de 2021*. Regulamenta disposições relativas à legislação trabalhista e institui o Programa Permanente de Consolidação, Simplificação e Desburocratização de Normas Trabalhistas Infralegais e o Prêmio Nacional Trabalhista, e altera o Decreto n. 9.580, de 22 de novembro de 2018. Disponível em: http://www.planalto.gov.br/ccivil_03/_ato2019-2022/2021/Decreto/D10854.htm. Acesso em: 20 de set. 2023.

______. *Decreto-lei n. 5.452, de 1º de maio de 1943*. Aprova a consolidação das leis do trabalho. Lex: coletânea de legislação: edição federal, São Paulo, v. 7, 1943.

______. *Lei n. 10.593, de 06 de dezembro de 2002*. Dispõe sobre a reestruturação da Carreira Auditoria do Tesouro Nacional, que passa a denominar-se Carreira Auditoria da Receita Federal — ARF, e sobre a organização da Carreira Auditoria-Fiscal da Previdência Social e da Carreira Auditoria-Fiscal do Trabalho, e dá outras providências. Brasília, DF: Diário Oficial da União, 2002.

______. *Lei n. 4.090, de 13 de julho de 1962*. Institui a Gratificação de Natal para os Trabalhadores. Brasília, DF: Diário Oficial da União, 1949.

______. *Lei n. 605, de 05 de janeiro de 1949*. Repouso semanal remunerado e o pagamento de salário nos dias feriados civis e religiosos. Brasília, DF: *Diário Oficial da União*, 1949.

______. *Lei n. 8.213, de 24 de julho de 1991*. Dispõe sobre os Planos de Benefícios da Previdência Social e dá outras providências. Disponível em: http://www.planalto.gov.br/ccivil_03/Leis/L8213cons.htm. Acesso em: 03 out. 2023.

______. *Manual de combate ao trabalho em condições análogas às de escravo*. Brasília, DF: Ministério do Trabalho e Emprego, 2011.

______. *Norma Regulamentadora n. 01*. Disposições Gerais e Gerenciamento de Riscos Ocupacionais. Brasília, Ministério do Trabalho, 2020. Disponível em: https://www.gov.br/trabalho-e-emprego/pt-br/assuntos/inspecao-do-trabalho/escola. Acesso em: 28 set. 2023.

______. *Norma Regulamentadora n. 07*. Programa de Controle Médico e Saúde Ocupacional — PCMSO. Brasília, Ministério do Trabalho, 2021. Disponível em: https://www.gov.br/trabalho-e-emprego/pt-br/assuntos/inspecao-do-trabalho/escola . Acesso em: 28 set. 2023.

______. *Norma Regulamentadora n. 09*. Avaliação e controle das exposições ocupacionais a agentes físicos, químicos e biológicos. Brasília, Ministério do Trabalho, 2021. Disponível em: https://www.gov.br/trabalho-e-emprego/pt-br/assuntos/inspecao-do-trabalho/escola. Acesso em: 28 set. 2023.

______. *Norma Regulamentadora n. 17*. Ergonomia. Brasília, 1990. Disponível em: http://trabalho.gov.br/images/Documentos/SST/NR/NR17.pdf. Acesso em: 28 set. 2023.

______. *Portaria n. 547, de 22 de outubro de 2021*. Disciplina a forma de atuação da inspeção do trabalho e dá outras providências. Brasília, DF: Diário Oficial da União, 2021.

BRITO FILHO, J. C. M. Trabalho em condições análogas à de escravo: os bens jurídicos protegidos pelo art. 149 do Código Penal brasileiro. *Revista Jurídica da Presidência*, v. 15, n. 107, p. 587-601, 2013/2014.

CHAVES, V. J. *O Trabalho análogo ao de escravo:* uma análise jurisprudencial do crime no TRF da 1ª Região. Tese (Doutorado) – Universidade Federal do Pará, Instituto de Ciências Jurídicas, Programa de Pós-Graduação em Direito, Belém, 2015.

CHISTÉ, R. C.; COHEN, K. O.; MATHIAS, E. A.; OLIVEIRA, S. S. *Quantificação de cianeto total nas etapas de processamento das farinhas de mandioca dos grupos seca e d'água*. Instituto Nacional de Pesquisas da Amazônia, Manaus-AM, mar. 2010, vol.40, n.1. Disponível em: http://www.scielo.br/scielo.php?pid=S0044-59672010000100028&script=sci_arttext. Acesso em: 30 set. 2023.

CHISTÉ, R. C.; COHEN, K. O. Determinação de cianeto cotal nas farinhas de mandioca do grupo seca e d'água comercializadas na cidade de Belém-PA. *Revista Brasileira de Tecnologia Agroindustrial — RBTA*. Universidade Tecnológica Federal do Paraná – UTFPR, Campus Ponta Grossa – Paraná – Brasil ISSN: 1981-3686 / v. 2, n. 2: p. 96-102, 2008. Disponível em: https://periodicos.utfpr.edu.br/rbta/article/view/287/255. Acesso em: 30 set. 2023.

CIAVATTA, M. *O mundo do trabalho em imagens:* a fotografia como fonte história (Rio de Janeiro, 1900-1930). Rio de Janeiro: DP&A, FAPERJ, 2002.

COELHO, S.; SOUZA, M. A. F. Trabalho escravo na Amazônia: análise dogmático-interpretativa e jurisprudencial do art. 149 do código Penal, 2016. *Jus.com.br*. São Paulo, jun.2016. Disponível em: https://jus.com.br/artigos/50150/trabalho-escravo-na-amazonia-analise-dogmatico interpretativa-e-jurisprudencial-do-art-149-do-codigo-penal. Acesso em: 08 out. 2023

COSTA, C. K. L.; LUCENA, N. M. G.; TOMAZ, A. F.; MÁSCULO, F. S. Avaliação ergonômica do trabalhador rural: enfoque nos riscos laborais associados à carga física. *Gestão da Produção, Operações e Sistemas — GEPROS*, ano 6, n. 2, abr./jun. 2011. Disponível em: revista.feb. unesp. br. Acesso em: 27 set. 2023.

COSTA, L. S.; SANTOS, M. Fatores Psicossociais de Risco no Trabalho: lições aprendidas e novos caminhos. *International Journal on Working Conditions*, n. 5, June 2013. Disponível em: http://ricot.com.pt/artigos/1/IJWC.5_LSCosta.MSantos_39.58.pdf. Acesso em: 02 out. 2023.

DAL ROSSO, Sadi. *Mais trabalho!* A intensificação do labor na sociedade contemporânea. São Paulo: Boitempo, 2008.

Farinheiras do Brasil: tradição, cultura e perspectivas da produção familiar de farinha de mandioca. Organizadores: Valdir Frigo Denardin; Rosilene Komarcheski. Matinhos: UFPR Litoral, 2015.

FIGUEIRA, R. R.; PRADO, A. A.; GALVÃO, E. M. *Privação de liberdade ou atentado à dignidade:* escravidão contemporânea. Rio de Janeiro: Maua X, 2013.

FILGUEIRAS. G.; HOMMA, A. *Aspectos socioeconômicos da cultura da mandioca na região norte.* Cap. 1. Embrapa Amazônia Oriental, 2016.

FORTINO, S. Processo de vulnerabilização e danos ao ofício: a Modernização do Trabalho em questão. *Revista Brasileira de Saúde Ocupacional*, São Paulo, v. 37, n. 126, p. 213-224, 2012.

FRANCISCO, W. *A diferença entre o trabalho insalubre, perigoso e penoso.* Disponível em: https://www.jusbrasil.com.br/artigos/a-diferenca-entre-o-trabalho-insalubre-perigoso-e penoso/585689441. Acesso em: 03 out. 2023.

GOMES, J. A. *O canavial como realidade e metáfora: leitura estratégica do trabalho penoso e da dignidade no trabalho canavieiro de Cosmópolis.* 2010. Tese (Doutorado em Psicologia Social e do Trabalho) – Instituto de Psicologia da Universidade de São Paulo, São Paulo, 2010.

GRECO, Rogerio. *Curso de Direito Penal* – Parte Especial. Vol. II.; 11. ed. Niterói: Impetus, 2014.

MARINHO, M. O.; VIEIRA, F. de O. A jornada exaustiva e a escravidão contemporânea. *Cadernos EBAPE.BR*, Rio de Janeiro, RJ, v. 17, n. 2, p. 351–361, 2019. Disponível em: https://periodicos.fgv.br/cadernosebape/article/view/71623. Acesso em: 3 out. 2023.

MARTINS, José de Souza. *A sociabilidade do homem simples:* cotidiano e história na modernidade anômala. 2. ed., rev. e ampl. São Paulo: Contexto, 2008.

MARQUES, Christiane. *A proteção ao trabalho penoso.* São Paulo: LTr, 2007.

MENEZES, W. F.; DEDECCA, C. S. A Informalidade no Mercado de Trabalho Brasileiro: Rendimentos e principais características. *Nexos Econômicos*, [S. l.], v. 6, n. 2, p. 11–42, 2012. DOI: 10.9771/1516-9022rene.v6i2.9247. Disponível em: https://periodicos.ufba.br/index.php/revnexeco/article/view/9247. Acesso em: 26 set. 2023.

METZGER, J. Mudança permanente: fonte de penosidade no trabalho? *Revista Brasileira de Saúde Ocupacional*, São Paulo, v. 36, n. 123, p. 12-24, 2011.

OIT. Perfil do trabalho decente no Brasil. Escritório da Organização Internacional do Trabalho. – Brasília e Genebra: OIT, 2009.

OLIVEIRA, V.; GARCIA, E. *O trabalho penoso sob a ótica do judiciário trabalhista de São Paulo* — Fundação Jorge Duprat Figueiredo de Segurança e Medicina do Trabalho. Programa de

Pós-Graduação em Trabalho, Saúde e Ambiente. São Paulo, SP, Brasil. (2016). Disponível em: https://www.scielo.br/j/sausoc/a/WSxHGfjS7XL9tv6t5pvf8ZB/?format=pdf&lang=pt. Acesso em: 04 out. 2023.

PADILHA, N.; O Saber Ambiental Na Sua Interdisciplinaridade: Contribuição para os desafios do Direito Ambiental. *Anais do XIX Encontro Nacional do CONPEDI* realizado em Fortaleza – CE nos dias 09, 10, 11 e 12 de junho de 2010. Disponível em: http://www.publicadireito.com.br/conpedi/manaus/arquivos/anais/fortaleza/4160.pdf. Acesso em: 25 set. 2023.

PENICHE, L. *O processo de trabalho na produção de farinha de mandioca no município de Rio Branco-AC:* contribuições para vigilância em saúde do trabalhador. Dissertação (Mestrado) – Escola Nacional de Saúde Pública Sergio Arouca, Rio de Janeiro, 2014.

PINHEIRO, Ana Karla da Silva.; FRANÇA, Maria Beatriz Araújo. *Ergonomia aplicada à anatomia e à fisiologia do trabalhador*. v. 2. Goiânia: AB, 2006.

PIOVESAN, Flávia. *Direitos Humanos e o Direito Constitucional Internacional.* 12. ed. São Paulo: Saraiva, 2011.

______. Trabalho escravo e degradante como forma de violação aos direitos humanos. In: NOCCHI, Andrea Saint Pastous; VELLOSO, Gabriel Napoleão; FAVA, Marcos Neves (Coords.). *Trabalho escravo contemporâneo:* o desafio de superar a negação. 2. ed. São Paulo: LTr, 2011.

Rentabilidade da produção de farinha artesanal no município de Marabá, PA: o caso da Vila Lagedo 2. Moisés de Souza Modesto Júnior, Raimundo Nonato Brabo Alves. Belém, PA: Embrapa Amazônia Oriental, 2021.

Revista Consultor Jurídico, 12 mar. 2019. Disponível em: https://www.conjur.com.br/2019-mar-12/stj-estende-beneficio-previdenciario-trabalhador-informal-rural. Acesso em: 25 set. 2023.

SANTOS, M. O. *Memórias do trabalho familiar em casas de farinha: transformação dos modos de vida de homens e mulheres do campo*. Vitória da Conquista, 2021. Tese (doutorado) – Universidade Estadual do Sudoeste da Bahia, Programa de Pós-Graduação em Memória: Linguagem e Sociedade, Vitória da Conquista, 2021.

SANTOS, Igor Gomes dos; SILVA, Rita do Socorro Uchôa da. Malária autóctone no Município de Rio Branco, Estado do Acre, Brasil, no período de 2003 a 2010. Ver *Pan-Amaz Saude*, 2011; 2(4):31-37. Disponível em: http://scielo.iec.gov.br/scielo.php?script=sci_arttext&pid=S2176622320110004000058&lng=en&nr m=iss&tlng=pt. Acesso em: 30 set. 2023.

SATO, L. *Abordagem psicossocial do trabalho penoso:* estudo de caso de motoristas de ônibus urbano. 1991. Dissertação (Mestrado em Psicologia Social) – Pontifícia Universidade Católica de São Paulo, São Paulo, 1991.

SEBRAE. *Estudo de mercado sobre a mandioca (farinha e fécula).* Brasília (DF), Edições Serviço Brasileiro de Apoio às Micro e Pequenas Empresas e ESPM — Sebrae, 2008.

SELIGMANN-SILVA, Edith. *Trabalho e desgaste mental:* o direito de ser dono de si mesmo. São Paulo: Cortez, 2011.

SENA, R. R. *Sistema de produção em casas de farinha [manuscrito]:* uma contribuição ao processo de consolidação da indicação geográfica da farinha Uarini. 2019. 231 f.: il.

SILVA, D. P. *Trabalho Análogo à Escravidão* — Trabalho Degradante. Disponível em: http://www.sinpait.com.br/site/internas.asp?area=9915&id=532. Acesso em: 07 out. 2023

SINGER, Paul. *Capital e trabalho no campo*. Estudos brasileiros. 2. ed. São Paulo: HUCITEC, 1979.

SPILLERE, J. I.; FURTADO, T. S. *Estresse ocupacional causado pelo calor*. Universidade do Extremo Sul Catarinense – UNESC. Criciúma – PR, 2007. Disponível em: http://www.bib.unesc.net/biblioteca/sumario/000032/00003268.pdf. Acesso em: 29 set. 2023.

VALADARES, A.; GALIZA, M.; OLIVEIRA, T. *A Reforma Trabalhista e o Trabalho no Campo*. Brasília: Ipea, 2017. Disponível: https://repositorio.ipea.gov.br/handle/11058/8131. Acesso em: 25 set. 2023.

ZACARIAS, C. H. *Avaliação da exposição de trabalhadores de casas-de-farinha ao ácido cianídrico proveniente da mandioca, Manihot esculenta, Crantz, no Agreste Alagoano*. Dissertação de mestrado. Faculdade de Ciências Farmacêuticas. São Paulo, 2011. Disponível em: http://www.teses.usp. br/teses/disponiveis/9/9141/tde-16042013-111938/pt-br.php Acesso em: 30 set. 2023.

Resgate de Trabalhadores Escravizados: Implicações do Descumprimento do Fluxo Nacional de Atendimento às Vítimas de Trabalho Escravo no Brasil

Cintia Maria Fernandes Veras(1)

1. Introdução

O caso escolhido para estudo é o da Sra. Yolanda Ferreira. Em 21 de julho de 2021, o Ministério Público do Trabalho foi cientificado pelo Juízo da 2ª Vara do Trabalho de Santos, nos autos da ATOrd n. 1000041-68.2021.5.02.0442, considerando a arguição de suposta incapacidade da reclamante, bem como do relato de trabalho em condições análogas à escravidão. A aludida reclamação trabalhista fora ajuizada pela Sra. Yolanda Ferreira, requerendo o reconhecimento do vínculo empregatício e o pagamento de todas as verbas não prescritas e não pagas durante aproximadamente cinquenta anos de prestação de serviços, bem como o pagamento de indenização por danos morais.

Nascida em 26 de agosto de 1932, a Sra. Yolanda fora admitida para trabalhar como empregada doméstica no ano de 1970, na residência de sua empregadora (processo em segredo de justiça), sendo beneficiário direto da prestação de serviços o núcleo familiar composto por ela e suas filhas, já que trabalhava, residia e acompanhava a empregadora em tempo integral, sem jamais obter, em contraprestação, o pagamento de qualquer tipo de remuneração pelos serviços prestados, sendo impedida de sair da residência e até mesmo de contactar seus familiares.

O caso veio à tona somente em 2020 por denúncia de uma vizinha que, ouvindo os xingamentos deferidos à Sra. Yolanda pelas filhas da empregadora direta e percebendo a situação de abandono e vulnerabilidade, resolveu promover uma denúncia formal à Delegacia especializada em Proteção à Pessoas Idosas, que recepcionando a denúncia, investigou o caso no âmbito criminal, tendo posteriormente encontrado inclusive a família, que procurava por D. Yolanda durante todos esses anos e para onde ela pode retornar.

(1) Auditora-Fiscal do Trabalho no Ministério do Trabalho e Emprego — MTE. Graduada em Direito pela Universidade de Fortaleza — UNIFOR. Pós-graduanda da Universidade Federal do Pará no curso de Especialização em Direito do Trabalho e Direitos Humanos.

Por sua vez, o Ministério Público do Trabalho tomou conhecimento do ocorrido somente em 2022, por meio da Justiça do Trabalho que comunicou o fato ao Parquet para que este tomasse as providências jurídicas que entendesse cabíveis. Na época da apuração dos fatos, nenhuma comunicação ou denúncia foi feita pela Polícia Civil de Santos ou mesmo pelos vizinhos, para a Fiscalização do Trabalho ou ao Ministério Público do Trabalho.

Os dados coletados para o estudo do caso foram apurados primeiramente por notícias veiculadas na imprensa em portais de notícias e posteriormente mediante a leitura do processo de Ação Civil Pública Cível – ACPCiv n. 1000223-17.2022.5.02.0443.

Em contraponto ao episódio acima mencionado, abordamos um segundo caso, revelado pela imprensa em maio de 2020, na qual uma empregada doméstica, de origem filipina, de 26 anos, foi trazida para o Brasil em agosto de 2019 para trabalhar para uma funcionária de alto escalão do consulado dos Emirados Árabes na cidade de São Paulo, foi resgatada pela Fiscalização do Trabalho, tendo sido o caso enquadrado como tráfico de pessoas para o fim de trabalho análogo à escravidão, conforme noticiado pelo portal de notícias *Uol*.

A trabalhadora, conforme noticiado, não podia sair livremente do apartamento da patroa, não tinha folga, chegou a receber agressões verbais e físicas, não recebia salário no Brasil pois tinha descontado valores a título de multas aplicadas pela empregadora e uma segunda parte seria depositada na conta da mãe da empregada diretamente nas Filipinas, Christine (nome fictício) não tinha contato com o mundo exterior e estava completamente impedida de exercer qualquer ato da vida comum com alguma autonomia.

Christine empreendeu fuga do apartamento da empregadora após contato por meio de uma rede social com o consulado das Filipinas em São Paulo, conforme relatado em outra reportagem do portal *UOL*. *UOL*

2. Fluxo nacional de atendimento às vítimas de trabalho escravo (Portaria n. 3.484/2021)

O trabalho escravo é uma violação grave aos direitos humanos que persiste no Brasil, apesar dos esforços para seu combate, promovida pelo Estado brasileiro por meio de suas instituições, sendo a responsabilidade do planejamento das ações de resgate, de competência da Inspeção do Trabalho (Grupo Especial de Fiscalização Móvel ou Superintendência Regional do Trabalho), conforme previsto no item 1.2 da Portaria n. 3.484/2021.

A atribuição de combater o trabalho escravo no Brasil é dever do Estado Brasileiro exercido por várias instituições e órgãos governamentais, cada um com funções específicas e ao mesmo tempo complementares. Estas instituições atuam em conjunto para identificar, fiscalizar, punir e erradicar práticas de trabalho escravo no país.

Por sua vez, o Ministério Público do Trabalho tomou conhecimento do ocorrido somente em 2022, por meio da Justiça do Trabalho que comunicou o fato ao Parquet para que este tomasse as providências jurídicas que entendesse cabíveis. Na época da apuração dos fatos, nenhuma comunicação ou denúncia foi feita pela Polícia Civil de Santos ou mesmo pelos vizinhos, para a Fiscalização do Trabalho ou ao Ministério Público do Trabalho.

Os dados coletados para o estudo do caso foram apurados primeiramente por notícias veiculadas na imprensa em portais de notícias e posteriormente mediante a leitura do processo de Ação Civil Pública Cível — ACPCiv n. 1000223-17.2022.5.02.0443.

Em contraponto ao episódio acima mencionado, abordamos um segundo caso, revelado pela imprensa em maio de 2020, na qual uma empregada doméstica, de origem filipina, de 26 anos, foi trazida para o Brasil em agosto de 2019 para trabalhar para uma funcionária de alto escalão do consulado dos Emirados Árabes na cidade de São Paulo, foi resgatada pela Fiscalização do Trabalho, tendo sido o caso enquadrado como tráfico de pessoas para o fim de trabalho análogo à escravidão, conforme noticiado pelo portal de notícias *Uol*.

A trabalhadora, conforme noticiado, não podia sair livremente do apartamento da patroa, não tinha folga, chegou a receber agressões verbais e físicas, não recebia salário no Brasil pois tinha descontado valores a título de multas aplicadas pela empregadora e uma segunda parte seria depositada na conta da mãe da empregada diretamente nas Filipinas, Christine (nome fictício) não tinha contato com o mundo exterior e estava completamente impedida de exercer qualquer ato da vida comum com alguma autonomia.

Christine empreendeu fuga do apartamento da empregadora após contato por meio de uma rede social com o consulado das Filipinas em São Paulo, conforme relatado em outra reportagem do portal *UOL*.

2. Fluxo nacional de atendimento às vítimas de trabalho escravo (Portaria n. 3.484/2021)

O trabalho escravo é uma violação grave aos direitos humanos que persiste no Brasil, apesar dos esforços para seu combate, promovida pelo Estado brasileiro por meio de suas instituições, sendo a responsabilidade do planejamento das ações de resgate, de competência da Inspeção do Trabalho (Grupo Especial de Fiscalização Móvel ou Superintendência Regional do Trabalho), conforme previsto no item 1.2 da Portaria n. 3.484/2021.

A atribuição de combater o trabalho escravo no Brasil é dever do Estado brasileiro exercido por várias instituições e órgãos governamentais, cada um com funções específicas e ao mesmo tempo complementares. Estas instituições atuam em conjunto para identificar, fiscalizar, punir e erradicar práticas de trabalho escravo no país.

A Portaria n. 3.484/2021 tronou-se um marco normativo, pois estabeleceu um fluxo organizacional para a instauração das diretrizes norteadoras para todas as entidades estatais que estão envolvidas nesta importante e complexa política pública. Falar sobre o combate ao trabalho escravo envolve diversas matérias das relações jurídicas, abrangendo aspectos de segurança do trabalho, dignidade da pessoa humana, assistência social, relação trabalhista, criminal entre outras questões.

No anexo I da referida Portaria está disposto o Fluxo Nacional de Atendimento às Vítimas de Trabalho Escravo, a qual está estruturado em três estágios de atuação: da denúncia ao planejamento; resgate; e pós-resgate.

Da Denúncia ao Planejamento: Na primeira fase, que abrange da denúncia ao planejamento, o processo que culmina na operação de fiscalização e possível resgate da vítima de trabalhado escravo tem como um dos seus pontos de partida a denúncia. Após o recebimento da denúncia, o órgão receptor procederá à sua análise e poderá encaminhá-la ao órgão responsável para realização de processamento e triagem que, então, repassará à autoridade competente para que possa se iniciar o processo de planejamento desta operação. O planejamento da operação consiste na organização do *modus operandi* da fiscalização, realizado pela Inspeção do Trabalho de forma coordenada com outros órgãos públicos. Trata-se de um procedimento que inclui inteligência e planejamento logístico para que se obtenha êxito na operação.

Resgate: A segunda fase compreende o resgate. Trata-se do momento em que os auditores-fiscais do trabalho e demais órgãos públicos, durante uma ação de fiscalização, constatam a existência de redução de trabalhadores a condições análogas à de escravo e permanecem no local para obtenção de provas, providências preliminares e atendimentos iniciais às vítimas. O Fluxo lista os procedimentos de natureza emergencial que devem ser executados visando a suprir as necessidades primárias do trabalhador naquele momento.

Enfim, na fase pós-resgate, após o reconhecimento do trabalhador como vítima de trabalho escravo, são providenciados atendimentos emergenciais, incluindo, quando necessário, assistência médica. Esta etapa se concentra no acompanhamento das medidas adotadas na fase anterior e depende principalmente da atuação dos órgãos e serviços de assistência social, que desempenham um papel de grande relevância nesse momento.

A referida portaria também relaciona os órgãos envolvidos e cada uma de suas competências em cada estágio da complexa operação de resgate de trabalhadores escravizados. Neste ponto é importante afirmar que o envolvimento de tantos órgãos, de variadas esferas de governo, de diferentes ministérios, somente em uma atuação coordenada e planejada dessas instituições permitirá um enfrentamento seguro e com sucesso dessa grave violação dos direitos humanos, garantindo que os responsáveis sejam punidos e que as vítimas sejam acolhidas, protegidas e reintegradas à sociedade.

Apontamos que o anexo I da Portaria estabelece que a Inspeção do Trabalho, seja por intermédio do Grupo Especial de Fiscalização Móvel ou da Superintendência Regional do Trabalho no estado, de forma coordenada com demais órgãos públicos é a responsável pelo planejamento das operações, devendo ser chamados a participar: Ministério Público do Trabalho, Ministério Público Federal, Polícia Federal e Defensoria Pública da União. Por outro lado, podem ser chamados a compor uma operação, conforme a circunstância a ser enfrentada exija, os seguintes órgãos: PRF, IBAMA, ICMBIO, FUNAI, PM, PC e outros órgãos, caso a Inspeção do Trabalho entenda ser necessária e relevante à execução da operação.

Observa-se, portanto, a importância da regulamentação da operação de resgate de trabalhadores escravizados, desde o planejamento até o pós-resgate, pois trata de operação complexa, com o envolvimento de diversos órgãos e que exige no momento exato da ação, expertise jurídica e técnica para decidir naquele instante pelo enquadramento ou não da situação encontrada, como de trabalho análogo ao de escravo.

Os Auditores-fiscais que compõem a equipe de força-tarefa, somente decidem pelo resgate quando as circunstâncias encontradas indubitavelmente se enquadram isolada ou conjuntamente nas seguintes condições: I – trabalho forçado; II – jornada exaustiva; III – condição degradante de trabalho; IV – restrição, por qualquer meio, de locomoção em razão de dívida contraída com empregador ou preposto, no momento da contratação ou no curso do contrato de trabalho; ou V – retenção no local de trabalho em razão de: a) cerceamento do uso de qualquer meio de transporte; b) manutenção de vigilância ostensiva; ou c) apoderamento de documentos ou objetos pessoais, termos previstos no capítulo V, art. 23 da IN n. 02, de 08 de novembro de 2021.

Declarações do meio político nacional, repercutidas pela imprensa, com afirmações com teor do tipo: “O Ministro do Trabalho me trouxe aqui alguns autos de infração que me impressionaram. Um deles, por exemplo, diz que se você não tiver a saboneteira no lugar certo significa trabalho escravo”(2) não encontra qualquer fundamentação quando se analisa a organização das operações pautadas no fluxo previsto na Portaria n. 3.484/2021 e toda a legislação vigente. Assertivas que ao mesmo tempo retratam o quanto o tema tem repercussão na sociedade e na imprensa e pode fazer frente ao complexo trabalho técnico-jurídico que envolve um resgate de trabalhadores escravizados. A decisão pelo resgate em uma determinada ação é tomada pelo conjunto de instituições nela envolvidas, em especial pelos auditores-fiscais do trabalho e procuradores do trabalho, servidores que detém o conhecimento jurídico específico para realizar a interpretação fática da situação encontrada e seu enquadramento frente a legislação trabalhista brasileira.

---

(2) SAKAMOTO, Leonardo. São Paulo, 24 out. 2018. Disponível em: https://blogdosakamoto.blogosfera.uol.com.br/2018/10/24/consultor-de-bolsonarorepete-erro-de-temer-ao-tratar-de-trabalho=-escravo/?cmpid-copiaecola.

Neste sentido é relevante abordar algumas das ações tomadas durante a operação quando se conclui pelo resgate, conforme disposto na Portaria n. 3.484/2021, por exemplo, quanto as medidas que cabem à fiscalização do trabalho temos: Comunicar à COETRAE — Comissão Estadual de Erradicação do Trabalho Escravo (ou ao NETP — Núcleo de Enfrentamento ao Tráfico de Pessoas) e ao órgão gestor da assistência social acerca do resgate, tão logo ocorra, antes da emissão das guias de Seguro Desemprego, emitir guias de Seguro Desemprego diretamente no Sistema do Seguro Desemprego, providenciar emissão de Comunicação de Acidente de Trabalho, quando cabível, proceder à qualificação dos trabalhadores resgatados, inclusive com obtenção de dados para contato, como endereços e telefones, encaminhar o resgatado para atendimento emergencial de saúde, quando for o caso, providenciar o abrigamento emergencial e transporte ao local de origem do resgatado.

Percebe-se, então, que o resgate de trabalhadores envolve medidas que vão além da decisão pelo resgate em si ou de fornecer notícia para a imprensa nacional com manchetes que chamam atenção da população ou tragam eventualmente para determinada instituição os holofotes pela divulgação da notícia em primeira mão.

Resta o questionamento: Como executar um resgate de trabalhador sem a presença da Auditoria-Fiscal do Trabalho que coordena toda a ação de resgate, que emite as guias de seguro-desemprego, que acompanha o pagamento das verbas rescisórias? No caso de resgate de trabalhadores imigrantes estrangeiros e sem documentação, como solucionar o problema de falta de documentação civil sem a presença da Defensoria Pública da União? Ou ainda como mobilizar equipe ou equipamento de proteção social especial para a devida acolhida aos resgatados, sem equipe de assistência social? Estas são indagações que demonstram claramente o alcance e complexidade de uma ação de resgate de trabalhadores escravizados, seja ela no meio rural, urbano ou mesmo de um empregado doméstico, no âmbito de uma residência familiar.

4. Necessidade de observância do fluxo

Após discorrer sobre aos conceitos e competências previstos na Portaria n. 3.484/2021, retoma-se a análise do caso fático da Sra. Yolanda Ferreira, cujo resgate não teve a participação das instituições protagonistas previstas na citada portaria. Constata-se pela leitura do processo judicial, que a trabalhadora não teve seus direitos básicos resguardados quando do seu resgate. Citamos por exemplo que não foram emitidas guias de seguro-desemprego na qual ela como uma trabalhadora resgatada teria direito no curso da ação de resgate, tal direito tornou-se objeto do processo judicial que em momento posterior foi impetrado de forma particular pela Sra. Yolanda, quando poderia ter sido emitido de ofício pela Fiscalização do Trabalho, caso tivesse participado do resgate.

Sem a participação dos órgãos de assistência social, apesar da situação de vulnerabilidade em que a trabalhadora foi encontrada na casa do núcleo familiar que a empregava, onde era agredida com xingamentos, sem receber salário e com saúde debilitada, não foi possível a sua retirada imediata do local.

Sem a atuação da Defensoria Pública, seus documentos não foram emitidos, sendo providenciados a emissão somente quando sua neta, após retirar a idosa do local de trabalho, tomou a iniciativa de procurar emitir os documentos da avó (dados retirados do relatório de investigação 107/2020, parte do inquérito policial — documento que faz parte da ACPCiv 1000223-17.2022.5.02.0443).

Medidas de proteção e cidadania de caráter urgentes e que deveriam ter sido tomadas pelo Estado brasileiro tão logo constatada a situação de vulnerabilidade da Sra. Yolanda, só vieram a ser realizadas por iniciativa particular da neta e algum tempo mais tarde, protelando ainda mais seu acesso a plena cidadania e reinserção integral na sociedade.

O empregador que se utiliza do trabalho escravo comete infrações trabalhistas e o crime previsto no art. 149 do código penal e cabe ao Ministério Público do Trabalho propor ação judicial de dano moral coletivo, assim como assinatura de Termo de Ajustamento de Conduta (TAC).

A denúncia do caso da Sra. Yolanda foi formulada por escrito, (dado extraído da ACPCiv 1000223-17.2022.5.02.0443), em português claro e bem articulado, foi encaminhada somente para a Polícia Civil de Santos. Ou seja, a própria denunciante não teve a recordação ou iniciativa de encaminhar também a mesma denúncia para os órgãos trabalhistas locais.

A pessoa que promoveu a denúncia para a Polícia Civil de Santos/SP, uma vizinha que morava no mesmo andar da empregadora, relatou no texto encaminhado à Delegacia de Proteção ao Idoso de Santos que a Sra. Yolanda era empregada doméstica da família. Ainda que a denunciante tivesse convicção da relação de trabalho, não vislumbrou em nenhum momento encaminhar a mesma denúncia para o Sistema Ipê, Disque 100, MPT, ou para a Fiscalização do Trabalho de Santos, e desta mesma forma inúmeros casos deixam de ser denunciados para os canais competentes e até mesmo para qualquer entidade representativa do Governo.

Neste ponto refletimos acerca da necessidade do Governo Federal, em especial, promover campanhas elucidativas junto à população, tendo em vista a necessidade da promoção do conhecimento por parte da sociedade para o conceito do trabalho análogo ao escravo. A conscientização da população de um modo geral, pode ser fator fundamental para fortalecer a luta contra o trabalho escravo no Brasil, considerando-se principalmente por se tratar da fonte primária das denúncias que são averiguadas. As pessoas não oferecerão denúncias se não souberem ou não entenderem o que é o trabalho análogo ao de escravo e para quem devem promover a denúncia e de qual forma. No livro Escravo nem pensar! *Repórter Barsil* — São Paulo, 2015 a questão é abordada quando a publicação menciona que o rompimento do ciclo da escravidão passa necessariamente pela educação, concretizada com informação e formação de trabalhadores, lideranças, educadores e estudantes.

A publicação acima mencionada traz também uma reflexão acerca do ciclo do trabalho escravo e a importância da adoção de políticas públicas para a quebra do ciclo pernicioso de exploração, afinal o resgate de um trabalhador durante uma ação fiscal constitui no término daquela situação de exploração que está sendo combatida, mas sob uma análise macro, não significará necessariamente o fim de toda uma condição de vulnerabilidade socioeconômica que o tornaram alvos fáceis de exploração — Escravo nem pensar! *Repórter Brasil* — São Paulo, 2015.

A abordagem necessária para lidar com o combate ao trabalho escravo é bastante complexa. Ela requer uma investigação detalhada da denúncia, com um eficiente processo de triagem. Isso garante que, ao mesmo tempo em que não se deixe de investigar casos de trabalho escravo, também se evite mobilizar uma equipe multidisciplinar de diversos órgãos governamentais, com todos os recursos e despesas associados, para uma ação que pode não ter êxito. Portanto, é crucial que a denúncia seja cuidadosamente examinada e que as informações coletadas sejam ponderadas e articuladas com as equipes de inteligência das instituições envolvidas antes de movimentar toda uma máquina estatal.

O caso em contraponto ao da Sra. Yolanda, o qual passamos a abordar, é o da empregada doméstica Christine (nome fictício) divulgado pela imprensa nacional. Este caso trata de empegada doméstica nascida nas Filipinas, que trabalhou para uma funcionária de alto escalão do consulado dos Emirados Árabes Unidos em São Paulo.

Christine, de apenas 26 anos, ao contrário da Sra. Yolanda, foi resgatada em ação da Auditoria-Fiscal do Trabalho com demais órgãos que compõem o fluxo interinstitucional, na qual se firmou o entendimento que foi submetida a trabalho forçado e foi considerada vítima de aliciamento, abuso de vulnerabilidade agravada por condição migratória e assédio moral e psicológico. Recebeu as verbas trabalhistas pelo tempo trabalhado, assim como após negociação entre os representantes da patroa e a Defensoria Pública da União, a trabalhadora filipina recebeu uma indenização e a passagem aérea de volta para casa.

Vários são os aspectos que diferenciam tão claramente os dois casos deste estudo. O primeiro ponto que gostaríamos de observar é a diferença de idade entre as duas trabalhadoras, o que nos faz refletir que embora de gerações tão distintas, uma na casa dos vinte anos enquanto a outra com quase 90, ambas foram submetidas a uma situação de degradância, o que infelizmente nos leva a pensar que os seres humanos vêm cometendo este mesmo crime contra outros seres humanos ao longo do tempo, transpondo gerações.

Em um segundo plano, atentamos que mesmo nos dias atuais, apesar do progresso tecnológico e da profusão de informações veiculadas na mídia, redes sociais e internet de modo geral, o fenômeno persiste, impactando tanto trabalhadores jovens quanto os idosos. Estes indivíduos compartilham uma característica comum: são afetados pelo sistema socioeconômico, em particular pelo liberalismo. São trabalhadores que, ao buscar a sobrevivência por meio de seus próprios esforços, frequentemente enfrentam desafios decorrentes do sistema econômico.

Outro aspecto que trazemos para reflexão é sobre a nacionalidade dos empregadores. Christine, uma filipina resgatada de sua empregadora dos Emirados Árabes Unidos, Sra. Yolanda, proveniente de uma família brasileira do litoral de São Paulo, com empregadora também da mesma região, assim percebemos como a degradância transpõe gerações e tristemente perpassa países e continentes.

5. Combate ao trabalho escravo enquanto política de Estado

Torna-se essencial que a erradicação do trabalho análogo à escravidão seja uma prioridade das políticas públicas adotadas pelos países, uma medida que requer um reforço significativo, especialmente nas nações em desenvolvimento.

A abordagem promovida pelo Estado brasileiro, desempenhada de forma diferente em relação a cada um dos casos citados, se destaca na comparação: A Sra. Yolanda, que não foi resgatada pelos órgãos trabalhistas locais, foi prejudicada nos seus direitos mais imediatos, passando a depender da neta para a obtenção de seu documento civil e de entrar com um processo na Justiça do Trabalho de forma particular, contando a sua versão contra a família que a manteve por 50 anos sem documentos, sem registro, sem pagar salário, sofrendo agressões físicas e verbais. Por sua vez, Christine foi liberta, recebeu seu passaporte de volta, teve suas verbas rescisórias e indenizatórias pagas, passagem aérea para voltar para casa e rever seus filhos, teve acolhimento durante e nos pós resgate.

A busca por justiça, a responsabilização dos culpados e a implementação de políticas efetivas de prevenção e proteção podem contribuir para reparar danos, promover mudanças e evitar que tais situações se repitam no futuro. Além disso, o acolhimento e o apoio psicossocial às vítimas são essenciais para auxiliá-las a superar as adversidades sofridas e reconstruir suas vidas após vivenciarem experiências traumáticas.

A publicação da chamada lista suja do trabalho escravo, disciplinada pela Portaria Interministerial MTPS/MMIRDH n. 4, de 11 de maio de 2016, constitui medida importante, de iniciativa do Estado, como mais uma ferramenta de combate a esta terrível prática. A lista é composta por empresas autuadas pela Auditoria -Fiscal do Trabalho reconhecendo a existência de trabalho análogo à escravidão em processos administrativos que não caibam mais recursos. Como bem resumiu (SAKAMOTO, 2015), na publicação "Escravo, Nem Pensar!", sobre o papel da lista suja:

> A presença na lista suja limitaria o acesso a crédito em instituições públicas e privadas e dificultaria negociações comerciais. Os empregadores permanecem nesse cadastro por pelo menos dois anos, período durante o qual são

monitorados. Após esse prazo, aqueles que resolverem as irregularidades em suas propriedades, quitarem as multas geradas pela fiscalização e não reincidirem na exploração de trabalhadores escravos são excluídos da lista.

Diante de todos os aspectos levantados neste trabalho gostaríamos de refletir acerca da forma como a Inspeção do Trabalho se organiza institucionalmente e seu relacionamento com outras entidades para o combate ao trabalho escravo, levando em consideração seu enfraquecimento nos últimos anos diante da diminuição drástica do seu quadro de servidores, pandemia do coronavírus, escassez de recursos e reforma trabalhista de 2017.

O enfraquecimento da política de combate ao trabalho escravo foi agravado com a extinção do Ministério do Trabalho a partir de 01 de janeiro de 2019, contemplada na edição da MP n. 870, de 1º de janeiro de 2019, proposta no primeiro dia de governo do ex-presidente Jair Bolsonaro. Na organização da administração pública do novo governo, a Secretaria de Inspeção do Trabalho, instituição que abriga o quadro de Auditores-Fiscais do Trabalho, foi rebaixada à condição de subsecretaria e passou a ser subordinada ao Ministério da Economia. Retomada a existência do Ministério do Trabalho e Previdência, ainda no governo Bolsonaro, em 27 de julho de 2021, por meio da MP n. 1.058, a SIT permaneceu na condição de subsecretaria, voltando ao status de Secretaria somente a partir de 1º de janeiro de 2023, com a Recriação do Ministério do Trabalho e Emprego — MP n. 1.154, de 1º de janeiro de 2023, já no governo Lula.

A drástica redução do quadro de Auditores-Fiscais do Trabalho nos últimos anos, cujo último concurso foi realizado em 2013, aliada a uma baixa dotação orçamentária da pasta, falta de autonomia, entre outros fatores, contribuíram para o enfraquecimento e o desmantelamento da Fiscalização do Trabalho no Brasil.

Embora a excelente Portaria n. 3.484/2021 tenha sido publicada na era Bolsonaro, pelo Ministério da Mulher, da Família e dos Direitos Humanos, o grande desafio se tornou conseguir colocar em prática o que dispõe a literalidade da normativa.

A Portaria n. 3.484/2021 representa um marco importante ao estabelecer o fluxo organizacional para as operações de resgate, desde que seja garantido que cada instituição cumpra suas competências específicas em cada estágio do processo. Para tanto, é importante que o Estado invista na capacitação, contratação de pessoal e estruturação adequada dos órgãos envolvidos, garantindo a atuação plena das instituições.

Observamos que a Fiscalização do Trabalho desempenha o papel de conferir efetividade à aplicação da legislação laboral brasileira e que estabelecer uma boa governança em relação à aplicabilidade da Portaria n. 3.484/2021 envolve um esforço conjunto de todas as entidades que a compõem.

6. Conclusão

O estudo dos casos de Dona Yolanda Ferreira e Christine evidencia a importância de uma atuação coordenada e efetiva das instituições governamentais no combate ao trabalho escravo no Brasil.

Enquanto o caso de Dona Yolanda revelou falhas e lacunas na atuação dos órgãos envolvidos, resultando em prejuízos aos direitos da trabalhadora, o caso de Christine demonstrou a importância de uma ação eficiente e articulada que resultou em seu resgate, recebimento das verbas devidas e retorno a seu país de origem.

Importante refletir sobre o papel do próprio Ministério do Trabalho e Emprego enquanto instituição, seu diálogo com a sociedade sobre o referido tema, quais estratégias políticas são adotadas, quais os fundamentos técnico-científicos estão sendo abordados quando pensado o planejamento do combate ao trabalho escravo e orçamento.

Para abordar de maneira mais eficaz as questões levantadas, recomendamos a implementação de um protocolo único, interinstitucional e de observação obrigatória por parte dos servidores, para a divulgação das ações de combate ao trabalho escravo na imprensa. Isso visa mitigar a disparidade de informações que frequentemente ocorre, em que cada instituição envolvida divulga seus resultados de resgate de maneira independente, apresentando seu ponto de vista. Essa abordagem pode resultar em mal-entendidos na sociedade sobre o que de fato constitui trabalho escravo, quem está envolvido na sua erradicação e como denunciar casos. Essas falhas, por sua vez, podem contribuir tanto para o enfraquecimento quanto para a banalização do tema. É crucial envolver ativamente a sociedade civil para fortalecer a luta contra o trabalho escravo.

A criação desse protocolo para a divulgação das ações de combate ao trabalho escravo na mídia ajudaria a unificar as informações, oferecendo uma visão mais coerente e completa das iniciativas e dos desafios enfrentados. Isso proporcionaria clareza à sociedade sobre a natureza do problema, as estratégias adotadas e como as pessoas podem contribuir para a causa. O engajamento da sociedade é um pilar fundamental na luta contra o trabalho escravo, e a transparência na comunicação desempenha um papel vital na promoção dessa conscientização e no fortalecimento das medidas de combate a essa prática.

Campanhas elucidativas, ampla divulgação dos canais de denúncia e a conscientização pública sobre a gravidade dessa violação dos direitos humanos são estratégias importantes para que mais denúncias efetivas sejam realizadas, contribuindo para a identificação e erradicação dessas práticas.

Em última análise, o combate ao trabalho escravo é uma tarefa conjunta e coletiva, envolvendo governos, instituições, trabalhadores, empregadores e toda a sociedade. Somente por meio de esforços coordenados e comprometidos será possível avançar na erradicação dessa prática, embora todo esse esforço não deixe de ser em essência, um paliativo que, embora possa aliviar momentaneamente o sofrimento, não aborda a raiz do problema. A solução definitiva, implicaria em garantir acesso igualitário a oportunidades de emprego, educação, cultura, lazer, saúde, alimentação para a parcela mais vulnerável da população, que frequentemente se torna alvo fácil para aliciadores de mão de obra. A falha em atender essas necessidades básicas significa que qualquer esforço para combater a escravidão é, em última análise, uma tarefa sem fim, talvez porque pensar na construção de um Brasil mais justo e digno para todos ainda seja uma utopia.

Referências

ARBEX, Alexandre; GALIZA, Marcelo; OLIVEIRA, Tiago. *A Política de Combate ao Trabalho Escravo no Período Recente.* Disponível em: https://repositorio.ipea.gov.br/bitstream/11058/8385/1/bmt_64_pol%c3%adtica.pdf. Acesso em: 09 jun. 2023.

BRASIL. *Constituição (1988). Constituição da República Federativa do Brasil:* promulgada em 5 de outubro de 1988. 4. ed. São Paulo: Saraiva, 1990.

______. *Decreto n. 678, de 6 de novembro de 1992.* Promulga a Convenção Americana sobre Direitos Humanos (Pacto de São José da Costa Rica), de 22 de novembro de 1969. Portal da Legislação, Brasília, maio 2017. Disponível em: http://www.planalto.gov.br/ccivil_03/decreto/D0678.htm. Acesso em: 07 jun. 2023.

______. *Decreto n. 4.552, de 27 de dezembro de 2002.* Aprova o Regulamento da Inspeção do Trabalho. *Diário Oficial da República Federativa do Brasil*, Brasília, DF, 27 dez. 2002.

______. *Instrução Normativa n. 02, de 08 de novembro de 2021.* [S.l.], 2021. Publicado em: 12 nov. 2021. Dispõe sobre os procedimentos a serem observados pela Auditoria-Fiscal do Trabalho nas situações elencadas.

______. *Portaria Interministerial MTPS/MMIRDH n. 4, de 11 de maio de 2016.* Dispõe sobre as regras relativas ao Cadastro de Empregadores que tenham submetido trabalhadores a condições análogas à de escravo.

CASTRO, Diego Parentes Fortes Dias. *O combate ao trabalho escravo no Brasil pela ótica dos direitos humanos.* Disponível em: https://jus.com.br/artigos/66171/umavisao-do-combate-ao-trabalho-escravo-contemporaneo-no-brasil-pela-otica-dosdireitos-humanos. Acesso em: 09 jun. 2023.

MINISTÉRIO DA MULHER, DA FAMÍLIA E DOS DIREITOS HUMANOS/. *Portaria n. 3.484, de 06 de outubro de 2021.* Torna público o Fluxo Nacional de Atendimento às Vítimas de Trabalho Escravo no Brasil. Brasília, 2021.

OIT-BRASIL. *Convenção n. 105, de 17 de janeiro de 1959.* Disponível em: http://www.oitbrasil.org.br/node/469. Acesso em: 03 jun. 2023.

SAKAMOTO. Disponível em: https://blogdosakamoto.blogosfera.uol.com.br/2018/10/24/consultor-de-bolsonarorepete-erro-de-temer-ao-tratar-de-trabalho-escravo/. Acesso em: 08 out. 2023.

REPÓRTER BRASIL. Escravo, nem pensar! Uma abordagem sobre trabalho escravo contemporâneo na sala de aula e na comunidade. São Paulo: *Repórter Brasil, 2015.* Disponível em: https://escravonempensar.org.br/livro. Acesso em: 07 out. 2023.

Parte 5

Gênero, Raça e Relações de Trabalho

Mulheres Frágeis? Um Estudo de Caso da Divisão Sexual do Trabalho na Comunidade do Igarapé Cauaçu[1]

Daniel Brandão de Souza[2]

1. Introdução

O presente trabalho analisará, por meio de uma autoetnografia, a divisão do trabalho da comunidade do Igarapé Cauaçu, situada no alto rio Moju, na década de 1990. Nesse período, vivi naquela região e acompanhei o trabalho desenvolvido por minha mãe na comunidade, afazeres que eram desempenhados de forma semelhante pelas demais mulheres da localidade.

Por ter vivido pessoalmente esta situação, a abordagem do tema possui imensa relevância do ponto de vista pessoal, vez que acompanhei minha mãe durante toda a infância e parte da adolescência nas atividades laborativas que desempenhava. Constatei na prática as reais situações do trabalho desenvolvido o que atiça em mim a necessidade de discutir o assunto.

Sob o ponto de vista acadêmico, o estudo se mostra relevante, vez que ainda se faz necessário desconstruir a visão hegemônica de divisão sexual do trabalho, no sentido de que às mulheres caberiam principalmente as tarefas laborativas de caráter reprodutivo, no âmbito doméstico, relacionadas ao cuidado, e, quando em atividades externas, as tarefas a serem-lhes atribuídas também deveriam ter relação com as tarefas reprodutivas, como se fossem uma extensão do trabalho doméstico (BRITO; OLIVEIRA, 1997).

No mesmo sentido, Marcondes *et al.* (2003) discorrem que a inserção da mulher no setor produtivo no final do século XIX e início do século XX veio acompanhada da ideia de que nesse espaço, a mulher deveria exercer atividades relacionadas ao âmbito doméstico, como rainha do lar, vez que ainda atribui-se às mulheres atributos como mulheres doces, ingênuas e frágeis (física e moralmente), havendo, portanto, uma visão

(1) Trabalho final da Especialização em Direito do Trabalho em Direitos Humanos promovida pelo Instituto de Ciências Jurídicas da Universidade Federal do Pará, sob orientação da Profª. Drª. Luanna Tomaz de Souza.

(2) Graduado em Direito pela Universidade Federal do Pará. Discente do curso de Especialização em Direito do Trabalho e Direitos Humanos, da Universidade Federal do Pará.

na sociedade de que a mulher seria uma flor frágil que deveria ser protegido e, sempre que possível, reconduzida ao seu legítimo lugar, o espaço doméstico (MARCONDES *et al.*, 2003). Aos homens, por outro lado, caberiam as atividades de sustento da casa, no setor produtivo, que seria o autêntico trabalho, de maior valor social (HIRATA; KERGOAT, 2007).

Fato é que essa divisão não ocorre para todas as mulheres, a exemplo daquelas da comunidade em estudo. Essa discussão no meio acadêmico é importante para sensibilização tanto de discentes e docentes que atuam ou atuarão no mundo jurídico, seja como advogados, juízes, integrantes do Ministério Público e demais funções jurídicas, bem como toda a comunidade em geral.

Por último, a discussão possui interesse social, vez que trata da necessidade de se reconhecer as condições de trabalho de parcela significativa de mulheres que não se encaixam em um perfil idealizado de mulher e, mais do que isso, discutir formas para que se alcance, em concreto, a igualdade de gênero.

Assim sendo, ao final do presente trabalho, pretendo responder à seguinte indagação: De que forma a análise da divisão sexual do trabalho na comunidade do igarapé Cauaçu ajuda a refletir sobre os limites da noção de divisão sexual do trabalho?

O trabalho será desenvolvido por meio de uma autoetnografia. Daniela Versani (2002) argumenta que a autoetnografia é uma abordagem produtiva em casos de autores que refletem sobre sua própria inserção social, histórica, identitária e, em casos de subjetividades ligadas a grupos minoritários, é uma possível forma de conquistar visibilidade política.

No mesmo sentido, Bandeira e Costa (2022) ensinam que a autoetnografia é uma perspectiva de investigação que desafia a forma tradicional de escrita, pois considera a politização do autor, com diretrizes que buscam a justiça e a consciência social, permitindo que outras histórias não hegemônicas possam ser contadas.

Dessa maneira, para o caso em estudo, tendo em vista o envolvimento e as experiências pessoais que tive com o tema, bem como a necessidade de demonstrar a ocorrência de fatos que fogem à concepção hegemônica sobre o assunto, escolheu-se a autoetnografia como abordagem da pesquisa.

O estudo terá como subsídio também a pesquisa bibliográfica. Os textos utilizados foram prioritariamente pesquisados na plataforma Scielo, utilizando na busca dos textos expressões como divisão sexual do trabalho e trabalho da mulher. Dos textos pesquisados, deuse preferência àqueles escritos sob a ótica feminista, com destaque para autoras como Helena Hirata, Patrícia Hill Colins, Ângela Davis, dentre outras. Utilizou-se também outros textos de apoio, em especial textos disponibilizados nas disciplinas do Curso de Especialização em Direito do Trabalho e Direitos Humano da Universidade Federal do Pará.

Por fim, a análise será realizada com base em um estudo de caso da comunidade do Igarapé Cauaçu, que será apresentado de forma mais detalhado a seguir. A importância do estudo de caso em pesquisa como a que se desenvolve sobressai pelo fato de permitir demonstrar e/ou testar conceitos teóricos. Tratando ainda de temas pouco estudados, como comunidades ribeirinhas na Amazônia, o estudo de caso se mostra ainda mais importante, pois o estudo de determinada comunidade pode ajudar a entender a dinâmica de outras comunidades com características semelhantes, podendo, assim, ser representativa para outras comunidades.

2. Apresentação do caso

Meu contato com a comunidade do Igarapé Cauaçu se deu no início dos anos 1990, quando, juntamente com parte da família, migramos da periferia de Belém em direção à região ribeirinha do município de Moju/Pa, onde fixamos moradia às margens do Igarapé Cauaçu.

Fig. 1 — Localização do município de Moju, Pará.

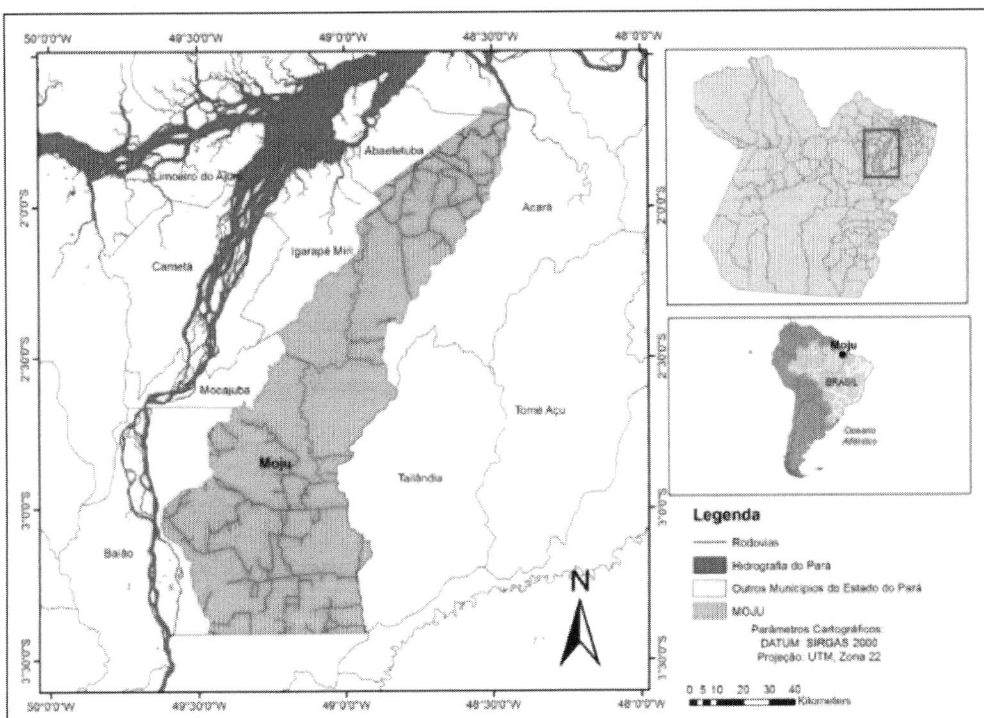

Fonte: Silva *et al* (2017).

O Igarapé Cauaçu é um braço da margem esquerda do rio Moju, sendo um igarapé de pequeno porte para os níveis da região, medindo aproximadamente 5 m de largura. Situa-se próximo às localidades de Boa Vista do Curuçá e Santa Maria, ambas também localizadas às margens do Rio Moju. O acesso à localidade pode se dar tanto por meio de transporte marítimo, via rio Moju, quanto por estradas, através das rodovias PA-475 ou PA-151, sendo a menor distância da localidade até a sede do Município de Moju, acesso por meio da PA-475, em torno de 170 km (GOOGLE MAPS, 2023). É uma comunidade na região amazônica que retrata uma realidade ribeirinha, pouco estudada, formada por inúmeras famílias que, embora as moradias não sejam contíguas, possuem um lanço de comunhão, principalmente em torno da religiosidade e do trabalho.

Quanto às características étnico-raciais daquela região, no período em que vivi na comunidade, esta era composta majoritariamente por pessoas pretas e/ou descendentes de indígenas, analfabetas ou semianalfabetas, sendo regra na região a constituição de famílias entre homens mais velhos com mulheres na maioria das vezes ainda na adolescência. A numerosa prole era comum, assim como a total submissão das mulheres a figuras masculinas no âmbito da família (marido, irmão mais velho, tio, pai etc.).

Essa realidade se perpetuava na comunidade, vez que a nova geração de mulheres que surgia não fugia à regra, já que, desde a mais tenra idade, as meninas, enquanto a mãe estava em trabalho nas roças, eram as pessoas responsáveis por cuidar dos irmãos menores, da limpeza da casa, preparar a alimentação e demais afazeres domésticos, criando, assim, um círculo vicioso.

Relativamente às atividades laborativas, a comunidade vivia basicamente da agricultura da mandioca, do milho, do arroz, da pesca e, eventualmente, da caça. Os demais itens da alimentação, como café, açúcar, óleo, dentre outros, eram adquiridos por meio da troca de produtos produzidos pela comunidade com vendedores externos que sempre surgiam na comunidade.

Quanto à divisão sexual do trabalho, observava-se, com raras exceções, o predomínio do trabalho das mulheres, ajudadas pelos filhos, situação que nos ajuda a refletir sobre a questão da divisão sexual do trabalho, em especial questionar a ideia ainda existente de que, em razão da "delicadeza" e "fragilidade", nesta divisão, mulheres desempenham as atividades frágeis, especialmente aquelas realizadas ou relacionadas ao âmbito doméstico, enquanto homens se ocupam das atividades de provimento da família, em especial aquelas que exigem maior esforço físico (MARCONDES *et al.*, 2003).

Essa concepção, inclusive, é retratada rotineiramente em meios de comunicação, em propagandas e demais meios de difusão de informações. Um exemplo icônico desse retrato e que gerou inúmeras discussões ocorreu no ano de 2016 através de uma das maiores revistas do país, a Revista Veja, que publicou em abril daquele ano matéria sobre Marcela Temer, esposa do então vice-presidente da república, que já aguardava o momento para assumir a presidência do país em razão da iminente deposição da então legítima presidente, Dilma Rousseff.

O título da matéria foi bem sugestivo: "Marcela Temer: bela, recatada e do lar". A matéria já inicia parabenizando Marcela Temer não por seus atributos, mas sim pelo marido que tem e retrata Marcela Temer como modelo de mulher a ser seguido: bonita, frágil, delicada, discreta e... do lar, que precisa de um marido para prover-lhe o sustento.

Essa ideia de mulher frágil, delicada e que por isso não deveria exercer determinadas atividades laborativas acaba por não se aplicar a todas as mulheres, a exemplo daquelas da comunidade em estudo. No caso em análise, a comunidade sobrevivia basicamente do cultivo da mandioca, arroz e milho, sendo que a técnica utilizada na comunidade à época era primeiramente a derrubada da mata, após o que se aguardava a secagem e ateava-se fogo. Em seguida, procedia-se à limpeza da área e, só então, tinha início a plantação.

A derrubada da mata era realizada por atividade predominantemente masculina, geralmente em espécie de consórcio entre famílias da comunidade. Após a queima e limpeza da área, a atividade laborativa passava a ser predominantemente feminina, com ajuda dos filhos, sendo raros os casos de participação dos homens de forma contínua em tais atividades.

Em regra, as mulheres eram as responsáveis pela plantação da mandioca, do milho e do arroz; eram as responsáveis pela capinagem constante das roças a fim de prevenir o crescimento de outras ervas no meio da plantação; eram as responsáveis pela colheita dos produtos, sendo, ao final, as principais responsáveis pela confecção da farinha de mandioca.

Quanto à pesca, era comum a atividade de mulheres em cascos (pequenas embarcações a remo) com todos os filhos navegando pelo igarapé em atividade de pescaria. A atividade ficava exclusivamente para os filhos quando estes atingiam uma idade em que conseguiam pescar sozinhos, por volta dos 8 (oito) anos de idade.

Os homens adultos dedicavam-se quase que exclusivamente à derrubada da mata para confecção das roças e à atividade de caça, que ocorria eventualmente. Nas demais atividades, os homens participavam apenas eventualmente.

4. Divisão sexual do trabalho como campo de estudo

As discussões relacionadas ao que se chamou de divisão sexual do trabalho tiveram início de forma sistemática na França nos anos 1970 como resposta de mulheres francesas à constatação de que inúmeras tarefas por elas desempenhadas, principalmente no âmbito doméstico, não eram reconhecidas como trabalho por aquela sociedade. Tais atividades, geralmente desempenhadas em benefício de outrem, eram executadas de forma gratuita e invisível, tendo como principais fundamentos para esse arranjo social o argumento de que tais atividades laborativas deveriam ser naturalmente atribuídas às mulheres em razão da natureza da atividade, do amor e do dever materno (HIRATA; KERGOAT, 2007).

Através das discussões iniciadas, procurava-se, acima de tudo, o reconhecimento de que trabalho doméstico era trabalho e, a partir do momento em que houve este reconhecimento, o termo divisão sexual do trabalho passou a fazer sentido, abrindo espaço para novas discussões, em especial relacionadas à valorização das atividades domésticas, sem, no entanto, provocar discussões acerca da natureza das atividades naturalmente atribuída às mulheres e aos homens.

Biroli e Quintela (2020), ensinam que a ideia em torno do conceito de divisão sexual do trabalho se fundamenta em dois princípios: o princípio da separação, segundo o qual há trabalhos de

homens e há trabalho de mulheres e o princípio da hierarquia, segundo o qual um trabalho de homem vale mais que um trabalho de mulher, sendo que esta separação se torna relevante para a reprodução das formas de dominação e de desigualdade que se estabelecem entre os gêneros.

Desta maneira, Hirata e Kergoat (2007) mencionam que o conceito de divisão sexual do trabalho traz em sua definição a ideia de que há uma divisão do trabalho entre os sexos e que esta divisão é necessária para que haja harmonia na sociedade, de forma que algumas tarefas devem ser desempenhadas prioritariamente por homens, em especial aquelas relacionadas à esfera produtiva, com maior valor social, voltada para o sustento das famílias, enquanto outras tarefas devem ser desempenhadas prioritariamente por mulheres, em especial aquelas relacionadas à esfera reprodutiva, no âmbito doméstico.

Paradis (2020), ao traduzir o pensamento de Ângela Davis para o Brasil, menciona que essa concepção de divisão sexual do trabalho possui fortes fundamentos na expansão do próprio capitalismo industrial, de forma que se passou a supervalorizar a produção, menosprezando, por outro lado, as atividades sem valor de mercado, ocasião em que se forja a figura da dona de casa como modelo universal de mulher.

Essa conceção de divisão sexual do trabalho ainda persiste no seio social. Ainda é quase pacífico no imaginário popular que, nessa divisão, às mulheres cabem as atividades no âmbito doméstico, de cuidadora e, quando em atividades externas, a elas caberiam aquelas atividades que requerem menos esforço físico. Os homens, por outro lado, se ocupariam das atividades externas, de provimento da família (SOUSA; GUEDEs, 2016).

Sobre essa concepção, a indagação que se deve fazer é a seguinte: Essa divisão do trabalho fundada no sexo, em que homens se ocupam do sustento da casa e mulheres se ocupam de atividades domésticas vale para todas as mulheres? Um dos recortes sociais em que esse conceito não se confirma é nas próprias comunidades ribeirinhas da Amazônia, a exemplo de comunidades localizadas no alto Rio Moju, estado do Pará, em especial na comunidade do Igarapé Cauaçu, local em que vivi toda a infância e parte da adolescência e visualizei, na figura de minha mãe, situação que demonstra uma divisão social do trabalho bem diferente daquela idealizada no seio social. Situação, importante destacar, comum às demais mulheres daquela comunidade.

Daí, percebe-se que essa rígida divisão sexual do trabalho em que homens se ocupam das tarefas de sustento da casa e mulheres se ocupam das tarefas no âmbito doméstico não se aplica a todas as mulheres, mas apenas à parcela de mulheres de perfil semelhante àquele em que o conceito em questão foi cunhado.

Não se quer aqui negar a existência dessa divisão sexual do trabalho em certa medida, já que as mulheres assumiam atividades domésticas também. No entanto, observa-se que nesta divisão do trabalho, além das atividades laborativas do âmbito doméstico, essas mulheres desempenham rotineiramente atividades de provimento do lar, sendo muitas dessas atividades em situações de grande esforço físico e em condições bem degradantes.

4. A divisão sexual do trabalho na comunidade do Igarapé Cauaçu

A ideia central do conceito de divisão sexual do trabalho, mais precisamente no que diz respeito à ideia de que as tarefas de provimento do lar devem ser desempenhadas pelos homens e que às mulheres cabem as atividades no âmbito doméstico não se confirma em muitas sociedades. Na prática, em sociedades e comunidades compostas de pessoas de baixo poder aquisito, o que inevitavelmente envolve pessoas pretas, a realidade é bem diferente.

No caso da comunidade acima descrita, por exemplo, o trabalho externo para o sustento das famílias advinha principalmente do trabalho das mulheres em atividades altamente penosas, degradantes e que, no imaginário popular, não deveriam ser desempenhadas por mulheres, ante o alto desgaste físico daquelas atividades.

Considerando que a principal atividade econômica desenvolvida na região era agricultura, aos homens, em regra, cabia a tarefa apenas de fazer a derrubada da mata que, após a secagem, ocorria a queima. A partir daí, a tarefa passava quase que exclusivamente às mulheres, ajudadas dos filhos. A plantação da mandioca, do milho e do arroz, a capina da roça, a colheita, assim como o processamento do material colhido, como por exemplo a confecção da farinha de mandioca, eram tarefas tipicamente femininas. Aos homens, além da derrubada da mata, cabia a tarefa da caça que ocorria eventualmente. Mas a maior fonte de sustento dessas famílias vinha mesmo da agricultura que, conforme falado, era desempenhada precipuamente por mulheres.

Tais atividades não possuem e não ressaltam qualquer "delicadeza" feminina. Ao contrário, são atividades penosas, sob sol escaldante ou chuvas torrenciais, em que havia inúmeros acidentes laborais ocasionados pelo uso ferramentas sem equipamentos de proteção adequados, ataques de animais peçonhentos, contato com vegetais cortantes e furantes, lesões na palma dos pés em razão de realização de trabalho na roça muitas vezes sem calçado adequado ou até mesmo descalço, ocorrência de queimaduras quando do fazimento da farinha de mandioca, dentre outros.

Presenciei a ocorrência de todos os exemplos de acidentes acima citados, tendo inclusive minha mãe como vítima, sendo que tais ocorrências eram comuns às demais mulheres daquela região. Insta mencionar um dos acidentes ocorridos com minha mãe, quando ela, ao realizar a limpeza de uma roça após a queima, não percebeu que um tronco de árvore ainda ardia na parte que ficava no interior do solo e, ao pisar descalça naquele tronco, este cedeu e a perna adentrou a região que ainda ardia, ficando presa naquele local por cerca de 30 segundos, tempo suficiente para causar-lhe imensa queimadura nos pés e pernas.

A realidade mencionada, quando transferida para outras regiões habitadas por mulheres com perfil semelhante ao descrito acima, a exemplo de periferias de grandes cidades, se repete, alterando apenas a atividade econômica desempenhada pelas mulheres, de forma que, ao final, se observa que a mulher com esse perfil em regra é triplamente explorada por uma engenharia social que, com o objetivo de mascarar a situação, argui uma delicadeza feminina mas, na prática, (i) joga essas mulheres para o desempenho de atividades que, em razão da penosidade, os homens evitam desempenhar e, além disso, (2) remunera tais mulheres de forma inferior àquele que remunera o trabalho masculino e, ao final desta jornada de trabalho, (3) lança tais mulheres para uma segunda jornada, que se traduz no cuidado do ambiente doméstico.

O caso concreto acima retrata na prática o que autoras importantes vêm defendendo há algum tempo. Oyèrónké Oyěwùmí (2004) critica a utilização da categoria "mulher" como conceito universal com base na hegemonia cultural euro-americana. A autora pontua que a utilização deste conceito universal pode se prestar a ocultar formas de opressão, o que de fato ocorre, a exemplo do caso tratado acima, vez que para a teoria clássica, esse grupo de mulheres não se enquadra no rol de mulheres do feminismo clássico. São mulheres trabalhadoras no espaço doméstico e no sustento da casa e vítimas, além do sexismo, por um racismo estrutural fruto da interação de diversos fatores sociais, tais como a pobreza, a falta de escolaridade dentre outras dinâmicas de vulnerabilidade social. Este fenômeno também é apontado por Davis (2016), que ao analisar a sociedade americana, pós abolição da escravidão, relata que as mulheres negras eram vistas como anomalias quanto ao padrão de feminilidade do século XIX, vez que assumiam em pé de igualdade com os homens o trabalho produtivo, circunstância que, para aquela sociedade, retirava-lhes a feminilidade, a fragilidade, o recato.

Davis (2016) menciona ainda que Sojouner Truth já denunciava essa situação há algum tempo, a exemplo do épico discurso realizado durante uma convenção de mulheres em Akron, Ohio, em 1851, ocasião em que Truth rebateu com veemência o argumento de "sexo frágil", demonstrando com fatos o tratamento diferenciado ofertado a mulheres negras, de forma que a pergunta feita em seu discurso, "E não sou uma mulher?" fazia e ainda faz todo o sentido.

Collins (2017) comenta acerca da luta de mulheres afro-americanas contra o feminismo hegemônico, que parece ser somente para mulheres brancas, havendo casos, segundo a autora, de mulheres negras desafiando diretamente o racismo dentro de organizações feministas controladas por mulheres brancas.

Daí a importância, em que pese as ponderações feitas pela autora, da utilização do termo "feminismo negro", uma vez que ao se utilizar tal expressão traz-se à tona esse dilema envolvendo o feminismo que, muitas vezes, despreza a situação de um grupo considerável de mulheres ao adotar como regra a falsa ideia de que haveria uma universalização da condição de todas as mulheres, o que, fatalmente, não corresponde à realidade.

Nos apanhados teóricos trazidos, o que se verifica é a existência de equívoco em considerar uma rígida dinâmica de divisão sexual do trabalho com base na ideia do conceito originalmente cunhado na sociedade francesa. Conforme ensinam as autoras mencionadas, em sociedades em que as mulheres fogem ao perfil de mulheres euro-americanas, esta divisão sexual do trabalho não se constata, como inclusive já havia constatado Sojouner Truth, conforme se observa no marcante discurso realizado durante a convenção de mulheres em Akron, Ohio, em 1851, que pela riqueza de informações, convém transcrever o trecho do discurso a seguir:

> Aqueles homens ali dizem que as mulheres precisam de ajuda para subir em carruagens, e devem ser carregadas para atravessar valas, e que merecem o melhor lugar onde quer que estejam. Ninguém jamais me ajudou a subir em carruagens, ou a saltar sobre poças de lama, e nunca me ofereceram melhor lugar algum! E não sou uma mulher? Olhem para mim? Olhem para meus braços! Eu arei e plantei, e juntei a colheita nos celeiros, e homem algum poderia estar à minha frente. E não sou uma mulher? Eu poderia trabalhar tanto e comer tanto quanto qualquer homem — desde que eu tivesse oportunidade para isso — e suportar o açoite também! E não sou uma mulher? Eu pari treze filhos e vi a maioria deles ser vendida para a escravidão, e quando eu clamei com a minha dor de mãe, ninguém a não ser Jesus me ouviu! E não sou uma mulher? (TRUTH, 2014).

A divisão sexual do trabalho na comunidade do Igarapé Cauaçu exemplifica na essência esses apanhados teóricos, vez que as mulheres daquela comunidade desempenham atividades que vão além das atividades de caráter doméstico e demais atividades convencionalmente atribuídas às mulheres. Pelo contrário, além das atividades domésticas, essas mulheres estão à frente das atividades de sustento do lar, sendo que em grande parte das vezes, estas atividades são desempenhadas com uso de enorme esforço físico, em situações precárias e até mesmo degradantes e isso tudo ocorre de forma quase que invisível.

5. Considerações finais

As discussões envolvendo divisão sexual do trabalho a partir na década de 1970 na França representaram nítido avanço no que diz respeito ao direito das mulheres, vez que, de um lado, resultou no reconhecimento das atividades domésticas como trabalho, com a valorização desta atividade laborativa (HIRATA; KERGOAT, 2007) e, de outro lado, trouxe à luz a discussão e questionamento acerca de duas ideias: a ideia da separação, segundo a qual há trabalhos de homens e há trabalho de mulheres e a ideia de hierarquia, segundo o qual um trabalho de homem vale mais que um trabalho de mulher (BIROLI e QUINTELA, 2020), o que certamente contribuiu para que mulheres cada vez mais reivindicassem espaço no mundo do trabalho.

Essas discussões, no entanto, não se exauriram e ainda merecem atenção no mundo acadêmico, vez que a utilização do conceito de divisão sexual do trabalho sem um olhar crítico pode esconder realidades duras enfrentadas sobretudo por mulheres de comunidades com características socioeconômicas, raciais e culturais diferentes das sociedades euro-americanas (OYÈRÓNKÉ OYĚWÙMÍ, 2004). Isso porque nessas comunidades, não se verifica o senso coletivo mencionado por Marcondes *et al.* (2003) no sentido de atribuir às mulheres a doçura, a fragilidade e a proteção constante, inclusive no ambiente de trabalho. Ao contrário, mulheres que fogem a esse perfil euro-americano são rotineiramente submetidas a atividades laborativas de grande esforço físico e em situações penosas e até degradantes e isso sequer é percebido, conforme já denunciava Sojouner Truth (2014). É justamente o que ocorre com a comunidade em estudo, formada majoritariamente por pessoas pretas e/ou descendentes de indígenas e com pouca escolaridade, em que, na divisão sexual do trabalho, as atividades laborativas das mulheres não se restringem apenas ao ambiente doméstico e nem tampouco se restringem a atividades corriqueiramente chamadas de "trabalho de mulheres", em atividades "leves". Ao contrário, além de atividades domésticas, essas mulheres desempenham rotineiramente atividades externas de provimento do lar nos roçados, em condições bastante precárias e exercendo atividades de grande esforço físico e até mesmo exaustivas e em condições degradantes.

Conclui-se desta forma que a divisão sexual do trabalho não se revela de forma idêntica para todas as sociedades. A ideia de mulher frágil e de que, em razão dessa suposta fragilidade haveria trabalho próprio de mulher, em regra de menor esforço físico, não se confirma para todas as sociedades. Na prática, em comunidades compostas de pessoas de baixo poder aquisito, o que inevitavelmente envolve pessoas pretas, a realidade é bem diferente, vez que, nestas comunidades, a exemplo da comunidade em estudo, as mulheres desempenham atividades que vão além das atividades de caráter doméstico e demais atividades convencionalmente atribuídas às mulheres, desempenhando também as atividades de sustento do lar, em condições bastante precárias e exercendo atividades de grande esforço físico, afastando, portanto, a ideia da fragilidade feminina, sem que tal fato seja sequer notado pela sociedade.

Daí a importância de sempre promover essa discussão, sobretudo no mundo acadêmico, para fins de sensibilização tanto de discentes e docentes que atuam ou atuarão no mundo jurídico, seja como advogados, juízes, integrantes do Ministério Público e demais funções jurídicas.

Referências

BANDEIRA, K. de L.; COSTA, K. S. da. Mulheres com deficiência na Amazônia: a autoetnografia como recurso metodológico para narrar histórias invisibilizadas. *Horizontes Antropológicos*, 28(64), set./dez. 2022, 121–141. Disponível em: https://www.scielo.br/j/ha/a/bwNpMG6DgXFSwD55JyBhshz/?lang=pt#. Acesso em: 15 ago. 2023.

BIROLI, F.; Quintela, D. F. Divisão sexual do trabalho, separação e hierarquização. *Política & Trabalho*, v. 1, p. 98-115, 2020. Disponível em: https://periodicos.ufpb.br/index.php/politicaetrabalho/article/view/51417/33129. Acesso em: 10 ago. 2023.

BRITO, J.; OLIVEIRA, S. Divisão sexual do trabalho e desigualdade nos espaços de trabalho. In: SILVA FILHO, J. F.; JARDIM, S. (Orgs.). *A danação do trabalho organização do trabalho e sofrimento psíquico.* Rio de Janeiro: Te Cora, 1997. p. 245-263.

COLLINS, Patricia Hill. O que é um nome? Mulherismo, feminismo negro e além disso. *Cadernos Pagu*, n. 51, 2017. Disponível em: https://www.scielo.br/pdf/cpa/n51/1809-4449cpa-18094449201700510018.pdf. Acesso em: 10 ago. 2023.

DAVIS, Ângela. Mulheres, raça e classe. São Paulo: Boitempo, 2016.

GOOGLE MAPS. Disponível em: https://www.google.com.br/maps/place/Igarap%C3%A9+-Cauacu/@-3.005786,-49.1451369,13z/data=!3m1!4b1!4m6!3m5!1s0x92be966f88910253:0x-77658d2ed2e6aae5!8m 2!3d-3.0058743!4d-49.0714007!16s%2Fg%2F11fldzyqqk?entry=ttu. Acesso em: 28 ago. 2023.

HIRATA, H.; KERGOAT, D. Novas configurações da divisão sexual do trabalho. *Cadernos de Pesquisa*, v. 37, n. 132, p. 595-609, set./dez. 2007.

LINHARES, Juliana. Marcela Temer: bela, recatada e "do lar". *Revista Veja*. abr. 2016. Disponível em: https://veja.abril.com.br/brasil/marcela-temer-bela-recatada-e-do-lar/. Acesso em: 15 ago. 2023.

MARCONDES, W. B.; ROTENBERG, L.; PORTELA, L. F.; MORENO, C. R. de C. (2003). O peso do trabalho "leve" feminino à saúde. *São Paulo em Perspectiva*, 17(2), jun. 2003, 91–101. Disponível em: https://www.scielo.br/j/spp/a/CVjYn968SSBspW7DV7mCMtx/. Acesso em: 28 ago. 2023.

OYĚWÙMÍ, Oyèrónké. Conceptualizing Gender: The Eurocentric Foundations of Feminist Concepts and the challenge of African Epistemologies. African Gender Scholarship: Concepts, Methodologies and Paradigms. *CODESRIA Gender Series*, Vol. 1, Dakar, CODESRIA, 2004.

PARADIS, CG. A tradução do pensamento de Angela Davis para o Brasil: por uma história das origens interseccionais do feminismo. *Cad. Pagu*, 2020. Disponível em: https://www.scielo.br/j/cpa/a/D5rQkWFmJwSK9vTKzDZC8FQ/?lang=pt#. Acesso em: 15 ago. 2023.

SILVA, B. C. S.; DUARTE, C. R. M.; NOBRE, I. T.; ALMEIDA, G. S. S.; CATETE, C. P.; SILVA, L. C. T.; SBRUZZI, I. C.; GOMES, A. R. Estudo dos casos de leishmaniose correlacionados com desmatamento no município de Moju/PA, no período de 2010 a 2015. In: *XXVII Congresso Brasileiro de Cartografia*, 2017, Rio de Janeiro. Anais do XXVII Congresso Brasileiro de Cartografia e XXVI Exposicarta. Rio de Janeiro: SBC, 2017. p. 1.307-1.311.

SOUSA, L. P. D.; GUEDES, D. R. A desigual divisão sexual do trabalho: um olhar sobre a última década. *Estudos Avançados*, 30(87), maio/ago. 2016, 123-139. Disponível em: https://www.scielo.br/j/ea/a/PPDVW47HsgMgGQQCgYYfWgp/?lang=pt#. Acesso em: 15 ago. 2023.

TRUTH, Soujourner. *E não sou uma mulher?* 2014. Disponível em: https://www.geledes.org.br/e-nao-sou-uma-mulher-sojourner-truth/#gs.h8jBXJA. Acesso em: 15 ago. 2023.

VERSANI, D. B. Autoetnografia: uma alternativa conceitual. *Letras de Hoje*, Porto Alegre, v. 37, n. 4, p. 57-72, dez. 2002.

O Trabalho Reprodutivo na Comunidade Lucas

Rafael Lopes de Castro[1]
Shakti Prates Borela[2]

1. Introdução

O presente estudo de caso busca entender como se deu o processo de exploração do trabalho reprodutivo das mulheres na Comunidade Lucas, aqui inseridas as atividades de gestação, maternagem, cuidados com a casa, sexo e outras, e investigar seu enquadramento como relação de trabalho e eventual aplicação das normas de proteção do ramo jurídico trabalhista.

Recentemente o caso da Comunidade Lucas ganhou significativa notoriedade, tendo sido alvo de matéria no *Fantástico*, de 19 de setembro de 2022[3], que relatou operação na qual cinco líderes do grupo religioso Comunidade Lucas, sem ligação com nenhuma igreja, foram presos, acusados de terem escravizado e torturado seus seguidores durante quase 30 anos.

Os autores do presente estudo de caso são Auditores-Fiscais do Trabalho e ambos atuaram em diversas ações de fiscalização de trabalho escravo, o primeiro deles acompanhou a ação fiscal efetuada na Comunidade de Lucas, objeto do presente estudo, dando apoio técnico e operacional à equipe de fiscalização.

A pergunta base pode ser sintetizada da seguinte maneira: o trabalho de reprodução encontrado na Comunidade de Lucas, inclusive a gestação e cuidados com as crianças, no resgate efetuado pelo Grupo Especial de Fiscalização Móvel em 2022, pode ser considerado como relação de trabalho, para fins de reconhecimento dos direitos relativos ao vínculo empregatício? As conclusões apresentadas poderão servir como base para a análise em casos com substrato fático semelhante.

---

(1) Graduado em Direito pela Universidade Federal de Juiz de Fora. e Auditor-Fiscal do Trabalho desde 2011.

(2) Graduada em Direito pela Universidade Federal de Mato Grosso e Auditora-Fiscal do Trabalho desde 1996.

(3) GLOBO. Comunidade Lucas: 'Inventaram uma lei que as meninas de 12, 13 anos moravam todas com o líder'. *G1*, 20 set. 2022. Disponível em: https://g1.globo.com/fantastico/noticia/2022/09/20/comunidade-lucas-inventaram-uma-lei-que-as-meninas-de-12-13-anos-moravam-todas-com-o-lider.ghtml. Acesso em: 02 ago. 2023.

Usando o método dedutivo, a pesquisa buscará levantar as bases fáticas e teóricas que permitam identificar a ocorrência de exploração punível, para a legislação trabalhista, do trabalho reprodutivo de mulheres na comunidade religiosa eventual reconhecimento dos direitos relativos ao vínculo empregatício.

A principal fonte da pesquisa é o relatório de fiscalização "Bar Nossa Mesa e Comunidade Lucas", elaborado pela Inspeção do Trabalho e disponibilizado para os autores mediante solicitação fundamentada na Lei de Acesso à Informação (Lei n. 12.527/2011)[(4)] e a Ação Penal 1003228-16.2020.4.01.3907, proposta na Vara Federal de Tucuruí, que também contém uma cópia do Relatório de Fiscalização, cujo acesso está disponível para o público em geral.

O relatório descreve as condições às quais estavam submetidas as pessoas que viviam na Comunidade Lucas no momento da operação, relacionando as infrações que foram verificadas pelas instituições estatais participantes da ação e contém documentos como Autos de Infração e depoimentos de trabalhadores egressos da Comunidade Lucas. Na Ação Penal, após a apresentação da tese defensiva dos líderes da comunidade, foi proferida sentença condenatória para os crimes de submissão de trabalhadores a condições análogas às de escravo, tortura e associação criminosa.

Para completar as informações do relatório e da ação penal foram realizadas entrevistas semiestruturadas com membros da equipe que realizou a operação, como Auditores-Fiscais do Trabalho, Procuradores do Trabalho e Juízes do Trabalho. Entrevista semiestruturada é aquela que segue um roteiro básico, mas não se prende às perguntas originais, permitindo que a conversa siga conforme os depoimentos do entrevistado[(5)].

Foi realizada, ainda, pesquisa bibliográfica em publicações que conceituam trabalho produtivo e reprodutivo e tratam do trabalho sexual, buscando investigar se tais formas de trabalho configuram relações de emprego. Especificamente para fins desse trabalho, foi adotado o conceito de trabalho produtivo e reprodutivo de Federici[(6)] e Furno[(7)], bem como o conceito de divisão sexual do trabalho de Hirata e Kergoat[(8)].

---

(4) BRASIL. *Lei n. 12.527, de 18 de nov.embro de 2011*. Regula o acesso a informações previsto no inciso XXXIII do art. 5º, no inciso II do § 3º do art. 37 e no § 2º do art. 216 da Constituição Federal. Disponível em: https://www.planalto.gov.br/ccivil_03/_ato2011-2014/2011/lei/l12527.htm. Acesso em: 23 set. 2023.

(5) ZANELLA, L. *Metodologia de Pesquisa*. Florianópolis: Editora da Universidade Federal de Santa Catarina, 2013. p. 29.

(6) FEDERICI, Silvia. *O Ponto Zero da Revolução:* Trabalho Doméstico, Reprodução e Luta Feminista. Traduzido por: Coletivo Sycorax. São Paulo: Editora Elefante, 2019. *E-book*.

(7) FURNO, J. da C. O Trabalho das Mulheres: entre a produção e a reprodução social. In: *VIII Colóquio Internacional Marx e Engels*, 2015, Campinas, Anais do VIII Colóquio Internacional Marx e Engels. Campinas: CEMARX, 2015. v. v1.

(8) HIRATA, H.; KERGOAT, D. Novas Configurações da Divisão Sexual do Trabalho. In: *Cadernos de Pesquisa*, v. 37, n. 132, set./dez. 2007.

2. Apresentação do caso

O estudo refere-se à ação fiscal de combate ao trabalho análogo ao escravo efetuada na Comunidade de Lucas, localizada na zona rural do município de Baião (PA), na região do baixo Tocantins. A ação ocorreu entre os meses de maio e julho de 2022 e foi amplamente noticiada pela imprensa nacional.

A Comunidade Lucas consiste em seita religiosa, fundada por volta de 1995, quando seus membros migraram de Belém para a zona rural de Baião, se instalando definitivamente no novo local em 1997(9). A ascensão hierárquica dos líderes da comunidade criou um sistema de exploração do trabalho da maioria, com privilégios dos líderes sobre os demais, por meio de instrumentos de coação física e psicológica, especialmente opressor para as mulheres que ali viviam(10).

Para essas mulheres, a exploração tomou contornos específicos ao papel que a sociedade rotineiramente atribui ao gênero feminino. Desde meninas, elas foram ensinadas a obedecer e se sujeitar aos homens de forma absoluta, ao mesmo tempo em que a poliginia passou a ser admitida e estimulada na comunidade, havendo relatos de homens vivendo maritalmente com até oito mulheres. O principal instrumento dessa dominação foram dogmas religiosos ensinados e reproduzidos pelos líderes como verdades absolutas.

Meninas cada vez mais novas passaram a ser consideradas aptas para casamentos arranjados e escolhidos pelos líderes da comunidade, sem o poder de decidir com quem teriam vínculo matrimonial ou mesmo o momento em que tal vínculo seria constituído. A liderança da comunidade definia tanto os arranjos matrimoniais e familiares, quanto estabelecia quem seriam os responsáveis pela criação das crianças, como uma forma de pena imposta em um tribunal privado, com a qual se controlava os membros através do medo(11).

A divisão sexual do trabalho na comunidade era muito evidente. Para Hirata e Kergoat, a divisão sexual do trabalho pressupõe a existência de trabalhos de homens separados dos trabalhos de mulheres e uma maior valorização social e econômica dos trabalhos dos homens(12). Na comunidade, cabia às mulheres as atividades de reprodução e de cuidados, sendo as responsáveis pelas gestações que garantiam o constante aumento

(9) COMUNIDADE LUCAS. *Como chegar à comunidade Lucas.* Disponível em: http://lucasminhacomunidade.blogspot.com/. Acesso em: 02 ago. 2023.

(10) BRASIL. Vara Federal Cível e Criminal da Subseção Judiciária de Tucuruí-PA. *Ação Penal 1003228-16.2020.4.01.3907.* Julgador: Juiz Federal Substituto Diogo da Mota Santos, 16 de março de 2023. Disponível em: https://pje1g.trf1.jus.br/consultapublica/ConsultaPublica/DetalheProcessoConsultaPublica/listView.seam?ca=ee40807f5 11abbed6e06882e5f80135be7eec8446d847878. Acesso em: 23 set. 2023.

(11) BRASIL. Ministério do Trabalho e Emprego. Divisão de Fiscalização para Erradicação do Trabalho em Condições Análogas às de Escravo. *Relatório de Fiscalização Bar Nossa Mesa de Bar e Comunidade Lucas.* p. 34.

(12) HIRATA, H.; KERGOAT, D. Novas Configurações da Divisão Sexual do Trabalho. In: *Cadernos de Pesquisa,* v. 37, n. 132, set./dez. 2007.

da quantidade de membros do grupo, bem como pela manutenção da vida de todos os seus membros, por meio da realização de atividades como limpeza, vestuário, alimentação, entre outras necessárias à sobrevivência das pessoas da comunidade.

O trabalho de reprodução feito pelas mulheres, especialmente o incentivo para a geração e criação vários filhos, com início ainda na adolescência, mostrou-se parte do sistema de enriquecimento da liderança. Famílias com numerosas crianças eram cadastradas em diversos programas de assistência social, sendo todo o valor repassado aos líderes.

A precariedade dos resultados obtidos nas atividades econômicas desenvolvidas na sociedade acentuava a exploração do trabalho reprodutivo das mulheres como forma de sustento da vida diferenciada vivida pelos líderes.

O Relatório de Fiscalização analisa as seguintes atividades desenvolvidas pela sociedade de fato denominada Comunidade Lucas: a pesca; a confecção de roupas; a fabricação de móveis de madeira; a cessão de mão de obra para terceiros; um bar localizado na cidade de Tucuruí e; as fraudes a benefícios sociais concedidos pelo governo (seguro-defeso, salário maternidade rural e Bolsa Família). Em nenhuma das atividades relatadas havia qualquer remuneração aos trabalhadores(13).

A Comunidade possuí um registro de associação de pescadores (Associação dos Pescadores (as) da Comunidade Lucas", CNPJ 22.354.995/0001-21). A fiscalização concluiu que atividade de pesca se resumia ao consumo próprio da comunidade e ao abastecimento do bar, onde eram vendidos na forma de petisco. Eventual excedente, especialmente no período de seca, quando a redução do volume de água no lago da comunidade facilitava a coleta do pescado, era transportado em pequenas caixas de isopor na traseira de uma motocicleta, onde normalmente eram trocados, por escambo, em um açougue no quilômetro 50 da rodovia Transcametá(14).

Era também desenvolvida atividade de confecção de roupas para a venda em uma boutique localizada no banheiro feminino do bar em Tucuruí(15). Ademais, a fiscalização encontrou atividade de movelaria, que no geral, realizava fabricação e reparos dos móveis do bar de Tucuruí, dos diversos alojamentos dos trabalhadores e das canoas e remos utilizados nas atividades pesqueiras. Também foi constatado indícios de fabricação de móveis para clientes externos, mediante encomenda, mas a absoluta informalidade da atividade e ausência de cooperação dos investigados impediram o levantamento do peso da atividade entre as demais fontes de renda da comunidade(16).

---

(13) BRASIL. Vara Federal Cível e Criminal da Subseção Judiciária de Tucuruí-PA. *Ação Penal 1003228-16.2020.4.01.3907*. Julgador: Juiz Federal Substituto Diogo da Mota Santos, 16 de março de 2023. Disponível em: https://pje1g.trf1.jus.br/consultapublica/ConsultaPublica/DetalheProcessoConsultaPublica/listView.seam?ca=ee40807f5 11abbed6e06882e5f80135be7eec8446d847878. Acesso em: 23 set. 2023.

(14) BRASIL. Ministério do Trabalho e Emprego. Divisão de Fiscalização para Erradicação do Trabalho em Condições Análogas às de Escravo. *Relatório de Fiscalização Bar Nossa Mesa de Bar e Comunidade Lucas*. p. 20.

(15) *Ibidem*, p. 25-26.

(16) *Ibidem*, p. 25.

Além disso, os líderes da comunidade acordavam com proprietários de terra locais a cessão de mão de obra para a produção de farinha de mandioca em suas plantações. Em troca pelo trabalho, a comunidade ficava com parte da farinha produzida, que serviria para consumo próprio e para venda no bar, na forma de petiscos, ou em comunidades próximas(17).

As atividades mais rentáveis da sociedade de fato eram, entretanto, o bar de Tucuruí e a fraude e apropriação indevida de benefícios sociais diversos. O bar concentrava uma série de atividades que incluíam aulas de dança e a já citada boutique existente no banheiro feminino, além de venda de comidas e bebidas, resultando em um lucro líquido semanal de aproximadamente seis mil reais. A força de trabalho do bar era composta exclusivamente pelos membros da comunidade, que ali laboravam sem a percepção de qualquer remuneração(18).

Por fim, a fraude e apropriação indevida aos benefícios sociais foi apontada no Relatório de Fiscalização como "se não a principal, uma das principais fontes de financiamento do sistema e da manutenção da sociedade de fato existente entre os líderes da Comunidade"(19). A sociedade fraudava o seguro-desemprego devido ao pescador artesanal, o salário-maternidade rural e o Bolsa Família/Auxílio Brasil(20). Todos os valores eram sacados por uma mulher(21), identificada como parte da cúpula de comando da comunidade, sem repasse aos beneficiários. Os valores ficavam sob gestão dos líderes da comunidade.

Ao contrário do que o senso comum possa indicar, a Comunidade Lucas não desenvolvia nenhuma atividade agrícola. Embora a Comunidade possuísse um registro de associação de trabalhadores rurais (ASTRUL — Associação dos Trabalhadores Rurais da Comunidade Lucas", CNPJ 03.750.812/0001-42), nenhuma atividade agrícola ou extrativista com importância econômica foi encontrada. A fiscalização encontrou somente o cultivo de cebolinhas em escala doméstica, para consumo próprio, além "alguma mandioca e abóboras"(22). Nas palavras de uma das moradoras entrevistadas pela fiscalização "tudo, tudo era comprado"(23).

---

(17) BRASIL. Ministério do Trabalho e Emprego. Divisão de Fiscalização para Erradicação do Trabalho em Condições Análogas às de Escravo. *Relatório de Fiscalização Bar Nossa Mesa de Bar e Comunidade Lucas*. p. 26.

(18) *Ibidem*, p. 19.

(19) *Ibidem*, p. 22.

(20) *Ibidem*, p. 76.

(21) BRASIL. Tribunal Regional Federal (1ª Região). *Habeas Corpus 0032782-02.2017.4.01.0000*. Relator: Desembargador Federal Ney Bello, 29 de agosto de 2017. Disponível em: https://arquivo.trf1.jus.br/PesquisaMenuArquivo.asp?p1=00327820220174010000&pA=&pN=327820220174010000. Acesso em: 23 set. 2023.

(22) BRASIL. Ministério do Trabalho e Emprego. Divisão de Fiscalização para Erradicação do Trabalho em Condições Análogas às de Escravo. *Relatório de Fiscalização Bar Nossa Mesa de Bar e Comunidade Lucas*. p. 10.

(23) *Ibidem*, p. 34.

Ainda que novos membros pudessem se juntar à comunidade, sendo o bar de Tucuruí o principal local de aliciamento, o ingresso de mão de obra da sociedade dependia, principalmente, do nascimento de novos membros. Homens e mulheres, adultos, adolescentes e crianças a partir dos 6 anos compunham a força de trabalho disponível para atuar nas diversas frentes: alimentação da comunidade, pesca, costura, produção de móveis, trabalhadores do bar. Ademais, novos nascimentos também levavam a mais benefícios fraudados, em especial o salário-maternidade rural e o Bolsa Família.

Ao final, a equipe de fiscalização considerou que 33 (trinta e três) mulheres haviam sido submetidas a condições análogas às de escravo e a exploração sexual. Incentivo à procriação e à gestação e o trabalho para a manutenção da comunidade foram expressamente citados no auto de infração como parte da exploração imposta.

Os membros da Comunidade de Lucas se recusaram a prestar depoimentos no decorrer da Ação Fiscal, de forma que as informações obtidas tiveram origem na inspeção física nos locais onde havia prestação de trabalho e nos depoimentos de várias pessoas que haviam feito parte da Comunidade, mas no momento da Ação Fiscal já haviam deixado o local.

Além dos documentos trabalhistas gerados, como autos de infração, relatórios ao Ministério Público do Trabalho etc., a Operação resultou também na propositura de Ação Penal pelo Ministério Público Federal(24) contra cinco líderes da Comunidade, pelos crimes previstos nos art. 149, com a majorante do § 2º, inciso I, e art. 288, ambos do Código Penal em concurso com o delito do art. 1º, inciso II, com a majorante do inciso II do § 4º, tudo da Lei n. 9.455/97(25).

No âmbito da ação penal, os acusados alegaram ausência de provas e refutaram as acusações, negando a existência de equipamentos indicados como instrumentos de maus-tratos e ameaças, como espingarda e arpão, sustentando não haver informações acerca dos locais onde foram encontrados ou mesmo sobre a posse ou propriedade de tais instrumentos. Quanto às espadas, que serviriam para espancamentos "corretivos", declararam serem utilizadas para treinamento de artes marciais. Questionaram também a validade de provas encontradas em cadernos, alegando ausência de informações sobre onde teriam sido encontrados e de quem teria feito as anotações.

Os acusados alegaram, ainda, que os moradores da Comunidade prestaram depoimentos em juízo negando a existência de trabalho em condições análogas à de escravo

(24) BRASIL. Ministério Público Federal. *Ação Penal 1003228-16.2020.4.01.3907*. Procuradora da República Manoela Lopes Lamenha Lins Cavalcante, 29 de novembro de 2022. Disponível em: https://pje1g.trf1.jus.br/consultapublica/ConsultaPublica/DetalheProcessoConsultaPublica/listView.seam?ca=ee40807f511abbed6e06882e5f80135be7eec8446d847878. Acesso em: 23 set. 2023.

(25) BRASIL. *Decreto-lei n. 2.848, de 7 de dezembro de 1940*. Código Penal. Disponível em: https://www.planalto.gov.br/ccivil_03/decreto-lei/del2848compilado.htm. Acesso em: 24 set. 2023.

e declarando a intenção de permanecer na comunidade. Para os réus, as testemunhas de acusação que já haviam deixado a Comunidade fizeram acusações com o intuito de se locupletarem, uma vez que ingressaram com ação trabalhista contra a Associação dos Trabalhadores da Comunidade Lucas no valor de R$ 4.000.000,00 (quatro milhões de reais).

Por fim, refutaram as declarações de que as vítimas não podiam se divertir ou ter convívio familiar e social, juntando fotos que comprovariam momentos de diversão e de convivência, ou mesmo alegando que são fotos de crianças brincando.

Ressalte-se, no entanto, que, em 16 de março de 2023, o Juiz singular prolatou a sentença condenando quatro réus pela prática de todos os crimes denunciados e um deles pela prática dos crimes tipificados no art. 149 do CP, em concurso material com os delitos do art. 288 do mesmo diploma legal, na condição de partícipe, absolvendo esse último pela prática do crime tipificado no art. 1º, II, § 4º, II, Lei n. 9.455/97[(26)].

O relato acima permite reconhecer indícios de vários crimes cometidos na Comunidade Lucas, como os praticados contra a dignidade sexual, incluindo estupro, estupro de vulnerável, corrupção de menores, tráfico de pessoas, favorecimento à exploração sexual, submissão de criança ou adolescente à exploração sexual, além daqueles investigados na Ação Penal citada. No entanto, é importante esclarecer tais aspectos não foram aprofundados neste estudo, que não tem o objetivo de investigar os aspectos penais do caso, mas sim analisar os fatos pela ótica da relação de trabalho.

3. Trabalho reprodutivo e relação de trabalho na Comunidade Lucas

"O papel da mulher era servir aos homens". É com essas palavras que a reportagem especial do *Fantástico* de 18.09.2022 faz síntese da posição da mulher dentro da comunidade, após avaliação do conjunto de anotações constantes em um caderno aprendido durante fiscalização, contendo diversos ensinamentos e falas dos líderes espirituais da comunidade[(27)]. Uma testemunha anônima da mesma reportagem[(28)] alega ainda que: "Não podia a mulher ficar parada", após ser questionada sobre sua carga de trabalho, completando que trabalhava o tempo todo.

De fato, a exploração da mulher na Comunidade Lucas adquire contornos diferenciados, que a atingem tanto em função da construção social do gênero feminino e os encargos a ele atribuídos, quanto por exploração do corpo da mulher, em seu sexo e seu útero.

---

(26) BRASIL. *Decreto-lei n. 2.848, de 7 de dezembro de 1940*. Código Penal. Disponível em: https://www.planalto.gov.br/ccivil_03/decreto-lei/del2848compilado.htm. Acesso em: 24 set. 2023.

(27) GLOBO. *Fantástico*. 18 set. 2022. Disponível em: https://globoplay.globo.com/v/10947108/. Acesso em: 23 set. 2023.

(28) *Idem*.

Essa exploração das mulheres da comunidade alcança, portanto, as dimensões de seu trabalho produtivo e seu trabalho reprodutivo. Furno, utilizando a teoria marxista clássica, conceitua "trabalho produtivo como aquele que produz riqueza e está diretamente ligado a extração de mais-valia a acumulação na sociedade capitalista"(29). Esse tipo de trabalho produz bens ou serviços que possuem um valor monetário de forma direta, através da comercialização dos produtos na sociedade.

Ainda, para o marxismo clássico, o trabalho reprodutivo, ao revés, não possui um valor direto, mas é condição para a execução do trabalho produtivo. Abrange o cuidado da casa e da família, incluindo filhos, alimentação, vestuário e a própria reprodução biológica da classe trabalhadora.

> O trabalho reprodutivo, ou improdutivo na literatura marxista clássica, é aquele ligado aos serviços ou que estão relacionados à reprodução da força de trabalho. Associedades ao longo do tempo, bem como os estudos acadêmicos, privilegiaram a análise do trabalho destinado ao mercado, e por consequência deixaram em segundo plano o trabalho não mercantil.(30)

Furno também destaca a necessidade do trabalho reprodutivo como pressuposto para o desenvolvimento do trabalho produtivo:

> O sistema capitalista necessita que o trabalhador tenha condições objetivas e subjetivas de exercer sua tarefa de produção de riqueza, o que só é possível mediante a existência de um espaço social — a família e o lar — que os reproduza, no que tange a alimentação, vestuário e as demais dimensões sociais e afetivas.(31)

Para Silvia Federici, uma das principais autoras da linha feminista marxista, o trabalho reprodutivo é "o complexo de atividades e relações por meio das quais nossa vida e nosso trabalho são reconstituídos diariamente"(32), abrangendo dimensões de trabalho físico, emocional e sexual:

> Tal como Deus criou Eva para dar prazer a Adão, assim fez o capital criando a dona de casa para servir física, emocional e sexualmente o trabalhador do sexo masculino, para criar seus filhos, remendar suas meias, cuidar de seu

(29) FURNO, J. da C. O Trabalho das Mulheres: entre a produção e a reprodução social. In: *VIII Colóquio Internacional Marx e Engels*, 2015, Campinas. Anais do VIII Colóquio Internacional Marx e Engels. Campinas: CEMARX, 2015. V. v. 1. p. 5.

(30) *Ibidem*, p. 5.

(31) *Ibidem*, p. 7.

(32) FEDERICI, Silvia. *O Ponto Zero da Revolução:* Trabalho Doméstico, Reprodução e Luta Feminista. Traduzido por: Coletivo Sycorax. São Paulo: Editora Elefante, 2019. *E-book*. p. 20.

> ego quando ele estiver destruído por causa do trabalho e das (solitárias) relações sociais que o capital lhe reservou. É precisamente essa combinação particular de serviços físicos, emocionais e sexuais que está envolvida no papel que as mulheres devem desempenhar (...).[33]
>
> (...)
>
> O trabalho doméstico é muito mais do que limpar a casa. É servir aos assalariados física, emocional e sexualmente, preparando-os para o trabalho dia após dia. É cuidar das nossas crianças — os trabalhadores do futuro —, amparando-as desde o nascimento e ao longo da vida escolar, garantindo que o seu desempenho esteja de acordo com o que é esperado pelo capitalismo. Isso significa que, por trás de toda fábrica, de toda escola, de todo escritório, de toda mina, há o trabalho oculto de milhões de mulheres que consomem sua vida e sua força em prol da produção da força de trabalho que move essas fábricas, escolas, escritórios ou minas.[34]

Um dos pontos centrais da tese de Federici é a recusa do trabalho reprodutivo enquanto trabalho morto, ou improdutivo. Para a autora, o capital ganhou e ganha dinheiro com o trabalho reprodutivo[35], possuindo, contudo, diversos mecanismos para a invisibilizá-lo[36].

Silvia Federici sustenta que a invisibilização do trabalho reprodutivo foi uma estratégia adotada do pelo capital para melhor se apropriar de seu resultado, mas esta forma de trabalho nunca esteve fora do sistema de troca entre capital e trabalho. Segundo a autora, "deve ficar claro, no entanto, que, quando lutamos por um salário, não lutamos para entrar na lógica das relações capitalistas, porque nós nunca estivemos fora delas"[37].

Para essa linha, o trabalho reprodutivo trata da produção e reprodução do principal insumo do modo de produção capitalista, a força de trabalho, seja pelo nascimento e criação de novos trabalhadores, seja pela manutenção, em todas as dimensões, da capacidade produtiva da força de trabalho existente.

Por sua vez, a dinâmica estabelecida na Comunidade Lucas permite evidenciar os contornos do trabalho reprodutivo em função do agravamento da exploração de trabalhadores e trabalhadoras calcada na precariedade de suas fontes de renda, já abordada no item 3 desta pesquisa, que a assemelha aos estágios de crise e acumulação primitiva

(33) FEDERICI, Silvia. *O Ponto Zero da Revolução:* Trabalho Doméstico, Reprodução e Luta Feminista. Traduzido por: Coletivo Sycorax. São Paulo: Editora Elefante, 2019. *E-book*. p. 42.

(34) *Ibidem*, p. 61-62.

(35) *Ibidem*, p. 45.

(36) *Ibidem*, p. 41.

(37) *Ibidem*, p. 44.

do capital[38]. Seguindo as tendências organizacionais do próprio modo de produção capitalista, os momentos de crise agravam a exploração dos trabalhadores, conforme sustenta Federici:

> (...) sempre que o sistema capitalista se vê ameaçado por uma grande crise econômica, a classe capitalista tem que pôr em marcha um processo de "acumulação primitiva", isto é, um processo de colonização e escravidão em grande escala (...). Desse ponto de vista, a acumulação primitiva foi um processo universal em cada fase do desenvolvimento capitalista. Não é por acaso que seu exemplo histórico originário tenha sedimentado estratégias que, diante de cada grande crise capitalista, foram relançadas de diferentes maneiras com a finalidade de baratear o custo do trabalho e esconder a exploração das mulheres e dos sujeitos coloniais.[39]

Diante da intensificada exploração ocorrida na Comunidade Lucas, os mecanismos de apropriação, pelo capital, dos resultados do trabalho reprodutivo feminino ficam mais evidentes.

Confrontando as tarefas realizadas pelas mulheres da Comunidade Lucas com os conceitos apresentados por Silvia Federici, incluímos atividades reprodutivas das mulheres abrangendo as dimensões físicas emocionais e sexuais dos trabalhos executados na produção e reprodução da mão de obra da comunidade. A autora italiana, atribui à mulher a cumulação das tarefas de "donas de casa, prostitutas, enfermeiras e psiquiatras"[40], para o refazimento da capacidade de produção da força de trabalho no dia a dia. Verifica-se, para além da exploração da força de trabalho, uma apropriação dos corpos das mulheres, que Guillaumin conceitua como apropriação física da "unidade material produtora da força de trabalho apropriada"[41].

A leitura do material disponível sobre a fiscalização da comunidade, em especial o Relatório de Fiscalização e a Ação Penal 1003228-16.2020.4.01.3907 ajuizada na Vara Federal de Tucuruí, permitiu verificar, a partir do conceito teórico aqui adotado, os seguintes serviços reprodutivos prestados: preparo de refeições; serviços de costura; cuidado de crianças; procriação e maternagem; e o trabalho/exploração sexual de mulheres adultas, adolescentes e crianças.

---

(38) BOTTOMORE, Tom. *Dicionário do Pensamento Marxista*. Traduzido por: Waltensir Dura. Editora Zahar, 2013. Disponível em: https://edisciplinas.usp. br/pluginfile.php/7049739/mod_resource/content/1/Bottomore_dicion%C3%A1rio_pensamento_marxista.pdf. Acesso em: set. 2023. *E-book*. Não paginado.

(39) FEDERICI, Silvia. *Calibã e a Bruxa:* Mulheres, corpo e Acumulação Primitiva. Traduzido por: Coletivo Sycorax. 2. ed. São Paulo: Editora Elefante, 2023. *E-book*. p. 47; 237.

(40) *Ibidem*, p. 45.

(41) GUILLAUMIN, Collete. *Racism, sexism, power and ideology*. Londres; Nova Iorque: Routledge, 2003, *apud* ALVES, Clarissa. *O Trabalho Reprodutivo Sob o Capital:* Mulheres, classe e raça no trabalho doméstico e no cuidado. Belo Horizonte: Editora Letramento, 2021. p. 56.

Os três primeiros (preparo de refeições, serviços de costura, cuidado de crianças) foram expressamente reconhecidos como relação de trabalho pela equipe do Grupo Especial de Fiscalização Móvel, conforme item 4.2.4 do Relatório de Fiscalização, que trata especificamente das atividades laborais desempenhadas na comunidade, na condição de "atividades-meio" da sociedade de fato, enquanto as duas últimas, embora abordadas no decorrer do relatório, estão ausentes da vinculação expressa à relação de trabalho(42).

A partir das informações obtidas nas entrevistas semiestruturadas, restou esclarecido que a ausência de duas das atividades no item 4.2.4 (procriação e maternagem e o trabalho/exploração sexual de mulheres adultas, adolescentes e crianças) guarda mais relação com o momento processual das investigações do que a com discordância teórica de seu cabimento.

Portanto, dentre as explorações observadas, não foram incluídas na definição as atividades de procriação e maternagem e o casamento e trabalho/exploração sexual das mulheres, adolescentes e crianças. Contudo, haveria fundamento para que essas atividades tivessem sido expressamente incluídas como aptas a gerar uma relação de trabalho?

Todo o esforço argumentativo de Federici tem como objetivo reforçar a tese do movimento *Wages for housework*, que defendia o reconhecimento da atividade como efetivo trabalho e o pagamento de um salário, pelo Estado, para quem desempenhasse trabalho reprodutivo(43).

Apesar dos diversos fundamentos apresentados confirmando a situação de exploração da Comunidade Lucas e sua grande coincidência com as argumentações apresentadas na luta por salários para donas de casa, do movimento feminista marxista, é necessário enfrentar a crítica de Dworkin à fundamentação de decisões jurídicas com base argumentos de política.

Para o autor, os operadores do direito ficam restritos ao que denomina "argumentos de princípios", pois ausente a legitimidade democrática para decidir com base em argumentos de política, que são reservadas para a discussão em campo próprio(44).

Argumentos de princípios são aqueles "destinados a estabelecer um direito individual"(45), enquanto os argumentos de política "são destinados a estabelecer um objetivo coletivo"(46), com uso próprio no campo da política – como no parlamento. Embora haja

(42) BRASIL. Ministério do Trabalho e Emprego. Divisão de Fiscalização para Erradicação do Trabalho em Condições Análogas às de Escravo. *Relatório de Fiscalização Bar Nossa Mesa de Bar e Comunidade Lucas*. p. 27-28.

(43) FEDERICI, Silvia. *O Ponto Zero da Revolução:* Trabalho Doméstico, Reprodução e Luta Feminista. Traduzido por: Coletivo Sycorax. São Paulo: Editora Elefante, 2019. *E-book*. p. 25.

(44) DWORKIN, Roland. *Levando os direitos a sério*. Tradução por: Nelson Boeira. São Paulo: Editora Martins Fontes, 2002. p. 132-135.

(45) *Ibidem*, p. 141.

(46) *Ibidem*, p. 141-142.

uma inegável influência, por exemplo, no direito positivado que surge o resultado de uma discussão política, caberá, em um regime democrático, que os aplicadores do direito busquem a fundamentação de suas decisões em argumentos de princípios, conforme argumenta Dworkin:

> (...) as decisões judiciais não originais, que apenas aplicam os termos claros de uma lei de validade inquestionável, são sempre justificadas pelos argumentos de princípio, mesmo que a lei em si tenha sido gerada por uma política.

Para o autor, a distinção tem a virtude de evitar a discricionariedade do julgador na criação de normas jurídicas para o caso (*ad hoc*) e, com isso, surpreender as partes com regras novas que atingem seu comportamento passado.

Os argumentos apresentados pelo feminismo marxista, de fato, atuam inicialmente no campo filosófico, sociológico e político, constituindo argumentos de política. Nada impede, contudo, que estejam igualmente positivados em argumentos de princípios ou mesmo convertidos em normas legais, como fez a Argentina, em 2021, dando um primeiro passo ao reconhecer cuidados maternos como trabalho, garantindo seu cômputo no período de contribuição para aposentadoria[(47)].

Uma análise segregada para as atividades de casamento forçado, trabalho e exploração sexual, procriação e maternagem foi realizada para a investigação da existência de fundamentos aptos a fundamentar uma relação de trabalho.

4. Casamento forçado, trabalho e exploração sexual de mulheres adultas, adolescentes e crianças

Para os homens da Comunidade Lucas, obter uma esposa implica ter alguém em sua casa, realizando a manutenção do lar e dos afazeres domésticos, mas também provendo intimidade e satisfação sexual. Como ressalta Sílvia Federici, ter alguém para cuidar de você ao final do dia de trabalho é condição para não "enlouquecer" na rotina do sistema exploratório capitalista[(48)].

No intuito de obter maior número de mulheres e aquelas de sua preferência, os homens da comunidade se sujeitavam às ordens dos líderes, inclusive para o trabalho não remunerado ou em condições degradantes, recebendo, em troca, mulheres para o

(47) BRASIL DE FATO. *Aposentadoria por maternidade representa conquista dos feminismos na Argentina*. 30 ago. 2021. Disponível em: https://www.brasildefato.com.br/2021/07/30/aposentadoria-por-maternidade-representa-conquista-dos-feminismos-na-argentina. Acesso em: 23 set. 2023.

(48) FEDERICI, Silvia. *O Ponto Zero da Revolução:* Trabalho Doméstico, Reprodução e Luta Feminista. Traduzido por: Coletivo Sycorax. São Paulo: Editora Elefante, 2019. *E-book*. p. 42.

casamento, conforme se depreende da entrevista, realizada em 25 de julho de 2023 com a Auditora-Fiscal do Trabalho Vanusa Zenha:

> Para conseguir as mulheres que desejavam, esses homens se submetiam a todos os tipos de exigência dos líderes. Para ter várias mulheres (...), novas mulheres chegando e os homens nessa ânsia de agradar os líderes para ter essas mulheres.

A compreensão dessa relação, em sua profundidade, reclama a análise da dinâmica de o processo de formação dos núcleos familiares. O primeiro ponto relevante recai sobre a própria definição dos membros da família. Na Comunidade Lucas, não é dado à mulher escolher com quem terá vida matrimonial. Essa definição cabe à liderança da comunidade(49). Em depoimento marcante no âmbito do Processo 1003228-16.2020.4.01.3907, a sobrevivente L.S.C. relata o sofrimento de outra mulher que teria sido forçada a se casar diversas vezes:

> Que a V. foi punida algumas vezes. Que a V. foi esposa de vários homens e se insurgia em relação a ser obrigada a isso (...). Que na citada reunião, dentro da casa do D., começaram a humilhar a V. Que isso se deu porque ela não queria manter relações sexuais com o M. (...) Que o D. convocou o tribunal para julgar a V. em face de ela não manter relações com o M. Que antes ocorreu outro julgamento para escolher um novo marido para ela. Que o D. pediu licença ao A. para levar adiante o tribunal e determinou que o M. deveria se masturbar e passar o seu sêmen na boca da V. Que isso ocorreu em 2012. Que V. acabou cedendo a se relacionar com M. para não passar fome(50). (os nomes foram abreviados)

A preparação para essa violência ocorria desde a infância, conforme depoimentos constantes do relatório de fiscalização, incutindo nas crianças a ideia de que as relações não podem se basear em sentimentos. A desnaturalização das relações baseadas em sentimentos atuaria, posteriormente, como um facilitador para os casamentos arranjados, assim como para os divórcios e trocas de casais, bem como do afastamento das crianças dos seus genitores. O relato do sobrevivente R.J.C. foi esclarecedor sobre essa dinâmica:

> (..) que o depoente depois que foi separado dos seus pais, ficou numa casa separada, junto com outras 11 crianças, todos sem os pais; que sentia falta dos pais, mas que a doutrina dos líderes era de que não se podia ter sentimentos; que ficou cerca de três anos sem contato com seu pai; que essa casa era para as crianças que tinham que acordar cedo para trabalhar; que eram orientados a, depois dos 12 anos, não chamar os pais de "pai e mãe", e sim pelo nome, pois não podiam demonstrar sentimentos (...).

---

(49) BRASIL. Ministério do Trabalho e Emprego. Divisão de Fiscalização para Erradicação do Trabalho em Condições Análogas às de Escravo. *Relatório de Fiscalização Bar Nossa Mesa de Bar e Comunidade Lucas*. p. 50.

(50) BRASIL. Ministério Público Federal. *Ação Penal 1003228-16.2020.4.01.3907*. Procuradora da República Manoela Lopes Lamenha Lins Cavalcante, 29 de novembro de 2022. Disponível em: https://pje1g.trf1.jus.br/consultapublica/ConsultaPublica/DetalheProcessoConsultaPublica/listView.seam?ca=ee40807f511abbed6e06882e5f80135be7eec8446d847878. Acesso em: 23 set. 2023.

Cadernos manuscritos, contendo ensinamentos dos líderes e ocorrências do dia a dia da comunidade foram apreendidos pela Polícia Federal. Em um dos cadernos apreendidos restou clara a aplicação da ausência dos sentimentos também para os relacionamentos conjugais:

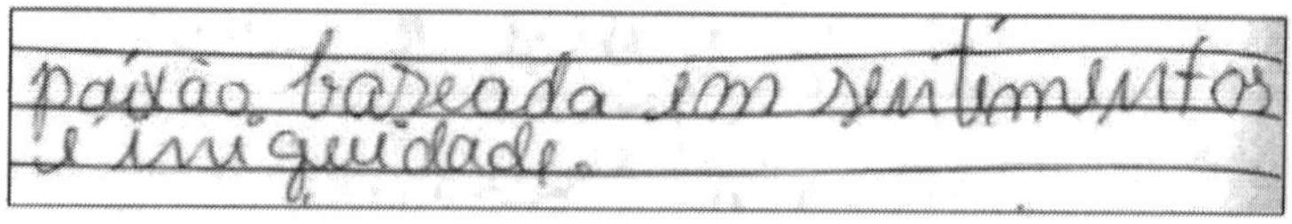
paixão baseada em sentimentos é iniquidade.

Figura 1: trecho de caderno apreendido inserido no relatório de fiscalização.

Concomitantemente, os líderes da comunidade tratavam de sexualizar crianças do sexo feminino tão logo entrassem na puberdade[(51)] e vinculavam à condição de mulher à obediência ao homem, inclusive nas relações sexuais[(52)].

Diversos depoimentos apontam que um dos principais líderes da comunidade seria o responsável por iniciar crianças de até 10 anos na vida sexual[(53)]. Conforme trecho do depoimento do sobrevivente R.S.P. A, "D. realiza sexo oral com meninas de 10 a 11 anos na comunidade; que a atual esposa deve ter uns 17 anos"[(54)] (o nome foi abreviado). Outros depoimentos seguem no mesmo sentido, como o de A.S.C.

> (...) que contaram ao depoente que algumas meninas iam para a casa de D. para serem ensinadas a fazer sexo oral em D.; que A. e G. moraram com D. e disseram que presenciaram essa situação de abuso sexual; que as meninas tinham 10, 11, 12 anos (...)[(55)]. (os nomes foram abreviados)

Trechos do caderno reforçam a situação de abuso sofrida pelas mulheres e crianças, corroborando as versões das testemunhas:

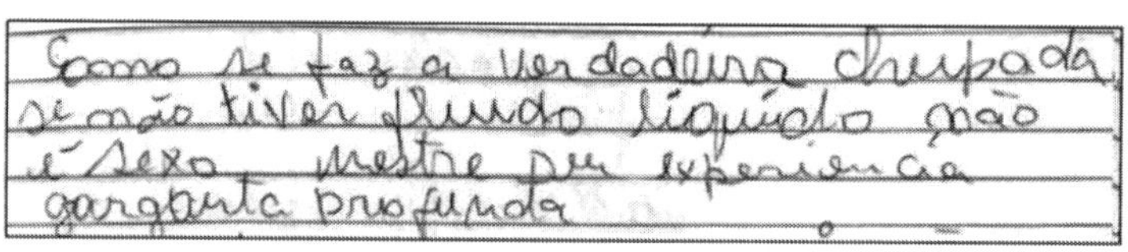
Como se faz a verdadeira chupada
se não tiver fluido líquido não
é sexo mestre du experiência
garganta profunda

Figura 2: "Mestre Du" é como é conhecido o líder, igualmente citado nos depoimentos, apontado como responsável pelos abusos à crianças e adolescentes.

Outro ponto ensinado às mulheres era a submissão aos homens. Havia uma crença que a desobediência daria espaço à possessão por demônios[(56)]. Não sendo suficiente,

(51) BRASIL. Ministério do Trabalho e Emprego. Divisão de Fiscalização para Erradicação do Trabalho em Condições Análogas às de Escravo. *Relatório de Fiscalização Bar Nossa Mesa de Bar e Comunidade Lucas*. p. 34; 44; 45.

(52) *Ibidem*, p. 36.

(53) *Ibidem*, p. 38; 44; 45.

(54) *Ibidem*, p. 39.

(55) *Ibidem*, p. 32.

(56) *Ibidem*, p. 39.

a pessoa desobediente, ou rebelde, estaria sujeita ao julgamento por tribunal parelho chamado de "Conselho", e composto pelos membros da liderança da comunidade, onde estaria sujeita a sanções diversas, de natureza física ou psicológica, fato que resultou na condenação de líderes pelo crime de tortura (art. 1º da Lei n. 9.455/97)[57][58].

Trechos dos cadernos apreendidos, contendo instruções para a realização atos sexuais, indicam que essa submissão também se estende para a vida a íntima das mulheres da comunidade:

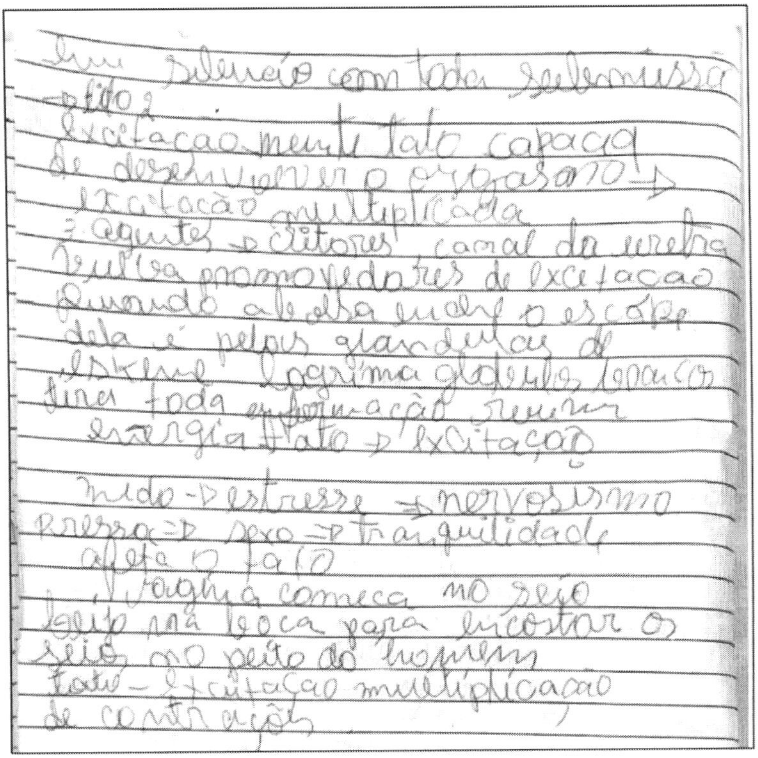

Figura 3: silêncio e submissão durante a relação sexual.

Outros trechos contêm anotações sobre a necessidade de "educar as crianças até elas se tornarem boas esposas"[59] e que "a ideia de direitos iguais para as mulheres (...) tá chegando ao inferno"[60] (*sic*).

(57) BRASIL. *Lei n. 9.455, de 7 de abril de 1997*. Define os crimes de tortura e dá outras providências. Disponível em: https://www.planalto.gov.br/ccivil_03/leis/l9455.htm. Acesso em: 24 set. 2023.

(58) BRASIL. Vara Federal Cível e Criminal da Subseção Judiciária de Tucuruí-PA. *Ação Penal 1003228-16.2020.4.01.3907*. Julgador: Juiz Federal Substituto Diogo da Mota Santos, 16 de março de 2023. Disponível em: https://pje1g.trf1.jus.br/consultapublica/ConsultaPublica/DetalheProcessoConsultaPublica/listView.seam?ca=ee40807f5 11abbed6e06882e5f80135be7eec8446d847878. Acesso em: 23 set. 2023.

(59) BRASIL. Ministério do Trabalho e Emprego. Divisão de Fiscalização para Erradicação do Trabalho em Condições Análogas às de Escravo. *Relatório de Fiscalização Bar Nossa Mesa de Bar e Comunidade Lucas*. p. 37.

(60) *Ibidem*, p. 40.

A poligamia, por sua vez, se desdobrava somente em poliginia — apenas os homens estavam autorizados a possuir mais de uma mulher, nunca o contrário. Nesse sentido foi apontado pela Juíza do Trabalho Aline Pereira, em entrevista concedida em 14 de agosto de 2023:

> Existe um processo de discriminação estrutural que pode ser percebido tanto nas dinâmicas de relacionamento — por exemplo, a poligamia é unilateral: os homens podem ter várias mulheres, mas não há notícias de mulheres com vários homens.

Concatenando os relatos citados, os homens da Comunidade poderiam ter várias mulheres como esposas, bastando uma determinação dos líderes, e essas mulheres, que haviam sido previamente ensinadas a serem submissas e a satisfazer o homem sexualmente, não poderiam recusar o matrimônio. É nesse contexto que os homens se tornam trabalhadores em situação análoga à de escravo dos líderes, para que possam escravizar sexualmente mulheres. A Procuradora do Trabalho Tathiane Menezes chega à conclusão semelhante em sua entrevista, concedida em 2 de agosto de 2023:

> A ideia é que os homens fossem o mais obediente possível para que eles tivessem as atividades pelas quais eles queriam gerar lucro... para que os homens desenvolvessem as atividades (...). Dinheiro não existia, então eles tentavam, de alguma forma, estimular os homens a obedecerem às ordens através de dar mais de uma mulher (...).

Apesar a existência de homens com até 8 mulheres, foram encontrados poucos homens solteiros na comunidade. Isso ocorria pela desproporção entre homens e mulheres da comunidade, com uma prevalência muito maior de mulheres, como afirma a Auditora-Fiscal do Trabalho Vanusa Vidal Zenha:

> Havia homens com 4, 5, 7, 8 mulheres e alguns solteiros. Isso causou estranheza. Eles não fazem a menor questão de atrair novos homens para a comunidade. Eles queriam atrair sempre novas mulheres.

Este alto número de mulheres era garantido tanto pela utilização das meninas e mulheres que haviam nascido ou crescido na própria comunidade, quanto por meio de um aliciamento constante, realizado no bar, por meio do qual se fazia o convencimento de frequentadoras do sexo feminino em situação de vulnerabilidade a se juntarem à comunidade, fato que facilitava a persuasão, conforme relatado pela Procuradora do Trabalho Tathiane Menezes:

> Tinha muito mais mulher. Conversei homens solteiros, mas muito poucos (...). Eles tentavam mesmo cooptar várias mulheres para lá. Era como se

> eles tivessem delineado na cabeça que precisam de homens para o trabalho pesado (...) mas as mulheres eram muito importantes. Por exemplo, uma das meninas que eu entrevistei, tinha perdido os pais (...) eles sempre tentavam buscar meninas que estavam em situação de maior vulnerabilidade. Como o município é pequeno, pelo que a gente viu, as pessoas conhecem umas às outras, eles identificavam quais as mulheres ou meninas estavam em situação de maior vulnerabilidade e tentavam cooptar, ou para trabalhar no bar ou para ir para a comunidade, na zona rural.

Analisando os fatos narrados pelo prisma do feminismo marxista de Federici, temos a proposição da tese que sexo, para as mulheres, é trabalho(61). Segundo a autora, as mulheres foram configuradas para ser as provedoras da satisfação sexual dos homens e é esperado que as mulheres proporcionem prazer aos homens(62).

Gerda Lerner, ao fazer a análise da criação do patriarcado, por ela definido como "a manifestação e institucionalização da dominância masculina sobre as mulheres e crianças na família e a extensão da dominância masculina sobre as mulheres na sociedade em geral"(63), argumenta que a opressão e a exploração econômica da mulher estabeleceram-se a partir das suas funções sexuais e reprodutivas, por meio da transformação da sexualidade feminina em mercadoria e da sua força de trabalho, especialmente quanto ao seu poder reprodutivo, como meio de acesso econômico a recursos e pessoas(64).

Para Lerner, a cooperação das mulheres foi e é condição fundamental para o funcionamento do patriarcado e busca-se assegurar essa cooperação de diversas formas, como doutrinação de gênero, negação de acesso à educação e ao conhecimento da própria história, restrições e coerções, discriminação no acesso aos recursos econômicos e ao poder político, concessão de privilégios às mulheres que obedecem às regras e se enquadram na definição de "respeitabilidade" etc.(65)

Na Comunidade Lucas, verificou-se que tais elementos de dominação foram amplamente utilizados tanto como forma de manter as mulheres nas condições em que viviam e garantir a utilização, pelos líderes da Comunidade, do fruto do seu trabalho, inclusive da própria procriação, quanto para prover a satisfação sexual dos homens. Líderes se apropriaram de simbologias, educando meninas e mulheres para servirem os homens. As mulheres da Comunidade desde cedo aprenderam. "que a mulher virtuosa acorda

---

(61) FEDERICI, Silvia. *O Ponto Zero da Revolução:* Trabalho Doméstico, Reprodução e Luta Feminista. Traduzido por: Coletivo Sycorax. São Paulo: Editora Elefante, 2019. *E-book*. p. 53.

(62) *Ibidem*, p. 52-53.

(63) LERNER, Gerda. *A Criação do Patriarcado:* História da Opressão das Mulheres pelos Homens. Tradução por: Luiza Sellera. São Paulo: Editora Cultrix, 2019. *E-book*. p. 294.

(64) *Ibidem*, p. 270.

(65) *Ibidem*, p. 272.

cedo para trabalhar[66]" e que deveriam ser obedientes e submissas aos homens, inclusive sendo ensinadas, desde meninas, a lhes dar prazer, por meio de orientações específicas de como agir durante o ato sexual, em verdadeiras aulas de sexo, segundo os relatos.

A vida sexual também era monitorada, havendo relatos de reuniões em que foram tratados assuntos como a recusa de determinadas mulheres em fazer sexo com seus maridos ou mesmo de não serem capazes de proporcionar-lhes prazer e, como consequência, havia a ameaça ou mesmo a determinação de que essas mulheres trocassem de marido. Aos relatos transcritos nesta pesquisa, juntam-se vários outros, constantes da Ação Penal 1003228-16.2020.4.01.3907, que demonstram que meninas e mulheres deviam se sujeitar ao poder dos líderes não somente quanto ao casamento e à escolha do marido, mas também no tocante a aspectos da própria vida sexual e da procriação.

Nesse sentido, a mulher passa por processo de comodificação, na qual é usada como uma espécie de pagamento para a escravização dos homens, conforme conclusão observada pela Juíza do Trabalho Aline Pereira:

> As mulheres eram "dadas e tiradas", nas palavras dos membros da comunidade, como premiação pela lealdade ou proximidade aos líderes. (...) Se um homem desagradava o líder maior poderia perder a mulher para outro e algumas pessoas narraram essa dinâmica de forma bem enfática. (...) As meninas, após ganhar corpo e entrar na adolescência, passam por esse processo de comodificação, ou seja, são dadas e tiradas como moeda de troca.

Assim, as violações ocorridas na Comunidade Lucas vão além do casamento não consentido, mas sintetizam uma escravização da mulher ao homem. As mulheres se tornaram a moeda de troca que pagava o trabalho prestado pelos homens nas atividades que alimentam a vida diferenciada da liderança da comunidade. Com o casamento, advinha para a mulher os deveres de cuidado com o marido e manutenção da casa, mas também, e especialmente, a satisfação sexual do homem, que emerge como uma obrigação para a esposa.

Esses elementos atraem a aplicação da legislação internacional, que protegem as mulheres contra o casamento forçado e o casamento infantil, destacam-se duas convenções das internacionais das quais o Brasil é signatário, a Convenção sobre a Eliminação de Todas as Formas de Discriminação contra a Mulher (CEDAW) e a Convenção sobre os Direitos da Criança.

---

(66) BRASIL. Ministério do Trabalho e Emprego. Divisão de Fiscalização para Erradicação do Trabalho em Condições Análogas às de Escravo. *Relatório de Fiscalização Bar Nossa Mesa de Bar e Comunidade Lucas*. p. 87.

A CEDAW estabelece, em seu art. 16, que o Estado-Parte o dever de adotar medidas que assegurem o livre consentimento das mulheres para a realização de matrimônios[(67)]. O art. 16 da Convenção sobre os Direitos da Criança, embora não cite expressamente a vedação ao casamento forçado, igualmente resguarda as crianças de interferências arbitrárias ou ilegais em sua vida privada[(68)].

Sob o aspecto sexual, vimos que se trata de obrigação da mulher para o seu esposo a sua satisfação, inclusive com relatos de retaliações para mulheres que recusaram manter relações com seus maridos. Há também relatos diversos que apontam para utilização de mulheres como moeda para o pagamento de trabalho prestado por homens nas atividades controladas pelos líderes da comunidade, com o objetivo de lucro, atraindo também o conceito de exploração sexual[(69)].

No âmbito da legislação internacional a Declaração e Programa de Ação de Viena de 1993, resultante da Conferência Mundial sobre os Direitos Humanos, da qual o Brasil tomou parte, pede resposta particularmente eficaz para o combate à escravidão sexual[(70)]. Cabe lembrar que a Convenção Suplementar sobre a Abolição da Escravatura de 1956, ratificada pelo Brasil e promulgada pelo Decreto n. 58.563/1966[(71)], já considerava o casamento forçado como uma forma de trabalho escravo. Em 2002, com a adoção do Estatuto de Roma do Tribunal Penal Internacional, a escravidão sexual passou a ser classificada como crime contra a humanidade[(72)].

Verifica-se que, tanto a legislação nacional quanto os tratados internacionais de direitos humanos não restringem a exploração sexual à prostituição. O art. 218-B do Código Penal[(73)], e o art. 244-A, do Estatuto da Criança e do Adolescente[(74)], ao tratarem

(67) ORGANIZAÇÃO DAS NAÇÕES UNIDAS. *Convenção sobre a Eliminação de Todas as Formas de Discriminação contra a Mulher*, 1979. Disponível em: https://www.onumulheres.org.br/wp-content/uploads/2013/03/convencao_cedaw1.pdf. Acesso em: 23 set. 2023.

(68) ORGANIZAÇÃO DAS NAÇÕES UNIDAS. *Convenção sobre os Direitos das Crianças*, 1989. Disponível em: https://www.unicef.org/brazil/convencao-sobre-os-direitos-da-crianca. Acesso em: 23 set. 2023.

(69) MASSON, Cleber. *Direito Penal Esquematizado vol. 3:* parte especial arts. 213 a 359-H. 5. ed. São Paulo: Editora Método, 2015. p. 106.

(70) ORGANIZAÇÃO DAS NAÇÕES UNIDAS. *Declaração e Programa de Ação de Viena*, 1993. Disponível em: https://www.onumulheres.org.br/wp-content/uploads/2013/03/declaracao_viena.pdf. Acesso em: 23 set. 2023.

(71) BRASIL. Presidência da República. *Decreto n. 58.563, de 1º de junho de 1966*. Promulga a Convenção Suplementar sobre a Abolição da Escravatura de 1956. Disponível em: https://www.planalto.gov.br/ccivil_03/Atos/decretos/1966/D58563.html#:~:text=DECRETO%20N%C2%BA%2058.563%2C%20DE%201%C2%BA,Aboli%C3%A7%C3%A3o%20da%20Escravatura%20de%201956. Acesso em: 23 de set. 2023.

(72) BRASIL. Presidência da República. *Decreto n. 4.388, de 25 de setembro de 2002*. Promulga o Estatuto de Roma do Tribunal Penal Internacional. Disponível em: https://www.planalto.gov.br/ccivil_03/decreto/2002/d4388.htm. Acesso em: 23 set. 2023.

(73) BRASIL. *Decreto-lei n. 2.848, de 7 de dezembro de 1940*. Código Penal. Disponível em: https://www.planalto.gov.br/ccivil_03/decreto-lei/del2848compilado.htm. Acesso em: 24 set. 2023.

(74) BRASIL. *Lei n. 8.069, de 13 de julho de 1990*. Dispõe sobre o Estatuto da Criança e do Adolescente e dá outras providências. Disponível em: https://www.planalto.gov.br/ccivil_03/leis/l8069.htm. Acesso em: 24 set. 2023.

da exploração sexual de criança ou adolescente ou de vulnerável conceituam o tipo penal como submissão à prostituição ou a outra forma de exploração sexual. O Protocolo Adicional à Convenção das Nações Unidas contra o Crime Organizado Transnacional Relativo à Prevenção, Repressão e Punição do Tráfico de Pessoas, em Especial Mulheres e Criança (Protocolo de Palermo), ratificado pelo Brasil e promulgado pelo Decreto n. 5.017/2004[(75)], tem disposição semelhante. Ao conceituar "tráfico de pessoas", no art. 3º, *"a"*, determina que "a exploração incluirá, no mínimo, a exploração da prostituição de outrem ou outras formas de exploração sexual, o trabalho ou serviços forçados, escravatura ou práticas similares à escravatura, a servidão ou a remoção de órgãos".

O governo brasileiro reconhece, em publicação sobre o tráfico de pessoas que, atualmente, exploração sexual é um gênero, do qual turismo sexual, prostituição infantil, pornografia infantil, prostituição forçada, escravidão sexual, casamento forçado são espécies[(76)]. O Fundo das Nações Unidas para a Infância (UNICEF) adota conceito semelhante e, na sua página na Internet, no Brasil, informa que a exploração da criança para fins sexuais pode se dar "nas circunstâncias de escravidão, turismo sexual ou outras formas de abuso, como a exposição a materiais pornográficos e violações dentro do contexto familiar"[(77)]. Considerando que o trabalho sexual na Comunidade Lucas tinha objetivo lucrativo e adquiriu contornos evidentes de casamento forçado e escravidão sexual, não restam dúvidas de que se trata de uma espécie de exploração sexual.

Atualmente, a Instrução Normativa n. 2, de 8 de novembro de 2021, do Ministério do Trabalho e Previdência[(78)] disciplina, no capítulo V (arts. 18 a 47), os procedimentos que os Auditores-Fiscais do Trabalho devem adotar em casos de trabalho análogo à escravidão, incluindo o reconhecimento da relação de trabalho e o pagamento dos créditos trabalhistas, determinando, no art. 20, sua aplicação em casos de exploração de trabalho sexual.

A mesma Instrução Normativa, relaciona, no Anexo II, os indicadores de submissão de trabalhador à condição análoga a de escravo. No item 1, estão descritos os

---

(75) BRASIL. Presidência da República. *Decreto n. 5.017, de 12 de março de 2004*. Promulga o Protocolo Adicional à Convenção das Nações Unidas contra o Crime Organizado Transnacional Relativo à Prevenção, Repressão e Punição do Tráfico de Pessoas, em Especial Mulheres e Crianças. Disponível em: https://www.planalto.gov.br/ccivil_03/_ato2004-2006/2004/decreto/d5017.htm. Acesso em: 23 de set. 2023.

(76) BRASIL. Ministério da Justiça. *Política Nacional de Enfrentamento ao Tráfico de Pessoas*. 2 ed. Brasília, 2008. Disponível em: https://www.gov.br/mj/pt-br/assuntos/sua-protecao/trafico-de-pessoas/publicacoes/artigos/2008cartilhapnep-5.pdf. Acesso em: 24 set. 2023.

(77) FUNDO DAS NAÇÕES UNIDAS PARA A INFÂNCIA. *Combate ao abuso e à exploração sexual infantil*. 31 maio 2023. Disponível em: https://www.unicef.org/brazil/blog/combate-ao-abuso-e-a-exploracao-sexual-infantil. Acesso em: 23 set. de 2023.

(78) BRASIL. Ministério do Trabalho e Previdência. *Instrução Normativa n. 02, de 8 de novembro de 2021*. Dispõe sobre os procedimentos a serem observados pela Auditoria-Fiscal do Trabalho nas situações elencadas. Disponível em: https://www.gov.br/trabalho-e-emprego/pt-br/assuntos/legislacao/PDFINn2de8denovembrode-2021compilado29.12.2022.pdf. Acesso em: 23 set. 2023.

indicadores de trabalho forçado, alguns dos quais encontram-se presentes em relação à exploração sexual ocorrida na Comunidade Lucas, como o tráfico de pessoas, arregimentação e manutenção das trabalhadoras no local mediante fraude ou engano e ainda a ausência de pagamento de remuneração.

De acordo com o art. 3º do Protocolo de Palermo, citado acima, o tráfico de pessoas se consubstancia no recrutamento, transporte, transferência, alojamento ou acolhimento de pessoas, mediante a utilização de vários meios, entre os quais a coerção, ameaças, engano, a fraude, ou mesmo aproveitando-se de situação de vulnerabilidade. Os relatos constantes nos documentos analisados demonstram que os membros da comunidade utilizavam não apenas o Bar Nossa Mesa para o aliciamento, mas também arregimentavam pessoas em Belém e outras cidades no Estado do Pará, seduzindo-as com a falsa promessa de irem para um local de vivência coletiva, onde pudessem viver longe das mazelas da sociedade moderna e as mantinham no local mediante coerção e ameaças, diretas ou veladas, sem que lhes fosse paga qualquer remuneração, de forma que restou evidente a presença dos indicadores acima citados.

Como a exploração sexual das mulheres e meninas eram elementos essenciais na manutenção da comunidade e na garantia da lucratividade obtida pelos líderes, fica evidente que existe no local uma relação de trabalho, que deve ser reconhecida como tal e produzir os efeitos jurídicos dela decorrentes.

5. Procriação e maternagem

A parcas fontes de renda da Comunidade Lucas recrudesceram a exploração dos trabalhadores e trabalhadoras da comunidade. A sentença condenatória da Ação Penal 1003228-16.2020.4.01.3907 reconhece a institucionalização do trabalho sem remuneração na comunidade como a prática ordinária de trabalho[(79)].

Embora a abundância de força de trabalho não remunerada seja um importante angariador de recursos para a liderança da comunidade, as entrevistas com as autoridades que conduziram a ação indicaram a fraude a benefícios sociais como outra importante fonte de renda para a comunidade. Foi relatado pela Auditora-Fiscal do Trabalho Vanusa Zenha que:

> (...) de acordo com os depoimentos colhidos, os benefícios previdenciários e sociais, como o seguro-defeso, salário maternidade para pescadora artesanal, bolsa família e outros, esses benefícios são as principais fonte de financiamento do sistema e da manutenção da sociedade de fato existente

(79) BRASIL. Vara Federal Cível e Criminal da Subseção Judiciária de Tucuruí-PA. *Ação Penal 1003228-16.2020.4.01.3907*. Julgador: Juiz Federal Substituto Diogo da Mota Santos, 16 de março de 2023. Disponível em: https://pje1g.trf1.jus.br/consultapublica/ConsultaPublica/DetalheProcessoConsultaPublica/listView.seam?ca=ee40807f5 11abbed6e06882e5f80135be7eec8446d847878. Acesso em: 23 set. 2023.

> entre os líderes da comunidade. (...) À medida que eles foram conseguindo novas fontes de renda e começou a entrar dinheiro, e os líderes começaram a se destacar, eles começaram a buscar outras fontes de renda de benefícios previdenciários e sociais e tiveram que constituir essa associação de pescadores, que na verdade nunca existiu. Não tinha pesca para isso, quem pescava eram só as crianças, e era pesca para consumo ali dentro não era vendido em larga escala. Absolutamente todo mundo que alcança a maioridade era cadastrado na associação de pescadores para receber o seguro defeso.

A Procuradora do Trabalho Tathiane Menezes que também atribuiu grande importância à fraude a benefícios dentre as rendas da comunidade, conjugada com o trabalho não remunerado no bar, esclarece que havia um objetivo de retorno pecuniário, por meio de fraudes a benefícios, com o incentivo à procriação para as mulheres:

> O objetivo (do incentivo à procriação) é que os líderes fiquem com o valor que as mulheres recebiam a título do auxílio maternidade (...). Como se as mulheres fossem um objeto para ficarem à disposição dos homens e para a procriação. Na mansão, as crianças que vimos eram filhos de meninas muito jovens (...). A ideia era iniciar as meninas logo cedo na questão sexual para que logo elas tivessem filhos, recebessem o auxílio maternidade e eles retivessem esse valor.

O incentivo à procriação, igualmente com menção expressa no Relatório de Fiscalização[80], também é perceptível pelas anotações constantes nos cadernos apreendidos:

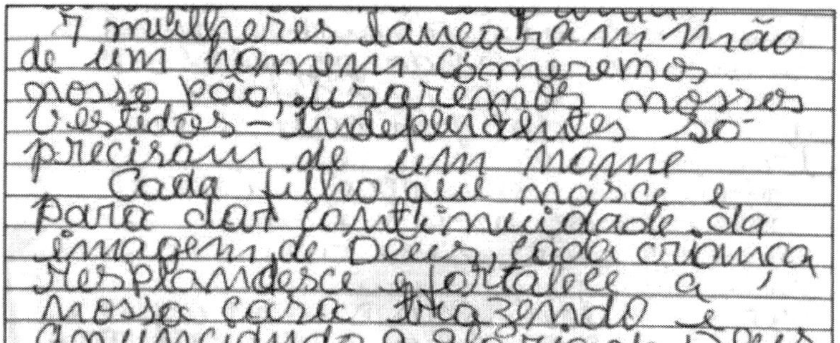
7 mulheres lançarão mão
de um homem comeremos
nosso pão, usaremos nossos
vestidos - independentes só
precisam de um nome
Cada filho que nasce é
para dar continuidade da
imagem de Deus, cada criança
resplandesce fortalece a
nossa casa trazendo e
anunciando a glória de Deus

Figura 4: referências à poligamia e à indução à procriação.

Segundos relatos, a retenção e utilização de benefícios previdenciários e assistenciais pelos líderes aconteceu com vários membros da Comunidade. E.L.A., que viveu por cerca de três anos na Comunidade[81], relatou, em depoimento prestado no Ministério

(80) BRASIL. Ministério do Trabalho e Emprego. Divisão de Fiscalização para Erradicação do Trabalho em Condições Análogas às de Escravo. *Relatório de Fiscalização Bar Nossa Mesa de Bar e Comunidade Lucas*. p. 30.

(81) *Ibidem*, p. 80.

Público Federal, na presença do Procurador da República, Auditores-Fiscais do Trabalho e outros membros da equipe que realizou a ação, que nunca recebeu qualquer tipo remuneração e que quando ingressou na Comunidade o controle do cartão do Bolsa Família passou para o controle dos líderes.

Além dos ganhos com os benefícios assistenciais e previdenciários indevidamente apropriados, a exploração do trabalho infantil consistia em um dos retornos lucrativos com a indução à procriação.

O trabalho infantil é parte da própria filosofia de educação das crianças na Comunidade Lucas, fato relatado pelo membro da comunidade Alaércio Ramos Correia em reportagem ao Fantástico(82). Relatos, constantes tanto no relatório de fiscalização como nas alegações finais do Ministério Público Federal no processo 1003228-16.2020.4.01.3907, afirmam que a partir dos 5 anos de idade os meninos já possuem obrigações de trabalho em relação a coleta de lenha e limpeza do terreno, inclusive com o manuseio de excremento de animais, atividade constante da Lista das Piores Formas de Trabalho Infantil (Decreto n. 6.481/2008)(83)(84)(85). Atividades masculinas mais perigosas, como o corte de madeira com motosserra a caça de animais com o uso de armas de fogo são relatadas a partir dos 12 anos(86).

Para as meninas há relatos de trabalho na creche, a partir dos 6 anos de idade(87). O trabalho consistia no cuidado das crianças ainda mais jovens. Os adultos apenas supervisionavam o serviço, intervindo quando necessária alguma correção — batendo nas crianças com ripas grossas, conforme depoimento(88). O relatório de fiscalização conta, igualmente, com diversos depoimentos afirmando que meninas com até 10 anos de idade entregues para o casamento(89), iniciando, para estas, os trabalhos relacionados à procriação, maternagem, manutenção das residências etc.

---

(82) GLOBO. *Fantástico*. 18 set. 2022. Disponível em: https://globoplay.globo.com/v/10947108/. Acesso em: 23 set. 2023.

(83) BRASIL. Ministério Público Federal. *Ação Penal 1003228-16.2020.4.01.3907*. Procuradora da República Manoela Lopes Lamenha Lins Cavalcante, 29 de novembro de 2022. Disponível em: https://pje1g.trf1.jus.br/consultapublica/ConsultaPublica/DetalheProcessoConsultaPublica/listView.seam?ca=ee40807f511abbed6e06882e5f80135be7eec8446d847878. Acesso em: 23 set. 2023.

(84) BRASIL. Ministério do Trabalho e Emprego. Divisão de Fiscalização para Erradicação do Trabalho em Condições Análogas às de Escravo. *Relatório de Fiscalização Bar Nossa Mesa de Bar e Comunidade Lucas*. p. 69.

(85) BRASIL. Presidência da República. *Decreto n. 6.481, de 12 de junho de 2008*. Regulamenta os arts. 3º, alínea *"d"*, e 4º da Convenção n. 182 da Organização Internacional do Trabalho (OIT) que trata da proibição das piores formas de trabalho infantil e ação imediata para sua eliminação. Disponível em: https://www.planalto.gov.br/ccivil_03/_ato2007-2010/2008/decreto/d6481.htm. Acesso em: 23 de set. 2023.

(86) BRASIL. Ministério do Trabalho e Emprego. Divisão de Fiscalização para Erradicação do Trabalho em Condições Análogas às de Escravo. *Relatório de Fiscalização Bar Nossa Mesa de Bar e Comunidade Lucas*. p. 89.

(87) *Ibidem*, p. 86.

(88) *Ibidem*, p. 86.

(89) *Ibidem*, p. 49-50; 80; 86.

Em suma, caberia às mães não somente a gestação das crianças, mas também a maternagem nos primeiros anos de vida, até o momento em que a criança passaria a ser criada por outro membro da comunidade ou cuidada de forma centralizada, na chamada "creche", ou mesmo entregue ao casamento, quando iniciaria um novo ciclo de reprodução.

Em pesquisa sobre as origens do capitalismo e a política da caça às bruxas, Silvia Federici retorna ao momento da Grande Crise europeia do século XVI e XVII, quando uma combinação de varíola e fome dizimou a população do continente(90). Para a autora, a crise foi um marco inicial do controle estatal sobre o crescimento populacional e a agravou a política de caça às bruxas e controle sobre o comportamento das mulheres:

> Sustento, ademais, que a intensificação da perseguição às "bruxas" e os novos métodos disciplinares que o Estado adotou nesse período, com a finalidade de regular a procriação e retirar o controle das mulheres sobre a reprodução, têm também origem nessa crise(91).

A autora também verificou, para os dias atuais, a existência de uma renovada caça às bruxas na periferia do capitalismo, citando expressamente o Brasil.

> A caça às bruxas, hoje, acarreta uma nova campanha de disciplinamento para impedir que as mulheres assumam papéis mais autônomos na sociedade, para que se mantenham subservientes aos homens e ao capital, e para que possam ser expropriadas do acesso à terra. Essa campanha tem sido promovida sobretudo por seitas fundamentalistas cristãs, que atuam conjuntamente com a expansão capitalista, por meio do avanço das empresas extrativistas e dos ajustes estruturais que têm sido aplicados à economia das ex-colônias europeias.
>
> (...)
>
> Ainda mais importante para este livro foi a intensificação da violência contra as mulheres, inclusive o retorno da caça às bruxas em alguns países (como, por exemplo, África do Sul e Brasil).(92)

De fato, Lucas é comunidade religiosa sem ligação com qualquer igreja(93) e que exerce efetivo controle sobre a capacidade reprodutiva das mulheres com o objetivo de

(90) FEDERICI, Silvia. *Calibã e a Bruxa:* Mulheres, corpo e Acumulação Primitiva. Traduzido por: Coletivo Sycorax. 2. ed. São Paulo: Editora Elefante, 2023. *E-book*. p. 196.

(91) *Ibidem*, p. 38.

(92) *Ibidem*, p. 20; 37.

(93) GLOBO. *Fantástico*. 18 set. 2022. Disponível em: https://globoplay.globo.com/v/10947108/. Acesso em: 23 set. 2023.

induzir a procriação, conforme apurado por Auditores-Fiscais do Trabalho. Para exercer esse controle, a liderança da comunidade utiliza dogmas religiosos que submetem as mulheres aos homens e dispõe de um tribunal privado para coagir e sancionar os "rebeldes". De forma similar, as mulheres da comunidade são tratadas como bruxas ou endemoniadas, quando classificadas como rebeldes, isso é, quando se recusam a obedecer aos homens e aos líderes.

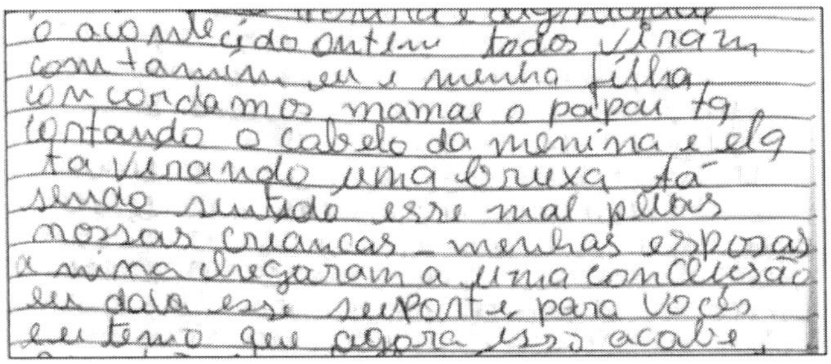
o acontecido ontem todos viram
com tambem eu e minha filha
concordamos mamae o papai ta
cortando o cabelo da menina e ela
ta virando uma bruxa ta
sendo sentido esse mal pelas
nossas crianças minhas esposas
e nina chegaram a uma conclusão
eu dou esse suporte para vocês
eu temo que agora isso acabe,

Figura 5: uma menina da comunidade com o comportamento identificado como "bruxa" foi submetida à penalidade de raspagem da cabeça, conhecida na comunidade como "carecar".

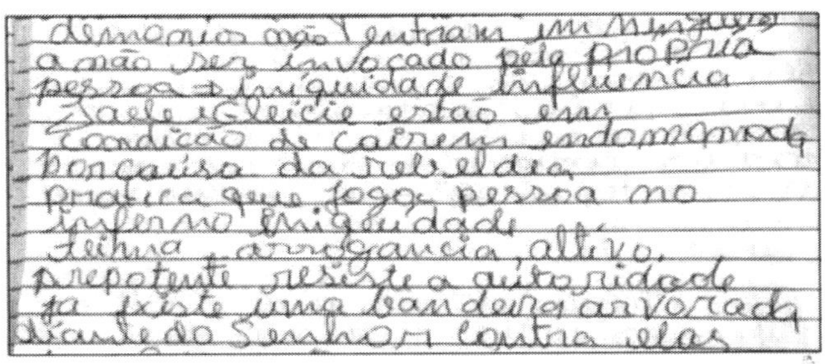
demonios não entram em ninguém
a não ser invocado pela propria
pessoa iniquidade influencia
Isaela Gleicie estão em
condição de carrem endemoniad
por causa da rebeldia
pratica que jogo pessoa no
inferno iniquidade
teimosia arrogancia altivo.
prepotente resiste a autoridade
ja existe uma bandeira arvorada
diante do Senhor contra elas

Figura 6: anotações indicam que a "rebeldia" e a resistência à autoridade seria causas para estar "endemoniado".

A procriação tinha, portanto, papel central na dinâmica de funcionamento da Comunidade e no enriquecimento dos seus líderes, havendo grande incentivo para que as meninas e mulheres tivessem filho, tendo sido constatado muitas crianças no local. Como já relatado anteriormente, as mulheres não tinham seus filhos por vontade própria, mas sim por determinação dos líderes, que dispunham de um sistema coercitivo para executar suas decisões.

De fato, a procriação forçada foi comum em toda América, especialmente no interregno entre a extinção do tráfico de escravos e a abolição da escravatura, por meio dos chamados escravos reprodutores[(94)]. Nesse período, a escassez de mão de obra escrava importada da África induziu os senhores de escravos a estabelecerem "fazendas reprodutoras de gente"[(95)]. O papel das escravas seria a da gestação e dos cuidados nos primeiros

(94) GOMES, Laurentino. *Escravidão, Volume III:* Da Independência do Brasil à Lei Áurea. Rio de Janeiro: Editora Globo Livros, 2022. *E-book*. p. 448.

(95) *Ibidem*, p. 448.

anos de vida, sendo comum que os filhos fossem separados de suas mães após o parto para o maior lucro dos escravocratas com o aluguel de amas de leite(96).

Atualmente, o compromisso no combate à gravidez forçada foi acertado na Conferência Mundial sobre os Direitos Humanos, constando da Declaração e Programa de Ação de Viena de 1993(97), sendo igualmente classificado como crime contra a humanidade, conforme art. 7º, item 1, alínea "*g*", do Estatuto de Roma do Tribunal Penal Internacional(98).

O Estatuto de Roma do Tribunal Penal Internacional define a gravidez à força como aquela que tem por proposito cometer violações graves do direito internacional, como é a exploração do trabalho forçado e outras formas de redução de pessoa à condição análoga à de escravo, constantes de diversos diplomas internacionais, em especial as Convenções ns. 29(99) e 105(100) da Organização Internacional do Trabalho.

Interessante observar que o Estatuto de Roma inclui a gravidez forçada como uma forma de violência no campo sexual. Por sua vez, o Anexo II da Instrução Normativa n. 2 de 8 de novembro de 2021, do Ministério do Trabalho e Previdência, que estabelece os indicadores da ocorrência de trabalho em condições análogas às de escravo inclui em seu rol a "agressão sexual no contexto da relação de trabalho", abrindo espaço interpretativo para inclusão desta atividade dentre as que fundamentam a caracterização daquele tipo de exploração.

No mais, os demais indicadores da existência de trabalho análogo ao escravo constantes da Instrução Normativa n. 2 de 2021, do Ministério do Trabalho e Previdência, e mencionados no anterior, aplicam-se também para os casos de gravidez forçada.

6. Considerações finais

A partir da diferenciação entre trabalho produtivo e reprodutivo adotada pelo feminismo marxista, e em especial por Silvia Federici, foi possível identificar que o relatório de fiscalização aborda, em seus diversos momentos, a ocorrência de exploração de

(96) GOMES, Laurentino. *Escravidão, Volume III:* Da Independência do Brasil à Lei Áurea. Rio de Janeiro: Editora Globo Livros, 2022. *E-book*. p. 193.

(97) ORGANIZAÇÃO DAS NAÇÕES UNIDAS. *Declaração e Programa de Ação de Viena*, 1993. Disponível em: https://www.onumulheres.org.br/wp-content/uploads/2013/03/declaracao_viena.pdf. Acesso em: 23 set. 2023.

(98) BRASIL. Presidência da República. *Decreto n. 4.388, de 25 de setembro de 2002*. Promulga o Estatuto de Roma do Tribunal Penal Internacional. Disponível em: https://www.planalto.gov.br/ccivil_03/decreto/2002/d4388.htm. Acesso em: 23 set. 2023.

(99) ORGANIZAÇÃO INTERNACINAL DO TRABALHO. *Convenção n. 29*, 1930. Disponível em: https://www.ilo.org/brasilia/convencoes/WCMS_235021/lang--pt/index.htm. Acesso em: 24 set. 2023.

(100) ORGANIZAÇÃO INTERNACINAL DO TRABALHO. ***Convenção n. 105***, 1957. Disponível em: https://www.ilo.org/brasilia/convencoes/WCMS_235195/lang--pt/index.htm. Acesso em: 24 set. 2023.

cinco formas de trabalho reprodutivo: preparo de refeições; serviços de costura; cuidado de crianças; casamento forçado e trabalho/exploração sexual de mulheres adultas, adolescentes e crianças; e a procriação e maternagem.

Embora seja possível identificar relatos das cinco formas citadas de trabalho reprodutivo na Comunidade Lucas, apenas o preparo de refeições, os serviços de costura e o cuidado de crianças foram incluídas entre as atividades da sociedade, classificadas pela Auditoria-Fiscal do Trabalho como atividades-meio da sociedade de fato.

Foi realizada ampla pesquisa doutrinária e legislativa, bem como entrevistas com autoridades que conduziram a operação, com o intuito de avaliar se as demais atividades (casamento forçado e trabalho/exploração sexual de mulheres adultas, adolescentes e crianças; procriação e maternagem) poderiam ser igualmente classificadas como parte das atividades da sociedade de fato.

As entrevistas mostraram que a ausência das tarefas no rol das atividades-meio guarda mais relação com o momento processual das investigações do que a com discordância teórica de seu cabimento. Por sua vez, pesquisa doutrinária e legislativa teve por objetivo verificar se havia, dentro da conceituação apresentada por Ronald Dworkin, argumentos de princípios capazes de embasar uma responsabilização trabalhista para as tarefas ausentes da lista das atividades-meio.

Em ambos os casos foi possível vincular as explorações à normas de proteção internacionais e nacionais, das qual se destaca a Instrução Normativa n. 2, de 2021, do Ministério do Trabalho e Previdência. A aplicação da Instrução Normativa n. 2 tem por consequência o reconhecimento das relações como de natureza trabalhista, atraindo, em favor das vítimas, suas normas de proteção e, aos infratores, suas penalidades.

Embora os resultados possam ser considerados restritos, pois ocorridos em um caso em que foi constatada a exploração de trabalho em condições análogas às de escravo, apontam para a confirmação de diversos argumentos apresentados pelo feminismo marxista sobre a exploração do trabalho reprodutivo da mulher. Nesse sentido, os resultados podem ajudar a compreender o impacto de políticas públicas de reconhecimento e proteção da importância do trabalho reprodutivo, à exemplo da iniciava argentina de proteção previdenciária à essa classe de trabalhadoras e à campanha *Wages for Housework*.

Conclui-se pela importância e relevância da pesquisa para a confirmação das teses feministas marxistas do trabalho, confirmando também a atualidade dos argumentos apresentados. Inobstante, remanescem diversos objetos que não puderam ser aprofundados nesse trabalho devido ao recorte temático do problema inquirido, dos quais destacamos: a comodificação das mulheres e sua utilização como moeda de pagamento para o trabalho escravo dos homens; o impacto da ausência de uma escola regular e da convivência com pessoas fora da comunidade para toda uma geração de crianças e seus sistemas de crenças; a confrontação da organização hierárquica, do código de condutas e do tribunal privado da comunidade com a teoria do pluralismo jurídico, entre outros.

Referências

BOTTOMORE, Tom. *Dicionário do Pensamento Marxista*. Traduzido por: Waltensir Dura. Editora Zahar, 2013. Disponível em: https://edisciplinas.usp. br/pluginfile.php/7049739/mod_resource/content/1/Bottomore_dicion%C3 %A1rio_pensamento_marxista.pdf. Acesso em: set. 2023. *E-book*. Não paginado.

BRASIL DE FATO. *Aposentadoria por maternidade representa conquista dos feminismos na Argentina*. 30 ago. 2021. Disponível em: https://www.brasildefato.com.br/2021/07/30/aposentadoria-por-maternidade-representa-conquista-dos-feminismos-na-argentina. Acesso em: 23 set. 2023.

BRASIL. *Decreto-lei n. 2.848, de 7 de dezembro de 1940*.Código Penal. Disponível em: https://www.planalto.gov.br/ccivil_03/decreto-lei/del2848compilado.htm. Acesso em: 24 set. 2023.

______. *Lei n. 12.527, de 18 de novembro de 2011*. Regula o acesso a informações previsto no inciso XXXIII do art. 5º, no inciso II do § 3º do art. 37 e no § 2º do art. 216 da Constituição Federal. Disponível em: https://www.planalto.gov.br/ccivil_03/_ato2011-2014/2011/lei/l12527.htm. Acesso em: 23 set. 2023.

______. *Lei n. 8.069, de 13 de julho de 1990*. Dispõe sobre o Estatuto da Criança e do Adolescente e dá outras providências. Disponível em: https://www.planalto.gov.br/ccivil_03/leis/l8069.htm. Acesso em: 24 set. 2023

______. *Lei n. 9.455, de 7 de abril de 1997*. Define os crimes de tortura e dá outras providências. Disponível em: https://www.planalto.gov.br/ccivil_03/leis/l9455.htm. Acesso em: 24 set. 2023.

______. Ministério da Justiça. *Política Nacional de Enfrentamento ao Tráfico de Pessoas*. 2 ed. Brasília, 2008. Disponível em: https://www.gov.br/mj/pt-br/assuntos/sua-protecao/trafico-de-pessoas/publicacoes/artigos/2008cartilhapnep-5.pdf. Acesso em: set. de 2023.

______. Ministério do Trabalho e Emprego. Divisão de Fiscalização para Erradicação do Trabalho em Condições Análogas às de Escravo. *Relatório de Fiscalização Bar Nossa Mesa de Bar e Comunidade Lucas*.

______. Ministério do Trabalho e Previdência. *Instrução Normativa n. 02, de 8 de novembro de 2021*. Dispõe sobre os procedimentos a serem observados pela Auditoria-Fiscal do Trabalho nas situações elencadas. Disponível em: https://www.gov.br/trabalho-e-emprego/pt-br/assuntos/legislacao/PDFINn2de8denovembrode2021compilado29.12.2022.pdf. Acesso em: 23 set. 2023.

______. Ministério Público Federal. *Ação Penal 1003228-16.2020.4.01.3907*. Procuradora da República Manoela Lopes Lamenha Lins Cavalcante, 29 de novembro de 2022. Disponível em: https://pje1g.trf1.jus.br/consultapublica/ConsultaPublica/DetalheProcessoConsultaPublica/listView. seam?ca=ee40807f511abbed6e06882e5f80135be7eec8446d847878. Acesso em: 23 set. 2023.

______. Presidência da República. *Decreto n. 4.388, de 25 de setembro de 2002*. Promulga o Estatuto de Roma do Tribunal Penal Internacional. Disponível em: https://www.planalto.gov.br/ccivil_03/decreto/2002/d4388.htm. Acesso em: 23 set. 2023.

______. Presidência da República. *Decreto n. 5.017, de 12 de março de 2004*. Promulga o Protocolo Adicional à Convenção das Nações Unidas contra o Crime Organizado Transnacional Relativo à Prevenção, Repressão e Punição do Tráfico de Pessoas, em Especial Mulheres e Crianças.

Disponível em: https://www.planalto.gov.br/ccivil_03/_ato2004-2006/2004/decreto/d5017.htm. Acesso em: 23 de set. 2023.

______. Presidência da República. *Decreto n. 58.563, de 1º de junho de 1966*. Promulga a Convenção Suplementar sobre a Abolição da Escravatura de 1956. Disponível em: https://www.planalto.gov.br/ccivil_03/Atos/decretos/1966/D58563.html#:~:text=DECRETO%20N%C2%BA%2058.563%2C%20DE%201%C2%BA,Aboli%C3%A7%C3%A3o%20da%20Escravatura%20de%201956. Acesso em: 23 set. 2023.

______. Presidência da República. *Decreto n. 6.481, de 12 de junho de 2008*. Regulamenta os arts. 3º, alínea *"d"*, e 4º da Convenção n. 182 da Organização Internacional do Trabalho (OIT) que trata da proibição das piores formas de trabalho infantil e ação imediata para sua eliminação. Disponível em: https://www.planalto.gov.br/ccivil_03/_ato2007-2010/2008/decreto/d6481.htm. Acesso em: 23 set. 2023.

______. Tribunal Regional Federal (1ª Região). *Habeas Corpus 0032782-02.2017.4.01.0000*. Relator: Desembargador Federal Ney Bello, 29 de agosto de 2017. Disponível em: https://arquivo.trf1.jus.br/PesquisaMenuArquivo.asp?p1=00327820220174010000&pA=&pN=327820220174010000. Acesso em: 23 set. 2023.

______. Vara Federal Cível e Criminal da Subseção Judiciária de Tucuruí-PA. *Ação Penal 1003228-16.2020.4.01.3907*. Julgador: Juiz Federal Substituto Diogo da Mota Santos, 16 de março de 2023. Disponível em: https://pje1g.trf1.jus.br/consultapublica/ConsultaPublica/DetalheProcessoConsultaPublica/listView.seam?ca=ee40807f511abbed6e06882e5f80135be7eec8446d847878. Acesso em: 23 set. 2023.

COMUNIDADE LUCAS. *Como chegar à comunidade Lucas*. Disponível em: http://lucasminhacomunidade.blogspot.com/. Acesso em: 02 ago. 2023.

DWORKIN, Roland. *Levando os direitos a sério*. Tradução por: Nelson Boeira. São Paulo: Editora Martins Fontes, 2002.

FEDERICI, Silvia. *Calibã e a Bruxa:* Mulheres, corpo e Acumulação Primitiva. Traduzido por: Coletivo Sycorax. 2. ed. São Paulo: Editora Elefante, 2023. E-book.

______. *O Ponto Zero da Revolução:* Trabalho Doméstico, Reprodução e Luta Feminista. Traduzido por: Coletivo Sycorax. São Paulo: Editora Elefante, 2019. *E-book*.

FUNDO DAS NAÇÕES UNIDAS PARA A INFÂNCIA. *Combate ao abuso e à exploração sexual infantil*. Disponível em: https://www.unicef.org/brazil/blog/combate-ao-abuso-e-a-exploracao-sexual-infantil. Acesso em: 23 set. 2023.

FURNO, J. da C. O Trabalho das Mulheres: entre a produção e a reprodução social. In: *VIII Colóquio Internacional Marx e Engels*, 2015, Campinas. Anais do VIII Colóquio Internacional Marx e Engels. Campinas: CEMARX, 2015. V. v. 1.

______. O Trabalho das Mulheres: entre a produção e a reprodução social. In: *VIII Colóquio Internacional Marx e Engels*, 2015, Campinas. Anais do VIII Colóquio Internacional Marx e Engels. Campinas: CEMARX, 2015. V. v. 1.

GLOBO. Comunidade Lucas: 'Inventaram uma lei que as meninas de 12, 13 anos moravam todas com o líder'. *G1*, 20 set. 2022. Disponível em: https://g1.globo.com/fantastico/noticia/2022/09/20/comunidade-lucas-inventaram-uma-lei-que-as-meninas-de-12-13-anos-moravam-todas-com-o-lider.ghtml. Acesso em: 02 ago. 2023.

______. *Fantástico*. 18 set. 2022. Disponível em: https://globoplay.globo.com/v/10947108/. Acesso em: 23 set. 2023.

GOMES, Laurentino. *Escravidão, Volume III:* Da Independência do Brasil à Lei Áurea. Rio de Janeiro: Editora Globo Livros, 2022. *E-book.*

HIRATA, H.; KERGOAT, D. Novas Configurações da Divisão Sexual do Trabalho. In: *Cadernos de Pesquisa*, v. 37, n. 132, set./dez. 2007.

LERNER, Gerda. *A Criação do Patriarcado:* História da Opressão das Mulheres pelos Homens. Tradução por: Luiza Sellera. São Paulo: Editora Cultrix, 2019. *E-book.*

MASSON, Cleber. Direito *Penal Esquematizado vol. 3:* parte especial arts. 213 a 359-H. 5. ed. São Paulo: Editora Método, 2015.

ORGANIZAÇÃO DAS NAÇÕES UNIDAS. *Convenção sobre a Eliminação de Todas as Formas de Discriminação contra a Mulher*, 1979. Disponível em: https://www.onumulheres.org.br/wp-content/uploads/2013/03/convencao_cedaw1.pdf. Acesso em: 23 set. 2023.

______. *Convenção sobre os Direitos das Crianças*, 1989. Disponível em: https://www.unicef.org/brazil/convencao-sobre-os-direitos-da-crianca. Acesso em: 23 set. 2023.

______. *Declaração e Programa de Ação de Viena*, 1993. Disponível em: https://www.onumulheres.org.br/wp-content/uploads/2013/03/declaracao_viena.pdf. Acesso em: 23 set. 2023.

ORGANIZAÇÃO INTERNACINAL DO TRABALHO. *Convenção n. 105*, 1957. Disponível em: https://www.ilo.org/brasilia/convencoes/WCMS_235195/lang--pt/index.htm. Acesso em: 24 set. 2023.

______. *Convenção n. 29*, 1930. Disponível em: https://www.ilo.org/brasilia/convencoes/WCMS_235021/lang--pt/index.htm. Acesso em: 24 set. 2023.

PRERERIRA, Aline Fabiana Campos; Cardoso, Lys Sobral (no prelo). *Escravas da fé:* um estudo de caso de casamento forçado induzido por crença religiosa no Pará.

ZANELLA, L. *Metodologia de Pesquisa*. Florianópolis: Editora da Universidade Federal de Santa Catarina, 2013.

A (In)Eficácia do *Compliance* Trabalhista como Instrumento de Prevenção e Combate ao Assédio à Luz do Caso Marcius Melhem

Nazaré de Belém Sacramento[1]
Walneide Carvalho da Silva[2]

1. Introdução

Em dezembro de 2020, a revista *Piauí* lança matéria intitulada "O que mais você quer, filha, para calar a boca?" (BATISTA JR., 2020, *on-line*). A reportagem deu maior publicidade aos comentários surgidos em 2019 sobre alegações de assédio sexual e moral envolvendo o ator e humorista e, na época, diretor do Núcleo de Humor da *TV Globo*, Marcius Melhem e algumas atrizes que trabalharam/trabalham na emissora, e trouxe à tona para o grande público, o relato detalhado das primeiras denúncias desse caso. Posteriormente, são publicadas, dentre tantas outras sobre o assunto, duas novas reportagens, uma delas, no portal Metrópoles (AMADO; MEIRELES 2023, *on-line*), em março de 2023, onde são entrevistadas várias denunciantes e o denunciado, e, em maio de 2023, novamente na *Revista Piauí* (BATISTA JR., 2023, *on-line*), com atualização do caso Melhem e informando sobre mais um caso de assédio nas dependências da *Globo*.

Longe de ser pontual ou excepcional, os casos de assédio moral e sexual descritos nas reportagens dão conta de violências perpetradas contra mulheres no âmbito do trabalho. Dados da pesquisa sobre Violência e Assédio contra a Mulher no Mundo Corporativo (TOCHA FILMES, 2019, *on-line*), indicam que, no Brasil, apenas 19% das empresas atuam no combate à violência contra a mulher. Das mulheres ouvidas na pesquisa, um total de 12% informou já ter sofrido agressões sexuais, sendo que sete em cada dez trabalhadoras ainda foram alvo de humilhações como xingamentos e insinuações sexuais no trabalho, conforme dados do Instituto Patrícia Galvão (PATRÍCIA GALVÃO, 2020, *on-line*).

---

(1) Auditora-Fiscal do Trabalho. Graduada em Direito pela Faculdade de Direito da Universidade Federal do Pará.

(2) Auditora-Fiscal do Trabalho. Especialista em Direito do Trabalho e Processo do Trabalho (Estácio de Sá). Mestre em Direito das Relações Sociais (Universidade da Amazônia).

A atriz, alvo do assédio, segundo reportagens (BATISTA JR., 2020, 2023, *on--line*), ficou doente, perdeu trabalho e teve sua credibilidade posta em xeque em virtude das violências sofridas e denunciadas.

O Instituto Nacional do Seguro Social (INSS) informou que em 2022, 209.124 mil pessoas foram afastadas do trabalho por transtornos mentais, entre eles a depressão, distúrbios emocionais e Alzheimer (FARIAS, 2023, *on-line*). É oportuno destacar que no Brasil as causas mentais e comportamentais assumiram a terceira posição no *ranking* de motivos determinantes para afastamento de trabalhadores já no ano de 2021, como apontado pelo Observatório de Segurança e Saúde do Trabalho (MPT, 2023).

Os mecanismos postos pela Globo para combater práticas ilegais e irregulares, como o *compliance*(3), aparentemente, não funcionaram, apontando que não há imparcialidade, quando o interesse do empregador está em jogo. A cultura organizacional presente naquele ambiente, conforme relatado, foi fundamental para a ocorrência dos fatos denunciados.

Assim, a escolha do caso objeto do presente artigo, com sujeitos mulheres como vítimas, é emblemática e justificada, diante dos relatos variados de sofrimento dessas pessoas alvos de assédios no ambiente de trabalho que retratam, em grande medida, o contexto patriarcal(4) da sociedade brasileira.

Por meio deste estudo e seus desencadeamentos, vislumbramos quantas mulheres mais vivem histórias de sofrimento, constrangimento e adoecimento, em razão de assédios perpetrados no ambiente de trabalho, ainda mais se pobres, se negras, com contratos de trabalho vulnerabilizados pela terceirização, autônomos, informalidade, microempreendedoras individuais — MEI e as PJ(5); relações de trabalho, onde as marcas da desigualdade e superexploração são mais presentes. Acrescente-se a isso a sobrecarga advinda do trabalho reprodutivo e o aumento da participação relativa da mulher na renda familiar, visto que cerca de 50,8% das famílias brasileiras são chefiadas por mulheres (DIEESE, 2023).

---

(3) *Compliance* é um conjunto de medidas internas que permite prevenir ou minimizar os riscos de violação às leis decorrentes de atividade praticada por um agente econômico e de qualquer um de seus sócios ou colaboradores (CADE, 2016, *on-line*).

(4) Hartmann *apud* Saffioti (1979, p. 232), define patriarcado como sendo:[...] conjunto de relações sociais que tem uma base material e no qual há relações hierárquicas entre homens, e solidariedade entre eles, que os habilitam a controlar as mulheres. Patriarcado é, portanto, o sistema masculino de opressão das mulheres.

(5) "A denominação "pejotização" tem sido utilizada pela jurisprudência para se referir à contratação de serviços pessoais, exercidos por pessoas físicas, de modo subordinado, não eventual e oneroso, realizada por meio de pessoa jurídica constituída especialmente para esse fim, na tentativa de disfarçar eventuais relações de emprego que evidentemente seriam existentes, fomentando a ilegalidade e burlando direitos trabalhistas" (BRIANEZI, KATY, 2011, *on-line*).

As evidências expostas permitem concluir que os mecanismos de combate presentes na sociedade brasileira não estão sendo suficientes para coibir os assédios praticados no ambiente laboral. Nesse sentido, as escolhas políticas para coibir o assédio no trabalho são diversas. Há nações sem individuação legal, mas que contam com uma maior efetividade dos direitos fundamentais, como a Alemanha; ou países com tipicidade pioneira como a Suécia e; outros, com regulação mais abrangente contra assédio, como a França (CAMPOS; PANCHERI, 2017, *online*).

Sabemos ainda que os canais de comunicação instituídos por empresas são apontados como medidas eficientes para prevenir o assédio, acolhendo a vítima, formalizando suas denúncias, assim impedindo que sejam silenciadas, conforme indicado pela primeira pesquisa global sobre experiências de violência e assédio no trabalho, realizada pela Organização Mundial do Trabalho — OIT (2022). Há inclusive propostas de tipificação penal do assédio moral, conforme Projeto de Lei n. 1.521/2019(6).

Ao propor um debate sobre o assunto, o presente trabalho pretende se debruçar sobre o mecanismo de *compliance*, verificando sua capacidade e eficiência como mecanismo de prevenção e controle de práticas assediosas perpetradas no ambiente de trabalho. Apresenta-se o seguinte questionamento: Como o caso Marcius Melhem nos faz refletir sobre os limites do *compliance* na apuração de assédio moral contra mulheres no ambiente de trabalho?

Para tanto, inicialmente, tecemos algumas considerações sobre as práticas de assédio moral e o efeito nefasto sobre a ambiência laboral, capaz de provocar o adoecimento de trabalhadores, os quais são violentamente atingidos em direitos fundamentais: saúde e dignidade. Aqui falaremos ainda sobre as violências contra as mulheres no ambiente de trabalho, como reflexo da discriminação estrutural de gênero presente na nossa sociedade, com destaque aos mecanismos de proteção perseguidos para combate ao assédio por meio da efetiva implementação da Convenção n. 190, da OIT — pendente ainda de ratificação pelo Brasil.

Em um segundo momento, analisaremos os programas de *compliance* já existentes em muitas empresas, inclusive na empregadora do caso sob estudo, analisando, ao final, aspectos gerais que envolvem a *compliance*, como medida (in)eficaz de combate à prática de assédio no meio ambiente laboral.

O objeto do presente trabalho, à primeira vista, revela um viés eminentemente jurídico, sendo erigido a partir de estudo doutrinário sobre a figura do assédio moral no mundo do trabalho e de mecanismo de controle já implementado por algumas empresas (*compliance*), ao lado da normatização internacional existente (C190). Tal contexto

(6) O Projeto de Lei — PL n. 4.742/2001 foi aprovado na Câmara dos Deputados em março de 2019 e, atualmente, tramita no Senado (PL n. 1.521/2019).

revelou oportuna a opção pelo método de pesquisa monográfico (estudo de caso), confirmando o entendimento sobre a conveniência do referido método na área do Direito (Tassigny *et al*, 2016).

O caso ora analisado tornou-se de conhecimento público, após denúncia formulada pela atriz brasileira Dani Calabresa, alcançando a grande mídia e meios de comunicação alternativos, optando-se por manter foco nas entrevistas concedidas pelas partes diretamente envolvidas nos episódios, inclusive por meio de recurso áudio visual (AMADO; MEIRELES, 2023, *on-line*), garantindo-se a fidelidade dos relatos.

Aqui informamos que nossas fontes de conhecimento sobre o caso foram baseadas inteiramente nas reportagens mencionadas neste trabalho, tendo em vista que os inquéritos e processos judiciais sobre os episódios de assédio no âmbito da Globo correm em segredo de justiça. Sendo assim, a partir de uma abordagem hipotético-dedutiva de caráter descritivo e analítico, pretendeu-se discorrer sobre um fato social determinado e seus efeitos sobre a vida de trabalhadores, a grande maioria mulheres, promovendo o cotejo com a legislação e doutrina já existente sobre a matéria, com o objetivo de averiguar a pertinência da utilização do *compliance* como medida de prevenção e controle do assédio.

Para alcançar o fim colimado foi realizada pesquisa bibliográfica e documental, tendo sido privilegiada a leitura de obras fundamentais sobre o tema, sob a perspectiva de conceituação, bem como artigos científicos e trabalhos acadêmicos com uma visão mais prática e atualizada.

Para tanto foram consultados periódicos da Revista Síntese Trabalhista e Previdenciária, além do banco de teses e dissertações da Coordenação de Aperfeiçoamento de Pessoal do Nível Superior (CAPES) e das bases bibliográficas da *Scientific Electronic Library Online* (Scielo) e Academia Edu, utilizando as palavras-chave — "assédio moral" — "*compliance*" — e — "Convenção OIT n. 190", tendo como marco temporal, a partir do ano de 2019 – ano de aprovação da referida convenção internacional. Buscou-se ainda a seleção de autores de áreas diversificadas tais como Direito, Medicina e Ciências Sociais, garantindo o enfoque multidisciplinar da matéria que, na prática, repercute de forma ampla e variada na vida de trabalhadores vitimados pelo assédio e de toda a sociedade.

Realizada ainda pesquisa documental por meio da análise da normatização vigente sobre a garantia de direitos fundamentais, notadamente a proteção da dignidade e saúde dos trabalhadores, com destaque para a Convenção n. 190 da OIT.

Na observação do caso, notamos como a configuração do assédio e o tratamento conferido no âmbito de uma grande empresa ainda se revelaram ineficientes e ineficazes a fim de dar uma resposta adequada e célere às vítimas, nos fazendo refletir sobre a maturidade da cultura do *compliance* no Brasil.

2. Apresentação do caso

No ano de 2020, um caso de grande repercussão ganhou a mídia nacional. Em reportagem veiculada pela Revista Piauí (BATISTA JR., 2020, *on-line*), são escancarados episódios de assédio sexual e moral ocorridos nas dependências de uma das maiores emissoras do país, o Grupo Globo de Televisão. O acusado era Marcius Melhem, diretor do Núcleo de Humor da emissora. As vítimas da violência ocorrida no ambiente de trabalho foram a atriz Dani Calabresa e outras funcionárias da empresa.

Na reportagem sob o título "A Globo e o assédio sexual", de maio de 2023, veiculada na *Revista Piauí* (BATISTA JR., 2023, *on-line*), além de novos dados do caso em destaque neste projeto, há denúncia gravíssima sobre outra vítima de assédio moral e sexual, na empresa, que ficou conhecido como caso Esmeralda. A assediada, assim como Dani Calabresa, foi alvo de assédio escancarado de colegas de trabalho, repetidas vezes, e, apesar das denúncias aos colegas e as várias instâncias da Globo, a emissora ignorou o caso por um tempo considerável, não podendo ser razoável.

No caso objeto do nosso estudo, de acordo com os relatos das atrizes envolvidas, Marcius Melhem teria cometido diversos abusos, incluindo assédio moral e sexual. Batista Jr. (2020, 2023, *on-line*) relata nas reportagens denúncias que descrevem comentários e insinuações inapropriadas, avanços físicos indesejados e outros comportamentos abusivos. As atrizes e suas testemunhas expuseram detalhes dos supostos assédios nas declarações dadas e divulgadas nas entrevistas realizadas tanto por BATISTA JR., quanto por Amado e Meireles (2023, *on-line*).

Segundo as vítimas, Melhem teria a prática de mantê-las sob seu domínio, impedindo que participassem de outros programas, deixando de comunicar oportunidade de novos projetos e de conferir créditos devidos aos trabalhos desenvolvidos pelas profissionais, atitudes por ele justificadas como forma de proteção, mas que em realidade desqualificavam os profissionais vitimados pelo assédio, rebaixando suas qualidades. As atrizes também alegaram que o ambiente de trabalho na TV Globo era hostil e que se sentiam coagidas a se calar sobre os abusos devido à posição de poder de Melhem na emissora.

Práticas assediosas no âmbito da Globo, ao que tudo indica, são antigas e recorrentes. Há relatos de situações de assédio vividas pelas vítimas que remontam o ano de 2014 ou mais remotos (Amado; Meireles, 2023, *on-line*). Prova disso é que para a primeira reportagem da revista Piauí (BATISTA JR., 2020), foram ouvidas 43 pessoas sobre o caso Marcius Melhem. Dessas, 02 vítimas de assédio sexual, 07 vítimas de assédio moral e 03 delas vítimas de assédio moral e sexual por parte do acusado. Poucas pessoas saíram do anonimato na entrevista. A maioria preferiu ficar anônima por motivos dos mais diversos, como, por exemplo, evitar atritos com a Globo ou prejuízo às carreiras. Os números de sabedores do caso, tempo decorrido e vítimas são indicadores que os assédios atribuídos a Melhem eram bastantes conhecidos pela emissora.

Dani Calabresa, segundo reportagem (BATISTA JR., 2020, *on-line*), em dezembro de 2019, denunciou Marcius Melhem, o único diretor do Núcleo de Humor da TV Globo, à Monica Albuquerque, chefe do Desenvolvimento e Acompanhamento Artístico (DAA), ao qual os artistas recorrem para apresentar suas queixas. O DDA, após ciência formal do caso, informou à atriz que acionaria o *compliance* da emissora, que seria o mecanismo posto para combate de práticas ilegais ou irregulares. Não surtiu efeito. Pelos relatos, o suposto agressor não se constrangeu com a denúncia feita e continuou a avançar com os assédios. Inclusive se valendo de notas de apoio de colegas do núcleo de humor da TV Globo, fato que o fortaleceu em sua posição de poder dentro da emissora, e passou, assim, a taxar a vítima de louca, dizendo também que ela, Calabresa, estava manchando o nome da empresa. Entretanto, a coragem da primeira denunciante levou às novas denúncias de assédio contra Melhem.

A Globo anunciou que tinha terminado o *compliance* em fevereiro de 2020. Em março de 2020 (BATISTA JR., 2020, *on-line*), Marcius Melhem saiu de licença por 180 dias para operar a filha e deixa a chefia do núcleo de humor da emissora. A empresa se restringe a informar que, "por motivos pessoais", Marcius estava deixando a direção dos projetos humorísticos da emissora e termina o comunicado informando que "Marcius solicitou, ainda, licença das funções de roteirista e ator por um período de quatro meses.".

Decorridos meses, após início das investigações de assédio denunciado por Dani Calabresa e outras profissionais ao *compliance* da Globo, em agosto de 2020, Melhem sai da emissora. No momento do seu afastamento, a empresa faz um comunicado agradecido ao denunciado, sem nenhuma referência ao seu comportamento inadequado (BATISTA JR., 2020, *online*):

> A Globo e Marcius Melhem, em comum acordo, encerraram a parceria de 17 anos de sucessos. O artista, que deu importante contribuição para a renovação do humor nas diversas plataformas da empresa, estava de licença desde março para acompanhar o tratamento de saúde de sua filha no exterior. Como todos sabem, a Globo tem tomado uma série de iniciativas para se preparar para os desafios do futuro e, com isso, adotado novas dinâmicas de parceria com atores e criadores em suas múltiplas plataformas. Os conteúdos de humor, assim como os de dramaturgia diária e semanal, continuam sob a liderança de Silvio de Abreu, diretor de Dramaturgia da Globo.

A nota, mesmo diante de inquérito existente na empresa para investigar as acusações de assédio sexual e moral em suas dependências, não mencionava o assédio e, seu conteúdo benevolente, beneficiava Marcius Melhem, numa demonstração de tolerância da emissora com o que vinha ocorrendo em suas dependências, gerando profunda insatisfação e indignação nas vítimas.

Para o acusado de assédio, a atitude da Globo foi benéfica, tanto no seu afastamento inicial, quanto na sua dispensa. Segundo ele, em falas posteriormente reproduzidas e utilizadas em sua defesa, sua saída foi decisão do *compliance*, pois, além de não ter sido comprovado nenhum assédio, ele, Melhem, não teria perfil de chefe, já que era "muito mais colega, muito mais amigo do que um perfil de chefe". Não tendo assim sido determinada circunstância alguma que levasse ao seu desligamento por justa causa. O acusado faz questão de frisar, em reportagens, que percebeu todas as parcelas rescisórias devidas em razão de uma dispensa imotivada.

A Globo, segundo conteúdo das reportagens, não deu para as vítimas acesso ao relatório final do *compliance* (BATISTA JR., 2023, *on-line*), não pagou pelos tratamentos das mulheres que, em virtude dos assédios sofridos, passaram a frequentar terapias e tratamentos psiquiátricos. Em caso similar ao ora debatido, envolvendo o ator José Mayer, a vítima, apesar das denúncias ao setor de Recursos

Humanos e à Ouvidoria da empresa sobre situações assediosas vividas, só teve resposta da emissora, após trazer a público o que sofrera, pois, até então, reinava o silêncio na empresa sobre suas denúncias. A emissora, em todos os casos denunciados de assédios supostamente perpetrados por Marcius Melhem, conforme reportagens, nunca reparou as vítimas ou se responsabilizou pelos acontecimentos ou divulgou o resultado das investigações internas ou o número de denunciante(s). A solução inicial tentada pela empresa, aparentemente, foi o silenciamento sobre os fatos.

Na imprensa, o caso ganhou grande divulgação, em dezembro de 2020 (BATISTA JR., 2020, *on-line*). Desde então, continuou a ser objeto de investigações. Na 36ª Vara do Trabalho do Rio de Janeiro, passou a tramitar uma ação pública contra o Grupo Globo que pretende discutir a responsabilidade da emissora nas práticas de assédio nas suas dependências. A partir dessa ação, sutilmente, as condutas do Grupo começam a mudar. Agora precisavam provar que a emissora, como empregadora, observou a legislação sobre assédio e protegeu seus funcionários de ações assediosas, proporcionando um ambiente de trabalho saudável.

Nesse sentido, em novo documento cuidadosamente elaborado e enviado à Delegacia Especializada de Atendimentos à Mulher (DEAM), em janeiro de 2022, que também investiga o caso, a emissora informa que a saída de Marcius Melhem não foi fruto de comum acordo entre as partes, mas consequência de investigações internas, não excluindo a possibilidade de existência de assédio e, tentando demonstrar que o Grupo, a partir da ciência dos fatos, fez tudo ao alcance.

Da leitura da apresentação do caso foi possível destacar as seguintes conclusões do comportamento da Rede Globo com base nas reportagens: 1) tratava-se de práticas antigas na emissora; 2) a Globo, aparentemente, apesar de tomar conhecimento de forma direta ou indireta, vinha encobrindo os casos de assédio, em suas dependências, do grande público; 3) as notas emitidas de apoio e agradecimento, no momento do afastamento e dispensa do humorista, além do pagamento de verbas indenizatórias, refletem uma posição de conivência da rede Globo com Marcius Melhem; 4) a atuação do *compliance* não surtiu efeito, ou talvez a inação, sendo necessária a judicialização dos casos e divulgação na mídia para que a empresa colocasse em ação verdadeira seus mecanismos de prevenção ao assédio e; 5) não foi dada resposta às denunciantes (abafamento).

Não se trata de partir do pressuposto de que houve o assédio, até porque o processo ainda está em trâmite, mas de refletir, a partir do caso, sobre possíveis omissões e sobre a utilização do *compliance*. A postura da Globo, no caso Marcius Melhem, espelharia condutas de organizações em casos similares de assédio no mundo do trabalho. Assim, o debate proposto no presente artigo, diante das ações do mecanismo de combate ao assédio presentes na Rede Globo versará sobre o alcance e limites do *compliance* como sistema de gestão nas empresas.

4. O mundo do trabalho e o assédio moral

Dados do Ministério Público do Trabalho — MPT (GONZALEZ, 2023, *on-line*) informam que, entre janeiro e junho de 2023, foram recebidas no órgão 6.309 denúncias formais de assédio moral, número que demonstra um crescimento de 90% em relação ao primeiro semestre do ano passado. O assédio sexual teve um aumento de 23% com 682 denúncias para o mesmo período.

O Tribunal Superior do Trabalho — TST (GONZALEZ, 2023, *on-line*) registrou 45 mil novos processos por assédio moral e sexual só no primeiro semestre de 2023, configurando um aumento de 16% em relação ao mesmo período do ano passado. No mesmo sentido de crescimento, a última edição do Anuário do Fórum Brasileiro de Segurança Pública (FBSP) fala do aumento de ocorrências por assédio sexual no ano de 2021 para 2022 de 49,7% (Gonzalez, 2023, *on-line*).

Os fenômenos de perseguições e sofrimentos no mundo do trabalho passaram a ser alvo de estudos mais sistemáticos a partir da década de 80, tendo sido possível identificar, desde o início, a nefasta repercussão sobre a saúde de trabalhadores. O termo assédio moral teve origem em 1998, por meio dos estudos promovidos pela psiquiatra, psicanalista, psicoterapeuta familiar e *vitimóloga* francesa *Marie-France Hirigoyen*, na obra O Assédio moral: a violência perversa no cotidiano. Destaca-se, na doutrina, o conceito reformulado por Marie-France Hirigoyen (2011, p. 17-18), no sentido de definir o assédio moral como:

> (...) qualquer conduta abusiva (gesto, palavra, comportamento, atitude...) que atente, por sua repetição ou sistematização, contra a dignidade ou integridade psíquica ou física de uma pessoa, ameaçando seu emprego ou degradando o clima de trabalho.

No Brasil, os conceitos foram erigidos pela doutrina e jurisprudência. No âmbito acadêmico brasileiro, a precursora foi a médica Margarida Barreto que, com suas pesquisas e discussões sobre o assunto, defendeu dissertação de mestrado com o tema *Violência, saúde e trabalho: uma jornada de humilhações*, publicado em 2003. Na tese, a autora correlaciona o agravamento de doenças sofridas por trabalhadores ao assédio moral e define violência moral no trabalho como "Exposição prolongada e repetitiva a condições de trabalho que, deliberadamente, vão sendo degradadas. Surge e se propaga em relações hierárquicas assimétricas, desumanas e sem ética, marcadas pelo abuso de poder e manipulações perversas" (BARRETO, 2003, p. 22).

Para Roberto Heloani (2005), há a necessidade de considerar o indivíduo como resultado de uma construção social e histórica, fazendo com que nas relações estabelecidas na sociedade, ele atue como sujeito e produtor da realidade social, atravessadas por leis e regras. Para o referido autor, a violência torna-se uma resposta a um sistema desumano e não pode ser considerada um mero mecanismo individual. Em outras palavras, nesse processo, a violência passa a ser uma perversão da perversão, ou seja, uma armadilha motivada pela crueldade do sistema (HELOANI, 2005, p. 103).

Apesar dos inúmeros e bons estudos elaborados sobre o tema, no nosso país inexiste, até hoje, um conceito geral capaz de definir a prática do assédio moral e estabelecer os contornos necessários que facilitem sua identificação no dia a dia do mundo do trabalho.

Tal omissão, no entanto, pode ser futuramente preenchida com a aprovação pela Organização Internacional do Trabalho — OIT, no ano de 2019, da Convenção n. 190, sobre a eliminação da violência e do assédio no mundo do trabalho, em processo de ratificação no Brasil, que será objeto de maior análise, mais adiante, no presente estudo.

Feitas as considerações iniciais sobre assédio moral e não se pretendendo com esse artigo fazer uma extensa revisão histórica e bibliográfica sobre o tema, informamos que para o estudo do caso proposto, analisamos o assédio moral nas *Organizações Globo* por meio de uma abordagem psicossocial, abandonando o viés tradicional (vítima-agressor) sobre o assunto, que busca explicar o assédio no âmbito psíquico e individual, fases do assédio, comportamentos assediosos e repercussões na saúde.

A abordagem tradicional do assédio moral foi construída por meio dos atendimentos das vítimas, com o olhar direcionado de forma individualizada para o sujeito assediado, tendo nas denúncias e nas judicializações dos casos as formas de combate mais frequentes, além de tratamento psicológicos e psiquiátricos individuais, sendo sua principal referência teórica Marie France Hirigoyen.

A abordagem utilizada neste trabalho, a psicossocial, por sua vez, parte do entendimento de que a origem do assédio se encontra na forma de organização do trabalho e da sociedade, associados a fatores individuais e relacionais.

Baseados nos estudos de Soboll (2017), a nossa opção pela abordagem psicossocial se deu por essa evidenciar a importância de a análise do assédio moral ir além da apreciação individual dos casos, da perspectiva "vítima-agressor", mas, sim, buscar um exame mais amplo dos elementos do trabalho e da sociedade que promovem, favorecem e/ou permitem práticas de assédio moral e que são resultantes da combinação de fatores mais amplos como questões individuais, do grupo, organizacionais e social.

Vicente de Gaulejac, citado por Raichelis e Silva (2015, *on-line*), ao tratar da banalização do estresse e do assédio moral na sua problematização sobre o mundo gestionário, tendo a gestão como ideologia dominante informa:

> O sofrimento psíquico e os problemas relacionais são os efeitos dos modos de gerenciamento. A noção de cerco moral tende a focalizar o problema sobre o comportamento das pessoas, mais do que sobre os processos que os geram. Quando o assédio, o estresse, a depressão ou, mais geralmente, o sofrimento psíquico, se desenvolvem, é a própria gestão da empresa que deve ser questionada. Na maioria dos casos, o cerco não é o fato de uma pessoa particular, mas de uma situação de conjunto (GAULEJAC, 2007, p. 225).

Na reportagem da revista Piauí (BATISTA JR., 2020, *on-line*), as atrizes da *Globo* alegaram que o ambiente de trabalho na emissora era hostil e que se sentiam coagidas a se calar sobre os abusos devido à posição de poder de Melhem na empresa. Cininha de Paula, funcionária de longa data da *Globo*, relata em entrevista concedida ao *Portal Metrópoles* (AMADO; MEIRELES, 2023, *on-line*), por exemplo, caso antigo de assédio sofrido por ela, ocorrido antes de ser diretora e por ocasião de um pedido de renovação contratual. As denúncias de assédios que têm Marcius Melhem como acusado remontam ao ano de 2014. Há ainda registros de diversos casos de assédio moral e sexual no âmbito da *TV Globo* citados nas reportagens aqui mencionadas e em outros veículos de comunicação. Não temos assim como olvidar que os assédios ocorridos na emissora precisam e devem ser analisados para além das características individuais das pessoas envolvidas.

O assédio moral tem variáveis diversas o que faz com que seja um processo complexo. No caso objeto do presente estudo, Marcius Melhem não seria o único responsável pelas violências perpetradas contra as pessoas que o acusam. Fatores organizacionais existentes no âmbito da Globo propiciaram, incentivaram, ou não coibiram práticas assediosas naquele ambiente laboral.

Nesse sentido, Freitas (2007, *on-line*) ressalta a importância das organizações na análise do assédio, visto que esse, ao ocorrer no espaço de trabalho, a partir de prerrogativas delegadas pelas empresas, sob condições organizacionais e seus atores, nos darão notícias da própria organização e não somente dos indivíduos envolvidos no caso.

Marcius Melhem, pelos relatos presentes nas reportagens, era agente assediador dentro de uma cultura organizacional permissiva, que viria banalizando há anos comportamentos agressivos dentro da emissora, sendo essa a causa central e mantenedora da violência perpetradas por meio de assédios reiterados. A maior visibilidade pela mídia aos sujeitos envolvidos nos casos de assédio relatados faz fixarmos o olhar à abordagem "vítima e agressor", esquecendo o papel principal da *Globo* nos fatos ocorridos em suas dependências.

Partindo da realidade noticiada no âmbito das organizações *Globo*, o assédio moral pode ser entendido como parte da cultura daquele ambiente de trabalho. Casos de violências que se somam ao longo dos anos, sem soluções efetivas para vítimas, são espécies de salvo-conduto para agressores que, ao saberem que não há controle sobre seus métodos de gestão e comportamentos, se sentem livres para o exercício de práticas assediosas.

5. O assédio moral sob um perspectiva de gênero e a OIT

O caso de estudo, base para este texto, fala, em sua maioria, de violências perpetradas contra mulheres no seu ambiente de trabalho, numa representação de situações que se repetem na sociedade brasileira, mas não somente nela, por ter como causa maior uma das estruturas fundantes do capitalismo: o patriarcado.

Assim, muito embora, ofensas à dignidade e aos direitos de trabalhadores(as), sejam marcas das relações hierárquicas de trabalho, desde seu início, entendemos que a abordagem do assédio na perspectiva de gênero seja necessária visto que pesquisas apontam que as mulheres são mais afetadas por esse tipo de violência, com abalo à saúde física e mental, tendo em conta que a maioria dos agressores são homens. Dados do Instituto Patrícia Galvão (2020, *on-line*) informam que 76% das trabalhadoras relataram já terem sido vítimas de violência e assédio no trabalho.

A observação das condições salariais e históricas da exploração da mão de obra feminina, continuamente, apontam para uma discriminação maior das mulheres no espaço produtivo que dos homens. Discriminação, preconceito e violências, aqui incluímos o assédio sexual e moral, sempre estiveram presentes.

Para Ávila (2011, p. 48): "[...] as mulheres engajadas no trabalho assalariado foram tratadas como fora de seu lugar e, por isso, sua inserção no mercado de trabalho foi, desde aí, tratada como uma ausência delas do espaço para a qual estavam 'destinadas', o espaço familiar doméstico". A autora ainda nos lembra que as desigualdades as quais as mulheres já estavam submetidas, naquele contexto inicial do capitalismo, tinham bases em discursos ideológicos que desvalorizavam a participação da mulher no mercado de trabalho, objetivando manter e/ou acentuar a exploração e a dominação de mulheres, como se natural fosse.

O determinismo biológico presente nesses discursos é criado, absorvido e incentivado pelo modo de produção capitalista, que se beneficia. O capital se apropria dessa concepção que organiza e legitima a separação de funções de homens e mulheres, no mundo do trabalho, para obter lucro por meio de salários menores pagos e "justificados" para o contingente de mulheres trabalhadoras.

Reflexo histórico, ainda, da inserção da mão de obra feminina no mundo do trabalho assalariado é a desigualdade e exploração em trabalhos informais, precários e sem proteção do Estado, somados a sobrecarga do trabalho reprodutivo do qual a mulher nunca se desvencilhou, ficando claro assim que a opressão, discriminação, diferenciações e violências vividas pelas mulheres, no mundo do trabalho, têm causas econômicas e, historicamente, construídas para benefício do capital. Nesse sentido, analisar o assédio vivenciado por mulheres no ambiente laboral sob uma perspectiva de gênero, é compreender que em todos os espaços sociais há lutas por poder nas relações estabelecidas entre homens e mulheres.

Aqui, pelo espaço reduzido para discussão, não iremos nos aprofundar na multiplicidade existente sobre o conceito de gênero, por ser uma questão bastante densa. Assim, trabalharemos gênero como categoria analítica que examina e questiona as relações sociais, econômicas e políticas entre os sexos, ligando as desigualdades daí advindas às bases estruturais do capitalismo (SCOTT, 1990).

Lembramos também que ao utilizar o termo mulher, fazemos como categoria discursiva de análise, mas ciente da pluralidade de mulheres que a palavra comporta.

Para Teles e Melo (2002), ciências diversas recorrem a categoria gênero para demonstrar desigualdades socioculturais existentes entre homens e mulheres, seja na esfera pública ou privada, que reforçam papéis sociais distintos construídos e legitimados historicamente e que influenciam na criação de diretrizes para dominação masculina e submissão feminina. Entretanto, não há como fazer a análise da subordinação feminina sem a vinculação ao patriarcado. Nesse sentido, Saffioti (2011) associa gênero ao patriarcado, sendo esse um sistema político-ideológico que sustenta e é sustentado pelo sistema capitalista, por meio do "nó" analítico que sugere o imbricamento entre classe social, raça/etnia e gênero.

Assim, a inclusão da mulher no mundo produtivo, bem como as relações desiguais de poder entre homens e mulheres advindas dessas inserções são reflexos das forças patriarcais que buscam preservar a supremacia masculina em todos os espaços sociais e, como em outras esferas, essa dominação/subordinação/subserviência se consuma e se propaga por meio de violências (assédios morais e sexuais).

O machismo estrutural, como conjuntura patriarcal sistêmica e base ideológica do patriarcado na nossa sociedade, delimita os papéis no meio ambiente de trabalho, colocando também naquele espaço a mulher como objeto de desejo e propriedade do homem.

Outra característica advinda dessa cultura patriarcal e levada para o ambiente de trabalho é a responsabilização/culpabilização da mulher pelo desejo despertado no colega de trabalho/no chefe/ no superior hierárquico, justificando os assédios cometidos, restando a mulher, assim como no ambiente doméstico, a função de satisfazer o homem. Uma obrigação trabalhista a mais inclusa no contrato de trabalho feminino e naturalizada por significativa parte da sociedade que tolera agressões contra mulheres.

É nesse sentido que, na reportagem da Revista Piauí (BATISTA JR., 2020, *on-line*), observamos o relato de Marcius Melhem culpabilizando Dani Calabresa pelas suas investidas (assédios) contra a atriz:

> Melhem falou do assédio de sábado como se estivesse fazendo uma cena de humor, com os braços abertos. "Para, para, para", começou. "Eu não tenho culpa do que aconteceu! Quem mandou você estar muito gostosa?" E caminhou em direção a Calabresa. Ela se levantou, tentando evitar qualquer contato físico e, para se esquivar dele, começou a andar em volta de uma mesa que fazia parte do cenário. Maria Clara Gueiros pediu para o chefe deixar a colega em paz. Calabresa também reagiu: "Não quero seu abraço nem suas desculpas, você já me agarrou, lambeu minha cara e encostou o pau em mim."
>
> Melhem seguiu falando que ela era a responsável pelo comportamento dele: "Você tá muito gostosa".

Desta maneira, analisar assédios cujas vítimas são mulheres sob uma perspectiva de gênero é essencial para busca de equidade nas relações laborais nas organizações. Os prejuízos financeiros advindos pelos malefícios do assédio dentro das corporações (absenteísmo, adoecimento físico e psicológico, licenças para tratamento de saúde, diminuição da produção, entre outros) e, também, as repercussões negativas geradas pelas exposições de casos na mídia têm feito com que grandes empresas e corporações comecem a pensar em formas de controle de atos assediosos dentro do ambiente laboral. A manutenção do poder econômico tem sido ao longo do tempo o norte ético do capitalismo.

Nessa movimentação recente da iniciativa privada é que surge a figura do *compliance*, como sistema de gestão e mecanismo de combate ao assédio nas empresas, restando saber o quanto pode ser ou não eficaz diante de uma cultura de violências contra a mulher sustentada por ideologias discriminatórias dentro de um sistema patriarcal de séculos.

Durante sessão comemorativa do centenário da OIT (108ª), em 21 de junho de 2019, foi aprovada a Convenção n. 190 (OIT, 2019), que versa sobre a Eliminação da Violência e do Assédio no Mundo do Trabalho, com forte recorte de gênero já que, em seu preâmbulo, evidencia que "a violência e o assédio baseados no gênero afetam de forma desproporcional mulheres e meninas" (OIT, 2021, p. 22).

Tal instrumento – como já introduzido anteriormente — revela sua importância ímpar diante dos elevados números de casos de assédio (moral e sexual), conforme dados apurados pela própria OIT. Elaborada a partir de um intenso diálogo social, a C190 veio preencher uma lacuna relativa à definição da prática de assédio moral, com destaque para a retirada da reiteração da conduta como elemento essencial à configuração da prática. No Brasil, tal medida assume peculiar relevância face à ausência de uma norma no âmbito federal que delineasse o assédio moral, conferindo contornos e alcance precisos.

Em março de 2023, no Dia Internacional da Mulher, o presidente Luiz Inácio Lula da Silva enviou ao Congresso Nacional, proposta de ratificação da referida Convenção, pela Mensagem n. 86, estando em andamento forte movimentação institucional visando a ratificação da norma por nosso país.

A proposta já conta com o parecer favorável da Comissão de Relações Exteriores e de Defesa Nacional (CREDN), estando pendente de apreciação por mais 04 (quatro) comissões e sujeição ao plenário da Câmara dos Deputados, conforme ficha de tramitação (BRASIL, 2023). Mesmo que diante de um longo caminho legislativo, merece destaque a reflexão proposta por Lima Filho (2021, p. 185) no sentido de que:

> (...) embora a aludida normativa internacional ainda não tenha sido formalmente incorporada ao ordenamento jurídico nacional e, portanto, não esteja em vigor, pode e deve servir de elemento de interpretação, máxime porque firmada pelo Brasil, o que, nos termos do art. 5º, § 2º, do Texto Maior, tratando-se de norma internacional sobre direitos humanos, de combate à violência, ao assédio e à discriminação no trabalho, vincula o país independentemente de incorporação formal ao ordenamento interno, sendo, portanto, autoaplicável, ainda que como fonte de interpretação.

Desta forma, sem pretender ignorar o processo legislativo de ratificação da norma internacional, importante considerar a necessidade de observância pelo Estado brasileiro dos princípios fundantes da OIT, revelando-se pertinente e urgente a implementação de mecanismos de prevenção e controle da violência e assédio no trabalho, seguindo o norte orientador da C190, com particular relevo à figura do assédio moral, ainda carente, repisa-se, de norma federal que delimite sua configuração e alcance.

Em linhas gerais, a C190 é importante instrumento de defesa ao trabalho livre de violência e assédio, com foco no combate aos comportamentos flagrantemente violadores de direitos humanos — notadamente a dignidade da pessoa humana, revelando-se também inovadora a referida norma ao considerar todas as manifestações relacionadas ao trabalho, independente da constatação em determinado espaço físico (assédio virtual); a configuração da violência e assédio independente do *status* contratual entre agente e vítima; e, com o necessário destaque para a violência ou assédio com base no gênero.

Também em 2021, ano de vigência da C190, a OIT realizou a primeira pesquisa global com foco nas experiências de violência e assédio no trabalho, com dados divulgados no ano seguinte (OIT, 2022), cuja leitura é recomendada face às especificidades dos dados apurados, colacionados ao presente trabalho de forma ampla e genérica.

Neste contexto, ao introduzir o resultado da pesquisa, é destacado pela OIT que os casos de violência e assédio no mundo laboral acarretam danos ampliados, que atentam contra a dignidade, vida e saúde de trabalhadores, devendo ser alvo de preocupação coletiva (indivíduos, famílias, empresas e sociedade).

Os resultados foram organizados mediante 03 (três) relatórios específicos que identificaram: a) prevalência e frequência da violência e assédio; b) principais fatores de risco; e, c) disposição de divulgar a ocorrência.

Em linhas gerais, e em contexto global, aferiu-se que de 1 a cada 5 trabalhadores sofrem violência e assédio, sendo que 61,4% foram vítimas por mais de 3 vezes em sua vida profissional. Os resultados da pesquisa foram categorizados por sexo, idade e/ou características especiais (trabalho assalariado ou não, de migrantes ou de pessoas afetadas pela discriminação), revelando-se que o grau de risco era maior entre jovens e mulheres, impactando com maior intensidade os indivíduos mais propensos a serem discriminados.

Outro aspecto relevante da pesquisa, inclusive com o fim de contribuir para o desenvolvimento de mecanismos de prevenção e controle, residiu na identificação das dificuldades enfrentadas pelas vítimas para falarem sobre o assunto.

Neste contexto, também de forma global, 54,4% dos entrevistados considerados informaram ter revelado a violência ou assédio de que foram vítimas, priorizando a divulgação dos fatos para familiares e amigos, observando-se que a comunicação a empregadores e supervisores assumiu o terceiro lugar no *ranking*, logo após os colegas de trabalho.

O acesso aos canais institucionais — inclusive dentro da própria empresa — revela menor incidência dentre as vítimas, que apontam como barreiras para divulgação dos fatos, a sensação de perda de tempo e o medo de verem comprometida sua reputação.

Em síntese, o destaque a ser conferido à C190, ao lado de toda a normatização dela decorrente, se faz relevante a fim de visibilizar o invisível, haja vista que os índices alarmantes constatados em pesquisas diversas — inclusive a elaborada pela OIT — ainda são fruto de subnotificação de casos, diante das dificuldades encontradas pelas vítimas para assumirem a condição de denunciantes, ao lado de todos os percalços vivenciados no próprio local de trabalho, bem como nas esferas policial e judicial — conforme o caso. O doloroso processo de revitimização, ao lado da sensação de descrédito ou de ausência de efetiva investigação e responsabilização são constantes em procedimentos de apuração dos casos de assédio, circunstâncias agravadas diante de uma vítima mulher, o que confirma a pertinência do presente artigo, elaborado com o escopo de avaliar a eficiência e eficácia do sistema de *compliance* trabalhista como mecanismo de gestão e fiscalização.

6. O *compliance* como mecanismo de combate ao assédio

Em sede preliminar, antes de discorrer especificamente sobre o sistema de *compliance* como instrumento de prevenção e combate ao assédio, necessário elaborar sucinta análise da ambiência laboral onde se deu o caso sob estudo, chamando atenção aspecto peculiar relativo ao ingresso das denunciantes à Globo que, na condição de principal rede de televisão do país, assume a posição — ainda que fictícia — do mais alto patamar a ser alcançado por um profissional da mídia televisiva, dentre atrizes, diretores, roteiristas e demais profissionais envolvidos na produção de programas televisivos.

Tal contexto é retratado pelo depoimento da roteirista Carolina Warchausky, recém-saída da faculdade e que se reconhecia no emprego "dos sonhos", admitindo dificuldade em se reconhecer como vítima de condutas assediosas que estariam sendo praticadas pelo então diretor Marcius Melhem. "Emprego dos sonhos' também foi a expressão utilizada pela roteirista Luciana Fregolente (Amado; Meireles, 2023, *on-line*).

O ambiente televisivo, à primeira vista, estaria longe de ser um local sombrio, propício para a manifestação de uma chefia austera. No entanto, requintadas práticas de abordagem e tratamento revelaram-se igualmente assediantes, capazes de proporcionar idêntico sofrimento psicológico, equiparando-se aos gritos e xingamentos — geralmente relacionados ao assédio tradicional.

No caso sob análise, o panorama era bem distinto, não havia um comportamento agressivo, e sim, relações de pseudocumplicidade, marcadas pela tônica do humor que muitas vezes teria sido utilizado para a prática do assédio com uso de piadas sarcásticas abusivas e/ou contendo ameaças veladas.

Foi estabelecida falaciosa relação de companheirismo entre os membros do Núcleo de Humor da *Rede Globo*, inclusive com a convivência fora da emissora, em momentos de lazer, posteriormente, mencionados pelo ex-diretor a fim de apontar possível aquiescência das vítimas a forma de tratamento dispensada por si ou imprimir caráter de normalidade às relações denunciadas posteriormente como abusivas.

Melhem — segundo os relatos (AMADO; MEIRELES, 2023, *on-line*) – alegando preocupação e cuidado com a carreira de colegas, passava a ideia de "protetor" e, utilizando tal rótulo, minava a confiança dos profissionais — a maioria mulheres — que se encontravam sob sua direção, retirando deles novas oportunidades de trabalho e reconhecimento

O ambiente até então cobiçado por aqueles profissionais revelou-se, sob outro vértice, extremamente tóxico sendo possível identificar a figura da sedução organizacional, onde "essa organização sedutora propõe um jogo, uma fantasia, na qual os indivíduos são levados a crer que somente alguns privilegiados podem fazer parte desse grupo" (VIEIRA, 2014, p. 06). Afirma o mesmo autor que "nesse processo, os indivíduos acatam, produzem e reproduzem ideias e ações, que podem ocultar violência psicológica a si próprios e a outrem", discorrendo assim sobre a dificuldade de autorreconhecimento como vítima de assédio e de romper com aquele ciclo adoecedor (VIEIRA, 2014, p. 03).

Como afirmam Margarita Barreto e Roberto Heloani (2015, p. 3) "a violência no trabalho desponta em múltiplas configurações, de forma intensa e viva; apresenta contornos sutis que nos confundem e nos levam a cogitar sobre a possível multiplicidade de atos individualizados, mal-intencionados". E prosseguem os autores evidenciando a dimensão ampliada da ocorrência que "nos impõe um novo olhar investigativo, voltado para os espaços confinados dos intramuros, em contraposição aos espaços públicos" (HELOANI e BARRETO, 2015, p. 3).

Nesta cadência, diante das práticas denunciadas junto à *Rede Globo de Televisão* assumiu relevância a atuação do *compliance* da emissora, que afirma ter investigado os fatos, concluindo, em um primeiro momento, pela inocorrência de assédio moral ou sexual, asseverando posteriormente — após a emissora ser instada por autoridade policial — que o desligamento de Melhem decorreu de postura não condizente com "os princípios e valores da empresa", omitindo maiores detalhes (AMADO; MEIRELES, 2023, *on-line*). Revela-se necessário, então, discorrer sobre o sistema de *compliance* — com foco na área trabalhista, recorrendo à base onde está inserido o referido mecanismo de controle.

Neste contexto, o fenômeno da globalização é apontado por Nelson e Teixeira (2020) como determinante da adoção pelas organizações de um novo modelo de gestão denominado governança corporativa, definido como:

> (...) um sistema formado por princípios, regras, estruturas e processos pelo qual as organizações são dirigidas e monitoradas, com vistas à geração de valor sustentável para a organização, para seus sócios e para a sociedade em geral. Esse sistema baliza a atuação dos agentes de governança e demais indivíduos de uma organização na busca pelo equilíbrio entre os interesses de todas as partes, contribuindo positivamente para a sociedade e para o meio ambiente. (IBCG, 2023, p. 17).

O sistema proposto atinge espectros mais amplos, repercutindo sobre "questões relacionadas à ética, ao meio ambiente, combate à corrupção e trabalhista" (NELSON; TEIXEIRA, 2020, p. 11) — gizado, evidenciando os autores que a escorreita implantação da governança corporativa é mola propulsora do reconhecimento do capital humano e da garantia do trabalho decente.

No Brasil, restou evidenciada a representação da governança corporativa, por intermédio da efetivação do *compliance*, como medida de combate à corrupção, destacando os mesmos autores a necessidade de que tal mecanismo alcance vertentes diversas, inclusive ambiental e trabalhista.

Tal enfoque revela consonância com a tendência contemporânea de inserção das organizações no contexto econômico, social e ambiental, circunstância que determinou a atualização da definição de governança corporativa — já transcrita no presente trabalho — e que atualmente encontra-se assentada sobre os seguintes princípios: Integridade, Transparência, Equidade, Responsabilização (*accountability*) e Sustentabilidade (IBCG, 2023).

Não se trata assim de exigir somente que as organizações atuem em conformidade com leis e regulamentos, mas que atentem igualmente para os princípios referenciados, merecendo destaque o Princípio da Integridade que corresponde basicamente ao compromisso de "praticar e promover o contínuo aprimoramento da cultura ética na organização" (IBCG, 2023, p. 18).

O próprio Código das melhores práticas de governança corporativa, aponta que *compliance* visa materializar o princípio da integridade, destacando a necessidade de manter procedimentos e mecanismos diversos capazes de regulamentar condutas e apurar informações saneando, na prática, qualquer desvio verificado, sempre com atenção ao propósito maior de "alinhar a atuação de todos na organização com os princípios, valores e propósito dela e promover uma cultura de integridade" (IBCG, 2023, p. 65).

A chamada sustentabilidade emocional no meio ambiente de trabalho é destacada por David e Almeida como instrumento de *compliance* para proteção da dignidade de trabalhadores, tendo sido elaborado trabalho específico sobre o tema com foco no aspecto humanístico das relações de trabalho, e consequentemente, na necessidade de proteção da dignidade dos trabalhadores (2022).

O propalado desenvolvimento econômico advindo do capitalismo trouxe a reboque uma gama de ameaças ao equilíbrio ambiental, discutindo-se exaustivamente sobre a necessidade de proteção ao meio ambiente natural e preservação das suas fontes. Os mecanismos de produção passaram a ser reavaliados, buscando-se uma relação de equilíbrio com o meio ambiente em busca da tão almejada sustentabilidade.

Posicionando o ser humano na centralidade da relação de trabalho, destacam os referidos autores o alto índice de afastamentos ocasionados por transtornos mentais ou psicológicos decorrentes das relações laborais, restando evidenciada a necessidade de que as organizações centrem esforços a fim de garantir a chamada sustentabilidade emocional.

Ao lado das jornadas exaustivas ou da exigência de metas excessivas capazes de desestabilizar física e emocionalmente o obreiro, posiciona-se o assédio como problema ocupacional a ser discutido e combatido pelas empresas, sendo esperado que os mecanismos de *compliance* atuem orientados pelo princípio do desenvolvimento sustentável, garantindo a integridade e dignidade de cidadãos/trabalhadores.

Não pairam dúvidas que a preservação da saúde mental dos trabalhadores passou a ser ponto de destaque na legislação brasileira, com relevo à Lei n. 14.457, de 21 de setembro de 2022, que instituiu o Programa Emprega + Mulheres e alterou o art. 163, da Consolidação das Leis do Trabalho, que passou a vigorar com a seguinte redação: "Art. 163. Será obrigatória a constituição de Comissão Interna de Prevenção de Acidentes e de Assédio (Cipa), em conformidade com instruções expedidas pelo Ministério do Trabalho e Previdência, nos estabelecimentos ou nos locais de obra nelas especificadas".

A fim de implementar o novel modelo de CIPA, a Norma Regulamentadora 01, com a alteração introduzida pela Portaria MTP n. 4.219, de 20 de dezembro de 2022 — com vigência desde 20.03.2023, passou a exigir, das organizações obrigadas a manutenção de Comissão Interna de Prevenção de Acidentes e de Assédio (CIPA), a adoção de medidas de prevenção e combate ao assédio sexual e às demais formas de violência no âmbito do trabalho, dispondo sobre mecanismos a serem adotados tais como códigos de conduta, canais de denúncia e apuração, além de ações de orientação e sensibilização sobre o tema.

Chama atenção o fato de que as atribuições atualmente impostas às CIPAS guardam semelhança com os procedimentos esperados de legítimos sistemas de *compliance* trabalhista, sendo necessário realçar que a responsabilidade sobre a gestão dos riscos ocupacionais — inclusive o assédio — é atribuída a qualquer empresa, independente da obrigatoriedade de manter a CIPA, nos moldes da própria NR-01.

Já em âmbito internacional, oportuno evidenciar que a OIT acrescentou a segurança e saúde nas categorias de Princípios e Direitos Fundamentais no Trabalho, conforme Resolução adotada durante a 110ª Conferência Internacional do Trabalho, realizada no ano de 2022, perseverando a Organização na manutenção de um ambiente do trabalho seguro e saudável. Neste contexto, a prevenção de doenças psíquicas e emocionais, mediante a garantia de uma ambiência laboral equilibrada, assume a posição de elemento basilar na gestão organizacional, afirmando-se que "o *compliance* abrange a integridade dos direitos humanos e laborais nas diretrizes do princípio de sustentabilidade, encontrando a alça da sustentabilidade emocional." (DAVID; ALMEIDA, 2022, p. 11)

Como visto, deixa de ser o objetivo principal o mero cumprimento de um arcabouço normativo e/ou a responsabilização direta daqueles que o violem, destacando Nelson e Teixeira (2020, p. 19) que:

> deve ficar claro que a essência do *compliance* não é a realização de uma mera auditoria na busca de violações/infrações com o fito exclusivamente punitivista, mas sim algo muito mais profundo, que venha por alterar a cultura organizacional de tal maneira que o valor ético esteja incutido no agir organizacional de forma natural, preservando, assim, valores intangíveis.

Especialmente em relação ao assédio moral, já evidenciado no presente trabalho como fator de risco psicossocial, a criação e efetiva implementação de um *compliance* comprometido com os princípios da governança corporativa alcança a proposta de que "o fito não é de punir a infração por um ato passado, mas de tomar um conjunto de medidas com o fim preventivo e mitigação de riscos, prospectivo" (NELSON; TEIXEIRA 2020, p. 19)

Referidos autores salientam ainda os custos da implantação de um sistema de *compliance*, pontuando, em contrapartida, o benefício econômico de evitar o "questionamento quanto à eticidade do agir empresarial, o qual pode tornar-se um escândalo pela virilização através da mídia e das redes sociais só pela abertura de um processo de investigação" (NELSON; TEIXEIRA 2020, p. 19).

De fato, os programas de *compliance* não devem atuar como meros canais investigativos. Bertolin e Buzzo (2022) destacam que os programas devem primar pela ética e formação de uma cultura de integridade nas empresas, não buscando tão somente o cumprimento das normas de proteção ao trabalho, mas a garantia de elementos como a diversidade, inclusão e igualdade de gênero. Devem atuar, diante de condutas desviantes, buscando o tripé da prevenção, detecção e tratamento, procedimento capaz de atrair vantagens como a arguição de defesa perante autoridades, a mitigação de riscos reputacionais e identificação de falhas na cultura organizacional existente (BERTOLIN; BUZZO, 2022)

Como visto, ostentar um mecanismo de *compliance* pode ser estratégico a fim de edificar uma boa imagem perante a sociedade sem que tal medida comprove o efetivo compromisso com uma postura ética e transparente.

O caso Marcius Melhem simboliza a presente questão. A omissão e demora de uma efetiva resposta pela Rede Globo de Televisão evidenciam muito mais uma suposta preocupação da emissora em abafar a repercussão negativa das atitudes de um de seus diretores, restando comprometido, em maior escala, o resultado obtido por seu *compliance,* diante da anunciada mudança de narrativa — procedimento invocado pelo próprio investigado com o escopo de fragilizar os resultados apresentados pela ex-empregadora à autoridade policial.

Na prática, e como já alinhavado no presente trabalho, o desligamento de Melhem da *Rede Globo de Televisão* foi simbolizado por mero comunicado ao público, com tom de agradecimento, seguido de posterior informação prestada à autoridade policial, ocasião em que foi noticiado o desfazimento de vínculo motivado pela violação de valores éticos da empresa (AMADO; MEIRELES, 2023, *on-line*).

No caso sob estudo, inclusive, Melhem afirmou que sua empregadora teria reconhecido que o então diretor não estava apto a atuar como chefe, agindo muito mais como um amigo de seus subordinados, não sendo identificada, por outro lado, qualquer diligência adotada pela Rede Globo a fim de preparar seus diretores para assumirem cargos de chefia, atuando de forma competente e ética e/ou de promover o imediato afastamento da chefia que se mostrava inapta.

Além de garantir a atuação em conformidade com a legislação aplicável, espera-se do *compliance* trabalhista o reconhecimento de riscos, monitoramento e adoção de medidas de controle que possam garantir uma ambiência laboral segura e saudável.

A tentativa perpetrada por empresas com o intuito de divulgar suposto *marketing* de proteção dos trabalhadores, com a construção fictícia da imagem de empresa socialmente responsável, são ocorrências muito mais prejudiciais que a efetiva ausência de um sistema de *compliance,* como expressamente descrito por Nelson e Teixeira (2020, p. 25-26)

No entanto, o desvirtuamento porventura presente em algumas empresas não desvaloriza um legítimo mecanismo de *compliance,* com destaque para a necessária elaboração de códigos de conduta e estabelecimento de eficientes canais de comunicação para coleta e tratamento de denúncias, estando o assédio moral relacionado entre as temáticas a serem analisadas pelo *compliance* laboral.

O assédio moral foi analisado em tópico próprio do presente artigo, sendo incontáveis os efeitos nefastos que acabam por vilipendiar a dignidade da pessoa humana — fundamento da República Federativa do Brasil, em seu art. 1º, inciso III, da Constituição Federal, razão pela qual, assumindo o *compliance* o papel de relevante instrumento de combate a tal prática, necessário fortalecer o mecanismo como "importante instrumento para a busca da implementação do trabalho decente no Brasil, o que vem, consequentemente, a efetivar o princípio da dignidade da pessoa humana" (NELSON; TEIXEIRA, 2020, p. 37)

Em texto onde é debatida a estrutura de *compliance* e a eficácia horizontal dos direitos fundamentais, Amaral e Nunes destacam que as organizações "devem estar cada vez mais comprometidas com os padrões éticos e socialmente desejáveis, com a promoção de uma governança eficiente e sadia." (AMARAL; NUNES, 2021)

No caso posto a exame, ainda que não se vislumbre a posição de trabalhadores assalariados, com dependência exclusiva da fonte de renda, possível configurar a cidadã/cidadão no exercício de seu labor, noticiando serem alvos de condutas assediosas, a exigir a especial e tempestiva intervenção do tomador do serviço, sendo o *compliance* laboral uma das modalidades existentes para gerir tais ocorrências.

7. Considerações finais

O caso objeto deste trabalho somado aos estudos e pesquisas sobre o tema evidenciam que as formas de assédios no ambiente laboral têm refletido de maneira muito mais prejudicial sobre as mulheres. O suposto agressor, conforme relatos, por muito tempo, ficou imune as acusações, como historicamente observado nesses casos, em vista de privilégios gozados por homens cisgêneros, principalmente, se brancos e ricos. A condição econômico-social favorável das acusadas não foi o suficiente para deixá-las imunes às ideologias que rebaixam a mulher à condição de sujeito inferior, justificando usá-las como objeto sem valor, numa precarização constante e naturalizada do trabalho feminino, perpetuando os homens como seres dominantes nesse espaço de poder.

As circunstâncias fáticas verificadas a partir da atuação do *compliance* da *Rede Globo*, na apuração das denúncias formuladas contra Melhem, revelaram, no mínimo, um comportamento dual da empresa, que, em um primeiro momento, promoveu o afastamento amigável do diretor, não mencionando as denúncias que envolviam sua saída da emissora, mas, ao contrário, ressaltando seus atributos como artista e gestor competente. Desta forma, a maior emissora do país agiu, naquele momento, aparentemente, validando o comportamento de seu empregado, o que pode ser interpretado, por quem analisa o caso, como uma autorização velada de violência, com consequente desencorajamento das vítimas de procederem com denúncias.

O primeiro comportamento da *Globo* apontou muito mais para a tentativa de formular uma resposta "pacificadora" à sociedade, diante da repercussão negativa dos fatos denunciados e divulgados ao grande público, sem estabelecer conexão com a realidade efetivamente apurada e que permitiu a empresa, a posteriori, conforme se impunham cobranças da opinião pública sobre as condutas adotadas pela emissora, admitir uma postura no mínimo dissonante do exdiretor em relação ao código de conduta da sua ex-empregadora.

As manifestações traduzidas pela *Rede Globo* nos fazem refletir sobre um dos requisitos para a implementação de um *compliance* eficiente, no caso, o total comprometimento da direção das organizações com uma gestão ética e responsável, e que assume o compromisso de efetivar todas as medidas necessárias para a criação e manutenção da cultura de integridade nas empresas. Necessário externar ainda, total compromisso com a transparência, não sendo admissível a adoção de medidas estratégicas com o objetivo maior de preservar íntegra a imagem da empresa, mantendo-a imune a qualquer repercussão negativa capaz de ocasionar prejuízo econômico.

Na prática, sem proferir qualquer julgamento sobre o mérito da conduta de Melhem — que será objeto de regular apreciação judicial, constata-se que o retardo e/ou alternância do posicionamento da *Rede Globo* revelam-se prejudiciais às denunciantes e ao próprio denunciado, os quais permaneceram convivendo com dúvidas, incertezas e ataques danosos à vida pessoal e profissional de cada um.

O escândalo ocasionado pelas denúncias capitaneadas por Dani Calabresa, ao lado de outras já envolvendo a *Rede Globo*(7), não exige exclusivamente a apuração de responsabilidade direta, sendo imperioso que a empresa revisite seus padrões de conduta e comportamento, promovendo os reajustes necessários com o escopo de se intitular como uma organização verdadeiramente ética e sustentável.

O estudo ora realizado permite concluir que um programa de *compliance*, erigido e executado, com observância dos pilares de uma boa governança corporativa, favorece a prevenção, tratamento e combate de violências e assédios no ambiente laboral, alcançando seu objetivo maior de assegurar a boa imagem reputacional da empresa, o cumprimento de direitos trabalhistas — minimizando possíveis demandas e, primordialmente, garantir uma ambiência laboral sadia e segura.

A integridade do referido sistema revela, por parte de qualquer organização, o efetivo compromisso com os direitos fundamentais de trabalhadores, em toda a sua plenitude e alcance, constituindo-se na realidade vislumbrada pelo objetivo 8 do desenvolvimento sustentável proposto pela ONU(8), em busca do trabalho decente para todos.

Dito isso, somente a existência da estrutura do *compliance* na empresa não é capaz de resolver as violências vivenciadas no ambiente laboral, bem como o machismo que é estrutural na nossa sociedade. As posições de poder nas grandes corporações, ainda hoje, são majoritariamente ocupadas por homens, responsáveis e favorecidos socialmente pelas violências e discriminações sofridas por mulheres em diversos espaços, inclusive o laboral.

Assim, cientes que nenhuma ordem de dominação se transforma pela simples implementação de um mecanismo voltado a promover a cultura da ética e da conformidade nas organizações, a existência do *compliance* estruturado nas empresas pode permitir uma forma a mais de combate as violências sofridas no trabalho, especialmente, quando são perpetradas contra mulheres. Deste modo, a luta, no nosso entender, é por um "julgamento" dos casos apreciados pelo *compliance* despido de interpretações baseadas em práticas discriminatórias legitimadas há séculos pela estrutura patriarcal dominante, em virtude do predomínio do poder masculino.

Logo, a resistência contra dominação não pode ser individual, só há possibilidade de ganhos e modificação da estruturação social predominante se for coletiva, nesse sentido incentivar e valorizar legítimos programas de *compliance* revela-se medida estratégica para dirimir questões que extrapolam os muros de qualquer empresa ou que deixam de ser discutidas exclusivamente em demandas individuais, pois, violência e assédio no

(7) Como o caso envolvendo o ator José Mayer e o chamado caso Esmeralda.

(8) A ONU e várias entidades internacionais estabeleceram os 17 Objetivos de Desenvolvimento Sustentável (ODS) que "são um apelo global à ação para acabar com a pobreza, proteger o meio ambiente e o clima e garantir que as pessoas, em todos os lugares, possam desfrutar de paz e de prosperidade".

mundo do trabalho revelam dimensão muito mais ampla, repercutindo sobre direitos fundamentais caros aos trabalhadores e toda sociedade que queira se dizer igualitária.

Referências

AMADO, Guilherme; MEIRELES, Olívia. Caso Marcius Melhem: mulheres que acusam humorista de assédio quebram o silêncio. *Metrópoles*, 2023. Disponível em: https://www.metropoles.com/colunas/guilherme-amado/caso-marcius-melhem-mulheres-queacusam-humorista-de-assedio-quebram-o-silencio?amp. Acesso em: 06 jun. 2023.

AMARAL, Carla Cristina Souza do; NUNES, Camile Melo. A eficácia horizontal dos direitos fundamentais em *compliance*. In: TUPINAMBÁ, Pedro Tourinho (Org.). *Temas Atuais de Direitos Humanos*. Brasília: Editora Venturoli, 2021.

ÁVILA, Maria Betânia. As mulheres no mundo do trabalho e a relação corpo e sujeito. *Cadernos de Crítica Feminista*, Recife, SOS CORPO, ano V, n. 4, 2011.

BARRETO, Margarida. *Violência, saúde e trabalho:* uma jornada de humilhações. EDUC, Editora da PUC, São Paulo, 2003.

BARRETO, Margarida; HELOANI, Roberto. Violência, saúde e trabalho: a intolerância e o assédio moral nas relações laborais. *Serviço Social & Sociedade*, São Paulo: n. 123, p. 544-561, jul./set. 2015. Disponível em: https://doi.org/10.1590/0101-6628.036. Acesso em: 19 ago. 2023.

BATISTA JR., João. O que mais você quer, filha, para calar a boca? *Revista Piauí*, 2020. Disponível em: https://piaui.folha.uol.com.br/materia/o-que-mais-voce-quer-filha-para-calarboca/. Acesso em: 06 jun. 2023.

______. A Globo e o assédio sexual. *Revista Piauí*, 2023. Disponível em: https://piaui.folha.uol.com.br/globo-e-o-assedio-sexual/. Acesso em: 06 jun.2023. CADE. Guia de programas de *compliance*. Brasília. 2016. p. 09. Disponível em: https://www.gov.br/cade/pt-br/centrais-de-conteudo/publicacoes-institucionais/guias-do-cade. Acesso em: 04 ago. 2023.

BERTOLIN, Patrícia Tuma Martins; BUZZO, Cecília Ayres. A relevância do *compliance* trabalhista na atuação de investigações de assédio nas empresas. *Revista Meritum*, Belo Horizonte, v. 17, n. 2, p. 163-184, 2022. DOI: https://doi.org/10.46560/meritum.v17i2.8966.

BRASIL. Câmara dos Deputados. *Mensagem n. 86/2023 do Poder Executivo pela aprovação da Convenção n. 190 da Organização Internacional do Trabalho (OIT) sobre a Eliminação da Violência e do Assédio no Mundo do Trabalho*. Brasília: Câmara dos Deputados, 2023. Disponível em: https://www.camara.leg.br/proposicoesWeb/fichadetramitacao?idProposicao=2351227. Acesso em: 19 ago. 2023.

______. *Constituição da República Federativa do Brasil*. Atualizada até a Emenda Constitucional n. 129. Brasília/DF, 5 de outubro de 1988. Disponível em: https://www.planalto.gov.br/ccivil_03/constituicao/constituicao.htm. Acesso em: 04 ago.2023.

______. *Lei ordinária n. 14.457, de 21 de setembro de 2022*. Institui o Programa Emprega + Mulheres; e altera a Consolidação das Leis do Trabalho, aprovada pelo Decreto-lei n. 5.452, de 1º de maio de 1943, e as Leis ns. 11.770, de 9 de setembro de 2008, 13.999, de 18 de maio de 2020, e 12.513, de 26 de outubro de 2011. Disponível em: https://www.planalto.gov.br/ccivil_03/_Ato2019-2022/2022/Lei/L14457.htm. Acesso em: 19 ago.2023.

BRIANEZI, Katy. "Pejotização, você sabe o que significa?". *Jusbrasil*, 2011. Disponível em: https://www.jusbrasil.com.br/artigos/pejotizacao-voce-sabe-o-que-significa/121934275 . Acesso em: 17 ago. 2023.

CAMPOS, Roberto Augusto de Carvalho; PANCHERI, Ivanira. Crime de assédio moral no trabalho. *Revista Jurídica Unigran*, Dourados, vol. 19, n. 38, jul./dez. 2017. Disponível em: http://www.unigran.br/revista_juridica/ed_atual/artigos/artigo01.php. Acesso em: 05 mai. 2023.

CONSELHO ADMINISTRATIVO DE DEFESA ECONÔMICA, Cade. *Guia programas de compliance:* orientações sobre estruturação e benefícios da adoção dos programas de *compliance* concorrencial. Versão oficial. Brasília-DF: Cade, 2016a. Disponível em: https://cdn.cade.gov.br/Portal/centrais-de-conteudo/publicacoes/guias-do-cade/guiacompliance-versao-oficial.pdf. Acesso em: 29 ago. 2023.

DAVID, Josany Keise de Souza; ALMEIDA, Carla Vidal Gontijo. Sustentabilidade emocional no meio ambiente de trabalho como instrumento de *compliance* para proteção da dignidade do trabalhador e da trabalhadora. *Revista do Direito do Trabalho e Meio Ambiente do Trabalho*, v. 8, n. 2, p. 22-40, jul./dez. 2022.

DIEESE. As dificuldades das mulheres chefes de família no mercado de trabalho. *Boletim especial 8 de março dia da mulher*. 2023. Disponível em: https://www.dieese.org.br/boletimespecial/2023/mulheres2023.pdf. Acesso em: 28 ago. 2023.

FARIAS, Erika. *Alertas globais chamam a atenção para o papel do trabalho na saúde mental.* Escola Politécnica de Saúde Joaquim Venâncio, 2023. Disponível em: https://www.epsjv.fiocruz.br/noticias/reportagem/alertas-globais-chamam-a-atencao-para-opapel-do-trabalho-na-saude-mental. Acesso em: 28 jul. 2023.

FREITAS, Maria Ester de. Quem paga a conta do assédio moral no trabalho? *Revista de Administração de Empresas*, São Paulo, v. 6, n. 1, p. 1-7, jan. 2007. Art. 5. Versão eletrônica. Disponível em: http://www.rae.com.br/eletronica/index.cfm?FuseAction=Artigo&ID=4544&Secao=PENSAT A&Volume=6&Numero=1&Ano=2007. Acesso em: 16 ago. 2023.

GONZALEZ, Mariana. Justiça tem média de 250 ações de assédio moral e sexual no trabalho ao dia. *Universa*, 2023. Disponível em: https://www.uol.com.br/universa/noticias/redacao/2023/08/11/justica-tem-media-de-250acoes-de-assedio-moral-e-sexual-no-trabalho-ao-dia.htm. Acesso em: 10 ago. 2023.

HELOANI, Roberto. Assédio moral: a dignidade violada. *Aletheia*, n. 22, p. 101-108, 2005 Disponível em: http://pepsic.bvsalud.org/scielo.php?script=sci_arttext&pid=S141303942005000200010&lng=pt&tl ng=pt. Acesso em: 17 ago. 2023.

IBCG. *Código das melhores práticas de governança corporativa.* 6. ed. São Paulo: IBCG, 2023.

ILO — INTERNATIONAL LABOUR ORGANIZATION. *Experiences of violence and harassment at work:* A global first survey. International labour organization; Lloyd's Register Foundation; Gallup International, Inc. Geneva: ILO 2022. Disponível em: https://doi.org/10.54394/IOAX8567. Acesso em: 23 jul. 2023.

HIRIGOYEN, Marie-France. *Assédio moral:* a violência perversa no cotidiano. Tradução de Maria Helena Kuhner. 19. ed. Rio de Janeiro: Bertrand Brasil, 2021.

______. *Mal-estar no trabalho:* redefinindo o assédio moral. Tradução de Rejane Janowitzer. 6. ed. Rio de Janeiro: Bertrand Brasil, 2011.

LIMA FILHO, Francisco das Chagas. Assédio Moral. Convenção n. 190 da Organização Internacional do Trabalho. Fonte de Interpretação. *Revista Síntese Trabalhista e Previdenciária*, n. 386, ago. 2021.

MPT. *Observatório Digital de Saúde e Segurança do Trabalho* — SMARTLAB de Trabalho Decente. Disponível em: https://observatoriosst.mpt.mp. br/. Acesso em: 23 jul. 2023.

NELSON, Rocco Antonio Rangel Rosso; TEIXEIRA, Walkyria de Oliveira Rocha. Breve Estudo sobre o *Compliance* Trabalhista. *Revista Síntese Trabalhista e Previdenciária*, n. 378, dez. 2020.

OIT. *Convenção n. 190 (C190) sobre a Eliminação da Violência e do Assédio no Mundo do Trabalho*. Conferência Internacional do Trabalho. Disponível em: https://www.ilo.org/wcmsp5/groups/public/---europe/---ro-geneva/---ilolisbon/documents/genericdocument/wcms_729459.pdf. Acesso em: 19 ago. 2023.

______. *Experiências de violência e assédio no trabalho:* uma primeira pesquisa global. Genebra: OIT, 2022. ISBN 9789220384923 (web PDF). Disponível em: https://researchrepository.ilo.org/esploro/outputs/report/995318827002676. Acesso em: 19 ago. 2023.

______. *Violência e assédio no mundo do trabalho:* Um guia sobre a Convenção n. 190 e a Recomendação n. 206. Escritório Internacional do Trabalho – Genebra: OIT, 2021. Disponível em: https://www.ilo.org/brasilia/publicacoes/WCMS_832010/lang--pt/index.htm. Acesso em: 19 ago. 2023.

______. *Ratifications of C190* — Violence and Harassment Convention, 2019 (No. 190). Disponível em: https://www.ilo.org/dyn/normlex/en/f?p=NORMLEXPUB:11300:0::NO:11300:P11300_INS TRUMENT_ID:3999810:NO. Acesso em: 19 ago. 2023.

OMS — Organização Mundial de Saúde. *Relatório Mundial de Saúde Mental*. Genebra: OMS, 2022.

PATRÍCIA GALVÃO. *Pesquisa revela:* 76% das mulheres já sofreram violência e assédio no trabalho. 2020. Disponível em: https://agenciapatriciagalvao.org.br/violencia/pesquisa-revela-76-das-mulheres-ja-sofreramviolencia-e-assedio-no-trabalho/. Acesso em: 06 jun. 2023.

RAICHELIS, Raquel; SILVA, Ociana Donato. O assédio moral nas relações de trabalho do(a) assistente social: uma questão emergente. *Serviço Social & Sociedade*, n. 123, p. 582-603, São Paulo, 2015. Disponível em: https://doi.org/10.1590/0101-6628.038. Acesso em: 09 ago. 2023.

SAFFIOTI, Heleieth Iara Bongiovani. *A Mulher na Sociedade de Classes:* Mito e Realidade. Petrópolis: Vozes, 1979.

SAFFIOTI, Heleieth Iara Bongiovani. *Gênero, patriarcado, violência*. 2. reimp. São Paulo: Ed. Fundação Perseu Abramo, 2011.

SCOTT, Joan. *Gênero:* uma categoria útil para análise histórica. Traduzido pela SOS: Corpo e Cidadania. Recife, 1990.

SOBOLL, Lis Andréa Pereira. *Intervenções em Assédio Moral e Organizacional organizadora*. São Paulo: LTr, 2017.

TASSIGNY, Mônica Mota; FREIRE, Cylviane Maria Cavalcante de Brito Pinheiro; NOTTINGHAM, Andréa de Boni; KARAM, Andréa Maria Sobreira. A aplicabilidade do Método do Estudo de Caso em Pesquisas Jurídicas. *Revista Acadêmica da Faculdade de Direito do Recife*, vol. 88, n. 1, jan./jun. 2016.

TELES, Maria Amélia de; MELO, Mônica de. *O que é violência contra a mulher*. Coleção Primeiros Passos. São Paulo: Brasiliense, 2002.

TOCHA FILMES. *Pesquisa/Violência e assédio contra a mulher* — Como ela faz? Disponível em: https://comoelafaz.tochafilmes.com.br/pesquisa-violencia-e-assedio-contra-amulher/. Acesso em: 06 jun. 2023.

VIEIRA, Fernando de Oliveira. "Quem vê cara, não vê coração": Aspectos discursivos e eufemísticos da sedução organizacional que disfarçam sofrimento e violência no trabalho. *Revista E&G Economia e Gestão*, Belo Horizonte, v. 14, n. 36, jul./set. 2014.

O Caso do Programa *Trainee* 2021 da Empresa Magazine Luiza S.A. e as Ações Afirmativas para Inclusão de Pessoas Negras no Mercado e Trabalho

Alexandre Jorge Pimenta[1]

1. Introdução

Um dos mecanismos que se apresenta como auxiliador da tarefa de garantir direitos como liberdade, vida, igualdade, saúde, educação e trabalho são as chamadas políticas de ações afirmativas, medidas que favorecem a inclusão social dos grupos vulneráveis e marginalizados e, para esta finalidade, operam pelo estabelecimento de tratamentos juridicamente diferenciados a esses grupos.

Com efeito, exatamente por atribuir tratamento diferenciado, essas medidas têm-se tornado alvo de grandes debates nos círculos acadêmicos e jurídicos, nos quais diversos representantes travam uma lide argumentativa em defesa ou de investidas contrárias à adoção de tais políticas, principalmente, no modelo conhecido como o de cotas e reservas de vagas.

Dentro das discussões no campo do Direito tem-se algumas ações que foram ajuizadas a fim de que o judiciário se manifestasse a respeito do tema e pudesse definir quais as medidas que devem ser adotadas pelo sistema brasileiro. Entre esses processos, traz-se para este trabalho a Ação Civil Pública (Processo n. 0000790-37.2020.5.10.0015).

Logo, o presente Trabalho de Conclusão de Curso cria seu escopo final quando, após a criação do programa de *trainee* 2021 do Magazine Luiza, notou-se que os diversos meios de comunicação passaram a noticiar e questionar o programa diferenciado, causando discussões na sociedade brasileira, como por exemplo, em matérias com os seguintes títulos: *Programa de trainee da Magazine Luiza para negros causa polêmica: Deputado Carlos Jordy, vice-líder do governo na Câmara, disse que vai entrar com representação no*

(1) Bacharel em Direito pela Universidade Federal do Pará. Advogado inscrito na Ordem dos Advogados do Brasil Seção Pará. E-mail: adv.alexandrepimenta@gmail.com.

Ministério Público contra a empresa[2]; *Trainee para negros: por que essa prática causa tanta polêmica? Programa exclusivo para negros anunciado pelo Magazine Luiza é alvo de críticas e traz à tona o debate sobre inclusão*[3]. A discussão gerada acabou impulsionando a que a Defensoria Pública da União ajuizasse a supracitada ação.

Enquanto pessoa negra, essa temática e discussão chama atenção do autor deste trabalho, sendo que, durante o período da graduação, participou de programa de pesquisa e extensão universitária que tinha como um de seus eixos temáticos as Ações Afirmativas. Essa vivência e pesquisa culminaram em seu trabalho de conclusão de curso, que abordou o seguinte tema: *Ações Afirmativas Para o Acesso de Pessoas Com Deficiência, Indígenas e Negros ao Ensino Superior*. Ainda, enquanto profissional do direito, além de ser advogado trabalhista, atua na Comissão de Defesa e Promoção da Igualdade Étnico-Racial da OAB/PA, deparando-se rotineiramente com a situação das pessoas negras no mercado de trabalho.

Assim, verifica-se que ainda há a necessidade de continuar o diálogo sobre a fundamentação das ações afirmativas para inclusão de pessoas negras no mercado de trabalho, a fim de que haja mais subsídios disponíveis.

2. Apresentação do caso

No ano de 2019, a empresa Magazine Luiza S.A. realizou uma pesquisa sobre diversidade e inclusão entre seus funcionários. Com base nesse levantamento, percebeu-se, numericamente, que 53% (cinquenta e três por cento) dos funcionários da companhia eram negros. Todavia quando se analisava o quantitativo de funcionários nos cargos de liderança dentro da empresa, constatou-se que apenas 16% (dezesseis por cento) eram ocupados por pessoas negras.

Com a justificativa de trazer alterações significativas para esse cenário, a estratégia da empresa foi a readequação de seu próximo programa de *trainee*[4]. Desse modo, no ano de 2020, a organização lançou o programa *trainee* 2021 exclusivo para candidatos negros, fortemente divulgado nos meios de comunicação e nos *sites* de notícias e informações.

Após tomar conhecimento desse programa, a Defensoria Pública da União (DPU) ajuizou a Ação Civil Pública (Processo n. 0000790-37.2020.5.10.0015), que tramita perante a 15ª Vara do Trabalho de Brasília – DF, do Tribunal Regional do Trabalho da 10ª

(2) Disponível em: https://www.correiobraziliense.com.br/economia/2020/09/4876581-magazine-luiza-e-um-dosassuntos-mais-comentados-no-twitter.html Acesso em: 04 jun+ 2023.

(3) Disponível em: https://vocerh.abril.com.br/diversidade/trainee-para-negros-por-que-essa-pratica-causa-tantapolemica Acesso em: 04 jun. 2023.

(4) Um programa de trainee busca recrutar e desenvolver pessoas para assumir posições estratégicas dentro da gerência de uma organização.

Região, a fim de impugnar o programa do Magazine Luiza, alegando, em síntese, que o referido procedimento seletivo violaria o ordenamento jurídico brasileiro, especialmente o art. 7º, XXX, da CF/88, assim como as normas internacionais e infraconstitucionais que vedam a discriminação de trabalhadores.

Para isso, a DPU argumenta que a contratação exclusiva de empregados de determinada raça ou etnia, em detrimento de outras, gera a exclusão de grupos de trabalhadores, e que as ações afirmativas não podem ser transformadas em medidas arbitrárias de discriminação de trabalhadores, acrescentando que a conduta da Magazine Luiza não é proporcional nem razoável e pode caracterizar crime de racismo, nos termos da Lei n. 7.716/1989. Nesse aspecto, a DPU traz sorrateiramente à discussão a descabida ideia da existência de racismo reverso, e, ainda, de maneira errônea, a ideia de que ações afirmativas se acabam em cotas e reservas de vagas.

A Defensoria aduziu que essa discussão deveria ser analisada pelo Poder Judiciário, "pelo bem dos milhões de trabalhadores de nosso País", visto não haver precedentes e tampouco notícias da judicialização do tema. Invoca até mesmos os princípios da proporcionalidade e razoabilidade para declarar que o programa *trainee* não é medida necessária.

Ainda sobre a conduta da empresa, a DPU afirma que a Ré tem a capacidade de influenciar as demais empresas com a adoção de programas de seleção nos mesmos moldes, o que poderia trazer prejuízos à sociedade, tendo em vista o quadro de desemprego no país. Aduz, ainda, que o programa de *trainee* com candidatos autodeclarados negros é uma estratégia de *marketing* empresarial, tecnicamente denominado "*marketing* de lacração", que tem por objetivo não só o ganho político, mas também a ampliação dos lucros e faixa de mercado da empresa.

Em sua defesa, o Magazine Luiza declarou que busca defender a obediência ao ordenamento jurídico, às normas constitucionais e às leis antirracismo e, nesse último enfoque, tem procurado junto a seus colaboradores trazer o entendimento sobre a relevância das ações afirmativas e das políticas de cotas raciais.

Nesse contexto, implementou o *"Programa de Trainee"* apenas para pessoas negras, ressaltando que o elemento balizador do processo seletivo é a diminuição das diferenças raciais existentes nas posições de liderança da empresa. Afirma, a empresa que esse programa é constitucional.

Outro aspecto que demonstra a relevância da análise desse tema é o fato de que diversas organizações e movimentações sociais fizeram requerimento para atuar na ação como *amicus curiae*. Entre elas se encontram as seguintes entidades e órgãos: Instituto Iniciativa Empresarial pela Igualdade; Educação e Cidadania de Afrodescendentes e Carentes – Educrafro; Movimento Negro Unificado – Mnu; Instituto de Advocacia Racial e Ambiental – Iara; Associação Carnavalesca Bloco Afro Olodum; Associação Cultural Bloco Carnavalesco Ilê Aiyê; Entidade Cultural Cortejo Afro; Associação Afoxé

Filhos de Gandhy; Sociedade Afro Brasileira de Desenvolvimento Sócio – Cultural – Afrobras; Núcleos, Grupos de Trabalho, Coordenações Especializadas das Defensorias Públicas Estaduais e do Distrito Federal; Criola.

3. Metodologia

Com a apresentação do caso do Magazine Luiza, que amplia o debate sobre a adoção de medidas que "privilegiam" um grupo socialmente marginalizado, este artigo segue o objetivo de responder à seguinte reflexão norteadora desta pesquisa: o ordenamento jurídico brasileiro permite a criação de programas e projetos exclusivos para a inserção de pessoas negras no mercado de trabalho? Para tanto, desenvolve-se uma pesquisa qualitativa caracterizada por "um conjunto de diferentes técnicas interpretativas que visam a descrever e a decodificar os componentes de um sistema complexo de significados"(NEVES, 1996, p. 1), ou seja, esta pesquisa pretende oferecer respostas para a compreensão do todo e de suas peculiaridades.

Ensina Godoy (1995, p. 21) que a abordagem qualitativa apresenta três possibilidades: a pesquisa documental, o estudo de caso e a etnografia. Para a realização desta pesquisa utilizase a pesquisa qualitativa do tipo estudo de caso, em conjunto com a pesquisa documental e a bibliográfica. A referida autora alinha que o estudo de caso se caracteriza como um tipo de pesquisa cujo objeto é uma unidade que se analisa profundamente. Visa ao exame detalhado de um ambiente, de um simples sujeito ou de uma situação em particular. Tem por objetivo proporcionar vivência da realidade por meio da discussão, análise e tentativa de solução de um problema extraído da vida real. Enquanto técnica de ensino, procura estabelecer relação entre a teoria e a prática. Para ela:

> O pesquisador deve também preocupar-se em mostrar a multiplicidade de dimensões presentes numa determinada situação, uma vez que a realidade é sempre complexa. Desta forma, para uma apreensão mais completa do fenômeno em estudo, é preciso enfatizar as várias dimensões em que ele se apresenta, assim como o contexto em que se situa. A divergência e os conflitos, tão característicos da situação social, devem estar presentes no estudo (GODOY, 1995, p. 25-26).

Neste tipo de pesquisa, lança-se mão de enfoques exploratórios e descritivos, visto que o propósito fundamental do estudo de caso é analisar intensivamente uma dada unidade social, principalmente quando estamos diante de um interesse atual que precisa ser ponderado dentro do contexto da realidade social na qual aquela situação está inserida.

Desse modo, visto que o processo judicial do presente estudo de caso ainda se encontra em fase recursal no primeiro grau de jurisdição, o trabalho visa buscar os subsídios conceituais, legais e doutrinários que consigam fundamentar e responder à reflexão proposta.

4. As possibilidades de utilização das ações afirmativas

A evolução histórica das sociedades demonstra com nitidez a existência de grupos de pessoas que foram sendo marginalizados. Segundo os professores Raimundo Wilson da Gama Raiol e Domingos do Nascimento Nonato, esses "processos de exclusão e estruturas históricas reproduzem modelos fracassados e ineficazes de formular, gestar e consolidar políticas públicas para o combate das desigualdades etnicorraciais, na garantia do bem-estar social e econômico dos indivíduos" (RAIOL e NONATO, 2019), sendo que, para tratar esses males que impossibilitam o desenvolvimento nacional, os Estados, pressionados pelos grupos vulneráveis, procuraram investir em projetos e programas para combater tais marginalizações, como aponta Joaquim Barbosa Gomes (2007, p. 52):

> Nesse sentido, não se deve perder de vista o fato de que a história universal não registra, na era contemporânea, nenhum exemplo de nação que tenha se erguido de uma condição periférica à de potência econômica e política, digna de respeito na cena política internacional, mantendo no plano doméstico uma política de exclusão, aberta ou dissimulada, legal ou meramente informal, em relação a uma parcela expressiva de seu povo.

Corrobora com esse pensamento Flávia Piovesan (2007, p. 44) ao declarar que:

> [...] as violações, as exclusões, as discriminações, as intolerâncias, os racismos, as injustiças raciais são um construído histórico, a ser urgentemente desconstruído, sendo emergencial a adoção de medidas eficazes para romper com o legado de exclusão étnico-racial. Há que se enfrentar essas amarras, mutiladoras do protagonismo, da cidadania e da dignidade da população afrodescendente.

Para o combate às violações, exclusões, discriminações, intolerâncias, racismos etc, estão disponíveis para uso dois modelos, sendo o primeiro modelo denominado de repressor e baseado na pura e simples adoção de normas que objetivem a vedação e repressão às práticas discriminatórias, reprimindo tais condutas com sanções que podem ser de natureza administrativa, civil e até mesmo trabalhista, porém apresenta uma postura estática que não aponta meios para que os grupos discriminados sejam incluídos no seio social (BRITO FILHO, 2014, p. 62).

O segundo modelo visa à integração de medidas que favoreçam a inclusão social dos grupos vulneráveis e marginalizados. Dentro dessa dinâmica de projetos e programas que combatam a exclusão de cidadãos, situa-se a chamada "ação afirmativa" ou "discriminação positiva" ou conhecida ainda como "ação positiva", que se caracteriza pelas tentativas de concretização da igualdade material.

O professor José Cláudio de Brito Filho (2014, p. 62) coteja os dois modelos e demonstra o elo entre eles, estabelecendo comparação entre as medidas que caracterizam o modelo da simples repressão às condutas discriminatórias, e as próprias do modelo das ações afirmativas, podendo-se afirmar que a principal diferença entre os dois modelos é a postura ativa que se adota no segundo, postura que se caracteriza pela adoção, em maior ou menor grau, de condições para que as pessoas e grupos discriminados e, portanto, excluídos, possam (re)integrar-se à coletividade, e que não se encontra no primeiro modelo, em que o Estado apenas torna ilícitos os atos discriminatórios, sem, entretanto, tomar outra providência que não seja essa, na busca da neutralização desses atos.

Entende-se que as normas e diplomas legais, integrantes do modelo repressivo--punitivo, criminalizam as condutas discriminatórias e demonstram aos cidadãos os atos que não serão tolerados nas relações humanas, devendo elas ser combinadas com estratégias que promovam a inclusão social dos que sofrem com a discriminação e marginalização, garantindo a igualdade de fato.

Entre essas estratégias se apresentam as políticas de ações afirmativas, políticas que visam promover a inclusão social dos grupos vulneráveis por meio da aplicação de critérios que contemplem suas especificidades e possibilitem o gozo das liberdades fundamentais, conforme estabelece o princípio da igualdade.

Quanto ao surgimento das ações afirmativas, apesar de já se ter notícias de que, em 1949, a Índia já legislava sobre medidas de tal porte e de outras experiências semelhantes na África e Ásia, o termo "ação afirmativa" surge na década de sessenta, nos Estados Unidos da América (EUA), como ferramenta que solucionaria a marginalização social e econômica dos afrodescendentes norte-americanos.

Após vários atos do movimento negro norte-americano, o Congresso daquele país aprovou, em 1964, o Estatuto dos Direitos Civis com a missão de eliminar todo o tipo de discriminação, dando ao poder executivo autoridade para implementar programas de inclusão e combate a segregação social.

As primeiras experiências de ações afirmativas nos Estados Unidos foram no âmbito do mercado de trabalho, na educação superior e nos contratos governamentais. O presidente John F. Kennedy utilizou o termo *"affirmative action"* ao publicar a *Executive Order n. 10.925*, que, além de criar um órgão fiscalizador e repressor das discriminações que existiam no mercado de trabalho, definiu que, em todos os contratos firmados com o governo, deveriam ser adotadas medidas afirmativas com o objetivo de garantir que os indivíduos de todas as raças, cores, nacionalidades e credos, pudessem ter acesso ao mercado de trabalho. Sobre a adoção dessa nova política nos Estados Unidos da América, comenta Joaquim Gomes:

> [...] Nessa nova postura, passa o Estado a levar em conta tais fatores no momento de contratar seus funcionários ou de regular a contratação por

> outrem, ou ainda no momento de regular o acesso aos estabelecimentos educacionais públicos e privados (GOMES, 2007, p. 54).

Temos que, ao invés de conceber políticas públicas de que todos seriam beneficiários, independentemente da sua raça, cor ou sexo, o Estado passa a levar em conta esses fatores na implementação das suas decisões, não para prejudicar quem quer que seja, mas para evitar que a discriminação, que inegavelmente tem um fundo histórico e cultural, e não raro se subtrai ao enquadramento nas categorias jurídicas clássicas, termine por perpetuar as iniquidades sociais.

Não obstante, o Estado observa que as políticas de caráter universalista, sem se atentar para as especificidades da sociedade, não conseguiam atingir de maneira eficaz os integrantes de grupos vulneráveis, chegando-se a propagação do quadro discriminatório. Logo, faz-se necessária a aplicação de um novo modelo, no qual as singularidades do indivíduo serão elementos primordiais para a elaboração das políticas públicas e privadas, seja no campo do trabalho seja na educação.

O modelo de ações afirmativas implantado nos EUA serviu como base para que os movimentos sociais, principalmente dos países do continente americano, cobrassem de seus governos políticas correcionais a fim de solução aos problemas internos decorrentes da marginalização seletiva do segmento dominado e de privilégios herdados de um passado (na ampla maioria dos casos) do regime escravocrata.

No início da experiência estadunidense, entendiam-se as ações afirmativas como a adesão, por parte do Estado e por particulares detentores do poder decisório, a determinações de não discriminação. Tendo a dinâmica das discussões sociais avançado e a demonstração da necessidade de medidas que combatessem com mais eficácia a problemática da discriminação, a significação das ações afirmativas se transformou na apresentação de um sistema mais multifacetado, objetivando a promoção da inclusão social dos grupos marginalizados ou, também, denominados de vulneráveis.

Joaquim Barbosa Gomes define as ações afirmativas como um conjunto de políticas públicas e privadas de caráter compulsório, facultativo ou voluntário, concebidas com vistas ao combate à discriminação racial, de gênero, por deficiência física e de origem nacional, bem como para corrigir ou mitigar os efeitos presentes da discriminação praticada no passado, tendo por objetivo a concretização do ideal de efetiva igualdade de acesso a bens fundamentais como a educação e o emprego.

> Em síntese, trata-se de políticas e de mecanismos de inclusão concebidos por entidades públicas, privadas e por órgãos dotados de competência jurisdicional, com vistas à concretização de um objetivo constitucional universalmente reconhecido — o da efetiva igualdade de oportunidades a que todos os seres humanos têm direito (GOMES, 2007, p. 55).

Da definição ensinada por Gomes é possível compreender que as ações afirmativas visam combater às desigualdades vivenciadas pelos grupos vulneráveis que foram histórica e culturalmente discriminados, por elementos preconceituosos encravados na cultura dominante na sociedade, visando também à concretização do princípio da igualdade jurídica (que no tópico seguinte será mais bem discutido).

Dias e Soares (2014) declaram que "as ações afirmativas, portanto, favorecem parte da sociedade que por situações diversas não consegue ter o mesmo ponto de partida para competir pelos 'bens da vida' (sejam eles minorias ou vulneráveis)".

O professor José Brito Filho as define como forma ou modelo de combate à discriminação que, por meio de normas que estabelecem critérios diferenciados de acesso a determinados bens, opõe-se à exclusão causada às pessoas pelo seu pertencimento a grupos vulneráveis, proporcionando uma igualdade real entre os indivíduos (BRITO FILHO, 2014, p. 64-65).

Pode-se compreender que as ações afirmativas, operam pelo estabelecimento de tratamentos juridicamente diferenciados e implicam em uma decisão política que vise à superação das desigualdades e discriminações que afetam os grupos vulneráveis.

As ações afirmativas são assentadas buscando, segundo Joaquim B. Gomes (2007, p. 57), os seguintes objetivos; a) induzir transformações aptas a subtrair do imaginário coletivo ideias de supremacias e de subordinação de raças ou gêneros; b) implantação de diversidade e representatividade dos grupos vulneráveis nos mais diversos domínios da atividade pública e privada; c) zelar pela pujança econômica do país; d) criar personalidades emblemáticas.

Efetivada a ideia da importância de se implantar, com finalidade de inclusão social, políticas públicas e até mesmo de caráter privado, devem-se levar em conta que essas políticas necessitam obedecer a critérios e até mesmo limites. Para Gomes, os critérios que as ações afirmativas devem ter segue a seguinte lógica:

> Esta justificação deve ter um conteúdo, baseado na razoabilidade, ou seja, num fundamento razoável para a diferenciação; na racionalidade, no sentido de que a motivação deve ser objetiva, racional e suficiente; e na proporcionalidade, isto é, que a diferenciação seja um reajuste de situações desiguais (GOMES, 2007, p. 75).

Visando atender a igualdade material, a política de diferenciação deve: estar prevista nos deveres constitucionais que buscam a redução das desigualdades sociais; especificar os indivíduos que receberão o tratamento diferenciado; e ser eficiente, no sentido de que a metodologia aplicada resulte na eliminação ou, ao menos, na redução do quadro social de exclusão e vulnerabilidade.

Atentando-se a esses critérios, a política de ações afirmativas, ainda, deverá observar a chamada temporariedade, posto que sua instalação se fundamenta na ideia de eliminar um cenário excludente, ou seja, após cumprir seu objetivo ela deixa de possuir eficácia. Sobre a temporariedade das ações afirmativas, Dias e Soares anotam a seguinte afirmação:

> Note-se, por oportuno, que em todo permissivo legal de discriminação positiva, com a adoção de medidas especiais de caráter temporário, se dá com a única finalidade de se acelerar o processo de igualdade para se atingir o ideal de justiça. Contudo, quando a igualdade for visualizada, tais medidas devem ser revogadas para que haja a prevalência do princípio da igualdade com essa leitura (DIAS e SOARES; 2014, p. 08).

Brito Filho (2014, p. 69), também, tem posicionamento que as ações afirmativas serão limitadas no tempo, possuindo um caráter temporário, pois só se justificam até que seja alcançado seu objetivo de promover a igualdade. Todavia, não se pode pensar a implementação de tal medida já estipulando seu prazo derradeiro, deve-se, no mais, delinear reavaliações do programa instituído com o intuito de verificar se alcançou o fim pretendido ou se será necessário a realização de ajustes para que seja eficaz.

Em contraponto com a ideia de limite de tempo para as ações afirmativas, Luis Cruz (2011, p. 90) assinala a possibilidade de equívoco de se subentender que sempre, em algum momento, a política de ações afirmativas estabelecerá a igualdade fática. Explica que em algumas ocasiões as desigualdades não serão eliminadas, mas apenas compensadas, e para ilustrar essa afirmação temos o exemplo das pessoas com deficiência que apresentam "desvantagens permanentes" na competição pelas vagas ofertadas a todos, perdendo-se a característica da temporariedade.

Mesmo havendo posicionamento que aponte no sentido de alguns modelos de ações afirmativas não serem capaz de cumprir o caráter da temporariedade, não se pode apartar esse aspecto, como se viu nas definições de ações afirmativas. O que se constata é que não há necessidade de fixação de prazo específico para o término dessas medidas, pois não se sabe quanto tempo será necessário para que seus objetivos sejam alcançados, o que se tem é que dependendo do grupo ao qual se destina alguns modelos podem ser mais flexíveis que outros.

A luta pela adoção de políticas públicas de ações afirmativas tem sido uma bandeira constante do movimento negro, que busca fixar o direito à igualdade racial para o efetivo enfrentamento do legado discriminatório, que impediu à maior parcela da população brasileira o exercício pleno dos direitos consagrados nas declarações de direitos fundamentais (PIOVESAN, 2007, p. 36).

A professora, pesquisadora e militante Zélia Amador de Deus comenta o processo de organização do movimento negro brasileiro:

> (...) é deste lugar que enfoco as relações raciais no Brasil contemporâneo para falar do papel do Movimento Negro para a construção das Políticas de Ação Afirmativa e de todo o processo que o Estado brasileiro denomina de "Políticas de Promoção da Igualdade Racial" e que nós, do Movimento Negro, chamamos de combate ao Racismo e Eliminação da Discriminação Racial. Nesta perspectiva, falar de Política de Ação Afirmativa é falar de um processo de luta aquém dos trinta anos que estamos aqui para celebrar, não podemos esquecer que, em muitos lugares, foi necessário que os herdeiros da diáspora africana chegassem às Academias para forjar espaços. (DEUS, 2019, p. 88-89).

Esses estudos nos demonstram que a experiência cotidiana de opressão os acompanhou, e esses não entraram sozinhos para a Academia ou para qualquer lugar que ocupem. Não costumam andar sozinhos. Carregam consigo, além de sua história de vida, a história de seus ancestrais. A marca dessa história está em seus corpos, os acompanha em qualquer lugar a que vão. Mesmo que eles queiram esquecer, não lhes é permitido.

Percebe-se a necessidade da autoafirmação dos negros no Brasil, no sentido de sua identidade ser respeitada e suas deficiências socioeconômicas serem trabalhadas, procurando reverter o quadro de pobreza em que se encontra a maioria dos negros brasileiros, sendo que esses objetivos só poderão ser alcançados com políticas que efetivamente combatam a discriminação e possibilitem o acesso aos bens sociais.

Brito Filho (2014, p. 86) aponta que o desnível educacional e profissional existente no Brasil não é somente uma questão de pertencer ou não a uma classe social, mas a variável cor demonstra-se um importante elemento nesse desequilíbrio e, o autor, concordando com Dworkin, aduz a necessidade de programas de ações afirmativas adotarem, também, critérios raciais, para que não se criem mais desigualdades.

Na abordagem do constitucionalismo brasileiro pairam dúvidas a respeito da receptividade da adoção das ações afirmativas na Carta Magna de 1988, tendo os que não são favoráveis a esses programas se utilizado como principal argumento para combater as ações a ideia de que as mesmas violariam o princípio da igualdade, tal como definido no art. 5º da CF/88: Art. 5º Todos são iguais perante a lei, sem distinção de qualquer natureza, garantindose aos brasileiros e aos estrangeiros residentes no País a inviolabilidade do direito à vida, à liberdade, à igualdade, à segurança e à propriedade [...] (BRASIL, 1988).

Logo, esse momento será utilizado para que se possa compreender como a discussão acerca do princípio da igualdade é colocada no mundo contemporâneo e de que forma o texto constitucional se apropriou da significação de igualdade, para que assim possamos verificar e apontar quais ações rompem e quais caminham com a ideia trazida pelo constituinte.

Nesses parâmetros, o ex-ministro Joaquim Barbosa ao dissertar sobre a concepção de igualdade nos ensina que a noção de igualdade, como categoria jurídica de primeira grandeza, teve sua emergência como princípio jurídico incontornável nos documentos constitucionais promulgados imediatamente após as revoluções do final do século XVIII. Com efeito, foi a partir das experiências revolucionárias pioneiras dos EUA e da França que se edificou o conceito de igualdade perante a lei, uma construção jurídico-formal segundo a qual a lei, genérica e abstrata, deve ser igual para todos, sem qualquer distinção ou privilégio, devendo o aplicador fazê-la incidir de forma neutra sobre as situações jurídicas concretas e sobre os conflitos interindividuais.

> Concebida para o fim específico de abolir os privilégios típicos do ancien régime e para dar cabo às distinções e discriminações baseadas na linhagem, no *rank*, na rígida e imutável hierarquização social por classes (*classement par ordre*), essa clássica concepção de igualdade jurídica, meramente formal, firmou-se como ideia-chave do constitucionalismo que floresceu no século XIX e prosseguiu sua trajetória triunfante por boa parte do século XX (GOMES, 2007, p. 48).

Observa-se que a lei será igual a todos, sem que haja nenhum tipo de distinção, uma concepção liberal somada ao postulado da neutralidade estatal, ideia que não se fundamenta quando se constata que somente a igualdade jurídica não é suficiente para fazer os grupos marginalizados acessarem as mesmas oportunidades que estão à disposição dos grupos mais privilegiados da sociedade.

Entretanto, torna-se necessário compreender que as discussões sobre a concepção de igualdade avançam no decorrer dos anos, sendo a igualdade disposta em nosso texto constitucional reflexo dessas discussões em torno dos Direitos Humanos pautados na Declaração Universal de 1948 e a nova postura dos Estados que passam a operar para que a igualdade positivada em seus textos normativos possa ser concretizada.

A sociedade é chamada a atenção para a compreensão que não é mais suficiente e eficaz tratar o indivíduo somente de forma geral, ou seja, torna-se necessário entender as particularidades dos indivíduos, pois em cada situação deverá ser dispensado tratamento específico e com isso diferenciado. Essas informações são imprescindíveis para afirmar-se que junto ao direito à igualdade, as discussões de direitos humanos trazem como garantia fundamental, também, o direito à diferença.

> Produto do Estado Social de Direito, a igualdade substancial ou material propugna redobrada atenção por parte do legislador e dos aplicadores do

> Direito à variedade das situações individuais e de grupo, de modo a impedir que o dogma liberal da igualdade formal impeça ou dificulte a proteção e a defesa dos interesses das pessoas socialmente fragilizadas e desfavorecidas (GOMES, 2007, p. 49).

A noção de igualdade conforme concebida nas revoluções francesa e americana, apegada ao formalismo e ao padrão liberal, passa por significativas mudanças no momento em que se nota a importância do poder estatal posicionar-se a favor da defesa e dos interesses dos grupos vulneráveis. Esse novo papel do Estado visa garantir, à parcela da população que foi historicamente excluída, o acesso aos bens fundamentais como a educação em todos os seus níveis.

Nesses aspectos, as modernas legislações avançam no sentido de declarar que todos os seres humanos são iguais, pelo simples fato de terem nascido como humanos e que, desse modo, qualquer forma de discriminação deverá ser combatida. Ocorre que, a ideia liberal de simplesmente dispor na legislação "que todos são iguais" não torna todos iguais, e a atual perspectiva de direitos humanos proclama o dever de buscar a igualdade para além de textos normativos, além de respeitar e trabalhar as diferenças individuais, isto é, verifica-se que igualdade não possui apenas uma significação, como ensina Piovesan, destacam-se, assim, três vertentes no que tange à concepção da igualdade: a) a igualdade formal, reduzida à fórmula "todos são iguais perante a lei" (que, ao seu tempo, foi crucial para abolição de privilégios); b) a igualdade material, correspondente ao ideal de justiça social e distributiva (igualdade orientada pelo critério sócio-econômico); e c) a igualdade material, correspondente ao ideal de justiça enquanto reconhecimento de identidades (igualdade orientada pelos critérios gênero, orientação sexual, idade, raça, etnia e demais critérios) (PIOVESAN, 2007, p. 38).

Observa-se que as discussões contemporâneas do direito buscam garantir a igualdade formal, entendida como garantia de igualdade disposta nos textos normativos e, para além, visam que os Estados busquem garantir a chamada igualdade material, que trabalha o ideal de justiça distributiva somado ao reconhecimento de identidade de cada indivíduo.

Na concepção de justiça distributiva, a igualdade formal se configura quando os cidadãos são tratados com igual consideração e atenção, enquanto irá se verificar a igualdade material por intermédio do direito à correta distribuição de recursos e oportunidades que levarão em consideração as individualidades do indivíduo e sua posição na sociedade para a realização de uma igualdade proporcional e a fim de promover o bem comum.

Dias e Soares (2014, p. 05), ao tratarem do princípio da igualdade, pregam que o tratamento isonômico almejado pela lei não se atém a um tratamento uniforme a todos, sendo que em cada caso se faz necessário a observação das singularidades apresentadas pelos indivíduos que estejam dentro de uma desigualdade concreta.

No texto de Flávia Piovesan, ao se falar de direitos humanos e da noção da concepção de igualdade, é abordado a questão da discriminação para melhor entendimento da igualdade formal e material e de como seus pressupostos são empregados em programas de ações afirmativas:

> [...] Enquanto a igualdade pressupõe formas de inclusão social, a discriminação implica a violenta exclusão e a intolerância à diferença e à diversidade. O que se percebe é que a proibição da exclusão, em si mesma, não resulta automaticamente na inclusão. Logo, não é suficiente proibir a exclusão, quando o que se pretende é garantir a igualdade de fato, com a efetiva inclusão social de grupos que sofreram e sofrem um consistente padrão de violência e discriminação (PIOVESAN, 2007, p. 40).

Entende-se que as estratégias repressivo-punitivas são importantes no combate à discriminação e intolerância. Entretanto, essas estratégias, aplicadas de forma isolada, não tendem a garantir a igualdade de fato, fazendo-se necessário que sejam combinadas com políticas promocionais que estimulem a inclusão dos grupos vulneráveis nos espaços que lhes tem sido negados, para efetivação do princípio da igualdade em todas as suas concepções.

Para um melhor comentário, importa, também, fazer a leitura do Decreto n. 65.810, de 08 de dezembro de 1969, que promulgou a Convenção Internacional sobre a Eliminação de todas as Formas de Discriminação Racial, mais precisamente sua Parte I, art. 1º, § 4º:

> [...] não serão consideradas discriminação racial as medidas especiais tomadas com o único objetivo de assegurar progresso adequado de certos grupos raciais ou étnicos ou de indivíduos que necessitem da proteção que possa ser necessária para proporcionar a tais grupos ou indivíduos igual gozo ou exercício de direitos humanos e liberdades fundamentais, contando que, tais medidas não conduzam, em consequência, à manutenção de direitos separados para diferentes grupos raciais e não prossigam após terem sidos alcançados os seus objetivos (BRASIL, 1969).

A discriminação é entendida como elemento que opera em detrimento de determinados grupos sociais — os chamados grupos vulneráveis ou socialmente fragilizados — no sentido de marginalizá-los socioeconomicamente e reduzindo suas perspectivas. Para a reversão desse quadro, os Estados modernos compreendem que os mesmos critérios que por anos foram utilizados para excluir determinadas pessoas, agora podem ser utilizados com o intuito de assegurar proteção e liberdade para gozar das garantias fundamentais.

Nesse passo, o emprego de estratégias promocionais, destinadas aos grupos vulneráveis em razão de suas condições físicas, sociais ou econômicas, que visem à promoção das garantias individuais a esses sujeitos, não será considerado como discriminação.

Para tanto, observam-se dois pontos importantes: o primeiro é que a sociedade avançou nas discussões sobre direitos humanos a fim de garantir que grupos historicamente marginalizados não recebessem mais tratamento excludente, sendo assim garantindo nos textos normativos a igualdade formal, ou seja, proibindo a discriminação de qualquer pessoa por sexo, raça, religião, ou outro motivo; e, nesse contexto surge o segundo apontamento, que compreende que proibir não significa incluir, isto é, para que se alcance a igualdade material faz-se necessário trabalhar as diferenças sociais e utilizar instrumentos, como as políticas de ações afirmativas, que promovam a efetiva inclusão dos antes marginalizados.

Os Estados foram colocados ante duas escolhas: a primeira refere-se a uma postura neutra não intervindo nas relações sociais, bastando tão somente garantir que a igualdade formal fosse posta em norma constitucional, evidente que tal posicionamento não gerará inclusão dos grupos vulneráveis e podendo ocasionar uma maior lacuna entre esses e os historicamente privilegiados.

A segunda alternativa proposta aos Estados é que esses se tornem atores ativos na busca para eliminar – ou ao menos reduzir – do seio social as desigualdades, proporcionando que os vulneráveis tenham acesso às oportunidades e garantindo a igualdade formal e está sendo complementada com a igualdade material.

Como observado, o texto da Constituição da República Federativa do Brasil de 1988 revela que o constituinte optou pela opção de um Estado guiado a executar a concepção da igualdade material (GOMES, 2007, p. 66).

Essa afirmação é logo constatada no art. 3º que trata sobre os objetivos fundamentais da República:

> Art. 3º Constituem objetivos fundamentais da República Federativa do Brasil:
>
> I - **construir** uma sociedade livre, justa e solidária;
>
> II - **garantir** o desenvolvimento nacional;
>
> III - **erradicar** a pobreza e a marginalização e **reduzir** as desigualdades sociais e regionais;
>
> IV - **promover** o bem de todos, sem preconceitos de origem, raça, sexo, cor, idade e quaisquer outras formas de discriminação (BRASIL, 1988).

A Constituição de 1988 não apenas aponta que o Estado deverá militar em favor da garantia da igualdade, como também já traz em seus artigos alguns modelos de implementação das ações afirmativas, como exemplo, cita-se os arts. 7º, XX e 37, VIII.

Na análise sistemática do Texto Constitucional, verifica-se que, além de proibir a discriminação, a Carta Magna, no sentido de afirmar a igualdade, mais do que autorizar, convoca que o Estado utilize técnicas que propiciem a implementação do princípio da igualdade material (GOMES, 2007, p. 64).

Há ainda de se falar que a Constituição de 1988 dispõe no § 2º do art. 5º sobre princípios e regimes adotados pelos tratados internacionais em que o Brasil seja parte, isto é, os tratados internacionais (e aqui se destacam os de direitos humanos), quando ratificados, têm aplicação imediata no território brasileiro conforme combinação direta com o § 1º do artigo em comento.

Constata-se daí que, além da Carta Magna de 1988 tratar implícita e explicitamente a questão das ações afirmativas, o Brasil ratificou tratados internacionais de direitos humanos que o oneram à utilização de mecanismos que garantam o princípio da igualdade em seus aspectos formais e materiais.

Verifica-se que a Constituição Federal — redigida com o sentimento liberal de Direitos Humanos preconizado nas Declarações e Tratados internacionais — objetiva não somente garantir a igualdade formal como também incentivar a utilização de instrumentos que promovam a igualde material, abrindo espaços para que medidas que visem corrigir situações de exclusão sejam estabelecidas e é nesse bojo de instrumentos que se encontram as ações afirmativas como um programa que visa o alcance da igualdade material, assegurando o respeito à diferença e à diversidade. Esse entendimento tornou-se pacificado no Judiciário Nacional, principalmente, por conta do julgamento da Arguição de Descumprimento de Preceito Fundamental (ADPF) n. 186/DF, na qual, o Supremo Tribunal Federal foi demandado a se manifestar sobre a seleção diferenciada realizada pela Universidade de Brasília, que adotou critérios socioeconômicos e étnico-raciais para fomentar o acesso ao ensino superior. A apreciação final por parte do Plenário da Corte ocorreu em 26 de abril de 2012, da qual temos a seguinte ementa:

> EMENTA: ARGUIÇÃO DE DESCUMPRIMENTO DE PRECEITO FUNDAMENTAL. ATOS QUE INSTITUÍRAM SISTEMA DE RESERVA DE VAGAS COM BASE EM CRITÉRIO ÉTNICO-RACIAL (COTAS) NO PROCESSO DE SELEÇÃO PARA INGRESSO EM INSTITUIÇÃO PÚBLICA DE ENSINO SUPERIOR. ALEGADA OFENSA AOS ARTS. 1º, *CAPUT*, III, 3º, IV, 4º, VIII, 5º, I, II XXXIII, XLI, LIV, 37, *CAPUT*, 205, 206, *CAPUT*, I, 207, *CAPUT*, E 208, V, TODOS DA CONSTITUIÇÃO FEDERAL. AÇÃO JULGADA IMPROCEDENTE. (STF - ADPF: 186 DF, relator: Min. RICARDO LEWANDOWSKI, Data de Julgamento: 26.04.2012, Data de Publicação: *DJe* PUBLIC 20.10.2014)

A relatoria do caso ficou a cargo do Ministro Ricardo Lewandowski que abordou de maneira contextualizada como o processo de racismo interfere na sociedade brasileira, para demonstrar a necessidade de políticas públicas que atinjam grupos sociais determinados a fim de lhes permitir o enfretamento e a superação das desigualdades históricas. Da análise da Ementa e Acórdão da ADPF se tem os seguintes destaques:

> I - Não contraria — ao contrário, prestigia — o princípio da igualdade material, previsto no *caput* do art. 5º da Carta da República, a possibilidade de o Estado lançar mão seja

> de políticas de cunho universalista, que abrangem um número indeterminados de indivíduos, mediante ações de natureza estrutural, seja de ações afirmativas, que atingem grupos sociais determinados, de maneira pontual, atribuindo a estes certas vantagens, por um tempo limitado, de modo a permitir-lhes a superação de desigualdades decorrentes de situações históricas particulares.

Vislumbra-se que o constituinte não se ateve a tão somente proclamar o princípio da igualdade formal, e sim buscou instituir ferramentas para a efetiva concretização de tal princípio, visando à garantia da igualdade material, que levam à superação de uma perspectiva meramente formal do princípio da isonomia.

E, é nessa linha de pensamento que o juízo de primeiro grau da 15ª Vara do Trabalho de Brasília, fundamentou sua sentença no caso em estudo. Para o Magistrado, as decisões recentes do STF compatibilizam o princípio da igualdade material, previsto no art. 5º, *caput*, da CF/88, com a possibilidade de aplicação de ações afirmativas implantadas com o objetivo de permitir a superação de desigualdades decorrentes de situações históricas particulares que gerou o chamado racismo estrutural. Veja-se:

> (...) é incontroverso que o Brasil prevê a possibilidade de adoção das ações afirmativas, tanto pelo poder público, quanto pela iniciativa privada, com o propósito de promover condições equitativas para a igualdade de oportunidades, inclusão e progresso para pessoas ou grupos sujeitos ao racismo, à discriminação racial e formas correlatas de intolerância. Sendo certo, também, que tais medidas ou políticas não serão consideradas discriminatórias.
>
> (...)
>
> Pelo que se extrai do referido documento, o objetivo da ré, ao propor o Programa de Trainee exclusivo para candidatos negros (autodeclarados negros ou pardos), teve por escopo garantir a participação de jovens negros nos cargosde liderança da empresa. De acordo com o referido documento, a demandada, muito embora seja composta por 53% de pessoas negras, somente possui 16% de líderes negros. A seleção proposta, portanto, de acordo com tal informação, teria por finalidade a correção dessa desigualdade, o que é totalmente válido perante o que propõe a Lei n. 12.288/2010 e demais normas que tratam da matéria.

O julgador entendeu que o programa *trainee* alvo da ação judicial, não configurou qualquer tipo de discriminação na seleção de empregados. E, que, tais iniciativas são importantes, pois visa e incentiva a inclusão social e promoção da igualdade de oportunidades decorrentes da responsabilidade social do empregador, nos termos do art. 5º, XXIII, e art. 170, III, da Constituição Federal, e está devidamente autorizado pelo art. 39 da Lei n. 12.288/2010.

Desse modo, fora reconhecido a validade do programa e julgados improcedentes os pedidos de pagamento de indenização por danos morais e de obrigação de não fazer mais programas no mesmo sentido. A Defensoria Pública da União recorreu da Sentença, e, atualmente, o processo encontra-se aguardando a decisão do Desembargo.

Assim, podemos observar que, somente há pouco tempo, o Estado Brasileiro tem percebido a necessidade de criar estratégias e implementar políticas públicas voltadas às pessoas negras a fim de que essas possam ter acesso aos direitos fundamentais. Para isso, foram instituídos diversos dispositivos normativos que possibilitam o uso das chamadas ações afirmativas nos mais diversos setores da sociedade.

Logo, temos que o ordenamento jurídico brasileiro permite a criação de programas e projetos exclusivos para a inserção de pessoas negras no mercado de trabalho, sendo que o programa em estudo nesse texto, é uma iniciativa de interesse social que possibilita a inclusão de pessoas negras ao mercado de trabalho qualificado, possuindo caráter legal, não sendo incompatível com a Constituição Federal de 1988 e tampouco com o Princípio da Igualdade.

5. Considerações finais

O presente artigo apresentou-se com a proposta de analisar o caso do programa da Magazine Luiza e buscar responder às indagações referentes às políticas de ações afirmativas, visando demonstrar de qual forma elas se constituem e como o modelo da reserva de vagas contribui para inclusão no mercado de trabalho da população negra, que faz parte dos grupos historicamente excluídos da sociedade brasileira, entendendo quais são os fundamentos históricos, sociais e jurídicos que asseguram políticas preferenciais para essa população.

Observou-se como essa fundamentação é evidenciada no entendimento que se trata de um sistema recepcionado pela Constituição Federal de 1988, embasando decisões do Supremo Tribunal Federal e também a decisão do juízo de primeiro grau que julgou o Processo Judicial em estudo.

Dessa forma, constatou-se que o combate às violações, exclusões, discriminações, intolerâncias, racismos etc., pode ser feito por intermédio do modelo denominado de repressor e baseado na pura e simples adoção de normas que objetivem a vedação e repressão às práticas discriminatórias, ou do modelo que visa à integração de medidas que favoreçam a inclusão social dos grupos vulneráveis e marginalizados.

Integrando esse segundo modelo, se encontram as ações afirmativas que constituem a adoção de medidas especiais de caráter temporário com o intuito de combater as desigualdades vivenciadas pelos grupos vulneráveis que foram históricos e culturalmente discriminados, por elementos preconceituosos encravados na cultura dominante na sociedade, visa também, a concretização do princípio da igualdade jurídica.

Quanto ao princípio da igualdade, opositores das ações afirmativas o têm utilizado como argumento de que as ações afirmativas violariam os preceitos constitucionais. Entretanto, a análise do Texto Constitucional e dos Tratados Internacionais dos quais o Brasil faz parte demonstra que o ordenamento brasileiro objetiva não somente garantir a igualdade formal como também incentivar a utilização de instrumentos que promovam a igualde material, abrindo espaços para que medidas que visem corrigir situações de exclusão sejam estabelecidas, e, é nesse bojo de instrumentos que se encontra as ações afirmativas.

Nesse contexto, verificou-se que o juízo da 15ª Vara do Trabalho de Brasília – DF, do Tribunal Regional do Trabalho da 10ª Região, invocou a conceituação de ações afirmativas, com seus objetivos e métodos, junto, principalmente, com a responsabilização do Estado em relação aos grupos vulneráveis, para a resolução da lide proposta na Ação Civil Pública (Processo n. 0000790-37.2020.5.10.0015).

Nesse julgado, solidificou-se que as ações afirmativas, as políticas de cotas e reserva de vagas e as cotas raciais, são instrumentos validados no ordenamento jurídico brasileiro, pois constam no texto da Carta Magna, por meio de menções diretas e também quando da leitura dos fundamentos e objetivos da República Brasileira.

Referências

BRASIL. Constituição (1988). *Constituição da República Federativa do Brasil.* Brasília, DF, Senado, 1988.

______. *Decreto n. 65.810, de 08 de dezembro de 1969.* Promulga a Convenção Internacional sobre a Eliminação de todas as Formas de Discriminação Racial.

BRITO FILHO, José Claudio Monteiro de. *Ações afirmativas.* 3. ed. São Paulo: LTr, 2014.

CRUZ, Luis Felipe Ferreira Mendonça. *Ações afirmativas e o princípio de igualdade.* São Paulo: Faculdade de Direito da Universidade de São Paulo, 2011.

DIAS, Paula Regina Pereira dos Santos Marques; SOARES, Zilmar Timoteo. *A proteção dos direitos humanos para resguardar certos grupos de indivíduos em estado de vulnerabilidade.* 2014. Disponível em: http://www.webartigos.com/artigos/a-protecao-dosdireitos-humanos-para-resguardar-certos-grupos-de-individuos-em-estado-devulnerabilidade/119014/. Acesso em: 10 ago. 2023.

DEUS, Zélia Amador de. Políticas de Ação Afirmativa Como Estratégia de Construção da Igualdade Racial. *Revista da Associação Brasileira De Pesquisadores/as Negros/as* (ABPN), 11 (Edição Especial), p. 87-100, 2019.

GOMES, Joaquim Benedito Barbosa. A Recepção do Instituto da Ação Afirmativa pelo Direito Constitucional Brasileiro. In: SANTOS, Sales A. dos (Org.). *Ações Afirmativas e Combate ao Racismo nas Américas.* Coleção Educação para Todos. Brasília: Ministério da Educação: UNESCO, 2007.

PIOVESAN, Flávia. Ações Afirmativas sob a Perspectiva dos Direitos Humanos. In: SANTOS, Sales A. dos (Org.). *Ações Afirmativas e Combate ao Racismo nas Américas.* Coleção Educação para Todos. Brasília: Ministério da Educação: UNESCO, 2007.

RAIOL, Raimundo Wilson Gama; NONATO, Domingos do Nascimento. A Constitucionalidade da Lei de Cotas para Negros Nos Concursos Públicos Federais. *Revista Conexões de Saberes*, [S.l.], v. 3, n. 1, p. 49-70, dez. 2019. ISSN 2447-097X. Disponível em: https://periodicos.ufpa.br/index.php/conexoesdesaberes/article/view/7889/5796. Acesso em: 05 jun. 2023.

STF. Supremo Tribunal Federal. *ADPF: 186*. DF, Relator: Min. RICARDO LEWANDOWSKI. Data de Julgamento: 26.04.2012. Data de Publicação: *DJe* Public 20.10.2014.

Caso Orna x Abusos S.A.: Um Estudo de Caso sobre o Assédio Sexual e a Atuação das Organizações Frente as Denúncias

Marcelle de Fátima Cruz Pedatella[5]

1. Introdução

Apesar dos avanços legais e sociais com o crescente número de mulheres no mercado de trabalho, ainda é possível observar a discriminação e a violência contra elas nas relações profissionais. O assédio sexual é uma delas e será o tema aqui abordado. Sabemos que este tipo de violência não é praticado apenas em desfavor destas, mas levando em consideração as raízes patriarcais estruturadas na sociedade, abordaremos com maior ênfase o assédio sexual que vitima mulheres.

O estudo do caso em questão se faz relevante devido a exposição e violência corriqueira, nas quais a mulher é submetida todos os dias. Na seara trabalhista podemos observar que esta exposição e violência, caracterizadas pelo assédio, toma uma proporção extramuros, uma vez que traz consequência negativas para a vítima. Assim, é muito comum que mulheres que sofrem assédio sexual nem percebam que estão sendo assediadas, e nos casos perceptíveis, muitas vezes silenciam por necessidade de manter o emprego e o sustento da família. Dados revelam que 40% das mulheres dizem que já foram xingadas ou ouviram gritos em ambiente de trabalho contra 13% dos homens (*O GLOBO*, 2020).

O assédio sexual no mundo do trabalho é um problema enraizado nas estruturas da sociedade, que se manifestam de formas distintas, e mudam com o tempo, de acordo com os contextos de culturas. E quando olhamos para o assédio no mundo do trabalho sofrido por mulheres, evidenciamos que se trata de um fenômeno transversal, fruto das relações desiguais culturalmente perpetuadas e uma violação dos direitos humanos.

Em junho de 2021, entrou em vigor a Convenção n. 190 da OIT, que é o primeiro tratado internacional com o viés de evidenciar e fortalecer o direito de todas as pessoas a um mundo de trabalho livre de violência e assédio, incluindo também violência e assédio

(5) Bacharela em Direito na Universidade da Amazônia.

com base em gênero. Deste modo, a Convenção n. 190, em seu art. 1, define violência e assédio:

> Art. 1
>
> Para os efeitos da presente Convenção:
>
> a. O termo "violência e assédio" no mundo do trabalho refere-se a um conjunto de comportamentos e práticas inaceitáveis, ou de suas ameaças, ocorrência única ou repetida, que visem, causem, ou sejam susceptíveis de causar dano físico, psicológicos, sexual ou econômicos, e inclui violência e assédio com base no gênero;
>
> b. o termo "violência e assédio com base no gênero" significa violência e assédio dirigido às pessoas em virtude do seu sexo ou gênero, ou afetam de forma desproporcionada as pessoas de um determinado sexo ou gênero, e inclui o assédio sexual.
>
> 2. Sem prejuízo do disposto nas alíneas (a) e (b) do parágrafo 1 do presente artigo, as definições na legislação e regulamentos nacionais podem prever um conceito único ou conceitos separados.

A Convenção é aplicável à violência e ao assédio no mundo do trabalho, ou seja, que acontece durante o trabalho, que seja relacionado com o trabalho ou ainda decorrente do trabalho, o que nos faz compreender que além do espaço de trabalho físico, entram também: as participações em eventos sociais voltados ao trabalho, o deslocamento casa-trabalho, trabalho-casa, as atividades laborais realizadas através de tecnologia da informação.

No período em que o mundo lutava para sobreviver a pandemia da Covid-19 estas questões ganharam destaque, pois evidenciou-se muitas formas de violência e assédio relacionados ao trabalho voltados a mulheres e grupos vulneráveis (FIOCRUZ, 2021).

A violência e o assédio no ambiente do trabalho decorrem de relações desiguais, assimétricas e estas desigualdades geram a maior dificuldade de as pessoas reagirem a esta conduta abusiva. Na esfera laboral, o assédio sexual é apenas uma das tantas formas de violentá-la, fazendo parte das expressões do domínio masculino entranhado na sociedade. Este domínio se materializa devido à presença das relações desiguais de gênero.

As mulheres foram moldadas, e ainda são, às tarefas da casa e reprodução. Assim, podemos entender que o assédio sexual, não está ligado à questão da sexualidade e sim a uma relação de poder, que é característica do masculino. Nesse viés, o corpo da mulher é visto como um espaço público, disponível a suprir as necessidades do outro, e essa visão expressa bem a cultura do estupro, onde o "não" feminino frente a uma aproximação sexual não é respeitado.

Neste mesmo diapasão, a própria divisão sexual do trabalho reforça que dentro do ambiente organizacional a figura da mulher está mais propensa ao assédio, devido a "objetificação do corpo feminino" (Tribunal Superior do Trabalho — TST 2012). Apesar de todos os avanços e mudanças que colocaram a mulher em ambientes de predominância do masculino, é possível observar que mulheres ainda não são bem aceitas.

Higa (2016) corrobora esse entendimento ao mencionar que talvez as mulheres ainda não sejam bem-vindas no mercado de trabalho, já que a independência econômica adquirida pelas mulheres, desfaz a submissão delas ao homem, além de confrontar setores dominados por eles e disputar cargos de maior relevância nas organizações.

Uchôa (2016) ao tratar sobre a discriminação menciona que é um fator de preocupação constante em todos os aspectos, entretanto destaca que essa mesma discriminação que a mulher sofre em seu trabalho, se caracteriza como uma forma peculiar de abuso contra elas.

As denúncias de assédio sexual no trabalho mais que dobraram de 2022 para cá — subiram de 168 para 340 e em sua maioria as vítimas são mulheres (*G1*, 2023). Abordar este tema na seara trabalhista intensifica a necessidade de que as organizações compreendam o assédio, buscando ações que venham mitigar essas condutas distorcidas no ambiente de trabalho. Deste modo, tentaremos verificar como as empresas têm se colocado frente a estes casos e quais as práticas de prevenção e combatem têm sido adotadas.

A Lei n. 14.457/2022 além de alterar a Consolidação das Leis Trabalhistas (CLT) para garantir o aumento da inserção e manutenção de mulheres no mercado de trabalho, cria o Programa Emprega Mais Mulheres, que torna a Comissão Interna de Prevenção de Acidentes e Assédio (CIPA) uma aliada na proteção das pessoas colaboradoras contra o assédio sexual e outras violência.

Atualmente o Brasil, possuí leis que obrigam empresas públicas e particulares a manter ativo canais de denúncias e a promover campanhas de orientação e prevenção no ambiente corporativo, apresentando inclusive evidências.

O caso Orna[(6)] x Abusos S.A.[(7)], analisado no presente trabalho, caracteriza-se pelo assédio sexual por chantagem e pela inércia do reclamado. Em casos como esse é importante refletir: Como, à luz do caso Orna x Abusos S.A, pode-se identificar a importância da atuação das organizações frente a denúncias de assédio sexual no ambiente de trabalho?

O presente artigo se propõe a discorrer sobre o assédio sexual do trabalho com ênfase nos crimes cometidos contra as mulheres e ainda, como as empresas têm atuado frente a esse problema. Assim, foi realizada uma pesquisa bibliográfica em textos com a temática em comento, dando preferência aos seguintes autores: Latif (2006), Lima (2014), Pamplona (2001), Pinto (2000) e Ponchirolli (2014).

---

(6) Orna (nome fictício usado para preservar o nome da vítima), é a personagem vivida por Liron Ben Shlush, no filme Não mexa com ela. (2019).

(7) Abusos S.A. (nome fictício usado para preservar o nome da empresa).

Também foi feita pesquisa documental para encontrar o caso a ser estudado. Após ler notícias expostas na mídia sobre casos do Estado do Pará o caso em comento foi encontrado. Em buscas no Tribunal Regional do Trabalho – TRT 8ª Região, verificou-se que o processo estava disponível. A pesquisa foi realizada fazendo uso de palavras-chave, como: assédio no ambiente de trabalho, assédio sexual no ambiente laboral, assédio sexual empresa no estado do Pará.

Assis (2013) preleciona que os métodos de abordagem são os que proporcionam as bases lógicas da investigação científica. Assim, utilizou-se do método dedutivo, este que "parte de teorias e leis para predizer a ocorrência dos fenômenos particulares" (MARCONI e LAKATOS, p. 106, 2021), adequado a esta obra por partir de uma questão geral para uma questão particularizada.

Quanto aos procedimentos, trata-se de uma pesquisa por meio de um estudo de caso.

Segundo Gil (2007), o estudo de caso "visa conhecer em profundidade o como e o porquê de uma determinada situação, procurando descobrir o que há nela de mais essencial e característico". Através deste procedimento foi possível a análise das situações relatadas por Orna e corroboradas pelos depoimentos das testemunhas ao longo do processo, o que enriqueceu este estudo. Apesar do entendimento em massa que este tipo de procedimento pode fornecer uma base fragilizada quando olharmos para o todo, Gil (2002) nos ensina que, os propósitos do estudo de caso não são os de proporcionar o conhecimento preciso das características de uma população, mas sim o de proporcionar uma visão global do problema ou de identificar possíveis fatores que o influenciam ou são por ele influenciados.

2. Apresentação do caso

Trata-se de uma ação trabalhista ajuizada em pela Sra. Orna (nome fictício), em 23.07.2018 contra a empresa Abusos S.A (nome fictício). Orna começou a trabalhar na Abusos S.A em novembro de 2014, ficando até março ou abril de 2017, como operadora de caixa. A autora ajuizou ação contra a empresa postulando indenização por dano moral devido ter sido assediada sexualmente por seu superior hierárquico, Benny[(8)] (nome fictício), líder da frente de caixa na empresa.

O caso vem a conhecimento com posterior ajuizamento de ação, após Orna declarar, como testemunha em um outro processo movido também por uma colaborada da Abusos S.A.

Orna relata que vivia um verdadeiro terror dentro do ambiente de trabalho. Segundo ela, por diversas ocasiões, Benny lhe fazia propostas imorais, convidando-a para manter

(8) Benny (nome fictício usado para preservar o nome do assediador), personagem vivido por Menashe Noy, no filme *Nao mexa com ela* (2019).

relações sexuais com ele, sob a promessa de que teria vantagens e favorecimentos dentro da empresa, como uma possível promoção, concessão de folgas ou abono de atrasos.

Em umas dessas investidas Benny disse que mudaria a escala de serviço, ajudando-a a permanecer como colaboradora no turno da manhã em um momento de troca de turnos na empresa. Tanto Orna, quanto outras trabalhadoras da rede de supermercados eram assediadas por Benny, conforme podemos observar no relato da única testemunha da reclamante ao processo:

> (...) Sr. Nelson tratava a todas as operadoras de caixa bem e, como comentavam entre elas, havia algumas a quem ele tratava de forma diferente; que o comentário entre as meninas é que, com o tempo de convivência, o Sr Nelson se dirigia a algumas de forma diferente, usando expressões como "Ah, você é muito gostosa!"; que algumas meninas falavam que ele mandava mensagens por *WhatsApp* convidando para sair; que uma vez a depoente colocou uma foto de biquini no perfil do *WhatsApp* e o Sr. Nelson fez comentários com um "olhinho" e ainda escrevendo "ai, que foto!";
>
> (...) que chegou a ver o Sr. Nelson se dirigindo à reclamante, convidando ela para sair com ele; que o Sr. Nelson convidou a reclamante para ir no apartamento dele; que o Sr. Nelson fazia, em troca desse convites, a manutenção das empregadas no horário da manhã, pois a maioria preferia trabalhar pela manhã já que era mais perigosa a saída do trabalho no horário da tarde; que o Sr Nelson também prometia abonar ou justificar faltas; que teve um caso de uma menina que trabalhava no horário da tarde e passou para o horário da manhã e que contava que essa mudança de horário se deu porque teve um caso com o Sr. Nelson; que o nome dessa empregada é Laíse; que a Laíse contou que foi para um motel com o Sr. Nelson.

Apesar de tudo, a Orna não cedeu aos convites indecorosos de Benny, que por sua vez passou a ser persegui-la, sendo Orna alvo de intensas fiscalizações, constantes ameaças de perder o emprego, tratada com rispidez, repreendida, humilhada e se tornando alvo de xingamentos na frente dos demais empregados.

Foi possível, também, observar que a empresa mantinha um canal de denúncias chamado de PRÓ-ÉTICA, além do departamento de recursos humanos. Esses setores, entretanto, funcionavam com fragilidades, haja vista os relatos de fracassos nas denúncias das colegas também assediadas pelo Benny.

É possível observar que apenas a existência de um canal de denúncias não foi suficiente para evitar tais condutas e não era de conhecimento de todos os colaboradores da Abusos S.A., pois em depoimento a testemunha da reclamante frisou que não tinha conhecimento da existência do PRÓ-ÉTICA na empresa. O que nos remete ao entendimento que há a necessidade de criação de outras medidas de combate e prevenção frente a tais condutas, como elaboração de um código de ética ou conduta, promover treinamentos, dar publicidade a existência de canais de denúncia, entre outras.

3. Definição do assédio sexual e sua previsão no ordenamento jurídico direito brasileiro

Quando pensamos em uma definição de assédio sexual por muitas vezes a confundimos com a liberdade sexual, que é algo bem diferente. Maria Helena Diniz (1998) nos ensina que: liberdade sexual é o direito de disposição do próprio corpo ou de não ser forçado a praticar ato sexual. Tudo que fuja disto, é visto como crime contra a liberdade sexual, como nos remete a autora.

Latif (2006), por sua vez aduz que a liberdade sexual é a livre utilização de seu próprio corpo, no sentido de que sendo livre, cada indivíduo usa seu corpo da maneira como quiser. Contudo sabe-se que o corpo da mulher é algo objetificado, visto como um objeto de desejo, tanto na esfera pública quando na esfera privada, e talvez por esse motivo durante muito tempo casos de assédio sexual no ambiente do trabalham passaram despercebidos, eram vistos como comportamentos comuns.

Segundo o Ministério Público do Trabalho — MPT (2017), o assédio sexual é a conduta de natureza sexual, manifestada fisicamente, por palavras, gestos ou outros meios, propostas ou impostas a pessoas contra sua vontade, causando-lhe constrangimento e violando a sua liberdade sexual.

Para Lopes *et al.* (2001, p. 15), o assédio sexual: "pressupõe uma intimidação por parte de um superior contra um subordinado, exigindo favores que podem até chegar a exigências sexuais, muitas vezes sob a ameaça de dispensar ou de prejudicar a vítima na carreira". Desta feita, podemos concluir que o assédio se caracteriza pela não aceitação da vítima diante destes comportamentos e se configura por toda e qualquer conduta abusiva que ocorre através de modos diversos gestos, atitudes, palavras (escritas e faladas), de forma física ou virtual, capaz de acarretar danos à dignidade, personalidade, integridade física e psíquica do indivíduo, na qual a pessoa do assediador é hierarquicamente superior à pessoa que está sendo assediada, não sendo necessária a repetição.

As pessoas não são obrigadas a conviver com situações que causem exposição e incômodos. Este também o entendimento do Ministério Público Federal — MPF (2016, p. 17), publicado com a cartilha Assédio Moral, Assédio Sexual e Discriminação, que diz que "é direito de toda pessoa não aceitar conviver com cantadas, gracejos, toques ou outros comportamentos que, de alguma forma, causem incômodo, mesmo que para as outras pessoas ou para a sociedade isso pareça natural e inofensivo".

De acordo com o direito penal brasileiro, o assédio sexual é tipificado no art. 216 –A como crime contra a liberdade sexual, vejamos:

> Art. 216-A. Constranger alguém com o intuito de obter vantagem ou favorecimento sexual, prevalecendo-se o agente da sua condição de superior hierárquico ou ascendência inerentes ao exercício de emprego, cargo ou função. Pena – detenção, de 1 (um) a 2 (dois) anos.
>
> § 2º A pena é aumentada em até um terço se a vítima é menor de 18 (dezoito) anos.

O processamento destes crimes acontece por meio do Juizado Especial Criminal, por tratar-se de infração de menor potencial ofensivo. Cabe a suspensão condicional do processo, proposta pelo Ministério Público, desde que preenchido os requisitos estabelecidos pelo art. 89 da Lei n. 9.099/95.

Atualmente, Leiria (2012, p. 57 apud Lourosa, 2018, p. 11) nos apresenta a "existência de duas espécies de Assédio Sexual: por chantagem ou ambiental (intimidação)". A autora, diz que o assédio sexual por chantagem ocorre da seguinte forma:

> (...) ocorre quando o superior hierárquico, em razão de seu poder sobre a vítima, busca seu favorecimento sexual mediante permuta de aumento salarial, melhorias das condições de trabalho da vítima, ou até mesmo com a ameaça de perda de seu emprego caso não faça o que o assediante deseja.

Neste viés, o MPT (2017), diz que esta forma de assédio, também conhecido como *quid pro quo*, surge quando há exigência de uma conduta sexual, em troca favores, benefícios ou até mesmo para evitar algum prejuízo na relação de trabalho. No que se refere a espécie de assédio por intimidação, Leiria (2012, p. 58 *apud* LOUROSA, 2018, p. 10) preconiza:

> Essa espécie de assédio é caracterizada através de instigações de forma importuna com natureza sexual, sendo esta verbal ou não, tendo como objetivo o prejuízo da atuação no trabalho da vítima, ou até mesmo criar um local de trabalho humilhante e ofensivo. Em tal espécie, não é necessário que o assediante alegue algum tipo de prejuízo à vítima caso esta não se submeta as suas propostas sexuais.

A autora ainda, frisa que esta modalidade de assédio pode ser praticada por colegas de trabalho de mesma hierarquia ou até por clientes do empregador. Pode se observar que, as duas espécies de assédio, acima elencadas, também se enquadram no que se conhece como assédio sexual vertical e assédio sexual horizontal, respectivamente. Conforme matéria recentemente publicada no *site Jusbrasil* (2023), o primeiro, ocorre quando superior hierárquico se utiliza de sua posição para constranger subordinados através dos exemplos elencados no tópico anterior, como forma de obter algum favorecimento sexual, e o segundo ocorre quando não relação hierárquica entre assediador e assediado.

O MPT — Ministério Público do Trabalho (2017) por sua vez, preleciona que o assédio sexual por intimidação ou ambiental, é o aquele onde há provocações sexuais inoportunas no ambiente laboral e tem a intenção de tornar o ambiente de trabalho hostil para um (uma) ou para um grupo, apesar de poder também objetivar uma vantagem sexual.

4. A atuação das empresas na luta contra o assédio

Por muito tempo situações de assédio sexual no ambiente de trabalho foram banalizadas e silenciadas não só pelas vítimas desta violência, mas também pelo ambiente corporativo como um todo, já que muitos casos eram entendidos como flertes, paqueras e elogios. Historicamente, quem mais sofre com esse tipo de violência são as mulheres. Segundo o CGU (2023), as mulheres são três vezes mais vítimas de assédio do que homens, em particular as mulheres negras.

Muitas empresas estão investindo em programas de *compliance*(9), que associado à aplicação de medidas para o cumprimento de leis e regulamentos, com a valorização da ética na cultura organizacional, atua na busca de transparência nas relações corporativas e no desenvolvimento de sistemas internos de controle com o intuito de evitar a exposição negativa da organização, bem como proteger os colaboradores, tornando ainda mais positivo o ambiente de trabalho (SERPROS, 2022). Segundo Maria de Lourdes Leiria (2012, p. 19 *apud* LOUROSA, 2018, p. 16):

> Para coibir a prática do assédio sexual laboral, é imperativo que sejam adotados programas educativos e informativos, qualificando trabalhadores e dirigentes, para que saibam quais condutas caracterizam a violência e quais medidas devem tomar para preservar sua dignidade. Os trabalhadores jovens vítimas de assédio sexual não sabem que atitude tomar por inexperiência e desconhecimento, o que os tornam alvos fáceis. Apenas com a adoção de política efetiva para combater o assédio sexual será possível eliminar essa violência do ambiente laboral. É necessário que haja legislação específica tipificando

(9) *Compliance* é seguir um conjunto de regras. Em outras palavras, para que o negócio opere legalmente, ele precisa estar em conformidade com os padrões, leis, regulamentos e conduta ética específicos do setor que se aplicam ao seu negócio. Disponível em: https://exame.com/invest/guia/o-que-ecompliance-e-como-funciona/.

e sancionando o assédio sexual nas relações laborais, estipulando formas de prevenção, procedimentos a serem adotados na apuração de denúncias, preservando os envolvidos na apuração da denúncia de represálias e punição dos culpados.

De acordo com a Controladoria Geral da União — CGU (2015), na cartilha "Programa de integridade: diretrizes para empresas privadas", alerta que o código de ética ou conduta é uma importante ferramenta de comunicação da empresa com seus funcionários e com a sociedade, por meio da qual ela pode explicitar seus valores e os comportamentos esperados ou proibidos. Sobre a efetividade dos canais de denúncia, CGU (2015, p. 21) entende que:

> Para garantir a efetividade de seus canais, é necessário que a empresa tenha políticas que garantam a proteção ao denunciante de boa-fé como, por exemplo, o recebimento de denúncias anônimas e a proibição de retaliação de denunciantes. A empresa pode também prever regras de confidencialidade, para proteger aqueles que, apesar de se identificarem à empresa, não queiram ser conhecidos publicamente. O bom cumprimento pela empresa das regras de anonimato, confidencialidade e proibição de retaliação é um fator essencial para conquistar a confiança daqueles que tenham algo a reportar. Além disso, é desejável que a empresa tenha meios para que o denunciante acompanhe o andamento da denúncia, pois a transparência no processo confere maior credibilidade aos procedimentos.

Vargas *et.al* (2017) diz que a preocupação da comunidade empresarial como também a da sociedade civil consumidora em relação as condutas éticas subjacentes aos negócios, se transformou em uma forma de competitividade de atuação das empresas, pois as organizações preocupadas em transparecer suas decisões e ações, reforça que a importância ética é fundamental no ambiente de trabalho.

Ponchirolli (2014) ao fazer uma abordagem sobre o conceito de ética menciona que é usado para se referir à teoria sobre a prática moral. É uma reflexão teórica que analisa e críticas ou legitima os fundamentos e princípios que regem um determinado sistema moral, isto é, a dimensão prática de nossa vida.

Salvador (2002) considera que o fenômeno assédio vinha sendo tratado e confundindo com outros problemas do mundo do trabalho, como estresse ou conflito natural entre colegas, com isso identificar os casos de assédio dentro das organizações são tarefas árduas para os gestores.

Dados obtidos através da pesquisa Visível e invisível: a vitimização de mulheres no Brasil (2023), revelam que cerca de 30 milhões de mulheres foram assediadas sexualmente no ano de 2022. Ainda de acordo com a pesquisa, pode se observar que situações de assédio sexual no ambiente de trabalho ocupa 2ª posição no *ranking*, o que equivale a 11,9 milhões, vejamos:

Figura 1 — *Ranking* de situações de assédio mais frequentes.

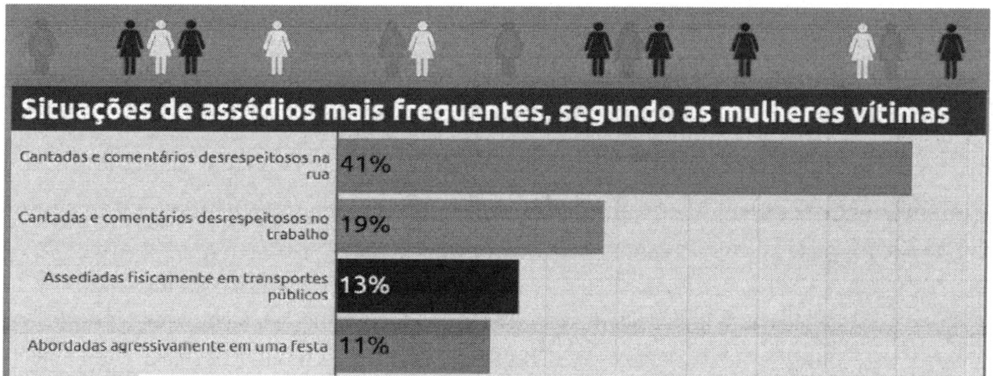

Fonte: Visível e invisível: a vitimização de mulheres no Brasil, 2023.

A pesquisa ainda nos traz um gráfico sobre a série histórica do assédio no Brasil. Nela é possível observar que entre 2021 e 2022 houve um aumento significativo, de 9%. Veja:

Figura 2 — Série histórica do assédio no Brasil.

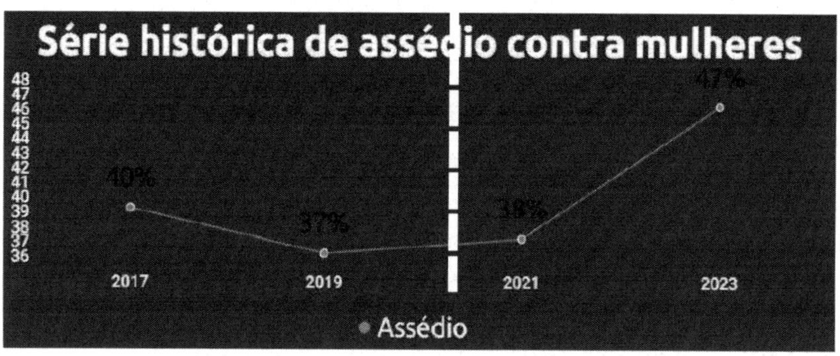

Fonte: Visível e invisível: a vitimização de mulheres no Brasil, 2023.

No estudo de caso deste trabalho, é evidente que a empresa Abusos S.A, tinha conhecimento do comportamento do Sr. Benny, mas silenciou frente as denúncias, pois a Sra. Orna declarou em seu depoimento que:

> (...) "pensou em ir ao RH, mas não foi em virtude do fracasso nas denúncias feitas por outras colegas de trabalho...", "que tomou conhecimento que outras colegas faziam a denúncia no pró-ética e nada era feito", que a reclamante não usou o canal do pró-ética, mas apenas do RH;

Segundo o site Migalhas (2022), diversas são as barreiras para que a vítima denuncie o assédio sexual sofrido no ambiente de trabalho, e entre elas estão a impunidade do agressor, exposição, retaliação, dúvidas sobre se o assédio ocorreu ou não, entre outros.

Tratar o assunto com mais clareza, dando a ele a importância necessária, faz com que as empresas se preocupem e estejam preparadas para ser frente combativa, criando meios de inibir essas condutas dentro ambiente de trabalho, o que acarretará um ambiente de trabalho menos conflituoso para todos, evitando também que comportamentos inadequados como estes não venha a acarretar prejuízos financeiros para a empresa através da baixa produtividades, faltas injustificadas, chegando até em substituição de colaboradores.

Outra forma de também se prevenir é a incluir no contrato de trabalho uma cláusula que impute o trabalhador por comportamento não condizente com um ambiente laboral saudável, noticiando desde o primeiro momento seu interesse em estabelecer a harmonia do local e a vigilância acerca do assunto (LATIFF, 2006). Lippmann (2004, p. 30-31) preleciona que a empresa deve criar mecanismos que possam evitar e/ou minimizar tais condutas:

> Cabe à empresa ter uma política clara, a respeito do assédio com seus empregados. Estes devem ser informados das regras da empresa no ato de sua admissão, através de um termo de compromisso integrado ao contrato de trabalho, no qual se explique o que é o assédio sexual, e quais suas consequências, obtendo-se o 'ciente' do empregado. Esta política deve estar presente no regulamento da empresa ou, se este não existir, no quadro de aviso dos empregados.

Cabe também a criação de campanhas, palestras, rodas de conversa visando conscientizar todo o grupo sobre o que é o assédio sexual no ambiente de trabalho e suas consequências. No caso Orna x Abusos S.A., é possível observar através do depoimento de uma testemunha da reclamada que houve palestras:

> (...) que no ano passado houve uma palestra sobre assédio sexual promovida pela Sra. Aline, que trabalha no RH; que essa palestra foi na sala de treinamento e aconteceu em três turmas; que ela falava que qualquer se houvesse alguma coisa repetitiva entre empregados, no sentido de alguém assediar outra pessoa convidando para sair, que denunciasse no canal "Disque Ética", da empresa, ou falasse com a Aline, no RH; que o número do canal "Disque Ética" vem impresso no crachá para o empregado fazer a denúncia de forma anônima; que na palestra a Sra. Aline não citou algum exemplo de ocorrência de assédio sexual;

Da mesma forma, a segunda testemunha da reclamada, informou:

> (...) que sempre acontecem palestras na empresa como, por exemplo, sobre perdas, ergonomia, assédio sexual e assédio moral; que entre junho a dezembro do ano passado teve uma palestra sobre assédio sexual, cuja data certa não recorda e quem fez a palestra foi a Sra. Genilda, que é líder de frente de caixa e, quando ela não podia fazer a palestra, quem fazia era a Sra. Aline;

A empresas Abusos S.A, tentou demonstrar que haviam meios de denunciar tais práticas e que não tolera estas condutas. Contudo a narrativa da Juíza em sede de sentença é que a empresa agiu com "desdém com tais questões".

Observa-se que os mecanismos de repreensão a estes tipos de condutas não funcionam sozinhos, precisam de fiscalização repetida afim de verificar se as normas estão sendo cumpridas. A empresa pode utilizar seus prepostos ou empregados de confiança para realizar esta atividade, criando uma equipe de fiscalizadores capaz de agir com imparcialidade, pois o próprio preposto pode ser o assediador. Em razão disso, não é aconselhável que o responsável por essa função seja uma única pessoa (LATIF, 2006).

Atualmente, as empresas têm investido em compliance, devido as estratégias para mitigar os riscos no âmbito corporativo. Veja trecho da matéria veiculado no *site Migalhas* (2022):

> O *compliance* pode ser compreendido como o conjunto de disciplinas direcionadas ao cumprimento de normas legais e regulamentares, das diretrizes e políticas institucionais. Antes, o compliance volta-se à detecção e tratamento de desvios e inconformidades, mesmo que ainda potenciais.

Assim, tanto normas internas quanto externas, foram implementadas com a intenção de combater e prevenir o assédio, a violência e a discriminação no ambiente de trabalho, definindo ações de proteção e prevenção.

No âmbito internacional temos a Convenção n. 190 e a Recomendação n. 206 da OIT. Assim, de acordo com o Art. 9:

> Cada Membro deve adotar leis e regulamentos exigindo que os empregadores tomem as medidas adequadas, proporcionais ao seu grau de controle, para prevenir a violência e o assédio no mundo do trabalho, incluindo violência e assédio baseado em gênero, em particular, na medida em que seja razoavelmente praticável, para: a) adotar e implementar, em consulta com os trabalhadores e seus representantes, uma política de trabalho sobre violência e assédio; b) levar em consideração a violência e o assédio e os riscos psicossociais associados na gestão da segurança e saúde ocupacional; c) identificar perigos e avaliar os riscos de violência e assédio, com a participação dos trabalhadores e seus representantes, e tomar medidas para preveni-los e controlá-los; d) fornecer

> aos trabalhadores e outras pessoas envolvidas informações e treinamento, em formatos acessíveis, da forma mais apropriada, sobre os perigos e riscos identificados de violência e assédio e as medidas de prevenção e proteção associadas, incluindo os direitos e responsabilidades dos trabalhadores e outras pessoas envolvidas em relação a política referida na alínea a) do presente artigo.

Neste mesmo viés, a Recomendação 2n. 06, ao tratar da proteção e prevenção, traz em seu Art. 7:

> Os Membros devem, conforme apropriado, especificar nas leis e regulamentos que os trabalhadores e seus representantes devem participar da concepção, implementação e monitoramento da política do local de trabalho referida no Art. 9-a da Convenção, e tal política deve: a) declarar que a violência e o assédio não serão tolerados; b) estabelecer programas de prevenção de violência e assédio com, se apropriado, objetivos mensuráveis; c) especificar os direitos e responsabilidades dos trabalhadores e do empregador; d) conter informações sobre procedimentos de reclamação e investigação; e) providenciar que todas as comunicações internas e externas relacionadas a incidentes de violência e assédio sejam devidamente consideradas e tratadas conforme apropriado; f) especificar o direito à privacidade das pessoas e à confidencialidade, conforme referido no Art. 10-c da Convenção, ao mesmo tempo conciliar com o direito dos trabalhadores de serem informados de todos os perigos; e g) incluir medidas para proteger os reclamantes, vítimas, testemunhas e denunciantes contra vitimização ou retaliação.

Já internamente, em setembro de 2022, entrou em vigor a Lei n. 14.457/2022, fazendo alterações significativas na CLT, a fim de garantir inclusão da mulher ao mercado de trabalho e que este seja mais seguro à elas, conforme o site Consultor Jurídico. O art. 23, da referida Lei, trata das medidas de prevenção e de combate ao assédio sexual e a outras formas de violência no âmbito do trabalho (PLANALTO):

> Art. 23. Para a promoção de um ambiente laboral sadio, seguro e que favoreça a inserção e a manutenção de mulheres no mercado de trabalho, as empresas com Comissão Interna de Prevenção de Acidentes e de Assédio (Cipa) deverão adotar as seguintes medidas, além de outras que entenderem necessárias, com vistas à prevenção e ao combate ao assédio sexual e às demais formas de violência no âmbito do trabalho:
>
> I – inclusão de regras de conduta a respeito do assédio sexual e de outras formas de violência nas normas internas da empresa, com ampla divulgação do seu conteúdo aos empregados e às empregadas;
>
> II – fixação de procedimentos para recebimento e acompanhamento de denúncias, para apuração dos fatos e, quando for o caso, para aplicação de sanções administrativas aos responsáveis diretos e indiretos pelos atos de assédio sexual e de violência, garantido o anonimato da pessoa denunciante, sem prejuízo dos procedimentos jurídicos cabíveis;
>
> III – inclusão de temas referentes à prevenção e ao combate ao assédio sexual e a outras formas de violência nas atividades e nas práticas da Cipa; e
>
> IV – realização, no mínimo a cada 12 (doze) meses, de ações de capacitação, de orientação e de sensibilização dos empregados e das empregadas de todos os níveis hierárquicos

> da empresa sobre temas relacionados à violência, ao assédio, à igualdade e à diversidade no âmbito do trabalho, em formatos acessíveis, apropriados e que apresentem máxima efetividade de tais ações.
>
> § 1º O recebimento de denúncias a que se refere o inciso II do *caput* deste artigo não substitui o procedimento penal correspondente, caso a conduta denunciada pela vítima se encaixe na tipificação de assédio sexual contida no art. 216-A do Decreto-lei n. 2.848, de 7 de dezembro de 1940 (Código Penal), ou em outros crimes de violência tipificados na legislação brasileira.
>
> § 2º O prazo para adoção das medidas previstas nos incisos I, II, III e IV do *caput* deste artigo é de 180 (cento e oitenta) dias após a entrada em vigor desta Lei.

O *site JusBrasil* (2023) elenca algumas formas de combate e prevenção de assédio que as empresas podem e estão adotando, veja:

> a) proporcionar palestras com o intuito de informar aos trabalhadores sobre o que é o assédio e o que ele pode gerar na vida das pessoas e como pode afetar o ambiente de trabalho;
>
> b) introduzir em suas normas internas medidas de prevenção;
>
> c) incentivar o bom convívio entre os funcionários, bem como o cooperativismo;
>
> d) ter avaliações periódicas quanto às relações sociais dentro da empresa;
>
> e) estar sempre atenta às mudanças de comportamento de seus funcionários;
>
> f) realizar treinamentos, palestras e cursos que visem conscientizar os trabalhadores a respeito de igualdade entre homens e mulheres; g) apurar e punir violações denunciadas.

Este arcabouço legal, hoje existente, reformulou o cenário organizacional. Observa-se que diversos são os mecanismos voltados ao enfrentamento deste tipo de conduta no ambiente de trabalho, o que soma forças às denúncias, criando um ambiente de trabalho digno, seguro e equânime.

5. Considerações finais

O assédio sexual vivenciado por mulheres no ambiente de trabalho não é algo recente, ao contrário, é a perpetuação do passado de escravidão e da cultura patriarcal entranhada em nosso país. Olhando para as lutas feministas em busca de igualdade, respeito, bem como para a inserção da mulher na história trabalhista do Brasil nos deparamos corriqueiramente com a naturalidade de assédios e outros diversos tipos de violações, o que nos leva ao entendimento que, apesar de todos os avanços, essa naturalização segue enraizada nos discursos de nossa sociedade.

É sabido que o assédio sexual, tem um impacto sob a vida daquela mulher assediada, ocasionando sequelas psicológicas e sociais em magnitudes muitas vezes desconhecidas. E isso consequentemente, acarreta prejuízos no ambiente de trabalho como um todo. É justamente por esse entendimento do que é de conhecimento de todos, que não se aceita como tese defensiva o desconhecimento do tema. Aliás, muitos Tribunais têm olhado para casos de assédio sexual no ambiente de trabalho com mais cuidado e empatia.

Mitigar tais riscos no ambiente de trabalho, acarreta ganhos às organizações, uma vez que agrega valores e fidelização junto aos clientes, mantém colaboradores motivados a trabalhar em um local leve, com qualidade de vida e sem riscos à sua saúde física e mental, minimiza o turnover[(10)] (GUPY 2023), entre outros tantos fatores positivos para a empresa que atua em prol de evitar tais condutas. Assim, é necessário planejar, adotar estratégias de combate e prevenção.

Restou evidente que no caso Orna x Abusos S.A. a empresa foi omissa, deixou de agir quando tinha o dever de proporcionar à Orna, e a outras tantas colaboradoras um ambiente de trabalho seguro. Para a empresa Abusos S.A. se tornou mais fácil demitir suas vítimas e manter em seu quando o assediador, sendo assim conivente com as condutas praticadas por ele, uma vez que tinha o conhecimento das práticas e nada fazia para cessar. Dá mesma forma, foi possível observar que apenas a existência do canal de denúncias não é eficaz. Em sede de defesa a Abusos S.A., por meio de preposto e testemunhas, informou que mantém ativo o referido canal, o que não foi suficiente para que as denúncias fossem apuradas ou que as vítimas deixassem de denunciar por medo de represálias e até mesmo de suas palavras não serem provas suficientes do cometimento de assédio sexual.

Assim, conclui-se que existe uma séria de medidas obrigatórias elencadas pelas legislações citadas neste trabalho, sem prejuízos de outras que possam ser apresentadas, contudo observa-se necessário que ambas devem ser um conjunto de medidas e ações repetidas com divulgação em massa, inclusive que a empresa esteja aberta a ouvir sugestões de seus colaboradores, fortalecendo a relação existente e tornando o ambiente de trabalho um local seguro para todos.

Referências

ASSIS, Maria Cristina de. *Metodologia do Trabalho Científico*. Faculdade do Sertão (UESSBA) – Pedagogia. 2013.

(10) Taxa de rotatividade de funcionários, que mede o número de funcionários que saem de uma organização durante um período de tempo especificado (normalmente um ano). Disponível em: https://www.gupy.io/blog/turnover#:~:text=O%20que%20%C3%A9%20turnover%3F,especificado%2 0(normalmente%20um%20 ano).

BRASIL. Código Penal. *Decreto-lei n. 2.848, de 7 de dezembro de 1940*. Disponível em: http://www.planalto.gov.br/ccivil_03/decreto-lei/del2848.htm. Acesso em: 10 jul. 2023.

______. *Lei n. 14.457, de 21 de setembro de 2022*. Disponível em: planalto.gov.br/ccivil_03/_Ato2019-2022/2022/Lei/L14457.htm. Acesso em: 25 ago. 2023.

CGU — CONTROLADORIA GERAL DA UNIÃO. *Programa de integridade:* diretrizes para empresas privadas. Set. 2015. Disponível em: https://www.gov.br/cgu/pt-br/centrais-deconteudo/publicacoes/integridade/arquivos/programa-de-integridade-diretrizes-paraempresas-privadas.pdf. Acesso em: 10 jul. 2023.

______. *Guia lilás:* orientações para prevenção e tratamento ao assédio moral e sexual e à discriminação no Governo Federal. Mar 2023. Disponível em: https://repositorio.cgu.gov.br/bitstream/1/16385/4/Guia_para_prevencao_assedio.pdf. Acesso em: 16 ago. 2023.

CONSULTOR JURÍDICO. *Medidas a serem adotadas a partir da vigência da Lei n. 14.457/2022*. 13 mar. 2023. Disponível em: https://www.conjur.com.br/2023-mar-13/fontenellee-costa-medidas-lei-n144572022#:~:text=A%20Lei%20n%C2%BA%2014.457%2F2022,se%20fa%C3%A7a%20equ%C3%A2nime%20e%20seguro. Acesso em: 25 ago. 2023.

FBSP. *Visível e invisível:* a vitimização de mulheres no Brasil. 2023. 4. ed. Disponível em: https://dossies.agenciapatriciagalvao.org.br/violencia-em-dados/47-das-brasileirasindicam-ter-sofrido-assedio-sexual. Acesso em: 16 ago. 2023.

DINIZ, Maria Helena. *Dicionário jurídico*. São Paulo: Saraiva, 1998.

EXAME. *Compliance:* o que é, categorias, vantagens e como colocar em prática. 08 dez. 2022. Disponível em: https://exame.com/invest/guia/o-que-e-compliance-e-como-funciona/. Acesso em: 23 ago. 2023.

FIOCRUZ. *Violência contra as mulheres no contexto da Covid-19*. 2021. Disponível em: https://portal.fiocruz.br/noticia/violencia-contra-mulheres-no-contexto-da-covid-19. Acesso em: 11 jul. 2023.

G1. Denúncias de assédio sexual feitas ao Ministério Público do Trabalho mais que dobraram no Brasil. G1. Disponível em: https://g1.globo.com/jornalnacional/noticia/2023/04/29/denuncias-de-assedio-sexual-feitas-ao-ministerio-publico-dotrabalho-mais-que-dobraram-no-brasil.ghtml. Acesso em: 05 ago. 2023.

______. 40% das mulheres dizem que já foram xingadas ou ouviram gritos em ambiente de trabalho contra 13% dos homens. *G1*. 7 dez. 2020. Disponível em: https://g1.globo.com/sp/sao-paulo/noticia/2020/12/07/40percent-das-mulheres-dizem-que-jaforam-xingadas-ou-ouviram-gritos-em-ambiente-de-trabalho-contra-13percent-dos-homensdiz-pesquisa.ghtml. Acesso em: 25 jul. 2023.

GIL, Antônio Carlos. *Métodos e técnicas de pesquisa social*. 5. ed. São Paulo: Atlas, 2007.

JUSBRASIL. O papel da empresa no combate ao assédio moral e ao assédio sexual. abr. 2023. Disponível em: https://www.jusbrasil.com.br/artigos/o-papel-da-empresa-nocombate-ao-assedio-moral-e-ao-assedio-sexual/1808758151. Acesso em: 29 ago. 2023.

LAKATOS, Eva Maria; MARCONI, Mariana de Andrade. *Fundamentos de metodologia cientifica*. 5. ed. São Paulo: Atlas, 2003.

LATIF, Omar Aref Abdul. *Assédio sexual nas relações de trabalho*. 2006. Disponível em: https://ambitojuridico.com.br/edicoes/revista-41/assedio-sexual-nas-relacoes-de-trabalho/ Acesso em: 1º jul. 2023.

LIMA, Kewri Rebeschini. *Assédio sexual no trabalho*. 2014. Disponível em: http://www4.trt23.jus.br/revista/content/ass%C3%A9dio-sexual-no-trabalho. Acesso em: 1º jul. 2023.

LIPPMANN, Ernesto. *Assédio Sexual nas Relações de Trabalho*. São Paulo: LTr, 2004. p. 30-31.

LOUROSA, Laura Vilela. *Assédio sexual nas relações de trabalho:* viabilidade de medidas preventivas. Orientador: Antonio Ricardo Zany.2019. 25 f. TCC (Graduação) – Curso de Direito, Instituto Ensinar Brasil, Faculdades Doctum de Guarapari, Guarapari, 2018. Disponível em: https://dspace.doctum.edu.br/bitstream/123456789/2483/1/TCC%20Laura%20%20Ass%C3%A9dio%20Sexual%20Laboral.pdf. Acesso em: 24 ago. 2023.

LOPES, Adriano Almeida *et al*. *Assédio sexual nas relações de trabalho*. Brasília; 2001.

MIGALHAS. *Opinião:* Empresas devem atuar para evitar assédio sexual no trabalho. 07 jul. 2022. Disponível em: https://www.migalhas.com.br/quentes/369379/opiniao-empresasdevem-atuar-para-evitar-assedio-sexual-no-trabalho. Acesso em: 16 ago. 2023.

______. *Compliance e assédio sexual*. 06 jul. 2022. Disponível em: https://www.migalhas.com.br/depeso/369272/compliance-e-assedio-sexual. Acesso em: 18 set. 2023.

MPT — Ministério Público do Trabalho. *Assédio Sexual no Trabalho:* Perguntas e Respostas. 2017. Disponível em: https://prt10.mpt.mp.br/images/Cartilha_Ass%C3%A9dioSexual.pdf. Acesso em: 10 jul. 2023.

OIT – Organização Internacional do Trabalho. *R206 — Recomendação sobre Violência e Assédio*, 2019 (n. 206). Disponível em: https://www.ilo.org/dyn/normlex/en/f?p=NORMLEXPUB:12100:0::NO::P12100_ILO_CODE:R206. Acesso em: 25 ago. 2023.

______. *C190 — Convenção (n. 190) sobre Violência e Assédio*, 2019. Disponível em: https://www.ilo.org/wcmsp5/groups/public/---europe/---ro-geneva/---ilolisbon/documents/genericdocument/wcms_729459.pdf. Acesso em: 20 jul. 2023.

PAMPLONA FILHO, Rodolfo. *O Assédio Sexual na Relação de Emprego*. São Paulo: LTr, 2001.

PINTO, Wellington Almeida. *Assédio Sexual no Ambiente de Trabalho*. 2. ed. Belo Horizonte: Edições Brasileiras, 2000.

PONCHIROLLI, Osmar. *Ética e responsabilidade social empresarial*. Curitiba: Juruá, 2014.

SERPROS. *Cartilha:* Assédio e o Papel do *Compliance*. 2022. Disponível em: https://serpros.com.br/2022/09/02/cartilha-assedio-e-o-papel-do-compliance/. Acesso em: 1º jul. 2023.

TST – Tribunal Superior do Trabalho. *Mulheres estão mais sujeitas ao assédio em todas as carreiras*. 03 nov. 2012. Disponível em: https://www.tst.jus.br/-/a-mulher-estamais-sujeita-ao-assedio-em-todas-as-carreiras. Acesso em: 13 ago. 2023.

UCHÔA, Marcelo Ribeiro. *Mulher e mercado de trabalho no Brasil:* um estudo sobre igualdade efetiva: baseado no modelo normativo espanhol. São Paulo: LTr, 2016.

VARGAS. Angelo *et al. Dimensionamento ético da intervenção profissional em educação física*. Rio de Janeiro: Conselho Federal de Educação Física-CONFEF, 2017.

Parte 6

Trabalho Doméstico

"Como se Fosse da Família": Um Estudo de Caso sobre o Trabalho Escravo Doméstico

Weldo Soares Matos[(1)]

1. Introdução

Atualmente, tem sido cada vez mais comum notícias de resgates de trabalhadores domésticos submetidos a condição de escravo.[(2)] Apesar da notoriedade de vários desses casos, percebe-se ainda um certo ceticismo no meio social quanto a existência das condições de exploração constatadas nas fiscalizações.

Não tem sido diferente no Poder Judiciário. Várias decisões[(3)] têm optado pela negativa da existência dos elementos configuradores da condição de trabalhador análogo a escravo em diversos casos de resgate promovidos pelas instituições fiscalizadoras. O fato de o empregado ser considerado pela família empregadora como um "quase membro", às vezes reconhecido até pelo próprio trabalhador, tem sido tratado pelo judiciário como relevante para a negativa do reconhecimento da condição análoga a de escravo (JACOB *et al.*, 2023). Isso demonstra que se trata de um tema pouco estudado e debatido pelos atores do mundo do direito.

Por essas razões, acredita-se que o estudo aprofundado dos elementos configuradores da condição de trabalhador escravo no âmbito doméstico pode lançar luz sobre essa questão que envolve um dos elementos mais básicos dos Direitos Humanos: a dignidade.

O trabalho humano é um dos elementos históricos que transformaram o nosso mundo, que resultou na realidade que hoje conhecemos. Por meio do trabalho, o ser humano alterou a natureza a sua volta, no intuito de fazer surgir um mundo que lhe provesse subsistência e segurança (BARROS, 2005).

---

(1) Auditor-Fiscal do Trabalho. Bacharel em Direito pela Universidade Estadual de Santa Cruz-UESC.

(2) Exemplo de Resgate de Trabalhadora doméstica submetida a condição análoga a de escravo em Canoas/RS. Disponível em: https://g1.globo.com/rs/rio-grande-do-sul/noticia/2023/05/14/resgate-trabalho-domestico-canoas-prf.ghtml.

(3) REPORTER BRASIL. *Trabalho escravo:* família é absolvida em caso de doméstica sem salário desde os 7. Disponível em: https://reporterbrasil.org.br/2023/07/trabalho-escravo-familia-e-absolvida-em-caso-de-domesticasem-salario-desde-os-7/?utm_campaign=shareaholic&utm_medium=whatsapp&utm_source=im. Acesso em: 10 out. 2023.

No entanto, a atividade laboral humana também serviu de meio para exploração do ser humano pelo ser humano, no desiderato de angariar e acumular riquezas, o que propiciou o surgimento de violações no emprego da força de trabalho humano (BARROS, 2005). A mais grave delas resta configurada na escravidão.

Em tempos remotos, a escravidão era um modo possível de uso do trabalho humano, pois o sentido material do trabalho era reduzido ao de coisa, o que possibilitava essa modalidade de exploração. O escravo pertencia ao amo ou senhor. A condição de escravo, nesse contexto, poderia nascer de fatores diversos como ser prisioneiro, ter mãe escrava ou por descumprimento de obrigação tributária (BARROS, 2005).

A possibilidade de ter um escravo, todavia, há muito que representa um grave ilícito perante o ordenamento jurídico. Apesar do óbice legal, até os dias atuais são constatadas situações de trabalhadores e trabalhadoras submetidos a condições análogas a de escravo. A "Lista Suja"[(4)] publicada pelo Ministério do Trabalho evidencia a persistência dessa prática.

Conquanto a escravidão tenha sido formalmente abolida no Brasil em 1888, remanesceu em nosso meio práticas escravistas que remontam àquele período (QUEIROZ, 1987). A Lei Áurea demarcou o fim da escravidão, mas não logrou êxito em conter a relação de servidão até então existente entre os senhores e seus servos (TEIXEIRA, 2021).

À míngua da concessão de direitos e da adoção de políticas públicas afirmativas pelo Estado, a abolição da escravatura se traduziu em uma dura realidade para os "libertos": a transmutação da condição de escravizados formais para a de escravizados informais (SILVA, 2006 *apud* TEIXEIRA, 2021).

Sem oportunidades de trabalho para lhes prover subsistência, os libertos se viram compelidos a aceitarem condições de labor próximas à da escravidão, na maioria das vezes para seus antigos senhores (CONCEIÇÃO, 2009 *apud* TEIXEIRA, 2021). Nessa realidade, eram obrigados a residir na casa dos patrões, sem limite de horário de trabalho e sem qualquer remuneração pecuniária. Quando recebiam, eram valores irrisórios.

Em decorrência das condições a que foram submetidos no período pós-escravocrata, tornou-se usual que crianças e adolescentes do sexo feminino abandonassem suas famílias para morar e trabalhar como "criadas" nas residências de famílias abastadas. Nessa condição, restavam ampliadas as dinâmicas de exploração, vez que, diuturnamente, ficavam à disposição dos patrões (TEIXEIRA, 2021).

Esse padrão ainda se faz presente no trabalho doméstico (mesmo após a implementação de relações de trabalho assalariadas), o que inclusive deu azo ao surgimento

(4) Prevista na Portaria Interministerial MTPS/MMIRDH N. 4, de 11.05.2016, relaciona empregadores que submeteram trabalhadores à condição análoga à de escravo, cujos nomes são publicados após o resgate e o reconhecimento do ilícito firmado em decisão definitiva adotada em processo administrativo.

de um cômodo insólito nos apartamentos e casas urbanos, ainda hoje muito presente em nossas realidades: a dependência de empregado (TEIXEIRA, 2021). Segundo Santos (2010, p. 34):

> O quarto da empregada [dependência de empregado] mantém a relação com o trabalho escravo, pois mantém a presteza servil do século XIX, impede o controle da trabalhadora sobre sua jornada de trabalho e tempo de descanso e afasta essas mulheres do convívio com suas próprias famílias.

Em regra, as dependências são locais insalubres, com espaço diminuto e ventilação inadequada e, como representação da subvalorização do trabalho doméstico, costuma ser utilizado também como depósito (SANTOS, 2010).

Em repristinação ao que ocorria com as "criadas" no período imediato ao fim da escravatura, tem sido recorrente atualmente notícias dando conta de meninas levadas de seus lares para "ajudar" nos serviços domésticos de "casas de família", situação na qual se confundem moradia e local de trabalho e onde a condição de trabalhadora é artificiosamente mascarada e substituída pela designação de que se trata de alguém "quase da família" (JACOB *et al.*, 2023). Essa relação costuma se perpetuar por anos nas vidas dessas pessoas, na qual a prestação de trabalho doméstico é desenvolvida de modo gratuito, sem pagamento em pecúnia, "num verdadeiro limbo entre a exploração laboral e a suposta relação familiar" (JACOB *et al.*, 2023, p. 1).

Assim, não é incomum deparar-se com a situação de pessoas, especialmente mulheres, que trabalham no ambiente doméstico em troca de alimentação, vestimentas e habitação na residência dos patrões, sem perceber remuneração em dinheiro, sob o argumento de ser considerada "quase da família", artifício que mascara a verdadeira situação da relação de emprego (VILLATORE e PERON, 2014).

Além da exploração a que são submetidas, essas trabalhadoras acabam impossibilitadas de manter e criar vínculos sociais e afetivos, fato que se reflete, inclusive, em relação à sua própria família (TEIXEIRA, 2021). Nessa condição, sob o subterfúgio de tratar afetuosamente o trabalhador, o empregador sonega-lhe os mais elementares direitos, a exemplo do salário, das férias, do 13º salário, além da liberdade de escolha e de ir e vir.

Em síntese, apesar de proibidas, as práticas escravagistas persistem ocorrendo no meio social, o que suscita a necessidade de investigar de modo aprofundado a presença dos elementos configuradores do trabalho escravo nos casos trazidos à tona pelas ações de resgate de trabalhadores domésticos promovidas pelos órgãos fiscalizadores, de modo a demonstrar o acerto e a legalidade dessas ações e robustecer o combate a essa mazela social.

Em 2021 um caso ganhou notoriedade e que se relaciona com o debate aqui apresentado, o resgate da trabalhadora doméstica L. G.[5]. Diante do exposto, questiona-se: À luz dos elementos constatados na condição de trabalho a que era submetida L. G. é possível enquadrar o caso no conceito de trabalho escravo doméstico?

Para responder à indagação, o estudo utiliza como metodologia de pesquisa a abordagem dedutiva a partir do conceito de trabalho análogo ao de escravo e sua aplicação no caso concreto. A construção do conceito envolve livros e artigos de autores que se debruçam sobre a temática do trabalho escravo doméstico e a legislação nacional (Constituição Federal, leis, decretos e Instruções Normativas) e internacional (Convenções da OIT) aplicadas ao tema.

Para análise do caso foi solicitada a cessão do relatório de fiscalização da ação fiscal de combate ao trabalho escravo intitulada "Como se Fosse da Família"[6], cujo acesso foi autorizado em 11.09.2023.

2. Apresentação do caso

Neste trabalho, serão apresentadas as características que permearam o caso da empregada doméstica L. G., resgatada em situação de trabalho análogo ao de escravo. Tomouse como base para elaboração deste histórico o Relatório de Fiscalização[7] da ação fiscal e o teor dos Autos de Infração[8] lavrados durante a inspeção, os quais refletem as irregularidades constatadas.

Segundo o Relatório de Fiscalização, L. G. foi submetida a condição de trabalho análogo à escravidão na residência da família M.[9], que tem endereço no Rio Vermelho,

(5) R7. *"Eles diziam que eu era da família":* L. G. revela a frase que resume o trabalho escravo doméstico. 07 abr. 2023. Disponível em: https://recordtv.r7.com/reporter-record-investigacao/videos/eles-diziam-que-eu-era-da-familia-L.G.-revela-a-frase-que-resume-o-trabalho-escravo-domestico-07042023. Acesso em: 10 jul. 2023. Nome da trabalhadora abreviado em atenção a recomendação da Controladoria Geral da União-CGU, manifestado no processo de autorização de acesso ao relatório da fiscalização.

(6) Solicitação feita por meio do Portal da Transparência da CGU (https://falabr.cgu.gov.br), protocolo número 19955.047249/2023-22.

(7) Relatório de Fiscalização da Operação "Como se Fosse da Família" – Caso L. G. Relatório elaborado pelos Auditores-Fiscais do Trabalho que participaram da Operação, a saber: Liane Durão de Carvalho, Antônio Ferreira Inocêncio, Fernanda Cristina Bucker e Tatiana Fernandes Rocha Lima, lotados na Superintendência Regional do Trabalho na Bahia.

(8) Autos de Infração: 22.158.694-6 (falta de registro); n. 22.162.982-3(falta de pagamento de salário); º 22.162.9572 (falta de concessão de férias); 22.162.997-1 (não recolhimento do FGTS); 22.162.961-1 (ausência de controle de ponto); 22.162.966-1 (prorrogação irregular da jornada de trabalho); 22.162.970-0 (jornada excessiva); o 22.162.996-3 (não concessão do intervalo mínimo interjornadas); o 22.162.996-3 (não concessão do intervalo mínimo intrajornada); 22.162.983-1 (não remuneração do trabalho noturno); 22.162.985-8 (não concessão do descanso hebdomadário); 22.162.978-5 (ausência de remuneração pelo trabalho aos domingos e feriados); 22.162.991-2 (não pagamento do 13º salário); 22.162.799-5 (trabalho em condições análogas à escravidão).

(9) Os nomes dos empregadores estão identificados pela designação "família M.", em razão de ainda não serem de domínio público, pois não foram publicados na lista prevista na Portaria Interministerial MTPS/MMIRDH N. 4 de 11.05.2016, e também por conta de determinação da CGU.

bairro de classe média[10], situado na cidade do Salvador/BA. Originada de denúncia anônima colhida pelo Ministério Público do Trabalho (MPT), a Operação de resgate levou o nome "Como se Fosse da Família" e foi executada por Auditores-Fiscais do Trabalho em parceria com membros do MPT e da Defensoria Pública da União (DPU). A Operação foi realizada no período de 17.05 a 18.06.2021.

O resgate da trabalhadora doméstica L. G. evidencia a realidade da exploração da mulher pobre, retirada do seu ambiente familiar por meio de falsas promessas que dissimulam o verdadeiro objetivo do empregador: utilizar-se de sua força de trabalho para execução de atividades domésticas sem a devida contrapartida remuneratória e sem observância de diversos direitos fundamentais da pessoa humana, expondo a vítima a situação de extrema vulnerabilidade.

L. G. nasceu em um lar pobre[11] de uma pequena cidade do interior do estado da Bahia e, no desabrochar da sua adolescência, aos 13 anos, foi arregimentada pela família composta por J. M. e E. M., para trabalhar em Salvador/BA, na condição de empregada doméstica. A oferta feita à mãe de L. G., com quem ela morava e consentiu com sua transferência para a residência da família M., entretanto, foi outra: teria oportunidade de trabalho e melhoria das condições de vida. Ou seja, a família da L. G. foi levada a crer que sua filha estaria sendo encaminhada para trilhar dias melhores. Assinala-se, por oportuno, que no momento da ação de resgate da trabalhadora, o casal composto por J. M. e E. M já havia falecido. A exploração da obreira, no entanto, persistia no seio da família, vez que sucedeu na tarefa de empregador um dos filhos do casal.

Em vez de melhores condições de vida, L. G. encontrou trabalho ininterrupto, sem remuneração e sem reconhecimento dos seus direitos trabalhistas mais elementares. Na residência da família M. a empregada L. G. foi encarregada de servir e cuidar da filha do casal, pessoa com deficiência física e cognitiva. A condição da filha da família M. requeria contínua atenção, seja durante o dia, seja à noite. L. G. iniciava sua jornada diariamente às 05 da manhã. Preparava e dava todas as refeições à filha do casal, cuidava de dar banho, remédios, brincava e acompanhava nas terapias. Além disso, lavava e passava roupas, limpava a casa, arrumava e cozinhava (MTP, 2021).

Ao final do dia, já às 22 horas, terminava sua jornada, que novamente recomeçaria no dia seguinte, antes que se completasse as 11 horas de descanso entre duas jornadas, conforme mandamento legal. Essa realidade se repetia ininterruptamente, sem folgas ou descanso semanal. Mas apesar de se recolher ao seu leito às 22 horas, L. G. sempre estava à disposição no período noturno, atenta às necessidades da filha da família M., principalmente para ir ao banheiro, à noite ou na madrugada.

(10) Disponível em: https://observatoriobairrossalvador.ufba.br/bairros/rio-vermelho.

(11) Auto de Infração n. 22.162.799-5, lavrado pela Auditora-Fiscal do Trabalho Liane Durão de Carvalho.

L. G. não usufruía do descanso semanal remunerado, como também nunca gozou férias ou recebeu 13º salário. Não teve o FGTS recolhido, sua jornada de trabalho era estendida além do limite legal, não usufruía da concessão do intervalo mínimo interjornadas e intrajornada, não era remunerada pelo tempo noturno à disposição do empregador e não era remunerada pelo trabalho aos domingos e feriados.

O seu empregador jamais lhe assegurou o pagamento do salário mensal. O que recebia em contraprestação ao serviço realizado era apenas moradia, vestimentas e alimentação. Ou seja, apesar de toda a prestação de serviço para a família, não recebia valores em dinheiro como pagamento do trabalho realizado. O dinheiro a que L. G. teve acesso durante os 36 anos de trabalho para a família M. (quando resgatada L. G. já havia completado 49 anos) ficou circunscrito apenas a algumas quantias tomadas ao empregador para adquirir itens de uso pessoal (cerca de 100 a 200 reais), conforme depoimento da vítima (MTP, 2021).

Além disso, durante os anos trabalhando para a família M., a obreira foi cerceada de sua liberdade de escolher voluntariamente os caminhos da sua vida. Nunca saiu sozinha da residência, não fez amizades e tampouco manteve relacionamentos amorosos. Pior: nunca foi à escola, o que a manteve, até os dias do resgate, analfabeta.

L. G. foi submetida a condições de extrema vulnerabilidade, engendradas por meio da subtração de direitos fundamentais da trabalhadora. Segundo restou caracterizado, a empregada doméstica foi submetida à realização de trabalhos forçados, jornada exaustiva e condição degradante de trabalho, circunstâncias previstas como caracterizadoras do trabalho análogo ao escravo na Instrução Normativa (IN) n. 139, de 22.01.2018, vigente à época da ação fiscal (atualmente vige e regula a situação a IN/MTP n. 02, de 08.11.2021).

Conforme o inciso I do art. 24º da IN/MTP n. 02, de 08.11.2021, trabalho forçado "é aquele exigido sob ameaça de sanção física ou psicológica e para o qual o trabalhador não tenha se oferecido ou no qual não deseje permanecer espontaneamente". A Convenção n. 29 da OIT, no item 1 do art. 2º, define trabalho forçado ou obrigatório como "todo trabalho ou serviço exigido de um indivíduo sob ameaça de qualquer penalidade e para o qual ele não se ofereceu de espontânea vontade".

Com espeque nessas definições, pode-se afirmar que há trabalho forçado sempre que o trabalhador não detém a faculdade de decidir sobre a aceitação do trabalho ou sobre sua permanência nele. Além da supressão do direito de ir e vir, o trabalho forçado viola também o princípio da legalidade, o da igualdade e, por conseguinte, o da dignidade da pessoa humana, conjunto de direitos fundamentais que asseguram à pessoa humana proteção contra todo e qualquer ato degradante e desumano (JACOB, 2016).

Conquanto o empregador não restrinja diretamente, por meio de grilhões, a liberdade de locomoção da vítima, ele a submete a condições tais que sua vontade resta manietada, o que lhe retira a autonomia e a liberdade de fazer escolhas. O elemento cerceador do trabalho forçado, portanto, é a coação (moral, psicológica ou física), que configura a modalidade de sujeição do trabalhador à condição análoga à de escravo.

Além de não ter voluntariamente escolhido trabalhar para a família M., L. G. teve sua liberdade cerceada, ao ver-se privada de escolher os caminhos da sua vida e com quais pessoas gostaria de conviver. Apesar de capaz juridicamente, L. G. nunca foi autorizada a "sair sozinha para qualquer tipo de lazer, não fez amizades e não teve relacionamentos amorosos" (MTP, 2021). L. G. nunca foi à escola, nunca foi alfabetizada. Mas para os empregadores a trabalhadora era tratada "como se fosse da família". Agregue-se a isso que, durante a exploração a que foi submetida, L. G. jamais teve reconhecido os seus direitos decorrentes da relação de emprego.

As infrações constatadas durante a operação fundamentaram a lavratura de diversos autos de infração, os quais foram julgados procedentes, em definitivo, no âmbito administrativo.

3. Análise do caso

O modo mais comum de execução da exploração de trabalho escravo no âmbito doméstico se inicia na retirada do trabalhador ou da trabalhadora do seio de suas famílias para trabalhar na residência de famílias abastadas, sob a promessa de melhores condições de vida, promessa de acesso à escola e tratamento como se fosse membro da família. Na prática, entretanto, recebem comida, vestuário e um local para dormir em troca de uma carga de trabalho doméstico. Geralmente, não há pagamento de salário e quando há, o mínimo legal não é observado (VILLATORE e PERON, 2014).

No combate a essa mazela social muitas foram as alterações implementadas no arcabouço jurídico brasileiro desde a proibição da escravidão.

O Brasil se comprometeu a erradicar o trabalho análogo ao de escravo mediante a assunção de compromissos perante a comunidade internacional com a ratificação de tratados e convenções internacionais que proíbem essa prática em todos os ambientes nos quais se desenvolvam trabalho humano (JACOB, 2016).

Assim, ratificou as Convenções ns. 29 e 105 da Organização Internacional do Trabalho (OIT), que abordam a temática da erradicação do trabalho escravo. Além disso, o país editou norma penal que tipifica como crime reduzir alguém a condição análoga à de escravo. Segundo Laís Abramo (2013 *apud* VILLATORE e PERON, 2014, p. 9) "O trabalho forçado é a antítese do trabalho decente. Constitui uma grave violação dos Direitos Humanos e dos Direitos Fundamentais no Trabalho".

Mas o que configura trabalho decente? Conforme o Plano Nacional de Trabalho Decente, lançado pelo Ministério do Trabalho e Emprego (MTE, 2011, p. 11): "trabalho decente é o trabalho adequadamente remunerado, exercido em condições de liberdade, equidade e segurança, capaz de garantir uma vida digna". Ou seja, trabalho decente é aquele capaz de promover e garantir dignidade ao trabalhador.

Vida digna representa ostentar dignidade, elemento que se consubstancia em princípio jurídico de estatura constitucional. Há aspectos do conteúdo da dignidade que permitem ao leitor aprofundar e compreender o seu alcance, quais sejam o valor intrínseco, a autonomia e o valor social da pessoa humana. O valor intrínseco, por exemplo, se refere ao que é próprio, comum e inerente a todos os seres humanos, atributos que o distingue dos demais seres vivos e das coisas (BARROSO, 2010).

Traços como a inteligência, a sensibilidade e a comunicação são atributos exclusivos da pessoa humana, que independem das circunstâncias pessoais de cada um. De seu turno, por ser um valor intrínseco de natureza essencial, a dignidade "não depende de concessão, não pode ser retirada e não é perdida mesmo diante da conduta individual indigna do seu titular" (BARROSO, 2010, p. 23).

São consectários da dignidade humana o direito fundamental à vida, à igualdade, à integridade física e o direito à integridade moral ou psíquica, que se consubstanciam em direitos fundamentais tutelados pela ordem jurídica (BARROSO, 2010).

Os seres humanos, por sua essência, são detentores de dignidade, usufruindo da proteção do arcabouço jurídico em razão dessa condição, pois a dignidade não pode ser comercializada, vilipendiada, "subjugada à vontade arbitrária de outra pessoa" (JACOB, 2016).

A dignidade, por conseguinte, representa um conjunto de direitos e deveres fundamentais que asseguram à pessoa humana proteção contra todo e qualquer ato degradante e desumano. Não pode o ser humano ser subjugado e tratado como coisa por outra pessoa (JACOB, 2016).

Apesar dos avanços implementados na legislação, ainda se constata que uma parcela considerável das trabalhadoras domésticas persiste laborando sem auferir renda própria. Segundo o IPEA, em 2015, o universo de trabalhadoras sem renda alcançava aproximadamente 12 mil indivíduos em todo o país, o que pode sugerir que estavam submetidas a trabalho em condições análogas ao escravo (IPEA, 2015).

3.1. Trabalho infantil doméstico e a submissão de trabalhadores a condições degradantes de trabalho

Engana-se quem pensa que a submissão a trabalho em condições análogas ao escravo é um fenômeno que alcança somente trabalhadores adultos. Ao contrário, em se tratando de trabalho doméstico, vários casos que ganharam notoriedade(12) apontam para essa exploração como iniciada na infância ou na adolescência do trabalhador.

O trabalho infantil doméstico pode ser determinante para que o trabalhador explorado durante a infância persista sendo vítima da exploração quando galgar a idade adulta. Isso acontece porque o trabalho infantil deixa marcas em suas vítimas.

Uma vez submetida ao trabalho infantil, o trabalhador ver-se imerso numa série de circunstâncias que serão determinantes para sua vida futura. O trabalho infantil representa a porta de entrada e elemento determinante para a continuidade da submissão de trabalhadores à exploração no âmbito doméstico na fase adulta. No dizer de Felipe Caetano e Wilson Pereira (2020, p. 167, *apud* ARAUJO, 2022, p. 34), o "trabalho infantil é filho da escravidão e pai do trabalho escravo".

O principal efeito deletério do trabalho infantil é a restrição de acesso à escola ao trabalhador e, por conseguinte, a uma adequada qualificação profissional. Como resultado, formam-se adultos com baixa capacitação para o mercado de trabalho, fadados a ocuparem postos de trabalho com menores salários e de baixa complexidade (NOVAIS *et al.*, 2016). Além disso, os trabalhadores domésticos explorados em sua infância são afastados dos seus entes familiares e impedidos de criar vínculos com pessoas que não compartilham do ambiente residencial dos seus patrões (JACOB, 2023). Sem a rede de contatos da família e de pessoas externas ao seu trabalho e sem qualificação, buscar novos meios de ocupação no mercado de trabalho poderá representar uma tarefa inglória.

É nesse universo que se insere o caso retratado neste artigo. L. G., ainda na adolescência, foi cooptada para trabalhar no âmbito residencial da família M., sob a promessa artificiosa de que obteria melhores condições de vida. Apesar da tenra idade, passou a residir na casa dos seus patrões, longe dos seus familiares, na qual era submetida a realização de "todo tipo de trabalho doméstico" (MTP, 2021). Em vez de melhores condições de vida, foi submetida a jornada de trabalho sem limites, sem intervalos e sem descanso semanal. A contraprestação recebida pelos serviços realizados era apenas o acesso a alimento, vestimenta e moradia. Nenhuma remuneração pecuniária.

Essa submissão da trabalhadora ainda sem completar a idade própria para o trabalho (desde 2008 que o trabalho doméstico é considerado como uma das piores formas de trabalho infantil e só é permitido a partir dos 18 anos)(13), replica o modelo de exploração enfrentado no séc. XIX pelas filhas dos escravos libertos, as quais eram adotadas como "criadas" pelos antigos senhores de escravos. As paupérrimas condições econômicas dos

(12) DIREITO NEWS. *MPT recorre de decisão que não reconheceu trabalho escravo e inocentou patroa de doméstica sem salário por 44 anos.* 19 jun. 2023 Disponível em: https://www.direitonews.com.br/2023/07/mptrecorre-decisao-nao-reconheceu-trabalho-escravo-inocentou-patroa-domestica-sem-salario-44-anos.html. Acesso em: 10 jun. 2023.

(13) Decreto n. 6.481, de 12 de junho de 2008.

escravos libertos no séc. XIX propiciavam esse fenômeno. Entretanto, é desconcertante atestar que ainda hoje o estado de vulnerabilidade econômica permanece como um dos fatores que impulsionam os filhos e filhas de famílias carentes na direção do trabalho precoce, no desiderato de superar a pobreza e a condição social (NOVAIS *et al.*, 2016).

Não foi diferente com L. G. Forçada a iniciar sua vida profissional na adolescência em razão da vulnerabilidade social em que se encontrava, sequer teve oportunidade de frequentar a escola. O Relatório de Fiscalização elaborado pelos auditores-fiscais do trabalho da Bahia que participaram do resgate de L. G. é taxativo nesse sentido: L. G. "nunca frequentou uma escola apesar de ter vivido numa capital, num local onde há escolas muito próximas" (MTP, 2021).

Como não estudou, por conseguinte, L. G. não se qualificou profissionalmente. Cresceu e se tornou adulta sem sequer experimentar se relacionar com pessoas de fora do âmbito residencial da família que a contratou. Sob o argumento de que a cidade era muito perigosa e que havia riscos de violência, além da jornada laboral que cumpria, a obreira foi impedida de sair livremente do local de trabalho, o que serviu de obstáculo para que tivesse a oportunidade de conhecer novas pessoas e de criar novos vínculos sociais e contatos que poderiam lhe abrir as portas no mercado de trabalho (MTP, 2021).

Para além disso, é cediço entre os estudiosos do fenômeno do trabalho análogo ao escravo doméstico que existe entre os trabalhadores submetidos a essa exploração e que são tratados como "pessoas da família", como ocorreu com L. G., a crença de que, em vez de vítimas, eles são beneficiários da caridade patronal (JACOB, 2023). Por isso, é incomum que pessoas nessa condição busquem denunciar seus empregadores ou romper o vínculo de trabalho.

O trabalho análogo ao escravo além de violar os direitos basilares da pessoa humana, retira-lhes a autonomia e a liberdade de fazer escolhas. Nesse cenário, o indivíduo tem anulada sua vontade, subjugado que está por condições indignas de trabalho, resta incapaz de decidir de modo livre acerca do que é certo e melhor para si (JACOB, 2016).

Diante de idênticas circunstâncias, não restou alternativa a L. G. senão persistir submetendo-se à exploração por parte da família que a contratou. Ainda que planejasse buscar nova vida, as correntes psicológicas que a prendiam aos seus empregadores, a sua condição de vulnerabilidade e a baixa qualificação representariam um sério óbice a esse intento.

Quando regatada, L. G. havia se sujeitado à exploração por longos 36 anos.

3.2. Elementos caracterizadores do trabalho escravo: O Caso L. G.

L. G. foi resgatada em decorrência de ação fiscal planejada a partir de denúncia anônima colhida pelo MPT. Executada pelos Auditores-Fiscais do Trabalho Liane Durão de Carvalho, Antônio Ferreira Inocêncio, Fernanda Cristina Bucker e Tatiana Fernandes Rocha Lima, lotados na Superintendência Regional do Trabalho na Bahia, a ação contou com a participação de parceiros institucionais, a exemplo do Ministério Público do Trabalho e da Defensoria Pública da União, e o apoio da Polícia Rodoviária Federal e da Polícia Militar da Bahia.

O resgate proporcionou à trabalhadora desvencilhar-se das amarras psicológicas que a prendiam aos seus patrões e retomar sua vida, observando os parâmetros da liberdade e da dignidade.

Durante a maior parte da sua existência, L. G. teve sua liberdade cerceada, pois viu-se privada de escolher os caminhos da sua vida, o que a fez abicar dos seus direitos.

Com o subterfúgio de que se tratava de alguém da família, os empregadores de L. G. exigiam da obreira serviços domésticos sem contraprestação salarial. Com esse estratagema eram sonegados a ela todos os direitos trabalhistas, conforme pôde ser reconhecido pelos auditores-fiscais do Trabalho.

A primeira análise levada a cabo pela fiscalização no presente caso foi a atinente a existência de relação de emprego entre L. G. e a família empregadora. Neste aspecto, restou reconhecida pelos agentes fiscais a presença dos elementos caracterizadores da relação de emprego doméstico entre a família M. e a obreira L. G.

A análise revelou que L. G. prestava serviços para a família de modo contínuo, subordinado, oneroso e pessoal, e com finalidade não lucrativa. A par desse reconhecimento, a fiscalização decidiu lavrar auto de infração em razão de o empregador manter a obreira na informalidade, sem registro, apesar da condição de empregada (MTP, 2021).

Consultando-se o processo administrativo formado pelo referido auto de infração, constata-se que a autuação já foi objeto de decisão definitiva no âmbito administrativo, após recurso da parte autuada. A decisão foi pelo reconhecimento da procedência da autuação, ou seja, da existência de vínculo de emprego sem a devida formalização entre L. G. e a família contratante. Restou cabalmente reconhecido administrativamente que havia vínculo de emprego entre a família M. e L. G.

Ultrapassada essa fase, passou-se à análise das circunstâncias presentes na execução do contrato de trabalho. Dessa averiguação, restou constatada várias infrações à legislação trabalhista. Por conta disso, foram lavrados mais 13 (treze) autos de infração.

Consoante o Relatório de Fiscalização (MTP, 2021), entre outras infrações, constatou-se que L. G. era submetida a trabalho sem controle de entrada e saída da atividade, de modo que trabalhava em jornada exaustiva, acima do limite legal, iniciando o seu labor às 05 horas da manhã e encerrando-o às 22 horas, perfazendo 17 horas de trabalho/dia; sem repouso intrajornada; sem concessão do descanso relativo às férias, o que significa que a obreira trabalhou por 36 anos ininterruptamente; sem o pagamento de qualquer valor a título de salário; sem descanso interjornada, pois além da jornada de 17 horas, a trabalhadora persistia à disposição da família durante a noite para atender eventual necessidade da filha do casal empregador. Por fim, constatou a presença dos elementos que caracterizam a submissão de L. G. a trabalho análogo ao escravo.

Todos esses autos de infração já foram definitivamente decididos no âmbito administrativo, com reconhecimento da procedência das imputações feitas ao empregador. Os elementos que serviram de base ao reconhecimento pela fiscalização da prática de submeter alguém ao trabalho escravo foram a exigência de "trabalho forçado, jornada exaustiva e condição degradante de trabalho" (MTP, 2021, p. 18).

O enquadramento jurídico tomou por base os preceitos da IN n. 139, da Secretaria de Inspeção do Trabalho, que dispunha acerca da fiscalização para erradicação do trabalho escravo.

Como já se disse na parte preambular deste artigo, a IN n. 139 foi revogada e substituída pela Instrução Normativa n. 02, de 2021, cujo conteúdo, na parte que disciplina a fiscalização do trabalho análogo ao escravo, espelha o da IN revogada.

Partindo das definições contidas no inciso I, art. 7º, da IN n. 139, a qual preconizava que "trabalho forçado é aquele exigido sob ameaça de sanção física ou psicológica e para o qual o trabalhador não tenha se oferecido ou no qual não deseje permanecer espontaneamente", e também na definição do item 1 do art. 2, da Convenção n. 29 da OIT, que define forçado como "todo trabalho ou serviço exigido de um indivíduo sob ameaça de qualquer penalidade e para o qual ele não se ofereceu de espontânea vontade", a equipe de fiscalização concluiu que L. G. foi submetida a trabalho forçado, conforme se explanará a seguir (MTP, 2021, p. 19).

Cumpre compilar algumas anotações atinentes à caracterização do trabalho forçado, conforme descrito pelos agentes fiscalizadores em seu relatório (MTP, 2021, p. 19):

> Verifica-se, então, que se o trabalhador não pode decidir sobre a aceitação do trabalho ou sobre sua permanência nele, há trabalho forçado. No trabalho forçado não se fere somente o princípio da liberdade de locomoção, mas também o da legalidade, o da igualdade e o da dignidade da pessoa humana, na medida em que a prática afronta as normas legais, concede ao trabalhador tratamento diverso do concedido a outros e retira dele o direito de escolha. Embora o agente não prenda a vítima diretamente, ele cria condições adversas para que ela não manifeste a sua vontade. O cerceamento da liberdade não acontece com correntes, o elemento configurador do trabalho forçado é a coação (moral, psicológica ou física), que possibilita essa modalidade de sujeição do trabalhador à condição análoga à de escravo.

Com base nessas premissas, sem desassombro, a equipe de fiscalização reconheceu a presença de indicadores de trabalho forçado na prestação laboral de L. G. Ao ser trazida do interior para a capital sob a falsa promessa de que teria melhorias nas suas condições de vida, a trabalhadora foi vítima de fraude, fato que viciou o consentimento de sua família, que autorizou a mudança de domicílio da adolescente, haja vista que, ao contrário das promessas feitas pelos empregadores, o que se verificou foi a exigência de trabalhos em jornadas exaustivas e sem o reconhecimento dos seus direitos trabalhistas e sem direito de frequentar a escola.

Também foi reconhecido que a manutenção da trabalhadora prestando serviço de doméstica se deu com uso da fraude, caracterizando o indicador de trabalho forçado previsto no item 1.3 do Anexo Único, da IN n. 139 de 2018, pois L. G. foi induzida a acreditar que era um membro da família e que não poderia deixar de cuidar da "irmã" que era dependente de seus cuidados (MTP, 2021). Com base nesse argumento artificioso, os empregadores, além de perpetuar a prestação de serviços por 36 anos, sonegaram-lhe os salários que lhe eram devidos, além de férias e 13º salário, sem despertar na obreira a percepção de que estava sendo vítima de burla.

Restou reconhecido também outro indicador do trabalho forçado, qual seja a exposição da trabalhadora ao definido nos itens 1.6 e 1.12 do Anexo Único, da IN n. 139, em razão de L. G. ter sido mantida confinada em seu local de trabalho, pois de lá não podia sair sem o acompanhamento dos seus patrões em razão da vulnerabilidade em que se encontrava e por conta de não auferir dinheiro em decorrência do seu trabalho.

À L. G. foi negado o direito básico à liberdade: "liberdade de fazer escolhas, liberdade de viver seguindo seus princípios e vontades, e também a liberdade de ir e vir" (MTE, 2021, p. 21). Acresça-se a isso a prisão psicológica de que foi vítima, pois L. G. foi convencida de que deveria ser grata pelo conforto que usufruía e que era a responsável pela vida da filha dos seus empregadores. Por meio desses artifícios, L. G. foi privada de viver seguindo suas escolhas, o que limitou sua vida ao espaço residencial dos seus empregadores.

Além disso, restou caracterizada a prática do trabalho em jornada exaustiva (art. 7º, inciso II, da IN 139), vez que evidenciado que L. G. trabalhava diuturnamente das 05 às 22 horas, o que resultava no transbordamento do limite semanal de 44 horas de trabalho previsto na Constituição Federal[14]. A obreira também não usufruía do descanso semanal, vez que estava continuamente dedicada a cuidar da filha da família empregadora, de domingo a domingo, inclusive nos feriados. A jornada desgastante de trabalho a que estava obrigada a cumprir colocava em risco a integridade física e mental da obreira (MTP, 2021).

Por fim, restou caracterizada o trabalho executado em condições degradantes (art. 7º, inciso III, da IN n. 139), tese fincada em um dos indicadores previstos no Anexo Único da IN n. 139 (Item II, 2.22) que é "o estabelecimento de sistemas remuneratórios que,

(14) Inciso XIII, do art. 7º, da Constituição Federal.

por adotarem valores irrisórios pelo tempo de trabalho, resultem no pagamento de salário base inferior ao mínimo legal".

Conforme se apurou, L. G. não recebia salário, ou seja, não era remunerada pelos serviços prestados aos seus empregadores. Em contrapartida pelo trabalho, a obreira recebia apenas alimentação, moradia e vestimentas.

Assim como se enquadrou nos artigos da Instrução Normativa n. 139, de 2018, o caso estudado neste artigo também atrai a aplicação do art. 149 do Código Penal brasileiro (CP). As condições de trabalho a que foi submetida a obreira configuram situações de trabalho incompatíveis com a dignidade humana e os valores sociais do trabalho e se amoldam especificamente às condições estatuídas no art. 149 do CP, pois consuma-se o crime de "redução à condição análoga à de escravo" com a submissão da vítima à "trabalho forçado", a "jornada exaustiva" ou a "condições degradantes de Trabalho".

3.3. A herança escravista e sua influência nas práticas contemporâneas de exploração do trabalhador doméstico

A análise comparativa da sociedade contemporânea com o período escravocrata permite deduzir a conexão existente entre algumas práticas de exploração ainda vistas e naturalizadas no mundo do trabalho doméstico que guardam relação com as do período do Brasil escravagista. A base de estruturação da manutenção dessas práticas é a perpetuação da pobreza, a questão da raça e a atribuição social do trabalho doméstico como uma atividade que necessita de pouca qualificação técnica e à ideia pré-concebida de que se trata de um papel a ser executado exclusivamente pelo ente feminino.

O sistema escravocrata se estabeleceu no Brasil por volta da década de 1530, a partir das primeiras medidas de colonização implantadas pelos portugueses. Iniciada com a mão de obra indígena, aos poucos ela foi sendo substituída pela escravização dos africanos que aqui aportavam, fruto do tráfico negreiro.

Apesar de abolida em 1888, a escravidão deixou resquícios na sociedade brasileira que ainda hoje se fazem sentir em nosso meio, no qual ainda se nutre e sobrevive determinadas discriminações, herança da ideologia patriarcal e racista do período escravocrata (SANTOS, 2010).

Se por um lado, a abolição da escravidão representou uma conquista irrefutável para o povo negro explorado, por outro, em razão omissão estatal em tutelar a inserção dos libertos no mercado de trabalho e no meio social, expôs essa população a uma condição de profunda vulnerabilidade (SILVA, 2006 *apud* TEIXEIRA, 2021.

Os homens negros libertos não conseguiam competir com os imigrantes europeus, cuja inserção na mão de obra nacional país foi estimulada pelo Estado brasileiro, representando um grave óbice para que auferissem renda e pudessem sustentar suas famílias (TEIXEIRA, 2021).

Diante disso, a incorporação dessas pessoas ao mundo do trabalho se deu majoritariamente pelo trabalho doméstico, especialmente nos grandes centros urbanos onde essa atividade foi central como meio de sobrevivência para os libertos, sendo especialmente destinado às ex-escravas (PEREIRA, 2011 *apud* QUEIROZ, 2022). Nesse aspecto, segundo Judith Santos (2010, p. 43), a prática escravista somada ao discurso racista implantou na sociedade a ideia de que as mulheres negras eram mais adequadas ao desempenho das atividades domésticas "em razão da raça negra ser considerada, por essa lógica, menos disposta e incapaz ao trabalho intelectual".

O processo escravocrata pelo qual passou o país é de especial relevância para compreensão desse fenômeno. Durante o período da escravidão, a mulher negra, escravizada, esteve sempre destinada a executar tarefas domésticas mais simples, como cuidar da limpeza da casa, dos afazeres domésticos, enquanto a mulher branca se envolvia com a educação das crianças e a administração dos afazeres domésticos (SANTOS, 2010).

O reflexo no mercado de trabalho doméstico pode ser visualizado consultando-se os dados da PNAD Contínua, do IBGE, atinente ao ano de 2021. Assim, cabe, por oportuno, fazer um recorte para visualização dos dados colhidos acerca da ocupação dos trabalhadores domésticos quanto ao sexo e à etnia naquele ano: em 2021, o trabalho doméstico no país era exercido por 5,7 milhões de trabalhadores, dos quais 5,2 milhões eram mulheres, ou seja, representavam 92% da população ocupada, sendo 3,4 milhões negras (DIEESE, 2022).

Na modalidade do contrato trabalhista doméstico, os laços obrigacionais subjetivos são formados, invariavelmente, na forma de submissão e opressão, resultados da negativa histórica de direitos e de reconhecimento social à categoria, o que imprime invisibilidade à essas condições, especialmente quando dissimuladas pelo véu do afeto (ARAÚJO, 2022).

Para que se compreenda o que se vem de expor quanto à tutela estatal, é elucidativo verificar o tratamento legislativo dado pelo Estado brasileiro aos referidos trabalhadores domésticos. Apesar de a classe de trabalhadores em geral ter sido contemplada, em 1943, com uma legislação protetiva emanada do Estado, implantada por intermédio da CLT[15], os trabalhadores domésticos foram institucionalmente excluídos no tocante ao alcance e aplicação da norma[16]. Somente em 1972[17], quase cem anos após abolida a escravidão, é que essa categoria de trabalhadores foi objeto da edição de legislação protetiva. Ainda assim, apenas o direito ao registro do contrato em carteira, as férias anuais remuneradas, estabilidade provisória à obreira gestante e benefícios da previdência social foram implantados.

(15) Consolidação das Leis do Trabalho, Decreto-lei n. 5.452, de 1º.05.1943.

(16) Art. 7º, *"a"*, da CLT.

(17) Lei n. 5.859, de 11.12.1972.

Nem a festejada Constituição Cidadã, em seu nascedouro, ofereceu aos trabalhadores domésticos tratamento igualitário com às demais categorias, pois limitou àqueles apenas alguns direitos e garantias do rol extensivo concedido aos trabalhadores urbanos e rurais, perpetuando assim uma exclusão centenária. Essa impropriedade somente foi corrigida em 2013, após mais de duas décadas da promulgação da Constituição, por meio da Emenda Constitucional n. 72, que alterou o parágrafo único do art. 7º da Constituição e conferiu igualdade de direitos aos trabalhadores domésticos, a qual foi regulamentada por intermédio da Lei Complementar n. 150, de 1º.06.2015.

Nesse contexto, não haveria como mudar fundamentalmente a realidade que hoje se apresenta quanto ao estado de vulnerabilidade econômica desse grupo de trabalhadoras, consubstanciando-se em fator que impulsiona os filhos e filhas de famílias carentes na direção do trabalho precoce, no desiderato de superar a pobreza e a vulnerabilidade social (NOVAIS *et al.*, 2016).

4. Considerações finais

A presente pesquisa possibilitou estudar e entender os meandros que envolvem a problemática do trabalho doméstico no Brasil.

Fruto de uma cultura escravagista, o trabalho doméstico foi estigmatizado no país a ponto de só recentemente ter sido equiparado em direitos e garantias ao trabalho urbano e rural. Essa equiparação de direitos somente foi alcançada em 2013, quando da promulgação da Emenda Constitucional n. 72/2013.

A demora nesse reconhecimento, entre outras circunstâncias, consolidou uma cultura de exploração que reproduziu modelos escravagistas vigentes no século XIX. Na ausência de proteção normativa, os trabalhadores domésticos foram vítimas de condições aviltantes de trabalho livremente estipuladas por seus patrões, a exemplo de jornadas exaustivas, inexistência de descanso mínimo interjornadas, inexistência de concessão de período de férias e ausência de remuneração pelo serviço prestado.

No entanto, contemporaneamente, mesmo com a equiparação de direitos introduzida no ordenamento jurídico, o mundo do trabalho ainda se depara com situações que envolvem trabalho doméstico em condições aviltantes e que remetem às relações de trabalho do período escravocrata.

O modelo utilizado é a cooptação de filhas de famílias pobres, em geral crianças ou adolescentes, que são retiradas dos seus lares e levadas para servir aos familiares de pessoas abastadas. Sob o argumento falacioso de que terão melhores condições de vida e que irão para "ajudar". O que se verifica nessas situações são pessoas trabalhando gratuitamente por anos de suas vidas, a servir a família dos seus patrões, sob o argumento de que são "quase da família", laço psicológico estabelecido no objetivo de limitar a capacidade de escolha e induzir a obreira a acreditar que é um dever seu a permanência no serviço.

Enquanto no século XIX trabalho forçado estava relacionado a violência ou intimidação, hodiernamente ele se faz presente quando retira do empregado a liberdade de decidir o caminho da sua vida por meio de artifícios psicológicos.

Essa modalidade de exploração tem sido cada vez mais frequente entre os resgastes executados pelos órgãos de fiscalização, fato que demonstra a persistência dessa mazela na sociedade. O caso escolhido para estudo na presente pesquisa teve como um dos objetivos demonstrar a proximidade do nosso cotidiano com essa forma de exploração do trabalho humano. A submissão da trabalhadora a condições que caracterizam trabalho escravo ocorreu em uma metrópole e em um bairro de classe média. No entanto, demandou 36 anos para ser denunciado e flagrado.

A análise do caso objeto deste trabalho permite afirmar-se, convictamente, que estão presentes na situação de exploração a que foi submetida a trabalhadora L.G. diversos elementos caracterizadores do trabalho escravo. Assim, em resumo, restou caracterizado que a família contratante aliciou a trabalhadora a fim de submetê-la a trabalho escravo, pois a obreira foi retirada da casa de seus entes familiares e levada do interior para a capital sob a enganosa promessa de que teria melhorias nas suas condições de vida. Restou caracterizado que a continuidade e manutenção da prestação de serviços para a família se deu como resultado da adoção de artifícios psicológicos que induziram a trabalhadora explorada a acreditar que era "quase da família" e tinha por obrigação persistir oferecendo seus serviços em troca apenas de moradia, vestimenta e alimentação. Restou caracterizado que à trabalhadora foi negado o direito básico à liberdade de escolhas, de viver segundo suas vontades e de ir vir, pois como resultado da exploração a que foi submetida a sua vida ficou circunscrita ao âmbito residencial da família contratante. Restou caracterizado que L.G. atuava em jornadas exaustivas e ininterruptamente, vez que além da sobrejornada diária e semanal, a obreira não usufruiu por 36 anos do descanso semanal. Restou caracterizado que L.G. foi submetida a condição degradante de trabalho, pois não recebia salário, ou seja, não era remunerada pelos serviços prestados aos seus empregadores, a contrapartida pelos seus trabalhos era tão somente alimentação, moradia e vestimenta.

A relevância dessa pesquisa consiste em disseminar as nuances que envolvem esse tipo de relação de trabalho e que evidenciam sua ilicitude, pois na sociedade muitos ainda não o percebem como uma infração trabalhista e criminal.

Não tem sido significativamente diferente no judiciário. Em diversas situações semelhantes às narradas neste texto, decisões judiciais têm optado pela negativa da existência dos elementos configuradores da condição de trabalhador análogo a escravo, o que denota a relevância da presente discussão e a necessidade de aprofundamento do estudo acerca das características que definem o trabalho doméstico em condições análogas a de escravo.

Referências

ARAÚJO, Ana Beatriz de Souza. *Trabalho escravo contemporâneo:* A invisibilidade seletiva das trabalhadoras domésticas e o caso paradigmático "Madalena Gordiano". 2022. Disponível em: https://repositorio.ufrn.br/handle/123456789/48959. Acesso em: 21 ago. 2023.

BARROS, Alice Monteiro. *Curso de Direito do Trabalho.* São Paulo: LTr. 2005.

BARROSO, Luis Roberto. *A dignidade da pessoa humana no Direito Constitucional contemporâneo:* Natureza jurídica, conteúdos mínimos e critérios de aplicação. Disponível em: http://www.osconstitucionalistas.com.br/wpcontent/uploads/2010/12/LRBarroso-A-dignidade-da-pessoa-humana-no-DireitoConstitucional-contemporaneo.pdf . Acesso em: 12 maio 2023.

BRASIL. *Instrução Normativa n. 139, de 2018.* Dispõe sobre a fiscalização para a erradicação de trabalho em condição análoga à de escravo e dá outras providências. [...]. Brasília, 2018.

______. *Instrução Normativa n. 02, de 2021.* Dispõe sobre os procedimentos a serem observados pela Auditoria-Fiscal do Trabalho nas situações elencadas. [...]. Brasília, 2018. BRASIL. Decreto--lei n. 2.848, de 07 de dezembro de 1940. Código Penal brasileiro. Rio de Janeiro, 1940.

DIEESE. (2022). *Trabalho Doméstico no Brasil.* Disponível em: https://www.dieese.org.br/infografico/2022/trabalhoDomestico.html. Acesso em: 16 set. 2023.

IPEA. (2015). *Retratos das desigualdades de gênero e raça.* Disponível em: https://www.ipea.gov.br/retrato/indicadores.html. Acesso em: 20 ago. 2023.

JACOB, Valena *et al.* Justiça do Trabalho baiana não reconhece trabalho escravo e nem relação de emprego, em caso de doméstica sem salário desde os 7 anos. *ABRAT*, [S. l.], p. 1 e 6. 2023. Disponível em: https://abrat.adv.br/textos/abrat-sentenca-trabalho-escravodomestico-criticas.pdf. Acesso em: 27 jul. 2023.

JACOB, Valena. *O trabalho análogo ao de escravo:* uma análise jurisprudencial do crime no TRF da 1ª Região. Belo Horizonte: RTM, 2016.

MTP. *Relatório de Fiscalização Operação "Como se Fosse da Família"* — Caso L. G., 2021.

MTE. *Plano Nacional de Trabalho Decente.* 2010. Disponível em: http://acesso.mte.gov.br/data/files/FF8080812C9B6972012CA80F703C5BBE/plano_nacional_web_portugues.pdf. Acesso em: 21 ago. 2023.

NOVAIS, Liliane Capilé Charbel *et al. Trabalho doméstico infantil:* quando o lar é o ambiente servil. Revista Direitos, Trabalho e Política Social, 2016. Disponível em: https://periodicoscientificos.ufmt.br/ojs/index.php/rdtps/article/view/8780/5981. Acesso em: 20 ago. 2023.

QUEIROZ, Suely Robles Reis de. *Escravidão Negra no Brasil.* São Paulo: Ática, 1987.

SANTOS, Judith Karine Cavalcanti. *Quebrando as correntes invisíveis:* uma análise crítica do trabalho doméstico no Brasil. 2010. 120 f., il. Dissertação (Mestrado em Direito) , Universidade de Brasília, Brasília, 2010. Disponível em: https://repositorio.unb.br/bitstream/10482/8484/1/2010_Judith%20Karine%20Cavalcanti%20 Santos.pdf. Acesso em: 29 jul. 2023.

TEIXEIRA, Juliana. *Trabalho Doméstico.* São Paulo: Jandaíra, 2021.

VILLATORE, Marco Antônio César; PERON, Rita de Cássia A.B. *O Trabalho Doméstico Análogo a Condição de Escravo como Exemplo de Trabalho Forçado ainda existente no Brasil:* direito penal do trabalho — reflexões atuais. São Paulo: LTr, 2014.

Trabalho Doméstico em Condições Análogas à Escravidão: Um Relato de Caso

Elisabete Cristina Gallo Sasse[1]

1. Introdução

O trabalho reprodutivo pode ser conceituado como atividades necessárias à existência da vida humana e a sua manutenção, ligadas às tarefas de cuidado da casa e da família. Este trabalho, relacionado com as atividades de cuidado com os seres humanos, abrange, além da maternidade como fator biológico, todo o trabalho doméstico (Melo e Castilho, 2009). Silvia Federici (2019) pontua que o trabalho reprodutivo é fundamental para qualquer sistema econômico, ressaltando que o trabalho doméstico remunerado e não remunerado é o que mantém o mundo em movimento. A autora defende que a desvalorização do trabalho doméstico tem sido um dos pilares de acumulação do capital e da exploração das mulheres no sistema capitalista.

Nesse contexto, o trabalho doméstico, protagonizado por mulheres, difere do trabalho produtivo relativo a bens e serviços, que tem feições masculinas e é mais valorizado socialmente, o que implica em salários bem mais remunerados (FERMENTO FEMINISTA, 2019). O discurso que faz a separação entre o feminino e o masculino com base na vocação "natural" de cada sexo biológico serve para reforçar o distanciamento das mulheres das atividades mais valoradas (Biroli e Quintela, 2020). Assim, o trabalho doméstico é visto como uma atribuição natural às mulheres, não valorizado e nem reconhecido.

O tema ganha relevância ao considerar que cerca de trinta mil trabalhadoras domésticas não têm renda própria, o que significa dizer que estão submetidas a condições semelhantes a de escravizadas (Furtado; Carvalho; Santos, 2020). Nesse cenário, grande parte das trabalhadoras domésticas vivem à margem da proteção trabalhista, sem direitos básicos, com baixíssimos salários e sob condições degradantes de vida e de trabalho.

O Diagnóstico do Trabalho Doméstico no Brasil (2022), elaborado pela Secretaria de Inspeção do Trabalho, com base nos dados da Pesquisa Nacional de Amostragem por Domicílio — PNAD do 2º trimestre de 2022, aponta que dos 5.856.000 empregados domésticos, que representam 6% da população brasileira ocupada, 74,9% estão na

(1) Auditora-Fiscal do Trabalho.

informalidade, sem carteira de trabalho assinada e, consequentemente, sem a garantia de direitos trabalhistas e previdenciários. O percentual é ainda maior em alguns Estados como Amapá (91,7%), Maranhão (90,2%), Amazonas e Pará (90%). O diagnóstico registra uma redução de 30,52% de trabalhadores domésticos com carteira assinada, que em 2010 (Censo IBGE) era de 2.017.942 e passou a 1.402.000 em 2022 (PNAD).

A Inspeção do Trabalho tem realizado ações fiscais voltadas para a proteção dos direitos dos trabalhadores domésticos, o que tem levado, em alguns casos, à constatação de trabalho em condições que caracterizam escravidão contemporânea, nos termos do art. 23 da Instrução Normativa — IN n. 2/2021, editada pelo Ministério do Trabalho. Considera-se em tal situação o trabalhador submetido, de forma isolada ou conjuntamente, a trabalho forçado, jornada exaustiva, condição degradante de trabalho, restrição de locomoção em razão de dívidas contraídas com o empregador e retenção no local de trabalho devido ao cerceamento do uso de qualquer meio de transporte, vigilância ostensiva ou apoderamento dos documentos ou objetos pessoais.

Os casos de trabalho doméstico análogo ao de escravo têm aumentado nos últimos anos, mas isso não significa que se trata de um evento recente.(2) A Auditoria-Fiscal do Trabalho se depara com dificuldades para a fiscalização das condições de trabalho dos trabalhadores domésticos, uma vez que as atividades se desenvolvem no interior das residências e a inviolabilidade do domicílio desfruta de proteção constitucional.

A fiscalização adota algumas medidas de precaução, a fim de preservar a privacidade dos moradores e, ao mesmo tempo, garantir a proteção dos direitos dos trabalhadores domésticos, conforme prescrito no Capítulo IX da Instrução Normativa n. 2/2021. Tomadas as devidas precauções, o que se inclui, em algumas situações, autorização judicial a fim de garantir a entrada dos inspetores do trabalho no interior das residências, as ações fiscais têm revelado um cenário de exploração e servidão.

Este artigo relata o caso de uma trabalhadora que realizava as tarefas domésticas na casa onde residia com a contratante, sem receber salários de acordo com os preceitos legais, além de outros direitos trabalhistas, sob a alegação de que não se tratava de uma empregada, mas de uma pessoa considerada "da família". A expressão "é como se ela fosse da família" tem sido rotineiramente utilizada pelas empregadoras e seus familiares para se referirem às trabalhadoras domésticas, que se deslocam das zonas periféricas para os bairros mais abastados e enfrentam diariamente as desigualdades sociais (FURTADO; CARVALHO; SANTOS, 2020).

A partir da análise crítica do caso, objetiva-se responder a seguinte indagação: como o suposto vínculo afetivo entre a dona da casa e a trabalhadora doméstica, traduzido na expressão "como se fosse da família", é analisado em casos de suspeita de submissão a condições de trabalho análogas a de escravidão?

---

(2) Painel de Informações e Estatísticas da Inspeção do Trabalho no Brasil. Disponível em: https://sit.trabalho.gov.br/radar/.

No estudo do caso foi aplicado o método dedutivo, em que se utilizaram as pesquisas documental e bibliográfica como ponto de partida para responder à questão levantada. O conhecimento do caso se deu em razão da atividade profissional realizada pela autora no âmbito da Auditoria-Fiscal do Trabalho, porém sem a participação direta na ação fiscal relatada.

Para a pesquisa documental, foi solicitado acesso ao Relatório de Fiscalização referente à ação fiscal realizada no período de 23.01.2022 a 31.05.2022 sob comando da Coordenação de Combate à Discriminação e Promoção da Igualdade de Oportunidades no Trabalho, o qual foi disponibilizado pela Divisão de Fiscalização Para Erradicação do Trabalho Escravo — DETRAE, da Secretaria de Inspeção do Trabalho.

Por se tratar de um relato retrospectivo de uma ação fiscal, este estudo apresenta vieses da autora, que são minimizados a partir de uma criteriosa revisão bibliográfica para embasamento das conclusões. A base de dados utilizada para pesquisa bibliográfica foi a plataforma SCIELO[(3)], na qual, a partir dos descritores "Trabalho doméstico" e "Divisão sexual do trabalho" obtiveram-se 590 artigos científicos. Considerou-se como critério de exclusão não utilizar dados brasileiros e ter mais de 15 anos de publicação, restando 239 artigos, dos quais 20 foram selecionados tendo como critério o título. Destes, após a leitura do resumo, 4 foram escolhidos para uma análise mais aprofundada. O artigo das autoras Hirata e Kergoat, apesar de ter 16 anos de publicação, foi utilizado como objeto de pesquisa em razão de ser uma referência nos artigos previamente estudados.

Além disso, foi utilizado como marco teórico o pensamento de Silvia Federici (2019), autora feminista que analisa o trabalho doméstico como ponto crucial da exploração das mulheres no capitalismo. No tema do trabalho análogo ao de escravo, foram utilizadas como referencial teórico as contribuições da professora Valena Jacob (2016) e de Flávia Piovesan (2011).

2. Apresentação do caso

Em janeiro de 2022, auditores-fiscais do trabalho realizaram uma ação fiscal na cidade de Natal-RN, que resultou no resgate de uma empregada doméstica submetida a condições de trabalho degradantes, trabalho forçado e jornadas exaustivas. Em decorrência da fiscalização, foi lavrado, além de outros, o Auto de Infração n. 22.334.075-8, que caracterizou a submissão da trabalhadora a condições análogas a de escravidão. O relato está embasado nas constatações da Auditoria-Fiscal do Trabalho descritas no Relatório de Fiscalização, no qual o referido auto de infração constitui um de seus anexos.

A trabalhadora Ana[(4)] exercia as funções de empregada doméstica em um apartamento localizado na capital potiguar onde também residia com a sua empregadora

(3) *Scientific Electronic Library Online*. Disponível em: https://www.scielo.br/.

(4) Trata-se de nome fictício, a fim de preservar a identidade da trabalhadora, em observância à Lei n. 13.709/2018 (Lei Geral de Proteção de Dados Pessoais).

Vilma(5). A residência era composta por uma cozinha integrada com área de serviço e banheiro, sala de jantar e sala de estar integradas, dois quartos, sendo um deles com closet e, outro, de hóspedes. Ana dormia num colchão ao lado da cama de Vilma e o outro quarto era reservado a eventuais hóspedes. O closet era destinado para a guarda das roupas da empregadora e as roupas da trabalhadora estavam em uma caixa no chão, onde ela guardava todos os seus pertences. A fiscalização do trabalho constatou diversas irregularidades na relação laboral mantida entre Ana e a empregadora doméstica: falta de registro do contrato de trabalho; salário no valor de R$ 400,00 e, posteriormente de R$ 500,00, muito inferior ao mínimo legal; falta de pagamento de 13º salário durante os cinco anos em que perdurou a relação de trabalho; ausência de depósitos de FGTS; sem usufruto de férias; prorrogação de jornada além do limite legal, sem concessão de intervalo para alimentação e descanso, labor todos os dias, inclusive aos domingos e feriados, com folga apenas a cada quinze dias. Nesse aspecto, ressalte-se que a trabalhadora iniciava a jornada às 7 h e encerrava por volta das 22 h, sendo que dormia num colchão ao lado da cama da empregadora, estando à disposição em tempo integral, inclusive no período noturno, seja para comprar algo ou até mesmo buscar água durante a noite para a patroa.

A Inspeção do Trabalho também constatou que Ana foi submetida a agressões por parte de sua empregadora. Ana contou aos inspetores do trabalho que um dia estava cochilando na rede, quando a patroa cortou o punho da rede com uma faca e que não caiu no chão porque tinha sono leve e acordou com a aproximação dela. Amedrontada, Ana pediu abrigo à vizinha e depois foi para a casa da irmã, onde permaneceu por dois meses.

As agressões sofridas por Ana também foram relatadas pelos vizinhos de Vilma, entrevistados pela Auditoria-Fiscal do Trabalho. Um dos vizinhos descreveu um episódio no qual presenciou Vilma ameaçar Ana com um pedaço de pau e que não chegou a bater nela porque percebeu que estava sendo vista, em razão da porta do apartamento estar aberta. O vizinho também relatou que do seu apartamento conseguia ouvir com detalhes o que Vilma dizia à trabalhadora Ana. A transcrição dos depoimentos dos vizinhos revela que Vilma tinha uma espécie de toco com o qual sempre ameaçava Ana e que a empregadora ficava ainda mais agressiva quando estava embriagada.

O auto de infração registra que Ana também estava submetida a trabalhos forçados, pois o cerceamento de liberdade estava configurado em razão das condições adversas criadas pela empregadora para que a trabalhadora não manifestasse a sua vontade, por meio da coação moral, psicológica ou física. O documento fiscal destaca que a trabalhadora laborava em jornada exaustiva e sem os direitos trabalhistas básicos sob a alegação de ser uma pessoa considerada da família. Ana era induzida a acreditar que era da família

(5) Trata-se de nome fictício, a fim de preservar a identidade da empregadora, em observância à Lei n. 13.709/2018 (Lei Geral de Proteção de Dados Pessoais).

e que não poderia deixar de cuidar de Vilma, discurso mantido por meio de fraude, engano e coação moral e psicológica. Em razão disso, não precisaria receber salários integrais, férias, descanso e outros direitos trabalhistas.

Por não receber a remuneração devida, Ana era mantida em situação de vulnerabilidade social, tendo em vista a situação de pobreza que vivia com sua família. No documento fiscal, a Inspeção do Trabalho concluiu que:

> Assim, a ela [Ana] foi negado o direito básico à liberdade, no seu sentido mais amplo: liberdade de fazer escolhas, liberdade de viver seguindo seus princípios e vontades, e também a liberdade de ir e vir. Para essa privação, foi utilizada a prisão psicológica: ela foi convencida do sentimento de gratidão, da situação crítica a qual podia estar submetida, da valorização do conforto que usufruía e do senso de responsabilidade para com [a empregadora].

A trabalhadora foi resgatada das condições em que se encontrava, o que implicou em rescisão indireta do contrato de trabalho e o imediato afastamento do local de trabalho. A decisão foi comunicada à empregadora, tendo sido proposto acordo pelo Ministério Público do Trabalho, por meio da assinatura de Termo de Ajustamento de Conduta, o que não foi por ela aceito. A empregadora Vilma foi notificada a comparecer em audiência para comprovar o pagamento de todas as verbas decorrentes da relação de trabalho doméstico mantida com Ana, com a devida regularização. No entanto, não houve o comparecimento da empregadora na audiência.

Durante os procedimentos de resgate, a Inspeção do Trabalho teve conhecimento da existência de residência familiar na qual a trabalhadora poderia ficar e, por escolha própria, ela foi encaminhada à casa em que morava com a irmã. A rede de assistência social foi acionada para dar suporte à trabalhadora resgatada. Também foi emitida a guia do seguro-desemprego e entregue à trabalhadora.

3. Divisão sexual do trabalho e o trabalho doméstico

Kergoat e Hirata (2007, p. 599) conceituam a divisão sexual do trabalho como a forma de divisão social do trabalho decorrente das relações sociais entre os sexos, caracterizada pela "designação prioritária dos homens à esfera produtiva e das mulheres à esfera reprodutiva e, simultaneamente, a apropriação pelos homens das funções com maior valor social". Segundo as autoras, a divisão sexual do trabalho tem dois princípios: o da separação, segundo o qual há trabalhos de homens e trabalhos de mulheres, e o princípio da hierarquização, em que o trabalho do homem tem mais valor social.

Furno (2015) destaca que, embora a divisão sexual do trabalho não tenha surgido com o capitalismo, é nesse sistema político e ideológico que as diferenças sexuais servem de instrumento para aprofundar ainda mais as desigualdades sociais. Sob esse prisma, a autora afirma que as diferenças de gêneros são responsáveis pela distinção de papeis sociais, em que a opressão de gênero é o motor propulsor da exploração de classe, tendo as mulheres condições de trabalho mais precarizadas e menores remunerações.

Furtado, Carvalho e Santos (2020) ressaltam que no capitalismo, a desvalorização da mão de obra não ocorreu da mesma maneira entre homens e mulheres, uma vez que as técnicas de poder e dominação contribuíram para a divisão sexual do trabalho e reforçaram o papel da mulher voltado para o trabalho reprodutivo. Os autores, citando Silvia Federici, pontuam que o corpo feminino era visto como uma máquina reprodutora de trabalhadores para a manutenção e fortalecimento do sistema. Invisibilizadas, essas mulheres foram exploradas tanto no chão de fábrica quanto em seus lares, gestando novos trabalhadores e se dedicando aos cuidados do lar num processo de naturalização das atividades domésticas ao gênero feminino. Segundo os autores, essa divisão sexual do trabalho contribuiu, indubitavelmente, para a ascensão e fortalecimento do sistema capitalista.

Esse processo social, que é resultante de uma forte supressão do poder feminino, instituiu um padrão de feminilidade calcado na submissão, docilidade, obediência e resiliência para se amoldar com o trabalho doméstico (FERMENTO FEMINISTA, 2019). A ideia que está por trás é que as atividades do lar são um atributo feminino e que faz parte da natureza da mulher, que muitas vezes, além de cuidar de suas casas, também cuidam dos lares de outras mulheres, que terceirizam o trabalho doméstico. Uma situação emblemática em que a liberdade de algumas implica no aprisionamento de outras (FERMENTO FEMINISTA, 2019). Silvia Federici (2019) afirma que o trabalho doméstico não só foi imposto às mulheres como foi transformado em atributo natural da personalidade feminina, uma inclinação supostamente vinda das profundezas da natureza feminina. O trabalho doméstico foi transformado em ato de amor em vez de ser reconhecido como trabalho.

A autora explica que o trabalho doméstico é naturalizado e sexualizado, na medida em que é considerado um atributo feminino, uma inclinação natural das mulheres. Assim, se certas atividades são consideradas naturais, se espera que todas as mulheres as realizem e gostem de fazê-lo. As mulheres que não se dedicam ao trabalho doméstico conseguem escapar de sua opressão, não por meio da luta, mas por meio do poder de comando, do poder de oprimir, geralmente, outras mulheres.

Nesse contexto, tem-se observado um crescente aumento de profissões de nível superior e que abarcam algumas mulheres, cerca de 10% delas se enquadram nessa categoria, conforme relatam Kergoat e Hirata (2007) ao se referirem à sociedade francesa, ao lado de um contingente de mulheres pobres e em condições precárias. No cenário nacional, estudos de Biroli e Quintela (2020) revelam que quanto maior a renda, menor o tempo em que mulheres se dedicam ao trabalho doméstico. Isso porque as mulheres de classes sociais mais privilegiadas externalizam as tarefas domésticas a outras mulheres, de menor renda e de vulnerabilidade social. Importante destacar que em 2015, de um total de 6.275.592 dos empregados domésticos, 91,7% eram mulheres, das quais 34,8% eram brancas e 65%, negras (BIROLI; QUINTELA, 2020).

Assim, as mulheres com ocupações mais valorizadas social e economicamente fazem parte de uma classe privilegiada. Mas, como bem destacam Biroli e Quintela (2020), isso não significa que elas estão em uma situação de igualdade com os homens no mercado de trabalho, mas as colocam numa relação de exploração com outras mulheres, em que classe e raça são significativas num cenário de poder e dominação.

No trabalho doméstico, a questão de gênero é bastante marcante. Quando se avalia quanto tempo homens e mulheres se dedicam às atividades domésticas, tem-se que 89,9% das mulheres se ocupam dos afazeres domésticos, enquanto 52,6% dos homens se dedicam a essas atividades. Essa média não apresenta variação relevante entre a população branca e negra (BIROLI; QUINTELA, 2020).

O trabalho doméstico remunerado tem suas raízes no passado colonial e escravagista. Na sociedade, subsiste o pensamento de que o trabalho doméstico não é trabalho, de que empregada doméstica é uma categoria distinta de trabalhador, como uma "quase cidadã", uma extensão da patroa e de suas atribuições (FURTADO; CARVALHO; SANTOS, 2020).

Dados do Diagnóstico do Trabalho Doméstico no Brasil (2022) apontam que os trabalhadores domésticos recebem em torno de 61% da remuneração média das demais ocupações, sendo o grupo com menor remuneração dentre todos os outros. Em relação às regiões da Federação, verifica-se que os empregados domésticos do Norte e do Nordeste possuem remuneração média muito inferior à dos empregados domésticos das demais regiões, cujos valores podem chegar a menos da metade.

Já o trabalhador doméstico sem registro em carteira de trabalho recebe 60,6% da remuneração do empregado doméstico que tem o registro, em termos de média nacional. Esse percentual é menor ainda nos Estados do Nordeste, que chega a 45% na Bahia, considerando apenas o rendimento médio sem levar em conta as demais vantagens advindas do registro em carteira, como FGTS, Previdência Social e outros direitos.

No que toca ao trabalho doméstico em condições análogas às de escravo, o Diagnóstico (2022) reforça que o trabalho doméstico tem suas raízes no passado escravagista. Após a abolição da escravatura, as escravizadas que trabalhavam na casa grande continuaram a executar as tarefas domésticas, não mais com a nomenclatura de escravas, mas como criadas, porém as condições de trabalho e a ausência de direitos permaneceram as mesmas.

Essa é a gênese do trabalho doméstico remunerado no Brasil que, em alguns casos, se reproduz até os dias de hoje. É comum, principalmente nos rincões do país, crianças e jovens carentes serem trazidas do interior ou da zona rural para viverem nos grandes centros por pessoas que lhes prometem melhores condições de vida e oportunidades de estudo, as quais acabam, muitas vezes, trabalhando por décadas em troca de alimentação e habitação (DIAGNÓSTICO, 2022).

Essas crianças e jovens, em retribuição ao acolhimento, devem realizar os afazeres domésticos e as tarefas de cuidado com os filhos dos donos da casa. Na verdade, o trabalho doméstico consome todo o tempo e energia dessas crianças e jovens, que acabam por trabalhar apenas em troca de habitação e de comida e não conseguem concluir os estudos ou, até mesmo, nem chegam a ter essa oportunidade. A infância lhes é subtraída e as condições a que estão submetidas podem caracterizar trabalho análogo ao de escravo. Essa situação levou à inclusão do trabalho doméstico na lista das piores formas de trabalho infantil, a lista TIP, por meio do Decreto n. 6.481, de 12 de junho de 2.008, que tornou o trabalho doméstico proibido para menores de dezoito anos de idade.

O Diagnóstico do Trabalho Doméstico (2022) buscou identificar as características do trabalho doméstico em condições análogas às de escravo, por meio de estudos dos recentes resgates de trabalhadores domésticos encontrados em tais situações. As características detectadas foram: sexo feminino, domicílio na área urbana, idade acima de 55 e/ou 60 anos de idade, pessoas sem escolaridade ou com ensino fundamental incompleto, sem carteira de trabalho assinada e residentes na moradia da família empregadora.

4. Trabalho escravo contemporâneo: Aspectos legais

O trabalho análogo ao de escravo é crime previsto no art. 149 do Código Penal, o qual tipifica a conduta de quem submete outrem a trabalhos forçados ou jornada exaustiva, quer seja sujeitando-o a condições degradantes de trabalho, quer restringindo a sua locomoção, por qualquer meio, em razão de dívidas contraídas com o empregador ou preposto. O tipo penal também descreve no § 1º outras condutas que caracterizam o crime e que têm por objetivo reter o trabalhador no local de trabalho, pelo cerceamento do uso de qualquer meio de transporte, vigilância ostensiva, apoderamento de documentos ou objetos pessoais do trabalhador.

Apesar de estar localizado no capítulo que trata dos crimes contra a liberdade, esse tipo penal busca tutelar especialmente a dignidade da pessoa humana. Jacob (2016) elucida a questão explicando que as alterações promovidas no art. 149 pela Lei n. 10.803/2003 detalharam os modos de execução do crime e alargaram a tutela jurídica, que passou a abarcar, inequivocamente, a dignidade da pessoa humana, conforme entendimento de boa parte da doutrina.

A Instrução Normativa n. 02/2021 disciplina a atuação da Auditoria-Fiscal do Trabalho no combate ao trabalho em condição análoga à de escravo. A fim de nortear a atuação dos inspetores do trabalho, o normativo define os conceitos das condutas tipificadas como trabalho em situação análoga à de escravo e elenca, em seu Anexo II, indicadores de submissão de trabalhador a essa condição.

Esses indicadores são importantes, pois há conceitos como o de condição degradante de trabalho que abrem margem para interpretações e geram celeuma no universo jurídico. Os indicadores servem para dar mais segurança jurídica, mas não se trata de um rol exaustivo, vez que a sua finalidade é orientar a conduta da fiscalização do trabalho. É a análise do caso concreto à luz dos preceitos legais e normativos que irá definir se a condição encontrada se caracteriza em trabalho análogo ao de escravo. Jacob (2016) destaca que degradante é sinônimo de humilhante, é o ato ou fato que despromove o trabalhador, retirando-o da condição de cidadão e rebaixando-o a uma condição semelhante à de escravo, por meio da privação de direitos fundamentais. Assim, situação degradante pode ser entendida como o trabalho prestado em condições subumanas, sem a observância de direitos que prescrevem condições mínimas de saúde, segurança, higiene, alimentação, moradia e trabalho, com retenção dolosa de salários, jornadas exaustivas, tratamentos cruéis e humilhantes, em flagrante afronta à dignidade da pessoa humana. Tais condições privam o trabalhador de direitos básicos, cuja fruição o distingue dos demais seres vivos.

O trabalho forçado, por sua vez, é aquele exigido sob ameaça de sanção física ou psicológica e para o qual o trabalhador não tenha se oferecido ou no qual não deseje permanecer espontaneamente, conforme disciplina o art. 24 da Instrução Normativa n. 2/2021. A Convenção n. 29 da OIT, no item 1 do art. 2 define trabalho forçado ou obrigatório como "todo trabalho ou serviço exigido de um indivíduo sob ameaça de qualquer penalidade e para o qual ele não se ofereceu de espontânea vontade".

Jacob (2016) explica que o trabalho forçado nem sempre é evidente no início de uma relação laboral, pois normalmente a arregimentação é feita sem coação ou coerção, ao menos, não de forma aparente. É durante a execução das atividades que os trabalhadores se sentem obrigados a permanecer prestando serviços ao empregador, que os constrange por meio de coação física e psicológica, em razão de supostas dívidas por eles contraídas. O trabalhador assimila essas ideias e acaba por se achar, de fato, um devedor. Ele se vê, muitas vezes, obrigado a permanecer no ciclo de servidão, porque não tem meios de sair dessa situação, em razão da sua condição de vulnerabilidade.

Quando o trabalhador não pode decidir sobre a aceitação do trabalho ou a permanência nele, há trabalho forçado. O trabalho forçado fere a dignidade humana, porque retira da pessoa o direito de fazer as suas próprias escolhas, de se autodeterminar e tomar suas decisões, que envolve o conceito de autonomia. Segundo a Organização Internacional do Trabalho-OIT, o trabalho forçado traz consigo dois elementos caracterizadores: a coação e a restrição de liberdade (Jacob, 2016).

Assim, há trabalho forçado, embora o empregador não prenda o trabalhador com correntes, pois o cerceamento da liberdade ocorre por meio da coação física e psicológica. O empregador cria condições que dificultam ou impedem que o trabalhador manifeste sua vontade. O dominador inculca na vítima a ideia de que ela é uma devedora e, para quitar a sua dívida, tem que continuar prestando seus serviços. Jacob (2016) pontua que mais do que a restrição da liberdade de locomoção, o que a lei procura proteger é o direito de autodeterminação do trabalhador de poder livremente pôr um fim à exploração.

Outra modalidade de trabalho escravo contemporâneo é a submissão do trabalhador à jornada exaustiva, que pode ser definida como toda forma de trabalho, de natureza física ou mental, que, por sua extensão ou por sua intensidade, acarrete violação de direito fundamental, notadamente relacionado à segurança, saúde, descanso e convívio familiar e social. Essa definição está expressa na Instrução Normativa n. 02/2021, que elenca os indicadores de submissão de trabalhador à jornada exaustiva, dentre outros, a supressão não eventual do descanso semanal remunerado, dos intervalos interjornadas e do gozo de férias.

A jornada exaustiva se caracteriza tanto pela extrapolação do limite estabelecido em lei quanto pela intensidade na execução do trabalho que pode exaurir as forças do trabalhador, causando-lhe prejuízos à sua saúde física e mental. A jornada exaustiva pode ocorrer de maneira forçada ou por circunstâncias que anulem a vontade da vítima (Brito Filho apud Jacob, 2016). Em um processo produtivo, é possível verificar a jornada exaustiva nas duas modalidades, tanto na duração quanto na intensidade. O modo produtivo, controlado por rígido controle de metas, por si só, já é extenuante e pode adoecer o trabalhador, o qual, para atender às exigências da produção, se dedica a extensas horas de trabalho (Jacob, 2016). É possível, no entanto, caracterizar a jornada exaustiva em uma das modalidades, na intensidade do trabalho ou na extrapolação da jornada. Tanto é assim que o item 3.7 do Anexo II da Instrução Normativa n. 2/2021 elenca como indicador de jornada exaustiva a submissão do trabalhador a atividades com sobrecarga física ou mental ou com ritmo e cadência de trabalho com potencial de causar comprometimento de sua saúde ou da sua segurança. A norma busca tutelar a saúde do trabalhador, bem como o seu direito ao lazer e ao convívio familiar e social.

A Instrução Normativa n. 2/2021 ressalta que o trabalho realizado em condição análoga à de escravidão atenta contra os direitos humanos fundamentais e à dignidade do trabalhador. O trabalho escravo constitui flagrante violação de direitos humanos, sendo ao mesmo tempo, causa e resultado de uma grave violação de direitos (PIOVESAN, 2011).

Os tratados internacionais reconhecem o trabalho escravo como uma violação aos direitos humanos. A proibição ao trabalho escravo em quaisquer de suas formas está expressa em normas internacionais de direitos humanos. A Declaração de Direitos Humanos de 1948 estabelece no art. 4 a proibição à escravidão ou servidão e no art. 23 prevê o direito ao trabalho, à liberdade de escolha e condições justas e satisfatórias de trabalho. A proibição da escravidão também está prevista no art. 8 do Pacto Internacional sobre Direitos Civis e Políticos, promulgado pelo Decreto n. 592, de 06 de julho de 1992, bem como no art. 6 da Convenção Americana de Direitos Humanos (Pacto de São José da

Costa Rica), promulgada pelo Decreto n. 678, de 06 de novembro de 1992. Na esfera de atuação da Organização Internacional do Trabalho — OIT, têm-se a Convenção n. 29, de 1930 e a Convenção n. 105, de 1957, que versam sobre a eliminação do trabalho forçado ou obrigatório em todas as suas formas. Ambas foram ratificadas pelo Estado brasileiro.

Piovesan (2011) destaca que o trabalho escravo ocorre quando há violação de direitos fundamentais, como o direito às condições justas de trabalho, livremente escolhido e aceito, assim como o direito a uma vida digna. A autora ressalta que a proibição à escravidão constitui cláusula pétrea internacional, pois se trata de direito cogente e inderrogável a que se obrigam todos os Estados-partes, o que se estende ao direito de não ser submetido à tortura. Isso porque os tratados de direitos humanos vedam a supressão ou a restrição do direito a não se escravizado em qualquer situação, ainda que diante de uma grave crise política e institucional ou de estado de guerra. Daí a dizer que a proibição ao trabalho escravo é absoluta.

A grande questão que envolve o trabalho em condições análogas à escravidão reside no fato de o trabalhador não ser visto como um sujeito de direitos. Em tais condições, o trabalhador fica subjugado à vontade arbitrária de outra pessoa, a qual se submete, muitas vezes, como meio de garantir a própria subsistência.

Barroso (2010), ao citar Kant, afirma que a dignidade tem por fundamento a autonomia. O jurista afirma que a autonomia é a manifestação da vontade livre do ser humano, como um ser consciente e responsável, capaz de decidir os rumos da própria vida e de desenvolver a sua personalidade sem imposições indevidas, de fazer as suas próprias escolhas, de acordo com os seus valores morais.

Para que exerça seu poder de decisão, o ser humano não pode estar submetido à vontade arbitrária de outra pessoa. O sujeito livre é dotado de capacidade para se posicionar diante de seus sentimentos e atitudes, por não estar submetido a poderes externos que o constranjam a sentir, a querer e a fazer alguma coisa. A liberdade não é só o poder de fazer escolhas, mas o poder de autodeterminação, de traçar os rumos de sua própria trajetória (CHAUI, 2003). Piovesan (2011) também destaca a visão kantiana de dignidade humana, na qual as pessoas devem ser consideradas como um fim em si mesmo, nunca como meio a ser usado arbitrariamente para determinado propósito. O ser humano possui um valor intrínseco, por ser um fim em si mesmo, dotado da capacidade de fazer escolhas livremente e de se autodeterminar por elas. É nesse sentido que a autonomia é a base da dignidade humana, que está intimamente ligada à ideia de liberdade, de se ter oportunidade de escolhas e poder exercer esse direito de forma plena e livre. O trabalho análogo ao de escravo, por essa razão, é a negação do direito à dignidade, à autonomia e à liberdade.

5. O Caso Ana, a expressão "como se fosse da família" e a atuação da inspeção do trabalho

No Relatório de Fiscalização consta que Ana estudou até a 5ª série do ensino fundamental no interior do Estado do Rio Grande do Norte e parou de estudar para trabalhar como doméstica na capital potiguar. Sua história se confunde com a de tantas outras trabalhadoras domésticas.

Ela trabalhou por dezessete anos como empregada doméstica até que conheceu Vilma e foi morar na residência dela para fazer todo tipo de trabalho doméstico: limpar a casa, lavar e passar as roupas, cozinhar todos os dias da semana, inclusive aos domingos. A Auditoria-Fiscal do Trabalho entendeu que Ana, durante o tempo em que conviveu e trabalhou na casa de Vilma, teve a sua liberdade cerceada, foi privada de escolher os caminhos da sua vida e as pessoas com as quais gostaria de conviver. Apesar dessa situação, Vilma dizia que a trabalhadora era "como se fosse da família".

A fiscalização do trabalho, após entrevistas, tomadas de depoimentos e inspeção do local de trabalho, concluiu que Ana era empregada doméstica, não obstante a empregadora alegar que a trabalhadora era "como se fosse da família". Desse modo, é a análise criteriosa das condições reais a que está submetida a trabalhadora que norteará a atuação da Inspeção do Trabalho. Isso porque, na seara juslaboral, vigora o princípio da primazia da realidade, em que são privilegiados os fatos sobre a forma ou a estrutura utilizada. Devem-se evidenciar realmente os fatos ocorridos na relação entre as partes (Martins, 2009). Nesse contexto, o relatório descreve detalhadamente os requisitos presentes na relação laboral: os serviços eram prestados de forma contínua, subordinada, onerosa e pessoal, com finalidade não lucrativa, os quais caracterizam uma relação de emprego doméstico, de acordo com o art. 1º da Lei Complementar n. 150/2015.

A fiscalização do trabalho constatou que o requisito continuidade da relação de emprego estava presente, pois Ana fazia todo o trabalho doméstico para a empregadora, cuidava de todas as necessidades de Vilma e a acompanhava nos compromissos externos. Esses serviços eram prestados todos os dias da semana, inclusive domingos e feriados, com descanso apenas a cada quinze dias e sem férias anuais.

O relatório destaca que o requisito subordinação se fazia presente devido ao gerenciamento das atividades exercido por Vilma, que dava ordens e instruções para a execução das tarefas, abastecia a casa com alimentos, remédios, materiais de limpeza e higiene pessoal e realizava o pagamento de salário para Ana. O elemento pessoalidade na prestação dos serviços também foi identificado pela fiscalização, que apurou a continuidade na execução do trabalho doméstico por Ana durante cinco anos, sem que houvesse a substituição dela por outra pessoa. Os inspetores concluíram que a onerosidade restou caracterizada pela contraprestação dos serviços prestados por Ana por meio de pagamento de salário, que era realizado aquém do valor mínimo estabelecido em lei. O trabalho de

Ana consistia na realização de afazeres domésticos e Vilma não realizava atividades com o intuito de lucro por meio dos serviços de Ana, o que se evidenciou a finalidade não lucrativa da prestação de serviços. Presentes todos os requisitos da relação de emprego, ficou evidente para a fiscalização do trabalho que o vínculo entre Ana e Vilma se tratava de uma relação de emprego doméstico, muito embora a empregadora dizer que Ana era “como se fosse da família”.

A fiscalização constatou que a relação de trabalho mantida entre Ana e a sua empregadora caracterizava trabalho análogo à escravidão, expondo a trabalhadora à situação de extrema vulnerabilidade pela violação de direitos fundamentais, que representa afronta à dignidade humana. O relatório descreve que a empregadora submeteu a trabalhadora doméstica Ana a trabalho forçado, jornada exaustiva e condição degradante, nos termos da Instrução Normativa-IN n. 2/2021, do Ministério do Trabalho.

Os inspetores do trabalho constataram a existência de trabalho forçado na prestação de serviços de Ana à Vilma. Eles relataram que a trabalhadora era mantida na relação laboral por meio de coação moral e psicológica, que levava a vício de consentimento da vontade quanto à liberdade de dispor da sua força de trabalho e de encerrar a relação de trabalho no momento que lhe convier, pois ela era induzida a acreditar que pertencia àquela família e, em razão disso, não podia deixar de cuidar dos afazeres domésticos e de Vilma. Esse discurso era mantido a fim de inculcar na trabalhadora a ideia de que, por ser uma pessoa da família, não precisava receber salários de acordo com a lei e outros direitos trabalhistas, como limitação de jornada, descanso semanal e férias. Ana estava presa a um sentimento de obrigação com a empregadora, como se fosse o seu dever cuidar dela, ainda que submetida a maus-tratos. Tanto é assim que ao ser regatada, os inspetores ressaltam que Ana perguntou se poderia continuar a fazer companhia à Vilma até que pudesse vir alguém para substituí-la.

Consta no Relatório de Fiscalização que, por não receber salário propriamente dito, Ana não tinha para onde ir e ficava restrita ao local de trabalho devido à sua situação de vulnerabilidade social, em razão da condição de pobreza em que vivia. À trabalhadora foi negado o direito fundamental à liberdade, intrinsecamente ligado à sua dignidade: o direito de fazer as suas próprias escolhas, de viver segundo seus princípios e valores, de se autodeterminar e a liberdade de ir e vir. A Inspeção do Trabalho concluiu que, para a privação da liberdade, foi utilizada a prisão psicológica, na medida em que Ana foi levada a acreditar que deveria ser grata à Vilma, por ter lhe acolhido no conforto da sua casa, retirando-a da situação crítica a que poderia estar submetida, o que gerou o senso de responsabilidade na trabalhadora em retribuir e cuidar da patroa e dos afazeres domésticos.

Através da apuração dos fatos, a fiscalização constatou que Ana era submetida a jornada exaustiva, pois a duração do trabalho era muito superior a oito horas diárias, ultrapassando bastante o limite de quarenta e quatro horas semanais, previsto no art. 2º da Lei Complementar n. 150/2015 e no art. 7º, XIII e parágrafo único, da Constituição

Federal. Conforme depoimento prestado aos inspetores do trabalho, Ana iniciava sua jornada às 7 h da manhã, com os trabalhos de limpeza e manutenção da casa e encerrava por volta das 22 h. À noite, dormia em um colchão disposto ao lado da cama da Vilma e permanecia em regime de prontidão.

Ana também trabalhava sem descanso semanal, apenas desfrutando o descanso a cada quinze dias. Ao longo de todo o período da prestação laboral trabalhava em feriados e só usufruiu o direito a férias em apenas uma ocasião.

A fiscalização concluiu que a jornada exaustiva expunha Ana a expediente desgastante e que colocava em risco a sua integridade física e mental, por não haver os intervalos necessários para a recuperação das suas forças. Tal condição também prejudicou o convívio familiar e social da trabalhadora, por não ter tempo disponível para o descanso e lazer, situação agravada pela ausência de recursos financeiros por não receber salário integral.

Também se constatou a sujeição à condição degradante de trabalho, que pode ser caracterizada por qualquer forma de negação da dignidade humana pela violação ao direito fundamental à saúde e à segurança do trabalhador, notadamente dispostos nas normas de segurança, higiene e saúde no trabalho, conforme conceitua o art. 24, III, da Instrução Normativa n. 2/2021. Um dos indicadores de condição degradante de trabalho elencado no referido normativo é o estabelecimento de sistemas remuneratórios que, por adotarem valores irrisórios pelo tempo de trabalho, resultem no pagamento de salário base inferior ao mínimo legal. No caso relatado, a trabalhadora Ana recebia, como contrapartida pelo trabalho, salário muito inferior ao mínimo nacional, não recebia pagamento referente a férias e nunca recebeu décimo terceiro salário.

Outro indicador é a moradia em condições inadequadas (item 2.6 do Anexo II, da IN n. 2/2021). Na situação analisada, Ana dormia num colchão no chão ao lado da cama da empregadora, sem qualquer privacidade, conforto e sem local adequado para a guarda de seus pertences, que ficavam em dentro de uma caixa no chão.

Além disso, foi constatado que a trabalhadora estava submetida a maus tratos, pois ela era constantemente ameaçada pela empregadora, que a expunha a um cenário de temor e servidão. A empregadora tinha atitudes agressivas e revestidas de crueldade, utilizando como instrumento de tortura psicológica um pedaço de pau, com o qual ameaçava Ana de forma reiterada. A conduta da empregadora foi cruel, desumana e aviltante à dignidade da trabalhadora.

O ser humano tem um valor absoluto e este é o cerne do princípio da dignidade e fundamento dos direitos humanos. Do valor intrínseco do ser humano emanam direitos fundamentais como o direito à integridade física, do qual decorre a proibição ao trabalho escravo e à tortura, e o direito à integridade psíquica e mental, que garante ao sujeito o direito de ser reconhecido como pessoa (BARROSO, 2010).

A Auditoria-Fiscal do Trabalho constatou que a trabalhadora estava submetida à condição de vida e de trabalho incompatíveis com a dignidade humana. Tal constatação levou à caracterização de trabalho análogo ao de escravo, conduta tipificada no art. 149 do Código Penal, seja pelo trabalho forçado, jornada exaustiva ou pelas condições degradantes de trabalho.

6. Considerações finais

No sistema capitalista, a divisão social do trabalho não ocorreu da mesma forma entre homens e mulheres, uma vez que reforçou a designação das mulheres à esfera reprodutiva, intimamente ligada ao trabalho doméstico e dos homens à esfera produtiva, que agrega maior valor social. A ideia que está por trás é que o trabalho doméstico faz parte da natureza da mulher, uma inclinação da psique feminina, visto como um ato de amor. Essa concepção faz com que o trabalho doméstico não seja reconhecido como trabalho, pensamento que subsiste até os dias atuais. Tanto é assim que o trabalho doméstico remunerado, majoritariamente realizado por mulheres, tem a menor remuneração dentre todos os outros e consiste, aproximadamente, em 61% da remuneração média das demais ocupações. Além disso, a informalidade é um grande problema presente nas relações de trabalho doméstico, com quase 75% dos trabalhadores sem registro, o que significa dizer que estão sem a garantia de direitos trabalhistas básicos, como salário-mínimo, férias, décimo terceiro salário, FGTS, Previdência Social, dentre outros (DIAGNÓSTICO, 2022). Esses trabalhadores ficam à margem da proteção trabalhista e vulneráveis à exploração da sua força de trabalho, pois são impelidos a se submeter a condições precárias de trabalho como forma de garantir a própria subsistência. Nesse cenário, surgem as situações de trabalho doméstico análogo à escravidão, como o caso da trabalhadora Ana. Ana foi submetida a condições degradantes de trabalho, jornadas exaustivas e trabalho forçado. Apesar de não estar presa a correntes, a trabalhadora teve a sua liberdade cerceada, na medida em que o seu poder de escolha e de decisão estavam comprometidos, pois ela foi convencida de que era "como se fosse da família" e, por esse motivo, deveria cuidar da pessoa que a acolheu e a retirou da situação de pobreza em que vivia. Essa ideia de gratidão, inculcada na trabalhadora por meio de coação moral e psicológica, gerou o senso de responsabilidade e a necessidade de retribuição, fazendo com que ela se sentisse, de fato, em dívida com a empregadora.

Em razão das extensas jornadas de trabalho, da ausência de descanso semanal, por não ter férias e não receber salário integral, a trabalhadora foi privada do lazer e do convívio social e familiar. Além disso, Ana também estava submetida a maus tratos, pois sofria agressões verbais e era constantemente ameaçada pela empregadora. A trabalhadora não tinha autonomia para pôr um fim à exploração, pois estava presa num círculo de dominação e servidão, mantido pelo discurso manipulador da empregadora.

Assim, o suposto vínculo afetivo traduzido na expressão "como se fosse da família" foi utilizado tanto para submeter a trabalhadora a condições análogas à escravidão quanto para tentar afastar a relação de emprego e a responsabilização pela conduta ilícita. Para a Inspeção do Trabalho, no entanto, é a análise da situação fática à luz das normas de proteção ao trabalho que irá determinar a existência da relação de emprego e a caracterização de trabalho análogo ao de escravo. Em razão do princípio da primazia da realidade, não tem relevância o nome que a empregadora atribua ao vínculo mantido com a trabalhadora doméstica.

A inspeção no local de trabalho, entrevistas com a trabalhadora, a dona da casa, os vizinhos, outros trabalhadores que estejam no local ou que lá trabalharam, as testemunhas, a tomada de depoimentos e documentos constituem elementos para formar a convicção do auditor-fiscal do trabalho no reconhecimento do vínculo de emprego e na caracterização de trabalho análogo à escravidão. As situações elencadas no Anexo II da Instrução Normativa n. 02/2021, apesar de ser um rol exemplificativo, são indicadores de submissão a trabalho análogo à escravidão e que norteiam a atuação da Inspeção do Trabalho.

O trabalho análogo ao de escravo é uma conduta tipificada como crime e atenta, principalmente, contra a dignidade do trabalhador, que deve ser considerado como um fim em si mesmo, dotado de um valor absoluto, intrínseco à sua natureza humana e nunca como um meio a ser usado pela vontade arbitrária de outra pessoa. A liberdade está intimamente ligada à autonomia da pessoa em poder fazer suas próprias de forma livre e se autodeterminar por elas. É nesse sentido que o trabalho análogo ao de escravo atenta contra a dignidade, à liberdade e à autonomia do trabalhador, direitos humanos fundamentais. Daí a necessidade da atuação estatal em prevenir e combater essa prática.

6 Referências

BARROSO, Luís Roberto. *A Dignidade da Pessoa Humana no Direito Constitucional Contemporâneo:* Natureza Jurídica, Conteúdos Mínimos e Critérios de Aplicação. Versão provisória para debate público. Mimeografado, dezembro de 2010. Disponível em: https://luisrobertobarroso.com.br/wp-content/uploads/2016/06/Dignidade_textobase_11dez2010.pdf. Acesso em: 14 set. 2023.

BIROLI, Flávia; QUINTELA, Débora F. Divisão sexual do trabalho, separação e hierarquização: contribuições para a análise do gênero das democracias. Aventura coletiva: a influência de Danièle Kergoat e Helena Hirata nos estudos do trabalho e na luta feminista no Brasil. *Revista de Ciências Sociais*, n. 53, p. 72-89, jun./dez. 2020. Disponível em: https://periodicos.ufpb.br/index.php/politicaetrabalho/article/view/51417/33129. Acesso em: 09. jun. 2023.

BRASIL. *Constituição da República Federativa do Brasil de 1988*. Disponível em: https://www.planalto.gov.br/ccivil_03/constituicao/constituicao.htm. Acesso em: 14 set. 2023.

______. *Decreto n. 592, de 6 de julho de 1992*. Atos Internacionais. Pacto Internacional sobre Direitos Civis e Políticos. Promulgação. Diário Oficial da União: seção 1, Brasília, DF, 07 jul. 1992. Disponível em: http://www.planalto.gov.br/ccivil_03/decreto/19901994/d0592.htm. Acesso em: 14 set. 2023.

______. *Decreto n. 6.481, de 12 de junho de 2.008. Diário Oficial da União*: seção 1, Brasília, DF, 13 jun. 2008. Disponível em: https://www.planalto.gov.br/ccivil_03/_ato20072010/2008/decreto/d6481.htm. Acesso em: 14 set. 2023.

______. *Decreto n. 678, de 6 de novembro de 1992*. Promulga a Convenção Americana sobre Direitos Humanos (Pacto de São José da Costa Rica). Diário Oficial da União: seção 1, Brasília, DF, 09 nov. 1992. Disponível em: https://www.planalto.gov.br/ccivil_03/decreto/d0678.htm. Acesso em: 14 set. 2023.

______. *Lei Complementar n. 150, de 1º de junho de 2015*. Dispõe sobre o contrato de trabalho doméstico. Diário Oficial da União: seção 1, Brasília, DF, 02 jun. 2015. Disponível em: https://www.planalto.gov.br/ccivil_03/leis/lcp/lcp150.htm. Acesso em: 14 set. 2023.

______. *Lei n. 10.803, de 11 de dezembro de 2003*. Altera o art. 149 do Código Penal. *Diário Oficial da União*: seção 1, Brasília, DF, 12 dez. 2003. Disponível em: https://www.planalto.gov.br/ccivil_03/leis/2003/l10.803.htm. Acesso em: 14 set. 2023.

CHAUI. Marilena. *Convite à Filosofia*. 13. ed. São Paulo: Ática, 2003. p. 308-309.

FEDERICI, Silvia. *O Ponto Zero da Revolução:* Trabalho Doméstico, Reprodução e Luta Feminista. São Paulo: Elefante, 2019. 388 p.

FERMENTO FEMINISTA. *Trabalho Reprodutivo:* a força motriz do capitalismo. Out. 2019. Disponível em: https://fermentofeminista.medium.com/trabalho-reprodutivo-afor%C3%A7a-motriz-do-capitalismo-da8e2e6ea5b2. Acesso em: 09 jun. 2023.

FURNO, Juliane da C. O Trabalho das Mulheres: entre a reprodução e produção social. In: VIII Colóquio Internacional Marx E Engels. *Centro de Estudos Marxistas – CEMARX, UNICAMP*, Campinas, vol. 1, n. 1, jul. 2015. Disponível em: https://www.ifch.unicamp. br/formulario_cemarx/selecao/2015/trabalhos2015/Juliane%20Fur no%209600.pdf. Acesso em: 09 jun. 2023.

FURTADO, Odair; CARVALHO, Mônica G.; SANTOS, Winnie N. Quase da família: perspectivas intersecionais do emprego doméstico. *Revista Psicologia Política*, vol. 20, n. 48, p. 355-369, 2020.

HIRATA, Helena; KERGOAT, Danièle. Novas Configurações da Divisão Sexual do Trabalho. *Cadernos de Pesquisa*, v. 37, n. 132, p. 595-609, set./dez. 2007.

JACOB, Valena. *O trabalho análogo ao de escravo uma análise jurisprudencial do crime no TRF da 1ª Região*. Belo Horizonte: RTM. 2016. 222p.

MARTINS. Sergio Pinto. *Direito do Trabalho*. 25. ed. São Paulo: Atlas. 2009. p. 63.

MELO, Hildete Pereira de; CASTILHO, Marta. Trabalho Reprodutivo no Brasil: quem faz? *Revista de Economia Contemporânea*, Rio de Janeiro, v. 13, n. 1, p. 135-158, jan./abr. 2009.

MINISTÉRIO DO TRABALHO E PREVIDÊNCIA. *Diagnóstico do Trabalho Doméstico no Brasil — Dados da PNAD-Contínua*, 2º tri. 2022 e Projeção em Modelagem Preditiva do Censo 2010 – IBGE. Brasília, DF: Ministério do Trabalho e Previdência, ago. 2022. 75 p.

______. *Instrução Normativa n. 2*. Brasília, DF: Ministério do Trabalho e Previdência, 2021.

______. Relatório de Fiscalização. Brasília, DF: Ministério do Trabalho e Previdência, 2022. 94 p.

ONU. Alto Comissariado de Direitos Humanos das Nações Unidas. *Declaração Universal dos Direitos Humanos*. 1948. Disponível em: https://www.unicef.org/brazil/declaracaouniversal-dos-direitos-humanos. Acesso em: 14 set. 2023.

PIOVESAN, Flávia. Trabalho Escravo e Degradante Como Forma de Violação aos Direitos Humanos. In: NOCCHI, A. S. P.; VELLOSO, G. N.; FAVA, M. N. (Coords.). *Trabalho Escravo Contemporâneo:* o desafio de superar a negação. 2. ed. São Paulo: LTr, 2011. p. 134-146.

PRETTI, Gleibe. *Direito Internacional do Trabalho e Convenções da OIT Ratificadas pelo Brasil.* São Paulo: Ícone, 2009. 603 p.

SEVERINO, Antonio Joaquim. *Metodologia do Trabalho Científico*. 18. ed. São Paulo: Cortez, 1992. 252 p.

A Perpetuação das Raízes Escravistas no Âmbito Doméstico, Uma Análise do Caso Maria Madalena Gordiano

Joane Jéssyca Morais Da Cruz[1]

1. Introdução

O ofício profissional do século XXI é meio de sustento pessoal e familiar, além da realização pessoal do indivíduo. Entretanto, o mercado de trabalho está cada vez mais exigente, o que justifica o motivo de muitas mulheres investirem no ensino superior ou em cursos profissionalizantes com a finalidade de conquistar um emprego e de consequentemente conquistar a tão almejada independência financeira.

No entanto, em um contexto de plena vulnerabilidade social, muitas mulheres não conseguem o acesso à profissionalização, o que as leva a aceitar cargos com salários baixos e com alta demanda de trabalho; ou, pela vulnerabilidade socioeconômica, submeter-se a empregos sem a garantia de direitos mínimos, para não perder o único meio de sobreviver, como é o caso da doméstica Maria Madalena Gordiano que viveu em condições análogas à escravidão por trinta e oito anos.

A exclusão da classe das domésticas da CLT escancara o próprio preconceito social em que este labor é visto. Somente com a Lei Complementar n. 150, de 1º de junho de 2015, houve a conquista de direitos para as trabalhadoras domésticas (BRASIL, 2015). Porém, a realidade é diversa ao que a legislação impõe, visto que as trabalhadoras domésticas ainda possuem dificuldades para ter acesso a direitos em igualdade com outros trabalhadores. O que se constata é a mera igualdade legislativa, porém, no cotidiano, o que a Lei assegura ainda não é cumprido. Embora haja profissionais que usufruem dos direitos inerentes ao referido labor, outras, como Madalena, vivenciam o paralelo entre o que a legislação assegura e o que se tem na materialização da sociedade, o problema fere diretamente a igualdade prevista no art. 5º da Constituição Federal, de 1988, (BRASIL, 1988) e os Direitos Humanos fundamentais.

---

(1) Bacharelado em Direito (CESUPA/PA).

O presente estudo divide-se em cinco tópicos, sendo o primeiro a introdução; o item dois aborda a apresentação do caso; o terceiro trata a metodologia utilizada na pesquisa; o quarto item trata da análise crítica do caso e de como a precarização e discriminação do trabalho doméstico ocorre, e de que modo a não efetivação dos direitos previstos nas leis contribui para a perpetuação da exploração dessa categoria na sociedade contemporânea. Por fim, o quinto item traz as considerações finais.

2. Apresentação do caso

O caso escolhido foi o da empregada doméstica Maria Madalena Gordiano, que foi resgatada em 2021, após trabalhar 38 anos sem receber qualquer direito trabalhista. O fato teve início quando a vítima ainda tinha 8 (oito) anos de idade, vez que batia na porta de estranhos para pedir alimentação. Até o dia em que uma senhora branca a convidou para adentrar na sua residência e a criança negra, que tinha mais sete irmãos, aceitou a proposta para ter uma refeição. A dona da casa prometeu à mãe da menina adotá-la, o que prontamente foi aceito pela mesma, ingenuamente achando que a filha teria oportunidade de vida melhor. Porém, nunca houve a adoção prometida e sequer foram cumpridas as promessas de que a criança frequentaria a escola, tudo não se passou de um engodo (SOUSA *et al.*,2021, p. 01).

Desde esse episódio, Maria Madalena exerceu a função de empregada doméstica sem qualquer direito trabalhista garantido, como remuneração ou férias. Tal caso escancara as faces da sociedade racista em pleno XXI, dentro da casa de uma família branca e de classe média em Patos de Minas-MG. A situação teve uma enorme repercussão nacional, após a empregada doméstica ter sido resgatada por auditores-fiscais do Trabalho, em decorrência de denúncia feitas por vizinhos que acompanhavam as condições precárias que ela vivenciava.

Após anos sendo explorada pela família, a empregada fora "cedida" ao filho da patroa, "tal qual os escravos eram dados aos filhos dos senhores que contraiam matrimônio" (SOUSA *et al.*, 2021, p. 5). A casa do filho Dalton Milagres Rigueira, professor universitário da faculdade de Medicina Veterinária, serviu como ambiente de continuidade das condições precárias que Maria Madalena vivenciava na casa da antiga patroa, a repetição da exploração da força de trabalho era absurda, visto que a empregada cumpria jornada laboral de mais de 12 horas diárias, sem qualquer descanso ou salário.

O resgate da doméstica foi consequência de sua própria súplica por socorro aos vizinhos, que se dava através de bilhetes que por ela eram escritos pedindo dinheiro emprestado para que pudesse comprar materiais de higiene pessoal, que não lhes era fornecido por seu empregador.

O fato chamou atenção dos vizinhos, pois estes achavam que a mulher negra que era vista trabalhando na casa da família Rigueira era uma trabalhadora doméstica e portanto, detentora de salário e direitos trabalhistas, assim, passaram a se questionar "sob qual justificativa plausível a funcionária não teria condições sequer de comprar sabonetes ou absorventes, tendo que fazer uso de bilhetinhos para pedir dinheiro emprestado?" (SOUSA *et al.*,2021, p. 5).

A trabalhadora doméstica escravizada era submetida a condições degradantes de trabalho e possuía uma jornada de trabalho que se iniciava às 2h00 da manhã e se encerrava às 22h00, sendo autorizada somente ao repouso noturno após o recolhimento dos seus patrões, tendo que se levantar ainda de madrugada para dar conta de todo o serviço doméstico. Suas condições de moradia na casa da família Rigueira eram as mais precárias possíveis, apesar da casa ser grande com mais de seis quartos, era cedido apenas um pequeno cômodo à Madalena, sem ventilação ou higiene mínima.

Enfatiza-se ainda o fato de que, aos vinte e sete anos, a trabalhadora foi obrigada a se casar com Mariano Lopes, sendo este tio de sua empregadora, um militar que serviu na Segunda Guerra Mundial e possuía uma boa remuneração. Na época, o referido senhor tinha setenta e oito anos e sua saúde era debilitada. Ambos contraíram matrimônio com o único intuito de no caso de eventual morte do esposo de Madalena, seus empregadores passariam a receber no lugar dela, a pensão por morte do militar. No entanto, era público e notório que ela nunca viveu maritalmente com Mariano Lopes.

Após o falecimento de Mariano, os empregadores de Madalena passaram a usufruir da pensão por morte deixada, sem que Madalena tivesse qualquer conhecimento do valor recebido, que chegava ao montante de oito mil reais mensais.

As violências perpetradas pela família eram tamanhas que até a comunicação de Madalena com seus vizinhos era vedada pelos patrões, a trabalhadora somente podia se relacionar e conviver com os moradores da própria residência, mas era proibida de participar dos eventos familiares ou de sentar-se à mesa com os membros da família Rigueira, fazendo suas refeições sozinha na cozinha.

Claramente inserida no ciclo da escravidão contemporânea, destaca-se ainda o crime de estelionato praticado pelo empregador, visto que o dinheiro recebido da pensão do suposto marido falecido, no valor de oito mil reais era utilizado para pagar a faculdade de medicina de uma das filhas de Dalton Rigueira, além de mais três empréstimos feitos em seu nome, sem ter qualquer conhecimento destes.

A tese da família Rigueira de que a trabalhadora era tratada como alguém da família, possuindo todas as regalias dos demais membros da família não passou de engodo, com o intuito de se esquivarem da responsabilidade trabalhista e criminal, tanto pelos direitos trabalhistas não adimplidos durante os trinta e oito anos que trabalhou para família, bem como pelo crime de submissão às condições análogas à de escravo praticados.

Salta aos olhos a perversidade e crueldade dispensada pela família durante todos esses anos de exploração, provando o quanto a escravidão ainda é presente na sociedade contemporânea, sendo maquiada das mais diversas formas através da exploração das chamadas "crias de família".

Considerando esse cenário de crueldade e de instabilidade na relação entre a família Rigueira e Madalena, a trabalhadora era proibida de usar cabelos grandes ou de possuir qualquer vaidade. Atualmente, após diligências posteriores à ação de resgate, Maria Madalena passou a ser acompanhada em redes sociais por milhares de pessoas, sendo atuante no combate à escravidão contemporânea no Brasil, afirmando em suas falas que além do fato de ter nascido de novo, após trinta e oito anos, estava de fato vivendo e se descobrindo uma mulher vaidosa, leve e sorridente.

Diante dos fatos mencionados, é visível constatar que a trabalhadora doméstica não possuía assegurado um mínimo existencial, além dos direitos trabalhistas claramente violados, os patrões não deram a Madalena condições de viver e trabalhar de forma digna.

A presente pesquisa é um estudo de caso, sendo utilizado o método dedutivo, fundamentado na pesquisa bibliográfica e documental. Iniciou-se a partir da compilação de trabalhos publicados em revistas científicas e livros especializados, visando compreender a origem da discriminação sofrida pelas trabalhadoras domésticas e de que modo o período da escravidão legalizada no Brasil até hoje influencia a forma como elas são exploradas, bem como a segregação de direitos que por décadas a categoria sofreu.

3. Análise crítica do caso

Maria Madalena Goldinho viveu trinta e oito anos sobre a posse da família Rigueira, tratada como objeto, uma pessoa que não possuía sequer a garantia do mínimo existencial. Apesar de mudar-se para a casa de uma família de classe média ainda menina, foi a única que não frequentou a escola, não possuía direito a lazer ou a descanso. O que vem a caracterizar o olhar da sociedade brasileira que vê a mulher como alguém dependente e submisso, a exploração sofrida por Madalena não lhe oportunizou chances de sequer ter uma preparação para o mercado de trabalho (SAFFIOTI, 1976).

A busca incansável desse estudo se dá através do trabalho e do gênero feminino que escancaram que a exploração laboral sofrida pela empregada doméstica negra está interligada com a existência do labor escravagista contemporâneo, tendo como vítimas muitas "Marias Madalenas" que vivenciam a exploração em um estado de silêncio político, estrutural e social, que colaboram para a plena normalização da exploração, encobrindo o problema, o que por vezes é empecilho para enfrentar, denunciar e erradicar a escravidão dos tempos modernos, que está presente na empregada explorada, sem salário, sem afeto e sem políticas sociais.

Diante do caso retratado, visualiza-se uma trabalhadora doméstica, mulher e negra que foi vítima de trabalho análogo ao de escravo, em razão do seu gênero, raça e classe social. Constata-se neste estudo que, diante dos desafios no mercado de trabalho, é a mulher negra que mais sofre na sociedade capitalista neoliberal, submetendo-se a situações degradantes de trabalho para não morrer de fome.

A perpetuação do racismo estrutural na sociedade, a exploração por vezes praticada de forma inconsciente ou até mesmo consciente dá continuidade ao passado sombrio da escravidão da qual o Brasil ainda não se libertou.

O professor universitário Dalton Rigueira, empregador de Madalena, afirmava em uma de suas entrevistas que o caso deveria ser julgado com cautela pela sociedade e pelos membros do Poder Judiciário, pois a trabalhadora doméstica era considerada um membro da família Rigueira. O racismo estrutural da sociedade brasileira é escancarado através da fala do patrão branco, que possui o único intuito de se esquivar de qualquer responsabilidade trabalhista e criminal. Visto que, apesar de Madalena ter ido morar ainda criança na casa da família, era a única que não tinha frequentado a escola e que vivia em condições insalubres na casa onde residia e trabalhava.

As mulheres negras possuem uma bibliografia histórica de luta contra a discriminação de gênero, raça e de cor. O caso da família Rigueira em explorar a doméstica negra traz à tona o problema mais antigo do Brasil: o racismo estrutural. Este problema se dá através do pensamento arraigado de que às mulheres cabe o trabalho de cuidados — do lar, dos filhos e marido, e aos homens a busca do sustento familiar no trabalho realizado fora do lar. O movimento feminista objetiva desconstruir essa ideia, mas, infelizmente é a mulher negra quem mais sofre, pois, em boa parte dos lares de família de classe média, há uma empregada doméstica negra para cuidar da casa, enquanto a patroa sai em busca de seus sonhos e da tão almejada independência financeira.

Segundo o Departamento Intersindical de Estatística e Estudos Socioeconômicos (DIEESE), a respeito do emprego doméstico, é admissível ter um perfil para as pessoas dessa profissão — considerando o recorte temporal da pesquisa, i.e., de 2004 a 2011. Ademais, grande parte destas profissionais são do sexo feminino. De um total de 6.6 milhões de trabalhadores no Brasil em 2011, 92,6% eram mulheres, da qual grande parte possuía mais de 30 anos de idade e o percentual daquelas com mais de 50 anos no desenvolvimento do trabalho doméstico cresceu de 13,7% no ano de 2004 para 21,9% no ano de 2011. Em compensação, as mais jovens de 18 a 24 anos tem diminuído sua presença, vindo de cerca de 16,8% para 9,3% no mesmo tempo (DIEESE, 2013).

No caso em análise, torna-se visível que a desigualdade de gênero é mais uma característica que dificulta a igualdade entre homens e mulheres. (Saffioti, 1976). Durante o estudo do caso, constatou-se que a escravidão doméstica contemporânea descortina a vulnerabilidade vivida por muitas mulheres negras em plena situação de miséria, que por sua vez, permite que esse tipo de exploração seja completamente relacionado com o preconceito em decorrência do gênero, cor e classe social (CHAI, 2021).

Consoante estudos realizados nas cidades da Bahia e São Paulo, é percebido que no primeiro estado, empregados com registro em carteira de trabalho, predomina a discriminação por gênero, enquanto no segundo, dos empregados sem registro, destaca-se a discriminação por raça. Entre os mais pobres, verifica-se a discriminação por gênero, não se observando a discriminação segundo a raça. Nesses dados a empregada negra sofrerá dupla discriminação, a de raça e a de gênero (CACCIAMALI, 2005).

Em paralelo, a contínua questão histórica dos negros serem social e culturalmente discriminados, as trabalhadoras domésticas são por maioria, mulheres negras. O caso "Madalena" expõe a segregação e a discriminação racial, presentes e ainda fortes no Brasil, sendo necessário que políticas públicas sejam implementadas urgentemente.

A pesquisa ainda aponta que grande parte das domésticas tem o ensino fundamental incompleto, sendo que os "empregadores" habitualmente alegam que a mulher é sempre pautada para desenvolver atividades relacionadas ao lar, ao contrário do homem. Logo, a capacitação profissional não é necessária para tal ofício — o que fortalece a desvalorização dessas trabalhadoras. Em comparação aos salários dos outros cargos ocupados no país, os das empregadas domésticas são muito menores, ganhando em média, 39% do salário dos demais trabalhadores.

A exploração de gênero da qual a mulher negra é vítima na sociedade brasileira moderna ainda tem relação com as práticas escravagistas que o Brasil vivenciou historicamente e que ainda se perpetua atualmente.

A ideia de que o labor doméstico deve ser exercido por mulheres que não concluíram os estudos também se reflete nas estatísticas anteriormente elencadas, comprovando que a desigualdade racial ainda se faz presente em nosso país, visto que a mulher negra enfrenta uma estrutura social mais desfavoráveis do que as mulheres brancas. De outro modo, não é somente o passado escravocrata o responsável pela perpetuação do racismo estrutural, mas, em especial, as desigualdades de oportunidades de ascensão social.

A discussão não é nova, referindo-se a uma situação histórica de desigualdade. A realidade de muitas mulheres negras talvez venha a ser imposta e não meramente uma escolha de vida. A trabalhadora Maria Madalena Gordiano, em seu depoimento, ressaltou que, após ter sido resgatada por auditores-fiscais do Trabalho, foi que sua vida começou. No entanto, a família Rigueira tratava a relação de exploração perpetrada com plena normalidade, sendo mais um exemplo de como grande parte da sociedade brasileira patriarcal, racista, sexista e institucionalmente violenta se comporta diante dessas situações.

Torna-se imprescindível mencionar, portanto, que a impunidade ao ato de submeter a mulher negra à condições análogos às de escravo, vem sendo grande obstáculo ao combate de tal problema, a exemplo de como o empregador de Madalena, Dalton Rigueira, se posicionou em não admitir como errada, ilegal e desumana a forma como a trabalhadora era explorada, não se vendo como um violador de direitos trabalhistas e humanos.

O Brasil é um país com grandes dimensões geográficas, sendo um grande obstáculo, visto que torna dificultoso o trabalho da fiscalização do Ministério do Trabalho e Emprego, em especial nos casos de denúncia envolvendo o trabalho escravo contemporâneo de trabalhadoras domésticas, tendo em vista que o local da prestação de serviço é dentro das residências privadas.

O papel que a sociedade tem em combater esse crime por meio de denúncias é imprescindível; porém, o pensamento que normaliza a exploração da doméstica ainda é uma grande barreira social. Maria Madalena foi resgatada em decorrência da denúncia de seus vizinhos, após o ato de pedir dinheiro emprestado através de bilhetinhos, visto que não tinha liberdade para conversar com ninguém. A precariedade de suas condições de vida chamou atenção da comunidade, que estranhou a empregada não ter sequer materiais de higiene pessoal.

A sociedade brasileira tem grandes heranças de comportamentos escravocratas, mas a mudança de olhar diante desse caso foi primordial para a libertação da trabalhadora doméstica em questão.

O contexto do século XXI evidencia desigualdades históricas raciais e sócio classistas. É uma luta entre a necessidade de sobrevivência e a diferença de oportunidades entre as classes sociais. No Brasil, as melhores escolas e faculdades são frequentadas pelos filhos da elite brasileira, diferentemente da cria do proletariado, cursista de liceus com grandes deficiências estruturais, tanto físicas quanto pedagógicas. A consequência desse mundo repleto de extremo é a evasão escolar nas periferias, e o resultado disso tudo é a mão de obra desqualificada de jovens que que se tornam mulheres e que se submetem a situações precárias de trabalho.

Nota-se que, no caso concreto escolhido para este trabalho de conclusão de curso de Especialização, a trabalhadora doméstica cuidava dos afazeres do lar enquanto a sua patroa Sonia Rigueira estava desenvolvendo afazeres para si, a filha da sua empregadora teve oportunidade de frequentar uma universidade e consequentemente conseguiu tudo isso com a ajuda da trabalhadora doméstica explorada em seu lar, que cuidava da roupa, limpeza e comida sem qualquer remuneração. Como se a oportunidade de se aperfeiçoar intelectualmente e obter independência financeira não fosse possível para a mulher negra. Reafirmando a sociedade patriarcal e neoliberal que aprisiona o corpo feminino negro como se não tivesse qualquer valor.

Os governos da extrema direita pelo mundo defendem a pauta neoliberal, a exemplo do recente governo brasileiro de Jair Messias Bolsonaro que além de ter reduzido as políticas públicas de transferências de renda para os hipossuficientes, menosprezou a pandemia da Covid-19, registrando milhões de óbitos no país, além de índices alarmantes de desemprego, o que proporcionou a impossibilidade de aderência das domésticas à quarentena.

Essas trabalhadoras, todos os dias deixavam seus lares como uma "válvula de sobrevivência" para não perder a única fonte de renda, tendo que escolher se contaminarem ou perderem seus empregos. Assim, governos de extrema direita possuem uma característica neoliberal que consiste em distinguir o valor entre vidas, ao gerenciar políticas na forma de "fazer viver" alguns e "deixar morrer" ou mesmo "fazer morrer" outros, sendo ou por meio da exposição ao vírus ou pela falta de assistência social (DELUCHEY, 2019).

Madalena não teve chance de acesso à instrução, tampouco de desenvolver-se intelectualmente, em razão da sobrecarga das atividades do lar; não teve sequer oportunidade de formar uma família, ter filhos, sendo-lhe negado ainda o direito de convivência social.

É notório, na situação estudada, que as chances não foram igualitárias, sendo perceptível a discrepância do valor dos corpos entre as mulheres brancas da casa e Madalena. Gonzales (2018) afirma que para as mulheres brancas as oportunidades são maiores em relação às negras.

As atividades profissionais exigem um grau de escolaridade, que grande parte das vezes não faz parte do currículo das mulheres negras, isso em razão das diferenças de oportunidades no decorrer de suas vidas. Além disso, muitos outros motivos são criados no sentido de reforço dessa desigualdade: o contato com o público requer 'educação' e 'boa aparência'" (GONZALEZ, 2018, p. 44). Tais exigências recorrentemente excluem as mulheres negras dos processos de seleção. Afinal, quando as ofertas de emprego são anunciadas, sempre se ressalta expressões como "boa aparência", "ótima aparência", o que significa implicitamente que candidatas negras não deveriam se apresentar para aquelas vagas (Gonzalez, 2018).

Ademais, o local de trabalho das empregadas domésticas são residências privadas, o que dificulta a fiscalização do Ministério do Trabalho, como já retratado. O medo de denunciar patrões que não respeitam direitos domésticos básicos é rotineiro. O pavor da dispensa imotivada e a possível interrupção da única fonte de renda das trabalhadoras domésticas as intimidam a denunciar.

Adentrar na realidade do labor doméstico é "tocar em uma ferida" aparentemente incurável e infindável, caracterizada por uma precarização histórica, desrespeito e descaso para com essas trabalhadoras. Mesmo com a existência dos direitos trabalhistas concernente às domésticas, a ausência de fiscalização por parte do Ministério Público do Trabalho (MPT) faz com que a precarização deste ofício seja reiterada.

Muitas trabalhadoras domésticas são oriundas do interior das grandes capitais. Elas se mudam para as casas dos seus patrões com a enganosa proposta de continuidade ao estudo. Entretanto, quando chegam, a realidade é totalmente adversa, sendo obrigadas a cuidarem da casa e das crianças; vivenciando situações desumanas como, por exemplo, dormir no chão, alimentação precária (muitas vezes sendo alimentadas com restos de refeições) e tratamento desrespeitoso pelos empregadores e familiares. Em casos mais delicados, há relatos de violência sexual praticado pelos homens da casa, quando não por parentes e amigos destes.

Segundo relatos coletados, as trabalhadoras domésticas afirmam terem vivenciado os piores anos de suas vidas por causa desse desrespeito, precarização, ameaças e serem constantemente sinalizadas por seus patrões como pessoas indignas de direitos e de respeito. As remunerações são as piores possíveis, sob a alegação de que a moradia e a alimentação oferecida compensam o salário (CANAL PRETO, 2019).

No caso de Madalena Goldinho, os empregadores achavam que, pelo fato da doméstica ter um local para dormir, mesmo que insalubre, e um prato de comida, isso por si bastava para pagar todo o serviço prestado à família. Visto que a menina pobre de oito anos de idade foi recebida pela família Rigueira, o que consideravam um grande ato de caridade, apesar de nunca fornecerem condições mínimas existenciais. O problema aqui exposto serve para se demonstrar como existe hierarquia entre as pessoas por suas condições sociais e raciais, segundo o doutrinador Quijano, é presente o olho de superioridade da família branca e de inferioridade da trabalhadora Madalena (QUIJANO, 2014).

A ideia de ter uma trabalhadora doméstica faz parte de um errôneo imaginário acerca do *status* social, fundamentado sobre poder aquisitivo, que determina quem pode mais e quem pode *menos*, e a hierarquia por este determinada. Não é incomum presenciar cenas dentro de clubes de mulheres brancas aos domingos tomando sol, enquanto as trabalhadoras domésticas negra, pobres e periféricas ninam a cria da patroa branca, ao invés de lograr descanso.

A condenação da família Rigueira foi importante, visto que a proporção que o caso tomou chamou atenção da sociedade como um todo, mas o problema não é somente punir as ações ilegais, é indispensável esforço comunitário que vise erradicar o trabalho escravo contemporâneo na sociedade, visto que as condições sociais em que muitas crianças e mulheres negras se encontram as tornam duplamente vulneráveis, visto que Madalena foi uma criança pobre, que passava necessidade e a única saída para sobreviver foi ser explorada na casa da família de classe média em Patos de Minas-MG.

Enquanto não houver políticas que visem de fato igualar as oportunidades entre mulheres brancas e negras, a escravidão contemporânea será sempre presente neste tipo de atividade laboral, sendo possível a comparação de que no passado era a senzala onde os escravos negros dormiam e hoje é o quartinho do fundo da casa, sem nenhuma condição de habitabilidade que se encontram as trabalhadoras doméstica submetidas à condição análoga a de escravo.

As políticas emancipatórias de trabalhadores escravizados requerem atos amplos e distintos, intersetoriais e transdisciplinares, que precisam da colaboração dos setores públicos e privados, visando romper ciclos que normalizam a escravidão (MORAIS e CHAI, 2020).

4. Considerações finais

O emprego doméstico possui origem escravocrata, pois após a abolição do trabalho escravo no Brasil, a servidão de mulheres negras e pobres exercendo o serviço doméstico para o empregador em tempo integral passou a acontecer sem nenhuma proteção legislativa, cenário esse somente modificado em 2015, onde as trabalhadoras domésticas conquistaram proteção legislativa através da Lei Complementar n. 150/2015, que ficou conhecida como PEC das domésticas. As regras do trabalho doméstico sempre eram estabelecidas unilateralmente pelo patrão, tendo como justificativa a discriminação racial e o menosprezo para com a classe social considerada inferior, o que afetou não somente a relação laboral, mas todo o contexto social em que essa categoria estava inserida (CRUZ *et al.*, 2021).

O Brasil, ainda assim, continua sendo o país onde a norma não é cumprida pelos empregadores domésticos, devido à grande fragilidade financeira e social que a maioria das empregadas domésticas estão submetidas, somando à necessidade de subsistência, que aprisiona muitas a se submeterem a condições insalubres de trabalho, como o caso de Maria Madalena, que renunciou diversos direitos trabalhistas, como carteira assinada, jornada de trabalho sem pagamento de hora extra, férias, entre outros.

O trabalho doméstico no país ainda é visto como inferior aos demais empregos, o que chama atenção a necessidade de se compreender o porquê, mesmo frente a uma legislação que assegura direitos sociais do trabalho a essa classe, a maior parte de empregadas domésticas ainda exerce seu ofício sem qualquer garantia de seus direitos mínimos, contribuindo para a continuidade da escravidão contemporânea que se une a impunidade aos empregadores infratores.

O estudo sobre o caso se consolidou ao fato de que a sociedade herdou as heranças do patriarcado racista da história do Brasil, o fim da história mal resolvida da escravidão do país que foi o último a libertar seus escravos, não assegurou a liberação plena da mulher negra e duplamente vulnerável, o que ajuda na perpetuação de atos escravistas com nova realidade. É indispensável o pensamento crítico e feminista que deve envolver pesquisadores, sociedade, instituições públicas e privados, que necessitam contribuir, através de políticas e metas organizacionais, de formas de prevenir, erradicar e punir os crimes de exploração escravocrata no território brasileiro. A participação da sociedade é indispensável, seja através das denúncias ou para dar visibilidade a mulher negra agredida por sua condição de gênero e raça (MORAIS e CHAI, 2020).

Referências

ABDALLA, M. M.; FARIA, A. Em Defesa da Opção Decolonial em Administração/Gestão. *Cadernos EBAPE.BR*, v. 15, n. 4, p. 914-929, 2017.

CRUZ, J. J. M. da; ALMEIDA, T. N.; FERREIRA, V. R. (2021). Trabalho doméstico e proteção legislativa: realidade paralela e precarização laboral. *Brazilian Journal of Development*, 7(5), 53.081–53.096, 2021. Disponível em: https://ojs.brazilianjournals.com.br/ojs/index.php/BRJD/article/view/30463. Acesso em: 09 jun. 2023.

BRASIL. [Constituição (1988)]. *Constituição da República Federativa do Brasil de 1988*. Brasília, DF: Presidência da República, [2020]. Disponível em: https://www.planalto.gov.br/ccivil_03/constituicao/constituicao.htm. Acesso em: 11 set. 2023.

______. *Lei Complementar n. 150, de 1º de junho de 2015*. Dispõe sobre o contrato de trabalho doméstico; altera as Leis ns. 8.212, de 24 de julho de 1991, 8.213, de 24 de julho de 1991, e 11.196, de 21 de novembro de 2005; revoga o inciso I do art. 3º da Lei n. 8.009, de 29 de março de 1990, o art. 36 da Lei n. 8.213, de 24 de julho de 1991, a Lei n. 5.859, de 11 de dezembro de 1972, e o inciso VII do art. 12 da Lei n. 9.250, de 26 de dezembro 1995; e dá outras providências. Disponível em: https://www.planalto.gov.br/ccivil_03/leis/lcp/lcp150.htm. Acesso em: 11 set. 2023.

CACCIAMALI, Maria Cristina; HIRATA, Guilherme Issamu. A influência da raça e do gênero nas oportunidades de obtenção de renda: uma análise da discriminação em mercados de trabalho distintos: Bahia e São Paulo. *Estudos Econômicos*, v. 35, n. 4, p. 767-795, 2005. Disponível em: https://repositorio.usp.br/directbitstream/23fbc722-bb0f-4cd1-a5004907ea29296b/1483387.pdf. Acesso em: 11 set. 2023.

CANAL PRETO. A luta pelos direitos das domésticas. *Youtube*, 23 abr. 2019. Disponível em: https://www.youtube.com/watch?v=lBtofqXoRsI. Acesso em: 09 jun. 2023.

CHAI C. H. Violência de gênero, determinantes sociais e direito. In: CALDAS, J. M. P. ; TOPA, J. B. Topa; RODRÍGUEZ-CASTRO, Y. (Orgs.). *Violência de Género e Seus Determinantes Sociais:* teorias & prática. Lisboa, Portugal: Letras Ímpares, 2021.

DEPARTAMENTO INTERSINDICAL DE ESTATÍSTICA E ESTUDOS SOCIOECONÔMICOS. O emprego doméstico no Brasil. N. 68, ago. 2013. Disponível em: https://www.dieese.org.br/estudosetorial/2013/estPesq68empregoDomestico.pdf. Acesso em: 28 set. 2012.

DELGADO, Mauricio Godinho. *Curso de Direito do Trabalho*. 11. ed. São Paulo: LTr, 2012.

DELUCHEY, Jean-François Y. *Biopolítica e Morte no Brasil:* O Extermínio da juventude negra (ultra)periférica na Amazônia. Belém: Universidade Federal do Pará e Gerda Henkel Stiftung, 2019.

FONSECA, J. J. S. *Metodologia da pesquisa científica*. Fortaleza: UEC, 2002. Apostila.

GONZALEZ, Lélia. "Mulher negra". In: NASCIMENTO, Elisa Larkin (Org.). *Guerreiras de natureza:* mulher negra, religiosidade e ambiente São Paulo: Selo Negro, 2008. p. 29-47.

MEIRELES, Edilton. *Tema de direito e processo do trabalho*. Belo Horizonte: leditathi, 1997.

QUIJANO, Aníbal. Colonialidade e modernidade/racionali-dade. Trad. Wanderson Flor do Nascimento. In: BONILLO, Heraclio (Comp.). *Los conquistados*. Bogotá: Tercer Mundo; FLACSO, 1992. p. 437-449.

SOUSA, Rosânia Rodrigues de; OLIVEIRA, Beatrice Correa de; SARAIVA, Ágnez de Lélis Saraiva; COSTA, Bruno Lazzarotti Diniz. *A igualdade terá o rosto da mulher*. Porto Alegre: Editora da UFRGS/CEGOV, 2021. (CEGOV Transformando a Administração Pública). Disponível em: https://lume.ufrgs.br/bitstream/handle/10183/230270/001130802.pdf?sequence=1&isAllowed=y. Acesso em: 11 set. 2023.

UNESCO. *Declaração Universal dos Direitos Humanos*. Brasília, 1998. Disponível em: https://ead.stf.jus.br/cursos/controleconstitucionalidade/files/aula3/declaracao_universal_direitos_humanos.pdf. Acesso em: 11 set. 2023.

O Trabalho Escravo Doméstico Contemporâneo em Perspectiva Interseccional

Fabio Furtado Santos[1]

1. Relato de uma batalhadora

Meu nome é Joaquina Furtado dos Santos, sou mulher, de cor preta, estudei até a 4ª (quarta série) do ensino fundamental (regular), tenho 03 (três) filhos — sendo duas mulheres e um homem, nasci e cresci no interior, sempre desenvolvendo atividades na roça, com plantio e cultivo de mandiocas para fazer e vender farinha, quando me mudei para Belém/PA tinha 33 anos de idade, hoje já resido novamente em uma comunidade quilombola, onde residi grande parte da minha vida.

Pois bem, ao longo dos anos em que morei em Belém/PA tive 07 empregos, todos como doméstica, sendo apenas um destes com carteira assinada, no qual trabalhei quando tinha 43 anos de idade. Neste emprego, trabalhei ao longo de 03 anos, porém o tempo registrado em minha Carteira de Trabalho e Previdência Social (CTPS) foi de apenas 04 (quatro) meses.

Acerca deste local de trabalho — era uma casa de um andar (altos e baixos), com 06 (seis) quartos, sendo 03 (três) no andar superior e 03 (três) no térreo, dois banheiros, sala e cozinha; o imóvel era residido por quatro pessoas; meu horário de entrada e saída era das 07:00hs às 18:00hs de segunda a sábado, não registrava jornada, almoçava com eles, porem nunca registrei horário de almoço, não tinha intervalo para descanso após o almoço; nunca recebi horas extras, intervalo intrajornada, 13º salário, tampouco férias, assim como nunca gozei destas; quando da minha demissão não recebi FGTS, Seguro Desemprego, sobre o que seriam minhas verbas rescisórias, recebi apenas o proporcional ao que estava computado em minha CTPS, ou seja, o proporcional a 04 meses de verbas rescisórias.

---

(1) Advogado. Auditor Pleno do Tribunal de Justiça Desportiva do Pará — TJDPA. Auditor da 2ª Comissão TJD de Futsal do Pará. Graduado em Direito pela Universidade Federal do Pará. Pós-Graduado em Direito Processual: Civil, Constitucional, Penal e Trabalhista pela Universidade da Amazônia.

Ao término desta relação de trabalho, eu não tinha conhecimento se minhas verbas e meus direitos estavam corretamente obedecidos, não tinha conhecimento de nenhum advogado ou defensor público, tampouco de onde ou em qual órgão ir para tomar conhecimento da observância ou não destes direitos.

2. Aspectos iniciais e norteadores

O trabalho escravo no Brasil teve seu marco de abolição em 13 de maio de 1888 com a assinatura da chamada Lei Aurea pela Princesa Isabel. Essa abolição foi resultado de uma longa e intensa luta realizada pelo movimento abolicionista, e mesmo após o "sucesso" com a Lei, diversos empregadores/senhores/fazendeiros mantiveram-se escravizando pessoas e de alguma forma criando (burlando) mecanismos de tornar legal escravização de seus empregados.

Este cenário de abolição da escravidão e promulgação de leis com intento de extirpar tal forma de trabalho, nada mais é que o início e avanço do capitalismo, que mais tarde dá sua vez ao chamado neoliberalismo, para o atual Ministro dos Direitos Humanos e professor Silvio Almeida o neoliberalismo surge com o Colóquio de Walter Limppmann no ano de 1938 em Paris, o neoliberalismo tem como é a ideia principal o livre mercado com a intervenção mínima do estado, raízes do liberalismo clássico. Só que no neoliberalismo essa ideia de não mostrar o Estado, mas intervir, e essa intervenção aqui é geral, de modo que intervenção de mercado precisa está inserida em todos os seios sociais, em todas as relações sociais. Com isso, o Estado/soberano tem como metas/objetivo a criação de mecanismos legais para criar formas de trabalho com velhas práticas escravistas, como o estado se manter controlando, o mercado de trabalho e as relações sociais.

Nesse contexto, o presente trabalho tem como eixo de abordagem a 'relação de trabalho doméstico', em que se pauta numa metodologia qualitativa, baseada em um estudo de caso, feito de forma estruturada.

Sob uma simples análise dos "números" do trabalho doméstico no Brasil, é possível notar que tal forma de trabalho tem forte raiz e traços da escravidão colonial, senão vejamos: em tal serviço são 6,2 milhões de pessoas, sendo que 92% são mulheres e, entre elas, 68% são negras, segundo dados da Pesquisa Nacional por Amostra Domiciliar (PNAD) de 2018, do IBGE. Além disso o trabalho doméstico é uma das formas de serviços com os mais baixos índices de remuneração do brasil, absurdamente tem como média de salário abaixo da metade do salário médio no mercado de trabalho, importante, também observar o quadro escolaridade a seguir:

TABELA 2
Distribuição e variação (%) da participação das trabalhadoras domésticas por escolaridade - Brasil, 2013 a 2022 (4° trimestre de cada ano)

Escolaridade	2013	2015	2017	2019	2021	2022	Variação 2022/2013
Sem instrução	4,5	4,4	3,5	2,8	3,4	3,3	-1,20
Fundamental incompleto ou equivalente	51,9	49,3	45,5	44,5	39,2	38,2	-13,70
Fundamental completo ou equivalente	16,8	15,5	14,1	12,9	13,5	12,4	-4,40
Médio incompleto ou equivalente	6,7	7,4	8,0	8,3	8,4	9,6	2,90
Médio completo ou equivalente	19,3	22,1	26,6	28,8	32,0	32,9	13,60
Superior incompleto ou equivalente	(1)	0,8	1,2	1,4	1,6	1,5	1,50
Superior completo	(1)	0,6	1,1	1,3	1,9	2,0	2,00

Fonte: IBGE. Pesquisa Nacional por Amostra de Domicílios Contínua
Elaboração: DIEESE
Nota: (1) A amostra não comporta a desagregação para esta categoria

Temos um índice altíssimo de: **mulheres, negras** e com **baixa escolaridade**, no trabalho doméstico, traços históricos desta atividade para com a escravidão, em que tais atividades eram maciçamente desempenhadas por mulheres negras.

Por tudo, o presente artigo visa a necessidade de se escancarar o trabalho doméstico e todas as suas facetas (realizado por mulher, preta, pobre e semialfabetizada), bem como, visibilizar as pessoas que estão realizando estas atividades, vítimas da manipulação estatal do neoliberalismo, sendo necessário um avanço jurídico legislativo, em especial no tocante a valorizar a mão de obra doméstica, e buscar extinguir todas as formas de serviços domésticos com caraterísticas mínimas de traços escravistas e/ou de formas de escravidão contemporânea.

3. Aspectos históricos legais do trabalho doméstico

O "relato de uma batalhadora" feito acima mostra-se ao leitor como se estivesse tratando de uma relação de emprego dos séculos XIX e XX, quando ainda estávamos saindo da escravidão, não obstante, está-se tratando de uma relação deste século. Num segundo momento quando se fala de uma relação deste século, pensa-se que se trata de uma relação de emprego com uma série de direitos que não foram pagos ou assegurados aquela empregada doméstica, mais precisamente no seguinte trecho do relato:

> (...) nunca recebi horas extras, intervalo intrajornada, 13º salário, tampouco férias, assim como nunca gozei destas; quando da minha demissão não recebi FGTS, Seguro Desemprego (...).

Aqui trazemos a informação que se trata de uma relação de emprego do ano de 2010, veja-se o registro da citada relação:

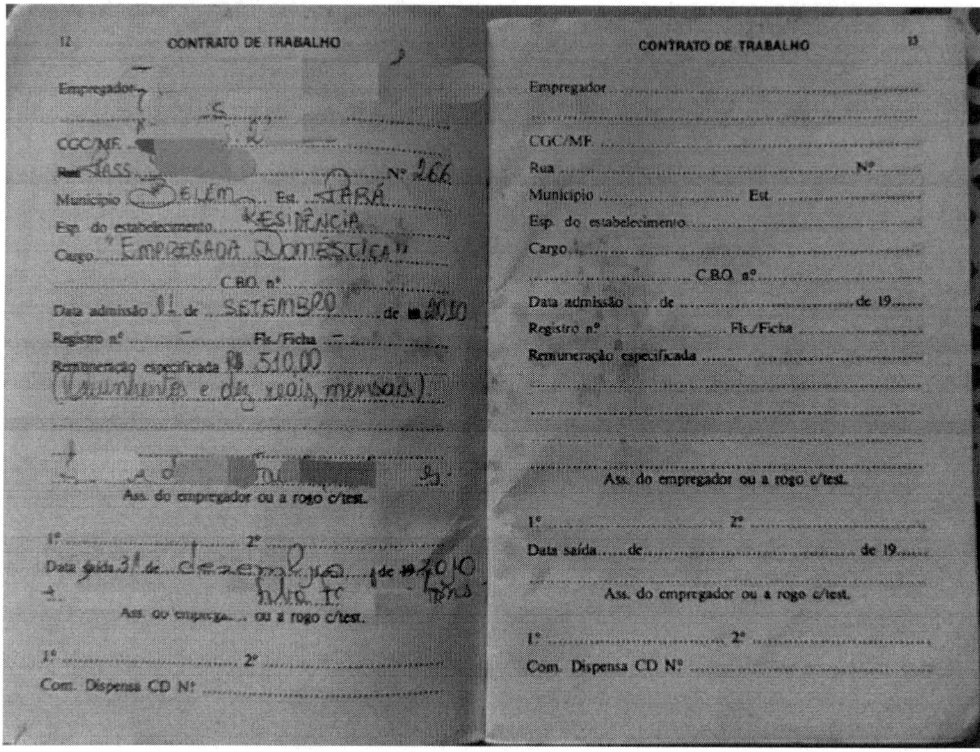
12 CONTRATO DE TRABALHO

Empregador

CGC/MF

Rua N° 266

Município BELÉM Est. PARÁ

Esp. do estabelecimento RESIDÊNCIA

Cargo "EMPREGADA DOMÉSTICA"

C.B.O. n°

Data admissão 01 de SETEMBRO de 2010

Registro n° Fls./Ficha

Remuneração especificada R$ 510,00 (Quinhentos e dez reais, mensais)

Ass. do empregador ou a rogo c/test.

1° 2°

Data saída 31 de dezembro de 2010

Ass. do empregador ou a rogo c/test.

1° 2°

Com. Dispensa CD N°

CONTRATO DE TRABALHO 13

Empregador

CGC/MF

Rua N°

Município Est.

Esp. do estabelecimento

Cargo

C.B.O. n°

Data admissão de de 19

Registro n° Fls./Ficha

Remuneração especificada

Ass. do empregador ou a rogo c/test.

1° 2°

Data saída de de 19

Ass. do empregador ou a rogo c/test.

1° 2°

Com. Dispensa CD N°

Embora não muito distante, em tal ano (2010) os direitos, ou a regulamentação destes ao(a) empregado(a) doméstico(a), ainda eram muito piores que hoje, treze anos depois. A relação de trabalho doméstica é tão enrustida de características de continuidade de uma das práticas das relações escravistas, que no contexto histórico deixou, inclusive de ter previsão (proteção) na CLT, vejamos:

> Art. 7º Os preceitos constantes da presente Consolidação salvo quando fôr em cada caso, expressamente determinado em contrário, não se aplicam: aos empregados domésticos, assim considerados, de um modo geral, os que prestam serviços de natureza não econômica à pessoa ou à família, no âmbito residencial destas.

Tal disposição ainda segue vigente na CLT. Não obstante, com o advento da Lei n. 5.859, de 11 de dezembro de 1972, regulada por meio do Decreto n. 71.885, de 9 de março de 1973, a relação de trabalho doméstico veio a ter sua primeira e própria regulamentação, sendo ali assegurado os seguintes direitos: registro do contrato na CTPS, inscrição na Previdência Social como segurado obrigatório (inicialmente sem previsão de garantia ao Seguro Desemprego) e férias remuneradas de 20 dias úteis após 12 meses de trabalho, estas sem acréscimo de um terço.

Ao passo seguinte, ou melhor a longo passo, quando da promulgação da Constituição Federal de 1988, embora considerada a Constituição Cidadã e sendo a primeira seguida ao período de ditadura militar, não foi muito diferente da CLT, eis que o art. 7º, mais precisamente os incisos deste — da Constituição Cidadã reservou-se a tratar dos direitos dos trabalhadores urbanos e rurais, e no parágrafo único do dispositivo mais novamente os a relação de trabalho doméstico foi tratada de forma distinta, na verdade deixada de fora em diversos direitos concedidos as demais categorias de trabalhadores.

Para se ter uma ideia maior desta exclusão até então o trabalhador doméstico seguia sem ter direito ao Fundo de garantia do Tempo de Serviço (FGTS), somente em 2001 com o advento da Lei n. 10.208, de 23 de março de 2001, foi acrescentado aquela citada Lei n. 5.859/1972 a "faculdade" de inserir o trabalhador doméstico FGTS, e também, o acesso ao seguro-desemprego, este condicionado a um período mínimo de trabalho de 15 meses nos últimos 24 meses, e sem ter sido demitido por justa causa ou a pedido.

No caso relatado ao presente artigo, a doméstica[2] não recebeu o FGTS, mesmo preenchendo os requisitos, este se quer foram recolhidos, pois como destacado acima, tratava-se de um "direito" facultativo, em outras palavras da boa vontade do empregador. Não muito, diferente foi o Seguro Desemprego, não obstante, este não seria concedido a doméstica, senão por meio de uma ação judicial de reclamação trabalhista, pois como visto a empregada embora tenha trabalhado por 03 (três) anos, teve em CTPS o registro de apenas 04 (quatro) meses e, assim, não preencheria o requisito de tempo mínimo trabalhado.

Pois bem, note que a passos lentos, o empregado doméstico vai sendo direto do estado puro de escravidão e começando a ser colocado a luz de direitos, ainda que exíguo. Assim, em abril de 2010, por meio do Deputado Carlos Bezerra — da sigla PMDB/MT, foi proposta PEC n. 478/2010 visando a revogação do parágrafo único do art. 7º da Constituição Federal, acima destacada, para assim, estabelecer a igualdade de direitos trabalhistas entre os empregados domésticos e os demais trabalhadores urbanos e rurais.

Esta Proposta teve longa duração e discussão nas duas casas do Congresso Nacional, sendo transformado na Emenda Constitucional n. 72, somente em 2013, o que ficou conhecida como a PEC das Domésticas, publicada no *Diário Oficial da União* em 03.04.2013, página 06, Coluna 01. Tal PEC somente veio a ser regulamentada dois anos depois, ou seja, em 2015. Com isso, a redação atual do parágrafo único do dispositivo é a seguinte:

> Parágrafo único. São assegurados à categoria dos trabalhadores domésticos os direitos previstos nos incisos IV, VI, VII, VIII, X, XIII, XV, XVI, XVII, XVIII, XIX, XXI, XXII, XXIV, XXVI, XXX, XXXI e XXXIII e, atendidas as condições estabelecidas em lei e observada a simplificação

(2) Assim como o "trabalhador", o uso do substantivo no gênero feminino, faz-se em razão do elo para com o caso relatado advir de uma pessoa do sexo feminino, de uma doméstica.

> do cumprimento das obrigações tributárias, principais e acessórias, decorrentes da relação de trabalho e suas peculiaridades, os previstos nos incisos I, II, III, IX, XII, XXV e XXVIII, bem como a sua integração à previdência social.

Assim, finalmente, sequente a transformação da PEC em Emenda Constitucional, tivemos a sanção da Lei Complementar n. 150 de 01 de junho de 2015, lei responsável por regulamentar o trabalho doméstico, conhecida como a "Lei das Domésticas".

No seio desta conotação dada a lei, já se tem um grande problema a nortear o presente trabalho — por que Lei "das domésticas"? Por que não lei dos trabalhadores domésticos?

4. Interseccionalidade e o enraizamento da escravidão

Para se ter um norte maior deste capítulo, que vem a abordar mais precisamente o problema do presente artigo, faz-se necessário traçarmos um elo para com o capítulo anterior é dizer que no período da escravidão "lícita", tínhamos vários escravos que realizavam suas atividades domesticas na casa de "seus senhores". Comparados aos escravos que realizavam serviços fora do lar, aqueles tinham uma condição de escravidão "melhor" e por ficarem no lar do "patrão" tinham uma relação a confiança e uma certa "proximidade com estes, daí alguns empregadores hoje em dia, tentarem justificar a ausência de serviço doméstico dizendo que o trabalhador é "quase da família". Esses escravos exerciam atividades e funções de "governantas, amas de criação, amas de leite, cozinheiras, copeiras, mucamas, lavadeiras e engomadeiras". Nesse período, as criadas poderiam também servir de "escravas alugas", exercendo suas funções em casa de outros senhores (COTA, 2016).

Observe que o substantivo é colocado sempre no "feminino", assim como foi a lei (150/2015) que assegurou direitos dita "das domésticas. Nota-se com isso, que a o exercício do trabalho doméstico, desde o período colonial era maciçamente desempenhado por mulheres e em razão do Brasil ser um país, cuja escravidão vem de importação de mão de obra africana e mão de obra indígena, tem-se um predomínio de mão de obra doméstica realizado por pessoas do sexo feminino e de cor preta. Não podemos esquecer do relato condutor a autodescrição da relatora que assim disse: "sou **mulher**, de cor **preta**, estudei até a 4ª (quarta série) do ensino fundamental (regular), tenho 03 (três) filhos".

Assim, parece-nos que muita coisa não mudou, para isso precisamos analisar dados estáticos. Atualmente temos em tal serviço são 6,2 milhões de pessoas, sendo que 92% são mulheres e, entre elas, 68% são negras, segundo dados da Pesquisa Nacional por Amostra Domiciliar (PNAD) de 2018, do IBGE. Já no ano de 2010, quando da relação de trabalho no caso aqui em comento tínhamos 7,2 milhões de empregados domésticos, sendo 6,7 milhões de mulheres e 504 mil homens, e o Brasil sendo considerado o país de maior população de empregados domésticos do mundo em números absolutos, segundo estudo pela Organização Internacional do Trabalho (OIT). Ainda sobre esses dados de 2010, segundo o DIEESE, dessas mulheres 81% eram negras, neste percentual temos a relatora.

Esses números além de alarmantes e assombrosos, com clara evidência de enraizamento de uma pratica de escravidão contemporânea decorrente da escravidão colonial não param por aí. Lembremos que naquele período o escravo era privado de educação, acesso a educação, poucos e raros os casos de negros/as que sabiam a leitura e a escrita, pois bem, em 2010, ano do caso em comento, o número de "empregadas domésticas" com ensino médio completo era de até 20%, ou seja, a cada 10 (dez) trabalhadores domésticos, apenas ou até 2 (dois) tinham o ensino médio completo.

Logo, temos que o trabalho doméstico é realizado majoritariamente por pessoas do sexo feminino, de cor preta, com baixa escolarização e baixa renda. O que enseja no problema do presente artigo, qual seja, por que o trabalho doméstico no Brasil é realizado predominantemente por mulheres de cor preta, pobres e de baixa educação? Carneiro (2020), diz o seguinte:

> No Brasil e na América Latina, a **violação colonial perpetrada pelos senhores brancos contra as mulheres negras** e indígenas e a miscigenação daí resultante **está na origem de todas as construções de nossa identidade nacional**, estruturando o decantado mito da democracia racial latinoamericana, que **no Brasil chegou até as últimas consequências. Essa violência sexual colonial é, também, o "cimento" de todas as hierarquias de gênero e raça presentes em nossas sociedades**, configurando aquilo que Ângela Gilliam define como "a grande teoria do esperma em nossa formação nacional", através da qual, segundo Gilliam: "O papel da mulher negra é negado na formação da cultura nacional; a desigualdade entre homens e mulheres é erotizada; e a violência sexual contra as mulheres negras foi convertida em um romance".

Oportuno relembrar o papel da mulher negra naquela sociedade colonial. Tão desumano indigno, que não se sabe, se é correto descrever o substantivo "mulher" atribuindo tal como referência a um ser humano — tamanha era a dignidade violada da mulher. A "mulher" negra era escrava, sua atividade (de doméstica) não era visto como trabalho, não obstante do homem negro escravo era considerado "trabalho", ou seja, nem a capacidade de poder dizer "eu trabalho" a mulher negra teria. Note que o histórico de legislação acima fica claro o quão excludente foi o sistema legislativo,ou melhor dizendo, o quão permissivo a uma relação contínua de escravidão e isso, segue sendo. Fato é que se considera a mulher como "sexo frágil", inapta para o mercado de trabalho, sendo útil somente para os afazeres domésticos e reprodutivos. Por isso destacamos acima as atividades desempenhadas das funções domésticas desde o período da escravidão no Brasil, tem-se que aquelas atividades eram possíveis de serem realizadas por mulheres, e assim era feito, tal que se chega em 2010 com um número assombroso dessa mão de obra, dizer que 81% dos trabalhadores domésticos são pessoas do sexo feminino, e se considerarmos os números atuais, temos em pleno 2022 com 92% dos trabalhadores domésticos, sendo pessoas do sexo feminino, ou seja, nada mudou.

Opinião esta que não pode ser refutada, quando aprofundamos ainda mais esses dados, como já dito temos um número altíssimos de mulheres nessa função de cor negra. E como estas não tinham acesso a educação no período colonial, não diferente seguimos, pois apontado ter no máximo 20% da mão de obra doméstica com ensino médio, é termos os descendentes, ou, as descendentes de escravos, sendo escravas, porém sem dar-se visibilidade a estas pessoas, e sem mudar tal condição.

Temos um índice altíssimo de: mulheres, negras e com baixa escolaridade, no trabalho doméstico, traços históricos desta atividade para com a escravidão, em que tais atividades eram maciçamente desempenhadas por mulheres negras, veja-se um recorte do jornal impresso *"Correio Paulistano"* do século XIX que evidencia este fato:

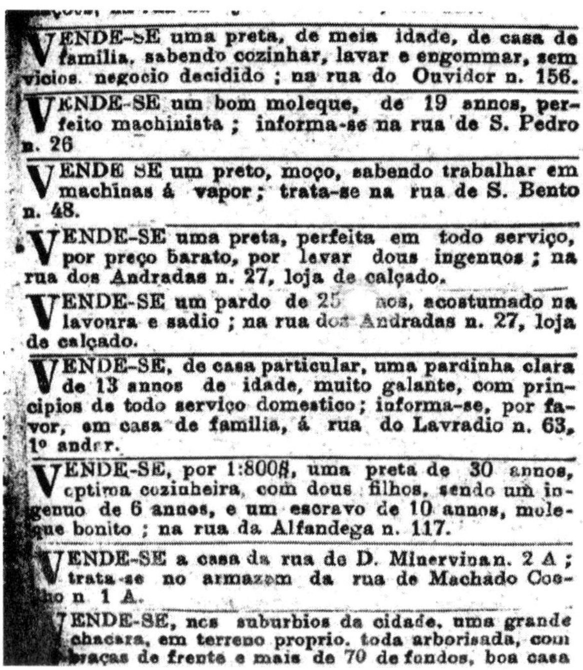

VENDE-SE uma preta, de meia idade, de casa de familia, sabendo cozinhar, lavar e engommar, sem vicios. negocio decidido ; na rua do Ouvidor n. 156.

VENDE-SE um bom moleque, de 19 annos, perfeito machinista ; informa-se na rua de S. Pedro n. 26

VENDE SE um preto, moço, sabendo trabalhar em machinas á vapor ; trata-se na rua de S. Bento n. 48.

VENDE-SE uma preta, perfeita em todo serviço, por preço barato, por levar dous ingennos ; na rua dos Andradas n. 27, loja de calçado.

VENDE-SE um pardo de 25 [illegible]nos, acostumado na lavoura e sadio ; na rua dos Andradas n. 27, loja de calçado.

VENDE-SE, de casa particular, uma pardinha clara de 13 annos de idade, muito galante, com principios de todo serviço domestico ; informa-se, por favor, em casa de familia, á rua do Lavradio n. 63, 1º andar.

VENDE-SE, por 1:800$, uma preta de 30 annos, optima cozinheira, com dous filhos, sendo um ingenuo de 6 annos, e um escravo de 10 annos, moleque bonito ; na rua da Alfandega n. 117.

VENDE-SE a casa da rua de D. Minervinan. 2 A ; trata-se no armazem da rua de Machado Coelho n. 1 A.

VENDE-SE, nos suburbios da cidade, uma grande chacara, em terreno proprio. toda arborisada, com braças de frente e mais de 70 de fundos, boa casa

Confrontemos este recorte com a autodescrição da relatora do caso em comento, e vislumbremos o quão semelhante é a descrição da relatora para com uma escrava disponibilizada a venda para o serviço escravo doméstico: ... **sou mulher**, de cor **preta**, estudei até a 4ª (quarta série) do ensino fundamental (regular), **tenho 03 (três) filhos**... no qual trabalhei quando **tinha 43 anos de idade**...

Ante esse confronto, temos a hipótese básica deste artigo, onde se nota que o trabalho doméstico mudou, ou segue com suas facetas de forma maquiada por uma evolução legal.

Fato é que o trabalho doméstico segue como uma das principais formas de inserção das mulheres pobres, negras, de baixa escolaridade e sem qualificação profissional, no mercado de trabalho, tornando continua uma "imagem" de uma das mais cruéis relações de trabalho — a escravidão do trabalhador doméstico.

5. Uma relação de trabalho sem reparos do judiciário

Por mais impactante que sejam os dados acima, o relato e a similitude deste para como uma relação de trabalho doméstico em si. Surge o questionamento, ou os questionamentos, e o judiciário não revoga tal lei?; e o judiciário, não promove indenização a estas trabalhadoras atuais?; a prescrição para os casos de relação doméstica escrava não teve intervenção do judiciário para uma reparação do dano?

A essas perguntas, que viriam a ser hipóteses secundárias a resposta é não. À primeira pergunta, a resposta já foi disposta no primeiro capítulo, onde se apontou que a relação de trabalho doméstico foi além de excluído da CLT em 1943, também foi excluída como dito da própria "Constituição Cidadã", assim, durante toda a pesquisa feita para embasar o presente artigo, não se encontrou qualquer ação que questionasse a constitucionalidade da Lei n. 5.859, de 11 de dezembro de 1972, ou mesmo do artigo sétimo, alínea *"a"* da CLT, acima transcrito.

Outro ponto, interessante que não encontramos, foi qualquer ação judicial ou julgado jurisprudencial, contendo pedido de reparação de danos morais por ser aquele (a) trabalhador (a) doméstico (a), em outras palavras, que o dano decorresse do fator – doméstico. Assim como, mesmo após a PEC n. 72/2012 e publicação da Lei n. 150/2015 não tivemos nenhuma ação judicial de reparação histórica a todos (as) trabalhadores (as) domésticas pelos danos em que viveram uma relação laboral, **totalmente escravista**", em outras palavras, aos domésticos que trabalharam em tal função do período colonial até a PEC e a Lei, estes devem se contentar com o direito a liberdade (abolição da escravidão) alcançado, e aos trabalhadores pós a lei de 2015, estes devem se contentar porque a partir de e então passam a ter "direitos" semelhantes aos demais trabalhadores de outras funções.

Importante ainda, esclarecer o fator excludente de acesso ao judiciário por meio da prescrição bienal (em dois anos), assim como a "Batalhadora" que fez o relato em voga, tivemos inúmeros empregados (as) domésticos (as) que não trabalhavam mais em 2013, ou seja, em 2015 quaisquer de suas pretensões já estavam prescritas e recontextualizando o que foi dito acima, seria o mesmo que dizer a esse trabalhador (a): "contente-se com os demais que vão ganhar direitos a partir de agora e poderão ajuizar ação para requere-los".

Mesmo em meio a essa "ausência" de ações judiciais, ou "jurisprudências", importante esclarecer que não se trata de dizer que o trabalho doméstico não é visto como uma relação de escravidão por alguns membros do judiciário, ou que não existem práticas de serviço doméstico até ilícitas.

Destacamos que não é qualquer violação dos direitos que configura trabalho escravo. Apenas se incrimina a conduta que acarrete a "redução a condição análoga à de escravo", o que pressupõe total violação à dignidade da pessoa humana na relação de trabalho, um trabalho indigno, nos casos em que este é prestado sem mínimas condições de higiene, saúde e segurança. O art. 149 do Código Penal dispõe os elementos que em conjunto ou isoladamente configuram a redução do ser humano à condição análoga à de escravo. sendo eles: a submissão a trabalhos forçados ou a jornadas exaustivas, a sujeição a condições degradantes de trabalho e/ou a restrição de locomoção do trabalhador.

Ainda que diante dessa previsão, não são altos, os casos em que o judiciário, reconhece o serviço como uma relação de escravidão, fato é que se tem e se criaram diversos empecilhos para beneficiar o empregador. É notório que quem trabalhou de 2013 para trás (ano alcançado pela prescrição bienal) deveria ter seus direitos atendidos pelo judiciário. Reza a Convenção Americana dos Direitos Humanos (Decreto n. 678, de 6 de novembro de 1992 — Pacto de São José da Costa Rica):

> Art. 8
>
> Garantias Judiciais
>
> 1. **Toda pessoa tem direito a ser ouvida**, com as devidas garantias e dentro de um prazo razoável, **por um juiz ou tribunal competente,** independente e imparcial, estabelecido anteriormente por lei, na apuração de qualquer acusação penal formulada contra ela, ou **para que se determinem seus direitos** ou obrigações de natureza civil, **trabalhista**, fiscal ou de qualquer outra natureza.
>
> Art. 25
>
> Proteção Judicial
>
> 1. **Toda pessoa tem direito a** um recurso simples e rápido ou a qualquer outro recurso efetivo, perante os juízes ou **tribunais competentes, que a proteja contra atos que violem seus direitos fundamentais reconhecidos pela constituição, pela lei** ou pela presente Convenção, mesmo quando tal violação seja cometida por pessoas que estejam atuando no exercício de suas funções oficiais.
>
> 2. **Os Estados-Partes comprometem-se:**
>
> a) a assegurar que a autoridade competente prevista pelo sistema legal do Estado decida sobre os direitos de toda pessoa que interpuser tal recurso;
>
> **b) a desenvolver as possibilidades de recurso judicial**; e
>
> c) a assegurar o cumprimento, pelas autoridades competentes, de toda decisão em que se tenha considerado procedente o recurso.

Destacamos os trechos acima dos artigos transcritos da citada Convenção, a qual o Brasil é adepto, consoante Decreto destacado, na mesma linha dispõe a Constituição Federal:

> Art. 5º (...)
>
> XXXV – a **lei não excluirá** da apreciação do Poder Judiciário lesão ou ameaça a direito. (...)
>
> LXXIV – o **Estado prestará** assistência jurídica integral e gratuita aos que comprovarem insuficiência de recursos.

As disposições supras, tanto da CFRB quanto da CADH se sobrepõem a toda e qualquer norma legal. No Brasil as normas legislativas fazem parte de uma hierarquia (pirâmide de Kelsen) com o principal intuito de garantir a constitucionalidade das leis e solucionar possíveis conflitos ente elas. no caso, as transcrições supra se sobrepõem ao CLT. Logo a excludente de apreciação do poder judiciário por força da prescrição bienal, é norma violadora à Constituição Federal e a Convenção Americana dos Direitos Humanos. Vejamos mais uma vez a estrofe em que a Sra. J. F. dos S. descreve como era o local, a relação de trabalho e os direitos que lhe assistiam e assistiram quando da demissão:

> Acerca deste local de trabalho — era uma casa de um andar (altos e baixos), com 06 (seis) quartos, sendo 03 (três) no andar superior e 03 (três) no térreo, dois banheiros, sala e cozinha; o imóvel era residido por quatro pessoas; **meu horário de entrada e saída era das 07:00hs** às **18:00hs de segunda a sábado, não registrava jornada**, almoçava com eles, porem **nunca registrei horário de almoço, não tinha intervalo para descanso após o almoço; nunca recebi horas extras, intervalo intrajornada, 13º salário, tampouco férias, assim como nunca gozei destas; quando da minha demissão não recebi FGTS, Seguro Desemprego, sobre o que seriam minhas verbas rescisórias, recebi apenas o proporcional ao que estava computado em minha CTPS, ou seja, o proporcional a 04 meses de verbas rescisórias**.

Sabemos e é chocante saber que em 2010, uma série de direitos aí elencados se quer eram assegurados a empregada doméstica. Contudo, e como já dito são muitos os casos estarrecedores, em que é necessário, muito mais que a "simples" violação de direitos para se considerar uma relação de trabalho doméstico, como uma relação de trabalho escravo. Segue exemplo de uma decisão judicial onde restou caracterizado a relação de trabalho análogo a escravidão doméstica:

> REDUÇÃO À CONDIÇÃO ANÁLOGA À DE ESCRAVA. REQUISITOS.
>
> O norte da regra do art. 149, do Código Penal é a criminalização do trabalho degradante ou trabalho forçado. O *caput* da norma enumera diversas condutas, ao empregar o vocábulo quer, de modo que, **basta uma delas** e não a combinação de todas para a configuração do tipo penal. O § 1º, da regra também não permite a ilação de que, as condições que estabelece tenham que ser cumulativas. **Dos elementos de prova**

> **existentes nos autos, resta patente que a obreira, empregada doméstica residente em imóveis da entidade familiar estava reduzida à condição análoga à de escrava,** eis que, sujeita a **condições degradantes de trabalho**, percebendo **salários em muito inferiores ao mínimo, quando os recebia, com limitações** e **impedimento de uso ao banheiro, recebendo comida e medicamentos de vizinhos, arcando com despesas dos empregadores, referentes à água e à luz e sofrendo descontos salariais para pagamento de rações de animais pertencentes aos empregadores, sofrendo, ainda, restrições** à **liberdade,** à **locomoção e acesso à sua pesso**a, além de desamparo dos empregadores em momento de acidente. Percebe-se que, a obreira, pessoa humilde, tinha medo dos empregadores e, além disso, tinha receio de não receber o que de direito. Dentro desse contexto, criou-se uma espiral em que a trabalhadora, não conseguia se desvencilhar de sua lamentável situação. Recurso dos réus a que se nega provimento. SEGREDO DE JUSTIÇA. REDUÇÃO À CONDIÇÃO ANÁLOGA À DE ESCRAVA. INTERESSE PÚBLICO. AUSÊNCIA DOS PRESSUPOSTOS LEGAIS PARA O SIGILO. O sigilo estendido aos autos, não se justificava, porque não há interesse público a ser preservado e que o fundamentasse. Ao contrário o interesse público é para que se dê a publicidade, diante da gravidade dos fatos versados na causa. De outra parte a publicidade viabilizará, também a consulta sobre este tema, no sítio do TRT, com sói acontecer em relação a decisões sobre o assunto, em sítios de outros Tribunais, inclusive o TST. Veja-se, ainda que, a retirada do sigilo servirá até para se facilitar o manuseio dos autos. Ressalte-se ademais que, a própria tramitação dos autos perante esta Corte fica difícil, com o segredo de justiça que não se justifica. Ademais, o feito não envolve a hipótese dos incisos II a IV, da regra acima. Relativamente ao alcance do inciso III, do art. 189, do CPC/2015, a regra diz respeito a dados pessoais, "protegidos pelo direito constitucional à intimidade", tais como, extrato bancário, informações fiscais, ou ainda informação de gravidade sobre o estado de saúde do requerente, e que constem do processo, não se confundindo esse direito de proteção com pretensão a resguardo quanto aos fatos debatidos no processo, ou à repercussão que os mesmos venham a gerar. Ou seja, a regra legal sob comento não incide na hipótese do feito. Requerimento de retirada do sigilo pelo MPT que se defere. (TRT-2 10006127620205020053 SP, Relator: JORGE EDUARDO ASSAD, 12ª Turma - Cadeira 1, Data de Publicação: 17.03.2022)

Não vamos nos aprofundarmos em discorrer sobre o julgado acima, o objetivo do mesmo, é tão somente, para dizermos que na maioria dos casos, o judiciário brasileiro somente reconhece a situação do trabalho doméstico como uma relação análoga a de escravidão, como em casos assim, onde a dignidade da pessoa humana sequer existe, que é o caso da relação do julgado supra. Vejamos um julgado que a Justiça do Trabalho Baiana não reconheceu o trabalho como escravo e, se quer relação de emprego como doméstica de uma trabalhadora que laborava desde os 07 (sete) anos de idade sem salário, isto porque a trabalhadora foi "acolhida" pela família e nela inserida a ideia de que era da família e não empregada, vejamos os trechos de fundamentação da sentença:

> A solução da ação, contudo, infelizmente, não resolverá o problema social existente. (...)
>
> Observe-se que, do trecho do depoimento da autora, esta, além de expressar a existência de uma verdadeira relação familiar, é absolutamente desabonador de uma relação em que, supostamente, teria envolvido trabalho escravo por mais de 40 anos. Registre-se,

> ainda, que a condição de pessoa bem humilde da autora ficou absolutamente evidente: a espontaneidade da depoente revelou também que o seu entendimento acerca do que se passava na ocasião talvez não fosse completo, mas foi suficiente à solução, frise-se com destaque, somente da ação, posto que o problema social existente nessas situações em que crianças são acolhidas em "casas de famílias" para serem ali "criadas" exige uma resposta do Estado que vai muito além da atribuição institucional do Judiciário Trabalhista.
>
> (...)
>
> A toda evidência, a autora não tinha restrita a sua locomoção, não era ameaçada, não era constrangida ou admoestada a fazer ou deixar de fazer qualquer atividade, doméstica ou não, em favor da família com quem coabitava.
>
> (...)
>
> O que se depreende, portanto, é que a autora se se integrou àquele núcleo quando tinha apenas 7 anos de idade, portanto, era uma criança, aprendeu que aquele cotidiano faz parte de sua essência, o que torna a questão social ainda mais árdua de ser resolvida, muito embora não se possa dizer, de nenhuma forma, que ali existia uma situação análoga à escravidão, pelo menos das provas trazidas aos autos.
>
> Aliás, a redução de pessoa à condição análoga a de escravo é tipo penal, previsto no art. 149 do Código Penal, que expressamente estabelece que a situação ocorre quando o autor do delito atua, em desfavor da vítima "quer submetendo-o a trabalhos forçados ou a jornada exaustiva, quer sujeitando-o a condições degradantes de trabalho, quer restringindo, por qualquer meio, sua locomoção em razão de dívida contraída com o empregador ou preposto".
>
> O caso dos autos, conforme verificado, passa longe de qualquer dessas situações. Por nenhum ângulo que se analise a questão dos autos, pode-se aventar na existência de trabalho em condição análoga à escravidão. (...)
>
> (TRT 5ª Região, ACPCiv 0000373-27.2022.5.05.0024, órgão Julgador 13ª Vara do Trabalho de Salvador. Julgador Juiz do Trabalho substituto Juarez Dourado Wanderley, data do julgamento 05.07.2023, Publicação 06.07.2023)

Tem-se, portanto, uma série de fatores que tornam excludentes de apreciação do judiciário a relação de trabalho doméstico como uma relação análoga a de escravidão, assim como a própria legislação tornou tal relação excluída de uma análise judiciária e, temos também fatores distintos, mas complementares a estes, que serão tratados no próximo capítulo.

6. A necropolítica — Excludente neoliberal do trabalho doméstico

Antes de conceituarmos necropolítica e neoliberalismo, vamos aqui seguir abordando que o trabalho doméstico sendo excluído da apreciação do judiciário e da própria sociedade como um todo, como uma relação de trabalho com traços ou evidentemente escravo.

Pois bem, já exposto, o trabalho doméstico já existia como uma relação laboral no período de escravidão legal, e após a abolição da escravidão, obviamente, seguiu existindo, sendo pertinente aqui observar que era dado aos "empregados domésticos" como troca pela sua mão de obra o "direito" de morar (ter moradia) com o patrão, ter comida e vestimentas "pagas" por este, o que já era suficiente a "compensar" a mão de obra, vez que a atividade doméstica não gerava ao patrão, nenhum lucro.

Isso, se mostra de forma sutil, parecendo uma classificação da mão de obra, que perpassa desde a CLT, passa pela Lei n. 5.859, até a Lei Complementar n. 150/2015, conforme transcreve-se de forma respectiva a seguir:

> Art. 7º. (...)
>
> *a)* aos **empregados domésticos**, assim considerados, de um modo geral, os que prestam **serviços de natureza não econômica à pessoa ou à família, no âmbito residencial** destas. (...)
>
> Art. 1º Ao **empregado doméstico**, assim considerado **aquele que** presta serviços **de natureza contínua** e **de finalidade não lucrativa** à **pessoa ou** à **família no** âmbito residencial destas, aplica-se o disposto nesta lei.
>
> Art. 1º Ao **empregado doméstico**, assim considerado **aquele que** presta serviços **de forma contínua**, subordinada, onerosa e pessoal e **de finalidade não lucrativa à pessoa ou** à **família, no âmbito residencial destas**, por mais de 2 (dois) dias por semana, aplica-se o disposto nesta Lei.

Guardemos os destaques feitos nas transcrições acima, os quais tem intento de demonstrar que semelhança descritiva da configuração de "trabalho doméstico" pouco mudou. Além disso, destaquemos que o trabalho doméstico embora "abolido da condição de escravidão", seguiu com diversas nuances totalmente escravistas desde a abolição até a Lei Complementar n. 150/2015. E nisso tudo, fazemos destaque ainda a remuneração, e a ausência de escolarização/qualificação da mão de obra, o que guarda estrita semelhança ao descrito no relato, quando a sra. J. F. dos S. diz que estudou até a 4ª (quarta) série do ensino fundamental) e que vem para a cidade após toda sua vida em área rural, considerada quilombola.

Feitas essas explanações, é notório que a trabalhadora doméstica[1], é por diversas nuances excluída de visibilidade, excluída de direitos, excluída do judiciário, excluída de educação, em outras palavras excluída de dignidade. Então vamos a conceituar o neoliberalismo e a necropolítica e vê o quanto estão relacionados com o trabalho doméstico realizado por uma mulher, negra, de baixa renda e escolarização.

O Neoliberalismo, assim como o liberalismo, é uma doutrina socioeconômica que retoma os antigos ideais do liberalismo, todavia com esse viés de "neo" de "novo" busca inovar e ao preconizar a ideia principal que é a de intervenção do Estado na economia, através de sua retirada do mercado, que, em tese, autorregular-se-ia, assim como a economia. A necropolítica está dentro desse conceito de neoliberalismo, ou seria a aplicação em si do neoliberalismo, vindo a ser considerada a aplicação prática políticas governamentais de Estado, onde este busca controlar/manipular quem deve viver ou morrer a partir de aparelhos sociais públicos, como o legislativo, o executivo e o judiciário.

Assim necropolítica vem a ser uma ideia contemporânea sobre o direito de deixar morrer, enquanto Foucault falava sobre direito de viver e direito de matar, dando enfoque mais ao direito de viver e tratando a morte como uma consequência do "deixar morrer".

A necropolítica está acentuadamente no caso em tela que temos, anos de legislação sem se quer inclusão de direitos a relatora, temos que é melhor deixar a Sra. J. F. dos S. sem educação para esta continuar invisível e sem saber de seus direitos, aliás — que direitos? o soberano aqui aplica a "prescrição bienal" para assegurar que o estado continue explorando pessoas, direito a reparação histórica menos, ainda, como já colocamos acima, diversos são os mecanismos criados pelo Estado para tanto. Temos a relatora, concluindo sua fala dizendo:

> Ao término desta relação de trabalho, eu ***não tinha conhecimento*** se ***minhas verbas*** e ***meus direitos*** estavam corretamente obedecidos, ***não tinha conhecimento de nenhum advogado*** ou ***defensor público***, tampouco de onde ou em qual órgão ir ***para tomar conhecimento da observância ou não destes direitos***.

Assim, nesse processo de necropolítica as pessoas são invisibilizadas, ninguém olha ou vai olhar para uma empregada doméstica do sexo feminino, de cor preta, que se quiser viver, vai viver sem direitos, sem educação para saber lutar por seus direitos, o estado não lhe da acesso à educação, vai viver sendo explorada na casa do patrão, trabalhando com jornada exaustiva, sem saber o que é família, lazer, etc, sem qualquer dignidade, invisível até a morte, sem qualquer direito se procurar, ou quando procurar o judiciário.

7. Considerações finais

Por tudo, temos que a situação excludente da mão de obra feminina, em especial a mão de obra da mulher negra, o que desde o período de escravidão, torna esta população feminina vulnerável a exploração do estado e sujeitas a mão de obra do mercado doméstico, fato que é predominante em países de baixa renda, considerados países emergentes e que demoraram a abolir a escravidão, como é o caso do Brasil.

Sendo mais que necessária inserção de leis e direitos, como foi o caso da "PEC das domésticas" e da Lei Complementar 150/2015. Leis que venham escancarar o trabalho doméstico e todas as suas facetas (realizado por mulher, preta, pobre e semialfabetizada), bem visibilizar as pessoas, colocando estas a luz de amparo de direitos e do judiciário, as quais foram e são vítimas da necropolítica, necessário um avanço legislativo, em especial no tocante a valorizar a mão de obra doméstica, e buscar extinguir todas as formas de serviços domésticos com caraterísticas mínimas de traços escravistas e/ou de formas de escravidão contemporânea, de modo que não tenhamos mais "Joaquina's", invisibilizadas e esquecidas de direitos, como no caso aqui relatado.

Referências

ANDRADE, Shirley Silveira. *A mulher negra no mercado de trabalho:* condições escravistas das trabalhadoras domésticas. CRV: Curitiba, 2022.

BRASIL. *Código civil, 2002*. Código civil. 63. ed. São Paulo: Saraiva; 2012.

______. *Decreto-lei n. 5.452, de 1º de maio de 1943*. Aprova a Consolidação das Leis do Trabalho. *Diário Oficial dos Estados Unidos do Brasil*: secção 1, Rio de Janeiro, DF, ano 82, n. 184, p. 11.937-11.984, 9 ago. 1943.

______. *Lei n. 3.353, de 13 de maio de 1888*. Declara extinta a escravidão no Brasil. CLBR, 1888, disponível em: https://www.planalto.gov.br/ccivil_03/leis/lim/lim3353.htm. Acesso em: 15 jul. 2023.

______. *Lei Complementar n. 150/2015*. Dispõe sobre o Contrato de Trabalho Doméstico.

______. *Lei n. 5.859, de 11 de dezembro de 1972*. Dispõe sobre a profissão de empregado doméstico e dá outras providências. Disponível em: https://www.planalto.gov.br/ccivil_03/leis/l5859.htm. Acesso em: 20 jul. 2023.

______. *Emenda Constitucional n. 72, de 2 de abril de 2013*. Altera a relação do parágrafo único do art. 7º da Constituição Federal para estabelecer a igualdade de direitos trabalhistas entre trabalhadores domésticos e os demais trabalhadores urbanos e rurais.

______. Constituição (1988). *Constituição da República Federativa do Brasil*. Organização de Alexandre de Moraes. 16. ed. São Paulo: Atlas, 2000.

CARNEIRO, Sueli. *Enegrecer o Feminismo:* A Situação da Mulher Negra na América Latina a partir de uma perspectiva de gênero. USP, 2020. Disponível em: https://edisciplinas.usp. br/pluginfile.php/375003/mod_resource/content/0/Carneiro_Fem inismo%20negro.pdf. Acesso em: 22 jul. 2023.

CARVALHO, José Lucas Santos. *Trabalho escravo contemporâneo em disputa:* direitos humanos, vida nua e biopolítica. 1. ed. Curitiba: Appris, 2020.

COTA L. G. O Papel Das Empregadas Domésticas ao Longo da História. *Revista Nova Escola*. Disponível em: http://rede.novaescolaclube.org.br/planos-de-aula/o-papeldas-empregadasdo-mesticas-ao-longo-da-historia. Acesso em: 20 ago. 2023.

DELGADO, Mauricio Godinho; DELGADO, Gabriela Neves. *A reforma trabalhista no Brasil:* com os comentários à Lei n. 13.467/2017. São Paulo: LTr, 2017.

Deluchey, Jean-François Y. *Biopolítica e Morte no Brasil, o Extermínio da juventude negra (ultra) periférica na Amazônia*. UFPA, 2020.

DINIZ, Maria Helena. *O Estado Atual do Biodireito*. São Paulo: Saraiva, 2001.

MBEMBE, Achille. *Crítica da Razão Negra*. São Paulo: n-1 edições. 2018a.

______. *Necropolítica*. Biopoder, soberania, estado de exceção, política de morte. São Paulo: n-1 edições. 2018b.

SANTOS, Vanessa Teixeira. *Trabalho Doméstico:* Lacunas Sociais e Legislativas que Violam Direitos Fundamentais. Disponível em: https://www.jusbrasil.com.br/artigos/trabalho-domestico-lacunas-sociais-e-legislativasque-violam-direitos-fundamentais/1685065764. Acesso em: 22 ago. 2023.

Escravidão Doméstica: A Complexidade e os Desafios do Pós-Resgate das Trabalhadoras Domésticas

Cynthia Mara da Silva Alves Saldanha[1]
Maurita Sartori Gomes Ferreira[2]

1. Introdução

Embora abolida oficialmente em 13 de maio de 1888, por meio da Lei Áurea[3], a escravidão ainda é uma realidade viva na sociedade brasileira. Sabe-se que o Brasil foi último país das Américas a aboli-la. Esse processo foi lento e gradual, sobretudo porque as elites brasileiras não desejavam dispor da mão de obra escrava, gratuita e produtiva. Assim, a assinatura da Lei Áurea foi resultado de muita luta popular, do movimento abolicionista, dos próprios escravos e da sociedade civil da época.

Segundo informações da Agência do Senado Federal, a Lei Áurea foi sancionada em regime de urgência, sendo comemorada pelo movimento abolicionista e fortemente criticada pelos escravistas:

> O senador João Maurício Wanderley — o Barão de Cotegipe, porta-voz da bancada escravista no Senado — declarou que a abolição mergulharia o país em uma crise econômica, com consequências políticas. E após a sanção da lei pela princesa Isabel, afirmou que isso causaria o fim do Império.
>
> — Precisamos dos escravos. A senhora acabou de redimir uma raça e perder o trono! (FONTE: Agência Senado)[4]

A ruptura com a escravidão, entretanto, nunca aconteceu. A vitória abolicionista apenas tornou ilegal o trabalho escravo no Brasil, pois as desigualdades sociais e raciais se

(1) Auditora-Fiscal do Trabalho.

(2) Auditora-Fiscal do Trabalho.

(3) Lei n. 3.353, de 13 de maio de 1888.

(4) Disponível em: https://www12.senado.leg.br/noticias/materias/2019/05/13/ha-131-anos-senadores-aprovavamo-fim-da-escravidao-no-brasil. Acesso em: 15 jun. 2023.

mantiveram. A abolição da escravatura não resultou em ações que integraram a população negra liberta no seio da sociedade brasileira e ainda hoje essa população vive à margem social. De lá para cá, pouca coisa mudou. O Brasil até hoje, em pleno século XXI, convive com o trabalho escravo, a inclusão dos negros na sociedade ainda não se efetivou e a cultura escravagista continua impregnada no imaginário da sociedade brasileira.

A escravidão apenas tomou novos contornos, novas roupagens em relação ao período colonial. As amarras, as algemas, os grilhões foram substituídos, muitas vezes, por correntes invisíveis: ausência de salários, submissão a trabalhos forçados e jornadas exaustivas, sujeição a condições degradantes de trabalho, coerção, violência, servidão por dívidas, entre outros. A escravidão contemporânea ou moderna ainda é uma realidade concreta tanto no campo, quanto no meio urbano. No âmbito doméstico, o crescente aumento do número de denúncias e de resgate de trabalhadoras domésticas submetidas a condições análogas às de escravo tem escancarado essa mazela social por muitos anos invisível dentro dos lares. Por conseguinte, a política de repressão ao crime no ambiente doméstico tem se expandido, mas exposto a ineficiência do Estado brasileiro no que se refere às políticas públicas direcionadas para o pós-resgate das trabalhadoras domésticas e efetiva promoção de sua dignidade.

Dessa forma, o presente trabalho tem como escopo a análise das dificuldades encontradas pela Inspeção do Trabalho no que concerne ao pós-regate de trabalhadoras domésticas. Assim, para a identificação das graves deficiências do Estado brasileiro nas políticas públicas voltadas para o pós-resgate dessas vítimas foram escolhidos dois casos resultantes de inspeções realizadas no estado de Minas Gerais. Serão descritas as duas fiscalizações realizadas, com destaque para as peculiaridades deste tipo de ação fiscal.

Serão apresentadas as formas como se caracterizam a escravidão doméstica nos dias atuais e serão abordadas tanto as políticas públicas existentes no concernente ao pós-resgate de trabalhadoras domésticas quanto as dificuldades encontradas pelas autoridades públicas nesse pós-resgate.

Esse estudo possibilitará pensar soluções para assegurar um atendimento especializado, sistematizado e humanizado às trabalhadoras domésticas resgatadas do trabalho escravo, bem como estudar políticas públicas direcionadas a esse fim, tendo em vista que os casos analisados neste trabalho demonstram que o Estado brasileiro ainda não está devidamente preparado para o pós-resgate das trabalhadoras domésticas.

Diante deste cenário, serão apresentados os maiores desafios enfrentados pela Inspeção do Trabalho após o resgate de trabalhadoras domésticas encontradas em situação de escravidão. Questionar-se-á, também, em que medida o Estado brasileiro, por meio de seus entes federados, está preparado para o pós-resgate dessas vítimas. Por fim, refletir-se-á acerca das maneiras de proporcionar um atendimento adequado às trabalhadoras domésticas resgatadas.

2. Estudos de casos: Trabalho doméstico em condições análogas à escravidão no Estado de Minas Gerais

Neste trabalho serão analisados dois casos objetos de fiscalização pela Inspeção do Trabalho de Minas Gerais, em que foram constatadas graves violações de direitos caracterizadoras de trabalho análogo à de escravo no âmbito doméstico. Os casos revelam que, embora chamadas de "pessoa da família", as trabalhadoras nunca foram tratadas como integrantes do núcleo familiar, mas sim como empregadas domésticas que sempre foram e sem que lhes fossem assegurados seus direitos trabalhistas. Trabalhavam em favor das famílias, estando sempre à disposição e realizando todos os tipos de afazeres domésticos. Todavia, nunca receberam salários mensais integrais, décimo terceiro salário ou gozaram de períodos de férias anuais. Não tinham jornada de trabalho estabelecida, nem limitação de jornada, folga semanal ou intervalos.

A ausência de direitos trabalhistas facilitou demasiadamente a subalternação, uma vez que retirou a autonomia e a independência dessas trabalhadoras, que se viram obrigadas a se manterem naquele trabalho para terem acesso ao básico para sua sobrevivência. Em ambos os casos, o maior desafio enfrentado pela Auditoria-Fiscal do Trabalho foi a complexidade e os encaminhamentos necessários no pós-resgate das trabalhadoras domésticas. No trabalho a temática da escravidão doméstica será abordada utilizando o termo "trabalhadoras domésticas", no feminino, haja vista que mais de 90% das trabalhadoras que realizam serviços domésticos são mulheres(5). Para preservar a identidade das reais envolvidas nos casos estudados, os nomes verdadeiros das pessoas serão substituídos por nomes fictícios.

2.1. Fiscalização realizada em março de 2022

Em 08.03.2022, em Minas Gerais, a trabalhadora Maria, de 62 (sessenta e dois) anos de idade, foi identificada em situação de exploração de trabalho análogo ao de escravo. Ela iniciou suas atividades laborais aos 11 (onze) anos e, ao longo da vida, trabalhou em três residências pertencentes a membros de uma mesma família, em troca de moradia e alimentação. Somente em 2012 é que seu trabalho passou a ser remunerado. Quando ocorreu a ação fiscal, a trabalhadora e a empregadora Joana residiam sozinhas em um sítio, local em que a trabalhadora realizava todas as atividades domésticas, recebendo a remuneração de R$ 500,00 (quinhentos reais) por mês. A trabalhadora perdera o contato com seus familiares e não havia estabelecido em sua vida qualquer vínculo afetivo ou social fora daquela residência. Caracterizado o trabalho análogo à de escravo, foi emitido Termo de Notificação determinado a cessação imediata da prestação de serviços.

A trabalhadora, extremamente vulnerabilizada e dependente (emocional e financeiramente) da empregadora, recusou-se a deixar o local em que residia e trabalhava.

(5) Dado disponível no *link*: https://www.dieese.org.br/infografico/2023/trabalhoDomestico2023.pdf.

Diante desse fato e como Maria aparentava ter discernimento e capacidade mínimos para administrar sua própria vida, na fase posterior ao resgate, foi firmado um Termo Preliminar de Ajuste de Conduta com o Ministério Público do Trabalho, por meio do qual os empregadores alugaram um apartamento mobiliado para a trabalhadora, e se comprometeram a lhe pagar um salário-mínimo mensal.

Ademais, conforme apregoa a Portaria n. 3.484 de 06 de outubro de 2021, que regulamenta o Fluxo Nacional de Atendimento às Vítimas Resgatadas de Trabalho Escravo no Brasil, a Inspeção do Trabalho encaminhou o caso de Maria à Assistência Social municipal para acompanhamento de sua trajetória. Naquela oportunidade, orientou-se a atuação de equipe multiprofissional para assistência e acompanhamento à trabalhadora, em razão da condição de vulnerabilidade psicossocial, objetivando a restauração da autonomia, da preservação da dignidade e da integridade da trabalhadora.

A trabalhadora mudou-se para seu novo local de residência, mas não se adaptou à nova realidade. Não houve, pelo serviço de assistência social do município, o acompanhamento devido à trabalhadora. Muito embora o Centro de Referência Especializado de Assistência Social (CREAS) tenha informado que houve a "realização de visitas domiciliares, contatos telefônicos, atendimento psicossocial e jurídico, discussões sobre o caso", restou evidente que o órgão municipal tratou a questão como sendo uma questão de ordem "familiar". Contatos e reuniões realizados com a Inspeção do Trabalho e Ministério Público do Trabalho demonstraram que o serviço de Assistência Social não estava preparado para lidar com a complexidade do trabalho escravo e da situação sociofamiliar na qual Maria estava inserida e, por isso, o acompanhamento não obteve êxito em demonstrar à trabalhadora a situação de violações em que se encontrava. Como consequência, a trabalhadora "recusou qualquer tipo de encaminhamento ofertado pelo CREAS", uma vez que seu desejo era o de retornar à residência da empregadora.

A Assistência Social, embora tenha disponibilizado atendimento psicológico e jurídico a trabalhadora, não a acompanhou "de perto" nesses processos e, portanto, Maria não compareceu aos atendimentos agendados. A equipe do Centro de Referência Especializado de Assistência Social (CREAS) perdeu o contato com Maria e não conseguiu mais localizá-la. Atualmente, sabe-se que a trabalhadora retornou à residência da família que a explorou por toda vida e continua laborando para a empregadora.

2.2. Fiscalização realizada em setembro de 2022

Em setembro de 2022, em um município do interior de Minas Gerais, foi realizada uma ação fiscal organizada com o objetivo de verificação das condições de trabalho doméstico e suposta ocorrência de trabalho análogo ao de escravo. Durante a fiscalização, a Inspeção do Trabalho identificou Cleusa, empregada doméstica, laborando em condição de escravidão. Constatou-se que Cleusa chegou à residência do empregador ainda criança e desde a infância laborava para família na função de empregada doméstica.

Ela "passou" por três gerações da mesma família, tendo sido transferida como um objeto entre os integrantes daquele núcleo familiar. No momento da inspeção, Cleusa foi encontrada pelos Auditores-Fiscais do Trabalho e representante do Ministério Público do Trabalho residindo com o neto da empregadora originária, ocasião em que foi resgatada. Os empregadores alegaram que Cleusa "era da família" e confirmaram a troca de seu trabalho por moradia e alimentação. Ela não possuía laços afetivos com seus familiares biológicos e fora retirada pela família empregadora de um orfanato para ter sua força de trabalho explorada, o que se tornou ainda mais fácil, dada a vulnerabilidade de uma criança que foi abandonada pelos pais e que não tinha condições para sobreviver sozinha. Os empregadores se aproveitaram da condição de extrema vulnerabilidade de Cleusa para explorar sua força de trabalho por mais de 40 anos, auferindo os benefícios do trabalho doméstico desempenhado sem qualquer tipo de contraprestação pecuniária. Não bastasse a exploração do trabalho sem qualquer garantia de direitos, Cleusa também foi vítima de graves agressões físicas e verbais. O empregador frequentemente a agredia com empurrões, socos, enforcamento, a ponto de certa vez a trabalhadora perder o sentido vital. Durante a fiscalização restou constatado que Cleusa era submetida a condições precárias de moradia e de trabalho, além de ter diversos de seus direitos trabalhistas e humanos violados.

Diante da constatação de existência de redução de trabalhadora doméstica a condições análogas às de escravo, em cumprimento ao dever legal, os Auditores-Fiscais do Trabalho resgataram a trabalhadora e a retiraram do local onde residia e trabalhava. Previamente ao início da fiscalização, a Inspeção do Trabalho acionou a Secretaria de Assistência Social do munícipio onde Cleusa residia e solicitou apoio para o pós-resgate da trabalhadora. Considerando o perfil da trabalhadora, solicitou-se que fosse disponibilizada vaga em unidade de acolhimento em caso de resgate de trabalhadora e equipe para a realização dos atendimentos e encaminhamentos necessários.

Os profissionais com os quais a Inspeção do Trabalho entrou em contato, num primeiro momento, questionaram a atuação do munícipio nesse procedimento e desconheciam o teor da Portaria n. 3.484/2021. No segundo momento, não forneceram qualquer retorno sobre a possibilidade a disponibilidade de vaga e assistência à trabalhadora. Considerando a inércia da Assistência Social municipal e o cenário encontrado durante a fiscalização — iminente risco à integridade da trabalhadora em continuar residindo no município em que o empregador que a violentava também morava —, a equipe fiscal articulou vaga e acompanhamento com o município vizinho. Nesta ocasião, mais um entrave veio à tona: o munícipio se recusava a prestar assistência a pessoa que não residisse em seu limite territorial. Todavia, diante da gravidade do caso e após muita insistência dos servidores envolvidos na ação fiscal, foi ofertada vaga em uma casa de acolhimento a mulheres vítimas de violência doméstica. Cleusa foi encaminhada à assistência social do município, que providenciou esse abrigamento e mobilizou equipamento de proteção social para a devida acolhida da trabalhadora resgatada. Ocorre que, pouco tempo depois, as atividades da casa seriam encerradas pelo município. A Assistência Social, responsável pelo pós-resgate de trabalhadores resgatados do trabalho escravo, segundo a Portaria n. 3.484/2021, sem saber o que fazer com Cleusa, telefonou para a Auditoria-Fiscal do Trabalho e "empurrou-lhe o problema". Começou uma corrida contra o tempo, pois em 30 dias Cleusa estaria desabrigada.

A Inspeção do Trabalho e o Ministério Público do Trabalho empenharam-se junto ao poder público para conseguir vaga e assistência à trabalhadora, contudo, sem sucesso. Diante da impossibilidade de o Estado cumprir seu papel, a alternativa encontrada pelos agentes públicos foi articular com entidades da sociedade civil a criação de uma espécie de "Casa Abrigo" para as trabalhadoras domésticas resgatadas do trabalho escravo. Assim, após muitas conversas e reuniões, a associação civil denominada ICASU, com sede no município de Uberlândia e expertise em projetos sociais, decidiu criar uma estrutura para acolhimento a essas vítimas, disponibilizando serviços especializados para atendimento às mulheres resgatadas do trabalho escravo. Então, Cleusa foi encaminhada a esta casa e, atualmente, está recebendo atendimento humanizado e acompanhamento psicossocial para que sua autonomia e dignidade sejam, de fato, restauradas.

3. Metodologia

O processo de estudo deste trabalho pode ser definido como estudo de caso, no qual houve a investigação e a análise de duas fiscalizações realizadas no âmbito do combate ao trabalho escravo com o objetivo de (aplicando os conceitos teóricos à realidade fática) compreender as falhas e as necessidades de se instituírem políticas públicas eficazes para os pós resgate de trabalhadoras domésticas. Segundo Silva, Oliveira & Silva (2021, p. 89):

> O uso deste método constitui uma estratégia de pesquisa científica cuja as aplicações são muitas e variadas, com grande utilidade em várias áreas do conhecimento; pois possibilita a investigação de fenômenos no contexto real, com diversas fontes de evidência que permitem a reflexão e a busca de alternativas para solução dos problemas, e consequentemente contribui para o avanço do conhecimento.

Levando em consideração as reflexões de Yin acerca da investigação científica denominada estudo de caso, neste trabalho são apresentados casos que podem ser entendidos como reveladores. Isto porque, o presente estudo se propõe analisar e observar situação ainda pouco estudada pelos teóricos das ciências sociais, que são as dificuldades encontradas no pós-resgate de trabalhadoras domésticas submetidas a condições análogas às de escravo. Segundo Yin (2001, p. 63):

> Quando outros pesquisadores têm oportunidades semelhantes e podem desvendar alguns fenômenos predominantes previamente inacessíveis aos cientistas, as condições justificam a utilização de um estudo de caso único, tendo como base sua natureza reveladora.

Pretende-se, portanto, por meio do estudo dos dois casos apresentados, demonstrar as realidades e dificuldades encontradas e construir de forma teórica possíveis respostas ou soluções às questões apresentadas. Foram utilizados diversos elementos de evidência para o presente estudo de caso: inspeções nos locais em que ocorreram os fatos; entrevistas e depoimentos fornecidos pelos atores envolvidos, bem como, análise de documentos.

Com a finalidade de preservar os casos e a identidade das pessoas envolvidas, neste trabalho foi feita a opção pela manutenção do anonimato, tendo sido ocultados os nomes dos municípios em que ocorreram as fiscalizações, e alterados os nomes das pessoas envolvidas. Importante mencionar que, por serem casos que ainda não foram encerrados nas esferas administrativa e judicial, a não opção pelo anonimato poderia interferir em seus desdobramentos.

Como arcabouço teórico-normativo, utilizaram-se as normas que disciplinam no Brasil as temáticas do trabalho escravo e da dignidade da pessoa humana (Constituição da República Federativa do Brasil, Código Penal, Consolidação das Leis do Trabalho, Lei n. 7.998/1990, Lei Complementar n. 150/2015, Portaria n. 3.484/2021, da Instrução Normativa n. 02, de 08.11.2021). Ademais, realizou-se pesquisa bibliográfica acerca do tema, revisando-se a literatura existente, embora ainda incipiente.

4. Trabalho doméstico análogo ao de escravo

O Brasil ocupa lugar de destaque no *ranking* dos países com o maior número de trabalhadores domésticos do mundo. O trabalho doméstico representa uma das atividades com maior concentração de mão de obra feminina e negra, de baixos rendimentos e altos índices de precariedade e desproteção social. Mas isso não é por acaso: o país carrega consigo a herança de um passado colonial e escravagista que persiste na sociedade brasileira até os dias atuais. Segundo Andrade (2022, p. 89) "há um acúmulo de luta dos trabalhadores e trabalhadoras domésticos e isso trouxe alguns avanços como a delimitação da jornada, mas ainda há uma cultura escravocrata que veem as trabalhadoras como mucamas prontas para servirem (*sic*)".

No país, até o início de 2023, mais de 61 mil trabalhadores foram resgatados em condições análogas às de escravo. No âmbito doméstico, as denúncias e os resgates de trabalho em situações análogas às de escravo só cresceram nos últimos anos. Segundo dados do Painel de Informações e Estatísticas da Inspeção do Trabalho no Brasil acessível pelo Radar SIT(6), de 2019 a 2022, 68 trabalhadores domésticos foram resgatados de condições de escravidão, em sua maioria mulheres. Esses números recordes de resgates revelam o quanto o país ainda está imerso numa cultura escravocrata e servil.

Para enfrentar esse problema, a legislação pátria previu a tipificação para o crime de trabalho análogo ao de escravo. A redação do art. 149 do Código Penal brasileiro

(6) Dados disponíveis no *link*: https://sit.trabalho.gov.br/radar/.

(*caput* e § 1º) define as formas de execução do crime, quais sejam, submeter o trabalhador a trabalho forçado e a jornada exaustiva, sujeitar o trabalhador a condições degradantes de trabalho restringir a locomoção em razão de dívida contraída com o empregador, bem como cercear o uso de qualquer meio de transporte por parte do trabalhador, manter vigilância ostensiva no local de trabalho e/ou se apoderar de documentos ou objetos pessoais do trabalhador, com a finalidade de reter o retê-lo no local de trabalho, e prevê penalidades aos responsáveis por tais práticas. Esse conceito legal de trabalho escravo, reconhecido pela Organização das Nações Unidas (ONU) e pela Organização Internacional do Trabalho (OIT), estabelece as hipóteses caracterizadoras do delito, que podem ocorrer isoladamente ou em conjunto. Segundo Valena Jacob (2016, p. 48):

> Ressalta-se, inicialmente, que para a configuração do tipo penal em questão, basta a constatação, no caso concreto, de apenas uma das condutas típicas ou equiparadas, apesar de que na maioria das vezes, quase todas as condutas são percebidas pela fiscalização do Ministério do Trabalho e Emprego de forma conjunta, refletindo a lógica da superexploração do trabalhador no cenário laboral brasileiro.

Essa forma moderna de escravidão, ou escravidão contemporânea, como é chamada, refere-se à prática de uma atividade ilegal em que trabalhadores são submetidos a violações de direitos trabalhistas e humanos.

Citando Norberto Bobbio, Figueira (2020, p. 53), lembra que a escravidão contemporânea é uma das violações dos direitos humanos mais graves. O direito a não ser escravizado (ou submetido a trabalho em condições análogas à de escravo), é um direito revestido de "valor absoluto", de "*status* privilegiado", que cabe a poucos direitos humanos. Trata-se de direito fundamental que não encontra concorrência com demais direitos, igualmente fundamentais.

No mesmo sentido, Flavia Piovesan (2011) leciona que no Direito Internacional dos Direitos Humanos a vedação ao trabalho escravo é absoluta, não havendo exceções. Isto significa que em nenhuma hipótese circunstâncias excepcionais poderão ser invocadas como justificativa para a adoção do trabalho escravo (tais como o estado de guerra, instabilidade política interna ou qualquer outra emergência pública). Esta vedação consiste em uma cláusula pétrea internacional.

Na escravidão contemporânea, a liberdade do trabalhador deixa de ser o principal bem jurídico tutelado. O conceito de trabalho escravo moderno está diretamente relacionado ao princípio da dignidade da pessoa humana. Nesse sentido, Miraglia (2008, p. 55) ensina que:

> (...) a essência do trabalho escravo contemporâneo, e o que o torna tão repulsivo, é a ofensa ao substrato mínimo dos direitos fundamentais do

> homem: a dignidade da pessoa humana, em ambas as suas dimensões. É aquele labor que se desempenha com o rebaixamento da mão de obra a mera mercadoria descartável e donde o capitalista aufere seu lucro, principalmente, pela superexploração do homem-trabalhador.

Esse modelo de exploração do trabalho semelhante à escravidão ainda persiste nos tempos atuais, seja nas atividades rurais, na construção civil e na mineração, seja na confecção têxtil e até mesmo no âmbito doméstico.

Diante desse cenário, em 1995 o Estado brasileiro reconheceu a existência do crime de trabalho escravo no país. A partir daí, a política de repressão ao problema avançou e se estruturou, com a criação do Grupo Especial de Fiscalização Móvel, coordenado pelo Ministério do Trabalho e Emprego e com atuação de caráter interinstitucional. Como bem explica Ricardo Figueira, no prefácio do livro *Resgates* (2021, p. 8): "Até a criação do Grupo Móvel, o Estado não agia ou agia timidamente no combate ao crime". A criação do Grupo Móvel significou um marco na história do enfrentamento do trabalho análogo à de análogo no Brasil.

Diante do crescente número de denúncias de trabalhadoras domésticas submetidas a condições de escravidão contemporânea, a Inspeção do Trabalho implementou a fiscalização do trabalho doméstico, um universo até pouco tempo inacessível ao Estado. Para o enfrentamento do problema, os Auditores-Fiscais do Trabalho e outras autoridades partícipes da fiscalização verificam se os fatos se coadunam ao tipo penal previsto no art. 149 do CP. Nesse sentido, buscam reconhecer no caso concreto as situações que podem configurar o crime de trabalho análogo ao de escravo no âmbito doméstico.

Na prática, a Inspeção do Trabalho tem se deparado com casos de trabalhadoras domésticas que foram inseridas ainda crianças ou adolescente no seio da família para a qual trabalham e com a qual residem, diante da falsa promessa de melhores condições de vida. Normalmente são provenientes de famílias carentes e com grandes dificuldades financeiras e, dada a necessidade inerente do ser humano de sobrevivência, têm seus laços familiares primários rompidos com a esperança de uma vida melhor. Assim, essas meninas são retiradas do seu ambiente familiar e entregues a outras famílias sob a enganosa alegação de oportunidade de estudar, morar, de ter uma vida digna e um futuro melhor.

Todavia, o que se constata é uma pseudo adoção ou uma falsa ideia de inserção familiar. Às crianças/adolescentes que foram residir com uma família diversa da sua, jamais foram ofertadas as mesmas condições garantidas aos demais membros do núcleo familiar com o qual passaram a morar. Geralmente tais trabalhadoras não tiveram acesso à educação, não tiveram relacionamentos amorosos e de amizade, foram privadas de convivência social fora dos portões da residência, não tiveram acesso a atendimentos médicos e odontológicos, ou seja, não tiveram tratamento igual ao de um membro da família.

Se de fato tivessem sido inseridas na família ou tivessem sido adotadas formalmente teriam tratamento semelhante ao destinado aos demais membros do núcleo familiar. Este cenário faz com que as trabalhadoras se sintam dentro de uma relação parental que nunca existiu. Os empregadores utilizam a falsa ideia de pertencimento à família para explorar o trabalho doméstico daquelas mulheres. Pior, elas acreditam que fazem parte daquele núcleo familiar e que as ordens que recebem advêm de uma relação parental. Lado outro, nunca pertenceram à família e sempre trabalharam nos afazeres domésticos em troca de comida, vestuário e moradia. As ordens que recebem decorrem de uma relação empregatícia, camuflada pela dissimulada parentalidade.

As trabalhadoras que realizam os serviços domésticos em condições análogas às de escravo, na grande maioria dos casos, laboram desde a infância até a velhice para a mesma família, passando de geração para geração, como se fossem um objeto de valor, um "bem da família". Elas executam os trabalhos de limpeza e manutenção da casa, e cuidado de crianças, idosos e enfermos, sem terem quaisquer de seus direitos trabalhistas assegurados. Nunca foram registradas, não receberam salários, não gozaram períodos de intervalos e descanso, não tiveram recolhimentos previdenciários e fundiários, entre outros. E mais, muitas vezes estiveram expostas a situações de violências verbais e físicas, e não receberam tratamento digno pelos serviços realizados e pela dedicação dispensada à família durante toda sua vida.

A vulnerabilidade social e econômica dessas trabalhadoras propicia sua exploração. A ausência de reconhecimento como sujeitos de direitos, a ausência de instrução e a necessidade de sobrevivência acarretam a servidão. Por conseguinte, as trabalhadoras domésticas são submetidas a condições de subalternidade, vivem em verdadeiros aprisionamentos psicológicos, são acorrentadas às amarras invisíveis que as impedem de romper com as famílias exploradoras. Estas, por sua vez, mascaram a real exploração sob alegação de que não se trata de trabalhadoras, mas sim de "pessoas da família" a quem ajudaram e acolheram em seu próprio lar. Contudo, na verdade, os empregadores se assemelham aos senhores da Casa Grande, que exploram o trabalho alheio no ambiente doméstico de sua família e pagam pelos serviços executados apenas com sua alimentação e com um lugar para morar. A ausência de condições de autossobrevivência coloca as trabalhadoras em situação de *trabalho forçado*. Neste sentido, o trabalho doméstico realizado em troca de alimentação, vestuário e moradia configura trabalho em condições análogas às de escravo.

Além desse aspecto, o trabalho escravo doméstico assume outras feições: trabalhos domésticos realizados em *jornadas exaustivas* — sem limitação de horário de trabalho, com supressão de descansos e intervalos, trabalho realizado sempre à disposição do empregador. Nesse passo, são frequentes as referências das trabalhadoras domésticas que estão sempre de prontidão, à disposição da família para a realização de alguma tarefa doméstica. Não têm horários de trabalho respeitados e não usufruem de períodos de descanso.

Também são comuns as situações de trabalhadoras domésticas sujeitas a *condições degradantes* de trabalho e moradia. Nesses casos, é usual encontrar trabalhadoras domésticas que dormem no pior quarto da residência, sem condições de higiene e conforto. Normalmente são dormitórios que não dispõem das mesmas condições de seus patrões e que, muitas vezes, não se localizam sequer dentro da casa da família. Do mesmo modo, é habitual a existência de banheiros separados para o uso exclusivo das trabalhadoras e em precárias condições de utilização. Ou seja, as empregadas domésticas tidas como "da família" não podem usar o mesmo banheiro que as demais pessoas do núcleo familiar utilizam.

Além disso, há trabalhadoras domésticas que não têm acesso a todos alimentos da casa, que não podem fazer as refeições no mesmo horário e nem no mesmo ambiente em que a família realiza, que não podem escolher o que comer e beber dentro da residência na qual moram.

Esses fatos, por si sós, demonstram que as trabalhadoras não pertencem àquela família e que as condições de trabalho e de moradia a que estão submetidas são verdadeiramente afrontosas à sua dignidade e caracterizadoras de trabalho análogo ao de escravo.

De todo o exposto, vê-se que os casos apresentados neste trabalho são exemplos da moderna escravidão, ainda muito presente na sociedade brasileira. Vários aspectos aqui apresentados são encontrados nas tristes histórias relatadas: trabalho realizado no ambiente doméstico, por trabalhadoras que iniciaram a prestação laboral na infância e permaneceram trabalhando até a velhice, sem nunca receber salário ou terem seus direitos assegurados.

Embora seja necessária a ocorrência de apenas uma das hipóteses descritas no art. 149 do Código Penal brasileiro para a caracterização do trabalho análogo ao de escravo, nos casos de servidão doméstica é muito comum a concomitância de várias formas de execução do tipo penal, sobretudo trabalho forçado, jornada exaustiva e trabalho degradante.

5. Os desafios dos pós-resgates do trabalho escravo doméstico

No Brasil, as políticas públicas de repressão ao trabalho escravo tiveram início em 1995. Desde a criação do Grupo Especial de Fiscalização Móvel, o Estado brasileiro tem empreendido esforços para erradicar essa prática tão comum e naturalizada na sociedade.

Diante desse cenário, em 2021, com o apoio da Organização Internacional do Trabalho, o Brasil editou a Portaria n. 3.484, que tornou público o Fluxo Nacional de Atendimento às Vítimas do Trabalho Escravo. Esta norma define a atuação e a responsabilidade de cada ator social e ente federativo no processo de combate ao trabalho escravo. Trata-se de um importante instrumento de política pública brasileira que, além de apontar os papéis de cada instituição envolvida na operação de combate a essa chaga, prevê atendimento e assistência especializada e humanizada às vítimas resgatadas, como meio de assegurar a reinserção social desses trabalhadores na sociedade, em políticas e em serviços públicos.

Em que pese a existência de políticas públicas consolidadas para o enfrentamento ao trabalho escravo e a atuação repressiva dos atores sociais envolvidos nesta temática, quando se trata do resgate de trabalhadoras domésticas, a Inspeção do Trabalho e outras instituições partícipes das operações de combate ao trabalho escravo têm se deparado com grandes desafios no que se refere ao pós-resgate.

Isto porque o pós-resgate de trabalhadoras domésticas possui suas peculiaridades, quando comparado aos pós-resgates de trabalhadores urbanos e rurais: existe a necessidade de um resgaste de autonomia da trabalhadora, que na maioria das vezes não possui laços familiares ou relações sociais. A trabalhadora, que viveu toda a sua vida em situação de exploração, não possui referência, não possui identidade, e precisa "aprender" a caminhar com seus próprios passos. Segundo Pereira (2021, p. 260):

> Resgatar as trabalhadoras domésticas em trabalho análogo ao de escravo não significa apenas romper com a invisibilidade das hierarquias de poder que recaem sobre elas. Romper o vínculo com a família empregadora e devolver a capacidade de autodeterminação é também um desafio. Como visto, o vínculo não se mantém somente pelo afeto, mas por mecanismos de controle que se pautam em dicotomias que denotam humanidade e inferioridade, a partir das categorias de raça, gênero e classe. E a autodeterminação só pode ser alcançada se for oferecida à vítima a chance real de recomeçar e de ressignificar a si mesma, enquanto sujeita de direitos.

Neste momento, observam-se grandes deficiências do Estado brasileiro na política de pós-resgate. A falta de estrutura para abrigamento às trabalhadoras domésticas resgatadas; a inadequação de instrumentos de acolhimento, quando existentes; a dificuldade de articulação com os órgãos locais para implementar assistência e apoio às vítimas; a ausência de equipes multidisciplinares para atendimento; a dificuldade dos próprios entes envolvidos em compreender o fenômeno do trabalho escravo doméstico contemporâneo e perceber a sua gravidade são alguns dos percalços encontrados pela Inspeção do Trabalho, que tornam complexo o pós-resgate das trabalhadoras domésticas e escancaram as deficiências do Estado nas políticas públicas de ressocialização dessas vítimas e devolução de sua dignidade. De acordo com a Portaria n. 3.484/2021[7]:

> O Fluxo Nacional de Atendimento às Vítimas de Trabalho Escravo tem como objetivo promover atendimento especializado e sistematizado às vítimas de trabalho escravo por meio da atuação integrada e organizada de sua rede de proteção.

---

(7) Disponível em: https://www.in.gov.br/en/web/dou/-/portaria-n-3.484-de-6-de-outubro-de-2021-350935539.

Trata-se de uma atuação conjunta de todo o Estado, nas três esferas de poder, visando a reparação do dano causado à vítima de trabalho escravo, bem como a prevenção para que novas práticas não ocorram. As ações, desde o planejamento até o pós-resgate, demandam atuação de várias instituições do Estado. Como visto, desde 1995, com o início da política pública para erradicar o trabalho escravo o Brasil tem envidado esforços em ações de repressão à prática do crime. Todavia, as fiscalizações e o consequente resgate de trabalhadores, imprescindíveis ao alcance do fim colimado pelo Estado, por si sós, não são capazes de assegurar a efetiva restauração da dignidade às vítimas. Ainda que o Fluxo Nacional preveja medidas a serem adotadas pelos órgãos signatários da Portaria n. 3.484/2021, na prática não existem ações governamentais de assistência e de acompanhamento aos trabalhadores no pós-resgate. No âmbito doméstico, essa realidade é ainda mais evidente e cruel.

Constatado o trabalho doméstico análogo ao de escravo, a trabalhadora resgatada fará jus à quitação das verbas rescisórias decorrentes da ausência de pagamento de direitos trabalhistas devidos durante todo o período laboral. Além disso, a trabalhadora doméstica terá direito a três meses do seguro-desemprego(8), que corresponde a uma assistência financeira temporária concedida a todos trabalhadores resgatados em razão da rescisão do contrato de trabalho em decorrência da constatação de trabalho escravo contemporâneo.

No entanto, as seguintes indagações surgem: Onde a trabalhadora residirá após o resgate? Quem prestará assistência a ela? Qual será sua fonte de subsistência após cessadas as três parcelas do seguro-desemprego? O Estado brasileiro está preparado para prestar assistência às trabalhadoras domésticas resgatadas do trabalho escravo? A resposta infelizmente é não. Nesse sentido, é preciso pensar e formular políticas públicas voltadas para o pós-resgate das trabalhadoras domésticas.

Importante ressaltar que, diferentemente do trabalhador resgatado do trabalho escravo no meio rural ou em atividade econômica urbana, que geralmente é aliciado para o trabalho e tem o convívio com sua família preservado, as trabalhadoras domésticas submetidas a condições de escravidão em sua maioria romperam seus laços familiares quando iniciaram o labor em favor da família-exploradora. Portanto, não têm para onde voltar ou a quem recorrer após seus resgates. Significa dizer que caberá ao Estado satisfazer suas demandas iniciais, assegurando-lhe um local para acolhimento e suprindo suas necessidades básicas vitais. É aí que surge um grande desafio para os órgãos de fiscalização.

Conforme diretrizes do Fluxo Nacional de Atendimento às Vítimas de Trabalho Escravo no Brasil, o acolhimento e o pós-resgate de trabalhadores submetidos a condições análogas às de trabalho escravo compete à Assistência Social, através do órgão gestor

(8) Conforme art. 2º-C da Lei n. 7.998, de 11 de janeiro de 1990. Disponível em: http://www.planalto.gov.br/ccivil_03/leis/l7998.htm.

do Sistema Único de Assistência Social (SUAS), que deverá mobilizar a equipe e o equipamento de proteção social especial para a devida acolhida dos resgatados. Implementar essa política assistencial às trabalhadoras domésticas resgatadas é, indubitavelmente, o maior desafio imposto às autoridades responsáveis pela operação de fiscalização. Durante o planejamento de uma fiscalização para combate ao trabalho escravo no ambiente doméstico, a Inspeção do Trabalho articula com os órgãos da Assistência Social um local para abrigar a trabalhadora doméstica, em caso de retirada da residência da família--exploradora, e também o acompanhamento da vítima por uma equipe multidisciplinar. O ideal é que esta articulação seja realizada previamente ao início da fiscalização, haja vista a necessidade de garantia de existência de um local adequado e reservado para acolher a trabalhadora resgatada do trabalho escravo. Essa providência, todavia, não é simples.

Segundo a Política Nacional de Assistência Social (PNAS), a lei orgânica de Assistência Social (LOAS – Lei n. 8.742/93) e a tipificação nacional dos serviços socioassistenciais (Resolução n. 109, de 11 de novembro de 2009), a política de assistência social é descentralizada político-administrativamente, ou seja, a coordenação e a elaboração de normas gerais são de competência da esfera federal, enquanto a coordenação e a execução dos programas e serviços compete às esferas estadual e municipal. Este modelo de reestruturação orgânica da política pública de assistência social fortaleceu o papel dos municípios por considerar que esse ente federativo é o que melhor conhece suas próprias demandas e o que mais se aproxima da população usuária dos serviços socioassistenciais. Assim, pode-se dizer que no Brasil a execução da política assistencial é em regra municipalizada.

Em que pese esse modelo apresente vários aspectos positivos, sobretudo pela proximidade dos serviços com o usuário, quando se trata de assegurar à trabalhadora doméstica um serviço de acolhimento institucional, a municipalização se torna muitas vezes um entrave. Isto porque nem todo município brasileiro possui uma unidade de acolhimento compatível com o perfil da vítima resgatada e, quando possui, nem sempre existe vaga disponível para acolhê-la. Segundo a Portaria n. 3.484/2021, o acolhimento e atendimento à trabalhadora resgatada são atribuições que incumbem exclusivamente aos órgãos de assistência social, que são os responsáveis pelos pós-resgates. No entanto, diante da inércia ou inação daqueles órgãos, outras autoridades envolvidas no resgate, especialmente os Auditores-Fiscais do Trabalho e Procuradores do Trabalho, acabam tendo que atuar diretamente também nos pós-resgates, buscando solucionar essa questão.

Neste contexto, outro problema vivenciado pela Inspeção do Trabalho é a recusa por um outro município a promover o acolhimento e assistência à vítima de trabalho escravo retirada de residência localizada fora de seus limites territoriais. Noutros termos, ainda que haja um município limítrofe ou vizinho que disponha de estrutura para promover o acolhimento institucional de trabalhadoras resgatadas, a assistência não é prestada, sob o argumento de que a trabalhadora deverá ser atendida pela assistência social do município no qual residia e trabalhava. Observa-se uma conduta de total descompromisso por parte das instituições integrantes das Assistências Sociais municipais: não assumem para si a solução de uma situação de exploração ocorrida fora de seus limites territoriais. Neste ponto é essencial que se esclareça que à trabalhadora resgatada jamais foi dada a oportunidade de eleger um município para nele viver ou permanecer. Inserida em um núcleo familiar diferente do seu desde a infância e submetida às vontades e necessidades dos empregadores, é muito comum que ela inclusive tenha residido com a família em diversos municípios sem sequer ter sido consultada a este respeito. A inexistência de equipamento público para acolher a trabalhadora no município em que ocorreu o resgate não pode ser empecilho para a concretização do resgate de uma trabalhadora submetida a trabalho escravo.

Nos dois casos trazidos neste trabalho, a Auditoria-Fiscal do Trabalho contactou os órgãos assistenciais dos municípios em que estavam localizadas as residências e solicitou que providenciassem acolhimento para as trabalhadoras caso ocorressem os resgates. Em uma ação, o município se quedou inerte. Na outra, a resposta foi negativa, no sentido de não haver estrutura disponível para acolher a trabalhadora. Diante desta dificuldade, a equipe de Auditores-Fiscais e Procuradores do Trabalho recorreu a municípios vizinhos, na tentativa de buscar alternativas para o acolhimento e assistência às trabalhadoras. Como ocorre rotineiramente, num primeiro momento houve a recusa de acolher trabalhadoras provenientes de outros municípios, sob a alegação (já mencionada) de não se tratar de uma situação de violação ocorrida naquele município, já que as trabalhadoras lá não residiam.

Após muitas tratativas e graças ao empenho pessoal de servidores públicos envolvidos nas ações e à sensibilização das equipes da Assistência Social sobre a gravidade do problema, foi possível acolhê-las e atendê-las em municípios diversos daqueles onde residiam. Ressaltase que se trata de situações excepcionais. A municipalização dos serviços de assistência social não pode ser um entrave para o acesso das trabalhadoras domésticas resgatadas ao mínimo necessário à sua sobrevivência, à retomada de sua dignidade e à promoção da sua dignidade.

Visando promover a verdadeira inclusão social dessas trabalhadoras invisibilizadas a política assistencial do pós-resgate deve considerar as especificidades do perfil de trabalhadora doméstica. Nesse sentido, as políticas públicas devem privilegiar sua inserção social, ofertandolhes o mínimo assistencial básico, como proteção, inclusão, autonomia e valorização da pessoa. os programas da política de assistência social devem estar atentos às particularidades de um resgate como este e devem conhecer as vulnerabilidades sociais a que as trabalhadoras estão sujeitas, a fim de propiciar o rompimento das violações de direitos causando o menor dano pessoal e social possível. É certo que as trabalhadoras domésticas resgatadas constituem um grupo de mulheres vulnerabilizadas pela pobreza, exclusão social, dependência econômica e emocional da família com a qual viveu. Na maior parte dos casos, são mulheres com baixa ou nenhuma escolaridade, que não tiveram oportunidade (e não aprenderam) de manifestar sua vontade, que têm muita dificuldade em autodeterminar-se e que precisam ter sua autonomia resgatada, num longo e árduo processo. Esses aspectos devem ser considerados quando do pós-resgate.

Ademais, os casos de escravidão doméstica, ainda que façam parte de um contexto social coletivo, divergem em relação aos demais trabalhadores resgatados do trabalho escravo, eis que na grande maioria das vezes essas trabalhadoras vivem há 30, 40, 50 anos com a mesma família, na maior parte dos casos (como nos apresentados neste trabalho) não tiveram seus laços familiares preservados e, portanto, não há possibilidade de sua reinserção familiar. Também não têm condições de serem alojadas em um quarto de hotel após a sua saída da casa da família empregadora, dada sua falta de autonomia — diferentemente do que é feito com os demais trabalhadores rurais e urbanos resgatados. Por isso, a disponibilização prévia de um local para acolhimento se faz imprescindível para o êxito da fiscalização.

Outro ponto que cabe ser mencionado refere-se à inadequação de certas estruturas de acolhimento, quando existentes nos municípios. As unidades de acolhimento disponibilizadas por alguns municípios não estão preparadas para receberem as trabalhadoras domésticas resgatadas do trabalho escravo, por não assegurarem a elas de forma efetiva o recomeço de sua vida com respeito e dignidade. Como apontado anteriormente, as usuárias dos serviços da Assistência Social no caso de trabalho escravo doméstico possuem um perfil singular e isso deve levado em consideração quando forem implementadas políticas públicas específicas de pós-resgate.

As particularidades dessas trabalhadoras domésticas resgatadas do trabalho escravo e os contextos sociais em que estão inseridas têm relevância crucial para a política assistencial a ser efetivada e são determinantes para sua proteção e promoção de sua autonomia. Compreender a vulnerabilidade dessas trabalhadoras e sua condição enquanto usuária dos serviços socioassistenciais, impacta diretamente na política a ser desenvolvida e executada no pósresgate. Não se pretende aqui hierarquizar vulnerabilidades, apontando esta ou aquela como mais importante. O que se pretende é destacar que essas usuárias da assistência social diferem do perfil dos demais grupos vulnerabilizados e, portanto, carecem de atenção assistencial também distinta. O Brasil necessita de políticas públicas voltadas especialmente para o pósresgate de trabalhadoras domésticas, dada a especificidade da situação e o perfil delas. O que se tem hoje são adaptações pela política de Assistência Social das medidas utilizadas para os demais grupos vulneráveis, sem considerar as demandas específicas dessas trabalhadoras domésticas vítimas de trabalho escravo.

Com base na Política Nacional de Assistência Social (PNAS) e na lei orgânica de Assistência Social (LOAS), sabe-se que executar a política de assistência social compete ao gestor municipal. Logo, quando da formulação da Política Municipal de Assistência

Social e da elaboração de planos de ação pela rede municipal, o gestor deve levar em consideração as especificidades e as demandas dessas usuárias, de modo a promover sua real inclusão e proteção social. Vale lembrar que este modelo de política assistencial privilegia o município justamente por acreditá-lo como instância mais próxima do usuário do serviço e, portanto, possui mais condições de promover ações socioassistenciais efetivas.

Outro desafio é a dificuldade de articulação com os órgãos locais para implementar assistência e apoio às vítimas, por meio de equipes multidisciplinares, visto que tão importante quanto o local que irá acolher a trabalhadora doméstica resgatada de uma situação de trabalho análogo ao de escravo é a promoção do seu atendimento e acompanhamento psíquico-emocional e social por uma equipe de profissionais especializados. A trabalhadora doméstica resgatada encontra-se em situação de extrema vulnerabilidade, manifestada não só na ausência de alternativas de moradia e de cuidado, como também em sua condição de dependência psicossocial e econômica em relação à família com a qual viveu por vários anos. Por esta razão, para romper de vez com o ciclo de exploração e reconstruir sua própria vida, a trabalhadora doméstica resgatada dever ser assistida por equipe multidisciplinar que atuará em rede de modo a viabilizar o resgate de sua autonomia, autodeterminação e a promoção de assistência social, em saúde e amparo diante da ruptura de laços com a família com a qual residia.

Assim, é necessária uma atenção especial, ampla e multidisciplinar do Estado, proporcionando o acolhimento e a assistência adequados, com atuação por equipe de profissionais que propiciem a tomada de decisões assistidas e promovam efetivamente oportunidades de inserção social (por meio de educação e emprego decentes) e o alcance da plena cidadania.

Necessário esclarecer que, apesar da reestruturação orgânica da Política de Assistência Social, com alta capilaridade institucional descentralizada, a gestão da política assistencial não recebe um financiamento orçamentário específico voltado para a política de enfrentamento ao trabalho escravo. Significa dizer que não existe rubrica específica para essa temática no âmbito do SUAS, diferentemente do que ocorre, por exemplo, para o combate ao trabalho infantil. O Programa de Erradicação do Trabalho Infantil (PETI) faz parte da Política Nacional de Assistência Social e potencializa ações e recursos para o combate ao trabalho infantil. No caso do trabalho escravo, a política é tratada dentro da rubrica geral violações de direitos humanos.

Acredita-se que a destinação de uma verba intersetorial para esse fim específico, no âmbito da Assistência Social viabilizaria a implantação de políticas públicas voltadas ao enfrentamento desse problema, bem como para a promoção de ações e de serviços socioassistenciais que assegurem efetivamente a restauração da dignidade às vítimas.

Outro desafio enfrentado ao longo de uma fiscalização de combate ao trabalho escravo doméstico diz respeito à dificuldade dos próprios agentes envolvidos na operação fiscal em compreender o fenômeno do trabalho escravo doméstico contemporâneo e perceber a sua gravidade. Observa-se que frequentemente não há uma compreensão acerca do conceito de trabalho escravo contemporâneo e a sensibilização dos profissionais que irão atuar nos pósresgates e a percepção sobre essa realidade é essencial para o sucesso do atendimento e acolhimento das trabalhadoras resgatadas.

Como visto neste trabalho, a submissão de uma pessoa a condição análoga à de escravo não implica na posse de um ser humano sobre outro, como ocorria no Brasil até 1888. O que se observa na contemporaneidade é uma coisificação, uma redução da trabalhadora doméstica a uma condição de objeto, por meio da forma como é tratada. É importante que os atores sociais compreendam que a exploração de uma trabalhadora doméstica e a sua redução a condição análoga à de escravo estão intimamente relacionadas à vulnerabilidade social e econômica. É preciso entender o trabalho escravo doméstico como um fenômeno que extrapola a questão da exploração de uma ou outra trabalhadora, tendo-se em mente que se trata de uma cultura social, que normalizou o uso, a exploração de pessoas negras e pobres, retirando-lhes a dignidade. Essa forma de exploração do trabalho não pode mais coexistir na sociedade moderna. A troca do trabalho doméstico por alimentação, vestuário e moradia — normalmente realizado por mulheres negras e pobres — não pode continuar sendo vista como algo natural, intrínseca da cultura brasileira arraigada no colonialismo.

Nesse sentido, é necessário que os profissionais que atuarão no pós-resgate desnaturalizem essa exploração do trabalho doméstico. E mais, objetivando uma atuação efetiva após o resgate das trabalhadoras domésticas, torna-se imprescindível que esses agentes compreendam o perfil dessas vítimas: em sua maioria, trabalhadoras do sexo feminino, negras, nascidas em famílias pobres, com pouca ou nenhuma escolaridade, exploradas desde a infância ou adolescência, as quais, quando adultas, mostram-se desprovidas de autonomia e de laços sociais e familiares (não possuem amigos, não possuem companheiros, não estabeleceram vínculos afetivos fora do ambiente residencial), muitas vezes carentes de cuidados pessoais e com a saúde, dependentes emocionalmente da família exploradora.

Questão relevante também se refere às narrativas naturalistas dos empregadores que tentam justificar a ausência de pagamento de direitos sob argumento de que ofertam comida e um lugar para morar à trabalhadora e que ela "é quase da família". Este artifício de naturalizar a troca alimentação e moradia por trabalho e de falsamente inserir a trabalhadora doméstica no núcleo familiar tem o intuito de afastar reconhecimento do vínculo empregatício e, por conseguinte, deixar de assegurar os direitos decorrentes da relação de emprego. Nas duas fiscalizações analisadas neste trabalho, a falsa ideia de parentalidade foi aventada como justificativa para a exploração. Em um dos casos, buscando demonstrar o pertencimento ao núcleo familiar, os membros da família-exploradora se referiam à trabalhadora doméstica pelas alcunhas "vó-preta", "mãe-preta".

As trabalhadoras, por sua vez, diante desse discurso naturalista da troca do trabalho por moradia e alimentação, sequer têm noção de que a situação de trabalho e moradia em que se encontram é ilegal e violadora de direitos. Tais trabalhadoras jamais tiveram oportunidade diferente na vida e, por conhecerem apenas aquele universo, acreditam que sua condição consiste em "sorte" ou na "oportunidade que a vida lhe dera". O fato é que se acostumam ou aprendem a lidar com as condições precárias de vida. Em atitude de total resignação, não se reconhecem como detentoras de direitos, tampouco se enxergam em situação de violação de direitos e de dignidade humana. Para elas, trabalhar, estar o tempo inteiro à disposição da família e ser tratada de maneira diferente, de forma "coisificada", faz parte da sua sorte. Elas não têm conhecimento de que essas situações são vedadas pelo ordenamento jurídico e configuram trabalho escravo. As trabalhadoras sequer conhecem seus direitos. Nesse sentido, torna-se essencial no processo do pós-resgate a desnaturalização do processo de exploração e a conscientização da vítima no sentido de reconhecerem todas as violações à sua dignidade humana.

A ruptura dos lações de afeto existentes entre a trabalhadora e a família para a qual trabalha é outro grande desafio encontrado no pós-resgate de trabalhadoras domésticas. Esses laços obscurecem ou mascaram a exploração praticada ao longo do tempo. Como consequência, a trabalhadora não se reconhece como sujeito de direitos, pois acredita ser um membro daquela família, tampouco tem a capacidade de enxergar as violações a que é exposta diariamente.

Os dois casos apresentados neste trabalho revelam o contexto em que se iniciaram os trabalhos domésticos: nascidas em famílias extremamente vulnerabilizadas, ainda na juventude deixaram suas famílias e foram "doadas" aos empregadores (e aí inicia-se o seu tratamento como "coisa"). Foram inseridas no trabalho doméstico, acreditando que desta maneira teriam garantidas suas necessidades mais básicas de sobrevivência, alimentação e moradia.

O resultado não poderia ser outro, senão o estabelecimento de uma relação de dependência, submissão e sujeição da trabalhadora em relação à família para a qual trabalha. Tais trabalhadoras não possuem autonomia, seja financeira, seja social, seja emocional para almejarem outras possibilidades de vida, o que dificulta sobremaneira o rompimento com a família exploradora. Segundo Teixeira (2021, p. 43):

> Elas acabavam perdendo possibilidades de criação e de manutenção de outros vínculos sociais e afetivos, que que acontecia, inclusive, em relação à própria família de origem (TEIXEIRA, 2015). Em muitos casos, a falta de acesso à educação as confinava ainda mais a essa falta de vínculos, o que podia gerar uma dependência psicológica em relação à família de seus patrões. Essa dependência reforçava a própria continuidade da condição de trabalhadoras domésticas.

Por acreditarem na falsa ideia de pertencimento àquele núcleo familiar, e em razão desta dependência emocional criada em relação aos empregadores, tais trabalhadoras não têm consciência da situação de exploração a que estão sendo submetidas, sendo comum observar que a retirada da trabalhadora do local de trabalho não se mostra satisfatória para garantia da sua liberdade. Como não possuem relações afetivas e sociais construídas fora dos limites daquela residência, as trabalhadoras em muitos casos tendem a almejar o retorno às famílias que as exploraram por toda a vida, situação que foi verificada no caso 1, apresentado neste trabalho. A atuação efetiva de uma equipe multidisciplinar no pós--resgate poderia ter contribuído para a conscientização da trabalhadora sobre sua inserção em um ciclo exploratório e teria impedido seu retorna à casa da família-exploradora.

Finalmente, é necessário tratar da ausência de políticas públicas efetivas que resgatem a dignidade e que oportunizem às trabalhadoras a reconstrução de suas vidas, inserindo-as na sociedade. Assim, com o objetivo de afastá-las da situação de exploração, não basta abrigá-las, muitas vezes de forma precária, em locais de acolhimento para pessoas cujos perfis não condizem com os das trabalhadoras domésticas resgatadas, ou seja, para pessoas idosas, para pessoas em situação de vulnerabilidade social, pessoas em situação de rua, mulheres vítimas de violência doméstica. Tampouco é satisfatória a concessão de três parcelas do Seguro-desemprego do Trabalhador Resgatado, no valor correspondente a um salário-mínimo.

Tais providências mostram-se apenas emergenciais e insuficientes para o verdadeiro resgate de dignidade que se procura realizar. Conforme prevê as diretrizes do Fluxo Nacional de Atendimento às Vítimas de Trabalho, as trabalhadoras resgatadas fazem jus à assistência médica, psicológica, social e trabalhista, bem como necessitam de atendimento e acompanhamento com a inclusão em programas sociais, de qualificação profissional, de geração de empregos decentes e formalizados, a fim de que se inicie o resgate de sua liberdade, de sua autonomia e de sua independência.

6. Considerações finais

As reflexões apresentadas neste trabalho permitem concluir que a exploração do trabalho doméstico em condições análogas às de escravo tem sua base em vulnerabilidades de diversas naturezas, especialmente a social e a econômica. As vítimas do trabalho escravo doméstico muitas vezes não tiveram acesso às políticas públicas assistenciais e estão submetidas a diversas formas de discriminação, como a de gênero, de raça, e de idade (considerando que a maioria das trabalhadoras inicia as atividades laborais ainda na infância). Este contexto de vulnerabilidades propicia o aliciamento e a exploração.

Acredita-se que além das ações de repressão ao trabalho análogo ao de escravo, deve o Estado brasileiro fortalecer suas políticas de prevenção, por meio de iniciativas que coíbam as mais variadas causas ou razões dessas violações. Assim, cabe ao poder público agir no sentido de reduzir as desigualdades sociais e econômicas, promover o efetivo combate a todas as formas de discriminação, trabalhar na erradicação do trabalho infantil, oportunizar a todos o acesso a educação, a saúde, a condições dignas de moradia, conscientizar as pessoas a respeito da importância do trabalho decente.

Tendo em vista que o enfoque deste estudo foi tratar as dificuldades encontradas no pós-resgate das trabalhadoras domésticas, passa-se a propor soluções para a questão. Verificou-se a necessidade de criação de políticas públicas de assistência às vítimas que não se resumam ao fornecimento de moradia, ou de abrigamento, apenas. Naturalmente que o abrigamento das trabalhadoras é necessário, e esta questão será tratada adiante. No entanto, observa-se que as assistências social e psicológica são determinantes para a verdadeira libertação das trabalhadoras domésticas escravizadas, de maneira que haja a aceitação e o reconhecimento da exploração da qual foram vítimas.

Em outras palavras, para que o acompanhamento pós-resgate seja efetivo, é essencial que se reafirmem na trabalhadora a sua autonomia e a sua independência, tanto emocional, quanto financeira. Assim, nota-se que as equipes de assistência social devem estar preparadas para essa abordagem, tendo em mente que a ruptura de vínculo entre a trabalhadora e os empregadores não ocorre de forma abrupta; pelo contrário, é gradual, e requer paciência e dedicação dos profissionais, os quais devem ter consciência da necessidade de se acompanhar a trajetória da vítima após o resgate.

O caso 1 analisado neste trabalho revela como um atendimento ineficiente foi capaz de prejudicar toda a ação de resgate realizada e, o que é pior, impossibilitar a libertação da trabalhadora, a qual, ainda emocionalmente vinculada à família exploradora, optou por retornar à residência da empregadora. Pensa-se, assim, que a trabalhadora, uma vez consciente do ciclo de explorações e de privação de direitos a que foi exposta por toda a vida, estaria mais bem preparada para, além de deixar a residência palco das explorações, finalmente caminhar por si só, firmar laços afetivos e sociais, se preparar para uma futura reinserção no mercado de trabalho.

Como outras medidas que podem ser adotadas pelo poder público com o escopo de prestar assistência adequada às trabalhadoras resgatadas, sugere-se a criação de centros de acolhimento para trabalhadoras domésticas resgatadas, que consistiriam em imóveis equipados para o seu abrigamento, no âmbito de cada estado da Federação. Demonstrou-se nos dois casos apresentados, a dificuldade de se alojarem as trabalhadoras após a retirada das residências em que foram exploradas, especialmente em razão de nenhuma das duas possuir familiares ou amigos que pudessem acolhê-las.

Além disso, é necessário que se disponibilizem equipes multidisciplinares de referência em todos os estados da federação, as quais participem de forma ativa das ações de fiscalização. Nesse sentido, torna-se clara a importância da capacitação de todos os profissionais que atuam no pós-resgate, ressaltando-se a importância de uma articulação intersetorial, de uma maior integração entre os atores e agentes que lidam com a temática.

Importante destacar ainda que, a busca de soluções e alternativas para pós-resgates bem-sucedidos não deve ficar a cargo do empenho pessoal dos servidores envolvidos, os quais, naturalmente, sensibilizam-se com os obstáculos enfrentados e até mesmo extrapolam suas atribuições legais com o objetivo de assegurar acolhimento mínimo às trabalhadoras. Noutros termos, deve-se tratar a questão como um problema institucional, cabendo ao Estado a criação de políticas públicas permanentes para sua solução. Ressalta-se, portanto, que as providências, atendimentos e acolhimento prestados no pós-resgate, bem como todas as suas dificuldades, são de responsabilidade do Estado, que se encontra em déficit histórico com essa população marginalizada há tantos anos, justamente por não implementar políticas públicas eficazes pós abolição da escravidão no país.

Sabe-se que o combate ao trabalho análogo ao de escravo no Brasil, atualmente, se dá por meio de atuação articulada e integrada de diversos agentes, como os pertencentes ao sistema de justiça, as organizações da sociedade civil (incluindo-se os movimentos sociais), e até mesmo as instituições superiores de ensino. No entanto, embora não haja óbice para que os agentes mencionados atuem como auxiliares no pós-resgate, como observado no caso 2 apresentado, em que uma associação civil proporcionou a criação de uma unidade de acolhimento para trabalhadoras resgatadas, lembra-se que é necessário que o Estado brasileiro se aproprie deste problema social e traga para si a responsabilidade de solucioná-lo.

Para tanto, como já exposto neste trabalho, umas das medidas que se mostra relevante é a destinação de verba orçamentária específica na política assistencial para o enfretamento da temática trabalho análogo ao de escravo, o que não ocorre atualmente, uma vez que o combate ao trabalho escravo é tratado dentro da rubrica geral violações a direitos humanos. Entende-se que a destinação de verba para essa finalidade específica no âmbito da Assistência Social possibilitaria uma maior implementação de políticas públicas voltadas para uma real libertação das vítimas.

Além das ações de assistência social, ressalta-se a importância de se assegurarem às trabalhadoras, assistência jurídica, médica, odontológica, educacional. Órgãos como o Ministério Público do Trabalho e a Defensoria Pública da União devem atuar no sentido de se buscar a satisfação dos direitos violados por tantos anos (inclusive de direitos previdenciários), seja por meio da resolução extrajudicial dos conflitos (por meio de assinatura de Termos de Ajustamento de Conduta), seja por meio do ajuizamento de ações, coletivas ou individuais. Cabe ressaltar a necessidade de que tais medidas sejam tomadas com a maior brevidade possível, em razão da situação de total desamparo financeiro das trabalhadoras no momento posterior ao seu resgate.

Ademais, a reinserção dessas trabalhadoras no mundo do trabalho é de fundamental importância para o restabelecimento da sua dignidade. Claro, se a trabalhadora ainda estiver em idade produtiva. É necessário gerar oportunidades dignas de vida e trabalho às vítimas do trabalho escravo, bem como garantir a elas acesso a emprego e renda de qualidade. E isso se dá por meio da promoção de trabalhos decentes. Para tanto, é importante que hajam políticas públicas no sentido de prepará-las para novas possibilidades de atuação profissional, o que inclui não apenas uma maior qualificação profissional, mas principalmente uma maior noção das explorações sofridas até então e, consequentemente, maior preparação para lidar com as opressões que puder vir a sofrer. Importante esclarecer que a promoção da dignidade está estritamente ligada ao acesso a políticas assistências de saúde e educação. Assegurar assistência médica, odontológica e educacional às trabalhadoras domésticas resgatadas significa respeitá-las em sua condição de ser humano, garantindo-lhes oportunidades de acesso a políticas públicas universais e igualdade de direitos e de tratamento as demais pessoas. Ademais, a promoção da educação aumenta a consciência dessas cidadãs que, na maioria das vezes, não têm compreensão de que estão sendo privadas dos direitos elementares da pessoa humana e de condições decentes de trabalho.

Questão também relevante a ser tratada no pós-resgate refere-se à necessidade de assegurar uma renda mínima às trabalhadoras domésticas resgatadas. Atualmente, todo trabalhador resgatado do trabalho escravo tem direito a três parcelas do seguro-desemprego no valor de um salário mínimo. Todavia, observa-se que, na prática, essas três parcelas são insuficientes para assegurar à vítima a retomada de sua vida com dignidade. Quando a vítima resgatada é trabalhadora doméstica, a questão é ainda mais profunda.

Na servidão doméstica, a trabalhadora geralmente labora para o mesmo núcleo familiar há anos, sem registro formal de seu contrato de trabalho e, por conseguinte, sem que tenham sido efetuados recolhimentos previdenciários a seu favor. Logo, não preenchem em regra os requisitos necessários para serem seguradas da Previdência Social. Ademais, constatada a situação de trabalho análogo ao de escravo, têm seu contrato de trabalho extinto e só recebem três parcelas do seguro-desemprego, sem possuírem qualquer tipo de renda própria para seu sustento.

Para romper de vez com ciclo de exploração a que estão submetidas as trabalhadoras domésticas, é imprescindível assegurar a elas uma renda mínima que possibilite um recomeço de vida com dignidade. Sugere-se, portanto, um aumento do número no mínimo de parcelas de seguro-desemprego pagas ao trabalhador resgatado da condição análoga à escravidão, bem como o pagamento de um benefício de prestação continuada às trabalhadoras domésticas vítimas de trabalho escravo que não se tornaram seguradas da Previdência Social por razões alheias a sua vontade. Cumpre ressaltar que esse apoio financeiro às vítimas de trabalho escravo doméstico é essencial para que elas consigam ressignificar suas vidas.

Com a realização deste trabalho, observou-se que para o êxito do resgate de trabalhadoras domésticas são imprescindíveis o fortalecimento das políticas públicas e dos programas de assistência social, educação e saúde, a promoção de qualificação profissional, a inclusão em situações de trabalho decente e formalizado e a efetiva garantia de direitos às trabalhadoras resgatadas.

As políticas e os equipamentos públicos existentes atualmente não se mostram suficientes e eficientes para acolher as trabalhadoras domésticas, promover sua autonomia, recuperar sua dignidade, cidadania e, sobretudo, superar sua situação de vulnerabilidade social. Assim, o estudo revelou como o Brasil precisa avançar em políticas públicas efetivas direcionadas à assistência e ao apoio às vítimas resgatadas do trabalho escravo doméstico.

Referências

ANDRADE, Shirley Silveira. *A MULHER NEGRA NO MERCADO DE TRABALHO:* Condições escravistas das trabalhadoras domésticas. Curitiba: Editora CRV, 2022.

BRASIL. *Decreto-lei n. 2.848, de 7 de dezembro de 1940.* Código Penal. Brasília, DF: *Diário Oficial da União*, 1940.

______. *Lei n. 3.353, de 13 de maio de 1888.* Declara extinta a escravidão no Brasil. Rio de Janeiro, RJ, 1888.

______. *Lei n. 7.998, de 11 de janeiro de 1990.* Regula o Programa do Seguro-Desemprego, o Abono Salarial, institui o Fundo de Amparo ao Trabalhador (FAT), e dá outras providências. Brasília, DF: *Diário Oficial da União*, 1990.

______. *Portaria n. 3.484, de 6 de outubro de 2021.* Torna público o Fluxo Nacional de Atendimento às Vítimas de Trabalho Escravo no Brasil. Brasília, DF: *Diário Oficial da União*, 1990.

BARROSO, Luís Roberto. *A dignidade da pessoa humana no direito constitucional contemporâneo:* natureza jurídica, conteúdos mínimos e critérios de aplicação. Disponível em: http://www.osconstitucionalistas.com.br/wp-content/uploads/2010/12/LRBarroso-Adignidade-da-pessoa-humana-no-Direito-Constitucional-contemporaneo.pdf

CARDOSO, Lys; FAGUNDES, Maurício; SUZUKI, Natália; BENEDITO, Beatriz; PEREIRA, Guilherme; MOYA, Jobana. *O trabalho escravo contemporâneo não teve quarentena.* Disponível em: https://politica.estadao.com.br/blogs/gestao-politica-e-sociedade/o-trabalhoescravo-contemporaneo-nao-teve-quarentena/. Acesso em: 20 ago. 2020.

FIGUEIRA, Ricardo Rezende. O Trabalho Escravo após a Lei Áurea. In: SAKAMOTO, Leonardo (Org.). *Escravidão Contemporânea.* São Paulo: Contexto, 2020.

IPEA. *Os Desafios do Passado no Trabalho Doméstico do Século XXI:* reflexões para o caso brasileiro a partir dos dados da PNAD Contínua. Instituto de Pesquisa Econômica Aplicada. Brasília: Rio de Janeiro: Ipea, 2019.

MESQUITA, Valena Jacob Chaves. *O trabalho análogo ao de escravo:* uma análise jurisprudencial do crime no TRF da 1ª Região. Belo Horizonte: RTM, 2016. p. 29-80.

MIRAGLIA, Lívia Mendes Moreira. *Trabalho escravo contemporâneo:* conceituação à luz do princípio da dignidade da pessoa humana. 2. ed. São Paulo: LTr, 2015.

OLIVEIRA, Carolina Muniz de. Dissensos interpretativos e trabalho em condições análogas às de escravo: a relevância da uniformização jurisprudencial dos Tribunais Regionais Federais. *Laborare*, n. 5, v. 9, 2022. Disponível em: https://revistalaborare.org/index.php/laborare/article/view/154/155. Acesso em: 19 ago. 2022.

PAULA. Júlia de. Construindo ruínas no espaço urbano: o trabalho escravo na construção civil. In: FIGUEIRA, Ricardo Rezende. PRADO, Adonia Antunes. GALVÃO, Edna Maria. (Orgs.). *Discussões contemporâneas sobre trabalho escravo:* teoria e pesquisa. Rio de Janeiro; Mauad X, 2016. p. 441-460.

PEREIRA, Marcela Rage. *A invisibilidade do trabalho escravo doméstico e o afeto como fator de perpetuação.* São Paulo: Editora Dialética, 2021.

PIOVESAN. Flávia. Trabalho Escravo e Degradante como forma de violação aos direitos humanos. In: VELLOSO, Gabriel; MARANHÃO, Ney (Coords.). *Contemporaneidade e Trabalho* — aspectos materiais e processuais. Estudos em homenagem aos 30 anos da AMATRA VIII. São Paulo: LTr, 2011. p. 134-146.

RIBEIRO, Cláudia; CAMPOS, Marcelo; LEITÃO, Márcio; DANTAS, Marinalva; FAGUNDES, Maurício; LIMA, Paulo; CARVALHO, Sérgio; MONTE, Valderez. *Resgates:* combate ao trabalho escravo contemporâneo no Brasil. Belo Horizonte: RTM, 2021.

SILVA, Glênio Oliveira da; OLIVEIRA Guilherme Saramago de; SILVA, Michele Maria da. Estudo de caso: uma estratégia de pesquisa. *Revista Prisma*, Rio de Janeiro, v. 2, n. 1, p. 78-90, 2021).

SUBSECRETARIA DE INSPEÇÃO DO TRABALHO (SIT). *Painel de Informações e Estatísticas da Inspeção do Trabalho no Brasil — Radar do Trabalho Escravo.* Disponível em: https://sit.trabalho.gov.br/radar . Acesso em: 07 jun. 2023.

TEIXEIRA, Juliana Cristina. *Trabalho Doméstico.* São Paulo: Jandaíra, 2021.

YIN, Robert K. *Estudo de caso:* planejamento e métodos. 2.ed. Porto Alegre: Bookman, 2001.

Parte 7

Trabalho e Sistema Penal

O Trabalho como Um Meio de Inclusão Social do Apenado e do Egresso no Segmento do Complexo Penitenciário de Americano no Estado do Pará

Susana Suelli da Silva e Souza da Costa[9]

1. Introdução

Este artigo não objetiva ater-se na argumentação racional pelas quais são executados delitos ou em que dimensão isso acontece em analogia com demais crimes cometidos. O objeto é abordar a questão do apenado já na condição de encarcerado e, independente das razões que o levaram à prisão, verificar os efeitos que o trabalho carcerário exerce no cotidiano prisional por meio das representações sociais expressas pelos presos, pelo corpo dirigente e pelos funcionários das empresas contratantes.

A pesquisa se faz relevante, pois, a lei de execução penal (LEP), em seu art. 41 e inciso II, relata que o trabalho é um direito do preso. Entretanto, são raras as empresas que ofertam vagas de trabalho tanto para apenados quanto para egressos do sistema prisional.

Este artigo também abordará as dificuldades de ressocialização, uma vez que ninguém pode ser recuperado por um encarceramento marcado pela constante violência, condições de miséria, corrupção e desrespeito à dignidade humana.

A escolha do assunto (o trabalho como um meio de inclusão social do Apenado e do Egresso no segmento do Complexo Penitenciário de Americano no Estado do Pará), como tema de artigo, partiu de experiências vivenciadas com a realidade prisional, no Complexo Penitenciário de Americano no município de Santa Isabel, no estado do Pará.

Experiências que ocorreram durante o período de graduação, através do estágio na Defensoria Pública do Pará no Núcleo de Defesa em Execução Penal, nos anos de 2018 a 2020, participando de visitas carcerárias sob supervisão de defensores.

(9) Bacharela em Direito.

Esse período de conhecimento prático nos cárceres foi relevante para que o meu interesse pela investigação do tema aumentasse, despertando ainda mais o interesse de buscar novas informações referentes ao assunto.

O presente trabalho desenvolvido ao longo desta pesquisa científica realizou uma breve análise nas formas de reinserção de apenados e egressos do Complexo Penitenciário de Americano no município de Santa Izabel no Estado do Pará. Os métodos utilizados foram através de questionários e pesquisas bibliográficas de autores renomados na área da sociologia jurídica; foram feitas também pesquisas nas leis constitucionais, nas infra-constitucionais (Código penal e na Consolidação das Leis do Trabalho — CLT).

2. Desenvolvimento

Trabalho é qualquer atividade (física ou intelectual), que pode ser realizada pelo ser humano que tem como objetivo transformar, obter ou fazer algo à realização e desenvolvimento econômico pessoal. O sociólogo Max Weber alude que o trabalho dignifica o homem, aborda que a prática trabalhista é uma das ações sociais mais nobres e dignas presentes na sociedade; Weber via-o como o fruto de um ideal do capitalismo.

O filósofo Karl Marx tinha uma visão crítica do trabalho e do assalariamento no contexto do capitalismo. Ele via o trabalho como uma atividade intrinsecamente humana e criativa, argumentando que, sob as condições certas, o trabalho poderia ser uma fonte de realização pessoal e de liberdade, permitindo que os indivíduos expressassem sua criatividade, talentos e habilidades, contribuindo para o desenvolvimento pleno de suas capacidades.

Entretanto, Marx via o assalariamento no capitalismo como uma forma de captura, onde os trabalhadores eram explorados e alienados de seus próprios esforços e produtos. Ele via a luta de classes como um caminho para a emancipação dos trabalhadores e a criação de uma sociedade mais justa.

O trabalho exerce um papel essencial na reinserção de apenados e egressos do sistema prisional na sociedade, porque possibilita a chance de construir uma vida lícita e benéfica. Entretanto, inúmeras barreiras podem dificultar essa reintegração, pois, esses indivíduos enfrentam constantemente preconceito e discriminação por parte de empregadores, dificultando a busca pela reinclusão no mercado de trabalho.

Dessa forma, também, há falta de qualificações e habilidades, isso porque, muitos presos não têm preparações adequadas para competirem no mercado de trabalho, resultando na insuficiência de oportunidades de educação e capacitação profissional dentro do sistema carcerário. Assim, existem restrições legais que proíbem ou limitam a contratação de indivíduos que possuam antecedentes criminais em certas profissões ou setores. Cabe salientar que, há falta de apoio pós-libertação, porque muitos egressos, na maioria das vezes, não recebem apoio apropriado para encontrar emprego, o que pode facilitar a reincidência.

Embora haja esses desafios, muitos setores e organizações estão trabalhando para vencer essas barreiras e proporcionar a ressocialização por meio da inserção no mercado de trabalho. Haja vista que isso envolverá a execução de programas de treinamento vocacional e educação nos presídios, cooperações e parcerias com empregadores prontos a contratar egressos e a promover normas que diminuam o estigma e as restrições legais.

Dessa forma, existem incentivos fiscais para esses empregadores por parte do governo, posto que, o Conselho Nacional de Justiça (CNJ), atua com o programa chamado começar de novo; e outros órgãos do governo brasileiro também trabalham em iniciativas para promover a contratação de apenados e egressos do sistema prisional como parte de esforços de ressocialização e redução da reincidência criminal.

Os incentivos fiscais oferecidos aos empregadores incluem a redução de encargos trabalhistas, pois, o governo pode conceder descontos nas contribuições previdenciárias e tributos relacionados à folha de pagamento dos trabalhadores contratados, o que torna a contratação de apenados e egressos mais vantajosa do ponto de vista financeiro para as empresas.

Incluem também dedução no imposto de renda, assim, as empresas podem receber benefícios fiscais em forma de deduções, caso apoiem programas de ressocialização, capacitação e empregabilidade desses indivíduos.

O denominado "Selo Resgata" é um reconhecimento dado a empresas que contratam egressos do sistema prisional. Esse selo não oferece incentivos fiscais diretos, mas pode ser usado para melhorar a imagem da empresa e demonstrar seu compromisso com a responsabilidade social.

Essa política de concessão é voltada para incentivar, estimular e reconhecer as organizações que empregam pessoas em privação de liberdade, internadas, em cumprimento de alternativas penais e egressas do sistema prisional, segundo informa a Secretaria Nacional de Políticas Penais.

As prisões têm por objetivo o estabelecimento de um local de reflexão, de restauração, de caráter pedagógico, porém, de fato, não há essa finalidade, pois, ela torna-se uma escola de crimes, isso porque, o a pena do dificilmente se reabilitará ao convívio social.

> A punição não constitui mais uma área marginal da grande economia. Empresas que produzem todos os tipos de bens — de edifícios a dispositivos eletrônicos e produtos de higiene — e fornecem todo tipo de serviço — de refeições a terapias e assistência médica — estão agora diretamente envolvidas no negócio da punição. Ou seja, empresas que poderíamos presumir que estivessem muito distantes do trabalho de punição estatal desenvolveram importantes interesses na perpetuação de um sistema prisional cuja obsolescência histórica torna-se, portanto, muito mais difícil de reconhecer.

> Foi durante a década de 1980 que os laços corporativos com o sistema penitenciário se tornaram mais abrangentes e profundos do que nunca. Ao longo da história do sistema prisional dos Estados Unidos, contudo, os prisioneiros sempre constituíram uma fonte potencial de lucro. Por exemplo, serviram de valiosos sujeitos na pesquisa médica, posicionando assim a prisão como um elo importante entre universidades e empresas (DAVIS, 2017, p. 73-74).

Segundo a autora Davis, a punição nos Estados Unidos da América deixou de ser uma preocupação apenas estatal e tornou-se uma parte considerável da economia, abarcando empresas que produzem uma grande diversidade de bens e serviços. Essas companhias empresariais agora possuem bastantes interesses financeiros na manutenção do sistema prisional existente, ainda que esse sistema seja visto como obsoleto pela sua longa história e ineficiência.

Com isso, setores da economia que geralmente não seriam ligados à punição, como por exemplo: a produção de edifícios, eletrônicos, produtos de higiene, refeições, terapias e assistência médica, agora passaram a se envolver no mercado penitenciário. Criando um conflito de interesses, haja vista que essas empresas podem beneficiar-se financeiramente com a permanência do sistema prisional, dificultando o reconhecimento da necessidade de reformas ou a obsolescência desse sistema.

Ao invés de focar na correção e reabilitação, o sistema prisional pode estar interessado pela busca de lucros para essas empresas, o que pode causar sérios problemas ao sistema de justiça criminal e às políticas de punição.

No Brasil, de acordo com informações do Conselho Nacional de Política Criminal e Penitenciária (CNPCP), os presídios são administrados principalmente pelas autoridades estaduais. Cada estado brasileiro é responsável por suas próprias instituições prisionais, e a administração dos presídios é uma responsabilidade das Secretarias de Administração Penitenciária ou Secretarias de Justiça e Cidadania de cada estado.

Sendo que, essas agências estaduais são responsáveis pela gestão, manutenção e operação dos presídios em seus respectivos estados, incluindo a custódia de presos, a segurança e a aplicação das leis penais.

O sistema prisional brasileiro também envolve a participação do governo federal, especialmente no que diz respeito ao Sistema Penitenciário Federal, que abriga presos considerados de alta periculosidade ou que estejam sob custódia do governo federal por razões específicas. A gestão privada de presídios brasileiros tem sido mencionada por governadores como alternativa para enfrentar o caos do sistema penitenciário.

O Conselho Nacional de Política Criminal e Penitenciária, informa que 21 cidades têm prisões geridas pela iniciativa privada. De acordo com os dados, são 32 unidades em oito estados brasileiros, sendo que, dentre esses 32 presídios privados, apenas um funciona via Parceria Público-Privada, é o caso do presídio situado em Ribeirão das Neves, em Minas Gerais. Os demais são geridos no modelo de cogestão. Dessa forma, os Estados com maior número de presídios privados ficam no Amazonas e Bahia com 8 presídios cada e Minas Gerais com cinco presídios.

> A reclusão desempenha um papel que comporta algumas características distintas: impedir a circulação de pessoas que cometeram crimes, afastando-as da sociedade através do encarceramento. A reclusão também intervém na conduta dos indivíduos, ou seja, exerce controle, regula a maneira de agir, de se comportar (interfere na sua vida sexual e íntima). Essa reclusão funciona sob uma perspectiva muito maior de controle e vigilância em nome da ordem do que pelo cumprimento da lei (FOUCAULT, 1998, p. 36).

Segundo Foucault, na era moderna a definição do uso do poder se dá através da disciplina, por meio de dominação, objetivando domesticar o comportamento do ser humano. Michelle Alexander, autora do livro A nova segregação, Racismo e encarceramento, descreve que:

> O encarceramento em massa foi normalizado e todos os estereótipos e suposições raciais que deram origem ao sistema são agora abraçados (ou pelo menos internalizados) por pessoas de todas as cores, de todas as trajetórias de vida e por cada um dos principais partidos políticos (ALEXANDER, 2017, p. 261).

Alexander sugere que o encarceramento em massa se tornou aceito e comum na sociedade, que o sistema de justiça criminal dos Estados Unidos, não apenas consolida desigualdades raciais, mas também faz com que bastante pessoas aceitem e até mesmo interiorizam estereótipos raciais e sociais que sustentam esse sistema.

> Estas foram as estratégias utilizadas pelos governos de estado e da presidência para mostrar o quão duros são no combate aos crimes e aos criminosos, de modo que "financiar defensorias públicas e pagar advogados privados para defender acusados de crimes têm recebido baixa prioridade" (ALEXANDER, 2017, p. 140).

Alexander afirma que pelo fato do indivíduo ser negro, ele se torna alvo dos policiais, por causa do estigma que ele sofre pela associação ideológica entre negro e criminoso.

É por esse motivo que o foco dos policiais sempre esteve voltado para este grupo de pessoas, com a desculpa de combater às drogas, os policiais combatiam os negros.

> Apesar disso, a Guerra às Drogas foi e ainda é, a principal arma de dominação do racismo, porque o traficante ou o criminoso sempre é caracterizado como negro, exigindo a este a punição mais rígida se comparada com a eventual prisão de um branco (ALEXANDER, 2017, p. 170-171).

Ângela Davis explicita que:

> O complexo criminal americano é estruturado pela organização G4S que afirma promover segurança para todo o mundo, mas, na verdade, promove a repressão contra minorias e utiliza táticas de tortura e discriminatórias, tudo sob a falácia de que busca a "segurança" com a privatização de serviços antes realizados pelo Estado (DAVIS, 2018, p. 57-64).

Assim, ela explica que "as pessoas trans de minorias étnicas formam o grupo com maior probabilidade de ser detido ou preso. O racismo alimenta a manutenção e a expansão do complexo industrial-prisional" (Davis, 2017, p. 64). O direito do trabalho e o direito penal executam papéis fundamentais no processo de ressocialização do condenado, colaborando para haja a reintegração desses indivíduos na sociedade e reduzindo assim as taxas de reincidência criminal e essa relação tem grande relevância para a busca na construção de uma sociedade mais justa e segura.

2.1. Legislação

O Código Penal estabelece no art. 32 que as penas podem ser privativas de liberdade, restritivas de direito e de multa. Em casos em que couber a privativa, elas serão penas de detenção e reclusão. Caso seja penas restritivas de direito, consistirá em prestação pecuniária, perda de bens e valores, prestação de serviços à comunidade, interdição temporária de direitos e limitação de fim de semana.

A Lei n. 7.210/1984, Lei de Execução Penal, designa no art. 110 que o juiz, na sentença, estabelecerá o regime no qual o condenado iniciará o cumprimento da pena privativa de liberdade, observado o disposto no art. 33 do Código Penal; consta também neste art. 33 que a pena de reclusão deve ser cumprida em regime fechado, semiaberto ou aberto; já a pena de detenção, em regime semiaberto, ou aberto, salvo necessidade de transferência a regime fechado.

2.2. Espécies de pena e regimes de cumprimento

As penas privativas de liberdade são aquelas que objetivam a privação do direito de ir e vir do condenado, se realizando através do recolhimento em instituição prisional.

A pena será cumprida em regime fechado, semiaberto ou aberto, dependendo da especificidade do caso.

As penas restritivas de direitos são penas alternativas eficazes a evitar o encarceramento, que impõe certos refreamentos ou obrigações para o condenado em vez da prisão. As espécies de penas restritivas de direito estão presentes no art. 43 do Código Penal, que são as prestações pecuniárias; as perdas de bens ou valores; as prestações de serviços à comunidade ou às entidades públicas; as interdições temporárias de direitos, e as limitações de fim de semana.

Já a pena de multa é uma forma de pena pecuniária, determinada pelo Estado aos indivíduos condenados por praticar infrações penais. Refere-se a um pagamento que não corresponde ao valor do dano causado, é vista como uma punição de natureza patrimonial, por ser um pagamento monetário feito por ordem judicial, em virtude de sentença condenatória (ROGERIO GRECO, 2008, p 230).

O Código Penal em seu art. 33, parágrafo 1o, diz que se considera regime fechado o cumprimento da pena em estabelecimento de segurança máxima ou média. Esse regime é atribuído a condenados com penas superiores a oito anos, tem como peculiaridade o controle e a vigilância.

Nele, o recluso poderá trabalhar e estudar dentro do presídio, poderá até trabalhar fora, desde que seja em obras ou serviços públicos, inspecionados por órgãos da administração direta ou indireta e entidades privadas; nesse caso, é importante que sejam tomadas medidas a fim de evitar fugas, mantendo a disciplina. Em se tratando de trabalho, é necessário também que o preso tenha cumprido no mínimo um sexto da pena.

O art. 39 do Código Penal afirma que o trabalho do preso será sempre remunerado, sendo-lhe garantidos os benefícios da Previdência Social. (Redação dada pela Lei n. 7.209, de 11.7.1984). No Regime semiaberto há uma maior flexibilização no cumprimento da pena, haja vista que permite ao apenado outras opções para execução penal. O Código Penal em seu art. 35, parágrafos primeiro e segundo, afirma que os condenados ficarão sujeitos ao trabalho no período diurno em colônia agrícola, industrial ou similar, sendo admissível o trabalho externo e a frequência a cursos supletivos profissionalizantes, de instrução de segundo grau ou superior.

No Regime aberto há maiores chances para a concessão de reinserção social ao condenado, haja vista que ele não precisará mais se manter recluso na instituição penal durante todo o dia, ademais, ele poderá ter maior contato com a família e possibilidades de desempenhar atividade profissional.

A reinserção social é a última etapa de evolução, no que se refere ao retorno do indivíduo que apresentou uma conduta de desvio de normas e teve sua liberdade cerceada e por findar sua condenação regressará ao convívio em sociedade.

3. O trabalho como processo de ressocialização

O ramo de emprego no mercado de trabalho para apenados (pessoas que cumprem penas) e egressos (pessoas que já cumpriram penas e foram liberadas) do sistema carcerário no Brasil é um assunto de grande importância e desafios relevantes. Esses indivíduos enfrentam impasses únicos ao procurarem emprego e tentativas de se reintegrarem à sociedade depois do término do cumprimento de suas penas.

O sistema penitenciário no Brasil vivencia sérios problemas de superlotação, péssimas condições de vida e falta de eficácia nos programas de ressocialização, tornando bem mais dificultosa a reintegração de apenados e egressos à sociedade. O estigma social é um dos maiores desafios para apenados e egressos, pois, muitas vezes, os estereótipos que carregam são de pessoas perigosas e não confiáveis, haja vista que isso dificulta sua aceitação no ramo trabalhista.

No nosso país, existem barreiras legais que restringem a contratação de apenados e egressos em certas profissões e setores, dificultando sua busca por emprego em áreas específicas. Essas restrições legais têm o objetivo de amparar a sociedade e manter a segurança pública, porém, também se levantam indagações sobre a reintegração dessas pessoas à sociedade.

Indivíduos que possuem antecedentes criminais são restritos a obter licenças e permissões para trabalhar em profissões relacionadas à segurança ou vigilância privada. No seguimento de educação, em algumas situações, pessoas com condenações criminais encontram dificuldades para trabalhar em cargos relacionados à educação, como professores, sobretudo, se a tipicidade do crime for associada a abuso infantil ou crimes sexuais.

Na área da saúde, como enfermagem e medicina, é imposto pelas autoridades limitações restringindo ao exercício aqueles que possuam antecedentes criminais, principalmente se o crime estiver ligado a drogas ou violência. Nos cargos públicos, concursos públicos, há restrições à contratação de pessoal com condenações criminais. Em cargos no setor financeiro, instituições bancárias, existem restrições para pessoas com histórico criminal, especificamente se o tipo de crime estiver ligado a fraudes financeiras.

Indivíduos condenados criminalmente podem enfrentar restrições ao exercício da advocacia. Motoristas de transporte público como ônibus e táxis, podem ser sujeitos a análise de antecedentes criminais e enfrentar restrições de emprego se forem condenações por crimes que tenham relação com o trânsito, álcool ou drogas.

Loïc Wacquant, em seu livro "Prisões de Miséria: Um Ensaio Sobre o Sistema Penal Brasileiro" comenta sobre como o encarceramento massificado influencia as vidas dos apenados e egressos do sistema penal, abrangendo suas perspectivas de emprego, ensejando também as questões da políticas de "tolerância zero" e a grande crescente do sistema prisional como táticas estratégicas adotadas pelo Estado brasileiro para tratar questões de segurança pública, alegando que essas políticas sempre terão efeitos nada satisfatórios à vida dos apenados e egressos, a respeito deste assunto, nos informa que:

> Uma das consequências mais importantes da "tolerância zero", tal como é praticada no cotidiano — em vez da teorizada pelos "pensadores" dos *think tanks* e por seus discípulos nos domínios universitário e político —, é ter cavado um fosso de desconfiança (e, para os mais jovens, de desafio) entre a comunidade afro-americana e as forças da ordem, o que lembra as relações que mantinham na era segregacionista. Uma pesquisa recente revela que a esmagadora maioria dos negros da cidade de Nova Iorque considera a polícia uma força hostil e violenta que representa para eles um perigo: 72% julgam que os policiais fazem um uso abusivo da força e 66% que suas brutalidades para com pessoas de cor são comuns e habituais (contra apenas 33% e 24% dos brancos). Dois terços pensam que a política de Giuliani agravou essas brutalidades policiais e apenas um terço diz ter a sensação de se sentir mais seguro atualmente na cidade, mesmo assim morando nos bairros onde a queda da violência criminal é estatisticamente mais nítida. Já os nova-iorquinos brancos são respectivamente 50% e 87% a declarar o contrário: elogiam a prefeitura por sua intolerância com respeito ao crime e sentem-se unanimemente menos ameaçados em sua cidade. A "tolerância zero" apresenta, portanto, duas fisionomias diametralmente opostas, segundo se é o alvo (negro) ou o beneficiário (branco), isto é, de acordo com o lado onde se encontra essa barreira de casta que a ascensão do Estado penal americano tem como efeito — ou função — restabelecer e radicalizar". [...] E articula nesses termos categóricos a política penal que deve acompanhar a retirada social do Estado: "Um sistema judiciário não tem que se preocupar com as razões que levam alguém a cometer um crime". A justiça está aí para punir os culpados, indenizar os inocentes e defender os interesses dos cidadãos que respeitam a lei. "Em termos claros, o Estado não deve se preocupar com as causas da criminalidade das classes pobres, à margem de sua 'pobreza moral' (o novo 'conceito' explicativo em voga), mas apenas com suas consequências, que ele deve punir com eficácia e intransigência" (WACQUANT, 1999, p. 24-32).

Assim, o autor também nos informa sobre a exploração do sistema penal brasileiro funciona como uma "máquina de aprisionar" que alcança desproporcionalmente os pobres e marginalizados, colaborando para a eternização do desequilíbrio social, em conexão com a pobreza e o trabalho desqualificado. O livro concentra-se principalmente no sistema penal brasileiro, porém, as análises de Wacquant são influenciadas por suas pesquisas anteriores em outros países, como a França e os Estados Unidos.

A Constituição Federal brasileira em seu art. 1º e inciso IV determina o valor social do trabalho como princípio basilar da República Federativa Brasileira, entretanto, o inciso III do mesmo artigo consagra o princípio da dignidade humana, com isso, são dois valores indissociáveis o trabalho e a dignidade da pessoa humana.

A Lei n. 7.210, de 11 de julho de 1984 (Lei de Execução Penal) atribui todo o capítulo III ao trabalho penal. Segundo o art. 28 da LEP: "O trabalho do condenado, como dever social e condição de dignidade humana, terá finalidade educativa e produtiva", portanto, de acordo com a lei mencionada, o trabalho penitenciário tem como objetivo a ressocialização.

O homem é um ser social que tem como requisito de sua subsistência uma vida sociável. Os fatos históricos mencionam que o ser humano consegue, no decorrer de um certo tempo, ter uma vivência solitária, entretanto não conseguirá este feito de forma perpétua. Isso porque, é através da vida social que ele terá circunstâncias mais benéficas à progressão humana e automaticamente à sobrevivência.

É auto evidente como o capitalismo influencia as relações trabalhistas, portanto, é importante pensarmos o trabalho com um entendimento de uma sociedade capitalista; atrelado à subsistência do ser humano vivendo em sociedade, o trabalho está ligado à projeção social capitalista. No ramo trabalhista há relação de duplicidade, hora satisfatória e hora sofrida, pois o próprio entendimento da palavra trabalho está relacionado ao sofrimento humano, um organismo de imperativismo que traz uma série de sofrimentos para o ser humano, uma vez que, na sociedade, os trabalhadores são escolhidos de acordo com o seu estereótipo.

No caso dos custodiados no sistema prisional, tanto apenados como egressos, o trabalho deixa de ser uma mera opção, porém passa a ser uma deliberação legal, considerando que para sua progressão de regime, é necessário o condicionamento do trabalho.

> [...] o sistema penal contribui diretamente para regular os segmentos" inferiores do mercado de trabalho — e isso de maneira infinitamente mais coercitiva do que todas as restrições sociais e regulam administrativos. Seu efeito aqui é duplo. Por um lado, ele comprime artificialmente o nível do desemprego ao subtrair à força. milhões de homens da "população em busca de um emprego" e, secundariamente, ao produzir um aumento do emprego no setor de bens e serviços carcerários, setor fortemente caracterizado por postos de trabalho precários (e que continua se elevando mais ainda com a privatização da punição) (WACQUANNT, 1999, p. 63). Vale dizer que, diante do desconto dos pretensos benefícios da "liberalização" da economia salarial em escala europeia, ou seja, da desregulamentação do mercado de trabalho que autoriza uma maior exploração da mão de obra, é urgente introduzir os custos financeiros, sociais e humanos astronômicos, e quase

> sempre invisíveis e mal avaliados uma vez que intercalados ou diferidos no tempo, da vigilância policial e do aprisionamento da miséria, que são sua contrapartida sociológica na base da estrutura social. Como demonstraram Western e Beckett no caso americano, a curto prazo o aumento substancial da população encarcerada reduz artificialmente o índice de desemprego ao omitir das estatísticas uma importante reserva de pessoas em busca de emprego. Porém, a médio e a longo prazo, só pode agravá-lo ao tornar mais dificilmente empregáveis — até mesmo inempregáveis num mercado de trabalho desqualificado bastante concorrido — aqueles que estiveram presos. A que se somam os efeitos do encarceramento sobre as populações e os lugares mais diretamente colocados sob tutela penal: estigmatização, interrupção das estratégias escolares, matrimoniais e profissionais, desestabilização das famílias, supressão das redes sociais, enraizamento, nos bairros deserdados onde a prisão se banaliza, de uma "cultura de resistência", até mesmo de desafio, à autoridade, e todo o cortejo das patologias, dos sofrimentos e das violências (inter)pessoais comumente associadas à passagem pela instituição carcerária (WACQUANT, 1999, p. 95).

No que diz respeito ao trabalho para apenados e egressos do sistema penal, Wacquant informa as dificuldades que essas pessoas vivenciam na tentativa de encontrar emprego depois de já ter cumpridas as suas penas; pois, o estigma ligado à prisão dificulta o acesso a empregos estáveis e bem remunerados para os ex-detentos. Isso porque, a falta de oportunidades de trabalho para essa população os incita a regredir para a criminalidade, gerando um ciclo de reincidência.

Assim, em se tratando da relação com a penalidade, fica bem nítido o lugar que o trabalho ocupa no decorrer da história do ser humano, retratando uma forma de conexão social do custodiado (que passou pela privação de liberdade), por meio do trabalho, restabelecendo o seu retorno à sociedade, pois, a Lei de Execução Penal determina o trabalho como processo de ressocialização aos apenados e egressos do sistema carcerário.

4.6. O trabalho como forma de punição

> Na verdade, a primeira pena a ser aplicada na história da humanidade ocorreu ainda no paraíso, quando, após ser induzida pela serpente, Eva, além de comer o fruto proibido, fez também com que Adão o comesse, razão pela qual, além de serem aplicadas outras sanções, foram expulsos do jardim do Éden. Depois da primeira condenação aplicada por Deus, o homem, a partir do momento em que passou a viver em comunidade, também adotou o sistema de aplicação de penas toda vez que as regras da sociedade na qual estava inserido eram violadas. Em Gênesis, 3:1-24, encontramos a primeira

> pena aplicada na história do ser humano, marcando o início de várias outras legislações ao longo da existência do homem. Cada legislação evoluindo e acompanhando as necessidades de sua época, com a finalidade de elucidar os castigos impostos para cada delito previsto. Como exemplo, podemos mencionar as leis dos hebreus, concedida por Deus a Moisés; o Código de Hamurabi e de Man (GRECO, 2010, p. 462-463).

Desde o início dos tempos, as penas sempre tiveram como principal objetivo o castigo ao mal provocado pelo infrator, elas eram extremamente angustiantes, pois, o pagamento do crime era realizado em forma de torturas que o corpo do infrator recebia. Infelizmente, nos deparamos com uma retroatividade legislativa, política e social, pois os casos ocorridos no passado, deveriam ser exemplos a não ser seguidos e reprisado, porém, permanecem introduzidos por estadistas aproveitadores de uma sociedade atemorizada, resultante da crescente criminalidade, para disseminar interesses políticos na criação de penalidades hediondas, portanto, o sistema penal não evoluiu em uma esfera de progresso.

> Gostaria de começar esta análise por uma 'objeção'; não será arriscado dizer que a prisão surgiu bruscamente no sistema penal em fins do século XVIII, uma vez que se vivia numa sociedade que conhecia a clausura monástica, forma-convento presente havia séculos? Acaso não seria mais razoável procurar saber se não é a partir de certa forma de comunidade conventual que se pode traçar a genealogia da forma-prisão? Por exemplo, na Franca, as prisões foram alojadas nos conventos: a reclusão celular das prisões encontrou ponto no espaço conventual (FOUCAULT, 1973, p. 79).

Foucault evidencia uma perspectiva importante sobre a evolução da prisão como instituição, a história da prisão está bastante arraigada nas práticas de reclusão e clausura que já havia bem antes do aparecimento da prisão moderna. Entretanto, a passagem da clausura monástica para a forma-prisão como a que conhecemos atualmente, colaborou para significativas mudanças nas motivações, estruturas e finalidades da reclusão. Enquanto os conventos eram locais de reclusão com objetivos religiosos, espirituais e educacionais, a prisão foi criada especialmente como um instrumento de controle social e punição.

> [...] Os trabalhos forçados perpétuos ou por tempo determinado são uma forma de encarceramento. O campo de trabalhos forçados é uma prisão ao ar livre. Detenção, reclusão e prisão correcional de certa forma são apenas nomes diversos de um mesmo castigo."Assim, entre esses dois textos, a prisão instalou-se como sistema de castigo" [...] (FOUCAULT, 1973, p. 59).

Para Foucault, a ideia de diferentes maneiras de punição, como as que foram citadas, todas são manifestações do sistema de castigo da sociedade, que participam de um grupo sistemático mais amplo que procura controlar e disciplinar aqueles que desviam das normas sociais determinadas. Assim, o sistema penal não é somente uma questão de reabilitação ou punição, porém, é também uma forma de exercer poder e controle sobre as pessoas.

Foucault investigou também como essas maneiras de punição se relacionam com o crescimento do poder e do conhecimento na sociedade. Ele enfatizou que o sistema penal não apenas pune cidadãos, porém, cria classes de criminosos, reforçando a autoridade Estatal.

> Esse ressurgimento do pagamento da dívida para apagar o crime deriva, na verdade, dessa interpenetração das formas salário e prisão. [Finalmente,] há aí uma curiosa proximidade e ao mesmo tempo uma oposição entre trabalho e prisão: a prisão está, de certo modo, bem próxima de algo como um salário, mas é ao mesmo tempo o inverso do salário. Daí a impressão de que a prisão deve ser como um trabalho gratuito que o prisioneiro dá à sociedade em lugar de um salário, de que, portanto, exclui o salário efetivo. Daí a tendência a organizar a prisão como fábrica e, ao mesmo tempo, a impossibilidade ideológica e institucional de admitir que o prisioneiro possa receber salário durante seu tempo de prisão, pois esse tempo é como o salário que ele reembolsa à sociedade (FOUCAULT, 1973, p. 66).

5. O Complexo Penitenciário de Americano em Santa Izabel no Estado do Pará

Situado na região metropolitana do estado do Pará, o Complexo Penitenciário de Santa Izabel, é uma unidade prisional do Brasil, sendo a maior do Estado, contando com nove unidades prisionais e aproximadamente 5.492 presos que estão em situação privada de liberdade e que também estão custodiados na Central de Triagem Metropolitana II (CTM II), Central de Triagem Metropolitana III (CTM III), Central de Triagem Metropolitana IV (CTM IV), Cadeia de Jovens e Adultos (CPJA), Centro de Recuperação Penitenciário do Pará II (CRPP II), Centro de Recuperação Penitenciário do Pará III (CRPP III), Centro de Recuperação Penitenciaria do Pará IV (CRPP IV), Centro de Recuperação Penitenciário do Pará IV (CRPP V) e Colônia Penal Agrícola de Santa Izabel (CPASI), todos localizados no Complexo Penitenciário de Santa Izabel.

A grande demanda da população carcerária no Complexo Penitenciário de Americano no município de Santa Izabel, a cada dia cresce cada vez mais. A maioria desses detentos são oriundos de raça negra ou parda, uma vez que sua classe econômica é oriunda de baixa à miserável.

Em uma visita feita no início do ano de 2020, foi feita uma abordagem e constatou-se que, naquele momento, havia detentos que mal sabiam escrever ou ler e que encontraram no mundo da criminalidade oportunidade de ganhar dinheiro rápido. Considerando que a maioria dos encarcerados estavam cumprindo pena por tráfico de drogas, furtos e roubos.

Era preocupante, diante de tais fatos vistos, o papel que o Estado desempenhava, pois o mesmo não conseguia suprir algumas necessidades desses apenados, quanto mais, de oferecer condições de ingresso no mercado de trabalho; haja vista que não havia recursos suficientes no cofres públicos para uma tomada de tentar por prática políticas públicas, pois a maior preocupação, no momento, das realizações de políticas públicas no nosso estado, estavam voltadas à contenção do Covid-19.

De acordo com dados da Secretaria de Estado de Administração penitenciaria, referente aos meses de julho a dezembro de 2022, no período de 2019 a 2022, o número de presos diminuiu 10%, já o número de monitorados aumentou em 66% e o número de presos provisórios caiu 36%. Foram geradas 5.800 novas vagas no Sistema Penitenciário Paraense, um aumento de 38,80% em relação aos demais anos passados. Do total, são 3.072 vagas resultantes da construção de 14 novos estabelecimentos prisionais (incluindo a UMI) e mais dois blocos da CPASI, enquanto 2.728 são decorrentes de criação e ampliação em 15 unidades. A SEAP informou que "ressalta-se que as unidades que passaram por reforma, estavam bem deterioradas e por muitos anos não receberam nenhuma manutenção. Por esse motivo, foi necessária uma intervenção geral, contemplando esgoto, telhado, elétrica, camas e pintura".

Tabela 1: Número de presos do Sistema Carcerário das unidades do Complexo Penitenciário de Americano Santa Izabel no Estado do Pará. Dados dos meses de julho a dezembro de 2022.[10]

SENTENCIADO																
Casa Penal	Cap. de Vagas	Provisório			Condenado			Cond./Prov.			Semiaberto			Total	Ocupação	Excedente
		Mas	Fem	LGBTQIA+	Mas	Fem	LGBTQIA+	Mas	Fem	LGBTQIA+	Mas	Fem	LGBTQIA+			
CTM II	144	130	0	20	192	0	49	20	0	10	0	0	0	421	292%	192%
CTM III	316	7	0	0	299	0	0	152	0	0	0	0	0	458	145%	45%
CTM IV	292	294	0	0	3	0	0	2	0	0	0	0	0	299	102%	2%
CPJA	974	43	0	0	773	0	0	206	0	0	0	0	0	1022	105%	5%

(10) CTM II = Central de Triagem Metropolitana II; CTM III = Central de Triagem Metropolitana III; CTM IV = Central de Triagem Metropolitana IV; CPJA = Cadeia de Jovens e Adultos; CRPP II = Centro de Recuperação Penitenciário do Pará II; CRPP III = Centro de Recuperação Penitenciário do Pará III; CRPP IV = Centro de Recuperação Penitenciária do Pará IV; CRPP V = Centro de Recuperação Penitenciário do Pará IV; CPASI = Colônia Penal Agrícola de Santa Izabel.

CRPP II	288	8	0	0	17	0	0	17	0	0	0	0	0	42	15%	–85%
CRPP III	672	26	0	0	688	0	0	220	0	0	0	0	0	934	139%	39%
CRPP IV	120	0	0	0	167	0	0	58	0	0	0	0	0	225	188%	88%
CRPP V	528	41	0	0	143	0	0	93	0	0	4	0	0	281	53%	-47%
CPASI	840	0	0	0	0	0	0	0	0	0	1.810	0	0	1.810	215%	115%

Fonte: Secretaria de Estado de Administração Penitenciária, julho a dezembro de 2022.

De 2019 a 2022 os protocolos de segurança garantiram que houve zero morte por Covid-19 em unidades do Estado, ademais, 87% da população carcerária foi vacinada com a primeira e segunda dose, 24% está vacinada com a primeira dose e 36% receberam a 3a dose da vacina.

Na questão de reinserção social, o exame nacional de ensino médio (ENEM) voltado para pessoas privadas de liberdade, alcançou uma marca histórica de 560% de aumento no número de aprovados em média mínima, tornando-os aptos a concorrer por vagas nas instituições de ensino superior, utilizamos o ENEM PPL. Também houve um aumento na procura do Exame Nacional para Certificação de Competências de Jovens e Adultos de Pessoas Privadas de Liberdade – Encceja PPL. O respectivo aumento no percentual foi de 85% no ENCCEJA e 70% no ENEM PPL.

Em se tratando de educação formal, a comparação dos dados de Educação foi realizada considerando-se o último ano da gestão anterior (2018) e o mês de dezembro de 2022, pois um mesmo custodiado pode ser assistido em modalidades diversas a cada ano (período), tendo em vista a sua evolução educacional.

TABELA 2: Modalidade de ensino. Evolução educacional de presos do Sistema Carcerário das unidades do Complexo Penitenciário de Americano Santa Izabel no estado do Pará.

MODALIDADE DE ENSINO	JUL	AGO	SET	OUT	NOV	DEZ
ALFABETIZAÇÃO	173	190	201	207	265	207
EDUCAÇÃO DE JOVENS E ADULTOS — EJA	1462	1171	1410	1337	1242	1324
ENSINO PROFISSIONALIZANTE	90	171	69	38	140	101
EAD SUPERIOR	112	111	136	137	152	130
REMIÇÃO POR LEITURA	472	818	703	742	836	714

Fonte: Secretaria De Estado de Administração Penitenciária, julho a dezembro de 2022.

Os dados estatísticos demonstram que, em se tratando de trabalho, como forma de reinserção social dos apenados, em relação a 2018, o número de pessoas trabalhando subiu 65%, destacando o Trabalho Interno Produtivo/Remunerado que subiu 508%, e agora remunera o custodiado com 01 salário mínimo. Em 2018, a remuneração era de R$100,00 e em 2022, com o advento da Lei do Fundo Penitenciário do Trabalho, os custodiados passaram a receber 01 salário mínimo e mais previdência social, o qual é distribuído em 50% para família, 25% para a poupança e 25% retornam ao Fundo para ser reinvestido em projetos.

TABELA 3: Modalidade Trabalho. Evolução Trabalhista de presos do Sistema Carcerário das unidades do Complexo Penitenciário de Americano Santa Izabel no estado do Pará.

MODALIDADE	JUL	AGO	SET	OUT	NOV	DEZ
TRABALHO INTERNO	2319	2515	2560	2441	2322	2431
TRABALHO EXTERNO	267	317	256	292	378	302
TRABALHO EXTRAMURO REMUNERADO (CONVÊNIOS)	370	371	328	362	284	343

Fonte: Secretaria de Estado de Administração Penitenciária, julho a dezembro de 2022.

De acordo com os dados, o trabalho externo particular foi o único que diminuiu, com –25%, comparado ao início da gestão em 2019, o que se justifica pelo fato de que hoje a SEAP tem um procedimento administrativo mais seguro para autorização dessa modalidade, além de equipes de fiscalização dessas vagas de trabalho, informou a Secretaria de Estado de Administração penitenciária do Pará a esta pesquisa.

6. Humanização da execução penal

O nosso país está em fase de adequação aos Direitos Humanos, uma vez que os presídios eram superlotados, insalubres e com uma má higiene. Atualmente, devido as cobranças constantes da comissão de Direitos Humanos, alguns direitos tornaram-se mais efetivos na vida do condenado. Entretanto, até o presente momento, não estão sendo suficientes para uma projeção ideal de dignidade e cumprimento de pena.

É adotado constitucionalmente no nosso ordenamento jurídico o princípio da dignidade humana envolvendo o direito penal e o direito da execução penal; dessa forma, está disposto no art. 5o, XLVII, da Constituição Federal, que “não haverá penas de morte, salvo em caso de guerra declarada e nos termos do art. 84, XIX, nos casos de caráter perpétuo, de trabalhos forçados, de banimento e cruéis”. Dessa forma, a legislação ordinária está em conformidade com texto constitucional.

O Código Penal em seu art. 38 discorre que “o preso conserva todos os direitos não atingidos pela perda da liberdade, impondo-se a todas as autoridades o respeito à sua integridade física e moral”; já o art. 3o da lei de Execução Penal expressa que “ao condenado e ao internado serão assegurados todos os direitos não atingidos pela sentença ou pela lei”; e, no art. 40 da referida Lei diz que “Impõe-se a todas as autoridades o respeito à integridade física e moral dos condenados e dos presos provisórios”.

Nesse sentido, surge a pergunta que é tema deste artigo científico: “O trabalho como um meio de inclusão social do Apenado e do Egresso no segmento do Complexo Penitenciário de Americano no Estado do Pará. O que falta para se fomentar mais Políticas Públicas? Uma vez que, para muitos a ressocialização é uma utopia”.

Em primeiro lugar, a difusão de políticas públicas voltadas para o trabalho como meio de inclusão social de apenados e egressos no sistema carcerário, não somente no Complexo Penitenciário de Americano no Estado do Pará, mas em todo o Sistema Carcerário do Brasil, abrange uma diversidade de desafios e exige ações coordenadas em várias frentes.

A eficaz execução dessas políticas exige um engajamento contínuo por parte do governo, da sociedade civil, das empresas e de demais partes que estejam interessadas; ademais, é fundamental que elas sejam baseadas em evidências, que tenha transparência e prestação de contas em se tratando dos resultados que forem alcançados na promoção da inclusão social de apenados e egressos.

Em segundo lugar, por mais que para muitos a ressocialização, de apenados ou egressos do sistema prisional, por meio da inserção no mercado de trabalho seja uma utopia, para o setor de políticas públicas da SEAP não é uma utopia, porém é um desafio significativo de enfrentamento e quebras de várias barreiras. Embora haja esses desafios, muitos setores e organizações estão trabalhando para vencer essas barreiras e proporcionar a ressocialização por meio da inserção no mercado de trabalho. Haja vista que isso envolverá a execução de programas de treinamento vocacional e educação nos presídios, cooperações e parcerias com empregadores prontos a contratar egressos e a promoção de normas que diminuam o estigma e as restrições legais.

Foi dito no início do artigo que o trabalho exerce um papel essencial na reintegração do apenado e do egresso do sistema penitenciário, para que essa reinserção seja bem-sucedida, é necessário que haja parcerias entre o poder público, privado, cooperativas de serviços, para que seja garantido o desenvolvimento pessoal dessas pessoas privadas de liberdade e lhes dê oportunidades de construir uma vida lícita e benéfica.

Os obstáculos que dificultavam essa reintegração estão sendo quebrados, de forma que estão sendo postos em práticas as questões de políticas públicas de reinserção de pessoas privadas de liberdade nos setores de trabalho, não só nas unidades penitenciárias do Complexo de Americano de Santa Izabel, mas de acordo com informações da SEAP, isso está acontecendo em todos os setores que a SEAP está à frente, ou seja, nos demais Centros penitenciários do Pará, está ocorrendo a tentativa de ressocialização de pessoas privadas de liberdade em todo o sistema prisional do Pará.

Temos como exemplo a isso, a questão do titular da SEAP, Marco Antônio Sirotheau Corrêa Rodrigues, enfatizou que a reinserção social é meta da Secretaria, por isso é fundamental encontrar parceiros que possam ajudar a ampliar esse trabalho. Ele comentou que: "Nós não estamos inseridos apenas no Sistema de Segurança Pública; nós fazemos parte de um sistema de gestão social. E fazemos esses dois trabalhos com nossos custodiados, e encontramos empresas parceiras que ajudam nesse direcionamento, absorvendo a mão de obra carcerária".

A Secretaria de Estado de Administração penitenciária (Seap) e a empresa Vimex assinaram nesta quarta-feira, 12 de julho de 2023, convênio para oferecer 15 vagas de trabalho remunerado para internos do regime semiaberto. A proposta possibilita que custodiados com experiência em marcenaria possam trabalhar como auxiliar de marceneiro e em serviços gerais (Fonte: Seap-Pá).

Outro exemplo de reinserção ao trabalho foi: "Custodiados têm atividades em viveiro de mudas, horticultura, horto, suinocultura, palmípedes, meliponicultora, entre outras iniciativas". Além da custódia humanizada, a Secretaria de Estado de Administração penitenciária (Seap) tem como foco investir cada vez mais em projetos de reinserção social. Nesse sentido, a Colônia Penal Agrícola de Santa Izabel (Cpasi) destaca-se pela quantidade de atividades que desenvolve, uma em especial chama a atenção, a área de produção agrícola.

Atualmente 40 internos trabalham nos setores da sementeira, viveiro de mudas, horticultura, horto, suinocultura, palmípedes, meliponicultora e piscicultura. Sabrina Lima, é agrônoma e técnica de reinserção social da Cpasi, e, para ela, a Colônia é considerada a menina dos olhos.

"A casa penal como um todo é muito ativa, temos a maior unidade do semiaberto. A área de produção representa de fato a colônia agrícola, temos a agricultura como carro chefe e tudo que desenvolvemos aqui serve como projeto piloto para ser usado em unidades prisionais do interior", diz Lima.

Toda a mão de obra que trabalha na área de produção agrícola da Cpasi passa por uma seleção rigorosa, outro ponto interessante é a experiência anterior, a maioria dos internos já trabalhou anteriormente com alguma atividade agrícola (Fonte: Seap-Pá).

7. Considerações finais

É de suma importância os esforços que estão em andamento para promover a reintegração à sociedade e a retratação de apenados e egressos, objetivando propiciar vagas de emprego e uma segunda chance à sociedade.

Em alguns casos, há programas de ressocialização dentro das penitenciárias, alguns esforços têm sido feitos para oferecer educação e treinamento profissional. Entretanto, esses programas ainda não são suficientes e, portanto, não alcançam os detentos em grande escala.

Em primeiro lugar, a difusão de políticas públicas voltadas para o trabalho como meio de inclusão social de apenados e egressos no sistema carcerário, não somente no Complexo Penitenciário de Americano no Estado do Pará, mas em todo o Sistema

Carcerário do Brasil, abrange uma diversidade de desafios e exige ações coordenadas em várias frentes. Tais como:

— Na Reabilitação e Capacitação Profissional: é necessário oferecer programas de reabilitação e capacitação profissional dentro das prisões, incluindo cursos profissionalizantes que permitam aos detentos, através de treinamentos, adquirirem habilidades para serem usadas no mercado de trabalho depois de sua liberação do Sistema Carcerário.

— Parcerias com Empresas: A promoção de parcerias entre o sistema carcerário e empresas para ofertar oportunidades de trabalho a apenados e egressos, pode ser realizado através de programas de trabalho dentro das penitenciárias ou por intermédio da criação de ofícios específicos para egressos.

— Empreendedorismo: É importante incentivar ainda mais o empreendedorismo entre apenados e egressos, oferecendo apoio financeiro e técnico, criando pequenos negócios, tendo em vista que, isso ajudará a diminuir a reincidência criminal e promoverá a autonomia econômica.

— Rede de Apoio: Incrementar uma rede de apoio que abranja assistência psicológica, social e jurídica para apenados e egressos, para ajudá-los a superar desafios que enfrentarão quando forem buscar emprego e reintegrar-se à sociedade.

— Desburocratização: É necessário que haja desburocratização, pois, simplificar os processos de contratação e legalização de egressos no mercado de trabalho, elimina barreiras burocráticas que dificultam a inclusão dessas pessoas.

— Conscientização e Combate ao Estigma: Precisa-se promover campanhas de conscientização, sensibilizando a sociedade e os empregadores sobre a importância da reinserção social, combatendo o estigma ligado a apenados e egressos.

— Monitoramento e Avaliação: Elaborar sistemas de monitoramento e avaliação para conduzir o progresso das políticas de inclusão social e fazer consertos quando necessário.

— Legislação Adequada: É de grande importância que haja revisão na legislação atual para garantir que ela não dificulte a inclusão desses indivíduos no mercado de trabalho e na sociedade em geral.

— Educação Financeira: É importante destacar que oferecer programas de educação financeira para apenados e egressos, pode ajudá-los a gerir suas finanças de maneira responsável e evitar a reincidência resultante das dificuldades financeiras.

— Reintegração Gradual: Fomentar programas que proporcione uma reintegração gradual de apenados na sociedade, possibilitando a inclusão de liberdade condicional ou prisão domiciliar para os apenados que apresentarem bom comportamento e tendência para se reintegrar de maneira positiva.

A eficaz execução dessas políticas exige um engajamento contínuo por parte do governo, da sociedade civil, das empresas e de demais partes que estejam interessadas; ademais, é fundamental que elas sejam baseadas em evidências, que tenha transparência e prestação de contas em se tratando dos resultados que forem alcançados na promoção da inclusão social de apenados e egressos.

Existe de fato alguns empregadores que têm essa consciência e estão dispostos a conceder uma oportunidade a essas pessoas, que reconhecem que a reinclusão bem-sucedida é favorável não só à sociedade quanto para o mercado trabalhista que terá chances de ter uma mão de obra qualificada de alguém que está buscando uma nova chance de reinserção laboral.

Tudo é uma questão de efetividade nas políticas públicas e esforços por parte dos órgãos públicos, o Estado. A reintegração bem-sucedida no mercado de trabalho desempenha um papel fundamental na redução da reincidência criminal e na construção de vidas mais produtivas e significativas para esses sujeitos.

Concluindo, a sociedade também necessita reexaminar-se quanto aos conceitos de discriminação voltados aos apenados e egressos do sistema penal, deixando de lado a questão de estigmas e preconceito com estereótipos, uma vez que, sem a presença da união entre todos nós, seres sociáveis, não haverá tão cedo a possibilidade da ressocialização desses seres humanos e nem a busca pela paz social, visto que, nós dependemos um do outro.

Referências

ABRAMOVAY, Pedro Vieira. BATISTA, Vera Malaguti. *Depois do grande encarceramento.* Rio de Janeiro: REVAN, 2010.

ALEXANDER, Michelle. *A Nova Segregação:* Racismo e encarceramento em massa. São Paulo: Boitempo Editorial, 2018.

BRASIL. Código Penal (1940). *Decreto-lei n. 2.848, de 07 de dezembro de 1940.* Rio de Janeiro, 1940. Disponível em: http://www.planalto.gov.br/ccivil_03/decreto-lei/del2848.htm. Acesso em: 19 set. 2023.

______. *Constituição da República Federativa do Brasil.* 1988. Brasília, DF: Senado Federal, 1988. Disponível em: http://www.planalto.gov.br/ccivil_03/constituição/constituicaocompilado.htm. Acesso em: 20 set. 2023.

______. Lei de Execução Penal. *Lei n. 7.210, de 11 de julho de 1984.* Brasília: Senado Federal, 1984. Disponível em: http://www.planalto.gov.br/ccivil_03/leis/l7210.htm. Acesso em: 19 set. 2023.

DAVIS, Angela. *Estarão as prisões obsoletas?* Rio de Janeiro: Editora Bertrand Brasil, 2018.

FOUCAULT, Michel. *A Sociedade Punitiva.* Curso Collège de France, França, anos de 1972 a 1973. São Paulo: WFMartins Fontes, 2016.

______. *Vigiar e punir:* nascimento da prisão. Tradução de Raquel Ramalhete. Petrópolis: Vozes, 1987.

GRECO, Rogério. *Curso de direito penal.* Rio de Janeiro: Impetus, 2010.

SEAP — Secretaria de Estado de Administração Penitenciária. *Autorização de dados — Dados Públicos, julho a dezembro de 2022.* Disponível em: https://www.seap. pa.gov.br/sites/default/files/u35/seap_em_numeros_jul-dez_2022.pdf.

WACQUANT, Loic. *As prisões da miséria.* Liberte o conhecimento e você será livre também. Tradução: André Telles. Rio de Janeiro: Jorge Zahar, 1999.

Parte 8

Direito do Trabalho, Neoliberalismo e Precarização

A Realidade da Terceirização na Construção Civil

João Ricardo Dias Teixeira[(1)]

1. Apresentação do caso

As relações de trabalho sofreram várias modificações nas últimas décadas em virtude de uma série de fatores, entre eles, a inovação tecnológica e as alterações na organização da produção que exigiram, por sua vez, a especialização das atividades no mundo do trabalho para atender interesses de uma economia neoliberal. Os efeitos dessas mudanças no ambiente organizacional deram origem à crescente tendência de "flexibilização" das relações típicas de emprego, trazendo à tona o fenômeno da terceirização, cuja utilidade está ligada à ideia de economia de custos e maior eficiência produtiva. Nessa linha, preceitua Barros (2006, p. 427):

> Teoricamente, o objetivo da terceirização é diminuir os custos e melhorar a qualidade do produto ou do serviço: alguns especialistas denominam esse processo de 'especialização flexível', ou seja, aparecem empresas, com acentuado grau de especialização em determinado tipo de produção, mas com capacidade para atender a mudanças de pedidos de seus clientes.

As profundas transformações na sociedade provocaram a propagação da terceirização, que passou a ser um artifício amplamente utilizado pelas empresas, desestruturando, assim, o clássico vínculo empregatício entre os empregados e os patrões com consequências para os trabalhadores. Preliminarmente, é preciso conceituar o fenômeno da terceirização, que tem sua natureza jurídica contratual determinada por uma relação trilateral. Os sujeitos e contratos envolvidos nessa relação trilateral correspondem à empresa tomadora de serviços que estabelece um contrato de natureza civil com a empresa prestadora e que, por sua vez, contrata empregados, mantendo com estes contratos de

(1) Auditor-Fiscal do Trabalho.

trabalho regido pela Consolidação das Leis do Trabalho — CLT. Para Delgado (2005, p. 428) terceirização apresenta a seguinte definição:

> Para o Direito do Trabalho, terceirização é o fenômeno pelo qual se dissocia a relação econômica de trabalho da relação justrabalhista que lhe seria correspondente. Por tal fenômeno insere-se o trabalhador no processo produtivo do tomador de serviços sem que se estendam a este os laços justrabalhistas, que se preservam fixados com uma entidade interveniente. A terceirização provoca uma relação trilateral em face da contratação de força de trabalho no mercado capitalista: o obreiro, prestador de serviços, que realiza suas atividades materiais e intelectuais junto à empresa tomadora de serviços; a empresa terceirizante, que contrata este obreiro, firmando com ele os vínculos jurídicos trabalhistas pertinentes; a empresa tomadora de serviços, que recebe a prestação de labor, mas não assume a posição clássica de empregadora desse trabalhador envolvido.

No Brasil, a terceirização teve sua expansão com as indústrias automobilísticas alicerçada em dois pontos: alto grau de especialização do setor e a ausência de regras claras sobre o instituto. De fato, a CLT estabeleceu na sua redação original uma única hipótese relacionada ao instituto para o caso de subempreitada de mão de obra prevista no seu art. 455[(2)].

Durante muito tempo não existiu uma lei específica acerca da terceirização, tendo a Súmula n. 331[(3)], do Tribunal Superior do Trabalho — TST, editada em 1993, figurado

(2) Art. 455 - Nos contratos de subempreitada responderá o subempreiteiro pelas obrigações derivadas do contrato de trabalho que celebrar, cabendo, todavia, aos empregados, o direito de reclamação contra o empreiteiro principal pelo inadimplemento daquelas obrigações por parte do primeiro. Parágrafo único: Ao empreiteiro principal fica ressalvada, nos termos da lei civil, ação regressiva contra o subempreiteiro e a retenção de importâncias a este devidas, para a garantia das obrigações previstas neste artigo.

(3) CONTRATO DE PRESTAÇÃO DE SERVIÇOS. LEGALIDADE (nova redação do item IV e inseridos os itens V e VI à redação) - Res. 174/2011, *DEJT* divulgado em 27, 30 e 31.05.2011. I - A contratação de trabalhadores por empresa interposta é ilegal, formando-se o vínculo diretamente com o tomador dos serviços, salvo no caso de trabalho temporário (Lei n. 6.019, de 03.01.1974). II - A contratação irregular de trabalhador, mediante empresa interposta, não gera vínculo de emprego com os órgãos da Administração Pública direta, indireta ou fundacional (art. 37, II, da CF/1988). III - Não forma vínculo de emprego com o tomador a contratação de serviços de vigilância (Lei n. 7.102, de 20.06.1983) e de conservação e limpeza, bem como a de serviços especializados ligados à atividade-meio do tomador, desde que inexistente a pessoalidade e a subordinação direta. IV - O inadimplemento das obrigações trabalhistas, por parte do empregador, implica a responsabilidade subsidiária do tomador dos serviços quanto àquelas obrigações, desde que haja participado da relação processual e conste também do título executivo judicial. V - Os entes integrantes da Administração Pública direta e indireta respondem subsidiariamente, nas mesmas condições do item IV, caso evidenciada a sua conduta culposa no cumprimento das obrigações da Lei n. 8.666, de 21.06.1993, especialmente na fiscalização do cumprimento das obrigações contratuais e legais da prestadora de serviço como empregadora. A aludida responsabilidade não decorre de mero inadimplemento das obrigações trabalhistas assumidas pela empresa regularmente contratada. VI - A responsabilidade subsidiária do tomador de serviços abrange todas as verbas decorrentes da condenação referentes ao período da prestação laboral.

como baliza que permitia identificar as situações em que a utilização de tal instituto seria entendida como lícita, considerando que o arcabouço jurídico brasileiro consagra como regra a relação empregatícia bilateral, conforme arts. 2º e 3º da CLT e art. 7º da Constituição Federal — CRFB/88. Em linhas gerais, a referida súmula permitia a transferência da atividade-meio, vedando a terceirização da atividade-fim da empresa contratante. A falta de regulamentação pode ser, inclusive, apontada como um fator de estímulo para que muitas empresas utilizassem o instituto e o transformassem em um verdadeiro mecanismo de isenção de encargos sociais, ampliando seus lucros às custas da redução dos direitos dos trabalhadores.

Apenas recentemente, mais especificamente no ano de 2017, o legislador ordinário aprovou a Lei n.13.429(4) alterando o conteúdo da Lei n. 6.019/74, que trata sobre o trabalho temporário, passando também a regulamentar a terceirização. E, ainda, no ano de 2017, o legislador aprovou a Lei n. 13.467(5), conhecida como Reforma Trabalhista, que no tocante à terceirização, alargou o seu uso alcançando a atividade principal da empresa contratante.

Por fim, após a entrada em vigor das referidas leis, o STF foi demandado e decidiu, em 2018, por meio da Arguição de Descumprimento de Preceito Fundamental — ADPF n. 324(6) no sentido de considerar lícita a terceirização de toda e qualquer atividade, mesmo após intensos debates e críticas por parte da doutrina, principalmente daquela que defende a manutenção da construção teórica e jurisprudencial de proteção ao trabalhador. Essa decisão do STF pacificou o entendimento da licitude de terceirização de qualquer atividade, incluindo a atividade fim da contratante, que configurava obstáculo ao uso desenfreado do instituto. Isso, como será verificado, não significa necessariamente, como vem sendo amplamente divulgado, que a terceirização é irrestrita e sem limites.

2. Justificativa

A construção civil no Brasil é um segmento de destaque na economia nacional, com o registro de altas somas de capital e um amplo contingente de trabalhadores que, direta ou indiretamente, atuam na diversidade de funções que um empreendimento desse setor requer. A potencialidade do setor pode ser comprovada por meio dos dados do

(4) *Lei n. 13.429, de 31 de março de 2017.* Altera dispositivos da Lei n. 6.019, de 3 de janeiro de 1974, que dispõe sobre o trabalho temporário nas empresas urbanas e dá outras providências; e dispõe sobre as relações de trabalho na empresa de prestação de serviços a terceiros. Disponível em: http://www.planalto.gov.br/ccivil_03/_ato20152018/2017/lei/l13429.htm. Acesso em: 29 jun. 2023.

(5) *Lei n. 13.467, de 13 de julho de 2017.* Altera a Consolidação das Leis do Trabalho (CLT), aprovada pelo Decreto-lei n. 5.452, de 1º de maio de 1943, e as Leis ns. 6.019, de 3 de janeiro de 1974, 8.036, de 11 de maio de 1990 e 8.212, de 24 de julho de 1991, a fim de adequar a legislação às novas relações de trabalho. Disponível em: http://www.planalto.gov.br/ccivil_03/_Ato2015-2018/2017/Lei/L13467.htm. Acesso em: 29 jun. 2023.

(6) Disponível em: https://portal.stf.jus.br/processos/detalhe.asp?incidente=4620584. Acesso em: 29 jun. 2023.

Instituto Brasileiro de Geografia e Estatística — IBGE[(7)] que aponta que no ano de 2021 a receita operacional líquida das empresas do setor com um ou mais pessoas alcançou a cifra de 365,29 bilhões de reais, com 147.389 empresas ativas.

No que diz respeito ao perfil dos trabalhadores, a indústria da construção civil é constituída em sua grande maioria por pessoas, com pouca escolaridade e com origens nas camadas mais pobres da sociedade, como é notório pela própria renda auferida pelo seu trabalho. Essa realidade é comprovada pelo estudo[(8)] do Departamento Intersindical de Estatística e Estudos Socioeconômicos — DIEESE, datado de 2020, ao indicar que o perfil dos trabalhadores formais na construção civil no ano de 2018, é composta em sua maioria por pessoas do sexo masculino, 90,1% do total em contrapartida de 9,9% do sexo feminino, com remuneração média de R$ 2.164,32 para os homens e R$ 2.271,34 para as mulheres, sendo que 47,3% dos(as) trabalhadores(as) têm o ensino médio completo, 21,3% o fundamental incompleto e 15,1% o fundamental completo. Esse perfil de escolaridade é ainda pior quando se considera o segmento da construção de edifícios da construção civil (objeto da pesquisa), na qual 38,3% têm o ensino médio, 27,9% têm o fundamental incompleto e 17,1% o fundamental completo. A pouca escolaridade e a baixa remuneração dos trabalhadores do setor são elementos que os tornam mais vulneráveis à influência do sistema capitalista que é tendencioso a dispensar ao trabalhador tratamento indigno.

A terceirização, com forte impacto social em vários setores econômicos da sociedade, atinge profundamente o da construção civil por apresentar vantagens para as empresas, porque a diversidade de suas atividades, muitos delas secundárias cujo trabalho braçal é predominante, e a transitoriedade das múltiplas fases de uma obra exigiriam altos investimentos para que uma obra fosse realizada exclusivamente por uma empresa. É claro o reflexo na redução da carga tributária ao contratar empresa prestadora de serviços, ao invés de um funcionário CLT, motivo pelo qual a terceirização ser prática comum no setor.

Ocorre que as vantagens relacionadas à terceirização (especialização, produtividade, custos e lucratividade) mascararam ao longo de anos o seu principal problema, que é o seu emprego como forma de mitigação dos direitos trabalhistas. Cassar (2014, p. 516) em relação ao tema ensina:

> A intermediação de mão de obra fere de morte os princípios: da proteção ao empregado; da norma mais favorável; da condição mais benéfica; do tratamento isonômico entre os trabalhadores que prestam serviço a uma

(7) IBGE, Pesquisa Anual da Indústria da Construção — PAIC. Disponível em: https://www.ibge.gov.br/estatisticas/economicas/industria/9018-pesquisa-anual-da-industria-daconstrucao.html?=&t=destaques. Acesso em: 29 jun. 2023.

(8) A Construção Civil e os Trabalhadores: panorama dos anos recentes, Disponível em: https://www.dieese.org.br/estudosepesquisas/2020/estPesq95trabconstrucaocivil.pdf. Acesso em: 29 jun. 2023.

> mesma empresa; do único enquadramento sindical; do único empregador, do mesmo enquadramento legal etc. Isso porque os empregados terceirizados possuem direitos inferiores e diversos dos empregados do tomador de serviços.

Nesse mesmo sentido Delgado e Amorim (2015, p. 45-46) destacam que:

> A terceirização decodifica, por assim dizer, importantes códigos de segurança do clássico sistema normativo de proteção ao trabalhador, impondo ao regime de emprego repercussões deletérias, imanentes ao fenômeno, entre as quais se destacam as seguintes: a) desconstitui, formal e juridicamente, a relação entre o trabalhador e o beneficiário final de sua mão de obra, impedindo a integração do obreiro ao empreendimento principal; b) pulveriza a ação sindical, em face da transferência de grande contingente de empregados diretos para as empresas prestadoras de serviços, desintegrando a identidade de classe dos trabalhadores e desmobilizando os movimentos grevistas; c) enseja empregos precários e transitórios, porque as empresas fornecedoras precisam de grande flexibilidade e mobilidade externa, conforme os movimentos do mercado, já que estão submetidas à ambiente de acirrada concorrência pelos contratos de prestação de serviços e, nesse movimento promovem a redução salarial e de benefícios sociais dos trabalhadores terceirizados, como meio de sobrevivência; d) sob a lógica de mercado, a terceirização promove a redução de investimento em medidas de proteção à saúde e segurança no trabalho dos empregados terceirizados, com eliminação dos benefícios sociais diretos e indiretos; e) enseja a insegurança no emprego, com ampliação da rotatividade de mão de obra; e f) impossibilita a participação dos trabalhadores nos benefícios concedidos pela empresa principal, beneficiária final de seu trabalho.

A mitigação dos direitos trabalhistas da classe trabalhadora na terceirização está intimamente relacionada à precarização das relações de trabalho, conforme salientado por Melo (2011, p. 9-15):

> A terceirização aumenta a precarização do trabalho humano porque há redução dos salários e dos benefícios legais. Verifica-se também a rotatividade dos trabalhadores no local de trabalho, extensas jornadas de trabalho, ausência de ascensão na carreira, desorganização sindical e riscos de acidentes de trabalho em razão do descumprimento das normas de segurança, medicina e higiene do trabalho.

A precarização do trabalho, por sua vez, não está restrita ao rebaixamento salarial dos empregados terceirizados, atingindo também o direito a um ambiente de trabalho seguro. De fato, a realidade da construção civil está intimamente relacionada com o processo de terceirização com intensa precarização do ambiente de trabalho. Nesse contexto, pode-se citar o relatório(9) referente ao ano de 2014, produzido pelo DIEESE, que dispõe que a precarização de repercussão social produzida por terceirizações ilícitas estabeleceu-se de diversas formas, entre elas, a falta de idoneidade financeira das prestadoras de serviços; a redução dos salários e vantagens dos trabalhadores; a discriminação no ambiente de trabalho frente aos trabalhadores da contratante (equipamentos de proteção, refeição, instalações sanitárias, uniformes etc.).

O caso concreto da pesquisa(10) não foge a essa regra de precarização e revela, inclusive, uma intensificação desse panorama com a utilização de novos artifícios revestidos de aparente legalidade como é o caso do uso da figura do Microempreendedor Individual — MEI como empresa prestadora de serviços.

Aliás, a precarização das relações de trabalho tem forte conexão com o denominado *dumping* social, que consiste na prática, consciente e reiterada, de condutas lesivas por parte dos empregadores que na busca por aumento de produtividade e lucro desrespeitam direitos trabalhistas e acabam por prejudicar não apenas o trabalhador, mas toda a sociedade.

A expressão *dumping* social surgiu da conjugação da prática comercial de concorrência desleal referente à venda de um produto no exterior abaixo do seu preço no país de origem denominada dumping com as consequências trabalhistas e sociais decorrentes da conduta da empresa em desrespeitar os direitos humanos do trabalhador a fim de diminuir os custos empresariais. Nos ensinamentos de Souto Maior, Moreira e Severo (2012, p. 10):

> *Dumping* social constitui a prática reincidente, reiterada, de descumprimento da legislação trabalhista, como forma de possibilitar a majoração do lucro e de levar vantagem sobre a concorrência. Deve, pois, repercutir juridicamente, pois causa um grave desajuste em todo o modo de produção, com sérios prejuízos para os trabalhadores e para a sociedade em geral.

(9) Terceirização e precarização das condições de trabalho — Condições de trabalho e remuneração em atividades tipicamente terceirizadas e contratantes. Disponível em: https://www.dieese.org.br/notatecnica/2017/notaTec172Terceirizacao.pdf. Acesso em: 29 jun. 2023.

(10) As observações apresentadas na pesquisa foram consideradas a partir de um caso concreto de fiscalização, com terceirização total, envolvendo 11 (onze) canteiros de obras com uma multiplicidade de empresas contratadas. Os dados são mantidos em sigilo em respeito às questões éticas e à Resolução n. 510, de 07 de abril de 2016, do Conselho Nacional de Saúde.

Por fim, o trabalho pretende responder ao seguinte problema: qual ou quais balisas podem ser adotadas pelos agentes de fiscalização para avaliar mais objetivamente as condições da terceirização na construção civil, com vistas ao efetivo combate de seu principal problema (precarização do trabalho)? A hipótese da pesquisa sustenta que os agentes de fiscalização devem priorizar por uma metodologia que observe as leis das terceirizações (Leis ns. 13.429/17 e 13.467/2017) para avaliação dos processos de terceirização em detrimento do método tradicional pautado apenas na CLT, por possibilitar elementos mais objetivos que em muitos casos pode dispensar a inspeção física, etapa da ação fiscal que costuma demandar um longo tempo de atuação do agente. Pelo seu grau de importância, serão abordados aspectos da relação de emprego que coadunam com o princípio norteador do Direito do Trabalho da primazia da realidade, mas esses servirão de parâmetro para reforçar o direcionamento no sentido de uma interpretação da terceirização mais objetiva com base nas próprias leis que disciplinam o instituto.

O método aplicado no desenvolvimento da pesquisa será o método hipotético-dedutivo, com base no estudo de um caso concreto de fiscalização, partindo de uma premissa geral, no qual se procurará alinhar os conceitos referentes ao instituto da terceirização, onde serão apresentadas as formas de avaliação de sua legalidade e os efeitos negativos de terceirizações precarizantes para o trabalhador e para a sociedade, sob uma perspectiva do efetivo cumprimento da legislação trabalhista e das condições de saúde e segurança do ambiente de trabalho, e que comprovam que os empregados terceirizados são os que mais sofrem com transgressões a seus direitos, laborando em jornadas superiores aos contratados diretamente, e sendo submetidos a piores condições de trabalho, condições que acabam por denegrir a sua integridade física e moral.

2.1. Rebaixamento remuneratório

A precarização, conforme já disposto, não está atrelada unicamente à remuneração, contudo, é inegável que o fenômeno da terceirização está intimamente ligado ao rebaixamento salarial. Na construção civil, é realidade empregados da prestadora receberem salários menores que empregados da tomadora exercendo a mesma função. Nos canteiros de obras fiscalizados, essa condição foi averiguada em todos os casos analisados. E nas raras situações de exceção, o salário do terceiro é superior em face da produtividade alcançada, sendo que somente o piso salarial era anotado na carteira de trabalho, sobre o qual eram recolhidos os encargos sociais e pagos os demais direitos trabalhistas. E a produtividade somente era alcançada porque o empregado terceiro se sujeitava a laborar por jornadas extraordinárias e exaustivas, em violação ao disposto no art. 7º XIII[(11)] da

(11) Art. 7º São direitos dos trabalhadores urbanos e rurais, além de outros que visem à melhoria de sua condição social: XIII – duração do trabalho normal não superior a oito horas diárias e quarenta e quatro semanais, facultada a compensação de horários e a redução da jornada, mediante acordo ou convenção coletiva de trabalho.

CRFB/88, que garante uma jornada limitada como direito social do trabalhador. Acrescente-se a esse panorama a constatação do pagamento por fora da diferença entre o valor alcançado pela produtividade e o piso salarial, prática comum na construção civil, pelo qual não incidem outros direitos do trabalhador, como férias, FGTS, décimo terceiro etc.

A intensificação da terceirização averiguada no caso concreto produziu o seguinte cenário: a construtora principal, a despeito de gerir empreendimentos de grande porte, manteve um quadro de pessoal reduzido formado normalmente por mestres de obras, engenheiros, almoxarifes e equipe de segurança que executavam estritamente o controle das empreiteiras no que diz respeito à produtividade da obra.

Nesse contexto de rebaixamento salarial, pesquisas realizadas pelo DIEESE comprovam essa realidade precarizante. O dossiê(12) elaborado pelo Departamento revela que, em 2013, a remuneração dos empregados terceirizados era 24,7% menor do que os empregados contratados diretamente, exercendo a mesma função. Em novo dossiê(13), o DIEESE constatou que, em 2014, a remuneração dos empregados terceirizadas foi 23,4% menor para os empregados terceirizados.

De acordo com os dados apresentados, o rebaixamento salarial atinge diretamente aos terceirizados, mas também afeta significativamente os não terceirizados que acabam tendo os seus salários depreciados em virtude do temor que o processo de terceirização gera, além da dificuldade de alcançar condições mais vantajosas para as suas classes profissionais, durante as negociações coletivas, uma vez que as entidades patronais usam este temor em seu benefício.

2.2. Fragilização na representatividade sindical

É inquestionável que o instituto da terceirização tende a enfraquecer a representação sindical na medida em que a contratação de empregados terceirizados pulveriza a classe dos trabalhadores, dificultando a sua organização, como um todo, com vistas à solução de questões trabalhistas junto à classe empregadora. Nos canteiros de obras fiscalizados foi constatada intensa capilarização de pequenas empresas e Microempreendedores Individuais — MEIs em que a preocupação central estava voltada ao cumprimento das metas de produtividade estabelecidas pela tomadora de serviços. Não é possível qualquer movimento sindical articulado a partir de um cenário com um número elevado de empresas, muitas delas sem capacidade financeira, em que o principal objetivo é garantir o pagamento da produção para honrar os salários. Essa realidade ocorreu em quase

(12) Subseção DIEESE — CUT Nacional, Secretaria Nacional de Relações de Trabalho. Terceirização e Desenvolvimento – Uma conta que não fecha. São Paulo: DIEESE/CUT, 2014, p. 13. Disponível em: https://www.cut.org.br/acao/dossie-terceirizacao-e-desenvolvimento-uma-conta-que-nao-fecha-.

(13) Subseção DIEESE — CUT Nacional, Secretaria Nacional de Relações de Trabalho. Terceirização e Precarização do Trabalho. São Paulo: DIEESE/CUT, 2017, p. 23. Disponível em: https://www.dieese.org.br/notatecnica/2017/notaTec172Terceirizacao.html. Acesso em: 29 jun. 2023.

a totalidade das empresas contratadas existentes no caso concreto fiscalizado, que não possuíam estrutura administrativa ou financeira para garantir o pleno cumprimento dos direitos trabalhistas, em muitas situações até mesmo o mais básico, como os salários de seus empregados. Nesse sentido aponta Delgado (2005, p. 468-469):

> A terceirização desorganiza perversamente a atuação sindical e praticamente suprime qualquer possibilidade eficaz de ação, atuação e representação coletivas dos trabalhadores terceirizados. A noção de ser coletivo obreiro, basilar ao Direito do Trabalho e a seu segmento juscoletivo, é inviável no contexto de pulverização de força de trabalho, provocada pelo processo terceirizante.

Na prática, os trabalhadores terceirizados dos canteiros de obras eram tratados como mero objeto de execução, de classe inferior e sem qualquer identificação sindical. A fragmentação de sua representação fragiliza o seu instrumento de negociação coletiva e obstaculiza a conquista de novos direitos, com repercussão imediata na manutenção dos direitos já conquistados, e em flagrante desrespeito ao direito social do trabalhador a uma organização sindical nos termos do art. 8º[(14)] da CRFB/88. A falta de representativa sindical, por sua vez, torna sem efetividade o instrumento de pressão da greve nas negociações estabelecidas com os empregadores, direito social igualmente previsto no em art. 9º[(15)] da CRFB/88.

2.3. Precariedade das condições ambientais de trabalho

O art. 7º[(16)], XXII, da CRFB/88 é expresso ao estabelecer como direito social dos trabalhadores urbanos e rurais a redução dos riscos inerentes ao trabalho, por meio de normas de saúde, higiene e segurança. Logo, é dever do empregador a manutenção de um ambiente de trabalho seguro. Ocorre que o atendimento desse comando constitucional gera custos, o que muitas vezes é desconsiderado pela empresa contratante em um processo de terceirização em virtude da falsa percepção dos empresários de que a responsabilidade de manter as condições seguras dos trabalhadores terceiros é exclusiva

---

(14) Art. 8º É livre a associação profissional ou sindical, observado o seguinte: II – é vedada a criação de mais de uma organização sindical, em qualquer grau, representativa de categoria profissional ou econômica, na mesma base territorial, que será definida pelos trabalhadores ou empregadores interessados, não podendo ser inferior à área de um Município; III – ao sindicato cabe a defesa dos direitos e interesses coletivos ou individuais da categoria, inclusive em questões judiciais ou administrativas; VI – é obrigatória a participação dos sindicatos nas negociações coletivas de trabalho; VIII – é vedada a dispensa do empregado sindicalizado a partir do registro da candidatura a cargo de direção ou representação sindical e, se eleito, ainda que suplente, até um ano após o final do mandato, salvo se cometer falta grave nos termos da lei.

(15) Art. 9º É assegurado o direito de greve, competindo aos trabalhadores decidir sobre a oportunidade de exercêlo e sobre os interesses que devam por meio dele defender.

(16) Art. 7º São direitos dos trabalhadores urbanos e rurais, além de outros que visem à melhoria de sua condição social: XXII – redução dos riscos inerentes ao trabalho, por meio de normas de saúde, higiene e segurança.

da empresa que os contrata. E aqueles empresários que têm algum receio, acreditam na isenção de sua responsabilidade ao estipularem cláusulas nos contratos de prestação de serviços imputando à contratada a responsabilidade pelas condições ambientais de trabalho, como se o acordo entre particulares pudesse suplantar a proteção constitucional do trabalhador a um ambiente de trabalho seguro.

Essa linha de raciocínio dos empresários favorece a ampla desigualdade material das condições ambientais de trabalho oferecidas aos empregados da contratante em relação aos empregados terceirizados. Na prática, essa desigualdade torna-se clara quando se verifica que em um mesmo ambiente físico de trabalho onde todos os trabalhadores estão expostos aos idênticos riscos ocupacionais, os empregados da tomadora têm à disposição todos os equipamentos e aparatos de proteção necessários de acordo com as normas para o desenvolvimento das atividades e os terceiros não.

No caso fiscalizado, esse tipo de precarização foi bastante recorrente que do total de 11 (onze) canteiros de obras, 10 (dez) foram embargados ou tiveram interdição de atividades, atos administrativos que são imputados pela fiscalização em situações extremas em que os trabalhadores estão expostos ao risco grave e iminente em relação a sua saúde e integridade física, sendo que a maior exposição ao risco tinha o trabalhador terceiro como principal alvo, condição frequente no processo de terceirização na construção civil e um dos efeitos mais maléficos do instituto. Na realidade, a experiência do Ministério do Trabalho aponta que a maioria esmagadora dos acidentes de trabalho na construção civil envolvem trabalhadores terceirizados, que por conta da falta de estrutura organizacional de seus empregadores, não possuem o treinamento, a formação e os equipamentos de proteção necessários para o desenvolvimento seguro de suas atividades. Nesse sentido aduz Benda (2017, p. 102):

> A faceta mais dramática do fenômeno, no entanto, refere-se ao número de mortes e doenças causadas diretamente por ele, já que, por não contratarem os trabalhadores diretamente, as empresas deixam de investir em medidas que evitariam os infortúnios. O que ocorre é que, ao terceirizar, as empresas contratantes transferem para as empresas menores, que nem sempre têm condições tecnológicas e econômicas adequadas, o risco de sua própria atividade econômica.

No Brasil, não há um levantamento estatístico oficial preciso que relacione acidentes de trabalho ao processo de terceirização na construção civil. A subnotificação dos acidentes de trabalho e a falta de parametrização que indiquem a ocorrência de acidente em uma relação de terceirização nas Comunicações de Acidentes de Trabalho — CATs do Instituto Nacional do Seguridade Social — INSS são fatores que dificultam a quantificação dessa relação.

A despeito da falta de estatísticas oficiais, é reconhecida a relação entre terceirização e morte em serviço em diversos setores e a construção civil representa um dos segmentos que mais vitimam trabalhadores, conforme dados do Observatório de Segurança e Saúde no Trabalho[(17)], ferramenta de pesquisa desenvolvida e mantida pelo Ministério Público do Trabalho — MPT em cooperação com a Organização Internacional do Trabalho — OIT, no âmbito da iniciativa SmartLab de Trabalho Decente. Dados do Observatório[(18)] revelam que entre 2012 e 2021 foram registradas 6,2 milhões de CATs e o INSS concedeu 2,5 milhões de benefícios previdenciários acidentários, incluindo auxílios-doença, aposentadorias por invalidez, pensões por morte e auxílios-acidente. No mesmo período, o gasto previdenciário ultrapassou os R$ 120 bilhões somente com despesas acidentárias e o segmento da construção civil figura entre os que mais notificam acidentes de trabalho, sendo precedido apenas pelos seguintes setores econômicos: atividades de atendimento hospitalar, comércio varejista, Administração Pública[(19)] e transporte rodoviário de carga.

Em relação a outros países, os indicadores atualizados do Observatório[18] apontam que o Brasil ocupa o 2º lugar entre os países do G20, sendo precedido apenas pelo México. A estimativa que doenças e acidentes do trabalho produzam a perda de 4% do PIB global a cada ano, que no caso do Brasil corresponde a aproximadamente R$ 300 bilhões, considerando o PIB de 2020. Cabe destacar que esses dados não devem ser analisados isoladamente, muito por conta do desconhecimento da metodologia empregada para o registro dos acidentes em outros países. No Brasil, apesar dos esforços dos entes estatais, reconhece-se o fenômeno da subnotificação de CATs, algo que pode ocorrer em maior grau em outros países que não tenham o aparato fiscal do Brasil. De qualquer forma, os dados que apontam o Brasil no topo do ranking dos países do G20 em relação a acidentes de trabalho servem de parâmetro e evidentemente não estão desconectados da realidade prática vivenciada pela fiscalização do trabalho.

Por fim, cabe o registro da possibilidade de que as condições ambientais de saúde e segurança sejam tão precárias e degradantes que ofendem gravemente a dignidade da pessoa humana[(20)] do trabalhador terceirizado, fundamento da República Federativa do Brasil. Nessa situação, a exploração do trabalhador atinge o patamar do trabalho análogo à condição de escravo na modalidade degradância, com consequências que extrapolam

(17) Disponível em: https://www.ilo.org/brasilia/noticias/WCMS_874091/lang--pt/index.htm. Acesso em: 29 jun. 2023.

(18) Disponível em: https://www.ilo.org/brasilia/noticias/WCMS_842760/lang--pt/index.htm. Acesso em: 29 jun. 2023.

(19) Disponível em: https://www.ilo.org/brasilia/noticias/WCMS_783190/lang--pt/index.htm. Acesso em: 29 jun. 2023.

(20) Art. 1º A República Federativa do Brasil, formada pela união indissolúvel dos Estados e Municípios e do Distrito Federal, constitui-se em Estado Democrático de Direito e tem como fundamentos: (...) III – a dignidade da pessoa humana.

o Direito do Trabalho e atingem a esfera penal, conforme art. 149[21] do Código Penal — CP, que tipifica como crime a conduta de reduzir alguém à condição análoga à de escravo.

Mesmo não sendo objeto o estudo específico do tema trabalho análogo a escravo e o fato de não ter sido constatada essa situação no caso concreto da pesquisa, cabe aqui o registro de que esse tipo de prática tem se tornado cada vez mais recorrente nas fiscalizações realizadas pelo Ministério do Trabalho em terceirizações envolvendo a construção civil. Nesse sentido, merece registro o artigo realizado pelo programa educacional "Escravo, nem pensar!"[22] desenvolvido pela agência de jornalismo *ONG Repórter Brasil* que revela que no ano de 2013, das 2.254 pessoas que foram resgatadas pelo Ministério do Trabalho em condições análogas a de escravo, 858 (ou 38%) trabalhavam em canteiros de obras do setor da construção civil, marcada fortemente pelo processo de terceirização.

O recente caso das vinícolas do Estado Rio Grande do Sul em que foram resgatados 207 trabalhadores, todos terceirizados[23], mesmo não sendo do setor da construção civil, corrobora com a tese de que há uma relação intrínseca de causalidade entre terceirização e trabalho análogo ao de escravo. Nesse sentido, em entrevista ao El País, o procurador-geral do Trabalho Ronaldo Fleury afirmou que a terceirização é condição *sine qua non* para o trabalho análogo ao de escravo[24], sendo a causa principal de 92% dos casos. E recentemente o Ministro do Trabalho Luiz Marinho criticou as leis que tratam de terceirização no país afirmando que elas são irmãs gêmeas do trabalho escravo[25].

3. Análise crítica e proposta de intervenção

As modificações promovidas pelas leis das terceirizações (Leis ns. 13.429/2017 e 13.467/2017) têm levado vários empresários e operadores do direito a afirmarem equivocadamente que elas representam um ponto final no sentido da terceirização sem limites, por não mais existir a proibição para a atividade-fim da contratante, até então o seu principal obstáculo. Contudo, a despeito da literalidade dos artigos que permitem a terceirização,

(21) Art. 149. Reduzir alguém a condição análoga à de escravo, quer submetendo-o a trabalhos forçados ou a jornada exaustiva, quer sujeitando-o a condições degradantes de trabalho, quer restringindo, por qualquer meio, sua locomoção em razão de dívida contraída com o empregador ou preposto.

(22) BARROS, Carlos Juliano. As condições de trabalho na construção civil. *Repórter Brasil*. 2014, Disponível em: https://reporterbrasil.org.br/wp-content/uploads/2015/02/23.-constru%C3%A7%C3%A3o_civil_ENP_baixa.pdf. Acesso em: 29 jun. 2023.

(23) Disponível em: https://agenciabrasil.ebc.com.br/justica/noticia/2023-03/vinicolas-devem-pagar-r-7-milhoespor-caso-de-trabalho-escravo-no-rs. Acesso em: 29 jun. 2023.

(24) VERMELHO. Ministério Público: Terceirização alimenta trabalho escravo, 03.04.2017. Disponível em: https://vermelho.org.br/2017/04/03/ministerio-publico-terceirizacao-alimenta-trabalho-escravo/.Acesso em: 29 jun. 2023.

(25) Disponível em: https://www1.folha.uol.com.br/mercado/2023/04/lei-de-terceirizacao-e-irma-gemea-dotrabalho-escravo-diz-ministro-do-trabalho.shtml. Acesso em: 29/06/2023.

há que se considerar a interpretação do sistema jurídico como um todo, principalmente quando se está em "cheque" o direito do trabalhador. Com efeito, o novo dispositivo legal não possui existência isolada, inserindo-se em um ordenamento jurídico que continua plenamente válido e que precisa ser interpretado e aplicado em conjunto, com vistas à manutenção da integridade e harmonia do ordenamento que compõe o ramo jurídico do Direito do Trabalho.

A Constituição Federal, ao consagrar os princípios do Estado Democrático de Direito, institui a República e prescreve no seu texto os direitos fundamentais que devem ser garantidos e protegidos pelo Estado. Nesses termos o seu art. 1º, IV[(26)] tem como fundamento da República Federativa do Brasil o valor social do trabalho. No seu art. 170, *caput*[(27)], reza que a ordem econômica é pautada na valorização do trabalho humano e no seu art. 193[(28)] determina que a ordem social tem como base o primado do trabalho. O art. 7º, XXII, da CRFB/88, por sua vez, é explícito ao estabelecer como direito social dos trabalhadores urbanos e rurais a redução dos riscos inerentes ao trabalho, por meio de normas de saúde, higiene e segurança, além de consagrar os princípios da prevenção e da precaução, determinando ao Poder Público e à coletividade o dever de sua defesa e prevenção para as presentes e futuras gerações.

Os contornos sociais da Constituição Federal são claros e se opõem a um processo de terceirização que vise eliminar ou minimizar os direitos dos trabalhadores nela expressos em todas as suas dimensões. Nesse sentido Delgado e Delgado (2017, p. 200-201) expõem que:

> A Constituição de 1988 traz limites claros ao processo de terceirização laborativa na economia e na sociedade, embora não faça, evidentemente — como não caberia —, regulação específica do fenômeno. Os limites da Constituição ao processo terceirizante situam-se no sentido de seu conjunto normativo, quer nos princípios, quer nas regras assecuratórios da dignidade da pessoa humana (art. 1º, III), da valorização do trabalho e especialmente do emprego (art. 1º, III, combinado com art. 170, *caput*), da busca da construção de uma sociedade livre, justa e solidária (art. 3º, 1), do objetivo de erradicar a pobreza e a marginalização e reduzir as desigualdades sociais (art. 3º, III), da busca da promoção do bem de todos, sem preconceitos de origem, raça, sexo, cor, idade e quaisquer outras formas de discriminação (art. 3º, IV).

(26) Art. 1º A República Federativa do Brasil, formada pela união indissolúvel dos Estados e Municípios e do Distrito Federal, constitui-se em Estado Democrático de Direito e tem como fundamentos: (...) IV – os valores sociais do trabalho e da livre iniciativa.

(27) Art. 170. A ordem econômica, fundada na valorização do trabalho humano e na livre iniciativa, tem por fim assegurar a todos existência digna, conforme os ditames da justiça social.

(28) Art. 193. A ordem social tem como base o primado do trabalho, e como objetivo o bem-estar e a justiça sociais.

Argumento igualmente desfavorável à ideia de terceirização sem limites encontra-se nos arts. 2º e 3º da CLT, que não foram revogados pelas leis das terceirizações (Leis ns. 13.429/2017 e 13.467/2017). Sendo assim, é possível a descaracterização do instituto da terceirização e o reconhecimento do vínculo empregatício do trabalhador terceirizado em relação à empresa tomadora quando presentes a pessoalidade e a subordinação desse trabalhador em relação à empresa contratante. Sob essa perspectiva, cabe trazer à tona o princípio do Direito do Trabalho da primazia da realidade dos fatos, que considera a realidade fática em toda sua dimensão, em detrimento da forma. Acerca do tema, Delgado (2017, p. 223) afirma que:

> No Direito do Trabalho deve-se pesquisar, preferentemente, a prática concreta efetivada ao longo da prestação de serviço, independentemente da vontade eventualmente manifestada pelas partes na respectiva relação jurídica. A prática habitual — na qualidade de uso — altera o contrato pactuado, gerando direitos e obrigações novos às partes contratantes (respeitada a fronteira da inalterabilidade contratual lesiva).

Desse modo, caso estejam presentes os requisitos da subordinação e pessoalidade do trabalhador terceirizado em relação à tomadora, pouca importará a forma contratada entre as empresas, pois estará configurado o vínculo empregatício desse trabalhador na empresa contratante, independentemente de o mesmo estar devidamente registrado na empresa prestadora. O contrato entre as empresas tem natureza jurídica civil e não pode ser usado para se opor aos princípios do Direito do Trabalho e nem como fundamento para desnaturalizar os elementos de caracterização do vínculo empregatício. Quanto ao tema, ensina Süssekind (2003, p. 275):

> Outrossim, ainda que os contratos previstos no Código Civil hajam sido celebrados para tarefas estranhas às atividades normais das empresas contratantes, caberá verificar-se, em cada caso, se os empregados da firma contratada trabalham, de fato, subordinados ao poder de comando da referida empresa. Em caso afirmativo, haverá nítida simulação em que fraude à lei trabalhista (art. 9º da CLT), configurando-se o contrato realidade de trabalho entre a empresa contratante e os trabalhadores formalmente vinculados à firma contratada (art. 442, combinado com os arts. 2º e 3º da CLT).

Portanto, é imperativo que as novas leis da terceirização devam ser interpretadas à luz do princípio da primazia da realidade, devendo ser reconhecido o vínculo de emprego quando presentes os requisitos para a configuração dessa relação. Admitindo-se a hipótese de que o legislador, a partir da reforma trabalhista, almejasse uma terceirização sem limites, haveria a necessidade de ajustes nos dispositivos da CLT que continuam íntegros e com a redação original dos tempos de Getúlio Vargas. Ainda, em relação ao Microempreendor Individual — MEI, figura jurídica comum nos processos atuais de terceirização na construção civil e encontrada em todos os canteiros de obras fiscalizados, há um novo requisito disposto no art. 100[(29)] da Resolução da Receita Federal CGSN n 140, de 22 de maio de 2018, recentemente alterada pela Resolução CGSN n. 165, de 23 de fevereiro de 2022. Por essa resolução, a atuação do MEI deve ser independente e exclusiva, o que significa que a ocupação deve ser exercida pelo titular do empreendimento, o que configura mais um limite à terceirização irrestrita.

No plano internacional, a ideia de terceirização irrestrita pode ser compelida pelas diretrizes da Organização Internacional do Trabalho — OIT, que tem como missão precípua a promoção do trabalho decente, em condições de liberdade, equidade, segurança e dignidade.

Para a OIT o trabalho deve estar aliado à justiça social, sendo inegável que a terceirização que pretende mascarar a relação clássica de emprego atinge conceitos e princípios presentes tanto nas declarações quanto nas convenções já vigentes.

Como primeiro fundamento contrário pode-se pontuar a Declaração de Filadélfia[(30)], que foi anexada à Constituição da OIT e é considerada o seu principal e maior pilar. A referida declaração tem insculpido no seu item I, a[(31)] o princípio fundamental de que o trabalho não é uma mercadoria e, portanto, é proibida a mercantilização do trabalho conduzido por práticas concretas ou de forma dissimulada. Tal declaração foi ratificada pelo Brasil e estabelece que o Direito do Trabalho não deve admitir que o trabalho se transforme em mercadoria, impedindo que uma empresa alugue trabalhadores (intermediação de mão de obra) para exercerem suas atividades laborais, exceto quando legalmente autorizadas. A única exceção para a intermediação de mão de obra está na figura do trabalho temporário, nos moldes de um contrato determinado, aplicável somente em caso de necessidade transitória de substituição de mão de obra permanente e de e de acréscimo extraordinário de serviço.

---

(29) Art. 100. Considera-se MEI, observado o disposto no § 1º-C, o empresário individual a que se refere o art. 966 do Código Civil ou o empreendedor, optante pelo Simples Nacional, que tenha auferido receita bruta anual acumulada nos anos-calendário anteriores e em curso de até R$ 81.000,00 (oitenta e um mil reais) e que exerça, de forma independente e exclusiva, apenas as ocupações constantes do Anexo XI, dentre as quais constarão: (Lei Complementar n. 123, de 2006, art. 18-A, §§ 1º e 7º, inciso III). Disponível em: http://normas.receita.fazenda.gov.br/sijut2consulta/link.action?visao=anotado&idAto=92278. Acesso em: 29 jun. 2023.

(30) Disponível em: http://www.ilo.org/brasilia/conheca-a-oit/WCMS_336957/lang--pt/index.htm. Acesso em: 29 jun. 2023.

(31) I. A Conferência reafirma os princípios fundamentais sobre os quais repousa a Organização, principalmente os seguintes: a) o trabalho não é uma mercadoria.

Inspirando-se na Declaração de Filadélfia, a Convenção n. 111[(32)] da OIT, também ratificada pelo Brasil, dispõe no seu Art. 1, item 1, alínea b[(33)], sobre discriminação em matéria de emprego e profissão. A convenção visa promover a igualdade de oportunidades e de tratamento em matéria de emprego ou de ocupação, eliminando toda e qualquer distinção, exclusão ou preferência que tenha por efeito destruir ou alterar a igualdade de oportunidades ou tratamento.

Sem a pretensão de esgotar a temática internacional, cabe destaque que as normas de proteção ao ambiente de trabalho, além de constituírem direito fundamental dos trabalhadores, possuem natureza de direito humano positivado em vários pactos internacionais ratificados pelo Brasil, entre eles o Pacto Internacional sobre Direitos Econômicos, Sociais e Culturais — PIDESC.

3.1. Limites formais das leis da terceirização

A análise até esse ponto fez referência aos mais diferentes argumentos legais, tanto no plano interno quanto internacional, de combate às terceirizações inidôneas, que foram e que ainda continuam plenamente válidos, mesmo após a promulgação das leis regularam o instituto (Leis ns. 13.429/2017 e 13.467/2017). O que será verificado a partir de agora, e que constitui um dos objetivos da pesquisa, é a demonstração de que as referidas leis, a despeito de terem aumentado o escopo da terceirização, medida que acabou por incentivar as empresas tomadoras a terceirizar mais, o fizeram dispondo sobre uma série de condições para que o processo esteja legalmente de acordo, aqui tratadas como limites, que contemplam as responsabilidades de quem contrata e os requisitos mínimos para que a empresa possa ser uma prestadora de serviços.

Esses limites são importantes na medida que a forma pontual de atuação dos agentes de fiscalização e a transitoriedade das diversas fases de uma obra na construção civil prejudicam a descaracterização de terceirizações inidôneas com base exclusivamente nos requisitos da relação de emprego dispostos na CLT.

De fato, a dificuldade de uma caracterização mais precisa dos requisitos de uma relação de emprego na construção civil, por guardar certa subjetividade, gera uma série de controvérsias que se convertem em demandas judiciais, que tendem a beneficiar o contratante irregular, primeiramente pela morosidade de sua solução definitiva e segundo pela possibilidade de obtenção de uma sentença favorável do julgador em virtude da

---

(32) Disponível em: http://www.ilo.org/brasilia/convencoes/WCMS_235325/lang--pt/index.htm. Acesso em: 29 jun. 2023.

(33) Art. 1º - 1. Para os fins da presente convenção o termo "discriminação" compreende: b) qualquer outra distinção, exclusão ou preferência que tenha por efeito destruir ou alterar a igualdade de oportunidades ou tratamento em matéria de emprego ou profissão que poderá ser especificada pelo Membro interessado depois de consultadas as organizações representativas de empregadores e trabalhadores, quando estas existam, e outros organismos adequados.

não precisão de todos os elementos para a configuração do vínculo empregatício entre o contratante e o empregado terceiro.

Ao contrário, os limites formais das leis das terceirizações são objetivos e representam argumentos concretos para a descaracterização de terceirizações que tenham em sua gênese a ideia de precarização do trabalho às custas da vida e saúde do trabalhador. Por serem aspectos objetivos, possuem a vantagem de serem averiguados independentemente de inspeção física, que costuma demandar um longo tempo de atuação e análises dos agentes, além de possibilitarem o incremento quantitativo de ações fiscal e o consequente aumento da sensação de riscos de fiscalização no setor da construção civil, tão necessária para evitar todo o tipo de irregularidade trabalhista, muito comum nesse segmento.

Há de ressaltar que a pesquisa não pretende defender a desnecessidade da atuação in loco dos agentes de fiscalização. No setor da construção civil, essa etapa é importante, tendo em vista a possibilidade de uma terceirização formalmente correta, mas que precariza o ambiente de trabalho. Por outro lado, mesmo pouco provável, é possível que a terceirização esteja em conformidade materialmente, mas formalmente não. A pretensão do trabalho é no sentido de demonstrar que os limites servem como uma ferramenta de apoio na análise de terceirizações, que se bem usados na atividade de fiscalização, podem coibir processos que visem precipuamente desvirtuar a legislação trabalhista.

Em síntese, os aspectos formais objetivos estão ligados aos requisitos mínimos exigidos para que uma empresa possa configurar como prestadora de serviços, a existência de um contrato de prestação de serviços com um conteúdo mínimo e o cumprimento da quarentena para a recontratação de empregado na condição de prestador de serviços. Feitas essas considerações, avança-se para uma análise mais ampla dos argumentos objetivos e formais das leis das terceirizações que foram utilizados no caso concreto de fiscalização na avaliação da sua legalidade.

3.1.1. Requisitos mínimos para a prestadora de serviços

O primeiro limite inserido pelas novas leis da terceirização (Leis ns. 13.429/2017 e 13.467/2017) na Lei n. 6.019/74 e que se contrapõe à ideia de terceirização irrestrita diz respeito ao fato de que só poderá figurar como prestadora de serviços em uma relação de terceirização aquela que tiver prova de inscrição no Cadastro Nacional de Pessoal Jurídica – CNPJ, afastando assim a possibilidade de pessoa física terceirizar. Além disso, é necessário o registro da prestadora de serviços na Junta Comercial e que a empresa tenha capital social mínimo compatível com o número de empregados, que varia de R$ 10.000,00 (dez mil reais) para empresas com até dez empregados até R$ 250.000,00 (duzentos e cinquenta mil reais) para empresas com mais de cem empregados. Todos esses requisitos estão previstos no art. 4º-B[34] da Lei n. 6.019/74, que tem como objetivo exigir do prestador de serviços lastro econômico e uma estrutura financeira mínima, visando resguardar os empregados terceirizados quanto ao cumprimento de seus direitos trabalhistas.

Na prática fiscalizatória, é muito comum no setor da construção civil que pequenas empresas sejam criadas apenas para atender determinado contratante, sendo desprovidas de qualquer estrutura financeira mínima que garanta o cumprimento dos direitos dos seus trabalhadores, tais como os recolhimentos do FGTS, o pagamento das contribuições previdenciárias e dos valores das rescisões dos contratos de trabalho. Sobre esse limite, Benda (2017, p. 102) destaca que terceirizar atividades para empresas sem idoneidade financeira, como as inúmeras de que se tem notícia nos corredores da Justiça do Trabalho, passou a ser, expressamente, ilegal.

Os canteiros de obras fiscalizados seguiram essa dinâmica, com uma proliferação de pequenas empresas sem a mínima capacidade financeira para honrar seus compromissos trabalhistas e muito menos capacidade de investimentos e conhecimento técnico para manter seu ambiente de trabalho seguro. Na realidade, os contratantes "inovaram" nesse quesito ao contratarem MEIs, que é uma condição ainda pior no tocante à idoneidade e à capacidade financeira comparada às pequenas empresas.

A título meramente ilustrativo, tendo em vista que o trabalho não pretende realizar levantamento estatístico do fenômeno, todos os canteiros de obras fiscalizados, num total de 11 (onze), possuíam MEIs como prestadores de serviço, sendo que alguns tinham a totalidade de contratadas como MEI, demonstrando uma forte tendência das construtoras em utilizar esse artifício de contratação em oposição à relação típica de emprego. Os resultados observados no caso concreto indicam uma relação direta entre o fenômeno terceirizante com empregadores sem capacidade financeira e a precarização do ambiente de trabalho, pois nessa ação fiscal dos 11 (onze) canteiros de obras 10 (dez) tiveram atos de embargo e/ou de interdição, situação extrema onde é constatada a presença de risco grave e iminente de exposição dos trabalhadores, não restando outra opção ao agente a não ser a paralisação das atividades.

Mesmo não sendo o escopo principal da pesquisa o estudo pormenorizado do MEI, faz-se necessária a menção de algumas particularidades referentes a essa figura jurídica, em virtude do seu uso cada vez mais recorrente na construção civil, em especial no

(34) Art. 4º-B. São requisitos para o funcionamento da empresa de prestação de serviços a terceiros: I – prova de inscrição no Cadastro Nacional da Pessoa Jurídica (CNPJ); II – registro na Junta Comercial; III – capital social compatível com o número de empregados, observando-se os seguintes parâmetros: *a)* empresas com até dez empregados — capital mínimo de R$ 10.000,00 (dez mil reais); *b)* empresas com mais de dez e até vinte empregados — capital mínimo de R$ 25.000,00 (vinte e cinco mil reais); *c)* empresas com mais de vinte e até cinquenta empregados — capital mínimo de R$ 45.000,00 (quarenta e cinco mil reais); *d)* empresas com mais de cinquenta e até cem empregados — capital mínimo de R$ 100.000,00 (cem mil reais); *e)* empresas com mais de cem empregados — capital mínimo de R$ 250.000,00 (duzentos e cinquenta mil reais).

caso concreto, e que apresentam íntimas relações com a condição de legalidade ou não do processo de terceirização. Preliminarmente, o MEI foi criado pelo governo brasileiro em 2009, com o objetivo de formalizar trabalhadores, possibilitando a esse público o acesso a produtos e serviços, como concessões de crédito, cobertura previdenciária, apoio técnico e mesmo cidadania na sua plenitude. A ideia intrínseca de resgate desse público à formalidade concretiza-se, primeiramente, pelo processo simplificado de formalização do MEI, que é feito online através do Portal do Empreendedor, sendo possível tornar-se um MEI e ter um CNPJ em alguns instantes. Os requisitos para ser um MEI são que o novo empresário tenha um faturamento anual de no máximo 81 mil reais; não tenha participação em nenhum outro empreendimento como sócio e tenha no máximo um empregado contratado. A abertura de uma empresa como optante do Simples Nacional é um pouco mais complexa e burocrática, pois envolve a elaboração de um contrato social, que deverá ser registrado em cartório, e só então poderá ser feito o registro no CNPJ.

A partir dessas considerações verifica-se a dificuldade de um MEI cumprir todos os requisitos objetivos previstos no art. 4º-B da Lei n. 6.019/74 para ser um prestador de serviços em um processo de terceirização. Primeiro, porque o empresário teria que possuir capital social mínimo compatível de R$ 10.000,00 (dez mil reais) no caso de contar com um empregado, o que na prática não coaduna com a ideia intrínseca do MEI de resgate à formalidade de um público que até então estava na informalidade; e segundo que o MEI provavelmente não estaria registrado na junta comercial, em virtude do próprio processo simplificado de sua formalização.

Essa metodologia de análise de terceirização com base no art. 4º-B da Lei n. 6.019/74 é válida para todas as empresas prestadoras de serviços. Evidentemente, cita-se o MEI, pelo fato dessa figura jurídica estar mais susceptível a não ter lastro econômico e uma estrutura financeira mínima para cumprir com suas obrigações trabalhistas. Isso não quer dizer que pequenas empresas e até de médio porte, que sempre estiveram e que continuam presentes nos canteiros de obras, também não possuam capacidade financeira.

O MEI pode ser associado à materialização mais elementar do pensamento de Foucault (2008a) a respeito do "homo economicus" neoliberal em que o trabalhador, sob a égide do capitalismo pós-industrial, se transformaria necessariamente em uma empresa (empresário de si mesmo). No entanto, talvez Foucault não previsse que esse processo de conversão ocorreria de modo formal como acontece com o MEI. Essa transformação de pessoa física em pessoa jurídica, alinhada às pretensões de um capitalismo neoliberal, representou no caso concreto em uma nova forma de desigualdade, revestida pelo discurso da meritrocracia, que afetou e afeta o senso comum sobre os significados de um conceito tão caro à democracia, como o de cidadania.

Ainda, no tocante aos requisitos formais para um prestador de serviços, cabe trazer à baila a Lei n. 5.194/66 que regula o exercício das profissões de Engenheiro, Arquiteto e Engenheiro Agrônomo. De acordo com seu art. 6º[35], há exercício ilegal da profissão quando a pessoa jurídica realiza atos relacionados à área de engenharia sem o devido registro no Conselho Regional de Engenharia e Agronomia – CREA. Não há qualquer dúvida que o setor da construção civil contempla serviços de engenharia e, portanto, a empresa contratada deveria ter o registro no CREA para atuar regularmente no segmento, requisito não cumprido pelos MEIs e pequenas empresas no caso concreto. De fato, apenas os contratantes (grandes construtoras) cumpriram essa formalidade indispensável para atuação na indústria da construção civil.

Esse requisito do prestador de serviço, em conjunto o capital social mínimo e o registro na junta comercial, se devidamente observados pelos agentes de inspeção acaba por coibir de forma objetiva a atuação de pequenas empresas e MEIs no setor, especialmente naquelas situações que a terceirização tem fortes tendências de tornar-se precarizante.

3.1.2. Existência e conteúdo mínimo do contrato de prestação de serviços

Outro limite formal para a terceirização irrestrita está previsto no art. 5º-B[36] da Lei n. 6.019/74, que determina que o contrato de prestação de serviços deverá conter a qualificação das partes, a especificação do serviço a ser prestado, o prazo para a realização dos serviços, quando for o caso, e o seu valor.

Teoricamente, a exigência do contrato entre as empresas não representaria limite à terceirização, porque, em tese, é difícil imaginar que esse tipo de evento ocorra, mas na prática trabalhista vivenciada nos canteiros de obras fiscalizados a realidade é bem diferente, especialmente quando a contratação fora estabelecida com MEIs. E essa fiscalização não é exceção, porque de fato é comum nas auditorias realizadas pelo Ministério do Trabalho, em especial no setor da construção civil, onde a terceirização é intensa, a ausência total de contrato formal entre as partes. Nesse sentido, a sua existência acaba por constituir limite formal à terceirização irrestrita.

Quanto ao MEI, cabe destacar que o contrato deve observar as regras dispostas no art. 593[37] e seguintes referentes ao Título VI, Capítulo VII do Código Civil — CC,

(35) Art. 6º Exerce ilegalmente a profissão de engenheiro, arquiteto ou engenheiro-agrônomo: *a)* a pessoa física ou jurídica que realizar atos ou prestar serviços público ou privado reservados aos profissionais de que trata esta lei e que não possua registro nos Conselhos Regionais; *b)* o profissional que se incumbir de atividades estranhas às atribuições discriminadas em seu registro; *c)* o profissional que emprestar seu nome a pessoas, firmas, organizações ou empresas executoras de obras e serviços sem sua real participação nos trabalhos delas; *d)* o profissional que, suspenso de seu exercício, continue em atividade; *e)* a firma, organização ou sociedade que, na qualidade de pessoa jurídica, exercer atribuições reservadas aos profissionais da engenharia, da arquitetura e da agronomia, com infringência do disposto no parágrafo único do art. 8º desta lei.

(36) Art. 5º-B. O contrato de prestação de serviços conterá: I – qualificação das partes; II – Especificação do serviço a ser prestado; III – prazo para realização do serviço, quando for o caso; IV – valor.

(37) Art. 593. A prestação de serviço, que não estiver sujeita às leis trabalhistas ou a lei especial, reger-se-á pelas disposições deste Capítulo.

além de ser especificada a atividade a ser desempenhada, que deverá constar da lista de ocupações permitidas para essa figura jurídica nos termos do Anexo XI[38] da Resolução da Receita Federal CGSN n. 140, de 22 de maio de 2018, recentemente alterada pela Resolução CGSN n. 165, de 23 de fevereiro de 2022. Nesse contexto, observou-se que nos canteiros de obras fiscalizados, todos contando com MEI como prestadora de serviços, possuíam trabalhadores exercendo as funções de serventes de obra e de eletricistas, ocupações que não estão no referido Anexo, o que por si só descaracteriza a terceirização. E os trabalhadores contratados como MEI na ocupação de pedreiros, permitida de acordo com o Anexo, não prestavam serviços de forma independente, exigência para essa figura jurídica nos termos do art. 100 da referida resolução. Na prática, esses trabalhadores prestavam serviços submetidos às determinações dos engenheiros e mestres de obra da construtora contratante, em afronta ao requisito da independência para ser MEI.

Por fim, quanto aos aspectos contratuais, prospera a dúvida a respeito da obrigação do contrato permanecer à disposição da autoridade fiscalizadora no estabelecimento da tomadora de serviços nos mesmos moldes do exigido pelo art. 9º[39] no caso de trabalho temporário, o que também poderia representar um limite, mas de qualquer modo a ausência do contrato é motivo incontroverso para a descaracterização da terceirização.

3.1.3. Quarentena para a recontratação de empregado

Igualmente limite formal à ideia de terceirização irrestrita está compreendida nas regras dispostas nos arts. 5º-C[40] e 5º-D[41] da Lei n. 6.019/74, que dizem respeito à recontratação do empregado demitido pela contratante como prestador de serviços em uma relação de terceirização. O legislador, ao dispor dessa regra, visa repelir a fraude trabalhista que consiste na contratação de funcionários por intermédio de pessoas jurídicas, denominada pela jurisprudência de "pejotização".

A fraude trabalhista ocorre quando os empregados são compelidos a constituírem empresa para continuarem a prestar serviços ao real empregador. A finalidade desse artifício é descaracterizar a relação de emprego, com o único objetivo de redução dos custos trabalhistas e encargos sociais por parte da tomadora de serviços. As regras dispostas nos artigos correspondem a um tempo de "quarentena" em que o empregado que for demitido não poderá prestar serviços à empresa que o demitiu na qualidade de empregado

---

(38) Anexo XI da Resolução CGSN n. 140, de 22 de maio de 2018. Disponível: http://normas.receita.fazenda.gov.br/sijut2consulta/link.action?idAto=123086#2326037.

(39) Art. 9º O contrato celebrado pela empresa de trabalho temporário e a tomadora de serviços será por escrito, ficará à disposição da autoridade fiscalizadora no estabelecimento da tomadora de serviços.

(40) Art. 5º-C. Não pode figurar como contratada, nos termos do art. 4º-A desta Lei, a pessoa jurídica cujos titulares ou sócios tenham, nos últimos dezoito meses, prestado serviços à contratante na qualidade de empregado ou trabalhador sem vínculo empregatício, exceto se os referidos titulares ou sócios forem aposentados.

(41) Art. 5º-D. O empregado que for demitido não poderá prestar serviços para esta mesma empresa na qualidade de empregado de empresa prestadora de serviços antes do decurso de prazo de dezoito meses, contados a partir da demissão do empregado.

ou titular ou sócio da empresa prestadora, antes do decurso de prazo de dezoito meses, contados a partir da sua demissão. A exceção da regra de "quarentena" atinge os sócios ou titulares da empresa prestadora na condição de aposentados.

A justiça do trabalho antes mesmo das leis das terceirizações vinha se posicionando no sentido de que o contrato de prestação de serviços oriundo de uma "pejotização" é nulo, com o devido reconhecimento do vínculo de emprego com a empresa tomadora, sendo a mesma condenada ao pagamento de todas as verbas e direitos decorrentes dessa relação. Além das consequências trabalhistas, a prática de "pejotização" é considerada crime contra a organização do trabalho tipificado no art. 203[(42)] do CP.

A regra da quarentena constituiu uma espécie de freio à disseminação, ainda maior, de MEIs, porém cabe o registro de ocorrências (ainda que pontuais) no caso concreto fiscalizado de empregados da contratante que continuaram laborando no mesmo canteiro de obras na condição de MEIs, sem cumprir a "quarentena", formalizados em nome de terceiros, o que representa uma forma "criativa" de burlar as regras dispostas nos arts. 5º-C e 5º-D da Lei n. 6.019/74. De fato, a facilidade de formalização de uma MEI e as vantagens tributárias para o tomador de serviços frente a uma relação típica de emprego estimulam a criatividade na produção de artifícios que permitam a concretização da terceirização com esse tipo de figura jurídica.

4. Limites materiais das leis da terceirização

Verificou-se que os aspectos formais servem de fundamento objetivo na avaliação da legalidade de um processo de terceirização. Como destacado, a vantagem dessa análise prévia, pautada essencialmente em elementos formais, está relacionada à desnecessidade de uma inspeção in loco, que na construção civil demanda um tempo bastante considerável dos agentes de fiscalização, por envolver a complexa análise de vários itens contidos na CLT e nas NRs, especialmente a NR-18 que trata das condições e meio ambiente de trabalho na indústria da construção e a NR-35 que versa sobre segurança e saúde no trabalho em altura.

Dessa forma, por mais esforços que sejam empreendidos pela fiscalização, não é possível atingir um número de construtoras capaz de gerar o receio/sensação de ser fiscalizado, condição que somada a transitoriedade das diversas fases de uma obra permitem um relaxamento das construtoras no cumprimento de todas as suas obrigações trabalhistas, especialmente as que envolvem questões de saúde e segurança. E esse *"modus operandi"* colabora para que as construtoras utilizem a terceirização como forma de burlar as relações típicas de emprego com a consequente precarização do ambiente de trabalho, já que o risco de ser fiscalizada é reduzido. Também é notório que a empolgação das grandes

(42) Art. 203 – Frustrar, mediante fraude ou violência, direito assegurado pela legislação do trabalho. Pena – detenção de um ano a dois anos, e multa, além da pena correspondente à violência.

construtoras em terceirizar proporcionada pelas leis das terceirizações gerou uma espécie de miopia em que as tomadoras enxergam apenas a parte que lhes favorece. Isso porque essas mesmas leis, a despeito de autorizar a terceirização, são expressas ao imputar a responsabilidade da empresa contratante em garantir as condições de segurança, higiene e salubridade dos trabalhadores, quando o trabalho for realizado em suas dependências ou em local por ela designado.

Essa responsabilidade coaduna-se com a ideia de limites à ideia de terceirização irrestrita, aqui tratada como limite material à terceirização, e constitui em uma proposta de mudança da abordagem fiscal que foi usada no caso concreto como forma de combate às terceirizações inidôneas. Esse limite é importante na medida que a precarização do trabalho, conforme já destacado em capítulos anteriores, é uma realidade na construção civil em processos de terceirização. A extensão das condições de trabalho para os terceirizados é uma exigência legal que tem a finalidade de coibir a precarização do trabalho e que se concretiza pela obrigação do contratante de garantir ao trabalhador terceirizado as condições relativas à alimentação garantidas aos empregados da contratante, quando oferecida em refeitórios; o direito de utilizar os serviços de transporte; o atendimento médico ou ambulatorial existente nas dependências da contratante ou local por ela designado; o treinamento adequado, fornecido pela contratada, quando a atividade o exigir; as medidas sanitárias, de proteção à saúde e de segurança no trabalho e de instalações adequadas à prestação do serviço.

Quanto à isonomia salarial, a lei expressamente estabelece uma faculdade, cabendo ao contratante e contratada decidirem discricionariamente sobre a questão. Destaque-se que em relação à modalidade de trabalho temporário, também previsto na Lei n. 6.019/74, há a obrigação de equivalência da remuneração no seu art. 12, item *"a"*[(43)]. O legislador ao permitir na terceirização de serviços que as partes acordem essa questão salarial deixou de dar uma solução definitiva para o problema das diferenças salariais entre os trabalhadores, tão recorrente no setor da construção civil e no caso concreto fiscalizado.

Ainda, no tocante aos limites e obrigações, o § 3º[(44)] do art. 5º-A da Lei n. 6.019/74 tratou de impor à contratante a responsabilidade de garantir as condições de segurança, higiene e salubridade dos trabalhadores, quando o trabalho for realizado em suas dependências ou local previamente convencionado em contrato. Percebe-se que esse dispositivo é mais amplo que o art. 4º-C, pois possibilita estender a responsabilidade do contratante para o local convencionado no contrato não havendo qualquer impedimento que esse local seja fora das dependências do contratante.

---

(43) Art. 12 – Ficam assegurados ao trabalhador temporário os seguintes direitos: a) remuneração equivalente à percebida pelos empregados de mesma categoria da empresa tomadora ou cliente calculados à base horária, garantida, em qualquer hipótese, a percepção do salário mínimo regional.

(44) Art. 5º-A, § 3º É responsabilidade da contratante garantir as condições de segurança, higiene e salubridade dos trabalhadores, quando o trabalho for realizado em suas dependências ou local previamente convencionado em contrato.

Importante mencionar que antes das mudanças na Lei n. 6.019/74, existiam posicionamentos no sentido de que o contratante era responsável por assegurar as condições de saúde e segurança do ambiente de trabalho, mesmo nas terceirizações lícitas e outros que imputavam essa obrigação somente nas terceirizações ilícitas. O fato é que a nova lei eliminou qualquer controvérsia ao dispor de forma expressa sobre a responsabilidade do contratante em relação aos seus trabalhadores terceiros.

Com relação ao empregado, a CLT dedica um capítulo inteiro ao tema, denominado da "Segurança e da Medicina do Trabalho", determinando expressamente que os empregadores devem cumprir as disposições relativas à segurança e outras normas que, com relação à matéria sejam incluídas em códigos de obras ou regulamentos sanitários dos Estados ou Municípios em que se situem os respectivos estabelecimentos, bem como daquelas oriundas de convenções coletivas de trabalho. Além de dispor sobre o dever das empresas no cumprimento das normas de saúde e segurança, a CLT prevê as penalidades aplicáveis no caso de descumprimento respectivamente nos art. 157[45] e art. 201[46].

Toda essa lógica denota que em relação ao ambiente de trabalho, as normas estabelecem um "dever" para o empregador em relação ao seu empregado e uma "responsabilidade" para a contratante em relação a seu terceirizado. A Nota Técnica n. 90/2018[47] da Secretaria de Inspeção do Trabalho — SIT do Ministério do Trabalho foi nesse sentido estabelecendo que a responsabilidade do § 3º do art. 5º-A da Lei n. 6.019/74 se dá em relação ao resultado.

Dessa forma, a contratante é responsável pela efetiva existência de condições adequadas de saúde e segurança de seus trabalhadores terceirizados, responsabilidade que não é afastada nem mesmo quando a contratante comprove que não foi omissa na sua obrigação de fiscalizar e/ou que tenha notificado a prestadora para a adequação do ambiente de trabalho. Sendo assim, constatada a irregularidade referente à saúde e à segurança do trabalho dos trabalhadores terceiros, em especial as dispostas pelas NRs, a contratante infringirá o § 3º do art. 5º-A e sofrerá a sanção prevista no art. 19-A[48] da Lei n. 6.019/74.

---

(45) Art. 157 – Cabe às empresas: I – cumprir e fazer cumprir as normas de segurança e medicina do trabalho.

(46) Art. 201 – As infrações ao disposto neste Capítulo relativas à medicina do trabalho serão punidas com multa de 3 (três) a 30 (trinta) vezes o valor de referência previsto no art. 2º, parágrafo único, da Lei n. 6.205, de 29 de abril de 1975, e as concernentes à segurança do trabalho com multa de 5 (cinco) a 50 (cinquenta) vezes o mesmo valor. Parágrafo único – Em caso de reincidência, embaraço ou resistência à fiscalização, emprego de artifício ou simulação com o objetivo de fraudar a lei, a multa será aplicada em seu valor máximo.

(47) Disponível em: http://www.abimaq.org.br/Arquivos/Html/CJTA/nota%20T%C3%A9cnica%20n%C2%BA90%20de%202018.pdf. Acesso em: 29 jun. 2023.

(48) Art. 19-A. O descumprimento do disposto nesta Lei sujeita a empresa infratora ao pagamento de multa. Parágrafo Único. A fiscalização, a autuação e o processo de imposição das multas reger-se-ão pelo Título VII da Consolidação das Leis do Trabalho (CLT), aprovada pelo Decreto-Lei n. 5.452, de 1º de maio de 1943.

Isso posto, o descumprimento da contratada de um item de NR pode acarretar uma penalidade para a contratada, na condição de empregadora, amparada pelos art. 157, I e art. 201 da CLT e outra penalidade para a contratante nos termos do art. 5º-A § 3º e art. 19-A da Lei n. 6.019/74. Não há *bis in idem* dos administrados nessa situação, ou seja, os autores das irregularidades referente à saúde e segurança não terão seus autos de infração anulados, em virtude de os dispositivos lastreadores das penalidades terem origem em leis diferentes.

Para que não hajam dúvidas, considere-se uma terceirização envolvendo uma empresa "X", construtora/contratante e uma empresa "Y", empreiteira/prestadora de serviços. Supondo que após ação fiscal não seja constatado descumprimento de NR em relação aos empregados da construtora, mas seja verificado o descumprimento de dois itens de NR por parte da empreiteira. Nessa situação, a empreiteira "Y" será sancionada com dois autos de infração, com fulcro na CLT e no item da norma reguladora desrespeitado e a construtora com dois autos de infração lastreados na Lei n. 6.019/74 e o item na norma regulamentadora encontrado de forma irregular na prestadora de serviços. Não cabe a alegação da contratante de que as irregularidades tiveram origem na contratante e que somente ela deveria ser penalizada.

Essa abordagem de atuação dos agentes de inspeção que foi utilizada nos canteiros de obras fiscalizados em que ambas as empresas, contratante e contratada, sofrem sanções administrativas corresponde ao limite material à ideia de terceirização irrestrita e constitui-se em um excelente instrumento para coibir a precarização do trabalho em virtude da ampliação da percepção de riscos de penalidade do tomador de serviços e dono do canteiro de obras.

Quanto à responsabilidade pelo inadimplemento das obrigações previdenciárias e trabalhistas da contratada em um processo de terceirização, o primeiro aspecto que merece destaque é que a "velha" Lei n. 6.019/74 determinava a responsabilidade solidária da empresa tomadora no caso de falência da empresa de trabalho temporário das obrigações no período em que o trabalhador esteve sob suas ordens, como se fosse uma relação direta de emprego. Em relação à terceirização, antes da Lei n. 13.429/2017, a temática foi abordada pelo TST por meio da Súmula n. 331, que fixou o seguinte entendimento: "o inadimplemento das obrigações trabalhistas, por parte do empregador, implicaria a responsabilidade subsidiária do tomador dos serviços quanto àquelas obrigações, desde que tivesse participado da relação processual e constasse também do título executivo judicial".

No entanto, no caso de terceirização ilícita, situação que pode ocorrer quando há subordinação do trabalhador terceirizado em relação à empresa contratante, o vínculo empregatício se formaria entre o trabalhador e a empresa tomadora e a responsabilidade das obrigações trabalhistas e previdenciárias não adimplidas seria solidária entre as empresas, contratante e contratada, com fulcro no art. 942[(49)] do CC.

Pacificando a situação, o art. 5º-A § 5º[(50)] da Lei n. 6.019/17, cujo texto está alinhado com o entendimento do TST, determina que a empresa contratante é subsidiariamente responsável pelas obrigações trabalhistas do período em que ocorrer a prestação de serviços e que o recolhimento das contribuições previdenciárias deverá ser feito pela contratante por meio de retenção do valor bruto da nota fiscal ou fatura de prestação de serviços em nome da empresa prestadora. Verifica-se, portanto, que a responsabilidade do contratante pode ser subsidiária ou solidária, a depender da conformidade do processo de terceirização. Caso a terceirização seja ilícita, a responsabilidade será solidária e caso o processo esteja em conformidade com a Lei n. 6.019/17, a responsabilidade será subsidiária. De qualquer modo, independente das duas hipóteses mencionadas, constata-se um outro limite material para a aplicação do instituto, que também foi observado no caso concreto de fiscalização.

Percebe-se claramente que a terceirização, a despeito de ser um processo vantajoso para as grandes construtoras, impõe ao contratante a garantia do amplo direito do trabalhador, próprio e terceiro, a um ambiente de trabalho seguro e ao adimplemento de todas as obrigações trabalhistas e previdenciárias. Todas essas condições devem ser analisadas pelos agentes de inspeção e se revelam em uma nova abordagem de combate a um instituto, que mal-usado, contribui sobremaneira para a precarização dos direitos dos trabalhadores e que afetam o próprio direito humano do trabalhador.

5. Considerações finais

Indubitavelmente, é senso comum entre empresários e economistas que a especialização dos serviços é fundamental em um cenário de mundo globalizado e competição acirrada, sendo inclusive fator crucial que pode determinar a sobrevivência ou não de uma organização empresarial. É igualmente racional a ideia de que para alcançar essa especialização é salutar que a empresa concentre seus esforços em suas atividades principais e transfira a prestação de serviços acessórios a outra empresa, que também se especializará no serviço transferido, transformando o processo em um círculo virtuoso de ganho de produtividade com organizações altamente especializadas. Nesse contexto, a terceirização representa um processo vantajoso e um caminho sem volta ao se apresentar como um instrumento eficiente na busca do crescimento econômico e aumento dos lucros.

---

(49) Art. 942. Os bens do responsável pela ofensa ou violação do direito de outrem ficam sujeitos à reparação do dano causado; e, se a ofensa tiver mais de um autor, todos responderão solidariamente pela reparação. Parágrafo único. São solidariamente responsáveis com os autores os co-autores e as pessoas designadas no art. 932.

(50) Art. 5º, § 5º A empresa contratante é subsidiariamente responsável pelas obrigações trabalhistas referentes ao período em que ocorrer a prestação de serviços, e o recolhimento das contribuições previdenciárias observará o disposto no art. 31 da Lei n. 8.212, de 24 de julho de 1991.

No entanto, o processo de terceirização não pode afastar uma relação típica de emprego e servir de instrumento para justificar a minimização dos direitos trabalhistas com vistas a reforçar o desequilíbrio da balança capital e trabalho. Não há relação do tipo custo/benefício aceitável pela sociedade que coloque o crescimento econômico como argumento para a precarização do trabalho, isso porque o trabalho é antes de tudo um direito de consolidação da dignidade social, tendo inclusive status de um direito humano positivado em várias de suas matérias, especialmente as que envolvem questões de saúde e segurança. Nessa perspectiva, a terceirização não pode usada como uma simples intermediação de mão de obra, como se o trabalhador fosse uma mercadoria que pudesse ser comercializada e alugada de uma empresa para outra, com o único propósito de eximir a contratante das obrigações derivadas da relação de emprego.

As leis que regulam o instituto, a pretexto de terem permitido a terceirização, não podem servir como uma espécie de "carta branca" para que se afirme que no Brasil vigora a terceirização irrestrita e sem limites. A proposta crítica da pesquisa é justamente apresentar o contraditório a essa afirmação a partir de argumentos objetivos e sólidos com origem nas próprias leis que regulam o instituto, perpassando pelos efeitos maléficos da terceirização quando mal utilizada e com a apresentação de uma mudança estratégica da fiscalização na sistemática de avaliação de legalidade desses processos no setor da construção civil, com vistas à sua descaracterização quando fraudulentos.

A pesquisa sustenta a hipótese de que o combate dos agentes estatais frente a terceirizações precarizantes, com efeitos negativos para os trabalhadores e para toda a sociedade, pode se revestir de técnicas legais mais objetivas e eficazes, que não apresentam quaisquer ou pelo menos grandes controvérsias e que pela sua natureza contribuem positivamente na ampliação do quantitativo de ações fiscais com repercussão imediata na percepção dos empregadores em serem auditados, principalmente daqueles que utilizam o instituto da terceirização de forma ilícita com o único objetivo de maximização de seus lucros.

A forma de atuação da fiscalização referente ao caso concreto tratado na pesquisa vai de encontro a essa nova metodologia de avaliação das terceirizações em que foram considerados os diversos elementos jurídicos das leis que "liberaram" a terceirização (Leis ns. 13.429/17 e 13.467/2017) em contraposição a uma abordagem mais clássica pautada exclusivamente nos requisitos da relação de emprego previstos na CLT. Essa nova dinâmica de atuação fiscal e de análise das terceirizações em que são observados os limites formais e materiais para terceirizar empregadas no caso concreto, além de terem a característica de economia processual e de recursos, pois muitas vezes prescinde da inspeção física do agente, proporciona argumentos sólidos, com reduzida possibilidade de controvérsia jurídicas e judiciais futuras que em última instância acabam por favorecer os empregadores infratores, seja pela via da morosidade de uma decisão judicial definitiva seja pela obtenção de decisões favoráveis em virtude da presença de uma certa subjetividade quando a análise da terceirização é pautada exclusivamente pelo método clássico da relação de emprego.

Esse conjunto de vantagens permitiu no caso concreto e permite de uma forma geral o incremento das ações fiscais, sem prejuízo do aspecto qualitativo da fiscalização, o que por si só afeta a sensação dos empregadores de serem fiscalizados. De fato, enquanto os limites formais permitem verificar-se o processo desde o seu nascimento, os limites materiais responsabilizam os tomadores que procuram isentar-se de suas responsabilidades referentes ao ambiente de trabalho. No mais, as dificuldades e os problemas enfrentados pelos agentes fiscais no combate à terceirizações ilícitas, baseadas na abordagem clássica, onde se verificam apenas os requisitos da CLT para uma relação de emprego, um deles a anulação de todo o trabalho no judiciário por conta da carga de controvérsias que essa abordagem proporciona, restam superadas a partir dessa nova metodologia adotada no caso concreto da pesquisa alicerçada em elementos objetivos das próprias leis (Leis ns. 13.429/17 e 13.467/2017) que autorizam a aplicação do instituto.

Por fim, as várias questões tratadas a respeito da terceirização que constituem o problema da pesquisa e que de forma geral atingem a sociedade e dificultam a fiscalização, pautada apenas na metodologia tradicional, foram equacionadas no caso concreto e servem de parâmetro de combate a todo tipo de terceirização ilícita na construção civil. Concepção aliçerçada na busca dos limites, formais e materiais, impostos pelas leis que regulam e "liberam" a terceirização para coibir práticas que visem deturpar a sua como forma de redução dos direitos trabalhistas e exposição dos trabalhadores a riscos que podem ter consequências diretas, entre eles o aumento dos acidentes de trabalho e o consequente custo de vidas adoecidas e perdidas, além do custo previdenciário para toda a sociedade.

Referências

AMORIM, Helder Santos; DELGADO, Gabriela Neves. *Os limites constitucionais da terceirização.* 2. ed. São Paulo: LTr, 2015.

BARROS, Alice Monteiro de. *Curso de Direito do Trabalho.* 2. ed. São Paulo: LTr, 2006.

BARROS, Carlos Juliano. As condições de trabalho na construção civil. *Repórter Brasil.* 2014. Disponível em: https://reporterbrasil.org.br/wp-content/uploads/2015/02/23.constru%C3%A7%C3%A3o_civil_ENP_baixa.pdf. Acesso em: 29 de jun. 2023.

BENDA, Laura. Terceirização: Um Disfarce Que Precariza Adoece e Mata. In: SOUTO MAIOR, Jorge Luiz; SEVERO, Valdete Souto. *Resistência:* Aportes teóricos contra o Retrocesso Trabalhista. São Paulo: Expressão Popular. 2017.

BRASIL. *Lei n. 13.429, de 31 de março de 2017.* Altera dispositivos da Lei n. 6.019, de 3 de janeiro de 1974, que dispõe sobre o trabalho temporário nas empresas urbanas e dá outras providências; e dispõe sobre as relações de trabalho na empresa de prestação de serviços a terceiros. Disponível em: http://www.planalto.gov.br/ccivil_03/_ato2015-2018/2017/lei/l13429.htm. Acesso em: 29 de jun. 2023.

______. *Lei n. 6.019, de 03 de janeiro de 1974*. Dispõe sobre o Trabalho Temporário nas Empresas Urbanas, e dá outras Providências. Disponível em: https://www.planalto.gov.br/ccivil_03/leis/l6019.htm. Acesso em: 29 de jun. 2023.

______. *Decreto-lei n. 2.848, de 7 de dezembro de 1940*. Código Penal. Disponível em: http://www.planalto.gov.br/ccivil_03/decreto-lei/Del2848compilado.htm. Acesso em: 29 de jun. 2023.

______. *Decreto-lei n. 5.452, de 1º de maio de 1943*. Aprova a Consolidação das Leis do Trabalho. Disponível em: http://www.planalto.gov.br/ccivil_03/decretolei/Del5452compilado.htm. Acesso em: 29 de jun. 2023.

______. *Constituição da República Federativa do Brasil de 1988*. Disponível em: http://www.planalto.gov.br/ccivil_03/constituicao/constituicaocompilado.htm. Acesso em: 29 de jun. 2023.

______. *Lei n. 10.406, de 10 de janeiro de 2002*. Institui o Código Civil. Disponível em: http://www.planalto.gov.br/ccivil_03/leis/2002/l10406.htm. Acesso em: 29 de junho de 2023.

______. *Portaria n. 3.214, de 08 de junho de 1978*. Aprova as Normas Regulamentadoras — NR — do Capítulo V, Título II, da Consolidação das Leis do Trabalho, relativas a Segurança e Medicina do Trabalho. Disponível em: http://acesso.mte.gov.br/legislacao/portaria-n-3-214-de-08-06-1978-1.htm. Acesso em: 29 de jun. 2023.

______. Receita Federal. *Resolução CGSN n. 140, de 22 de maio de 2018*. Disponível em: http://normas.receita.fazenda.gov.br/sijut2consulta/link.action?visao=anotado&idAto=92278. Acesso em: 29 de jun. 2023.

______. Tribunal Superior do Trabalho. *Súmula n. 331*. Contrato de prestação de serviços. Legalidade. Disponível em: https://www3.tst.jus.br/jurisprudencia/Sumulas_com_indice/Sumulas_Ind_301_350.html#SU M-331. Acesso em: 29 de jun. 2023.

______. Supremo Tribunal Federal. *ADPF n. 324*. Disponível em: https://portal.stf.jus.br/processos/detalhe.asp?incidente=4620584. Acesso em: 29 de jun. 2023.

CASSAR, Vólia Bomfim. *Direito do Trabalho*. 9. ed. Rio de Janeiro: Forense; São Paulo: Método, 2014.

DELGADO, Mauricio Godinho. *Curso de Direito do Trabalho*. 4. ed. São Paulo: LTr, 2005.

______. *Curso de Direito do Trabalho*. 16. ed. São Paulo: LTr, 2017.

DELGADO, Maurício Godinho; DELGADO, Gabriela Neves. *A Reforma Trabalhista no Brasil*. São Paulo: LTr, 2017.

DIEESE — CUT Nacional. *Construção Civil e os Trabalhadores:* panorama dos anos recentes. São Paulo: Dieese/CUT, 2020. Disponível em: https://www.dieese.org.br/estudosepesquisas/2020/estPesq95trabconstrucaocivil.pdf. Acesso em: 29 de jun. 2023.

______. *Terceirização e Desenvolvimento* — Uma conta que não fecha. São Paulo: Dieese/CUT, 2011. Disponível em: http://www.sinttel.org.br/downloads/dossie_terceirizacao_cut.pdf. Acesso em: 29 de jun. 2023.

______. *Terceirização e Desenvolvimento* — Uma conta que não fecha. São Paulo: Dieese/CUT, 2014. Disponível em: https://www.cut.org.br/system/uploads/ck/files/Dossie-Terceirizacao-e-Desenvolvimento.pdf. Acesso em: 29 de jun. 2023.

______. *Terceirização e precarização das condições de trabalho* — Condições de trabalho e remuneração em atividades tipicamente terceirizadas e contratantes. Disponível em: https://www.dieese.org.br/notatecnica/2017/notaTec172Terceirizacao.pdf. Acesso em: 29 de jun. 2023.

FOUCAULT, Michel. *O nascimento da biopolítica*. São Paulo: Martins Fontes, 2008a.

MELO, Raimundo Simão de. A necessária revisão da Súmula n. 331 do TST diante do novo Código Civil. São Paulo: *Revista LTr*, ano 75, n. 01, jan. 2011.

MINISTÉRIO DO TRABALHO E EMPREGO. *Nota técnica no 90, de 18 de maio de 2023*. Ementa: Lei n. 6.019/74. Prestação de Serviços a Terceiros. Terceirização Lícita. Infrações a questões de Segurança e Saúde no Trabalho. Autuação da Contratante. Possibilidade. Inteligência dos arts. 5º-A, § 3º e art. 19-A. Disponível em: http://www.abimaq.org.br/Arquivos/Html/CJTA/nota%20T%C3%A9cnica%20n%C2%BA90%20de%202018.pdf. Acesso em: 29 de jun. 2023.

OLIVEIRA, Cida de. Dos trabalhadores em situação análoga à escravidão, 82% são terceirizadas. *Rede Brasil atual*, 2015. Disponível em: https://www.redebrasilatual.com.br/trabalho/2015/08/82-dos-trabalhadores-em-situacaoanaloga-a-escravidao-sao-terceirizados-4491.html. Acesso em: 29 de jun. 2023.

ONG REPÓRTER BRASIL. *Escravidão urbana passa a rural pela primeira vez*. Disponível em: http://reporterbrasil.org.br/2014/02/escravidao-urbana-passa-a-ruralpela-primeira-vez/. Acesso em: 29 de jun. 2023.

______. *Construção civil está entre os setores com maior risco de acidentes de trabalho*. Disponível em: https://www.anamt.org.br/portal/2019/04/30/construcao-civil-estaentre-os-setores-com-maior-risco-de-acidentes-de-trabalho/. Acesso em: 29 de jun. 2023.

ORGANIZAÇÃO INTERNACIONAL DO TRABALHO. *Constituição OIT e Declaração de Filadélfia*. Disponível em: http://www.ilo.org/brasilia/conheca-a-oit/WCMS_336957/lang-pt/index.htm. Acesso em: 29 de jun. 2023.

______. *Convenção n. 111*. Discriminação em Matéria de Emprego e Ocupação. Disponível em: http://www.ilo.org/brasilia/convencoes/WCMS_235325/lang--pt/index.htm. Acesso em: 29 de jun. 2023.

SOUTO MAIOR, Jorge Luiz; MOREIRA, Ranúlio Mendes; SEVERO, Valdete Souto. Dumping *social nas relações de trabalho*. 1. ed. São Paulo: LTr, 2012.

Direitos ou Emprego: O Avanço Neoliberal no Trabalho Médico-Hospitalar

Márcio André Koatz Sukman[1]

1. Introdução

Assim como o saudoso poeta Cazuza, era um garoto que queria mudar o mundo, mas reluto em assistir a tudo em cima do muro. Cada dia que entro em um estabelecimento hospitalar ou clínica médica ainda acredito em minha função, como agente da inspeção do trabalho, que posso tornar o universo, nem que seja esse meu pequeno cosmo, um lugar melhor, menos desigual e mais justo. No entanto, infelizmente minha prática no combate as situações de fraude ao registro do vínculo de emprego têm me demonstrado o contrário. Apesar de fazer um trabalho bastante criterioso, respaldado em dados obtidos, seja na visitação aos estabelecimentos, seja na auditoria documental, essas irregularidades têm permanecido, por meio de diferentes formas e mantos jurídicos, ao longo do tempo.

Essa situação me leva a recordar o ano de 2017 quando compus uma equipe de fiscalização, cujo trabalho destinou-se a auditar a nova forma de contratação de prestação de serviço de médicos e fisioterapeutas adotada por uma rede hospitalar do Rio de Janeiro. Com base na Lei n. 13.429/17, que alterava a Lei n. 6.019/1973, prevendo a possibilidade da terceirização da atividade-fim da empresa, efetivou-se a extinção de todos os vínculos de emprego firmados pelo hospital com esses profissionais, os quais passaram a prestar seu trabalho na condição de sócios de pessoas jurídicas contratadas. Considerado absolutamente irregular, por camuflarem uma relação de emprego, gerou imediata autuação fiscal.

Se minha memória não me falhar uma recordação emblemática dessa fiscalização ocorreu durante uma inspeção no estabelecimento, onde realizava uma entrevista com o coordenador-médico, responsável por uma das unidades intensivas do hospital. Lembro do seu orgulho em manifestar o acerto da decisão empresarial, quanto a razoabilidade da contratação de mão de obra como pessoa jurídica — pejotização — ao afirmar: "Nós

(1) Graduado em Direito pela Universidade do Estado do Rio de Janeiro (1994). Graduado em História pela Universidade Federal Fluminense (2003). Mestre em História pela Universidade Federal Fluminense (2006). Auditor-Fiscal do Trabalho.

não queremos pagar e eles (os médicos) não querem ser descontados". Nossa resposta imediata foi: "Para quem na sociedade vai sobrar a conta?".

Essa norma está associada a um novel conjunto de regras legais, no que é mais emblemática a Lei n. 13.467/17 denominada "Reforma Trabalhista". Colocaram radicalmente de ponta a cabeça todo ordenamento jurídico trabalhista, flexibilizando e derrogando o cerne do sistema normativo protetivo ao trabalhador, contido na Consolidação das Leis do Trabalho.

Por gerar uma grande controvérsia, diversas das alterações legais estipuladas nessas normas tornaram-se objeto de muitos questionamentos judiciais junto ao Supremo Tribunal Federal. A resposta majoritária da Corte tem sido respaldar outras formas legais de contratação de trabalho, além do vínculo de emprego, como a terceirização em atividade fim, sob à luz dos princípios constitucionais da livre iniciativa e da liberdade econômica.

A imagem de uma onda de tsunami varrendo o continente me surge a mente para explicar esse conjunto de medidas legislativas e decisões judiciais, que paulatinamente vem afastando a aplicação do Direito Laboral nas relações de trabalho. Mesmo em face de inúmeros marcos civilizatórios normativos, em que se assentam os fundamentos da República brasileira; sejam oriundos do plano do Direito Internacional como o Princípio da Vedação ao Retrocesso Social, que grosso modo, impede, em tema de direitos fundamentais de caráter social, sejam desconstituídas as conquistas já obtidas pelo cidadão ou pela sociedade em que vive; sejam muitos caros ao Direito do Trabalho como o Princípio da Primazia da Realidade, que enfatiza a realidade dos fatos e não aquilo que está formalizado no contrato de trabalho, com fins de repudiar práticas fraudulentas.

Em suma mesmo restando presente toda a situação fática caracterizadora do antagonismo, da contradição e do desequilíbrio na relação capital e trabalho, meu objetivo nesse trabalho é compreender o que explica o progressivo e rápido desmanche de todo um patrimônio jurídico-social, que se estabeleceu, em meio a lutas, negociações, acordos que acompanham as transformações, de modo a compor o difícil equilíbrio do sistema capitalista ao longo da história. Ademais queremos entender o que motiva essa lógica institucional, que recentemente vem permitindo a aplicação, ou sem exagero, uma invasão das regras e princípios do direito civil e empresarial na seara comezinha do direito do trabalho, resultando no desmonte do sistema protetivo do trabalho.

2. Governamentalidade — A racionalidade empresarial

Atualmente no setor clínico-hospitalar predomina a forma de pejotização da mão de obra abarcando diversas especialidades na área da saúde, incluindo médicos, fisioterapeutas e radiologistas, dentre outros. Segundo os autores Lorena Porto e Paulo Vieira a" "pejotização" consiste na contratação de trabalhador subordinado como sócio ou titular de uma pessoa jurídica, visando a mascarar vínculo empregatício por meio da formalização contratual autônoma, em fraude à relação de emprego. Daí se origina o neologismo "pejotização", no sentido de transformar artificialmente um empregado em pessoa jurídica.[(2)]

A essa tendência hegemônica fraudulenta somam-se outras formas de precarização das relações de trabalho nos hospitais. Foi o que constatei mais recentemente em visita ao setor de emergência de um hospital, ao entrevistar dois médicos, dentre os quais o primeiro designado como um PJ, já acima mencionado e a segunda denominada como coringa — na linguagem do hospital coringa pode ser definido como o profissional que atua no lugar (cobre a falta) de outro médico em razão de sua ausência ao trabalho em determinado dia. Um tanto conformada, quanto a essa modalidade de "uberização" do trabalho, essa médica me respondeu em entrevista a respeito dessa situação: "Desde que eu comecei a trabalhar é assim que as coisas funcionam".

Uma formulação contratual mais recente, a pejotização, em realidade está inserida no fenômeno maior da terceirização, cujo surgimento ou mesmo intensificação pode ser apontada para o início dos anos 1970, quando ocorreram importantes transformações, oriundas da crise do sistema capitalista mundial, com a superação do sistema fordista de produção. Colocava-se em xeque a regulação keynesiana macroeconômica, baseada em políticas de demanda destinada a sustentar o crescimento e realizar o pleno emprego, implantando-se as primeiras medidas de cunho monetarista, que elegiam o combate à inflação como problema prioritário. O mote fixava-se na redução do tamanho do Estado do bem-estar social, com a privatização das empresas estatais, corte do sistema fiscal progressivo e a redução da rede de proteção social, dos direitos do trabalho e da representação dos assalariados.

Essa agenda foi encampada pelos governos conservadores, principalmente pelos governos de Margaret Thatcher na Grã-Bretanha e Ronald Reagan nos Estados Unidos, que implantaram um extenso e radical programa de reformas denominadas como neoliberais. Baseavam-se substancialmente na ideia básica de que a liberdade conferida aos atores privados tem maior eficácia do que a intervenção direta ou a regulação pública. Articulado a um processo de globalização e de financeirização do capitalismo essa política tornou-se hegemônica nas décadas seguintes, sendo adotada como um receituário pelos organismos financeiros mundiais, como o FMI e Banco Mundial, consagrando-se posteriormente num programa de medidas conhecida como "Consenso de Washington".

Esse domínio será à primeira vista observado, sobretudo pelas leituras de corte marxista, como o retorno das velhas políticas liberais, ou seja, uma repaginação das doutrinas clássicas do século XIX fundadas no "laissez faire laissez passer", ou seja, na defesa

(2) PORTO, Lorena Vasconcelos; VIEIRA, Paulo Joarês. A "pejotização" na reforma trabalhista e a violação às normas internacionais de proteção ao trabalho. *Revista eletrônica [do] Tribunal Regional do Trabalho da 9ª Região*, Curitiba, v. 8, n. 80, p. 52-77, jul. 2019.

da implantação de políticas de diminuição do Estado e de incentivo ao livre-mercado. No entanto, mesmo ocorrendo inúmeras crises sistêmicas, como a de 2008, ao contrário da crença que o sistema ruiria em face das suas próprias contradições, cada vez mais as medidas de ajustes de cunho monetarista se intensificavam — como os programas da Troika na Grécia. Essa tamanha resiliência indicaria, portanto que o chamado neoliberalismo não se caracterizaria apenas como uma política econômica ou somente como um corpo ideológico. Conforme ressaltam os cientistas políticos Pierre Laval e Christian Dardot a inovação consiste e configura-se, essencialmente, numa forma de racionalidade, ou seja, aquilo que estrutura e organiza não apenas a ação dos governantes, mas até a própria conduta dos governados. De forma mais simples trata-se de delimitar a forma de nossa existência, de como procedemos, seja na relação com os outros e com nós mesmos

Fundada na compreensão de governamentalidade expressa por Foucault, Dardot e Laval explicam tratar-se de uma razão política, que não se resume propriamente a uma noção de governo, no sentido estrito de instituição, mas como uma atividade "entendida no sentido amplo de técnicas e procedimentos destinados a dirigir a conduta dos homens"[(3)]. Funciona como uma lógica normativa ao regular as relações de poder e as formas de governar de modo transversal, alcançando esferas muito diversas da vida econômica, política e social, seja no plano do público ou do privado. Como bem definem os autores Dardot e Laval:

> Há quase um terço de século, essa norma de vida rege as políticas públicas, comanda as relações econômicas mundiais, transforma a sociedade, remodela a subjetividade. As circunstâncias desse sucesso normativo foram descritas inúmeras vezes. Ora sob seu aspecto político (a conquista do poder pelas forças neoliberais), ora sob seu aspecto econômico (o rápido crescimento do capitalismo financeiro globalizado), ora sob seu aspecto social (a individualização das relações sociais às expensas das solidariedades coletivas, a polarização extrema entre ricos e pobres), ora sob seu aspecto subjetivo (o surgimento de um novo sujeito, o desenvolvimento de novas patologias psíquicas).

Esse profundo quadro de transformações, que se impõe como "único quadro de inteligibilidade da conduta humana[(4)], baseia-se no mercado, lócus privilegiado de desenvolvimento da ética concorrencial, como uma entidade superior ao permitir aos indivíduos agirem livremente, conforme sua vontade e ao mesmo tempo figurar como o único modelo bastante para superar a escassez de bens. Essa liberdade permite aos atores privados, ao

(3) DARDOT, Pierre; LAVAL, Christian. *A nova razão do mundo:* ensaio sobre a sociedade neoliberal; tradução Mariana Echalar. 1. ed. São Paulo: Boitempo, 2016. p. 16.

(4) *Ibidem*, p. 191.

conhecerem melhor a situação dos negócios, conforme o aprendizado adquirido da própria experiência e com base nos seus próprios interesses, maximizarem as oportunidades, obtendo resultados mais eficazes.

A empresa, o motor desse empreendedorismo, torna-se não apenas um modelo geral que deve ser imitado, como também uma atitude que deve ser valorizada, ao permitir melhorias em todos os domínios. Estende-se essa cultura de gestão corporativa — governança — sob o mote de que a administração privada é sempre mais eficaz que a pública — por ser mais reativa, flexível, inovadora e mais eficaz tecnicamente, face a especialização — ao se sujeitar menos aos regramentos estatutários.

O triunfo da concepção da governança — que bem pode ser notado também pela transformação de seu significado, antes restrito ao plano empresarial, estendendo-se ao plano estatal e global — não tem como retrato apenas o declínio dos estatutos do Estado-nação. Marca sobretudo uma transformação do "formato" e do papel do Estado que não mais se avalia pela capacidade de assegurar sua soberania sobre um território, mas como uma empresa a serviço das empresas. O Estado deve atuar, segundo as "boas práticas" da governança, de forma a garantir um ambiente propício que possibilite e garanta as melhores condições de concorrência e a obtenção do resultado mais eficaz. Nisso evidenciam-se as terceirizações integrais ou parciais dos serviços públicos ou associações contratuais com o setor privado, na forma de "parcerias público-privadas" (PPP), ou mesmo a transferência de uma série de atribuições estatais a entes privados, como as ONGs.

Nada escapa, mesmo na dimensão pessoal a empresa também serve como um modelo geral a ser imitado, uma atitude a ser valorizada desde a tenra infância à fase escolar, uma qualidade essencial ao trabalhador assalariado. Constitui uma nova ética, isto é, certa disposição interior, certo ethos que deve ser encarnado com um trabalho de vigilância sobre si mesmo e que os procedimentos de avaliação se encarregam de reforçar e verificar. Encerra no sujeito uma lógica de adaptação constante, tal qual uma corporação no ambiente concorrencial, que lhe impele a mostrar-se envolvido completamente no trabalho, em busca de tornar-se mais produtivo possível, por meio de um processo contínuo de aprendizagem. Essa postura empresarial ou gerencial resulta não só em eficácia econômica, mas na obtenção de um conceito moral mais adequado ao homem, que possibilita sua afirmação como um ser autônomo, livre e responsável por seus atos, sem o vício da proteção social. Na melhor expressão thatcheriana "A economia é o método. O objetivo é mudar a alma"[5].

3. Terceirização

Sublinham os autores que esse processo de constituição de uma nova governamentalidade não se tratou de um plano pensado, oriunda de uma estratégia pré-definida,

(5) DARDOT, Pierre; LAVAL, Christian. *Op. cit*, p. 325.

com objetivo claro a alcançar, mas de algo que se desenvolveu na própria luta — conduzida por grupos, muitas vezes heterogêneos, de intelectuais, grupos profissionais e outras forças sociais e políticas, em face da superação das políticas do Estado do bem-estar social. Supõe como um movimento integrado e contínuo, no qual interagiram políticas neoliberais conjuntamente com as transformações do capitalismo, precedidas e acompanhadas por uma luta ideológica. Junto a isso teria se combinado medidas de disciplina que obrigaram os indivíduos a se governarem sob o espectro competitivo, que levaram ao estabelecimento dessa racionalidade geral.

Essa percepção da formação dessa racionalidade neoliberal, não como um constructo prévio, mas decorrente do próprio processo histórico, também revela-se útil para compreender como essa mesma dinâmica ocorreu no processo de instauração, transformação e consolidação da terceirização do trabalho no Brasil.

Caracterizando-se pela transferência de serviços da empresa a ser executado por terceiros, no Brasil sua previsão legal restringiu-se por muito tempo às hipóteses previstas na Lei n. 6.019/74 que disciplinava o trabalho temporário e da Lei n. 7.024/83, que tratava dos contratos dos serviços de vigilância. Não havendo uma regulamentação direta, permaneceu como diretriz o entendimento jurisprudencial do Tribunal Superior do Trabalho, fixado pelo Enunciado n. 256, que de início vedou a terceirização, excepcionalizando as hipóteses legais acima mencionadas.

Alguns anos mais tarde, o que retrata claramente sua plena adoção, ainda à margem da lei, reformulou-se o antigo enunciado, por meio da edição do Enunciado n. 331, cujo entendimento ampliou o alcance da terceirização para as denominadas atividades-meio das empresas. Ainda assim não resultou em maior pacificação da questão, uma vez que persistiu uma grande controvérsia a respeito do critério que distasse a atividade-meio da atividade-fim.

Conforme aponta a professora Paula Regina Marcelino "a terceirização do trabalho é considerada por muitos como a principal estratégia da reestruturação produtiva"[(6)], decorrente da implementação do processo toyotista no ambiente empresarial, em resposta à crise das taxas de lucro e ao espírito libertário no Ocidente, no início dos anos 1970. Além da introdução de nova tecnologias o Toyotismo implanta uma grande modificação na forma de gestão e organização da produção, com a diminuição de processos e atividades, otimizando as escalas produtivas com o objetivo de obtenção de maiores taxas de produtividade e lucratividade.

---

(6) MARCELINO, Paula Regina. Terceirização do Trabalho no Brasil e na França. In: *II Simpósio Estadual Lutas Sociais na América Latina*. Crise das Democracias Latino-americanas: dilemas e contradições, 2006, Londrina. Caderno de Resumos do II Simpósio Estadual Lutas Sociais na América Latina. Crise das Democracias Latino-americanas: dilemas e contradições, 2006. p. 1.

Para essa transformação acontecer efetiva-se uma modificação radical na relação capital-trabalho. A terceirização das atividades, com a transferência dos trabalhadores para as empresas contratadas, além de gerar uma redução dos postos e, por conseguinte, o aumento da carga de trabalho, tem como consequência maior a desmobilização (menor concentração) dos trabalhadores e a debilidade da resistência, pelo enfraquecimento do movimento sindical. Busca-se, enfim, na produção de um trabalhador mais "dócil", que possa aderir, se compromissar com a empresa e a produção, atuando sem questionamentos — quem sabe atuando na forma de parceria como empresário — em prol da otimização da qualidade e produtividade.

Enfim, no que concerne ao capital produtivo[(7)] toda essa transformação volta-se para a obtenção de uma maior competitividade das empresas, à nível mundial, resultante de duas vantagens principais, quais sejam: 1 – especialização, pois uma empresa voltada a um objeto social determinado prestaria um serviço de melhor qualidade; 2 – redução de custos trabalhistas, administrativos, operacionais e outras despesas gerais. Isso, no entanto, conforme vivenciei ao longo da minha experiência profissional, poderia, em tese, encontrar justa guarida quanto ao primeiro motivo, ao possibilitar à empresa dedicar-se melhor a sua atividade-fim ou em palavras do ambiente de negócios, sua expertise.

Já no que tange ao segundo, a transferência dos serviços e, por consequência, dos custos de mão de obra, para a empresa prestadora de serviço, resultam corriqueiramente na inadimplência do pagamento das verbas trabalhistas. Isso acarreta na judicialização e condenação destas empresas, que por muitas das vez não disporem de estrutura e idoneidade financeira acarreta a responsabilidade subsidiária das tomadoras do serviço pela quitação das dívidas. Em suma, ao se afirmar, muitas vezes, como uma equação jurídica, sem lastro financeiro, a terceirização gera como consequências um aumento do congestionamento da justiça trabalhista e uma insegurança pela falta de previsibilidade, o que obriga as empresas contratantes a provisionarem valores para custarem um possível passivo trabalhista.

A tendência dessa racionalidade neoliberal, no entanto, não é "botar a viola dentro do saco" e reformular sua política empresarial, com o intuito de resolver os problemas de contratos formalmente e materialmente insubsistentes, adequando as melhores formas de compliance e responsabilidade social, conforme resta em voga nesse ambiente. Inversamente, prevalece o discurso hegemônico, quanto a culpabilização de uma estrutura arcaica, geradora de uma indústria "reclamatória trabalhista", sobrecarregando o custeio da mão de obra e desestimulando a contratação de novos empregados. Caberia assim o maior aprofundamento do modelo excludente do padrão de acumulação, acentuando-se a precarização das condições de trabalho e o desemprego, com redução do número de trabalhadores com vínculo empregatício e de parte dos direitos e garantias trabalhistas.

(7) Ver matéria constante do sítio do Sistema CNI/SESI/SENAI/IEL com o título "5 vantagens da terceirização para a sua empresa". *Agência de Notícias da Indústria*. Disponível em: https://noticias.portaldaindustria.com.br/listas/5-vantagens-da-terceirizacao-para-a-sua-empresa/.

3.1. Pejotização

Como uma centelha sobre o mato seco, bastou uma conjuntura de uma grave crise no quadro institucional do país, com forte recessão econômica por 2 anos consecutivos, para se deslanchar, sem maiores resistências sociais, um amplo conjunto legislativo, que rompeu com os fundamentos e estrutura do corpo institucional e legal trabalhista. Dentre estes, primeiro reformulou-se a primeira lei de terceirização no Brasil — Lei n. 6.019/73, na qual flexibilizou-se as hipóteses do trabalho temporário e teria se autorizado a contratação de serviço prestado por terceiros em atividade-fim das empresas contratantes.

Tratou-se de um projeto de lei que permaneceu nas gavetas do Congresso Nacional por cerca de 20 anos, que a nosso ver, sem maiores apuros quanto a uma boa técnica legislativa, inseriu, entre as modificações das regras do trabalho temporário, a regulamentação da contratação da prestação de serviço, numa espécie de jabuti, por meio da inclusão de 2 artigos complementares nos arts. 4º e 5º. Fruto dessa intrincada redação legal, pouco tempo após sua edição, preponderou um entendimento de "liberou geral", da legalização não apenas da terceirização da atividade fim para as empresas contratantes, mas ao mesmo tempo que possibilitava a efetuação da prestação de serviços, não só por trabalhadores terceirizados com vínculo de emprego, mas diretamente como pessoas jurídicas, na condição de empreendedor individual ou sócio de empresa prestadora de serviço.

De fato, não existe qualquer irregularidade quando ocorre a transferência do serviço, da execução da atividade, na qual prevalece uma clara autonomia na sua realização. Como bem explicam Porto e Vieira a autonomia, como elemento inerente a transferência de serviço, abrange a capacidade de auto-organização e gestão da atividade transferida, alcançando inclusive os métodos de trabalho. Por outro lado, isso claramente não prevalece em situações na qual a empresa contratante visa à prestação de serviços pessoais pelo contratado, inserindo-o em seu processo produtivo.

Por meio de uma precisa análise sistemática do texto da novel lei em conjunto com os arts. 2º, 3º e 9º da Consolidação das Leis do Trabalho[(8)] conclui-se sem maiores controvérsias, caso não exista efetiva transferência da execução do serviço, mas ocorra uma contratação direta de terceiros, como força de trabalho, restar configurada a fraude quanto ao vínculo de emprego.

Nesse conjunto ainda foi aprovado, de modo açodado, sem maiores discussões na sociedade, sobretudo com os setores profissionais, a Lei n. 13.467/17 — Reforma Trabalhista — trazendo uma grande série de alterações em todas as seções da Consolidação

---

(8) Art. 2º: "Considera-se empregador a empresa, individual ou coletiva, que assumindo os riscos da atividade econômica, admite, assalaria e dirige a prestação pessoal de serviço". O art. 4º-A da Lei n. 6.019/1973 estipula a figura da empresa prestadora de serviço como aquela que contrata, remunera e dirige o trabalho realizado por seus trabalhadores.

das Leis do Trabalho, que contrariam frontalmente o sistema de princípios que regem o Direito do Trabalho. Reivindicada como necessária para adequar a antiga legislação as novas modalidades de prestação de trabalho e para conferir simplificação e dinamismo, de forma a proporcionar maior número de empregos, suas alterações legais configuram um projeto sob encomenda dos setores empresariais. Além da extinção e precarização dos direitos dos trabalhadores, causa ainda mais espécie a ação de transformação de uma jurisprudência vencida, contrária ao entendimento prevalecente do Tribunal Superior do Trabalho, em texto de lei.

Resumidamente derrogaram-se não só inúmeras garantias individuais materiais dos trabalhadores, como também lhes dificultaram e restringiram o acesso à justiça. Numa espécie de armadilha estipulou-se a prevalência dos direitos e condições de trabalho negociadas sobre as legisladas, ao mesmo tempo que se enfraqueceu a representação sindical profissional ao retirar-lhe sua principal fonte de financiamento (não ocorreu com o setor patronal) o que cabalmente possibilita uma redução de direitos dos trabalhadores, sobretudo em conjuntura de crise econômica e desemprego.

Tornado o mundo do trabalho de ponta à cabeça, inúmeras controvérsias questionando a constitucionalidade das leis foram apresentadas para julgamento do Supremo Tribunal Federal. Desde o exame da lei. que institui o contrato de parceria entre os salões de beleza e as manicures, a mais alta corte do país tem referendado, de forma majoritária, outras formas de contratação de mão de obra — além da relação de emprego — ainda que reste presente um claro desequilíbrio de forças entre a empresa e o trabalhador. No que tange especificamente ao tema da terceirização da atividade-fim prevista na Lei n. 6.019/73, declarou-se sua constitucionalidade no julgamento da ADPF 324 — Tema de repercussão geral n. 725 — o que se tem materializado em decisões reiteradas, como no exame do Agravo Regimental na Reclamação 55.769 Minas Gerais, cujo cerne da fundamentação vale destacar:

> Cumpre registrar que, por ocasião do julgamento da ADPF 324, apontei que o órgão máximo da justiça especializada (TST) tem colocado sérios entraves a opções políticas chanceladas pelo Executivo e pelo Legislativo. Ao fim e ao cabo, a engenharia social que a Justiça do Trabalho tem pretendido realizar não passa de uma tentativa inócua de frustrar a evolução dos meios de produção, os quais têm sido acompanhados por evoluções legislativas nessa matéria. Dessa forma, os únicos produtos da aplicação da então questionada Súmula n. 331/TST, no contexto da distinção entre atividade-meio e atividade-fim, mostrou-se ser a insegurança jurídica e o embate institucional entre um tribunal superior e o poder político, ambos resultados que não contribuem em nada para os avanços econômicos e sociais de que temos precisado. Registrei, ainda, que o que se observa no contexto global é uma ênfase na flexibilização das normas trabalhistas. Com efeito, se a Constituição Federal não impõe um modelo específico de produção, não faz qualquer sentido manter as amarras de um modelo verticalizado, fordista, na contramão de um movimento global de descentralização. Não foi outro o entendimento assentado

> no voto condutor do tema 725, rel. Min. Luiz Fux, segundo o qual os valores constitucionais do trabalho e da livre iniciativa são intrinsecamente conectados, em uma relação dialógica que impede seja rotulada determinada providência como maximizadora de apenas um desses princípios, porquanto é essencial para o progresso dos trabalhadores brasileiros a liberdade de organização produtiva dos cidadãos, entendida esta como balizamento do poder regulatório para evitar intervenções na dinâmica da economia incompatíveis com os postulados da proporcionalidade e da razoabilidade.[9]

4. Hegemonia neoliberal

As decisões proferidas pelo Supremo Tribunal Federal apresentam-se como uma fonte privilegiada de compreensão do pensamento de uma época, do espírito de um tempo, por força de sua missão constitucional de firmar a decisão final, nesse concerto de freios e contrapesos travados entre as três atribuições – Executivo, Legislativo e Judiciário — do poder Republicano. No caso em tela, seu entendimento, quanto ao reconhecimento da constitucionalidade das alterações da Lei n. 6.019/73 — assentando com a possibilidade de terceirização irrestrita, da atividade-fim das empresas — registra a consolidação de um processo de implementação, de domínio de uma lógica neoliberal dentro do Estado brasileiro, como na sociedade brasileira.

Essas medidas legislativas, implementadas a partir do ano de 2017, foram apresentadas como um apanágio para o desenvolvimento econômico do país, trazendo uma promessa de uma geração de milhões de vagas de trabalho, o que até o momento, em 2023, ainda não se cumpriu. Ainda assim esse discurso mantém-se bastante dominante, fazendo parte de um conjunto maior de reformas fundamentais – Administrativa, Previdenciária, Tributária — para se estabelecer um bom ambiente de negócios e proporcionar assim o crescimento econômico. Compreende-se ser uma tendência tão inexorável, dominante em todo o planeta, que serve de esteio para nossa corte superior utiliza-la como fundamento decisório para justificar a pejotização como uma forma legítima de arranjo consensual entre contratantes materialmente desiguais, conforme se depreende na fundamentação da decisão acima mencionada:

> Registrei, ainda, que o que se observa no contexto global é uma ênfase na flexibilização das normas trabalhistas. Com efeito, se a Constituição Federal não impõe um modelo específico de produção, não faz qualquer sentido manter as amarras de um modelo verticalizado, fordista, na contramão de um movimento global de descentralização.[10]

De modo tão determinante que essa tendência é compreendida, quando inspira políticas concretas, como um argumento dado, praticamente naturalizado, que perpassa as questões ideológicas; compreendida como se fosse a própria razão. Isso é que se subentende

(9) BRASIL. Supremo Tribunal Federal. *Agravo Regimental na Reclamação 55.679 Minas Gerais*. Relator: Ministro Gilmar Mendes.Brasília, ago. 2023.

(10) *Idem.*

de outro trecho do voto já acima citado: "Ao fim e ao cabo, a engenharia social que a Justiça do Trabalho tem pretendido realizar não passa de uma tentativa inócua de frustrar a evolução dos meios de produção, os quais têm sido acompanhados por evoluções legislativas nessa matéria".

De fato, esse entendimento não parece causar maior estranhamento, quando se nota sua aceitação hegemônica no programa de diversos governos, independendo de seu plano ideológico, na adoção de posturas e medidas neoliberais em suas agendas políticas. Rememoro bem ter ocorrido ao longo dos últimos governos de esquerda no Brasil a aprovação de duas reformas da previdência no setor público e privado. Aliás, essa perspectiva empresarial se observa bastante difundida e implementada, em toda a estrutura da Administração Pública, com a imposição desse modelo concorrencial em atividades, de naturezas mais diversas, sejam escolas, delegacias, ou hospitais. Estabelece-se uma cultura de resultado, que perpassa os critérios éticos e políticos próprios de cada instituição, baseando-se na adoção de medidas de eficiência supostamente consideradas como ideologicamente neutras. Faz-se uma avaliação das atividades baseando-se de modo obsessivo em indicadores de desempenho, sem tomar em consideração a missão real para a qual se propõe determinada instituição. Parâmetros como taxas de sucesso em provas escolares, ocupação de leitos em hospitais podem gerar conclusões distorcidas, não condizendo muitas vezes com a realidade do serviço prestado, nem gerando melhorias concretas.(11)

No caso dos hospitais públicos brasileiros, toda a implantação dessa cultura voltada para a fabricação de números se fez presente com o abandono do antigo padrão de regulamentação estatutária em favor da implantação de um modelo de privatização da gestão, conduzido por Fundações Públicas e Organizações Sociais ligadas ao terceiro setor. Não por mera coincidência, mas consentâneo ao ser inerente do mesmo processo, operou-se a flexibilização das regras de contratação de mão de obra associada a uma precarização das condições de trabalho. ao longo das últimas décadas. Na prática a aplicação das regras estatutárias e celetistas foram substituídas pela adoção de contratos de prestação de serviços autônomos, que marcam em suma a objetivação jurídica dessa nova governamentalidade, da representação do trabalhador como o empresário de si mesmo.

Esse projeto de implantação da pejotização da mão de obra, apresentado como um modelo legal próprio para dinamizar as velhas relações de trabalho e promover uma maior autonomia do trabalhador marca uma burla jurídica. De fato, na minha experiência profissional não me recordo de ter examinado nos setores ambulatoriais, emergência ou terapia intensiva muitas situações de trabalho no qual decorresse legalmente a transferência da prestação de serviço em atividade-fim da empresa. Usualmente restam bastante evidentes os requisitos depreendidos do art. 2º da Consolidação das Leis do Trabalho,

(11) DARDOT, Pierre; LAVAL, Christian. *Op. cit.*, p. 303-307.

quais sejam, habitualidade, pessoalidade, onerosidade e sobretudo subordinação, que demonstram a presença do poder de mando e gestão do empregador da empresa tomadora sobre os prestadores de serviço, contratados para atuarem em sua atividade-fim. Em regra, os médicos, destituídos da possibilidade de uma organização coletiva, são compelidos a se tornarem sócios de pessoas jurídicas e claramente vendem sua força de trabalho para a pessoa jurídica contratante, em troca de uma contraprestação salarial.

Enfim essa nova governamentalidade produz e acentua a antiga lógica de exploração da mão de obra alheia em favor da reprodução do Capital. Denominada atualmente pelo neologismo pejotização, poderia ter melhor significação se fosse reputada por um termo infelizmente sempre em voga: desumanização. É isso na prática que acontece com trabalhadores alienados do sentido integral do seu trabalho, ao não atenderem devidamente seus pacientes, mas cumprirem metas de consultas por turnos de trabalho. Retiram ainda do profissional médico um dos mais elementares dos direitos humanos, como usufruir de um descanso anual remunerado ou da proteção legal a condições perigosas ou insalubres: o direito à saúde.

5. Considerações finais

O neoliberalismo, segundo ensina Thomas Lemke, apresenta-se como um "projeto político que tenta criar uma realidade social que supostamente já existe"(12). Como vimos, forjado em meio a um processo de imposição de valores bastante exitoso transformou-se numa forma de racionalidade hegemônica em todas as esferas da vida. De fato, vigora uma plena crença que o mercado fundado numa lógica concorrencial funciona como mecanismo ideal, no qual ocorre uma melhor alocação e distribuição dos recursos, graças uma hipotética lei natural da oferta e da procura. Isso se relacionaria com a própria natureza humana egoística, na concepção hobbesiana, na qual sempre busca-se obter para si as maiores vantagens em seu próprio benefício.

A auditoria-fiscal do Trabalho, como partícipe da Administração Pública, também está inserida nessa lógica empresarial, de resultados, o que se denota pelo estabelecimento de um planejamento fundado no cumprimento de metas quantitativas, seja pelo número de registros de emprego apurados em fiscalizações, seja de cotas de pessoas com deficiência inseridas no mercado de trabalho. Ainda assim, cabe destacar inúmeras iniciativas de todo corpo profissional, em diferentes esferas hierárquicas que perpassam esses limites, assumindo riscos à própria integridade, ao cumprirem sua missão institucional da garantia da aplicação das disposições legais consentâneas à proteção dos trabalhadores no exercício da atividade laboral. Combate as inúmeras formas de trabalho degradante — nos rincões do país, nas periferias da cidade, nas ruas com os trabalhadores de plataformas digitais e recentemente nas áreas de serviço dos apartamentos, quebrando até o sacralizado conceito de inviolabilidade do lar — têm ocorrido, mesmo em face de muita resistência empresarial, institucional e até armada.

(12) DARDOT, Pierre; LAVAL, Christian. *Op. cit.*, p. 134.

Há de ser ressaltado, nesses tempos de neoliberalismo, que essa luta se apresenta em novos moldes não se colocando meramente na insurgência em face da autoridade, uma vez que os controles de dominação não funcionam mais diretamente, em face da subjetivação do empresário de si mesmo. Não caberia assim tomar o Estado, mas promover outra forma de racionalidade, por meio de uma articulação entre a subjetivação e a resistência ao poder, ou seja, uma forma de resistência a ser assumida — de natureza ética e política. Passa pelo conceito de contra conduta, baseado nas ideias de Foucault: como uma postura de recusa de se conduzir em relação a si mesmo como uma empresa de si e " em relação aos outros de acordo com a norma da concorrência"(13). Sabemos por meio do exame da genealogia do neoliberalismo que uma racionalidade se forma sob determinadas e específicas condições, ou seja, é um produto histórico. Oxalá, porventura, já estejamos em meio a um processo de transformação, da formação de uma nova razão de mundo!

Referências

BARBOSA, Attila e outro. Pejotização: O ardil jurídico do empresário de si mesmo e o novo espírito do capitalismo. In: *Revista Tomo*, n. 33, p. 9-46. São Cristóvão, Universidade Federal do Sergipe, jul./dez. 2018.

DARDOT, Pierre; LAVAL, Christian. *A nova razão do mundo:* ensaio sobre a sociedade neoliberal; tradução Mariana Echalar. 1. ed. São Paulo: Boitempo, 2016

DARDOT, Pierre. *A escolha da guerra civil:* uma outra história do neoliberalismo. Tradução de Márcia Pereira Cunha. São Paulo: Elefante, 2021.

DELUCHEY, Jean-François. Os Direitos Humanos entre Polícia e Política. In: *Revista Direito e Práxis*, v. 8, n.1. Rio de Janeiro, Universidade do Estado do Rio de Janeiro, 2017, p. 196-228.

GOMES, Rogério Miranda. *Trabalho médico e alienação:* as transformações das práticas médicas e suas implicações para os processos de humanização/desumanização do trabalho em saúde. Tese de Conclusão do Curso de Doutorado de Medicina, São Paulo, Universidade de São Paulo, São Paulo, 2010.

MARCELINO, Paula Regina. Terceirização do Trabalho no Brasil e na França. In: *II Simpósio Estadual Lutas Sociais na América Latina*. Crise das Democracias Latino-americanas: dilemas e contradições, 2006, Londrina. Caderno de Resumos do II Simpósio Estadual Lutas Sociais na América Latina. Crise das Democracias Latino-americanas: dilemas e contradições. Londrina, Universidade Estadual de Londrina, 2006.

PORTO, Lorena Vasconcelos; VIEIRA, Paulo Joarês. A "pejotização" na reforma trabalhista e a violação às normas internacionais de proteção ao trabalho. *Revista eletrônica [do] Tribunal Regional do Trabalho da 9ª Região*, Curitiba, v. 8, n. 80, p. 52-77, jul. 2019.

(13) DARDOT, Pierre; LAVAL, Christian. *Op. cit.*, p. 390.

O Enfraquecimento dos Sindicatos na Sociedade Neoliberal: Um Estudo sobre as Alterações Ocasionadas pela Lei n. 13.467 de 2017 no Financiamento dos Sindicatos no Brasil

Ana Paula Furlan Sales(1)

Wilson Coelho Santana Neto(2)

1. Introdução

A Reforma Trabalhista, com o discurso de aumentar a liberdade sindical, resultou no enfraquecimento dos sindicatos com a alteração promovida em seu financiamento. Ela manteve os trabalhadores vinculados obrigatoriamente ao sindicato da categoria existente, mas retirou importante parcela de seu financiamento, a contribuição sindical obrigatória, popularmente chamada de imposto sindical mas que possuía natureza tributária de contribuição.

Atacou-se apenas uma das questões apontadas como impeditivas da liberdade sindical: seu financiamento compulsório. Por outro lado, a representação obrigatória da categoria e a possibilidade de constituição de apenas um sindicato da categoria por unidade territorial permanecem como pontos inalterados. Não é oferecida a opção de escolha aos trabalhadores sobre qual sindicato os representará, mas sim apenas a opção de colaborar com seu financiamento ou não.

---

(1) Auditora-Fiscal do Trabalho. Bacharela em Direito pela Universidade Federal do Espírito Santo — UFES. Especialista em Direito e Processo do Trabalho pela Universidade Anhanguera-Uniderp. Especialista em Direito Administrativo pela Pontifícia Universidade Católica de Minas Gerais. Pós-Graduanda em Direito do Trabalho e Direitos Humanos pelo PPGD/UFPA. E-mail: ap.furlan@hotmail.com.

(2) Pesquisador. Mestrando em Direitos Humanos pelo PPGD/UFPA. Bacharel em Direito pelo Centro Universitário do Estado do Pará — CESUPA. Membro do grupo de pesquisa (CNPq) CESIP-MARGEAR (Grupo de Estudos sobre as Normalizações Violentas das Vidas na Amazônia). Pós-0Graduando em Direito do Trabalho e Direitos Humanos pelo PPGD/UFPA. E-mail: wilson.neto@icj.ufpa.br.

Além de atacar a forma de financiamento das entidades sindicais, a reforma também resultou em enfraquecimento de sua atuação:

> A reforma trabalhista também visou a desestruturação do sindicalismo brasileiro: ao como apontado, ao acabar com a contribuição sindical compulsória, desonerando assim fortemente a atividade sindical; pela via da autorização para criação de banco de horas diretamente com o trabalhador, sem a participação do ente sindical para negociar as bases e contrapartidas; pela via da autorização para a dispensa coletiva, sem necessidade de informar ou ter a participação dos sindicatos que negociariam possíveis benefícios e indenizações adicionais; e fim da homologação da rescisão do contrato de trabalho, deixando assim o trabalhador à mercê dos cálculos rescisórios e conferência de direitos. Mais ainda, retirou direitos trabalhistas conquistados em duras batalhas pelos trabalhadores via sindicatos, o que implicou desestruturar o financiamento das entidades, enfraquecendo-as financeira e politicamente (MARTINS, 2022, p. 34).

Internacionalmente, percebe-se a existência de dois sistemas de financiamento sindical: um em que os trabalhadores se associam aos sindicatos e, por meio de sua contribuição, adquirem os direitos conquistados pelas entidades; e outro, em que todos os trabalhadores são beneficiários das conquistas sindicais e contribuem para a entidade (DIEESE, 2018). Já o Brasil pós-reforma de 2017, manteve o contrassenso de obrigatoriedade de representação e facultatividade de financiamento.

Some-se a isso a ênfase dada ao individualismo nas negociações individuais (entre trabalhador e empresa) e o privilégio do negociado sobre o legislado, e se percebe uma estrutura extremamente favorável às empresas: sindicatos enfraquecidos para fazerem frente às demandas empresariais e empregados desprotegidos, sendo levados a negociar condições de trabalho individualmente e com receio do desemprego.

Estudos indicam que a taxa de sindicalização no país é baixa, e gira em torno de 16%. Ademais, a maioria dos sindicatos tem uma base restrita (um ou poucos municípios), com recursos provavelmente insuficientes para sua manutenção. Portanto, é plausível inferir que houve sério impacto nas finanças dos sindicatos com a aprovação da reforma (CAMPOS, 2016).

Estudo desenvolvimento pelo Departamento Intersindical de Estatística e Estudos Socioeconômicos — DIEESE (Nota Técnica n. 200) aponta que o impacto no financiamento das entidades sindicais foi grande e sentido pela maioria delas: quase metade recebeu em 2018 menos de 10% das receitas do ano anterior, quando a contribuição sindical era obrigatória a todos os membros integrantes da categoria (DIEESE, 2018). E tal impacto não passou despercebido na mídia. Matéria do jornal *O Estado de S. Paulo*:

> As três maiores centrais sindicais do País — CUT, Força Sindical e UGT — deixaram de arrecadar, neste ano, cerca de R$ 100 milhões em contribuição sindical com o fim da obrigatoriedade de recolhimento do imposto incluído na reforma trabalhista que entrou em vigor em novembro. As centrais ficavam com 10% do valor arrecadado pelos sindicatos relativos a um dia de salário de cada trabalhador. A queda da arrecadação para algumas centrais chegou a 90% em relação ao ano passado (SILVA, 2023, *online*).

Ainda no mesmo veículo:

> O fim da contribuição sindical obrigatória, extinta com a reforma trabalhista, forçou centrais e sindicatos a se adaptarem aos novos tempos de vacas magras. Eles têm demitido, vendido ativos e organizado planos de demissão voluntária (PDV) para se adequar a uma perda estimada em um terço da receita. Até 2018, 100 mil trabalhadores diretos e indiretos devem ser afetados, estima o Departamento Intersindical de Estatística e Estudos Socioeconômicos (DIEESE, 2018, *online*).

Atualmente, a organização sindical mobiliza em torno de 300 mil trabalhadores em todo o Brasil, dos quais 115 mil são funcionários regulares, e os demais são prestadores de serviços, tais cortes na estrutura sindical já começaram, e tendem a agravar-se ainda mais nos próximos anos (GAVRAS, 2023).

Desse cenário revela-se a importância da presente pesquisa, que busca entender a extinção da contribuição sindical obrigatória no Brasil, e o papel do neoliberalismo no processo. A pesquisa se delineou em três fases: investigação sobre a realidade sindical brasileira, sobre o processo de alteração da legislação trabalhista e, ao final, sobre a relação entre a alteração legislativa e o surgimento do neoliberalismo. Ela tem natureza bibliográfica, pois buscou analisar dados estatísticos que tratam da temática e já foram estudados por outros pesquisadores, além de fazer uma revisão da literatura referente à governamentalidade neoliberal. No tratamento de dados, de natureza secundária, utilizou-se de referenciais trabalhados em sala de aula e obras de outros pesquisadores. Salientamos, por fim, que a pesquisa é antes de tudo um esforço coletivo para entender o mundo e, assim, melhorá-lo.

2. A realidade sindical no Brasil: Histórico e discussões

Existem indícios de defesa coletiva de direitos e interesses coletivos desde a Roma antiga, mas é com o advento da Revolução Industrial no séc. XIII que os sindicatos como conhecemos hoje se originaram. O desenvolvimento de novos métodos de produção que demandam grande quantidade de mão de obra foi o elemento que agregou muitas pessoas em um mesmo local. Somado às condições precárias de trabalho e às jornadas exaustivas, o elemento interesse associativo surgiu (OLIVEIRA NETO, 2008).

No Brasil, o sindicalismo mais próximo do atual se originou no Estado Novo, no governo de Getúlio Vargas. Com o intuito de evitar conflitos sociais, cujos efeitos eram considerados deletérios para o desenvolvimento nacional, e como resposta ao anarco-sindicalismo trazido da Europa pelas ondas migratórias dos pós escravatura, foi desenvolvido o sindicalismo de Estado, que envolveu descrição minuciosa das regras trabalhistas, e deslocamento das demandas e conflitos principalmente para o Poder Judiciário (OLIVEIRA NETO, 2008).

O sistema sindical brasileiro nunca foi promotor da liberdade sindical, tendo em vista suas características de unicidade — apenas um sindicato representante da categoria por base territorial não inferior a um município; de representação obrigatória de todos os trabalhadores da categoria, conforme art. XX da Constituição Federal de 1988; e de contribuição sindical obrigatória.

Nos moldes da Convenção n. 97 da Organização Internacional do Trabalho — OIT, a liberdade sindical envolve as seguintes garantias:

> Art. 2 – Os trabalhadores e os empregadores, sem distinção de qualquer espécie, terão direito de constituir, sem autorização prévia, organizações de sua escolha, bem como o direito de se filiar a essas organizações, sob a única condição de se conformar com os estatutos das mesmas.
>
> Art. 3 – 1. As organizações de trabalhadores e de empregadores terão o direito de elaborar seus estatutos e regulamentos administrativos, de eleger livremente seus
>
> representantes, de organizar a gestão e a atividade dos mesmos e de formular seu programa de ação.
>
> 2. As autoridades públicas deverão abster-se de qualquer intervenção que possa limitar esse direito ou entravar o seu exercício legal.
>
> Art. 4 – As organizações de trabalhadores e de empregadores não estarão sujeitas à dissolução ou à suspensão por via administrativa.
>
> Art. 5 – As organizações de trabalhadores e de empregadores terão o direito de constituir federações e confederações, bem como o de filiar-se às mesmas, e toda organização, federação ou confederação terá o direito de filiar-se às organizações internacionais de trabalhadores e de empregadores (SÜSSEKIND, 1998, p. 338).

No Brasil, o sistema sindical é composto pelos Sindicatos, que tem como área mínima o território de um município; pela Federações, que se constituem da união de no mínimo cinco sindicatos que representem a maioria absoluta de determinada categoria profissional; pelas Confederações, que se organizam a partir de três federações; e pelas Centrais Sindicais, que são órgãos de cúpula e não se restringem ao critério da categoria profissional (MARTINS, 2022).

Historicamente no Brasil, o financiamento dos sindicatos se dava por pagamento voluntário de seus associados. Em um segundo momento foi autorizado o desconto em folha de pagamento, mas ainda apenas dos filiados (Decreto n. 24.694 de 1934). Já o imposto sindical obrigatório foi inaugurado pela Constituição Federal de 1937, em seu art. 138(3). Em 1964 alterou-se o nome de imposto sindical para contribuição sindical por meio da Lei n. 4.589, mudando o nome do Fundo Social Sindical para Conta Emprego e Salário (sem qualquer alteração prática).

Antes da reforma, basicamente o sistema sindical era mantido pela contribuição sindical obrigatória, descontada de todos os trabalhadores ativos; pela contribuição confederativa, responsável pelo financiamento das confederações sindicais, fixada em assembleia geral do sindicato, e prevista no art. 8º, IV da Constituição de 1988; e pelas contribuições assistenciais, previstas no art. 513, e, da CLT, devidas por todos os trabalhadores da categoria para custeio das negociações coletivas.

Além das previstas em lei, também fazem parte das receitas dos sindicatos as mensalidades associativas, pagas pelos filiados e, geralmente, descontadas em folhas de pagamento. Em 2017, por meio da Lei n. 13.467, a contribuição sindical obrigatória foi revogada, tornando-se voluntária. A redação do art. 578 da CLT, que antes era a seguinte:

> Art. 578 – As contribuições devidas aos Sindicatos pelos que participem das categorias econômicas ou profissionais ou das profissões liberais representadas pelas referidas entidades serão, sob a denominação do "imposto sindical", pagas, recolhidas e aplicadas na forma estabelecida neste Capítulo (BRASIL, 2023, *online*).

Passou a vigorar com a seguinte escrita:

> Art. 578. As contribuições devidas aos sindicatos pelos participantes das categorias econômicas ou profissionais ou das profissões liberais representadas pelas referidas entidades serão, sob a denominação de contribuição sindical, pagas, recolhidas e aplicadas na forma estabelecida neste Capítulo, **desde que prévia e expressamente autorizadas** (BRASIL, 2023, *online*).

Com o advento da reforma, todas as formas de financiamento passaram a exigir consentimento expresso dos trabalhadores. O que antes poderia ser autorizado por meio

(3) A associação profissional ou sindical é livre. Somente, porém, o sindicato regularmente reconhecido pelo Estado tem o direito de representação legal dos que participarem da categoria de produção para que foi constituído, e de defender-lhes os direitos perante o Estado e as outras associações profissionais, estipular contratos coletivos de trabalho obrigatórios para todos os seus associados, impor-lhes contribuições e exercer em relação a eles funções delegadas de Poder Público.

de assembleia, estendendo as contribuições a todos desde que garantido o direito de oposição passou, com a alteração legislativa de 2017, a exigir autorização expressa e individual, e anterior para que o desconto seja feito.

3. Os bastidores da reforma: O processo legislativo e as alterações que mudariam os direitos trabalhistas no Brasil

A Reforma Trabalhista de 2017 foi um processo célere, sem que tenham sido promovidos suficientes debates sobre o tema: houve apenas quatro relatórios das comissões que analisaram o projeto (uma da Câmara e três do Senado).

O projeto de lei foi encaminhado ao Congresso Nacional em 22.12.2016 pelo Poder Executivo. Em 09.02.2017, após o fim do recesso parlamentar, foi constituída uma Comissão Especial para análise do projeto na Câmara dos Deputados. Em 10.03 é aberto o prazo para apresentação de emendas ao projeto, que totalizaram 850 e completamente desvirtuaram o projeto inicial. Em 12/04 foi apresentado o parecer do relator e o substitutivo do projeto, enormemente diferente da proposta inicial.

Em 26.04 o substitutivo é aprovado pelo Plenário da Câmara dos Deputados (apenas 14 dias após a apresentação do projeto!) e em 28.04 iniciou sua tramitação no Senado Federal, recebendo novas 242 emendas. (Di Benedetto, 2017). O parecer do relator no Senado, favorável ao projeto vindo da Câmara, e rejeitando todas as emendas propostas, foi dado em 23.05 e aprovado em 06.06.2017. De 07 a 20.06 o projeto é discutido na Comissão de Assuntos Sociais (CAS), e o Senador Paulo Paim teve seu voto em separado, pela rejeição integral do projeto, aprovado na comissão. Em seguida o projeto segue para a Comissão de Constituição e Justiça (CCJ), que aprova o projeto vindo da Câmara em 28.06 sem quaisquer alterações.

Por fim, no dia 11.07.2017, em sessão encerrada às 22:20, por 50 votos a favor, 26 contra, e 1 abstenção, ocorreu no Senado a aprovação do projeto sem nenhuma alteração. O presidente Michel Temer sancionou o projeto em 20.08.2017.

Propriamente dita, a reforma em relação aos sindicatos veio com o intuito de adicionar a necessidade de consentimento prévio e expresso para que haja o desconto da contribuição sindical, senão vejamos os seguintes artigos do diploma consolidado, em suas redações antigas e atuais:

> Art. 579. A contribuição sindical é devida por todos aqueles que participarem de uma determinada categoria econômica ou profissional, ou de uma profissão liberal, em favor do sindicato representativo da mesma categoria ou profissão ou, inexistindo este, na conformidade do disposto no art. 591.
>
> Art. 582. Os empregadores são obrigados a descontar, da folha de pagamento de seus empregados relativa ao mês de março de cada ano, a contribuição sindical por estes devida aos respectivos sindicatos (grifo nosso) (BRASIL, 2016, *online*).

> Art. 579. O desconto da contribuição sindical está condicionado à **autorização prévia e expressa** dos que participarem de uma determinada categoria econômica ou profissional, ou de uma profissão liberal, em favor do sindicato representativo da mesma categoria ou profissão ou, inexistindo este, na conformidade do disposto no art. 591 desta Consolidação (grifo nosso).
>
> Art. 582. Os empregadores são obrigados a descontar da folha de pagamento de seus empregados relativa ao mês de março de cada ano a contribuição sindical **dos empregados que autorizaram prévia e expressamente** o seu recolhimento aos respectivos sindicatos (grifo nosso) (BRASIL, 2023, *online*).

Com isso, percebemos que a mudança legislativa trouxe um empecilho ao financiamento dos sindicatos, pois a atividade sindical no Brasil é sustentada pela contribuição feita pelos trabalhadores. Quando esta se torna facultativa e, ainda, passível da autorização expressa do empregado, a consequência natural não poderia ser diversa do enfraquecimento dos sindicatos.

Neste sentido, a reforma trabalhista veio em conjunto com um projeto de reestruturação do capitalismo amplamente conhecido pela literatura como um fenômeno político, social e econômico, que tende a mudar até mesmo como o indivíduo se molda na sociedade e como este desenvolve suas relações. Tal fenômeno é denominado de *neoliberalismo* e, como veremos a seguir, desde a década de 70 vem por meio de bárbaras reformas flexibilizando os direitos sociais e políticos da classe trabalhadora no Brasil e no mundo.

4. O neoliberalismo: A verdadeira face da reforma

O conceito de neoliberalismo surge para dar conta de um fenômeno que a partir da década de 1970 alastrou-se pelo globo: a radicalização das políticas de Estado do liberalismo. Nesse cenário, na França, Michel Foucault começa a pensar a temática em suas aulas lecionadas no College de France, em Paris, e posteriormente reunidas por seus alunos no livro *"o nascimento da biopolítica"*, publicado pela primeira vez em 1979. Para o pensador francês, o neoliberalismo trata-se de uma *governamentalidade*(4) (FOUCAULT, 2008).

Faz-se necessário, primeiramente, enfrentar o que seria a dita "governamentalidade" para o autor. Tal conceito é tido como um conceito-chave (ALLEN, 1991) na obra deste filósofo, e a partir dele podemos entender seu pensamento acerca das formas de poder:

> Ele tem um papel decisivo em sua analítica do poder em diversos sentidos: ele oferece uma visão do poder para além de uma perspectiva centrada seja no consenso, seja na violência; ele liga tecnologias de si com tecnologias de

(4) Importa mencionar que as descobertas de Foucault foram obtidas por diferentes métodos de pesquisa, mas a que trouxe à tona o conceito de governamentalidade foi a *genealogia*, e esta é dividida em duas grandes fases pelos estudiosos do autor: i) a genealogia do Estado, e ii) a genealogia do sujeito (LEMKE, 2017).

dominação, a constituição do sujeito com a formação do Estado; e, finalmente, ele ajuda a diferenciar poder de dominação (LEMKE, 2017, p. 4).

Foucault pensa a governamentalidade para suas investigações referentes à análise do poder, mais especificamente como uma tecnologia de materialização do poder. Faz isso por meio de reconstruções históricas desde a Grécia antiga até seus estudos sobre o neoliberalismo moderno (LEMKE, 2017). A governamentalidade para o autor é, em suas palavras, o conjunto de:

> [...] instituições, [...] procedimentos, análises e reflexões, os cálculos e as táticas que permitem exercer essa forma bem específica, embora muito complexa, de poder que tem por alvo a população, por principal forma de saber a economia política e por instrumento técnico essencial os dispositivos de segurança. Em segundo lugar, por governamentalidade entendo a tendência, a linha de força que, em todo o Ocidente, não parou de conduzir, e desde há muito, para a preeminência desse tipo de poder que podemos chamar de "governo" sobre todos os outros — soberania, disciplina — e que trouxe, por um lado, o desenvolvimento de toda uma série de aparelhos específicos de governo [e, por outro lado] o desenvolvimento de toda uma série de saberes. Enfim, por "governamentalidade", creio que se deveria entender o processo, ou antes, o resultado do processo pelo qual o Estado de justiça da Idade Média, que nos séculos XV e XVI se tornou o Estado administrativo, viu-se pouco a pouco "governamentalizado" (FOUCAULT, 2008, p. 142).

Percebemos que ao pensar a questão neoliberal como uma governamentalidade, o filósofo francês inova ao propor uma percepção contrária ao que estava sendo dito acerca do tema, principalmente ao propor o neoliberalismo como uma tecnologia de controle de si e dos outros. Afinal, pensar o neoliberalismo a partir de Foucault, significa sair da dualidade comum existente na filosofia política, isto porque, de maneira geral, os autores pensam o poder de maneira vertical, de cima para baixo, da relação entre Estado e sociedade, mas na filosofia foucaultiana o poder se dá de maneira microfísica, isto é, permeia as relações sociais, não sendo necessariamente vertical, como encontramos na teoria política clássica.

Aos olhos do autor, o neoliberalismo converte-se em uma complexa tecnologia de gestão da vida dos indivíduos, seja de forma verticalizada, nas relações de poder comuns, entre chefe e funcionário, por exemplo, assim como nas relações horizontais, como as dispostas no seio familiar, as demais de ordem afetiva etc. Tudo é permeado pelo neoliberalismo, a sociedade organiza-se a partir desta gestão dos corpos solidificados pelos princípios do liberalismo, sendo agora radicalizados pela governamentalidade neoliberal.

É importante mencionar que quando Foucault cunha esse conceito de neoliberalismo, esse fenômeno social encontra-se em seu status primordial sem as repercussões da modernidade que temos hoje. Em 2009, temos a grande contribuição de Pierre Dardot e Christian Laval, ao publicarem *"a nova razão do mundo: ensaio sobre a sociedade neoliberal"*. Na tentativa de continuar o trabalho iniciado por Foucault, os autores preocuparam-se em manter o rigor até mesmo metodológico, utilizando também método investigativo a genealogia (QUEIROZ, 2018).

A pretensão principal dos autores nesse texto é demonstrar que o neoliberalismo não se trata somente de uma continuação do liberalismo que teve sua origem na metade do século XVIII, muito menos a sua negação. Na verdade, é a preservação deste com a sua radicalização, mostrando que não é simplesmente uma teoria econômica, ou que propõe a revisão do liberalismo clássico, mas sim trata-se de uma reinvenção do ideário liberal a partir da preservação de seus princípios éticos e políticos, mas, desta vez, radicalizados. Mostram que o neoliberalismo ainda é um problema a ser enfrentado, senão vejamos:

> A nova razão do mundo se apresenta como continuidade dessa investigação, apontando como e porque "ainda não terminamos com o neoliberalismo", quando muitos autores, no ápice da crise financeira internacional, como Joseph Stiglitz, anunciavam seu fim (QUEIROZ, 2018, p. 02).

Nesse passo, vemos que após o advento do neoliberalismo os valores do mercado são tidos como verdades universais, por influência direta dos princípios liberais. Um exemplo claro disso, é o papel que a *concorrência* assume nesse contexto: os Estados passam a guiar seus atos a partir da lógica da concorrência empresarial, agindo de forma a maximizar seus ganhos e diminuir os potenciais riscos, tal qual uma empresa que investe na bolsa, e pretende com isso, obter lucro (DARDOT e LAVAL, 2017).

É a partir desse texto que se começou a pensar o neoliberalismo como uma *racionalidade.* Isto é, a razão que guia (e governa) a vida de todos, perpassando ainda pela gestão da relação entre os indivíduos, e até mesmo o funcionamento das instituições sociais, como o próprio Estado (DARDOT e LAVAL, 2017).

Surgindo por entre as contradições do capitalismo, o neoliberalismo transformou-se em um conglomerado de "dispositivos discursivos, institucionais, políticos, jurídicos e econômicos que formam uma rede complexa e movediça, sujeita a retomadas e ajustes em função do surgimento de efeitos não desejados, às vezes contraditórios com o que se buscava inicialmente" (DARDOT e Laval, 2017).

Com o neoliberalismo o sentido da existência particular de cada um torna-se uma vida pautada nas "regras do jogo" ditadas pelo capitalismo através do mercado, apoiando-se, principalmente, na concorrência, conforme Foucault já anunciava em seu primeiro contato com o fenômeno:

> A sociedade regulada com base no mercado em que pensam os neoliberais é uma sociedade na qual o que deve constituir o princípio regulador não é tanto a troca das mercadorias quanto os mecanismos da concorrência. São esses mecanismos que devem ter o máximo de superfície e de espessura possível, que também devem ocupar o maior volume possível na sociedade. Vale dizer que o que se procura obter não é uma sociedade submetida ao efeito-mercadoria, é uma sociedade submetida à dinâmica concorrencial. Não uma sociedade de supermercado — uma sociedade empresarial (FOUCAULT, 2008, p. 152).

É também a partir dessa mesma lógica que o neoliberalismo molda a subjetividade humana aos seus interesses, pois o cidadão passa a absorver os valores do liberalismo e aplicá-los em sua vida. Percebe-se isso, por exemplo, no caso de um indivíduo que, ao ir em busca de qualquer melhoria pessoal, não o faz pelo seu aprimoramento cultural — ao menos não diretamente — e sim pelos "ganhos" profissionais que aquela escolha lhe pode trazer, sendo obrigado continuamente a fazer uma análise dos riscos de suas opções, guiado pelas regras do mercado e, principalmente, pela concorrência.

Essa figura do empresariamento de si não passou despercebida a Foucault, pois o autor, já mencionava que o neoliberalismo produziria esse novo indivíduo tendo como parâmetro os valores morais do liberalismo, mas chamando-o de *homo economicus*, como vemos:

> O homo economicus é um empresário, e um empresário de si mesmo. Essa coisa é tão verdadeira que, praticamente, o objeto de todas as análises que fazem os neoliberais será substituir, a cada instante, o homo ecomomicus parceiro da troca por um homo economicus empresário de si mesmo, sendo ele próprio seu capital, sendo para si mesmo a fonte de sua renda (FOUCAULT, 2008, p. 232).

O neoliberalismo, então, termina por impactar diretamente na vida em sociedade e nas relações nela acopladas. O Direito, como bem sabemos, não deixa de ser influenciado diretamente por esse fenômeno, pois, há uma tendência global na flexibilização das garantias jurídicas em prol dos interesses do mercado. É neste momento que vemos o nascimento do clamor por uma "modernização das leis trabalhistas", com o argumento de que a Consolidação das Leis do Trabalho — CLT possuía regras muito rígidas, que estavam ultrapassadas e precisavam de uma reforma substancial.

Essa foi a narrativa usada para fazer a reforma trabalhista se concretizar, quando na verdade seu real interesse era justamente flexibilizar as garantias jurídicas que beneficiam o trabalhador na relação de emprego, e fortalecer e/ou criar normas que iriam favorecer diretamente o empregador, atendendo deste modo, aos interesses do mercado (KREIN e COLOMBI, 2019).

Isso mostrou-se perfeitamente claro, quando vemos que de todas as falas em prol da aprovação da reforma foram justificadas à lógica de mercado. Na Comissão de Assuntos Econômicos do Senado Federal, o parecer do senador Ricardo Ferraço, do PSDB/ES, é gritante em tal aspecto, sendo completamente favorável à Reforma. No mérito, possui um título específico para a economia, que vem subdividido em produtividade.

Afirma-se que a mudança legislativa teve por guia quais seriam as melhores condições de trabalho para os empregados, que um bom desempenho do mercado de trabalho seria a melhor política social, e que tal seria atingido por meio de mais flexibilidade na legislação trabalhista. Todo esse juízo de valor foi feito de forma individual, sem consulta aos sindicatos ou associações representativas da sociedade civil e, portanto, à classe trabalhadora.

É curioso pensar que aliado a esse discurso, fomentou-se o argumento de que tal flexibilização iria beneficiar diretamente o trabalhador, pois este poderia trabalhar de forma mais "livre", sem estar "preso" às normas que anteriormente vigoravam. Entretanto, os dispositivos jurídicos extintos eram, em sua maioria, protetivos de seus direitos. Tornou-se o obreiro responsável por vários riscos da relação de emprego, que antes eram de inteira responsabilidade do empregador (KREIN, 2018).

Vários são os exemplos de como o neoliberalismo molda o sujeito e a sociedade com base nos interesses do mercado, dos quais cito a concordância com a flexibilização da legislação, ou mesmo o financiamento das próprias condições de trabalho, como os trabalhadores uberizados. Renuncia-se a garantias jurídicas para que o trabalhador venha "assumir ele próprio os imprevistos de seu percurso profissional [...]" (CASTEL, 2005, p. 46).

Ignorar a relevância da proteção jurídica nas relações de emprego é um erro grosseiro. Se com as normas jurídicas já havia problemas de natureza diversas, sua flexibilização dificulta a reprodução do trabalhador. De maneira geral, enfraquece até mesmo a estabilidade democrática, segundo Prado (2018, p. 134), pois a democracia perde sua substância essencial ao descaracterizar o indivíduo enquanto cidadão, para fazer dele somente um agente econômico atrelado aos interesses do capital:

> As reformas capitalistas propostas e implementadas pelo neoliberalismo têm, pois, sua lógica: elas visam, em última análise, recuperar a taxa de lucro e, assim, a acumulação, viabilizando a continuidade do capitalismo. Portanto,

> elas podem elevar um pouco a taxa de crescimento econômico, mas ao fazê-lo, elas incrementarão também a taxa de exploração vigente na economia capitalista no Brasil. Produzirão, também, uma piora na distribuição da renda familiar, assim como uma redução dos gastos sociais do Estado. Ao procurar regular o sistema econômico por meio da imposição generalizada da racionalidade competitiva, não apenas entre as empresas, mas também entre os indivíduos em geral tomados como empresas de si mesmos, tencionará a sociedade de tal modo que, ao fim e ao cabo, ter-se-á não mais civilização, mas mais barbárie (PRADO, 2018, p. 135).

Vemos, que muito embora as mudanças legislativas advindas da reforma, tenham vindo com um discurso de aumento da liberdade individual de escolha do trabalhador, na prática, isso termina por constituir a redução de seus direitos, e a piora substancial de sua qualidade de vida. Afinal, como pode ser benéfico ao operário poder negociar com o empregador seus direitos, se na relação de emprego este já se encontra em uma situação hipossuficiente frente ao seu empregador?

A ordem capitalista estrutura-se a partir desse falso pressuposto de aumento da liberdade individual. No liberalismo, tal liberdade constitui-se a partir da possibilidade de celebrar contratos. Com isso, vemos que o cidadão renuncia a sua liberdade para ter acesso às suas necessidades básicas, tal como a segurança. Disso, podemos abstrair que no liberalismo a liberdade é vista como um bem econômico, que pode ser comercializada (DELUCHEY, 2019). Com o advento do neoliberalismo tal compreensão foi radicalizada:

> O neoliberalismo, com o seu regime de verdade fixado pelas leis do mercado, apenas aprofundou e consolidou o que o liberalismo tinha inaugurado: a liberdade humana pode ser vendida, voluntariamente (salário), ou à força (escravidão). Daí, esta liberdade vai seguir a grade de leitura própria ao capitalismo: será mais ou menos extensa e inalienável quanto mais o indivíduo for detentor de capitais. Caso a posse de capitais seja irrelevante para a estratégia global do capitalismo, o valor da liberdade e de sua vida não constituem freios à sua captura; [...] (DELUCHEY, 2019, p. 53).

Este é o motivo pelo qual o neoliberalismo precisa ser moralizador. Isto é, trazer consigo um conjunto de valores para que haja a consecução de seus objetivos. Com o surgimento dessa nova governamentalidade, as noções de "bem" e "mal" se dão por meio dos sistemas de veridição do mercado: se algo é "útil" para a inserção do indivíduo no mercado. Nos mostrando que antes de tudo, o neoliberalismo molda a subjetividade particular de cada indivíduo (DELUCHEY, 2019).

5. Considerações finais

O objetivo central desta pesquisa foi perceber a iminente relação entre a reforma trabalhista – mais especificamente no tocante aos financiamentos dos sindicatos com o neoliberalismo, suas implicações e convergências. Principalmente porque a reforma veio com o discurso de favorecimento do trabalhador, melhorando sua qualidade de vida e aumentando a sua liberdade, o que na prática não ocorreu.

Como vimos, o sindicalismo no Brasil veio de um projeto coletivo de lutas dos trabalhadores durante a era Vargas, principalmente com o clamor social pelo aumento de direitos e maior proteção à classe trabalhadora. E é no mínimo curioso pensar que apesar do movimento sindical ter nascido nesse contexto áureo de organização política no século passado, foi enfraquecido justamente na reforma trabalhista para coroar o avanço das políticas neoliberais.

E com modificações feitas às escuras, e aprovada mais rápido do que qualquer outro projeto de lei desse porte naquele ano, a reforma veio a ser sancionada por Michel Temer em 2017, e nela veio a derrocada de grande parte dos direitos trabalhistas no Brasil. Vemos que o surgimento da reforma é consequência do neoliberalismo que representa a diferença crucial entre este último e o liberalismo clássico. Isto porque, com a radicalização das políticas liberais pela governamentalidade neoliberal vem uma atuação mais forte do Estado para garantir o interesse do "mercado", mesmo que isso custe o sofrimento da maior parte dos brasileiros.

Perceber o entrelaçamento entre a reforma e o neoliberalismo, é crucial para entender o nosso contexto político-jurídico atual e traçar novas perspectivas para o futuro, principalmente quando observamos a destruição dos cofres sindicais no Brasil, o que fará com que o movimento sindicalista tenha mais dificuldade para lutar pelos direitos dos trabalhadores. Tal contexto torna-se um desafio maior quando nos vemos no cenário atual: pós pandemia, com o crescimento do desemprego e da precariedade do trabalho. Nesse contexto é que o movimento sindical precisa se unir ainda mais para defender os interesses dos trabalhadores e superar as medidas autoritárias do capitalismo impostas pela governamentalidade neoliberal.

Referências

BRASIL. *Consolidação das Leis do Trabalho*. Disponível em: https://www.planalto.gov.br/ccivil_03/decreto-lei/del5452.htm. Acesso em: 28 set. 2023.

CAMPOS, André Gambier. Sindicatos no Brasil: o que esperar no futuro próximo? *Revista do Instituto de Pesquisa Econômica Aplicada*, Brasília, n. 2.262, 2016.

CASTEL, R. *A insegurança social:* o que é ser protegido? Petrópolis: Vozes, 2005.

DARDOT, Pierre; LAVAL, Christian. *A nova razão do mundo:* ensaio sobre a sociedade neoliberal. São Paulo: Boitempo, 2017.

DELUCHEY, Jean-François. Biopolítica e morte no Brasil: o extermínio da juventude negra (ultra)periférica na amazônia. Relatório de Pesquisa Gerda Henkel Stiftung (Düsseldorf) – *Special Program Security, Society and State* (2017-2019), 2019.

DI BENEDETTO, Roberto. Revendo mais de 70 anos em 07 meses: a tramitação da reforma trabalhista do governo Temer. *Espaço Jurídico Journal of Law*, v. 18, n. 2, p. 545-568, maio/ago. 2017.

DIEESE. *Nota técnica 200:* subsídios para o debate sobre a questão do Financiamento Sindical. São Paulo: DIEESE, 2018. Disponível em: https://www.dieese.org.br/notatecnica/2018/notaTec200financiamentoSindical.html. Acesso em: 02 set. 2023.

FOUCAULT, Michel. *O nascimento da biopolítica:* curso dado no College de France 1978-1979. São Paulo: Martins Fontes, 2008.

GAVRAS. Douglas. *O Estado de S. Paulo*. 25 nov. 2017. Disponível em: https://economia.estadao.com.br/noticias/geral,apos-reforma-trabalhista-sindicatos-demitem-para-sobreviver,70002097236. Acesso em: 28 set. 2023.

KREIN, José Dari; COLOMBI, Ana Paula Fregnani. A reforma trabalhista em foco: desconstrução da proteção social em tempos de neoliberalismo autoritário. *Revista Educ. Soc.*, v. 40, São Paulo, 2019.

KREIN, José Dari. O desmonte dos direitos, as novas configurações do trabalho e o esvaziamento da ação coletiva. *Tempo Social*, São Paulo, v. 30, n. 1, 2018.

LEMKE, Thomas. Foucault, governamentalidade e crítica. *PLURAL: Revista do Programa de Pós-Graduação em Sociologia da USP*, v. 24.1, p. 194-213, São Paulo, 2017.

MARTINS, Vagner Patini. *O sistema de custeio sindical depois da reforma trabalhista e os impactos nas entidades sindicais*. Dissertação de Mestrado. PUC SP: São Paulo, 2022.

OLIVEIRA NETO, Alberto Emiliano de. *Contribuições Sindicais:* o direito fundamental da liberdade sindical e as modalidades de financiamento dos sindicatos. Dissertação de Mestrado. PUC – SP: São Paulo, 2008.

PRADO, E. *Ciência da economia:* demarcações. Curitiba: CRV, 2018

QUEIROZ, Felipe. Resenha Crítica de "a nova razão do mundo: ensaio sobre a sociedade neoliberal". *Caderno CRH*, v. 31, n. 82, p. 187-191, jan./abr. 2018, Salvador.

SILVA, Cleide. *O Estado de S. Paulo*. 30 jun. 2018. Disponível em: https://economia.estadao.com.br/noticias/geral,sem-imposto-arrecadacao-das-centrais-c ai-ate-90,70002377470. Acesso em: 28 set. 2023.

SÜSSEKIND, Arnaldo. *Convenções da OIT*. São Paulo: LTr, 1998.

Tema n. 638 do Supremo Tribunal Federal: Limites e Efeitos da Participação Sindical na Dispensa Coletiva

Orival Junior dos Santos[1]

1. Introdução

As dispensas em massa ou coletivas representam uma das questões mais críticas nos ciclos capitalistas de produção, pois materializam, nos processos de reacomodação produtiva em tempos de crise, a socialização forçada das perdas por meio do desemprego e da instabilidade social. A iniciativa rescisória do contrato de trabalho pelo empresário, de forma massiva e fundada em motivos técnicos, econômicos, financeiros ou tecnológicos, de início foi reconhecida como direito estritamente potestativo do empreendimento, não dependente de quaisquer outros condicionantes para se realizar, senão a observância a eventuais garantias provisórias de emprego. Todavia, essa maneira autárquica de compreender o fenômeno foi paulatinamente sendo suplantada por outra abordagem de cunho garantista, já na segunda metade do século XX. Muitas nações do Ocidente, e até mesmo a Organização Internacional do Trabalho (OIT) por meio da Convenção n. 158, de 1985, passaram a exigir a interlocução com as representações dos trabalhadores nos processos decisórios da dispensa coletiva, objetivando quer a sua reversão em prol de alternativas menos gravosas, quer a atenuação negociada de seus efeitos (CHEHAB, 2015). Tratou-se, em linhas gerais, de ressocializar a ruptura unilateral dos contratos por meio da cláusula democrática da participação coletiva dos sindicatos (MARINHO, 2020), e não mais pela socialização pura e simples do risco empresarial, como até então se dava.

No caso brasileiro, esse avanço civilizatório rumo a padrões mais democráticos de gestão do capital, notadamente em tempos de crise e de pandemia (Porto; Meirinho, 2020), tem se dado aos solavancos e seguindo certas características de nosso sistema de relações de trabalho implantado há quase um século. Indício da falta de tradição histórica em autonomamente negociar os termos da contratação coletiva do trabalho, a

(1) Auditor-Fiscal do Trabalho e mediador público de conflitos coletivos. Graduado em Economia (UNICAMP) e Direito (UNITAU), com especializações em Direito do Trabalho e Processo do Trabalho (Universidade Cândido Mendes), Economia e Gestão das Relações de Trabalho (PUC/SP), Economia e Trabalho (DIEESE) e Negociação Coletiva (UFRS).

despeito dos avanços da barganha coletiva das últimas três décadas, é o fato de que não se consolidou, no âmbito das dispensas em massa, uma cultura de negociação prévia com as representações profissionais. Daí que, seguindo o padrão estatal-tutelar de organização dessas relações, os trabalhadores, francamente em desvantagem na correlação de forças que governam a reestruturação produtiva desde a década de 1990, buscaram o reconhecimento do direito junto ao Estado, no âmbito judicial. E o problema, no particular, foi que o tardio reconhecimento do direito sindical de ser ouvido nos processos de desemprego cíclico ou tecnológico, assim declarado pelo Supremo Tribunal Federal (STF) no Tema n. 638, não se deu segundo uma gramática tuteladora da negociação coletiva como direito humano, mas na ordem de uma figura procedimental nova ("intervenção sindical prévia"), atrás da qual a negociação coletiva segue sombreada ou empalidecida.

A importância da análise do Tema n. 638, sob a perspectiva do direito social à cláusula jusdemocrática nas relações de trabalho, está precisamente em evidenciar como o STF adotou, na fixação da tese consagrada, uma visão funcionalista que se integra ao mesmo substrato doutrinário que diminui o papel da negociação coletiva como instrumento de avanço ou de conquista de direitos (vedação ao retrocesso social), preferindo, ao invés, realçar sua suposta vocação flexibilizadora, de gerenciamento adaptativo de crises (DORNELES; JAHN, 2020), conforme se extrai de recentes julgados proferidos pela nossa corte constitucional (MIRANDA; BASTOS, 2020). Por conseguinte, supõe-se que o acórdão do Supremo Tribunal Federal, objeto da pesquisa, reúne elementos que permitem o exame dos limites e contradições daquele avanço civilizatório entre nós, mediante teses jurídicas redutoras do alcance dos direitos humanos na esfera do trabalho subordinado.

Diante disso, a proposta do artigo é analisar as possíveis repercussões da expressão "intervenção sindical prévia", contida na tese fixada no Tema n. 638 do STF, relativamente à tutela da negociação coletiva de trabalho como direito humano e fundamental. Traça-se como objetivo geral identificar os efeitos jurídicos que podem advir da escolha hermenêutica do tribunal, sobretudo em situações de desatendimento do dever de dialogar e de impasses gerados na conversação. E no que se refere aos objetivos específicos, busca-se 1) compreender a decisão judicial no cenário sociojurídico em que ela se inscreve; 2) especificar e distinguir as principais teses jurídicas presentes no julgamento; e 3) apontar as consequências propostas por cada tese, fazendo a ligação com os interesses em disputa. Além desta introdução e da apresentação do caso, tais objetivos correspondem às seções seguintes deste trabalho, com a conclusão ao fim.

O método adotado é o dedutivo, com pesquisa qualitativa aplicada, do tipo exploratória, mediante realização de pesquisas bibliográficas e documentais. Para tanto, fez-se consulta a textos legislativos, tratados internacionais e acórdão do STF (inteiro teor), bem como artigos de periódicos e livros publicados, parte deles acessados na rede mundial de computadores (internet) a partir de dados indexados a sites institucionais.

2. Descrição do caso

O julgamento do RE n. 999.435 tratou da dispensa de mais de quatro mil empregados da Empresa Brasileira de Aeronáutica (Embraer) e da Eleb Equipamentos, em 2009 (BRASIL, 2022). Em razão das dispensas, Sindicato dos Metalúrgicos de São José dos Campos e outros ajuizaram dissídio coletivo perante o Tribunal Regional do Trabalho em Campinas-SP (15ª Região), o qual, em caráter liminar, suspendeu provisoriamente as rescisões e, na sequência, entendeu-as abusivas, por falta de prévia negociação coletiva. Na decisão de mérito, a corte regional afastou a anterior suspensão das dispensas, por ausência de garantia de emprego que autorizasse a reintegração, e, além das parcelas de direito, fixou indenização compensatória de dois salários, limitado ao teto de R$ 7.000,00, e manutenção do plano médico familiar por 12 meses. Ao pressuposto de que não é dado ao juiz recusar-se decidir ante a omissão ou lacuna da lei, no acórdão prevaleceu a tese da abusividade do direito fundada em interpretação do ordenamento a partir de normas-princípios, com teor de abstração superior às legais (Soares, 2011), contidas tanto na Constituição Federal de 1998 (CF) quanto em convenções internacionais, notadamente as da OIT.

Por meio de recurso ordinário, a questão subiu para o Tribunal Superior do Trabalho: o empregador alegando ter agido conforme a lei *stricto sensu*, que não distingue as dispensas individuais das coletivas, e sindicato insistindo na reintegração de todos os dispensados, ante a repercussão coletiva do ato rescisório arbitrário (BRASIL, 2022). Ao julgar o pedido de efeito suspensivo, o então presidente do TST, ministro Milton de Moura França, suspendeu a decisão do tribunal de origem, manteve as demissões e descartou a possibilidade do judiciário trabalhista impor, ao arrepio da normatização vigente, obrigações não previstas em lei (negociação coletiva). Ressaltou que o art. 7º, inciso I da Constituição Federal, que protege a relação de emprego contra despedida arbitrária ou sem justa causa, não assegura estabilidade ou garantia de emprego, sendo apenas exigível, em caso de dispensa arbitrária ou imotivada, a indenização de 40% do FGTS prevista no art. 10, inciso I do Ato das Disposições Constitucionais Transitórias — ADCT, até que lei complementar disponha de forma diversa, até hoje não editada.

Em 10 de agosto de 2009 a matéria foi apreciada pela Seção de Dissídios Coletivos do TST, com relatoria do ministro Mauricio Godinho Delgado (BRASIL, 2022). Em votação apertada (cinco votos a quatro), as demissões foram mantidas sem compensações, pois essa era a interpretação prevalecente nos tribunais à época, mas se avançou em nova jurisprudência para casos futuros. Por ela, ficou assente que seria "inválida a dispensa coletiva enquanto não negociada com o sindicato de trabalhadores, *espontaneamente ou no plano do processo judicial coletivo*" (BRASIL, 2022, p. 23, grifos meus). A diretriz fixada no acórdão ("a negociação coletiva é imprescindível para a dispensa em massa dos trabalhadores") fundamentou-se em três noções centrais: 1) amplitude supraindividual dos danos decorrentes de conflitos massivos na sociedade contemporânea, a reclamar soluções jurídicas distintas da matriz individualista; 2) distinção entre dispensas individuais e coletivas, as quais, como fatos coletivos, impactam severamente os trabalhadores, suas famílias e a ordem socioeconômica da comunidade em que se encontram, impondo-se a necessidade de mitigar seus efeitos; e 3) arcabouço principiológico presente na ordem constitucional e nos diplomas internacionais ratificados (Convenções da OIT ns. 11, 98, 135, 141 e 151, ilustrativamente), associado com o respeito à dignidade da pessoa humana (CF, art. 1º, III), valorização do trabalho e emprego (CF, arts. 10, IV, 6º e 170, II), subordinação da propriedade à sua função socioambiental (CF, arts. 5º, XXIII e 170, III) e intervenção sindical nas questões coletivas trabalhistas (CF, art. 8º, III e VI), tudo convergindo para a relativização do direito potestativo do patronato nas dispensas.

Em 2016, a controvérsia foi levada ao STF por meio do Recurso Extraordinário n. 999.435 (Brasil, 2022). Ali foi reconhecida a repercussão geral, passando a correr sob o Tema n. 638. Relator do processo, o ministro Marco Aurélio votou contra a necessidade de negociação prévia, pois entendeu que o rompimento patronal da relação de emprego, nos moldes da arquitetura constitucional vigente (CF, art. 7º, I c/c art. do ADCT), submete-se apenas ao crivo discricionário do empregador. Ponderou que a observância do princípio da legalidade deve governar quaisquer mudanças de rumos, sendo esse o preço a se pagar pela supremacia da Constituição no Estado Democrático de Direito: "é módico e está ao alcance de todos" (BRASIL, 2022, p. 18). Com variações, também foi essa a posição dos ministros Nunes Marques e Alexandre de Moraes, cujos argumentos podem ser assim sintetizados: a CF exige a negociação coletiva em casos taxativos, e dentre eles não se encontra a hipótese da dispensa coletiva; na falta de lei complementar, vige a regra do art. 7º, inciso I; inexiste lacuna normativa que permita a colmatação supletiva da Justiça do Trabalho; a Convenção n. 158 da OIT, que cuida do término da relação de emprego, foi denunciada pelo governo brasileiro; e ainda que não tivesse sido, norma de tratado internacional não se sobrepõe à lei complementar exigida pela CF. Para Alexandre de Moraes, impor ao empregador a negociação coletiva prévia, além de afrontar a legalidade e causar insegurança, "pode colocar em risco a própria empresa ao submetê-la a um processo de *negociação de contornos indefinidos*" (BRASIL, 2022, p. 54, grifos meus). E o último a acompanhar o relator, Gilmar Mendes destacou que, no capítulo das demissões coletivas, o papel do sindicato não pode ser equacionado pelos critérios da herança varguista, de simbiose com o poder público e seus estamentos burocráticos, sendo certo que o poder a eles conferido pela Justiça do Trabalho, de condicionar as dispensas em massa a uma negociação prévia, representa mais uma de tantas simbioses que insistem em permanecer na cena jurídico-institucional das relações de trabalho do país.

O Ministro Edson Fachin inaugurou a divergência, à luz de princípios constitucionais e internacionais, como as Convenções da OIT ns. 154 e 98, para fixar o entendimento de que a negociação coletiva se afigura como direito fundamental e humano e, nessa condição, garante a participação das entidades sindicais nos assuntos de repercussão coletiva, de que as dispensas em massa são exemplos típicos. Em seu voto, o magistrado lembrou que o Estado Democrático de Direito é a expressão-síntese do Estado Liberal de Direito (liberdades) e do Estado Social de Direito (igualdade), ambos subsumidos à justiça social como seu fundamento último. Sustentou que o trabalho se apresenta como direito fundamental (CF, art. 1º, IV), que não pode ser enfraquecido pela hermenêutica, e que a existência digna da pessoa deve ser analisada na realidade vivida, na comunidade, no âmbito da qual todos, cidadãos e Estado, devem guardar relações de respeito recíproco, de tutela dos direitos mínimos e do agir conforme a dignidade entre pares. Ressaltou, ainda, que a CF aponta para uma máxima proteção do trabalho, o que inclui o direito fundamental ao trabalho, e que a maior efetividade possível do programa constitucional, no bojo de uma ordem econômica que se apresenta como meio que valoriza fins (trabalho humano), passa pelo desenvolvimento progressivo e expansivo dos direitos sociais (CF, art. 5º, § 2º; art. 7º, *caput*), pela vedação do retrocesso social (Convenção Americana sobre Direitos Humanos, art. 26) e, no caso concreto, pela valorização da negociação coletiva como instrumento sociopolítico de conquista de direitos ou de anteparo à sua perda. Por fim, fixou tese idêntica à do TST, no sentido de que a negociação coletiva é imprescindível para a dispensa em massa dos trabalhadores.

Seguindo a divergência, mas trazendo novas nuances, o ministro Luís Roberto Barroso buscou equilibrar as posições jurídicas a partir de uma abordagem econômico-pragmática de preservação de empregos, ressaltando que o TST, ao julgar o recurso de revista, teria introduzido apenas um requisito procedimental para as dispensas (diálogo prévio) — uma obrigação de meio, e não de resultado. Pontuou que, seguindo a tendência mundial, a CF/88 valorizou a negociação coletiva e incentivou o diálogo social, inerentes ao processo civilizatório dos povos. Pensando o art. 7º, inciso I do texto constitucional (proteção contra despedidas arbitrárias ou sem justa causa), registrou que o princípio da máxima efetividade impede o esvaziamento dos direitos fundamentais pela inércia do legislador – exemplificou com os julgamentos da greve no setor público, que estendeu a norma de greve do setor privado (Lei n. 7.783, de 1989) às relações de trabalho com o Estado, e da criminalização da homofobia e transfobia, enquadrando-as no tipo penal definido na lei do racismo (Lei n. 7.716, de 1989) até que o Congresso Nacional normatize o tema. Sublinhou que o TST introduziu um requisito meramente procedimental, e não material-restritivo do poder potestativo, pois na falta de acordo a dispensa se efetiva de todo modo, o que afasta qualquer ofensa à livre iniciativa e à proporcionalidade. Entendeu que a participação sindical no processo rescisório deve se dar por meio de uma "negociação coletiva não vinculante", "quase como que uma cortesia institucional": o direito de ser ouvido antes de ser mandado embora, no âmbito do qual "não há uma vinculação, mas há um dever de negociar" (BRASIL, 2022, p. 84). Propôs a tese que ao fim seria sagrada no julgamento, pela qual a "intervenção sindical prévia", como "procedimento", impõe-se na dispensa em massa de trabalhadores (BRASIL, 2022, p. 84).

A essa tese aderiram os ministros André Mendonça, Dias Toffoli e Carmem Lúcia, que mencionaram a escolha constitucional da busca do pleno emprego pela ordem econômica (CF, art. 170, VIII) como fundamento para tornar imperiosa a via dialogada dos agentes produtivos, por meio da qual se pode avaliar alternativas à dispensa ou medidas atenuadoras de seus efeitos. Alexandre de Moraes, por sua vez, reviu seu voto anterior, para doravante acompanhar a necessidade da interlocução coletiva, sem vinculação quanto a seus fins, e Ricardo Lewandowiski, perfilando-se com Fachin, acolheu a solução dada pelo acórdão do TST. Mas foi, todavia, o voto da ministra Rosa Weber que definiu os contornos de fundo da negociação anterior à dispensa. Para ela, a indispensabilidade da participação sindical na negociação dos fatos coletivos está radicada não só na Constituição Federal (CF, art. 8º, VI), mas no sistema global de proteção dos direitos humanos (Convenção n. 98, de 1949, Convenção n. 154, de 1981, e Recomendação n. 163, de 1981, todas da OIT), de modo que a matéria, em sua efetividade prática, deve ser apreciada sob o ponto de vista da boa-fé nas relações de trabalho, materializada no princípio da confiança e da boa-fé objetiva. De acordo com a magistrada, esse princípio informa o dever jurídico do empregador de adotar as medidas necessárias à minimização do dano nas relações contratuais do trabalho, em todo o seu ciclo existencial, o que abrange, nas dispensas massivas, os deveres anexos de informar, consultar, cooperar, proteger e cuidar, por meio da negociação coletiva. Trata-se, para Rosa Weber, do desdobramento da ideia de que a ordem econômica deve se submeter aos postulados da justiça social, pois "não se pode confundir os *princípios de mercado* com os *princípios da República*" (BRASIL, 2022, p. 156, grifos do original). Seguiu-se, então, um peculiar debate entre os ministros da corte acerca do que seria essa específica interlocução com o sindicato. Quem suscitou o ponto foi o ministro Ricardo Lewandowiski, para quem a concepção de exigência procedimental, trazida por Luís Roberto Barroso, parece esvaziar a noção de "concessões recíprocas", inerente à negociação orientada para o resultado (acordo), em favor de uma legitimação luhmanniana do ato rescisório pela simples proposição do procedimento dialógico[(2)]. Acrescentou que a dicção constitucional, termo consagrado, é "negociação coletiva", tal qual veio no acórdão do TST, e não "intervenção sindical", ao que foi acompanhado por Rosa Weber e Edson Fachin, todos filiados à percepção de que não basta uma conversa formal, um convite de ouvir, para depois se proceder à despedida coletiva.

Luís Roberto Barroso, de início, acedeu em readequar a nomenclatura, mas foi alertado por Dias Toffoli e Alexandre de Moraes que, adotada a expressão "negociação coletiva", não se cuidaria mais de "diálogo", podendo a controvérsia se encaminhar para o dissídio judicial, "outro procedimento", o que mudaria totalmente o sentido de seus votos (BRASIL, 2022, p. 181). A mensagem implícita, ali entremostrada, seria a possibilidade de defecção das posições antes assumidas pelos dois julgadores, agora na direção do caminho apontado pelo relator, ministro Marco Aurélio. E, de fato, o impasse negocial de boa-fé, conforme anotaram Ricardo Lewandowiski e Rosa Weber, poderia ensejar a

(2) A referência é à obra de Niklas Luhmann, sociólogo alemão, para quem a legitimidade de uma decisão radica na legitimidade do procedimento onde ela se formou, imunizando-a contra eventuais decepções ou rebeldias que ela pode provocar (DINIZ, 2001).

via arbitral ou o dissídio coletivo, ambos acionados de forma consensuada pelas partes (CF, art. 114, §§1º e 2º). O próprio TST admitiu a hipótese, ao se referir à invalidade da dispensa em massa enquanto não negociada com o sindicato "espontaneamente ou no plano do processo judicial coletivo", dessa maneira incluindo, na equação jurídica da dispensa, a possibilidade do controle judicial dos interesses em jogo. Diante disso, Luís Roberto Barroso ponderou que em momento algum pensou na possibilidade de judicialização coletiva da dispensa imotivada — "não é a minha ideia" (BRASIL, 2022, p. 165) –, mas em exigir o diálogo, "sentar-se à mesa de negociação" (BRASIL, 2022, p. 166). Carmem Lúcia, na mesma linha, afirmou que concebeu seu voto sob a premissa de "negociação como diálogo, não [...] negociação coletiva como instituto específico" (BRASIL, 2022, p. 170). Já Gilmar Mendes aproveitou o momento processual para demonizar a burocratização do ato rescisório, algo que, citando a ineficiência produtiva da Alemanha Oriental, à época socialista, levou à "não produtividade", ao "desapropria-se a empresa" (BRASIL, 2022, p. 168), argumentos que Ricardo Lewandowiski na sequência os qualificou como *ad terrorem*.

Com o quadro assim delineado, sobreveio, na engenharia política de montagem da maioria dos votos, o afastamento da expressão "negociação coletiva de trabalho" da tese vencedora, que assim ficou estabelecida em junho de 2022, conforme ementa do acórdão (BRASIL, 2022, p. 2-3):

> Ementa: CONSTITUCIONAL. DIREITO DOS TRABALHADORES. DISPENSA EM MASSA. INTERVENÇÃO SINDICAL PRÉVIA. EXIGÊNCIA. ART. 7º, INCISOS I e XXVI, da CONSTITUIÇÃO DA REPÚBLICA. 1. Os direitos sociais fundamentais trabalhistas são corolários primários do modelo político alcunhado de Estado Democrático de Direito. 2. As relações contratuais, em geral, e as relações contratuais trabalhistas, em particular, devem considerar sujeitos e objetos concretos. 3. Diante da previsão constitucional expressa do art. 7°, I e XXVI, da CRFB, é inadmissível o rompimento em massa do vínculo de emprego sem a devida atenção à negociação coletiva. 4. Recurso extraordinário não provido, com fixação majoritária, vencidos Ministros Edson Fachin e Ricardo Lewandowski e a Ministra Rosa Weber, da seguinte tese: "A intervenção sindical prévia é exigência procedimental imprescindível para a dispensa em massa de trabalhadores, que não se confunde com autorização prévia por parte da entidade sindical, ou celebração de convenção o acordo coletivo".

3. O cenário sociojurídico

Tão logo veio à lume o resultado do julgamento pelo plenário, a leitura apressada foi a de que a dispensa em massa, para ser válida, passou a depender de prévia negociação coletiva (MELO, 2022), ou então a de que teria sido sepultado o direito potestativo da dispensa incondicionada, em definitivo (SOUTO MAIOR, 2022). No entanto, não foi isso que ficou estabelecido nos fundamentos dos votos da maioria, nos debates que se seguiram e na tese vencedora ao cabo tornada pública. Sintomático disso foi a deliberada exclusão da expressão "negociação coletiva de trabalho" do enunciado da tese de repercussão geral, em completa discrepância com o que foi decidido pelo TST, que claramente a contemplou no acórdão de sua lavra. Nesse ponto, o que se viu no STF foi o inusitado recurso a instituto infraconstitucional (boa-fé objetiva), ligado aos atos jurídicos em geral, e aos contratuais em particular, para determinar, como dever anexo de conduta, a obrigatoriedade do empregador de estabelecer um diálogo antecedente com o sindicato, preservado, de todo modo, o seu direito de rescindir os contratos ao fim das tratativas. Ao desse modo proceder, a corte constitucional deixou de fazer a interpretação dos termos da controvérsia pelas premissas da negociação coletiva como direito humano, para daí frustrar ou dificultar desdobramentos esperados dessa interpretação jus humanista. Importa situar o contexto sociojurídico da decisão pretoriana. A judicialização do caso em 2009 se deu em meio à crise econômica mundial de 2008, iniciada com a ultra especulação financeira do *subprime* americano — o argumento patronal para a dispensa massiva dos trabalhadores foi a quebra ou revisão de expectativas quanto aos contratos internacionais de fornecimento de aeronaves (BRASIL, 2022). Foi também no bojo de outra crise de forte repercussão, advinda da pandemia da Covid-19, a contar do primeiro trimestre de 2020, que o STF deliberou definitivamente sobre a matéria, em meados de 2022. Nos dois momentos históricos, o desemprego involuntário representou variável de ajuste das empresas nacionais, diante da compressão conjuntural dos mercados e da ampla complacência jurídica, ainda presente, com a dispensa imotivada. Concomitante a esses processos, e já um pouco antes, o tribunal foi sendo chamado a se pronunciar sobre temas de impacto nas relações de trabalho no país, em especial no campo do direito coletivo de trabalho, consolidando um repositório de deliberações hostis à defesa coletiva dos trabalhadores e à integridade de direitos fundamentais no segmento.

Pedro Gregório (2023) sintetiza esse percurso, referenciando as decisões mais relevantes. No capítulo da negociação coletiva, e dos meios assegurados aos sindicatos profissionais para exercê-la, verifica-se que desde os anos 2010 a corte constitucional negou ao servidor público o direito à negociação coletiva de trabalho, que nada mais é do que o desdobramento do direito à sindicalização, plenamente assegurado na Carta de 1988 em seu art. 37, inciso IV (ADI n. 554 do Mato Grosso); considerou constitucional a limitação legal do número de dirigentes sindicais com garantia provisória de emprego, conforme reza o art. 522 da CLT (ADPF n. 276); refutou a possibilidade de cobrança da contribuição assistencial dos não sindicalizados (Tema n. 934, RE n. 1.018.459) e, mais adiante, considerou constitucional o fim da contribuição sindical obrigatória trazida pela Lei n. 13.467, de 2017 — inobstante o aproveitamento, pelo trabalhador não contribuinte (*free-rider*), dos direitos conquistados pelo esforço negocial da categoria, consolidado em convenções e acordos coletivos de trabalho (ADI n. 5794); declarou a inconstitucionalidade da Súmula n. 323 do TST, que dispunha sobre a ultratividade dos instrumentos coletivos de trabalho, e dessa maneira convalidou o vácuo das regras provenientes da autocomposição, depois de expiradas (ADPF n. 323); assentou a constitucionalidade da exigência do "comum acordo", previsto no art. 114 da Constituição, para ingresso de dissídio coletivo de natureza econômica — preceito que, juntando-se à queda da ultratividade, fortaleceu o poder de barganha do patronato, quando não naturalizou recusas triviais e injustificadas ao processo negocial (ADI n. 3423); entendeu que eram lícitos os acordos individuais de redução de jornada e salário previstos na Medida Provisória n. 936, de 2020, como parte das medidas mitigadoras da crise sanitária da Covid-19, e que o afastamento da negociação coletiva em casos tais, textualmente exigida por força do art. 7º, inciso VI da CF, estava justificado pela necessidade de preservação das empresas e do emprego, em um momento transitório e de exceção (ADI n. 6.363); fixou, por intermédio do Tema n. 152 (RE n. 590.415), posicionamento contrário ao paulatinamente construído pelo TST, passando a entender que a transação extrajudicial que importa rescisão do contrato de trabalho, em razão de adesão voluntária do empregado a plano de dispensa incentivada, enseja quitação ampla e irrestrita de todas as parcelas objeto do contrato, caso essa condição tenha constado do acordo coletivo que aprovou o plano; e finalmente, o STF definiu, ainda em 2022, que são constitucionais os acordos e as convenções coletivas que, ao considerarem a adequação setorial negociada, "pactuam limitações ou afastamentos de direitos trabalhistas, independentemente da explicitação especificada de vantagens compensatórias, desde que respeitados os direitos absolutamente indisponíveis" (Tema n. 1.046, ARE n. 1.121.633). Quanto à desnecessidade daquela explicitação, prevaleceu a adoção, pelo tribunal, da teoria do conglobamento segundo a versão trazida pelo ministro-relator, Gilmar Mendes, pela qual eventual invalidação de uma cláusula da pactuação coletiva deveria levar à anulação de todo o negócio jurídico; sendo assim, havendo cláusula flexibilizadora de direito na convenção ou acordo coletivos, instrumentos cujo reconhecimento constitucional é explícito (CF, art. 7º, XXVI), prescinde-se da especificação dos ônus e bônus transacionados, vez que considerados em sua totalidade, como todo único e indivisível (GREGÓRIO, 2023).

Nas últimas duas décadas, essas decisões paradigmáticas desenharam um itinerário de contestação da autoridade jurisprudencial da Justiça do Trabalho, na medida em que reverteram parte dos posicionamentos históricos daquela instituição, ao mesmo tempo em que evidenciaram uma releitura do justrabalhismo tendente à preservação do emprego — leia-se, da empresa —, acompanhada da valorização da negociação coletiva como mecanismo de autocomposição de conflitos e regulação autônoma das condições de trabalho. No primeiro caso (assegurar emprego), os riscos da atividade econômica em contextos de desemprego estrutural, acirramento da concorrência intercapitalista e agudização das assimetrias no mercado de trabalho tendem a ser crescentemente compartilhados com o trabalhador, em benefício de uma garantia precária e incerta de permanência dos vínculos de trabalho; já no segundo caso, a negociação coletiva se presta a adaptar o direito às instabilidades dos mercados, aos momentos de crise cada vez mais crônicos, para com isso legitimar a regressão dinâmica dos patamares de proteção social.

Foi precisamente esse eixo que também governou a Reforma Trabalhista de 2017 (Lei n. 13.467), cujas diretrizes ultraconservadoras foram estabelecidas para rebaixar, ao plano individual, a contratação de vários institutos de direito (banco de horas, jornadas especiais de trabalho etc.) e reposicionar a negociação coletiva, em especial a concluída ao nível da empresa (CLT, art. 620), como instrumento regulatório sobreposto à lei, ressalvados os patamares mínimos e fundamentais de direitos (CLT, art. 611-B). Paralelamente, ao tempo em que atribuiu papel prevalente à contratação coletiva, a Reforma o fez esvaziando o poder contratante dos sindicatos, inclusive por meio da positivação em lei de vários dos entendimentos recentes do STF: de um lado, consagrou a proibição da ultratividade, extinguiu a contribuição sindical obrigatória sem qualquer transição e impôs autorizações individuais, de difícil obtenção, para o financiamento das campanhas salariais; e de outro, retirou o controle do desequilíbrio negocial das mãos do poder judiciário, estabelecendo que, no exame de convenção coletiva ou acordo coletivo de trabalho, a Justiça do

Trabalho ficará adstrita ao exame de conformidade dos elementos essenciais do negócio jurídico (agentes capazes, objeto lícito e forma prescrita) e balizará sua atuação pelo princípio da intervenção mínima na autonomia da vontade coletiva (CLT, art. 8º, §3º). Com isso, o horizonte da *renúncia de direitos*, autorizada ao nível coletivo pela corte suprema, somou-se ao tradicional campo das *concessões recíprocas*, mas dali em diante dispensadas das respectivas demonstrações (CLT, art. 611-A, §2º), tudo em meio ao reforço hermenêutico da ficção jurídica que iguala os contratantes coletivos — empresa e sindicatos — no cenário da transação social (DELGADO, 2013), a despeito de estruturalmente desequilibrada no capitalismo.

O exemplo das dispensas em massa, como fenômeno de espectro coletivo, é ilustrativo desse conjunto de regressões. Tradicionalmente se consolidou o entendimento de que, na falta da regulamentação por meio de lei complementar, a dispensa arbitrária e imotivada, como ato de vontade unilateral do empregador, teria como corolário o pagamento de uma indenização fundiária ao dispensado, correspondente a 40% sobre os depósitos do FGTS efetuados ao longo do contrato de trabalho (CF, art. 7º, I; ADCT, art. 10, I). Essa regra indenizatória tanto alcançava as dispensas individuais e plúrimas, em geral associadas com motivos pessoais do despedido (conduta ou desempenho, por exemplo), quanto as coletivas, ordinariamente fundadas em razões objetivas do contratante. Tal cenário não foi sequer perturbado com a ratificação, pelo Brasil, da Convenção n. 158 da OIT, cujos escopos são condicionar todo término da relação de trabalho por iniciativa do empregador a uma causa válida e declarada, suscetível de ser questionada junto a tribunais, e submeter o processo da dispensa coletiva a uma prévia concertação com as representações dos trabalhadores. De curta vigência entre nós (apenas alguns meses), esse diploma internacional foi irregularmente denunciado pelo chefe do poder executivo em 1996, fato reconhecido somente em 2023 pelo Supremo Tribunal Federal, que apontou a inobservância dos trâmites constitucionais da denúncia válida, os quais passam pela anuência do Congresso Nacional (ADC n. 39). Acontece, porém, que o STF não só garantiu efeitos apenas futuros à sua decisão, sem anular a denúnciaobjeto da ação (Decreto

n. 2.100, de 1996), como desde antes, em vários julgados, apontou a impossibilidade jurídica de norma da OIT disciplinar matéria que, por exigência constitucional, deveria se dar por meio de lei complementar. Isso explica por que, do ponto de vista prático, a Convenção n. 158 em momento algum tenha abalado a potestade patronal em face das dispensas arbitrárias individuais ou coletivas no país, nem mesmo quando o tratado foi incorporado ao ordenamento jurídico nacional, ainda que por prazo exíguo.

Pelo contrário: ao procurar regulamentar a questão, a Reforma Trabalhista de 2017 coroou todo o processo histórico de inibição da participação sindical, de frágil reconhecimento como valor constitucional em nossa jurisprudência (MACHADO, 2021), determinando, no art. 477-A da CLT, que as dispensas imotivadas individuais, plúrimas ou coletivas equiparam-se para todos os fins, não havendo necessidade de autorização prévia de entidade sindical ou de celebração de contrato coletivo para sua efetivação. Trata-se, a toda evidência, de dispositivo legal plenamente conforme com o tratamento dado pelo STF no Tema n. 638, porquanto ficou afastada, por meio da inovada figura da "intervenção sindical", a necessidade de prévia anuência sindical ou acordo, senão a imprescindibilidade do procedimento de audição da outra parte, sem efeitos vinculantes. Com isso, o direito de crise brasileiro, às voltas com as chagas do desemprego estrutural e da crescente precarização das relações de trabalho, mais uma vez reiterou o *status quo* do poder social, econômico e político, fazendo pequenas concessões, em típica política de contenção de danos, como preço a pagar pela eternização dos direitos empresariais de decidir a sorte do trabalho.

No caso do Tema n. 638, são precisamente o tamanho e o sentido dessa morosa concessão que conformam determinado perímetro de disputas hermenêuticas, cujo campo simbólico, expresso no julgamento do STF, incorpora ao menos três visões acerca do diálogo social trabalhista na dispensa coletiva: uma, consubstanciada na recusa da interlocução como elemento constituinte do processo decisório da dispensa (tese vencida do ministro-relator); outra, materializada na acepção forte da negociação coletiva (tese maior ou negocial), com apoio no jushumanismo e manifestada no voto que inaugurou a divergência em plenário; e a última, vencedora, calcada na acepção do diálogo como dever anexo de conduta (tese menor ou dialógica), no bojo da contratualização das relações jurídicas envolvendo o trabalho humano subordinado. Muito embora as visões em disputa tenham composto todo o roteiro que percorreu a demanda, do tribunal regional, passando pelo TST e chegando no STF, é de interesse examinar as duas que trataram de garantir a participação sindical.

4. Negociação coletiva como direito humano (tese maior ou negocial)

Negociação coletiva de trabalho é a barganha estruturada que se realiza em espaços formais e informais, circunstancialmente organiza-se de forma cooperativa ou mais litigante, e seus desdobramentos costumam interferir na vida de grupos inteiros de indivíduos. Geralmente se faz por representantes designados dos atores sociais (entidades sindicais e empresas) e os interesses debatidos assumem caráter supraindividual, de afetação coletiva. Por conta disso, o mecanismo negociador apresenta características singulares, como o repositório de temas cobertos (salários e condições de trabalho); a natureza normativa de determinados produtos transacionados (convenções e acordos coletivos), hábeis a disciplinar os contratos individuais no âmbito das categoriais convenentes; a especificidade dos recursos de pressão, dentre os quais a greve; a permanente aferição da legitimidade política dos negociadores e a ritualização de sua dinâmica. Com aquele mecanismo, tem-se uma fórmula de arbitragem autônoma do conflito pelos próprios disputantes, segundo o poder de cada qual em impor o seu quadro de preferências nos acordos finais.

Nas relações de trabalho, a negociação coletiva é uma das pontas do tripé democrático caracterizado por ela mesma, pela liberdade sindical e pelo direito de greve (STOLL, 2006). A liberdade sindical repousa em conjunto de preceitos que asseguram a faculdade de, sem autorização prévia, trabalhadores e empregadores poderem constituir as organizações julgadas convenientes à defesa dos seus interesses e de filiar-se a elas, com a única condição de observância a seus estatutos. Ela constitui o alicerce que sustenta as relações coletivas de trabalho e o fundamento que, por voluntariedade, submete a liberdade individual às deliberações da assembleia (BARROS, 2005). É, portanto, nessa força-motriz da liberdade sindical, ligada aos favores constitucionais que sustentam a liberdade de deliberação acerca do que defender, de quando agir e de como atuar, que se situa a negociação coletiva de trabalho. Ela está associada com o estado de liberdade para escolher os meios de defesa dos interesses e com a capacidade de autonomamente normatizar relações em contextos de pluralidade.

Parece inegável que a negociação coletiva de trabalho, como instituto de autocomposição e regulação de interesses nos conflitos trabalhistas, apresenta-se como autêntico direito fundamental e humano (MARINHO, 2020). Se, como assinala Lynn Hunt (2009), os direitos humanos surgem em resposta a fatos historicamente opressores do mundo moderno, o direito primário e basilar da negociação coletiva emerge, ao lado da liberdade sindical e da greve, como produto de lutas históricas dos trabalhadores, opondo-se à venda em retalho do trabalho pela agregação dos indivíduos em associação (EBERT, 2010). A Constituição de 1998 expressamente a consagra no art. 7º, para demandá-la em situações específicas (incisos VI, XIII e XIV); no art. 7º, inciso XXVI, para reconhecer os instrumentos coletivos dela derivados (convenções e acordos coletivos de trabalho); e no art. 8º, inciso VI, para determinar a participação obrigatória do sindicato no mecanismo dialógico. Por sua vez, o *status* de direito humano e o estímulo à negociação coletiva estão sedimentados em diversos instrumentos do sistema internacional de tutela dos direitos humanos, em particular as convenções da OIT, muitas delas ratificadas pelo Estado brasileiro. São os casos da Convenção n. 98, que trata do direito de sindicalização e de negociação coletiva, e da Convenção n. 154, que cuida do fomento à negociação coletiva: pela primeira, no mesmo plexo de direitos se consagram os da liberdade de sindicalização e de pactuação voluntária das condições de trabalho, infensos a quaisquer ações ou medidas das organizações empregadoras que objetivem diminuir a força intersubjetiva daquelas liberdades; pela segunda, a negociação coletiva é assegurada para fixar as condições de trabalho e emprego, regular as relações entre empregadores e trabalhadores e normatizar as relações entre eles, inclusive no que toca com as regras procedimentais da barganha bipartite (regras para produção de novas regras). Já os estímulos à negociação coletiva, de acordo com a Convenção n. 154, devem ser promovidos para estendê-la ao maior contingente possível de beneficiados, os quais devem contar com órgãos e instrumentos de resolução dos conflitos trabalhistas concebidos de tal maneira que possam contribuir para o efetivo estímulo à negociação coletiva, em toda a sua plenitude (arts. 2º e 4º).

Mas foi com a Declaração da OIT sobre os Princípios Fundamentais no Trabalho e seu Segmento, adotada na Conferência Internacional do Trabalho em sua 86ª Reunião, em junho de 1998, que a negociação coletiva mais assertivamente adquiriu a condição de *ius cogens* em matéria de direito humano no mundo do trabalho[(3)]. Por meio daquela Declaração, a liberdade sindical e o reconhecimento do direito de negociação coletiva foram elevados a princípios fundamentais e de observância obrigatória por todos os Estados-Membros, mesmo os que não tenham ratificado as convenções respectivas. Trata-se do compromisso de cada organização política advindo de seu simples pertencimento à OIT, cujo dever consiste em respeitar, promover e tornar realidade o conteúdo das convenções que tratam, além 1) da liberdade sindical e reconhecimento do direito de negociação coletiva, 2) da eliminação de todas as formas de trabalho forçado ou obrigatório; 3) da abolição efetiva do trabalho infantil; 4) da eliminação da discriminação em matéria de emprego e ocupação; e 5) da segurança e saúde no trabalho — esta última categoria de direito fundamental acrescida em 2022. O núcleo duro assim conformado assinala o consenso internacional sobre a importância e universalidade desses direitos, é fruto dos balizamentos ético-normativos inseridos nos próprios atos constitutivos da OIT (Tratado de Versalhes, de 1919, e Declaração da Filadélfia, de 1948) e consolida os patamares jurídicos mínimos que devem existir para a aplicabilidade de qualquer outro direito trabalhista, em nível planetário (MEIRELES, 2011).

Coligada à Declaração sobre os Princípios Fundamentais segue a agenda do trabalho decente ou digno, da mesma organização internacional, cujo programa se apoia em quatro pilares estratégicos: 1) respeito às normas internacionais do trabalho, em especial aos princípios e direitos fundamentais do trabalho; 2) promoção do emprego de qualidade;

(3) O núcleo dos direitos humanos fundamentais possui três características cumulativas: 1) imperatividade, ou preponderância sobre qualquer outro tipo de norma; 2) aceitação dos ideais traçados pelas normas *ius cogens* por quase toda a comunidade internacional e 3) inderrogabilidade relativa, pelo que somente poderá ser revogada norma dessa estatura por outra com igual densidade axiológica (MEIRELES, 2011).

3) extensão da proteção social e 4) diálogo social. Para a OIT, o diálogo social compreende todos os tipos de negociações e consultas entre representantes dos governos, dos empregadores e dos trabalhadores sobre temas de interesse comum relativos a políticas econômicas, laborais e sociais, sendo um aspeto crucial na consecução da agenda do trabalho digno (ROSENFIELD; PAULI, 2012). No diálogo social se insere a negociação coletiva de trabalho e por ela, ao lado do tripartismo, pretende-se "transformar o desenvolvimento econômico em progresso social e o progresso social em desenvolvimento econômico" (OIT, 2018, p. 3), facilitando a formação de consensos entre os atores relevantes, conforme segue estabelecido na Declaração sobre Justiça Social para uma Globalização Equitativa, deliberada em 2018 pela 97ª Conferência Internacional do Trabalho.

Cuida-se, na verdade, da vinculação do direito da negociação coletiva à experiência histórica da democracia participativa, em que o conflito social democrático é tratado mediante processos deliberativos inclusivos, assegurados os direitos de comunicação e de participação política como elementos legitimadores das decisões tomadas (HABERMAS, 1997). Assim, sob o ângulo da democracia deliberativa, ou da cláusula democrática que está na base dos direitos humanos (Marinho, 2020), a instância negociadora nas relações coletivas de trabalho cumpre propósitos bem definidos, tais como o de conferir maior legitimidade à discussão organizada, a seus produtos e aos agentes nela envolvidos, por meio de consensos pragmáticos; azeitar a tomada de decisão, dado o enfrentamento das variáveis envolvidas no controle das consequências pelos próprios interessados; diminuir os déficits democráticos na gestão dos empreendimentos capitalistas, sabidamente autárquicos; estimular a justificação e a apresentação dos motivos da escolha perante os respectivos eleitorados; e fomentar o uso da persuasão na esfera do contraditório, valendo-se do melhor argumento e do exercício reflexivo conjunto (MELO E SILVA, 2007). Desse modo, espera-se que as pretensões de justiça social democraticamente decididas e conduzidas por meio da negociação estejam em sintonia com a ética dos direitos humanos, que se consolida e ganha expressão, segundo Flávia Piovesan (2009), no idioma universal da solidariedade e da reciprocidade.

Aplicado esse esquema analítico às dispensas coletivas, tem-se que a tese maior, assim considerada porque suscita desdobramentos mais amplos, como adiante se verá, parte da premissa de que o término da relação de emprego com repercussões socioeconômicas perfaz autêntico fato coletivo, e como fato coletivo gravoso, de implicações óbvias para a categoria profissional, fica submetido à negociação em que deverá tomar parte a representação sindical dos trabalhadores. A intenção rescisória do empregador, nesse ponto, equivale em efeitos à pauta de reivindicações dos trabalhadores coletivamente considerados, mas com sinais trocados: uma e outra assumem dimensão supraindividual e ficam sujeitas ao regime negocial assegurado em lei (CLT, art. 616). Todavia, enquanto na campanha da data-base é o sindicato que provoca a representação patronal, objetivando barganhar os termos das pretensões da categoria deliberadas em assembleia, na dispensa coletiva é a empresa que submete sua intenção rescisória ao ente sindical, procurando negociar as condições em que sua intenção se sustentará. Se, na condição de direito humano que procura efetivar outros tantos, segundo a sintaxe constitucional de valorização progressiva do trabalho, a negociação coletiva cumpre seu papel social quando conquista novos direitos ou preserva os existentes, adequando-os à realidade vivida (COSTA; MIGUEL, 2014), é na barganha de concessões recíprocas que os trabalhadores poderão objetivamente interferir no processo deliberativo da dispensa, inclusive podendo, em caso de impasse, demandar a transmutação do mecanismo em arbitragem voluntária, seja na órbita privada, seja na pública, mediante ajuizamento consensuado do dissídio coletivo. O que a tese negocial nos informa, em suma, é que o ato rescisório que engloba amplos contingentes, a depender de como se processe, pode violar a dignidade humana da pessoa trabalhadora e o pacto político democrático, que também deve subsistir nas relações coletivas de trabalho, daí a necessidade de apropriação coletiva de problema autenticamente coletivo.

Aprisionada a um regime jurídico próprio e peculiar, efetivada sob as garantias jurídicas dos ordenamentos nacional e internacional, e tornada cogente, mandatória e exigível como meio jushumanista de defesa de interesses dos subalternos, a negociação coletiva de trabalho parece ser o mecanismo instrumental que poderá dar resposta acordada e vinculativa a uma perturbação socioeconômica cuja externalidade é provocada pela empresa. Na dispensa em massa, diz a tese maior, a negociação sindical se impõe como direito inscrito no *ius cogens* dos direitos fundamentais do trabalho, nisso jurídica e simbolicamente se bastando.

5. Diálogo como dever anexo de conduta (tese menor ou dialógica)

Enquanto a tese negocial insiste na dimensão pública da relação de emprego, expressa na legislação de proteção ao trabalhador, na tutela de seus direitos coletivos e na solidariedade como fundamento dos direitos humanos sociais (constituição, normas infraconstitucionais, tratados internacionais ratificados e direito público internacional de efeitos vinculantes e inafastáveis), a dialógica aposta na esfera restrita da contratação, reduzindo a abordagem ao contexto sinalagmático da relação jurídica de cunho contraprestacional.

Nos atos jurídicos em geral, e nas relações negociais em particular, verifica-se o dever geral de boa-fé, conforme estabelece os arts. 187 e 442 do Código Civil. Na teoria geral dos contratos, a boa-fé objetiva, cláusula geral e indeterminada trazida pela codificação de 2002, constitui dever de conduta dos contratantes, obrigando-os a guardarem entre si comportamento compatível com os fins econômicos e sociais associados com o negócio entabulado. Segundo Gustavo Tepedino, o princípio da boa-fé impõe "um padrão de conduta a ambos os contratantes no sentido da recíproca cooperação, com consideração aos interesses comuns, em vistas de se alcançar o efeito prático que justifica a própria existência do contrato" (TEPEDINO, 2006, p. 16). O princípio da eticidade, valorando condutas guiadas pela ética, inspirou esse novo tipo de exigência normativa pós-moderna, calcada no dever de lealdade dos contratantes, objetivamente aferível. Não por outro motivo lealdade e probidade alcançam a condição de preceitos de ordem pública exigíveis no tráfico jurídico, em especial no plano da circulação das riquezas, cuja expressão funcional é o contrato socialmente orientado (TARTUCE, 2006).

Com a boa-fé objetiva se relacionam os chamados deveres anexos de conduta, acessórios ao principal objeto do negócio. São deveres não necessariamente positivados, expressamente descritos na lei ou no instrumento negocial, mas decorrentes da condição ética da relação jurídica estabelecida. São múltiplos, sem número fixo, como o de prestar contas, de atuar de forma diligente e sem causar prejuízos injustificados, ou de guardar confidencialidade sobre aquilo que, em razão do negócio, conheceu acerca do outro. Nesse sentido, não basta simplesmente que se cumpra o contrato, mas que o contratante se fie por comportamento que melhor atenda aos interesses comuns, segundo a percepção do homem médio (TARTUCE, 2006). O desatendimento desses deveres aciona a responsabilidade civil, consistente em reparar o dano ilicitamente causado, já que a violação da boa-fé objetiva, por abuso de direito, constitui ato ofensivo ao ordenamento (Código Civil, art. 187). Assim, fica nítido que, na contratação contemporânea, em paralelo ao dever jurídico principal consistente em uma prestação de dar, fazer ou não fazer, há o dever adjacente de agir com probidade, cooperação, assistência e informação, por força do princípio da boa-fé objetiva.

Uma vez que a boa-fé objetiva, como cláusula geral, deve estar presente em todo o ciclo existencial do contrato, inclusive o de trabalho (tratativas prévias, celebração, execução e encerramento), ela pode informar a adoção de certas condutas que satisfaçam o dever de minimizar o dano ou sofrimento impostos à contraparte, sobretudo em razão de atos de vontade unilaterais e inesperados, capazes de romper elementos de fidúcia existentes. Ainda que tais condutas cooperativas, de vieses atenuadores ou inibidores do dano, não estejam explicitamente acordadas pelos contratantes, elas integram o bloco constitucional da contratação em sociedade (função social do contrato), variando seu conteúdo conforme a aptidão do conceito indeterminado (boa-fé objetiva) de apontar quais deveres anexos devem ser observados em determinado tráfico relacional. Isso particularmente se observa com maior percuciência no voto da ministra Rosa Weber, para quem os sindicatos profissionais devem intervir na arquitetura decisória da dispensa coletiva "como forma de restabelecer o justo equilíbrio entre os polos antagônicos e assegurar a isonomia entre as partes" (BRASIL, 2022, p. 132).

Nesse voto, a magistrada entendeu que a empresa tem o dever jurídico, fundado no princípio da boa-fé objetiva, de adotar todas as medidas necessárias para minimizar o dano sofrido pela coletividade de trabalhadores afetada, vendo aí a "indispensabilidade da intervenção sindical nas negociações pertinentes aos fatos coletivos de trabalho" (BRASIL, 2022, p. 146). E para tanto, relacionou as condutas anexas que, em seu entendimento, deveriam governar o itinerário procedimental da dispensa em massa: 1) informar a representação dos trabalhadores, em tempo oportuno; 2) consultá-la no enfrentamento da crise, e dela receber sugestões; 3) avaliar outras ações menos lesivas, em conjunto com o sindicato; 4) notificar a autoridade estatal, para que esta ofereça os préstimos da mediação e viabilize atendimento adequado aos trabalhadores; e 5) atenuar os efeitos adversos da dispensa coletiva, "buscando soluções negociadas destinadas a neutralizar os impactos sociais" dela decorrentes (BRASIL, 2022, p. 152). Ao mencionar "soluções negociadas", é de se ter presente que, para a ministra, a intervenção obreira implica a aceitação da capacidade sindical de gerar efeitos dissuasórios à decisão terminativa dos contratos, o que aproxima o seu entendimento daquilo que Sayonara Grillo Coutinho corretamente refuta: "a interveniência sindical não se esgota com informação, com trocas de correspondências ou reuniões ineficazes" (2013, p. 13); ou, ainda, está a par com aquilo que a OIT recomenda como preceito nevrálgico do diálogo social comprometido: a construção de "negociações significativas"(4).

O dado curioso, nessa decisão, é que parte dos deveres relacionais apontados por Rosa Weber radicam nos dois deveres-guia constantes da Convenção n. 158 — *informar* os trabalhadores e *consultá-los* sobre medidas alternativas ou aliviadoras —, a despeito da ministra, desde o início de sua intervenção, afastar aquele diploma dos pressupostos do voto. Com efeito, a ideia de negociação coletiva de trabalho, ao menos no sentido forte empregado pelo art. 2º da Convenção n. 154 — fixar as condições de trabalho e emprego, regular as relações entre empregadores e trabalhadores e disciplinar as relações entre os entes coletivos — não se encontra propriamente na Convenção n. 158, o que revela os limites da positivação, em tratados internacionais de direitos humanos, de conteúdos acerca dos quais se requer construção de consensos políticos multilaterais(5). Talvez por isso a ministra tenha ido além, procurando extrair da cláusula geral de probidade e lealdade, somada à argumentação apoiada em tratados internacionais, a imposição da negociação coletiva na dispensa em massa, e não de um diálogo apenas incidental, conforme mais claramente se revelou nos debates em plenário que se seguiram. O que fez Rosa Weber, relativamente à boafé objetiva, foi adotar o modelo de efeitos indiretos dos direitos fundamentais nas relações entre particulares, cujo objetivo é conciliar direitos fundamentais e direito privado por intermédio do material normativo do direito comum, infraconstitucional (SILVA, 2011). Essa conciliação, nas palavras de Virgílio Afonso da Silva, "pressupõe a ligação de uma concepção de direitos fundamentais como um *sistema*

(4) "Negociações significativas", segundo a Recomendação da OIT n. 163, de 1981, são as realizadas por partes que tenham acesso verdadeiro à informação relevante.

(5) Em contraste com a Convenção n. 158, a Diretiva Europeia n. 98/59, de 1998, relativa à aproximação das legislações dos Estados-membros da comunidade em matéria de despedimentos coletivos, expressamente dispõe no art. 2º, alínea 1 que as consultas ao sindicato têm por objetivo "chegar a um acordo", o que aproxima o procedimento de consulta, neste caso, a negociações propriamente ditas (CONSELHO DA UNIÃO EUROPEIA, 1998).

de valores com a existência de *portas de entrada* desses valores no próprio direito privado" (2011, p. 76, grifos do original). Tais portas, por meio das quais os direitos fundamentais se infiltram nas relações entre particulares, seriam os conceitos abertos ou cláusulas gerais, que requerem um preenchimento valorativo na atribuição de seu sentido, desde que, ainda segundo o autor, esse preenchimento se paute pelo sistema de valores consagrados pela constituição, e não em bases valorativas arbitrárias e subjetivas, extra ou supralegais.

Se a magistrada introduz o assunto atinente ao dever de lealdade contratual, não é por ela, no entanto, que a tese dialógica se fixa. Ela veio celebrada por Luís Roberto Barroso, que, depois do voto proferido por Rosa Weber, passou a fazer referência, além do "diálogo mínimo" (BRASIL, 2022, p. 81) ou "devido processo legal mínimo" (BRASIL, 2022, p. 84), a uma "negociação em boa-fé objetiva" (BRASIL, 2022, p. 160). Trata-se de dever anexo de conduta que se diferencia da negociação coletiva, tal qual disciplinada em nosso ordenamento, por não submeter seus impasses de mérito à judicialização, dada a preservação da potestade empresarial em rescindir os contratos: "no frigir dos ovos e no final do dia", dirá o ministro, "vai ser a vontade do empregador que vai prevalecer, mas depois de ter ouvido as razões do sindicato que representa os trabalhadores" (BRASIL, 2022, p. 83). Mais adiante: "[...] se houver um impasse absoluto, é preciso resolvê-lo em um sentido ou em outro. Aqui eu o resolvo em favor da livre iniciativa". E reforçando o ponto: "Em não havendo acordo, a tentativa honesta de negociação já é suficiente" (BRASIL, 2022, p. 160). Embora, em ambos os casos, a negociação coletiva tenha integrado o corpo dos respectivos votos, e a interlocução pela palavra e pelo argumento, como processo comunicacional, constitua elemento comum às duas teses, ocorre uma inequívoca redução de sentido quando o diálogo se refere somente a uma etapa procedimental prévia, pensada para informar e realizar consultas, mas cujo horizonte ou desfecho já estejam assegurados e predefinidos pela lei (higidez da iniciativa rescisória arbitrária e pagamento de indenizações tarifárias). O que a tese dialógica propõe, em consequência, não é um regime de concessões recíprocas, de franqueamentos informacionais e engajamento sério e compromissado com a busca verdadeira por acordos que apontem soluções inovadoras, segundo a ordem de defesa de interesses de cada qual, mas uma quase "cortesia institucional", um "direito de ser ouvido" antes que a consumação da dispensa se materialize (BRASIL, 2022, p. 84).

A dificuldade em se localizar a tese do dever anexo está em que ela é formulada em meio a persistentes remissões à figura da negociação coletiva, como se ambas se equivalessem. Tanto isso é verdadeiro que a expressão "negociação coletiva" consta da ementa do acórdão do julgamento, mas sintomaticamente é substituída no texto da tese de repercussão geral. Esse uso impreciso, por vezes promíscuo, entre "diálogo" e "negociação" não impede, todavia, a intelecção de que o "dever de negociar" em razão do fato rescisório (BRASIL, 2022, p. 84), de que nos fala Luís Roberto Barroso, não contempla a hipótese da transação do fato rescisório em si; ou, se quiser, não coloca em pauta a reivindicação obreira, concernida ao ato de vontade do empregador, como conjunto de interesses coletivos suscetíveis de uma apreciação judicial em caso de frustração dos entendimentos diretos, o que por si só enfraquece o poder de barganha em mesa. Isso ocorre porque, primeiro, o dever anexo de dialogar, conquanto não seja propriamente uma perfumaria, foi concebido como procedimento de passagem para o deslinde contratual, semelhante a um *soft power* ou prestação ético-contratual que obriga a interlocução de boa-fé, nisso se resumindo a natureza obrigatória da intervenção sindical; e segundo, porque o que está em questão é a divergência sobre o tipo de conflito coletivo que rege a disputa em torno do ato de dispensa, com evidentes impactos em seu desenho decisório.

De fato, a indispensabilidade da negociação coletiva como direito fundamental e humano parte do pressuposto de que o conflito decorrente da dispensa em massa perfaz conflito econômico e distributivo, conflito vivo, com pretensões de lado a lado resistidas, ao passo que a tese dialógica apresenta a controvérsia, no limite, como conflito congelado, estático, vez que a solução normativa já se encontra dada, bastando que a vontade patronal a exerça unilateralmente ao fim das tratativas, por meio da rescisão imotivada e pagamento dos consectários legais. Enquanto na perspectiva do conflito petrificado (tese menor) o poder potestativo da empresa segue incólume, depois de ouvido a representação classista, sob o ângulo do conflito vivo e aberto (tese maior) o poder empresarial sofre a efetiva interveniência jurídica dos interesses profissionais, com isso pluralizando os pontos de chegada — não mais simplesmente a tarifação da lei, ou a possibilidade de uma autocomposição intermediária, mas a arbitragem heterônoma como horizonte possível. Diante disso, trata-se, para os menoristas, de evitar aquilo que Alexandre de Moraes, antes alinhado ao voto do relator, mas depois convertido à proposta dialógica, aludiu como sendo um cenário de insegurança, em que o empresário fica submetido a um processo lento de negociação e sem balizas, de "contornos indefinidos" (BRASIL, 2022, p. 54) quão indefinidos sejam seus desdobramentos. Por conseguinte, se é certo que tanto no diálogo como na negociação inexiste obrigação de se chegar a um resultado prático e vinculante (acordo), não menos certa é a circunstância de que apenas o engajamento negocial, consoante disciplina de nosso sistema de relações coletivas de trabalho, que adiciona camadas de regulação estatal da controvérsia, suscita maior precaução e análise de risco do empresariado (possível judicialização da matéria), o que acaba por interferir no arranjo deliberativo da iniciativa rescisória. Afinal, ao deixar de negociar previamente, ou proceder com intransigências redundantes em mesa, poderá o empregador ser compelido a buscar acordos futuros em condições menos favoráveis (COUTINHO, 2023).

6. Efeitos e filiações genéticas das teses

Do ponto de vista da solução de conflitos trabalhistas, aquele sistema de relações coletivas de trabalho contempla 1) o princípio da inescusabilidade negocial (dever de negociar quando provocado; CLT, art. 616, *caput*), por força do qual se operam mecanismos auxiliares de composição amigável (mediação; CLT, art. 616, §1º) e 2) o poder normativo da Justiça do Trabalho em sede de conflitos econômicos (pretensão de criar novos direitos ou regras de relação), cujo pressuposto é o comum acordo das partes para o ajuizamento (CF, art. 114). O aparato institucional desse modo articulado devota especial atenção à negociação coletiva, tendo-a como centro lógico de composição de interesses e como requisito prévio (frustração negocial) para o ingresso do dissídio coletivo de natureza econômica. Por outro lado, o princípio da inafastabilidade da jurisdição (CF, art. 5º, XXXV) determina que, em dissídios versando sobre conflitos jurídicos (violação, ameaça de lesão ou interpretação de direito preexistente) e de reconhecimento (recusa em considerar a legitimidade do outro), a judicialização da demanda pode se dar de forma unilateral pela entidade sindical que se entende lesada, cabendo ao Poder Judiciário dizer o direito acerca de como interpretá-lo e restaurá-lo, ou sobre quem possui a legitimidade para figurar como sujeito representativo da categoria, inclusive para fins negociais.

Esse quadro de tutelas judiciárias sugere que, como direito fundamental inscrito na Constituição Federal, e como direito humano a respeito do qual se requer o compromisso dos Estados nacionais em incentivar o mecanismo (Convenção da OIT n. 154), a negociação coletiva de trabalho no país goza de uma tutela peculiar, menos em razão de uma legislação de sustento que aprimore o ato negocial, dado o foco celetista no acordo e não na maneira como se negocia, e mais em virtude do afastamento de uma anomia jurídica que em regra favorece o mais forte; ou, em outras palavras, do afastamento de um estado de irresolução que sobrevém quando o sistema se desonera de ter instâncias de pacificação heterônoma, capazes de gerar precedentes públicos (jurisprudência). Então se pode dizer que, a despeito das críticas ao poder normativo da Justiça do Trabalho, cuja origem se enquista no Estado-novo varguista (MACHADO, 2021), subsiste estrutura judiciária entre nós que está aparelhada para dirimir os conflitos coletivos em todo o seu espectro. E no capítulo da dispensa em massa, o que assoma é a possibilidade de nela haver a ocorrência de todos esses conflitos (econômicos, jurídicos e de reconhecimento), que se vislumbrados sob a ótica da negociação coletiva propiciam uma abertura de possibilidades solucionadoras sensivelmente superior àquele referente ao dever anexo do diálogo.

Note-se que, segundo a tese menor, o engajamento dialógico de boa-fé não autoriza que, havendo impasse absoluto, a matéria de fundo seja judicializada como conflito econômico, nem mesmo quando haja concordância das partes quanto à via arbitral do juízo, porquanto tratar-se-ia de "outro procedimento", na expressão do ministro Alexandre de Moraes (BRASIL, 2022, p. 181), distinto do diálogo direto e com ele incompatível. Para a tese maior, no entanto, a deliberação judicial acerca da dispensa em massa comparece como dado defluente e necessário do sistema, podendo o magistrado ou o colegiado, segundo regras de equidade (CLT, art. 8º), repassar os motivos alegados da rescisão, contrastá-los com a realidade dos fatos, sopesar as razões e propostas das partes, avaliar as peculiaridades do caso e a higidez econômico-financeira do empreendimento, para ao fim prover uma decisão estatal que imponha ônus ou condições aos litigantes. Não à toa, o poder normativo exercido na órbita da dispensa coletiva, se desafetado de sua condição estadonovista e aderido à plataforma constitucional da dignidade humana, pode contrariar visceralmente a linguagem do mercado, que não só reclama a liberdade da empresa para contratar e descontratar o trabalho, segundo o menor custo atribuído em lei e a desnecessidade de prestar contas na interlocução social, como o afastamento das indefinições relativas ao custo do emprego, nisso abrangendo as despesas rescisórias.

Mas os efeitos das teses, ressalte-se, não se limitam às questões meritórias, pois também englobam as procedimentais. A recusa injustificada ao diálogo ou à negociação, situação em que a empresa deixa de acionar o sindicato, ou simplesmente desatende ao chamado para o debate, materializa conduta abusiva do recusante, havendo aí diferentes desdobramentos jurídicos. O aspecto comum é que a controvérsia, neste momento, ganha a dimensão técnica de conflito jurídico (inobservância de um direito), saindo do território do conflito econômico. A tese dialógica, de matiz contratual, posiciona o ato ilícito do omisso na esfera da responsabilidade civil (perdas e danos), propugnando a possibilidade de uma reparação pela omissão em sentar-se à mesa, via de regra constituída por um conjunto de utilidades, obrigações de agir ou verbas acrescidas ao rol legal da dispensa – tais como indenizações complementares, extensão de convênios médicos por períodos pós-contratuais, disponibilização de serviços de recolocação profissional e, em caso de contratação futura, preferência pelos demitidos. É de se notar que nesse esquema a dispensa é reparada, por desatendimento a um procedimento que a tornaria formalmente válida, mas não é contestada ou revertida ao fim. Já a tese negocial, ou maior, sustenta que, na condição de direito fundamental e humano, a negociação coletiva de trabalho serve, a um só tempo, como elemento argumentativo para a ponderação de interesses constitucionais horizontalizados (ALEXY, 2008), para disso concluir pela relativização dos poderes empregatícios, e como medida de dosagem dos efeitos de sua transgressão, na medida em que a ofensa a um direito humano implica resposta mais severa do que a infringência a norma de conduta de estatura menor (dever de informar e consultar). Ou seja, a recusa à negociação, na dispensa coletiva, torna-a materialmente nula, devendo haver a restituição prioritária ao *status quo ante* (reintegração do dispensado); e apenas em grau supletivo, quando as condições do caso concreto, devidamente motivadas e esclarecidas, desaconselharem ou obstarem a reincorporação, optar-se por indenização e obrigações de fazer exemplares.

Não se descuida das dificuldades em antepor limites ao poder das corporações empresariais. A inescusabilidade negocial não está acompanhada, no ordenamento infraconstitucional brasileiro, de qualquer preceito punitivo ou inibitório para aquele que se omite, o que evidencia a dependência da negociação coletiva, na falta de elementos de pressão mobilizados pelo sindicato, a um ato de vontade patronal que beira a mera liberalidade. A codificação internacional, por sua vez, não oferece melhor alento. A Convenção da OIT n. 158, sem vigência no país, embora preveja a reintegração ao emprego em caso de falsidade dos motivos alegados para a dispensa, regularmente apurados em juízo (art. 10), silencia quanto à falta de cumprimento das consultas sindicais, em caso de dispensa coletiva. Igual silêncio se observa na Convenção da OIT n. 98, sem qualquer referência aos efeitos advindos da ofensa ao direito de negociação coletiva. Entretanto, tais dificuldades não inviabilizam, por interpretação sistemática da vigente ordem constitucional e dos valores por ela abraçados, bem como pela dignificação de bens jurídicos no sistema global de proteção de direitos humanos, que a tese negocial estabeleça um roteiro lógico-normativo, fundado na argumentação racional e jusfundamental (LUÑO, 2021), que hierarquize as consequências jurídicas da recusa à negociação e as escalone em patamares sucessivos e descendentes de gravidade, figurando a reintegração ao emprego como a primeira medida a ser postulada no caso concreto, e não a indenização corretiva ou compensatória[(6)]. Igual solução deve ser encaminhada para as situações em que as negociações, na prática cotidiana, jazem como mero arremedo vazio de propósitos, senão o de aparentar, pela má-fé, o adimplemento de um dever com o qual a parte não guarda qualquer compromisso de efetivação real. Desse ponto de vista, e tão somente por esse ângulo de análise, a restituição ou o risco de restituição do emprego ao dispensado, na ausência de negociação coletiva ou quando ela se executa como farsa, se apresenta como verdadeira relativização do poder potestativo da empresa, o que definitivamente não se observa na proposta dialógica.

A par dos efeitos, ou por conta dos efeitos antevistos, as teses veiculadas no Tema n. 638 apontam para uma distribuição simbólica da carga valorativa em disputa, permitindo análise de filiação às suas origens. Na seara da tese negocial, parece evidente sua vinculação com o campo de promoção dos direitos fundamentais e humanos, acentuando-se a cognição da negociação coletiva pela ótica da justiça social e como parte do processo de transbordamento das fontes de direito em sociedades complexas e plurais (LUÑO, 2021), o que permite percebê-la não apenas como instrumento de defesa voltado para a melhoria das condições de trabalho e vida dos trabalhadores, mas como mecanismo democrático de influência das decisões empresariais, submetendo-as, especialmente as que criam externalidades danosas, a uma censura jurídica quando tomadas de forma autárquica, sem participação das representações coletivas. Ao insistir na imprescindibilidade da negociação sindical nas dispensas em massa, a mensagem dada pelo sistema sociojurídico, e pelos tribunais em particular, é de valorização da carga jushumanista e inclusiva que ela encerra, o que arrasta a questão para uma ponderação de interesses mais isonômica, pela qual não fiquem sobrelevados os valores do mercado (propriedade privada, livre iniciativa e empresa) em detrimento dos que fundam a dignidade humana, em especial as que norteiam a solidariedade social.

Já a tese menor é representativa daquilo que Sidnei Machado (2021, p. 22) aponta como "mudança paradigmática", conjunto de construções jurisprudenciais e de reformas

---

(6) Expressão inequívoca da tutela do direito humano à não discriminação, o art. 4º, inciso da Lei n. 9.029, de 1995, prevê o direito à reintegração da pessoa trabalhadora em caso de dispensa discriminatória como primeira medida restaurativa, caso a pessoa dispensada assim decida.

normativas no sistema de negociação coletiva das últimas décadas que a têm levado para uma desarticulação e reconfiguração institucionais sem precedentes. Segundo o autor, a inserção da negociação coletiva no texto constitucional brasileiro não foi capaz de impulsioná-la com uma construção pretoriana que a tome como direito fundamental, a exemplo do que se deu na trajetória histórica e jurídica da Europa ocidental. De fato, desde a década de 1990 o espaço da negociação coletiva foi apropriado para valorizá-la como mecanismo de flexibilização da legislação trabalhista, no rastro de alterações legislativas que criaram novos institutos flexibilizantes que dela dependiam para ser implementados (participação nos lucros e resultados, em 1994, e banco de horas, em 1998) e do discurso neoliberal que defendia a reforma dos marcos regulatórios e apostava na permissividade negocial, notadamente para derrogar algumas garantias legais dos trabalhadores. Esse discurso encontrou eco no TST e no STF, quando então o controle concentrado de constitucionalidade, com maior incisão a contar de 2015, passou a criar um corpo de doutrina constitucional regressiva, mediante retirada da especificidade ontológica do direito do trabalho. Para Sidnei Machado, o argumento de base da nova orientação "é de que a autonomia privada coletiva é fruto apenas da liberdade de associação, um negócio jurídico fundado no direito das obrigações, portanto, na esfera do direito civil" (2021, p. 15). Ou seja, direito do trabalho e negociação coletiva tenderiam a perder sua singularidade e repositórios de ordem pública, diluindo-se no direito das obrigações como corpos e fenômenos jurídicos medidos pela métrica da autonomia privada. E conclui o autor, fazendo o balanço da nova era, que "foi em nome da liberdade contratual que os direitos de cidadania dos trabalhadores começaram a ser desconstruídos pela racionalidade neoliberal" (2021, p. 20), com grande assimilação no contencioso constitucional e no engenho reformista de 2017.

O que se vê nesse movimento de hipercontratualização das relações de trabalho é, portanto, a normalização jurídica de categorias de recortes civilistas e não humanistas, permitindo que a fórmula contratual legitime o exercício do poder sobre o outro, "sem que se vejam afetados, ao menos formalmente, os princípios de liberdade e igualdade" (D'Ambroso, 2019, p. 92). Tratase, na precisa abordagem de Marcelo Ferlin D'Ambroso, de ilusão própria da "totalidade contratual", uma "máscara que inviabiliza os direitos humanos", e por isso mesmo uma exploração acobertada e institucionalmente factível (D'AMBROSO, 2019, p. 92). E é sob essa perspectiva que se coloca o Tema n. 638, pois quando houve a possibilidade de situar a negociação coletiva como legítimo e democrático direito de resistência à dispensa em massa, o STF preferiu escanteála, colocando no lugar uma participação sindical de menor alcance, justificada com base no direito das obrigações e do contrato, feito dever anexo de conduta. Ou seja, um arremedo dialógico obrigacional inferior à própria negociação autorizada a celebrar acordos *in pejus*, o que bem revela o campo de filiação da tese vencedora.

7. Considerações finais

Quando foi chamado a decidir as dispensas coletivas, o STF introduziu um dever procedimental no percurso rescisório (diálogo de boa-fé), deixando em segundo plano o reconhecimento de um direito fundamental, em toda a sua força normativa (negociação sindical). Nesse sentido, o encaminhamento dado pelo Supremo Tribunal Federal deixou entrever que a intervenção do sindicato, no âmbito do desemprego em massa, não possui amplitude tal que, por meio da contratação coletiva das condições de trabalho, relativize a prerrogativa patronal de rescindir os vínculos de emprego, via sentença normativa em caso de impasse na negociação. Cuida-se, de forma bastante concreta, de efeito do tratamento subalterno que a "intervenção sindical prévia", um conceito jurídico indeterminado em busca de sentido, goza em face da negociação coletiva de trabalho, cujas projeções jushumanistas impõem maiores garantias de proteção do diálogo social, como a provisão de meios para solução dos malogros negociais (mediadores, árbitros eleitos e juízes naturais) e respectivos produtos vinculantes (CHEHAB, 2015).

A corte suprema chegou à necessidade do diálogo bipartite, como requisito procedimental para a validade da dispensa em massa, a partir de mal disfarçadas contradições. A primeira, e mais óbvia, foi a construção argumentativa do discurso jurídico que chegou a enaltecer a negociação coletiva como bem constitucional, para ao término equacioná-la não como direito fundamental e humano, mas subjacente a um dever de lealdade, ligado ao regime ético-jurídico da contratualização privada (atalho infraconstitucional). A segunda, e mais pitoresca, foi relacionar esses deveres anexos de conduta como sendo os mesmos previstos na Convenção n. 158 da OIT, muito embora os fundamentos da decisão, em mais de uma vez, tenham afastado aquele diploma internacional do quadro referencial do julgamento. E a terceira contradição, mais insidiosa, foi preservar o direito patronal de dar a última palavra em matéria de emprego, a pretexto de condicionar tal discricionariedade a uma anterior intervenção sindical, ali considerada "imprescindível". No entanto, olhados mais de perto, tais sortilégios interpretativos não são paradoxos, mas itinerários de uma acomodação pretoriana de interesses identificáveis, como aqueles que apontam para uma visão economicista prevalentemente hegemônica na discussão constitucional de direitos sociais.

Nesse sentido, o revelador silêncio do tribunal acerca dos efeitos da violação do dever de previamente buscar o entendimento com o sindicato, em matéria na qual a negociação coletiva deixou de ser referida como direito humano, sinaliza que a questão se soluciona basicamente em termos indenizatórios por exercício abusivo de direito (CC, art. 187), e não por restituição do emprego ao dispensado em face de ato nulo, conforme algumas decisões da Justiça do Trabalho em casos semelhantes (Bunn, 2021). Com isso, fica garantida, por meios transversos, a decisão unilateral da dispensa imotivada como direito inabalável de gestão do capital, em correlata reafirmação do contido no art. 477-A da CLT, mas temperado por uma intercessão coletiva de natureza meramente procedimental (HADDAD, 2022). Tudo somado, o que se nota, ao lado do progressivo esvaziamento do poder normativo da Justiça do Trabalho (contenção da jurisdição) conduzido pelo STF (MACHADO, 2021), é um complexo e contraditório processo de aquisição incremental de direitos dialógicos nas relações de trabalho (protagonismo alquebrado), ordinariamente balizado pelo tom sobressalente da liberdade de empreender. E como pano de fundo, uma interminável mora do legislador brasileiro, há mais de três décadas, em editar lei complementar que regulamente a proteção contra a despedida arbitrária ou sem justa causa.

A essa altura, duas questões mais especulativas se colocam. A primeira diz com os inúmeros pontos de interrogação que advieram do julgamento, cuja resultante é uma inevitável insegurança jurídica acerca de questões centrais para a operacionalização do direito sindical reconhecido pelo STF. Uma delas é a noção mesma de dispensa coletiva, sem quaisquer parâmetros objetivos na legislação nacional aptos a defini-la. Se é verdade que os aplicadores do direito poderão se valer do direito estrangeiro para preencher a lacuna, não menos certo é que o nível de arbitrariedade dessa seleção, cujos critérios variam de país a país, provavelmente não trará maior estabilidade ao tema, havendo quem enxergue a dispensa em massa como percentuais do quadro funcional demitido, como distribuição temporal das rescisões ou como combinação desses critérios, ao talante seletivo do intérprete. Outra omissão da corte se refere aos efeitos da inobservância da intervenção sindical, o que pode suscitar intermináveis discussões acerca da amplitude do dever que restou ao fim violado – este estudo integra o esforço analítico de apreensão desses efeitos. Igualmente não se sabe, a teor do julgamento, como exatamente identificar um diálogo de boa-fé ou, no mesmo quadrante, como qualificar um arremedo artificioso de conversação, incapaz de dar cumprimento ao fim social da intervenção sindical inovada. Em rigor, nem mesmo ficou esclarecido com quem dialogar na falta de cobertura sindical de trabalhadores ou como proceder nas dispensas coletivas de empregados submetidos a arranjos fraudulentos ou invisíveis de trabalho, cujo propósito, dentre outros, é negar-lhes o reconhecimento do vínculo empregatício e a representação sindical. Para esses amplos segmentos de trabalhadores, em processo de fuga do direito, a decisão do STF não lhes parece dizer algo. De modo que tal cenário de incertezas, especula-se, contribuirá para ampliar o tensionamento das relações coletivas de trabalho no país, aumentando conflitos interpretativos de toda ordem, favorecendo a perpetração de atos antissindicais e pressionando o complexo jogo de barganhas que se efetiva no segmento, com esperado incremento da judicialização.

A segunda questão atine com as possíveis tendências de trajeto no processo hermenêutico constitucional. Não se pode esquecer que a fixação da imprescindibilidade da intervenção sindical como procedimento prévio à dispensa coletiva, inobstante basear-se mais incisivamente em considerações sobre a função social do contrato, e não propriamente na força cogente do direito à negociação coletiva, representou nítido avanço na dogmática constitucional sobre a matéria. Ao rejeitar o juspositivismo estreito do voto do relator, ministro Marco Aurélio, o tribunal se apresentou como instância crítica capaz de ponderar os diversos bens tutelados pela Carta de 1988, cumprindo assim sua função de realizar escolhas no leito aberto às distintas alternativas que se colocam em face de valores com força normativa (LUÑO, 2021). E ao realizar a escolha, representativa do ativismo judiciário deste século, em certa medida o Tema n. 638 partejou, na esfera das relações coletivas de trabalho, uma solução ambígua e compromissória, politicamente costurada pelos membros da corte, em que com uma mão introduziram o dever empresarial de informar e consultar o sindicato, mas com a outra reiteraram o compromisso com a liberdade capitalista de dispor do emprego, ficando a empresa com a última palavra. Essa ambiguidade parece menos indeterminada quando se percebe o alinhamento da tese com os fundamentos de certo iluminismo de mercado atuando no STF, o qual defende, com grande ênfase, o incentivo à contratação coletiva do trabalho como via moderna do desenvolvimento social e econômico, mas obsta as condições mais elementares para o fortalecimento dos sindicatos. Reconhece e declara direitos subjetivos oponíveis, mas os submete a uma regulação de endosso às liberdades mercantis. Talvez por conta da insustentabilidade dessa visão, dados os inevitáveis custos sociais e políticos de negociações desbalanceadas em contextos de ampla disponibilidade, o Tema n. 638 tenha inaugurado uma tênue inflexão da hermenêutica constitucional no mundo das relações coletivas, a ponto de mais recentemente, em setembro de 2023, o tribunal ter feito um giro de 180º no Tema n. 935, quando do julgamento dos embargos de declaração apresentados no Recurso Extraordinário n. 1.018.459. Por ele, fixou-se, mediante ampla maioria, tese de repercussão geral oposta à encaminhada em 2017, passando a considerar constitucional a instituição, por acordo ou convenção coletivos, de contribuições assistenciais a serem impostas a todos os empregados da categoria, ainda que não sindicalizados, desde que assegurado o direito de oposição (BRASIL, 2023). Se esse movimento aparentemente restaurativo das condições mínimas para o diálogo trabalhista (financiamento das atividades negociais e obrigatoriedade de participação sindical) representa uma mudança pendular de rumos, não se sabe. Mas não se pode desprezar as razões ocultas que muito provavelmente estiveram por trás das decisões nos temas n. 638 e n. 935: o STF, em tardia avaliação crítica de cenário, enfim enxergou a selvageria que se alastra no mercado de trabalho — com a qual tem sido corresponsável, ao menos em parte — e se assustou com o que viu.

Referências

ALEXY, Robert. *Teoria dos direitos fundamentais*. São Paulo: Malheiros, 2008.

BARROS, Alice Monteiro de. *Curso de direito do trabalho*. São Paulo: LTr, 2005.

BRASIL. Supremo Tribunal Federal. *Recurso Extraordinário n. 999.435 (Tema n. 638):* inteiro teor do acórdão. Relator: Ministro Marco Aurélio. Diário de Justiça Eletrônico, 15/09/2022. Disponível em: https://portal.stf.jus.br/jurisprudenciaRepercussao/verAndamentoProcesso.asp?incidente=5059065&numeroProcesso=999435&classeProcesso=RE&numeroTema=638. Consulta em: 05 jun. 2023.

______. Supremo Tribunal Federal. *Recurso Extraordinário n. 1.018.459 (Tema n. 935):* decisão de julgamento dos embargos declaratórios. Relator: Ministro Gilmar Mendes. *Diário de Justiça Eletrônico*, 19 set. 2023. Disponível em: https://portal.stf.jus.br/jurisprudenciaRepercussao/verAndamentoProcesso.asp?incidente=511280 3&numeroProcesso=1018459&classeProcesso=ARE&numeroTema=935. Consulta em: 20 set. 2023.

______. Consolidação das leis do trabalho. *Decreto-Lei n. 5.452, de 1º de maio de 1943.* Disponível em: https://www.planalto.gov.br/ccivil_03/decreto-lei/del5452.htm Acesso: 10 set. 2023.

______. *Constituição da República Federativa do Brasil. 1998.* Disponível em: https://www.planalto.gov.br/ccivil_03/constituicao/constituicao.htm. Acesso em: 10 set. 2023.

BUNN, Alini. A necessidade de prévia negociação coletiva na dispensa em massa, especialmente em momentos de crise. *Boletim Científico ESMPU*, ano 20, n. 56, p. 7-36, jan./jun. 2021.

CHEHAB, Gustavo Carvalho. A dispensa coletiva e a ordem social. *Revista de Informação Legislativa*, ano 52, n. 205, p. 281-296, jan./mar. 2015.

CONSELHO DA UNIÃO EUROPEIA. Directiva 98/95/CE do Conselho. 1998. Disponível em: https://op.europa.eu/pt/publication-detail/-/publication/4536855b-5b01-4f1a-a4b0-f83f971714c8. Consulta em: 10 set. 2023.

COSTA, Ilton Garcia da; MIGUEL, José Antônio. Política deliberativa e democracia participativa na negociação coletiva de trabalho: uma análise para a valorização do trabalho humano. *Revista de Direito Público*, Londrina, v. 9, n. 2, p. 203-222, maio/ago. 2014.

COUTINHO, Sayonara Grillo. Dispensa coletiva entre negociação e judicialização. *Teoria Jurídica Contemporânea*, v. 8, n. 1, p. 1-16, jun. 2023.

D'AMBROSO, Marcelo José Ferlin. *Direitos humanos e direito do trabalho:* uma conexão para a dignidade. Belo Horizonte: Editora RTM, 2019.

DELGADO, Mauricio Godinho. *Curso de direito do trabalho*. 12. ed. São Paulo: LTr, 2013.

DINIZ, Antonio Carlos de Almeida. Legitimação procedimental e modernidade: a problemática da legitimidade jurídico-política em sociedades complexas. *Revista de Informação Legislativa*, ano 38, n. 150, p. 99-120, abr./jun. 2021.

DORNELES, Leandro do Amaral; JAHN, Vitor Kaiser. Pandemia da Covid-19: assistematicidade da negociação individual como política de gerenciamento da crise. *Revista do TST*, São Paulo, vol. 86, n. 2, p. 141-157, abr./jun. 2020.

EBERT, Paulo Roberto Lemgruber. O direito à negociação coletiva e as despedidas em massa: os deveres de participação do sindicato profissional nas tratativas prévias e de atuação das partes segundo a boa-fé. *Revista LTr: legislação do trabalho*, São Paulo, v. 74, n. 4, p. 435-453, abr. 2010.

GREGORIO, Pedro Frazão da Silva. *Negociação coletiva sob o enfoque da jurisprudência do STF e o recente tema 1046*. 43 f. Monografia (Graduação em Direito) – Universidade de Brasília, 2023.

HABERMAS. *Direito e democracia:* entre a facticidade e a validade. Rio de Janeiro: Tempo Brasileiro, 1997.

HADDAD, José Ricardo. Dispensa coletiva de trabalhadores e o tema n. 638 do STF. *Revista Jurídica OAB Tatuapé*, vol. 1, n. 1, p. 2-12, 2022.

HUNT, Lynn. *A invenção dos direitos humanos:* uma história. São Paulo: Companhia das Letras, 2009.

LUÑO, Antonio Enrique Pérez. *Perspectivas e tendências atuais do estado constitucional*. Porto Alegre: Livraria do Advogado Editora, 2021.

MACHADO, Sidnei. Negociação coletiva no Brasil: entre desarticulação e reinstitucionalização. *Revista Teoria Jurídica Contemporânea*, Rio de Janeiro, v. 6, p. 1-29, 2011.

MARINHO, Rodrigo Fonseca. A cláusula democrática na dispensa coletiva e o art. 477-A da CLT. *Revista do TST*, São Paulo, vol. 86, n. 4, p. 139-157, out./dez. 2020.

MEIRELES, José Humberto Abrão. *As Convenções da Organização Internacional do Trabalho sobre direitos humanos e seu status normativo.* 218 f. Dissertação (Mestrado em Direito, Relações Internacionais e Desenvolvimento) – Pontifícia Universidade Católica de Goiás, Goiânia, abr. 2011.

MELO, Raimundo Simão de Melo. O STF decidiu que é obrigatória a negociação coletiva para dispensa em massa. *Revista Consultor Jurídico*, edição jul. 2022. Disponível em: https://www.conjur.com.br/2022-jul-01/reflexoes-trabalhistas-obrigatoriedade-negociacaocoletiva-dispensa-massa. Consulta em: 08 jun. 2023.

MELO E SILVA, Leonardo. É possível uma política deliberativa para o trabalho? *Revista Lua Nova*, São Paulo, vol. 72, p. 143-174, 2007.

MIRANDA, Jedson Marcos dos Santos; BASTOS, Wandirney Malaquias. Dispensa coletiva em tempos de pandemia: o necessário fortalecimento da democracia e da solidariedade. *Revista do Tribunal Regional da 3ª Região*, Belo Horizonte, edição especial, p. 605-612, jul. 2020.

ORGANIZAÇÃO INTERNACIONAL DO TRABALHO. *Declaração sobre os princípios fundamentais no trabalho e seu segmento*. Genebra, 1998. Disponível em: https://www.ilo.org/public/english/standards/declaration/declaration_portuguese.pdf. Consulta em: 10 set. 2023.

______. *Declaração sobre a justiça social para uma globalização equitativa*. Genebra, 2018. Disponível em: https://www.ilo.org/wcmsp5/groups/public/---americas/---ro-lima/---ilobrasilia/documents/genericdocument/wcms_336918.pdf. Consulta em: 10 set. 2023.

______. *Convenção n. 98*. Genebra, 1949. Disponível em: https://www.ilo.org/brasilia/convencoes/WCMS_235188/lang--pt/index.htm. Consulta em: 10 set. 2023.

______. *Convenção n. 154*. Genebra, 1981. Disponível em: https://www.ilo.org/brasilia/convencoes/WCMS_236162/lang--pt/index.htm. Consulta em: 10 set. 2023.

______. *Convenção n. 158*. Genebra, 1985. Disponível em: https://www.ilo.org/brasilia/convencoes/WCMS_236164/lang--pt/index.htm. Consulta em: 10 set. 2023.

PIOVESAN, Flávia. Direitos humanos: desafios e perspectivas contemporâneas. *Revista do TST*, Brasília, vol. 75, n. 1, p. 107-133, jan./mar. 2009.

PORTO, Lorena Vasconcelos; MEIRINHO, Augusto Grieco Sant'Anna. A dispensa em massa e a pandemia da Covid-19. *Revista do Tribunal Regional da 3º Região*, Belo Horizonte, edição especial, p. 477-507, jul. 2020.

ROSENFIELD, Cinara; PAULI, Jandir. Para além da dicotomia entre trabalho decente e trabalho digno: reconhecimento e direitos humanos. *Caderno CHR*, Salvador, v. 25, n. 65, p. 319-329, maio/ago. 2012.

SILVA, Virgílio Afonso da. *A constitucionalização do direito:* os direitos fundamentais nas relações entre particulares. 1. ed., 3. tir. São Paulo: Malheiros Editores, 2011.

SOARES, José Luiz de Oliveira. Pelos princípios ou pelas regras: o caso Embraer e as disputas jurídicas na Justiça do Trabalho. *Política e Sociedade*, v. 10, n. 18, p. 245-269, abr. 2011.

SOUTO MAIOR, Jorge Luiz. *Dispensas coletivas e individuais:* a reviravolta imposta pelo STF, em mais uma derrota da "reforma" trabalhista. *Blog*, São Paulo, 15 jun. 2022. Disponível em: https://www.jorgesoutomaior.com/blog/dispensas-coletivas-e-individuais-a-reviravolta-impostapelo-stf-em-mais-uma-derrota-da-reforma-trabalhista. Consulta em: 08 jun. 2023.

TARTUCE, Flávio. *Direito civil:* teoria geral dos contratos e contratos em espécie. São Paulo: Editora Método, 2006. vol. 3.

TEPEDINO. Gustavo. In: TEPEDINO, Gustavo; BARBOZA, Heloísa Helena; MORAES, Maria Celina Bodin de. *Código Civil Interpretado.* Rio de Janeiro: Renovar, 2006.

O Trabalho Realizado por Catadores de Resíduos Sólidos no Lixão ao Aurá: As Influências co Neoliberalismo na Cadeia Produtiva dos Materiais Recicláveis

Tiago Rafael Xerfan Bentes[1]

1. Introdução

A atuação dos catadores de lixo é de suma importância para o sistema de coleta seletiva e para a reciclagem dos resíduos sólidos. A Associação Brasileira de Empresas de Limpeza Pública e Resíduos Especiais, em estudo relacionado ao panorama dos resíduos sólidos referente ao ano de 2022, concluiu que houve um aumento na geração desses resíduos nos últimos 10 anos e apontou que o Pará é o maior gerador da região Norte (ABRELPE, 2022).

Se há um exponencial aumento dessa geração, é possível concluir que há, também, uma maior necessidade de se reciclar/reaproveitar os resíduos sólidos. Nesse sentido, Silva, Goes e Alvarez (2013) explicam que os catadores de lixo são responsáveis por aproximadamente 90% dos materiais reciclados no país, o que nos leva a concluir que a cadeia de reciclagem é dependente da atuação dos referidos catadores.

A Política Nacional dos Resíduos Sólidos determinou o fechamento de todos os lixões no Brasil em razão do potencial lesivo que esses lixões oferecem ao meio ambiente, ao passo em que também determinou a inclusão social dos catadores que prestam serviços nesses locais, conforme previsto no inciso V do art. 15 da referida Lei (BRASIL, 2010).

Ocorre que, de maneira geral, os catadores são pessoas que exercem tal atividade por ser a única possível e viável dentro dos seus respectivos contextos de vida, uma vez que a pouca escolaridade desse público também é um fator que limita as escolhas profissionais desses trabalhadores (SILVA; GOES; ALVAREZ, 2017, p. 7).

---

(1) Bacharel em Direito pelo Centro Universitário do Estado do Pará (CESUPA). Advogado. Especializando em Direito do Trabalho e Direitos Humanos pela Universidade Federal do Pará (UFPA). Mestrando em Direito, Políticas Públicas e Desenvolvimento Regional pelo Centro Universitário do Estado do Pará (CESUPA).

Portanto, há dois fenômenos que devem ser considerados: por um lado, o Estado determina o encerramento das atividades do lixão, o que consequentemente justificaria, do ponto de vista legal, a vedação de acesso desses profissionais aos lixões; e por outro, tais catadores não têm condições de encerrarem suas atividades nos lixões, diante das necessidades por eles vividas.

Nesse sentido, Galon e Marziale (2016, p. 178) registram que, para os gestores públicos, iniciativas de melhorias das condições de trabalho desses catadores nos lixões seriam vistas como um incentivo para a permanência no local, permanência esta que os próprios gestores pretendem evitar em virtude desse fechamento determinado pela Política Nacional de Resíduos Sólidos.

Dessa forma, há uma forte tendência no sentido de as condições precárias de trabalho nos lixões serem mantidas como uma forma de não estimular a permanência dos catadores nesses locais. Diante disso, a pesquisa aborda o seguinte problema: considerando a tendência acima mencionada, de que forma as condições de vida e trabalho desses catadores podem ser melhoradas sem que isso demande a permanência deles no lixão?

Para responder a essa pergunta, o trabalho se utilizará da pesquisa bibliográfica de abordagem qualitativa. A importância deste estudo se justifica por inúmeros fatores. Em primeiro lugar, esta pesquisa contribui para a investigação sobre as razões pelas quais os catadores de lixo se submetem a condições de trabalho totalmente insalubres, e de que forma o sistema neoliberal contribui para essa realidade. Esse sistema transfere para os cidadãos a responsabilidades pelas mazelas sociais, como se os catadores fossem os únicos responsáveis pelas condições de vida e trabalho. Portanto, o trabalho visa demonstrar que essa transferência, além de ser falaciosa, é totalmente incompatível com a realidade desses catadores, que não têm e/ou não vislumbram alternativas de trabalho a não ser no próprio lixão.

Além disso, a pesquisa contribui para verificamos de que forma o sistema neoliberal prejudica os catadores de resíduos sólidos. Com a identificação do *modus operandi* neoliberal, é possível identificar que tipo de política pública pode ser útil para melhorar as condições de vida e trabalho desses catadores, o que é mais uma das contribuições deste estudo.

Nesse sentido, o trabalho sugere duas alternativas como proposta de intervenção: a concessão de uma renda básica, que seria uma política de redistribuição de renda que romperia com a dependência que os catadores têm para com os lixões, bem como a criação que políticas públicas que estimulam o ingresso dos trabalhadores às cooperativas.

Dessa forma, na medida em que o trabalho sustenta que o ingresso ao cooperativismo é uma alternativa que tende a melhorar as condições dos trabalhadores, este estudo também contribui para demonstrar de que forma o neoliberalismo prejudica a capacidade que os grupos têm de se organizarem, inclusive contra o próprio neoliberalismo ou em benefício de si e das suas próprias condições de trabalho.

2. Apresentação do caso

Esta seção tem o intuito de demonstrar que, embora os catadores de resíduos sólidos sejam importantes para o sistema de reciclagem do Brasil — importância esta que foi reconhecida por inúmeros instrumentos normativos a seguir mencionados —, tais trabalhadores exercem atividades totalmente insalubres, inclusive em lixões.

Dessa forma, esta seção abordará as condições de trabalho a que são submetidos os catadores do denominado "lixão do Aurá", localizado no município de Ananindeua, região metropolitana de Belém/Pa.

Várias leis e normativos foram criados no sentido de reconhecer a importância e a indispensabilidade desses catadores. Cita-se, em especial, as seguintes medidas:

> 1. A Portaria n. 397/2002 do Ministério do Trabalho, por exemplo, inseriu o catador de material reciclável na Classificação Brasileira de Ocupações (BRASIL, 2002);
>
> 2. O Decreto de 11 de setembro de 2003, por sua vez, instituiu o Comitê Interministerial, com o objetivo de promover a inclusão socioeconômica dos catadores (BRASIL, 2003);
>
> O Decreto de n. 5.940/2006, o qual determinou que os materiais recicláveis oriundos de órgãos públicos fossem destinados aos catadores (BRASIL, 2006);
>
> A Lei de n. 12.305 – denominada Política Nacional de Resíduos Sólidos -, que determinou o fechamento de todos os lixões e a inclusão dos catadores na coleta seletiva (BRASIL, 2010);
>
> Decreto de n. 7.405/2010, que instituiu o Programa Pró-Catador com o objetivo de fomentar a criação e fortalecimento de associações e cooperativas de catadores;

Se por um lado os catadores exercem uma atividade importante e indispensável na cadeia de reciclagem, por outro, esses profissionais são submetidos a situações totalmente precárias de trabalho e de vida.

Os catadores que laboram no lixão do Aurá são um grande exemplo disso. O contexto geral do estudo de caso é o seguinte: Conforme demonstrado na seção anterior, a Política Nacional dos Resíduos Sólidos determinou o fechamento de todos os lixões no brasil, em razão do seu potencial lesivo ao meio ambiente, ao passo em que também determinou a inclusão social dos catadores que prestam serviços nesses lixões, conforme se observa no inciso V do art. 15 da referida Lei (BRASIL, 2010).

Segundo o Plano Municipal de Gestão Integrada de Resíduos Sólidos divulgado pela Prefeitura de Belém em seu site oficial, o lixão do Aurá foi formalmente desativado no ano de dois mil e quinze, ou seja, vinte e cinco anos após o início de suas atividades (BELÉM, 2020). Segundo o Plano, o lixão recebia resíduos sólido de grande parte da região metropolitana de Belém/Pa.

Ocorre que, de maneira geral, os catadores são pessoas que exercem tal atividade por ser a única possível e viável dentro dos seus respectivos contextos de vida, uma vez que a pouca escolaridade desse público também é um fator que limita as escolhas profissionais desses trabalhadores (SILVA; GOES; ALVAREZ, 2017, p. 7).

Por essa razão, embora o lixão do Aurá não esteja recebendo resíduos sólidos (com exceção dos resíduos inertes) desde o ano de 2015, inúmeros trabalhadores ainda exercem suas atividades no aludido lixão até os dias atuais, conforme noticiado pelo jornal *O Liberal* (SANTOS; ASSUNÇÃO, 2023). De acordo com esse noticiário, cerca de duzentos catadores ainda laboram no aludido lixão, recolhendo ferro, plásticos e alumínio. Os profissionais entrevistados afirmam que a catação dos resíduos sólidos é a única maneira de sobreviver, e que não teriam menor condições de subsistência caso se transferissem para qualquer outra moradia distante do lixão. Eles também afirmam que, caso esse lixão retornasse com as suas atividades, muitos catadores de resíduos teriam um aumento na sua margem de lucro, margem esta que, segundo os entrevistados, foi prejudicada com o aludido encerramento das atividades do lixão (SANTOS; ASSUNÇÃO, 2023).

No que tange aos trabalhadores/catadores do Aurá, as condições de trabalho são totalmente precárias, como em todo e qualquer lixão. No dia 02.10.2023, o jornal *O Liberal* noticiou que há inúmeros focos de incêndio no lixão e que os catadores realizam suas atividades em meio à fumaça e às montanhas de lixo sem o uso de Equipamentos de Proteção Individual (PIMENTEL, 2023).

Considerando os fatos narrados em ambos os noticiários, e considerando o fechamento dos lixões determinado pela aludida Política Nacional, conclui-se que há dois fenômenos que colidem entre si: por um lado, o Estado determina o encerramento das atividades do lixão, o que demandaria, inclusive, que fosse vedada a entrada de catadores de resíduos em virtude desse fechamento; e por outro, tais catadores não desejam sair do local e nem cessar suas atividades, diante das necessidades por eles vividas.

Conforme mencionado na seção anterior, Galon e Marziale (2016, p. 178) registram que, para os gestores públicos, iniciativas de melhorias das condições de trabalho dos catadores seriam vistas como um incentivo para a permanência no local, permanência esta que os próprios gestores pretendem evitar em virtude do fechamento dos lixões determinado pela Política Nacional de Resíduos Sólidos. Dessa forma, há uma forte tendência no sentido de as condições precárias de trabalho serem mantidas, como uma forma de não estimular a permanência dos catadores nesses lixões.

Diante disso, para que sejam pensadas e estruturadas as políticas públicas em prol desses catadores, surge a necessidade de se fazer uma avaliação crítica, com o objetivo de verificar, primeiramente, a forma com a qual o sistema capitalista neoliberal contribui para o atual contexto de vida e labor desses catadores.

2.1. Condições de vida, trabalho e cadeia de reciclagem

No que tange especificamente aos trabalhadores que laboram nesses lixões, chama-se a atenção para três pontos: as condições de trabalho, o modo de vida/perfil desses trabalhadores e o funcionamento da cadeia produtiva de reciclagem.

Silva, Goes e Alvarez (2017, p. 18) resumem e explicam que o funcionamento dessa cadeia se dá da seguinte forma, no que tange aos trabalhadores que não são vinculados às associações ou cooperativas: descarta-se os resíduos sólidos que, em seguida, são coletados pelos catadores. Estes, por sua vez, transportam os resíduos aos comerciantes, que compram os materiais e, em seguida, revendem para as indústrias de reciclados.

Há, no Brasil, poucas indústrias de reciclados, razão pela qual tais indústrias detém um elevado poder na definição do preço de mercado e de compra desses resíduos. Para agravar a situação, as indústrias existentes se localizam em regiões de maior desenvolvimento econômico, o que aumenta os custos com transporte e deslocamento para os catadores e intermediários localizados em regiões de menor desenvolvimento econômico e, consequentemente, ocasiona a redução do valor dos resíduos que são vendidos pelos catadores (SILVA; GOES; ALVAREZ, 2017, p. 19).

Em resumo, há uma relação piramidal na qual as grandes indústrias definem os preços de compra da matéria-prima em patamares reduzidos. Por consequência, os comerciantes intermediários, submetidos aos preços fixados pelas grandes indústrias, compram os resíduos dos catadores por preços mais baixos ainda.

Por decorrência da diminuição do valor recebido pelos catadores, ora ocasionada pela redução do valor de compra pelas grandes indústrias e pelos comerciantes intermediários, os catadores precisam trabalhar por mais tempo para conseguirem mais dinheiro, o que lhes obriga a atuar durante exaustivas jornadas de trabalho.

Trata-se de profissionais que exercem trabalho informal e não estão vinculados às associações e cooperativas. Muitos deles optam por essa não vinculação por entenderem que, dessa forma, estariam sendo melhores gestores do próprio tempo e "empreendedores de si" (SILVA; GOES; ALVAREZ, 2017, p. 21).

Considerando que tais trabalhadores não atuam se utilizando da estrutura possuída por associações e cooperativas, é o próprio trabalhador quem coleta, separa, prepara e transporta os resíduos, o que demanda um aumento do tempo de trabalho diário para que ele próprio, sozinho, realize a maioria das etapas do processo de reciclagem. Portanto, trata-se de um mercado que se sustenta em virtude da alta produtividade do catador e pelo baixo custo da sua mão de obra.

Galon e Marziale (2016, p. 177) explicam que, no caso dos lixões, o labor é realizado em meio às montanhas de lixo, onde os catadores buscam resíduos comerciais, domésticos, industriais e até hospitalares. Segundo os autores, trata-se de uma atividade que demanda grande esforço físico, pois o catador realiza, sozinho, as atividades de procura, seleção e organização dos materiais para a venda. Ainda de acordo com os autores, os catadores disputam os materiais entre si, diante da necessidade de encontrar objetos que estejam de acordo com as exigências dos compradores (GALON; MARZIALE, 2016, p. 177)

Os trabalhadores estão expostos aos riscos físicos, químicos e biológicos. As exposições ao sol intenso, à chuva, ao chorume, ao odor desagradável e ao ruído de caminhões e tratores são marcas características dos trabalhos dos catadores que são realizados nesses lixões.

Diante disso, surge a necessidade de se analisar o caso de maneira crítica, avaliando de que forma razão neoliberal contribui para as condições precárias a que são submetidos os catadores que prestam serviços nos lixões.

2.2. A razão neoliberal e os catadores de resíduos sólidos

O neoliberalismo tem inúmeras contribuições para a precarização do trabalho dos catadores de resíduos que atuam nos lixões. Para explicar essa contribuição, este trabalho se utilizará da obra chamada A Nova Razão do Mundo, cujos autores são Pierre Dardot e Christian Laval.

A obra pretende responder ao seguinte ponto: por quais motivos a crise financeira de 2008 não foi capaz de enfraquecer o neoliberalismo? E por quais motivos o neoliberalismo se fortificou com a crise?

O caminho argumentativo que os autores utilizaram para responder a essa questão serve, neste trabalho, para que outra questão seja respondida: de que maneira o neoliberalismo atinge os catadores de resíduos sólidos?

O tópico anterior demonstrou que os catadores são vitimados pela informalidade, recebendo baixos valores pelo trabalho realizado, valores estes que oscilam de acordo com a oscilação do valor de mercado dos resíduos que são coletados. Demonstrou, ainda, que laboram no lixão por não terem outra opção de trabalho ou por terem dificuldade de acesso ao mercado de trabalho formal.

Também demonstrou que alguns catadores preferem não integrar alguma cooperativa por entenderem que, dessa forma, estariam sendo empreendedores de si. De igual modo, demonstrou que, diante da escassez de materiais passíveis de serem reciclados no lixão, alguns catadores disputam por resíduos sólidos que estejam em condições de serem comercializados novamente.

Todas essas demonstrações, ora realizadas na seção anterior, podem avaliadas a partir da contribuição de ambos os autores. Vejamos:

Os autores explicam que a década de 1980 foi marcada pelo surgimento de uma nova política de viés conservador e neoliberal. Naquela época, tal corrente conversadora, que surge como uma resposta ao modelo de fordista — de acumulação de capital — que entrou em crise, pretende superar a inflação, a queda dos lucros e da desaceleração do crescimento.

E com o suposto objetivo de superar a crise, essa corrente adotou o discurso de que alguns fatores deveriam ser superados, tais como a suposta sobretaxa, a suposta grande regulamentação do mercado, a suposta alta pressão dos sindicatos, bem como a suposta alta participação do Estado nas relações privadas (DARDOT; LAVAL, 2016, p. 189).

Para alcançar esses objetivos, alguns alvos foram eleitos para desconstruir o chamado "Estado de bem-estar social", tais como: a) a propriedade pública das empresas, com o objetivo de viabilizar uma onda de privatizações; b) a proteção social, com o suposto objetivo de reduzir os custos do Estado; c) a regulação trabalhista, bem como o apoio dos sindicatos, com o objetivo de diminuir o custo das empresas com mão de obra e prejudicar a capacidade de mobilização dos trabalhadores através desses sindicatos (DARDOT; LAVAL, 2016, p. 189).

Todo esse processo de desmantelamento se deu, segundo os autores, da seguinte forma: "A partir de 1973, tem-se o início do processo de flutuação da moeda cambial, de modo que os valores das moedas passam a ser definidos a partir do "movimento natural" do mercado. Com isso, os mercados ganham forças na formulação das políticas econômicas" (DARDOT; LAVAL, 2016, p. 196).

Em um segundo momento, a elevação das taxas de juros gerou uma onda de endividamento entre os países pouco desenvolvidos. Como condição para ofertar boas condições de pagamento dessas dívidas, o Fundo Monetário Internacional (FMI) impôs inúmeras reformas a esses países, todas elas pautadas na privatização. Tal privatização tinha o objetivo de transformar a lógica da concorrência entre empresas em uma lei da economia nacional (DARDOT; LAVAL, 2016, p. 196).

Para além dessas privatizações, vários países também buscaram atrair investimentos estrangeiros. Nesse cenário, empresas realizam investimentos de alto risco, tendo o estado como um fiador (DARDOT; LAVAL, 2016, p. 196). Como resultado desse cenário de privatizações e de flutuação da moeda cambial, tem-se a instalação de um mercado único de capitais.

Em um cenário neoliberal, a privatização exerce um papel importante pois, na medida em que os capitais estrangeiros adentram às empresas, os acionistas passam a ter melhores condições para exercer pressão contra os salariados (DARDOT; LAVAL, 2016, p. 200).

E para aumentar a pressão contra estes, inúmeras regras trabalhistas foram flexibilizadas, tornando-se possível a redução dos "custos" que esses trabalhadores representavam para essas empresas. Todo esse processo demonstra o seguinte, em resumo:

— Que os neoliberais conquistaram as relações de poder, de modo a viabilizar não apenas a mudança do sistema financeiro de cada país, mas também a redução das regulamentações que eram necessárias para proteger trabalhadores e outros grupo sociais;

— Que, do ponto de vista econômico, o neoliberalismo tem como veículo o capitalismo financeiro globalizado, marcado pela aludida instalação de um mercado único de capitais e pautado na concorrência entre todo e qualquer ente envolvido no mercado;

— Que, do ponto de vista social, o neoliberalismo prejudica as políticas de distribuição de renda, bem como enfraquece os mecanismos de solidariedade coletiva — como é o caso dos sindicatos, que são mecanismos de mobilização dos trabalhadores —, mediante a adoção de um sistema de concorrência generalizada, inclusive entre trabalhadores, que agora competem entre si para atingirem novos salários e postos mais altos no mercado de trabalho, por exemplo.

— Que, do ponto de vista subjetivo, o neoliberalismo cria um sujeito, que agora pensa e se comporta como se fosse uma empresa, e que também adota a lógica da concorrência para guiar suas próprias condutas.

Tal processo demonstra o que é o neoliberalismo: trata-se de uma ideologia, política econômica e sistema normativo que estende a lógica do capital a todas as relações intersubjetivas, sociais, políticas e econômica, e que tem como base a hipervalorização da propriedade privada e da lógica da concorrência. É, basicamente, um conjunto de discursos e práticas que moldam o governo dos homens segundo o princípio universal da concorrência (DARDOT; LAVAL, 2016, p. 17).

A partir das considerações acima, os autores entendem que, na realidade, o neoliberalismo se fortaleceu com a crise de 2008, sobretudo porque a lógica da concorrência foi utilizada como base para as políticas públicas voltadas para a "solução" da própria crise (DARDOT; LAVAL, 2016, p. 17).

Mas o que a explicação dos autores pode nos servir para a questão dos catadores de lixo do Aurá? Conforme demonstrado acima, o trabalho dos catadores de lixo é marcado pela informalidade, a qual possui um papel relevante dentro da política neoliberal. Dardot e Laval (2016, p. 248) explicam que a política neoliberal incide sobre o direito do trabalho, com o objetivo de viabilizar a flexibilização das regras trabalhistas e, consequentemente, a redução dos "custos" que esses trabalhadores representam.

Muito embora a argumentação de ambos os autores esteja voltada para o trabalho formal — já que, por motivos lógicos, apenas estes poderiam representar algum valor a nível de custo (FGTS, férias, décimo terceiro, dentre outros direitos, no caso do Brasil) —, a mesma lógica pode ser aplicada ao trabalho informal.

E o motivo é simples: se o objetivo do neoliberalismo é a redução do custo arcado pelo empregador, não são necessárias maiores dilações no sentido de que os trabalhadores informais, por não demandarem quaisquer dos custos mencionados acima, são os que melhor atendem às condições e aos interesses do próprio neoliberalismo. Basicamente, quanto mais informalidade, menor o custo da mão de obra.

Nesse sentido, os autores destacam que os discursos neoliberais se voltam contra a suposta e excessiva rigidez do mercado de trabalho: para o neoliberalismo, quanto maior a rigidez, menor a eficiência econômica (DARDOT; LAVAL, 2016, p. 221)

Em resumo, pode-se dizer que o neoliberalismo produz dois efeitos: em face dos trabalhadores formais, ele atua na redução de direitos mediante a flexibilização das regras trabalhistas; e, em face dos trabalhadores informais, como é o caso dos catadores de resíduos sólidos, ele atua na busca pela manutenção e continuidade do trabalho informal, para que esses trabalhadores continuem sem demandar custos às empresas ao longo do tempo.

Portanto, é possível concluir que, do ponto de vista neoliberal, a informalidade dos catadores de resíduos atende às demandas e exigências econômicas do próprio neoliberalismo.

Outro ponto marcante é o fato de, conforme demonstrado na seção anterior, os catadores não têm outra opção de trabalho e por isso permanecem na condição de catadores no lixão. Tal fato tem total relação com a lógica neoliberal.

Dardot e Laval, ao avaliarem de que forma o neoliberalismo ganha robustez no contexto da crise de 2008, utiliza Michel Foucalt como aporte teórico. Portanto, esses três autores buscam avaliar de que maneira o neoliberalismo exerce seu governo e controle em desfavor de homens teoricamente livres. Em outras palavras, eles avaliaram de que maneira o neoliberalismo logra êxito ao disciplinar homens teoricamente livres (DARDOT; LAVAL, 2016, p. 17).

Ocorre que, em um sistema neoliberal, homens são livres para escolherem somente as opções fornecidas pelo próprio neoliberalismo, razão pela qual, se o sistema fornece ao homem apenas uma opção, esta se torna a única alternativa/opção ao sujeito neoliberal (DARDOT; LAVAL, 2016, p. 216).

Partindo dessa premissa teórica, conclui-se que o catador de lixo é um homem livre (leia-se: sujeito que é livre para escolher as opções ofertadas pelo próprio sistema neoliberal), e que o neoliberalismo lhe dá, como uma única opção e alternativa de trabalho, a catação de resíduos sólidos dentro dos lixões.

A existência de uma única opção é um fato. Silva, Goes e Alvarez (2017, p. 7) explicam que os catadores possuem pouca escolaridade, sendo este um fator que limita as escolhas profissionais desses trabalhadores, os quais encontram na catação a oportunidade de sobreviver e prestar seus serviços mesmo com a baixa escolaridade.

Isso também explica a razão pela qual os catadores entrevistados pelo O Liberal, afirmaram que a catação é a única maneira de sobreviver, e que deixariam de ter essa fonte de renda caso se afastassem do lixão do Aurá (SANTOS; ASSUNÇÃO, 2023).

Conforme demonstrado no tópico anterior, a Política Nacional de Resíduos Sólidos reconheceu a importância dos catadores e visou estimular o ingresso desses profissionais às cooperativas de catadores de resíduos.

Silva, Goes e Alvarez (2017, p. 23) explicam que os catadores buscam se articular coletivamente, tendo como objetivo o estabelecimento de relações comerciais igualitárias e benéfica aos próprios catadores. Enquanto os catadores avulsos realizam, sozinhos, os processos de identificação, coleta, transporte e preparação dos resíduos sólidos, as cooperativas e seus trabalhadores têm estrutura para realizar todas essas etapas, de forma organizada, dividida e sistematizada.

Algumas delas possuem sede própria, espaço idôneo para triagem e armazenamento, caminhão para a coleta, máquinas de compressão dos resíduos, carrinhos e outros. Portanto, as cooperativas podem ser o primeiro passo para que os catadores realizem seus serviços fora das ruas ou dos lixões, em condições que lhe permitam uma melhor produtividade (SILVA; GOES; ALVAREZ, 2017, p. 25).

Entretanto, embora esses empreendimentos coletivos tenham suas vantagens, há poucos trabalhadores que aderem a esse trabalho coletivo. Isso se justifica pelo fato de que, para alguns trabalhadores, a atuação individualizada — isto é, sem vinculação a uma cooperativa — permite uma maior autonomia na gestão do seu tempo e do resultado do trabalho (SILVA; GOES; ALVAREZ, 2017, p. 39).

O pensamento desses trabalhadores é semelhante ao mito de que, no contexto de uberização, os motoristas são gestores do próprio tempo e empreendedores de si.

Barbosa e Magno (2011, p. 138) explicam que há uma tentativa de construção da imagem do empreendedor de si mesmo como um indivíduo capaz de superar as inseguranças e as incertezas no mundo capitalista, imagem esta que, se consolidada, tem o condão de naturalizar as precárias condições de trabalho. Mais do que isso: segundo os autores, tal imagem também tem o condão de consolidar, no imaginário desses trabalhadores, a ideia de que o lugar que esses indivíduos ocupam na esfera social são decorrência do seu mérito próprio — ou da falta dele.

Portanto, a ideia de gestão do próprio tempo e dos próprios resultados permite que o catador naturalize suas próprias condições precárias de trabalho sob o mito de que atua como empreendedor de si.

O mito da gestão do próprio tempo e do "empreendedorismo de si" guardam relação com a razão neoliberal abordada por Dardot e Laval.

Segundo os autores, o neoliberalismo objetiva a criação de novos sujeitos, os quais adotam a empresa como modelo-padrão de seus próprios comportamentos. Dessa forma, o trabalhador que se visualiza como um "empreendedor de si" é, na realidade, um trabalhador que guia suas próprias condutas a partir desse modelo (DARDOT; LAVAL, 2016, p. 17).

Portanto, já que toda empresa adota a lógica concorrencial, conclui-se que o trabalhador autoidentificado como uma empresa também adota a mesma lógica, o que teria o condão de aumentar a concorrência entre trabalhadores e, consequentemente, afetar a capacidade de mobilização desses trabalhadores caso queiram reivindicar seus direitos (DARDOT; LAVAL, 2016, p. 9).

Ou seja, a lógica concorrencial, que ora se vislumbra como um princípio do neoliberalismo, é um mecanismo que prejudica a capacidade de associação e cooperação entre indivíduos. Com o enfraquecimento dessa capacidade, também fica enfraquecida a capacidade de mobilização contra o próprio neoliberalismo.

Os argumentos acima explicam vários fatos característicos do trabalho no lixão, ora mencionados no tópico anterior:

— Que trabalhadores não integrantes de cooperativas estão mais vulnerabilizados do que trabalhadores organizados coletivamente, sobretudo porque as cooperativas têm melhores condições de trabalho do que os catadores inseridos no ambiente dos lixões;

— Que a lógica neoliberal, que fixa no imaginário do trabalhador a ideia do "empreendedor de si", fomenta o trabalho individual e o enfraquecimento do trabalho coletivo;

— Que a racionalidade neoliberal cria um cenário de competição generalizada inclusive entre os próprios catadores de lixo, que competem para coletar os resíduos que estão em melhores condições de serem comercializados, conforme explica Galon e Marziale (2016, p. 177);

Dessa forma, de acordo com a fundamentação exposta, conclui-se que a informalidade dos catadores de lixo, a inexistência de melhores alternativas de trabalho, a ideia do "empreendedor de si" e a competição entre catadores são fatos característicos da catação de resíduos nos lixões e que guardam total relação com a racionalidade neoliberal abordada por Dardot e Laval.

4 3. Proposta de intervenção e resultados da pesquisa

Embora o trabalho tenha mencionado quatro problemas que dizem respeito aos catadores de resíduos sólidos que laboram no lixão do Aurá, este estudo considera como viáveis duas propostas de intervenção, que se aplicam aos quatro problemas: a instituição de uma renda mínima direcionada aos catadores, bem como a instituição de políticas públicas capazes de fomentar o ingresso desses catadores às cooperativas. Ambas as propostas se justificam por dois fatores:

> — Conforme mencionado nos tópicos anteriores, os trabalhadores que laboram nos lixões afirmam que a catação é a única fonte de renda possível, diante da baixa escolaridade e das demais exigências do mercado de trabalho; logo, uma renda mínima seria capaz de romper com a dependência que esses trabalhadores têm para com a catação no lixão, concedendo-lhes uma outra fonte de renda que não adviria do trabalho insalubre nesses locais;
>
> — Conforme mencionado, além do fato de o neoliberalismo atingir a capacidade que os grupos têm de se mobilizarem, ficou demonstrado que o cooperativismo é uma maneira de melhorar as condições de trabalho dos catadores e de aumentar o poder de barganha desses profissionais frente às grandes indústrias e ao comerciante intermediário. Portanto, se o neoliberalismo prejudica a capacidade de associação/mobilização entre indivíduos, a solução é opor resistência sustentando o *modus operandi* inverso: fomenta-se o cooperativismo para fortalecer os catadores frente ao poder e às mazelas do capitalismo neoliberal.

Alguns pontos devem ser considerados com relação à primeira alternativa. A partir da década de 1970, o neoliberalismo prejudicou o Estado de bem-estar social, que era pautado na proteção das classes sociais menos favorecidas e em políticas de redistribuição de renda (DARDOT; LAVAL, 2016, p. 292). Nesse sentido, Trindade (2021, p. 45) entende que a renda mínima é uma política pública de redistribuição de renda, que tem o objetivo de reerguer o Estado de bem-estar social prejudicado pelas políticas neoliberais.

Trindade (2021, p. 49) também explica que o objetivo da renda mínima é de garantir que os trabalhadores não sejam obrigados a aceitar qualquer trabalho e nem funções que não correspondam às suas respectivas especialidades. Se aplicarmos essa mesma lógica aos catadores de resíduos sólidos, eles também não seriam obrigados a trabalharem nos lixões, uma vez que possuiriam essa renda mínima como outra fonte de sobrevivência.

Em suma, uma renda mínima, corresponde a uma política pública capaz de oferecer uma saída para que os catadores deixem de prestar serviços nos lixões, oferecendo-lhes uma alternativa além do trabalho insalubre nesses locais.

Para melhor as condições de vida e trabalho desses catadores, a alternativa também seria a criação de políticas públicas que fomentem o ingresso desses trabalhadores às cooperativas. Há inúmeras razões para isso, sendo algumas delas já mencionadas neste estudo:

> — A cooperativa, em tese, vai na contramão do neoliberalismo, uma vez que a capacidade de mobilização, que aqui se verifica na forma de cooperativas, é exatamente o que o neoliberalismo pretende prejudicar, conforme demonstrado na seção anterior;
>
> — Através das cooperativas, os trabalhadores possuem melhor capacidade para negociarem com o poder público para buscarem novas parcerias (ALVAREZ; GOES, SILVA, 2013, p. 19);
>
> — Através das cooperativas, os trabalhadores conseguem estabelecer melhores relações de mercado, de modo a possuir maior poder de barganha para a comercialização do material coletado (ALVAREZ; GOES; SILVA, 2013, p. 22);
>
> — Através das cooperativas, é possível estabelecer uma melhor capacidade de planejamento e divisão do trabalho, organizando-os de acordo com as condições físicas e tempo de cada indivíduo, medida esta que tende a aumentar a produtividade entre os cooperados (ALVAREZ; GOES; SILVA, 2013, p. 22).

Nesse sentido, este estudo conclui que estas são as alternativas que melhor combatem as mazelas que o neoliberalismo impõe aos catadores de resíduos sólidos, sobretudo aos que laboram nos chamados lixões.

Em suma, o presente estudo de caso traça o seguinte caminho: Em um primeiro momento, ele expõe as condições de vida e trabalho dos catadores de resíduos sólidos que laboram no lixão do Aurá. Basicamente, trata-se de trabalhadores que laboram em jornadas excessivas e em condições totalmente insalubres para, ao final, terem baixas contrapartidas econômicas.

Em seguida, demonstra de que forma o sistema neoliberal contribui ou justifica a atual situação de vida e trabalho dessa categoria de catadores de resíduos. Aqui, ficou demonstrado que o neoliberalismo, além de afetar as subjetividades e limitar as escolhas dos trabalhadores, prejudica as capacidades de mobilização social e busca diminuir, sempre que possível, os custos de mão de obra — lógica esta que se aplica a cada catador de resíduos.

Por fim, demonstra que as propostas de intervenção mais adequadas, a partir do aporte teórico fornecido Dardot e Laval (2016), são aquelas que oferecem uma renda mínima para romper a dependência econômica dos catadores para com os lixões e que estimulam o ingresso dos catadores às cooperativas de catadores de resíduos sólidos.

A título de sugestão a quem também possuir o interesse em dar continuidade a esta pesquisa, também possível avaliar de que forma as políticas de redistribuição de renda aos catadores e as políticas de ingresso às cooperativas podem ser implantadas e construídas na prática. Também é possível avaliar, por exemplo, o êxito — ou a falta dele — das políticas públicas que foram direcionadas aos catadores do Aurá desde o fechamento do lixão até os dias atuais. Com a ampliação do debate e das pesquisas sobre o tema, é possível estruturar e abordar soluções e alternativas, que inclusive não foram abordadas neste estudo.

5 Referências

ASSOCIAÇÃO BRASILEIRA DE EMPRESAS DE LIMPEZA PÚBLICA E RESÍDUOS ESPECIAIS (ABRELPE). *Panorama dos resíduos sólidos no Brasil 2020*. São Paulo: ABRELPE, 2020. Disponível em: https://edisciplinas.usp.br/pluginfile.php/7212936/mod_resource/content/1/Panorama-2020-V5-unicas%20%282%29.pdf. Acesso em: 30 ago. 2023.

BELÉM. *Plano Municipal de Gestão Integrado de Resíduos Sólidos*. Belém: Prefeitura Municipal de Belém. Disponível em: http://ww4.belem.pa.gov.br/wp-content/uploads/2020/10/Servi%C3%A7os-de-Limpeza-Urbana-e-Manejo-de%C3%81guas-Pluviais.pdf. Acesso em: 10 set. 2023.

BRASIL. *Decreto de 11 de setembro de 2003*. Disponível em: https://www.planalto.gov.br/ccivil_03/DNN/2003/Dnn9975.htm. Acesso em: 15 set. 2023.

______. *Decreto n. 5.940, de 25 de outubro de 2006*. Disponível em: https://legislacao.presidencia.gov.br/atos/?tipo=DEC&numero=5940&ano=2006&ato=5cfQTQ650MRpWTe3b. Acesso em: 15 set. 2005.

______. *Decreto de n. 7.405, de 23 de dezembro de 2010*. Disponível em: https://www.planalto.gov.br/ccivil_03/_ato2007-2010/2010/decreto/d7405.htm. Acesso em: 15 set. 2023.

______. *Lei n. 12.305, de 2 de agosto de 2010*. Disponível em: https://www.planalto.gov.br/ccivil_03/_ato2007-2010/2010/lei/l12305.htm. Acesso em: 15 set. 2023.

______. *Portaria n. 397, de 09 de outubro de 2002*. Disponível em: https://www.camara.leg.br/proposicoesWeb/prop_mostrarintegra?codteor=382544&filename=LegislacaoCitada%20INC%208189/2006. Acesso em: 15 set. 2023.

DARDOT, Pierre; LAVAL, Christian. *A nova razão do mundo:* ensaio sobre a sociedade neoliberal. 1. ed. São Paulo: Boitempo, 2016.

GALON, Tanyze; MARZIALE, Maria Helena Palucci. *Condições de trabalho e saúde de catadores de materiais recicláveis na américa latina:* uma revisão de escopo. Rio de Janeiro: Ipea, 2016. Disponível em: https://www.ipea.gov.br/portal/images/stories/PDFs/livros/livros/160331_livro_catadore s.pdf. Acesso em: 18 set. 2023.

PIMENTEL, Dilson. Aurá: a realidade de quem convive diariamente com um lixão a céu aberto. Jornal *O Liberal*, Belém, 08 jan. 2023. Disponível em: https://www.oliberal.com/belem/aura-a-realidade-de-quem-convive-diariamente-comum-lixao-a-ceu-aberto-1.632168. Acesso em: 9 set. 2023.

______. Lixão do Aurá ainda tem focos de incêndio nesta segunda; catadores se arriscam em meio à fumaça. Jornal *O Liberal*, Belém, 02 out. 2023. Disponível em: https://www.oliberal.com/belem/lixao-do-aura-ainda-tem-focosde-incendio-nesta-segunda-catadores-se-arriscam-em-meio-a-fumaca-1.732319. Acesso em: 04 out. 2023.

SANTOS, Maiza; ASSUNÇÃO, Fernando. Lixão do Aurá ainda levanta questionamento sobre os impactos ambientais. Jornal *O Liberal*, Belém, 30 jul. 2023. Disponível em: https://www.oliberal.com/belem/lixao-do-aura-ainda-levantaquestionamentos-sobre-impactos-ambientais-1.710134. Acesso em: 8 set. 2023.

SECCO, Ana Caroline; KOVALESKI, Douglas Francisco. Do empreendedor de si mesmo à medicalização da performance: reflexões sobre a flexibilização no mundo do trabalho. *SCIELO*, 2021. Disponível em: https://www.scielo.br/j/csc/a/kqb4BM8h8Kb3S5W6xT8S8jQ/?format=pdf&lang=pt. Acesso em: 3 set. 2023.

SILVA, Sandro Pereira; GOES, Fernanda Lira; ALVAREZ, Albino Rodrigues (Coord.). *Situação social das catadoras e dos catadores de material reciclável e reutilizável* — Brasil. Brasília: Ipea, 2013. Disponível em: https://www.ipea.gov.br/portal/images/stories/PDFs/situacao_social/131219_relatorio_situacaosocial_mat_reciclavel_brasil.pdf. Acesso em: 20 set. 2023.

TRINDADE, Larissa Santana da Silva. *A refundação do estado do bem-estar social no Brasil:* a necessidade de implementação de uma renda básica universal e incondicional. Dissertação (Mestrado) – Centro Universitário do Estado do Pará, Programa de Pós-Graduação em Direito, Belém, 2021.

Gerentes e Ocupantes de Cargos de Gestão: A Exceção do Art. 62, II da CLT e o Direito à Desconexão

Luciana Simon Lee Teixeira[(1)]

Maria do Carmo de Mattos Pimentel[(2)]

1. Introdução

A evolução tecnológica dos últimos anos tem proporcionado mudanças significativas no mundo do trabalho. Dentre elas a implementação do teletrabalho[(3)], intensificando a flexibilização da jornada laboral com a possibilidade de estarmos conectados a todo momento e em qualquer lugar. Desde o início do século XXI vivenciamos a chamada quarta revolução industrial, ou Indústria 4.0, marcada pela evolução tecnológica e o uso dos meios telemáticos. Controle da produção por sensores. equipamentos conectados em rede, uso de robôs, informação em tempo real, monitoramento à distância, controle por algoritmos, internet e facilidade na comunicação instantânea (via e-mail, *WhatsApp*, *messenger* os quais podem ser acessados por *smartphones*) são algumas dessas inovações que provocaram uma verdadeira ruptura com os modelos produtivos existentes até então.

Para Barbosa Jr. (2019) o trabalho 4.0, caracterizado pelo uso intensivo da tecnologia, pela flexibilização das relações do trabalho e interconexão das pessoas, está diretamente relacionado à Indústria 4.0, e com isso surgem novas formas de organização do trabalho, impactando o mundo laboral e influenciando as relações trabalhistas.

Segundo diagnóstico de Byung-Chul Han (2015), a sociedade do século XXI não é mais a sociedade disciplinar de Foucault, tendo sido substituída pela sociedade do desempenho. Nesta, os sujeitos da obediência foram substituídos pelos sujeitos de desempenho e produção, mais rápidos e mais produtivos. Ainda de acordo com o autor,

(1) Auditora-Fiscal do Trabalho.

(2) Auditora-Fiscal do Trabalho.

(3) O conceito de teletrabalho adotado no presente artigo é o trazido pela Consolidação das Leis do Trabalho, art. 75-B: "Considera-se teletrabalho ou trabalho remoto a prestação de serviços fora das dependências do empregador, de maneira preponderante ou não, com a utilização de tecnologias de informação e de comunicação, que, por sua natureza, não configure trabalho externo." *(Redação dada pela Lei n. 14.442, de 2022)*

a sociedade do trabalho e a sociedade do desempenho não são sociedades livres, onde os sujeitos são capazes também de terem tempo para o lazer. A sociedade do trabalho escraviza o ser humano, que passa a ser ao mesmo tempo prisioneiro e vigia, vítima e agressor, explorando a si mesmo. E dessa forma geram um cansaço e esgotamento excessivos.

A pandemia do SARS-Covid-19, que teve seu início em 2020, gerou um aceleramento do teletrabalho e do uso dos meios telemáticos para a realização das atividades, fazendo com que o ambiente laboral se transferisse para as residências, invadindo a esfera privada e familiar do trabalhador. As jornadas de trabalho que já se encontravam elastecidas e causando doenças, ficaram ainda mais extensas e difíceis de mensurar. E, ao mesmo tempo em que as empresas buscam meios para tornar o empregado mais produtivo, este também precisa ter seus horários de descanso protegidos, como forma de garantir sua saúde física e mental e, consequentemente, sua produtividade. É justamente para garantir o direito ao descanso adequado que surge o direito à desconexão.

Diante disso, urge desenvolver um arcabouço jurídico que sirva eficientemente à esta sociedade moderna, movida por avanços tecnológicos e pelo uso de ferramentas digitais. O desafio está em confrontar esta nova realidade ante os parâmetros da legislação trabalhista vigente, levando em consideração situações especiais, como por exemplo a sobre jornada dos gerentes e afins, os quais, por força do art. 62, inciso II da Consolidação das Leis do Trabalho (CLT), estão excluídos das regras de controle da duração do trabalho e demais direitos daí decorrentes.

A justificativa para a ausência do controle de jornada dos gerentes pelo argumento de total autonomia ocorre numa exigência cada vez maior pelo atingimento de metas, desrespeitando os limites entre o trabalho e a vida privada. Para Souto Maior (2003, p. 4), juntamente com a demanda pela qualidade total, exige-se a entrega total do trabalhador. E essa entrega total tem como regra romper os diques entre trabalho e vida privada, entre intimidade e empresa. O autor também aponta que mesmo os chamados “altos empregados”, do ponto de vista legal, têm direito à limitação da sua jornada de trabalho, seja por dia, mês ou ano. Portanto, nada justifica que eles possam ou devam trabalhar mais horas do que a lei exige para os demais obreiros.

Atualmente, o direito à desconexão no Brasil deriva de uma construção doutrinária e jurisprudencial, a partir da interpretação do texto constitucional e da Lei n. 605/49, partindo da premissa de que o empregado tem direito a utilizar o seu tempo livre da maneira que bem entender.

Contudo, a ausência de uma proteção expressa na legislação brasileira, faz com que a garantia do direito à desconexão ocorra somente quando o trabalhador ingressa no Judiciário, que acaba por inovar sobre o assunto. A pertinência do tema está justamente em se fazer um enfrentamento a essa ausência de legislação que garanta o direito à desconexão, permitindo inclusive uma ação mais eficiente e protetiva por parte da Inspeção do Trabalho.

Diante desse cenário, o que nos moveu foi buscar compreender em que medida o ordenamento jurídico brasileiro dispõe de mecanismos para que o Poder Judiciário reconheça o direito à desconexão do trabalhador.

Para isso selecionamos duas decisões judiciais do Tribunal Regional do Trabalho da 13ª Região com resultados distintos, sendo uma favorável e outra desfavorável ao trabalhador[(4)]. A escolha dessas duas decisões se justifica por terem como reclamantes trabalhadoras ocupantes de cargos de gestão, enquadradas no art. 62, inciso II da Consolidação das Leis do Trabalho e, portanto, excluídas das disposições do capítulo II, do Título II, do mesmo dispositivo legal, que trata da duração do trabalho. Essas trabalhadoras, ao não estarem submetidas ao controle de jornada, consequentemente, não têm reconhecido o direito ao recebimento de horas-extras. Contudo, isso não pode significar uma exposição a jornadas exaustivas de trabalho.

O método de pesquisa adotado foi o estudo de caso, o qual busca conciliar os componentes próprios do Direito (normas e leis) com fenômenos sociais da vida real, dando maior credibilidade para a aplicação prática do conhecimento. Foi realizada pesquisa bibliográfica e documental, a partir de artigos científicos obtidos da base de dados indexada Scielo e do portal de periódicos da CAPES. Aplicou-se a metodologia dedutiva, baseada em premissas e conceitos estabelecidos como verdadeiros, partindo deles para se chegar a conclusões novas; e a metodologia dialética, que se apoia na análise de contradições e conflitos para entender as mudanças que ocorrem ao longo do tempo.

No presente artigo iremos apresentar os casos escolhidos (item 2), e na sequência abordaremos a exceção do art. 62 inciso II da CLT, e sua relação com os dispositivos legais positivados na legislação brasileira que tratam sobre o descanso. Vamos apresentar os dispositivos violados, quais os prejuízos para o trabalhador ao não se garantir o direito à desconexão, a monetização da hora extraordinária e traremos algumas legislações de Direito Comparado (item 3). No item 4 trataremos do conceito do direito à desconexão, seu entendimento como um direito fundamental e a relação com outros direitos fundamentais previstos na Constituição Federal de 1988. Trataremos também da inobservância do direito de se desconectar, sua relação com dano existencial e a interdependência deste novo direito com o direito à saúde e o direito à vida, ambos direitos inespecíficos[(5)] do

---

(4) A escolha do TRT da 13ª Região se deu por termos localizado decisões de empregados ocupantes de cargo de gerente excepcionados pelo art. 62 inciso II da CLT e que questionaram o direito à desconexão, tendo seu direito decidido de forma diversa, situação essa não identificada em outros Tribunais Regionais. Foi realizada pesquisa com a expressão "direito à desconexão" na "ementa" do acórdão nos sites do Tribunal Superior do Trabalho e, por amostragem, nos Tribunais Regionais do Trabalho da 2ª Região, 8ª Região e 12ª Região.

(5) Segundo Goldschmidt (2020) os trabalhadores são titulares de direitos fundamentais específicos e inespecíficos. Direitos fundamentais específicos são aqueles relacionados diretamente com o trabalhador, previstos nos arts. 6º e 7º da Constituição Federal de 1988. Já os direitos inespecíficos são todos aqueles outros direitos fundamentais previstos na Carta Magna e que alcançam os trabalhadores pelo fato de serem pessoas humanas (como os direitos à saúde, à educação, à intimidade, à vida privada, são os direitos de personalidade dos trabalhadores).

trabalhador. Já o item 5 do artigo tem como objetivo apresentar a diferença nas decisões dos dois casos escolhidos para a pesquisa, em que um reconheceu o direito à desconexão e o outro não. Discutiremos a importância de se positivar esse novo direito para todos os trabalhadores, e que a exceção do art. 62, inciso II da CLT não afasta o direito à desconexão.

Encerramos com as considerações finais, em que traremos reflexões sobre a importância na regulamentação e proteção do direito à desconexão para a saúde do trabalhador, pois ainda que tenhamos normas que regulamentam períodos de descanso diários, semanais e anuais, elas não são suficientes para garantir que o empregado, diante das novas tecnologias de informação e comunicação, permaneça efetivamente desconectado do seu trabalho.

2. Apresentação do caso

Foram selecionados para este estudo de caso dois Recursos Ordinários Trabalhistas do Tribunal Regional do Trabalho da 13ª Região: ROT 0000782-06.2020.5.13.0006 e ROT 0000268-07.2021.5.13.0010.

Na petição inicial da ação trabalhista 0000782-06.2020.5.13.0006, que originou o Recurso Ordinário Trabalhista de mesmo número, a trabalhadora (gerente de vendas de loja de departamento de atuação nacional), reclama o pagamento de domingos e feriados trabalhados, situação essa comprovada de forma consistente na instrução processual. A empregada demonstrou, por meio de documentos e testemunhas, que tinha uma dedicação integral à empresa, com disponibilidade durante todos os dias da semana, inclusive domingos e feriados. Na análise de mérito, a 6ª Vara do Trabalho de João Pessoa/PB reconheceu que a autora de fato exercia função de confiança com patamar remuneratório diferenciado, atendendo o art. 62, inciso II da CLT. Concluiu também que a exclusão da gerente do regime de controle de jornada não autoriza o trabalho em dias de domingos e feriados, uma vez que o repouso em tais dias está assegurado no art. 7º, inciso XV da Constituição Federal para todos os trabalhadores, sem exceção. A 6ª Turma reconheceu então o direito da gerente ao recebimento, em dobro, de um domingo laborado por mês e dos feriados trabalhados. A decisão foi mantida pelo Tribunal Regional do Trabalho da 13ª Região.

O outro caso selecionado para estudo foi a ação trabalhista 0000268-07.2021.5.13.0010, que originou o Recurso Ordinário Trabalhista de mesmo número. Neste, a reclamante, gerente de negócios de empresa que comercializa por catálogo produtos de maquiagem e cosméticos, e que trabalha totalmente em home office, pleiteia a nulidade do seu contrato de trabalho quanto à caracterização das funções de gerência, com o objetivo de receber as horas extraordinárias trabalhadas. Assim, solicita o reconhecimento de que suas atividades eram de chefia intermediária, o que lhe daria direito ao pagamento de duas horas extras de segunda a domingo, e o pagamento de sobreaviso no horário das 07h às 09h e das 21h à meia-noite, de segunda a sexta-feira. Na análise de mérito, a Vara do Trabalho de Guarabira/PB decidiu que a trabalhadora exerce atribuições típicas de gerente com remuneração diferenciada, enquadrando-se no art. 62, inciso II da CLT, estando, portanto, excepcionada do regime relativo à duração do trabalho. Decidiu também por negar o pedido de pagamento de horas extraordinárias e tempo de sobreaviso, justificando que a jornada de trabalho *full time* alegada não foi comprovada. Entendeu o magistrado que o encaminhamento/recebimento de mensagens eletrônicas fora do horário comercial, sem obrigação de resposta imediata, não caracteriza trabalho extraordinário; bem como o recebimento de e-mails à noite ou domingos e feriados não implica, automaticamente, que o empregado esteja, naquele momento, à disposição do empregador. O Tribunal Regional do Trabalho da 13ª Região decidiu pela manutenção da sentença.

Consideramos que as duas decisões judiciais aqui relatadas são representativas do tema a ser discutido neste artigo, referente ao direito fundamental de desconexão dos trabalhadores ocupantes dos cargos de gestão e o afastamento por completo do ambiente laboral, especialmente no que se refere aos meios telemáticos de trabalho.

3. Legislação brasileira sobre descanso e a exceção do art. 62, inciso II da CLT

A Constituição Federal, em seu art. 7º, inciso XIII, determina que a jornada normal de trabalho não poderá ultrapassar 8 (oito) horas diárias e 44 (quarenta e quatro) horas semanais, facultada a redução ou a compensação mediante Acordo ou Convenção Coletiva de Trabalho[(6)].

No mesmo sentido, a CLT (Consolidação das Leis do Trabalho), em seu art. 58, determina que a jornada normal de trabalho, para os empregados de qualquer atividade privada, não poderá ultrapassar 8 (oito) horas diárias, desde que não seja fixado expressamente outro limite.[(7)]

A CLT também indica a exceção, em seu art. 62, com o rol de empregados que não serão abarcados pela limitação da jornada contida no art. 58, considerando as peculiaridades de algumas atividades e a incompatibilidade com a fixação do horário de trabalho.

> Art. 62 – Não são abrangidos pelo regime previsto neste capítulo:
>
> I – os empregados que exercem atividade externa incompatível com a fixação de horário de trabalho, devendo tal condição ser anotada na Carteira de Trabalho e Previdência Social e no registro de empregados;

---

(6) Conforme dispõe a Constituição Federal em seu art. 7º: "São direitos dos trabalhadores urbanos e rurais, além de outros que visem à melhoria de sua condição social: XIII – duração do trabalho normal não superior a oito horas diárias e quarenta e quatro semanais, facultada a compensação de horários e a redução da jornada, mediante acordo ou convenção coletiva de trabalho".

(7) Art. 58 da CLT – A duração normal do trabalho, para os empregados em qualquer atividade privada, não excederá de 8 (oito) horas diárias, desde que não seja fixado expressamente outro limite.

> II – os gerentes, assim considerados os exercentes de cargos de gestão, aos quais se equiparam, para efeito do disposto neste artigo, os diretores e chefes de departamento ou filial.
>
> III – os empregados em regime de teletrabalho.
>
> Parágrafo único – O regime previsto neste capítulo será aplicável aos empregados mencionados no inciso II deste artigo, quando o salário do cargo de confiança, compreendendo a gratificação de função, se houver, for inferior ao valor do respectivo salário efetivo acrescido de 40% (quarenta por cento).

Assim, o significado jurídico de um cargo de confiança não se limita ao exercício de funções burocráticas de direção, comando e organização, embora com maior responsabilidade e certa autonomia. Em vez disso, ele interfere diretamente nos planos da empresa, que é como um anexo do quadro societário em termos de prerrogativas e responsabilidades, e do qual o êxito do negócio depende fortemente. Conforme decisão do TRT/SP, ficou consignado que:

> Para que fique caracterizado o exercício de cargo desta natureza, mostra-se imprescindível o efetivo exercício de mando de gestão ou de representação, mediante a prática de atos próprios da esfera do empregador, com ampla autonomia para a tomada de decisões importantes na vida da empresa. Caso contrário, o empregado não pode ser enquadrado na exceção prevista no art. 62, II da CLT, tornando compatível a fiscalização da jornada. (TRT/SP, 11ª Turma, RO 1001501-50.2018.5.02.0069, relator Ricardo Verta Luduvice, Publicado em 22.01.2020)

Quanto aos empregados da exceção do art. 62 inciso II da CLT, Souto Maior (2003) observa que devido a sua posição hierárquica na empresa, em regra estão sujeitos a jornadas de trabalho extremamente elevadas. Além disso permanecem conectados, de forma a se manterem informados e atualizados, não usufruem férias anuais, pois o afastamento do trabalho por um período mais longo representa um risco para a manutenção do seu emprego e função:

> •O desemprego desses trabalhadores representa muito mais que uma desocupação temporária, representa interrupção de uma trajetória de carreira, vista como um plano de vida, implicando crise de identidade, humilhação, sentimento de culpa e deslocamento social. Em suma, a sua subordinação ao processo produtivo é intensa, corroendo sua saúde e desagregando sua família" (SOUTO MAIOR, 2003, p. 301).

Um passo necessário para humanizar as relações de trabalho é reconhecer que os gerentes e ocupantes de cargos de gestão também dependem economicamente do seu emprego, e essa dependência é também moral, dada a necessidade de manutenção do seu *status* social, o que faz com que se sujeitem às condições de trabalho impostas pela lógica da produção.

> O direito do trabalho, sendo um centro de positivação da garantia dos direitos humanos, evidentemente, não deve encarar este fato como normal e estar alheio a ele, ou, pior, fixar normas que o legitime, pois o resultado é que uma geração inteira de pessoas qualificadas e que muito bem poderiam servir à sociedade de outro modo, está sendo consumida no incessante ritmo alucinado do trabalho direcionado pelos comandos da produção moderna (SOUTO MAIOR, 2023, p. 302).

A maneira de reverter essa situação é integrar os trabalhadores do art. 62 inciso II da CLT na proteção do limite da jornada de trabalho. Proteção essa já estendida a eles pelo art. 7º inciso XV da CF/88, que garantiu a todos os trabalhadores o direito ao descanso semanal remunerado. Da mesma forma, o inciso XIII do mesmo dispositivo constitucional conferiu a todos os trabalhadores o direito à limitação da jornada de trabalho.

Limitar jornada de trabalho é garantir o descanso, este compreendido como a desvinculação plena do trabalho. Trata-se de uma hipótese de interrupção do contrato de trabalho ocorrida quando o empregador, por motivos estabelecidos em lei, continua remunerando o trabalhador sem que ele esteja prestando um serviço. No descanso remanesce tão somente o dever das obrigações acessórias, tais como manter o sigilo de informações empresariais. Estar em período de descanso com algum meio de acesso direto com o empregador, ainda que não seja efetivamente demandado, mas a expectativa, a possibilidade de ser acionado já afasta a desconexão do labor.

Garantir o direito à desconexão implica dizer que um trabalhador não pode estar à disposição do empregador durante suas férias, feriados ou após o término de sua jornada. Deve o trabalhador nesses momentos se desconectar totalmente de suas atividades profissionais para se revitalizar fisicamente e mentalmente. Essa desconexão deve ser total para ser eficaz: a pessoa não deve fazer nenhuma atividade relacionada ao trabalho fora do horário, tais como atender chamadas telefônicas ou prestar esclarecimentos por aplicativos de mensagens instantâneas e correio eletrônico. Essa consideração deve ser estendida também aos empregados exercentes da função de gerência e afins.

Há movimentos na doutrina e jurisprudência que sugerem a inconstitucionalidade da exceção do art. 62, conforme se depreende nas palavras de Serafin:

> Embora os Tribunais trabalhistas continuem aplicando aos casos concretos a regra excludente de direitos dos cargos de confiança, aos poucos a doutrina vem percebendo a importância do assunto e gradativamente começa a se posicionar favorável a declaração de inconstitucionalidade do art. 62, inciso

II, da CLT, por afrontar o princípio da dignidade da pessoa humana, não permitindo àqueles trabalhadores a fruição de seu tem'po para o descanso e lazer (SERAFIN, 2011, p. 175).

Importante registrar que o estudo comparativo com a legislação de outros países se mostra justificado quando consideramos o impacto global nas relações trabalhistas, especialmente quando se trata do direito à desconexão. Observa-se que há pontos de convergência e outros de divergência, demonstrando que não há uniformidade nas legislações já positivadas.

Na Alemanha, por exemplo, a Volkswagen implementou uma medida em que os servidores de smartphones dos funcionários assalariados — excluindo os gerentes — são desligados das 18h15 às 7h da manhã durante a semana e também nos finais de semana. Essa medida está prevista em um acordo coletivo de trabalho que está em vigor desde agosto de 2011 (MELO, 2021, p. 100).

Já na Itália, em maio de 2017, foi aprovada a Lei n. 81 (Legge 22 maggio 2017, n. 81) com o objetivo de promover o teletrabalho e se aproximar das demais nações europeias. O art. 18, § 2º desta lei especifica que o empregador é responsável pela segurança e bom funcionamento dos recursos tecnológicos fornecidos ao trabalhador para o desenvolvimento de suas atividades laborais. Além disso, a Constituição italiana proíbe a fiscalização do empregado de forma remota (art. 19).

Em Portugal, o Código do Trabalho de 2009 garante, no art. 170, o respeito ao descanso do trabalhador e de sua família, e visitas ao local de trabalho (onde o trabalho remoto é realizado) só podem ser feitas entre 9h e 19h, sendo proibido o uso de vigilância à distância nesse ambiente (art. 20).

Já a França foi um dos primeiros países a aprovar uma lei que regulamenta explicitamente o direito à desconexão do trabalho. O art. 55 da lei francesa n. 2016-1088 de 8 de agosto de 2016 (que entrou em vigor em 1º de janeiro de 2017) estabelece os procedimentos para que os funcionários possam exercer plenamente o seu direito à desconexão, bem como a criação de dispositivos pelas empresas para regular o uso de ferramentas digitais a fim de garantir o respeito aos períodos de descanso, pausas e o equilíbrio entre vida pessoal e profissional. Na ausência de um acordo, o empregador redige uma carta depois de consultar o conselho da empresa, ou, na falta deste, os delegados da equipe. Essa carta estabelece os procedimentos para garantir o direito à desconexão e prevê a implementação de ações de capacitação e conscientização para funcionários, gerentes e equipe de gestão a fim de promover o uso adequado das ferramentas digitais.

Ao contrário dos exemplos anteriormente citados, no Reino Unido, o *Lawful Business Practice Regulations* (*Interception of Communications*), de 2 de outubro de 2000, permite que o empregador monitore, intercepte e grave ligações telefônicas, e-mails e atividades na internet sem o conhecimento do empregado, desde que haja um motivo legal válido, o que se torna uma condição essencial para a violação desses recursos virtuais.

Todas essas iniciativas internacionais mostram o quanto é essencial regulamentar o uso dos novos dispositivos e aplicativos para preservar a saúde dos trabalhadores diante das mudanças no cenário atual.

4. Direito à desconexão como um direito fundamental

A nova organização do trabalho baseada no uso intensivo de meios telemáticos provocou tanto o surgimento de novos modelos de prestação de serviço, como o teletrabalho, o crowdwork (terceirização *on line*) e o trabalho sob demanda por meio de aplicativos, como também permitiu que as atividades laborais sejam cumpridas fora do ambiente físico da empresa, bem como em horários distintos da jornada regular de trabalho. Ao mesmo tempo em que trouxeram maior flexibilidade na prestação do labor, as novas tecnologias acabaram por enfraquecer as fronteiras entre o início e o final da jornada normal de trabalho. A rapidez e o imediatismo da comunicação, facilitada por aplicativos como Skype, Messenger e WhatsApp, todos disponíveis nos smartphones, fez com que o trabalho tenha invadido períodos de descanso como finais de semana, feriados e férias, além de estender ou antecipar a jornada regular dos trabalhadores.

Com isso temos o que a doutrina denomina "servidão digital" (GOLDSCHMIDT, 2020), na qual os trabalhadores passam a vivenciar como rotina um contexto de excessiva conexão laboral às atividades empresariais, acessando e-mails corporativos, elaborando planilhas, relatórios, respondendo clientes, prestando informações aos superiores, a qualquer tempo e lugar.

Essas mudanças na forma de se trabalhar e se comunicar podem gerar uma sensação de que é preciso trabalhar mais para provar que se está sendo produtivo, ainda que signifique sacrificar o descanso. Esse conflito entre produtividade e descanso é uma questão que tem recebido grande atenção nos dias de hoje, pois sem as adequadas pausas, os trabalhadores podem desenvolver doenças ocupacionais, como depressão e síndrome de *burnout*, além de outras enfermidades que afetam diretamente a qualidade de vida. E aqui se inclui não apenas o trabalho efetivo, mas também a expectativa de ser demandado. Deve-se considerar o aspecto psicológico, o sofrimento da ansiedade de, a qualquer momento, ser convocado pelo empregador para prestar serviços, ou ainda por se sentir na obrigação de estar sempre disponível.

Além disso, é importante considerar o impacto socioeconômico do aumento das doenças ocupacionais. Com a saúde dos trabalhadores em risco, a produtividade pode ser afetada, causando prejuízos para empresas e a economia como um todo. Trabalhadores acometidos por doenças, ao se afastarem do trabalho, geram aumento nos custos empresariais e para o Governo, que precisa arcar com a seguridade social desses trabalhadores.

A importância em se limitar o tempo de trabalho tem fundamento, portanto, em três aspectos: biológico (preservação da saúde física e mental), social (convívio social e familiar) e econômico (trabalhador saudável é mais produtivo para a empresa, um trabalhador doente é mais oneroso para o sistema de saúde). A fadiga e o esgotamento físico e psíquico causam diminuição da produtividade e aumentam os acidentes de trabalho.

Vê-se então que a limitação da jornada é uma questão de saúde coletiva e não apenas do trabalhador, devendo o meio ambiente do trabalho ser reconhecido como um aspecto essencial para a proteção do meio ambiente geral, na medida em que é o local que o indivíduo passa a maior parte do seu dia, sendo influenciado e afetado diretamente por todos os elementos. O meio ambiente do trabalho está inserido no ambiente geral (art. 200, inciso VIII, da Constituição federal), de modo que não há como falar em qualidade de vida se não houver qualidade no trabalho. Não se consegue alcançar um meio ambiente equilibrado e sustentável ignorando-se o aspecto do meio ambiente laboral.

O direito ao meio ambiente do trabalho equilibrado é um direito fundamental do trabalhador. Estamos, assim, diante de um conflito aparente entre dois princípios constitucionais: o valor social do trabalho e a livre iniciativa. Isto é, ao mesmo tempo que os empregadores possuem a prerrogativa de utilizar as novas tecnologias no contexto da produção com escopo de melhorar seus resultados,

diminuir os custos e exercer seu poder diretivo e de fiscalização; deve-se garantir o direito fundamental do empregado ao meio ambiente laboral sadio. Convém lembrar que os direitos fundamentais são alicerçados no direito de igualdade, não sendo absoluto uma vez que o Estado pode e deve intervir de forma a evitar e/ou minimizar prejuízos ao direito do outro (MELO, 2021).

A sociedade do trabalho 4.0, caracterizada pela mudança na forma de comunicação entre as pessoas e ausência de limites geográficos na prestação dos serviços, traz, portanto, ameaças para os direitos fundamentais específicos e inespecíficos dos trabalhadores (GOLDSCHMIDT, 2020).

Dentre os direitos fundamentais específicos dos trabalhadores tem-se a limitação da jornada de trabalho. Trata-se de um direito humano, previsto no art. 24 da Declaração Universal dos Direitos Humanos (1948), no art. 7º do Pacto Internacional sobre Direitos Econômicos, Sociais e Culturais (PIDESC) e no ordenamento jurídico brasileiro, no art. 7º, inciso XIII da Constituição Federal de 1988. Isto é, a limitação da jornada que é o direito, e não a jornada de trabalho em si.

Por sua vez, o direito à desconexão é consequência natural da limitação da jornada de trabalho, sendo que conforme Amado (2018 *apud* GOLDSCHMIDT, 2020) a definição do horário de trabalho de cada empregado é condição para se exercer o direito de se desconectar. Derivado do direito à limitação da jornada de trabalho, do direito aos períodos destinados aos descansos diários (intervalos intrajornada e interjornada previstos nos arts. 66 e 71 *caput* e §1º da CLT), mensais (repouso semanal remunerado previsto no art. 7º inciso XV da CF/88) e anuais (férias, art. 7º inciso XVII da CF/88), o direito à desconexão tem como objetivo fortalecer os demais direitos fundamentais inespecíficos do trabalhador, especialmente, o direito ao lazer, à privacidade, à saúde, e o princípio da dignidade da pessoa humana. É dever do empregador "não importunar o trabalhador, através dos meios telemáticos nos períodos destinados ao descanso e ao lazer e, consequentemente, de não interferir na vida privada desse sujeito" (GOLDSCHMIDT, 2020, p. 133), respeitando o direito à intimidade e privacidade. Pois o indivíduo não deixa de ser uma pessoa humana quando se torna um trabalhador.

O direito à desconexão é então uma expressão doutrinária utilizada para definir a garantia que os trabalhadores têm de se desconectar do trabalho fora do horário laboral. É uma forma de proteger o direito ao descanso e assegurar uma jornada saudável. Segundo Melo e Rodrigues (2018 *apud* GOLDSCHMIDT, 2020, p. 142), o direito à desconexão pode ser conceituado como o "direito do trabalhador de usufruir de seus momentos de folga, sem permanecer à disposição do empregador, desconectando-se totalmente de seu labor para o fim de se revigorar física e mentalmente". É um direito fundamental de conteúdo positivo, sendo obrigação do empregador garantir o direito à desconexão laboral, mais precisamente a desconexão digital do trabalho.

Ao se defender o direito a se desconectar, não se está defendendo o simples direito de não trabalhar, mas sim o direito fundamental do trabalhador em dispor do seu tempo livre, seja convivendo com sua família, seus amigos, se qualificando, praticando esporte, resolvendo questões de sua vida privada desconectado de seu ambiente laboral.

A jornada exaustiva habitual leva ao dano existencial, "que nada mais é do que a descrição de uma relação que desumaniza o trabalhador, privando-o de sua vida fora do trabalho" (MARINHO, 2019, p. 355). Trata-se de uma violação, que tem como nexo de causalidade o ato ilícito do agressor (ao impor uma sobrecarga sistemática de trabalho) em prejuízo a dois elementos específicos: o projeto de vida do trabalhador e sua vida de relações interpessoais, composta pelas diversas formas de atividades recreativas e extralaborais (MELO, 2021). A ausência de desconexão fere o direito à liberdade do trabalhador, que não pode dispor do seu tempo livre, bem como seu direito à educação, na medida em que abandona sonhos e projetos de desenvolvimento profissional.

A dignidade da pessoa humana como princípio fundamental constitucional (art. 1º, inciso III da CF/88) implica o reconhecimento e proteção de todos os outros direitos fundamentais. E ao se negar direitos fundamentais, acaba-se por negar a própria dignidade do trabalhador.

O desafio em se garantir o direito à desconexão é ainda maior quando se trata de uma categoria de trabalhadores que, em função das atividades exercidas e do recebimento de salário efetivo superior em 40% ao paradigma da empresa, estão excluídos do regime previsto no Título II da CLT, que trata da duração do trabalho.

5. O posicionamento do judiciário nos casos escolhidos e legislação aplicada

Conforme dito anteriormente, foram selecionados como objeto de pesquisa duas decisões judiciais sendo uma favorável e outra desfavorável ao trabalhador, ambos ocupantes de cargos de gestão e enquadrados na exceção do art. 62, inciso II da CLT, a saber:

— Recurso Ordinário Trabalhista 0000782-06.2020.5.13.0006, no qual foi reconhecido o direito da trabalhadora, ocupante de cargo de gerente, ao recebimento em dobro de domingos e feriados trabalhados;

— Recurso Ordinário Trabalhista 0000268-07.2021.5.13.0010, sendo que nessa decisão o magistrado entendeu que a reclamante, também gerente de negócios, não fazia jus ao pagamento de horas diárias extraordinárias e nem ao pagamento de sobreaviso nos horários requeridos na demanda uma vez que estaria enquadrada no art. 62, incisos I e II da CLT.

Observa-se que no primeiro caso, o TRT da 13ª Região entendeu que a trabalhadora, mesmo estando excepcionada do capítulo da CLT que trata da duração do trabalho, deveria ter tido o seu direito ao descanso respeitado. O magistrado traz como ponto inicial da discussão a equiparação do trabalho realizado no estabelecimento do empregador com aquele executado no domicílio do empregado e à distância (art. 6º da CLT).

Ao mesmo tempo em que reconheceu que o uso dos meios tecnológicos implica elastecimento da jornada laboral, defende que não se pode obrigar o trabalhador a manter-se incessantemente conectado (ROT 0000782-06.2020.5.13.0006, TRT 13ª Região, relator Des. Thiago de Oliveira Andrade, *PJe* 28.04.2022, p. 16).

Em sua decisão, o Desembargador Thiago de Oliveira Andrade traz a proteção do arcabouço constitucional, como o direito ao descanso, previsto no art. 7º, incisos XV e XVII, o direito ao lazer (arts. 6º; 7º, IV; 217, § 3º; e 227), à saúde, a proteção da vida social e familiar e a preservação da integridade física e mental do trabalhador. Lembra que a dignidade da pessoa humana "é o núcleo axiológico do ordenamento jurídico brasileiro, ou seja, o parâmetro de orientação de todo o cenário jurídico pátrio" (ROT 0000782-06.2020.5.13.0006, TRT 13ª Região, relator Des. Thiago de Oliveira Andrade, *PJe* 28.04.2022, p. 17).

Foi garantido assim o pagamento em dobro dos domingos e feriados trabalhados, ainda que a empregada estivesse enquadrada no art. 62, II, da CLT, por ser direito previsto nos arts. 7º, inciso XV da Constituição Federal e 1º da Lei n. 605/49 e assegurado a todos os trabalhadores indistintamente.

De modo diverso, no segundo caso analisado, ao confirmar que a trabalhadora era ocupante de cargo de mando e gestão, com atividades externas e incompatíveis com o controle de jornada, o TRT da 13ª Região ratificou o entendimento do juízo de 1º grau. A reclamante foi enquadrada nas exceções do art. 62 da CLT, e teve afastado o regime relativo à duração do trabalho. O magistrado não reconheceu o direito ao descanso da gerente de vendas, mantendo a decisão da Vara do Trabalho de Guarabira/PB, que indeferiu o pagamento requerido das horas extraordinárias e seus reflexos. Alegou ainda que o recebimento de e-mails fora do horário de trabalho não significa que necessariamente a trabalhadora estivesse à disposição do empregador. Escreveu o magistrado:

> Um trabalho assim, de um trabalhador full time, é impraticável a qualquer ser humano, só sendo possível em se tratando de inteligência artificial. Ninguém consegue trabalhar — ainda que somente à disposição, em sobreaviso — 24 horas por dia, sete dias por semana, sem que disponha de tempo para resolver problemas pessoais, atender as demandas do corpo, da alma e da mente, em horários não controláveis pelo empregador.
>
> Destaco que o próprio meio indicado como sendo a prova do trabalho em jornada extraordinária — e-mails e prints de mensagens do Gerente de Vendas Rodrigo em horário fora do que se considera comercial —, por si só, não comprovam o controle de jornada, nem o trabalho em horas extras (Processo 0000268-07.2021.5.13.0010, relatora Juíza Herminegilda Leite Machado, *PJe* 16.06.2022, p. 25).

Nesta segunda decisão o direito ao descanso parece não existir para quem exerce a função de confiança, como se a exceção do art. 62 inciso II da CLT correspondesse a uma permissão legal para um trabalho quase permanente, sem restrições.

No entanto, o fato de esta categoria de trabalhadores não estar sujeita ao controle de jornada obrigatório não dá ao empregador o direito de estabelecer uma jornada de trabalho exaustiva ou de demandá-lo regularmente fora do horário regular de trabalho, desrespeitando seus períodos de descanso.

O direito à desconexão parece somente ser reconhecido quando o trabalhador ingressa com reclamatória trabalhista, em ações individuais que se limitam a reparar financeiramente o empregado, e com a comprovação de que houve o efetivo trabalho em feriados, férias e finais de semana, que o privaram do convívio familiar e social, e de uma organização da vida pessoal. O elastecimento ou antecipação dos horários normais de trabalho parecem estar abarcados pelo salário superior pago aos gerentes e ocupantes de cargo de gestão.

Porém, conforme Souto Maior (2003), não cabe discutir se esses empregados estão ou não sujeitos a controle de jornada, o que se busca garantir é o direito ao limite de jornada, até então não garantido a eles. O elemento objetivo caracterizador da função de confiança, no caso a gratificação, salário superior em 40%, destina-se a compensar a maior responsabilidade e dedicação exigida pelo cargo, e não necessariamente a suprir o direito ao descanso. O que se pretende garantir aos trabalhadores excepcionados pelo art. 62, inciso II da CLT não é a monetização do excesso de jornada, mas que essas jornadas não existam.

6. Considerações finais

O direito à desconexão é um tema atual e relevante no mundo do trabalho. Com o avanço da tecnologia e a facilidade de comunicação constante por meio da internet, cada vez mais pessoas têm dificuldade em estabelecer limites entre suas atividades profissionais e pessoais. Nesse contexto, surge a necessidade de discutir e estabelecer mecanismos que garantam a desconexão dos indivíduos do ambiente de trabalho, preservando seu tempo de descanso e garantindo uma melhor qualidade de vida. Isso significa que, mesmo em cargos de confiança, como o de gerente, o funcionário tem o direito de se desconectar e desfrutar do seu tempo livre sem interrupções ou pressões relacionadas ao trabalho.

Enquanto a legislação trabalhista estabelece o limite diário de duas horas extras para os empregados com recebimento de adicional no mínimo de 50% do valor hora, tem-se que os gerentes ocupantes de cargo de mando e gestão estão excluídos dessa proteção. É preciso repensar essa exclusão, uma vez que os gerentes também são afetados negativamente pela falta de desconexão e a pressão constante do trabalho.

A exceção do inciso II do art. 62 da CLT foi incluída pela Lei n. 8.966/1994, em uma época ainda marcada pelo chão de fábrica e escritórios físicos, onde o uso da tecnologia se limitava ao ambiente laboral. Ao término do expediente, o empregado necessariamente desconectava-se do seu trabalho. Hoje o trabalho está dentro das residências, no celular, acompanhando o empregado aonde ele estiver. Assim, ainda que a legislação brasileira traga dispositivos legais e constitucionais prevendo períodos de descanso diários, semanais e anuais, eles não são suficientes para garantir e proteger o direito à desconexão de forma efetiva, especialmente dos gerentes e afins.

Caracterizar um cargo como de confiança não é permissão para a exigência de uma disponibilidade constante do funcionário. Afinal, é fundamental reconhecer que todos têm o direito ao descanso e à qualidade de vida. E garantir o direito à desconexão não significa que o profissional deva se isentar de responsabilidades ou se recusar a realizar tarefas urgentes fora do horário de trabalho. O objetivo é estabelecer uma cultura de respeito ao tempo de descanso e de limites claros entre trabalho e vida pessoal.

Embora o direito à desconexão ainda não esteja regulamentado especificamente no Brasil, empresas têm adotado políticas específicas para garantir que seus trabalhadores tenham esse direito. Por exemplo, a proibição do envio de mensagens de trabalho após horários específicos, buscando evitar a hiper conectividade do trabalhador.

As duas decisões judiciais objetos deste estudo de caso pleiteiam a reparação monetária do direito ao descanso. Aquele em que a reclamante questionava horas trabalhadas nos finais de semana e feriados, teve o seu direito reconhecido na medida em que são direitos constitucionalmente assegurados. Já a outra ação, ao questionar horas extraordinárias e sobreaviso, teve seu direito ao descanso afastado com base na exceção do art. 62, inciso II da CLT. Daí a importância de se abordar a temática, pois o que se conclui é que a legislação atual protege parcialmente o direito à desconexão aos ocupantes de cargo de gerência ou de confiança, não superando a exceção legal do art. 62, inciso II da CLT.

A monetização do descanso é justamente o que se pretende ultrapassar ao proteger o direito à desconexão. É necessário ter razoabilidade no elastecimento das jornadas de trabalho, observando os limites constitucionais, pois jornadas exaustivas levam a danos físicos, cognitivos e afetivos. Conforme Souto Maior (2003 *apud* GOLDSCHMIDT, 2020, p. 128), o que se discute na doutrina não é o direito a não trabalhar, mas "o direito de trabalhar menos, até o nível necessário à preservação da vida privada e da saúde".

A obrigação de não perturbar é da empresa, resultante do contrato de trabalho e da norma positivada, ao mesmo tempo em que cabe também ao trabalhador permitir se desconectar. Isso porque o empregado tende a se manter disponível durante seus períodos de descanso por medo de perder seu emprego e pela sua dependência econômica em relação ao empregador. Esse é um dos paradoxos do mundo do trabalho: a discussão de um direito ao não trabalho, num mundo e um país com nível de desemprego significativo.

Daí a importância de uma mudança na visão do trabalho em si, para a sociedade e os operadores do direito. Para os autores Souza e Misailidis (2012 *apud* FUJITA, 2022), a provável solução para a efetividade do direito à desconexão tem uma relação maior com a esfera socioeconômica do que a jurídica, necessitando de conscientização quanto ao descanso e lazer como "alimento espiritual" que engrandecem a convivência e as inter-relações. A sociedade, ao permitir que o empregado permaneça conectado, sem contraprestação, leva a um retrocesso, a volta da servidão (agora digital), além de ferir o princípio constitucional da dignidade da pessoa humana.

Os avanços dos meios telemáticos estão escravizando o homem no seu trabalho em uma busca por se manter informado e não perder espaço no mercado de trabalho. Ao mesmo tempo em que o trabalho dignifica o homem, este mesmo trabalho também está lhe retirando a dignidade, na medida em que interfere na sua intimidade e na vida privada (SOUTO MAIOR, 2003). Defender regras que limitem as jornadas de trabalho, incluindo os trabalhadores excepcionados pelo art. 62 inciso II da CLT, e, consequentemente, garantir o seu direito à desconexão, é também promover o trabalho decente, que é aquele desempenhado em condições de igualdade, liberdade, segurança e dignidade.

Referências

BARBOSA JUNIOR, Francisco de Assis. *Gigeconomy e contrato de emprego:* aplicabilidade da legislação trabalhista aos vínculos de trabalho da nova economia. São Paulo: LTr, 2019.

BRASIL. Tribunal Regional do Trabalho da 13ª Região. 6ª Vara do Trabalho de João Pessoa. Sentença: Empregado sujeito ao regime do art. 62 II da CLT. Direito à desconexão. Domingos e feriados laborados por meio da utilização de meios tecnológicos (aplicativos). Pagamento devido. *Ação trabalhista – Rito ordinário 0000782-06.2020.5.13.0006*. Recorrente: Ana Carolina Chianca Teotonio Nobrega. Recorrido: Lojas Riachuelo S.A. Relator: Rita Leite Brito Rolim. 06 de outubro de 2021. Disponível em: https://pje.trt13.jus.br/pjekz/validacao/21100606565722100000017298437?instancia=1. Acesso em: 18 maio 2023.

______. Tribunal Regional do Trabalho da 13ª Região. Empregado sujeito ao regime do art. 62 II da CLT. Direito à desconexão. Domingos e feriados laborados por meio da utilização de meios tecnológicos (aplicativos). Pagamento devido. Recurso ordinário do reclamado não provido. *ROT 0000782-06.2020.5.13.0006.* Recorrente: Ana Carolina Chianca Teotonio Nobrega e outros. Recorrido: Lojas Riachuelo SA e outros. Relator: Thiago de Oliveira Andrade. 28 de abril de 2022. Disponível em: https://pje.trt13.jus.br/pjekz/validacao/22042717242431300000008303406?instancia=2. Acesso em: 18 maio 2023.

______. Tribunal Regional do Trabalho da 13ª Região. RECURSO ORDINÁRIO. ART. 62, II, CLT. CARGO DE GESTÃO. CONFIGURADO. HORAS EXTRAS. SOBREAVISO. INDEVIDOS. O acervo probatório produzido durante a instrução processual demonstrou que a reclamante, no exercício das suas funções, possuía reais poderes de mando e gestão, suficientes ao enquadramento na exceção prevista no art. 62, II, da CLT, impondo-se a manutenção da sentença que indeferiu o pleito de horas extras e de sobreaviso. Recurso ordinário a que se nega provimento. *ROT 0000268-07.2021.5.13.0010.* Recorrente: Juliana Veras Queiroz Vilar Cavalcante. Recorrida: Natura Cosméticos S.A. Relatora: Herminegilda Leite Machado. 16 de junho de 2022. Disponível em: https://pje.trt13.jus.br/primeirograu/Processo/ConsultaDocumento/listView.seam?nd=22051315265006000000019136835. Acesso em: 18 maio 2023.

______. Tribunal Regional do Trabalho da 2ª Região. 69ª Vara do Trabalho de São Paulo. HORAS EXTRAS E EXERCÍCIO DA FUNÇÃO DE GERENTE: Para a configuração do cargo de confiança não basta a simples denominação de gerente, responsável, representante, gestor de categoria ou chefe de seção, tampouco, a comprovação de recebimento de remuneração diferenciada (no mínimo superior a 40% da normal – art. 62, parágrafo único da CLT). Para que fique caracterizado o exercício de cargo desta natureza, mostra-se imprescindível o efetivo exercício de mando de gestão ou de representação, mediante a prática de atos próprios da esfera do empregador, com ampla autonomia para a tomada de decisões importantes na vida da empresa. Caso contrário, o empregado não pode ser enquadrado na exceção prevista no art. 62, II da CLT, tornando compatível a fiscalização da jornada e, por conseguinte, a percepção de horas extras. Recurso ordinário patronal não provido no particular pelo Colegiado Julgador. *RO 1001501-50.2018.5.02.0069.* Recorrente: ROSSI Residencial S.A. Recorrido: Marcos Aparecido Azevedo Franco. Relator: Ricardo Verta Luduvice. 22 de janeiro de 2020. Disponível em : https://pje.trt2.jus.br/consultaprocessual/detalhe-processo/100150150.2018.5.02.0069/2#41c65aa . Acesso em: 20 jun. 2023.

______. *Consolidação das Leis do Trabalho.* Rio de Janeiro: Presidente da República, 1943. Disponível em: http://www.planalto.gov.br/ccivil_03/decreto-lei/del5452.htm. Acesso em: 06 jun. 2023.

______. *Constituição da República Federativa do Brasil.* Brasília: Senado Federal, 1988. Disponível em: http://www.planalto.gov.br/ccivil_03/Constituicao/Constituicao.htm. Acesso em: 06 jun. 2023.

FUJITA, Jorge Shiguemitsu; GUERCIO, Cilene Rebelo Nogueira. Direito à desconexão em tempos de pandemia. *Revista Direitos Humanos e Democracia*, n.19, jan./jun. 2022. Disponível em: https://www.revistas.unijui.edu.br/index.php/direitoshumanosedemocracia/article/view/10963. Acesso em: 18 maio 2023.

GOLDSCHMIDT, Rodrigo; GRAMINHO, Vivian Maria Caxambu. *Desconexão:* um direito fundamental do trabalhador. Rio de Janeiro : Lumen Juris, 2020.

HAN, Byung-Chul. *Sociedade do cansaço.* Tradução: Enio Paulo Giachini. Petrópolis, RJ: Vozes, 2015.

MARINHO, Maiara Oliveira; VIEIRA, Fernando de Oliveira. A jornada exaustiva e a escravidão contemporânea. *Cadernos EBAPE*, v. 17, no. 2, p. 351-361 Rio de Janeiro, abr./jun. 2019. Disponível em: http://www.scielo.br/scielo.php?script=sci_arttext&pid=S167939512019000200351&tlng=pt. Acesso em: 05 jul. 2023.

MELO, Sandro; LEITE, Karen. *Direito à Desconexão do Trabalho.* 2. ed. São Paulo: LTr, 2021.

PEREIRA, Fabiane Vidal. O exercício de cargo de confiança e o direito à desconexão do trabalho. *JusBrasil.* 2019. Disponivel em: https://www.jusbrasil.com.br/artigos/o-exercicio-de-cargo-de-confianca-e-o-direito-adesconexao-do-trabalho/737127054. Acesso em: 10 jul. 2023.

SANTOS, Rafa. Sem previsão legal, direito à desconexão foi pouco invocado na crise da Covid-19. *Conjur.* 10 jan. 2022. Disponível em: https://www.conjur.com.br/2022-jan-10/previsao-legal-direito-desconexao-sido-evocado. Acesso em: 10 jul. 2023.

SOUTO MAIOR, Jorge Luiz. Do Direito à Desconexão do Trabalho. *Revista do Tribunal Regional do Trabalho da 15ª Região*, Campinas, n. 23, p. 296-313, 2003. Disponível em: https://juslaboris.tst.jus.br/handle/20.500.12178/108056. Acesso em: 03 jun. 2023.

Parte 9

Direito do Trabalho, Segurança e Saúde

Condições de Trabalho na Atividade de Limpeza Urbana e Coleta de Residuos Sólidos: Análise à Luz dos Autos de Infração Lavrados pela Auditoria-Fiscal do Trabalho Contra a Empresa Ômega no Ano de 2017 — Belém-PA

Geder dos Santos Freitas(1)

Maria de Nazaré Alves de Lima(2)

1. Introdução

No mundo moderno os avanços tecnológicos impactam diretamente no estilo de vida dos indivíduos e consequentemente, na vida em sociedade onde os hábitos e costumes trazidos pelo desenvolvimento, principalmente nas grandes capitais, resultam em maior produção de resíduos sólidos. Dados atuais indicam que a produção de resíduos sólidos aumenta a cada ano. Segundo a Agência Brasil (2023), o Brasil que possui população superior a 210 milhões de habitantes, cada pessoa produz em média, 343 quilos de lixo por ano.

Diante dessa realidade, muito se discute sobre o descarte e o destino adequado desses resíduos a exemplo dos diversos estudos sobre a reciclagem, mas a sociedade pouco conhece e discute sobre as reais condições de trabalhos das pessoas que desenvolvem cotidianamente a atividade de coleta de resíduo sólidos.

De acordo com o Anuário Estatístico Previdência Social — AEPS, no período 2013 a 2015, houve uma média de 6.500 acidentes com trabalhadores inseridos na atividade de coleta de resíduos sólidos. Por ano em todo o país foram registrados mais de

(1) Auditor-Fiscal do Trabalho.

(2) Graduada em Enfermagem pela Universidade Federal do Pará (1985). Graduada em Direito pela Universidade da Amazônia (1999). Mestrado em Doenças Tropicais. Especialização em Saúde Pública e em Direito do Trabalho. Professora de ensino superior da Universidade Federal do Pará. Vereadora.

19.500 acidentes (SINAIT, 2017). Dada tão elevada incidência, a Inspeção do Trabalho desenvolveu em 2017 uma operação nacional de fiscalização das condições de trabalho dos coletores de resíduos sólidos. Dentre as cidades onde ocorreram as inspeções, destaca-se Belém-PA, objeto do presente estudo, onde três empresas prestadoras do serviço para o município, foram inspecionadas.

Após a identificação desses números significativos de acidentes de trabalho no setor, surgiu a necessidade de se verificar: em que condições laborais os trabalhadores da coleta de resíduos sólidos desenvolvem suas atividades?

Essa inquietação deu forma ao objetivo geral do estudo, que é analisar as principais infrações trabalhistas na atividade de limpeza urbana e coleta de resíduos sólidos, a partir dos autos de infração lavrados pelas fiscalizações dos Auditores-Fiscais do Ministério do Trabalho, contra uma empresa prestadora de serviços, na capital de Belém-PA.

Como objetivos específicos do presente trabalho constam: promoção de debate sobre o tema e proposições de possibilidades de superação dos problemas identificados a partir dos autos de infração.

Para além dessa seção introdutória, será contextualizado alguns apontamentos que irão auxiliar na compreensão de fatos e acontecimentos que resultarão no delineamento da real condição de trabalho dos empregados da atividade de limpeza urbana e coleta de resíduos sólidos.

O presente estudo se encontra organizado em três seções, sendo que a primeira é composta pela metodologia do trabalho. Nesta seção realizou-se a descrição dos documentos utilizados, instrumento de coleta de dados e os procedimentos metodológicos adotados na construção da pesquisa.

Na segunda seção será apresentado o referencial teórico que norteou a realização da pesquisa e que se encontra subdividido em subseções. Na primeira subseção, foi conceituado e descrito os resíduos sólidos. Na segunda subseção definiu-se o sujeito que desenvolve a atividade de coleta dos resíduos sólidos — O coletor dos resíduos sólidos. Na terceira subseção, abordou-se o marco regulatório, citando a legislação trabalhista que protege os trabalhadores inseridos na atividade de coleta dos resíduos sólidos. Na quarta subseção, definiu-se o auto de infração. Na última subseção, discorreu-se sobre a inspeção trabalhista e a figura do Auditor-Fiscal do Trabalho. A terceira e última seção trouxe os resultados e análise dos dados obtidos.

O presente estudo pretende identificar as condições laborais da categoria de trabalhadores inseridos na coleta de resíduos sólidos no município de Belém-PA, identificando as irregularidades trabalhistas, a partir dos autos de infração lavrados no ano de 2017, pelo Ministério do Trabalho e Emprego — MTE, contra uma empresa privada contratada pela Prefeitura Municipal, para realizar a atividade de limpeza urbana.

2. Metodologia

Esta pesquisa configura-se como um estudo de caso, exploratório, de cunho descritivo, baseada na abordagem quali-quantativa. O estudo de caso é uma investigação empírica de um fenômeno contemporâneo em um contexto da realidade, sendo que os limites entre o acontecimento e a situação não estão definidos (YIN, 2001, p. 32). É um método que permite olhar para a realidade social buscando compreensão e interpretação profunda dos fenômenos e fatos específicos. Segundo o Yin (2001), o estudo de caso deve ser a estratégia escolhida quando se quer responder a questões do tipo 'Como' e 'Porque' e quando o pesquisador apresenta possuir pouco controle sobre os eventos pesquisados. Adotou-se o cunho exploratório com o propósito de maior familiaridade com o problema, para torná-lo mais explícito (GIL, 2002).

Foram analisados quarenta e dois Autos de Infração lavrados pelos auditores do Ministério do Trabalho e Emprego, no ano de 2017, contra uma empresa que realiza a coleta dos resíduos sólidos na capital de Belém. Para fins de identificação foi atribuído o nome fictício de ÔMEGA à empresa objeto da análise, visto que os processos administrativos e judiciais resultantes dessa inspeção encontram-se ainda em curso. Pela mesma razão, foram omitidos os números atribuídos aos Autos de Infração lavrados. Para subsidiar o presente estudo, utilizou-se a Análise de Conteúdo proposta por Bardin (1977).

No método de estudo utilizado para guiar esta pesquisa, como instrumento de coleta, foi inicialmente realizado uma pré-análise dos Autos de Infrações. Elaborou-se um quadro onde consta uma relação nominal das infrações, em seguida, os autos foram categorizados em quadros de acordo com os atributos fiscalizados. A partir da categorização, identificou-se, quantificou-se e foram analisadas as infrações fazendo um paralelo dos dados obtidos, com as referências bibliográficas pertinentes.

3. Os resíduos sólidos

Materiais e produtos inservíveis recebiam a denominação de lixo e, por conseguinte, seus coletores eram denominados lixeiros, atualmente considerado um pejorativo. O termo é derivado do latim *"lictum"*, que significa "restos, sobras", tomando o sentido de qualquer material ou objeto que não tem mais utilidade para seu proprietário e é descartado. Segundo o Dicionário Aurélio, lixo é "aquilo que se varre de casa, do jardim, da rua, e se joga fora; entulho; tudo o que não presta e se joga fora" (AZEVEDO, 2016).

Atualmente, o conceito de lixo foi ressignificado. Resíduos Sólidos são todos aqueles materiais gerados nas atividades de produção, transformação ou consumo, que não alcançaram valor econômico e social imediato" (BRAGA, 2000 *apud* MORAES, 2007).

Os resíduos sólidos urbanos podem ser classificados como resíduos domiciliares, oriundos de atividades domésticas em residências urbanas e enquadra também, os resíduos de limpeza urbana, originários do processo de varrição e higienização de vias públicas (BRASIL, 2010).

A coleta domiciliar convencional ou ordinária, de responsabilidade do poder público, é conceituada como "o recolhimento dos resíduos produzidos nas edificações residenciais, públicas e comerciais, desde que não sejam, estas últimas, grandes geradoras (MONTEIRO *et al.*, 2001).

As características e o descarte inadequado destes resíduos podem ocasionar impactos negativos para as condições físicas do meio ambiente, incluindo fatores bióticos e abióticos, bem como o ambiente de trabalho daqueles que atuam em contato direto com esses resíduos, por meio de sua profissão (PASSOS *et al.*, 2021).

3.1. O coletor dos resíduos sólidos

Diante da ressignificação do conceito de lixo para resíduos sólidos, a pessoa que trabalha na coleta recebe o nome de coletor de materiais reutilizáveis e recicláveis que, através de um extenuante ritmo de trabalho, consegue de um lado renda e do outro uma importante contribuição para o meio ambiente e para a comunidade de um modo geral (DIAS, 2002).

O trabalho com materiais recicláveis é reconhecido como atividade que interfere diretamente no processo saúde-doença dos trabalhadores. Tem o potencial de trazer danos a sua saúde, pois estes podem adoecer ou morrer por consequência da profissão ou condições adversas em que seu trabalho é ou foi realizado (SANTOS; ANJOS, 2001).

3.2. Marco regulatório

A Justiça do Trabalho foi criada em 1939 e o Decreto-Lei n. 5.452, de 1º de maio de 1943, instituiu a CLT (Consolidação das Leis do Trabalho), com o intuito de consolidar a legislação laboral e garantir direitos ao trabalhador. A Constituição de 1988, no seu art. 7º trouxe vasta legislação aos trabalhadores urbanos e rurais, como salário-mínimo, irredutibilidade salarial, décimo terceiro, salário e repouso semanal remunerado. No seu art. 8º ratificou a liberdade de fundação e associação sindical e em seu art. 9º o direito de greve, competindo aos trabalhadores decidir sobre a oportunidade de exercê-lo e sobre os interesses que devam por meio dele defender (COSTA,2016).

As Normas Regulamentadoras – NR são disposições complementares ao Capítulo V (Da Segurança e da Medicina do Trabalho) do Título II da Consolidação das Leis do Trabalho (CLT), com redação dada pela Lei n 6.514 de 22 de dezembro de 1977. Consistem em obrigações, direitos e deveres a serem cumpridos por empregadores e trabalhadores com o objetivo de garantir trabalho seguro e sadio, prevenindo a ocorrência de doenças e acidentes de trabalho (BRASIL, 2014). Especificamente a NR-38, publicada recentemente em fevereiro de 2023, trata da segurança e saúde no trabalho nas atividades de limpeza urbana e manejo de resíduos sólidos.

3.3. O auto de infração

É o documento fiscal lavrado por um Auditor-Fiscal do Trabalho, com a descrição da infração à legislação trabalhista encontrada na empresa. A lavratura do Auto será realizada no local da inspeção, salvo se houver motivo justificado que será declarado no próprio auto, sendo que o Auditor-Fiscal do Trabalho poderá lavrar as notificações de débitos e outras decorrentes de ação fiscal, no local que lhe oferecer melhores condições. O valor da multa não é fixado no momento da lavratura do auto de infração, visto que não é o Auditor-Fiscal quem calcula o valor das multas, elas são calculadas no setor próprio e a decisão final é proferida pela autoridade regional ou por servidor com delegação de competência para a prática deste ato. Uma vez lavrado, o auto não poderá ser inutilizado, nem sustará o curso do respectivo processo, devendo o agente da inspeção apresentá-lo à autoridade competente, mesmo se contiver erro (OLIVEIRA, 2018).

3.4. A Inspeção Trabalhista e o Auditor-Fiscal do Trabalho

A inspeção do trabalho no âmbito internacional é uma atividade de grande importância principalmente para a Organização Internacional do Trabalho — OIT, que objetiva garantir a proteção dos trabalhadores através da atividade de fiscalização, tendo como competência assegurar a aplicação das leis e regulamentos no campo do trabalho. A Convenção n. 81 da OIT, adotada em 11 de julho de 1947, na convenção internacional de Genebra, é um importante marco de proteção à classe trabalhadora, pois estabelece as diretrizes para a inspeção do trabalho, atribuindo aos inspetores do trabalho a garantia da aplicabilidade das normas legais relativas às condições de trabalho e a segurança dos trabalhadores no exercício de suas atividades laborais, principalmente as relativas à jornada de trabalho, remuneração, segurança e saúde, proteção de crianças e adolescentes, dentre outras (ENIT, 2021).

A inspeção do trabalho no Brasil, assim como no mundo, sofreu significativa evolução ao longo da história e tendo como grande marco a promulgação da Constituição da República Federativa do Brasil de 1988 que em seu art. 1, III e IV, a qual dispõe como princípios fundamentais a dignidade da pessoa humana e o valor social do trabalho e ainda, em seu artigo art. 21, XXIV, a competência exclusiva da União para "organizar, manter e executar a Inspeção do Trabalho", garantindo a todos os trabalhadores brasileiros os direitos assegurados na Carta Magna (ENIT, 2021).

O cargo de Auditor-Fiscal do Ministério do Trabalho é uma carreira típica de Estado vinculada à Secretaria de Inspeção do Trabalho cujas atribuições são regidas pela a Lei n. 10.593, de 06 de dezembro de 2002 e regulamentadas pelo o Decreto n. 4.552/2002, e desempenha as diversas atividades relacionadas à fiscalização trabalhista em todo o território nacional, com destaque para as seguintes: Combate à informalidade; fiscalização do Fundo de Garantia do Tempo de Serviço — FGTS; inspeções relativas à segurança e saúde no trabalho; combate ao trabalho análogo à escravidão; combate a toda forma de assédio no trabalho; proteção da criança e do adolescente; inserção de aprendizes e pessoas com deficiência no mercado de trabalho; fiscalização do cumprimento de acordos, convenções, contratos coletivos de trabalho e tratados e convenções internacionais em que o Estado é signatário e jornada de trabalho (ENIT,2021).

Diante de tantas atribuições voltadas para a proteção do trabalhador através da fiscalização das relações entre o capital e o trabalho, o cargo de Auditor-Fiscal do trabalho exige profissionais qualificados e especialistas em áreas do direito do trabalho; dos direitos humanos; da auditoria contábil; de medicina e segurança do trabalho e das relações humanas, especialidades essas importantes e necessárias para promover inspeções de qualidade e de grande alcance social, imprescindíveis à manutenção do equilíbrio nas relações trabalhistas e garantir o trabalho decente (SINAIT 2015).

Frente às constantes mudanças políticas, tecnológicas e legislativas que acontecem no mundo do trabalho, o Auditor-Fiscal do trabalho enfrenta desafios diários, objetivando garantir direitos fundamentais e a dignidade da classe trabalhadora tão impactada pelas mais diversas fraudes e violações de direitos que são impostas às relações trabalhistas com a precarização do trabalho e a exploração do trabalhador a serviço do capital e com consequências gravíssimas nos mais diversos aspectos de sua vida.

4. Análise crítica do caso

Nesta seção serão apresentados os dados coletados nos Autos de Infração e a análise dos mesmos, de acordo com o referencial teórico selecionado. Para a obtenção dos dados, adotou-se como base os quarenta e dois Autos de Infração, lavrados durante inspeção fiscal trabalhista no ano de 2017, contra o empregador que foi denominado de Empresa ÔMEGA, onde foram identificados no banco de dados do Ministério do Trabalho e Emprego. (ANEXO1).

QUADRO I: JORNADA DE TRABALHO.

INFRAÇÃO	TOTAL
DESCANSO SEMANAL	01
REGISTRO DE PONTO	01
TOTAL	**02**

Fonte: Ministério do Trabalho e Emprego – 2017.

No que se refere à jornada de trabalho, Silva FM *et all* (2017), ratifica que os coletores de resíduos possuem jornada de trabalho desgastante, insalubre e perigosa e ao realizar a abordagem relacionada ao trabalho, estilo e a qualidade de vida desses trabalhadores, simultaneamente, verificou que há carência de estudos sobre o tema. Nos autos em análise, identificou-se duas infrações nesse sentido, com relato, no conteúdo do primeiro auto de infração, de diversos empregados trabalhando até quinze dias consecutivos, sem o descanso semanal de 24 (vinte e quatro) horas, conforme previsto no art. 67 da CLT. Outro agravante identificado foi que o empregador não consignava em nenhum tipo de controle de jornada, os horários de trabalho efetivamente praticados pelos empregados. A ausência do registro de ponto que deve ser feito através de controle manual, mecânico ou eletrônico está em total desacordo com o que determina o art. 74 da CLT.

QUADRO II: FUNDO DE GARANTIA DO TEMPO DE SERVIÇO — FGTS.

INFRAÇÃO	TOTAL
MENSAL	01
RESCISÓRIO	03
TOTAL	**04**

Fonte: Ministério do Trabalho e Emprego - 2017.

No conteúdo dos 04 (quatro) autos de infração lavrados contra a empresa, pela falta de recolhimento do Fundo de Garantia do Tempo de Serviço (FGTS) mensal e rescisório, identificou-se que a Auditoria-Fiscal do trabalho constatou que a autuada se encontrava em débito com o FGTS há mais de dois anos. O Fundo de Garantia do Tempo de Serviço — FGTS é direito de todos os trabalhadores que são regidos pela Consolidação das Leis do Trabalho (CLT). Segundo Diehl e Trennepohl (2011), é um sistema de poupança em benefício dos trabalhadores que provocou profundas mudanças na economia brasileira, criado através da Lei n. 5.107 em 13 de setembro de 1966, e para o governo, o FGTS representa uma fonte de poupança compulsória, capaz de contribuir de forma significativa para o financiamento de algumas políticas sociais, por meio da oferta de crédito a setores não atendidos pelo sistema financeiro privado. Essa função social atinge a coletividade da sociedade brasileira. Assim, a falta de recolhimento desse Fundo, não lesa somente o trabalhador, mas a sociedade em geral. Hodiernamente o FGTS é regido pela Lei n. 8.036 de 11 de maio de 1990.

QUADRO III: SALÁRIO/REMUNERAÇÃO.

INFRAÇÃO	TOTAL
DESCONTOS INDEVIDOS	01
ATRASO	01
ADICIONAL DE INSALUBRIDADE	01
TOTAL	**03**

Fonte: Ministério do Trabalho e Emprego - 2017.

Nas análises relativas ao salário e remuneração dos empregados da empresa Ômega, identificou-se que diversos empregados estavam recebendo os seus proventos de forma irregular e a Auditoria-Fiscal autuou a empresa pelas seguintes infrações: 1) Pelo não pagamento do adicional de insalubridade para os empregados que pela natureza da atividade faziam jus ao aludido adicional; 2) A realização, pelo empregador, de descontos indevidos nos salários, uma vez que aos empregados eram impostas as despesas dos veículos coletores (peças, consertos e multas) desta forma, transferindo para os mesmos, o risco econômico do empreendimento e 3) As horas extraordinárias estavam sendo pagas com valores inferiores ao devido.

Coelho (2016) considera que os contratos terceirizados são adimplidos com dinheiro público, portanto, a administração deve atentar-se para a ocorrência de irregularidades que desvirtuam o contrato de prestação de serviço, por meio de requisições à tomadora de serviço para correção dos pontos controversos. Contudo, não pode o Poder Público intervir no gerenciamento financeiro e questões deliberativas exclusivas da empresa no tocante à administração dos funcionários, lhe cabendo apenas a fiscalização e controle dos pagamento aos funcionários e questionamentos sobre as condições em que o trabalho são prestados, sob pena de ser desvirtuado o contrato de prestação de serviço e a Administração Pública se tornar responsável direita pelos trabalhadores que integram a empresa licitante prestadora de serviço.

QUADRO IV: REGISTROS E COTAS.

INFRAÇÃO	TOTAL
SEM REGISTRO	01
PCD	01
APRENDIZ	01
TOTAL	**03**

Fonte: Ministério do Trabalho e Emprego - 2017.

Na inspeção realizada, foi identificado que a empresa não cumpria o percentual de cotas determinadas pela legislação em vigor, no que se refere à contratação de aprendizes e Pessoas Com Deficiência e/ou reabilitadas. Outra irregularidade significativa foi a falta do Registro em carteira de trabalho, de dezenas de empregados contratados por meio de empresas interpostas (terceirização ilícita), que atuavam com todos os requisitos caracterizadores da relação de emprego (subordinação, onerosidade, pessoalidade e não eventualidade).

Tais condutas irregulares, representam violação à legislação em vigor, deixando esses empregados sem nenhuma proteção trabalhista e previdenciária.

O advento de cotas para pessoas em vulnerabilidade, tem sido um grande instituto de inclusão no mercado de trabalho, considerando não somente a geração de renda, mas também o reconhecimento do trabalho como essencial para o desenvolvimento humano.

As cotas são estabelecidas por lei e entre essas, cabe destaque para a Lei n. 8.213/91, conhecida como a Lei de Cotas para Pessoas com Deficiência no trabalho, promove a inclusão de Pessoas com Deficiência e estabelece as proporções para empregar pessoas com deficiência, as quais variam de acordo com a quantidade de funcionários. De 100 a 200 empregados, a reserva legal é de 2%; de 201 a 500, de 3%; de 501 a 1.000, de 4%. As empresas com mais de 1.001 empregados devem reservar 5% das vagas para esse grupo. Em seu art. 92, a Lei determina que a pessoa com deficiência pode executar qualquer atividade, uma vez que ele esteja treinado e capacitado para tal função e que a mesma não ofereça risco a sua integridade física e nem a de outras pessoas. (BRASIL, 1991).

No que se refere à contratação de menores aprendizes, a política pública considera a aprendizagem como preparação para o ingresso no mundo do trabalho. Segundo Juraszek e Gumbowsky (2020), a Lei da aprendizagem, como política pública, foi concebida para regular a formação técnico-profissional metódica de adolescentes e jovens, desenvolvida por meio de atividades teóricas e práticas. Vale ressaltar que ao descumprimento de cotas pelas empresas, cabem sanções. Ressalta-se ainda que, com o não cumprimento das cotas, estabelecidas pela legislação em vigor, a empresa não cumpre com sua função social de promover a igualdade de oportunidades, deixando de garantir a dignidade para diversos indivíduos.

QUADRO V: SEGURANÇA E SAÚDE.

INFRAÇÃO	TOTAL
PCMSO	03
CIPA	01
PPRA	02
EPI	04
ARMÁRIO	01
GAB. SANITÁRIO	02
VESTIÁRIOS	01
EXAMES MÉDICOS	01
ÁGUA	02
REFEITÓRIO	01
TRANSPORTE	01 01 01
EQUIPAMENTO DE TRABALHO	01
VEÍCULOS	01
INFLAMÁVEIS/COMBUSTÍVEIS	01 01 01
MÁ ANÁLISE DE ACIDENTES	01
CAPACITAÇÃO	01
TOTAL	**28**

Fonte: Ministério do Trabalho e Emprego – 2017.

Identificou-se que na fiscalização realizada pelos Auditores-Fiscais do Trabalho no ano de 2017 na empresa Ômega, as principais irregularidades encontradas referem-se à segurança e saúde dos trabalhadores. Foram lavrados vinte e oito Autos de Infração, relativos ao descumprimento do que é determinado nas Normas Regulamentadoras de Segurança e Saúde (NR). Analisando o quadro ao norte, constatou-se que as maiores ocorrências de violações trabalhistas estavam relacionadas ao não fornecimento de Equipamentos de Proteção Individual (EPI); adequados ao risco; sendo utilizados em péssimo estado de conservação, funcionamento e ainda sem efetuar a seleção do equipamento adequado tecnicamente aos riscos aos quais os trabalhadores estavam expostos. Há de se ressaltar que, no conteúdo dos autos relativos ao EPI, existem relatos de que foram encontrados trabalhadores usando luvas e botas danificadas; não fornecimento de equipamentos de proteção adequados para os trabalhos realizados em céu aberto, deixando os empregados expostos aos efeitos nocivos das radiações solares e das chuvas, tão recorrentes na região norte.

A segunda maior ocorrência relaciona-se ao Programa de Controle Médico de Saúde Ocupacional (PCMSO). Nos autos consta que a empresa deixou de considerar em seu planejamento e na sua implantação, vários riscos à saúde dos trabalhadores como a exposição solar, ao monóxido de carbono, não se contemplou a solicitação de exames médicos complementares aos empregados expostos a riscos biológicos e ainda, não providenciou a apresentação e discussão do Relatório anual do PCMSO, no âmbito da CIPA. A consequência dessa irregularidade é o total desconhecimento dos trabalhadores sobre os riscos ocupacionais a que estão expostos.

Após as análises realizadas, observou-se que não houve efetiva preocupação da empresa no que se refere à segurança e saúde do trabalhador. Oliveira (2003), afirma que os programas de segurança e saúde no trabalho, em função da cultura dominante na maioria das empresas, são concebidos e orientados normalmente apenas para o atendimento à legislação que dispõe sobre a matéria. Ou seja, não há real interesse das empresas na proteção e segurança do trabalhador, aos riscos presentes em todo o processo produtivo.

A falta de atenção com a saúde e integridade física do trabalhador, fica agravada na análise dos documentos fiscais relativos às irregularidades nos transportes destes, durante a atividade de coleta, sendo constatada a perigosa condição na forma como os trabalhadores eram transportados. Na alternância da coleta, eram acomodados sobre os estribos (plataforma), localizados na parte externa dos caminhões, com os veículos em movimento, segurando-se em barras de ferro, em alguns casos improvisando suportes com panos e cordas para maior estabilidade.

Foi observado ainda nos autos de infração que ao serem transportados na traseira dos caminhões, inalavam os gases tóxicos liberados pelo escapamento dos veículos, bem como dos compactadores dos resíduos.

Outras irregularidades significativas estão relacionadas às precárias condições de manutenção dos veículos utilizados na coleta de resíduos, sendo identificadas: pneus com sulcos desgastados; falta de cintos de segurança; luzes das setas e dos faróis queimadas; caminhões coletores sem o alerta sonoro de ré e sinalização luminosa; veículos com para-brisas quebrados; bancos com estofamento rasgados; dentre outras.

As inúmeras irregularidades identificadas mostram a necessidade de fiscalizações constantes e sistemáticas nessa atividade econômica. Ainda para Oliveira (2003) outro aspecto negativo dos denominados programas "legalistas", que combinados com a abordagem reducionista ou "minimizadora" dos riscos do trabalho reforçam seu lado negativo, é o fato de que não há cobertura total de fiscalização pelo Ministério do Trabalho e Emprego em razão do reduzido número de auditores-fiscais para cobrir o universo de empresas onde existem trabalhadores expostos, cotidianamente, aos riscos de acidentes e/ou de doenças do trabalho.

QUADRO VI: FISCALIZAÇÃO.

INFRAÇÃO	TOTAL
EMBARAÇO	01
DOCUMENTAÇÃO	01
TOTAL	**02**

Fonte: Ministério do Trabalho e Emprego - 2017.

De acordo com o relatado nos autos, durante a ação fiscal, a empresa foi devidamente notificada para apresentar diversos documentos trabalhistas, necessários para a verificação da regularidade dos contratos de trabalho. Contudo, deixou de apresentá-los em dia e hora previamente estabelecidos pela inspeção trabalhista e os entregou de forma parcial, dentre os quais, as escalas de folgas semanais e os documentos relativos aos descontos indevidos efetuados em folha de pagamento nos salários de diversos empregados. Cabe ressaltar que tais condutas configuram descumprimento à legislação trabalhista em vigor, conforme o estabelecido nos §§ 3º, 4º e 6º da CLT (BRASIL, 2019):

> § 3º O agente da inspeção terá livre acesso a todas dependências dos estabelecimentos sujeitos ao regime da legislação, sendo as empresas, por seus dirigentes ou prepostos, obrigados a prestar-lhes os esclarecimentos necessários ao desempenho de suas atribuições legais e a exigir-lhes, quando exigidos, quaisquer documentos que digam respeito ao fiel cumprimento das normas de proteção ao trabalho. *(Incluído pelo Decreto-lei n. 229, de 28.2.1967)*
>
> § 4º Os documentos sujeitos à inspeção deverão permanecer, sob as penas da lei nos locais de trabalho, somente se admitindo, por exceção, a critério da autoridade competente, sejam os mesmos apresentados em dia hora previamente fixados pelo agente da inspeção. *(Incluído pelo Decreto-lei n. 229, de 28.2.1967)*

> § 6º A inobservância do disposto nos §§ 3º, 4º e 5º configurará resistência ou embaraço à fiscalização e justificará a lavratura do respectivo auto de infração, cominada a multa de valor igual a meio (1/2) salário mínimo regional até 5 (cinco) vezes esse salário, levando-se em conta, além das circunstâncias atenuantes ou agravantes, a situação econômico-financeira do infrator e os meios a seu alcance para cumprir a lei. (*Incluído pelo Decreto-lei n. 229, de 28.2.1967)*

A norma acima, determina que o empregador deve permitir e possibilitar que os auditores-fiscais do Trabalho tenham amplo acesso aos documentos trabalhistas sujeitos à inspeção, agindo com transparência, boa fé e sem lhes causar nenhuma dificuldade para a análise fidedigna das diversas obrigações trabalhistas, caso contrário, causará embaraço à ação fiscal e sujeito as penalidades na forma da lei.

5. Considerações finais

Os autos de infração são importantes fontes de análise das irregularidades encontradas na atividade de coleta de resíduos sólidos. Por meio destes é possível identificar o cenário das condições em que são desenvolvidas as funções laborais dos trabalhadores do setor. Analisando individualmente os aludidos documentos fiscais, foi possível traçar um panorama em que se identifica diversos direitos trabalhistas violados.

Conforme os objetivos propostos no presente estudo, destaca-se como principais irregularidades trabalhistas: jornadas de trabalho excessivas; não assinalação de ponto; falta de recolhimento do FGTS; não fornecimento de EPIS ou ainda, em péssimo estado de conservação e adequação; embaraço à ação fiscal; não cumprimento das cotas estabelecidas às pessoas com deficiência e aprendizes; violações das Normas Regulamentadoras relativas ao não fornecimento de água potável; local adequado para tomada de refeições e ausência de banheiros; precárias condições de manutenção dos veículos.

Os autos descrevem ainda, as péssimas condições de transporte dos trabalhadores nos estribos, ficando evidente as graves violações aos direitos humanos da categoria, direitos estes fundamentais que devem ser garantidos pelo Estado, através de ações afirmativas para a promoção da cidadania trabalhista tão impactada pela economia capitalista, com fundamentos no neoliberalismo.

Diante do número significativo de irregularidades, principalmente em relação às normas de segurança e saúde, que foram identificadas através dos diversos autos de infração lavrados em uma única ação fiscal, podemos concluir que mesmo diante da extensa legislação vigente que objetiva proteger a integridade física do trabalhador e a redução dos riscos de acidentes no trabalho, não se constata a preocupação efetiva, por parte da empresa objeto do estudo, na garantia e cumprimento das normas trabalhistas que visem promover um ambiente de trabalho saudável e seguro para essa categoria de trabalhadores, o que se verifica é uma grave exploração da atividade laborativa e um excessivo desrespeito às leis.

Se faz necessário o enfrentamento ao modelo de produção e da relação existente entre o capital e o trabalho, estabelecida na atividade de coleta de resíduos sólidos, onde se constata a exploração do trabalhador em função do lucro para o empregador, que por sua vez, submete essa categoria de empregados a condições indignas, desumanas, expondo-os à toda sorte de riscos.

Consideramos como medida premente, a criação de comissões sob responsabilidade das prefeituras, a fim de fiscalizar efetivamente os contratos firmados, no que diz respeito às condições de trabalho dos coletores de resíduos sólidos, objetivando comunicar aos órgãos competentes em matéria de trabalho, bem como penalizar os contratantes pela inobservância de condições que garantam o respeito absoluto e incondicional à vida e à dignidade da pessoa humana do trabalhador inseridos nessa dinâmica laboral. Devem também ser estabelecidas nos editais de licitação, regras explícitas quanto à obrigação dos contratados na observância e no cumprimento da legislação trabalhista, bem como das normas de direitos humanos vigentes.

Diante de tal realidade, constata-se a necessidade de urgentes providências do Estado, bem como da sociedade civil, para coibir o aviltante desrespeito à vida e à saúde desses trabalhadores.

Muitas cidades no Brasil e no mundo, já adotaram o sistema de coleta de resíduos sólios através da adoção de containers. A mecanização evita o contato direto do trabalhador com os resíduos, o qual se desloca acomodado com segurança nas cabines dos caminhões, de onde opera os comandos do veículo coletor, elevando os containers para dentro das compactadoras dos resíduos, eliminando os riscos de acidentes, pois os trabalhadores não necessitam correr atrás dos veículos coletores para realizar suas atividades. Iniciativas exitosas que já foram implementadas em diversas cidades brasileiras como Caxias do Sul (RS) e Paulínia (SP), onde esse modelo de coleta seletiva é uma realidade.

A coleta mecanizada de resíduos sólidos, além de promover condições dignas de trabalho, contribui com o meio ambiente, uma vez que não expõe os resíduos nas vias públicas e esgotos, minimiza a proliferação de insetos e do mau cheio proveniente dos resíduos, estimula a coleta seletiva e incentiva a geração de empregos e o desenvolvimento do setor produtivo da reciclagem, ainda tão incipiente no Brasil.

Referências

ANDRADE, Hênyo Hytallus da Silva; ANDRADE, Rosemary Ferreira de. *Políticas públicas de saúde e segurança para a prevenção de acidentes laborais: percepção dos garis coletores de lixo domiciliar de Macapá-AP sobre sua aplicabilidade.* Disponível em: https://revista.direito.ufmg.br/index.php/revista/article/view/1651. Acesso em: 15 ago. 2023.

ASSIS, Fernanda A. G.; COTRIM, Kaline T.; BADARÓ, Ricardo R. *Percepção funcional e qualidade de vida dos garis de microcidades do interior do sudoeste baiano*. Bahia, 2013. Disponível: https://www.univates.br/bduserver/api/core/bitstreams/6a8ce452-d917-48e49bd6-2e5477028084/content. Acesso em: 12 ago. 2023.

AZEVEDO.C.T.K. Vocábulo Latim-Português. ED. Porto Alegre – Rio de Janeiro, 2016.

BARDIN, L. (1977). *Análise de conteúdo.* Lisboa: Edições 70. p. 225.

BRASIL. *CLT Saraiva Acadêmica e Constituição Federal.* 5. ed. São Paulo: Saraiva, 2007.

______. *Consolidação das Leis do Trabalho.* 48. ed. São Paulo: Saraiva Educação, 2019.

______. *Lei n. 12.305, de 2 de agosto de 2010.* Institui a Política Nacional de Resíduos Sólidos; altera a Lei n. 9.605, de 12 de fevereiro de 1998; e dá outras providências.

______. *Ministério do trabalho.* Disponível em: https://www.planalto.gov.br/ccivil_03/leis/l6514.htm. Acesso em: 08 jun. 2023.

______. *Lei n. 8213, de 24 de julho de 1991.* Disponível em: http://www.planalto.gov.br/ccivil_03/leis/l8213compilado.htm. Acesso em: 04 ago. 2023.

______. *Portaria n. 3.214, de 08 de junho de 1978.* Aprova as normas regulamentadoras que consolidam as leis do trabalho, relativas à segurança e medicina do trabalho. NR-9. Riscos Ambientais. In: Segurança e Medicina do Trabalho. 29. ed. São Paulo: Atlas, 1995. 489 p. (Manuais de legislação, 16).

CARVALHO, D. F. de; PRADOS, R. M. N. (2022). Exercício Profissional do PCD. *Interação — Revista de Ensino, Pesquisa e Extensão*, 24(2), 16 – 26. Disponível em: https://doi.org/10.33836/interacao.v24i2.727.

COSTA, E. G. A proteção do trabalhador no direito laboral brasileiro. *Revista FATEC Sebrae em debate:* gestão, tecnologias e negócios, vol. 3, n. 4, ano 2016, ISSN: 2358-981.

COELHO. C. S. *As condições de trabalho dos coletores de resíduos:* um estudo de caso nos municípios de Lajeado/RS, Arroio do meio/RS e Encantado/RS. Lajeado. Centro universitário UNIVATES.2016.

DIEHL M. L; TRENNEPOHL D. A importância do Fundo de Garantia do Tempo de Serviço – FGTS para o desenvolvimento brasileiro. *RDE — Revista de Desenvolvimento Econômico*, ano XIII, n. 23, jul. 2011, Salvador, BA.

ENIT. *O Auditor-Fiscal do Trabalho e a Inspeção do Trabalho.* Disponível em: https://www.gov.br/trabalho-e-emprego/pt-br/assuntos/inspecao-do-trabalho/escola/o-auditorfiscal-do-trabalho-e-a-inspecao-do-trabalho. Acesso em: 12 ago. 2023.

FERREIRA, Aurélio Buarque de Holanda. *Novo dicionário Aurélio da língua portuguesa.* 4. ed. Curitiba: Editora Positivo; 2009.

GIL, Antônio Carlos. *Como elaborar projetos de pesquisa.* 4. ed. São Paulo: Atlas, 2008.

JURASZEK, L.; GUMBOWSKY, A. (2020). Jovem Aprendiz no Cenário das Políticas Públicas de Emprego. Desenvolvimento *Em Questão*, 18(53), p. 369-385. Disponível em: https://doi.org/10.21527/2237-6453.2020.53.369-385. Acesso em: 08 jun. 2023.

LINS. N. R. C. *Levantamento socioeconômico de profissionais catadores de resíduos sólidos:* a coleta seletiva/reciclagem como forma de inclusão social. Disponível em: https://repositorio.ufpb.br/jspui/handle/123456789/24585. Acesso em: 28 ago. 2023.

MARQUES, Cristiani. *A proteção ao trabalho penoso.* São Paulo: LTr, 2007.

MONTEIRO, José Henrique Penido *et al. Manual de Gerenciamento Integrado de Resíduos Sólidos.* Rio de Janeiro: IBAM, 2001.

MORAES, L. R. S. Acondicionamento e coleta de resíduos sólidos domiciliares e impactos na saúde de crianças residentes em assentamentos periurbanos de Salvador, Bahia, Brasil. *Cad. Saúde Pública*, Rio de Janeiro, v. 23, p. 643-649, 2007.

OLIVEIRA, E. C. Disponível em: https://www.jusbrasil.com.br/artigos/auto-de-infracaoemitido-por-fiscal-do-trabalho-o-que-fazer/550996518. Acesso em: 08 jun. 2023.

OLIVEIRA. J. C. Segurança e Saúde no Trabalho: uma questão mal compreendida. *São Paulo em Perspectiva*, 17(2): 3-12, 2003.

PASSOS, J. de S.; MESQUISA, V. V.; NOTISSO, P. F.; NOGUERIA, R. A. Uso de drones no levantamento dos riscos de impactos ambientais pelo despejo de resíduos sólidos na bacia do rio vermelho em goiás. *Sociedade e Território*, v. 33, n. 2, p. 162-188, 2021. DOI: 10.21680/2177-8396.2021v33n2ID19737.

SANTOS, A. A. dos; FAGUNDES, C. H.; RODRIGUES, T. V.; SANJULIÃO, L.-R. K. A. F.; BORGES, V. J. de P.; REIS, M. J. (2019). Segurança no trabalho de catadores de reciclados / Work safety of recyclers. *Brazilian Journal of Business*, 1(2), p. 698-710. Disponível em: https://ojs.brazilianjournals.com.br/ojs/index.php/BJB/article/view/2566. Acesso em: 17 ago. 2023.

SILVA, F. M.; SOUSA, P. H. A.; SILVEIRA, R. C. P. Estilo e qualidade de vida de coletores de resíduos. *Rev. Eletr. Enf.* [Internet]. 2017. Disponível em: http://doi.org/10.5216/ree.v19.42349. Acessado em: 12 ago. 2023.

SINAIT. PA: *Fiscalização da coleta de resíduos revela graves problemas no setor*. Disponível em: https://www.sinait.org.br/site/noticiaview?id=14179%2Fpa+fiscalizacao+da+coleta+de+residuos+revela+graves+problemas+no+setor. Acessado em: 15 jul. 2023.

VELLOSO, M.; SANTOS, E.; ANJOS, L. *Processo de trabalho e acidentes de trabalho em coletores de lixo domiciliar na cidade do Rio de Janeiro, Brasil – 1997*. Rio de Janeiro. 8 p. Disponível em: http://www.scielo.br/scielo.php?pid=S0102-311X1997000400012&script=sci_abstract&tlng=pt. Acessado em: 15 jul. 2023.

YIN, Robert K. *Estudo de caso: planejamentos e métodos*. Trad. Daniel Grassi. 2. ed. Porto Alegre: Bookman, 2001.

Segurança e Saúde no Trabalho dos Coletores de Resíduos Sólidos: NR-38 e Fiscalização do Trabalho

Gabriela Mendonça de Albuquerque[1]

Guilherme Camargo de Oliveira[2]

1. Introdução

O presente trabalho se dedica a estudar as condições de trabalho, verificadas materialmente no local de trabalho, dos coletores de resíduos sólidos urbanos, os chamados popularmente de "lixeiros". Com os olhos voltados para a segurança e saúde do trabalho, o estudo irá apresentar o caso prático, uma ação fiscal conduzida por Auditores-Fiscais do Trabalho junto a uma empresa de limpeza urbana, em 2016. Serão abordados os fatos verificados e apurados durante a ação fiscal, seja através do acompanhamento presencial da atividade desempenhada pelos trabalhadores, seja através de análise documental. Os procedimentos adotados pela fiscalização, como interdição da atividade e lavratura de autos de infração serão também abordados.

Após a apresentação do caso haverá a devida justificativa do presente estudo, ressaltando os aspectos mais relevantes do tema. Com a análise crítica se pretende aprofundar as reflexões sobre o tema, mencionando-se especialmente a nova Norma Regulamentadora n. 38, publicada em 2022 e com previsão para entrar em vigor em 2024. Sem a pretensão de citar ou estudar item por item da norma, objetiva-se averiguar os elementos trazidos pelo legislador que possam contribuir efetivamente para a melhoria das condições dos trabalhadores, especialmente levando em consideração o quadro fático vivenciado no caso prático apresentado. Haverá então a proposta de intervenção e algumas considerações finais.

Trata-se de ação fiscal realizada pela Auditoria-Fiscal do Trabalho em face de empresa de coleta de lixo, atividade denominada "coleta de resíduos não perigosos" pela

---

(1) Advogada. Mestre em Direitos Humanos e Cidadania pela Universidade de Brasília — UnB. Especialista em Educação em Infância e Direitos Humanos pela Universidade Federal de Goiás — UFG. Graduada em Direito pelo Centro Universitário de Brasília — UniCEUB.

(2) Graduada em Direito pela Universidade de São Paulo (2002). Mestre em Direito do Trabalho e Seguridade Social pela Universidade de São Paulo (2009-2012).

Classificação Nacional de Atividades Econômicas (CNAE)[3]. A fiscalização se desenvolveu em um município que contava com cerca de quinhentos mil habitantes à época da fiscalização, em novembro de 2016. Uma equipe composta por dez auditores-fiscais do Trabalho iniciou ação fiscal com o intuito de reduzir os notórios e alarmantes índices de acidentes de trabalho nesta atividade. Os auditores se dividiram em cinco duplas e, durante quatro dias, observaram a atividade de coleta de resíduos sólidos, em diferentes trechos da cidade. Além do acompanhamento e da observação da execução das tarefas pelos trabalhadores a fiscalização envolveu ainda entrevistas com os trabalhadores e análise de documentos, colhendo informações sobre as condições de trabalho, horário de trabalho, intervalos e pausas, entre outras questões relacionadas à saúde e segurança do trabalho e também sobre outros direitos trabalhistas.

A empresa privada de coleta de lixo do caso em estudo foi contratada pela Administração Municipal por meio de procedimento licitatório. Ativa junto à Receita Federal desde 2012, a fiscalizada emprega cerca de 700 empregados em média.

Verificou-se que o processo de coleta começava com o planejamento das rotas de coleta, definidas com base na densidade populacional e na quantidade de resíduos gerados em cada região. A coleta de lixo era geralmente realizada por caminhões compactadores que percorriam as ruas seguindo o cronograma de coleta estabelecido. Os caminhões eram equipados com um sistema hidráulico para compactar o lixo, reduzindo o volume e otimizando o espaço de armazenamento no veículo. Na parte traseira do veículo, junto ao compactador hidráulico, havia uma plataforma sobre a qual os trabalhadores eram transportados. Verificou-se que tais plataformas possuíam largura que variava, a depender do caminhão vistoriado, de 30 (trinta) a 36 (trinta e seis) centímetros. Havia duas alças metálicas, uma de cada lado do caminhão, para os trabalhadores se segurarem. Em geral cada equipe de coleta era formada por três ou quatro coletores e um motorista de caminhão, responsáveis por realizar a atividade em dado trajeto.

No curso da inspeção física e durante a observação da realização da atividade verificou-se que os trabalhadores andavam, corriam, subiam e desciam ruas, levantavam diferentes pesos e suportavam sol, chuva, frio e variações bruscas de temperatura. Conforme descrito nos autos de infração lavrados durante a ação fiscal, verificou-se o efetivo transporte dos coletores na parte traseira e externa do caminhão, em pé, sobre estreita plataforma, segurando nas alças e em barra metálica disposta sobre a abertura do compactador, ou segurando em cordas e panos amarrados de forma improvisada nessa barra, durante o trajeto da coleta. Considerando que os veículos dispunham somente de duas alças de sustentação em sua parte traseira, o restante da equipe de coletores recorria ao uso de suportes improvisados como cordas e tecidos encontrados no próprio material coletado, que eram amarrados à barra metálica disposta sobre o compactador.

---

(3) Disponível em: https://www.gov.br/receitafederal/pt-br/assuntos/orientacao-tributaria/cadastros/cnpj/classificacaonacional-de-atividades-economicas-2013-cnae/apresentacao. Acesso em: 1º jan. 2023.

Foi verificado que os trabalhadores usualmente saltavam dos caminhões compactadores com o veículo em movimento, corriam até a calçada para pegar com as próprias mãos os sacos de lixos deixados pelos moradores, retornavam ao caminhão carregando tais sacos, depositavam a coleta arremessando-a no compactador e, após isso, subiam na plataforma com o veículo ainda em movimento. Durante a atividade os empregados repetiam diversas vezes esse ciclo.

A plataforma sobre a qual eram transportados encontrava-se a uma altura de cerca de 50 (cinquenta) centímetros do chão, gerando essa combinação grande risco de queda no ato de descida e de acesso. Verificou-se também que as plataformas sobre as quais os empregados eram transportados se apresentavam escorregadias e com o piso irregular, em função da existência de resíduos de lixo e sujeira acumulados. A fiscalização constatou, durante o acompanhamento dos procedimentos de coleta e por inspeção aos discos de tacógrafos dos veículos, que os caminhões trafegavam em velocidade muitas vezes superior a 60 km/hora, com os coletores transportados na parte externa do caminhão, sujeitando-os a riscos de queda e atropelamento. Verificou-se também que os caminhões não possuíam nenhuma iluminação auxiliar externa que permitisse ao coletor visualizar, no período noturno, o material coletado e eventuais buracos nas vias públicas, aumentando o risco de quedas.

Constatou-se que no trajeto entre a base operacional e o local de coleta os coletores normalmente eram transportados na cabine interna do caminhão. Tal cabine, contudo, dispunha de apenas dois ou três assentos regulares, com respectivos cintos de segurança. Considerando que a equipe, usualmente, era composta por quatro a cinco pessoas, incluindo o motorista do caminhão, o transporte entre a base operacional da empresa e o local da coleta era realizado com pessoas além da lotação prevista e permitida na cabine do caminhão e, assim, alguns coletores eram transportados sem cinto de segurança.

Verificou-se também que a empresa não possuía um procedimento de trabalho detalhado, permitindo uma certa liberdade aos trabalhadores na realização das tarefas. Assim, verificou-se que, em alguns casos, a tarefa diária da equipe era finalizada em poucas horas, com os trabalhadores buscando o encerramento da atividade o mais rápido possível, diante da inexistência de um procedimento de trabalho determinado pela empresa. Essa metodologia de trabalho estabelecida pela empresa estimulava que a equipe de coleta realizasse suas atividades com rapidez excessiva, aumentando o risco de acidentes, como quedas, atropelamentos, cortes e contaminação pelos resíduos do lixo coletado.

O contexto acima indicava que a segurança do trabalhador dependia exclusivamente da sua habilidade e capacidade muscular de se segurar ao veículo, ou seja, de se manter segurando em uma barra metálica, ou corda ou pano improvisado, sobre uma plataforma estreita, escorregadia e irregular, disputando espaço com seus colegas de trabalho e com resíduos do lixo coletado. Tudo isso na traseira de um caminhão compactador de lixo em movimento, cuja velocidade chegava a mais de 60 km/hora. E habilidade também para saltar da plataforma, transitar entre os demais veículos que trafegavam nas vias públicas, carregar e lançar os sacos de lixo e saltar de volta para a plataforma.

Também foram observados os seguintes fatores que contribuíam para a precariedade das condições de trabalho: falta de sanitários apropriados, falta de fornecimento de água potável, contato permanente dos trabalhadores com o lixo e, consequentemente, a aspiração de odor desagradável, convivência com bichos e insetos, exposição a objetos cortantes mal embalados e a material orgânico apodrecido.

Segundo informações colhidas durante a fiscalização, os acidentes de trabalho eram relacionados a vários fatores, tais como: ritmo acelerado de trabalho, acondicionamento inadequado do lixo pela população, realização irregular da coleta, excesso de peso dos objetos recolhidos e uso inadequado dos Equipamentos de Proteção Individual (EPIs). Foi constatado também que a jornada de trabalho se estendia até o grupo completar a coleta dos bairros previamente determinados, podendo variar geralmente de 6 a 8 horas diárias, com casos esporádicos de finalização em período menor.

A fiscalização observou vários trabalhadores com lesões nos membros inferiores, o que se justifica em função do acelerado ritmo de trabalho dos coletores, não controlado pelo empregador. O mal acondicionamento do lixo pela população e o carregamento dos sacos de lixo de forma manual e por longa distância (da calçada até o caminhão em movimento) também podem ser citados como causa dessas lesões.

Foi possível observar na fiscalização que os acidentes com materiais perfurocortantes ocorriam constantemente. A falta de luvas apropriadas para a proteção das mãos dos trabalhadores e o acondicionamento incorreto do lixo pela população foram verificados pela fiscalização. Também foram apuradas informações relativas a lesões dos membros superiores, provocadas, entre outros fatores, pelo arremesso de sacolas pesadas para o caminhão, sendo a maior causa de dor no ombro.

Os equipamentos de proteção individual (EPIs) poderiam contribuir para evitar acidentes, mas a fiscalização apurou, durante a inspeção física, EPIs rasgados e sem condições de utilização. Os coletores relataram baixa qualidade dos EPIs fornecidos, os "mais baratos", e que nem sempre os utilizavam de forma correta, sem qualquer fiscalização por parte do empregador a respeito do uso regular dos referidos equipamentos.

Diante desse cenário, considerando o quanto apurado em inspeção física, acompanhamento das atividades laborais, entrevistas com os trabalhadores e análise de documentos apresentados pela empresa, houve a lavratura de vinte e sete autos de infração, relacionados a questões de segurança e saúde no trabalho e remuneratórias. Também foi lavrado termo de interdição do transporte de empregados no estribo ou plataformas de caminhões de lixo, resultando em transporte inseguro e do transporte de empregados na cabine dos caminhões de lixo com lotação acima da capacidade do veículo, resultando em transporte inseguro e sem cinto de segurança.

2. Interdição

O termo de interdição foi acompanhado do devido relatório técnico de caracterização de grave e iminente risco, que indicou que as ações da fiscalização estavam alicerçadas na Convenção n. 81 da Organização Internacional do Trabalho — OIT, cabendo à inspeção do trabalho tornar efetiva a proteção dos trabalhadores no exercício da sua profissão.

Foram citados, como fundamentos jurídicos que embasam da ação do Estado na defesa de satisfatórias condições de segurança e saúde no trabalho, o art. 7º, inciso XXII, da Constituição Federal, que assegura o direito dos trabalhadores à redução dos riscos inerentes ao trabalho; o art. 161, da CLT, que prevê as figuras da interdição e do embargo trabalhistas; o art. 18 do Regulamento da Inspeção do Trabalho, aprovado pelo Decreto n. 4.552/02, que, em consonância com a Convenção n. 81 da OIT, determina a competência do Auditor-Fiscal do Trabalho para, entre outras atribuições, determinar medidas de aplicação imediata em caso de constatação de grave e iminente risco; Portaria n. 1.719, de 05 de novembro de 2014, do Ministério do Trabalho e Emprego, que reiterava a competência da Auditoria-Fiscal do Trabalho para embargar e interditar e disciplinava os procedimentos pertinentes.

O relatório citou também o conceito de grave e iminente risco, conforme item 3.1.1 da Norma Regulamentadora n. 3 do MTb, redação dada pela Portaria n. 06/83, a saber: "Condição ambiental de trabalho que pode causar acidente de trabalho ou doença profissional com lesão grave à integridade física do trabalhador".

Além de observar as normas relativas ao ato administrativo de interdição, o relatório técnico apontou também as normas afrontadas pelas circunstâncias do caso concreto apurado. Foram citadas as Normas Regulamentadoras ns. 01, 03, 12 e 17 do MTb, o art. 157, inciso I, da CLT, a Lei n. 6.514, de 22/12/1977, o Código de Trânsito Brasileiro — CTB (Lei n. 9.503, de 23.09.1977) e a Constituição Federal (arts. 1º, 5º e 7º).

Foram mencionados especialmente itens da NR-12 vigente à época, como, entre outros, o item 12.3, que impunha ao empregador o dever de "adotar medidas de proteção para o trabalho em máquinas e equipamentos, capazes de garantir a saúde e integridade física dos trabalhadores"; item 12.4, que definia o que seriam consideradas medidas de proteção e a ordem de prioridade para a adoção de medidas de proteção (proteção coletiva em primeiro lugar, seguida de medidas administrativas ou de organização do trabalho e, por fim, medidas de proteção individual); item 12.64.3, que determinava que os meios de acesso deveriam ser localizados e instalados de modo a prevenir os riscos de acidente e facilitar o acesso e utilização; item 12.94, que determinava que a máquinas e equipamentos deveriam ser projetados, construídos e mantidos observando, entre outras disposições, a variabilidade das características antropométricas dos operadores, o respeito a exigências posturais, cognitivas, movimentos e esforços físicos demandados pelos operadores, e a redução da exigência de força, pressão, flexão, extensão ou torção dos segmentos corporais.

O relatório técnico apontou de maneira detalhada, também, a afronta ao Código de Trânsito Brasileiro, mencionando que o art. 1º, § 2º, do referido código estabelece que "[...] o trânsito, em condições seguras, é um direito de todos".

Mencionou também que o art. 65 do CTB estabelece a obrigatoriedade do cinto de segurança para o condutor e passageiros em todas as vias do território nacional. A não utilização do cinto de segurança enseja, conforme art. 167 do referido código, a retenção do veículo até a colocação do cinto pelo infrator. Ou seja, a situação é considerada tão grave que provoca a medida administrativa de interdição temporária (retenção) do veículo até a regularização. Lembrando aqui que a fiscalização detectou transporte de coletores na cabine dos caminhões de lixo com lotação acima da capacidade do veículo, resultando em transporte inseguro e sem cinto de segurança.

Ainda sobre o Código de Trânsito Brasileiro, o relatório destacou que o art. 96 do diploma legal prevê que caminhões são classificados como veículos de carga e não de passageiros. Nesse cenário, o art. 230, inciso II, do CTB considera como infração gravíssima conduzir veículo transportando passageiros em compartimento de carga. Assim, incompatível com a segurança e a ordem jurídica o transporte dos coletores no compartimento de carga, como foi verificado.

Diante de quadro analisado, não há dúvida sobre os riscos que os trabalhadores de coleta de resíduos sólidos corriam no desempenho de suas atividades laborais, tanto os que eram transportados sem cinto de segurança na cabine do caminhão, quanto os que viajavam em condições inseguras na parte externa sobre o estribo do caminhão. Conforme foi demonstrado no termo de interdição lavrado, as diversas ilegalidades constatadas expuseram os trabalhadores a riscos incompatíveis com a princípio constitucional da dignidade humana, bem como feriram o direito ao exercício do trabalho com garantia de preservação de saúde e segurança.

3. Autos de infração

Os autos de infração lavrados relacionados à matéria de saúde e segurança do trabalho apontaram violação aos seguintes itens normativos, indicados no quadro a seguir:

Quadro 1 — Autos de infração.

Norma Regulamentadora	**NR-6, com redação da Portaria n. 25/2001**
Itens da NR	**Descrição da infração**
6.3 - Deixar de fornecer aos empregados, gratuitamente, equipamento de proteção individual adequado ao risco, em perfeito estado de conservação e funcionamento	No auto de infração relata-se o não fornecimento de protetor respiratório, equipamento indicado para o risco químico poeira respirável, conforme Programa de revenção de Riscos Ambientais — PPRA apresentado pela própria empresa.

6.6.1, alínea "b" – Deixar de exigir o uso dos equipamentos de proteção individual.	No auto de infração relata-se a constatação de trabalhadores em plena atividade sem a utilização de EPI fornecido, como botas de segurança. Foram verificados trabalhadores usando tênis, sem qualquer exigência do empregador para a devida adequação.
6.6.1, alínea "e" – Deixar de substituir imediatamente o EPI quando danificado ou extraviado.	No auto de infração relata-se a constatação de luvas rasgadas sendo utilizadas pelos trabalhadores.
6.6.1, alínea "f" – Deixar de providenciar a higienização e manutenção periódica dos equipamentos de proteção individual.	No auto de infração relata-se que os trabalhadores lavavam em suas próprias casas o uniforme, luvas de segurança e calçados de segurança. Durante a inspeção física um trabalhador relatou que estava utilizando tênis porque o calçado de segurança que recebeu da empresa para utilizar naquele dia estava molhado em função da chuva do dia anterior. Ou seja, a empresa entregou o equipamento sem ter providenciado a necessária higienização e secagem para que fosse possível a sua utilização.
Norma Regulamentadora	**NR-07, com redação da Portaria n. 24/1994:**
Itens da NR	**Descrição da infração**
7.2.4 – Desconsiderar, no planejamento e implantação o Programa de Controle Médico de Saúde Ocupacional, os riscos à saúde dos trabalhadores.	No auto de infração relata-se a constatação de que o Programa de Controle Médico de Saúde Ocupacional não considerou o risco provocado pela fumaça de óleo diesel proveniente dos caminhões sobre os quais são transportados rotineiramente, em posição próxima ao escapamento. Além disso, com relação aos riscos biológicos, o referido programa previa apenas exame protoparasitológico de fezes, exame que não é capaz de detectar possíveis enfermidades provocadas pelo contato dos trabalhadores com diversos elementos de risco, como materiais perfurocortantes, por exemplo.
7.4.2, alínea "b" – Deixar de realizar, no exame médico ocupacional, exames complementares, de acordo com o disposto na NR-7.	No auto de infração relata-se que em diversos casos os coletores não foram submetidos à realização dos exames indicados nos Quadros I e II da NR-07, particularmente no que se refere à exposição a monóxido de carbono e poeira. Observa-se no auto de infração que os trabalhadores estão expostos a risco químico poeira respirável, conforme apontado no próprio PPRA da empresa, e ao risco representado pela exposição à fumaça de óleo diesel liberada dos caminhões compactadores durante o processo de coleta de lixo.

7.4.3.2 alínea *"a1"* – Deixar de submeter o trabalhador exposto a risco e/ou portador de doença crônica a avaliação clínica, integrante do exame médico periódico, a cada ano ou deixar de submeter o trabalhador a avaliação clínica, integrante do exame médico periódico, em intervalo menor que um ano, por critério do médico encarregado do exame ou por notificação do auditor-fiscal do trabalho ou por previsão em negociação coletiva.	No auto de infração relata-se a constatação de que a empresa não respeitou a periodicidade mínima anual para as avaliações clínicas dos trabalhadores. Além disso, não respeitou o prazo de seis meses, a partir da admissão, para a realização de exame audiométrico.
7.4.4.3 – Providenciar a emissão de Atestado de Saúde Ocupacional sem o conteúdo mínimo previsto na NR-7	No auto de infração relata-se que os atestados deixaram de especificar os riscos biológicos aos quais os coletores estavam expostos e o risco químico proveniente da fumaça de óleo diesel inalada pelos coletores, conforme constatação durante a inspeção física.
Norma Regulamentadora	**NR-09, com redação da Portaria n. 25/1994:**
Itens da NR	**Descrição da infração**
9.3.1, alínea *"d"* – Deixar de incluir, no Programa de Prevenção de Riscos Ambientais, a etapa de implantação de medidas de controle e avaliação de sua eficácia.	No auto de infração relata-se que no PPRA não havia qualquer especificação da forma pela qual a empresa avaliava (ou deveria avaliar) a eficácia das medidas de controle.
9.3.3, alínea *"a"* – Deixar de identificar os riscos, na etapa de reconhecimento dos riscos do Programa de Prevenção de Riscos Ambientais.	No auto de infração relata-se que o PPRA deixou e identificar o risco químico proveniente da fumaça do óleo diesel que era inalada pelos coletores, conforme observado durante inspeção no procedimento de coleta..
9.3.3, alínea *"f"* – Deixar de contemplar, na etapa de reconhecimento dos riscos do Programa de Prevenção de Riscos Ambientais, a obtenção de dados existentes na empresa, indicativos de possível comprometimento da saúde decorrente do trabalho.	No auto de infração relata-se que os coletores haviam sofrido problemas dermatológicos, possivelmente relacionados ao contato com contaminantes biológicos provenientes do lixo. Entretanto, na etapa de reconhecimento dos riscos do PPRA, não havia qualquer menção a problemas de saúde relacionados à atividade laboral, entre os empregados.
9.3.3, alínea *"g"* – Deixar de contemplar, na etapa de reconhecimento dos riscos do Programa de Prevenção de Riscos Ambientais, os possíveis danos à saúde relacionados aos riscos identificados, disponíveis na literatura técnica.	No auto de infração relata-se que a etapa de reconhecimento dos riscos do PPRA se limitava a indicar possível contaminação por agentes biológicos, sem indicar os possíveis danos à saúde, quais doenças estariam associadas a tal contaminação.
9.3.4, alínea *"c"* – Deixar de realizar avaliação quantitativa, quando necessária, para subsidiar o equacionamento das medidas de controle.	No auto de infração relata-se que o PPRA deixou de quantificar o risco químico proveniente da fumaça do óleo diesel (inalada pelos coletores conforme observado durante inspeção no procedimento de coleta) de modo a subsidiar o equacionamento das medidas de controle.

Norma Regulamentadora	NR-12, com redação da Portaria n. 197/2010:
Itens da NR	**Descrição da infração**
12.3. Deixar de adotar medidas de proteção para trabalho em máquinas e/ou equipamentos, capazes de garantir a saúde e a integridade física dos trabalhadores.	No auto de infração relata-se a maneira pela qual as tarefas eram executadas pelos trabalhadores, demonstrando-se a ausência de medidas de proteção capazes de garantir a saúde e integridade física dos trabalhadores.
2.38: Deixar de instalar sistemas de segurança em zonas de perigo de máquinas e/ou equipamentos.	No auto de infração relata-se que os compactadores de lixo dos caminhões não possuíam sistemas de segurança em suas respectivas zonas de perigo, conforme exigência da NR 12. Os referidos compactadores possuíam, na zona de perigo, pás articuladas que se movem para puxar o lixo depositado pelos coletores, prensando-o para dentro do depósito do caminhão. Não havia nenhum dispositivo que pudesse impedir o acesso dos coletores ao movimento perigoso do compactador. Verificou-se, durante a inspeção, que alguns coletores, no intuito de agilizar a coleta, empurravam os sacos de lixo para dentro do depósito, através do vão existente entre a pá do compactador e o assoalho da caçamba, estando o compactador em movimento, em situação de grande risco de aprisionamento e amputação de membros. Destaca-se que, em função da inexistência de um procedimento de trabalho adequadamente determinado pelo empregador, os empregados podiam retornar para as suas residências ao término do itinerário previamente estabelecido para aquela jornada. Assim, os empregados eram estimulados a acelerar as tarefas, havendo relatos de cumprimento das tarefas diárias em cerca de apenas três horas. Essa metodologia estabelecida pela empresa estimulava que a equipe de coleta realizasse suas atividades com rapidez excessiva, aumentando o risco de acidentes.
12.73"a" - Utilizar passarela, e/ou plataforma, e/ou rampa com largura útil inferior a 0,60 M (sessenta centímetros).	No auto de infração relata-se a constatação do transporte dos trabalhadores em plataformas que, dependendo do caminhão vistoriado, variavam de 30 cm (trinta centímetros) a 36 cm (trinta e seis centímetros).

Fonte: organizado pelos autores a partir de autos de infração.

Estes foram os autos de infração lavrados em matéria de segurança e saúde do trabalho. Como se nota, além dos aspectos levantados durante a inspeção no local de trabalho, foram também autuados itens apurados a partir de análise documental, como os relacionados aos atestados de saúde ocupacional, por exemplo.

Em função da inexistência de norma específica para essa atividade, que abordasse expressamente aspectos como acesso a instalações sanitárias, local para refeição e repouso intrajornada, disponibilização de água potável, ritmo adequado e seguro de trabalho, tais elementos, relacionados diretamente à dignidade do trabalhador, não foram objeto de auto de infração.

4. Justificativa

Justifica-se o presente estudo, de início, a partir do notório risco à saúde dos trabalhadores que a atividade de coleta de lixo urbano provoca. O esforço físico demandado desses trabalhadores é notável, somando-se à exposição às intempéries, ao tráfego nas vias públicas, ao risco de quedas e contusões, corte e perfurações, ao contato com odores desagradáveis, objetos perfurocortantes mal acondicionados, material orgânico apodrecido, agentes perigosos e contaminantes.

O anuário estatístico de acidentes de trabalho, disponibilizado na plataforma (gov.br)[(4)], demonstra o quanto a atividade produz danos à saúde dos trabalhadores, indicando que esta atividade econômica figura entre as dez atividades que mais registram acidentes de trabalho em anos seguidos, em um universo de mais de 650 atividades econômicas tabuladas. O significativo risco à saúde desses trabalhadores demanda e justifica estudos que possam contribuir para a reflexão a respeito do tema, buscando a efetividade do direito fundamental à vida e à integridade física e mental no ambiente laboral. Com relação ao específico caso concreto em análise, o alto número de autos de infração, consequência do alto número de itens normativos desrespeitados pela empresa, demonstra o quanto o meio ambiente laboral dessa atividade econômica é negligenciado e o quanto isso representa de ameaça ao direito fundamental à vida e à saúde dos trabalhadores. Faz-se necessário trazer o tema à luz dos estudos acadêmicos, expondo a situação e refletindo sobre as medidas dedicadas à melhoria das condições de trabalho.

Apesar do alto índice de acidentes, não havia norma regulamentadora voltada a esta atividade econômica até dezembro de 2022, quando a Portaria MTP n. 4.101, de 16 de dezembro de 2022, foi publicada aprovando a Norma Regulamentadora n. 38, que trata da segurança e saúde no trabalho nas atividades de limpeza urbana e manejo de resíduos sólidos. A norma entrará em vigor em 02 de janeiro de 2024. A inovação legislativa também justifica o presente estudo, que irá permitir o cotejamento entre a situação concreta vivenciada e a nova norma regulamentadora, as irregularidades encontradas e as hipóteses previstas na nova norma, permitindo avaliar a nova norma em face de um caso concreto já vivenciado.

A reforçar a importância das reflexões e do estudo a respeito da saúde e segurança dos trabalhadores cabe mencionar, ainda, a relevante resolução adotada na 110ª Conferência

(4) Disponível em: https://www.gov.br/previdencia/pt-br/assuntos/previdencia-social/saude-e-seguranca-dotrabalhador/acidente_trabalho_incapacidade/arquivos/copy_of_AEAT_2021/aeat-2021. Acesso em: 1º ago. 2023.

Internacional do Trabalho da OIT, realizada em junho de 2022[(5)]. Com a resolução o meio ambiente de trabalho seguro e saudável foi incluído entre os Princípios e Direitos Fundamentais do Trabalho da Organização. Há que se adotar as interpretações mais amplas de meio ambiente do trabalho, que incluem neste conceito aspectos não apenas físicos, mas também relacionados à saúde mental dos trabalhadores. Além disso, incluem o meio ambiente laboral no conceito mais amplo de meio ambiente, defendendo a aplicação, no ambiente laboral, dos princípios próprios do direito ambiental, como princípio da prevenção e da precaução, conforme Maranhão (2017) e Feliciano (2021), por exemplo.

É diante desse cenário que o presente estudo tem como objetivo analisar, a partir do caso concreto vivenciado, os aspectos da nova NR-38 voltados aos coletores de resíduos sólidos urbanos e de que maneira essa norma poderá impactar na proteção à saúde desses trabalhadores e na atuação da inspeção do trabalho.

Para alcançar tal escopo o trabalho se apoiará em metodologia com aspectos indutivos, partindo das especificidades encontradas no caso concreto para a análise da aplicabilidade e pertinência da norma geral e abstrata (NR-38), utilizando o método de procedimento de estudo de caso, conforme Marconi e Lakatos (2003). Segundo as autoras, não é incomum a combinação de métodos e técnicas na investigação científica (MARCONI e LAKATOS, 2003, p. 164), cabendo registrar ainda que o presente trabalho, evidentemente, contou com a "observação na vida real" (MARCONI e LAKATOS, 2003, p. 195).

5. Análise crítica

A realidade apurada pela fiscalização corroborou aspectos também verificados em outros estudos, confirmando a intensa exposição desses trabalhadores a diversos riscos ocupacionais. Apenas a título de exemplo menciona-se o alto índice de lesões provocadas por materiais perfurocortantes. Pavelski (2004) contou em sua pesquisa com coletores de lixo de Curitiba, no Paraná, um percentual de 37% desses acidentes de trabalho. Robazzi (1991) menciona também o alto índice de cortes. Duarte (1998, p. 27) também adverte para o perigo dos objetos cortantes:

> Destes diferentes tipos de lesões, como contusões articulares e escoriações, a que ocorreu com maior frequência (35%) foram causados por objetos cortantes. Isto é algo que deveria ser objeto de uma campanha por parte da

(5) "Conferência Internacional do Trabalho acrescenta segurança e saúde aos Princípios e Direitos Fundamentais no Trabalho". Disponível em: https://www.ilo.org/brasilia/noticias/WCMS_848148/lang-pt/index.htm. Acesso em: 03 out. 2022. Os outros quatro princípios constantes da declaração de 1998 são: a) liberdade sindical e o reconhecimento efetivo do direito à negociação coletiva; b) a eliminação de todas as formas de trabalho forçado ou obrigatório; c) a abolição efetiva do trabalho infantil; d) a eliminação da discriminação em relação ao emprego e à ocupação.

> Empresa junto à população, para melhor acondicionar os vidros, ou outros objetos cortantes.

As contusões nos membros inferiores, verificada durante a ação fiscal, já foi identificada também por Miglioransa, Rosa, Perin, Ramos, Fossati e Stein (2003, p. 24-25), que destacam:

> O maior aparecimento de lesões nos membros inferiores fica claro quando analisamos o ritmo de trabalho dos coletores. Como já citado, o exercício e esforço físico exigido no dinamismo do trabalho, faz dos membros inferiores um alvo de contusões e distensões. Colidir com o caminhão de lixo, roçar os sacos de lixo nas coxas e pernas, tropeçar e cair de mau jeito durante a corrida são ações que justificam a preponderância das lesões nos membros inferiores.

Diante desse cenário de elevada exposição a riscos e de excessivo número de acidentes, o Ministério do Trabalho e Previdência publicou a Portaria n. 4.101, de 16 de dezembro de 2022, que apresenta em seu anexo a Norma Regulamentadora n. 38 – Segurança e Saúde no Trabalho nas Atividades de Limpeza Urbana e Manejo de Resíduos Sólidos, a entrar em vigor no dia 02 de janeiro de 2024. Trata-se de fruto do trabalho da Comissão Tripartite Paritária Permanente, órgão composto por representantes do governo, dos trabalhadores e dos empregadores, disciplinado pelo Decreto 10.905, de 20 de dezembro de 2021(6). A construção da norma prestigiou o diálogo social e o tripartismo, em concreta aplicação dos preceitos da Organização Internacional do Trabalho, especialmente previstos na Convenção n. 144 (aprovada pelo Decreto Legislativo n. 6, de 1º de junho de 1989) e na Convenção n. 155 (aprovada pelo Decreto Legislativo n. 2, de 17 de março de 1992)(7). A elaboração da NR-38 também colheu subsídios através de consulta pública, disponibilizada na internet durante o período de 27 de dezembro de 2021 a 27 de janeiro de 2022(8). O processo de elaboração da NR-38 foi impactado também pela Portaria n. 672, de 08 de novembro de 2021, que determinou a prévia elaboração de análise de Impacto Regulatório, atendendo ao art. 5º da Lei n. 13.784, de 20 de setembro de 2019.

---

(6) Disponível em: https://www.in.gov.br/web/dou/-/decreto-n-10.905-de-20-de-dezembro-de-2021368972317. Acesso em: 1º fev. 2023.

(7) O Decreto n. 10.088, de 05 de novembro de 2019 consolidou as convenções e recomendações da OIT adotadas no país. Disponível em: https://www.planalto.gov.br/ccivil_03/_Ato20192022/2019/Decreto/D10088.htm#art5. Acesso em: 1º fev. 2023.

(8) Houve 244 contribuições, conforme noticiado no portal gov.br. Disponível em: https://www.gov.br/participamaisbrasil/tomada-publica-de-subsidios-sobre-elaboracao-de-normaregulamentadora-limpeza-urbana. Acesso em: 1º fev. 2023.

A NR-38 é considerada pela própria Portaria n. 4.101/22, que aprovou a sua redação, como norma de caráter especial. Trata-se de classificação prevista na Portaria n. 672, de 08 de novembro de 2021, que classificou as normas regulamentadoras em normas gerais, especiais e setoriais.

O objetivo da NR-38, indicado em seu próprio texto, é determinar requisitos e medidas de prevenção a fim de garantir "condições de segurança e saúde dos trabalhadores nas atividades de limpeza urbana e manejo de resíduos sólidos". Após apresentar seu objetivo e seu campo de aplicação, a norma se divide em outros oito itens, subdivididos em subitens e alíneas. São capítulos relativos a: disposições gerais; Programa de Controle Médico de Saúde Ocupacional — PCMSO; veículos, máquinas e equipamentos; coleta de resíduos sólidos; varrição; poda de árvores; treinamento e equipamentos de proteção individual e vestimentas de trabalho. Ao final apresenta-se um glossário definindo diversos termos utilizados ao longo do texto normativo.

Observa-se que norma, por diversas vezes, adota o termo "organização" para se referir ao sujeito a quem atribui o dever de providenciar as diversas medidas de segurança e saúde. O termo não consta do glossário da NR-38. Evidentemente "organização" quer dizer empregador. Entretanto, cabe ressaltar, não se limita a ele. Há que se entender "organização" conforme o Anexo 1 – (Termos e Definições) da Norma Regulamentadora n. 01, que assim dispõe:

> Organização: pessoa ou grupo de pessoas com suas próprias funções com responsabilidades, autoridades e relações para alcançar seus objetivos. Inclui, mas não é limitado a empregador, a tomador de serviços, a empresa, a empreendedor individual, produtor rural, companhia, corporação, firma, autoridade, parceria, organização de caridade ou instituição, ou parte ou combinação desses, seja incorporada ou não, pública ou privada.

Já na parte de disposições gerais a NR-38 apresenta uma importante evolução ao determinar (item 38.3.1) para a organização a obrigatoriedade de manter:

> (...) registro atualizado de todos os logradouros em que desenvolve suas atividades, por rota, frente de serviço ou pontos de coleta, com identificação dos pontos de apoio, suas características e definição do tipo de atendimento prestado aos trabalhadores.

Tal registro deve conter, entre outras informações, as distâncias percorridas pelos trabalhadores, a característica da área de trabalho e o tempo estimado para cumprimento de cada uma das rotas, com informações para avaliação ergonômica preliminar. Trata-se de salutar inovação que permitirá estabelecer um ritmo de trabalho condizente com a segurança laboral. Será possível, assim, evitar o incremento dos riscos provocado pela aceleração das tarefas, promovida pela própria equipe, no intuito de finalizar a atividade o quanto antes para, sem qualquer controle do empregador, retornar para casa o mais rápido possível. As apurações do caso prático vivenciado indicam a relevância de tal regra. Evidentemente, será necessário que o empregador não apenas tenha o registro de tais informações, mas também elabore um procedimento de trabalho para a execução das tarefas compatível com o ritmo adequado de trabalho. E exerça o devido controle e fiscalização da atividade laboral, para garantir o efetivo cumprimento, na prática, da norma jurídica.

Outra inovação importante, ligada diretamente à dignidade do trabalhador, é a determinação de pontos de apoio, a serem dispostos em locais estratégicos, conforme as rotas de trabalho, para atender às necessidades fisiológicas e a tomada de refeições dos trabalhadores (item 38.3.2). Esses pontos de apoio deverão seguir as condições previstas no anexo II da NR-24, que trata das condições sanitárias e de conforto nos locais de trabalho. Tais pontos de apoio poderão permitir que os trabalhadores não mais dependam da boa vontade do comércio local para a satisfação das necessidades fisiológicas e tomada de refeição em condições adequadas de higiene e privacidade.

A norma conta com previsão expressa também para a disponibilização de meios adequados para a higienização das mãos nos veículos e nas atividades que exponham o trabalhador a sujidade (item38.3.3), bem como fornecimento de água potável e fresca, para consumo no local de trabalho e durante as atividades, acondicionada em adequadas condições de higiene, vedado o uso de recipientes coletivos (item 38.3.4).

A previsão de fornecimento de água potável aos coletores representa um direito que já era expressamente previsto, por exemplo, para os trabalhadores rurais desde 2005, quando a Portaria n. 86 de 03 de março de 2005 aprovou a Norma Regulamentadora n. 31. Como se nota, comparados aos trabalhadores rurais os coletores de lixo, que também exercem atividade externa com grande esforço físico, precisaram esperar mais de quinze anos para ter assegurado em norma jurídica positivada um dos direitos mais básicos e óbvios, o acesso à água potável no ambiente de trabalho. Trata-se da "invisibilidade social, não reconhecimento, estigma, marginalização da proteção jurídica estatal" sofridos pelos coletores de lixo, tema abordado por Corrêa e Carvalho (2023, p. 207). Os autores pontuam com acerto que a invisibilidade social prejudica e dificulta a proteção jurídica do direito à saúde dos coletores na limpeza urbana. O exemplo do direito à água potável, previsto para os coletores mais de uma década após a previsão aos trabalhadores rurais, é exemplo marcante dessa mazela social. A demora em se elaborar e aprovar uma norma regulamentadora voltada a tal atividade também corrobora essa triste invisibilidade social. Nesse contexto, cabe pontuar que desde 2019 as normas regulamentadoras vêm passando por uma ampla revisão e atualização. Normas complexas foram inteiramente revistas. Ao coletor de resíduos sólidos restou ficar, novamente, em segundo plano, pois o legislador preferiu antes rever as normas já existentes para depois aprovar a NR-38, a entrar em vigor somente em 2024. Ainda assim, Corrêa e Carvalho (2023), sem deixar de reconhecer o avanço que a norma representa, criticam o texto por deixar de atentar para as dimensões social e mental da saúde dos trabalhadores.

Com relação ao risco de acidente de trânsito em via pública a norma prevê (item 38.3.6) a necessidade de se implementar um procedimento de segurança que deverá incluir sinalização de advertência. Procura-se reduzir o risco aos coletores de lixo, que no caso em estudo transitavam em meio aos veículos nas vias públicas. Deverá haver a adequação do procedimento de trabalho para que seja incluída entre as tarefas a devida sinalização. Este é exatamente o objetivo da norma, alterar as condições em que o trabalho é executado para aumentar a segurança dos trabalhadores.

Há previsão também para a imunização (vacinação) dos trabalhadores (item 38.4.1), mencionando-se expressamente vacina contra tétano e hepatite B, considerando os riscos previstos no Programa de Gerenciamento de Riscos (PGR). Trata-se de avanço importante, que reconhece o evidente risco biológico a que estão expostos os trabalhadores em função do contato com material perfurocortante. No caso prático estudado uma das irregularidades autuada foi exatamente a falta de realização de exames médicos relacionados aos riscos proporcionados por material perfurocortante (eram realizados apenas exames protoparasitológico de fezes). O reconhecimento expresso na norma do risco de doenças como tétano e hepatite B indica que a organização deve se atentar e, portanto, ir além da vacinação e fazer o devido controle e prevenção de todas as doenças pertinentes, inclusive as decorrentes de contato com material perfurocortante, e não apenas as detectáveis com exame protoparasitológico de fezes.

Entretanto, é necessário observar que a norma determina que se considere, no programa de imunização, os riscos previstos no Programa de Gerenciamento de Riscos, tratado especificamente na Norma Regulamentadora n. 01 (NR-01). Cabe registrar aqui a crítica de Feliciano e Ebert (2023) à sistemática adotada pela nova redação da NR-01, calcada na ideia de autorregulação, permitindo ao empregador a "autodescrição dos perigos" e "autofixação dos graus de risco". Segundo os autores, verifica-se a elaboração de planos de gestão que identificam perigos e riscos sem qualquer respaldo na realidade, com a deliberada intenção de afastar a responsabilidade da empresa por eventuais acidentes de trabalho. Esse contexto de autorregulação, caso permaneça (e considerando a impossibilidade de a fiscalização alcançar todos os empregadores do país), poderá servir como obstáculo à efetiva melhoria do controle e da prevenção das doenças provocadas por material perfurocortante a que estão expostos os coletores de lixo.

A NR-38 apresenta itens voltados expressamente ao veículo coletor compactador de resíduos sólidos (item 38.5.3), que deve possuir determinados elementos de segurança, como, entre outros: sinalizadores na parte dianteira e traseira, localizados de modo a não ofuscar a visão dos trabalhadores; câmera de monitoramento que permita ao motorista visualizar a operação na parte traseira do veículo, sem prejuízo de outros dispositivos de visualização dos trabalhadores; sistema de iluminação para as áreas de carregamento e descarregamento, a fim de permitir a visibilidade nos trabalhos noturnos ou em situações de baixa luminosidade; sinal sonoro a ser acionado pelos coletores, na parte traseira do veículo.

No tocante ao transporte dos trabalhadores a norma proíbe que seja realizado na parte externa do veículo de coleta no deslocamento entre a organização e a região de coleta, entre os setores de coleta não adjacentes e para o transbordo e destinação final (item 38.6 e subitens seguintes).

Permite-se, contudo, o transporte em plataforma operacional dos veículos coletores compactadores, desde que respeitadas as disposições pertinentes da própria NR-38. O transporte de trabalhadores na parte externa do veículo é objeto de grande preocupação, pois o risco de queda em via pública em meio ao tráfego dos demais veículos é, de fato, alarmante. O legislador, assim, determinou o acompanhamento e avaliação da utilização da plataforma durante cinco anos, com base em indicadores de acidentalidade. Deverá haver a devida avaliação que indicará, de maneira fundamentada, a manutenção das medidas da NR-38, ou o acréscimo de requisitos normativos, ou a determinação de outra forma de organização da atividade. Esse acompanhamento está previsto no corpo da Portaria n. 4.101, de 16 de dezembro de 2022, norma que aprovou, em seu anexo, a NR-38. Corrêa e Carvalho (2023 p. 206) registram que a redação inicialmente proposta da norma proibia o deslocamento de trabalhadores, ainda que em pequenos trechos, sobre estribos, plataformas, para-choques, carrocerias de caminhões, carretas, apoiados em tratores, ou demais situações que pudessem favorecer acidentes ou adoecimentos. Os autores lamentam, com razão, que a proibição não prevaleceu ao se elaborar o texto final para aprovação. Certamente as pressões econômicas se fizeram presentes no processo tripartite de discussão e redação da norma.

Diversas são as regras previstas na NR-38 relativas a tais plataformas. Os trabalhadores não devem permanecer nas plataformas durante a compactação; a subida e a descida da plataforma somente podem ocorrer com o veículo parado; com os trabalhadores sobre a plataforma a velocidade do veículo fica limitada a 10 km/h, no deslocamento no setor de coleta; o veículo somente pode se mover após o coletor acionar o sinal sonoro; os trabalhadores não podem permanecer na plataforma quando o veículo operar em marcha a ré, nem durante a compactação. É flagrante a pertinência e a relevância de tais regras diante do contexto flagrado no caso concreto analisado.

Impõe-se também à organização o dever de acompanhar o limite de velocidade do veículo, com tacógrafo, sistema de rastreamento ou outro meio adequado. A norma se limitou a utilizar o termo "acompanhar", não afirmou expressamente o dever de a organização efetivamente fazer com que o limite de velocidade seja respeitado. Não se deve interpretar o termo "acompanhar" de maneira a retirar do empregador o seu dever de efetivamente fazer valer a norma, a sua responsabilidade pelo respeito ao referido limite. Não se trata de o empregador apenas determinar ao motorista do veículo que respeite o limite, punindo-o em caso de excesso de velocidade.

A empresa, sendo responsável pela segurança e saúde dos trabalhadores, deve organizar todo o procedimento de trabalho de modo a permitir que o limite de velocidade não represente um obstáculo ao ritmo adequado para a realização das tarefas pela equipe de trabalho. Seria evidente conduta ilícita do empregador impor ou permitir trajeto, pontos de coleta, quantidade de tarefas e/ou um ritmo de trabalho incompatível com o referido limite de velocidade. Caberá uma análise mais ampla, que considere todos os elementos da rota planejada, como logradouros, pontos de coleta, estimativa de tempo para cumprimento de cada uma das rotas e demais elementos que devem ser objeto de registro atualizado, conforme item 38.3.1. Eventual conflito entre o ritmo de trabalho imposto ou permitido pelo empregador e o referido limite de velocidade terá como consequência a impossibilidade de se atribuir ao motorista a culpa pelo desrespeito ao limite de velocidade, inclusive em caso de acidente.

A NR estabelece que a plataforma deve seguir as especificações da norma técnica oficial vigente, qual seja, a Norma Técnica ABNT 15599:2020, que determina, entre outras diretrizes, que a plataforma tenha largura mínima de 410 mm e piso antiderrapante e, de preferência, com proteção de borracha nas partes lateral e frontal.

A plataforma deve suportar pelo menos 250 kg no ponto mais distante do seu ponto de fixação. Os balaústres também devem suportar 250 kg cada um. Sobre o carregamento do lixo pelos coletores, a norma determina que a colocação de resíduos no caminhão deve ser realizada com o veículo parado; não se deve exigir a movimentação habitual de material acima da altura dos ombros; em locais onde o veículo não puder entrar devem ser aplicadas alternativas que reduzam o esforço no transporte manual de carga pelos coletores. As verificações do caso concreto indicam a pertinência de tais regras, pois foi observado o dano à saúde dos trabalhadores provocado pelo rotineiro lançamento dos sacos de lixo ao caminhão em movimento, com elevação da carga acima da linha dos ombros.

Após se dedicar às atividades de varrição e poda de árvores a norma traz importantes avanços ao determinar regras sobre o treinamento dos trabalhadores (item 38.9 e subitens seguintes). Entre tais regras, algumas se mostram aplicáveis às circunstâncias observadas no caso concreto, como as determinações para que o treinamento ofereça orientações sobre aspectos ergonômicos do trabalho, incluindo técnicas de movimentação de carga e orientações sobre as situações nas quais os resíduos estejam acondicionados de forma que ofereçam risco à segurança ou saúde.

Sobre os equipamentos de proteção individual (item 38.10 e subitens seguintes) a norma determina o respeito à NR-06, norma dedicada a tais equipamentos, e acrescenta algumas especificidades sobre luvas e calçado de segurança. Este deverá ser tipo tênis e proporcionar, além da proteção contra impactos de quedas sobre os artelhos e contra agentes abrasivos, escoriantes e perfurantes, sistema de absorção de energia na área do calcanhar e resistência ao escorregamento.

A norma menciona ainda a obrigação de fornecimento de vestimenta de trabalho e de dispositivos de proteção pessoal, como chapéu ou boné para proteção contra radiação solar e vestimenta contra frio. Sem a intenção de esgotar todos os itens e subitens normativos, apresentam-se acima os mais relevantes e os que mais se mostraram pertinentes às situações verificadas no caso concreto.

6. Proposta de intervenção

É imprescindível que se promova a efetividade da norma, instrumento poderoso para a melhoria das condições de trabalho dos coletores de resíduos sólidos urbanos. Há que se ter ampla divulgação desse novo marco regulatório da atividade para toda a sociedade e, especialmente, para empregadores e empregados. O papel dos sindicatos, nesse contexto é fundamental. Será pertinente também a divulgação entre as autoridades públicas responsáveis pelos processos licitatórios relativos à limpeza urbana, pois a nova norma demanda uma profunda alteração na execução da atividade.

Consequentemente, será necessário, a partir da nova norma, incluir nos custos da operação todas as alterações exigidas pela norma, como pontos de apoio, limite de velocidade, fornecimento de água potável e fresca, entre outros. É salutar, assim, que a licitação seja prevista já exigindo das empresas que se candidatarem as devidas providências para que a norma seja atendida. Evidentemente, eventual omissão no processo licitatório não será suficiente para afastar a obrigação legal imposta ao empregador. De igual maneira, contratos já em vigor, cuja licitação se deu antes da publicação da NR-38, não devem representar obstáculo aos novos direitos dos coletores de resíduos sólidos urbanos, independentemente das providências que a empresa privada possa adotar perante o poder público contratante. O largo período entre a publicação da norma e a sua entrada em vigor deve servir, inclusive para que os empresários possam providenciar as devidas adaptações.

A inspeção do trabalho deve exercer com protagonismo o seu papel de intervenção do Estado no domínio econômico, orientando empregadores e trabalhadores, lavrando os autos de infração pertinentes e interditando as situações de risco grave e iminente. A atuação da Auditoria-Fiscal do Trabalho estará agora embasada não mais apenas em normas gerais, como as utilizadas no caso prático estudado (normas de proteção de máquinas em geral e regras do código de trânsito, por exemplo). Agora haverá, sem prejuízo da utilização de normas gerais, positivação dos direitos de modo direto, ou seja, em norma específica, elaborada exatamente para a atividade econômica em questão, a embasar orientações, autuações e interdições. Ao Ministério Público do Trabalho e à Justiça do Trabalho cabem, também, atuar em prol do cumprimento de tão importante inovação legislativa.

Nesse contexto, é preciso que se estabeleça uma parceria sistemática entre todos os atores sociais envolvidos, trabalhadores coletores de lixo domiciliar, empresas, Poder

Público responsável pelas licitações, Ministério Público do Trabalho, Poder Judiciário e Auditoria-Fiscal do Trabalho, no intuito de tornar efetivas as políticas de prevenção de acidentes de trabalho, em prol de um meio ambiente laboral ecologicamente equilibrado, conforme prevê o artigo. 225, *caput*, da CRFB/88 (BRASIL, 1988), em pleno respeito à dignidade da pessoa humana.

7. Considerações finais

A partir do caso concreto estudado é possível perceber que a aprovação da NR-38 traz significativos avanços. Boa parte da dificuldade de se tipificar determinadas condutas do empregador como infrações trabalhistas estará agora eliminada, diversos procedimentos podem ser facilmente alcançados com a nova norma. Alguns aspectos intimamente relacionados à dignidade do ser humano, que não foram objeto de autuação no caso prático, agora emergem e estão iluminados sob o foco da expressa previsão normativa. Pontos de apoio para necessidades fisiológica, material para higienização das mãos e disponibilização de água potável e fresca são agora direitos positivados. Merece destaque o detalhamento aplicado pelo legislador, que pareceu buscar evitar tergiversações e interpretações que pudessem tornar o conteúdo da norma esvaziado ou ineficiente para garantir efetivas melhorias nas condições de trabalho. Assim, a norma não se limita a determinar o fornecimento de material para higienização das mãos, ou o fornecimento de água potável e fresca. O legislador fez questão de deixar expresso que a disponibilização de água, sabão e material para enxugo das mãos deverá se dar no veículo; e o fornecimento de água potável e fresca deve se dar para consumo no local de trabalho durante a atividade. Evita-se assim a retórica perversa de se alegar, por exemplo, que a empresa teria atendido a norma ao disponibilizar água potável em sua matriz, sendo evidente que o executar das tarefas, com todos os aspectos descritos no presente estudo, demanda a devida hidratação no efetivo local de trabalho e durante a atividade.

Da mesma maneira, a obrigação de estimar o tempo para cumprimento de cada rota é importante medida para deixar inequívoco ao empregador que é sua responsabilidade o ritmo com que os trabalhadores exercem as suas atividades. Cabe ao empregador, portanto, evitar que os trabalhadores aumentem a velocidade das tarefas para, ainda que incrementando os riscos, terminarem mais cedo a rota determinada.

Ao passo que são elogiáveis determinados avanços do legislador, cabe também apontar alguns aspectos em que a norma deixou de ir até onde deveria, ou poderia, ter ido. A redação originalmente proposta proibia o transporte de trabalhadores na parte externa do veículo, mas o texto final abriu mão dessa proibição. A norma também deixou de voltar os olhos para os aspectos social e mental da saúde dos trabalhadores. São pontos que deverão merecer atenção do legislador o mais breve possível. Com pontos elogiáveis e outros que ainda merecem aprimoramento, a NR-38 cuidará de trazer, a partir da sua efetiva implementação, melhores condições de trabalho aos coletores de resíduos sólidos. Tais melhorias envolvem elementos imprescindíveis para a preservação da vida, da saúde e integridade física, como a limitação de velocidade enquanto o trabalhador estiver na plataforma operacional, o treinamento adequado, o ritmo de trabalho regrado, entre outros. Envolvem também questões intimamente ligadas à dignidade do trabalhador, como a possibilidade de um local adequado para refeições e para a satisfação de necessidades fisiológicas e acesso a água potável no local de trabalho. Para além do exposto, a norma representa um inegável salto no processo de ruptura da invisibilidade a que são submetidos os trabalhadores da coleta de resíduos sólidos. São agora os destinatários específicos de uma tutela jurídica própria. Passam a ter direitos a reivindicar, que outrora não tinham.

Sabe-se, entretanto, que direitos teoricamente previstos não se fazem efetivos sozinhos. Faz-se necessário que os próprios trabalhadores tenham consciência de tais direitos e voz para reivindica-los, destacando-se nesse sentido o papel dos sindicatos. Faz-se necessário que o poder executivo, responsável pelas licitações, exija das empresas o cumprimento da norma como condição mínima para ter acesso ao processo concorrencial. Faz-se necessário que os advogados exerçam o seu mister de maneira independente e criteriosa, orientando corretamente empregadores e empregados, defendendo os interesses dos seus clientes conforme a nova NR. Faz-se necessário que as autoridades públicas, Auditores-Fiscais do Trabalho, Procuradores do Trabalho e Juízes do Trabalho façam valer o comando normativo com a consciência de que não se trata apenas de exigir o cumprimento de uma regra jurídica. Trata-se, em verdade de buscar a proteção à vida e à saúde de um trabalhador, buscar a tutela da dignidade de um ser humano. Mais que isso, trata-se de enxergar aquele que, antes, estava invisibilizado.

Nesse contexto, a nova norma jurídica se apresenta com dupla faceta. Por um lado, pode ser considerada um ponto de chegada, uma conquista para os trabalhadores, um motivo de celebração. Por outro lado, representa apenas o começo do caminho a ser percorrido, por toda a sociedade, para que se alcance a verdadeira tutela da vida, da saúde e da dignidade do ser humano trabalhador na coleta de resíduos sólidos urbanos.

Referências

BRASIL. *Decreto-lei n. 5.452, de 1º de maio de 1943*. Aprova a Consolidação das Leis do Trabalho — CLT. *Diário Oficial da União*. Publicado em 09 ago. 1943. p. 11.937. Disponível em: https://www.planalto.gov.br/ccivil_03/decreto-lei/del5452.htm. Acesso em: 1º ago. 2023.

______. *Decreto n. 4.552, de 27 de dezembro de 2002*. Aprova o Regulamento da Inspeção do Trabalho. *Diário Oficial da União*. Publicado em 30 dez. 2002. Seção 1, p. 04. Disponível em: http://www.planalto.gov.br/ccivil_03/decreto/2002/d4552.htm. Acesso em: 1º ago. 2023.

______. *Decreto n. 10.088, de 5 de novembro de 2019*. Consolida atos normativos editados pelo Poder Executivo Federal que dispõem sobre a promulgação de convenções e recomendações da Organização Internacional do Trabalho — OIT ratificadas pela República Federativa do Brasil. *Diário Oficial da União*. Publicado em: 06 nov. 2019, Seção: 1, p. 12.

______. *Lei n. 9.503, de 23 de setembro de 1997*. Institui o Código de Trânsito Brasileiro. *Diário Oficial da União*. Publicado em 24 set. 1997, p. 21.201. Disponível em: https://www.planalto.gov.br/ccivil_03/leis/l9503compilado.htm. Acesso em: 1º ago. 2023.

______. Ministério da Fazenda. Receita Federal. *Apresentação CNAE*. Disponível em: https://www.gov.br/receitafederal/pt-br/assuntos/orientacaotributaria/cadastros/cnpj/classificacao-nacional-de-atividades-economicas-2013cnae/apresentacao. Acesso em: 1º jan. 2023.

______. Ministério da Previdência Social. *Anuário Estatístico de Acidentes de Trabalho*. Disponível em: https://www.gov.br/previdencia/pt-br/assuntos/previdenciasocial/saude-e-seguranca-dotrabalhador/acidente_trabalho_incapacidade/arquivos/copy_of_AEAT_2021/aeat-2021. Acesso em: 1º ago. 2023

______. Ministério do Trabalho e Emprego. *Portaria n. 06, de 09 de março de 1983*. Altera as Normas Regulamentadoras NR-1, NR-2, NR-3 e NR-6. *Diário Oficial da União*. Publicado em: 14 mar. 1983, Seção: 1, p. 4.099.

______. Ministério do Trabalho e Emprego. *Portaria n. 24, de 29 de dezembro de 1994*. Aprova o texto da Norma Regulamentadora n. 7. *Diário Oficial da União*. Publicado em: 30 dez. 1994, Seção: 1, p. 21.278.

______. Ministério do Trabalho e Emprego. *Portaria n. 25, de 15 de outubro de 2001*. Altera a Norma Regulamentadora que trata de Equipamento de Proteção Individual — NR-6 e dá outras providências. *Diário Oficial da União*. Publicado em: 17 out. 2001, Seção: 1, p. 50.

______. Ministério do Trabalho e Emprego. *Portaria n. 25, de 29 de dezembro de 1994*. Aprova o texto da Norma Regulamentadora n. 9. *Diário Oficial da União*. Publicado em: 30 dez. 1994, Seção: 1, p. 21.280. Republicado em 15 dez. 1995, Seção 1, p. 1.987.

______. Ministério do Trabalho e Emprego. *Portaria n. 197, de 17 de dezembro de 2010*. Altera a Norma Regulamentadora n. 12. *Diário Oficial da União*. Publicado em: 24 dez. 2010, Seção: 1, p. 211. Retificado em 10 jan. 2011, Seção 1, p. 84.

______. Ministério do Trabalho e Emprego. *Portaria n. 1.719, de 05 de novembro de 2014*. Disciplina os procedimentos relativos aos embargos e interdições. *Diário Oficial da União*. Publicado em: 07 nov. 2014, Seção: 1, p. 55.

______. Ministério do Trabalho e Previdência. *Portaria MTP n. 4.101, de 16 de dezembro de 2022*. Aprova a redação da Norma Regulamentadora n. 38 — Segurança e Saúde no Trabalho nas Atividades de Limpeza Urbana e Manejo de Resíduos Sólidos. *Diário Oficial da União*. Publicado em: 20 dez. 2022. Seção: 1, p. 234.

CORRÊA, Lelio Bentes. CARVALHO, Helena Martins de Carvalho. A proteção ao bem--estar do trabalhador na limpeza urbana: avanços e lacunas da Norma Regulamentadora n. 38. In: *Normas Regulamentadoras (NR) relativas à Segurança e Medicina do Trabalho:* Percursos para a Efetividade do Trabalho Decente: estudos Enamat: volume 2. Coordenação, organização e revisão técnica: Mauricio Godinho Delgado, Alberto Bastos Balazeiro, Adriene Domingues Costa, Bruno Alves Rodrigues e Dickson Ansah Ribeiro Frempong. Brasília-DF: Obra coletiva Enamat, fev. 2023.

DUARTE, Carlos Roberto. *Gasto energético, ingestão calórica e condições gerais de saúde de coletores de lixo* [dissertação mestrado]. Florianópolis (SC): Universidade Federal de Santa Catarina; 1998.

FELICIANO, Guilherme Guimarães; EBERT, Paulo Roberto Lemgruber. A "nova" NR-1 e a autogestão do meio ambiente do trabalho: entre a ficção, a normatividade e a realidade. In: *Normas Regulamentadoras (NR) relativas à Segurança e Medicina do Trabalho:* Percursos para a Efetividade do Trabalho Decente: estudos Enamat: volume 2. Maurício Godinho Delgado, Alberto Bastos Balazeiro, Adriene Domingues Costa, Bruno Alves Rodrigues e Dickson Ansah Ribeiro Frempong (Orgs.). Brasília-DF: Obra coletiva Enamat, fev. 2023.

FELICIANO, Guilherme Guimarães. *Responsabilidade civil no meio ambiente do trabalho:* nexo causal, nexo normativo e teoria da imputação objetiva. São Paulo: Thomson Reuters Brasil. 2021.

MARANHÃO, Ney. *Poluição Labor-Ambiental.* Rio de Janeiro: Lumen Juris, 2017.

MARCONI, Marina de Andrade; LAKATOS, Eva Maria. *Fundamentos de metodologia científica 1.* 5. ed. São Paulo: Atlas 2003.

MIGLIORANSA, Marcelo Haertel; ROSA, Letícia Cunha da; PERIN, Christiano; RAMOS, Gabriel Zatti; FOSSATI, Gilberto Ferreira; STEIN, Airton. Estudo epidemiologico dos coletores de lixo seletivo. In: *Revista Brasileira de Saúde Ocupacional*, São Paulo, 28 (107/108), p. 19-28. 2003. Disponível em: https://doi.org/10.1590/S0303-76572003000200003. Acesso em: 1º ago. 2023.

OIT — Organização Internacional do Trabalho. *Convenção n. 81*. Disponível em: https://www.ilo.org/brasilia/convencoes/WCMS_235131/lang--pt/index.htm. Acesso em: 1º ago. 2023.

______. *Conferência Internacional do Trabalho acrescenta segurança e saúde aos Princípios e Direitos Fundamentais no Trabalho.* Disponível em: https://www.ilo.org/brasilia/noticias/WCMS_848148/lang-pt/index.htm. Acesso em: 03 out. 2022.

PAVELSKI, E. C. *Aspectos ergonômicos para evitar lesões microtraumáticas em joelhos de coletores de lixo, na cidade de Curitiba, estado do Paraná* [dissertação mestrado]. Florianópolis (SC): Universidade Federal de Santa Catarina; 2004.

ROBAZZI, M. L. C. C. *Contribuição ao Estudo sobre coletores de lixo:* acidentes de trabalho ocorridos em Ribeirão Preto, 1991. 185p. Tese de Doutorado. Escola de Enfermagem de Ribeirão Preto, Universidade de São Paulo.

TOLOSA D. E. R.; Mendes R. Avaliação das condições de trabalho dos servidores braçais de instituição pública. *Revista Saúde Pública* 1991; 25(2):139-149.

Controle de Saúde Ocupacional em Trabalhadores Expostos a Agrotóxicos na Produção de Flores: Possibilidades da NR-31 em Garantir o Direito Fundamental à Saúde

Marco Aurélio Tiburzio Rezende(1)

Ana Paula Alves Salvador(2)

1. Introdução

Dez empregadores da atividade de cultura de flores ornamentais (principalmente rosas) foram inspecionados no primeiro semestre de 2023 por Auditores-Fiscais do Trabalho de uma Gerência Regional do Trabalho e Emprego do estado de Minas Gerais(3). Todas as propriedades rurais ficam localizadas no mesmo município, de população inferior a 50 mil habitantes, Índice de Desenvolvimento Humano (IDH) posicionado entre os 10% melhores do estado e a menos de 50 km de centro regional com mais de 160 mil habitantes.

Em relação ao perfil dos empregadores, tratava-se de empreendimentos de 32 a 215 trabalhadores ativos no momento da fiscalização, conforme Tabela 1. No conjunto, os dez empregadores registravam 901 trabalhadores ativos e 2609 alcançados durante o período alcançado pela auditoria (2018 a 2023).

---

(1) Auditor-Fiscal do Trabalho.

(2) Auditora-Fiscal do Trabalho.

(3) Os autores procuraram manter o anonimato dos empregadores, a fim de não os expor desnecessariamente neste texto. Contudo, a publicidade é princípio da administração pública (art. 37 da Constituição Federal) e as limitações da Lei Geral de Proteções de Dados não se aplicam em contextos acadêmicos (art. 4º, II, *b*, da Lei n. 13.709/2018). Assim, os relatórios de fiscalizações 31367960-6, 31367964-9, 31368001-9, 31368003-5, 31385553-6,31385567-6,31422502-1,31422503-0,31421081-4 e 31422506-4 podem ser solicitados e obtidos via Serviço de Informação ao Cidadão do Ministério do Trabalho e Emprego, conforme Lei n. 12.527/2011 (Lei de Acesso à Informação).

Tabela 1 — Quantitativo de empregados nos dez estabelecimentos inspecionados.

Empregador	Trabalhadores no estabelecimento	Trabalhadores alcançados
Empregador 1	66	378
Empregador 2	39	113
Empregador 3	155	354
Empregador 4	215	713
Empregador 5	32	103
Empregador 6	80	180
Empregador 7	172	271
Empregador 8	68	180
Empregador 9	33	181
Empregador 10	41	136
TOTAL	**901**	**2609**

Fonte: Elaborada pelos autores.

No decurso das ações fiscais, no que diz respeito à segurança e saúde dos trabalhadores, constatou-se que os fatores de risco mais relevantes eram o ruído proveniente de máquinas autopropelidas e as condições ergonômicas de trabalho nos setores de classificação e embalagem de flores, além da exposição ocupacional a agrotóxicos. Esta última situação chamou a atenção da fiscalização pela frequência de exposição dos trabalhadores e pela grande variedade de produtos utilizados.

Trabalhadores em exposição direta a pesticidas[(4)], como aplicadores, preparadores de calda e pessoal responsável pela descontaminação de vestimentas e equipamentos utilizados na aplicação expunham-se, no mínimo, três vezes por semana aos agrotóxicos.

Em relação à variedade de substâncias, constatou-se, por meio de análise de notas fiscais de compra dos 12 meses imediatamente anteriores à inspeção, que esses trabalhadores permaneceram expostos a 115 marcas comerciais desses produtos, entre herbicidas, acaricidas, inseticidas e, principalmente, fungicidas, de toxicidades diversas. O consumo total no período foi de 3.265 quilos e 5.924 litros de agrotóxicos. A Tabela 2 mostra os dez produtos mais utilizados. Há substâncias irritantes, sensibilizantes, corrosivas, depressoras do sistema nervoso central, relacionadas a prejuízo ao desenvolvimento do feto, pneumoconiose, e até suspeitas de carcinogenicidade, de acordo com dados de suas próprias bulas e fichas de dados de segurança.

(4) Os termos "agrotóxicos" e "pesticidas" são utilizados como sinônimos neste estudo de caso.

Tabela 2 – Os dez agrotóxicos mais utilizados nos estabelecimentos rurais inspecionados.

Produto	Fabricante	Classificação toxicológica	Classe	Total
Cerconil sc	Ihara	3	Fungicida	1.065 L
Ridomil Gold MZ	Syngenta	5	Fungicida	435 kg
Sialex 500	Sumitomo	5	Fungicida	403 kg
Dimexion 400 ec	FMC	4	Inseticida	339 L
Finale	Basf	4	Herbicida	330 L
Pirate	Basf	4	Inseticida	330 L
Vertimec 18 ec	Syngenta	4	Inseticida	307 L
Cabrio Top	Basf	4	Fungicida	297 kg
Bravonil Ultrex	Syngenta	3	Fungicida	255 kg
Ridomil Gold Bravo	Syngenta	3	Fungicida	246 L

Fonte: Elaborada pelos autores.

Apesar disso, o controle da exposição dos trabalhadores, no que diz respeito às medidas de engenharia, administrativas e individuais, existia, mas apresentava desvios: havia fornecimento de equipamento de proteção respiratória, mas não controle de troca programada de seus filtros; havia fornecimento de vestimenta para aplicação, mas não controle do número de lavagens das vestimentas; havia vestiário específico para os aplicadores, mas os equipamentos dos vestiários e sua organização interna permitia a contaminação cruzada; havia algum treinamento formal sobre prevenção de acidentes com agrotóxicos, mas quando entrevistados, os trabalhadores sequer sabiam relatar quais produtos estavam sendo aplicados no momento, quanto mais mencionar os riscos relacionados a eles.

Todas essas falhas na gestão de segurança do trabalho ressaltam a importância do controle de saúde ocupacional dos trabalhadores, que, assim, acaba por se caracterizar como a última linha de defesa contra o adoecimento por aqueles agentes químicos. Deste modo, os documentos de planejamento de gestão da saúde ocupacional de cada um daqueles estabelecimentos deveriam demonstrar o uso de ferramentas de gestão de saúde que fossem capazes de detectar exposições excessivas e fazer diagnóstico precoce de agravos à saúde relacionados à exposição a agrotóxicos, impedindo a instalação e a progressão de eventuais processos patológicos agudos e crônicos.

Contudo, as documentações dos planejamentos de controle médico apresentados pelos empregadores e analisados pela inspeção eram marcadas pela superficialidade, ausência de detalhamentos técnicos e prescrição burocrática de exames complementares. Nenhum dos dez documentos de planejamento de saúde ocupacional, por exemplo, mencionava todos os agrotóxicos utilizados nos estabelecimentos, e alguns deles não citavam nominalmente nenhum produto, limitando-se a afirmar que os empregados estavam expostos a "defensivos agrícolas", tão somente. No mesmo sentido, mesmo havendo alterações evidentes em resultados de exames de função hepática e atividade de acetilcolinesterase dos empregados, a documentação de planejamento de saúde ocupacional silenciava acerca de critérios de interpretação desses resultados e de condutas a serem adotadas nessas circunstâncias, e não demonstrava dar qualquer seguimento a esses achados.

Por outra perspectiva, todos esses requisitos técnicos, que seriam o conteúdo mínimo imprescindível de um programa de gestão de saúde ocupacional que objetivasse à prevenção, têm sua exigência, por parte da fiscalização do trabalho, dificultada pelos poucos itens da Norma Regulamentadora 31 — Segurança e Saúde no Trabalho na Agricultura (NR-31) que tratam do assunto. Os dez itens e subitens da referida norma limitam-se a exigir, apenas, a submissão do trabalhador a exames médicos, clínicos e complementares; a emissão de atestado de saúde ocupacional, com um conteúdo mínimo; e a tomada de determinadas providências em caso de alterações de exames com significado clínico.

Sabe-se, no entanto, que o direito à redução dos riscos inerentes ao trabalho, por meio de normas de saúde, higiene e segurança, é direito fundamental de todos os trabalhadores, motivo pelo qual a Conferência Geral da Organização Internacional do Trabalho, em sua 110ª Sessão, em junho de 2022, alçou o ambiente de trabalho seguro e saudável como seu quinto princípio fundamental (Organização Internacional do Trabalho, 2022).

Nesse contexto, coloca-se o seguinte problema: como a Auditoria-fiscal do Trabalho pode cumprir seu papel legal de assegurar o cumprimento de disposições legais e convenções internacionais no âmbito das relações de trabalho e de emprego e obrigar o planejamento de um controle médico ocupacional coerente e efetivo na exposição a agrotóxicos quando os parâmetros da própria NR-31 parecem não o exigir?

Não se pretende aqui, contudo, elaborar um estudo toxicológico dos agrotóxicos utilizados, nem adentrar em seara médica que apontaria como adequadas ou não determinadas condutas de medicina do trabalho. Ao contrário, têm-se por propósito uma abordagem transdisciplinar e crítica que, de forma indutiva, possa atingir o objetivo geral de analisar criticamente as exigências do controle médico ocupacional na NR-31, e o objetivo específico de apontar caminhos para que a Auditoria-fiscal do Trabalho, sob a luz dos Direitos Humanos, possa contribuir para assegurar o direito à saúde dos trabalhadores rurais.

2. Agrotóxicos

Os agrotóxicos são legalmente caracterizados no Brasil pelo art. 2º a Lei n. 7.802/89, conhecida como "Lei dos Agrotóxicos", como:

> a) os produtos e os agentes de processos físicos, químicos ou biológicos, destinados ao uso nos setores de produção, no armazenamento e beneficiamento de

produtos agrícolas, nas pastagens, na proteção de florestas, nativas ou implantadas, e de outros ecossistemas e de ambientes urbanos, hídricos e industriais, cuja finalidade seja alterar a composição da flora ou da fauna, a fim de preservá-las da ação danosa de seres vivos considerados nocivos; e

b) substâncias e produtos, empregados como desfolhantes, dessecantes, estimuladores e inibidores de crescimento (BRASIL, 1989).

Os pesticidas podem ser classificados, quanto ao organismo alvo, como herbicidas (destinados à eliminação de ervas daninhas), fungicidas (destinados à eliminação de fungos) ou inseticidas (quando têm por objetivo a morte de insetos). Além dessas três categorias principais, ainda há produtos voltados ao controle de ácaros (acaricidas), roedores (rodenticidas), algas (algicidas) e outros (ALONZO; COSTA, 2019). Algumas substâncias têm a capacidade de atuar sobre mais de um dos grupos acima, como é o caso da abamectina, que é classificada como acaricida, inseticida e nematicida.

A grande variedade de substâncias abrigadas sob o termo "agrotóxicos" também pode ser explicitada pelos seus mecanismos de ação nos organismos-alvo. O Comitê de Ação a Resistência aos Herbicidas (2022) agrupa esses pesticidas em 17 grupos distintos, como o grupo dos inibidores da enzima Acetil-CoA carboxilase, dos inibidores da enzima glutamina sintetase e dos inibidores da formação de microtúbulos. Em relação aos fungicidas, o Comitê de Ação a Resistência aos Fungicidas (2020) lista 81 grupos modos de ação distintos agrupados em 14 supergrupos. A extensa diversidade dos agrotóxicos deriva das diferenças nas estruturas químicas de suas moléculas, além das combinações de dois ou mais ingredientes ativos nos produtos formulados e de outras substâncias adicionadas aos produtos a fim de melhorar suas propriedades.

2.1. Contexto histórico e econômico

A origem dos pesticidas modernos está associada à Primeira Guerra Mundial, primeiramente na necessidade de eliminar traças que devoravam provisões militares e controlar piolhos que se disseminavam nas movimentações de tropas e populações e que infestavam trincheiras e campos de prisioneiros, transmitindo doenças como o tifo. Concomitantemente ao desenvolvimento e produção do ácido cianídrico para aquela finalidade, o complexo industrial-militar alemão passou a desenvolver armas químicas fazendo uso de compostos e processos semelhantes[(5)] (SZOLLOSI-JANZE, 2001). O

(5) O químico alemão Fritz Haber (1868-1934) resume em sua biografia as interações e contradições entre a ciência, a guerra, e o desenvolvimento da agroquímica. Em 1907 Haber conseguiu, em laboratório, extrair nitrogênio do ar. A técnica, desenvolvida posteriormente por Carl Bosch, permitiu a produção industrial de fertilizantes que possibilitou o aumento da produção de alimentos em todo o mundo. A descoberta da síntese do amoníaco rendeu a Haber o prêmio Nobel de química em 1918. O mesmo cientista, no entanto, também foi responsável pelo desenvolvimento e aplicação em campo de armas químicas como o gás de cloro. Estima-se que, apenas na batalha de Ypres, em 1915, essa arma tenha matado cerca de 1500 soldados (LABATUT, 2022).

Zyklon-B, por exemplo, foi desenvolvido a partir do ácido cianídrico na Alemanha em 1924 com a finalidade de inseticida. Vinte anos depois era usado em campos de concentração nazistas para extermínio humano (HASTINGS, 2012).

Após o fim da Segunda-Guerra Mundial, parte das indústrias químicas direcionaram seus processos originalmente criados com objetivos militares para a produção de pesticidas para agricultura. O diclorodifeniltricloetano (DDT), desenvolvido para eliminar insetos e utilizado na invasão da Birmânia pelos aliados, foi comercializado para a saúde pública e até para uso doméstico após 1945 (ALONZO; COSTA, 2019).

No Brasil, o mercado de agrotóxicos formou-se entre os anos 1950 e 1970, em um contexto em que o Estado passava a adotar uma política que se entendia modernizadora da agricultura, estimulando a mecanização, a utilização de sementes hibridas e de insumos químicos. Nesse sentido, os governos agiram positivamente na direção de isentar agrotóxicos de cobrança de impostos e disponibilizar linhas de crédito que incentivavam seu uso. Agrotóxicos importados, a partir de 1957, tinham seus impostos de importação reduzidos ou até zerados. Em 1959, esses produtos ficaram isentos de Imposto sobre Produtos Industrializados e em 1969 também foram isentos do Imposto sobre Circulação de Mercadorias (PELAEZ *et al.*, 2015).

Esses processos aconteciam no contexto da "Revolução Verde", conjunto de técnicas e produtos impulsionados a partir do início da Guerra Fria que identificavam na insegurança alimentar um combustível para a instabilidade política nos países do Terceiro Mundo. A fim de evitar o "avanço comunista" nesses países, a produtividade agrícola naqueles locais deveria ser maximizada com o uso de tecnologias que chegaram a ser descritas como "novas armas de guerra" contra o avanço de doutrinas de esquerda (DUTRA; SOUZA, 2017).

Em 1975, com a implantação do Programa Nacional de Defensivos Agrícolas pela ditadura civil-militar no poder à época, o Brasil alavancou a produção de agrotóxicos no país, tendo aumentado a fabricação de herbicidas, por exemplo, de 828 toneladas em 1975 para 9.633 toneladas em 1979 (LIGNANI; BRANDÃO, 2022).

O programa durou cinco anos e tinha como objetivo substituir importações de agrotóxicos aumentando a produção nacional por meio de financiamentos estatais e incentivos fiscais. Também teve como efeitos a construção da ideia de "uso seguro" dos pesticidas, tirando o foco da toxicidade intrínseca desses produtos e atribuindo a segurança de sua utilização ao agricultor. Os riscos associados à utilização dessas substâncias estariam controlados se as instruções dos fabricantes fossem seguidas, atribuindo a responsabilidade por eventuais intoxicações ao uso inadequado do veneno (LIGNANI; BRANDÃO, 2022).

O alto consumo de agrotóxicos no Brasil estaria intimamente relacionado com a atávica "vocação agrícola" do país. De acordo com Bombardi (2017), utilizando dados do

Ministério do Desenvolvimento, Indústria e Comércio, os produtos básicos superaram, a partir de 2010, os manufaturados nas exportações do país[(6)], invertendo a tendência que se observava desde o início dos anos 1980.

Em 2016, dentre os dez principais itens de exportação brasileiros, sete eram produtos agropecuários. Em primeiro lugar, encontrava-se a soja (nas formas de grãos, farelo e óleo), epítome de um modelo de produção voltado para o mercado exterior, que utiliza grandes propriedades rurais, faz uso de sementes geneticamente modificadas e utiliza agrotóxicos de maneira intensiva. O Brasil é um país que se desindustrializa indesejada e prematuramente (MORCEIRO; GUILHOTO, 2023), ao mesmo tempo em o setor agroexportador de *commodities* ganha cada vez mais espaço na economia, vida política[(7)] e cultural[(8)] do país.

Associado ao avanço da soja, o ingrediente ativo mais vendido no Brasil, de acordo com os dados de 2021[(9)] é o herbicida glifosato, com 203,9 mil toneladas. O distante segundo lugar é ocupado pelo também herbicida 2,4-D, com 63,2 mil toneladas (Instituto Brasileiro do Meio Ambiente e dos Recursos Naturais Renováveis, 2022). Explica-se o grande volume de glifosato, principal ingrediente do produto Roundup, da Bayer, pelo fato de quase a totalidade da soja cultivada no país ser transgênica, geneticamente modificada com a tecnologia Roundup Ready (COSTA; SANTANA, 2013). O veneno, despejado na lavoura, elimina todas as ervas, exceto pela soja que teve seus genes modificados exatamente para resistir ao produto, o que garante eficiência máxima no controle de pragas ao sojicultor e, de modo proporcional, lucros ao laboratório[(10)].

A série histórica de comercialização de agrotóxicos, com início em 2009, mostra uma curva ascendente de importação, produção nacional e comercialização de ingredientes ativos desses produtos, partindo de 306 mil toneladas em 2009 e chegando a 720 mil toneladas em 2021. É interessante, observar, contudo, a aceleração no crescimento da curva a partir de 2018, ano da eleição de Jair Bolsonaro à presidência. Estrategicamente ligado ao agronegócio exportador, seu governo (2019-2022) também se caracterizou pelo recorde histórico de aprovação de novos agrotóxicos no país, situação que ia ao encontro de demandas daquele setor.

(6) Em participação percentual por fator agregado.

(7) No Senado Federal a bancada temática ruralista tinha 27 senadores em 2015, 39 em 2019 e chegou a 47 em 2023, ou seja, mais da metade dos 81 senadores se identifica formalmente com as pautas do agronegócio (OLIVEIRA, 2023).

(8) De acordo com a plataforma de streaming Spotfy, os cinco artistas mais ouvidos em 2022 eram classificados como "sertanejos" (ORTEGA, 2022).

(9) Os dados de 2021 são os mais recentes disponíveis.

(10) De acordo com reportagem do jornal Valor Econômico, de fevereiro de 2023, "as vendas da divisão de agronegócio da Bayer somaram 5,6 bilhões de Euros no quarto trimestre de 2022, um crescimento de 18,7 % em comparação com o mesmo período do ano anterior" (PRESSINOT, 2023).

Entre 2019 e 2022, 2.182 agrotóxicos foram liberados, ante 1.269 no quadriênio anterior (Brasil, 2017). Como se pode observar do exposto, há uma grande dependência do agronegócio exportador brasileiro — e da própria economia do país, em consequência — em relação aos agrotóxicos. Esses produtos, hoje, alicerçam a produção dos mais relevantes itens de exportação do Brasil.

Os caminhos que trouxeram nossa sociedade até aqui, contudo, não são reflexo de um desenvolvimento científico, neutro, que propiciou aumentos sequenciais de safras de soja, milho, café e outras, mas, sim, como se expôs, o resultado de escolhas políticas adotadas e mantidas por grupos específicos, balizadas por contextos econômicos, militares e geopolíticos.

2.2. Implicações à saúde ocupacional

O Sistema de Informação de Agravos de Notificação (SINAN) do Ministério da Saúde aponta a ocorrência de 47.219 casos de intoxicações por agrotóxicos agrícolas no trabalho no período compreendido entre 2012 e 2022. Desse total, 1.713 pessoas morreram em decorrência dessas intoxicações (BRASIL, 2023a).

É de se esperar que a quantidade real de casos de intoxicações por agrotóxicos no trabalho seja muito superior a esses dados oficiais, haja vista que, muitas vezes, o próprio intoxicado, principalmente em casos leves, não procura o sistema de saúde. Mas, ainda que exista a iniciativa por parte do trabalhador, há dificuldades metodológicas, analíticas e estruturais que contribuem para a subnotificação (TOSETTO; ANDRIOLI; CHRISTOFFOLI, 2021).

Ainda de acordo com os dados do SINAN, 83,4% dos casos de intoxicações anteriormente mencionados referem-se a processos "agudos" e "agudos-repetidos", ao passo em que os casos "crônicos" e "agudos sobre crônicos" representam apenas 2,7% das situações(11). Os mesmos fatores anteriormente citados que implicam na subnotificação de intoxicações por agrotóxicos em geral, também podem exercer influência sobre a notificação de casos crônicos em específico. Nesses casos, ainda há outros elementos que levam ao baixo número de casos oficiais de intoxicações crônicas relacionadas a pesticidas: o grande intervalo de tempo que pode ocorrer entre as exposições e os sinais e sintomas de adoecimento, e a inespecificidade dessas manifestações (RÓDIO; ROSSET; BRANDALIZE, 2021). Enquanto o trabalhador em intoxicação aguda por agrotóxicos procura o serviço médico horas depois da exposição, situação que permite um vínculo mais fácil e rápido entre sinais, sintomas e episódio de exposição, o trabalhador cronicamente exposto a pesticidas pode ter um câncer diagnosticado anos após deixar o trabalho que o levou à exposição (O'MALLEY, 2016).

(11) Do total de casos registrados, 8,9% não contavam com informação sobre tipo de exposição.

Nesse sentido, vários estudos recentes apontam para efeitos crônicos graves na exposição a agrotóxicos. Monica Lopes-Ferreira *et al.* (2022), em estudo que analisou 51 artigos sobre impactos à saúde humana causados por agrotóxicos no Brasil entre 2015 e 2022, relata múltiplos efeitos tóxicos desses produtos, particularmente afetando trabalhadores rurais, induzindo anormalidades hematológicas, dano ao DNA, alteração de níveis de hormônios, infertilidade, abortos, malformação fetal, sintomas neurológicos que incluem tremores, fadiga, perda auditiva e efeitos psiquiátricos, doenças neurodegenerativas (esclerose lateral amiotrófica, Parkinson, Alzheimer), efeitos musculares e cardíacos, desenvolvimento de doenças relacionadas ao metabolismo (sobrepeso, perda de peso, resistência à insulina e até diabetes) e vários tipos de câncer. Os autores prosseguem:

> Os estudos revelaram que os mais evidentes efeitos eram genotóxicos, alterando vias oxidativas e metabólicas e provocando danos ao DNA e mudanças epigenéticas. Além disso, as intrincadas características metabólicas dos agrotóxicos são aumentadas pela exposição simultânea a outros intoxicantes que têm a capacidade de incrementar ou reduzir a ação de enzimas. Entretanto, é razoável que, apesar desses achados, a exposição ambiental não é um fator isolado para essas doenças. Ela pode agir como catalisador ou efeito somatório para condições pré-existentes como dieta não saudável, sedentarismo, tabagismo e alcoolismo (LOPES-FERREIRA *et al.*,2022, p. 10).

Gurgel (2017) relata, em estudo que analisou 37 artigos, a associação entre a exposição crônica a organofosforados e transtornos extrapiramidais como o parksonismo. Um exemplo de agrotóxico organofosforado é o dimetoato, presente no Dimexion 400 ec, na quarta posição da Tabela 2. Ainda mais preocupante no que concerne ao controle de saúde ocupacional, o mecanismo de toxicidade que levaria a esse resultado seria não colinérgico, ou seja, não envolveria a inibição da acetilcolinesterase, o que tornaria o exame complementar previsto na NR-7 incapaz de avaliar a exposição ou os efeitos relacionados à neurotoxicidade.

O Clorotalonil, fungicida que aparece na composição dos agrotóxicos Cerconil SC, Bravonil Ultrex e Ridomil Gold Bravo, respectivamente nas posições 1, 9 e 10 da Tabela 2, é classificado pela Agência Internacional em Pesquisa em Câncer como "possivelmente carcinogênico para humanos" (*International Agency for Research on Cancer*, 1999, p. 191). A Agência de Proteção Ambiental estadunidense classifica a substância da mesma forma (*United States Environmental Protection Agency*, 1999).

O mancozebe, fungicida presente na formulação do Ridomil Gold MZ, segundo produto comercial mais utilizado no caso em estudo, tem como contaminante e metabólito o etileno tioureia (ETU), substância associada a adenocarcinoma tireoidiano (O'MALLEY,

2016). A Agência de Proteção Ambiental estadunidense classifica o ETU como tóxico ao sistema endócrino e o associa a aumento de incidência de hiperplasia de tireoide (*United States Environmental Protection Agency*, 1991).

O glufosinato, por sua vez, princípio ativo do herbicida Finale, quinto produto mais utilizado de acordo com a Tabela 2, é relacionado à danos à fertilidade pela Agência Europeia de Produtos Químicos (*European Chemicals Agency*, 2023). Seu uso é proibido na União Europeia e no Reino Unido, assim como o mancozebe e o clorotalonil (*Pesticide Action Network*, 2022).

Como se pode observar a partir dos poucos dados aqui relatados, os efeitos crônicos da exposição ocupacional a agrotóxicos são graves, insidiosos e a multiplicidade dessas consequências vem emergindo à medida em que são submetidos a estudos mais aprofundados, o que exige uma atualização constante dos programas de gestão de saúde ocupacional.

A complexidade da tarefa de construir um programa de controle de saúde ocupacional para empresas que utilizam agrotóxicos aumenta quando se observa, a partir do exposto, que o médico responsável deve levar em conta não apenas as informações das fichas de dados de segurança dos produtos, mas também uma vasta e dispersa literatura técnica a fim de analisar os achados internacionais mais recentes sobre a toxicidade das substâncias, seus contaminantes, metabólitos e interações com outros pesticidas.

3. O controle médico ocupacional nas NRs 31 e 7

A Norma Regulamentadora n. 7 (NR-7) é a norma do Ministério do Trabalho e Emprego que exige a elaboração e implementação do Programa de Controle Médico de Saúde Ocupacional (PCMSO) em todas as organizações que possuam empregados regidos pela Consolidação das Leis do Trabalho.

Com redação original dada pela Portaria n. 3.214/1978, que instituiu as primeiras vinte e oito normas regulamentadoras, naquele momento, sob o nome de "Exames Médicos", a NR-7 limitava-se a exigir dos empregadores exames admissionais, periódicos e demissionais, além de alguns poucos exames complementares, como a "investigação radiológica", por exemplo. Foi a partir de alteração provocada pela Portaria n. 24/1994 (BRASIL, 1994) que a norma passou a exigir o PCMSO, programa que ia além dos exames médicos, e passava a contê-los dentro de um conjunto coordenado de ações de preservação de saúde ocupacional.

A partir daí, passava-se a exigir dos empregadores não só a submissão dos trabalhadores a exames médicos, mas a constituição de um verdadeiro programa de saúde ocupacional, que demandava caráter de prevenção, rastreamento e diagnóstico precoce de agravos à saúde e a utilização de ferramentas epidemiológicas no controle médico.

Em relação ao caráter preventivo, reforçou-se que o foco do programa não deveria ser a doença ocupacional em si, mas sim o conhecimento dos fatores que podem levar ao adoecimento dos trabalhadores e a atuação nas fases subclínicas da doença. O aspecto epidemiológico, por sua vez, implica em analisar os trabalhadores não só como indivíduos, mas como grupo populacional, fazendo uso de estudos retrospectivos, estudos de atestados de afastamento e análise de absenteísmo (ROCHA, 2011).

As alterações feitas pela Portaria n. 24/1994 aproximam a gestão da saúde ocupacional dos atributos que Santos (2013) considera indispensáveis para a construção de um PCMSO. O autor faz uma análise qualitativa de um modelo analítico de programa de controle médico ocupacional, dividindo esses atributos em três grupos: "coerência técnica", "operacionalidade" e "continuidade", respectivamente "essenciais", "necessários" e "desejáveis" para o planejamento e desenvolvimento do controle preventivo da saúde ocupacional. Entre os requisitos do grupo "coerência técnica", o autor inclui, além da evidente necessidade de se identificar com clareza os agentes de risco à saúde dos trabalhadores, o imperativo de se explicitar os critérios de "abordagem de casos com alteração, que configurem exposições elevadas e/ou anormalidade clínica" (p. 46).

Ao lado daquelas atualizações, o item 7.3.1 da norma, em sua alínea *"a"*, obrigava aos empregadores não só a elaboração e efetiva implementação do PCMSO, mas também que se zelasse por sua eficácia.

A persecução de eficácia do programa é um requisito que, à primeira vista, pode parecer evidente e banal, mas que, contudo, pode ter sido uma das mais importantes inovações daquela revisão. É essa disposição que aproxima o PCMSO de um programa de gestão, uma vez que o termo "eficácia" remete à implementação de atividades planejadas e ao cumprimento de resultados planejados (VELOSO, 2021), no qual se pode inferir, inclusive, a necessidade de o programa apresentar metas quantitativas e verificáveis de redução de absenteísmo, doenças do trabalho e resultados anormais de exames complementares.

Todas as alterações posteriores da NR-7 mantiveram esse aspecto de programa de gestão do PCMSO, inclusive a redação atual, dada pela Portaria n. 6.734/2020, onde se inclui entre as diretrizes necessárias do programa o subsídio à "implantação e o monitoramento da eficácia das medidas de prevenção adotadas na organização" (BRASIL, 2020).

A obrigação de se dar ao controle médico ocupacional o caráter de programa de gestão vem em linha com orientações da Organização Internacional do Trabalho (OIT), que, já em 2001, em sua publicação *Guidelines on Occupational Safety and Health Management Systens ILO – OSH 2001*(12), prescrevia que

> (...) o empregador e a alta administração devem definir a responsabilidade, a obrigação de prestar contas e a autoridade para o desenvolvimento, a

(12) Publicação traduzida para o português pela Fundacentro em 2005 sob o título de Diretrizes sobre sistemas de gestão da segurança e saúde no trabalho.

> implementação e a operação do sistema de gestão da SST e para o alcance de objetivos pertinentes (FUNDACENTRO, 2005, p. 20).

Tal orientação da OIT também se coloca ao lado da norma internacional de segurança e saúde no trabalho ISO 45001:2018 (Sistemas de Gestão de Segurança e Saúde Ocupacional — requisitos com orientação para uso), que alicerça sua abordagem no conceito *Plan – Do – Check – Act* (PDCA), visando à melhoria contínua da gestão.

Uma gestão de saúde ocupacional que não tenha por característica — e não consiga demonstrar — seu viés preventivo, sua abordagem epidemiológica e seu caráter de programa de gestão vai se limitar a ser mera geradora de atestados e exames complementares para fins legais e, mais grave, expectadora do adoecimento dos trabalhadores (ROCHA, 2011).

Ao contrário dos trabalhadores regidos pela CLT, os empregados rurais têm sua relação de emprego dirigida pela Lei n. 5.889/1973, e não dispõem de uma norma regulamentadora específica que balize seu controle médico ocupacional.

Diferentemente do que ocorre com os trabalhadores urbanos, há apenas uma norma, a NR-31, que tenta condensar em um único texto todas as disposições de segurança e saúde relacionadas ao trabalho na agricultura, pecuária, silvicultura, exploração florestal e aquicultura. Nesse sentido, os capítulos da referida norma regulamentadora têm a intenção de espelhar e adaptar cada uma das "normas urbanas" à perspectiva rural, como se observa, por exemplo, no item 31.4, sobre o Serviço Especializado em Segurança e Saúde no Trabalho Rural, que corresponde à NR-4, sobre os Serviços Especializados em Engenharia de Segurança e em Medicina do Trabalho, ou no item 31.8, sobre ergonomia, que tenta equivaler à NR-17.

As disposições sobre saúde ocupacional, por sua vez, encontram-se condensadas dentro do item 31.3, Programa de Gerenciamento de Riscos no Trabalho Rural, especificamente entre os subitens 31.3.6 e 31.3.12, que se limitam a exigir:

> a) O planejamento e a execução de ações de preservação de saúde ocupacional e prevenção e controle dos agravos decorrentes do trabalho (item 31.3.6 da NR-31);
> b) Que o planejamento e execução referidos sejam relacionados com os perigos identificados, e com as necessidades e peculiaridades das atividades rurais (item 31.3.6 da NR-31);

Que o empregador garanta a realização de exames médicos admissionais, periódicos, de retorno ao trabalho, mudança de risco ocupacional e demissional (item 31.3.7 da NR-31); Exames complementares em conjunto com os exames clínicos (item 31.3.7 da NR-31)

Que os exames complementares devam ser selecionados, executados e interpretados de acordo com os anexos da NR-7, no que faz remissão, apenas neste ponto, à norma do controle médico ocupacional "celetista" (item 31.3.7.1 e subitens);

A emissão de atestado de saúde ocupacional, seu conteúdo mínimo e entrega de cópia ao trabalhador (item 31.3.8 e subitens da NR-31);

Medidas específicas em caso de constatação de ocorrência ou agravamento de doenças ocupacionais (item 31.3.11 da NR-31).

Como se pode observar, a gestão de saúde ocupacional na NR-31faz menção, em seu primeiro item, ao caráter preventivo, ainda que de maneira pouco enfática, mas não à necessidade de abordagem epidemiológica. Da mesma forma, não há referência ao monitoramento da eficácia da gestão de saúde ocupacional. Ainda que esses dois aspectos não abordados pela norma possam ser interpretados como imperativos técnicos, fato é que não são expressamente exigidos na NR-31.

Ainda, há outras exigências da NR-7 que não encontram paralelo na norma rural. A NR-31 não expõe as diretrizes de sua gestão médica, não menciona a necessidade de inclusão de ações de vigilância passiva e ativa, não garante a inclusão de critérios de interpretação e planejamento de condutas relacionadas aos achados dos exames médicos, e nem obriga a elaboração de relatório anual analítico.

A NR-7 traz 56 exigências para o controle médico ocupacional, e 32 delas não têm correspondência na NR-31. Como se pode observar, a gestão de saúde ocupacional na NR-31 não é apenas um texto resumido ou simplificado em relação à NR-7, mas sim um conjunto de obrigações que não dispõe das exigências mínimas que impulsionariam o empregador na direção da construção de um controle médico ocupacional para além daquele sepultado, no meio urbano, pela portaria SST n. 24/1994.

No mesmo sentido, o pouco detalhamento do texto normativo dificulta o trabalho da própria auditoria-fiscal trabalhista que, ao tentar fazer uma inspeção mais crítica e aprofundada, vê-se tolhida de instrumentos de sanção: a rigor, o que os breves itens da NR-31 podem estar determinando é um controle de saúde menos acurado, preventivo, racional e auditável do que aquele da NR-7, mesmo quando todas as características da exposição ocupacional a agrotóxicos exigiriam justamente o inverso. Haja vista que os efeitos crônicos dessas substâncias são insidiosos, múltiplos, de longo prazo, inespecíficos e que estão em constante atualização, seria compreensível que a NR-31 trouxesse exigências mais rigorosas que a NR-7, mas não o contrário. A NR-32 (Segurança e Saúde no Trabalho em Serviços de Saúde), por exemplo, norma regulamentadora setorial assim como a 31, reconhece a especificidade e complexidade da gestão de saúde dos trabalhadores expostos a agentes biológicos, químicos e físicos presentes em uma instalação de assistência à saúde e traz em seu texto tópico específico sobre o Programa de Controle

Médico de Saúde Ocupacional. Assim, o item 32.2.3 da NR-32 não substitui nem suprime exigências da NR-7, mas traz várias determinações que se somam àquelas já contidas nessa norma.

Contudo, o item 31.2.1.1 da NR-31 expressamente afasta a aplicação integral da NR-7 nas atividades rurais quando afirma que nessas atividades somente se aplicará as disposições da NR-31 "salvo quando houver remissão expressa à aplicação de outras NR nesta norma", o que permitiria, tão somente, a exigência dos exames complementares previstos nos Quadros 1 e 2 da NR-7, explicitamente mencionados no item 31.3.7.1 da NR 31.

Em suma, a NR-31 é ao mesmo tempo resultado da separação da legislação trabalhista rural e instrumento dessa mesma segregação, quando traz em seu corpo ferramentas jurídicas que possibilitam a perpetuação desse apartamento em prejuízo à saúde do trabalhador do campo.

Para compreender as razões dessa desarmonia de tratamentos, é necessária uma perspectiva histórica das discrepâncias entre as searas urbana e rural no que concerne à legislação trabalhista, o que será abordado no próximo tópico.

4. Trabalhadores rurais e urbanos: Raízes e consequências da diferenciação na legislação brasileira

Hoje, no Brasil, as relações trabalhistas são reguladas principalmente pela Consolidação das Leis do Trabalho. O trabalho rural assalariado e subordinado, contudo, é majoritariamente disciplinado pela Lei n. 5.889/73. Essa diferenciação é resultado de um processo histórico atravessado por lutas populares e pressões de grupos políticos e econômicos em contextos que se iniciam em nosso passado colonial e seguem até os dias atuais.

Compreender os movimentos que construíram esse contexto normativo trabalhista brasileiro pode contribuir para a superação do patamar mínimo — e insuficiente — exigido para o controle de saúde ocupacional na NR-31.

4.1. Raízes de uma equiparação incompleta

Uma possível razão para a diferenciação entre a legislação trabalhista urbana e rural pode ser apontada na origem da classe dos trabalhadores rurais, a escravidão legalizada que perdurou até 1888. Ainda que a presença da mão de obra escrava tenha sido marcante no ambiente doméstico, na mineração e nos serviços urbanos, como, por exemplo, no transporte de mercadorias e serviços, era na agricultura e na pecuária que a grande maioria dos cativos trabalhavam, uma vez que o sistema de plantagem era a espinha dorsal da sociedade escravista colonial (GORENDER, 1988).

Assim, a demanda de Portugal pelo tráfico negreiro, uma atividade extremamente lucrativa comercialmente, foi fundamental para a constituição das relações de trabalho do Brasil colonial, quando se iniciou uma transição da exploração indígena para a disseminação da mão de obra escravizada (FAUSTO, 1995).

Durante as primeiras décadas, Portugal atuou no Brasil no sentido de reconhecer e garantir a posse do novo território. A partir de 1570, iniciou-se propriamente a exploração comercial, com objetivo de abastecer o comércio europeu de gêneros alimentícios ou minérios de grande importância, incentivando a empresa comercial, com foco em poucos produtos exportáveis em grande escala, produzidos em grandes propriedades, de modo a atender aos interesses de acumulação da riqueza na metrópole portuguesa (FAUSTO, 1995).

Até o final do século XVIII, aproximadamente quatro milhões de escravos africanos, em sua maioria do sexo masculino, foram trazidos ao Brasil e utilizados nas mais variadas atividades, com ênfase nos engenhos de açúcar e na mineração, submetidos a condições precárias de vida e vítimas dos mais variados tipos de violência constante (FAUSTO, 1995).

O escritor Laurentino Gomes demonstra como a escravidão permeou todo o território brasileiro, tornando-se um "fenômeno onipresente e universal", no qual "o governo imperial brasileiro era, ele próprio, um grande senhor de escravos" (GOMES, 2022, p. 177). Todavia, o referido autor explicita que houve uma redução de trabalhadores cativos no meio urbano em virtude da crescente demanda de mão de obra escrava em área rural ao longo dos anos, apesar dos altos custos de manutenção do sistema escravista no país, visto que

> (...) a vida produtiva de um escravo era relativamente curta, de doze a quinze anos, em média. Ao chegar aos trinta anos de idade, os homens já estavam alquebrados, doentes e cansados para o trabalho pesado. Os relatórios médicos traziam uma lista assustadora de doenças, que incluía malária, febre amarela, varíola, tétano, sarampo, bronquite, sífilis, lepra, inflamação crônica de fígado, escorbuto e úlceras gangrenosas. [...] Apesar disso, a lavoura de café era tão lucrativa que para os fazendeiros, a escravidão se manteve como bom negócio mesmo quando o movimento abolicionista já se tinha transformado em um fenômeno irreversível no Brasil" (GOMES, 2022, p. 186-187).

Em que pese a lucratividade da escravidão no Brasil, motivo pelo qual sua prática foi mantida em vigência por longo período, houve uma série de acontecimentos vinculados à luta e pressão pela abolição da escravidão, em âmbito mundial e nacional, que culminaram na elaboração legislativa da Lei do Ventre Livre (1871), Lei dos Sexagenários

(1885) e, por fim, quatro séculos de escravidão caracterizados pela ausência de garantia de direitos humanos básicos, exploração, violência e segregação racial e social, a abolição formal da escravatura somente ocorreu oficialmente em 1888, por meio da Lei Áurea. A escravidão tinha terminado no Brasil, mas o processo histórico é marcado não apenas por mudanças, mas também por continuidades. De acordo com Boaventura Sousa Santos,

> (...) o que permanece de períodos anteriores é sempre metamorfoseado em algo que simultaneamente o denuncia e dissimula e, por isso, permanece sempre como algo diferente do que foi sem deixar de ser o mesmo (SANTOS, 2018).

Corroborando esse pensamento, a Princesa Isabel, em 3 de maio de 1888, em sua fala que tratava da necessidade da extinção do elemento servil e, ao mesmo tempo, da importância de aperfeiçoar a "nossa legislação repressiva da ociosidade" (TERRA, 2021, p. 156), transmite o caráter conservador da Lei Áurea, no sentido de que deveria ser controlado o trabalho e os trabalhadores, ainda que no contexto da abolição.

Foram implementadas medidas obrigando os libertos a trabalharem, por meio de contratos de trabalho mais rígidos ou pela repressão a uma suposta vadiagem atávica associada aos africanos, garantindo à classe senhorial a possibilidade de manter os libertos nas localidades em que trabalhavam. O Código Criminal de 1830, em seu art. 295, já estipulava como "vadia" a pessoa que não tivesse uma ocupação honesta, "e útil, de que possa subsistir, depois de advertido pelo Juiz de Paz, não tendo renda suficiente" (TERRA, 2021, p. 158).

Ainda que os crimes praticados fossem idênticos, havia nítida distinção entre os escravizados negros e os cidadãos livres na aplicação de algumas punições do Código Criminal. O estado brasileiro, reforçando o aspecto racial do crime de vadiagem no Código Penal de 1890, estimulava a vinda de trabalhadores brancos de outros países para o projeto de "branqueamento" da população brasileira, mantendo a discriminação racial perpetuada pelo longo período de escravidão.

Nesse sentido, em que pese a punição contra a vadiagem à população, a "liberdade" concedida aos escravos não estava vinculada à igualdade formal ou material com os demais brasileiros, pois não houve disponibilização de instrumentos de inclusão social ou qualquer outro tipo de amparo governamental, visto que tais pessoas não tinham efetivo acesso ao mercado de trabalho, educação ou sequer mudanças estruturais na sociedade (GOMES, 2022). Diante de tal contexto, diversos ex-escravizados retornaram às fazendas em busca de trabalho para sua subsistência mínima, ainda que por meio de acordos desiguais, convertendo-se em "trabalhadores rurais", mas com resquícios intrínsecos à escravidão:

> [...] Os salários e as condições de trabalho oferecidos aos libertos eram desumanos, muito próximos da situação vivida em campo no tempo de escravidão. Persistia entre os fazendeiros a antiga mentalidade escravagista, segundo a qual, apesar da alforria e dos novos arranjos contratuais, os negros e descendentes de africanos eram pessoas de nível inferior, que jamais mereciam o tratamento respeitoso reservado aos trabalhadores imigrantes de ascendência europeia. Perdurava a crença da libertação concedida, resultado de uma ação benévola dos senhores escravocratas, e não da pressão do movimento abolicionista ou da rebeldia dos próprios cativos. Os fazendeiros se julgavam merecedores da gratidão e respeito dos ex-escravos. (GOMES, 2022, p. 344).

Além do paradigma racial da época, as autoridades brasileiras acreditavam que a população, majoritariamente composta por negros e mestiços, não estava apta a agir de forma autônoma, em consonância ao novo regime de trabalho que a República implantava, e que a economia nacional enfrentaria um problema de escassez de mão de obra. Para estimular a vinda dos imigrantes, criou-se a "imigração subvencionada", com facilitação ou auxílio em dinheiro para compra de passagens e instalação inicial no país, financiados por fazendeiros e pelo governo, com locais e condições de trabalho previamente acordados (FULGÊNCIO, 2014).

Nesse período, houve o afluxo de 3,3 milhões de pessoas de diversas nacionalidades, das quais os imigrantes italianos corresponderam a 42% do total desse montante. Não por acaso, pois essa população era particularmente rural e mais pobre. (Instituto Brasileiro de Geografia e Estatística, 2007).

Os estrangeiros, contudo, tornaram-se alvos vulneráveis, num ambiente discriminatório e sem proteção legal, e começaram a buscar a justiça para solução dos conflitos que eventualmente surgiram. Apesar da existência de órgãos essenciais como o Conselho Nacional do Trabalho, primeiro órgão do Estado brasileiro a tratar de questões ligadas às relações de trabalho e previdência social, criado em 1923, as leis trabalhistas somente começaram a evoluir, paulatinamente, a partir da década de 1930 (BRASIL, 2013).

Logo após a Revolução de 1930, Getúlio Vargas propõe "racionalizar" as relações de trabalho no campo a fim de solucionar um problema crescente de escassez de mão de obra nas fazendas de café, causada pelo encarecimento do trabalho migrante europeu. A regulação estatal intervencionista na forma de uma legislação que garantisse direitos sociais básicos ao trabalhador rural brasileiro o motivaria a aumentar sua produtividade. A forte pressão contrária das oligarquias rurais regionais e os esforços necessários para estabilizar o regime após a Guerra Civil de 1932, no entanto, diminuíram o ímpeto do governo varguista em regular o trabalho rural (WELCH, 2016).

Em 1º de maio de 1943, Vargas fez publicar o Decreto 5.412, a Consolidação das Leis do Trabalho, após décadas de manifestações, greves e lutas dos trabalhadores. Com regras de Direito Individual do Trabalho inspiradas nas Convenções da Organização Internacional do Trabalho já existentes à época, e no Constitucionalismo Social representado pela Constituição do México de 1917 e pela Constituição alemã de Weimar de 1919, esse diploma legal reuniu, alterou e ampliou a legislação trabalhista esparsa já existente (DELGADO, 2023). Contudo, a CLT, em regra, não se aplicava aos trabalhadores rurais, como já alertava a alínea *"b"* de seu art. 7º:

> Os preceitos constantes da presente Consolidação salvo quando for em cada caso, expressamente determinado em contrário, não se aplicam (...) b) aos trabalhadores rurais, assim considerados aqueles que, exercendo funções diretamente ligadas à agricultura e à pecuária, não sejam empregados em atividades que, pelos métodos de execução dos respectivos trabalhos ou pela finalidade de suas operações, se classifiquem como industriais ou comerciais.

O princípio, no entanto, não era absoluto. Aos trabalhadores rurais estendiam-se expressamente alguns benefícios, tais como salário-mínimo, a obrigatoriedade da carteira profissional, a fixação da jornada de trabalho, aviso prévio, as férias e descansos remunerados, a proteção do trabalho do menor e a obrigatoriedade do contrato individual. Houve também a fixação do limite mínimo pago em dinheiro, que não deveria ser inferior a 30% (trinta por cento) do salário-mínimo fixado, quando houvesse o fornecimento *in natura* de uma ou mais das parcelas do salário-mínimo.

Essas disposições celetistas, ainda que poucas, encontravam grande resistência e eram amiúde descumpridas pelos empregadores rurais (MAGALHÃES, 2022). Não havia, também, qualquer estrutura administrativa ou judiciária hábil a fiscalizar o cumprimento da lei. Nesse sentido, a sindicalização rural tampouco foi promovida ou regulamentada.

Ainda assim, a década de 1940 apresentou alguns avanços de natureza social para o campo, devido ao surgimento das primeiras leis voltadas para os trabalhadores rurais. Nos mesmos moldes de sindicalização no trabalho urbano, composto por sindicatos, federações e confederações, o Decreto-lei n. 7.038/1944 dispôs sobre a sindicalização rural.

A Constituição de 1946 manteve no art. 156 o mesmo objetivo da Constituição de 1934, no sentido de facilitar a fixação do homem no campo, de priorizar o cidadão brasileiro pobre em detrimento dos imigrantes e de aproveitar e colonizar as terras públicas. O art. 157, inciso XII, garantia estabilidade "na empresa ou na exploração rural" e "indenização ao trabalhador despedido" (BRASIL, 2019).

Ainda assim, uma legislação trabalhista nacional abrangente e específica para o trabalhador rural só viria à luz 20 anos depois da decretação da CLT, durante o governo de João Goulart, com o Estatuto do Trabalhador Rural (ETR), a Lei n. 4.214 de 2 de março de 1963 (BRASIL, 1963). O Estatuto inseria-se no contexto das Reformas de Base janguistas, que incluíam a Reforma Agrária, e de uma crescente mobilização política por direitos pelas Ligas Camponesas, em atuação sob o comando do deputado Francisco Julião, desde 1955.

De acordo com José Murilo de Carvalho (2021, p. 146), o Estado não se envolvia, por falta de força ou de vontade, nas relações de trabalho no campo desde 1888. Com o Estatuto do Trabalhador Rural, no entanto, os trabalhadores agrícolas, até então à margem da sociedade organizada, "emergiam da obscuridade e o faziam pela mão do direito de organização e num regime de liberdade política".

Com 183 artigos, a Lei n. 4.214 limitava a jornada de trabalho a oito horas diárias, obrigava a concessão de descanso semanal remunerado, férias anuais de 20 dias úteis, incluía previsão de regulamentação de questões relacionadas à Segurança e Saúde do Trabalho, proibia o trabalho rural do menor de 18 anos "em lugar insalubre ou perigoso" e noturno, garantia aviso prévio, indenização na despedida sem justa causa, possibilidade de rescisão indireta do contrato de trabalho e estabilidade decenária, entre outros avanços civilizatórios de que já gozavam, ao menos formalmente, os operários urbanos. A associação em sindicatos nos mesmos termos previstos na CLT para os demais setores produtivos também foi assegurada aos trabalhadores.

Ao instituir o imposto sindical para financiar os sindicatos de trabalhadores e simplificar o processo de reconhecimento dessas instituições pelo Ministério do Trabalho, a legislação tendia a aumentar a participação política da classe trabalhadora rural nos debates públicos.

Esse movimento de conquista de direitos sociais por parte dos trabalhadores do campo, contudo, foi interrompido pelo golpe militar de 1964, apenas 13 meses depois da promulgação do ETR. Logo após o golpe, quase todos os dirigentes das ligas camponesas foram presos ou assassinados, dirigentes de sindicatos rurais de trabalhadores foram mortos, torturados, presos e perseguidos. No Nordeste, o Exército ocupou e interveio na maioria dos sindicatos (CARNEIRO, 2010). Em 1973, o governo do General Médici sancionou, após açodada tramitação no Congresso, a Lei n. 5.889, em vigor até hoje, que ab-rogava o Estatuto, substituindo-o por um diploma legal de apenas 21 artigos que tinha por objetivo preparar a legislação trabalhista rural para que se adequasse às alterações liberalizantes anteriormente introduzidas na CLT pela ditadura militar, como o fim da estabilidade decenal e o Fundo de Garantia por Tempo de Serviço, e harmonizar essa mesma legislação com o Estatuto da Terra (Lei n. 4.504, de 30 de novembro de 1964), criando a figura do "operário do campo", hierarquizando definitivamente as relações de trabalho no campo, e apartando o trabalhador de relações com a terra como o uso, a posse e a detenção (BORGES, 2019).

Finalizada a ditadura militar em 1985, a Constituição da República de 1988, a "Constituição Cidadã", equiparou os direitos trabalhistas e previdenciários de trabalhadores rurais aos dos urbanos, dentre os quais o direito ao Fundo de Garantia do Tempo de Serviço (FGTS). O prazo prescricional somente foi equiparado por meio da Emenda Constitucional 28/2000.

Em 1988 foi aprovada a Portaria n. 3.067, com estabelecimento de cinco Normas Regulamentadoras Rurais (Brasil, 1988), que foram substituídas pela Norma Regulamentadora n. 31, publicada através da Portaria n. 86, de 3 de março de 2005 (BRASIL, 2005), tendo sido resultado de reivindicações do movimento Grito da Terra Brasil, e sob influência da adoção, pela OIT, da Convenção n. 184 — Segurança e Saúde na Agricultura, em 2001.

A convergência definitiva inscrita no art. 7º da Constituição, contudo, não é materialmente observada. Como exemplo, a superexploração do trabalho, na forma do trabalho análogo ao de escravo[13], é majoritariamente constatada no meio rural. No período de dez anos compreendidos entre 2013 e 2022, 75% dos trabalhadores encontrados nessa situação pela Auditoria-fiscal do Trabalho trabalhavam no campo[14]. Como se observa a partir desse dado, em que pese a igualdade formal de direitos, a realidade do trabalhador rural no que diz respeito a concretização de direitos trabalhistas básicos, na terceira década do século XXI, ainda é qualitativamente muito distante do trabalhador urbano.

4.2. Violência repaginada: Agrotóxicos e necropolítica

Como se viu, a violência foi característica marcante das relações senhor-escravo que se perpetuou, ao menos no trabalho rural, para além do fim da escravidão. Seja pelas milícias de jagunços dos coronéis ou por ação das Polícias Militares, como no caso dos 21 trabalhadores mortos no massacre de Eldorado do Carajás em 1996, a brutalidade no campo sempre contou com apoio direto do Estado Brasileiro, ou, ao menos, sua complacência.

Nesse contexto, a violência no campo, tolerada pelo Estado e a serviço da acumulação de capitais pelas classes proprietárias e rentistas, ganha mais uma camada, ainda que sutil aos destreinados: a utilização intensiva de agrotóxicos manuseados por trabalhadores com controle médico ocupacional insuficiente prescrito pela própria norma que deveria exigir um patamar mínimo de garantia de saúde do trabalhador.

Assim, parece adequado relacionar a utilização de agrotóxicos dentro de nosso arcabouço de segurança e saúde no trabalho ao conceito de necropolítica de Achille

(13) Conforme definido pela Lei n. 10.803/2003, que alterou o art. 149 do Código Penal Brasileiro.

(14) De acordo com o Radar Sit, foram resgatados 13.563 trabalhadores entre 2013 e 2022. Desses, 10.259 eram trabalhadores rurais e 3.304 trabalhadores urbanos. Durante todo esse período, apenas no ano de 2013 o número de trabalhadores resgatados no campo foi inferior ao das cidades (BRASIL, 2023b).

Mbembe na obra "Necropolítica: biopoder, soberania, estado de exceção e política de morte", que o relaciona à concepção de biopoder trazido por Michel Foucault.

Em sua obra, Achille Mbembe correlaciona passagens históricas, explicitando a evolução tecnológica dos meios de matar, cada vez mais "civilizados", para eliminar diversas pessoas em um espaço curto de tempo, com o intuito de eliminar o inimigo e, assim, preservar a soberania do Estado (MBEMBE, 2018, p. 10): "minha preocupação é com aquelas formas de soberania cujo projeto central não é a luta pela autonomia, mas "a instrumentalização generalizada da existência humana e a destruição material de corpos humanos e populações".

A "instrumentalização generalizada da existência humana" pode ser relacionada ao trabalho, na medida em que se subjuga o trabalhador a meios degradantes de trabalho e/ou em situações que o vulnerabilizam pela redução de custos com questões essenciais à sua saúde e segurança em prol da obtenção de lucro e potencialização de resultados. Nesse sentido, exemplifica-se a nova estrutura do capitalismo na área rural, no qual "o rompimento da barragem de Brumadinho é um exemplo da necropolítica na prática, pois a mineradora diminuiu os investimentos em segurança para aumentar a rentabilidade da empresa" (ENZIER, 2019).

É salutar mencionar o pesquisador Mitidiero Júnior, quando traz que, atualmente, "o conceito de necropolítica atravessou a pesquisa sobre os agrotóxicos, porque, nesta etapa do capitalismo, o que interessa não é mais dominar a exploração de quem vive, é escolher quem vai morrer" (MITIDIERO JÚNIOR *apud* ENZIER, 2019).

A legislação que regula o registro e uso de agrotóxicos foi intensamente flexibilizada entre os anos de 2019 e 2020, incorrendo em reflexos negativos para o ambiente e a saúde humana, correlacionando o agronegócio e a violação de direitos humanos fundamentais ao biopoder, sob a ótica tematizada nas reflexões de Michel Foucault, o que pode ser descrito como racismo ambiental, funcional ao capital, onde

> A interferência das empresas no Estado representa uma estratégia fundamental para a consolidação de práticas de biopoder voltadas para atender aos interesses do capital financeiro, manipulando a própria ciência e as leis para a adoção de medidas que, não raro, resultam em danos à saúde e ao ambiente (GURGEL; GUEDES; FRIEDRICH, 2021, p. 153).

A utilização do termo racismo ambiental indica o aprofundamento de vulnerabilidades, pois envolve injustiças, preconceitos e desigualdades. Pressupõe, ainda, que a injustiça social e a degradação ambiental têm a mesma raiz, que o modo de distribuição desigual de poder sobre os recursos naturais transfere os custos dos danos ambientais do desenvolvimento para os mais despossuídos, as populações de baixa renda, os grupos raciais discriminados, os povos e comunidades tradicionais, nos bairros operários, nas populações marginalizadas s e vulneráveis, que são os que se expõem de forma mais intensa a situações de risco (ACSELRAD *et al.*, 2004, *apud* GURGEL; GUEDES; FRIEDRICH, 2021).

> Considerando o impacto dos agrotóxicos para a sociedade, fica, portanto, evidente o racismo ambiental e o poder necropolítico, que determinam uma maior carga de nocividades às populações em maior situação de vulnerabilidade. As medidas de flexibilização da legislação, que reduzem ou mesmo eliminam as medidas de proteção social, à saúde e ao ambiente, aumentam as situações de perigo e risco ao intensificar a exposição aos agrotóxicos e fragilizar os mecanismos de proteção individual e coletiva (GURGEL; GUEDES; FRIEDRICH, 2021, p. 155).

Desse modo, o histórico explicitado acerca do incremento da utilização de agrotóxicos para potencialização de resultados e, consequentemente, do proveito econômico, representam um panorama das políticas ambientais brasileiras no contexto neoliberal com resquícios de necropolítica diante do histórico da colonização e escravidão no Brasil e suas consequências à população negra e aos trabalhadores rurais em geral, cuja origem permeia a trajetória dos exescravizados.

A compreensão de tais questões explicitam as diferenças acerca da construção legislativa e proteção estatal entre trabalhadores urbanos e rurais, cujas diferenças históricas diferenciaram suas trajetórias.

5. Considerações finais

Este estudo buscou analisar o controle médico ocupacional dos efeitos crônicos relacionados à exposição a agrotóxicos em dez estabelecimentos rurais inspecionados pela Auditoria-Fiscal do Trabalho em 2023. Nenhum dos programas de gestão de saúde ocupacional mostrou ser capaz de rastrear e detectar precocemente agravos à saúde, detectar exposições excessivas, ou atender a outros requisitos básicos de um programa desse tipo.

Contudo, demonstramos que a própria norma que estabelece as condições mínimas da gestão de saúde ocupacional no campo, a NR-31 em seus itens 31.3.6 a 31.3.12, dificulta o trabalho do auditor em exigir um programa eficaz ao não trazer em seu texto as mesmas exigências da NR-7, a norma regulamentadora que disciplina o controle médico ocupacional de atividades "urbanas". A gestão de saúde exigida para os empregados rurais não é uma versão resumida ou simplificada da NR-7, mas qualitativamente inferior e incapaz de promover prevenção em saúde em frente a agentes químicos tão diversos e complexos quanto os agrotóxicos utilizados na floricultura.

Foi exposto que os caminhos que levaram o Brasil ao posto de um dos maiores consumidores de pesticidas no mundo não foram ocasionais, mas resultados de escolhas feitas pelos grupos no poder dentro de determinados contextos econômicos, militares e geopolíticos.

Os agrotóxicos acabam por representar mais um episódio na longa lista de violências perpetradas ou tolerados pelo Estado contra o trabalhador do campo. Antes, como escravo colonial, foi vítima de toda a sorte de sevícias e desumanizado; hoje, como trabalhador rural, é brutalizado de maneira mais sutil e a longo prazo quando é exposto a produtos cujos efeitos crônicos à saúde são graves e sob suposta proteção de dispositivos normativos de segurança e saúde no trabalho incompletos e ineficazes. Não sem motivo, o panorama apresentado aproxima-se da necropolítica de Achille Mbembe, onde o poder estatal escolhe um grupo de pessoas para "fazê-las morrer".

Isto posto, a fim de propor uma solução para o problema que possibilite a Auditoria-Fiscal do Trabalho a atuar mesmo na insuficiência de regulamentação normativa para o controle médico ocupacional na NR-31, cabe analisar a situação à luz dos Direitos Humanos.

De acordo com Silva (2007, p. 26), os Direitos Humanos devem ser tratados como valores fundamentais de todo e qualquer sistema jurídico, "por expressarem valores imprescindíveis à existência da pessoa humana e ao desenvolvimento de sua personalidade" e o Direito à Saúde se insere nesse conjunto, constituindo-se como um dos bens mais relevantes a serem protegidos pela legislação.

De fato, a Saúde é Direito Fundamental inscrito no art. 6º da Constituição da República de 1988 e está presente na Declaração Universal dos Direitos Humanos de 1948, em decorrência do Direito à Vida, expresso em seu art. 3º, e no Protocolo Adicional à Convenção Americana sobre Direitos Humanos em Matéria de Direitos Econômicos, Sociais e Culturais (Protocolo de San Salvador), em seu art. 10º.

Já o Direito à Saúde do Trabalhador, espécie do gênero Direito à Saúde encontra-se positivado no art. 7º do Pacto Internacional dos Direitos Econômicos, Sociais e Culturais de 1966 (PIDESC), no art. 7º do Protocolo de San Salvador, e na Convenção n. 155 da OIT. Recentemente a Conferência Geral da Organização Internacional do Trabalho, em sua 110ª Sessão, em junho de 2022, alçou o ambiente de trabalho seguro e saudável como seu quinto princípio fundamental (ORGANIZAÇÃO INTERNACIONAL DO TRABALHO, 2022).

Pasqualeto (2021) ainda mostra que 25 outras convenções do órgão têm a Saúde e Segurança do Trabalhador como tema central e 33 convenções abordam o tema lateralmente. Contudo, como se expôs neste estudo de caso, os itens 31.3.6 a 31.3.12 não são capazes de garantir a concretização a esses direitos, ao menos no que diz respeito à exposição ocupacional a agrotóxicos.

Por outro lado, o Direito à Igualdade encontra-se no art. 5º, *caput*, da Constituição e igualmente expressado em diversos diplomas de Direito Internacional. Assim, tendo-se exposto anteriormente que os motivos para a diferenciação das legislações protetivas aos trabalhadores urbanos e rurais são fundados em um passado colonial escravista e em uma discriminação estatal que dele decorre e legitima a violência contra o trabalhador do campo, deve-se trazer a aplicação da NR-7 para as atividades rurais. Esta norma, mais detalhada em diretrizes e obrigações, tem mais capacidade de concretizar o Direito à Saúde que os itens 31.3.6 a 31.3.12 da NR-31.

De fato, a relevância que deve ser dada ao Direito à Saúde no ordenamento jurídico brasileiro deve possibilitar que exigências para além do texto da NR-7 sejam feitas sempre a técnica o exigir. Como possíveis exemplos, citamos a necessidade de aprovação prévia, por parte do médico do trabalho, de novos agrotóxicos a serem introduzidos no estabelecimento e a justificativa técnica de utilização de pesticidas banidos fora do Brasil.

Enfim, não são observados quaisquer impeditivos de ordem técnica para a implementação da NR-7 nas atividades rurais, ao menos naquelas que foram objeto deste estudo de caso. Estabelecimentos que se utilizam de alta — e cara — tecnologia química para defender suas flores de insetos e fungos não podem opor argumentos vagos como as "especificidades do trabalho no campo" para não fazer uso de medidas de controle médico ocupacional equivalentes às do meio urbano. Outros estabelecimentos rurais, de outras atividades, também não deverão encontrar justificativas técnicas para a não observação da NR-7. Se o "Agro é tech, é pop, é tudo", também deverá ser capaz de promover medidas de saúde compatíveis com a posição que ele deseja ocupar na sociedade brasileira.

Referências

ALONZO, Herling Gregório Aguilar; COSTA, Aline de Oliveira. *Bases da toxicologia ambiental e clínica para atenção à saúde*. Exposição e intoxicação por agrotóxicos. 1. ed. São Paulo: Hucitec, 2019.

BOMBARDI, Larissa Mies. *Geografia do uso de agrotóxicos no brasil e conexões com a união europeia*. São Paulo: FFLCH – USP, 2017.

BORGES, Alexandre Walmott. *O castigo de latona:* as estratégias da ditadura militar para os direitos sociais do trabalhador rural: do Estatuto do Trabalhador Rural do governo João Goulart, de 1963, ao Estatuto do Trabalhador Rural de Emílio Médici, de 1973. 2019. 569 f. Tese (Doutorado em História) – Universidade Federal de Uberlândia, 2019.

BRASIL. *Lei de 16 de Dezembro de 1830.* Manda executar o Código Criminal. Disponível em: https://www.planalto.gov.br/ccivil_03/leis/lim/lim-16-12-1830.htm. Acesso em: 16 ago. 2023.

_______. *Decreto n. 979, de 6 de janeiro de 1903*. Faculta aos profissionais da agricultura e industrias ruraes a organização de sindicatos para defesa de seus interesses. Disponível em: http://www.planalto.gov.br/ccivil_03/decreto/antigos/d0979.htm. Acesso em: 20 ago. 2023.

______. *Constituição da República dos Estados Unidos do Brasil.* 16 de julho de 1934. Disponível em: https://www.planalto.gov.br/ccivil_03/constituicao/constituicao34.htm. Acesso em: 20 ago. 2023.

______. *Decreto-lei n. 3.855, de 21 de novembro de 1941.* Estatuto da Lavoura Canavieira. Disponível em: https://www.planalto.gov.br/ccivil_03/decreto-lei/del3855.htm#:~:text=DEL3855&text=DECRETO%2DLEI%20N%C2%BA%203855%2C%20DE%2021%20DE%20NOVEMBRO%20DE%201941.&text=DOS%20FORNECEDORES-,Art.,tr%C3%AAs%20ou%20mais%20safras%20consecutivas. Acesso em: 20 ago. 2023.

______. *Lei n. 4.214, de 2 de março de 1963.* Dispõe sobre o "Estatuto do Trabalhador Rural". Disponível em: https://www2.camara.leg.br/legin/fed/lei/1960-1969/lei-4214-2-marco-1963353992-publicacaooriginal-1-pl.html. Acesso em: 6 set. 2023.

______. *Decreto n. 53.154, de 10 de dezembro de 1963.* Aprova o Regulamento da Previdência Social Rural. Disponível em: https://www2.camara.leg.br/legin/fed/decret/19601969/decreto-53154-10-dezembro-1963-393288-publicacaooriginal-1-pe.html. Acesso em: 05 ago. 2023.

______. Ministério do Trabalho. *Portaria 3.067, de 12 de abril de 1988.* Aprova as Normas Regulamentadoras Rurais. Disponível em: https://www.gov.br/trabalho-e-emprego/ptbr/assuntos/inspecao-do-trabalho/seguranca-e-saude-no-trabalho/sstportarias/1988/portaria_3-067_nrr_revogada.pdf. Acesso em: 6 set. 2023.

______. *Lei n. 7.802, de 11 julho de 1989.* Dispõe sobre a pesquisa, a experimentação, a produção, a embalagem e rotulagem, o transporte, o armazenamento, a comercialização, a propaganda comercial, a utilização, a importação, a exportação, o destino final dos resíduos e embalagens, o registro, a classificação, o controle, a inspeção e a fiscalização de agrotóxicos, seus componentes e afins, e dá outras providências. Disponível em: https://www.planalto.gov.br/ccivil_03/leis/l7802.htm. Acesso em: 6 set. 2023.

______. Ministério do Trabalho. *Portaria n. 24, de 29 de dezembro de 1994.* Disponível em: https://www.gov.br/trabalho-e-emprego/pt-br/assuntos/inspecao-do-trabalho/seguranca-esaude-no-trabalho/sst-portarias/1994/portaria_24_aprova_nr_07_e_altera_nr_28-doc.pdf. Acesso em: 7 set 2023.

______. Ministério do Trabalho e Emprego. *Portaria n. 86, de 3 de março de 2005.* Aprova a Norma Regulamentadora de Segurança e Saúde no Trabalho na Agricultura, Pecuária, Silvicultura, Exploração Florestal e Aquicultura. Disponível em: https://www.gov.br/trabalhoe-emprego/pt-br/assuntos/inspecao-do-trabalho/seguranca-e-saude-no-trabalho/sstportarias/2005/portaria_86_nr_31_rural.pdf. Acesso em: 15 ago. 2023.

______. Ministério da Agricultura e Pecuária. *Agrotóxicos — Informações técnicas.* 10 fev. 2017. Disponível em: https://www.gov.br/agricultura/pt-br/assuntos/insumosagropecuarios/insumos-agricolas/agrotoxicos/informacoes-tecnicas. Acesso em: 11 jul. 2023.

______. Ministério do Trabalho e Emprego. *Portaria n. 86, de 3 de março de 2005.* Aprova a Norma Regulamentadora de Segurança e Saúde no Trabalho na Agricultura, Pecuária, Silvicultura, Exploração Florestal e Aquicultura. Disponível em: https://www.gov.br/trabalhoe-emprego/pt-br/assuntos/inspecao-do-trabalho/seguranca-e-saude-no-trabalho/sstportarias/2005/portaria_86_nr_31_rural.pdf. Acesso em: 15 ago. 2023.

______. Tribunal Superior do Trabalho. Os imigrantes no Brasil, a transição para o século XX e suas consequências para as relações de trabalho. *Labor Memória Viva do TST*, n. 5, 2013. Disponível em: https://www.tst.jus.br/documents/10157/3600569/Labor+12.pdf. Acesso em: 8 out. 2023.

______. Tribunal Superior do Trabalho. *Trabalho rural:* entre conquistas e desafios. 24 maio 2019. Disponível em: https://www.tst.jus.br/-/trabalho-rural-entre-conquistas-e-desafios. Acesso em: 15 ago. 2023.

______. Ministério da Economia. *Portaria n. 6.734, de 9 de março de 2020.* Disponível em: https://www.gov.br/trabalho-e-emprego/pt-br/assuntos/inspecao-do-trabalho/seguranca-esaude-no-trabalho/sst-portarias/2020/portaria_seprt_6-734_-altera_a_nr_07.pdf. Acesso em: 7 set 2023.

______. Ministério da Saúde. *Doenças e Agravos de Notificação — 2007 em diante (SINAN).* 2023. Disponível em: https://datasus.saude.gov.br/acesso-a-informacao/doencas-eagravos-de-notificacao-de-2007-em-diante-sinan/. Consulta em: 14 jul. 2023.

______. Ministério do Trabalho e Emprego. Portal da Inspeção do Trabalho. *Radar SIT:* painel de informações e estatísticas sobre a Inspeção do Trabalho no Brasil. Disponível em: https://sit.trabalho.gov.br/radar/. Acesso em: 7 set. 2023.

CARNEIRO, Ana. *Retrato da Repressão Política no Campo* — Brasil 1962-1985 — Camponeses torturados, mortos e desaparecidos. Brasília: MDA, 2010.

CARVALHO, José Murilo de. *Cidadania no Brasil:* o longo caminho. 27. ed. Rio de Janeiro: Civilização Brasileira, 2021.

CENTRO DE ESTUDOS AVANÇADOS EM ECONOMIA APLICADA (CEPEA) E CONFEDERAÇÃO NACIONAL DA AGRICULTURA E PECUÁRIA (CNA). *PIB do agronegócio brasileiro de 1996 a 2021.* Disponível em: https://www.cepea.esalq.usp. br/br/pib-do-agronegocio-brasileiro.aspx. Acesso em: 20 ago. 2023.

COMITÊ DE AÇÃO A RESISTÊNCIA AOS FUNGICIDAS. FRAC *Classification of Fungicides.* 2020. Disponível em: https://www.fracbr.org/_files/ugd/6c1e70_af87611de3ca44eb-97834ce14fc3973c.pdf. Acesso em: 7 set. 2023.

COMITÊ DE AÇÃO A RESISTÊNCIA AOS HERBICIDAS. *Classificação dos herbicidas quanto ao mecanismo de ação.* Paulínia: HRAC, 2022. Disponível em: https://www.hrac-br.org/mecanismosdeacao. Acesso em: 7 set 2023.

COSTA, Nilson Luiz; SANTANA, Antônio Cordeiro de. Poder de mercado e desenvolvimento de novas cultivares de soja transgênicas e convencionais: análise da experiência brasileira. *Rev. Cienc. Agrar.*, v. 56, n. 1, p. 61-68, jan./mar. 2013.

DELGADO, Mauricio Godinho. *Direito do trabalho no Brasil:* formação e desenvolvimento — Colônia, Império e República. São Paulo: JusPodivm, 2023.

DUTRA, Rodrigo Maciel Soares; SOUZA, Murilo Mendonça Oliveira de. Cerrado, revolução verde e evolução do consumo de agrotóxicos. *Soc. & Nat.*, Uberlândia, v. 29, n. 3, set. 2017.

ENZIER, Joyce. ENSP debateu necropolítica, retrocessos e resistência no campo. Escola Nacional de Saúde Pública Sergio Arouca. Publicado em: 22 jul. 2019. Disponível em: https://informe.ensp. fiocruz.br/noticias/46707. Acesso em: 08 ago. 2023.

EUROPEAN CHEMICALS AGENCY. *Substance Infocard.* Ammonium 2-amino-4-(hydroxymethylphosphinyl)butyrate. 6 set. 2023. Disponível em: https://echa.europa.eu/pt/substance-information/-/substanceinfo/100.071.466. Acesso em: 6 set. 2023.

FAUSTO, Boris. *História do Brasil.* 2. ed. São Paulo: Editora da Universidade de São Paulo, 1995.

FULGÊNCIO, Rafael Figueiredo. O paradigma racista da política de imigração brasileira e os debates sobre a "Questão Chinesa" nos primeiros anos da República. *Revista de Informação Legislativa*, Brasília, n. 202, 2014. Disponível em: https://www2.senado.leg.br/bdsf/bitstream/handle/id/503045/RIL202.pdf?sequence=8. Acesso em: 25 set. 2023.

FUNDACENTRO. *Diretrizes sobre Sistemas de Gestão da Segurança e Saúde no Trabalho.* São Paulo: Fundacentro, 2005.

GOMES, Laurentino. *Escravidão:* da independência do Brasil à Lei Áurea. Rio de Janeiro. Globo Libros, 2022. ISBN 978-65.5987-052-3.

GORENDER, Jacob. *O escravismo colonial.* 5. ed. São Paulo: Ática, 1988.

GURGEL, Aline do Monte. *Efeitos neurotóxicos dos agrotóxicos organofosforados e o sistema de regulação estatal:* da dúvida científica à ocultação de perigo para a saúde humana. Doutorado em Saúde Pública do Instituto Aggeu Magalhães, Fundação Oswaldo Cruz. Recife, 2017.

GURGEL, Aline Monte; GUEDES, Clenio Azevedo; FRIEDRICH, Karen. Flexibilização da regulação de agrotóxicos enquanto oportunidade para a (necro)política brasileira: avanços do agronegócio e retrocessos para a saúde e o ambiente. *Desenvolv. Meio Ambiente*, vol. 57, p. 135-159, jun. 2021.

HASTINGS, Max. *Inferno:* o mundo em guerra. Rio de Janeiro: Intrínseca, 2012. 533 p.

IBGE — Instituto Brasileiro de Geografia e Estatística. *Brasil:* 500 anos de povoamento. Rio de Janeiro: IBGE, 2007.

INSTITUTO BRASILEIRO DO MEIO AMBIENTE E DOS RECURSOS NATURAIS RENOVÁVEIS. *Painéis de informações de agrotóxicos.* Disponível em: https://www.gov.br/ibama/pt-br/assuntos/quimicos-e-biologicos/agrotoxicos/paineis-deinformacoes-de-agrotoxicos/paineis-de-informacoes-de-agrotoxicos#Painel-comercializacao. Acesso em: 11 jul. 2023.

INTERNATIONAL AGENCY FOR RESEARCH ON CANCER. Iarc monographs on the evaluation of carcinogenic risks to Humans. França: *IARC*, v. 73, 1999. Disponível em: https://publications.iarc.fr/Book-And-Report-Series/Iarc-Monographs-On-The-IdentificationOf-Carcinogenic-Hazards To-Humans/Some-Chemicals-That-Cause-Tumours-Of-TheKidney-Or-Urinary-Bladder-In-Rodents-And-Some-Other-Substances-1999. Acesso em: 08 jun. 2023.

LABATUT, Benjamín. *Quando deixamos de entender o mundo.* São Paulo: Todavia, 2022.

LIGNANI, Leonardo de Bem; BRANDÃO, Júlia Lima Gorges. A ditadura dos agrotóxicos:o Programa Nacional de Defensivos Agrícolas e as mudanças na produção e no consumo de pesticidas no Brasil, 1975-1985. *História, Ciências, Saúde — Manguinhos*, Rio de Janeiro, v. 29, n. 2, abr. 2022.

LOPES-FERREIRA, Mônica, *et al.* Impact of pesticides on human Health in the last six years in Brazil. *Int. J. Environ. Res. and Public Health*, v. 19, 2022.

MAGALHÃES, Renan Vinicius. *História do estatuto do trabalhador rural:* embates políticos na configuração da extensão da legislação trabalhista ao campo no Brasil (1960-1963). Tese (doutorado em História). Programa de Pós-Graduação em História da Universidade Federal de Ouro Preto. Mariana, 2022.

MBEMBE, Achille. *Necropolítica:* biopoder, soberania, estado de exceção e política de morte. São Paulo: n-1 edições, 2018.

MORCEIRO, Paulo César; GUILHOTO, Joaquim José Martins. Desindustrialização setorial e estagnação de longo prazo do setor manufatureiro brasileiro. *Revista de Economia Política*, São Paulo, v. 43, n. 2, abr. 2023.

OLIVEIRA, Thaísa. Bancada ruralista cresce no Senado e tenta aprovar PL dos agrotóxicos e marco temporal. *Folha de . Paulo.* 7 jun. 2023. Disponível em: https://www1.folha.uol.com.br/ambiente/2023/06/bancada-ruralista-cresce-no-senado-etenta-aprovar-pl-dos-agrotoxicos-e-marco-temporal.shtml. Acesso em: 08 jun. 2023.

O'MALLEY, Michael A. Pesticidas. In: LADOU, Joseph; HARRISON, Robert (Orgs.). *Current Diagnóstico e Tratamento* — medicina ocupacional e ambiental. 5. ed. Porto Alegre: AMGH, 2016.

OIT — Organização Internacional do Trabalho. *Convenção n. 155* – Segurança e saúde dos trabalhadores. 1981. Disponível em: https://www.ilo.org/brasilia/convencoes/WCMS_236163/lang--pt/index.htm. Acesso em: 08 jun. 2023.

______. *Resolution on the inclusion of safe and healthy working environment in the ILO's framework of fundamental principles and rights at work.* 2022. Disponível em: https://www.ilo.org/ilc/ILCSessions/110/reports/texts-adopted/WCMS_848632/lang--en/index.htm. Acesso em: 08 jun. 2023.

ORTEGA, Rodrigo. Marília Mendonça é a artista mais ouvida no Spotify no Brasil em 2022. *G1.* 30 nov. 2022. Disponível em: https://g1.globo.com/pop-arte/musica/circuitosertanejo/noticia/2022/11/30/marilia-mendonca-e-a-artista-mais-ouvida-no-spotify-no-brasilem-2022.ghtml. Acesso em: Acesso em: 08 jun. 2023.

PASQUALETO, Olívia de Quintana Figueiredo. *Proteção da Saúde e Segurança do Trabalhador.* Influência do Direito Internacional. São Paulo: Almedina, 2021.

PELAEZ, Vitor Manoel *et al.* A (des)coordenação de políticas para a indústria de agrotóxicos no Brasil. *Rev. Bras. Inov.*, Campinas, v. 14, número especial, p. 153-178, jul. 2015.

PESTICIDE ACTION NETWORK. *PAN International Consolidated List of Banned Pesticides.* 2022. Disponível em: https://pan-international.org/pan-international-consolidatedlist-of-banned-pesticides/. Acesso em: 6 set. 2023.

PRESSINOT, Fernanda. Vendas da divisão agrícola da Bayer cresceram 274,6% em 2022, para 25,2 bi de euros. *Valor Econômico*, São Paulo, 28 fev. 2023. Disponível em: https://valor.globo.com/agronegocios/noticia/2023/02/28/vendas-da-divisao-agricola-dabayer-cresceram-2746percent-em-2022-para-252-bi-de-euros.ghtml. Acesso em: 08 jun. 2023.

ROCHA, Luiz Antônio Rabelo. *PCMSO* — Teoria e prática. São Paulo: LTr, 2011.

RÓDIO, Graziela Rodrigues; ROSSET, Isac George; BRANDALIZE, Ana Paula Carneiro. Exposição a agrotóxicos e suas consequências para a saúde humana. *Research, Society and Development*, v. 10, n. 8, p. 1-30, jul. 2021.

SANTOS, Boaventura de Sousa. O Colonialismo e o Século XXI. *Outras Palavras*. 2 abr. 2018. Disponível em: https://outraspalavras.net/geopoliticaeguerra/boaventura-o-colonialismoe-o-seculo-xxi/. Acesso em: 15 ago. 2023.

SANTOS, Davi Ribeiro dos. *Proposta de um modelo de avaliação de programas de controle médico de saúde ocupacional.* 2013. 160 p. Mestrado em Trabalho, Saúde e Ambiente. Fund Jorge Duprat Figueiredo de Segurança e Med do Trabalho, São Paulo, 2013.

SILVA, José Antônio Ribeiro de Oliveira. A saúde do trabalhador como um direito humano. *Revista do Tribunal Regional do Trabalho da 15ª Região*, São Paulo, n. 31, p. 109-137, 2007.

SZOLLOSI-JANZE, Margit. Pesticides and war: the case of Fritz Haber. *European Review*, v. 9, n. 1, p. 97-108, 2001.

TERRA, Paulo Cruz. Racismo, trabalho e ociosidade no processo de abolição: o Brasil e o Império Português numa perspectiva global (1870-1888). *Rev. Bras. Hist. São Paulo*, v. 41, n. 88, 2021.

TOSETTO, Eleonora Escobar; ANDRIOLI Antônio Inácio; CHRISTOFFOLI, Pedro Ivan 2021. Análises das causas das subnotificações das intoxicações por agrotóxicos na rede de saúde em município do Sul do Brasil. *Ciência & Saúde Coletiva*, Rio de Janeiro, v. 26, n. 12, dez. 2021.

UNITED STATES ENVIRONMENTAL PROTECTION AGENCY. *Integrated Risk Information System (IRIS).* Chemical Assessment Summary. Ethylene thiourea (ETU). 1991. Disponível em: https://iris.epa.gov/static/pdfs/0239_summary.pdf. Acesso em: 6 set. 2023.

______. *Reregistration Eligibility Decision (RED) Chlorothalonil.* 1999. Disponível em: https://archive.epa.gov/pesticides/reregistration/web/pdf/0097red.pdf. Acesso em: 6 set. 2023.

VELOSO, Gustavo Franco. *A gestão do PCMSO.* 2. ed. São Paulo: LTr, 2021.

WELCH, Clifford Andrew. Vargas e a reorganização da vida rural no Brasil (1930 – 1945). *Revista Brasileira de História*, São Paulo, v. 36, n. 71, 2016.

Os Impactos Psicossociais na Saúde do Trabalhador da Enfermagem Ocasionados pelas Jornadas Exaustivas de Trabalho

Maisa de Sena Figueiredo(1)

Williames Vieira da Silva(2)

1. Introdução

O meio ambiente do laboral constitui uma das facetas do meio ambiente previsto na Constituição da República Federativa do Brasil — CRFB de 1988. Em seu conceito, há uma pluralidade de fatores naturais, técnicos e psicológicos, que inclui as condições de trabalho, a organização do trabalho e as relações interpessoais. Da relação entre esses fatores e elementos constitutivos do meio ambiente, advém uma série de riscos à saúde e à segurança do trabalhador.

O presente artigo tem como objeto de análise a contextualização e a especificação do meio ambiente laboral a partir da decisão proferida no Processo n. 0000593-89.2017.5.08.0000, que iniciou a tramitação no Tribunal Regional do Trabalho da 8ª Região – TRT 8, que trata do Dissídio Coletivo relativo ao período 2017/2018, que tem como parte suscitante o Sindicato dos Profissionais de Enfermagem, Técnico Duchista, Massagista, Empregados em Hospitais e Casa de Saúde do Estado do Pará — SINTHOSP e como suscitada a empresa UNIMED Belém Cooperativa de Trabalho Médico.

Neste processo, há discussão normativa sobre a possibilidade ou não de elastecimento da jornada de trabalho dos profissionais do setor de enfermagem e os reflexos de tal prorrogação. Diante disso, aponta-se a seguinte pergunta problema: quais os danos psicossociais suportados por profissionais do setor de enfermagem quando expostos à jornada exaustiva de trabalho?

---

(1) Pós-Graduanda em Direito do Trabalho e Direitos Humanos pelo programa de Pós-Graduação em Direito da Universidade Federal do Pará.

(2) Pós-Graduando em Direito do Trabalho e Direitos Humanos pelo programa de Pós-Graduação em Direito da Universidade Federal do Pará.

Para tanto, aponta-se como objetivo geral identificar como a jornada exaustiva de trabalho atua no desgaste físico e psíquico do trabalho. Assim, elencam-se os seguintes objetivos específicos: i) apresentar os fundamentos jurídicos adotados pelas Cortes Trabalhistas no processo 0000593-89.2017.5.08.0000; ii) analisar do conceito de meio ambiente do trabalho e dos fatores de risco; iii) discutir os riscos específicos dos profissionais de enfermagem e, por fim iv) realizar a análise do caso.

Metodologicamente, as reflexões são fundadas em pesquisa exploratória, de análise qualitativa. Em termos de procedimentos, adotam-se o levantamento bibliográfico e documental, com revisão da literatura e análise de documentos oficiais, especialmente ações judiciais.

Além da introdução e das considerações finais, o texto está estruturado em mais quatro seções. Na primeira delas, far-se-á uma apresentação do caso base existente no processo n. 0000593-89.2017.5.08.0000. Na segunda, discorrer-se-á sobre o meio ambiente laboral e os seus conceitos. Na terceira, analisar-se-á a os riscos específicos dos profissionais da enfermagem. E, por fim, na última seção, faz-se uma análise do caso, com o propósito de responder ao questionamento que norteia a pesquisa.

2. Apresentação do caso

O presente estudo parte da análise das decisões proferidas no Processo n. 000059389.2017.5.08.0000, que iniciou a tramitação no Tribunal Regional do Trabalho da 8ª Região — TRT 8, que trata do Dissídio Coletivo relativo ao período 2017/2018, que tem como parte suscitante o Sindicato dos Profissionais de Enfermagem, Técnico Duchista, Massagista, Empregados em Hospitais e Casa de Saúde do Estado do Pará — SINTHOSP e como suscitada a empresa UNIMED Belém Cooperativa de Trabalho Médico. No referido processo houve apresentação de proposta de conciliação entre as partes. Contudo, a proposta não foi homologada, com a ementa do acórdão construído da seguinte forma:

> Dissídio Coletivo. Acordo. A homologação de acordo em dissídio coletivo exige o respeito à lei e à jurisprudência consagrada pelo TST, não se justificando que as partes disponham de forma diversa. Merece homologação a convenção quando atende aos interesses das partes e não contraria a lei.

Com efeito, o Tribunal Regional do Trabalho da 8ª Região firmou o entendimento de ilegalidade e desrespeito à jurisprudência do Tribunal Superior do Trabalho em uma das cláusulas da proposta de negociação acolhida pelas partes, e, desse modo, a exclui do normativo. Diz a fundamentação da decisão o seguinte:

> Finalmente, por considerar que a "CLÁUSULA TRIGÉSIMA" "VIRADA DE PLANTÃO" PARA PROFISSIONAIS DE SAÚDE" encontra óbice no inciso XVII do art. 611-B da CLT, submeto sua supressão à apreciação.

> Consultada, nesta sessão, a douta Procuradoria Regional do Trabalho nada opôs à homologação da convenção.
>
> Ante o exposto, proponho a homologação do acordo com as modificações ora indicadas, considerando que a solução conciliatória atende aos interesses das partes e não contraria o ordenamento jurídico.

Vale observar que, na proposta em exame, há cláusulas autorizando jornadas de trabalho em regime de 12 por 36 horas, plantões de 12 horas, observado o intervalo intrajornada, e um banco de horas compensatório de jornadas excessivas. Mas, em especial, o presente trabalho se prende à Cláusula Trigésima, considerada ilegal pelo Tribunal e que estava assim redigida, pela proposta das partes:

> CLÁUSULA TRIGÉSIMA - "VIRADA DE PLANTÃO" PARA PROFISSIONAIS DE SAÚDE A UNIMED permitirá a "virada de plantão", em caso de necessidade, quando da falta do colaborador ao seu plantão, que deverá ser feito em comum acordo entre trabalhadores e sua chefia.

Em análise, o Tribunal encontrou obstáculo na referida cláusula, por entender presente a violação ao inciso XVII do art. 611-B da CLT (BRASIL, 1943) que prescreve:

> Art. 611-B. Constituem objeto ilícito de convenção coletiva ou de acordo coletivo de trabalho, exclusivamente, a supressão ou a redução dos seguintes direitos:
>
> (...)
>
> XVII – normas de saúde, higiene e segurança do trabalho previstas em lei ou em normas regulamentadoras do Ministério do Trabalho; (...)

Por conseguinte, a suscitada UNIMED recorreu ordinariamente ao c. TST sob argumento de se prestigiar a autonomia coletiva da vontade (art. 7º, XXVI, CF e o art. 611-B, parágrafo único da CLT), isto é, da prevalência do negociado sobre o legislado. A respeito do recurso, o Sindicato sequer apresentou manifestação sobre ele. A despeito disso, o Tribunal Superior do Trabalho, ao apreciar o recurso, manteve a decisão do Tribunal Regional do Trabalho da 8ª região, com os seguintes fundamentos:

> Como registrado pela Corte de origem, a cláusula pactuada pelas partes viola normas de saúde e segurança do trabalho, por conter autorização genérica para jornada de 24 (vinte e quatro) horas, visto que a "CLÁUSULA VIGÉSIMA PRIMEIRA – JORNADA DE TRABALHO" do acordo coletivo estabelece que a duração diária de trabalho "(...) poderá ser de 12 (doze) horas (...)" (fls. 217). Incide, na hipótese, o art. 611-B, XVII, da CLT: art. 611-B. Constituem objeto ilícito de convenção coletiva ou de acordo coletivo de trabalho, exclusivamente, a supressão ou a redução dos seguintes direitos: XVII – normas de saúde, higiene e segurança do trabalho previstas em lei ou em normas regulamentadoras do Ministério do Trabalho; O art. 7º, XXII, da Constituição da República prevê como direito dos trabalhadores a redução dos riscos inerentes ao trabalho, com garantia de saúde e segurança no meio ambiente laboral: art. 7º São direitos dos trabalhadores urbanos e

> rurais, além de outros que visem à melhoria de sua condição social: XXII – redução dos riscos inerentes ao trabalho, por meio de normas de saúde, higiene e segurança; Cumpre mencionar, ainda, a proteção constitucional da dignidade humana (art. 1º, III), o direito fundamental à saúde e à segurança (arts. 6º e 196) e o valor social do trabalho (art. 1º, IV).

Assim, entendeu o Tribunal Superior do Trabalho que uma cláusula que estipula a prorrogação da jornada de 12 (doze) horas para mais 12 (doze) horas de trabalho não se coaduna com a garantia e segurança do trabalho. Baseou-se na norma 157, I, da CLT e no art. 16 da Convenção n. 155 da Organização Internacional do Trabalho (OIT), as quais determinam comportamento patronal ativo para garantir a integridade da saúde e a segurança de seus trabalhadores.

3. Meio ambiente laboral e seus conceitos

Observando os limites do presente trabalho em jornadas excessivas que causam impactos psicossociais na saúde do trabalhador de enfermagem, devemos entender o cenário em que o trabalho se desenvolve como destino da norma em causa, ou seja, identificar o local da prestação de serviços. Geralmente, o trabalho é realizado em hospitais, ambulatórios, casas de saúde, em geral, locais onde se buscam o adequado tratamento com a eficácia das providências do trabalho de profissionais da saúde.

A formulação de um conceito para o meio ambiente laboral, além de não ser tarefa fácil, está relacionada à compreensão de quem ocupa o seu núcleo essencial, se o trabalho ou o ser humano. De fato, as posições que entendem ser o trabalho o elemento essencial para a construção de toda a dogmática relacionada ao tema são construídas dentro de uma perspectiva estática, com foco exclusivo nos aspectos físicos de onde ocorre a prestação do serviço, com desprezo de outras relações que circundam esse ambiente. Como exemplo de tal posição, Fiorilho (2020, p. 21) conceitua o meio ambiente do trabalho como:

> [...] o local onde as pessoas desempenham suas atividades laborais, sejam remuneradas ou não, cujo equilíbrio está baseado na insalubridade do meio e na ausência de agentes que comprometam a incolumidade físico psíquica dos trabalhadores, independentemente da condição que ostentem (homens ou mulheres, maiores ou menores de idade, celetistas, servidores públicos, autônomos).

Por outro lado, ao se colocar o homem como elemento central da proteção jurídico-laboral, permite-se ir além dos riscos físicos, para compreender tudo aquilo que afeta o homem trabalhador, dos riscos físicos aos psíquicos, bem como refletir sobre os meios para se garantir a devida proteção. Com o aumento dos estudos sobre o assunto, a concepção restrita de meio ambiente laboral, que o identificava apenas como o local de desenvolvimento das atividades laborais, cedeu espaço para outras propostas mais amplas. Não é o objetivo deste trabalho realizar uma revisão bibliográfica sobre o conceito do meio ambiente laboral, mas apresentar os conceitos que, dentro de uma visão constitucional, estão consentâneos com os objetivos de proteção do ser humano trabalhador.

Vê-se que a mudança de concepção sobre o meio ambiente laboral transita do exame do espaço físico do trabalho para abarcar a proteção ao ser humano trabalhador, em observância aos objetivos e ditames previstos no texto constitucional. Neste ponto, a normatividade inscrita na Constituição Federal de 1988 (arts. 1º, IV; 5º, XXIII; 7º, XXII; 100, VIII; 170, *caput*, III, VI; 196 e 225, *caput*) (BRASIL, 1988) deixa clara a necessidade de real proteção da saúde dos trabalhadores, com a efetiva eliminação e redução dos riscos existentes no meio ambiente do trabalho, a fim de garantir-lhe uma sadia qualidade de vida.

Neste ponto, compreende-se como qualidade de vida algo bem mais amplo que o mero espaço físico, especialmente em face da qualidade da vida depender de uma série de fatores que não estão circunscritos dentro daquele local. Daí porque, em consonância, o conceito contemporâneo de saúde alinhavado pela Organização Mundial de Saúde — OMS, consiste no "estado de completo bem-estar físico, mental e social e não somente ausência de afecções e enfermidades" (OMS, 1946), ou seja, efetiva qualidade de vida.

Além disso, a Constituição Federal de 1988 (Brasil, 1988) insere a saúde como direito social e fundamental, em relação direta com o direito à redução dos riscos inerentes ao trabalho, por meio de normas de saúde, higiene e segurança. Assegura-se também ao trabalhador, conforme previsão do art. 225 do mesmo diploma, o "direito ao meio ambiente ecologicamente equilibrado, bem de uso comum do povo e essencial à sadia qualidade de vida, impondo-se ao Poder Público e à coletividade o dever de defendê-lo e preservá-lo para as presentes e futuras gerações".

Nesse sentido, Maranhão (2017, p. 126) conceitua meio ambiente laboral como "resultante da interação sistêmica de fatores naturais, técnicos e psicológicos ligados às condições de trabalho, à organização do trabalho e às relações interpessoais que condiciona a segurança e a saúde física e mental do ser humano exposto a qualquer contexto jurídico". Citado autor (2017, p. 126), esclarece a escolha de cada palavra, nos seguintes termos:

> Colocada em tais termos, nossa proposta visa a se alinhar com os alicerces teóricos até aqui firmados, em especial porque: (i) descreve não o ambiente, mas o meio ambiente, desconectando-se de qualquer viés físico-geográfico; (ii) expressa um foco sistêmico do ente ambiental, incorporando a dinamicidade que lhe é inerente; (iii) conjuga fatores naturais e humanos, apartando-se de tônicas exclusivamente ecológicas; (iv) expõe com clareza todos os

> fatores de risco labor-ambientais (condições de trabalho, organização do trabalho e relações interpessoais), viabilizando maior amplitude na avaliação jusambiental da higidez do meio ambiente de trabalho; (v) centra sua estruturação em perspectiva humanista, na medida em que construída em torno da qualidade de vida do ser humano que dá cumprimento ao seu mister laboral, inclusive no que respeita à sua saúde mental; (vi) alcança o ser humano em qualquer condição jurídico-laborativa, ou seja, independentemente da existência do fenômeno hierárquicosubordinativo ou da natureza jurídica pública ou privada do vínculo então estabelecido; (vii) açambarca a legítima proteção jurídica da qualidade da vida humana situada no entorno do ambiente de trabalho, também /exposta, ainda que indiretamente, à agressiva propagação sistêmica de possíveis nocividades labor-ambientais.

Do conceito acima, extrai-se que o meio ambiente de trabalho é formado por uma intrincada teia de condições de trabalho, de organização de trabalho e de relações interpessoais, a partir das quais o ser humano é tido como sujeito digno de proteção.

A despeito das discussões conceituais sobre o meio ambiente do trabalho, há certo ponto de convergência quanto aos elementos que o constituem. Segundo Maranhão (2017), há, pelo menos, três elementos essenciais, quais sejam, o ambiente, a técnica e o homem, os quais estão relacionados aos clássicos fatores de produção, a saber, a terra, o capital e o trabalho.

De acordo com a perspectiva apontada, o ambiente corresponde à terra e se revela como o local da prestação dos serviços, com a inclusão de todos os bens ali existentes. Por outro lado, a técnica corresponde ao capital e se traduz, nos dizeres de Feliciano (2005, p. 283) como "a fórmula pragmática de ação para o alcance de um fim particular preestabelecido", ou seja, o modus operandi utilizado no processo produtivo, que, dentro de uma leitura ambientalmente adequada, deve corresponder ao alcance do desenvolvimento sustentável, em consonância com os ditames constitucionais. Por fim, o homem desponta como figura central dessa estrutura, que, como trabalhador, sua presença terá o condão de caracterizar o ambiente no qual exerce as suas atividades como meio ambiental laboral, que, sem ela, poderia ser simplesmente considerado um ambiente natural ou artificial.

Diante disso, pode-se entender que o meio ambiente do trabalho é constituído da interação entre os elementos ambientais e técnicos com a ação humana laborativa. Ponto importante nessa construção é sobre quem suporta os efeitos da engrenagem produtiva. Se, por um lado, o maquinário pode ser eliminado, corrigido, alterado e as técnicas laborais possam sofrer mudanças adaptativas, ajustes ou renovação, o mesmo não se pode falar sobre o homem, sujeito com dignidade que não pode ser descartado.

Compreendidos os elementos compositivos e estruturantes do meio ambiente do trabalho, interessa compreender as interações entre esses elementos e as consequências daí advindas, especialmente relacionadas aos fatores de riscos, pois a complexidade citada oferece uma série de riscos às pessoas que estão naquele ambiente.

A análise dos fatores de risco foi alterada conforme a própria concepção do meio ambiente laboral, pois, quando admitida uma visão restrita daquele, circunscrita ao ambiente físicogeográfico, por consequência, os fatores de risco correspondiam àqueles observáveis em tal local, limitados aos agentes físicos, químicos e biológicos.

Contudo, com os estudos, especialmente no campo da psicologia, identificou-se uma série de riscos decorrentes da organização do trabalho que não estão inseridos no ambiente meramente físico. Trata-se do exame do sofrimento e do adoecimento no trabalho e, em especial, dos problemas psíquicos.

Neste ponto, interessa ressaltar a mudança do foco meramente individual do adoecimento para o foco coletivo. Se antes, o exame de determinada enfermidade estava adstrita ao exame do sujeito individualizado, com o alargamento para a noção de risco coletivo, identificou-se que determinado setor da empresa pode estar degradado ou poluído, ocasionando o aparecimento de enfermidades em uma massa de trabalhadores.

Zoller (2009) identifica que a preferência por explicações de risco individuais em vez de estruturais é uma barreira para lidar com os danos à saúde gerados pelas empresas, uma vez que diminui a ênfase em problemas estruturais, como se os riscos ocupacionais fossem determinados exclusivamente por comportamentos de trabalhadores individuais. E como consequência, a individualização gera soluções focadas em comportamento mudança ou culturas de segurança, ao passo que destacando as escolhas gerenciais que colocam a saúde do trabalhador e da comunidade em risco, potencialmente estimula a ação coletiva no sentido de mudar as fontes estruturais de risco. Essa mudança de foco permite a busca de soluções mais adequadas, que consideram o caráter coletivo e estrutural do empreendimento, já que o meio ambiente do trabalho engloba uma variedade de fatores cuja interação tem o condão de influenciar diretamente a qualidade de vida dos trabalhadores.

Nesse contexto, Dejours (2015, p. 29) distingue as condições de trabalho de organização do trabalho. Segundo ele, condição do trabalho refere-se ao ambiente físico (temperatura, pressão, barulho, vibração, irradiação, altitude etc.), ambiente químico (produtos manipulados, vapores e gases tóxicos, poeiras, fumaças etc.), o ambiente biológico (vírus, bactérias, parasitas, fungos), as condições de higiene, de segurança e as características antropométricas do posto de trabalho.

Como condições de trabalho, identificam-se as condições estruturais existentes no ambiente de trabalho, abarcando a tradicional noção de meio ambiente laboral, limitada à ideia de local de trabalho, com a também tradicional ênfase na saúde física dos trabalhadores, decorrente da relação homem/ambiente.

Por outro lado, por organização do trabalho, entende a divisão do trabalho, o conteúdo da tarefa (na medida em que ele dela deriva), o sistema hierárquico, as modalidades de comando, as relações de poder, as questões de responsabilidade, etc (DEJOURS, 2015, p. 29). Nesse ponto, identifica-se como o arranjo técnico-organizacional estabelecido para a execução do trabalho, com ênfase na saúde psicofísica do trabalhador, decorrente da relação homem/técnica.

Além dos elementos citados acima, estão incluídos dentro da organização do trabalho, os fatores ligados às normas de produção, ao modo de produção, ao tempo do trabalho, ao ritmo de trabalho, à remuneração do trabalho, o conhecimento do trabalho, às técnicas de cobrança de resultados, entre outros. Nesse campo, o meio ambiente laboral está mais diretamente ligado à ideia de situação de trabalho.

A partir da distinção referida, Dejours (2015) defende que as condições de trabalho geram impacto maior sobre o corpo do trabalhador, ao passo que a organização do trabalho gera impacto maior sobre a mente do trabalhador.

Depreende-se que é possível a ocorrência de uma variedade de interações no meio ambiente laboral com potencial de produção de riscos à segurança e à saúde dos trabalhadores. Como exemplo, cita-se que da relação entre o homem e o ambiente físico de trabalho, podem surgir riscos físicos, químicos e biológicos. Da relação entre o homem e a técnica implementada pelo empregador, podem surgir danos psíquicos e, por fim, da relação entre as pessoas, na intrincada teia de relação social, também podem surgir danos psíquicos.

A despeito disso, elas estão vinculadas a uma origem em um ou mais dos fatores de risco apresentados, quais sejam, as condições de trabalho, a organização do trabalho e as relações interpessoais, que poderão aparecer no contexto laboral como fator de risco isolado ou em correlação com outros, gerando cenários variados, que exigem uma atenção holística.

O reconhecimento da extensão conceitual do meio ambiente laboral, bem como dos elementos que o compõem e dos riscos decorrentes das interações, além de permitir a exata compreensão do valor jurídico a ser protegido, permite a identificação dos cenários e a adoção de condutas preventivas e repressivas, por parte dos empregadores, do Estado e da sociedade.

Para fins deste estudo, passa-se ao exame mais aprofundado sobre a organização do trabalho. Segundo Dejours (1996, p. 153), a organização do trabalho é entendida como, de um lado, como a divisão das tarefas que atinge diretamente a questão do interesse e do tédio no trabalho e, por outro lado, a divisão dos homens, relacionada à hierarquia, ao comando e à submissão, que atinge diretamente as relações que os trabalhadores estabelecem entre si no próprio local de trabalho.

É por isso que a organização do trabalho, tanto a divisão quanto o conteúdo das tarefas, quanto o sistema hierárquico e as relações socioprofissionais, estabelecidas pelo sistema de produção, é fator determinante para a estrutura organizacional na qual o trabalho é desenvolvido, o que permite falar em ambientes de trabalho, pois cada categoria profissional está submetida a um modelo específico de organização do trabalho, que, por sua vez, está relacionado aos interesses econômicos, ideológicos e políticos daqueles que dominam o processo produtivo.

Por esse viés, a organização do trabalho resulta, então, das relações intersubjetivas e sociais dos trabalhadores com a organização, sendo o trabalho o produto da dinâmica interna das situações e da organização do trabalho, das relações subjetivas, condutas e ações dos trabalhadores, permitidas pela organização do trabalho (MENDES, 1995).

Dentro da organização do trabalho, é imprescindível atentar para o conhecimento de quem realmente executa o trabalho, dentro da esfera do trabalho real, executado, diverso daquele prescrito pela empresa, pois, a despeito do trabalho prescrito, somente o executor do trabalho é quem pode dar as respostas que a organização busca. Ou seja, há uma necessidade de interação e diálogo entre o trabalho prescrito e o trabalho real, categorias que não se excluem, ao contrário, se complementam com o objetivo de compreender a dinâmica do processo produtivo holisticamente.

Analisados os conceitos de meio ambiente do trabalho, os seus elementos constitutivos, bem como os riscos decorrentes da interação entre eles, especialmente a organização do trabalho, passa-se ao exame do excesso do excesso, ou seja, a continuidade do trabalho por dois plantões seguidos ("viradas") em razão da falta do plantonista para assunção da escala de trabalho.

A proposta da norma coletiva estaria permitindo um trabalho de 24 horas consecutivas, observado apenas os intervalos intrajornadas. É, seguramente, um trabalho além de extra, excepcional, e se a norma admitir essa prestação contínua da força de trabalho, acabaria por tornar mais frequente as "viradas de plantões". A proposta afastaria, sobremodo, a proteção da qualidade de vida do profissional da saúde, com veremos mais adiante.

4. Riscos específicos dos profissionais da enfermagem

Existe um sistema organizado para verificação e cumprimento das normas de segurança e saúde bem como meio ambiente do trabalho no Brasil. Primeiramente, como norte para tal sistema, tem-se a Constituição Federal (Brasil, 1988) que traz referências expressas, presentes nos arts. 7º XXII e 225 e a CLT (Brasil, 1943) nos seus arts. 154 a 159, também textualmente, regulamenta a matéria, bem como a Portaria n. 3.214/78, por intermédio das NR (Normas Regulamentadoras), mais especificamente as NR-07 (BRASIL, 1978), NR-09 (BRASIL, 1978), NR-10 (BRASIL,1978) e NR-22 (BRASIL, 1978).

Outra norma que dispõe sobre o assunto é a Convenção n. 155 da OIT (OIT, 1981) que discorre sobre a segurança e saúde dos trabalhadores e o meio ambiente do trabalho, a qual foi ratificada pelo Brasil pelo Decreto n. 1.254, de 29 de setembro de 1994 (BRASIL,1994).

Além das citadas normas, constata Aguiar (2020, p. 67-76) sobre os componentes de legalidade e fiscalização acerca do meio ambiente laboral e normas de segurança e higiene do trabalho, que:

> Na prática, ações coletivas promovidas pelos sindicatos profissionais, Ministério Público do Trabalho e órgãos de fiscalização do governo corroboram a sedimentação da política. Registre-se que o Poder Judiciário também atua de maneira efetiva e eficaz nesta causa, sendo certo que em março de 2012, o Conselho Superior da Justiça do Trabalho instituiu, por meio da Resolução n. 96 (BRASIL, 2000), o Programa Nacional de Prevenção de Acidentes de Trabalho com o objetivo de desenvolver, em caráter permanente, ações voltadas à promoção da saúde do trabalhador, à prevenção de acidentes de trabalho e ao fortalecimento da Política Nacional de Segurança e Saúde no Trabalho — PNSST.
>
> Há, portanto, mecanismos normativos apropriados para defesa dos objetivos previstos na Convenção n. 155 (OIT, 1981) e órgãos de defesas adequados, com o devido amparo jurídico e judicial para sua obediência. A pergunta que permanece é: por que, então e ainda assim, o Brasil bate recordes em acidentes do trabalho?
>
> Treinamentos, educação, melhoria de condições econômicas do país, atuação sindical mais efetiva, fiscalização governamental mais presente, enfim, são várias as ações que merecem destaque e devem ser praticadas para melhoria deste quadro.
>
> E olha que estamos falando aqui do viés básico. Há outros desafios de complexidade (modernidade-digital) ainda mais difíceis.

Sobre as jornadas excessivas e resultados maléficos à saúde dos trabalhadores, as restrições ocorrem historicamente desde o início da chamada Revolução Industrial, em países da Europa. Jornadas e intervalos intra e entre jornadas têm sido objeto de disciplina de higidez e segurança do trabalho, com o intuito de ver impedidos os prejuízos que causam à saúde do trabalhador se desrespeitados.

Giuseppe Ludovico informava que estas "doenças do futuro" representam um fenômeno em constante aumento, que já afetam 28% dos trabalhadores europeus, revelando-se como causa de mais da metade das jornadas de trabalho perdidas todo ano. Segundo o professor da Università Degli Studio di Milano, os custos relativos aos acidentes psíquicos já representam três por cento do PIB europeu, totalizando, todo ano, cerca de 617 bilhões de euros (272 bilhões dos quais por faltas ao trabalho, 242 bilhões por perda de produtividade, 63 bilhões por tratamentos de saúde e 39 bilhões por pensões por incapacidade) e por isso, trata-se, portanto, de "doenças do presente, que já substituíram, em parte, as tradicionais patologias do passado" (LUDOVICO, 2015).

O citado autor observa que "as previsões para o futuro são ainda mais assustadoras: segundo a Organização Mundial da Saúde, em 2020, a depressão será a principal causa de incapacidade no trabalho" fato que se confirma em parte pois o Relatório mundial sobre saúde mental: Transformando a saúde mental para todos da Organização Mundial da Saúde (OMS, 2022) publicado em 17 de junho de 2022 aponta que os transtornos mentais são a principal causa de incapacidade, causando um em cada seis anos vividos com incapacidade, indicando ainda que casos de depressão e ansiedade aumentaram 25% durante o primeiro ano da pandemia de Covid-19.

Sobre o trabalho contínuo e intermitente auxiliado pelas novas tecnologias, alerta Castro (2019) *apud* Silva (2015, p. 20), com evidente preocupação: "De fato, "a cadência no trabalho e a pressão que o empresário exerce sobre os trabalhadores parecem ser das principais causas que mais colaboram para o adoecimento mental",

Noutro prumo, as novas tecnologias de comunicação e informação também permitem, cada vez mais, que os trabalhadores trabalhem em qualquer momento e lugar em benefício de um terceiro e tal fato pode aumentar a preocupação com a saúde mental do trabalhador uma vez que lhe é requerido trabalhar até remotamente.

No atual contexto de teletrabalho e a plataformização das relações de trabalho, os chamados via computadores e aplicativos, os telefonemas relacionados ao trabalho e os contatos via email, fora do horário de expediente, podem ocasionar efeitos deletérios na saúde mental dos trabalhadores e na conciliação entre a vida pessoal e profissional, o que impede o exercício do direito à desconexão e aumenta as chances de sentimento de esgotamento pelo trabalhador.

Registra-se, por oportuno, que o Decreto n. 3.048/99 (BRASIL, 1999), que aprovou o Regulamento da Previdência Social, elenca em seu Anexo II as doenças do trabalho e inclui hipóteses de reconhecimento do estresse, da depressão, bem como da "Sensação de Estar Acabado ("Síndrome de *Burnout*", "Síndrome do Esgotamento Profissional"), como doenças de origem ocupacional e, de acordo com a Previdência Social, já é a terceira causa de afastamento do trabalho, totalizando 668.927 casos, cerca de 9% do total de auxílios-doença e aposentadorias por invalidez concedidos nesses cinco anos de análise, revelando-se, conforme indicou o professor italiano Giuseppe Ludovico, "doenças do futuro", mas que já fazem parte de nosso presente e reclamam desesperada atenção (2019, p. 141-142).

No caso dos profissionais de enfermagem Brito et al (2015, p. 443-445), informa que os principais riscos psicossociais do profissional de Enfermagem Hospitalar são: Violência física e verbal e a sobrecarga de trabalho, sendo esta última o risco em debate neste trabalho e o principal motivo da não homologação total do acordo coletivo do caso aqui tratado. Segundo o autor acima mencionado, a sobrecarga de trabalho pode ser melhor evidenciada no meio feminino, tendo em vista que tal profissão, ainda é ocupada em sua grande maioria por mulheres que além do trabalho formal, ainda tem que realizar cuidados com a sua casa e família, sobrecarregando-as.

Ainda é importante salientar que, pela remuneração baixa, e como meio de melhorar a sua renda e alcançar a remuneração almejada, estes profissionais por vezes buscam outro vinculo de trabalho consequentemente levando-os a sobrecarga.

As principais patologias causadas pela sobrecarga de trabalho podem ser classificadas como três: a síndrome de *Burnout*, a "Karoshi" e a disfunção musculoesquelética. A síndrome de Burnout é considerada um distúrbio emocional pelo qual o indivíduo sente exaustão extrema, estresse e esgotamento físico.

Baruki (2018) aponta que a tal distúrbio ocorre quando a pessoa não consegue mais realizar suas atividades do dia a dia por falta de energia, irritabilidade, diminuição de envolvimento pessoal no trabalho dentre outros sintomas, tendo como um dos principais fatores desencadeantes o excesso de trabalho, altos níveis de exigência psicológica, envolvimento em atividades que demandam muita competitividade ou responsabilidade.

Segundo Baruki (2018), o termo "KAROSHI" é uma palavra japonesa que em termos gerais significaria morte súbita por sobrecarga ou excesso de trabalho acrescendo ainda que patologias como os acidentes vasculares cerebrais, insuficiência cardíaca aguda dentre outros quadros clínicos estariam intimamente relacionados com a sobrecarga de trabalho e o pouco tempo para o repouso.

A disfunção musculoesquelética se refere a problemas causados por traumas repetitivos a exemplos das lesões por traumas cumulativos, lesões por esforço repetitivo e distúrbios osteomusculares relacionado ao trabalho que geralmente podem ser também apontados pelas siglas "LER" e "DORT".

Em resumo podemos observar que as jornadas excessivas, em especial, plantões de 12 horas seguidas, mesmo observado o repouso interjornada, não podem ser elogiadas em razão do evidente desgaste da força de trabalho em sujeição a prejuízos da saúde física e mental segundo avaliações de patologias com maiores frequências em estudos citados.

E como ao norte citado, por vezes os trabalhadores desta categoria sujeitam-se as jornadas extenuantes e prejudiciais a sua saúde por almejarem melhor remuneração, e tal vulnerabilidade não deve ser ignorada sob o risco de levarmos toda uma geração de trabalhadores ao adoecimento e até a morte pela sobrecarga.

5. Análise do caso

Podemos observar a conduta sindical de aceitar a proposta base que incluía a normalidade de jornadas excedentes às oito diárias, ou seja, a norma coletiva favorece a utilização da força de trabalho dos profissionais da saúde vendo a necessidade unicamente patronal em manter o estabelecimento funcionando 24 horas ao público, não promove uma gestão do interesse de trabalhadores com revezamento em jornadas normais, e utiliza os excessos frequentes com um banco de horas a compensar no futuro.

Adota-se com utilização da negociação coletiva jornadas excessivas, além das oito horas por dia, a entender que nenhuma norma de segurança e higidez do meio ambiente laboral tenha sido afetado. E a evidência deve ser a jornada legal normal de 8 horas/dia para o limite da força de trabalho, indicada pelo legislador para todas as profissões. E para os turnos de revezamento em trabalho contínuo o legislador pátrio adotou o regime de 6 horas/dia.

Ultrapassar o limite indicado em lei acarretaria a precarização da força de trabalho, mas ao lado do regime de 12 horas seguidas de 36 horas de repouso, aceitou-se ainda os plantões de 12 horas consecutivas fruto da negociação coletiva acolhida pelo Tribunal Regional. Houve, portanto, o prestígio do negociado sobre o legislado em várias cláusulas da norma coletiva.

A homologação da negociação coletiva apenas encontrou óbice na jornada de 24 horas seguidas, isto é, as "viradas de plantões" quando ocorre a falta do colega plantonista sucessor na escala de trabalho. Não é plausível nem justificável esse desgaste por 24 horas seguidas do trabalhador, assim como não se consegue dimensionar a reposição natural da força de trabalho em tais situações. Os danos à saúde do obreiro ficam visíveis quando violadas as normas de saúde e proteção do trabalho no caso em exame.

6. Considerações finais

A saúde, higidez e segurança no trabalho é tema de grande relevância porque, além de abranger direitos sociais que exigem proteção, trazem sempre o destaque para a luta contra as jornadas excessivas, predisposição aos acidentes de trabalho e/ou doenças ocupacionais. Apesar de mundialmente se preconizar um desenvolvimento sustentável, os acidentes de trabalho insistem em ocorrer e afetar a todos, sociedade, empresas e trabalhadores. Os danos sofridos pelo trabalhador afetam todo o tecido socioeconômico.

Como a saúde, higiene e segurança do trabalho são fatores diretos do meio ambiente laboral sabe-se do prejuízo de suas interações complexas e dinâmicas para toda a sociedade. Para nosso dever jurídico de preservar as melhorias do meio ambiente laboral devemos sempre a) expor com clareza todos os fatores de risco labor-ambientais (condições de trabalho, organização do trabalho e relações interpessoais), viabilizando maior amplitude na avaliação jus ambiental da higidez do meio ambiente de trabalho; e b) centrar o meio ambiente laboral em perspectiva humanista, na medida em que se pretende melhorar a qualidade de vida do ser humano que dá sua força de trabalho ao processo produtivo, inclusive no que respeita à sua saúde mental. E, nesse particular, o primeiro passo para a higidez do maio ambiente laboral é a jornada laboral com seus intervalos obrigatórios para recomposição de forças.

Destarte, em nosso estudo de caso, entendemos correta a exclusão de Cláusula da Negociação Coletiva que autorizava a possibilidade de plantões contínuos e sucessivos de 12 horas cada qual ("virada de plantões") por violar a higidez do meio ambiente laboral e ainda a sua flagrante ilegalidade.

Referências

AGUIAR, Antônio Carlos. Convenção n. 155 da OIT: sobre a segurança e saúde dos Trabalhadores e o meio ambiente do trabalho. Ratificação pelo Brasil – Decreto n. 1.254, de 29 de setembro de 1994. *Revista do Tribunal do Trabalho da 2ª Região*, Brasil, Tribunal Regional do Trabalho (2ª Região). n. 1, São Paulo: TRT/SP, 2009.

BARUKI, Luciana Veloso. *Riscos psicossociais e saúde mental do trabalhador:* por um regime jurídico preventivo. 2. ed. São Paulo: LTr, 2018.

BRASIL. *Lei n. 6.938, de 31 de agosto de 1981.* Dispõe sobre a Política Nacional do Meio Ambiente, seus fins e mecanismos de formulação e aplicação, e dá outras providências. Brasília, DF, [1981]. Disponível em: https://www.planalto.gov.br/ccivil_03/leis/l6938.htm. Acesso em: 27 set. 2023.

______. *Portaria n. 3.214, de 08 de junho de 1978.* Aprova as Normas Regulamentadoras do Ministério de Estado do Trabalho, no uso de suas atribuições legais, considerando o disposto no art. 200, da Consolidação das Leis do Trabalho, com redação dada pela Lei n. 6.514, de 22 de dezembro de 1977. Brasília, 1978. Disponível em: https://www.camara.leg.br/proposicoesWeb/prop_mostrarintegra?codteor=309173&filename=LegislacaoCitada+-INC+5298%2F2005. Acesso em: 08 out. 2023.

______. Tribunal Superior do Trabalho. *Resolução n. 96, de 11 de setembro de 2000. Diário da Justiça [da] República Federativa do Brasil*: seção 1, Brasília, DF, p. 258, 20 set. 2000.

______. *Decreto n. 3.048, de 6 de maio de 1999.* Aprova o Regulamento da Previdência Social, e dá outras providências. *Diário Oficial [da] República Federativa do Brasil,* Poder Executivo, Brasília, DF, 7 maio 1999. p. 50. Disponível em: http://www.planalto.gov.br/ccivil_03/decreto/d3048compilado.htm. Acesso em: 8 out. 2023.

______. Constituição Federal (1988). *Constituição da República Federativa do Brasil.* Disponível em: http://www.planalto.gov.br/ccivil_03/constituicao/constituicao.htm Acesso em: 08 out. 2023.

______. *Decreto-lei n.. 5.452, de 1º de maio de 1943.* Aprova a Consolidação das Leis do Trabalho. Rio de Janeiro, RJ: Presidência da República. Disponível em: http://www.planalto.gov.br/ccivil_03/decreto-lei/del5452.htm. Acesso em: 08 out. 2023.

______. *Decreto n. 1.254, de 29 de setembro de 1994.* Promulga a Convenção n. 155, da Organização Internacional do Trabalho, sobre Segurança e Saúde dos Trabalhadores e o Meio Ambiente de Trabalho, concluída em Genebra, em 22 de junho de 1981. *Diário Oficial da União*, 30 set. 1994. Disponível em: https://www.planalto.gov.br/ccivil_03/decreto/1990-1994/d1254.htm#:~:text=DECRETO%20N%C2%BA%201.254%2C%20DE%2029,22%20de%20junho%20de%201981. Acesso em: 08 out. 2023.

BRITO, B. C. de; SANTOS, F. C.; SOARES, M. I.; CAMELO, S. H. H. Riscos psicossociais relacionados ao trabalho do enfermeiro hospitalar e estratégias de gerenciamento uma revisão integrativa. *Revista Gestão & Saúde*, [S. l.], v. 6, n. 1, p. 437-450, 2015. Disponível em: https://periodicos.unb.br/index.php/rgs/article/view/2574. Acesso em: 14 set. 2023.

CASTRO. Thiago Mendonça de. A Saúde e Segurança do Trabalho e os Impactos mais comuns dos Acidentes de Trabalho. *Rev. TST*, São Paulo, vol. 85, n. 4, out./dez. 2019.

DEJOURS, Christophe. Uma nova visão do sofrimento humano nas organizações. In: CHANLAT, Jean-François (Coord.). *O indivíduo na organização:* dimensões esquecidas. v. 1. São Paulo: Atlas, 1996.

______. *A loucura do trabalho:* um estudo de psicopatologia do trabalho. Tradução de Ana Isabel Paraguay e Lúcia Leal Ferreira. 6. ed. São Paulo: Cortez, 2015.

FELICIANO, Guilherme Guimarães. *Teoria da imputação objetiva no direito penal ambiental brasileiro*. São Paulo: LTr, 2005.

______. Saúde e segurança no trabalho: o meio ambiente do trabalho e a responsabilidade civil patronal. In: THOME, Candy Florencio; SCHWARZ, Rodrigo Garcia (Orgs.). *Direito individual do trabalho:* curso de revisão e atualização. Rio de Janeiro: Elsevier, 2011.

FERREIRA, Mário César; MENDES, Ana Magnólia. *Trabalho e riscos de adoecimento:* o caso dos auditores-fiscais da previdência social brasileira. Brasília: LPA Edições, 2003.

FIORILLO. Celso Antonio Pacheco. *Curso de Direito Ambiental Brasileiro*. 4. ed. São Paulo: Saraiva, 2003.

MARANHÃO, Ney. *Poluição labor-ambiental:* abordagem conceitual da degradação das condições de trabalho, da organização do trabalho e das relações interpessoais travadas no contexto laborativo. Rio de Janeiro: Lumen Juris, 2017.

______. Meio Ambiente do trabalho: descrição jurídico-conceitual. *Revista de Direito do Trabalho*, vol. 170, ano 42, p. 139-165, São Paulo: RT, jul./ago. 2016.

MENDES, Ana Magnólia. (1995). Aspectos psicodinâmicos da relação homem-trabalho: As contribuições de C. Dejours. *Revista Ciência e Profissão*, 15 (1-3) p. 34-38.

OMS — Organização Mundial de Saúde. *Constituição (1946)*. Disponível em: https://www.who.int/eportuguese/countries/bra/pt/. Acesso em: 28 jan. 2022.

ROCHA, Julio Cesar de Sá da. D*ireito ambiental do trabalho:* mudanças de paradigma na tutela jurídica à saúde do trabalhador. 2. ed. São Paulo: Atlas, 2013.

WORLD HEALTH ORGANIZATION. *World mental health report:* transforming mental health for all. Geneva: World Health Organization; 2022.

ZOLLER, Heather M (2009). The social construction of occupational health and safety: barriers to environmental-labor health coalitions. *New solutions: a journal of environmental and occupational health policy:* NS, 19(3), 289-314.

Caminhos Jurídicos para Redução de Assimetrias entre Empregados Diretos e Terceirizados no Setor Elétrico

Marcelo Pinheiro Nascimento(1)

Wanessa Galindo Falcão da Silva(2)

1. Introdução

"Vou subir para agilizar o serviço!" gritou José aos dois colegas que substituíam as chaves-facas em um poste de alta tensão a mais de três metros de altura. Quando aquelas peças oxidavam, era como se estivessem soldadas; a única saída que conhecia era usar um arco de serra para desprendê-las. Em poucos minutos iria anoitecer. Trabalho à noite era proibido. Havia avisado a empresa desde cedo — por que demoraram tanto para liberar o serviço?

José subiu mais de três metros dentro do cesto aéreo, elevado pelo caminhão *sky*. Do alto, podia ver toda a subestação de energia. Em sua vestimenta, a indicação de que estava "a serviço" da distribuidora de energia elétrica. As chaves-facas oxidadas teimavam em não desprender, mesmo com o arco de serra. Resolveu retirar as luvas de isolamento elétrico. Atrapalhavam. De qualquer forma,

o poste deveria estar desenergizado. Em vinte anos de profissão, já havia visto muitos colegas retirarem as luvas sem problemas. Era tarde.

A noite chegou, mas José jamais terminaria aquele serviço. A corrente elétrica de alta tensão entrou em seu corpo pelo dorso da mão direita, retirando-lhe a vida.

O acidente de José é paradigmático de tão comum. No setor elétrico, de 2009 a 2015, 449 trabalhadores morreram, sendo 380 deles terceirizados (DIEESE, 2017). Em 2022, 69,4% dos acidentes que envolveram choque elétrico resultaram em óbito. A região Nordeste concentrou 34,8% dos acidentes — mais do que as demais regiões do país. (DE SOUZA; MARTINHO; MARTINS JR., 2022).

---

(1) Mestre em Direito Constitucional (IDP). Graduado em Direito pela UFPI. Auditor-Fiscal do Trabalho.

(2) Graduada em Direito na Universidade Estadual de Feira de Santana.

A alta letalidade desses acidentes demonstra a premência de quaisquer esforços que visem reduzi-los. A prevalência dos acidentes em empregados terceirizados aponta para a assimetria entre tais trabalhadores e os empregados contratados diretamente pelas distribuidoras de energia elétrica.

O objetivo do presente artigo é investigar em que medida o Direito vigente é apto a assegurar aos empregados terceirizados do setor elétrico os mesmos direitos de segurança e saúde no trabalho que gozam os empregados diretos. Inicialmente, a proteção jurídica da segurança e saúde dos eletricitários terceirizados será cotejada com a dos eletricitários contratados diretamente pelas concessionárias. Após, as discrepâncias identificadas serão confrontadas com os direitos fundamentais relativos à segurança, à saúde e ao meio ambiente do trabalho equilibrado. Finalmente, serão esboçados quatro caminhos jurídicos para reduzir as discrepâncias constatadas: a Lei n. 6.019/1974 (com a alteração promovida pela Lei n. 13.429/2017), a extensão do alcance dos acordos coletivos de trabalho, a aplicabilidade dos princípios de Direito Ambiental do Trabalho e a eficácia horizontal imediata dos direitos fundamentais.

2. Menos direitos? — Proteção à saúde e à segurança dos eletricitários terceirizados *vis-à-vis* empregados diretos

Às 17h30min de 06 julho de 2020, em Teresina, Piauí, José[3] sofreu um acidente fatal (BRASIL, 2020). Esse trabalhador tinha mais de 20 (vinte) anos de experiência e havia sido contratado há um mês por uma empresa prestadora de serviços elétricos.

Após uma manhã de trabalho, apenas às 15h40min o empregado e sua equipe, formada por mais dois colegas, receberam os equipamentos parra efetuar um serviço complementar: a troca de duas "chaves-facas" do mesmo alimentador que já haviam trabalhado de manhã, na subestação de energia. Os empregados chegaram ao local que prestariam o serviço apenas às 16h40min, estando aptos a realizá-lo em horário próximo às 17h. A jornada dos trabalhadores encerrava às 18h; sendo assim, era muito pouco provável que a tarefa fosse concluída a tempo.

Em certo ponto do serviço, um dos instrumentos apresentava dificuldade de remoção, parecia estar soldado. José, líder da equipe, estava no solo e precisou subir o caminhão *"sky"* para efetuar ele mesmo o conserto. Na intenção de aumentar a agilidade manual, o trabalhador retirou as luvas de isolamento. Tal procedimento não é incomum entre os eletricitários quando se deparam com situações semelhantes, pois os elementos com os quais o empregado tinha contato deveriam estar desenergizados. José, então, sofreu forte descarga elétrica, que alcançou múltiplas partes do corpo, levando à sua morte.

A retirada das luvas não deve ser considerada a causa principal do acidente. Para Daniellou, Simard e Boissières (2010), a visão de que o erro de um único trabalhador pode

(3) Nome completo omitido.

ser considerado a causa determinante de um acidente de trabalho se encontra abandonada dos meios científicos. Prevenir implica em interpor barreiras redundantes, de modo que somente uma série de falhas simultâneas pode resultar em um acidente. A utilização de barreiras redundantes é objeto do modelo do "queijo suíço", de James Reason(4):

Figura 1 — Modelo do queijo suíço.

Fonte: Daniellou, Simard e Boissières (2010, p. 59).

Durante a análise de acidente realizada por Auditor-Fiscal do Trabalho (BRASIL, 2020) foram identificadas diversas irregularidades no procedimento adotado pelas empresas, com o descumprimento de normas de segurança e saúde. Diversas barreiras falharam, o que resultou no acidente. Dentre as irregularidades, o auditor aponta:

> i) Deficiência de comunicação entre as empresas e seus setores, fazendo com que o serviço fosse realizado às pressas, próximo ao encerramento do horário de trabalho;
>
> ii) Ausência de análise de risco e manual de procedimentos conforme previsto legalmente;
>
> iii) Desarticulação de ações de saúde e segurança entre as empresas. Mesmo depois do acidente isso foi notado, já que cada empresa fez sua própria análise das causas do evento, chegando a resultados distintos.

No documento elaborado pela auditoria, foi ressaltado que as irregularidades percebidas seriam facilmente resolvidas caso a empresa tomadora exercesse o seu dever de fiscalização sobre as atividades da contratada. O dever, exigido legalmente, nem seria de tão difícil cumprimento já que ambas as empresas desenvolvem a mesma atividade econômica, sendo assim, a empresa tomadora tem toda expertise necessária para exercer essa verificação, tendo optado, no entanto, por não a fazer.

A terceirização foi fator decisivo para o acidente fatal nesse caso, assim como é em tantos outros acidentes do trabalho no setor elétrico. Em levantamento de dados da ANEEL, de 2009 a 2018, apenas no setor de distribuição de energia, foram registrados 466 acidentes fatais entre os terceirizados e 88 mortes entre os empregados diretos

(4) Há modelos mais detalhados e complexos que o do "queijo suíço" (DANIELLOU; SIMARD; BOISSIÈRES, 2010). Entretanto, diante do escopo do presenta artigo, entendemos não ser necessário apresentá-los.

(BRAUNERT; FIGUEIREDO, 2021). A diferença abissal de acidentados entre terceirizados e empregados próprios é histórica. Noutra pesquisa, a qual levantou dados produzidos pela Fundação Coge das estatísticas do setor elétrico brasileiro de 2006 e 2013, obteve-se 590 fatalidades no trabalho, sendo que 83% com empregados terceirizados (BRITO, SALAS e MEDEIROS, 2021).

Estudos anteriores trazem a resposta para esse considerável risco ao qual os terceirizados estão mais expostos. Em Braunert e Figueiredo (2021), que analisaram o processo de terceirização de duas importantes companhias estaduais que atuam no campo de geração, transmissão e distribuição de energia, foram apontadas excesso de trabalho e jornadas extenuantes, faltas de treinamento, qualificação técnica defasada e uso de equipamentos de segurança de pior qualidade (BRAUNERT; FIGUEIREDO, 2021, p. 13).

Os dados e resultados de pesquisas anteriores indicam uma disparidade de direitos e condições de trabalho entre trabalhadores direitos e terceirizados. Essa hipótese foi confirmada no caso de José. Em pesquisa ao "Sistema de Negociações Coletivas de Trabalho — MEDIADOR" da Subsecretaria de Relações do Trabalho, foi encontrado o acordo coletivo entre a empresa tomadora de serviços e seus empregados direitos. No entanto, não foi identificado nenhum instrumento coletivo firmado entre a empresa terceirizadas e o sindicato da categoria.

O Acordo Coletivo de Trabalho (ACT) encontrado, com vigência de 2021 a 2023, firmado entre a empresa tomadora e o Sindicato dos Trabalhadores nas Indústrias Urbanas do Estado do Piauí (SINTEPI) chama a atenção pela quantidade de normas protetivas. Para análise, consideramos apenas as cláusulas que garantem direitos na seara de saúde e segurança e que não são garantidas legalmente, ou seja, a previsão no instrumento coletivo surge como um acréscimo aos direitos amparados pela lei. Após isso, dividimos essas cláusulas em três categorias: 1. As que monetizam a exposição ao risco; 2. As que visam a redução e precaução dos riscos e danos; e 3. As que visam a reparação e indenização após o dano. Considerando esta classificação, temos:

1. Monetização da poluição:

✓ Adicional de penosidade para todos que recebiam o benefício até 30.04.2019, no valor correspondente à 75% de quem recebia;

2. Redução e precaução da poluição e dos danos:

✓ Plano de saúde para empregados e dependentes, sendo mantido para quem tem o contrato suspenso durante a aposentadoria por invalidez

✓ Plano odontológico;

✓ Seguro de vida e de acidentes;

✓ Programa de Prevenção e Tratamento de Dependências Químicas para atender aos seus empregados.

✓ Assistência médica ocupacional.

3. Reparação e Indenização (estratégia eminentemente repressiva)

✓ Auxílio-doença/invalidez, efetuado como uma complementação da remuneração do empregado afastado por motivo de doença como se ele estivesse na ativa. Se sofreu acidente de trabalho, a complementação é enquanto durar o auxílio-doença acidentário. Se gozar de auxílio-doença previdenciário, o benefício é mantido até 04 (quatro) meses após o evento gerador podendo ser prorrogado por igual período, até o limite de 08 (oito) meses. É garantido aos afastados, além da complementação, o auxílio alimentação.

✓ Assistência ao acidentado, oferecida caso o tratamento comtemplado pelo Sistema Único de Saúde (SUS) e o Plano de Saúde não forem suficientes. A assistência inclui internação hospitalar, tratamento fisioterápico, aparelho de prótese e correção estética; cobertura com deslocamento, ajuda de custo e despesas com hospedagem e alimentação caso o empregado precise se deslocar do seu domicílio para outra cidade para realizar o tratamento.

Além desses direitos, a norma coletiva reitera algumas previsões legais, contendo cláusulas sobre a constituição de Comissão Interna de Prevenção de Acidentes (CIPA) e a obrigatoriedade de concessão de equipamentos de proteção individual.

Para entender melhor a causa dessa gama considerável de benefícios garantidos pela norma heterônoma, e o consequente cenário de desigualdade entre os trabalhadores direto e terceirizados, é necessária uma contextualização prévia. A empresa Equatorial Piauí Distribuidora de Energia S.A., tomadora de serviços no caso em análise, é resultado da privatização da Eletrobrás/Cepisa, ocorrida em outubro de 2018. Com a privatização, parte dos empregados que permaneceram na empresa já possuíam um sindicato organizado e gozavam de muitos direitos extra Consolidação das Leis do Trabalho (CLT), motivo que explica a manutenção desses benefícios na repactuação com empresa privatizada.

Enquanto isso, no caso dos empregados terceirizados, não havia essa pretensão de manutenção de algum direito adquirido. No caso deles, se opera os diversos efeitos negativos provocados pela terceirização, já abordados em diversos estudos. Como atestado por Weil (2014), a terceirização enfraquece o cumprimento dos padrões trabalhistas básicos e dificulta a coordenação do trabalho, ocasionando externalidades que podem resultar em acidentes e mortes. Bem como, foi evidenciado por Oliveira e Druck (2021) que a terceirização leva a piora nas condições de trabalho, principalmente quanto a segurança e saúde — levando a altos índices de acidentes, adoecimento e morte — e o enfraquecimento da organização sindical, da luta e representação dos trabalhadores.

A história de José não é única. Conforme evidenciam os dados tratados inicialmente, a disparidade de direitos e condições de trabalho entre empregados direitos e terceirizados se reproduz em todo o país (BRAUNERT, FIGUEIREDO, 2021; BRITO, SALAS e MEDEIROS, 2021). Esse padrão é compatível com os direitos fundamentais?

3. Menos humanos? — Discrepâncias e direitos fundamentais

Existem direitos que decorrem da própria natureza humana, tendo todos os seres humanos como titulares. São conhecidos como direitos humanos — ou direitos fundamentais. Sarlet (2018) faz diferença entre essas expressões: os direitos humanos são aqueles que estão alicerçados em documentos internacionais, como tratados. Os direitos fundamentais, por sua vez, se encontram constitucionalmente positivados. Ontologicamente, no entanto, não há distinção: são direitos primordiais, aqueles que reconhecem e reafirmam a dignidade do ser humano.

Direitos fundamentais abrangem o trabalho. Não poderia ser diferente, pois o trabalho ocupa um espaço fundamental na vida humana. É muito mais que um mecanismo para obtenção de sustento físico, é meio de inserção social e de realização pessoal. Para Antunes (2009, p. 165), o trabalho é "fonte originária, primária, da realização do ser social"[(5)].

Na Constituição Federal (CF), os direitos fundamentais do trabalho se encontram, majoritariamente, no Capítulo II (Do Direitos Sociais) do Título II (Dos Direitos e Garantias Fundamentais). A topologia demonstra, de pronto, a fundamentalidade de tais direitos. Entretanto, há direitos fundamentais do trabalho que se encontram em outros capítulos e títulos da CF. O art. 7º, *caput*[(6)], serve como cláusula de abertura, demonstrando a fundamentalidade de direitos que se encontrem topologicamente dispersos. Exemplificativamente, Sarlet (2018) afirma que os direitos à saúde e à redução do risco de doenças (art. 196 da CF) possuem caráter fundamental. A cláusula de abertura é tão ampla que Queiroz Júnior (2006) vai além, defendendo que se reconheçam como fundamentais direitos trabalhistas que constem de normas infraconstitucionais, desde que possuam importância e conteúdo compatíveis.

O art. 5º, § 2º, da CF[(7)] estabelece outra cláusula de abertura através da qual direitos que constem de tratados também podem ser considerados fundamentais. É o

(5) Antunes apresenta posições distintas de Lukács e Habermas quanto à centralidade do trabalho na sociedade. Tal debate não será abordado no presente artigo, bastando que fique assentada a grande importância (tratando-se ou não de centralidade) do trabalho.

(6) "Art. 7º São direitos dos trabalhadores urbanos e rurais, além de outros que visem à melhoria de sua condição social: (*omissis*)."

(7) § 2º Os direitos e garantias expressos nesta Constituição não excluem outros decorrentes do regime e dos princípios por ela adotados, ou dos tratados internacionais em que a República Federativa do Brasil seja parte."

caso da Convenção Internacional sobre os Direitos das Pessoas com Deficiência e seu Protocolo Facultativo, que equivale a emenda constitucional por ter sido aprovada por *quorum* qualificado(8).

Dentre os direitos fundamentais do trabalho se encontram os direitos à saúde, à redução de riscos inerentes ao trabalho e ao meio ambiente do trabalho equilibrado. Os titulares de tais direitos são todos os trabalhadores, independentemente do empregador ou da modalidade de contratação.

O direito à saúde se encontra estabelecido no art. 196 da CF. Saúde é mais que a ausência de doença física. Conforme a OMS (1946), "a saúde é um estado de completo bem-estar físico, mental e social, e não consiste apenas na ausência de doença ou de enfermidade". Tal conceito é reiterado pelo art. 3, alínea *"e"*, da Convenção n. 155 da Organização Internacional do Trabalho. Essa convenção foi incorporada ao ordenamento jurídico brasileiro de modo expresso, por meio do Decreto n. 1.254/1994.

O direito à redução de riscos inerentes ao trabalho consta do art. 7º, XXII, da CF. Trata-se de corolário dos direitos à saúde e à vida. Toda atividade humana envolve algum tipo de risco, de modo que não se trata do direito à inexistência de riscos, mas à redução razoável conforme o estado atual da técnica (MARANHÃO, 2020). Os avanços tecnológicos devem ser utilizados em favor do ser humano, aplicados à redução dos riscos sempre que possível.

O direito ao meio ambiente equilibrado se encontra no art. 225 da CF. Trata-se de um direito fundamental que possui natureza dúplice, pois tanto se trata tanto de um direito quanto de um dever de todos. O conceito de meio ambiente abrange o meio ambiente do trabalho, como será exposto.

O ACT firmado entre a distribuidora de energia e seus empregados diretos não pode ser visto como a mera regulamentação de questões corriqueiras da relação de trabalho. Dispositivos como plano de saúde, assistência médica e assistência ao acidentado são modos de concretizar os direitos fundamentais à saúde, à redução de riscos inerentes ao trabalho e ao meio ambiente do trabalho equilibrado. Portanto, o ACT trata de direitos fundamentais. Aplicá-lo exclusivamente aos empregados diretos, com a exclusão dos terceirizados, cria duas categorias de trabalhadores que, muitas vezes, realizam a mesma tarefa. Uns com mais direitos, outros com menos; uns com a humanidade mais protegida, outros menos.

Dentre os direitos fundamentais se encontra a "igualdade de direitos entre o trabalhador com vínculo empregatício permanente e o trabalhador avulso" (art. 7º, XXXIV). É certo que o trabalho terceirizado não equivale ao trabalho avulso. Porém, a axiologia por

(8) Decreto Legislativo n. 186/2008. A aprovação transcorreu nos moldes do art. 5º, § 3º da CF. *Vide* art. 1º, parágrafo único, da Lei n. 13.146/2015 (Estatuto da Pessoa com Deficiência).

trás de tal direito é que o modo através do qual o trabalhador é contratado não deveria servir de justificativa para a concessão de menos direitos fundamentais. Afinal, direitos fundamentais decorrem da humanidade e todos são igualmente humanos.

Ainda assim, nos termos do art. 611, §1º, da CLT, os dispositivos que constam do ACT somente seriam aplicáveis no âmbito da empresa que firmou o acordo com o sindicato. Existem caminhos jurídicos que possam diminuir a assimetria entre os empregados diretos da distribuidora de energia e os trabalhadores terceirizados?

4. Caminhos jurídicos para redução de assimetrias

O caso de José, analisado no presente estudo, é apenas o recorte de uma realidade que se opera no cenário brasileiro: a completa divergência de tratamento e proteção de trabalhadores que estão submetidos ao mesmo ambiente e riscos laborais. Visto que essa é uma realidade concreta e já esmiuçada em diversos estudos (BRAUNERT; FIGUEIREDO, 2021; BRITO, SALAS e MEDEIROS, 2021; OLIVEIRA; DRUCK, 2021; WEIL, 2014), o que se propõe no presente trabalho é analisar se o arcabouço jurídico do Brasil apresenta alternativas para o aumento da proteção à saúde e segurança dos empregados terceirizados.

Serão testados quatro caminhos jurídicos: a Lei n. 6.019/1974 (com a alteração promovida pela Lei n. 13.429/2017), a extensão do alcance dos acordos coletivos de trabalho, a aplicabilidade dos princípios de direito ambiental do trabalho e a eficácia horizontal dos direitos fundamentais.

4.1. A Lei n. 6.019/1974, com a alteração promovida pela Lei n. 13.429/2017

Inicialmente, observamos em que medida a Lei n. 6.019/1974, alterada pela Lei n. 13.429/2017, aborda o tratamento igualitário entre os trabalhadores diretos e terceirizados. O art. 5º-A, §3º da referida norma dispõe que cabe ao contratante garantir as condições de segurança e saúde dos trabalhadores quando o labor for realizado “em suas dependências ou local previamente convencionado em contrato”.

O art. 4ª-C, incisos I e II, traz previsão mais protetiva aos empregados que prestam serviços nas dependências da tomadora. Para esses empregados, a norma garante as mesmas condições de: alimentação, serviço de transporte, atendimento médico ou ambulatorial, treinamento, sanitária, de medidas de proteção à saúde e de segurança no trabalho e de instalações.

Os artigos indicados parecem tratar sobre condições de trabalho atinentes à ideia de local físico/estrutural do trabalho, envolvendo, os elementos físicos, químicos e biológicos, condições estruturais e de mobiliário, ou seja, tudo que envolva a relação homem/ambiente (MARANHÃO, 2016).

Portanto, o contratante (empresa distribuidora de energia) é responsável pelas condições de saúde e segurança dos trabalhadores terceirizados — e, se o labor ocorrer em suas dependências, devem ser garantidas as mesmas condições de atendimento médico ou ambulatorial, de medidas de proteção à saúde e de segurança no trabalho etc.

No caso de José, o acidente ocorreu em uma subestação de energia operada pela empresa tomadora. José trabalhava, portanto, nas dependências de tal empresa. Diante da Lei n. 6.019/1974, arts. 4º-C e 5º-A, a tomadora deveria garantir a ele as mesmas condições de atendimento médico e proteção à saúde e segurança no trabalho gozadas pelos empregados diretamente contratados.

Diversos dispositivos que constam do ACT podem ser considerados instrumentos de atendimento médico e proteção à saúde e segurança: plano de saúde, plano odontológico, seguro de vida e acidentes, programa de prevenção de tratamento de dependências químicas e assistência médica ocupacional. Outros dispositivos podem ser considerados instrumentos de promoção de saúde e segurança por consistirem em desestímulos financeiros à exposição ao risco: adicional de penosidade, auxílio-doença/invalidez, assistência ao acidentado.

Assim sendo, a Lei n. 6.019/1974, alterada pela Lei n. 13.429/2017, nos parece um instrumento apto a estender aos terceirizados os dispositivos que constam do ACT, de modo a que os trabalhadores laborem sob as mesmas condições de saúde e segurança.

4.2. A extensão do alcance dos acordos coletivos de trabalho

As empresas do caso em estudo exercem atividade de manutenção e distribuição de energia elétrica, atividade de risco conforme a Classificação Nacional de Atividades Econômicas (CNAE). Analisando o acordo coletivo firmado pela empresa tomadora de serviços, é possível observar diversas normas visando a monetização, prevenção ou indenização pela exposição a esses riscos, o que normalmente acontece em instrumentos coletivos de atividades arriscadas, principalmente em virtude da atuação sindical.

No caso de José, assim como em tantos outros, os empregados terceirizados não foram abarcados por esse sistema de proteção, já que o acordo coletivo apenas alcança os empregados da empresa tomadora dos serviços. No entanto, se os empregados da empresa prestadora são submetidos aos mesmos riscos, não fariam jus a essas medidas de proteção? Encontramos possibilidade da extensão desses direitos na CLT.

A norma celetista traz uma possibilidade de resolução de conflitos coletivos com participação direta do Estado, o dissídio coletivo. Caso as partes do instrumento coletivo, seja acordo ou convenção, não cheguem a um entendimento sobre as normas que devem reger a relação entre empregados e empregadores, podem buscar a solução desse impasse por meio de uma ação judicial na qual o Estado-Juiz fixará as normas que irão compor o instrumento coletivo. A sentença exarada no procedimento é um verdadeiro ato judicial criador de regras, sendo lei em sentido material (DELGADO, 2017). Conforme o procedimento previsto em lei (arts. 860 a 864 da CLT) o julgador dará preferência ao acordo; apenas não o havendo, é que o processo é submetido a julgamento.

Nesse procedimento, a norma celetista garante a possibilidade de extensão dessas decisões judiciais, seja o acordo homologado ou sentenciado pelo juiz. O art. 868 da CLT permite a extensão do dissídio celebrado por parte dos empregados aos demais trabalhadores da mesma empresa que exerçam a mesma profissão. O dissídio deve ter sido motivado por novas condições de trabalho, e a extensão será feita pelo Tribunal, sem provocação, caso ele entenda justo e conveniente. O art. 869 permite que essas condições sejam estendidas a todos os trabalhadores da mesma categoria. Essa extensão mais ampla pode ser feita de ofício, pelo próprio tribunal que proferiu a decisão, ou por solicitação dos seguintes agentes: um ou mais empregadores ou sindicato de empregadores; ou um ou mais sindicatos de empregados; ou pela Procuradoria da Justiça do Trabalho.

Perceba que dispositivos possibilitam a extensão das normas coletivas tanto para os demais empregados da empresa quanto ao da categoria profissional, limitada a categoria profissional da jurisdição do Tribunal, ou seja, podendo incluir trabalhadores representados por outro sindicado ou de outra base territorial.

A extensão de negociações coletivas é um assunto que mobiliza pesquisadores de todo mundo desde 1930, como demonstrado no estudo realizado por Cardoso (2024). Em geral, a extensão garante dois pontos positivos principais: i) Melhores condições de trabalho, evitando desigualdades entre trabalhadores protegidos e desprotegidos; ii), Redução do impacto da concorrência desleal. O objetivo é justamente impedir os efeitos duma competição capitalista desmedida que aumenta o lucro às custas de um trabalhado cada vez mais precarizado, ou seja, o que vemos se operando na realidade, principalmente no que concerne à terceirização.

Diante de um cenário total desigualdade de trabalhadores expostos aos mesmos riscos ocupacionais, a extensão das normas coletivas surge como uma forma do Estado agir como verdadeiro regulador das relações laborais garantindo um mínimo de proteção à empregados e/ou categorias com menos força/representatividade sindical.

Ocorre que essa saída apresenta alguns obstáculos. A Justiça do Trabalho tem se tornado cada vez mais resistente à extensão das convenções coletivas, principalmente após a tese de repercussão geral do Supremo Tribunal Federal (STF) de 2011 que consolidou o seguinte entendimento:

> A equiparação de remuneração entre empregados da empresa tomadora de serviços e empregados da empresa contratada (terceirizada) fere o princípio da livre iniciativa, por se tratar de agentes econômicos distintos, que não podem estar sujeitos a decisões empresariais que não são suas.

Além disso, desde a reforma trabalhista de 2017 e o fim do imposto sindical, tem-se observado um enfraquecimento dos sindicatos e da sua atuação combativa (GALVÃO, 2019). De todo modo, trata-se de um caminho jurídico que pode levar à redução das assimetrias entre empregados diretos e terceirizados.

4.3. A aplicabilidade dos princípios de direito ambiental do trabalho

Quando se fala em meio ambiente, a imagem que vem à mente são rios, cachoeiras e florestas. Porém, o meio ambiente não deve ser visto como um ente idealizado e distante. É nele que o ser humano vive, se move, trabalha. Da interação entre o trabalho humano e o meio ambiente surge o conceito de meio ambiente do trabalho.

Para Maranhão (2023), o meio ambiente do trabalho possui três elementos nucleares: o ambiente, a técnica e o homem. O ambiente corresponde ao local físico no qual o labor ocorre. A técnica é a fórmula pela qual o trabalho se desenrola, a organização e os procedimentos observados. O terceiro elemento é o ser humano e as relações interpessoais que transcorrem durante o trabalho. Com efeito, o ser humano não deve ser concebido como uma entidade à parte do meio ambiente, mas como um elemento que compõe a estrutura sistêmica ambiental (MARANHÃO, 2023). O conceito de meio ambiente abrange o ser humano(9).

A CF, no art. 225, *caput*, dispõe que o meio ambiente equilibrado é um direito de todos. A partir dos incisos e parágrafos de tal artigo, a doutrina sistematizou um arcabouço de proteção ao meio ambiente, com princípios próprios, que formam o Direito Ambiental.

O art. 200, VIII, da CF, dispõe textualmente que o meio ambiente do trabalho se encontra albergado pelo conceito de meio ambiente. Diante disso, tanto o art. 225 da CF quanto os princípios e conceitos de Direito Ambiental abrangem o meio ambiente do trabalho (MELO, 2020). Forma-se um novo ramo jurídico, o Direito Ambiental do Trabalho(10).

No Direito Ambiental, riscos demandam medidas de combate, mesmo antes de qualquer concretização de danos. Quando danos ocorrem, os riscos se desvelam em poluição, que é a deterioração das condições essenciais para a preservação da qualidade de vida dos membros de uma comunidade específica (EBERT, 2020). No Direito Ambiental do Trabalho, riscos também demandam combate. Quando ocorrem danos, exsurge o que Maranhão (2017) define como poluição labor-ambiental: o desequilíbrio sistêmico nas

(9) Em sentido contrário, José Afonso da Silva (2013) apresenta um conceito de meio ambiente que se restringe ao local em que o trabalho transcorre.

(10) Há cerca de duas décadas, Júlio César de Sá da Rocha (2002) identificava o Direito Ambiental do Trabalho como disciplina jurídica *in statu nascendi*.

condições de trabalho, na estrutura organizacional do labor ou nas interações interpessoais que ocorrem no ambiente de trabalho. A poluição labor-ambiental tem suas raízes na atividade humana e resulta em riscos inaceitáveis para a segurança e a saúde física e mental.

Em relação aos riscos que ameaçam o meio ambiente, surgiram os conceitos de prevenção e precaução. O princípio da prevenção atua quando os riscos são suficientemente conhecidos a ponto de existirem métodos cientificamente comprovados para preveni-los ou mitigá-los. Nessas situações, os métodos existentes devem ser aplicados. O princípio da precaução consta do item 15 da Declaração do Rio sobre Meio Ambiente e Desenvolvimento, de 1992. Atua quando os riscos ainda não são suficientemente conhecidos, de modo que não há certeza quanto à dimensão do perigo envolvido, não estando claro quais métodos seriam efetivos para prevenir ou mitigar os riscos. Nesses casos, a incerteza científica não pode ser tida como escusa para a inação diante do risco. Para Ebert (2020), o princípio da precaução demanda que, em um contexto de incerteza, seja vedada a plena liberação da atividade, resguardando-se um limite razoável de segurança, enquanto se acompanham os progressos científicos a respeito dos novos riscos. Novas providências devem ser adotadas imediatamente, logo que descobertas pela ciência.

No caso do ACT de que trata o presente artigo, há dispositivos que se relacionam com os princípios da prevenção e da precaução: plano de saúde, plano odontológico, seguro de vida e de acidentes, programa de prevenção e tratamento de dependências químicas e assistência médica ocupacional. Esses direitos, usufruídos no decorrer dos anos, favorecem a saúde dos trabalhadores, diminuindo o risco de adoecimento e acidentes relacionados ao trabalho.

Outro princípio aplicável ao Direito Ambiental do Trabalho é o do poluidor-pagador. Esse princípio consta da Declaração do Rio sobre Meio Ambiente e Desenvolvimento, de 1992, que estabelece que as autoridades nacionais devem promover a internalização dos custos ambientais, de modo que o poluidor venha arcar com o custo decorrente da poluição. Para Brito (2020), trata-se de um princípio que visa muito mais que a responsabilização. O verdadeiro escopo é preventivo, buscando evitar a poluição através do desestímulo econômico.

No caso do ACT de que trata o capítulo 2 do presente artigo, há dispositivos que se relacionam com o princípio do poluidor-pagador: adicional de penosidade, auxílio-doença/invalidez (complementação da remuneração do empregado afastado por motivo de doença como se ele estivesse na ativa) e assistência ao acidentado (oferecida caso o tratamento comtemplado pelo SUS e o Plano de Saúde não forem suficientes). Através desses dispositivos, o poluidor internaliza parte dos custos ambientais, que seriam arcados pelo trabalhador ou pela sociedade.

Os princípios do Direito Ambiental do Trabalho podem levar, na situação concreta, à aplicação de medidas como as que constam do ACT. Esses princípios não se restringem aos empregados contratados diretamente pela empresa distribuidora de energia elétrica, mas abrangem quaisquer trabalhadores expostos aos riscos. Assim sendo, a utilização de tais princípios pode levar à redução da assimetria entre empregados diretamente contratados e terceirizados.

4.4. A eficácia horizontal imediata dos direitos fundamentais

Direitos fundamentais são o alicerce axiológico de todo o ordenamento jurídico. Não se restringem à organização do Estado: abrangem, também, o papel desempenhado pela pessoa humana na estrutura estatal e na sociedade (SARLET, 2018). Englobam o trabalho, essencial à vivência humana. Não se deve admitir qualquer forma de trabalho: para estar em conformidade com a dignidade humana, o trabalho deve transcorrer de modo compatível com os direitos fundamentais. É através da declaração e concretização de tais direitos que se afirma a dignidade do trabalho (DELGADO; DELGADO, 2017).

Historicamente, os direitos fundamentais surgiram como ferramentas de defesa do indivíduo perante o Estado, em uma eficácia vertical (Sarlet, 2018). Entretanto, foi reconhecida a necessidade de estendê-los às relações entre entes privados, fenômeno conhecido como eficácia horizontal. A extrema disparidade entre entes privados é uma das justificativas dessa extensão, pois os direitos fundamentais sempre foram, em essência, garantias contra o abuso de poder. Em uma realidade na qual empresas podem ser mais poderosas que Estados, a necessidade da eficácia horizontal é notória(11).

Todavia, a doutrina não é uníssona quanto ao modo como a eficácia horizontal se deve efetivar. Há três principais teorias: a da eficácia mediata, a dos deveres de proteção e a da eficácia imediata.

Para a teoria da eficácia mediata, os direitos fundamentais devem sempre ser mediados pela existência de legislação ordinária. O texto constitucional serviria somente de baliza para o legislador e para o intérprete da lei. Na hermenêutica, as cláusulas gerais e os conceitos jurídicos indeterminados atuariam como "portas de entrada" pelas quais os direitos fundamentais se difundiriam, iluminando a legislação. Daí a concepção de uma interpretação "à luz" dos valores constitucionais. Trata-se de uma teoria minoritária no Brasil (SARMENTO, 2010).

Para a teoria dos deveres de proteção, a eficácia dos direitos fundamentais também pode ser mediada pela ação estatal. O Estado teria o dever de proteger ativamente tais direitos. A origem dessa teoria está na jurisprudência alemã, segundo a qual o princípio

(11) Para Contreras (2011), nas relações de trabalho há uma eficácia diagonal, tamanha é a disparidade de poder.

da proporcionalidade engloba não apenas a proibição do excesso, mas também a vedação da proteção insuficiente (PIEROT; SCHLINK, 2012).

Para a teoria da eficácia imediata ou direta, os direitos fundamentais seriam diretamente aplicáveis às relações entre pessoas privadas, independentemente da existência de legislação ordinária. Conforme Sarmento (2010), trata-se da teoria mais amplamente aceita no Brasil, especialmente diante do art. 5º, §1º, da CF, segundo o qual "as normas definidoras dos direitos e garantias fundamentais têm aplicação imediata"(12).

Reconhecer a eficácia horizontal direta dos direitos fundamentais do trabalho implica em limitar os direitos da pessoa em face de quem a aplicação ocorre. É possível que os direitos a serem limitados sejam, igualmente, fundamentais. Dessa forma, é necessário que se realize uma atividade de ponderação que deve abranger a análise da adequação, da necessidade e da razoabilidade (ALEXY, 2008). Na análise da adequação, é verificado se a restrição do direito é apta a ensejar a concretização do direito fundamental a ser promovido. Na análise da necessidade, é verificado se há um meio alternativo para a promoção do direito do trabalhador que enseje restrição de direito menos intensa à outra parte. Na análise da razoabilidade(13), é verificado se os ganhos do trabalhador são superiores à perda ensejada à outra parte. Ultrapassadas tais etapas, a restrição ao direito do empregador deve ser considerada adequada, necessária e razoável, reconhecendo-se a eficácia horizontal imediata do direito do trabalhador(14).

Os direitos fundamentais do trabalho decorrem da natureza humana do trabalhador. Portanto, não podem ser obliterados por formalidades como a modalidade contratual. Se há trabalho humano, então deve haver trabalho digno. Somente há trabalho digno se forem atendidos os direitos fundamentais.

Dentre tais direitos se encontram o direito à saúde (art. 196 da CF) e o direito à redução dos riscos inerentes ao trabalho (art. 7º, XXII, CF). É possível a aplicação imediata de tais direitos, em eficácia horizontal, ainda que não haja legislação ordinária a respeito.

No caso do ACT de que trata o presente artigo, há dispositivos que se relacionam diretamente com o direito à saúde: plano de saúde, plano odontológico, seguro de vida e de acidentes, programa de prevenção e tratamento de dependências químicas, assistência médica ocupacional e assistência ao acidentado (oferecida caso o tratamento comtemplado pelo SUS e o Plano de Saúde não forem suficientes). Favorecendo a saúde, tais

---

(12) Conforme analisa Sarmento (2010), a jurisprudência do STF tem decidido pela eficácia horizontal direta dos direitos fundamentais, a exemplo do RE 161.243-6 (DF), no qual foi declarada inconstitucional a aplicação a empregado brasileiro de estatuto menos benéfico que o aplicado aos empregados de nacionalidade francesa.

(13) Também conhecida como proporcionalidade em sentido estrito.

(14) Sarmento (2010) propõe a utilização de parâmetros (*standards*) de ponderação, de modo a reduzir a subjetividade que pode caracterizar a ponderação.

direitos diminuem o risco de doenças e acidentes de trabalho, relacionando-se, também, com o direito fundamental à redução de riscos.

Há, ainda, dispositivos que impõem ônus pecuniário à empresa, desestimulando economicamente a exposição dos trabalhadores a perigos, o que favorece os direitos à saúde e à redução dos riscos. Tais dispositivos são: adicional de penosidade, auxílio-doença/invalidez (complementação da remuneração do empregado afastado por motivo de doença como se ele estivesse na ativa).

O reconhecimento da eficácia horizontal imediata dos direitos fundamentais pode levar à aplicação, aos trabalhadores terceirizados, de medidas semelhantes às que constam do ACT firmado. Todavia, é necessário que se realize, no caso concreto, a ponderação dos direitos que se encontram em colisão.

5. Considerações finais

Por meio do caso paradigmático de José, eletricista terceirizado com 20 anos de experiência que morreu com choque elétrico enquanto trabalhava, expomos o quadro de completa disparidade de tratamento entre empregados diretos e terceirizados no Brasil. Nele, existe uma diferença absurda de mortes e acidentes do trabalho entre empregados direitos e indiretos, sendo estes os mais prejudicados.

A análise do caso concreto, aliado com a bibliografia já existente sobre o assunto, aponta que a terceirização implica em pior garantia na saúde e segurança dos trabalhadores. Partindo desse cenário nos propomos a investigar medidas jurídicas que assegurem aos empregados terceirizados os mesmos direitos de segurança e saúde garantidos aos trabalhadores direitos, chegando a quatro caminhos jurídicos.

Duas possibilidades foram encontradas na legislação infraconstitucional. A própria lei de terceirização incumbe a empresa tomadora de serviços o dever de garantir as condições de saúde e segurança do empregado terceirizado, exigindo que o tratamento seja igual à dos empregados diretos quando os terceirizados prestarem serviços em suas dependências. Além disso, a CLT também apresenta um dispositivo pouco utilizado atualmente que pode viabilizar a proteção desses empregados indiretos: a extensão dos dissídios coletivos para todos os empregados da empresa ou da categoria.

As outras duas alternativas são encontradas na Constituição. Os princípios da prevenção, precaução, e do poluidor-pagador, extraídos do Direito Ambiental do Trabalho, ramo jurídico previsto no art. 255 da CF, direcionam para adoção de medidas importantes para responsabilizar que o tomador de serviços evite os acidentes, bem como seja punido caso os deixe acontecer. Da mesma forma, a gama de direitos fundamentais previstos constitucionalmente asseguram imediata aplicação de normas de proteção a todos os trabalhadores, sem distinção.

O que se extrai do presente trabalho é que o ordenamento jurídico oferece alternativas para combate a lógica de exploração exercida pela terceirização que tem retirado direitos básicos de milhares de trabalhadores, chegando ao extremo de tirar-lhes a vida, como foi o caso de José. Portanto, aponta-se para um novo desafio: a operacionalização dessas ferramentas para efetivar uma maior proteção a esses empregados, a fim de diminuir as fatalidades, como a que foi narrada na presente pesquisa.

Referências

ALEXY, R. (2008). *Teoria dos direitos fundamentais*. São Paulo: Malheiros, 2008.

ANTUNES, R. (2009). *Os sentidos do trabalho:* ensaio sobre a afirmação e a negação do trabalho. 2. ed. São Paulo : Boitempo, 2009.

BRASIL (2020). Ministério da Economia. Superintendência Regional do Trabalho no Piauí. *Relatório de análise de acidente de trabalho fatal ocorrido durante substituição de chaves-facas em alimentador de subestação*. Teresina, 2020.

BRAUNERT, M. B.; SILVA FIGUEIREDO, I (2023). Dimensões da terceirização e precariedade do trabalho no setor elétrico brasileiro. *Caderno CRH*, [S. l.], v. 34, p. e021012, 2021. DOI: 10.9771/ccrh.v34i0.35938. Disponível em: https://periodicos.ufba.br/index.php/crh/article/view/35938. Acesso em: 14 set. 2023.

BRITO, L. A. G. S. M. (2020). Rediscutindo o princípio do poluidor-pagador: uma questão de eficiência econômico-ambiental. In: FELICIANO, Guilherme Guimarães *et al.* (Orgs.). *Direito ambiental do trabalho: apontamentos para uma teoria geral*. Vol. 5. São Paulo: LTr, 2020. p. 220-235.

BRITO, P. S. dos S. de; SALAS, C. S. S.; MEDEIROS, L.de (2023). Análise comparativa de acidentes do trabalho fatais entre funcionários próprios e terceirizados no setor elétrico brasileiro. *Brazilian Journal of Development*, [S. l.], v. 7, n. 5, p. 50.485–50.504, 2021. DOI: 10.34117/bjdv.v7i5.30064. Disponível em: https://ojs.brazilianjournals.com.br/ojs/index.php/BRJD/article/view/30064. Acesso em: 14 set. 2023.

CARDOSO, A. (2023). Negociação coletiva e extensão dos seus resultados no Brasil: permanências e rupturas. *Dados, IESP*, Rio de Janeiro, v. 67, n. 1, 2024. Publicado em: 2 mar. 2023. Disponível em: http://dados.iesp. uerj.br/artigos/?id=1270. Acesso em: 13 set. 2023.

CONTRERAS, S. G. (2011). *Cidadania na empresa e eficácia diagonal dos direitos fundamentais*. Trad. Jorge Alberto Araujo. São Paulo: LTr, 2011.

DANIELLOU, F., SIMARD, M.; BOISSIÈRES, I. (2010). Fatores Humanos e Organizacionais da Segurança Industrial: um estado da arte. Traduzido do original Facteurs Humains et Organisationnels de la Sécurité Industrielle por Rocha, R., Lima, F. e Duarte, F. Número 2013-07 dos *Cadernos da Segurança Industrial*, ICSI, Toulouse, França (ISNN 2100-3874). Disponível no *link*: <http://www.icsi-eu.org>. Acesso em: 13 set 2023.

DE SOUZA, D. F.; MARTINHO, E.; MARTINHO, M. B.; MARTINS JR. A. (Orgs.) (2023). *Anuário estatístico de acidentes de origem elétrica 2023* – Ano base 2022. Salto-SP: Abracopel, 2023.

DELGADO, G. N.; DELGADO, M. G. (2017). *Constituição da República e Direitos Fundamentais:* Dignidade da Pessoa Humana, Justiça Social e Direito do Trabalho. 4. ed. São Paulo: LTr, 2017.

DELGADO, Mauricio Godinho (2017). *Direito Coletivo do Trabalho*. 7. ed. São Paulo: LTr, 2017.

DIEESE (2023). *Terceirização e precarização das condições de trabalho:* Condições de trabalho e remuneração em atividades tipicamente terceirizadas e contratantes. São Paulo: DIEESE, 2017. (Nota Técnica n. 172). Disponível em: https://www.dieese.org.br/notatecnica/2017/notaTec172Terceirizacao.pdf. Acesso em: 14 set. 2023.

GALVÃO, Andreia (2019). Reforma trabalhista: efeitos e perspectivas para os sindicatos. In: *Reforma trabalhista no Brasil: promessas e realidade*. Organizadores: José Dari Krein, Roberto Véras de Oliveira, Vitor Araújo Filgueiras. Campinas, SP: Curt Nimuendajú, 2019.

MARANHÃO, N. (2020). Direito fundamental ao equilíbrio do meio ambiente do trabalho. In: FELICIANO, Guilherme Guimarães *et al.* (Orgs.). *Direito ambiental do trabalho:* apontamentos para uma teoria geral. vol. 5. São Paulo: LTr, 2020. p. 119–126.

______ (2023). Meio ambiente do trabalho: descrição jurídico-conceitual. *Revista direitos, trabalho e política social*, [S. l.], v. 2, n. 3, p. 80–117, 2016. Disponível em: https://periodicoscientificos.ufmt.br/ojs/index.php/rdtps/article/view/8774. Acesso em: 9 set. 2023.

______ (2017). *Poluição labor-ambiental*. Rio de Janeiro: Lumen Juris, 2017.

MELO, R. S. de (2020). Aplicação do princípio da prevenção no meio ambiente do trabalho. In: FELICIANO, Guilherme Guimarães *et al.* (Orgs.). *Direito ambiental do trabalho:* apontamentos para uma teoria geral, volume 5. São Paulo: LTr, 2020. p. 225–262.

OLIVEIRA, I. F. de; DRUCK, G (2023). O debate conceitual sobre terceirização: uma abordagem interdisciplinar. *Caderno CRH*, [S. l.], v. 34, p. e021029, 2021. DOI: 10.9771/ccrh.v34i0.45309. Disponível em: https://periodicos.ufba.br/index.php/crh/article/view/45309. Acesso em: 14 set. 2023.

OMS (2023). *Constituição da Organização Mundial de Saúde*. 1946. Disponível em: https://www.who.int/about/governance/constitution. Acesso em: 19 set 2023.

PIEROT, B.; SCHLINK, B. (2012). *Direitos fundamentais*. São Paulo: Saraiva, 2012.

QUEIROZ JR., H (2006). *Os direitos fundamentais dos trabalhadores na Constituição de 1988*. São Paulo: LTr, 2006.

ROCHA, J. C. de S. (2002). Direito ambiental do trabalho: reflexo da contemporaneidade. *Revista de Direito Sanitário*, v. 3, n. 1, p. 118-133, 2002.

SARLET, I. W. (2018). *A eficácia dos direitos fundamentais:* uma teoria geral dos direitos fundamentais na perspectiva constitucional. 13. ed. Porto Alegre: Livraria do Advogado, 2018.

SARMENTO, D. (2010). *Direitos fundamentais e relações privadas*. 2. ed. Rio de Janeiro: Lumen Juris, 2010.

SILVA, J. A. da (2013). *Direito ambiental constitucional*. 10. ed. São Paulo: Malheiros, 2013.

WEIL, D. (2014). *The Fissured Workplace* — why work became so bad for so many and what can be done to improve it. Cambridge and London: Harvard University Press, 2014.

Há Trabalho Digno em Um "Ótimo Local para se Trabalhar"?

Márcia Fantinel Spindler[1]
Filipe Colares Nascimento[2]

1. Introdução

A maioria das pessoas escolhe a sua profissão de acordo com suas aptidões, seus gostos, suas expectativas. Do mesmo modo, é natural que elas busquem selecionar, quando possível, os locais nos quais desejam exercer o seu trabalho. E, por óbvio, supõe-se que estes lugares se relacionem com o que se idealiza ser um trabalho decente.

Para o senso comum, o termo "trabalho decente" tem alguns quesitos que se apresentam irrefutáveis e consensuais: um emprego com salário e jornada razoáveis, ausência de atos discriminatórios patentes e de trabalho infantil, instalações físicas com condições mínimas de conforto, trabalhadores gozando de certa liberdade de atuação, relações interpessoais colaborativas etc.

Alguns outros aspectos, embora sejam abarcados pela significação mais formal da expressão, e sejam um ponto importante para concretude da dignidade humana, não são tão facilmente notados. O que pode ser o caso de situações preconceituosas ou discriminatórias que não digam respeito ao espectador e; que pelo fato de ele não estar diretamente envolvido, acaba não as identificando.

Demandas relacionadas à segurança e saúde no trabalho também não costumam fazer parte do rol de premissas. Como muitas questões conexas a este tema não são evidentes para grande parte da população — seja porque não apresentam prejuízos imediatos, seja por desconhecimento — elas também podem passar despercebidas.

Como se nota, a percepção sobre dado assunto é construída a partir de diversos fatores, que passam por indicadores objetivos — que envolvem conhecimentos específicos, e subjetivos — que incluem sentimentos pessoais, influências alheias (inclusive subliminares) etc.

(1) Auditora-Fiscal do Trabalho.

(2) Auditora-Fiscal do Trabalho.

Sistemas de certificações são instrumentos que contribuem para formação de percepções e, em geral, são provenientes de empresas privadas que visam atestar e/ou dar credibilidade a algo. Nos casos dos "bens de crença", onde, por natureza, o público não consegue ter conhecimento sobre a qualidade do bem ou do serviço (como no caso de componentes técnicos, condições sociais de produção e impacto ecológico), as certificações podem induzir os indivíduos a fazerem suas escolhas (HERSCOVICI, 2017). E, até mesmo, a selecionarem locais de trabalho que priorizam determinadas condições em detrimento de outras. É o caso da consultoria — e marca — aqui analisada, que certifica e premia os ótimos locais para se trabalhar.

Independentemente de como o labor diário é percebido, na esfera dos direitos humanos e fundamentais, o trabalho decente requer respeito a parâmetros essenciais que os constituem, como inexistência de trabalho forçado e/ou infantil, ausência de situações discriminatórias, condições justas e que respeitem a segurança e a saúde dos trabalhadores.

Com o intuito de atrair atenção para o tema, e verificar se a segurança e saúde no trabalho, em paralelo com outros quesitos que compõem um labor digno, têm sido adequadamente consideradas em locais certificados pela consultoria selecionada, o presente estudo se propõe a analisar o meio ambiente de trabalho de uma empresa já autenticada como "um ótimo local para se trabalhar". Igualmente, busca verificar a existência de relação entre a concessão de um certificado relevante em atrair mão de obra e a adoção de ações que visam garantir um local de trabalho salutar e seguro.

Com base nestas premissas, o ponto focal desta pesquisa é responder ao questionamento: A realidade de uma empresa certificada como "um ótimo local para se trabalhar" apresenta meio ambiente de trabalho condizente com a concepção atual e internacional de trabalho decente?

2. Metodologia

Este trabalho, como já referido, busca uma resposta para a indagação: A realidade de uma empresa certificada como "um ótimo local para se trabalhar" apresenta meio ambiente de trabalho condizente com a concepção atual e internacional de trabalho decente? Para tentar encontrá-la, elegeu-se o estudo de caso, com abordagem dedutiva e natureza qualitativa e exploratória, como procedimento metodológico.

A operacionalização do mesmo contou com seis etapas. Na primeira, foi realizada incursão bibliográfica para contextualização da matéria que envolve o trabalho decente. O que incluiu, até mesmo, a significação hodierna do termo. Ela se deu por meio de consultas a livros e artigos cujos autores foram eleitos porque tinham publicações atuais e/ou bastante referenciadas sobre a temática. Os principais termos e palavras-chaves utilizados isoladamente ou combinados, em língua portuguesa, para a busca do referencial teórico foram, prioritariamente: trabalho, decente, digno, dignidade.

De modo acessório, para as demais seções do texto, foram consultadas bases de dados nacionais disponibilizadas virtualmente em sítios eletrônicos especializados (como CAPES) e endereços eletrônicos de instituições que têm atuações relacionadas aos tópicos debatidos (como, por exemplo, o Ministério do Trabalho e Emprego e a Organização Internacional do Trabalho). O critério de escolha para as publicações foi a pertinência, ou a afinidade da fonte de informação, com o presente estudo de caso, ou, com alguns de seus pontos — tal como nas situações que envolveram pesquisas sobre certificação(ões), clima organizacional, entre outros.

Na segunda, coletou-se informações sobre como ocorre o processo de certificação para que uma empresa seja reconhecida como "um ótimo local para se trabalhar". Os principais dados foram extraídos do sítio eletrônico da instituição certificadora que está sob exame, mas que não será referenciado para não revelar a identidade da mesma.

Na terceira, a partir de uma investigação naturalista — que estuda situações do mundo real, sem controle ou manipulação, através de fiscalização na modalidade mista(3), que inclui a inspeção física de um estabelecimento e a verificação de documentos, visitou-se uma empresa que foi certificada no ano de 2022. No ambiente laboral e produtivo desta, observou-se as atividades efetuadas, os equipamentos utilizados, os modos operatórios; também, conversou-se informalmente com os representantes do empregador e com outros funcionários e recolheu-se documentos para exame.

Na quarta etapa, procedeu-se a uma análise concisa dos documentos obtidos no passo anterior, a fim de articulá-la com a inspeção física e enriquecer as situações observadas. Na quinta, foram verificadas informações conexas à empresa investigada, que são disponibilizadas nas bases de dados do Ministério do Trabalho e Emprego. Os dados selecionados — que, em geral, são obtidos através de declarações do próprio empregador, demonstram acidentes do trabalho ocorridos no estabelecimento, distribuição de empregados por raça e sexo, quantitativo de pessoas com deficiência admitidas, salários pagos, entre outros.

Na final, avaliou-se o contexto levantado na inspeção física e no exame documental perante os elementos centrais de um trabalho decente. A hipótese básica que orientou esta avaliação foi: nem todos os princípios e normas atrelados à concepção de trabalho decente são observados em empresas certificadas como um ótimo local para se trabalhar. Por sua vez, a hipótese secundária envolveu a seguinte proposição: embora devam ser abarcadas em um ambiente de trabalho decente, questões de segurança e saúde no trabalho nem sempre recebem a importância devida. O recorte temporal dos materiais apreciados envolveu o período de agosto de 2021 a agosto de 2023, o que engloba os intervalos do processo de certificação e da vigência desta.

---

(3) Os autores procuraram manter o anonimato do empregador, a fim de não o expor desnecessariamente neste texto. Contudo, a publicidade é princípio da administração pública (art. 37 da Constituição Federal) e as limitações da Lei Geral de Proteções de Dados não se aplicam em contextos acadêmicos (art. 4º, II, *"b"* da Lei n. 13709/2018).

3. Apresentação do caso

O presente estudo de caso envolve dois atores: a instituição certificadora e a empresa certificada. A instituição certificadora se apresenta como "uma consultoria global que apoia organizações a obter melhores resultados através do desenvolvimento de uma cultura de confiança, alto desempenho e inovação". Ela tem atuação em 97 países.

O processo de certificação, focado no clima organizacional, resumidamente, ocorre da seguinte maneira: aplica-se uma pesquisa online, não obrigatória, sigilosa e anônima, para identificar os pontos fortes e fracos da organização com base na percepção da força de trabalho; a enquete precisa ser respondida por um percentual mínimo de colaboradores (que varia de acordo com a quantidade total destes); 70% dos respondentes precisam avaliar a empresa de modo favorável; há perguntas de caráter eliminatório. Cumprindo os requisitos, a empresa recebe um selo de certificação que tem validade por 12 meses. O procedimento é pago e os preços variam de acordo com o porte da empresa e com os serviços contratados.

Cumpre notar que tal metodologia é similar à de outras instituições que emitem certificações baseadas no clima organizacional; e pode ser consultada nos sítios eletrônicos de qualquer uma delas. O selo de certificação é o primeiro passo para que as empresas concorram aos mais de 40 rankings das "*melhores empresas para se trabalhar*". Alguns destes rankings envolvem diversidade de gênero (mulher e LGBTQIA+); diversidade étnica racial; melhor ambiente para pessoas com deficiência; melhor ambiente para pessoas com mais de 50 anos, destaques jovens etc.

Embora a consultoria declare focar em procedimentos documentais, e não revele se representantes seus comparecem aos estabelecimentos que se candidatam ou candidataram à certificação, ela menciona que práticas indevidas de trabalho identificadas a qualquer tempo acarretam a perda do certificado e, se for o caso, a desclassificação do ranking elegido.

A conquista da certificação, consoante o declarado pela certificadora, permite auferir vantagens que consistem na atração dos melhores talentos profissionais, no fortalecimento da marca empregadora, na melhoria dos resultados financeiros, melhor compreensão das oportunidades de negócios.

Compete esclarecer aqui que o "clima organizacional" começou a ser explorado na década de 60, nos Estados Unidos, quando as organizações começaram a perceber que os sentimentos e os conceitos que os trabalhadores têm de seu ambiente laboral interferem diretamente em suas produtividade e eficiência, o que consequentemente melhora, ou piora, o desempenho da companhia (DE SOUZA PRADO; CARDOSO, 2023).

Neste quadro, se as pessoas têm uma boa percepção da sua realidade de trabalho, incluindo as interações internas (entre funcionários de mesmo e de diferentes escalas) e as externas (com clientes e fornecedores, por exemplo), a empresa tende a obter benefícios, de modo a desenvolver um crescimento sustentável (DE SOUZA PRADO; CARDOSO, 2023).

A empresa certificada, por sua vez, é uma multinacional do ramo metalúrgico, de grande porte, situada na região metropolitana de São Paulo. Conta com empregados próprios e terceiros; porém, estes últimos não atuam na atividade fim. No estabelecimento, a rotatividade de empregados é baixa e; historicamente, o sindicato da categoria tem atuação constante e relevante.

A pesquisa de clima organizacional, cujo principal intuito proferido era "aumentar o nível de excelência como empregadora", foi aplicada em agosto de 2022. Tal avaliação contemplou sessenta e três perguntas afirmativas, que foram divididas em cinco temas: credibilidade, respeito, imparcialidade, orgulho e camaradagem. A pontuação necessária foi alcançada e, em seguida, a organização foi certificada.

4. Contextualização

Em resposta às brutalidades da Segunda Guerra Mundial, no pós-guerra iniciou-se o processo de reconstrução dos direitos humanos, que ficou notório a partir da Declaração Universal dos Direitos Humanos de 1948. Foi este documento, ao afirmar que tais direitos são universais e que a condição de pessoa é o único requisito para requerê-los e para exigir a respectiva proteção em quaisquer circunstâncias, com vistas à dignidade, que introduziu a conceituação contemporânea que temos sobre o assunto (MAZZUOLI, 2014; PIOVESAN, 2019).

Além da Declaração Universal, outros dois documentos sustentam o sistema internacional de proteção dos direitos humanos: o Pacto Internacional dos Direitos Civis e Políticos e o Pacto Internacional dos Direitos Econômicos, Sociais e Culturais, ambos criados em 1966 com a finalidade de dar operatividade técnica aos direitos elencados na declaração de 1948. Estes três documentos, em conjunto, constituem a Carta Internacional de Direitos Humanos, um diploma essencial para que o direito do trabalho brasileiro se desenvolva sob uma visão humanista, e não contratual (MAZZUOLI, 2014; ARANTES, 2023).

Sob este cenário de construção e restauração dos direitos humanos, Mazzuoli (2014) destaca a Organização Internacional do Trabalho como o antecedente que mais contribuiu para a formação do Direito Internacional relacionado. Fundada em 1919, logo após a Primeira Guerra Mundial, ela buscava estabelecer critérios básicos de proteção ao trabalhador, mirando a justiça social. Assim, a partir de sua atuação, os direitos das pessoas passaram a ser percebidos, deixando claro quem era o sujeito de direitos a ser protegido pela ordem internacional (MAZZUOLI, 2014).

No âmbito nacional, foi a partir da Constituição Federal de 1988, a qual proclamou a dignidade da pessoa humana como diretriz e valor supremo, que se intensificaram a interação e a conjugação do direito internacional com o direito interno. Isto fortaleceu a sistemática de proteção dos direitos fundamentais(4), em razão de que o ser humano foi colocado como centro convergente destes (PIOVESAN, 2019; ARANTES, 2023).

Nesta carta constitucional, os valores sociais do trabalho também figuram, ao lado da dignidade da pessoa humana, entre os princípios fundamentais do país. Isto se deve ao fato de os direitos trabalhistas configurarem importantes mecanismos para a cidadania, a erradicação da pobreza e da marginalização, a redução das desigualdades, um convívio social sadio e o reconhecimento do próprio valor social do trabalho. Daí a necessidade de os fundamentos supra referidos se projetarem por todo universo constitucional e legal, no mesmo compasso, sem que um se contraponha ao outro (ALVARENGA, 2020).

Para este mesmo sentido aponta a concepção de trabalho decente, que ficou manifesta a partir da Declaração dos Princípios e Direitos Fundamentais no Trabalho da Organização Internacional do Trabalho, em 1998. Ela expõe que trabalho decente é o produtivo adequadamente remunerado, exercido em condições de liberdade, equidade e segurança, capaz de garantir uma vida digna.

Azevedo Neto (2015) comenta que, a partir da mencionada declaração, a Organização Internacional do Trabalho deixou de apenas tentar proteger os trabalhadores contra práticas abusivas já instaladas nas sociedades; adotou uma postura mais proativa, com vistas a melhorar as relações de trabalho. Este novo comportamento se deu para que os Estados-membros mirassem um desenvolvimento sustentável, por meio da adoção de políticas de promoção do emprego, de remuneração justa, de proteção da saúde e da integridade física dos trabalhadores e, portanto, também de redução das desigualdades sociais (AZEVEDO NETO, 2015).

Ou, conforme consta no próprio sítio eletrônico da Organização Internacional do Trabalho, a constituição do conceito se deu para que os Objetivos de Desenvolvimento Sustentável (que à época eram chamados de Objetivos de Desenvolvimento do Milênio) definidos pelas Nações Unidas fossem alcançados, em especial o de n. 8, que busca "promover o crescimento econômico sustentado, inclusivo e sustentável, emprego pleno e produtivo e trabalho decente para todas e todos". Igualmente, se deu para que quatro propósitos estratégicos da própria instituição convergissem: o respeito aos direitos no trabalho, sobretudo aqueles definidos como fundamentais (liberdade sindical, direito de negociação coletiva, eliminação de todas as formas de discriminação em matéria de emprego e ocupação e erradicação de todas as formas de trabalho forçado e trabalho infantil); a promoção do

(4) Mazzuoli (2014) esclarece que o termo "direitos humanos" refere-se a direitos positivados no plano internacional, que podem ser reivindicados por qualquer sujeito; enquanto a expressão "direitos fundamentais" vincula-se às particularidades constitucionais de proteção, ou seja, aos direitos previstos nos textos constitucionais, que vigoram numa ordem jurídica concreta, mas limitada no tempo e espaço.

emprego produtivo e de qualidade; a ampliação da proteção social; e o fortalecimento do diálogo social (OIT, 2023).

Este novo enfoque — que ensejou no reconhecimento do trabalho (o decente) como ferramenta essencial para a conquista, e posterior conservação, da justiça social, se mostra indispensável atualmente, onde impera a globalização e a intensificação das políticas neoliberais.

No neoliberalismo, por meio da mínima intervenção estatal, os capitais globais miram o lucro constante e crescente. E, neste cenário, onde há a possiblidade da sua transferência de um lugar para outro no mundo, de acordo com os custos de mão de obra e com a flexibilização das regras trabalhistas, a exploração desmedida é fomentada. Como resultado, ocorre o rebaixamento das condições de trabalho, que tem como efeitos maléficos a precarização, a miséria e o consequente aumento de pessoas excluídas socialmente, o que, por sua vez, resulta em privação de liberdade (D'AMBROSO, 2019).

Reafirmando o foco estabelecido pela Organização Internacional do Trabalho, para opor-se ao rebaixamento das condições laborais, as quais reduzem os trabalhadores a um discreto valor mercadológico, impõe-se o reconhecimento do trabalho decente como direito humano; como algo que propicie a emancipação e autorrealização — material e espiritual — dos indivíduos, ou, em resumo, a efetivação da dignidade (AZEVEDO NETO, 2015; ARANTES, 2023).

Sob esta ótica, verifica-se que existem movimentos governamentais para redução das desigualdades sociais mediante aplicação do conteúdo do trabalho decente. O Brasil, em conjunto com a Organização Internacional do Trabalho, assumiu o compromisso de difundir e operacionalizar o conceito a partir de junho de 2003, com a assinatura do Memorando de Entendimento que determinou ações de cooperação técnica, e com consulta a representantes de empregadores e trabalhadores. Foi este ato que deu origem à Agenda Nacional de Trabalho Decente, que foi estruturada em maio de 2006 (AGENDA NACIONAL DE TRABALHO DECENTE, 2006; AZEVEDO NETO, 2015).

Tal agenda almeja combater a pobreza e as desigualdades sociais, garantindo a governabilidade democrática e o desenvolvimento sustentável e, para tal, se estrutura em três prioridades: geração de empregos de qualidade, com igualdade de oportunidades e tratamento; erradicação dos trabalhos escravo e infantil; fortalecimento do diálogo social, com ênfase no tripartismo. O programa é incluído nos planos plurianuais, monitorado e avaliado periodicamente, com consulta às organizações de empregadores e de trabalhadores (AGENDA NACIONAL DE TRABALHO DECENTE, 2006).

Em complemento, nove anos depois da instituição da Agenda Nacional do Trabalho Decente, o Brasil, juntamente com mais 192 estados membros, assinou a Agenda 2030 para o Desenvolvimento Sustentável. Esta agenda estampa o plano global proposto, em 2014, pela Organização das Nações Unidas para seus países-membros, com vistas a atingir o desenvolvimento sustentável por meio da erradicação da pobreza, da redução das desigualdades, do investimento na educação, no crescimento econômico e na geração de empregos dignos. Ela foi criada em substituição à Declaração do Milênio (que continha os Objetivos de Desenvolvimento do Milênio), que, por sua vez, exibia o principal paradigma de atuação da instituição para o século XXI (Militão Bernardes; Beltramelli Neto, 2023). A Agenda 2030 compromete os países signatários a adotar medidas — como, por exemplo a erradicação da pobreza, a redução das desigualdades, a igualdade de gênero, a promoção de comunidades sustentáveis, para promover o Estado de direito, os direitos humanos e a responsividade das instituições políticas no cumprimento dos Objetivos de Desenvolvimento Sustentável (ONU, 2015).

Como o Brasil é signatário de ambos os programas, era de esperar que seus escopos convergissem integralmente. Entretanto, no tocante à promoção do trabalho decente, Militão Bernardes e Beltramelli Neto (2023) proclamam que existem muitas diferenças entre os indicadores eleitos pela Agenda 2030 para cumprimento do Objetivo de Desenvolvimento Sustentável n. 8 (os quais, muitas vezes, estão agregados ao produto interno bruto do país) e os prescritos pela Organização Internacional do Trabalho para o mesmo objeto.

Segundo estes autores, as distinções fortificam a representação de que na Agenda 2030 prevalecem as pretensões do mercado e; devido a isto, não se tem uma compreensão homogênea quanto à temática que envolve o trabalho decente. Isto tem frustrado a implementação e o monitoramento das agendas nacionais e distanciado o conceito original do termo de um referencial de trabalho, direitos humanos e sustentabilidade (MILITÃO BERNARDES, 2023).

Do exposto até o momento, depreende-se que, em resumo, o trabalho decente associa o ato do labor (seja o físico ou o intelectual) a um ambiente de respeito aos direitos fundamentais e humanos, para que esta conjugação promova a efetivação de uma vida digna para todos os indivíduos e, consequentemente, permita que a sociedade alcance um patamar de ordem e justiça. Reforçando esta ideia, Azevedo Neto (2015, p. 30) proclama que "só pode ser decente o trabalho visto como valor pessoal, como realização da essência humana".

Como a dignidade é o elemento central de toda esta temática, para uma melhor compreensão, cumpre esclarecer o significado dela aqui adotado. Para tal, utiliza-se o entendimento exposto por Barroso (2010), o qual menciona que a dignidade deve ser compreendida como um valor moral que abarca três conteúdos essenciais: valor intrínseco da pessoa humana, a autonomia da vontade e o valor social/comunitário (BARROSO, 2010).

Neste delineamento, o valor intrínseco da pessoa humana está relacionado a sua condição singular, da qual decorre que todas os indivíduos são um fim em si mesmos, e não meios para a realização de desígnios de outros. Deste valor decorrem direitos fundamentais como o direito à vida, à igualdade e à integridade física e moral. Já a autonomia da vontade é o elemento associado à capacidade de o indivíduo fazer escolhas existenciais básicas e valorações morais. O valor social/comunitário, por sua vez, está ligado a deveres e valores compartilhados em dada comunidade, funcionando como um limite às escolhas individuais (BARROSO, 2010).

Ainda que se tenha elegido esta concepção para a palavra dignidade, se reconhece que existem diversas outras e que elas podem mudar com o tempo e/ou com o espaço territorial. Porém, ainda que cada grupo, que cada pessoa tenha sua idealização do que representa este vocábulo, deve-se chamar atenção para o fato de que o conceito escolhido precisa ser aplicável a todas as pessoas, sem exceções. Ou seja, a dignidade idealizada para minha pessoa precisa ser idêntica à que eu idealizo para meu próximo.

5. Resultados e discussão

Para análise do presente estudo de caso, considerar-se-á como elementos nucleares do trabalho decente: inexistência de trabalho forçado e/ou infantil; ausência de situações discriminatórias; condições de trabalho justas; respeito às normas de segurança e saúde no trabalho. Tais parâmetros foram escolhidos porque, além de estarem implícitos no conceito do termo, acredita-se que se eles não forem observados no domínio laboral, não é possível viver com dignidade.

Analisando-se, mediante os materiais publicados, a instituição certificadora e o respectivo processo de certificação, que se propõe testar a qualidade das empresas na gestão de pessoas e na cultura organizacional, verifica-se, em primeiro, que os trabalhadores entrevistados refletem apenas um percentual do total de empregados, os quais podem, inclusive, representar apenas um setor/departamento. E, por ser uma enquete online, é provável que trabalhadores que utilizem comumente o computador, tenham maior predisposição para respondê-la. Logo, a sua representatividade é discutível.

Em segundo, que os terceirizados e autônomos, que laboram nos mesmos espaços dos empregados, não são ouvidos. Em termos de trabalho digno, as circunstâncias ideais de labor deveriam abarcar todos os trabalhadores, sem distinções. Então, para mostrar seu comprometimento em oferecer (ou exigir dos responsáveis) condições justas e adequadas àqueles que exercem atividades em seus ambientes, também seria útil para a empresa saber a opinião destas pessoas.

Em terceiro, que as respostas à enquete podem não ser tão espontâneas ou sinceras. Ainda que a pesquisa aplicada seja opcional, sigilosa e anônima, alguns funcionários podem não levar esta informação muito a sério. Isto pode gerar um incômodo que os leva a responder, obrigatoriamente, as questões. Além do mais, quem responde pode se sentir na obrigação de o fazer de modo positivo, pois, sempre há a possibilidade de a identidade ser revelada e, consequentemente, há receio em responder negativamente e ser penalizado ou demitido.

Em quarto, que não é possível saber se os pontos fracos da empresa foram abordados na pesquisa; a princípio ela é genérica, não customizada. Em quinto, que, consoante o enunciado, as intenções da certificação estão voltadas para atrair os melhores talentos. Isso favoreceria os indivíduos que têm condições de estudar e se aprimorar e, poderia refutar um processo de seleção de pessoal com propósitos realmente inclusivos.

Em relação à organização certificada, não foram constatados casos de trabalho forçado ou de exploração de trabalho infantil. No que concerne às situações discriminatórias, elegeu-se três assuntos para estudo: diversidade de raças, diversidade de gênero, contratação de pessoas com deficiências. Tendo em vista a diversidade racial, os dados coletados do sistema Esocial resultaram no gráfico abaixo, que demonstra a composição percentual de cada raça comparada às demais populações de empregados, a cada ano do triênio 2021-2023. O número de indivíduos que se declararam pertencentes às raças asiática ou indígena foram insignificantes.

Gráfico 1 — Composição percentual da população de empregados por raça e ano.

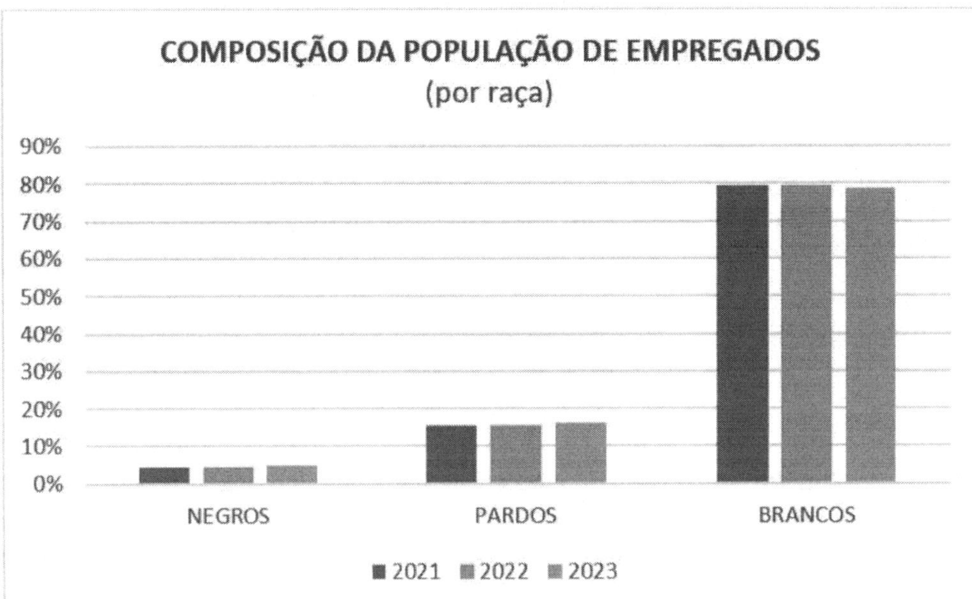

Fonte: sistema Esocial, dados da empresa fiscalizada organizados pelos autores.

As variações das populações de empregados de diferentes raças, ao longo do triênio 2021-2023, foi a seguinte:

Gráfico 2 — Variação das populações de empregados por raça e ano.

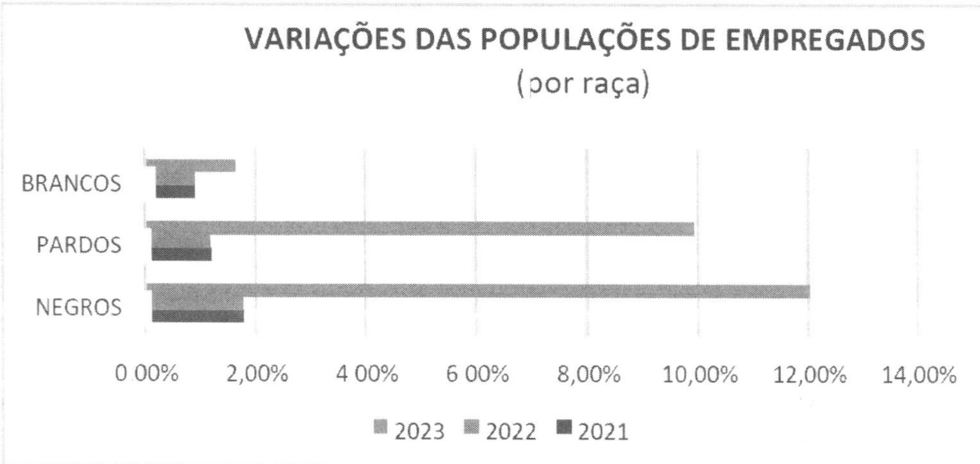

Fonte: Fonte: sistema Esocial, dados da empresa fiscalizada organizados pelos autores.

É possível depreender do gráfico 2 que a empresa tem praticado um processo de diversificação de sua população de empregados sob a perspectiva de raça. Ainda que a maioria dos empregados da empresa (quase 80%) seja composta por pessoas brancas, este segmento sofreu um discreto decréscimo ao longo do período sob verificação. Ao mesmo tempo, verificase um aumento nas contratações de pessoas negras e pardas.

Contudo, apesar do aparente processo de diversificação racial da população geral de empregados na empresa (gráfico 2), o que se percebe é que a quantidade de pardos (gráfico 1) ainda é muito baixa, sobretudo se compararmos com a diversidade populacional do estado de São Paulo, que, em 2022, era 31,6% parda, 8,6% preta e 57,8% branca (IBGE; 2022).

No que diz respeito ao gênero, pelos registros efetuados pela empresa, que utilizam a denominação “sexo masculino” e “sexo feminino”, não foi possível verificar se ela emprega indivíduos da comunidade LGBTQIA+. Assim, constatou-se, apenas, que o quantitativo de pessoas do gênero feminino é extremamente inferior ao do masculino, conforme se nota no gráfico a seguir:

Gráfico 3 — Composição da população de empregados por gênero e ano.

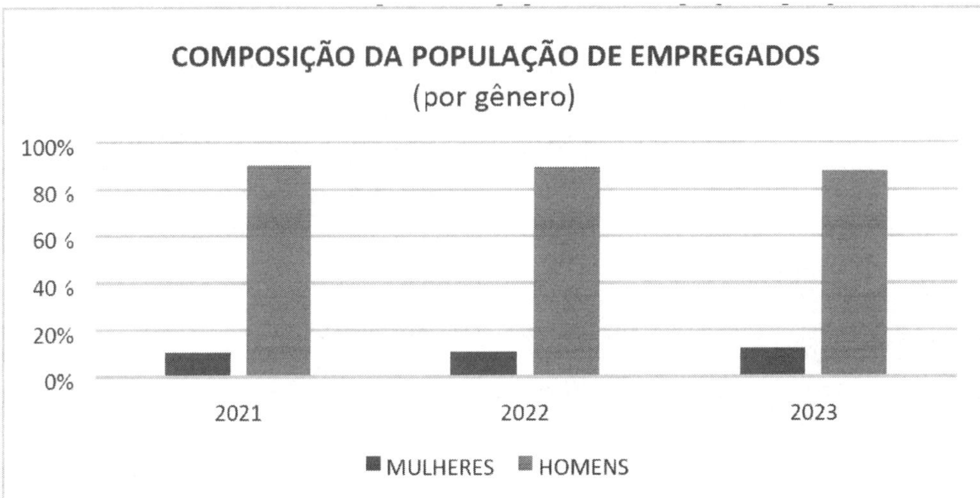

Fonte: Sistema Esocial, dados da empresa fiscalizada organizados pelos autores.

Ao longo do período analisado, a proporção entre homens e mulheres — que é de quase 9 para 1 — praticamente manteve-se estável. Porém, reparou-se que a participação feminina em cargos da área de produção aumentou. Tal ampliação, considerando-se a proporção entre quantidade de mulheres na função de produção e a quantidade de mulheres em demais funções, foi de 7% no triênio. Assim, quanto à diversidade de gênero, embora tenha ocorrido um sutil aumento — que foi declarado como planejado — na contratação de pessoas do sexo feminino nos últimos três anos, o quantitativo total está muito distante da realidade demográfica do estado de São Paulo, que é de 51% de mulheres (23.308.396) e 49% de homens (22.096.531) (SEADE, 2023).

Como a organização tem um quadro de funcionários bastante antigo, com 84% da mão de obra contando com mais de dez anos de casa, pode-se aventar a hipótese de que a empresa teria dificuldades de integrar outras comunidades no quesito de diversidade de gênero.

Já no que concerne à contratação de pessoas com deficiência, verificou-se que o quantitativo de admitidos nesta condição está um pouco acima da quota determinada pelo art. 93 da Lei n. 8.213/1991 (que é calculada com base no total de empregados da matriz e filiais). E, especificamente no estabelecimento auditado, não ocorreram variações na quantidade de contratados nos últimos três anos. Como o número manteve-se estável, infere-se que não há interesse deste empregador em ampliar o recrutamento de indivíduos com algum tipo de impedimento.

O fato de, no geral, o local não estar apto e/ou adaptado para receber cidadãos com qualquer tipo de deficiência, principalmente aqueles que têm limitação de movimentos, de locomoção, ou, deficiência visual ou mental, pode corroborar este entendimento.

Outra situação percebida é que mais de 50% das pessoas com deficiência contratadas ocupam funções que estão entre as de maior o risco — as quais aqui se deliberou aquelas relacionadas à linha de produção. No entanto, nos locais onde supostamente elas laboram, visualizou-se que existem muitas barreiras arquitetônicas (não há sinalização para cegos, rampas e portas largas, escadas e rampas com corrimãos de ambos os lados, uso da linguagem de libras, elevadores com voz digitalizada etc.). Disto, deduz-se que, para o tipo de deficiência apresentada por seus trabalhadores, as adaptações do local de trabalho não se mostram essenciais.

Todavia, deve-se ter em mente que a falta de implantação de recursos que deixem o ambiente laboral acessível a trabalhadores com quaisquer deficiências, restringe o acesso de alguns destes à empresa. Logo, a inclusão praticada se mostra falha (pela falta de adaptações no meio ambiente) e restrita e, portanto, ainda discriminante.

Quanto aos assuntos que envolvem a segurança e a saúde dos trabalhadores (próprios ou não), foi verificado, durante inspeção física no estabelecimento, a existência de riscos químicos, físicos, de acidentes e relacionados a fatores ergonômicos. Os três primeiros também são reconhecidos nos documentos da empresa — como, por exemplo, no Programa de Gerenciamento de Riscos e no Programa de Controle Médico de Saúde Ocupacional.

Os riscos psicossociais e os relacionados a fatores ergonômicos não são reconhecidos pela companhia na gestão de riscos, mesmo que ela tenha elaborado as análises ergonômicas dos postos de trabalho. De todo modo, deve ser salientado que a presença dos últimos, nos diversos departamentos, foi marcante durante a execução da vistoria física. E, além disso, chamou a atenção o fato de haver no local um espaço, de dimensões notórias, para tratamento fisioterápico (ou reabilitação) dos empregados.

Alguns setores receberam a implantação de medidas de proteção coletiva que melhoraram consideravelmente o ambiente nos últimos três anos; entre as providências se destacam os sistemas de proteção de máquinas, que foram demandados em fiscalizações anteriores e em decorrência de acidentes gravíssimos. Apesar disso, para grande parcela dos riscos, a empresa ainda foca na utilização dos equipamentos de proteção individual e em medidas administrativas.

Em relação às situações em que ocorreu a emissão de comunicação de acidente do trabalho — que incluem acidentes típicos, independente da gravidade, e doenças onde houve o reconhecimento do nexo causal com o labor, verificou-se que a taxa de incidência destes acidentes no local foi de 36,6 por mil empregados em 2021, de 33,2 em 2022 e de 17,1 em 2023 (após projeção para doze meses). As taxas de 2021 e 2022, conforme o apurado no observatório digital de segurança e saúde no trabalho, foram bastante superiores à taxa de incidência de acidentes no estado de São Paulo que, considerando todos os setores da economia, foi de 18,1 acidentes por mil trabalhadores no ano 2021 e, de 18,6 no ano de 2022 (SMARTLAB, 2023).

Examinando-se apenas as ocupações mais arriscadas (que, como já comentado, aqui se considerou aquelas conexas às atividades de produção, tais como ferramenteiro, soldador, montador de produto, mecânico de manutenção, chapeador e pintor de peças metálicas), a taxa de incidência de acidentes do trabalho ficou em 39 em 2021, 51 em 2022 e 24 em 2023 (após projeção para doze meses).

Os dados levantados pelo sistema Esocial demonstraram, também, um número irrelevante de registros de doenças no trabalho e; segundo consta nas declarações, os pouquíssimos existentes foram emitidos após ordem judicial. Tal situação causa estranheza, principalmente, pelos fatos já mencionados de se ter visualizado vários locais onde os riscos associados a fatores ergonômicos são altos e prevalentes e; de haver, dentro da empresa, uma academia terapêutica para recuperação dos trabalhadores.

Ainda, cumpre colocar que os terceirizados e autônomos não são considerados na gestão dos riscos. Para avaliar se as condições laborais, em regra, são justas, investigou-se os salários pagos, se as jornadas de trabalho são efetuadas dentro dos limites legais, se há diálogo entre empregador e empregados, a relação com o sindicato da categoria trabalhadora, o pacote de benefícios.

Os salários de entrada na empresa, em geral, são baixos, mas acompanham os valores médios que são pagos no mercado. No entanto, como a grande maioria dos empregados possui bastante tempo de empresa, a média remuneratória dos cargos é mais alta que a praticada por outras empresas do setor. Em complemento, a empresa oferece um pacote de benefícios que inclui convênio médico, previdência privada, seguro de vida, transporte fretado, alimentação (considerada de boa qualidade) no local, auxílio creche, participação nos lucros.

No quesito jornada, não foram visualizados horários de trabalho precários. Aparentemente, todos os praticados atualmente estão dentro dos ditames legais.

Sobre a relação com o sindicato dos trabalhadores, percebeu-se que ela é ativa e constante e; que há um alto índice de representantes sindicais na fábrica. Estes fatores fortalecem, inclusive, o diálogo entre empregador e empregados. Dada a antiguidade da maioria dos funcionários — que em geral fazem carreira no local, o pacote de benefícios, os acordos firmados, pode-se aventar que há um relacionamento não conflituoso entre o sindicato da categoria e a empresa.

Trabalhadores terceirizados ou autônomos, que executam suas atividades no estabelecimento, colocaram de modo informal que suas condições de trabalho são inferiores às dos empregados. Como exemplo, citaram salários mais baixos, a impossibilidade de concorrer a uma vaga efetiva, valor do transporte fretado mais alto, tratamento segregado e diferenciado etc. Entretanto, tais alegações não puderam ser analisadas.

Expostos estes dados, dentro do contexto de trabalho decente, afere-se o seguinte: Tendo em vista os aspectos relacionados à igualdade de oportunidades, para gênero ou raça, e o combate a todas as formas de discriminação, a organização certificada ainda tem um longo caminho a percorrer.

Embora exista uma programação para a contratação de mais mulheres, é indubitável que a sua população de empregados é pouco diversa. Nenhum movimento para a inclusão de pessoas trans, negros, pardos ou pessoas com deficiência — que estão sendo admitidas apenas para cumprimento da quota legal, foi notado. Faltam ações para legitimar a inclusão destes grupos.

Uma inclusão autêntica deveria conter ações que englobem a preparação do ambiente com adequações arquitetônicas e adaptações dos postos de trabalho de acordo com as características antropométricas dos múltiplos grupos de integrantes da companhia; elaboração de planos de carreiras para que os profissionais não se sintam como um personagem destinado ao preenchimento de quotas; capacitação dos gestores e do time operacional.

No que toca ao quesito da capacitação, se destaca a importância de sensibilização de todos os integrantes da empresa para que as barreiras construídas socialmente sejam rompidas. Não há particularidades territoriais, históricas, culturais ou religiosas que possam servir de justificativas para a violação ou diminuição dos direitos que as pessoas têm em comum.

Reiterando o quanto a conscientização de todas as pessoas é importante, apresenta-se o resultado de uma pesquisa de diversidade realizada pelas plataformas de soluções de clima organizacional Pulses e Nohs Somos, que contou com 6 mil respondentes, dos quais 8% se declararam negros e; as minorias, em geral, representavam menos de 10%. Ela concluiu que os grupos minoritários continuam sendo minoritários nos quadros de funcionários, apesar de os respondentes (mais especificamente, 73%) terem indicado a existência de diversidade (PULSES, 2022).

Para os realizadores da pesquisa, os subsídios levantados evidenciaram o quanto a percepção de mundo da pessoa está ligada à sua própria bagagem cultural e vivência social. Sendo comum, na sociedade, que as pessoas convivam com outras que possuam marcadores sociais semelhantes aos delas. Em conclusão, eles expõem que a presença de qualquer marcador que seja diferente daqueles que permeiam a própria existência do indivíduo é suficiente para a sensação de que o ambiente onde ele convive é diverso (PULSES, 2022).

Em uma outra perspectiva, pode se ponderar que as questões da inclusão das pessoas com deficiência e da diversidade de gênero e raça no mundo do trabalho exige um olhar diferenciado para grupos que historicamente foram discriminados. Assim, se mostra cogente promover de modo ativo a redução significativa das desigualdades, em todas as suas dimensões, com a inclusão prioritária destes grupos na sociedade, no mercado de trabalho, nos benefícios do desenvolvimento, tal como proposto na Agenda 2030.

Já no que concerne à segurança e saúde dos trabalhadores, igualmente, a empresa encontra-se muito distante das condições que seriam ideais para um trabalho decente. Tal como já explanado, o ambiente laboral, embora tenha sido certificado como ótimo, ainda contém vários riscos (dentre os quais, uma boa parte não está controlada), que podem causar lesões à integridade física, e até mesmo à psíquica, dos empregados.

Quando se examina o meio ambiente de trabalho, a pessoa, na condição de trabalhador deve ser a figura central, pois, considerando-se que a composição básica deste meio envolve o ambiente, a técnica e o ser humano, o seu atributo essencial é o ato de trabalhar. Nesta conjuntura, deve-se entender que o meio ambiente laboral não deve ficar limitado ao local de trabalho, nem ao vínculo de emprego, nem às interações labor-ambientais exclusivamente naturais, sem que se considere as culturais/humanas. Ele deve abranger todos os elementos que compõem as condições de trabalho (materiais e imateriais) de um indivíduo, sendo um sistema dinâmico e social (MARANHÃO, 2016).

É justamente deste dinamismo — mais especificamente da interação dos seus três elementos constituintes, que resultam os fatores de risco que interferem na saúde e na segurança dos trabalhadores (MARANHÃO, 2016). E, para que tais fatores possam ser combatidos e/ou eliminados, necessário que sejam adequadamente reconhecidos e geridos.

No caso em apreciação, não há dúvidas de que a gestão de riscos é falha. Os principais elementos que levam a esta asserção são o fato de o empregador não assumir os riscos associados aos fatores ergonômicos e; a ocorrência de acidentes — que apesar de ter sofrido uma redução aparentemente sustentável ao longo dos anos 2021-2023, ainda reflete desequilíbrios no ambiente e/ou precariedade das condições de exploração do trabalho.

Em complemento, deve-se lembrar que, embora legalmente obrigado, o empregador, na gestão dos riscos laborais, não leva em consideração os terceiros e autônomos. O que demonstra desrespeito para com estas pessoas, que exercem atividades em seu recinto e em prol de seus interesses.

Não foi possível apurar o motivo de os funcionários terem avaliado a empresa como "um ótimo local para se trabalhar", mesmo estando na presença de múltiplos riscos. O que se cogita é que as ações de proteção existentes podem parecer suficientes; que existe um certo desconhecimento sobre o tema; ou, que a motivação deles (ou de sua maior parte) estaria relacionada, prioritariamente, à possibilidade de construir carreira (e desenvolver-se profissionalmente) e/ou à remuneração e ao pacote de benefícios.

Em fechamento, sob o panorama da conceituação elegida, averígua-se se, no caso em discussão, estão presentes os três elementos que Barroso (2010) aponta como essenciais para a dignidade: valor intrínseco, autonomia e valor social/comunitário da pessoa humana.

O valor intrínseco da pessoa humana é o conteúdo essencial que garante que a dignidade não depende de concessão e não pode ser retirada; ou seja, que ela é inviolável. Retoma-se que dele decorrem o direito à vida (que é o que dá suporte para a existência e usufruto dos demais direitos), às integridades física e moral, à igualdade (BARROSO, 2010). Assim, para que este elemento se faça presente, tais direitos precisam ser honrados. No entanto, a entidade certificada não demonstrou acatá-los de forma plena. uma vez que os riscos laborais existentes em seu estabelecimento podem trazer danos às integridades e até mesmo à vida dos empregados que ali laboram e; ao mesmo tempo, não foram testemunhadas ações efetivas para romper com as situações desiguais existentes (e reafirmar que todas as pessoas têm o mesmo valor intrínseco).

A autonomia da vontade, por seu turno, relaciona-se com o poder de fazer valorações morais e escolhas sem imposições externas indevidas e, para que a pessoa possa fazê-las, pressupõe-se que detenha certas condições pessoais e sociais que incluem informação e ausência de privações (BARROSO, 2010). Como grande parte dos empregados tem mais de dez anos de empresa, é plausível dizer que eles têm optado por permanecer naquele trabalho conscientemente e por livre e espontânea vontade. Logo, presume-se que tal autonomia é vivenciada.

Já o valor social/comunitário, como já dito, se relaciona aos princípios compartilhados pela comunidade, segundo seus padrões civilizatórios ou seus ideais de vida com boa qualidade. Também funciona como um limite às escolhas individuais, dentro de um grupo (BARROSO, 2010). No que diz respeito ao evento examinado, se sopesarmos os ideais atuais da comunidade sobre uma vida boa, em relação aos aspectos materiais, verificaremos que a empresa oferece o mínimo almejado pela maior parcela dos cidadãos (salários pagos em dia, recolhimento de FGTS, benefícios etc.). Entretanto, se fossem difundidas as possibilidades de lesões ou adoecimentos, ou as diminutas chances de uma minoria ser incluída no grupo da empresa, certamente elas não estariam no rol preferências.

6. Considerações finais

O clima organizacional da empresa analisada é, em regra, bom; sobretudo para a maior parcela dos empregados que assim o avaliaram. O fato de a maioria dos contratos de trabalho serem longevos reforça esta assertiva, indicando que, na equação das condições de trabalho, eles estão satisfeitos com seu empregador.

Obviamente, este satisfatório clima organizacional é construído através das percepções dos trabalhadores, que podem ser influenciadas por suas experiências anteriores, por suas prioridades instantâneas (tal como receber salário e benefícios), pelo desejo de uma carreira mais estável, pela falta de conhecimento sobre determinadas matérias, pelo status de trabalhar em uma empresa certificada, entre outros.

Quando se aborda o trabalho decente, porém, não é a percepção das pessoas que concebe seu conteúdo obrigatório. É preciso que haja respeito aos direitos humanos e fundamentais, com o propósito de que todos os seres humanos, de forma equânime, possam gozar de uma vida digna, dentro e fora do ambiente laboral.

Gosdal (2006) lembra que a dignidade do trabalhador preexiste ao vínculo contratual, logo, o trabalho não pode ser visto como condição da dignidade, mas essa é condição que deve estar presente no trabalho. Sendo assim, a adaptação às necessidades da empresa jamais pode importar renúncia aos direitos fundamentais dos empregados.

É sob este ponto de vista que a companhia certificada deixa a desejar, uma vez que o trabalho ofertado não consegue reunir os elementos basilares para a concretude da dignidade humana. Os limitados cuidados com a saúde e segurança dos funcionários e as restritas ações para inclusão dos grupos vulneráveis são os principais pontos que a deixam distante do desejado nível de excelência como empregadora.

O zelo com o meio ambiente de trabalho é essencial para promoção do trabalho decente, uma vez que ele se insere no meio ambiente geral (art. 200, inciso VIII, da Constituição da República).

Dessarte, e em sintonia com a tese da indivisibilidade e interdependência dos direitos humanos e fundamentais, impossível ter boa qualidade de vida sem que haja simultaneamente boa qualidade do meio ambiente de trabalho (OLIVEIRA, 2010).

O mesmo se aplica para os tópicos que versam sobre a inclusão dos grupos vulneráveis, uma vez que não é possível ofertar boa qualidade de vida a todos os cidadãos, sem que sejam proporcionadas condições igualitárias nas alçadas laboral e social. Logo, não há como falar em trabalho decente, voltado à concretização da dignidade humana, sem que oportunidades equitativas (com maior benefício para aqueles que têm menos vantagens) e a saúde, no seu sentido amplo, sejam garantidas e promovidas no domínio do labor.

Sobre os aspectos em que a companhia certificada se mostrou falha, lembra-se que a necessidade de cuidar de ambos é reforçada nas agendas internacionais — como a do trabalho decente e a 2030 — em que o Brasil é signatário. Tais planos, ambicionando a justiça social e o desenvolvimento sustentável, apontam para o empoderamento dos grupos vulneráveis, enfatizando que devemos retirar as barreiras que os impedem de participar em comunidade de forma igualitária. Da mesma maneira, indicam que devem ser proporcionados trabalhos de qualidade a todos; o que demanda, entre outros quesitos, ambientes laborais seguros e sadios.

Além disso, os direitos a uma inclusão equitativa e a empregos ou ocupações onde a saúde seja preservada e fomentada ganham amplitude e força através das convenções internacionais ratificadas pelo Brasil. Entre elas, destacam-se as da Organização Internacional do Trabalho de números 111 – Discriminação em matéria de emprego e ocupação, 155 – Segurança e saúde dos trabalhadores, 159 – Reabilitação profissional e emprego de pessoas deficientes.

Feitas estas colocações, pode-se avaliar que a hipótese principal deste estudo, de que "nem todos os princípios e normas atrelados à concepção de trabalho decente são observados em empresas certificadas como um ótimo local para se trabalhar", foi confirmada. A secundária ("embora devam ser abarcadas num ambiente de trabalho decente, questões de segurança e saúde no trabalho nem sempre recebem a importância devida"), por sua vez, também o foi. Mas, para que ficasse mais condizente com a realidade encontrada, deveria ser complementada sob o aspecto de inclusão dos grupos vulneráveis.

Logo, tem-se que a resposta encontrada para a pergunta "a realidade de uma empresa certificada como 'um ótimo local para se trabalhar' apresenta meio ambiente de trabalho condizente com a concepção atual e internacional de trabalho decente?" foi "não".

Isto leva a concluir que a positivação dos direitos humanos no âmbito internacional, e dos direitos e deveres fundamentais na esfera nacional, buscou instrumentalizar as suas manutenções — incluindo a do trabalho decente. Todavia, tal positivação tem se mostrado insuficiente para a proteção e concretude da dignidade de muitas pessoas, em especial, porque grande parte delas não têm um entendimento adequado do que a expressão representa, nem de que o seu alcance deve ser o mais amplo possível (todos).

Por fim, compete expor os limites e as propostas deste trabalho. Como limitações temos: a dificuldade de generalização dos resultados conseguidos, pois não é possível afirmar que o caso escolhido é relevante ou tem alta representatividade; não foram obtidas informações aprofundadas acerca do processo de certificação, somente as publicadas pela instituição certificadora; não foram efetuadas entrevistas formais com um número representativo de empregados da empresa certificada, apenas conversas informais com poucos representantes destes; a aparente omissão, por parte do empregador, dos registro de doenças relacionadas ao trabalho; a falta de uma análise sobre as condições de trabalho (incluindo salários pagos, benefícios, tempo de carreira, etc.) dos grupos vulneráveis versus a maioria empregada.

Em contrapartida, apresenta-se duas propostas de intervenção. A primeira envolveria a participação das empresas certificadoras nos diálogos sociais promovidos pela Agenda Nacional do Trabalho Decente, com vistas a que as referências destas consultorias sejam as mesmas, ou incluam, as que orientam a promoção do trabalho digno. A segunda abarcaria a reestruturação, por parte do Estado, das instituições que verificam o cumprimento da promoção do trabalho decente e, principalmente, a Inspeção do Trabalho, tendo em vista a baixíssima frequência de auditorias nos estabelecimentos, que resulta, em parte, do desfalque de auditores-fiscais. Também, não se pode deixar de mencionar que seria interessante que estudos semelhantes fossem realizados em outras empresas certificadas.

Referências

AGENDA NACIONAL DE TRABALHO DECENTE. Brasília, 2006. 19 p. Disponível em: http://acesso.mte.gov.br/data/files/FF8080812BCB2790012BD50168314818/pub_Agenda_Nacional_Trabalho.pdf. Acesso em: 06 ago. 2023.

ALVARENGA, R. Z. Sistema internacional de proteção aos direitos humanos: aplicabilidade e efetivação da constituição da Organização Internacional do Trabalho – OIT (1919) e da Declaração de Filadélfia (1944). In: ROCHA *et al.* (Orgs.). *A comunicabilidade do direito internacional do trabalho e o direito do trabalho brasileiro.* Volume 2 [livro eletrônico]. 1. ed. São Paulo: Tirant lo Blanch, 2020.

ARANTES, D. A. M. *Trabalho decente:* uma análise na perspectiva dos direitos humanos trabalhistas a partir do padrão decisório do Tribunal Superior do Trabalho. São Paulo: LTr, 2023.

AZEVEDO NETO, P. T. *O trabalho decente como um direito humano.* São Paulo: LTr, 2015.

BARROSO, L. R. *A dignidade da pessoa humana no direito constitucional contemporâneo:* natureza jurídica, conteúdos mínimos e critérios de aplicação. Versão provisória para debate público. Mimeografado, dezembro de 2010.

D'AMBROSO, M. J. F.: *Direitos humanos e direito do trabalho:* Uma Conexão para a Dignidade. Belo Horizonte: RTM, 2019.

DE SOUZA PRADO, M.; CARDOSO, E. A importância do clima organizacional: construção e aplicação de instrumento de mensuração de clima organizacional. *Revista Científica ELocução,* 1(23), 25. 2023. Disponível em: https://doi.org/10.57209/e-locucao.v1i23.531. Acesso em: 16 set. 2023.

GOSDAL, T. C. *Dignidade do trabalhador:* um conceito construído sob o paradigma do trabalho decente e da honra. 2006. 195f. Tese (Doutorado em Direito) – Programa de Pós-Graduação em Direito, Universidade Federal do Paraná. Curitiba, 2006.

IBGE — Instituto Brasileiro de Geografia e Estatística. *Tabela 6408 — população residente, por sexo e cor ou raça.* Sistema IBGE de recuperação automática – SIDRA, 2022. Disponível em: https://sidra.ibge.gov.br/tabela/6408#resultado. Acesso em: 19 set. 2023.

HERSCOVICI, A. Assimetrias de informação, qualidade e mercados da certificação: a necessidade de uma intervenção institucional. *Revista de Economia Contemporânea,* Rio de Janeiro, v. 21, n. 3, p. 1-18, 2017. Disponível em: https://revistas.ufrj.br/index.php/rec/article/view/22019. Acesso em: 12 ago. 2023

MARANHÃO, N. Meio Ambiente do trabalho: descrição jurídico-conceitual. *Revista LTr,* v. 80, n. 4, abr. 2016.

MAZZUOLI, V. O. *Curso de direitos humanos.* São Paulo: Método, 2014.

MILITÃO BERNARDES, M. J.; BELTRAMELLI NETO, S. Trabalho decente na agenda 2030 do desenvolvimento sustentável: dissonâncias entre objetivos e monitoramentos preceituados pela ONU e pela OIT. *Revista Digital Constituição e Garantia de Direitos,* [S.l.], v. 15, n. 1, 2023.

Disponível em: https://periodicos.ufrn.br/constituicaoegarantiadedireitos/article/view/32790. Acesso em: 24 set. 2023.

OIT — Organização Internacional do Trabalho. *Trabalho decente* [s.d.]. Disponível em: https://www.ilo.org/brasilia/temas/trabalho-decente/lang--pt/index.htm. Acesso em: 04.08.2023.

OLIVEIRA, S. G. *Proteção jurídica à saúde do trabalhador*. 5 ed. São Paulo: LTr, 2010.

ONU — Nações Unidas Brasil. *Agenda 2030 para o desenvolvimento sustentável, 2015*. Disponível em: https://brasil.un.org/pt-br/91863-agenda-2030-para-o-desenvolvimentosustent%C3%A-1vel. Acesso em: 02 set. 2023.

PIOVESAN, F. *Direitos humanos e justiça internacional:* um estudo comparativo dos sistemas regionais europeu, interamericano e africano. 9. ed. São Paulo: Saraiva Educação, 2019.

PULSES — PLATAFORMA DE GESTÃO DE PESSOAS. *Diversidade: depois de contratar é preciso incluir*. Disponível em: https://www.pulses.com.br/pulses-na-midia. Acesso em: 19 set. 2023.

SEADE — Fundação Sistema Estadual de Análise de Dados. *Seade população*. São Paulo: Seade, 2023. Disponível em: https://populacao.seade.gov.br/. Acesso em: 25 set. 2023.

SMARTLAB. Observatório de Segurança e Saúde no Trabalho. *Promoção do Meio Ambiente de Trabalho Guiada por Dados*. Disponível em: https://smartlabbr.org/sst. Acesso em: 23 set. 2023.

Danos à Saúde do Trabalhador Decorrentes do Trabalho em Condições Análogas a de Escravo: Análise do Caso João Ribeiro, Trabalhador Resgatado após 39 Anos

Tanha Charle Santa Rosa de Sousa[1]

1 1. Introdução

1.1. Apresentação do caso

João Ribeiro de 74 anos foi resgatado na fazenda de café Boa Vista, em Bueno Brandão, Minas Gerais. A situação degradante do trabalhador foi descoberta quando ele precisou de atendimento médico no final de 2022 por suspeita de pneumonia. No hospital foi verificado que ele não tinha documentos o que causou desconfiança na equipe do hospital que alertou a assistência social do município, que por sua vez fez a denúncia ao Ministério do Trabalho e Emprego. Os auditores-fiscais realizaram uma operação e encontraram João capinando a terra, descalço. Verificaram que ele dormia em uma espuma suja, vivia em uma casa sem eletrodomésticos e o único dinheiro encontrado com o trabalhador foram notas antigas, como o cruzeiro. João era uma pessoa praticamente inexistente para o Brasil, por viver 39 anos trabalhando em condições degradantes e sem salário registrado. Sua vida se resumia em dormir e acordar para trabalhar. Após o resgate, João foi viver em um lar de idosos; em 27 de fevereiro de 2023 recebeu as verbas rescisórias e no dia 3 de março recebeu seus documentos: certidão de nascimento, identidade, CPF e cartão do SUS (UOL, 2023).

Depois da exibição da história de João Ribeiro no programa Fantástico da Rede Globo, pessoas apareceram dizendo ser parentes dele e relataram que João teria desaparecido em 1983 em Timburi (SP) após sofrer uma crise de depressão e nunca mais foi visto. A irmã de João o reconheceu pela TV e comunicou aos filhos dele, que na época do desaparecimento tinham 11, 9 e 5 anos de idade. A família solicitou a realização de

(1) Mestra em Direito (PPGDDA) ICJ/UFPA. Especialista em Saúde Coletiva (UFPA). Graduada em História (UFPA). Graduada em Direito (ESMAC). E-mail: tanhasrsousa@gmail.com. ORCID ID: https://orcid.org/00000002-8636-6198.

exames de DNA confirmando assim o parentesco, embora João não tenha lembranças da família. Os filhos do idoso contaram à reportagem que pouco antes do sumiço o pai estava tendo problemas de saúde mental. Eles o procuraram por um bom tempo, mas nunca mais o encontraram (GOMES, 2023).

Ao ser resgatado, João Ribeiro não tinha documentos e nenhuma memória da vida anterior à fazenda. O homem vivia em condições insalubres, trabalhava para receber apenas as refeições, não havia tomado nenhuma vacina há anos, é diabético e hipertenso e não fazia uso das medicações necessárias para o tratamento (ALMEIDA, 2023).

Ocaso é de uma pessoa que em um momento de debilidade da saúde mental foi colocada em situação de trabalho análogo ao de escravo que perdurou por décadas, causando danos psicossociais irreversíveis ao trabalhador roubando a sua juventude, saúde e convivência familiar. É uma vítima do crime de trabalho escravo contemporâneo que viveu na invisibilidade por 39 anos e faz parte de um número alarmante de pessoas que são exploradas e privadas de direitos fundamentais básicos como trabalho digno, saúde, alimentação adequada, lazer e família.

Na reportagem, quando perguntado o que mais João gostava de fazer, respondeu "acordar de manhã cedo pegar uma ferramenta e trabalhar", é nítido que essa pessoa não tinha nenhum convívio social, vivia isolada do mundo, embora saiba que sua situação era de sofrimento e que trabalhava sem receber qualquer salário, mas sua condição de saúde mental e psicológica o impedia de tentar desvencilha-se de seus algozes. Perguntado pelo repórter sobre ter sofrido ele respondeu "sofri e sofri muito". Chama atenção que João Ribeiro, depois de quase quatro décadas privado do convivo familiar, não reconhecia nem mesmo sua irmã muito menos os filhos que deixou ainda crianças, o diálogo com ele é difícil e a palavra que mais fala é "trabalho".

A fala de João Ribeiro reflete o que foi discutido por Chehab (2017) de que o valor atribuído ao trabalho é uma alternativa de sobrevivência e dinâmica de enfrentamento, utilizando as estratégias defensivas da compensação, do conformismo e da passividade, a fim de preservar o aparelho psíquico; Os trabalhadores desenvolvem um tipo de identificação subjetiva com o trabalho, a tal ponto de preferirem o trabalho escravo ao não trabalho, ou, na visão deles, ao desemprego demonstrando a centralidade do trabalho para os sujeitos, ainda que na condição análoga à escravidão.

Diante disso tem-se a hipótese que além das sequelas físicas de saúde ocasionadas pelo trabalho escravo contemporâneo, existe um comprometimento da saúde psicossocial e psicológica do trabalhador exposto ao trabalho em condições análogas ao de escravo.

Desse modo, a pesquisa tem o objetivo de conhecer os principais dados à saúde do trabalhador submetido ao trabalho escravo contemporâneo, com recorte no trabalhador do meio rural, e as contribuições que o SUS pode oferecer no combate a essa prática criminosa. Assim, a pesquisa irá investigar as doenças ocupacionais mais comuns entre os trabalhadores submetidos ao trabalho escravo no meio rural, o papel do SUS no cuidado com os trabalhadores resgatados e a possível atuação da equipe de saúde na identificação e denúncia de casos de trabalho escravo contemporâneo.

1.2. Justificativa para escolha do caso

O trabalho escravo contemporâneo, chaga social ainda muito frequente nas relações trabalhistas é encontrado com grande predominância no meio rural, como o caso aludido no tópico acima, é uma das formas mais odiosas de exploração humana, repudiado por dezenas de signatários nas convenções da Organização Internacional do Trabalho — OIT. A Convenção n. 29 OIT de 1930 diz que todo o País-membro da OIT que ratificar a Convenção compromete-se a abolir a utilização do trabalho forçado ou obrigatório, em todas as suas formas, no mais breve espaço de tempo possível; a Convenção n. 105 OIT de 1957 prevê a supressão do trabalho forçado ou obrigatório e de não usar o trabalho como medida de coerção, sanção ou educação política, como punição por participação em greves, como método para o desenvolvimento econômico, como método para a disciplina da mão de obra e como medida de discriminação racial, social, nacional ou religiosa.

No plano nacional, ao tratarmos do conceito de trabalho análogo ao de escravo torna-se imperativa a apresentação do art. 149 do Código Penal, alterado pela Lei n. 10.803 de 11/12/2003, que traz uma diferença conceitual do trabalho escravo contemporâneo em relação ao conceito da Organização Internacional do Trabalho (OIT). As normas da OIT apresentam um conceito restritivo da escravidão contemporânea, levando a uma interpretação de que só haveria escravidão nos casos de restrição da liberdade de ir e vir.

A legislação brasileira, com a redação do art. 149 do Código Penal prevê, entre as modalidades de redução a condição análoga a de escravidão, situações em que não há necessidade de haver restrição de liberdade para que se configure o crime. Uma das modalidades previstas no art. 149 é a submissão de trabalhadores a condições degradantes de trabalho. O Código Penal nesse caso visa à proteção não apenas da liberdade em sentido estrito, mas também e principalmente a dignidade da pessoa humana uma vez que o escravo moderno se encontra com sua dignidade humana ofendida, rebaixado de sua condição de ser humano. O bem jurídico protegido no art. 149 do Código Penal é acima de tudo a dignidade da pessoa humana, não se exigindo para a configuração de sua violação a restrição de liberdade.

No Brasil, de acordo com dados do Ministério do Trabalho e Emprego, de janeiro a junho de 2023 foram resgatados 1.443 trabalhadores de trabalho análogo à escravidão. O cultivo de cana-de-açúcar foi o setor onde ocorreu o maior resgate de trabalhadores, seguidos das atividades de apoio à pecuária, cultivo de uva e a construção de estações elétricas. Em 2022, a Inspeção do Trabalho resgatou 2.254 trabalhadores em situação de trabalho escravo rural e 333 trabalhadores em situação de trabalho urbano, o que revela a predominância da prática criminosa no meio rural (BRASIL, 2023). O caso apresentado é um exemplo de trabalho prestado em condições degradantes, modalidade de trabalho escravo contemporâneo mais encontrada na prática, e que configura, ao lado do trabalho forçado, uma das formas mais graves de violação da dignidade da pessoa humana pelo fato de "coisificar" o trabalhador simples, tornando-o uma mercadoria barata e desqualificada, destruindo sua autoestima e comprometendo a sua saúde física e mental.

Para Siqueira (2010, *apud* DODGE, 2000), escravizar é tornar o ser humano uma coisa, é retirar-lhe a humanidade, a condição de igual e a dignidade, ainda que a possibilidade de locomoção reste intacta. A redução a condição análoga à de escravo atinge a liberdade do ser humano em sua acepção mais essencial e também mais abrangente: a de poder ser.

Dessa maneira, a ideia de degradação indica rebaixamento, aviltação, afronta à dignidade. Nesse plano, o trabalho degradante materializa-se geralmente nas condições para a prestação dos serviços e nas condições de vida — especialmente moradia e alimentação — oferecidas ao trabalhador que violam as normas mínimas de proteção à saúde e à segurança do trabalho. Assim, pode-se dizer que trabalho degradante é aquele em que há falta de garantias de saúde e segurança, além da ausência de condições mínimas de trabalho, moradia, higiene, respeito e alimentação. Se, para prestar o trabalho, o trabalhador tem limitações na sua alimentação, na sua higiene e na sua moradia, caracteriza-se o trabalho em condições degradantes.

Portanto, a importância de avaliar as consequências para a saúde física, psicossocial e psicológica de trabalhadores vítimas do trabalho escravo contemporâneo a fim de reparar os danos é um passo a mais, além do resgate que é o ponto crucial de livramento do indivíduo, porque, quanto mais tempo a pessoa passa presa ao processo de degradância, maiores são os danos a sua à integridade física e saúde mental. Pode-se, a partir dessa concepção, conectar o trabalho degradante com a existência de risco iminente à segurança e saúde do trabalhador, sendo primordial o estabelecimento da gradação do risco encontrado em relação à sua potencialidade quanto aos danos à integridade e saúde do trabalhador.

2. Análise crítica do caso

Partindo-se do entendimento que o trabalho análogo à escravidão traz danos imensuráveis a saúde física e mental dos trabalhadores, além de afetar sobremaneira as suas relações sociais, é que percebemos que quanto mais tempo o indivíduo fica exposto a uma situação de trabalho análogo ao de escravo, maiores são as consequências negativas ao seu desenvolvimento enquanto ser social e maiores são os agravos à sua saúde. Daí surge o problema de pesquisa: quais são os danos à saúde do trabalhador decorrente do trabalho em condições análoga à escravidão e qual o papel do SUS no combate a essa super exploração da força de trabalho humana? As análises terão como base o caso do João Ribeiro trabalhador resgatado após quase quarenta anos vivendo em condições de trabalho degradante.

Segundo Leão *et al* (2021), ainda há uma carência de compreensão dos impactos à saúde decorrentes do trabalho em condições análogas a de escravidão. O que se tem demonstrado é a ocorrência de doenças crônicas e agudas devido às condições insalubres, riscos e perigos ocupacionais e ambientais dos processos de produção e sua contribuição na disseminação de doenças infectocontagiosas, o que traz impactos físicos, psicológicos e socioculturais (incluindo as famílias das vítimas). Um olhar mais amplo da Saúde Pública é capaz de contribuir nas abordagens jurídicas e punitivas do combate ao tráfico humano, pela identificação de fatores de risco e pela criação e avaliação de programas preventivos, que considerem as particularidades de cada estágio do processo de tráfico: recrutamento, transporte, exploração, detenção, integração-reintegração e reescravização. Processo que envolve um conjunto de situações geradoras de agravos físicos, psicossociais e psicológicos.

Os trabalhadores sujeitos à escravidão contemporânea no meio rural são isolados e, geralmente, alojados em precárias condições; realizam tarefas intensas e exaustivas que demandam força física e alto nível de gasto energético, normalmente em atividades árduas e de pouca qualificação, sem pausas para descanso; não há treinamento de saúde e segurança nesse ambiente de trabalho e o retorno financeiro é menor que o mínimo ou inexistente. Há, portanto, alta probabilidade de causar danos, porque envolve um ciclo de violação à saúde e aos direitos humanos. De acordo com Zimmerman e Kiss (2017) a escravidão contemporânea conecta três elementos: coerção, exploração e danos à saúde, significando que o trabalho escravo pode ser entendido não apenas como a perda da liberdade e/ou autonomia, mas também como o oposto da saúde, porque são negligenciados elementos essenciais à vida como alimentação, abrigo, renda, trabalho, transporte, acesso a serviços de saúde, etc.

Os principais danos à saúde do trabalhador submetido à escravidão no meio rural envolvem danos físicos (malária, problemas respiratórios, desnutrição, diarreias, desidratação, acidentes de trabalho, exaustão, assassinatos), psicossociais (uso de álcool e outras drogas, isolamento social, sentimento de humilhação e pouco valor) e psicológicos (tristeza, desânimo, raiva, medo, agressividade e ansiedade). Esses danos estão relacionados à violência, exploração severa e condições precárias de vida a que estão submetidos (LEÃO *et al*, 2021)

Partindo-se do entendimento de que o trabalho em condições análogas à escravidão por si só é razão de adoecimento desses trabalhadores e analisando o caso do trabalhador resgatado João Ribeiro após denúncia da equipe de saúde que o atendeu em uma emergência é que a proposta de intervenção da presente pesquisa é implementação de uma política pública de capacitação das equipes de saúde nos locais de entrada no SUS para identificação de casos de trabalho de escravo, além da necessária expansão da rede de cuidados a essas vítimas a fim de reduzir os índices de reescravização. É necessário haver articulação entre intervenções, informação e formação e essa articulação precisa envolver os órgãos que cuidam da saúde do trabalhador, porque o combate ao trabalho escravo contemporâneo precisa ir muito além do resgate e pagamento de verbas rescisórias.

Segundo Jacob (2016) o fenômeno do trabalho análogo às condições de escravo tem sido alvo da dedicação de equipes especializadas de auditores-fiscais do Trabalho e de grupos ligado ao MPT e MPF, paralelo a isso, houve avanços na legislação constitucional e penal, com as mudanças no art. 243 da CRFB/88 e no art. 149 do Código Penal Brasileiro dando uma melhor compreensão dos bens jurídicos tutelado. Desse modo, o Poder Judiciário tornou-se palco de diversas ações penais e trabalhistas objetivando responsabilizar os tomadores de trabalho que submetem o trabalhador às condições que aviltam sua dignidade a ponto de lhe tolher a liberdade sob diferentes prismas que vão desde a violência física até a psicológica ou a servidão por dívida.

Entretanto, há uma disparidade entre os números de trabalhadores resgatados e o número de condenados pela prática de trabalho escravo no Brasil. Existe um descompasso entre as decisões proferidas na esfera trabalhistas e aquelas da esfera criminal, havendo condenações no âmbito dos TRTs mesmo diante de inquéritos criminais arquivados. Esse descompasso traz prejuízo ao combate e à erradicação do trabalho escravo. Contudo, Jacob (2016) aduz que a amplitude do tipo penal trabalho análogo às condições de escravo com a alteração legislativa, inclui no conceito a liberdade de autodeterminação do trabalhador enquanto possuidor do direito de decidir como, quando e onde dispor da sua força laboral, de modo que, a lesão ao direito de autodeterminação do trabalhador não é restrita ao empecilho de sua movimentação ambulatorial, porque como estabelece o tipo penal, a submissão ao trabalho análogo ao de escravo envolve submissão à jornada exaustiva, trabalho forçado, condições degradantes ou a qualquer meio que restrinja sua locomoção como a servidão por dívida.

Desse modo, a lesão ao direito de autodeterminação do trabalhador vítima do trabalho escravo, além de ser um crime contra os direitos de liberdade e de dignidade, configura também um prejuízo social à saúde psicossocial desse trabalhador, que se ver envolvido por uma perspectiva de inferiorização, coisificação e rompimento de laços familiares.

Para elucidar a questão do trabalho degradante como violador da dignidade humana, reportamo-nos a Piovesan (2011) segundo a qual o trabalho escravo e degradante é violação aos direitos humanos, porque viola a ideia fundante de direitos baseada na dignidade humana enquanto valor intrínseco à condição de ser humano, ideia esta surgida como reação à coisificação das pessoas. De fato, o trabalho análogo à escravidão se configura quando direitos fundamentais são violados, como o direito ao trabalho em condições justas, livremente escolhido e que proporcione uma vida digna, em respeito à autonomia e a liberdade do trabalhador.

Segundo Chehab (2017), no ambiente laboral análogo ao de escravo observa-se bastante assédio moral sofrido pelos trabalhadores, com reiteradas exposições a situações constrangedoras, vexatórias e degradantes com o propósito de humilhá-los e rebaixá-los para impor a submissão criminosa. Tais vivências provocavam sentimento de impotência, frustração, submissão e servidão; causam sentimentos de inferioridade, desamparo, baixa autoestima, tristeza, insatisfação, indignação e desânimo. Após o resgate, a experiência de fracasso vivenciada pelos trabalhadores causa em muitos deles dificuldade de encarar suas famílias, uma vez que saíram de seus lares com promessas rentáveis e, na grande maioria dos casos, voltaram sem nada. Assim, sentimentos de inferioridade, de discriminação e de desvalorização social são frequentes no momento do reencontro. Desse modo, a maneira como se configura o trabalho em condições análogas à escravidão, marcado por vulnerabilidade, violência, exploração, condições degradantes, precarização dos laços de solidariedade, cultura do individualismo, isolamento e alienação dos trabalhadores gera situações desfavoráveis à construção da subjetividade e à promoção da saúde no trabalho (CHEHAB, 2017).

3. Proposta de intervenção

Diante do exposto sobre os danos à saúde do trabalhador vítima de trabalho análogo ao de escravo, entende-se que o SUS tem papel importante tanto como restaurador da saúde física e mental desses trabalhadores, como também na capacitação de seus agentes que atuam nas portas de entrada do sistema e que podem vir a atender um trabalhador rural enfermo que esteja sob condição de escravização contemporânea, pois a desconfiança e denúncia aos órgãos de fiscalização podem ser fundamentais para livrar a vítima, como visto no caso de João Ribeiro aqui analisado. Além disso, a libertação do trabalhador precisa ser vista num conjunto que envolve o resgate, o pagamento das verbas trabalhistas, o amparo socioeconômico para que ele não seja reescravizado e, é claro, assistência e acompanhamento das sequelas físicas, psicossociais e psicológicas.

Uma política pública de assistência à saúde ao trabalhador vítima de trabalho análogo ao de escravo pode se dar por meio dos CEREST (Centro de Referência em Saúde do Trabalhador), que já atua conjuntamente como outros órgãos na identificação de casos de trabalho escravo contemporâneo em algumas frentes de combate como visto em recente trabalho de pesquisa realizado pelo CEREST Piracicaba, em articulação com a Unicamp, que contribuiu para determinar parâmetros científicos que deu embasamento às ações do MPT para regulamentação do setor sucroalcooleiro na região de Piracicaba e demonstrou ser impossível trabalhar nas condições às quais os cortadores de cana estavam submetidos com relatos de mortes por exaustão, informalidade e trabalho escravo (UNICAMP, 2022). Segundo Colatino (2019) os CEREST devem estar alerta quanto à vigilância do trabalho degradante em sua área de abrangência, uma vez que suas atribuições incluem apoiar investigações de maior complexidade, assessorar a realização de convênios de cooperação técnica, subsidiar a formulação de políticas públicas, fortalecer a articulação entre a atenção básica, de média e alta complexidade para identificar e atender acidentes e agravos relacionados ao trabalho. Desse modo, o CEREST deve atuar em projetos de promoção e vigilância e assistência aos trabalhadores encontrados em trabalho escravo, devido também ao seu papel em conselhos, comissões e fóruns de combate ao trabalho análogo ao de escravo.

As ações institucionais de combate ao trabalho escravo contemporâneo pelo MTE, MPT e Polícia Federal são mais frequentes e tem importância fundamental, mas as condições experimentadas pelos trabalhadores demandam estratégias para além do resgate. As punições e embargos aos empregadores, as indenizações aos trabalhadores, precisam estar atreladas a programas de assistência integral com ações de longo, médio e curto prazo que modifiquem as condições de empregabilidade desses sujeitos. Ações específicas de promoção da saúde podem ser articuladas pelo CEREST frente aos sofrimentos dos trabalhadores, principalmente porque nem sempre recebe um olhar à sua dimensão psicossocial. O Estado enquanto promotor da saúde pública tem o papel de integrá-la aos atores já envolvidos no combate ao trabalho análogo ao de escravo, para construir estratégias de atenção integral às vítimas, conforme a capacidade instalada no SUS, cuja rede tem em torno de 170 CEREST (estaduais e regionais) e muitos deles estão localizados em regiões de alta incidência de trabalhadores escravizados, como Mato Grosso, Pará, Maranhão e Rio de Janeiro. Isso se justifica considerando as dimensões da causalidade e os efeitos do trabalho escravo na saúde física e/ou mental das vítimas (Leão, 2016).

Ribeiro e Leão (2020) fizeram uma pesquisa junto aos movimentos sociais engajados na erradicação da escravidão contemporânea no estado do Mato Grosso a fim de compreender a visão desses movimentos sobre os impactos na saúde das vítimas e suas implicações ao Sistema Único de Saúde (SUS) e constataram que esses movimentos compreendem a escravidão como a destruição física e mental do ser humano, dado o caráter violador da integridade dos trabalhadores. Também perceberam a potencialidade de atuação do SUS em detectar casos, na recuperação das vítimas, na produção de conhecimento e na vigilância de condições laborais em articulação com os movimentos e outros órgãos, concluindo que é urgente a inserção da escravidão contemporânea na agenda da saúde pública brasileira como garantia do direito à saúde, visto que há um negligenciamento das instituições de Saúde Pública devido à inexistência de políticas e/ou estratégias de atenção à saúde para pessoas submetidas à escravidão segundo pautas específicas.

O papel do SUS na detecção de casos de escravidão contemporânea é estratégico porque o SUS é porta de entrada no atendimento de trabalhadores doentes e/ou feridos, entretanto, muitas pessoas em situação de escravidão passam pelas unidades de saúde, recebem atendimento, têm contato com profissionais e retornam para a mesma situação, demonstrando a carência de mecanismos institucionais de sensibilidade e identificação de casos de trabalhadores submetidos a trabalho degradante com posterior denúncia. Desse modo, uma política voltada para o papel do SUS no combate ao trabalho análogo ao de escravo é importante devido os serviços básicos de saúde estar presentes por todo território brasileiro.

As ações de Saúde do Trabalhador são competência do Sistema Único de Saúde (SUS) como foi estabelecido no art. 200, II da Constituição Republicana de 1988. Também a Lei Orgânica da Saúde, n. 8.080 de 1990, dispõe em seu art. 6º a atuação do SUS na área de Saúde do Trabalhador incluindo a proteção ao meio ambiente de trabalho. Essa atuação do SUS na saúde do trabalhador está elucidada no § 3º do art. 6º, sendo entendida como um conjunto de atividades que se destinam, por meio das ações de vigilância epidemiológica e sanitária, à promoção e proteção da saúde dos trabalhadores, assim como a recuperação e reabilitação daqueles submetidos aos riscos e agravos resultantes das condições de trabalho. Segundo a Lei n. 8.080 de 1990, as ações do SUS para a saúde do trabalhador envolvem assistência; participação em estudos para o controle de riscos e agravos existentes no processo de trabalho; participação na normatização, fiscalização e controle das etapas do processo de trabalho com potencial de riscos e agravos à saúde; informar ao trabalhador, entidades sindicais e empresas sobre os riscos de acidente e doença profissional e do trabalho; garantir ao sindicato dos trabalhadores requerer ao órgão competente a interdição de máquina, de setor de serviço ou de ambiente de trabalho, mediante exposição a risco iminente para a vida ou saúde dos trabalhadores (BRASIL, 1990)

Assim, as ações do SUS para a promoção da saúde do trabalhador não pode excluir o combate a uma das formas mais aviltantes da saúde física e mental do trabalhador que é a submissão ao trabalho em condições análogas à escravidão. Entendemos que as ações devem ir além da assistência à saúde dos resgatados, mas deve envolver a participação no combate ao trabalho escravo com a capacitação de agentes de saúde na identificação dos sinais da escravidão em trabalhadores atendidos nas portas de entrada do SUS.

Segundo Sanches *et al* (2009), os CEREST são polos irradiadores especializados no âmbito de um determinado território, assumindo a função de corpo técnico e científico do campo de conhecimento processo de trabalho e processo saúde/doença, com o objetivo de atender as demandas epidemiológicas do Estado, desenvolvendo ações em equipe de saúde multidisciplinar. Suas atividades envolvem atendimento ambulatorial, fiscalização das condições de saúde do trabalhador, avaliação e diagnóstico do ambiente de trabalho, realizar projetos específicos a partir da demanda dos sindicatos e da rede de saúde, cursos de capacitação, orientação e educação em saúde.

A Vigilância em Saúde do Trabalhador (VISAT) no SUS compõe um conjunto de práticas sanitárias articuladas e centradas na relação da saúde com o ambiente e os processos de trabalho, ou seja, corresponde a um processo de articulação de ações de controle sanitário no sentido de promoção, proteção e atenção à saúde dos trabalhadores (BRASIL, 2002). Embora a Política Nacional de Saúde do Trabalhador objetive fortalecer a VISAT e promover a saúde e ambientes e processos de trabalhos saudáveis com a colaboração para "identificação e erradicação de situações análogas ao trabalho escravo" (BRASIL, 2012, art. 8º, II, "*f*") são necessárias maiores aproximações da VISAT nas ações de enfrentamento ao trabalho escravo contemporâneo e maior engajamento da academia na produção de conhecimento. Poucos artigos abordam a relação da vigilância e trabalho escravo, reconhecendo o mérito da saúde pública na identificação de grupos de risco, avaliação de risco e medidas de controle (LEÃO & RIBEIRO, 2021).

4. Considerações finais

O trabalho em condições análogas à escravidão ainda é muito frequente nas relações trabalhistas no Brasil, sendo encontrado com grande predominância no meio rural. Assim, a discussão teórica aqui proposta teve o objetivo de conhecer os principais dados à saúde do trabalhador submetido ao trabalho escravo contemporâneo, com recorte no trabalhador do meio rural, e as contribuições que o SUS pode oferecer no combate a essa prática criminosa, visto que as consequências para a saúde física, psicossocial e psicológica de trabalhadores vitimados é evidente. Os trabalhadores sujeitos à escravidão contemporânea no meio rural são isolados e alojados em precárias condições; realizam tarefas intensas e árduas com jornadas de trabalho exaustivas, estando, assim, envolvidos em um ciclo de violação à saúde e aos direitos humanos.

Desse modo, o combate ao trabalho escravo também pode ser considerado uma questão de saúde pública, porque traz danos imensuráveis a saúde física e mental dos trabalhadores, além de afetar sobremaneira as suas relações sociais. A ocorrência de doenças crônicas e agudas devido às condições insalubres, riscos e perigos ocupacionais e ambientais dos processos de produção no meio rural, num cenário de super exploração da força de trabalho humana, exige um olhar mais amplo da Saúde Pública capaz de contribuir nas abordagens jurídicas e punitivas do combate à escravidão contemporânea, pela identificação de fatores de risco e pela criação e avaliação de programas preventivos.

Estando claro que o trabalho em condições análogas à escravidão por si só é razão de adoecimento desses trabalhadores e diante do caso do trabalhador resgatado João Ribeiro após denúncia da equipe de saúde que o atendeu em uma emergência, é que aflora a necessária implementação de uma política pública de capacitação das equipes de saúde nas portas de entrada no SUS para identificação de casos de trabalho de escravo, além da necessária expansão da rede de cuidados a essas vítimas, com articulação entre intervenção, informação e formação e essa conexão precisa envolver os órgãos que cuidam da saúde do trabalhador, porque o combate ao trabalho escravo contemporâneo precisa ir muito além do resgate e pagamento de verbas rescisórias.

Portanto, a lesão ao direito de autodeterminação do trabalhador vítima do trabalho escravo, além de ser uma violação aos direitos de liberdade e de dignidade, configura também um prejuízo social à saúde física e psicossocial desse trabalhador, que se ver envolvido por uma perspectiva de super exploração, inferiorização, coisificação e rompimento de laços familiares, cabendo ao Estado lançar mão de todos os meios necessários ao combate dessa prática aviltante, que se constitui em crime contra a dignidade humana, contra os valores sociais do trabalho e contra a saúde pública.

Referências

ALMEIDA, Iago. Homem escravizado por quase 40 anos em Minas reencontra a família. *Jornal Estado de Minas Gerais*. Disponível em: https://www.em.com.br/app/noticia/gerais/2023/03/22/internagerais,1472143/homemescravizado-por-quase-40-anos-em-minas-reencontra-a-familia.shtml. Acesso em: 30 maio 2023.

BRASIL. *Lei n. 8.080, de 19 de setembro de 1990*. Dispõe sobre as condições para promoção, proteção e recuperação da saúde, a organização e o funcionamento dos serviços correspondentes e dá outras providências. Brasília, 1990. Disponível em: https://www.planalto.gov.br/ccivil_03/leis/l8080.htm. Acesso em: 1º set. 2023.

______. Ministério da Saúde. *Cadernos de Atenção Básica*. Programa Saúde da Família. Caderno 5. Saúde do trabalhador. Brasília, 2002. Disponível em: https://bvsms.saude.gov.br/bvs/publicacoes/cd03_12.pdf. Acesso em: 03 set. 2023.

______. Ministério da Saúde. *Portaria n. 1.823, de 23 de agosto de 2012*. Institui a Política Nacional de Saúde do Trabalhador e da Trabalhadora. Brasília, 2012. Disponível em: https://bvsms.saude.gov.br/bvs/saudelegis/gm/2012/prt1823_23_08_2012.html. Acesso em: 1º set. 2023.

______. Portal da Inspeção do Trabalho. *Radar SIT*. Painel de Informações e Estatísticas da Inspeção do Trabalho no Brasil: trabalho escravo. 2023. Disponível em: https://sit.trabalho.gov.br/radar/. Acesso em: 12 jul. 2023.

CHEHAB, Ana Claúdia. Sofrimento Psíquico no Trabalho Escravo: contribuições da Psicodinâmica do Trabalho. *Rev. do Trib. Reg. Trab. 10ª Região*, Brasília, v. 21, n. 1, 2017.

COLATINO, Eduardo Lucena. *Vigilância do trabalho escravo/degradante no estado de alagoas:* diagnóstico e perspectivas. 2019. 92 f. Dissertação (mestrado) – Fundação Oswaldo Cruz, Escola Nacional de Saúde Pública Sergio Arouca, Rio de Janeiro, 2019.

GOMES, Giovanna. Supostos familiares de homem resgatado em condição de escravidão procuram idoso. *AH Aventuras na História*. 07 mar. 2023. Disponível em: https://aventurasnahistoria.uol.com.br/noticias/historia-hoje/supostos-familiares-de-homemresgatado-em-condicao-de--escravidao-procuramidoso.phtml?utm_source=site&utm_medium=txt&utm_campaign=copypaste. Acesso em: 10 maio 2023.

JACOB, Valena. *O trabalho análogo ao de escravo:* uma análise jurisprudencial do crime no TRF da 1ª Região. Belo Horizonte: RTM, 2016. p. 29-80.

LEÃO, Luís Henrique *et al.* A erradicação do trabalho escravo até 2030 e os desafios da vigilância em saúde do trabalhador. *Revista Ciência & Saúde Coletiva*, 26 (12): 5883 – 5895, 2021. Disponível em: https://www.scielo.br/j/csc/a/CbqTkBpsbYC4gnXkrJfvwBK/?format=pdf&lang=pt. Acesso em: 15 jul. 2023.

LEÃO, Luís Henrique; RIBEIRO, Thomaz Ademar. A vigilância popular do trabalho escravo contemporâneo. *PHYSIS – Revista de Saúde Coletiva*, v. 31 (1), Rio de janeiro 2021. Disponível em: https://www.scielo.br/j/physis/a/ZXMVxY7w8nk4vgzpX7bFY6y/?lang=pt#. Acesso em: 1º set. 2023.

LEÃO, Luís Henrique. Trabalho escravo contemporâneo como um problema de saúde pública. *Revista Ciência & Saúde Coletiva*, 21 (12): 3927-3936, 2016. Disponível em: https://www.scielo.br/j/csc/a/MrpZT63fbMrqJ6XGr39mNFK/?lang=pt. Acesso em: 15 jul. 2023.

PIOVESAN. Flávia. Trabalho Escravo e Degradante como forma de violação aos direitos humanos. In: VELLOSO, Gabriel; MARANHÃO, Ney (Coords.). *Contemporaneidade e Trabalho* — aspectos materiais e processuais. Estudos em homenagem aos 30 anos da AMATRA VIII. São Paulo: LTr, 2011. p. 134-146

RIBEIRO, Thomaz Ademar; LEÃO, Luís Henrique. Movimentos sociais, escravidão contemporânea e saúde: saberes, práticas e implicações para o Sistema Único de Saúde (SUS). *Interface* (Botucatu), 2020. Disponível em: https://www.scielo.br/j/icse/a/NKtwR6xy5636NhvG6Fyjrcw/?format=pdf&lang=pt. Acesso em: 15 jul. 2023.

SANCHEZ, Mariana de Oliveira *et al.* Atuação do Cerest em ações de vigilância à saúde do trabalhador no setor canavieiro. Saúde e Sociedade, v. 18, supl. 1, 2009. Disponível em: https://www.scielo.br/j/sausoc/a/3TDdccQqZVHhD38Vxr6j3vP/#. Acesso em: 1º set. 2023.

SIQUEIRA, Túlio Monoel. O trabalho escravo perdura no brasil do século XXI. *Rev. Trib. Reg. Trab. 3ª Reg.*, Belo Horizonte, v. 52, n. 82, p. 127-147, jul./dez.2010. Disponível em: https://www.trt3.jus.br/escola/download/revista/rev_82/tulio_manoel_leles_siqueira.pdf. Acesso em: 02 jun. 2023.

UNICAMP. *Ação conjunta entre Universidade, órgãos públicos e trabalhadores é tema de livro sobre trabalho escravo no setor sucroalcooleiro*. Campinas, 26 ago. 2022. Disponível em: https://www.fcm.unicamp.br/imprensa/publicacoes/view/acao-conjunta-entreuniversidade--orgaos-publicos-e-trabalhadores-e-tema-de--livro-sobre-trabalho-escravo-nosetor-sucroalcooleiro/14759. Acesso em: 15 jul. 2023.

UOL. "Sofri e sofri muito", diz homem resgatado após 40 anos de trabalho escravo. Disponível em: https://noticias.uol.com.br/cotidiano/ultimas-noticias/2023/03/05/sofri-e-sofrimuito-diz-homem-resgatado-apos-40-anos-de-trabalho-escravo.htm. Acesso em: 10 maio 2023.

ZIMMERMAN Chaty; KISS Ligia. Human trafficking and ex ploitation: A global health concern. *PLoS Med 2017*; 14(11): e1002437. Disponível em: https://journals.plos.org/plosmedicine/article?id=10.1371/journal.pmed.1002437. Acesso em: 03 set. 2023.